Jan Valtin

TAGEBUCH DER HÖLLE

EIN BUCH DER »REPUBLIK«
HERAUSGEGEBEN
VON
PETRA UND UWE NETTELBECK

JAN VALTIN

TAGEBUCH DER HÖLLE

Roman

GRENO
Nördlingen 1986

Titel der Originalausgabe:
Out of the Night
Aus dem Amerikanischen von Werner Krauss

Verlag Die Republik, Salzhausen-Luhmühlen;
verlegt bei der Greno Verlagsgesellschaft m. b. H.,
Nördlingen 1986.

ISBN 3 89190 017 1.

Vorwort

Wer über die Hölle zu schreiben wagt, muß die Phantasie und dichterische Kraft Dantes besitzen oder selbst in die finsteren Tiefen hinabgestiegen sein, in denen teuflische Hirne und Hände dem Menschen jene Torturen bereiten, die sich in unserer Vorstellung mit dem Begriff der Hölle verbinden. Was einst als Ort der Verdammnis im Jenseits und als Inbegriff grenzenloser physischer und psychischer Verlorenheit galt, ist in unserer Zeit zu einer sehr diesseitigen Realität geworden. Der Mensch selbst erwies sich erfinderischer im Ersinnen teuflischer Foltern, als es Angst von den metaphysischen Herren der Hölle angenommen hatte. Der Mensch vermochte es, den Schrecken zu organisieren: nicht weil sein Erfindergeist Mittel der Vernichtung allen Lebens ersann, wie sie bisher nicht in Menschenhand gegeben waren; sondern weil er den Schrecken endloser Qual und das Recht schrankenloser Gewalt zu einer politischen »Tugend« pervertierte. Die Hölle ist nie mit der Vorstellung allumfassender Vernichtung verbunden worden, sondern stets mit der der ins Unerträgliche gesteigerten und aus den Grenzen der Zeit gelösten Leiden. Diesen Zustand haben Menschen ihren Artgenossen bereits im Diesseits beschert, indem sie, vom Wahn getrieben, der Sieg einer Klasse oder Rasse könne der Menschheit zum Heil verhelfen, die Tyrannei totalitärer Ordnung errichteten. Sie erreichten das Gegenteil dessen, was sie verhießen, denn um ihrem Fetisch zu dienen, verfemten sie die Menschlichkeit und begannen, die Menschheit zu den Schinderstätten der Gewalt zu treiben.

Ein Tagebuch der Hölle zu schreiben ist daher in unserer Zeit nicht mehr eine Frage visionärer Schau oder dichterischer Phantasie, sondern eine Frage des Überlebens. Wer diese Hölle des Diesseits überstand, kennt die teuflische Perfektion, mit der Menschen Körper und Geist des Menschen zerbrechen können. Es ist zwar manchen gelungen, diese Torturen zu überstehen, aber nur wenige haben die Kraft besessen, ihr Erlebnis so wiederzugeben, wie sie es durchlitten. Nur wenige brachten den Mut auf, auszusprechen, was sie erfahren und gesehen hatten, ohne vor dem Realismus der Scheußlichkeiten zurückzuschrecken, aber auch ohne die in solcher Umwelt rührend zarten Regungen echter Menschlichkeit zu verschweigen. Wer es jedoch vermochte, darf für sich in Anspruch nehmen, ein Tagebuch der Hölle geschrieben zu haben. Sein Wert besteht nicht nur in den aufgezeichneten Tatsachen und Begebenheiten, die sich mit qualvollen und von diesen Qualen oft verdunkelten Erinnerungen, auch denen der Leidensgefährten, verbinden. Sein Wert besteht auch in der Deutung der ihnen zugrunde liegenden Motive. Das vorliegende Buch ist das Zeugnis eines von totalitären Systemen vielfach gemarterten und verfolgten Menschen, ein Zeugnis auch für die erschreckende Wahrheit über diese Systeme.

Dieses *Tagebuch der Hölle* schrieb ein Mensch, der die Qualen überlebte, die totalitäre Systeme nicht nur ihren eingebildeten oder tatsächlichen Gegnern, sondern auch ihren gläubigen Jüngern bereiten, wenn sie befürchten, daß diese Gläubigkeit brüchig geworden sein könnte. Dieser Mann, dessen Aufzeichnungen wir jetzt herausgeben, gehört nicht zu den wenigen, die mit der Gloriole des Märtyrers die Hölle bestehen, sondern zu den vielen, die von der Schuld gezeichnet sind, den Mächten der Finsternis erst gutgläubig und dann verzweifelt gedient zu haben. Sollen wir daran Anstoß nehmen? Sollen wir abtun, was er auszusagen hat, mit der trivialen Bemerkung, Zeugnisse dieser Herkunft seien wenig glaubwürdig? Sollen wir die vielen und oft so fadenscheinigen Vorbehalte gelten lassen, hinter denen sich ebenso engstirnige Ignoranz wie eigenes Schuldbewußtsein verbergen können? Sollen wir das Wissen um Begebenheiten, Tatsachen und Zusammenhänge, um Methoden des offenen und heimlichen Terrors, um die Gleichartigkeit der Erscheinungsformen totalitärer Herrschaft und Macht nicht zur Kenntnis nehmen, weil sie von einem Mann offenbart werden, der sie besser als viele andere kennen muß, weil er selbst erst zu den Akteuren, dann zu den Opfern totalitärer Gewalt gehörte?

Die Finsternis kann den Blinden nicht schrecken, denn er kennt nicht das Licht. Aber auch der Sehende braucht sie nicht zu fürchten, wenn er weiß, was sie verbirgt.

Bücher dieser Art vermitteln eine wichtige Einsicht, eine Mitteilung, die in unsere widerspenstigen Ohren geradezu hineingebrüllt wird: Die Demokratie ist bei aller Unvollkommenheit die einzig menschenwürdige Weise, zu regieren und regiert zu werden, die Demokratie, deren wichtigste Voraussetzung die Rechtsstaatlichkeit ist. Die Menschen, die sie »machen«, sind voller Fehler und Unzulänglichkeiten. Institutionen, von Menschen geleitet, können irren; einzelne Interessen können sich auf unlautere Weise selbst bevorzugen; Wichtigtuer und Schwätzer können sich aufblasen und vorübergehend zu Amt und Einfluß kommen. Aber der große Glanz der Demokratie und ihr kleines Übel bleiben im Menschlichen. Alles liegt offen vor jedermann, und nie kann ein Staat, der auf der Würde, der Wirklichkeit der menschlichen Natur ruht, die Verachtung des Menschen zum einzigen Prinzip seiner Existenz machen. Die Menschenverachtung des totalen Staates jeder Farbe ist der Ausgangspunkt aller anderen schrecklichen Übel. Das Versprechen utopischen Glücks, der Auflösung aller Widersprüche liegt weit außerhalb menschlicher Möglichkeiten. Die Folge seines Exerzitiums ist die größte, die menschenfeindlichste Barbarei. Davon ist dieses Buch ein Zeugnis.

ERSTER TEIL

DAS NANNTEN SIE MORGENRÖTE

Ich bin Deutscher von Geburt. Aber die Plätze meiner Kindheit sind voneinander entfernt wie der Rhein vom Jangtsekiang. Die Sache begann an jener Stelle, wo der Rhein einen scharfen Bogen nach Westen macht, um das Gebirge zu durchbrechen, dann aber breit und eilig nach Norden strömt, an Lorelei und den Kölner Domtürmen vorbei. Meine Mutter war unterwegs von Genua nach Rotterdam, wo sie ihren Mann treffen sollte, als ihre Stunde kam. Das war im Jahre 1904. Sie unterbrach die Reise und fand Unterkunft bei Bekannten in einem Flecken bei Mainz. Dort schenkte sie ihrem ersten Sohn das Leben. Ich war noch keinen Monat alt, als sich meine Mutter mit mir rheinabwärts nach Rotterdam einschiffte.

Mein Vater war sein Leben lang zur See gefahren. So hatte er sich durch die ganze Welt getrieben. Aber er bewahrte seiner Heimat die Liebe. (Ich habe diese Liebe nie geteilt.) Vor dem ersten Weltkrieg gehörte mein Vater zehn Jahre lang zum nautischen Inspektionsdienst des Norddeutschen Lloyd im Orient und Italien. Das war ein Küstendienst, und die Gesellschaft zahlte ihm den Umzug seiner Familie von einem Hafen zum anderen. Eine unmittelbare Folge dieses Nomadenlebens war für mich, daß ich als Vierzehnjähriger außer meiner Muttersprache gebrochen Chinesisch und Malayisch sprach, das Schwedische, Englische und Italienische oberflächlich beherrschte und natürlich über das unverkennbare Pidgin-Englisch der internationalen Häfen verfügte. Eine weitere Folge war mein Minderwertigkeitsgefühl allen Jungen gegenüber, die ihre Jugend in einem einzigen Lande verbracht hatten: Was sollte ich demgegenüber vorbringen, der darauf pochen konnte: Das ist *mein* Land, mein Land ist das *beste* Land! Gewiß, ich versuchte, mich zu rächen, indem ich mir Mühe gab, solche trotzigen Beweise von Nationalstolz einfach zu verachten.

Das Leben in den Häfen und auf den Schiffen hielt die Sehnsucht nach der Ferne in mir lebendig. An heißen Nachmittagen zog ich in den Häfen auf Entdeckungen aus; ich beobachtete die Manöver der Schiffe und die Mühsal der Hafenarbeiter. Ich kannte die Gerüche der Lagerhallen und der Schiffsladeräume; wenn der Wind richtig stand, konnte ich auf eine Viertelmeile das Aroma von Jute, Kopra oder tropischen Hölzern voneinander unterscheiden. Und ich liebte es, Bücher über Entdeckungsreisen und kühne Seefahrten zu lesen. Ich spielte nicht Soldat, vielmehr war ich Kapitän oder der Boß einer Gruppe von Werftarbeitern, oder ich war Seeräuber. Als Zwölfjährigen lockte mich stürmisches Wetter, mit meinem kleinen Boot in die Elbe- oder Wesermündung hinauszusegeln, und es war mein stolzester Augenblick, als der Zimmermeister einer Bootswerft auf mich zeigte und seinen Kollegen zurief: »Dieser Wuschelkopf da segelt wie der Teufel.«

Mein Vater sprach nur selten von seiner abenteuerlichen Vergangenheit, über die doch die tätowierten Anker und Schiffe, die exotischen Mädchen auf seinen Armen und seinem Leib redeten, und die schweren silbernen Orden mit dem chinesischen Drachen und dem persischen Löwen. Er war, wie viele deutsche Handwerker jener Zeit, streng klassenbewußt; er gehörte zur Sozialdemokratischen Partei, war ein loyaler Gewerkschaftler und hielt den Kaiser für einen überflüssigen Narren. Er war kämpferisch auf eine unauffällige

Weise, konnte aber auch heftig werden, und er glaubte fest an eine gerechte und herrliche sozialistische Zukunft.

Meine tapfere und sehr fromme Mutter hatte ihren eigenen Traum: ein Haus auf einem Hügel mit einem Garten und Birken dazu, einen friedlichen Ankerplatz, den ihre vier Söhne ansteuern sollten – denn alle waren sie Seeleute geworden –, wenn sie ein paar Tage Landurlaub hatten. Meine Mutter stammte aus Schonen, der südlichsten Provinz Schwedens, war eine gastfreundliche Frau und liebte alles ehrfürchtig, was lebte und wuchs, eine Eigenschaft, die die Schweden besonders auszeichnet.

Die erste Schule, die ich besuchte, war die deutsche Schule in Buenos Aires. Dort blieb ich nicht viel länger als ein Jahr, und ich weiß nicht mehr viel davon. Die nächsten zwei Jahre verbrachte ich an einer englischen Schule in Singapore. Dort, unter der Hitze des Äquators und im Zeichen der britischen Weltherrschaft, wurde mir zum erstenmal klar, welcher Abgrund mich als das Kind eines Handwerkers von den Söhnen und Töchtern der Kolonialbeamten und der weißen Kaufleute im Osten trennte. Der Zugang zu ihren Vergnügungen war mir verwehrt, und der Bürgerstolz ihrer Eltern verbot den Kindern, in unser armseliges Heim zu kommen. Wir hatten ja nur zwei chinesische Bediente, während sie fünfzehn oder gar zwanzig beschäftigten. Und da mein Vater keinerlei Bedenken hegte, daß ich mit den Kindern seiner fleißigen asiatischen Gehilfen spielte, erfanden die kleinen »imperialistischen« Snobs meiner Klasse einen Spitznamen für mich, über den selbst die Großen lachen mußten – *Lumpenhund.*

Ich war tapsig und für mein Alter zu groß. Meine Lehrerin in Singapore war eine feine, ziemlich hagere Engländerin, die wahrscheinlich überzeugt war, daß ihr einziger proletarischer Schüler nichts davon gemerkt habe, wie sie sich vor den Vätern der Wohlanständigen verbeugte und ihn selbst herabsetzte.

1913 hatte mein Vater vorübergehend in Hongkong zu tun, und noch im gleichen Jahr wurde er beauftragt, die Ausrüstung neugekaufter Schiffe in Jokohama und Batavia zu überwachen. Seine Familie begleitete ihn auf seinen Reisen, wie es die Gelegenheit bot, in der zweiten oder dritten Klasse der Schiffe des Norddeutschen Lloyd, und heute erinnere ich mich des übereifrigen Deckstewards des Dampfers *Kleist*, der mich vom feinen Promenadendeck hinunterjagte auf ein Deck, das der Wasserlinie sehr viel näher lag.

»Sei nicht traurig«, so tröstete mich mein Vater. »Wir sind nun einmal Menschen zweiter Klasse.«

Menschen zweiter Klasse! Die Familie wurde von Jahr zu Jahr größer. Meine erste Schwester wurde in Hongkong geboren, die zweite an Bord zwischen Suez und Colombo. Ein Bruder wurde in Singapore geboren. Er war später Offizier der Luftwaffe; 1939 tötete ihn ein kommunistischer Sabotageakt.

1914 hatte der Lloyd meinen Vater zur Unterstützung seines dort tätigen Agenten nach Genua geschickt. Dort brauchte man einen Fachmann zur Abfertigung der sogenannten *Makkaroni-Schiffe*, riesiger Schiffe vom Typ der *Berlin*, auf denen italienische Emigranten und Erntearbeiter nach New York und in die südamerikanischen Weizen- und Viehzuchtgebiete verschifft wurden. Wir wurden in Genua vom Krieg überrascht; die deutsche Schiffahrt wurde eingestellt.

Bis Italien 1915 Deutschland den Krieg erklärte, blieben wir in Genua. Diese neun Monate vergingen wie ein langer Alptraum. Ich lernte, was Massenhaß und Chauvinismus in ihren übelsten Formen sind. Jeder Zeitungskiosk war über und über beladen mit Heften und Plakaten, die zeigten, wie deutsche Soldaten mit ihren Bajonetten die Zungen von Kindern auf den Tisch nagelten oder hübschen jungen Mädchen die Zunge ausrissen. Auf meinen Gängen zum Hafen, der mich nach wie vor unwiderstehlich anzog, mußte ich mit Überfällen und Prügeln rechnen. Die Wege von und zur Schule wurden für mich und andere Kinder, die man als Deutsche verdächtigte, zu Passionswegen; wir wurden mit Steinen und Mauleselmist beworfen, mit Stöcken geschlagen, ins Gesicht gespuckt. Nun machten die kämpferischen Eigenschaften der italienischer Straßenjungen nicht allzuviel Eindruck auf uns. Sechs österreichische, schweizerische und deutsche Jungen, die sich vereinigten und mit Knüppeln bewaffneten, schlugen die zehnfache Anzahl von *salita*-Wölfen in die Flucht. Hätte mein Vater damals diese Sorte italienischer Patrioten Verräter und Schweinehunde genannt, ich hätte ihn verstanden und das Hohenzollernlied angestimmt; er aber verurteilte diesen Krieg heftig. Da er an einen aktiven, sozialistischen Internationalismus und an die Solidarität der Arbeiterklasse über die nationalen Grenzen hinaus glaubte, verurteilte er auch die sozialistischen Führer Deutschlands, die den sozialen Burgfrieden erklärten und im August 1914 die Kriegskredite bewilligten. All das bestürzte und erschreckte mich, und ich blieb mißtrauisch und feindselig gegen alle »Macht-ist-Recht«-Schlagworte der damaligen Zeit.

Als Italien schließlich den Krieg erklärte, verschwand mein Vater mit verstreuten Gruppen anderer Landsleute in Richtung auf die nördliche Grenze zu, um der Gefangennahme zu entgehen. Ein Beamter in einer farbenprächtigen Uniform forderte uns wenig später auf, Italien innerhalb von zwölf Stunden zu verlassen. Wir durften nur mitnehmen, was wir tragen konnten. Das meiste blieb also zurück. Meine Mutter und wir Kinder bestiegen den Expreß nach Mailand und fuhren in derselben Nacht noch über die Alpen nach Deutschland. Wir betraten das Vaterland wie ausländische Flüchtlinge. Für die älteren von uns Kindern war Deutschland ein fremdes Land.

Zu Beginn des dritten Kriegsjahres lebten wir in Bremen. Mein Vater diente in der Kaiserlichen Marine. Zuerst war er auf ein Patrouillenboot vor Helgoland, dann in den vorderen Torpedoraum des Schlachtschiffes *Thüringen* kommandiert, das in Wilhelmshaven stationiert war und zeitweise in der Flottenbasis Kiel lag. Meine Mutter hatte ihre Mühe, uns Kinder mit den knappen Zuteilungen durchzubringen, die die Familien der eingezogenen Wehrpflichtigen erhielten. Ich trug Anzüge aus Papier und Schuhe aus Holz. Im Sommer ging ich barfuß. Unsere Hauptnahrung bestand aus Steckrüben und schlechtem Brot, selten gab es Kartoffeln, und Pferdefleisch war für uns ein Luxus. Wir lernten ermessen, was Hunger und im Winter grausame Kälte bedeuteten. Wir sammelten Buchedkern in den Wäldern, um Öl zu schlagen, und Eicheln, um Kaffee zu mahlen. Wie ein Rudel Wölfe strichen wir Buben in der Nähe der Landgüter, der Felder und der Armeeversorgungslager herum. Wir stahlen Holz, Kartoffeln und Konserven und sammelten die kostbare Kohle im Gelände der Fabriken und Güterbahnhöfe. Ältere Waldhüter oder Polizisten erwischten mich dabei. Da ich nichts Unrechtes in meinen kleinen Räubereien sah, lernte ich bald, in jedem, der die Abzeichen der staatlichen Autorität trug, einen hassenswerten Feind zu sehen.

In der Schule lagen meine Noten unter dem Durchschnitt. Die unregelmäßige

Ausbildung, die ich auf den ausländischen Schulen erhalten hatte, reichte nicht aus, den strengen Anforderungen des deutschen Schulsystems gerecht zu werden. Mein Lehrer, mit Namen Schlüter, hatte beide Söhne in Frankreich verloren, seine Frau hatte sich mit Gas vergiftet. Er rächte sich für sein eigenes Unglück damit, daß er seine Schüler von morgens bis abends brutal verprügelte. Er legte sein Opfer dann vor aller Augen über das Klassenpult und schlug rücksichtslos mit dem Stock zu, sogar bis zur Bewußtlosigkeit seines Opfers. Ich wurde häufig sein Opfer; meine Helden waren weder Bismarck noch Ludendorff, sondern Magellan, Kapitän Cook und J. F. Coopers *Roter Freibeuter* – wahrhaftig alles Ausländer, wie ich selber einer war.
Dieser Lehrer wollte uns zu dem Leitwort »Haltet aus! Haltet durch! Haltet euer Maul!« abrichten. Er wollte uns lehren, daß die englische Blockade an der mißlichen Lage der Deutschen schuld sei. Aber mein Vater und die Matrosen schimpften auf den Kaiser und die Waffenfabrikanten, wenn sie mit einer Ladung gestohlenen Zuckers und Kommißbrot auf Urlaub kamen. Mit den Söhnen aufrührerischer Arbeiter saß ich in heimlichen Kellerversammlungen zusammen und sang:

Tod den Henkern, Königen und Verrätern,
Gebt den Massen Brot!
Vorwärts! ist des Volkes Wahlspruch:
Wir wollen frei sein – oder tot.

Im September 1918, als ich gerade vierzehn geworden war, brachte mich ein älterer Freund, der als Taglöhner bei einem Kaminfegermeister arbeitete, in eine der Jugendgruppen der Unabhängigen Sozialisten. Diese Gruppen, die sich *Spartakus-Jugend* nannten, waren, so sagte man mir, eine illegale Organisation junger Berliner Revolutionäre.
Eine zusammengewürfelte Schar kindlicher Aufrührer, trafen wir uns auf Dachböden, in verlassenen Häusern und sogar auf den Dächern. Männer, die behaupteten, aus der Marine desertiert zu sein, lehrten uns, die Reichen zu hassen und die Armen zum Kampf aufzurufen. Mit Juckpulver und Stinkbomben, die man uns in Bonbonschachteln verpackt aushändigte, sollten wir patriotische Schulfeiern stören, und wir mußten die Altmetall-, Flaschen- und Filzhutsammlungen sabotieren, die in den Schulen veranstaltet wurden. Das taten wir denn auch und noch mehr. Wir zeichneten Karikaturen des Kaisers, wie er am Galgen hängt, und ließen sie heimlich von Hand zu Hand gehen, und wir gaben unserer Verachtung für jede Art staatlicher Autorität Ausdruck, indem wir tote Ratten durch die geöffneten Fenster der Polizeireviere warfen.
Von meinem Vater und von Matrosen hörten wir, wenn sie jeden Monat für zwei Tage auf Urlaub nach Hause kamen, was bei der Flotte vor sich ging: eine Meuterei stand bevor. Die Männer, zu tausend und mehr auf einem Schiff zusammengepfercht und hungrig, haßten ihre Offiziere wegen ihrer Arroganz, des Champagners und der Butter, die sie erhielten. Die »Kulis« der Flotte wollten mehr als nur ein Ende des Krieges; sie sannen auf Rache für alle Erniedrigungen der Vergangenheit. Auf vielen Schiffen waren geheime Aktionskomitees der Matrosen und Heizer gegründet worden. Die Abtritte in den Werften wurden die Zentren geheimer revolutionärer Zusammenkünfte. Die

Zahl der Deserteure wuchs. Einige Rädelsführer wurden auf den Kriegsschiffen kriegsgerichtlich verurteilt und durch kaiserliche Exekutionskommandos erschossen.
Keine Woche verging, ohne daß ein Deserteur in unserer Wohnung übernachtet hätte. Gewöhnlich gingen sie bei Tagesanbruch in zerlumpten Zivilkleidern wieder weg, um Berlin oder München, Sachsen oder Schlesien zu erreichen. Viele von ihnen brachten Dienstpistolen in die Arbeiterwohnungen. Meine Mutter verabscheute jede Waffe. Aber ich wußte, daß verschiedene Familien in unserem Hause Feuerwaffen im Kellergeschoß, unter den Fußböden, in den Fensterverkleidungen und in den Ofenrohren versteckt hielten. Die Bevölkerung war feindselig und schweigsam. Niemand in unserem oder im nächsten Block glaubte, daß das Ende des Krieges nahe sei.
Einmal war ein Matrose, der aus Petersburg kam, unser Gast. Er war groß und hager. In meinen Augen war er eine ziemlich abenteuerliche Gestalt, wie er da in einer Ecke des Wohnzimmers stand und vom Sieg der Bolschewiki, vom Sieg der ersten Arbeiterregierung der Welt erzählte. Er trank große Mengen schlechten schwarzen und ungezuckerten Kaffees und sprach, bis er heiser war. Das Zimmer war voller Leute. Unaufhörlich kamen und gingen sie. Sie stellten Fragen, schüttelten die Köpfe, erhoben Einwände, und viele Augen leuchteten. Als es Zeit war, sich schlafen zu legen, hatte er Angst, zu bleiben; denn vielleicht hatte inzwischen jemand die Polizei benachrichtigt. Ich führte ihn zu der Familie eines Freundes auf der anderen Seite des Flusses. Er schlich sich in einen Hausflur oder verschwand in einer Seitenstraße, sobald er einen Polizisten vor sich unter einer Straßenlaterne sah. Zuletzt war ich etwas verärgert. Ich hatte eine recht geringe Meinung von Polizisten. Zwei lange Stunden wanderten wir durch die Nacht, der Matrose und ich, ohne daß wir ein Wort gesprochen hätten.
Gegen Ende Oktober 1918 schrieb mein Vater, daß die Hochseeflotte den Befehl zu einem letzten Angriff auf England erhalten habe. Es wurde kein Geheimnis daraus gemacht. Die Offiziere, so berichtete er in seiner ungeschliffenen Art, feierten jede Nacht. Sie sprachen von einem Opfergang der Flotte. Ein Gerücht besagte, daß die Flotte Befehl habe, im Kampf unterzugehen, um die Ehre der Generation zu retten, die sie gebaut hatte. »Ihre Ehre ist nicht unsere Ehre«, schrieb mein Vater.
Zwei Tage später lag die Flotte zum Auslaufen bereit. Die Bevölkerung von Bremen war mürrischer denn je.
Dann trafen erregende Nachrichten ein: Meuterei in der Flotte des Kaisers! Junge Bürgersöhne, die bisher Sportseglermützen getragen hatten, ließen sie jetzt lieber zu Hause. Ich sah Frauen, die lachten und weinten, weil ihre Männer bei der Flotte waren. Aus Fenstern und Türen und vor den Lebensmittelgeschäften hörte man ängstliche Stimmen: »Wird die Flotte auslaufen? . . . Nein, die Flotte soll nicht auslaufen! Es ist reiner Mord! Schluß mit dem Krieg!« In den Straßen riefen junge Leute hurra.
Einzelheiten sickerten durch. An Bord der *Thüringen* hatten die Aufrührer sich des Schiffs bemächtigt. Sie hatten Anker geworfen, die Feuer gelöscht und die Offiziere entwaffnet.
Man hörte rufen: »Nieder mit dem Kaiser! Nieder mit dem Krieg! Wir wollen Frieden!«
Männer, die vorübergingen, schüttelten die Köpfe und sagten, daß auf Meu-

terei die Todesstrafe stehe. Ein Deserteur von einer Minenräumflottille brachte weitere Nachrichten. Das Schlachtschiff *Helgoland* war dem Beispiel der *Thüringen* gefolgt. Die Heizer hatten die Feuer gelöscht und den Dampf abgeblasen.
Die Flotte konnte nicht auslaufen. Die Flotte kehrte in den Hafen zurück. Fünfhundertachtzig Aufrührer der *Thüringen* und der *Helgoland*, unter ihnen mein Vater, wurden verhaftet und auf den Schiffen eingeschlossen.
Zu Hause verbrachten wir zwei schreckliche Nächte. Meine Mutter betete. Die jüngeren von uns Kindern lagen zitternd in den Betten. Es gab keine Kohle und nichts zu essen. Mein Vater konnte erschossen werden, aber das war eine Möglichkeit, an die ich jetzt kaum dachte. Die Verhaftung der Aufrührer war nur eine Episode. Mit Hilfe von außen brachen sie aus, stürmten das Schiff und übernahmen den Befehl. Die Offiziere gaben ihre Sache verloren. An Bord der *Helgoland* holte ein kräftiger junger Heizer die Flagge des Kaisers nieder und hißte die rote Flagge am Hauptmast. Um den 7. November befand sich die ganze Flotte in Aufruhr.
In jener Nacht sah ich die Kolonnen aufrührerischer Matrosen auf beschlagnahmten Lastwagen nach Bremen rollen – mit roten Fahnen und aufmontierten Maschinengewehren. Tausende zogen durch die Straßen. Die Lastwagen hielten oft, die Matrosen sangen und verlangten grölend freie Durchfahrt. Die Arbeiter grüßten mit besonderer Begeisterung einen kleinen, dicken jungen Mann in dunkelblauem Anzug. Der Mann schwang den Karabiner über dem Kopf, um den Gruß zu erwidern. Es war der Heizer, der als erster die rote Fahne über der Flotte gehißt hatte. Sein Name war Ernst Wollweber.
Ein Offizier in Feldgrau trat aus dem Bahnhof, als dieser umzingelt wurde; er wurde von den Aufrührern gepackt. Widerstrebend ließ er sich die Schulterstücke abreißen. Er machte eine Bewegung, um seine Pistole zu ziehen, da sausten Gewehrkolben nieder, und die Menge fiel über ihn her. Fasziniert schaute ich aus nächster Nähe zu. Dann wandten sich die Matrosen ab und sprangen auf ihre Lastwagen. Ich hatte schon früher Tote gesehen. Aber ein gewaltsamer Tod und der Wutausbruch, der diesen begleitete, waren für mich neu. Der Offizier rührte sich nicht mehr. Ich staunte, wie leicht ein Mensch getötet werden konnte.
Auf meinem Fahrrad fuhr ich weiter. Ein seltsames Gefühl der Macht ergriff mich wie Fieber. Ich wußte nicht, daß das ein Teil des Massenrausches war, der wie der untersetzte Heizer der *Helgoland* aus der Tiefe aufstieg, um sich der Gemüter und der Ereignisse zu bemächtigen. Nicht weit von Hillmanns Hotel verprügelte eine Schar Zivilisten einen Schutzmann, der versucht hatte, ihnen zu verbieten, sich außen am Straßenbahnwagen anzuhängen.
Ich fuhr zum Brill, einem Platz im westlichen Zentrum der Stadt. Von da an mußte ich das Fahrrad durch das Gedränge schieben. Die Bevölkerung war auf der Straße. Von allen Seiten drängten die Menschen, ein Meer von schwingenden und stoßenden Körpern und verzerrten Gesichtern, dem Stadtzentrum zu. Viele Arbeiter waren mit Gewehren, Seitengewehren oder Hämmern bewaffnet. Ich fühlte damals und später, daß der Anblick bewaffneter Arbeiter das Blut jener in Aufruhr bringt, die mit ihnen sympathisieren. Heiser singend, in einem unordentlichen Haufen, zog eine Schar demonstrierender Häftlinge vorbei, die von Matrosen aus dem Gefängnis in Oslebshausen befreit worden war. Die meisten trugen Waffenröcke über ihrer Sträflingskleidung.

Aber das eigentliche Symbol dieser Revolution, die in Wirklichkeit nichts als eine Revolte war, waren weder die bewaffneten Arbeiter noch die singenden Sträflinge, sondern die aufrührerischen Matrosen der Flotte mit ihren umgedrehten Mützenbändern und den über die Schulter gehängten Karabinern, deren Lauf nach unten und deren Kolben nach oben gerichtet waren.
Die Stadthalle von Bremen fiel fast kampflos. Niemand verteidigte das fallende Reich. Die Massen wünschten keine Rache; sie waren kriegsmüde und entschlossen, ein Ende zu machen. In später Nachtstunde füllten Zehntausende von Arbeitern den Marktplatz. Zwischen ihnen befanden sich vereinzelte Soldaten und, nicht wegzudenken, die Matrosen der Kriegsschiffe.
Am Fuße der Rolandstatue kauerte eine verängstigte alte Frau. »Ach, du lieber Gott«, jammerte sie entsetzt. »Was soll das alles bedeuten? Wie wird das bloß noch enden?« Ein vierschrötiger junger Arbeiter, dem ich schon vom Brill her gefolgt war, packte die alte Frau an der Schulter und rief dröhnend: »Revolution, Revolution, gute Frau!«
Ein Redner löste den anderen ab; vom Balkon der Stadthalle wurde der Anbruch der neuen Zeit verkündet: da sprach ein schmächtiger Soldat als Vertreter des erst kürzlich gegründeten Arbeiterrates, ein dickbäuchiger Funktionär der Sozialdemokratischen Partei und dazwischen der untersetzte Anführer der aufrührerischen Matrosen, Ernst Wollweber.
Wollweber schleuderte seine Worte wie Felsbrocken in die Masse.
»Wir zogen dem Kaiser seine Stiefel aus«, schloß er seine Rede. »Jetzt laßt uns mit den Kapitalisten aufräumen. Lang lebe die deutsche Sowjet-Republik!«
Die Massen antworteten. Sie brüllten, bis die Gesichter zu bersten schienen. Der Zwang war unwiderstehlich. Ich brüllte mit. Der Aufstand sprang von der Küste zum Süden. Die preußische Regierung gab auf, in Bayern wurde die Republik ausgerufen; in Hamburg, der traditionell rotesten Stadt Deutschlands, übernahmen die Sowjets die Macht. Der Kaiser floh nach Holland, und zwei Tage später war der Waffenstillstand geschlossen.
Von meinem Vater hörte ich, er sei in den revolutionären Arbeiter- und Soldatenrat von Emden gewählt worden. Später zog er nach Berlin. Die Unabhängigen Sozialisten sandten ihn nach Braunschweig. Ich sah ihn nicht wieder. Inzwischen verbrachte ich den größeren Teil des Tages auf dem Fahrrad und machte Botengänge für einen Matrosenausschuß, der sein Hauptquartier in der Weserwerft aufgeschlagen hatte. Ich verstand nichts von den Streitigkeiten zwischen den verschiedenen Arbeiterparteien, aber die Verachtung der eigentlichen Aufrührer für die gemäßigten Politiker wurde die meine. Tag für Tag gab es Demonstrationen und Gegendemonstrationen rivalisierender proletarischer Gruppen. Zu scheinbarer Einigkeit kam es erst, als feldgraue Truppen von der Front zurückfluteten, die noch unter dem Kommando ihrer alten Offiziere standen. Ich befand mich in der Menge derer, die die Rückkehr der Regimenter 75 und 213 am nordwestlichen Stadtrand erwarteten. Die Soldaten waren schweigsam und schmutzbedeckt. Die Offiziere hatten die Säbel gezogen und antworteten den grölenden Massen mit Hohn und Drohungen.
»Wir werden hier schon aufräumen«, war ihre Drohung.
Als die Frontsoldaten erst in der Stadt waren, wurden sie von revolutionären Matrosen und von Werftarbeitern, die sich auf den Dächern und hinter den Balkonen in Maschinengewehrnestern verschanzt hatten, umzingelt. Die Trup-

pen saßen in der Falle, und jedermann erwartete ein Massaker; aber sie ließen sich ohne Blutvergießen entwaffnen und auflösen. Wenige Tage später allerdings rührten sich neugebildete nationale Verbände. An den Mauern klebten Plakate. *Nieder mit den Novemberverbrechern!* Arbeitergruppen rissen sie ab. Müde, von den Truppen verlassene Pferde wurden nachts auf den Straßen von hungernden Frauen geschlachtet.

Im Januar 1919 führte die Uneinigkeit zur offenen Auseinandersetzung. Die Ebert-Scheidemann-Noske-Streitkräfte, rechtsstehende Sozialisten, bedienten sich der Hilfe nationalistischer Divisionen, die unter dem Kommando von Offizieren der Westfront standen, um die Versuche des Spartakusbundes, die Macht zu ergreifen, unmöglich zu machen. Hunderte starben in den Straßen von Berlin. Karl Liebknecht und die heldenhafte Frau, die sich mit ihm in die Führung teilte, Rosa Luxemburg, wurden von einer Kamarilla solcher Offiziere ermordet. Rosa wurde in Stücke zerrissen und in den Kanal geworfen, und der monarchistische Pöbel stimmte fröhlich ein neues Lied an, das mit den Worten begann:

Es schwimmt eine Leiche im Landwehrkanal ...

In Bremen waren die Matrosen immer noch optimistisch. Wie einer von ihnen sich ausdrückte: »Solang wir noch ein Maschinengewehr, ein Kommißbrot und eine Leberwurst haben, gibt es keinen Grund zur Sorge!« In München, in Hamburg und in Schlesien kam es zu Straßenkämpfen. In Bremen beherrschten die Sowjets die Stadt und proklamierten sie zu einer unabhängigen Republik.

Am 20. Januar traf die Nachricht ein, daß mein Vater in einem Krankenhaus in Wolfenbüttel gestorben war. Meine Mutter reiste sofort nach Braunschweig. Die jüngeren Geschwister wurden in die Obhut eines Nachbarn gegeben. Am 22. Januar wurde mein fünf Jahre alter jüngerer Bruder tot im Bett aufgefunden. Niemand sah ihn sterben. Der Schmerz hatte uns tief getroffen.

Seit Mitte November 1918 hatte ich keine Schule mehr besucht. Die Jung-Spartakus-Gruppe, zu der ich gehörte, war sehr tätig. Jeden Morgen gingen wir ins Rote Haus auf dem linken Weserufer und erhielten Pakete mit Flugblättern von der Sekretärin eines wild aussehenden Buckligen, der auf irgendeine Weise im Rat der revolutionären Matrosen zur Macht gelangt war. Wir verteilten die Flugblätter im Hafengebiet, an den Fabriktoren und in den Bezirken der vorstädtischen Mietshäuser.

In den ersten Tagen des Januar 1919 konstituierte sich der Spartakusbund als Kommunistische Partei Deutschlands, aber wir waren so stolz auf den alten Namen unserer Organisation, daß wir uns nicht Jungkommunisten nannten, sondern Jungspartakisten. Am 27. Januar, an Kaisers Geburtstag, teilten uns Matrosen mit roten Armbinden in Gruppen von je zwanzig ein. Den ganzen Tag verbrachten wir damit, die Kaisergeburtstagsfeiern zu sprengen, die von den Leitern der Gymnasien und anderen höheren Schulen veranstaltet wurden. Wir bewaffneten uns mit Knütteln und Steinen, drangen in die Versammlungsräume, rissen die kaiserliche Fahne von den Kathedern und überschrien das *Heil Dir im Siegerkranz* mit der deutschen Version der Marseillaise. Die Lehrer wagten nicht, gegen uns einzuschreiten. Ihre Schuljungen wurden auf die Straße gejagt.

Dann kam der Februar. Die Tragödie begann in Berlin. Die Vernichtung kleiner kämpfender revolutionärer Gruppen durch die junge *Reichswehr* unter dem Kommando des Kriegsministers Gustav Noske, eines Sozialdemokraten, wiederholte sich in vielen abgelegenen Städten. Gerüchte verbreiteten sich in unseren Reihen, daß Berlin reaktionäre Truppen zur Unterdrückung der Sowjets nach Bremen entsenden wolle. Am 3. Februar versammelten sich die Leute um Plakate, die ankündigten, daß die Division des Generals Gerstenberg sich der Stadt von Süden her nähere. Alle revolutionären Arbeiter wurden zu den Waffen gerufen. Die Söhne bürgerlicher Familien verließen die Stadt. In weit auseinandergezogenen Kolonnen glitten sie auf Schlittschuhen durch das gefrorene Moor, um sich mit den anmarschierenden Truppen zu vereinigen.

Die Mitglieder des Jung-Spartakus-Bundes, etwas weniger als dreihundert, wurden mobilisiert, um als Boten und Melder eingesetzt zu werden. Viele von uns erhielten neue Fahrräder, die man aus den Geschäften geholt hatte. Der revolutionäre Verteidigungsausschuß setzte Jungen und Mädel als Kuriere ein, weil Jugendliche nicht so leicht verdächtigt und von den vorrückenden Truppen Noskes nicht festgehalten wurden. Den ganzen Tag hindurch beobachtete ich Matrosen und Arbeiter, wie sie am Ufer Feldgeschütze und Maschinengewehre auf strategisch wichtigen Häusern in Stellung brachten. Spartakistische Abteilungen marschierten in die Außenbezirke der Stadt, fast durchweg Jugendliche unter 20 Jahren, alle schlecht gekleidet, einige mit Lumpen statt Schuhen an den Füßen. Ihre Gewehre hingen mit dem Kolben nach oben über die Schultern, ihre Hände hatten sie in den Taschen vergraben. Ihre Gesichter waren blaß und blau vor Kälte.

In der Nacht vom dritten auf den vierten Februar ging ich nicht nach Hause. Eine Mischung aus selbstzerstörerischem Mißtrauen und hektischem Fatalismus, eine Wut, die von dem unermüdlichen kleinen Haufen Matrosen auf uns übersprang, schien uns alle, alt und jung, zu beherrschen. Ich hörte Männer von der völligen Vernichtung der Gegenrevolution sprechen. Sie konnten mich nicht täuschen; ich wußte, was sie dachten. Sie sahen sich der Vernichtung gegenüber und wußten das, aber ihr Fieber und ihre Selbstachtung und ihre Scham vor dem Lächerlichen erlaubten es ihnen nicht, eine Position aufzugeben, die schon verloren war. Die Hälfte jener Nacht schlief ich auf dem Fußboden der Börse.

Die große Halle war von jungen Leuten und einigen jungen Frauen gefüllt. Reihen von Fahrrädern lehnten an den Wänden. Schußwaffen lagen in der Nähe der Ausgänge aufgestapelt. Leute schnarchten in aufgeschüttetem Stroh oder unterhielten sich flüsternd. Große Kessel schlechten Kaffees dampften auf Kerosin-Öfen. Es dunkelte, als wir geweckt wurden. Einige Matrosen stürzten herein, sprangen über die am Boden liegenden Sachen, weckten die Schläfer rechts und links mit Fußtritten und riefen:

»Alles auf! Reise! Reise! Die Noskegarde kommt!«

Auf dem Marktplatz erteilten der kleine Buckelige, ein mächtiger Matrose und ein junger Mann mit Brille Befehle. Über den Fluß hallte der dumpfe Schlag des Artilleriefeuers und das scharfe Geknatter der Maschinengewehre. Mit fünf anderen Jungen erhielt ich den Befehl, zur Zentralsparkasse in der Kaiserstraße zu laufen. Wir sollten als Melder zwischen der Bank und der im Westen gelegenen Weserwerft eingesetzt werden.

Drei von unserer Kuriergruppe desertierten; aber ich bezweifle, daß sie es aus Furcht taten: Sie liefen nur weg, weil sie mehr von der Schlacht sehen wollten. Den ganzen Tag strich neugieriger Pöbel um die Straßenecken und war auch durch die Kugeln nicht zu vertreiben. Zweimal im Lauf des Vormittags machte ich den Weg von der Bank zur Werft, mit einem schlecht geschriebenen Bericht des Genossen, der mit der Verteidigung des Eingangs zur Kaiserstraße, einer Durchgangsstraße vom Fluß zum Hauptbahnhof, betraut war. Zu jener Zeit lag der Westen der Stadt noch außerhalb der Kampfzone. Verbarrikadierte Geschäfte, zerschlagene Fenster, Haufen von herausgerissenen, zum Bau von Barrikaden aufgestapelten Pflastersteinen kennzeichneten die Straßen. Es schien für mich keine Arbeit mehr zu geben nach dem zweiten Botengang. Da ich noch niemals in einer Bank gewesen war, machte ich mich daran, das Gebäude zu erkunden. Nicht ein Fenster war heil. Türen waren aufgebrochen, Schreibtische, Sessel, Karteikästen und Teppiche an den Fenstern aufeinandergestellt, damit sie auf die Köpfe der Angreifer geworfen werden konnten. An einigen Fenstern lagen Scharfschützen in Stellung. Niemand hielt mich an; irgendein Spion der gegnerischen Streitkräfte hätte leicht in das Gebäude eindringen können, um die Stärke der Verteidiger auszukundschaften. Schließlich blieb ich in einem großen Raum im obersten Stockwerk stehen. Durch das, was Hein Rode, ein Matrose, mit dem ich bekannt war, sagte, und aus dem, was ich selbst sah, konnte ich mir ein Urteil bilden über die unzulänglichen Vorbereitungen auf die härteste Form des Kampfes – den Straßenkampf.

Da war ein Maschinengewehr, das vom größten Fenster aus feuerte. Zwei Matrosen und ein Jugendlicher in meinem Alter bedienten es. Zu dieser Zeit hallte die ganze Stadt vom Gefechtslärm wider.

Scharfschützen schossen auf Soldaten, die über entfernte Hausgiebel krochen. In Abständen dröhnten die Feldgeschütze längs des Flusses. Das bösartige Hämmern der Maschinengewehre setzte nicht mehr aus. Männer schossen aus fahrenden Wagen oder aus den Hauseingängen. Häuser brannten. Unten am Brill liefen neugierige Fußgänger um ihr Leben. Steinbrocken und Glassplitter bedeckten die Straßen. Schwere Explosionen ließen das Gebäude wie bei einem Erdbeben erzittern.

»Direkter Beschuß?« fragte ich aufgeregt.

»Minen«, sagte Hein Rode ruhig. »Sie setzen Minenwerfer ein.«

Die Noskegarden, die längs der Meterstraße vorrückten, näherten sich jetzt dem linken Flußufer. Ich sah sie von Hauseingang zu Hauseingang springen, während andere gleichzeitig über die Dächer und die Gartenzäune kletterten. Auf eine halbe Meile sahen sie wie lebende Bleisoldaten aus, in Wirklichkeit waren es Veteranen der Westfront. Der südliche Brückenkopf der Kaiserbrükke wimmelte plötzlich von feldgrauen Gestalten unter Stahlhelmen.

Das Maschinengewehr am Fenster hatte Ladehemmung. Ein Matrose wandte sich um und beruhigte uns: »Die Genossen jagen gleich die Brücken in die Luft.«

Einen Augenblick später fluchte er: »Verdammt, warum jagen sie die Brücke nicht in die Luft?«

Das Feuer ließ nach. Die Noskegarden stürmten die Brücke. Im Laufen schrien sie. Und plötzlich eröffneten die Maschinengewehre wieder das Feuer mit ihren unbarmherzigen Garben. Ich sah Soldaten stürzen. Der Tod war überall. Das Knallen explodierender Handgranaten war keine zweihundert Meter mehr von uns entfernt. Explosivgeschosse rissen Brocken von Mauerwerk aus den Türmen des Münsters. Einen Augenblick später liefen wir alle in Panik aus dem Gebäude. Ein Melder, der von der Kommandostelle auf den Marktplatz kam, brüllte etwas von Panzerwagen.

Ängstliche Rufe erklangen: »Die Brücken sind genommen!«

Es gab kein Zeichen der Entmutigung. Aber es herrschte heillose Verwirrung. Es hieß, Knief, der revolutionäre Lehrer, und Fraczunkowitz, der Bucklige, seien mit dem Flugzeug entkommen.

»Besser, wir machen uns jetzt dünne«, riet Rode mir. »Rette deine Haut!«

Ich stieg auf mein Fahrrad und fuhr, ohne daß ich mir die Richtung klarmachte. Überall lagen Tote in schrecklichen Stellungen, und an vielen Orten war der Schnee von Blut getränkt. Ich erreichte den Burggraben, eine natürliche Verteidigungslinie, die die innere Stadt umgab. Auch ich war desertiert. Die Rotgardisten zogen sich auf den Bahnhof zurück. Mehrere Male wurde ich von Noskegarden angehalten, als sie aber sahen, daß ich trotz meiner Länge noch ein Kind war, ließen sie mich weiterfahren. Überall rollten Lastwagen mit Soldaten in Feldgrau langsam vor. Ich floh aus der Stadt, wobei ich einer Abteilung Aufständischer folgte, die sich zurückzog. Nach dreitägigem Fußmarsch erreichte ich Hamburg.

Vom Bahnhof aus schrieb ich als Lebenszeichen eine Karte an meine Mutter nach Braunschweig. Sie telegrafierte mir, daß es ihr gelungen sei, etwas Geld aufzutreiben. Am nächsten Tag traf sie in Hamburg ein; sie sah aus wie ein Gespenst.

»Ich will nicht zurück«, sagte ich ihr. »Ich gehe zur Handelsmarine.«

Lange sagte sie nichts. Nur ihre geduldigen grauen Augen weiteten sich und füllten sich mit einer unendlichen Traurigkeit. Schließlich sagte sie: »Aber unser Land hat keine Schiffe. Die Engländer haben sie alle weggenommen.«

»Ich werde mich als Schiffsjunge anheuern lassen, unter irgendeiner fremden Flagge«, gab ich zur Antwort.

In den darauffolgenden Tagen verkaufte meine Mutter Familiensilber, das sie mitgebracht hatte, und kaufte mir Ölzeug, Seestiefel, Decken und einige andere Dinge, die ich brauchte. Sie gab mir auch eine kleine Bibel, und sie vereinbarte mit Wolfert, einem Heuerbaas mit schlauen blauen Augen in einem Trinkergesicht, daß ich in seinem Kosthaus leben könne, bis er mir ein Schiff besorgt habe.

Als der Zug aus dem Hamburger Bahnhof fuhr, sah ich sie am Fenster stehen, hinfällig, abgerissen, traurig und voll unbesiegbarer Treue und Anhänglichkeit.

»Guten Wind«, rief sie mir zu. »Gott sei mit dir!«

Eines Seemanns Weg

In Hamburg war Frühling. Ich suchte ein Schiff, einen Beruf zur See und die Chance, mich zum Range eines Kapitäns heraufzuarbeiten. Wochenlang trieb ich an der Wasserkante entlang, aber der große Seehafen glich einem schlafenden Riesen. Abgesehen von der Küstenschiffahrt und einigen Lebensmittelschiffen aus Amerika lag der Hamburger Hafen wie tot da. Die englische

Blockade bestand noch, mochten auch Monate seit dem Abschluß des Waffenstillstandes vergangen sein. Auch in Versailles war Frühling, wo jener Friede, der die Welt unsicher machen sollte, beraten wurde.
Hungrig wachte ich auf, und hungrig legte ich mich jeden Abend zum Schlaf. Der Hunger verwischte die Grenze zwischen jüngeren und älteren Männern.
Ein Sack Mehl galt mehr als ein Menschenleben. Wenn in der Straße der Karren eines Bauern mit Früchten aus den Vierlanden umgestürzt wurde und ein Mann in mittlerem Alter versuchte, mich bei der Balgerei um die Winteräpfel wegzudrängen – was blieb da übrig, als sich mit den Fäusten zu wehren! Ich war in meinem fünfzehnten Lebensjahr.
Ich beteiligte mich an der Plünderung einer Fischgroßhandlung in Altona. Tonnen von Fisch wurden auf das Pflaster geschüttet, und die Leute holten sich die Fische und liefen dann weg. Wenn ein Schutzmann einschritt, was war da anderes möglich, als ihm einen zehnpfündigen Kabeljau über den Kopf zu schlagen? Wenn ein Junge für einen Fisch oder für ein Stück Leder von einem gestohlenen Transmissionsriemen den Körper eines gleichaltrigen Mädchens haben konnte oder dafür von einer zur Prostituierten gewordenen Soldatenwitwe in liederlicher Lebensweise unterwiesen wurde, was sollte da all das Geschwätz von der Notwendigkeit des Gesetzes und der Ordnung und einem anständigen Leben?
Wenn einer in diesem stinkenden Strom ins Treiben gerät und kein festes Land mehr in Sicht ist, wie ist da ein Entrinnen möglich? Ich beteiligte mich nicht aktiv an den politischen Ausschreitungen dieses Hamburger Frühlings, aber ich war mit dem Herzen bei den revolutionären Arbeitern, vielleicht, weil sie am Ende immer die Verlierer waren. Jedesmal, wenn ich einen Schutzmann seine Waffe gegen einen Zivilisten erheben sah, fühlte ich den gleichen Haß wie beim Anblick eines Fuhrmannes, der sein ausgezehrtes Pferd grausam mißhandelt. Jeden Tag gab es Schießereien zwischen bewaffneten Arbeitern und der Polizei. Nacht für Nacht hallte die Stadt vom Lärm der Feuergefechte wider. Die Nachricht, daß ein Fischdampfer mit Flundern und Heringen beladen den Fluß heraufdampfte, brachte die Leute heftiger in Bewegung als ein Toter im Rinnstein oder ein mit roh gezimmerten Särgen hoch beladener Wagen oder eine mit ein paar entschlossenen Jugendlichen besetzte Barrikade.
Ich jagte nach Arbeit und Brot. Aber der Kampf, Macht zu erringen und erworbene Macht zu verteidigen, schien das Wesentliche im Leben zu sein. Im *Grenzfaß*, einer großen Bierhalle im Gebiet von St. Pauli, hörte und traf ich zum erstenmal Hermann Knüffgen, den Prototyp aller politischen Abenteurer des Jahrhunderts. Von einer ungewöhnlich gut ausgesuchten Gruppe revolutionärer Raufbolde umgeben, strahlte Knüffgen eine Atmosphäre unzerstörbarer Zuversicht aus. Von mittlerer Größe, schmächtigem Körperbau, mit einem beinahe farblosen Haarschopf, mit blassen, stets zu einer leichtsinnigen Teufelei aufgelegten Augen, war er zu jener Zeit nicht mehr als 22 oder 23 Jahre alt. Am frühen Morgen dieses Tages hatte er an der Spitze seines Rollkommandos mit Erfolg ein Waffenlager der Bürgerwehr einer konterrevolutionären Organisation von bewaffneten Bürgern in einem Kellergeschoß ausgehoben. Knüffgen hielt eine Rede. Der Raum war voll von arbeitslosen Werftarbeitern.

»Die Reichen müssen sterben, damit die Armen leben können«, rief er. Donnernder Beifall folgte. Die messianische Begeisterung dieses Seemanns befeuerte meine Phantasie, doch war nichts Blutrünstiges um ihn, wie man es bei vielen anderen fand, die von unten heraufgekommen waren.
Kurze Zeit nach dieser aufregenden Versammlung im *Grenzfaß* machte Knüffgen sich an ein Unternehmen, das ihn zum Idol der radikalen Front aller Welthäfen machte. Eine Delegation der Kommunistischen Partei Deutschlands sollte zu einer Zeit nach Moskau gehen, als Rußland infolge des Bürgerkrieges dem Westen verschlossen war. Hermann Knüffgen wurde beauftragt, diese Delegation tot oder lebendig nach Moskau zu bringen. Er versteckte sich und die Delegierten im Tank eines auslaufenden Fischdampfers. Auf hoher See tauchte er mit einem Revolver in jeder Hand an Bord auf, nahm den Kapitän und die zehnköpfige Besatzung gefangen, bemächtigte sich des Schiffes und fuhr um das Nordkap herum nach Murmansk. Die Delegation erschien in Moskau und konferierte mit Lenin. Knüffgen wurde nach seiner Rückkehr nach Deutschland wegen Piraterie auf hoher See verurteilt und ins Gefängnis geworfen, aber kein Gefängnis konnte ihn lange festhalten.
Der zuverlässige Heuerbaas Wolfert fand schließlich durch die Bekanntschaft mit früheren Schiffsreedern ein Schiff für mich. Halb betrunken wie gewöhnlich und seine erschrockene Frau einschüchternd, drückte er mir eines Morgens einen Brief in die Hand und brüllte, ich solle mich an die Vereinigung der Schiffsreeder wenden wegen einer Heuer an Bord der *Lucy Woermann*, eines Schiffes der ehemaligen Afrikalinie. Wunderbarerweise wurde ich als ordentlicher Seemann angeheuert, und am folgenden Tag packte ich meinen Seesack und ging an Bord. Das Schiff lag grau und kläglich an der Mole, seine Flanken waren mit Rost bedeckt. Der Gedanke, daß es mir zu einem Leben auf dem guten klaren Meer verhelfen könne, ließ mich vor Freude weinen.
Das Schiff fuhr nach Südamerika. Es hatte Besatzungen an Bord, mit denen die große Flotte deutscher Schiffe, die sich während des Krieges in den chilenischen und peruanischen Häfen angesammelt hatte, bemannt und in die Heimat zurückgebracht werden sollte. Im verzweifelten Drang, das hungernde Vaterland zu verlassen, versuchten Tausende durch Ränke und Bestechungen einen Platz an Bord der *Lucy Woermann* zu erhalten. Fast vierhundert der Angeworbenen gehörten zu den Aufrührern aus der kaiserlichen Flotte; viele andere waren vorher noch nie an Bord eines Schiffes gewesen. Als das Schiff erst einmal in See war, zeigte keiner auch nur die geringste Lust, deutsche Schiffe nach Hause zurückzubringen oder überhaupt nach Deutschland zurückzukehren.
Das Schiff war voll von blinden Passagieren. Drei Boote wurden schon bei Cuxhaven an Land gesetzt. Bevor noch der rote Felsen von Helgoland hinter uns lag, wurden im Schrank des Bootsmanns fünf Prostituierte entdeckt und unter der Mannschaft drei andere junge Frauen. Sie wurden zurückfahrenden Fischern übergeben. Aber viele andere, die man erst später fand, blieben an Bord.
Als Cap Cornwall achtern außer Sicht gekommen war und die *Lucy Woermann* westwärts durch die Brecher des Atlantiks stampfte, wurden nachts in den Messeräumen und Kabinen Spielhöllen und sogar ein gewerbsmäßig betriebenes Bordell aufgemacht. Es gab Buden, in denen man sich tätowieren lassen konnte, Musikkapellen, Englisch- und Spanisch-Unterricht und Jiu-

Jitsu wurden etabliert. Spartakisten, Anarchisten und angebliche Missionare gründeten Diskussionsgruppen. Lumpengesindel, das sich zu kleinen Banden zusammenschloß, griff die wohlhabenderen Mitfahrer an und raubte sie aus.

Ein alter Mann wurde mit durchschnittener Kehle aufgefunden. Ein anderer zog sich Sonntagskleider an und sprang bei Sonnenaufgang in den Ozean.

Die Offiziere des Schiffes, verstärkt durch einige zuverlässige Seeleute der Vorkriegsschule, verbarrikadierten sich auf der Brücke und im Maschinenraum. In den anderen Teilen des Schiffes herrschten nahezu wahnsinnige Zustände. Ein Seeräuberklub fand sich plötzlich zusammen, der als sein Ziel verkündete, sich des Schiffes zu bemächtigen, um in die Südsee zu fahren. Jenseits der Azoren fiel die Leitung dieses Unternehmens, sofern von einer Leitung überhaupt die Rede sein konnte, an einen Mann namens Hermann Kruse.

Kruse, ein altes Mitglied des Spartakusbundes, berief eine große Versammlung seiner Anhänger an Bord der *Lucy Woermann* ein und stellte sich dabei als Vorsitzender eines neugegründeten Schiffssowjets vor. Er ernannte eine Schiffs-Tscheka und unterdrückte durch rücksichtslosen Terror alle unabhängigen Freibeuter. Kruse war etwa fünfundzwanzig Jahre alt, blond, arrogant, beweglich und konnte reden. Er brachte tatsächlich eine gewisse Ordnung in die Verwirrung, und dann forderte er die Kontrolle über das Schiff. Der Kapitän bewaffnete die Offiziere mit Pistolen, als sie sich mit Kruses Sowjets trafen. Als Vergeltungsmaßnahme beschlagnahmten Kruses Gardisten alle greifbaren Vorräte und verhängten eine Hungerblockade über die Brücke und den Maschinenraum. Die meiste Zeit wurde nur mit halber Kraft gefahren, und zeitweise rollte das Schiff ganz ohne Dampf hilflos in den Wellen. Als in Sicht der grünen Küste von Jamaica ein Öltanker vorbeifuhr und ganz offensichtlich vermutete, daß an Bord der *Lucy Woermann* ein Aufruhr herrsche, signalisierte er.

»Kann ich Ihnen helfen?«

»Danke. Ich habe eine Ladung Mondsüchtiger«, antwortete unser Kapitän.

Trotz aller Schwierigkeiten gelang es den Offizieren, das Schiff in den Hafen von Colón zu bringen. Eine Partei an Bord plante, das Schiff im Panama-Kanal zu versenken, zu desertieren und durch den Dschungel nach Mexiko oder in die Vereinigten Staaten zu gelangen. Hermann Kruse und seine provisorisch bewaffnete Bande widersetzten sich. Kruses Plan bestand darin, die *Lucy* den Panama-Kanal passieren zu lassen und dann die Offiziere zu überwältigen. Wir sollten zu den Galápagos-Inseln fahren, eine Sowjetrepublik ausrufen und Moskau um Schutz, Lebensmittelvorräte und Frauen ersuchen.

Die Gegenparteien protestierten mit Geschrei. »Kruse will Diktator werden! Nieder mit den Galápagos! Wir landen hier!«

Die amerikanischen Behörden in Colón ahnten wohl nicht, welcher Dreck da in den Kanal einfuhr. Aus Mißtrauen gegen Kruse wurden in aller Eile »Landungsgruppen« gebildet, als wir durch den Kanal fuhren. Der Wunsch, die Küste zu erreichen, die aus kurzer Entfernung so einladend herüberblickte, war ansteckend. Es war eine ausgemachte Sache, daß ich mich einer Landungsgruppe anschloß.

Wir packten unsere Sachen, legten Rettungsgürtel an und stellten uns an die Reling, um ins Wasser zu springen. Der Kapitän wollte uns davon abhalten, aber er wurde nur ausgelacht. Gruppenweise warfen wir unsere Bündel über Bord und sprangen hinterher. Das Wasser des Kanals war bald übersät mit schwimmenden Männern.

Auch ich sprang. Weich und warm schlug das Wasser über mir zusammen, und dann schwamm ich um mein Leben, versuchte mit aller Kraft, dem Bereich der tödlichen Schiffsschraube zu entkommen. Mehrere meiner Mitdeserteure wurden in Stücke geschnitten. Die Küste war weiter entfernt, als man vom Schiff aus vermutet hatte. Ein Schuhmacher schwamm knapp hinter mir: »Das ist schön«, sagt er immer wieder, um mich zu ermutigen, »auf nach Amerika!«

Gemeinsam erreichten wir schließlich das schlammige Ufer und liefen nun auf das kaum fünfzig Meter entfernte Dickicht zu. Der Boden war sumpfig und das Unterholz dicht. Aber wir arbeiteten uns vorwärts. Bald trafen wir auf vier andere Deserteure. Wir hielten uns hintereinander, trugen unsere vom Wasser durchnäßten Bündel, und der Schweiß lief in Strömen an uns herab. Bisweilen war das Unterholz so dicht, daß wir nicht hindurchkonnten; dann wieder standen wir vor Sümpfen, die sich meilenweit auszudehnen schienen. Unser Führer war früher einmal Heizer eines Dampfbootes auf dem Amazonasstrom gewesen. Schließlich kletterte er auf einen Baum, um einen Überblick zu gewinnen. Nach seinem Bericht gab es rundum nichts als Dschungel, ein paar Hügel und einige Dampfer, die durch den Kanal fuhren. Die vorüberfahrenden Dampfer sahen aus, als müßten sie sich ihren Weg durch die Baumkronen bahnen.

Als wir vier oder fünf Stunden im Kreis gelaufen waren, trafen wir auf einen See. Wir versuchten, an seinem Ufer entlangzugehen, kamen aber bald in sumpfiges Gelände. Der Amazonas-Heizer fluchte fast ohne Unterbrechung. Der Schuhmacher plapperte fröhlich drauflos. Er erzählte uns, daß er alle Werkzeuge für sein Gewerbe bei sich habe, und er malte sich bereits eine erfolgreiche Existenz in einer amerikanischen Stadt aus. Plötzlich blieb unser Führer stehen.

»Da – eine Eisenbahn!« rief er aus.

Vor uns lag eine Bahntrasse, sauber, fest und trocken.

Einer sagte: »Wir wollen hier bleiben und unsere Sachen trocknen. Wenn sie erst trocken sind, kann man sie leichter tragen.« Wir alle waren damit einverstanden.

Wir öffneten unsere Bündel und legten unsere nassen Sachen über die Geleise: Hemden, Hosen, Papiere, Tabak. Der Heizer schickte rechts und links je einen Mann hundert Meter weiter, der auf die ankommenden Züge achten sollte. Wir zogen unsere Kleider aus und breiteten sie zum Trocknen aus. Der zweitjüngste von unserer Gruppe, ehemals Metallarbeiterlehrling, fand wilde Bananen. Wir aßen und streckten uns in der Sonne. Unsere Hoffnungen wuchsen. Der Schuhmacher wollte den nächsten Zug nach Panama-City nehmen. Er war sehr darauf aus, sich so rasch wie möglich an sein Geschäft zu begeben. Der Heizer wünschte sich eine Vorarbeiterstellung auf einer großen Bananenplantage.

Die beiden Männer, die zu beiden Seiten auf den Geleisen Wache standen, hatten die Anweisung, zu pfeifen, wenn ein Zug sich näherte. Als sich aber bald darauf von der Atlantikseite ein Zug näherte, unterließ der Mann es, zu pfeifen. Nackt, die Hosen und das Hemd unter den Arm geklemmt, kam er die Geleise entlang auf uns zugerannt. Hinter ihm brauste auch schon der Zug heran.

Es war zu spät, um unsere Sachen zu retten. Unser Führer schrie: »Alle Mann in Deckung!«

Wir tauchten im Dschungel unter. Der Zug überfuhr unsere Sachen. Dann hielt er. Männer in Khakiuniformen sprangen heraus und begannen den Dschungel durchzukämmen.

Wir trennten uns. Ich duckte mich unter breitblätterige Büsche und kroch auf Händen und Knien weiter. Als ich mich erhob, stand ich vor einem lachenden Soldaten.

»Komm mit«, sagte er und packte mich an den Schultern. »Du kannst hier nicht ohne Kleider herumlaufen.«

Er führte mich zum Zug. Alle meine Kameraden waren erwischt worden. Ich zog ein Hemd an, das unter den Armlöchern von den Rädern abgetrennt worden war, und Hosen, die nur noch ein Hosenbein hatten. Meine Gefährten sahen nicht besser aus. Wir wurden in den Zug gepfercht und bis zur nächsten Station mitgenommen. Von dort aus ging es zu Fuß zu einem Polizeiposten. Die Amerikaner behandelten uns gastfreundlich. Sie gaben uns zu essen und versorgten uns mit Zigaretten.

Noch vor Einbruch der Nacht waren wir alle auf einer Motorbarkasse verladen und kehrten zur *Lucy* zurück, die in Panama Bay lag. Das Schiff lichtete die Anker, nahm Kurs längs der Westküste von Südamerika und legte in Callao und in den Häfen des Südens an. Die Mehrzahl der Leute auf der *Lucy Woermann* weigerte sich, die Schiffe für die Rückreise zu bemannen. Es gab Streiks und Verhaftungen durch die chilenische Polizei und dann Ausbrüche aus dem Gefängnis. Hermann Kruse wurde an der ganzen Salpeterküste unter dem Namen *Der Kommissar aus Hamburg* bekannt.

Ich desertierte von meinem Schiff in Antofagasta. Sieben Monate lungerte ich an der chilenischen Küste herum. Hier fand ich eine Freiheit, die ich in Europa nicht kennengelernt hatte. Die Welt des politischen Zanks, der Kälte und des Hungers schienen so weit entfernt wie der Saturn. Arbeitgeber und Beamte fragten weder nach Empfehlungen noch nach Identitätspapieren. Ich arbeitete in der Belegschaft eines Taklers, der eine Anzahl alter Segelschiffe neu ausstatten mußte; die Schiffe lagen auf der Reede von Antofagasta und Iquique. Hier erwarb ich mir praktische Kenntnisse in der Seefahrerkunst früherer Zeiten und im Spanischen. Als diese Arbeit beendet war, wurde ich von einem Agenten in Antofagasta für die Kupferminen von Chuqui hoch oben in den steilen Anden angeworben. Ich hatte Telegrafenkabel zu spleißen, und die Bezahlung war über Erwarten hoch – zehn Pesos pro Tag; das gab es auch für gute Spleißer sehr selten. Das Leben in den Bergwerkslagern war rauh, besonders nach den Zahltagen, wenn Streitigkeiten beim Spiel oft mit Messerstechereien endeten. Die Bestialität war vor allem auf das Fehlen von Frauen zurückzuführen. Aber selbst die abgebrühtesten Prostituierten der Küste mieden das Gesindel der Chuqui-Minen. Viele meiner Mitarbeiter waren mehr oder weniger gewaltsam aus den Gefängnissen der größeren Städte zur Arbeit in den Bergwerken gepreßt worden; alle Nationalitäten waren vertreten, eine hart arbeitende, trunksüchtige und unbotmäßige Mannschaft. Der Gedanke an ein chilenisches Mädchen mit dem Namen Carmencita, mit dem ich Freundschaft geschlossen hatte, trieb mich an die Küste zurück. Mit mehr als dreihundert Pesos in der Tasche gelangte ich auf einem Kupferzug wieder nach Antofagasta, nur um festzustellen, daß Carmencita inzwischen die Freundin eines arbeitslosen norwegischen Maates zweiter Klasse geworden war.

Ich wandte mich südwärts als Deckpassagier an Bord eines langsamen Küstendampfers, und nach ein paar ziellos in Valparaiso verbrachten Tagen beschloß ich, die nahegelegene Hauptstadt Santiago de Chile zu besuchen. Hier fand ich Arbeit in einer Kerzenfabrik unter einem anmaßenden englischen Vorarbeiter. Es war Innenarbeit, die ich am meisten verabscheute. In einem Café lernte ich einen jungen Amerikaner kennen, der aus Argentinien kam und begeistert von dem lustigen Leben in Buenos Aires sprach. Am folgenden Tag gab ich meine Arbeit als Kerzenpacker auf und kaufte mir eine Fahrkarte der Trans-Anden-Bahn nach Buenos Aires. Ich kam mit zwei Pesos und sechzig Centavos in der Hauptstadt am Rio de la Plata an. Berittene *carabineros* trieben haufenweis Strandräuber zusammen und bestätigten damit von neuem den Ruf von Buenos Aires als dem idealen Platz für die Ausgestoßenen aus aller Welt. Nachdem es mir drei Tage lang gelungen war, den energischen *carabineros* auszuweichen, ließ ich mich als ausgewachsenen Seemann an Bord der Barke *Tiljuca* anwerben, eines Versorgungsschiffs für die norwegischen und englischen Walfangbasen auf der antarktischen Insel New Georgia; die *Tiljuca* war ausschließlich mit Russen und Deutschen bemannt. Wenn ich auch heruntergekommen war, so war ich doch im Vergleich zu den Teerjacken der *Tiljuca* ein reines Kind. Einer antwortete auf den Brief seiner Mutter, die ihn anflehte, nach so langen Jahren doch einmal nach Hause zu kommen, indem er ihr schrieb, daß er nach Hause kommen werde, sobald er einen reichen Mann gefunden habe, den es umzubringen lohne. Sie rühmten sich ihrer Verworfenheit. Wenn sie ausreichend mit *vino tinto* aufgeweicht waren, zögerte keiner von ihnen, einen fliegenden Hausierer zu berauben oder eines der eingewanderten Mädchen zu vergewaltigen, das an Bord gekommen war, um nach einer Mahlzeit zu fragen; aber sie alle zeigten eine beinahe sentimentale Anhänglichkeit an den Bastardhund und den Kanarienvogel auf dem Vorderdeck. Vielleicht vermag nur das Leben zwischen der Reede von Buenos Aires und den widerwärtigen antarktischen Meeren solche Typen hervorzubringen. Eine Fahrt von vier Monaten zu der öden Insel South Georgia tötete jeden Ehrgeiz in mir, jemals antarktischer Walfischer zu werden. Ich verließ die *Tiljuca* nach ihrer Rückkehr in Buenos Aires und machte Trampschiffahrten unter britischer, norwegischer und griechischer Flagge, bis ich schließlich Ende 1921 in das Negerviertel von Galveston, Texas, verschlagen wurde. Da war ich siebzehn.

Die Schwarzen waren freundlich zu mir. Ein älterer Malermeister behandelte mich wie einen Sohn, bis ich glücklich Anstellung auf einem Schiff fand, das man wohl als das feinste und größte Segelschiff jener Zeit bezeichnen konnte. Es war die *Magdalene Vinnen*, eine Viermastbark, die mich schließlich nach Chile zurückbrachte.

Einer meiner Schiffskameraden hatte auf der Höhe von Tierra de Fuego ein Bein gebrochen. Der Kapitän des Schiffes weigerte sich, den verletzten Mann ins Krankenhaus bringen zu lassen. Es fehlte wenig zu einer Meuterei an Bord, wozu ich einiges beitrug. Um der Verhaftung durch die chilenische Hafenpolizei zu entgehen, desertierte ich nachts in der Gig des Kapitäns und kehrte zu

den mir wohlbekannten Orten in Antofagasta zurück. Am Heiligen Abend 1922 fand ich mich mit anderen gestrandeten Seeleuten auf den grünen Rasenplätzen der Plaza Colón zu einer Feier ein und stieß mit Frau Bready, dem beleibten weiblichen Heuerbaas der Salpeterküste an, die großzügig ein Fäßchen Wein gestiftet hatte. Gegen eine Vermittlungsgebühr von sechs Pfund Sterling fand Frau Bready eine Anstellung für mich an Bord einer alten Barke, unter Kapitän Dietrich, der *Obotrita,* die mit einer Ladung Salpeter ums Kap Horn herum nach Hull, England, fuhr. In Hull musterte ich im Vorfrühling 1923 ab. Von dort bezahlte ich die Überfahrt nach Hamburg.
Ich kam nach Hause, um Navigation zu lernen und mit der Absicht, mir ein Offizierspatent zu erwerben. In dem Augenblick aber, als ich den Fuß auf deutschen Boden setzte, fand ich mich in einen Strudel von Haß und Elend hineingezogen, der noch schlimmer war als seinerzeit, als ich fortgegangen war. Ich sah, daß meine Familie, meine Mutter und meine drei jüngeren Geschwister, durch die Wirbel der Inflation aller Mittel beraubt waren und dringend das wenige Geld brauchten, das ich noch hatte.
Ich sah eine ältere Frau am Straßenrand stehen, Tausendmarkscheine verbrennen und auf die schweigende Zuschauermenge einreden.
»Was ist mit dieser Frau?« fragte ich einen der Umstehenden. »Was mit ihr ist?« sagte der Mann, »verrückt ist sie.« Und er fügte hinzu: »Das Land braucht eine richtige Revolution.«
Ich ging weiter. Das Land war krank. Während meiner Jahre zur See, die mich beinahe den alten Haß hatten vergessen lassen, hatte es hier keinen Frieden gegeben. 1920 hatten die Militaristen unter Kapp einen Schlag gegen die Weimarer Republik geführt. Minister der Republik waren ermordet worden. 1921 waren bewaffnete Erhebungen in Sachsen und Thüringen niedergeschlagen worden. Im Januar 1923 waren französische und belgische Armeen ins Ruhrgebiet eingedrungen, um die Zahlung von Reparationen zu erzwingen. Separatistische Gruppen brachten das Rheinland in Aufruhr. Die Inflation fraß durch das Land. Fremde Aasgeier fielen in Scharen über Deutschland her und plünderten die Produkte seiner Arbeit für lächerliche Preise. In wahnsinnigem Wirbel liefen die Preise den Löhnen davon.
In Hamburg fließt zwischen der Stadt und dem Hafen die Elbe. Ich stand an einer Fährbrücke, als Tausende von Werftarbeitern von der Arbeit kamen. Sie wurden von ihren Frauen und Töchtern erwartet, die ihnen die Lohntüte abnahmen und in die nächsten Geschäfte rannten, um Nahrungsmittel zu kaufen, weil das Geld am nächsten Tag wertlos sein würde.
An der Fährbrücke stand eine Gruppe Zollbeamter und Hafenpolizei. Jeder Arbeiter wurde, bevor er passieren konnte, von den Beamten auf zollpflichtige Waren untersucht. Ein Arbeiter hatte unter seinem Rock einen kleinen Sack Mehl verborgen, den er aus irgendeinem Laderaum mitgenommen hatte.
Ein Schutzmann hielt den Mehlsack in die Höhe.
»Sie sind verhaftet«, sagte er.
»Ich nahm dieses Mehl aus einem aufgerissenen Sack«, protestierte der Arbeiter. »Es war überall im Raum verstreut.«
Der Beamte fuhr ihn an: »Ich kenne die Geschichte mit den aufgerissenen Säcken. Ihr Burschen reißt die Säcke mit euren Absätzen auf. Also, los!«
Er nahm den Arbeiter beim Ärmel und wollte ihn abführen.
Der Arbeiter machte sich frei. »Gebt mir mein Mehl zurück«, verlangte er.

»Es gehört mir!«
Zwei Schutzleute kamen heran und versuchten, dem Arbeiter Handschellen anzulegen. Tumult entstand. Ein Packer mischte sich ein.
»Ihr seid specknackige Parasiten«, schrie er die Schutzleute an. »Laßt meinen Freund los. Gebt ihm sein Mehl zurück!«
»Nichts zu machen. Weitergehen!«
Andere Werftarbeiter stießen zu der streitenden Gruppe. Die Schutzleute zogen die Gummiknüppel, bildeten eine Schützenlinie und vertrieben die Arbeiter vom Werftgelände. Ein junger, schmächtiger Prolet mit dem fünfzackigen Stern der Kommunistischen Partei an der blauen Mütze sprang auf eine Heringstonne und rief: »Nieder mit der Polizei! Nieder mit den Lakaien des Kapitalismus. Werft sie in den Hafen!«
Nachts wurde ich auf dem Weg zu meinem schmutzigen Zimmer, das ich in einem Mietshaus in der Hafengegend bewohnte, von zwei Frauen angesprochen. Die eine war etwa vierzig, die andere kaum über sechzehn.
Die ältere zerrte mich am Ärmel und sagte: »Sie haben ein gutes Gesicht. Bitte helfen Sie uns.«
Es waren Flüchtlinge aus dem Rheinland. Der Mann der älteren Frau war Mitglied einer Widerstandsgruppe gegen die Franzosen gewesen. Er hatte geholfen, Bahngeleise zu sprengen, um den Abtransport deutscher Kohle nach Frankreich zu verhindern. Ein Militärgericht verurteilte ihn zu zwölf Jahren Zuchthaus; dann wurde er nach Frankreich gebracht. Seine Familie sollte innerhalb von zwölf Stunden die Besatzungszone verlassen. Haus und Garten wurden beschlagnahmt. Wochenlang waren sie unterwegs, durch unwillige Behörden von einer Stadt in die andere abgeschoben. Die ältere Frau war erschreckend abgemagert.
»Es ist bitter kalt«, sagte sie. »Bitte verschaffen Sie uns einen Schlafplatz.«
»Ich habe nur ein kleines, kaltes Zimmer«, erklärte ich.
Die Augen der Frau leuchteten auf. »Wir können auf dem Boden schlafen«, sagte sie. »Wir sind dankbar, wenn wir nur ein Dach über dem Kopf haben.«
Ich zögerte. Ich dachte daran, ihnen etwas Geld zu geben, aber dann erinnerte ich mich, daß die Geschäfte geschlossen waren, daß die Hotels fremde Währung verlangten, daß Geld also nichts half; es war deutsches Geld.
»Gut«, sagte ich, »kommen Sie mit!«
Ich nahm sie in meinem Zimmer auf, und wir machten ein Abendessen, das aus Tee und Schwarzbrot bestand.
Die Frau sagte: »Meine Tochter kann mit Ihnen schlafen, und ich werde mich auf den Boden legen.«
Ich wunderte mich nicht. In ihrer Heimat hatte sie zu den besseren Leuten gehört. Aber in diesen Zeiten nahm niemand Anstoß daran, daß ein Flüchtlingsmädchen seinen Körper für Brot und Unterkunft verkaufte.
Ich schaute das Mädchen an.
»Ich fürchte mich nicht«, sagte es. »Es ist nicht das erstemal.«
Ich dachte an ihren Vater, der in irgendeinem französischen Gefängnis schmachtete. Er hatte Bahngeleise in die Luft gesprengt. In Zeiten wie diesen, so schien es mir, konnte man nichts Besseres tun, als die ganze Welt in die Luft zu jagen.
Ich überließ den beiden Frauen mein Bett. Dann ging ich auf die Straße hinunter. Dort war eine Gruppe von jungen Arbeitern damit beschäftigt, Plakate an die Mauern zu kleben.

»Der Kommunismus allein bringt nationale und soziale Freiheit«, verhieß das Plakat.
»Kann ich euch helfen?« fragte ich.
Der Führer der Gruppe schaute mir scharf ins Gesicht. Er schien befriedigt.
»Sicher«, sagte er.
Zwei Stunden lang half ich den jungen Arbeitern Plakate ankleben. Oft stieg einer dem anderen auf die Schultern, um die Plakate so hoch anzubringen, daß sie nicht abgerissen werden konnten. Es wurde wenig gesprochen. Drei von uns arbeiteten, und zwei standen an den Ecken Schmiere. Mehrmals wurden wir von Polizeipatrouillen überrascht. Sie kamen im Laufschritt und schwangen ihre Gummiknüppel. Wir aber liefen schneller und entkamen.
»Eines Tages«, sagte der Führer der Jungkommunistengruppe, »werden wir nicht mehr davonlaufen. Wir werden Waffen haben und gegen sie auf den Barrikaden kämpfen: zehn tote Schutzleute für jeden toten Arbeiter.«
In seinen Augen war Haß.
»Blut muß fließen«, sagte ein anderer.
Wir trennten uns. Ich lief ziellos durch die kalten Straßen. In der Nähe des Bahnhofs Sternschanze kam ich an einem Haus vorbei, vor dem ein Krankenwagen stand. Wärter trugen eine alte Frau aus dem Haus. Die alte Frau war tot.
»Sie hat sich aufgehängt«, sagte einer. »Sich aufgehängt mit einem Stück Draht.«
»Warum?«
»Sie erhielt eine Rente, aber von dem Geld, das sie jeden Monat bekam, konnte sie sich nicht einmal mehr eine Schachtel Streichhölzer kaufen . . .«
Ein Mann, der dabeistand, spuckte kräftig aus.
»Die Armen werden ärmer und die Reichen reicher«, brummte er.
»Gute Nacht«, sagte ich und ging weiter.
Der Mann erhob seine rechte Faust. »Rotfront!« schrie er heiser.
Im Grau des anbrechenden Morgens befand ich mich in einer abgelegenen Gegend; an langen Straßen lagen düstere Einfamilienhäuser, eines neben dem anderen, und sie waren sich untereinander gleich wie ein Ei dem anderen.
Vor den Geschäften an den Straßenecken stellten sich die Frauen an. Sie zitterten vor Kälte und zählten das Papiergeld, das sie in Händen hielten. Sie zählten Hunderttausende, ja Millionen. Sie waren entschlossen, unter den ersten zu sein, die dieses Geld ausgaben, sobald die Läden geöffnet würden.
Als es heller wurde, kam ich zu einem Haus, vor dem ein städtischer Beamter in eine heftige Auseinandersetzung mit einer Hausfrau verwickelt war. Die Hausfrau sah unglücklich aus. Sie hatte den Arm fest um die Schultern eines Knaben von etwa zehn Jahren gelegt. Am Straßenrand stand ein Lastwagen. Zwei starke Packer warteten. Ich blieb stehen und hörte dem Streit zu.
Die Frau konnte ihre Miete nicht bezahlen. Der Beamte zeigte ihr eine Zwangsräumung. Jeden Tag gab es solche Ausweisungen. Um möglichst wenig Aufmerksamkeit zu erregen, führte man sie in den frühen Morgenstunden durch.
»Wir werden Ihre Sachen in das städtische Magazin bringen«, sagte der Beamte. Er stieß die Frau zur Seite und betrat das Haus, die beiden Packer folgten ihm.
Eine Minute später begannen sie, den Lastwagen zu beladen.

Ein Mann, der ein dickes Bündel Zeitungen unter dem Arm trug, kam vorbei, blieb stehen und fragte die Frau: »Exmittierung?«
Die Frau nickte. »Ich weiß nicht, wohin wir jetzt gehen sollen«, sagte sie niedergeschlagen.
»Ich werde die Rote Hilfe rufen«, sagte der Mann.
Er legte seine Zeitungen auf den Bürgersteig und lief zum nächsten Laden. Dann kam er langsam zurück und sagte zu den Packern: »Ihr könnt die Möbel dieser Frau nicht wegfahren.«
Die Frau wartete aufgeregt. In weniger als zehn Minuten war der Lastwagen beladen, und die Packer zurrten die Seile fest. In diesem Augenblick bog eine Gruppe von Männern auf Fahrrädern um die Ecke. Alle trugen sie den fünfzackigen roten Stern an den blauen Mützen.
Als die Packer den Trupp ankommen sahen, traten sie zur Seite. Der Beamte eilte aus dem Haus. Der Mann mit den Zeitungen stürzte sich auf ihn, schlug auf ihn ein. Die anderen sprangen von ihren Fahrrädern und schnittten die Seile durch. Jeder griff nach einem Möbelstück und trug es ins Haus zurück. Zwei Minuten später fuhr der Lastwagen weg, er war leer. Der Beamte war geflohen. Leute blieben stehen. Die Männer der Roten Hilfe bildeten eine Postenkette vor dem Haus. Andere marschierten auf der Straße vorbei und riefen im Chor:
»Weigert euch, den Hausbesitzern Miete zu zahlen!«
»Gründet Gruppen der Roten Hilfe in jedem Häuserblock!«
»Nur der Kommunismus gibt euch Freiheit und Brot!«
Langsam entfernte ich mich. Drei Häuserblocks weiter sah ich einen mit grün uniformierter Sicherheitspolizei besetzten Wagen, der an mir vorbei die Straße hinunterraste.
Ich wollte zu Schiff wieder hinaus, um fortzukommen, zurück auf das weite Meer. Ich machte die Runde bei den britischen und skandinavischen Schiffsmaklern. Sie hatten kein Schiff für mich. Ihre Heuerstuben waren von gestrandeten fremden Seeleuten belagert.
»Unsere Staatsangehörigen kommen zuerst«, sagten sie mir. »Heuern Sie auf einem deutschen Schiff an.«
Ich ging zum Elbufer hinunter, zum zentralen Heuerkontor der Vereinigung der Schiffsreeder. Ich ging über einen schmutzigen Hinterhof und stieg dann ungezählte eiserne Stufen hinauf. Das Heuerbüro war eine dunkle, trübe Halle. Tausende von Männern lungerten im Hinterhof und in der Halle. Alles Seeleute ohne Beschäftigung.
Durch eines der vergitterten Fenster reichte ich meine Papiere. Der Angestellte schaute sie an und schob sie zurück.
»Was wollen Sie?«
»Ich wollte mich für eine Stellung registrieren lassen«, sagte ich.
»An Deck?«
»Ja, an Deck.«
»Ich kann Sie nicht registrieren.«
»Warum nicht?«
»Alle Ihre Eintragungen zeigen, daß Sie in fremden Diensten fuhren.«
»Soll ich mich zu Tode hungern?«
»Nein; Sie können um eine Unterstützung einkommen.«
»Zum Teufel mit Ihrer Unterstützung. Ich will ein Schiff.«

»Kann Ihnen kein Schiff geben. Sie sind in fremden Diensten gefahren. Sie haben in Deutschland keine Steuern bezahlt. Ich kann Ihnen kein Schiff geben, ich sage es Ihnen doch.«
»Hören Sie zu! Ich bin ein Seemann, und ich bin Deutscher. Dies ist eine deutsche Heuerstube. Ich will arbeiten. Auf irgendeinem Schiff. Irgendwo.«
»Schluß, gehen Sie!«
In diesem Augenblick stieß mich ein breitschultriger Mann mit sonnengebräunten Gesichtszügen beiseite, der bisher in einem Haufen am Fenster gestanden hatte.
»Nun los, Genosse«, sagte er zu dem Angestellten, »registriere diesen Burschen. Gleiches Recht für alle.«
»Ich kann nicht«, protestierte der Angestellte, »das ist gegen die Bestimmungen.«
»Zum Teufel mit euren Bestimmungen. Wenn du den Mann nicht registrierst, so kann er nicht einmal eine Unterstützung bekommen.«
»Wer sind Sie überhaupt?«
»Das tut nichts zur Sache«, sagte der Mann, »ich bin Heizer. Und ich sage dir, dieser Mann wird registriert.«
»Wirst du frech?«
»Du setzt deine Zähne aufs Spiel.«
»Da hört doch alles auf!«
Der Heizer schob sein sonnenverbranntes Gesicht ganz nahe an das Gitter.
»Höre, Bonze«, brummte er drohend, »willst du wissen, was passiert, wenn du diesen Genossen nicht registrierst?«
»Was?«
»Ich werde hundert Männer holen, diese Bänke nehmen und alles in Stücke schlagen. Auch deine Kakaonuß werde ich in Stücke schlagen, laß es dir gesagt sein.«
»Ich rufe die Polizei.«
»Die habt ihr schon oft gerufen. Das wird diesen neuen Verschlag nicht retten. Weißt du noch, wie wir den anderen zusammenschlugen? Laß die Pfoten vom Telefon, wir werden dich zu Brei schlagen.«
Der Angestellte wagte nicht, den Hörer abzunehmen. Er ging in ein anderes Büro, und dann kam er mit dem Direktor zurück. Der Direktor sah aus wie ein Walroß. Er hieß Kapitän Brahms. Wenn er sprach, brüllte er, als spreche er durch ein Megaphon.
»Was soll der Lärm?« donnerte er los.
»Dieser Mann muß registriert werden«, verlangte der Heizer.
»Ist er dein Bruder?«
»Mach keine Witze hier!«
»Ach, du bist es«, bellte das Walroß, »wie heißt du denn?«
»Das werdet ihr nicht erfahren«, sagte der Heizer wütend.
»Bist du nicht der Höllenkerl, der vor einer Woche die Bande mit Stinkbomben hier hereinbrachte? Du bist reif!«
»Vorwärts, alter Gauner!«
»Willst du einen Aufruhr anzetteln?«
»Gewiß«, sagte der Heizer, »wir haben eure Sonderlisten für Jungs, die mit Empfehlungen und Bestechungsgeldern kommen, satt. Wir haben es satt, auf euren schwarzen Listen zu verrecken.«

»Es gibt keine schwarzen Listen«, rief der Kapitän Brahms.
In diesem Augenblick standen Hunderte von Männern dichtgedrängt um das Fenster. Laute Rufe hoben sich von dem Durcheinander der Stimmen ab.
»Nieder mit dem Politiker!« – »Reißt ihm den Bart aus!« – »Verprügelt ihn!«
»Registriere diesen Mann!« brüllte der Heizer.
Kapitän Brahms ging ruhig zum Telefon. Er rief die Polizei an. Acht oder zehn Mann ergriffen eine von den schweren Bänken und benützten sie als Rammbock. Die Angestellten verschanzten sich hinter den Schreibtischen, die sie in aller Eile zusammenschoben. Draußen vom Hof flogen Steine durch die Fenster.
Der Heizer brüllte: »Nieder mit den Sonderlisten! Fort mit den geheimen Anstellungen! Wir sind schon jahrelang an Land und können kein Schiff bekommen. Nieder mit dem Hungerregime!«
Nach zwei Schlägen zersplitterte der Verschlag. Die wütenden Seeleute verwüsteten die Möbel und die Karteien. Andere warfen sich auf die Angestellten, die sich mit abgebrochenen Stuhlbeinen verteidigten. Kapitän Brahms kroch unter einen Tisch. Der breitschultrige Heizer bearbeitete den Hintern des Kapitäns mit beiden Fäusten. Die Menge in der Halle und unten im Hof geriet in Bewegung; die Männer lachten, riefen und fluchten. In der Mitte der Halle hatte sich eine Gruppe von fünfzig Leuten zusammengetan und schrie im Chor: »Hunger! Hunger! Wir wollen ein Schiff!«
Ein langgezogener Schrei kam vom Hof.
»Überfallkommando!«
Polizei. Sirenen heulten. Drei große Wagen rasselten heran. Während die Bremsen kreischten, sprangen etwa hundert Schutzleute auf das Pflaster. Im Laufen zogen sie ihre Gummiknüppel. Sie sprangen in die Haufen hinein und teilten rechts und links gefährliche Schläge aus. Wer Widerstand leistete, dem wurden Handschellen angelegt, und er wurde zum Wagen geführt. Eine Stimme brüllte:
»Arbeitermörder!«
Ein Schutzmann war auf den Stufen ausgeglitten. Vier oder fünf Seeleute waren sofort über ihm, schlugen auf ihn ein und stießen ihn mit Füßen, raubten ihm den Gummiknüppel und die Pistole. Im Hof suchte ein junger Schutzmann Deckung in einem Hauseingang. Er zog die Pistole und zielte sorgfältig. Einen Augenblick später drehte sich ein Jugendlicher im grauen Sweater um sich selbst und fiel auf das Gesicht. Ein tausendfacher Wutschrei ertönte.
»Mörder!«
»Denkt daran . . . der Polizeichef ist Sozialist!«
»Nieder mit den sozialistischen Verrätern!«
Plötzlich hatten alle Schutzleute Pistolen in den Händen. Sie waren nervös und hatten Angst. Stimmen riefen:
»Straße frei! Es wird geschossen!«
Männer liefen in alle Richtungen auseinander, stolperten durcheinander; Frauen, die von irgendwoher auftauchten, kreischten wilde Schmähworte. Andere leerten aus den Fenstern Abfalleimer über die nachfolgenden Polizisten. Halbbetäubt ging ich bis zur St.-Michaels-Kirche. Neben mir ging ein alter Seemann, heiter, als sei nichts geschehen.

»Selbst wenn man dich registriert hätte«, sagte er, »so hättest du mindestens zwei Jahre warten müssen, bis die Reihe zum Auslaufen an dich gekommen wäre.«
»Sie töteten einen Mann da oben«, sagte ich.
»Jaja, du wirst dich daran gewöhnen . . . Komm, wir trinken ein Bier zusammen.«

Ich bahne mir einen Weg

Ich lief ziellos umher und dachte darüber nach, was zu tun sei. Sollte ich dieses kranke Land verlassen? Oder sollte ich mich den Kräften anschließen, die aktiv gegen das Unrecht vorgingen, das mein Blut zum Kochen brachte? Auf der einen Seite lockten mich die freien und glücklichen Länder, die ich während meiner Seemannszeit gesehen hatte. Auf der anderen war ich von der Begeisterung und den hohen Erwartungen der revolutionären Jugend erfüllt. Ich fühlte eine drückende Einsamkeit. Ich sehnte mich nach einem Ort, an dem ich zu Hause sein konnte.
In einer Hafenkneipe studierte ich die Schiffslisten. Ich fand einen Dampfer der Rolandlinie, der um fünf Uhr nach Panama und Valparaiso auslaufen sollte. Schon die Namen dieser Häfen weckten die Erinnerung an steile Küsten, Wärme und Überfluß, an das Lachen braunäugiger Mädchen und an die Arbeit unter fremder Flagge oder in den Kupferminen, an Arbeit für guten Lohn und Chancen, vorwärtszukommen.
Ich entschloß mich zu gehen. Für mein letztes Geld füllte ich eine Mappe mit Nahrungsmitteln – Biskuits, Sardinen, Corned beef und einer Flasche Wasser – und fuhr über den Fluß hinüber zu den India-Docks.
Der Dampfer war beladen. Die Hafenarbeiter schlossen die Luken, und die Leute an Deck waren eifrig dabei, die Ladebäume zu fieren. In einem unbewachten Augenblick schlüpfte ich an Bord und lief nach vorn, um mich zu verstecken. Ich kletterte in den Kettenkasten und schloß das Einsteigloch über mir. Die Schottwand war feucht und rostig. Unter mir lagen Tonnen schwerer Ketten, aufgerollt wie eiserne Schlangen. Der Geruch von Schlick und Salzwasser sättigte die Luft.
Ich hörte die Sirene heulen, gedämpfte Kommandos, das laute Getrampel der Füße und das Kreischen der Winden. Das Schiff erzitterte, als die Maschinen in Gang gesetzt wurden. Wir liefen aus. In zwei oder drei Tagen würden wir den Kanal passiert haben, und ich konnte an Deck gehen und mich dem Kapitän als blinder Passagier melden.
Irgendwo an der Flußmündung geriet der Dampfer in Nebel: Die Sirenen heulten in regelmäßigen Abständen von zwei Minuten. Drei-, viermal klang die Sirene, dann hörte die Vibration der Schottwände auf. Die Maschinen standen still.
Ich hörte Schritte vorn auf den Vorderdeckaufbauten. Es folgte ein rasselndes Geräusch, wie wenn Metall gegen Metall schlägt. Jemand arbeitete am Ankerspill direkt über meinem Kopf. Plötzlich wurde es mir klar: Der Nebel war so dicht, daß das Schiff nicht weiterfahren konnte; der Lotse hatte beschlossen, vor Anker zu gehen, bis das Wetter aufklarte.

Sie würden also den Anker fallen lassen, und die Kette unter mir würde ausrollen, Tonnen von Eisen, die sich polternd durch den Kettenkasten hindurchbewegten, und ich würde in der Dunkelheit hier unten in Stücke gerissen werden.

Eine helle Stimme erklang über mir: »Anker klar!«

Ganz entfernt kam eine tiefe Stimme von der Brücke her – »Fünfundvierzig Faden. Klar zum Fallen!«

»Hilfe!« schrie ich. »Haltet den Anker! Mann unten! Hilfe, Hilfe!«

Die helle Stimme oben sagte: »Allmächtiger Gott!«

Im nächsten Augenblick hatte ich das Mannloch geöffnet und kletterte aus dem Kettenkasten. Ein junger Offizier kam eilig vom Vorderdeckaufbau herunter.

Als er mich sah, schrie er: »Sind noch mehr von euch Scheißkerlen da unten?«

»Nein.«

Er lief auf das Deck zurück. »Alles klar!«

Ein Kommando von der Brücke: »Laßt Anker fallen.«

Der Anker donnerte auf den Grund. Ringsum war milchiger Nebel. Von nah und fern tönten die Sirenen anderer Schiffe, die sich im Nebel herumtasteten. Meine Knie zitterten, als der Offizier mich auf die Brücke führte.

»Blinder Passagier, Kapitän«, meldete er dem Kapitän.

Spät in der Nacht wurde ich im Lotsenboot an Land genommen. Ich verbrachte die Nacht in einem feuchten Polizeirevier in Cuxhaven. Am nächsten Tag verurteilte mich ein kaltblickender Polizeirichter zu sieben Tagen Haft wegen widerrechtlichen Betretens des Eigentums der Rolandlinie.

Ich saß diese sieben Tage im Hamburger Stadtgefängnis ab. Das Gefängnis war mit Arbeitern jeden Alters überfüllt, die beim Stehlen in den Werften, auf den Güterbahnhöfen und in den Lagerhäusern erwischt oder von der Polizei bei der Plünderung von Lebensmittelgeschäften überrascht worden waren.

Unter meinen Mitgefangenen war ein kommunistischer Agitator, ein dünner junger Mann, der Willy Czympanski hieß, ein fanatischer Feuerkopf mit grauen Augen. Als er mein heftiges Verlangen nach Klarheit bemerkte, schenkte er mir besondere Aufmerksamkeit. Seine explosive Begeisterung war ansteckend. Die offenkundige Aufrichtigkeit seines Eifers packte mich. Immer mehr überzeugte er mich, daß die Hingabe an die Sache der Revolution das einzig lohnenswerte Ziel im Leben war.

»Bei uns kann sich ein Mann bewähren«, sagte Czympanski. »Er ist nicht mehr länger ein heimatloser Strolch. Ein Mann ist zum Kampf geboren.«

Sein Einfluß auf mich war so groß, daß ich ihn an der Schulter packte.

»Große Schlachten stehen bevor«, fuhr er fort. »Die Partei muß die bewaffnete Erhebung vorbereiten. Wir wollen nicht wieder verlieren. Sowjetdeutschland und Sowjetrußland werden zusammen unüberwindlich sein. Dann werden wir die Hand nach Frankreich, China, Amerika und der ganzen Welt ausstrecken. Es gibt kein höheres Ziel als dieses. Um es zu erreichen, kann kein Opfer zu groß sein.«

Am Morgen des vierten Tages wurde Czympanski herausgerufen. Er ging zur Verhandlung, denn er hatte kommunistische Zellen innerhalb der Polizei zu bilden versucht. Bevor er ging, gab er mir eine Botschaft an seine Schwester

mit, die in der Hamburger Telefonvermittlung arbeitete. Die Botschaft war in Code auf ein Stück Toilettenpapier geschrieben. Er gab mir noch ein abgegriffenes kleines Buch und bat mich dringend, es weiterzugeben, bevor ich entlassen würde. Es war das *Kommunistische Manifest.*
Ich sah Czympanski erst 1932 wieder. Er war inzwischen einer der fähigsten Mitarbeiter der Auslandsabteilung der GPU geworden. Treu bis zum Schluß, beging er 1937 Selbstmord in einem Nazigefängnis.
Als ich freigelassen wurde, befahl mir ein Polizeioffizier, Hamburg sofort zu verlassen. »Wir wollen keine Landstreicher in unserer Stadt«, sagte er.
»Und wer macht Landstreicher aus uns?« dachte ich.
Ich ging zu Czympanskis Schwester, einer hübschen Blondine von fünfundzwanzig Jahren; sie war groß und intelligent und hieß Erika. Sie machte mir sofort ein heißes Bad, das erste seit Wochen. Da ich ihr eine Nachricht von ihrem Bruder brachte, hielt sie mich für einen Genossen. Der Klang des Wortes *Genosse,* wenn es von ihren Lippen kam, ging mir ins Blut. Sie sagte, ich könne in ihrer Wohnung bleiben, solange ich wolle. Ihre warme und doch praktische Einfachheit ließen mich Vertrauen zu ihr fassen; ich bewunderte sie. Ein Zug, der für viele Revolutionäre charakteristisch ist, eignete auch ihr: Sie verband Güte und Mitleid mit kompromißloser Verachtung des Gegners, der sich den Interessen der Revolution entgegenstellte. An den Wänden ihres Zimmers hingen ein Porträt von Lenin und das Bild einer jungen Mutter, die ihr Kind nährt.
»Willst du lesen?« fragte sie mich.
Ich nickte. Die niedrigen Büchergestelle unter den Bildern waren mit Büchern vollgepackt.
»Die Revolution ist eine Wissenschaft«, sie lächelte. »Ohne eine gute Theorie ist die Aktion ein Unsinn.«
Ich verschlang den Inhalt der Bücher. Auf dem kleinen Gaskocher machte ich mir ein einfaches Essen, und dann schlief ich. Nach drei solchen Tagen brauchte ich Luft und Bewegung. Die Kommunistische Partei hatte die Massen der Arbeitslosen zu einer Demonstration aufgerufen, die nachts stattfinden sollte. Ich beschloß, mitzumachen.
Es war von Anfang an klar, daß unter den Tausenden, die sich rundherum in den Vorstädten versammelten, genügend Leute wußten, daß diese Demonstration keine friedliche Sache bleiben sollte. Zu diesen Leuten gehörten die geschulten Parteigenossen. Im Gürtel trugen sie kurze Stücke Bleirohr, und ihre Taschen waren mit Steinen vollgestopft. Es bestand kein Zweifel, daß sie es auf ein Handgemenge mit der Polizei abgesehen hatten.
Fackeln warfen ein flackerndes Licht über die wachsende Menschenmenge. Ein Pfiff, und die Massen setzten sich in Bewegung, voran die grau uniformierten militärischen Abteilungen der Partei. Rote Fahnen wurden entrollt, und die Arbeiterkapellen begannen, die Internationale zu spielen.
Gegen neun Uhr wandten sich die Demonstranten von den Außenbezirken dem Stadtzentrum zu. Bald hatten sie die Grenze der Innenstadt erreicht. Alle Straßen, die zum Zentrum führen, waren von der Polizei gesperrt. Hunderte von roten Fahnen leuchteten im Licht der Scheinwerfer auf, mit denen die Polizei die Straßen abstrahlte. Plötzlich ertönten Fanfaren; der Widerschein der flammenden Fackeln auf den Stahlhelmen verlieh dem Ganzen einen strengen und düsteren Reiz. Und dann, auf einen gedämpften, von Mund zu

Mund weitergegebenen Befehl, schwenkte die Spitze des Zuges in der Richtung auf das verbotene Gebiet der inneren Stadt ein.

Jetzt griff die Polizei ein. Der Schritt der Massen verlangsamte sich. Die Männer in den grauen Uniformen der Rotfrontkämpfer drängten vorwärts, um die Phalanx der Polizei anzugreifen, aufzubrechen und in kleine isolierte Gruppen zu spalten. Aufgeregte Rufe drangen durch die Nacht. Fliegende Abteilungen der Polizei, die aus Seitenstraßen auftauchten, wo sie im Hinterhalt gelegen hatten, trieben Keile in die Flanken des Demonstrationszuges.

»Zerstreuen! Straße frei!«

Es war unmöglich, diesem Befehl zu folgen. Tumult entstand. Steine wurden geworfen. Knüppel sausten auf die Köpfe. Die Menge lief vor den nachdrängenden Schutzleuten davon, aber nur, um sich von neuem zu sammeln und wiederzukommen, um sich einen Weg zu bahnen, sobald ihre Verfolger eine andere Richtung einschlugen. Zu meinem Erstaunen stellte ich fest, daß ein Schlag mit dem Gummiknüppel in der Aufregung einer Straßenschlacht den Kampfgeist eines Mannes nicht brach, ihn im Gegenteil erst richtig entfachte.

Die einschüchternde psychologische Wirkung, welche Polizeiuniformen gewöhnlich auf eine unbestimmbare Masse von Demonstranten ausüben, schwindet, sobald die Demonstranten entdecken, daß ein Schutzmann, selbst wenn er gut bewaffnet ist, schon einer knappen Zahl von Fäusten im Nahkampf nicht gewachsen ist. Von Zeit zu Zeit sah ich, wie junge Arbeiter mit dem fünfzackigen roten Stern an der Mütze ihre Taschenmesser den Polizeipferden in die Fesseln stießen. Unweigerlich stiegen die Pferde und gingen durch.

Schließlich wurden wir auseinandergetrieben. Das Schlachtfeld war mit Mützen, zerrissenen Kleidern, zerbrochenem Glas und Polizeihelmen bedeckt. Mit einer Horde von mehreren hundert Männern und Frauen zog ich zur Außenalster, einem Stadtteil, in dem vornehme Leute wohnten. Die Fahnen waren verschwunden. Die Fahnenträger waren längst nach Hause gegangen, um sie in Sicherheit zu bringen. Ein unbotmäßiger wilder Zug von Schreckgespenstern, so zogen wir die sauberen, breiten Straßen dieses vornehmen Viertels auf und ab und schrien einstimmig:

»Hunger! Hunger!«

Lichter wurden ausgedreht, Läden rasselten herunter, Türen wurden verschlossen, als wir uns näherten. Ein einziger Schrei aus hundert Kehlen schreckte ganze Häuserblocks in die Dunkelheit. Es dauerte nicht lange, bis ein Mannschaftswagen der Polizei mit heulender Sirene um die Ecke sauste und die fluchenden Männer mit dem Kreischen der Bremsen auf das Pflaster sprangen. Statt Brot erhielten wir Prügel – schließlich war es ja das, wonach wir verlangt hatten.

Gegen Mitternacht lösten wir uns auf, müde, zerschlagen und heiser vom Schreien. Ich schlug den Rockkragen hoch, denn es war schneidend kalt. Ich hatte im Gedränge meine Mütze verloren, und mein Mantel war im Pfandhaus. Als ich am Bahnhof vorbeikam, ging eine junge Frau an meiner Seite. Sie war älter als ich, vielleicht achtundzwanzig.

»Auf dem Heimweg?« fragte ich.

»Heim«, sagte sie, ». . . dieses dunkle Loch . . .«

Eine Zeitlang ging sie mit mir und sagte nichts. Sie vergrub ihre Hände in den Achselhöhlen und pfiff ein Lied. Dann sagte sie:

»Laß uns zusammen schlafen.«
»Nein.«
»Warum nicht? Du bist doch ein Genosse, nicht wahr?«
»Ja«, sagte ich geistesabwesend.
»Dann komm doch«, drängte sie, und ihre Stimme wurde zu einem kümmerlichen Wehklagen, als sie fortfuhr: »Ich brauche einen Mann. Ich bin so verflucht allein. Ich habe schon ewig nicht mehr mit einem Mann geschlafen.«
»Ich mag dich gern, aber ich kann nicht.«
»Hör zu, ich bin gut im Bett.«
»Ich habe ein Mädchen, zu dem ich gehen muß«, erklärte ich ihr.
Sie nickte. »Ich habe auch eines«, sagte sie.
»Ein Mädchen?«
»Ja, ein kleines Mädchen. Bei Gott, ich wünschte, es wäre tot geboren worden.«

Zwei Tage, nachdem ich an der Hungerdemonstration teilgenommen hatte, in der zweiten Maiwoche 1923, trat ich der Kommunistischen Partei bei. Am frühen Morgen ging ich ins Rote Haus in Hamburg.
Ein kleiner sehniger Mann mit strengen Augenbrauen und vorspringendem Kinn empfing mich und stellte mir einige wenige, genaue Fragen. Es stellte sich heraus, daß er meinen Vater bei der Untergrundarbeit der Spartakisten in der Flotte während des Krieges kennengelernt hatte. Da er mich für einen geschickten und zuverlässigen Rekruten hielt, nahm er mich gleich auf.
»Wir haben sehr wenig Zeit, unsere Kader auszubilden und auszuwählen«, sagte er. »Wir halten es für richtig, junges Blut in den Vordergrund zu schieben. Wir glauben an die Jugend, an die kühne und disziplinierte Jugend.«
»Ich werde Sie nicht enttäuschen«, gab ich zur Antwort.
»Denk daran, der Kampf beschränkt sich nicht auf das Verteilen von Flugblättern und auf Versammlungen, sondern es handelt sich um die Aktion – Aktion und nochmals Aktion. Aktion heißt Streik. Massenstreiks sind die Vorläufer des bewaffneten Aufstands. Wir müssen die Verhältnisse bis zum revolutionären Siedepunkt bringen, und das mit allen und jeden uns zur Verfügung stehenden Mitteln. Ist dir das klar?«
»Völlig klar«, antwortete ich.
»Gut«, fuhr er fort, »du wirst in der Marine-Abteilung arbeiten. Genosse Walter macht das. Du weißt, daß Deutschland ein Industrieland ist, das vom Industrieexport und vom Rohstoffimport abhängt. Deshalb ist die Schiffahrt eine Schlagader des deutschen Kapitalismus. Wenn es gelingen sollte, Häfen und Schiffe in Festungen des Kommunismus zu verwandeln – dann hätten wir diese Schlagader in unserem Griff. Wir können sie zerreißen, und die Bourgeoisie wird verbluten. Du wirst dem Genossen Walter Bericht erstatten.«
Albert Walter war ein untersetzter, jovialer, höchst energischer Bolschewik von internationalem Kaliber und der unbestrittene Führer aller kommunistischen Arbeit längs der deutschen Küste. Er war gebräunt, breitschultrig und hatte eine massive Stirn, bewegliche Gesichtszüge, und seine schmalen braunen Augen schienen immer auf der Hut zu sein. Er mochte Ende der Dreißig sein und war zwanzig Jahre lang Berufsseemann gewesen. Nach seiner Entlassung ging er nach Moskau. 1922 übertrugen die führenden Leute der

Komintern Walter die Leitung des Internationalen Propaganda- und Aktionsausschusses der Transportarbeiter (IPAC-Transport), da sie ihn als den geschicktesten Mann in Schiffahrtsangelegenheiten betrachteten. Die Kommunisten hatten sich in Hamburg stärker festgesetzt als in irgendeinem anderen größeren Hafen, und deshalb wurde Hamburg das Zentrum aller Komintern-Unternehmungen in der über alles wichtigen Seeschiffahrt.

Albert Walter befahl mir, mich einer der kommunistischen »Aktivisten«-Brigaden im Hamburger Hafen anzuschließen. Rund tausend Schiffe liefen diesen Hafen monatlich an; der Hauptteil der deutschen Exporte und Importe ging über die Docks und Lager von Hamburg. In den Flußbecken der Elbe wehten die Flaggen aller seefahrenden Nationen der Erde.

Jeden Morgen versammelten sich die Hafen-»Aktivisten« an verschiedenen Sammelpunkten der Wasserfront. Dort wies der Führer jeder Brigade seinen Leuten bestimmte Docks und Schiffe zu und versorgte sie mit Flugblättern, Broschüren und den Losungen des Tages. Auf diese Art bewaffnet, schlichen wir uns in den Hafen und gingen an Bord der Schiffe, mit dem Ziel, die Besatzungen zu gewinnen. Die meisten Schiffe waren von Offizieren bewacht oder von Wachleuten der Gesellschaft, und wir brauchten alle möglichen Kniffe und Tricks, um trotz der Wachen an Bord zu gelangen. Oft mußten wir über die Trossen an Bord klettern. Bisweilen schlichen wir uns als Hausierer mit Krawatten oder als Wäschemänner ein. Wir verteilten unsere Flugblätter, verkauften Zeitungen und Broschüren, agitierten und versuchten, die jungen Leute unter den Besatzungen zum Beitritt in die Kommunistische Partei zu bewegen.

Unser unmittelbares Ziel war es, den Seeleuten, die mit ihren Rationen, ihren Gehältern oder mit der Schiffsdisziplin nicht zufrieden waren, Widerstand zu predigen. Wo sich eine Besatzung unserer Agitation zugänglich zeigte, gingen wir dazu über, einen Aktionsausschuß auf dem Schiff zu bilden, der spätere Streiks vorzubereiten, eine Parteizelle aufzubauen oder auch besonders geeignete Leute für den Kurierdienst und für andere vertrauliche Arbeiten zu gewinnen hatte.

Wenn wir dann am Abend wieder an Land gingen, schrieb jeder »Aktivist« einen detaillierten Bericht über das Schiff, auf dem er tagsüber gearbeitet hatte. Im Hauptquartier wurden diese Berichte abgeschrieben und für eine Kartei ausgewertet. Diese Schiffskartei enthielt bis ins einzelne gehende Angaben über fast jedes Schiff der Handelsmarine und ermöglichte es Albert Walter und seinen Helfern, jederzeit eine genaue Lagebeurteilung über die verfügbaren Kräfte vornehmen zu können, bevor sie eine größere Aktion beschlossen. Dieses System, das als *Hamburger Methode* bekanntgeworden ist, wurde später von allen kommunistischen Seemannsorganisationen auf allen Kontinenten angenommen.

Ich stürzte mich mit großer Begeisterung in die Parteiarbeit. Nichts außer der kommunistischen Offensive war für mich interessant. Vom frühen Morgen, wenn die Werftarbeiter zur Arbeit gingen, bis zu der Zeit, da am Abend die Schiffsbesatzungen an Land gingen, zog ich von Schiff zu Schiff, von Werft zu Werft, um die mir von der Partei übertragenen Pflichten zu erfüllen. Abends fanden Versammlungen, Diskussionen und politische Kurse statt, an denen ich teilnehmen mußte und die selten vor Mitternacht endeten. Ich hatte nichts übrig für Kleider, Vergnügungen oder Mädchen. Ich fühlte mich als ein le-

bendiges Rad in der Parteimaschine. Ich wurde magerer, härter und war über alles glücklich.
Eine neue Arbeitsmethode, die ich einführte, bestand darin, die aktivsten Kommunisten auf jedem Schiff zu verpflichten, kleine Propagandaaktionen unter den Besatzungen anderer deutscher Schiffe in fremden Häfen durchzuführen. Auf einer der nächsten Konferenzen der »Aktivisten«-Brigaden gab ich in allen Einzelheiten einen Bericht über meine Versuche, der mit Beifall aufgenommen wurde. Bis dahin war ich als Agitator eingesetzt, jetzt wurde ich als Organisator anerkannt. Der Vorschlag von Albert Walter, mir die ganze Parteiarbeit an Bord der Schiffe der Hamburg-Amerika-Linie zu übertragen, wurde angenommen. Etwa fünfzig Schiffe, die mit mehr als zweitausend Seeleuten bemannt waren, fielen in diese Kategorie. In jener Nacht war ich in so gehobener Stimmung, daß ich nicht schlafen konnte. Die ganze Nacht durch machte ich Pläne – ich dachte an die fünfzig Schiffe, als seien es *meine* Schiffe. Solche Verantwortung war süß.
In Übereinstimmung mit den Konzeptionen Lenins war ich auf dem besten Wege, Berufsrevolutionär zu werden. Ich machte mir den Parteigrundsatz zu eigen, daß das Herz der Komintern und der ihr angeschlossenen Parteien in einer inneren Organisation von Männern und Frauen besteht, die nur ein einziges Ziel im Leben kennen, nämlich für die Revolution zu arbeiten; die aber auch zu jedem persönlichen Opfer bereit sind, das die Partei von ihnen fordert, und sich zu bedingungslosem Gehorsam ihren Zentralkomitees gegenüber und zum Grundsatz der absoluten Einheit der Parteidoktrin verpflichten.
Ich war klassenbewußt, weil Klassenbewußtsein bei uns zur Familientradition gehörte. Ich war stolz darauf, ein Arbeiter zu sein, und ich verachtete den Bourgeois. Was meine Einstellung zum bürgerlich-konventionellen Ansehen betraf, so hatte ich nur Spott und Hohn dafür. Ich hatte ein ausgeprägt einseitiges Gefühl für Gerechtigkeit, das mich zu einem wahnsinnigen Haß gegen jene trieb, die ich für verantwortlich hielt für das Massenleid und die Unterdrückung. Polizisten waren Feinde. Gott war eine Lüge, von den Reichen erfunden, um die Armen mit ihrem Los zu versöhnen, nur Feiglinge nahmen Zuflucht zum Gebet. Jeder Arbeitgeber war eine Hyäne in menschlicher Gestalt, übelwollend, ewig geldgierig, treulos und unbarmherzig. Ich war der Meinung, daß ein Mann, der allein focht, nie gewinnen konnte; Männer mußten zusammenstehen und zusammen kämpfen, um das Leben für alle, die in nutzbringender Arbeit standen, erträglicher zu gestalten. Sie mußten mit allen verfügbaren Mitteln kämpfen, durften vor keiner ungesetzlichen Tat zurückschrecken, solange sie die Sache förderte, und sie durften keinen Pardon geben, bis die Revolution triumphierte.
Bereits im Juni wurde deutlich, daß entscheidende revolutionäre Ereignisse bevorstanden. Der bestürzende Zusammenbruch der Währung, die ungewöhnlich rasche Auflösung der kommunistischen Gewerkschaften, die wachsende Demoralisierung des Mittelstandes und der spontane Zulauf einer großen Zahl verzweifelter und rebellischer junger Arbeiter in die Reihen der Kommunistischen Partei waren unmißverständliche Zeichen nahenden Sturms. Moskau hatte Karl Radek, den geschicktesten und zynischsten Propagandisten der Komintern, beauftragt, von Berlin aus die politische Kampagne für eine kommunistische Machtübernahme zu leiten. Das Gebot des Tages war der

Übergang von sporadischen Streiks zum Generalstreik, der seinerseits wiederum das Vorspiel zum bewaffneten Aufstand sein mußte. Ein Beauftragter Radeks, ein asketisch aussehender, hellhaariger Russe namens Kommissarenko, legte die Pläne in einer Versammlung aller kommunistischen Streitkräfte im Hamburger Hafen dar.
Einige von den älteren Kommunisten erhoben Einwände. »Aber die Massen sind nicht bereit«, sagten sie. »Sie werden beiseitestehen und uns den Kampf allein überlassen.«
Kommissarenkos Antwort kam wie ein Peitschenhieb: »Wenn wir erst die Bahn frei gemacht haben, werden uns die Massen folgen. Die Massen müssen die Revolution machen – aber wir müssen sie führen!«
Die jungen Elemente bestimmten den Tag. Wir spendeten dem Russen Beifall. Wir waren bereit, mit blindem, religiösem Elan voranzugehen.
Dann kam der Tag, an dem alle seemännischen Aktionskomitees sich zu einer geheimen Sitzung trafen. Ernst Thälmann, der damals Leiter der Hamburger Parteiorganisation war, sprach: »Nichts soll uns abhalten. Die Aktion einer entschlossenen Minderheit wird den Kampfgeist der Massen heben. Haltet die Schiffe mit Gewalt an, wenn die Besatzungen nicht streiken wollen. Entert die Schiffe und löscht die Feuer unter den Kesseln. Die Partei ist mit euch, mit jeder Faser ihrer Macht. Wenn erst die Seeleute in Aktion sind, werden die Arbeiter der Industrie folgen – die Docker, die Werftarbeiter und die Eisenbahner. Vor allem müssen wir die Massen darüber aufklären, daß es im Kampfe um die Macht keinen Ersatz für den Streik und die bewaffnete Erhebung gibt.«
In jener Nacht schlief ich nicht. Zwischen elf Uhr abends und drei Uhr morgens war meine Brigade damit beschäftigt, Streikparolen in sechs Fuß hohen Lettern an die Schiffsflanken und die Kaimauern zu malen. In Gruppen von vier Mann fuhren wir hinaus in organisierten Ruderbooten, deren Riemen wir mit Lappen umwickelt hatten, um den Ruderschlag zu dämpfen, und schlichen uns von Schiff zu Schiff, von Werft zu Werft, wobei wir in weißer und roter Farbe die Worte aufmalten: *Streikt für das Recht, anständig zu leben. Streikt! Streikt!* Bei manchen Schiffen reichte diese Losung vom Bug bis zum Heck.
Im Dunkel der Nacht sahen wir auf dem öligen Hafenwasser andere Boote, die sich unbemerkt längsseit der ruhenden Schiffe bewegten. Meine Begleiter im Boot waren Ilja Weiß, ein kühner, sehniger Ungar; Hans Wonneberger, ein breitschultriger Seemann, und ein junger Spartakist. Weiß führte die Expedition; Wonneberger und ich malten mit Bürsten, die an Besenstiele gebunden waren; der Jungkommunist schöpfte das Wasser aus dem lecken Boot.
Als wir im Hansadock pinselten, wurden wir von einer Barkasse der Hafenpolizei überrascht. Wir kamen in den Strahl des Scheinwerfers und ruderten wie wahnsinnig zu einer Leiter am Ende der Werft. Der Jungkommunist kletterte katzengleich die Leiter hinauf. Ich folgte hart hinter ihm. Gerade in diesem Augenblick kam die Polizeibarkasse längseits, ein junger Offizier sprang in unser Boot und rief:
»Aha, Aufrührer. Halt! Ihr seid verhaftet!«
Ich kletterte auf die Pier hinauf. Hans Wonneberger tauchte in den Hafen und schwamm in der Nacht davon.
Ilja Weiß rief höhnisch: »Da, nimm das!«
Er schüttete dem Offizier einen halbvollen Eimer roter Farbe ins Gesicht. Der Offizier japste nach Luft und fiel hin. Weiß stürzte die Leiter hinauf.

»Rot Front triumphiert!« schrie er.
Die Männer in der Polizeibarkasse schossen. Wir liefen im Schatten eines langen Frachtschuppens davon und hörten Kugeln von den gewellten Eisenwänden abprallen.
»Knapp entkommen«, kicherte Weiß.
»Wo ist Genosse Wonneberger?« fragte ich keuchend.
»Sorg dich nicht um ihn. Er schwimmt wie ein Fisch.«
Zwei Minuten später ertönte die durchdringende Sirene eines Polizeiwagens vor uns. Wir liefen in den Schuppen und krochen in einen Stapel Abzugsröhren aus Beton. Als alles wieder ruhig war, kehrten wir auf getrennten Wegen in die Stadt zurück.

Ilja Weiß wurde der Sekretär des Internationalen Klubs in Odessa und wird von den meisten europäischen Polizeibehörden gesucht. Hans Wonneberger machte 1932 den Fehler, sich in ein Mädchen zu verlieben, das, wie sich herausstellte, eine Geheimagentin der Nazipartei war. Er wurde von der GPU nach Noworossijsk entführt.

Um sieben Uhr morgens erschienen alle Parteistreitkräfte im Hafen. Die Tore und die Fährbrücken waren von der Polizei bewacht. Kommunistische Kampfverbände ließen sich mit der Polizei ein, um der Masse der Agitatoren von allen Seiten Zugang zum Hafen zu ermöglichen. Wir überrannten die Fallreepwachen und forderten die Seeleute zum Streik auf, andernfalls sie als Streikbrecher behandelt würden. Andere »Aktivisten«-Einheiten arbeiteten in ähnlicher Weise bei den einzelnen Trupps der Werftarbeiter. Ein Offizier, der der Gruppe Ilja Weiß mit der Pistole entgegentrat, wurde in den Hafen geworfen. Kolonnen streikender Seeleute und arbeitsloser Arbeiter, die von der Partei mobilisiert worden waren, enterten die Schiffe, um widerspenstige Besatzungen mit Gewalt an Land zu treiben. Gewerkschaftsfunktionäre, die zur Mäßigung rieten, wurden verprügelt.
Um die Mittagszeit glichen weite Gebiete des Hafens einem Schlachtfeld. Kommunisten, die durch ein paar hundert Streikende verstärkt wurden, gerieten in ein Handgemenge mit Seeleuten, die sich weigerten, den kommunistischen Befehlen Folge zu leisten. An drei Piers kappten wir die Vertäuung der Schiffe in der Hoffnung, daß die treibenden Schiffe kollidieren und das Fahrwasser sperren würden. Motorisierte Polizeistreifen erschienen, um einzugreifen und Verhaftungen vorzunehmen. Mit Gefangenen gefüllte Wagen rasselten zu den Gefängnissen. Dampfer, die durch besondere Sabotageeinheiten geentert waren, die die Feuer unter den Kesseln löschen sollten, riefen mit den Sirenen polizeiliche Unterstützung herbei. Gegen drei Uhr waren vierzig Schiffe lahmgelegt, jedoch gelang es der Polizei, uns langsam aus dem Hafengebiet hinauszudrücken. Die Polizei verbarrikadierte die Zugänge. Am Elbtunnel stand ein Maschinengewehr, und ein Plakat warnte: *Halt! Wer weitergeht, wird erschossen!*
Die meisten Seeleute, die den kommunistischen Parolen gefolgt waren, hatten ihre Stellung verloren. Viele saßen im Gefängnis. Niemand dachte daran, die kommunistische Doktrin zu kritisieren, die besagte, daß kein Streik, selbst wenn die Streikenden ihren Arbeitsplatz verlieren oder ins Gefängnis kommen, als eine Niederlage anzusehen sei. Streiks sind Übungen für den Bürger-

krieg; so ist jeder Streik, wie er auch endet, ein politischer Sieg der Partei. – Noch bevor unsere wilde Juni-Aktion im Hamburger Hafen ein Ende gefunden hatte, wurde ich aufgefordert, an einer geheimen Versammlung teilzunehmen. Die Mehrzahl der weniger bekannten Schiffahrts-Agitatoren war anwesend. Nachdem wir zum Schweigen verpflichtet worden waren, gab einer von Thälmanns Mitarbeitern uns Instruktionen, denen zufolge alle in der Versammlung anwesenden kommunistischen Seeleute sich der Vereinigung der Schiffsreeder gegenüber bereit erklären sollten, die Dampfer zu bemannen, die durch den Streik stillgelegt worden waren.

Ein Gemurmel der Überraschung und der Empörung ging durch die Versammlung. Ich war tief erschrocken über dieses listige und ehrlose Manöver. Am Morgen erst hatten wir die Besatzung von zwei neu eingetroffenen Schiffen zum Streik veranlaßt. Albert Walters Propagandastaffeln hatten die roten Flugblätter verteilt, auf denen den Seeleuten gesagt wurde: *Kein Dampf für die Maschinen! Keine Arbeit an Deck! Streik!*

Ein Ruf der Auflehnung kam von einem Genossen hinter mir: »Wir sind doch keine Streikbrecher!«

Der Funktionär blieb ungerührt. Er wartete ruhig, bis unsere Proteste aufhörten. Dann sprach er.

»Genossen«, erklärte er, »was die Partei von euch verlangt, ist kein Streikbruch. Was die Partei verlangt, ist eure Mitarbeit bei einem taktischen Manöver, das dazu bestimmt ist, den Bolschewismus noch fester in der Handelsmarine zu verankern. Der Streik wird nicht mehr lange fortdauern. Sollen wir den Haifischen von Schiffsreedern die Möglichkeit verschaffen, dadurch Vergeltung zu üben, daß sie Kommunisten von den Besatzungen ihrer Schiffe ausschließen? Sollen wir den Schiffen die Ausfahrt gestatten, ohne von der Gelegenheit Gebrauch zu machen, aus jedem Schiff eine Festung der Kommunistischen Partei zu machen? ... Wir müssen den Vorteil des Tages nützen, um unsere Stellungen für die Schlachten von morgen zu festigen. Wir sind nicht ein Haufen Taubstummer. Wir sind Kommunisten. Die Parteidisziplin verlangt, daß ihr dem Parteibefehl folgt.«

Es war ein schmutziges Geschäft, wir wußten es. Es war, als stießen wir unseren Arbeitergenossen, den Seeleuten und den Heizern, das Messer in den Rükken, ihnen, die sich auf unsere Führung verlassen hatten und unserem Ruf zum Streik gefolgt waren.

Für uns Kommunisten kam aber die Treue zur Partei vor der Treue zum Proletariat. Während die Aktionskomitees immer noch Manifeste verfaßten, in denen die Seeleute aufgefordert wurden, den Streik fortzusetzen, dampften die Schiffe, die unbemerkt mit Kommunisten bemannt worden waren, bei Tagesanbruch seewärts.

Schmuggel für die Komintern

Eines Abends, es war Ende Juni, forderte Albert Walter mich auf, ihn im Café *Rheingold* in St. Pauli, dem Vergnügungsviertel Hamburgs, zu treffen.

»Es handelt sich um eine rein konspirative Angelegenheit«, warnte er mich.

»Ich weiß, daß du vertrauenswürdig bist.«
Im *Rheingold* machte mich Walter bei einem Glas Niersteiner mit einem gewissen Hugo bekannt, einem unauffälligen jungen Mann mit scharfgeschnittener Nase, ruhigen Augen und etwas linkischen Manieren. Er wünschte genaue Angaben über die Zahl der zuverlässigen Kommunisten an Bord der Dampfer der Hamburg-Amerika-Linie auf der Nordatlantik-Route. Ich sagte ihm, daß die Partei eine starke Stellung auf vier von diesen Schiffen habe; eines, die *Westphalia,* sollte in wenigen Tagen auslaufen. Hugo war zufrieden. Er vertraute mir an, daß drei Kameraden, deren Leben bedroht war, an Bord der *Westphalia* nach Amerika geschmuggelt werden sollten.
Hugo hieß, wie ich später erfuhr, Hugo Marx. Er war der Ortsvertreter der GPU in Hamburg. Am nächsten Morgen führte er mich zu der Wohnung, in der sich die drei flüchtigen Genossen verborgen hielten. Sie waren fast noch Kinder, und zwei waren ziemlich betrunken.
Als Hugo gegangen war, fingen sie an zu erzählen. Mit Erstaunen hörte ich, daß sie die Anführer einer jener »Hände-hoch«-Banden waren, die die Untergrund-Abteilung der Partei – der *Apparat* – organisiert hatte, um Zahltagsräubereien auszuführen, eine Praxis, die Josef Stalin im zaristischen Rußland eingeführt hatte, um die leeren Parteikassen zu füllen. An der Spitze einer Bande von fünfzehn Kommunisten hatten sie im Januar 1923 die Lohngelder des Städtischen Gaswerks Berlin-Charlottenburg geraubt, und wenige Wochen später hatten sie Lohngelder einer Fabrik in Berlin-Spandau »beschlagnahmt«. Ihre Methode war ganz einfach. Maskiert und mit Revolvern bewaffnet, drangen sie mit den Worten in die entsprechenden Büros: »Im Namen der Revolution – Hände hoch!« Ihre Beute lieferten sie der militärischen Sektion der Partei in Berlin ab. Einer von der Bande war weich geworden und wollte nicht mehr. Er wurde von seinen Genossen mit dem Tod bedroht, worauf er sich als Spitzel bei der Berliner Polizei meldete.
»Warum geht ihr nicht nach Rußland?« fragte ich.
Die drei wußten keine Antwort. »Hugo sagt, wir müßten nach Amerika«, platzte einer von ihnen heraus.
»Warum gehen sie nicht nach Rußland?« fragte ich Hugo Marx bei unserem nächsten Zusammentreffen.
»Die Polizei kennt sie«, antwortete der GPU-Agent. »Wir dürfen die Sowjetregierung nicht belasten.«
Wahrscheinlich waren andere Gründe dafür maßgebend, die Flüchtlinge nach New York zu schicken; aber es ist nicht üblich, zu internen Parteiangelegenheiten Fragen zu stellen. In der Nacht darauf ließ ich drei Kämpfer von der *Westphalia* an Land kommen. Jeder von ihnen erhielt fünfundzwanzig Dollar von Hugo Marx dafür, daß sie die drei Jugendlichen an Bord ihres Schiffes schmuggeln und während der Fahrt mit Lebensmitteln versorgen sollten. Hugo ließ Frauenkleider holen. Als Mädchen verkleidet, gelangten die drei Flüchtlinge nachts mit den Seeleuten an Bord des Schiffes und wurden sicher im Laderaum versteckt. Unentdeckt erreichten sie den New Yorker Hafen, wurden an Land geschmuggelt und verschwanden. Sie hießen Emil Bergmann, Paul Gorisch und Paul Eyck.
Es gibt einen Epilog zu der Odyssee dieser Jugendlichen: Von der Partei im Stich gelassen, kehrten sie, vermutlich nach langen ziellosen Wanderungen, nach Deutschland zurück. Sie wurden von der Polizei gefaßt und viele Jahre

später vor Gericht gestellt; jeder von ihnen wurde zu fünfzehn Jahren Gefängnis verurteilt. Die Partei organisierte nicht einmal eine Aktion für ihre Verteidigung.

Kaum eine Woche, nachdem diese unglücklichen Briganten Deutschland heimlich verlassen hatten, forderte Hugo Marx von mir, eine Anzahl meiner besten Leute auf den Schiffen der Hamburg-Amerika-Linie von jeder offiziellen Parteiarbeit zu befreien. Ich weigerte mich. Die Männer, die er haben wollte, waren das Rückgrat unserer Organisation auf dem Nord-Atlantik. Hugo Marx stritt nicht mit mir; er ging ruhig zum Parteisekretariat und beklagte sich über meine Widerspenstigkeit. Wenige Stunden später erschien ein Bote und holte mich zu Ernst Thälmann, der damals Parteisekretär von Hamburg war. Thälmann, der frühere Transportarbeiter, war ein plumper Mann mit fleischigem Gesicht, groben Manieren, und ein Opfer der Gewohnheit, Tischplatten mit seinen Vorschlaghammerfäusten zu bearbeiten. Barsch fragte er mich, ob ich wisse, was das Wort *Sabotage* bedeute.
»Ja«, erwiderte ich eingeschüchtert und überwältigt von der Nähe einer der stärksten Figuren der deutschen Kommunistischen Partei.
»Was du tust, sieht nach Sabotage aus«, knurrte er. »Warum weigerst du dich, mit Genossen Hugo zusammenzuarbeiten?«
Das Ergebnis war mein Versprechen, allen Anweisungen Hugos Folge zu leisten. Ich wußte nichts von der Macht, welche die GPU in Parteiangelegenheiten ausübte. Ich hatte noch nicht erkannt, daß die GPU den *Apparat* beherrschte – die lebenswichtige, unterirdische Abteilung der Parteimaschine; und er schützte sich durch die brutale und wirksame Methode, selbst ihre niedersten Helfer einzuschüchtern.
Als ich Thälmanns Büro verließ, erwartete mich draußen Hugo Marx mit einem dünnen Lächeln. Wir nahmen ein Taxi und fuhren zum S-Bahnhof Dammtor. Dort saß an einem Ecktisch ein dunkelhäutiger, elegant angezogener Mann mittleren Alters. Er nannte sich *Meyer*. Zähneknirschend übergab ich ihm und Hugo Marx eine Liste mit den Namen von etwa dreißig kommunistischen Seeleuten, die im Schiffsverkehr mit Nord- und Südamerika eingesetzt waren. *Meyer* machte sich eifrig Notizen. Er glich mehr einem levantinischen Kaufmann als einem deutschen Bolschewiken. In den folgenden Wochen suchten Hugo Marx und *Meyer* mich jedesmal auf, wenn ein deutsches Schiff von New York oder Buenos Aires den Hamburger Hafen anlief. Ich wurde angewiesen, die unter den Besatzungen ausgewählten Kommunisten einzeln zu einem Bierkeller im Hafengelände zu begleiten, wo sie dann von *Meyer* ausgefragt wurden. Es war mir nicht gestattet, bei diesen Treffs dabeizubleiben. Und jedesmal kam am nächsten Tag eine kurze Notiz und eine Zehn-Dollar-Note; die Notiz besagte, daß ich in Zukunft jeden Kontakt mit den genannten Seeleuten zu meiden habe.
Viele Monate blieb die Natur der Tätigkeit *Meyers* ein tiefes Geheimnis. Die meisten Seeleute, die in die GPU-Organisation übernommen wurden, waren ältere Parteimitglieder als ich. Sie hüteten ihr Geheimnis gut. Erst einige Jahre später, 1926, als ich selber in die inneren Kreise des *Apparates* vorgerückt war, enthüllte Hugo Marx mir das Geheimnis. Die kommunistischen Seeleute, die *Meyer* unterstellt worden waren, wurden bei einem Menschenschmuggel-Unternehmen großen Stils gebraucht, das von der Partei und der GPU ins Leben

gerufen worden war, um die erforderlichen Mittel zum Ankauf von Waffen und Munition aus Belgien zu erhalten. Leute, die aus Deutschland und den osteuropäischen Ländern auswandern wollten, wurden durch das Versprechen einer billigen Überfahrt ohne überflüssige Fragen in die USA und Argentinien angelockt. *Meyer* hatte verschiedene Logierhäuser in Hamburg eingerichtet, in denen die Auswanderer für einen Dollar pro Tag verpflegt und untergebracht wurden, während sie auf ein geeignetes Schiff warteten. Drei Angestellte der Hamburg-Amerika-Linie waren von *Meyer* bestochen worden, die Auswanderer als reguläre Besatzungsmitglieder der in See gehenden Schiffe anzuwerben. Die Kommunisten an Bord dieser Schiffe halfen dann den illegalen Einwanderern, in New York oder Buenos Aires von den Schiffen zu desertieren. Die Gebühr, die jeder Reisende entrichten mußte, schwankte zwischen fünfzig und hundert Dollar. Sie machten die Überfahrt als Tellerwäscher, Küchengehilfen, Kohlenträger oder gewöhnliche Matrosen, bis es zu einer Untersuchung durch einen Offizier an Bord der *Cap Polonia*, eines der größten deutschen Passagierdampfer, kam und ein Skandal drohte. Im November 1923 wurde dieser Menschenhandel durch einen Befehl von Moskau gestoppt. *Meyer*, der mit richtigem Namen John Bornos hieß, versuchte, das Schmuggelgeschäft auf eigene Rechnung fortzusetzen. Die GPU befahl ihm, seine Tätigkeit einzustellen, und beorderte ihn in die Sowjetunion. Bornos-*Meyer* weigerte sich. Daraufhin wurde er bei der deutschen Polizei denunziert. Er und zehn seiner Mitarbeiter wurden verhaftet und ins Gefängnis geworfen.

Die Partei befahl mir, eine Stellung als Matrose an Bord des Dampfers *Fredenhagen* anzunehmen, der im baltischen Trampverkehr zwischen Bremen, Hamburg und den finnischen Häfen verkehrte. Ehe das Schiff auslief, wurde ich ins Parteihaus gerufen. Außer mir erschienen verschiedene meiner Schiffskollegen. Ähnliche Aufforderungen waren an die kommunistischen Gruppen anderer Schiffe ergangen.

In einem schmutzigen kleinen Büro in einem Dachgeschoß trafen wir einen wendigen Kommunisten aus Berlin, einen dickschädeligen ehemaligen Marineingenieur und Vertrauensmann von Albert Walter, und den unvermeidlichen Hugo Marx. Wir drängten uns, bis wir zusammengepreßt wie Heringe in der Tonne dastanden. Der Ex-Ingenieur eröffnete die Sitzung mit einem weit hörbaren Grunzen.

»Jungs, ihr werdet jetzt eine Zeitlang Rumschmuggler werden«, kündigte er an.

Zuerst dachte ich, er mache Witze; aber er erklärte, daß man mit dem Alkoholschmuggel nach Ländern, in denen ein Alkoholverbot bestehe, viel Geld machen könne; daß in der Parteikasse Ebbe herrsche und daß deshalb Geld gebraucht werde, das auf solche Weise zusammengebracht werden könne. Für jedes Schiff wurde ein verantwortlicher Genosse bestimmt. Ich wurde Anführer des Kaders auf der *Fredenhagen*. Unsere Aufgabe bestand darin, im Freihafen große Mengen Rum, Whisky und Kognak zollfrei zu kaufen und diese Konterbande in den finnischen Häfen zu verkaufen. Der Verkauf sollte durch besonders für diesen Zweck eingerichtete Agenturen in Helsinki und anderen Häfen vorgenommen werden. Unter den Schiffen, die auf dieser Konferenz vertreten waren, befanden sich neben der *Fredenhagen* die Dampfer *Pleskow, Amisia, Fortuna, Boltheim,* verschiedene Schiffe des schwedischen

Erzhandels und andere, die im Nordatlantik-Dienst fuhren. Wir waren bester Laune; der abenteuerliche Charakter unseres Auftrags ließ uns vergessen, daß wir zur Zeit Streikbrecher waren. Der Ex-Ingenieur leerte eine Schuhschachtel mit Millionenmarknoten aus, und Hugo Marx zahlte sorgfältig die Beträge aus, die jedem Schiff zugewiesen wurden.
Ich hatte Grund zur Annahme, daß das Geld, das wir der Partei als Alkoholschmuggler beschafften, zum Ankauf von Waffen und Munition bestimmt war. Es war ein offenes Geheimnis, daß Sowjetoffiziere aus Moskau eingetroffen waren, um als technische Berater zu wirken, und daß die militärischen Vorbereitungen für den erwarteten bewaffneten Aufstand begonnen hatten.
Durch einen Geschäftsreisenden, der Genosse war, kaufte ich achthundert Flaschen verschiedener Schnäpse. Dazu brauchte ich eine Zollbescheinigung. Ich erhielt eine für acht Flaschen Kognak. Im Parteihaus wurde diese Bescheinigung von Hugo Marx frisiert, der hinter die acht zwei Nullen setzte. Die Konterbande wurde nachts an Bord geschafft. Stundenlang hatten wir zu tun, die achthundert Flaschen in den Bunkern unter der Kohle zu verstecken.
Vier Tage später lief unser Schiff in den Hafen von Helsinki ein. Von dort ging die *Fredenhagen* nach Viborg und Kotka, zwei Häfen an der Südküste Finnlands. In jedem dieser Häfen kamen, sobald das Schiff stillag, ein Dutzend finnischer Zollbeamte zur Kontrolle an Bord. Das Zollgesetz gab jedem Mitglied der Besatzung eine Flasche Schnaps für seinen persönlichen Bedarf frei. Als nun die finnischen Beamten in die hinterste Ecke des Schiffes krochen – aber dabei vergaßen, in den Kohlenbunkern nachzusehen –, wurde ihnen in jeder Kabine, die sie betraten, ein kostenloser Trunk angeboten. Sie waren keine Abstinenzler. Schließlich hatten sie ihre Suche nach Konterbande beendet, und die meisten hatten ganz schön geladen. Als sie gingen, ließen sie wie üblich ein paar Wachleute zurück.
Wie immer wurden die beiden Zollwachen von kommunistischen Seeleuten, die dazu bestimmt waren, nachts zu einer Zecherei unter Deck verführt. Ich ging inzwischen an Land, um die mir von dem wendigen Berliner Kommunisten gegebene Adresse ausfindig zu machen. Ich fand ein kleines Büro in einem vornehmen Gebäude in Helsinki in der Nähe des Parkes, in dem es während der Sommermonate Militärkonzerte gab. Auf dem Schild an der Türe hieß es: *Koskinen & Niminen*. Die Firma, in Wirklichkeit eine finnische Komintern-Organisation, war als Lebensmittellieferant für Gasthäuser getarnt. Die Worte *Export – Import* auf dem Schild waren pure Ironie.
Im Büro saß eine kräftige junge Frau. Sie sprach schwedisch.
Ich gab das Kennwort: »Die Tbc-Medikamente sind da.«
»Das ist gut«, erwiderte sie, »welches Schiff? Wieviel?«
»Schiff *Fredenhagen*; achthundert Flaschen«, antwortete ich.
Sie telefonierte. Nach einer Weile sagte sie: »Geh auf dein Schiff zurück, Genosse. Freund Koskinen verständigt die Kunden. Sie werden die ganze Nacht herbeiströmen.«
Ich kehrte an Bord zurück. Zwei Stunden später erschienen unsere »Kunden«, und zwar ganze Schwärme auf einmal. Männer und Frauen, durstige Packer und vornehme Bürger, Kellner, Schiffsjungen, Zimmermädchen, Prostituierte und andere, die einen etwas wohlhabenderen Eindruck machten. Sie zahlten sechzig bis hundert Finnmark pro Flasche. Die Finnmark war Goldwährung. Da wir den Schnaps mit deutschem Papiergeld bezahlt hatten, betrug unser

Profit mehr als 3000 Prozent. Jede Flasche brachte mehr als das Dreißigfache ihres Einkaufspreises. Während sich die Zöllner unten mit Saufen und unternehmungslustigen Hafenhuren amüsierten, machte die Partei ein tolles Geschäft. Bei Tagesanbruch waren rund sechshundert Flaschen verkauft. Das Ergebnis, so rechnete ich aus, reichte zur Anschaffung von drei Maschinengewehren zu belgischen Verkaufspreisen. Den Rest unseres Lagers verkauften wir in Viborg und Kotka, wo *Koskinen & Niminen* Zweigniederlassungen unterhielten.

Dieses Schmuggelgeschäft für die Partei blieb nicht ganz reibungslos. Nichtkommunistische Mitglieder der Besatzung der *Fredenhagen* hatten ihren eigenen privaten Schmuggelring gebildet. Sogar der Kapitän, die Maate und die Ingenieure – alle machten in Konterbande, weil die Gehälter, die sie bekamen, nicht einmal zur Bezahlung ihrer Miete ausreichten.

Die rivalisierenden Gruppen an Bord standen in einem harten Wettbewerb. Es begann damit, daß sie nachts in die Bunker gingen und unsere Lager so mit Kohle zuschütteten, daß wir sie nicht mehr ausgraben konnten, bis die Kunden erschienen. Wir leerten daraufhin die Flaschen unserer Konkurrenten aus und füllten sie mit Wasser oder Tee. Mehr als ein handfester Finne kam wütend an Bord, oft mit dem Dolch in der Hand, nachdem er entdeckt hatte, daß das, was er als Rum gekauft hatte, nur kalter Tee war. Zuletzt setzte die kommunistische Gruppe sich durch. Nachts und draußen auf hoher See vernichteten wir die restliche Konterbande unserer Rivalen oder warfen sie über Bord und stellten mit Brecheisen bewaffnete Wachen vor unsere Vorräte.

Wir verließen die finnischen Gewässer ohne ernsthaften Zwischenfall und fuhren nach Hause. Ein Emmissär der Partei erwartete mich an der Schleuse, als die *Fredenhagen* in den Kieler Kanal einfuhr. Ich übergab unseren Schmuggelgewinn dem Parteikurier.

Mein Schiff fuhr nach Bremen. Bevor es seine nächste Fahrt antrat, hatte ich wiederum aus Parteimitteln nahezu zweitausend Flaschen Dreistern-Kognak für *Koskinen & Niminen* übernommen. Jede Reise nach Finnland und zurück dauerte drei Wochen. Mit jeder Fahrt vergrößerte sich der Umfang unserer Konterbande. Auf der dritten Fahrt waren nicht nur die Bunker, sondern auch die Rettungsboote, die Bilge, die vordere Gaffelnock und sogar die Trinkwassertanks mit Flaschen, die alle sorgfältig in grobe Leinwand eingepackt waren, vollgestopft. Der Erfolg unserer vorhergehenden Unternehmen hatte unsere Chefs übermütig gemacht.

Das Zentralkomitee der kleinen illegalen Kommunistischen Partei Finnlands unter Nillo Virtanen mobilisierte den größten Teil seiner Organisation in Helsinki, um diese Rekordladung von der *Fredenhagen* abzuholen. Gegen hundert Männer und Frauen gingen an Bord des Dampfers und verließen ihn mit Flaschen, die sie in Säcke gepackt oder um den Leib gebunden hatten. Drei derartige Expeditionen wurden im Lauf einer einzigen Nacht gemacht. In den frühen Morgenstunden fragte mich der Führer der finnischen Transportkolonne:

»Wieviel Flaschen sind noch übrig?«

»Eine Menge«, sagte ich. »Es wäre schon besser, wenn sie bei Tagesanbruch vom Schiff wären.«

Ich war mir darüber klar, daß das »Entladen« auffallen mußte und daß es gefährlich wurde, den Rest unserer Konterbande noch einen weiteren Tag an

Bord zu behalten. Der Hafen schien mit einemmal voll von Zollbeamten zu sein. – Der Finne murrte verächtlich: »Wo hat man jemals gehört, daß eine Revolution durch den Verkauf von Getränken finanziert worden ist!«
Ich erklärte, daß die deutsche Kommunistische Partei dadurch, daß sie Dutzende von Schiffen für diese Schmuggelunternehmungen einsetzte, zu viel Geld gekommen sei. Geld bedeute Gewehre und Handgranaten für eine Anzahl proletarischer Kompanien. Zweifellos mache, so deutete ich an, auch die Kommunistische Partei Finnlands einen ganz schönen Gewinn.
Der Finne gab das zu. Er schickte einen Jungen fort, um den augenblicklichen Standort der Zollpatrouille im nahegelegenen Dock auszukundschaften; dann bewaffnete er fünf ortskundige Kommunisten mit je fünf Flaschen und sagte ihnen, sie sollten zu den Zollbeamten hinüberlaufen, um ihre Aufmerksamkeit von dem abzulenken, was an Bord der *Fredenhagen* vor sich gehen werde.
Die fünf entledigten sich ihrer Aufgabe mit Erfolg. Wir hörten sie laufen, und die Zöllner liefen hinter ihnen her. Dann klang das Splittern von Flaschen auf dem Pflaster. Inzwischen tauchten die Genossen aus Helsinki aus den Frachtschuppen auf, und mit Hilfe aller Kommunisten der Besatzung der *Fredenhagen* gelang es, die restlichen Flaschen an Land zu bringen. Ich ging zum Büro von *Koskinen & Niminen*, um den Anteil der deutschen Partei abzuholen. Ich wartete volle neun Stunden. Die *Fredenhagen* war nach Viborg abgedampft – ohne mich. Am Nachmittag erschien ein Finne schwankend im Büro, spuckte und fluchte.
»Wo ist mein Geld?« fragte ich.
»Zur Hölle mit dem Geld!« tobte er. »Weißt du, wofür deine werten Meisterbolschewiki verantwortlich sind? Ich will es dir sagen: Die ganze kommunistische Partei Helsinkis ist sternhagelvoll!«
Das hatte ich nicht erwartet. Ich sagte dem finnischen Genossen, daß der Kognak Eigentum der Kommunistischen Partei Deutschlands gewesen sei und infolgedessen Eigentum der Komintern. Moskau werde wahrscheinlich keine große Freude an der Sache haben.
Die meisten Finnen gehören zu jenem Menschenschlag, der nicht leicht erregbar ist, wenn aber ihr Temperament einmal entflammt ist, dann kann es leicht Scherben geben. Ich fürchtete, dieser Finne werde außer Rand und Band geraten. »*Satana*«, schrie er, fürchterlich fluchend. »Ich habe doch kein Geld. Mach, daß du hinauskommst!« Es folgte ein Wasserfall finnischer Wörter, von denen ich kein einziges verstand. Und dann: »Schade, daß du so ein starker Kerl bist. Ich möchte dich am liebsten totschlagen – du Krämer!«
Ich machte mich aus dem Staub. Vom gegenüberliegenden Torweg aus überwachte ich den Eingang des Gebäudes, in dem das Büro von *Koskinen & Niminen* lag. Bei Einbruch der Nacht betrat Koskinen persönlich das Haus. Ich lief über die Straße und hielt ihn auf dem Vorplatz an. Er war ein stattlicher Mann; als ich ihn von hinten an der Schulter packte, fuhr er zusammen.
Nervös fragte er: »Warum belästigen Sie mich?«
»Geben Sie mir wenigstens das Geld für die Fahrt nach Viborg«, antwortete ich.
Er gab mir eine finnische Hundertmarknote. »Wir lösen unsere Firma auf«, erklärte er. »Es hat einige Verhaftungen gegeben. Du mußt das unseren Freunden in Hamburg sagen. Sie dürfen nie und nimmer vergessen, daß Finnland ein faschistisches Land ist.«

Während ich zum Bahnhof lief, verfluchte ich meine Sorglosigkeit und den monumentalen Durst der Finnen. Ich erwischte den Zug nach Osten und kam gerade noch rechtzeitig in Viborg an Bord meines Dampfers. Vier Tage später wurde ich in Bremen entlassen. Für meine Entlassung wurden keine Gründe angegeben. Ich eilte nach Hamburg, um Hugo Marx zu berichten. Sie hatten bereits einen vollständigen Bericht über die Ereignisse in Helsinki erhalten. Die Nachrichten von diesem Fiasko hatten sie in keiner Weise beunruhigt.

Im September begann die Partei, ihre körperlich tauglichen Mitglieder in militärische Hundertschaften einzuteilen. In Hamburg bestanden elf derartige Kompanien und mehrere hundert im ganzen Reich. Jede Formation hatte fünf Züge zu zwanzig Mann. Sonntags marschierten die Hundertschaften zu militärischen Übungen hinaus in einsames Gelände. Junge sowjetrussische Offiziere, von denen die meisten deutsch sprachen, leiteten die Übungen. Fünf oder sechs solcher Offiziere waren im Gebiet von Hamburg tätig. Sie waren auf sowjetischen Schiffen als Seeleute getarnt nach Deutschland gelangt. »Aktivisten« von Albert Walters *Apparat* hatten sie nachts an Land geschmuggelt. Unter angenommenen Namen und mit falschen deutschen Pässen lagen sie bei Parteimitgliedern im Quartier. Ihr Anführer in Hamburg war ein kleiner schroffer Russe mit einem viereckigen Schädel, der sich Otto Marquardt nannte und offiziell als Beamter der Sowjetischen Handelsmission in Hamburg galt.

Ich war der siebten proletarischen Kompanie des Hamburger Distrikts zugeteilt. Diese Formation, die hauptsächlich aus Seeleuten bestand, nannte sich stolz *Rote Marine*, und Thälmann hielt sie für eine der besten Arbeiterbrigaden längs der Nordseeküste. In der Zeit zwischen den Wochenendmanövern in der Heide südwestlich von Hamburg wurde ich zum Dienst im Kurierapparat der Hamburger Organisation herangezogen. Zuerst hielt ich diesen Dienst für öde, denn es handelte sich einfach um eine Art Nachrichtenstaffel zwischen den bekannten Führern und ihren russischen militärischen Beratern, Männern wie Otto Marquardt, der sorgfältig darauf bedacht war, sich nicht in Gesellschaft deutscher Kommunisten zu zeigen, die der Polizei bekannt waren. Aber die wöchentlichen Fahrten nach Kiel, Lübeck, Cuxhaven und Bremen und zwei Aufenthalte in Berlin verschafften mir Einblick in das Tun und Treiben einer Untergrund-Elite, deren Existenz ich kaum vermutet hatte.

Besonders auffallend in dieser politischen Unterwelt war die Gestalt Johnny Dettmers, dessen rücksichtslose Kühnheit sich sehr wohl mit den Seeräuberhelden meiner Jugend messen konnte. Dettmer war ein blonder, blauäugiger Riese von vierundzwanzig Jahren, temperamentvoll, geschickt, mit der Kraft und Geschmeidigkeit eines Panthers. Er war einer von jenen ehrlichen politischen Desperados, die unschätzbare Kämpfer bei Aufständen und Umwälzungen sind, die aber unweigerlich versagen, sobald wieder normale Zustände eingetreten sind. Ernst Wollweber, einer von den Häuptlingen der Komintern, sagte Jahre später einmal zu mir über den Genossen Dettmer: »Wir brauchen Männer wie Johnny, um die Schlachten zu gewinnen, aber nach siegreicher Revolution hätten wir ihn erschießen müssen.«

Im Frühherbst 1923 schmuggelte Johnny Dettmer Waffen für die Roten Hundertschaften von Norddeutschland. Otto Marquardt und ein ungenannter Vorgesetzter von Hugo Marx sandten ihn nach Kolberg. Dort traf er in einer Kneipe einen jungen Sowjetoffizier und einen deutschen Kommunisten namens Lukowitz. Ich lernte Lukowitz später gut kennen: ein grauhaariger, schwerbeweglicher Mann, ehemaliger Kapitän eines Schleppers und später einer der Parteichefs im Lübecker Bezirk. Etwa ein Dutzend anderer Kommunisten von Dettmers Kaliber war in drittrangigen Hotels in Kolberg untergebracht. In drei Motorbarkassen, die von der Komintern beschafft worden waren, fuhr Lukowitz sie – ganz absichtslos, wie es schien – bisweilen aufs Meer hinaus. Die drei Barkassen, *Liese*, *Anita* und *Sturmvogel* waren feste, alte Eichenboote, sechsunddreißig und vierzig Fuß lang, mit alten Benzinmotoren ausgestattet, und schafften bei gutem Wetter sieben Knoten. (Ich sah die Boote 1930; nach ihrer Überholung wurden sie vom Kominternbüro in Danzig übernommen, um kommunistische Literatur über die untere Weichsel und den Hafen von Gdingen nach Polen zu schmuggeln, wo die Partei illegal war.)

Johnny Dettmer und seine Kameraden bummelten eine Woche lang in Kolberg herum und gaben vor, daß sie am Kauf eines Bootes interessiert seien. Dann brachte ein Kurier aus Berlin eine Nachricht für den Sowjetagenten in Kolberg. Der Russe ließ Lukowitz zu sich kommen. Lukowitz trommelte seine wartende Mannschaft zusammen und verteilte sie auf die drei Barkassen. Alle wußten, daß etwas im Gange war.

Sie verließen die Kolberger Fischerpier bei Sonnenuntergang und hielten geraden Kurs auf Nordnordwest. Dettmer war an Bord der *Anita*, Lukowitz auf dem *Sturmvogel*. Draußen verteilten sie sich, um nicht die Aufmerksamkeit passierender Schiffe zu erregen.

Es sind fünfundfünfzig Meilen von Kolberg bis zur Südspitze von Bornholm. Als die hochliegende Küste der Insel in Sicht kam, stellten sie die Motoren ab, warfen Seeanker aus und ließen sich treiben, nachdem in jedem Boot eine Wache eingeteilt war.

Sie warteten bis elf Uhr nachts und achteten besonders auf alle westwärts fahrenden Dampfer. Um elf Uhr gab ein Dampfer, der langsam von Osten herangekommen war, ein Lichtsignal, als er einen Punkt erreicht hatte, der fünf Meilen südlich des südlichsten Punktes der Insel lag. Das Signal war das Morsezeichen l · — · · das in Zwischenräumen wiederholt wurde, bis Lukowitz mit ähnlichen Signalen antwortete. Dann drehte der Dampfer nach Süden ab, und die Barkassen folgten ihm, bis sie außer Sicht von Bornholm waren.

Der Dampfer war ein kleines Trampschiff. Er zeigte keine Flagge, aber alle wußten, daß es ein sowjetisches Schiff war. Als die Barkassen sich näherten, ließen die Matrosen ein mit Leinwand bespanntes Gitter herunter, um den Namen des Dampfers zu verdecken. Die Barkassen machten längsseits fest, und Lukowitz sprach einige Worte mit einem Mann, der sich über die Reling beugte. In Persenning gewickelte schwere Bündel wurden in die Barkassen gelassen. Jedes Bündel enthielt zehn alte Gewehre der zaristischen Armee. Es folgten kleine Fässer mit Patronen, die in Mehl vergraben waren. Dreihundert Gewehre waren in weniger als einer Stunde umgeladen, und nach einem kurzen Gruß legten die Barkassen ab. Sie warteten, bis das sowjetische Schiff mit Kurs auf den Kieler Kanal und einen rechtmäßigen Anlegehafen in der Dunkelheit verschwunden war.

Lukowitz instruierte seine Besatzungen: »Sollte die Küstenwache uns stoppen – über Bord mit der Ware.«

Den ganzen darauffolgenden Tag ließen sie sich treiben und gaben sich den

Anschein von Fischern. In der nächsten Nacht nahmen die Barkassen Kurs auf die Küste. Sie landeten ihre Konterbande zwischen Kolberg und einem Fischerdorf mit Namen Deep. Dort lag ein kleiner buschiger Wald, und ein schmaler Kanal zog sich landeinwärts. Neben einem Berg verdorbener Fische stand ein Lastauto. Sie luden die Waffen und die Munition auf das Lastauto und bedeckten die Ladung mit den Fischen. Der Lastwagen mit seiner Besatzung von zwei schweigsamen jungen Männern rollte sofort in Richtung der Stettiner Landstraße davon.
Johnny erzählte mir diese Geschichte auf plattdeutsch, in seiner Muttersprache, die er gewöhnlich sprach. Plattdeutsch hat einen rauhen Erdgeruch, und seine drolligen Grobheiten können in ihren Nuancen nicht übersetzt werden. Nun, Johnny kann mir nichts nachtragen, wenn ich seinem geliebten Dialekt von der Wasserkante nicht die genügende Ehre antue – sein Kopf fiel 1934 unter dem Nazibeil.

Hast du jemals einen Menschen getötet?

Ich nahm meine Tätigkeit als Kurier der Untergrund-Organisation der Partei Ende September auf. Meine erste Fahrt ging von Hamburg nach Berlin. Ich hatte den Auftrag, einen versiegelten Brief an eine Adresse in der Möckernstraße 104 abzuliefern. Ich wurde dort in einer gemütlichen Wohnung von einer üppigen olivhäutigen jungen Frau empfangen. An der Art, wie sie Deutsch sprach, erkannte ich die Russin. Sie hieß, wie ich bald erfuhr, Maria Schipora. Aber die Mitteilung, die ich von Otto Marquardt mitbrachte, war nicht für sie bestimmt. Sie war für Hugo Eberlein, ein Mitglied des Zentralkomitees der deutschen Partei, der damals mit den Kontakten zur deutschen Armee und Marine beauftragt war.
Maria Schipora bot mir Bénédictine an, während ich auf Eberlein wartete. Sie forderte mich wiederholt zum Trinken auf. Nach drei oder vier Gläschen begann ich zu fürchten, daß diese russische Frau vielleicht ein Polizeispitzel sei. Ich erhob mich und sagte schroff: »Ich mag das nicht. Wer sind Sie? Was treiben Sie?«
Sie lehnte sich über den Tisch und lachte.
»Du kamst, um den Genossen Eberlein zu treffen?« fragte sie.
»Ja.«
»Wer schickt dich?«
Ich weigerte mich zu antworten.
»Ich kenne Marquardt gut«, sagte sie. »Wir haben jahrelang zusammen gearbeitet.«
Jetzt erkannte ich, daß Maria Schipora auf der Gehaltsliste der GPU stand. Wir wurden rasch Freunde. Ich bewunderte die Kommunisten, die auf internationaler Ebene tätig waren. Sie sprach einfach. Und sie war schnell und gierig. Ihre Lippen waren voll und rot. Sie faßte nach meinen Haaren und küßte mich.
»Genosse Eberlein kommt immer spät«, sagte sie.
Eberlein kam nicht an jenem Tag. Statt seiner kam ein großer, düster und

asketisch aussehender Mann Anfang Dreißig, und ich übergab ihm den Hamburger Brief. Der Fremde begann sofort, mich mit Fragen zu überhäufen über den ausgezeichneten Geheimdienst, den der Norddeutsche Lloyd, die Hamburg-Amerika-Linie und andere Schiffahrtsgesellschaften in den Außenbezirken der kommunistischen Wasserfrontorganisationen eingerichtet hatten. Ich gab ihm die wenigen Informationen, die mir bekannt waren. Als die Frau, die aufmerksam zuhörte, den Unbekannten »Felix Neumann« nannte, war ich wie elektrisiert. Wenn die Funktionäre der Roten Hundertschaften von Neumann sprachen, so flüsterten sie nur. Er war der Kopf einer neuen Organisation, der *T-Einheiten;* so hießen die Terrorgruppen, die das Stabsgerippe einer zukünftigen deutschen Tscheka bildeten. Neumann befahl mir, bis zum nächsten Tag in Berlin zu bleiben, denn er wollte mir einiges Material für Otto Marquardt mitgeben, das nicht vor morgen früh bereit war. Dann fragte er mich nach meiner Arbeit in der Partei. Ich sagte ihm, daß ich Aufträge liebte, die mehr Aktivität verlangten als der Kurierdienst, der ja nur ein Hin und Her zwischen verschiedenen Städten bedeute.

»Hast du jemals einen Menschen getötet?« fragte Neumann plötzlich.

»Nein«, sagte ich.

»Gut – und wie würdest du das machen?«

»Ich würde ihn niederschießen.«

Neumann lachte düster. »Falsch«, sagte er. »Wenn du auf einen Menschen schießt und ihn nur verwundest, was dann? Man bringt ihn ins Krankenhaus, und er wird der Polizei alles sagen, was er weiß, nicht wahr?«

Maria Schipora warf ein: »Gewöhnlich wird ein Mensch nachts erschossen. Nachts ist es dunkel. Man kann nichts sehen.«

»Zudem machen Schüsse Lärm«, fügte Neumann hinzu.

»Wie würden *Sie* es denn machen?« fragte ich.

»Auf alle Fälle dafür sorgen, daß er tot ist«, erklärte Neumann mit charakteristischer Kälte. »Der sicherste Weg ist der, ihn bewußtlos zu schlagen und dann seine Adern mit dem Rasiermesser aufzuschneiden. Wenn du das tust, kannst du sicher sein, daß er tot ist.«

Ich wußte nicht, was ich davon halten sollte. Sprach er im Ernst? Oder wollte er nur meine Nerven prüfen? Damals wußte ich keine Antwort. Ich fand sie erst stückweise, aber dann blieb kein Zweifel: Was Neumann gesagt hatte, war tödlicher Ernst.

Ich verbrachte die Nacht in der Wohnung an der Möckernstraße. Maria Schipora machte ein einfaches Abendessen, und wir sprachen über die politische Stimmung der Arbeiter und über die Taktik des Straßenkampfes. Maria erzählte von einer Unterhaltung, die sie mit einem Agenten des Kremls gehabt hatte, der sich, obwohl seiner Herkunft nach Tatar, August Kleine nannte, dem aber Brandler, der deutsche Parteichef, den Namen *Der Mann aus Turkestan* gegeben hatte. Felix Neumann erzählte von einem Waffenaufkäufer für die Partei, der Grenz hieß und mit 5000 Dollar, die er von der sowjetischen Botschaft erhalten hatte, durchgebrannt war. Dann sprachen sie von der Aufgabe der T-Einheiten, die Partei von Spionen freizuhalten, und von Mord.

Spät am Abend kamen fünf andere Leute, zwei Mädchen und drei Männer; unter ihnen war ein mächtiger, sechs Fuß hoher Kerl, mit leicht jüdischem Aussehen: Edgar Andree. Ich faßte sogleich eine instinktive Zuneigung zu ihm. Wir wurden unzertrennliche Freunde, und die Freundschaft erhielt sich, bis

auch er unter den Händen von Hitlers Henkern starb. Die beiden Mädchen waren Eva und Lu, beide Mitglieder der T-Einheiten. Eva, klein, dunkel, katzenartig, war Neumanns Freundin. Lu, die Luise Schneller hieß, war vierschrötig und hartgesotten.
Lange nach Mitternacht wandte sich das Gespräch der Strategie der kommenden Erhebung zu, die mit einer Erhebung in den Provinzen beginnen und mit einem Marsch auf Berlin enden sollte. Partisanenkommandos wurden überall rund um die Hauptstadt von Edgar Andree und seinen Mithelfern organisiert. Zwei von seinen Mitarbeitern, die mitgekommen waren, Gromulat und Bozenhard, schienen dazu durchaus befähigt zu sein. Ihre Idee war, in großem Maßstab die Erfahrungen von Max Hölz, dem kommunistischen Robin Hood von 1921, der inzwischen zu lebenslänglichem Gefängnis verurteilt worden war, zu nutzen. Die Stunden vergingen, und die Männer und Mädchen redeten und redeten, wie nur Kommunisten jener wilden und unverantwortlichen Periode reden konnten, wenn sie unter sich waren. Sie waren mit ihrer eigenen Wichtigkeit und ihren revolutionären Aufgaben beschäftigt wie Kinder mit ihren neuen und fesselnden Spielsachen. Ich hörte wie verzaubert zu. Schließlich waren wir ja auch, verglichen mit den verschlossenen Konspiratoren der späteren Zeit, wie Kinder, die einen berauschenden Wein miteinander trinken.
Endlich, zwischen Mitternacht und Tagesanbruch, erhob sich Felix Neumann und sagte dramatisch: »Kinder, ich möchte jetzt schlafen.«
Die Wohnung Maria Schiporas schien ein Absteigequartier für viele Funktionäre zu sein, die auf illegalen Missionen durch Berlin kamen. Die Anwesenden holten Decken aus einem Wandschrank. Felix Neumann und Eva hatten ihr eigenes Zimmer, ebenso Maria. Die anderen schliefen auf den Sofas und auf dem Teppich.
Ganz unbefangen sagte Maria zu mir: »Wir beide schlafen zusammen.«
Edgar Andrees spöttischer Blick und seine Bemerkung brachten mich in Verlegenheit: »Kannst du nicht genügend Reichswehroffiziere haben, Maria?«
»Bah«, sagte Maria wütend, fügte dann aber mit zärtlicher Stimme hinzu: »Genosse Edgar, es gibt nichts Besseres als gute, saubere Jugend.« Sich an mich wendend, sagte sie beinahe ärgerlich: »Mach dir nichts aus diesen alten Hengsten. Meinst du nicht, daß ich Grund hatte, dich hier zurückzuhalten?«

Felix Neumann weckte mich um acht Uhr. Er war schon fortgewesen, um zu telefonieren. Andree und seine Mitarbeiter waren schon gegangen, und Eva und Lu machten sich zum Fortgehen bereit.
Bei Tageslicht war Neumanns Gesicht grau. »Trink schnell in einer Gaststätte Kaffee«, sagte er laut. »Ein Freund möchte dich noch sehen.«
Wir fuhren in einem Taxi zu einem kleinen Hotel in Neukölln. In einem schmutzigen Zimmer des Hotels hob sich ein Mann im Pyjama im Bett, als wir eintraten. Auf Bett und Boden lagen die Morgenzeitungen verstreut.
»Das ist der Genosse aus Hamburg«, sagte Neumann.
Dunkle, ausdrucksvolle Augen richteten sich auf mich. Der Mann im Pyjama war vielleicht dreiunddreißig Jahre alt; sein Körper war kraftvoll und geschmeidig, sein blondes Haar war unordentlich, und das scharfgeschnittene Gesicht machte den Eindruck einer unliebenswürdigen, sehr wachen Entschlossenheit. Er sah aus wie ein Russe oder Lette. Er fragte mich nach der Bewaff-

nung unserer Einheiten in Hamburg, nach den Fortschritten in der Ausbildung und ob der einfache Genosse Vertrauen zu den Führern habe. Er machte stenografische Notizen über das, was ich ihm sagte, und meinte, es sei ihm wichtig, von Zeit zu Zeit die Meinung der Genossen draußen zu hören. Dann gab er mir den Auftrag, zwei Pakete nach Hamburg mitzunehmen, eines für Otto Marquardt und das andere für eine junge Dame namens Anja Daul. Beide Pakete würden mir vor der Abfahrt des Hamburger Expreßzuges am Bahnhof übergeben werden.

»Brauchst du Geld?« fragte er mich plötzlich.

»Nein«, antwortete ich, obwohl ich beinahe keinen Pfennig mehr hatte.

»Wir werden dich zweifellos noch brauchen«, sagte der Mann ruhig. Neumann und ich wurden gebeten, im Zimmer zu bleiben, bis der andere sich angezogen hatte und weggegangen war. Als er fort war, fragte ich Neumann, weshalb wir nicht zuerst hätten gehen dürfen.

»Eine Vorsichtsmaßnahme«, gab Neumann zur Antwort. »Das ist ein wichtiger Genosse. Er schläft nie zweimal am selben Ort.«

»Wer ist er?«

»General Wolf. Hast du jemals von der Kronstadter Erhebung gegen die Bolschewiki gehört? Nun gut, General Wolf ist der Mann, der sie niederschlug.«

Maria Schipora gab mir das Geleit zum Bahnhof. Sie brachte die beiden Pakete. Es waren ziemlich große Bündel.

»Was ist denn das?« seufzte ich.

»Schmutzige Handtücher«, lachte sie, und ihre feuchten Augen zwinkerten. »Laß sie waschen und schick sie zurück.«

Jedes Bündel Handtücher enthielt eine versiegelte Schachtel in Zigarrenkistenformat. Ich weiß nicht, was darin war. Die eine lieferte ich bei Otto Marquardt, die andere bei Anja Daul ab; sie wohnte mit ihrer Schwester in einer Zweizimmerwohnung in einer kleinen Straße, die Venusberg hieß. Beide Daul-Mädchen waren elegant gekleidet, jung, blond, nicht mitteilsam, und trugen kurze Haarknoten. Daran erkannte man sie als Russinnen; sie gehörten den Hamburger T-Einheiten an. Beide wurden 1925 verhaftet und kamen ins Gefängnis.

Die Luft in Hamburg war geladen. Zwei Polizeioffiziere waren ermordet worden, und Ernst Thälmann mußte untertauchen. Tag für Tag organisierte die Partei Plünderungen von Lebensmittelgeschäften und Überfälle auf Lebensmitteltransporte. Diese Plünderungen waren Sache der Massen und sollten den Kampfgeist der nicht organisierten Arbeiter testen.

Ich wurde von neuem nach Berlin geschickt, um dem Mann, den ich als General Wolf kennengelernt hatte, ein kleines Kuvert zu überbringen. Der Brief wurde mir von Marquardts »Elefanten«sekretärin auf den nackten Rücken geklebt. Dieses starke, sehr tüchtige Mädchen hatte den Spitznamen *Fette Grete;* sie arbeitete im Büro der Sowjetischen Handelsmission und sollte schließlich einer der meistgeschätzten Veteranen der Bewegung werden.

Maria Schipora, mit schimmernden Augen und elegant gekleidet, holte mich in Berlin vom Bahnhof ab. In einer Droschke fuhren wir in die Melanchthonstraße und gingen dort in ein Restaurant, wo Maria mich bat, zu warten. Kurze Zeit später kehrte sie mit einem untersetzten jungen Mann zurück, der sich mir unter dem Namen Karl vorstellte. Karl brachte mich einige Häuserblocks

weiter zu einem anderen Restaurant; hier löste er im Waschraum den Brief von meiner Rückenhaut ab.
An einem Tisch nahe bei der Tür saßen General Wolf und ein weicher, blasser Mann beim Kaffee. Ich setzte mich an den Tisch und schob den Brief General Wolf zu. Ohne etwas zu sagen, steckte er ihn ein.
»Neumann wird dich bald in Hamburg aufsuchen«, sagte General Wolf.
Unmittelbar darauf stand er auf und ging mit dem blassen Mann weg. Auch jetzt wurde mir bedeutet, zu warten. Eine volle halbe Stunde lang saßen Karl und ich am Tisch, schauten einander an und sagten kein Wort. Das mysteriöse Kommen und Gehen von General Wolf und seinen Freunden beunruhigte mich sehr.
Seinen bleichgesichtigen Begleiter lernte ich später als Fritz Heckert kennen, der 1923 den Kurierdienst der Komintern zwischen Berlin und Moskau leitete; er war ein Kommunist von internationalem Format und viele Jahre lang Mitglied des Reichstags.
Maria Schipora wartete auf der Straße auf mich. Sie hatte augenscheinlich viel Geld. Eine Zeitlang fuhren wir mit der Droschke in Berlin herum, dann aßen wir im Café Bauer, und als es dunkel war, lud sie mich in ihre Wohnung ein.
Sie traktierte mich abermals mit Bénédictine und war heftig verliebt, wobei sie hin und wieder flüsterte, wie süß und leicht doch das Leben sein könne, wenn man Geld habe. Zuerst war ich verwirrt von ihrem Benehmen, dann regte sich bei mir ein heftiges Mißtrauen. »Was spielt sie für ein Spiel?« fragte ich mich.
»Du benimmst dich wie ein Bourgeois«, sagte ich zu ihr. Sie lachte nachsichtig.
»Möchtest du nicht? Es ist so nett, Geld zu verdienen!«
Dann fuhr sie fort: »All dieser politische Blödsinn macht mich krank! Die Sache ist auf jeden Fall hoffnungslos. Wenn einer zu dir käme und sagte: ›Hier sind tausend Goldmark, wenn du mir eine kleine Gefälligkeit erweist‹ — würdest du es tun?«
»Was tun?«
»Oh, irgendwelche interessanten Dinge an gewisse Leute verkaufen.«
»An was für Leute?«
Sie zog die Knie an sich und schlang die Arme darum.
»An Hugo Stinnes, zum Beispiel«, sagte sie gedehnt. »Oder an General von Seeckt. Warum nicht?«
Einen Augenblick war ich verblüfft. Ich stieß sie von mir und griff nach Mütze und Rock. Hugo Stinnes, der Industrielle, dem die Hälfte der deutschen Bergwerke, Schiffe und Fabriken gehörte! Seeckt war der Schöpfer und Befehlshaber der Reichswehr, er repräsentierte die reale Macht, die hinter der Regierung der Republik stand. Maria Schipora hatte mir den Rücken zugekehrt. Sie beobachtete mich in einem Spiegel. Ich hörte ein leichtes, kleines Lachen.
»Bleib bitte«, sagte sie, »ich habe nur gescherzt.«
Ich nahm den ersten besten Zug nach Hamburg und war naiv genug, zum Parteihauptquartier zu eilen und Hugo Marx aufzusuchen. Der Boden brannte mir unter den Füßen. Etwas mußte mit Maria Schipora geschehen. Ich traf Hugo Marx und berichtete ihm die Entdeckung eines Verräters im Parteiapparat.
Hugo Marx lachte. »Das ist schon gut«, sagte er.

Es geschah nichts. Maria Schipora war kein Spion. Sie hatte mich auf Befehl von Felix Neumann getestet, und das war ihre Methode.
Während des darauffolgenden Tages war Felix Neumann in Hamburg. Ich traf ihn in der Wohnung von Erika Czympanski, die für mich in den seltenen freien Stunden, die ich hatte, ein Zufluchtsort geworden war. Sie hatte mir einen Schlüssel zu ihrer Wohnung gegeben. Ich konnte ihre Bibliothek benutzen und essen, was sich in ihrem Speiseschrank befand.
Sobald ich kam, bat Neumann sie, uns allein zu lassen. Dann zeigte er mir ein vervielfältigtes Rundschreiben. Als Titel stand da: *Töte Spione und Provokateure!*
»Bist du damit einverstanden?« fragte er mich.
Ohne zu zögern, sagte ich: »Natürlich!«
»Wir werden dich für Sonderaufgaben einsetzen«, sagte er. Er zog ein Blatt Notizpapier aus der Tasche und legte es auf den Tisch. Dann gab er mir einen Bleistift. »Unterschreib das!«
Auf dem Papier stand, mit Maschine geschrieben, der folgende Text:
Ich anerkenne hiermit meine Teilnahme am Raub im Wettbüro in Bremen, Bahnhofstraße.
Neumann bemerkte meine Überraschung. »Es ist eine Formalität«, sagte er.
»Aber ich weiß nicht einmal etwas von einem solchen Raub«, protestierte ich.
»Das ist ganz gleich; jeder, der in einer der T-Einheiten aktiv ist, muß eine solche Erklärung unterschreiben. Wie ich sagte: Es ist eine Formalität. Wir müssen unserer Leute sicher sein. Unterschreib!« Er machte keinerlei Umschweife
Ich dachte, Felix Neumann sei wahnsinnig geworden. Ich sah keinen Sinn in diesem Vorgehen. Ich weigerte mich, zu unterschreiben.
»Auch gut«, sagte er mit einer Miene, als sei das, was er sagte, endgültig. »Wir sind fertig mit dir. Wir haben uns geirrt.« Die Augen wurden düster in seinem leichenblassen Gesicht.
Ich eilte zu Albert Walters Büro. Er hatte ein vierstöckiges Gebäude in der Rothesoodstraße erworben, nahe dem Hafen, das jetzt für die Hafenbrigaden als Hauptquartier diente. Das Haus war geladen mit Aktivität. Leute von den Docks und von den Schiffen drängten sich hinein und heraus. Ich erzählte ihm von Neumanns Angebot und schlug gleichzeitig vor, er, Walter, solle mich von allen weiteren Kurierpflichten entbinden und mich an die Wasserfront zurückversetzen, wo ich meinem Gefühl nach hingehöre.
Albert Walter ließ seinem vulkanischen Temperament freien Lauf.
»Dieser Neumann ist ein verdammter Kerl«, tobte er. »Sag ihm, er solle zum Teufel gehen. Aber laß das, ich werde es ihm schon sagen.« Dann wünschte er die Pest auf »alle diese kleinen Tschekisten in Berlin« herab. Als er sich schließlich beruhigt hatte, schrieb er eine kleine Notiz an Otto Marquardt. »Sag diesem teuflischen Neumann, er solle meine Leute in Ruhe lassen«, hieß es darin. Dann wandte sich Albert Walter an mich und sagte abschließend: »Bring das zu Marquardt. Er ist ein verständiger Mann.«
Felix Neumann denunzierte Albert Walter sofort wegen seiner eigenmächtigen Weigerung, mich für die T-Einheiten des Generals Wolf freizugeben. Aber Walter wußte sehr wohl, wie groß das Ansehen war, das er im Kreml genoß. Er schrieb nach Moskau, wobei er von Felix Neumann als von einem »Mondsüchtigen« sprach. Und Moskau stützte Walter, weil der brummige alte See-

bär der fähigste Mann war, den Moskau zur Leitung der Kampagnen in den Häfen und auf den Schiffen hatte. Ich konnte zu jener Zeit noch nicht wissen, welches Glück ich gehabt hatte, zur Roten Marine zurückzukommen, statt mich in den Umarmungen von Maria Schipora, bei Felix Neumann und ihrer Clique zu verirren. Denn der düstere Neumann, dessen Gedanken und Worte unaufhörlich um Mord kreisten, wurde plötzlich verhaftet. Um seine eigene Haut zu retten, verriet er das ganze Führungskorps der T-Einheiten – die deutsche Tscheka – an die Polizei. Einige Monate später wurde auch General Wolf verhaftet und des Mordes angeklagt.

General Wolf war von der sowjetischen Regierung nach Deutschland geschickt worden, um die militärische Seite des geplanten Aufstandes in die Hand zu nehmen. Er kam mit einem falschen norwegischen Paß nach Berlin. Bald nachher wurde ein ausgedehntes Netz von Roten Hundertschaften und T-Einheiten aufgestellt. Er unterhielt drei Privatwohnungen: in Dresden, in Hamburg und in der Sowjetbotschaft in Berlin. In Hamburg war er unter dem Namen Hermann, in Berlin als Helmuth oder General Wolf, in Dresden als Goresowski, in der sowjetischen Armee als Gorew bekannt; bei seiner Verhaftung gab er den Namen Peter Alexander Skoblewski an, unter dem er ebenfalls Geschichte machte.

Felix Neumann hatte die Aufgabe gehabt, für Skoblewski als Verbindungsmann zwischen dem militärischen Oberkommando der Partei und der Sowjetregierung in Berlin tätig zu sein. Einmal bezog er 35 000 Dollar in amerikanischer Währung, die an die Order Skoblewskis lauteten, ein anderes Mal 50 000 Dollar auf die Rechnung des *Mannes aus Turkestan*. Diese Beträge wurden für Waffen und Propaganda ausgegeben.

Felix Neumann wurde mit der Leitung der T-Einheiten betraut. Skoblewski gab Neumann 5000 Dollar, um neue Mitglieder für diesen *Apparat* zu werben und die Terroristen einzusetzen. Der Revolutionsausschuß verlangte die Ermordung des Generals v. Seeckt, des Chefs der Reichswehr, unmittelbar vor dem Aufstand. Man wollte auf diese Weise die Armee desorganisieren und die revolutionären Hoffnungen bis zur Raserei aufpeitschen. Niemand anders als Sinowjew selbst, der Führer der Komintern, schrieb in einem Manifest: »General von Seeckt ist der deutsche Koltschak und die größte Gefahr für die Arbeiter«, während er Adolf Hitler, der damals den Münchner Putsch vorbereitete, als »einen lächerlichen kleinen Bourgeois« bezeichnete.

Von da an begann Felix Neumann, das Kriegsministerium zu überwachen, um Informationen über die Reisen und die Gewohnheiten v. Seeckts zu sammeln. Er rief den Adjutanten des Generals an, stellte sich ihm als Verkäufer französischer militärischer Geheimnisse vor und ersuchte um eine private Unterredung. Es war Neumanns Plan, General v. Seeckt in seinem Büro zu ermorden. Aber der Chef der Reichswehr weigerte sich, in diese Falle zu gehen. Inzwischen hatten Skoblewskis Agenten festgestellt, daß der General jeden Morgen im Tiergarten ausritt. Felix Neumann kaufte einen Stoß einer Nummer der *Berliner Illustrirten*, die ein Bild Seeckts zeigte. Er schnitt die Bilder aus und verteilte sie an die Berliner T-Einheiten. Drei Tage hintereinander wurde der Chef der Reichswehr während seines morgendlichen Ausrittes von reitenden GPU-Agenten verfolgt, während andere Terroristen hinter den Bäumen längs des Reitwegs lauerten. Seeckt wurde jedoch auf seinen Ausritten von einer Gruppe von Reichswehroffizieren begleitet, die bewaffnet waren.

Schließlich wurde ein siebzehn Jahre altes Mädchen, Anny Gerber, die Freundin eines der Tschekisten Felix Neumanns, angewiesen, eine Liebesgeschichte mit einem von General v. Seeckts Ordonnanzen oder Stallknechten anzubahnen. Der Plan war, einen Tschekisten im Bereich der Dienstwohnung des Generals zu verstecken und diesen vom Pferd zu schießen, bevor seine Begleitung ihn erreichen konnte. Das Mädchen bekam Angst, und Felix Neumann drohte, sie umzubringen, wenn sie seinen Befehlen nicht gehorche. Es gelang Anny, einen Liebhaber unter den Männern des Generals zu finden, aber es scheint, daß sie sich selber in ihn verliebte. General v. Seeckt wurde gewarnt und hörte auf zu reiten. Und Skoblewski befahl die Ermordung Anny Gerbers.
Eine stürmische Aussprache zwischen Neumann und Skoblewski folgte. Felix Neumann fürchtete, daß er wegen Unfähigkeit seines Amtes enthoben werden könne. Amtsenthebung bedeutete soviel wie Tod. Er sagte später vor dem Reichsgericht aus, daß er für sein Leben gefürchtet habe. Die GPU erlaubt denen, die Geheimnisse kennen, nie, sich zurückzuziehen. Die Aussprache endete mit dem Befehl Skoblewskis: »Von Seeckt muß innerhalb von drei Tagen sterben!«
So wurde ein letzter Versuch im Dezember 1923 gemacht. General v. Seeckt war nach Weimar gefahren, und als er nach Berlin zurückkehrte, warteten GPU-Leute auf ihn in der Haupthalle des Anhalter Bahnhofs, unter ihnen Felix Neumann selbst. Alle waren mit den neuen Ortgies-Pistolen bewaffnet.
Von Seeckt ahnte eine Gefahr. Er wartete im Zug bis zur Ankunft der Schutzwache, die er angefordert hatte. Von Beamten und Bahnhofsdetektiven umgeben, ging er schnell durch den Bahnhof und verschwand in dem Wagen des Kriegsministeriums. Nach der entscheidenden Niederlage der deutschen Kommunistischen Partei in den folgenden Wochen gab Karl Radek durch Brandler den Befehl, die Pläne, v. Seeckt umzubringen, fallenzulassen.
Unter den prominenten Persönlichkeiten, für die Skoblewski Mordbefehle ausgegeben hatte, befanden sich auch Hugo Stinnes, Deutschlands reichster Mann, und Geheimrat Borsig, der Führer des deutschen Stahltrusts. Felix Neumann wurde mit der Ausführung beider Unternehmen betraut. Tschekisten beschatteten Stinnes und drangen in seine Wohnung im Hotel Esplanade in Berlin ein. Felix Neumanns Leute verübten einen Einbruch in Borsigs Villa in Tegel. Ein Streik der Stahlarbeiter war im Gange; die Parteiführer hofften, daß der Streik durch Borsigs Tod einen heftigeren, revolutionären Charakter bekommen werde. Diesmal sollte die Sache ohne Schießerei gemacht werden. Skoblewski schlug Gift vor. Aus einer geheimnisvollen Quelle erhielt er Glasröhrchen mit Typhus- und Cholerabazillen. Diese übergab er Felix Neumann. Sie sollten bei bestimmten Morden, aber auch gegen Armee- und Polizeioffiziere im Falle des Bürgerkrieges Verwendung finden. Neumann wählte eine besondere Gruppe unter seinen Agenten aus, die Kaninchen beschaffen und an ihnen Experimente mit den Bazillen machen sollte. Alle Versuche, Stinnes und Borsig zu töten, mißlangen. Der Stahlstreik endete mit einer Niederlage. Die Glasröhrchen hingegen wurden von der Polizei gefunden und gehörten mit zu den wichtigsten Ausstellungsstücken im Tscheka-Prozeß in Leipzig.
Die wochenlangen Versuche, führende Persönlichkeiten ums Leben zu bringen, hielten den *T-Apparat* nicht von seiner Hauptaufgabe ab – von der Gegen-

spionage und der Unschädlichmachung von Polizeispitzeln in den kommunistischen Organisationen. Die Todesliste enthielt auch den Namen eines gewissen Wetzel, des Führers einer kommunistischen Einheit in der Textilarbeiter-Union, ferner Polizeikommissar Schlotter, der für die antikommunistische Bewegung in Süddeutschland verantwortlich war, und andere. Aber was sich in der Folge als vernichtend für Skoblewski und seine Geheimabteilung herausstellte, war die Ermordung eines gewissen Rausch in Berlin. Rausch war Parteimitglied und gleichzeitig ein Spitzel der Berliner politischen Polizei und stand in Verbindung mit der Hitler-Bewegung.

Dank der Wachsamkeit von Hugo Marx in Hamburg fiel Verdacht auf Rausch. Ungefähr Mitte Oktober war ein Lastwagen mit Gewehren und Handgranaten auf dem Wege von Stettin zu den kommunistischen Hundertschaften des im Westen gelegenen Wesergebiets von faschistischen Abteilungen auf der Autostraße zwischen Lübeck und Hamburg aufgebracht worden. Zwei von Skoblewskis deutschen Mitarbeitern, die die Verantwortung für die Waffensendung hatten, leisteten Widerstand und wurden getötet. Die Faschisten, wahrscheinlich frühere Mitglieder der Eisernen Division und des Freikorps Ehrhardt, machten sich mit dem schwerbeladenen Lastwagen davon und fuhren auf eines der Landgüter in Mecklenburg oder Pommern. Nur ein Spion aus Skoblewskis eigenem *Apparat* konnte diesen Transport von Waffen und Handgranaten an die nationalistischen Femeorganisationen verraten haben.

Hugo Marx, der den Auftrag hatte, die Sache zu untersuchen, berichtete, daß Rausch der Spitzel sein könne. »Je mehr ein Mann, der eine Verschwörertätigkeit betreibt, von Gewalttat und Blutvergießen spricht«, bemerkte Marx, »um so wahrscheinlicher wird er von der Polizei bezahlt.« Der Verdacht von Hugo Marx bestätigte sich bald. Die Polizei hob in Berlin zwei im Kellergeschoß liegende Arsenale aus. Eine Bombenfabrik, ebenfalls in einem Berliner Keller, fiel auf gleiche Weise in die Hände der Polizei. Mitglieder von T-Einheiten, die in einigen Regierungsgebäuden in Hannover Bomben gelegt hatten, wurden bei ihrer Rückkehr nach Berlin auf dem Bahnhof verhaftet. Diese Verhaftungen und Überfälle ließen sich durch einen von Skoblewskis weiblichen Gegenspionen auf Rausch zurückführen, und Felix Neumann erhielt die Anweisung, Rausch aus dem Weg zu räumen.

Drei Versuche wurden gemacht, der eine mit Hilfe eines Mädchens aus der Gruppe Maria Schiporas, der zweite im Waschraum eines Bordells, in dem Neumann Tschekisten mit Rasierklingen postiert hatte, und der dritte in Rauschs eigener Wohnung. Felix Neumann selbst jagte Rausch mit einem zischenden »Hier hast du es, du Bastard!« eine Kugel zwischen die Rippen.

Felix Neumann war zu erregt, um den Rat zu befolgen, den er mir wenige Wochen vorher gegeben hatte. Er benutzte kein Rasiermesser, um seinem Opfer die Kehle durchzuschneiden. Da Rausch noch lebte, wurde er rasch ins St.-Lazarus-Krankenhaus in Berlin gebracht.

Nach den Leipziger Gerichtsakten sei Skoblewski, als er hörte, daß Rausch nicht tot sei, mit den Worten herausgeplatzt: »So geht es nicht. Der Mann muß sterben!«

Rausch starb. Felix Neumann fiel in die Hände der Polizei. Sofort versuchte die GPU einen Gefängnisarzt zu bestechen, der die Überführung Neumanns in eine psychiatrische Klinik anordnen sollte. Man kam damit nicht zum Ziel.

Felix Neumann wurde von der politischen Polizei »umgedreht«. Skoblewski und vierzehn andere Tschekisten wurden verhaftet und des Verrates und Mordes angeklagt.

Die meisten der gefangenen Terroristen wurden nach einem Jahr polizeilichen Druckes weich. Allein Skoblewski gab nichts zu. Hartnäckig blieb er dabei, er sei ein in Deutschland gestrandeter russischer Student, seine Verhaftung sei ein Irrtum, und er habe niemals auch nur einen der anderen in Gewahrsam gehaltenen Leute gesehen. Die Verhandlungen vor dem Leipziger Staatsgerichtshof dauerten neun Wochen. Felix Neumann, Skoblewski und ein dritter GPU-Mann wurden zum Tode verurteilt. Die anderen erhielten langjährige Gefängnisstrafen. Zwischen zwei Gerichtsverhandlungen wurde der Versuch gemacht, den Verräter Felix Neumann im Gefängnis zu ermorden. Er wurde am Kopf getroffen, kam aber mit dem Leben davon.

Bevor die Verhandlungen in Leipzig noch begannen, wurden von Felix Dsershinsky, dem Begründer der Tscheka und höchsten Chef der GPU in Sowjetrußland, unauffällig Schritte unternommen, um General Skoblewski zu befreien. Zu seinem Werkzeug wählte Dsershinsky den einundzwanzigjährigen skrupellosen Heinz Neumann, den Sohn eines wohlhabenden Berliner Getreidehändlers. Heinz Neumann, später Mitglied des Reichstags und einer der talentiertesten Agenten der Komintern, war 1923 als Verbindungsmann zwischen der GPU und dem Kominternhauptquartier in Moskau und der KPD tätig. Es ist der gleiche Heinz Neumann, der in späteren Jahren als enger Freund Stalins auftauchen sollte und im chinesischen Bürgerkrieg unter dem Namen *Schlächter von Kanton* von sich reden machte.

Drei junge Deutsche, die 1923 unter Mitwirkung der Berliner Parteiorganisation nach Moskau gekommen waren, wurden von Heinz Neumann zu Trinkgelagen eingeladen. Einer von den dreien, Dr. Carl Kindermann, zeigte homosexuelle Neigungen. Das und einige kritische Bemerkungen über die Zustände in der Sowjetunion verschafften Heinz Neumann den Vorwand, die drei der GPU zu denunzieren. Sie wurden verhaftet und beschuldigt, von der geheimen faschistischen Organisation *Consul* nach Rußland entsandt worden zu sein, um führende sowjetische Beamte zu ermorden. Monatelang schmachteten die drei deutschen Radikalen in den Kerkern der Moskauer *Lubjanka*, und die deutsche Presse machte eine große Sache daraus und forderte ihre Freilassung.

In diesem Stadium begann die GPU geheime Verhandlungen mit dem Deutschen Justizministerium, wobei sie den Austausch der drei deutschen Gefangenen gegen Skoblewski anbot. Die deutsche Regierung weigerte sich. Skoblewski war zum Tode verurteilt worden. Die GPU antwortete damit, daß sie die drei Deutschen vor das höchste Militärgericht in Moskau stellen ließ. Das war der erste der sogenannten Schauprozesse. Carl Kindermann erhob sich und denunzierte die GPU in offener Verhandlung. Felix Dsershinsky selbst, berichtete Kindermann, habe mit ihm gemarktet, um ein »Geständnis« zu erlangen. Der zweite Angeklagte, Student von Dithmar, folgte dem Beispiel Kindermanns. Der dritte, der Student Wolscht, war zusammengebrochen und hatte mit der GPU ein Abkommen getroffen. Er war während seiner Haft in der *Lubjanka* Mitglied der Bolschewistischen Partei geworden, pries beim Prozeß die bolschewistische Politik und belastete sich selbst und seine Kameraden. Alle drei wurden verurteilt und sollten als Spione erschossen werden.

Auch jetzt noch weigerte sich die deutsche Regierung, Skoblewski auszutauschen. Daraufhin verhaftete die GPU eine Anzahl deutscher Konsulatsbeamter und ihre Frauen und klagte sie antisowjetischer Machenschaften an. Gleichzeitig wurden die Verhandlungen über die Freilassung wieder aufgenommen.

Das Urteil über Skoblewski wurde nicht vollstreckt. Im September 1926 wurde er gegen elf deutsche Gefangene der GPU ausgetauscht. Carl Kindermann und von Dithmar wurden befreit. Wolscht, der »gestanden« hatte, starb in der Moskauer *Lubjanka,* einer sowjetischen Nachricht zufolge. Die kleineren Tschekisten aber, die in Leipzig verurteilt worden waren, überließ die Partei ihrem Schicksal.

Dieses Kapitel hat noch ein Nachspiel. 1937 wurde ich vom Leiter der Auslands-Abteilung der Gestapo, Regierungsrat Schreckenbach, nach Skoblewski gefragt. Ich erfuhr damals, daß Skoblewski unter dem Namen Gorew sowjetischer Militärberater bei den republikanischen Armeen in Spanien geworden war.

»Kann ich eine Fotografie dieses Gorew-Skoblewski sehen?« fragte ich.

»Es gibt keine«, war die Antwort. »Seine Polizeiakten sind 1927 gestohlen worden.«

Am 16. Oktober 1923 ernannte mich Otto Marquardt zum Führer einer Abteilung von zwanzig Mann in der Roten Marine. Sechs von diesen zwanzig waren mit alten russischen Karabinern bewaffnet, fünf hatten neue automatische Pistolen belgischer Herkunft, vier hatten alte Revolver verschiedener Kaliber, und der Rest war mit Messern und Gummiknüppeln ausgerüstet. Wir besaßen zudem noch sechs deutsche Eierhandgranaten aus dem Weltkrieg. Der Älteste in meiner Abteilung war siebenundzwanzig, der Zweitälteste dreiundzwanzig und der Jüngste, ein rauher Schmiedelehrling, war sechzehn. Am 19. Oktober fuhr ich mit meiner Abteilung mit dem Zug in Richtung Bremen. In Buchholz stiegen wir aus und hielten im nahegelegenen Wald eine Manöverübung ab; ein Fußweg war eine Straße in der Stadt; ausgewählte Felsblöcke stellten Mietshäuser dar, gefällte Bäume dienten als Barrikaden. Wir vereinbarten bestimmte Signale für den Angriff, die Zusammenarbeit im Hinterhalt, für den Rückzug und für das Auseinandergehen. Dann marschierten wir an der Eisenbahnlinie entlang nach Hamburg zurück, wobei wir das Terrain zu beiden Seiten unter scharfe Kontrolle nahmen. Am 21. Oktober kaufte sich jeder von uns einen Viertelliter Petroleum, um notfalls Gebäude, Barrikaden oder Polizeifahrzeuge in Brand stecken zu können. Am gleichen Tag gab mir Hugo Marx einen detaillierten Plan des Polizeireviers 42 in Hamburg-Eimsbüttel, und ich nahm fünf meiner Kameraden mit nach Eimsbüttel, um an Ort und Stelle alle Einzelheiten und Annäherungswege zum Revier zu studieren. Bei dieser Arbeit war ich geradeso bei der Sache wie ein junger Kapitän, der die erste Reise eines erstmals unter seinem Kommando stehenden Schiffes vorbereitet. Wir dachten nicht an uns selbst; wir dachten an unsere Pflicht, den großen Durchbruch in eine bessere Zukunft vorzubereiten.

Wie stark waren wir aber wirklich? Jeder Genosse stellte diese Frage; nur wenige vermochten sie zu beantworten. Unsere Führer behaupteten nach wie vor, die Mehrheit der deutschen Arbeiter stehe hinter der Kommunistischen

Partei. Sie redeten immer so, als stünden wir unmittelbar vor einer größeren Sache, um allen Anhängern Vertrauen einzuflößen, die bereit waren, ihr Leben hinzugeben.

Wochenlang war die Entscheidung Moskaus für die allgemeine Erhebung in der Schwebe geblieben. Kurier auf Kurier kam aus Moskau in Berlin an und brachte eine Botschaft nach der anderen. Moskau befahl die Revolution, widerrief den Befehl und gab ihn von neuem. In Berlin war das Zentralkomitee der Partei unter Karl Radek unentschlossen. Unsere Führer steckten bis über den Kopf in inneren Parteistreitigkeiten und wurden zudem noch durch die widerspruchsvollen Befehle aus dem Kreml verwirrt; indessen warteten die Parteikuriere darauf, den Roten Hundertschaften in den Provinzen das Signal zum Losschlagen überbringen zu können. Die Geschichte dieser Zeit ist von Walter Zeutschel, der aktiv an den Ereignissen teilnahm, geschrieben worden.

Ernst Thälmann schickte in einem Wutanfall die Kuriere mit dem Befehl zum Aufstand los. Das schlug wie eine Bombe ein. Die anderen Mitglieder des Zentralkomitees sprangen von ihren Sitzen auf und starrten einander bestürzt an. Brandler war der erste, der seine Fassung wiedergewann. Er schickte seine Leute aus, um die Kuriere aufzuhalten, aber der Kurier nach Hamburg war bereits unterwegs. Brandlers Bote lief zum Bahnhof.

»Zu spät«, wurde ihm gesagt. »Dort fährt der Zug.«

Sündenböcke auf den Barrikaden

Im Oktober 1923 betrug der Tageslohn eines Dockers im Hamburger Hafen siebzehn Billionen Mark.

In der Nacht zum 22. Oktober wurde die gesamte Hamburger Leitung in ein Haus am Valentinskamp gerufen. Es waren etwa sechzig Mann anwesend, wobei zu bemerken ist, daß die bewaffneten kommunistischen Streitkräfte des Gebietes zahlenmäßig etwa 1 200 Mann stark waren. Otto Marquardt und seine Sekretärin, die Elefanten-Grete, waren anwesend. Ebenso zwei junge russische Offiziere. Aber keiner von ihnen sprach auch nur ein Wort; sie hockten in der dunkelsten Ecke und hörten zu. Die letzten Anordnungen wurden von einem Mitarbeiter Ernst Thälmanns ausgegeben. Keine Begeisterung kam auf. Schweigende Resignation lag über der Versammlung. Die Luft war voller Tabaksqualm; es war zum Ersticken. Die Gesichter der Wachen am Eingang waren starr und blaß. Aber wir waren entschlossen, für die Revolution zu siegen oder zu sterben. Die Versammlung endete mit einem Gedämpften »Vorwärts! Lang lebe Sowjetdeutschland!«

In einem in der Nähe gelegenen Mietshaus hatten die Abteilungskuriere ihre Fahrräder in einem Hinterhof abgestellt und warteten. Ich fand meinen Kurier, den Schmiedelehrling, in einer Küche, wo er eine gewaltige Mahlzeit gekochter Kartoffeln mit Margarine verzehrte. Ich befahl ihm, meine Gruppe – Abteilung 2 der Roten Marine – zu mobilisieren und den Leuten zu sagen, sie sollten sich außerhalb der Vorstadt Harburg an einem bestimmten Punkt der Bahnlinie Hamburg-Bremen pünktlich um zwölf Uhr dreißig ver-

sammeln. Die Gewehre sollten für den späteren Gebrauch bei einem Parteimitglied in Eimsbüttel gelassen werden. Der Junge lief die Treppen hinab, immer noch mit vollen Backen kauend.
Dann nahm ich den Vorortzug nach Harburg, eine Fahrt von etwa zwanzig Minuten. Die Nacht war dunkel und windig, aber nicht kalt. Mir war so heiß, daß ich den wollenen Schal, den ich um den Hals trug, abnahm und meine Windjacke aufknöpfte. Die Harburger Organisation hatte eine Anzahl gestohlener Fahrräder in einen leeren Laden gestellt, der einige Häuserblocks vom Bahnhof entfernt lag. Der vordere Zugang war verschlossen, und es brannte kein Licht; aber eine Seitentür, die auf ein Gäßchen ging, war offen. Genossen waren an den Ecken postiert, um vor unerwartet erscheinenden Schutzleuten zu warnen. Ich bekam ein Fahrrad und fuhr durch die Außenbezirke. Als ich draußen auf der Überlandstraße war, löschte ich das Licht und folgte der Bahnlinie bis zu einem Haufen langer, niederer Schuppen, die aus der Nacht auftauchten. Ein paar Laternen warfen kleine gelbe Lichtkreise. Auf einem Nebengleis standen ein paar leere Güterwagen. Das war unser Versammlungspunkt. Eine dunkle Gestalt sprang plötzlich über die Straße und hob einen Arm.
Im Schatten der leeren Güterwagen drängte sich eine Gruppe von Kommunisten aus dem Ort. Keiner von ihnen hatte Feuerwaffen. Um Mitternacht waren sechzehn Mann meiner Abteilung beisammen. Eine halbe Stunde später erschienen zwei Melder von einer anderen Abteilung. Sie hatten sich verirrt oder ihre Anweisungen mißverstanden. Beide hatten belgische Pistolen. Um 12.45 Uhr sagte ich:
»An die Arbeit.«
Wir umzingelten die Schuppen und überwältigten zwei ältere Wachleute. Wir schlossen sie in einen kleinen Werkzeugschuppen ein. Ihre Waffen, kleine Mauserpistolen, erhielten zwei von den Kämpfern aus dem Ort. Ein langer Güterzug kam, und wir verhielten uns still, bis er vorüber war. Dann verrichtete jeder Mann die Arbeit, zu der er schon vorher bestimmt worden war. Für den Anfang waren wir in hohem Maße vom Glück begünstigt. Zwei Männer durchschnitten die Telegrafenleitungen. Vier andere fällten mit Beilen und Äxten aus dem Werkzeugschuppen die nächstliegenden Bäume. Eine andere Gruppe mühte sich, die Schienen und Schwellen aufzureißen. Die Ortskommunisten taten sich zusammen und stießen einen Güterwagen aus dem Nebengleis auf das nach Hamburg führende Hauptgleis. Bäume, Bauholz, Schutt und Steine wurden auf die Bahnlinie geworfen. Zweck dieser Aktion war, zu verhindern, daß Polizei- und Truppenverstärkungen ungehindert nach Hamburg hineinkamen, nachdem die Behörden Alarm gegeben hatten. Ein einzelner Feldpolizist, der plötzlich in unserer Mitte auftauchte, wurde sofort entwaffnet.
In den kurzen Morgenstunden lag die Stadt ruhig da. Wir versammelten uns im Dunkel eines kleinen Parks. Zwei Kuriere brachten die sechs Gewehre aus dem Versteck. Sie wurden an jene verteilt, die Schießerfahrung von vorhergehenden Gefechten hatten. Wir waren jetzt siebenundzwanzig Mann stark, zwei Mädchen eingerechnet, die Jod, Verbandzeug, Scheren und Knüppel hatten. Niemand sprach ein unnötiges Wort. Unsere Aufgabe war der Überfall auf das Polizeirevier 42.
Wir gingen in zwei Einerreihen zu beiden Seiten der Straße vor und benutz-

ten die Häuser als Deckung. Von einer öffentlichen Sprechstelle aus rief ich das Polizeirevier an.

»Kommt schnell«, telefonierte ich. »Es sind drei Einbrecher hier in einem Güterschuppen.« Ich gab die Adresse einer weit entfernten Stelle des Bezirks von Eimsbüttel an. Das würde einen Teil der Polizeikräfte auswärts binden.

Ich ließ meine Abteilung einen Häuserblock vor dem Revier anhalten. Wie Geister verschwanden wir in den Hauseingängen. Ich sandte einen Jugendlichen voraus, der in das Revier hineingehen sollte. Er hatte den Auftrag, den leitenden Polizeioffizier zu bitten, nach einem Arzt zu telefonieren – wegen einer Frühgeburt irgendwo im Bezirk. Der junge Kamerad kam bald mit der Nachricht zurück, daß fünf Schutzleute im Revier seien. Drei von ihnen hatten die Koppel mit den Pistolen an die Wand gehängt und spielten Karten. Ich war versucht, sofort anzugreifen, aber ich beherrschte mich.

Das Signal für die Erhebung kam wie ein Donnerschlag. Es kam in der Form von Drei-Mann-Gruppen, welche die Straßenbeleuchtung zusammenschlugen. Mit dem Gefühl, als schrumpfe meine Haut ein und zerplatze dann nach allen Seiten, steckte ich zwei Finger in den Mund und pfiff.

Von zwei Seiten schwenkten wir ein. In jenem Augenblick wünschte ich mich weit weg, draußen auf das Meer, auf irgendein Schiff; andere erzählten mir später, daß sie das gleiche Gefühl hatten. Aber jeder von uns schämte sich, jetzt nicht mitzumachen. Wir stürzten uns auf das Reviergebäude mit der Absicht, zu töten, bevor wir getötet würden. Der Angriff ging nicht ohne Verluste ab. In der Aufregung feuerte einer hinter mir seine Pistole in die Luft ab und schrie. Dadurch wurden die Schutzleute gewarnt. Ein Fenster wurde aufgestoßen. Das Licht im Revier ging aus. Die Waffen bellten und löschten jeden Gedanken aus.

Ich sah zwei von meinen Kameraden fallen. Der eine wimmerte eine Zeitlang wie ein überfahrener Hund. Gegen die Wand eines kurzen Flurs, der von zwei Wachräumen flankiert war, standen zwei Schutzleute. Ein gelber Feuerstrahl kam aus ihren Händen. Ein junger Packer in einem geflickten grauen Sweater zog nahe am Eingang eine Handgranate ab. »Weg da!« sagte er heiser. Dann zählte er schreiend: »Einundzwanzig . . . zweiundzwanzig . . .« Sechs oder sieben von uns kauerten zu beiden Seiten des Eingangs. Die Handgranate explodierte, und der Flur war frei. Noch mit dem Knall der Explosion in den Ohren sprangen wir vorwärts.

Die Revierräume waren voll von Rauch. Ein Schutzmann feuerte immer noch aus dem Gang. Der Packer gab ihm mit seinen schweren Stiefeln einen Fußtritt ins Gesicht. Einem anderen Schutzmann war eine Seite des Halses weggerissen worden; er verblutete unter dem Tisch. Einer schaltete das Licht wieder ein. Die drei übrigen Schutzleute wurden in die Ecke getrieben.

Der Packer tobte: »Schießt sie zusammen! Tötet das ganze Mörderpack!«

Ich hielt ihn zurück. Die Partei hatte befohlen, Gefangene als Geiseln zurückzuhalten. Wir fesselten die Schutzleute mit ihren eigenen Handschellen aneinander. Draußen vor dem Revier riefen die Leute nach Waffen. Männer und Buben kamen aus allen Richtungen, und ein paar Frauen vom kommunistischen Samariterdienst waren da. Wir fanden ein Dutzend Gewehre und dreißig Schuß Munition für jedes, eine gleiche Anzahl Dienstpistolen und ein Maschinengewehr. Ein Arbeiter mittleren Alters trat vor, als ich fragte, wer

ein Maschinengewehr bedienen könne. Er zog sein Parteibuch und sagte, daß er im Krieg gedient habe. Ich übergab ihm das Maschinengewehr und fragte die Leute, ob Freiwillige ihm helfen würden, es auf dem Dach eines Hauses zu montieren, von dem aus drei wichtige Straßen beherrscht werden konnten. Die Mädchen vom Samariterdienst trugen unsere Verwundeten weg. In der ganzen Stadt hatte die Partei in den Wohnungen der Sympathisierenden Samariterstationen für Erste Hilfe eingerichtet.
Zu jenem Zeitpunkt übernahm eine Abteilung einer anderen Roten Hundertschaft, die sich aus älteren Leuten zusammensetzte, das eroberte Revier. Andere rissen das Pflaster auf und errichteten eine Barrikade; Bauholz, Abfalleimer, alte Möbel versperrten die Straße. Fluchende Meldefahrer hoben die Fahrräder über die Sperren. Der Lärm fernen Gewehrfeuers erfüllte die Nacht. Beinahe zur gleichen Stunde wurden in den Bezirken von Hamm, Horn, Barmbeck und anderswo eine Reihe anderer Polizeireviere gestürmt.
Ich bin oft gefragt worden: »Welches sind die Gedanken und Gefühle von tausend Männern, die ausziehen, um eine Stadt mit einer Million Einwohnern im Handstreich zu nehmen?« Die Antwort darauf lautet, daß sie sich zuerst kopfüber in ein Delirium der Selbstvernichtung stürzen. Sie können nicht glauben, daß sie gewinnen werden, aber sie würden lieber sterben, als sich das zuzugeben. Aber nach ihren ersten Erfolgen werden sie in gewisser Weise vernünftig, und ihr Selbstvertrauen wird unwiderleglich. In unseren Gedanken gab es weder Furcht noch Zögern. Wir fühlten, daß das, was wir taten, gut und recht war. Wir dachten nicht an uns selbst. Wir rechneten nicht mit eigenem materiellem Gewinn. Wir waren Fanatiker, bereit, alles hinzugeben und nichts für uns selbst zu verlangen. Wir verachteten das Lumpengesindel, das Vorteil aus der Dunkelheit und der Verwirrung zog, um zu plündern und zu rauben.
Eine Bande von solchen Plünderern raubte eine Anzahl Geschäfte aus. Eine Gruppe Kommunisten lieferte ihnen eine Schlacht. Die Waren in den Geschäften waren jetzt das Eigentum der Arbeiterklasse, und Plünderung wurde zum Verbrechen. Aus der Wohnung hinter einem Geschäft kamen durchdringende Hilfeschreie. Drei oder vier Leute meiner Kolonne bahnten sich einen Weg in die Wohnung. Kurze Zeit darauf kamen sie zurück und berichteten: Zwei Plünderer hatten ein Mädchen im Bett überrascht. Der eine hatte das Mädchen an den Handgelenken festgehalten und der andere war dabei, es zu vergewaltigen. Meine beiden Kameraden hatten die beiden in den jetzt leeren Geschäftsraum gestoßen.
»Ich hoffe, ihr habt sie kaltgemacht?« sagte ich. Ich hatte keine Schüsse gehört.
»Mit dem Seitengewehr«, antwortete einer der Kameraden.
Wir gingen weiter vor und hielten uns nahe an den Häusern. Es gab keine Zeit zu verlieren. Es war noch dunkel, und das Überraschungsmoment in den Stunden vor Tagesanbruch am größten. Wir rückten gegen das Zentrum von Hamburg vor. Wie ich wußte, taten andere Kolonnen von allen Punkten der Umgebung das gleiche.
Trotz der Toten und Verwundeten, die wir verloren hatten, war meine Gruppe jetzt stärker. Zahlreiche Freiwillige folgten uns. Viele Straßen waren voll von Menschen. Partei-Agitatoren versuchten, die Leute auf den Straßen festzuhalten. Skoblewskis Instruktoren hatten uns klargemacht, daß es wichtig

sei, die Straßen voller Menschen zu haben, wenn gekämpft wurde. Nichts vermag die Wut der Bevölkerung so sehr anzustacheln wie Polizei, die in unbewaffnete Menschenmassen schießt. Von Zeit zu Zeit füllten kleine Gruppen von Partisanen Petroleum in Abfalleimer und begossen Haufen alter Lumpen damit; ihre Aufgabe war es, Polizeiwagen durch plötzliche Feuersperren aufzuhalten.

Bei Tagesanbruch trafen wir auf Widerstand. Eine starke Kampfgruppe der Sicherheitspolizei hatte sich rund um eine kleine Eisenbahnbrücke hinter nahen Bäumen und in den anschließenden Häusern verschanzt. Ihre Karabiner krachten.

»Verteilt euch! Auf die Dächer!«

Wir verschwanden in den Häusern zu beiden Seiten. Türen splitterten unter den Schlägen von Karabinerkolben, und die Menschen flohen in Pyjamas in die Keller. Die Männer kauerten in den Fenstern, auf den Balkonen und auf den Dächern. Wie auf Verabredung schwieg das Feuer der kommunistischen Einheiten. Das war das Vorspiel zu dem, was die sowjetischen Offiziere »das Auffüllen der Flasche« nannten.

Die Polizei ging nicht in die Falle. Eine Stunde lang verlegten wir uns aufs Scharfschießen. Die Maschinengewehre der Polizei feuerten auf alles, was sich auf der Straße bewegte. Wir versuchten, uns an den Feind heranzuarbeiten, indem wir über die Dächer vorrückten, aber uns fehlten Seile und Leitern. Ein paar leichtsinnige Kommunisten, die auf die Fensterbänke kletterten, um besser zielen zu können, wurden getroffen. Einer schrie auf, breitete die Arme aus und fiel aus einer Höhe von fünf Stockwerken herunter. Halb in einem Hauseingang lag tot ein kleines Kind. Vom Dach eines Mietshauses, hundert Meter entfernt, kam eine Stimme.

»Gebt nicht auf! Haltet aus!« rief die Stimme. »Verstärkungen sind unterwegs.«

Von allen Außengemeinden her marschierten Kommunisten nach Hamburg hinein. Dann zwei schrille Pfiffe – das Signal zum Angriff. Von einem Beobachtungsposten an einer Dachluke sah ich, daß die Scharfschützen von anderen Dächern verschwanden. Stimmen schrien gellend: »Sturm!« Ich sprang vier Treppenfluchten hinab in den Hausgang, der bereits mit bewaffneten Partisanen überfüllt war. Vielleicht einer von fünfen mochte ein Gewehr haben, einer von vieren eine Pistole, und der Rest trug Hämmer und angespitzte Knüppel.

Nochmals ertönte das Signal zum Angriff.

Wir stießen in die Straße vor. Das Pfeifen des vorbeisausenden Bleis trieb uns sofort wieder ins Haus zurück. Die Seitenwege waren mit Toten und Verwundeten bedeckt. Grau, feuerspeiend bewegten sich Panzerwagen auf uns zu.

Wir hatten gelernt, Panzerwagen zu bekämpfen. Da und dort wurden Handgranaten aus Hauseingängen und tiefergelegenen Fenstern geworfen. Nur eine davon explodierte, die anderen versagten. Die Panzerwagen rückten weiter vor und beschossen die Straße. Ein Jugendlicher, eine Flasche in jeder Hand, stürzte sich plötzlich aus einem Haus und lief auf den ersten Panzerwagen zu. Er zerschlug die beiden Flaschen am Panzer; dann war er tot. Ein älterer Mann, eine bärtige Vogelscheuche, sprang jetzt mit einem Satz auf einen der Panzer zu. Im Augenblick seines Todes warf er ein Bündel brennen-

der Lumpen auf den Rücken des grauen Ungetüms. Diesen Mann – ich kann ihn nie mehr vergessen. Es war die ergreifendste Heldentat der Hamburger Erhebung. Der Panzerwagen hüllte sich in Flammen und Rauch, und je schneller er sich fortbewegte, um so größer wurden die Flammen. Am Ende des Häuserblocks blieb er liegen. Aber zwei andere fuhren mit feuerspeienden Maschinengewehren weiter.
Jetzt war ich mit vielen anderen auf der Straße. Die Polizei machte im Schutz der Panzerwagen einen Gegenangriff. Eine niedere Pflastersteinbarrikade am Ende der Straße hielt sie auf. Von einem Fenster aus schoß eine einsame Gestalt auf Zivilisten und Schutzleute, die versuchten, das Hindernis wegzuräumen. Vor den Wellen angreifender Polizei zerstreuten wir uns in die Seitenstraßen. Dort sprangen wir von Hauseingang zu Hauseingang und schossen, bevor wir losliefen. Von meiner Abteilung der Roten Marine sah ich nichts mehr. Rund um mich schossen und schrien Männer, die ich vorher nie gesehen hatte. Und dann liefen wir alle davon, jeder für sich, jeder, wie es schien, im plötzlichen Bewußtsein, seine eigene Haut in Sicherheit bringen zu müssen.
Rückzug ist der Tod jedes Aufstandes. Was als konzentrierter Angriff begonnen hatte, endete mit einer verzweifelten Verteidigung, mit in gleicher Weise verzweifelten wie kurzlebigen Angriffen und einem Guerillakrieg, der keine Führer kannte, mit Ausnahme jener, die sich an die Spitze zufällig sich sammelnder Gruppen setzten, bevor sie zusammengeschlagen und wenige Minuten später zerstreut waren.
An der Hamburger Straße und am Bornesweg, im Nordosten des Stadtkerns, fand ich, als ich dem Lärm des heftigen Gewehrfeuers folgte, eine Reihe wohlgebauter Barrikaden. Niemand schien hier zu kommandieren. Aber im Schutz von aufgestapelten Bänken, Bäumen und Steinen und hinter umgestürzten Automobilen und Karren lieferten Mitglieder der Roten Hundertschaften der Polizei eine Schlacht. Andere schossen als Scharfschützen von den Fenstern und Hausdächern, die die Barrikaden flankierten. In einem Hof verteilte eine Frau Brot und Leberwurst. Hier gab es gutorganisierten Widerstand. Ich war erleichtert und fragte nach neuen Nachrichten.
»Weitere Polizeireviere sind in Borgfelde und im Uhlenhorstbezirk genommen worden«, wurde mir gesagt.
»Und der Hafen?«
Der Hafen war entscheidend.
»Der ganze Hafen ist im Streik.«
Gegen Mittag setzte die Polizei Mörser und Minenwerfer ein. Wir krochen ein kleines Stück Weges zurück, und als Donner und Rauch sich verzogen, waren unsere Barrikaden zertrümmert, und die Polizei drang im Schutz von Panzerwagen vor. Dann gab es eine Feuerpause.
»Legt die Waffen nieder«, schrie ein Schutzmann. »Hände hoch!«
Er wurde auf der Stelle erschossen. Eine Gruppe von Kommunisten rückte vor, um sich mit der Polizei zu treffen. Sie schoben drei gefangene Polizeioffiziere vor sich her. Trotzdem eröffnete die Polizei das Feuer. Einer der Gefangenen wurde augenblicklich getötet. Die beiden anderen liefen auf die Polizei zu. Ein Kommunist sprang aus einem Hauseingang, brachte einen der fliehenden Offiziere zu Fall und schoß ihm durch den Hinterkopf.
Wieder traten wir den Rückzug an, wobei wir um jedes Haus kämpften. Bei

der Dämmerung befand ich mich mit zwei Genossen auf dem Dach einer Garage, von wo wir eine Polizeipatrouille abwehrten, die aus den Fenstern der gegenüberliegenden Straßenseite feuerte. Unsere Fronten waren aufgerissen worden. Alle unsere Streitkräfte waren zerstreut. Der Kampflärm kam aus allen Richtungen. Einen Häuserblock weiter unten wurde eine Gruppe Rotgardisten, die verwundete Kameraden wegtrugen, gefangengenommen.

Ich war froh, als es dunkel wurde. Einer von den Männern auf dem Garagendach wurde getroffen. Der andere sprang auf die Straße und rannte schreiend in die Arme der Polizei. Ich ließ mich in den Hinterhof hinabgleiten und trat durch die rückwärtige Tür in das nächste Haus ein. Es war eine Gaststätte. Ich stürzte hindurch, verließ das Haus durch die Vordertür und kam so in eine andere Straße. Die Straße war leer. Ich lief in ein Haus und klopfte an eine Wohnungstür.

Eine weißhaarige Frau mit einem guten, faltenreichen Gesicht öffnete die Tür. Sie sah die Pistole in meiner Hand.

»Was möchten Sie?« fragte sie ruhig.

»Lassen Sie mich herein.«

»Sie sollten sich waschen«, sagte die Frau.

Ich tat es. Sie gab mir Kaffee und Butterbrote. Meine Kleider waren übel zugerichtet. Die Frau gab mir einen alten Überzieher.

»Nehmen Sie ihn«, sagte sie. »Ich habe ihn jetzt acht Jahre aufbewahrt seit mein Mann starb . . .«

Ich nahm den Überzieher. Er war zu klein, aber es war gut so.

»Ich möchte meine Waffe hierlassen«, sagte ich.

»Ja, lassen Sie sie hier«, stimmte die Frau bei und fügte hinzu: »Ich werde sie bei der ersten Gelegenheit wegwerfen.«

»Was war heute im Zentrum der Stadt los?«

»Ich weiß nur wenig. Bewaffnete Banden versuchten die großen Geschäfte zu plündern, während die Kämpfe in den Vorstädten andauerten.«

»Haben Sie eine Zeitung gelesen?«

»Nein«, sagte sie nervös. »Sie müssen jetzt gehen.«

Ich ging auf die Straße. Plakate an den Wänden befahlen allen Bürgern, die Straßen bis elf Uhr zu verlassen. Stacheldrahtbarrikaden, von Polizisten mit Stahlhelmen bewacht, sperrten wichtige Kreuzungen. An verschiedenen Stellen wurde ich von Polizeipatrouillen angehalten und durchsucht.

»Laßt mich gehen«, sagte ich, »ich komme von der Arbeit und möchte nach Hause.«

»Warum ist Ihr Gesicht versengt?«

»Es brannte im Haus.«

»Gut, gehen Sie nicht in westlicher Richtung«, riet ein Schutzmann. »In Barmbeck ist die Hölle los.«

Ich konnte sogar das Gewehrfeuer und dazwischen schwerere Explosionen hören. Ich hätte gern gewußt, was die Partei in Berlin, in Sachsen, in Schlesien und anderswo tat. Wie meine Genossen hielt ich es für absolut sicher, daß die Roten Hundertschaften in ganz Deutschland angetreten waren.

Ich mied die Patrouillen und wandte mich westwärts. Ich ging stundenlang. In der Gegend des großen proletarischen Bezirks von Barmbeck tobte die Schlacht lauter denn je. Polizeiwagen voll Gefangener rasten vorbei. Die Gefangenen saßen auf dem Boden der Wagen mit hochgehobenen Armen. Poli-

zei schoß aus den Häusern, aus Panzerwagen und hinter Sandsäcken hervor, die in den Straßen aufgestapelt worden waren. Ich umging die Kampfzone in nördlicher Richtung. Die Straßen wurden ruhiger. In den Geschäften war Licht, und in einigen kleinen Cafés gab es sogar Musik. Junge Arbeiter und Mädchen waren da, die einander umschlungen hielten und lachten. Ich ging in ein Restaurant, um ein Glas Bier zu trinken. Die Leute rückten von mir weg und wurden plötzlich schweigsam.
»Was ist denn mit euch los?« fragte ich.
Sie gaben keine Antwort. Ich haßte sie. Die Geräusche des Mordens, kaum eine Meile von hier, drangen bis in diesen Raum. Ich trank das Bier. Als ich hinausging, warf ich die Tür zu, daß die Glasscheibe splitterte. Vorsichtig näherte ich mich der Kampfzone.
Ich grüßte einen Mann, der auf einem Fahrrad an mir vorüberfuhr. Ich hatte mich nicht geirrt; es war ein Kurier.
»Wie ist die Lage?«
»Schlecht.«
Das Reichswehrkommando hatte die Todesstrafe für Widerstand gegen die Staatsgewalt verhängt. Es ging das Gerücht, daß die deutsche Marine nach Hamburg dampfe. Mehr als neunhundert kommunistische Aufrührer waren während des Kampfes verhaftet worden. Die Polizei hatte die meisten ihrer Reviere wiedererobern können, nachdem sie die Verteidiger mit Gas und Minen daraus vertrieben hatte.
»Laß mich bei dir aufsteigen«, sagte ich.
»Nicht zu machen – ich muß weg.«
Plötzlich ging mir ein Licht auf: »Wenn der Aufstand in anderen Teilen des Landes fehlgeschlagen ist, sind wir in Hamburg verloren.« Die Massen, die vergeblich gestreikt hatten, waren nicht bereit, die Lücken in unseren Reihen wieder zu füllen. Die kommunistische Vorhut kämpfte. Die Massen waren passiv. Am Ende wollten die Arbeiter in Wirklichkeit gar keine Revolution? Ich wischte die Zweifel beiseite. Vor mir versperrte eine Schützenkette die Straße.
»Halt! Wohin?«
»Rote Marine.«
Ein Wachtposten leuchtete mir mit der Taschenlampe ins Gesicht. »Geh weiter!« sagte er.
Die Umgebung der Pestalozzistraße war ein bewaffnetes kommunistisches Lager. Auf den Gehsteigen wurden Kolonnen neu formiert und erhielten ihre Befehle. An der Spitze von ein paar hundert schweigend einhermarschierenden Männern sah ich Johnny Dettmer, den Waffenschmuggler von einst. Fast alle schienen gut bewaffnet zu sein. An einer anderen Stelle wurden Überfallkommandos für einen Angriff auf den Hafen bereitgestellt. Besondere Gruppen, die aus Hugo Marx' *Apparat* gebildet wurden, waren auf dem Weg, sich als Freiwillige bei der Polizei zu melden, um sich im Lager der Feinde festzusetzen. Die Polizei organisierte, wie man erfuhr, eine Bürgerwehr, das heißt eine Hilfstruppe aus antikommunistischen Bürgern. Das Geknatter des Gewehr- und Maschinengewehrfeuers, bald anschwellend, bald abebbend, war nur wenige hundert Meter südwärts. In Gruppen schliefen die Männer in den Hausfluren; auf den ersten Blick sahen sie wie Leichen aus. An einer Ecke bemerkte ich die kleine stramme Gestalt Hermann Fischers, des Chefs

der Ersten Hundertschaft, der heftig auf eine Gruppe von Meldefahrern einredete.

»Was soll ich tun?« fragte ich.

»Tun? Laß mal sehen – die Rote Marine ist nach Geesthacht unterwegs. Geh im Laufe der Nacht dorthin. Ihr werdet vierhundert Mann stark sein. Nehmt die Dynamitfabrik, bevor es Tag wird.«

»Kannst du mir eine Waffe verschaffen?«

Hermann Fischer lachte. »Entwaffne einen Schutzmann«, sagte er, »und du wirst eine Waffe haben.«

Gruppen zu je fünf Mann wurden für den Nachtmarsch nach Geesthacht gebildet. Die Vorstellung von der Besetzung einer Dynamitfabrik belebte sogar die Hungrigsten und Müdesten. Bald waren wir unterwegs; wir gingen unbewaffnet, weil wir durch die von der Polizei und den Truppen kontrollierten Bezirke hindurch mußten.

Wir mußten durch ein Labyrinth von schlecht gepflasterten alten Straßen, bis wir unser Ziel, die Kornhausbrücke, über einen parallel zur Elbe verlaufenden Schiffskanal erreichten. Wir trafen auf zwei Schutzleute, die auf einem kleinen Platz vor einer Kirche auf und ab patrouillierten. Sie hatten Karabiner, Pistolen, Seitengewehre und Gummiknüppel und trugen Stahlhelme.

Drei Männer genügen, um einen Schutzmann zu entwaffnen – zwei, die seine Arme halten, und der dritte, der die Pistole mit einem scharfen Messer abschneidet. Wir warteten im Schatten einer Seitenstraße, bis die Beamten vorbei waren. Dann fielen wir über sie her. Jetzt war unsere Gruppe bewaffnet. Wir zogen den Schutzleuten die Uniformen aus und forderten sie auf, so schnell wie möglich loszulaufen, wenn sie nicht erschossen werden wollten. Sie liefen. Die Uniformen nahmen wir mit.

Etwas weiter vorn war die Straße durch Stacheldrahtverhaue gesperrt. Wir gingen schnell in Deckung, denn wir fürchteten einen Hinterhalt. Es geschah nichts. Der Kühnste aus unserer Gruppe, ein dürrer Kesselschmied, kroch nach vorn, um die Sache auszukundschaften. Die Barrikade war unbesetzt. Auf der anderen Seite hatte eben ein Auto ohne Licht angehalten, und ein Mann versuchte, einen Teil des Drahtverhaus beiseitezuschaffen. Das laute Gelächter des Kesselschmieds schallte durch die stille Straße.

»Kommt her«, rief er. »Es sind Kapitalisten.«

Der Rest unserer Gruppe lief auf die andere Seite des Drahtverhaus. Die Insassen des Wagens waren ein dicker Mann in mittleren Jahren und eine junge Frau in einem Pelzmantel. Zwischen ihnen, den Mann mit festem Griff am Kragen haltend, stand der Kesselschmied.

»Schaut bloß diese Herrlichkeiten an«, sagte er. »Wagen, Pelzmantel und alles, was man sich wünscht.«

Wir vermuteten, daß wir hier richtige Kapitalisten vor uns hatten. Der Mann mußte seinen Überzieher und seine Hosen ausziehen. Die Frau zwangen wir, den Pelzmantel und die Schuhe herauszugeben. Sie war ruhig, aber ihr Begleiter zitterte wie Espenlaub. Er zog die Brieftasche heraus und wollte seine Hosen zurückkaufen.

»Aber gewiß«, sagte der Kesselschmied. Er nahm die Brieftasche, kramte ein Bündel Banknoten daraus hervor, zerriß sie in zwei Teile und ließ die Fetzen in die Nacht hinausflattern. »Da hast du dein Geld«, höhnte er. »Und jetzt los, sonst hängen wir euch an die nächste Laterne.«

Die Frau ging auf den Zehen weg. Der Mann folgte ihr, schwankend wie ein Betrunkener. Wir stießen den Wagen in den Stacheldraht und stürzten ihn um.
Dann besetzten wir die Bootslandestelle unter der Kornhausbrücke und warteten. Ein großer, blauäugiger Junge von einer anderen Gruppe hatte sich eine der Polizeiuniformen angezogen und war bis zum Baumwall, eine halbe Meile weiter, gegangen, um ein Wassertaxi zu heuern, eine Barkasse. Oben auf der Straße stellten wir eine Wache auf, falls Polizei kam. Zweimal fuhren bewaffnete Abteilungen auf Motorlastwagen vorbei. Jedesmal verschwanden wir in der öffentlichen Bedürfnisanstalt unter dem Kai. Endlich hörten wir das friedliche Getucker eines Motors und wußten, daß eine Barkasse den Kanal heraufkam. Sie legte am Landungssteg an. Der junge Kommunist in Polizeiuniform hielt dem Kapitän die Pistole zwischen die Rippen. Die Barkasse war an die vierzig Fuß lang und hatte eine kleine Kabine vor dem Steuerrad. Wir krochen in die Kabine. Wer keinen Platz mehr fand, legte sich flach auf den Boden der Barkasse. Nur der Steuermann und der uniformierte Genosse waren vom Ufer aus zu sehen, als die Barkasse die Kanalmündung passierte, in den breiten Fluß einbog und ihre Fahrt stromaufwärts fortsetzte. Rund zwanzig Mann waren an Bord. Gegen vier Uhr morgens landeten wir an einem grasbewachsenen Damm in der Höhe von Geesthacht. Wieder warteten wir, eng an den Boden geschmiegt, während der Kesselschmied sich wegschlich, um den Sammelpunkt auszukundschaften.
Die Stille war drückend. Wir waren zu weit weg von Hamburg, um noch etwas von der Schießerei zu hören. Jetzt kamen zwei Mächden, die bis zu den Ohren vermummt waren.
»Folgt uns, Genossen«, flüsterten sie.
Sie führten uns zu einer ehemaligen Fabrik. Die Fenster waren mit Säcken zugehängt. Bewaffnete Wachen lauerten hinter einer Brustwehr von leeren Ölfässern und aufgeschütteter Erde. Ein paar Mädchen und Frauen hatten mit Petroleumöfen Feldküchen eingerichtet. Allen Neuankommenden wurde in Blechnäpfen Erbsensuppe und Tee ausgeteilt. Viele waren zu müde, um zu essen; mit dem Löffel in der Hand schliefen sie ein. Die dunklen, kahlen Fabrikhallen waren erfüllt von Aktivität. Nur das Notwendigste wurde gesprochen. Gruppen, die mit Hacken und Schaufeln bewaffnet waren, gingen weg, andere kamen zurück. Gräben wurden auf jeder Seite der beiden Überlandstraßen, die von Hamburg nach Geesthacht führten, ausgehoben.
Grau und trübe brach der Tag an. Wir stellten uns vor den Fabrikhallen auf, um die letzten Instruktionen zu hören. Die Instruktionen waren einfach genug – der Bahnhof war zu nehmen, das Arsenal und die Dynamitfabrik; dann Bewaffnung der Arbeiter von Geesthacht und erneuter Vormarsch nach Hamburg. Als letzte Ermahnung hieß es: »Laßt keine Verwundeten in die Hand der Polizei fallen. Auf zum Sieg!«
Im eiskalten Morgen griffen wir an. Die Gräben an den Überlandstraßen waren stark besetzt, um einen Durchbruch von Polizeitruppen aus Hamburg zu verhindern. Wir gingen in vier Kolonnen vor, jede hatte ihr eigenes Ziel. Ich war der Gruppe zugeteilt, die die Dynamitfabrik überfallen sollte; erschöpft, wie ich war, tat ich doch meine Pflicht als guter Soldat der Revolution.
Kleine Angriffsgruppen gingen voraus, um die Verbindungslinien der Verteidiger zu unterbrechen und die stärksten Punkte in der Verteidigung der Haupt-

gebäude festzustellen. Wir hatten einen Überraschungsangriff geplant, aber nun waren wir es, die überrascht wurden. Der Widerstand war stark. Bald krachten Gewehrschüsse aus den Fenstern der Arbeiterwohnungen und vom Dach der weitläufigen Fabrik. Langsam gewannen wir an Boden durch Hinterhöfe und Gärten und arbeiteten uns durch viele der kleinen Einfamilienhäuser hindurch, welche das Fabrikgelände umsäumten. Ein gepanzerter Lastwagen wurde durch zwei Handgranaten gestoppt. Zu dieser Zeit stand unsere Gruppe vor den Fabriktoren, die Hälfte unserer Leute war gefallen.

Der Tag verwandelte sich in einen Alptraum. Ich sah ein Mädchen vom kommunistischen Samariterdienst, die uns gefolgt war, um die Verwundeten zu pflegen. Ein Geschoß hatte ihr Mund und Kinn zur Hälfte weggerissen, und sie wimmerte immer noch. Wir nahmen die Dynamitfabrik nicht. Wir wurden in die Gräben zurückgedrückt, die der Höhenlinie eines niederen Hügels folgten, und dort hielten wir uns bis zum Nachmittag.

Flugzeuge dröhnten über unseren Köpfen; zuerst warfen sie Flugblätter ab, und dann schossen sie mit Maschinengewehren auf uns. *Ergebt euch*, hieß es in den Flugblättern, *Widerstand ist zwecklos*. Das wußte ich, und das wußte jeder Mann in unserem Graben. Aber wir dachten nicht an Übergabe. Wir wollten kämpfen. Granatwerfer bellten und warfen ganze Ladungen von Steinen und Schmutz auf unsere Köpfe. Und dann kam ein neues, furchtbares Geräusch: das kraftvolle Hämmern schwerer Maschinengewehre. Entsetzte Schreie folgten.

»Die Marine! Die Marine!«

Wir hatten an die revolutionäre Tradition der Marine geglaubt. Wir hatten gehofft, daß unsere Propagandisten eine Marinerevolte vorbereitet hätten, falls der Befehl gegeben würde, auf Arbeiter zu schießen. Wir hatten uns geirrt. Wir sahen, wie die Blaujacken stürmten, sich hinwarfen, wieder aufsprangen und weiterliefen. Es waren Matrosen von einer Zerstörerflottille, die in den frühen Morgenstunden stromaufwärts gekommen war.

Da und dort warf ein Kommunist seine Waffe weg und lief davon. Andere folgten seinem Beispiel, und schließlich ließen alle die Waffen im Stich und rannten. Wie gejagte Hasen liefen wir nach allen Richtungen auseinander. Die Hurras der Matrosen tönten drohend und hohl, als sie mit aufgepflanztem Seitengewehr zum Angriff übergingen.

Fliehende Kommunisten fragten einander: »Wo konzentrieren wir uns wieder? Wo ist das Kommando?«

»Weiß nicht«, war die immer wiederkehrende Antwort. »Mach eine Atempause und kämpfe weiter, bis wir wissen, was in Berlin passiert ist.«

Berlin? Berlin war ruhig. Eine Botschaft von Sinowjew hatte die Revolution vertagt. Jedes dritte Mitglied der Hamburger Partei war tot, verwundet oder im Gefängnis.

Aber die Partei ist eine Katze mit sieben Leben. Nach unserer Schlappe in Geesthacht waren wir zu vier Genossen im Haus eines Parteifreundes verborgen, als ein Parteikurier, der die Häuser der Sympathisierenden durchkämmte, den Befehl von Otto Marquardt brachte, uns in der Vorstadt Ahrensburg zu sammeln. Wir machten uns nach Hamburg auf den Weg, jeder allein. Einige fuhren per Schiff, manche folgten dem Bahngeleise, andere zogen müde die Straße hinauf. Viele wurden unterwegs von Polizeipatrouillen festgenommen.

Am Donnerstag, dem dritten Tag der Erhebung, hörten wir die ganze Nacht hindurch Gewehrfeuer, dann einzelne Schüsse, hin und wieder eine heftige Schießerei und das Tacken der Maschinengewehre.
Auf der Wandsbecker Chaussee fand ich einen Arbeiter mit einem Magenschuß. Er stöhnte in regelmäßigen Abständen, und nach jedem Stöhnen biß er in den Lauf seines russischen Karabiners. Die Vorübergehenden machten vorsichtig einen Bogen um den Verwundeten und hasteten weiter. Ich hob ihn auf und trug ihn fort. Nie vorher war ich in diesem Teil der Stadt gewesen. Ich schleppte den Verwundeten zwischen zwei Häuser und versuchte, mit ihm zu sprechen, um wenigstens seinen Namen zu erfahren. Er konnte nicht antworten. Wie alle von uns hatte auch er seine Identitätspapiere zu Hause gelassen. Übermüdet schlief ich hinter drei Mülleimern ein, und als ich gegen Morgen erwachte, war der Arbeiter tot. Ich schleppte die Leiche zur Straße zurück und lehnte sie gegen eine Mauer, damit eine vorbeifahrende Ambulanz sie finden könne. Dann nahm ich sein Gewehr; es waren nur noch zwei Patronen darin.
Ahrensburg, gerade vor Hamburg an der Eisenbahn nach Lübeck gelegen, war ganz in der Hand der Roten Hundertschaften. Das Hauptquartier befand sich im Bahnhof. Männer schliefen dort auf den Steinfliesen, andere trampelten rücksichtslos über sie hinweg. Ein untersetzter Mann kommandierte, und ein wahnsinniger Plan wurde vorbereitet.
Er bestand darin, den Hamburger Hauptbahnhof zu besetzen, der eine beherrschende Stellung hatte. Acht wichtige Durchgangslinien endeten hier. Späher waren hingeschickt worden, um die Stärke der Polizei und der Truppen festzustellen, die den Bahnhof bewachten. Der untersetzte Mann wollte uns Bewaffnete mit einem Lokalzug nach Hamburg fahren und den Bahnhof erobern lassen. Eine neue Sendung russischer Gewehre war von Lübeck eingetroffen.
»Wenn ihr erst mal drin seid, dann massakriert jede Uniform, die ihr seht«, sagte der Mann.
Ein hagerer Kommunist mit sanftem Blick und kraftlosem Mund protestierte. »Willst du uns alle ermorden?« rief er. »Geh und sag Thälmann und Brandler und Lenin, sie sollen den verdammten Bahnhof selber stürmen.«
Der untersetzte Mann stieß den Defätisten gegen eine Tür.
»Sei bloß ruhig, mein Junge«, murmelte er.
Plötzlich zog er eine Pistole und schoß dem hageren Mann eine Kugel durch den Kopf.
Ein Gemurmel entstand, und man hörte einige »Bravos«. Viele Genossen schleuderten die Gewehre auf den Boden. Ich hatte die Sache satt, und andere auch. Einen Augenblick lang schien es, als würde nun ein Genosse den anderen ermorden.
»Wir haben genug«, sagte einer.
Die Diskussion hörte auf, als der Späher aus dem Hamburger Hauptbahnhof zurückkam. Er berichtete, daß zweihundert Schutzleute in den Wartesälen versteckt seien. Auf den Plätzen in der Stadt waren neue Plakate angeschlagen mit der Schlagzeile: »*Personen, die im Besitze von Waffen angetroffen werden, werden mit dem Tode bestraft!*«
Jeder Widerstand war sinnlos geworden. Wir hatten keine Führer. Die Demoralisierung setzte ein. Isolierte Einheiten von Rebellen, die aus purem

Eigensinn weiterkämpften, vielleicht aber auch aus Verlangen nach Rache, zogen sich auf Lübeck zurück. Die Mehrzahl aber, gebrochen, beschmutzt und enttäuscht, fiel ab, einer den anderen im Stiche lassend, um sich selbst zu retten.

»Was erwartet uns, wenn wir draußen sind?« fragte einer von meinen Begleitern.

»Ich weiß es nicht«, sagte ich.

»Ich wollte, ich wüßte es«, knurrte der andere verloren.

Schutzleute kamen die Straße herunter; sie hatten eine Schützenkette gebildet.

»Es wird besser sein, wenn wir uns trennen«, schlug ich vor.

»Gut.«

Wir trennten uns. Ich hatte das Gefühl, ich würde niemals im Leben wieder glücklich sein oder mich für irgend etwas begeistern können. So viel Blutvergießen und Leid! Am liebsten hätte man das Gesicht zum Himmel erhoben und geschrien, so groß war die Pein. Wofür? Als ich das Café *Bunte Kuh* in St. Pauli betrat, in dessen oberem Stockwerk ich ein kleines schäbiges Zimmer gemietet hatte, denunzierte mich jemand bei einer Polizeipatrouille. Es gab keine Möglichkeit zur Flucht. Die Leute waren feindselig. Sogar die Prostituierten verspotteten mich: »An den Galgen mit ihm«, rief eine von ihnen immer wieder und schwang dabei ein leeres Bierglas. Ein Schutzmann hielt mich mit einem Griff, der mir fast den Arm gebrochen hätte. So wurde ich zum Polizeirevier an der Davidstraße gebracht.

Das kleine Gefängnis war überfüllt. Die Zellen waren vollgepackt mit Verhafteten, und die Neuankommenden wurden in den Wachräumen zusammengepfercht, die so voll waren, daß die Leute einander auf den Füßen standen. Die sonst üblichen organisierten Rowdystreiche einer Bande von Kommunisten im Gefängnis fanden keinen Anklang in dieser Gesellschaft. Übler Geruch erfüllte die Zelle, die Gesichter waren finster oder gefaßt, und abgesehen von der Zotenreißerei einiger betrunkener Matrosen sprachen die Leute nur flüsternd. Nach einer erbärmlichen Stunde wurde ich herausgerufen und mit vielen anderen Gefangenen auf einen offenen Lastwagen gestoßen. Am hinteren Ende des Lastwagens saß ein Schutzmann mit dem Karabiner über den Knien. Wir hockten auf den Bodenbrettern, die Hände über die Köpfe erhoben, während der Lastwagen zum Polizeipräsidium jagte.

Der Schutzmann am hinteren Ende des Wagens war jung, sein Gesicht war hager und eingefallen von den schlaflosen Nächten und dem ununterbrochenen Einsatz. Während der Fahrt schlug der Gefangene, der ihm zunächst saß, ein Gorilla von einem Mann, mit den Beinen nach ihm aus. Beide fielen auf das Pflaster. Der Wagen stoppte, und die Sirene heulte. Ein Schutzmann sprang mit gezogener Pistole vom Vordersitz auf die Straße.

»Keiner rührt sich«, befahl er.

Im nächsten Augenblick schon begann er zu schießen. Wir purzelten vom Wagen hinunter in einem Durcheinander von Armen und Beinen und rannten in allen Richtungen davon. Die Straße, in der unser Lastwagen gehalten hatte, war lang, gerade und eng, aber zur Linken lag die Hamburger Altstadt, ein Labyrinth von Seitengäßchen, Torwegen und baufälligen Häusern. Die Bewohner des Gängeviertels, Prostituierte, Kuppler, Kriminelle und Heruntergekommene jeder Art, haßten die Polizei und halfen den Gejagten.

Nach Einbruch der Dunkelheit tauchte ich wieder auf. Ich verbrachte jene Nacht in der Wohnung von Erika Czympanski. Andere Flüchtlinge waren dort, zwei Verwundete, und alle aufs äußerste erschöpft. Wir schliefen auf dem Boden wie Tote. Nach einer schlaflosen Nacht war Erika so hübsch und praktisch wie immer. Sie hatte einen kommunistischen Arzt herbeigerufen, der die Verwundeten behandelte. Die Berührung ihrer festen kühlen Hand, wenn sie über eine fieberheiße, schmutzverkrustete Stirn strich, linderte alle Qual. Blut und Schmutz konnten ihr nichts anhaben. Wer es schaffte, ging nach einem Bad und einem Frühstück, das aus Kaffee, Butter und Brötchen bestand, weiter. Die Morgenzeitungen berichteten, daß vierhundert Tote und Verwundete in den Spitälern und Leichenhallen gezählt worden seien; ein Drittel der bekannten Verluste waren Schutzleute. Eine unbekannte Anzahl kommunistischer Verluste war nicht inbegriffen, weil Verwundete und Tote noch in den Häusern von Parteifreunden verborgen wurden.

»Die Polizei wird hinter mir her sein«, sagte ich zu Erika, »ich muß weg.«

»Wohin wirst du gehen?«

»Ich gehe wieder zur See.«

»Vergiß nie die Sache, für die du gekämpft hast«, sagte sie, »du kannst durch mich wieder den Kontakt mit der Partei aufnehmen.«

Ich verließ Hamburg im Lauf des Nachmittags. An einer Ecke standen Leute und entzifferten eine neue Banknote, die eine Zahl mit zwölf Nullen zeigte – eintausend Billionen Mark auf einem Stück Papier. Das Leben auf den Straßen war wieder ruhig. Die Kirchenglocken läuteten zum Begräbnis der Toten.

Elf Tage war ich auf der Straße; ich wanderte zum Rhein, erbettelte Essen von den Bauersfrauen und schlief in Heustadeln. Bei Minden überschritt ich die Weser und wechselte nachts bei der Grenzstadt Gronau nach Holland hinüber. Die nächste Nacht verbrachte ich auf einer Wiese und fror fast zu Tode. Aber am folgenden Tag sah ich in der Stadt Arnhem den Kapitän eines Rheinkahns, der sein Fahrzeug mit Ziegeln belud. Ich fragte ihn, ob ich ihm helfen dürfe.

»Ja«, gab er zur Antwort.

Ich half ihm beim Laden des Kahns, und dafür schenkte er mir eine langsame Fahrt auf dem nördlichen Rheinarm bis nach Rotterdam.

Rotes Vagabundenleben

Im norwegischen Seemannsheim in Rotterdam schrieb ich einen Brief an Erika Czympanski und bat sie, die Partei von meinem Aufenthaltsort zu unterrichten. Es war mein Plan, in Rotterdam zu bleiben, bis Instruktionen eintreffen würden. Ich wußte, daß die Komintern in jedem zivilisierten Land ihre Organisationen besaß, und ich hatte das Gefühl, es sei gleichgültig, ob ich mich in Deutschland aufhielt oder nicht, solange ich loyal blieb und bereit war, der Sache zu dienen. Wenn ich auch von den Hamburger Ereignissen schwer mitgenommen war, so hatte das meinen Glauben noch in keiner Weise erschüttert. Die Bewegung, der ich angehörte, war international; die Doktrin, daß kein Arbeiter ein Vaterland habe, war fest in mir verankert, und ich sagte im Tone offener Herausforderung und mit unverhohlenem Stolz zu mir: »Du hast dein Vaterland nicht verloren. Du hast nie ein Vaterland gehabt. Du bist ein Internationalist, der nur eine Aufgabe hat – mitzuhelfen, die Kapitalisten und ihre Helfershelfer auf der ganzen Welt ins Grab zu bringen.«

Vom Seemannsheim aus ging ich zu den Dienststellen der Kommunistischen Partei, um als Flüchtling aus Deutschland um Hilfe zu bitten und mich selbst der örtlichen Organisation zur Verfügung zu stellen. Der rotbackige, schläfrige holländische Bolschewik, der mich empfing, schaute sich träge in seinem unordentlichen Büro um und sagte:

»Gut, du wirst warten müssen, bis wir über dich bei der deutschen Partei Nachforschungen anstellen können.«

Aufgeregt schrie ich: »Die Partei ist in Deutschland verboten.«

»Wir können nichts für dich tun, solange du keinen Auftrag von deiner Partei hast«, sagte der Holländer.

»Dann gib mir wenigstens eine Adresse, wo ich schlafen und ein paar Tage lang essen kann.«

»Wir sind keine Wohltätigkeitsanstalt«, sagte der Holländer.

Wütend und den Tränen nahe verließ ich ihn.

Wenige Stunden später griff mich ein Kriminalbeamter auf und brachte mich in ein kleines Gefängnis, das mir den Eindruck eines Internierungslagers für ausgesuchte ausländische Strandräuber machte. Ich war in den Tank eines entladenen Fischdampfers geklettert, um Fischreste zu sammeln und über einer Feuerstelle zu braten, die in einem in der Nähe stehenden Güterwagen von Landstreichern gebaut worden war; in diesem Augenblick lehnte sich der Kriminalbeamte über den Süll und befahl mir, mitzukommen.

Ich hatte keine Papiere, um meine Identität zu beweisen, und weigerte mich, den Polizisten, die mich verhörten, meinen Namen anzugeben. Ich fürchtete, sie würden mich an die Grenze bringen und mich der deutschen Polizei übergeben.

»Ich war betrunken und versäumte mein Schiff in Antwerpen«, erzählte ich ihnen. »So kam ich nach Rotterdam, um ein anderes Schiff zu finden.«

Sie gaben mir ein Pfund ausgezeichnetes Brot, ein großes Stück Käse und Kaffee. Vor Einbruch der Dunkelheit kam ein Gendarm, und ich wurde aufgefordert, mit ihm zu gehen. Er brachte mich zum Zug. Keine anderen Reisenden waren im Abteil. Der Gendarm saß in einer Ecke an der Türe, die er dadurch versperrte, daß er die Füße auf den gegenüberliegenden Sitz legte. Bald fuhr der Zug ab.

»Wo fahren wir hin?« fragte ich.

»Du gehst dorthin, woher du gekommen bist«, sagte der Gendarm.

Ich hätte beinahe einen großen Fehler gemacht. »Nach Deutschland?« wollte ich fragen. Ich erhob mich, um das Fenster zu öffnen.

»Laß es zu«, riet mir mein Wächter. »Es ist kalt.« Er tätschelte sein Pistolenfutteral und fügte hinzu: »Versuch nicht, wegzulaufen. Wenn du wegläufst, muß ich auf dich schießen.«

»Gut, wohin fahren wir?«

»Nach Belgien.«

Ich war erleichtert. Der Gendarm gab mir einen Gulden. Ich bedankte mich. Er hatte merkwürdig sanfte Augen in seinem martialischen Gesicht; dann

versuchte er, mich über das Leben auf den Schiffen auszufragen. Es schien, daß er die See liebte, aber bestimmt schätzte er noch mehr einen warmen Ofen am Abend. In einer kleinen Station verließen wir den Zug. Die Laternen waren bereift. Die Nacht war dunkel und rauh. Ich zitterte vor Kälte. Trotz meiner Größe von sechs Fuß fühlte ich mich lahm und verbraucht. Der Gendarm bekam für mich von einem dicken Mädchen im Warteraum ein Glas Rum und heißes Wasser.
»Wir sind an der Grenze«, sagte er und zeigte zum Fenster hinaus. »Dort drüben ist Belgien.«
Ein junger Mann von der Grenzwache in einem dicken Schal und einem Kamelhaarmantel wartete auf uns. Der Gendarm gähnte und schüttelte mir die Hand, und der Grenzwächter ergriff meinen Arm und führte mich in die Nacht hinaus. Es hellte sich auf, und die Sterne kamen; ein heulender Wind blies über das flache Land.
Wir wanderten über Felder und wateten durch seichte Gräben. Dreimal setzte sich der Grenzwächter im Schutze eines Heustadels hin, um eine Zigarette zu rauchen. Während er rauchte, mußte ich mit dem Gesicht gegen den Boden daliegen. Wir fingen an, auf Händen und Knien zu kriechen, als wir uns dem Niemandsland näherten. Hinter einer Hecke ruhten wir wieder aus.
Mein Begleiter zeigte in das düstere Land vor uns.
»Geh diesen Weg geradeaus«, flüsterte er mir zu, »noch hundert Meter, und du bist in Belgien. Es gibt da keine Patrouillen. Die belgischen Patrouillen machen meist Feuer. Jetzt geh und bleib nicht stehen und komm niemals wieder nach Holland zurück.«
»Gut«, sagte ich.
»Denk dran, es gibt ein Jahr Gefängnis, wenn du wiederkommst.«
»Ich denke dran.«
Mit weit vorgebeugtem Körper lief ich vorwärts. Das nasse Gras quietschte unter meinen Füßen. Nach hundert Metern hielt ich an, drehte mich um und rief dem Grenzwächter Verwünschungen nach.
»Sei bloß still, du *smerlap*«, antwortete er. »Mach, daß du wegkommst!«
Am frühen Morgen blieb ich bei einem Bauernhaus stehen und bat eine sauber aussehende Frau um die Erlaubnis, mich unter der Pumpe zu waschen.
»Armer Junge«, sagte sie. »Hat man dich über die Grenze geschickt?«
»Ja«, sagte ich.
»Viele kommen auf diesem Weg. Sie werden immer wieder bald dahin, bald dorthin gestoßen.«
Sie gab mir ein Stück Sandseife und ein Handtuch. Dann bekam ich zum Frühstück Speck und Bohnen. Ich half der Frau einen Berg Wäsche auswinden, bis ein Knecht das Pferd anspannte, um Brennholz aus der nächsten Stadt zu holen. Ich ging mit ihm. Die Stadt hieß Esschen und lag nur wenige Meilen genau nördlich von Antwerpen. Ich half dem Knecht, seinen Wagen zu laden, und dann zog ich auf einer sonnenbeschienenen Überlandstraße südwärts.
Der Hafen von Antwerpen ist die Heimat vieler Ausgestoßener. Er ist internationaler als Shanghai; er ist der internationalste Hafen der Welt. Für mich war es wie ein Stärkungsmittel, wieder im Pandämonium der Hafengeräusche zu sein, in den Docks und auf den mit fremder Fracht vollgestopften Molen, mit den Geräuschen und Gerüchen der Seefahrt. In der endlosen Reihe der Kneipen soffen indische und norwegische Matrosen Schulter an Schulter um

die Wette, und wer darum bat, bekam ein paar Francs und ein Essen. Im Kristallpalast und in den kleineren Lokalen rund um den *Steen* paradierten nackte Frauen jeder Art in Schenkstuben voller Getöse und Rauch und lärmender Männer von den Schiffen. Antwerpen war zu jener Zeit einer der schwierigsten Plätze in ganz Europa, wenn es sich darum handelte, eine Stellung an Bord eines ins Ausland fahrenden Schiffes zu finden. Siebentausend Seeleute waren ohne Arbeit, und Bataillone von Landstreichern belagerten jedes Schiff, sobald es an der Mole festgemacht hatte.

Die erste Nacht verbrachte ich in der Gemeinschaftsunterkunft der Heilsarmee, nachdem ich den *baas* des Schlafraums durch ein Gebet freundlich gestimmt hatte. Als die zweite Nacht hereinbrach und ich gerade dabei war, mir eine Teufelei auszudenken, um die quälenden Erinnerungen an das in Hamburg vergossene Blut loszuwerden, traf ich Mariette.

Sie stand hinter einem Fenster, das bis zu ebener Erde herabreichte, und lächelte mir zu, als ich in die enge alte Straße einbog. Sie streckte weder den Kopf heraus noch winkte sie mit den Armen, wie das die drallen flämischen Dirnen in den danebenliegenden Häusern taten. Sie lächelte, und ich blieb stehen.

Sie war klein und gut gekleidet und hatte leuchtende kohlschwarze Augen. Die Lichter in ihrem Zimmer zeichneten ihre Gestalt genau nach. Ich ging hinein, in eine Wolke von Parfüm und eine tropische Hitze. Einige Palmen in Töpfen waren da, ein dickes Fell lag am Boden, ein mächtiges Radio, eine Couch, so groß wie ein Rettungsboot, und Bilder an den Wänden. Das Mädchen war in weiße Seide gekleidet. Die nackten Füße staken in weißen Sandalen, die mit farbigen Perlen verziert waren. Der Schmutz von Antwerpen war wie weggewischt. Sie zog sofort die Vorhänge vor.

»Hallo«, sagte sie.

»Hallo«, gab ich zurück. »Wie heißt du?«

»Mariette.«

»Bist du Französin?«

»Ich bin aus Marseille.«

Sie steckte ihre Hand unter meinen Rock und schmiegte sich eng an mich. Sie war sauber und warm.

»Vielleicht magst du mich?«

»Ich habe kein Geld«, sagte ich.

»Erzähl doch nicht solche Sachen«, lachte sie. »Du bist einer der nettsten Jungs, die ich je bei mir hatte.«

»Du lügst.«

»Hör zu, ich lüge nie! Du hast ein nettes Lächeln in den Augen. Wie alt bist du?«

»Zwanzig.«

»Ich bin dreißig«, sagte sie, und ihre Zähne blitzten. Die *Meisjes* im anderen Haus sind zweiundzwanzig und dreiundzwanzig. Kühe, die mit Dreißig stinken werden. Ich sehe so gut aus, weil ich sehr sorgsam mit mir umgehe. Schau, ich habe eine Haut wie Seide; sie ist ein klein wenig gelb, aber sie ist wie Seide.«

Sie plauderte drauflos wie ein Wasserfall.

»Hör zu, Mariette«, sagte ich zu ihr, »ich habe kein Geld. Nicht einen Pfennig.«

»Das ist schlecht.«
»Wenn du nicht gelächelt hättest, wäre ich nicht hereingekommen«, erklärte ich ihr.
Sie lehnte sich zurück und lachte.
»Ich weiß, wie das ist«, sagte sie. »Sag mir bloß, was ich mit dir anfangen soll, wenn du nicht einmal einen Pfennig hast!«
»Du kannst die Polizei rufen«, antwortete ich.
»Du bist verrückt. Ich rufe nie die Polizei.«
Einen Augenblick lang schaute sie mich neugierig an. Dann sagte sie: »Es ist ein schlechtes Geschäft, die Zeit mit einem Jungen zu verlieren, der keinen Pfennig hat. Aber hör zu, ich weiß einen Mann, der mir viel Geld bezahlt. Er sagt, seine Frau mache ihn krank. Ich kann ihn herkommen lassen, und er kann hier hinter der Türe sitzen und zuschauen. Er wird gar nichts tun; nur sitzen und zuschauen. Du zahlst gar nichts. Er zahlt. Ist es dir recht so?«
»Nein.«
»Warum nicht?« Sie zuckte die Achseln. »Wenn du kein Geld hast, warum nicht *facilement* Geld verdienen?«
»Ich werde dich sehr oft besuchen, wenn ich Geld habe«, versprach ich ihr.
»*Pouf*! Woher kommst du denn?«
»Hamburg.«
»Von Hamburg, und kein Geld, ha?«
»Ich lief vor der Polizei weg.«
»Warum?«
»Ich war dabei, als sie eine Revolution machen wollten.«
Ihre Haltung änderte sich auf einen Schlag. »Erzähl mir davon«, sagte sie. Ich tat es.
Wir saßen auf der Couch. Mariette stand auf und brachte mir ein Glas Wein.
»Ich werde dir etwas Geld geben«, sagte sie.
»Warum solltest du mir Geld geben?«
Sie beobachtete mich, als ich den Wein trank. Ihre Antwort erstaunte mich. »Wenn ich ein Mann wäre, würde ich ein Revolutionär sein«, sagte sie langsam. »Aber eine Frau, was kann die schon tun? Die Leute geben mir viel Geld, weil ich eine hübsche Dirne bin. Mir ist das gleichgültig. Ich liebe die Revolution. Wenn ein Revolutionär zu mir kommt, helfe ich ihm.«
Wir wurden Freunde. Die Prostituierten, die ich von früher her kannte, hatten ihr jämmerliches Dasein mit dem Schein ihrer Schuldlosigkeit verbrämt, und eine oder zwei von ihnen waren dumm und gemein gewesen. Was Mariette besonders auszeichnete, war ihr Selbstgefühl. Sie erzählte mir aus ihrem Leben. Ihren Beruf betrieb sie schon seit dreizehn Jahren. Ein Grieche hatte sie in dieses Geschäft gebracht. Sie bestand darauf, daß sie freiwillig in das Haus eingetreten sei; das war in Marseille, als sie siebzehn Jahre alt war.
»Der Grieche erzählte allen seinen Freunden: ›Kommt, ich habe ein Mädchen, das bis jetzt noch nie mit einem Mann geschlafen hat.‹ *Oh, là!* Sie ließen mir keine Ruhe. Treppauf, treppab, die ganze Zeit. Dann machte mich einer krank. ... Aber heute kann ich sofort sehen, wenn ein Mann krank ist; dann sage ich zu ihm: ›Geh!‹ Ist er betrunken oder verrückt, so greife ich zum Messer. Ich setze ihm das Messer auf den Leib und sage: ›Geh!‹ Dann geht er.«
Mariette erklärte weiter, daß sie sich für das Wohlergehen ihrer Matrosen-

freunde verantwortlich fühle. »Wenn ein Matrose mich einmal gehabt hat, kommt er jedesmal wieder, wenn sein Schiff im Hafen liegt. Jeden Morgen schaue ich in die Zeitung. Ich sehe die Namen der Schiffe, die eingelaufen sind. Ich weiß, dieser Mann wird heute nacht kommen, und der und jener. Es sind Freunde von mir. Wenn einer nicht kommt, bin ich traurig. Ich frage mich: Was ist los? Ist er krank? Ist er tot? Ist er verheiratet?«

Ich fragte sie, ob sie irgendwelche ausländischen Revolutionäre in Antwerpen kenne.

»Ich kenne Bandura«, sagte sie. »Triffst du dich mit ihm?«

»Nein.«

»Es mag sein, daß er mit dem richtigen Namen nicht Bandura heißt«, erklärte sie. »Wir nennen ihn jedenfalls Bandura. Er sucht immer Revolutionäre, die ihm helfen.«

In meinem Innern wurde es plötzlich lebendig.

»Was macht Bandura?« forschte ich.

Mariette zog ihre Knie bis ans Kinn und legte beide Hände an die Schläfen.

»Er stiftet Unruhe«, sagte sie. »Ich kaufe ihm Überzieher und Schuhe; bisweilen erschreckt er mich. Er schickt andere Männer zu mir, ich soll sie vor der Polizei verbergen. Polizei kommt oft hier vorbei und fragt: ›Wo ist der Mann aus Riga? Wo ist der kleine Chinese? Wo ist der dicke Póle?‹ Ich lache. Bandura, er ist nur am Unruhestiften interessiert.«

»Aber vielleicht komme ich von der Polizei. Wer weiß?« warf ich dazwischen.

»Es mag sein, daß du eines Tages mein Geliebter sein wirst«, sagte sie.

»Ich denke nicht dran.«

»Und wenn du ein Polizist bist und weggehen möchtest, werde ich zu dir sagen: ›Komm, nimm mich noch einmal.‹ Dann nehme ich das Messer, und — o weh! bist du ein Mann gewesen, und dann sage ich: ›Jetzt geh!‹«

»Gut, ich bin also kein Polizist«, sagte ich.

»Das weiß ich.«

»Ich möchte mit Bandura zusammentreffen.«

»Gewiß.« Sie schwieg einen Augenblick, dann sagte sie: »Es ist bald neun Uhr. Meine Freunde von den Schiffen kommen gleich. Du mußt jetzt gehen.«

Gegen fünf Uhr am Nachmittag des folgenden Tages traf ich Bandura in Mariettes Bude. Er hatte etwas von einem farbenprächtigen, verschlossenen Seeräuber und war ein grobknochiger, verhungert aussehender Mann mit eckigen slawischen Gesichtszügen. Er trug schwere Schuhe, einen nach Rauch riechenden alten Mantel und eine schmierige Sixpencemütze, unter der die Fransen glanzlosen blonden, schon in Grau übergehenden Haares zu sehen waren. Er saß auf dem äußersten Ende eines Stuhls, den Blick auf mich gerichtet, als ich eintrat, und sagte: »Gut, daß du kommst.«

Wir unterhielten uns. Die Einfachheit und Geschicklichkeit dieses Mannes machte vom ersten Augenblick an Eindruck auf mich. Ich beantwortete ihm viele Fragen. Bandura war ein ukrainischer Anarchist, der einen eigenen unabhängigen Krieg gegen alle Schiffseigentümer führte, deren Schiffe in Häfen verkehrten, in denen Bandura zufällig gerade war. Er arbeitete für keine Organisation und erkannte keine Autorität an, mit Ausnahme des Rechts des Unterdrückten auf Selbsthilfe. Seine Mitarbeiter, so sagte er immer wieder, seien Proletarier jeder Richtung und Menschen ohne bestimmte Lebensstellung mit einer bestimmten Neigung zur Auflehnung.

Bandura war der typische Vertreter jener umherziehenden Revolutionäre von der Wasserkante, die ich seither in jedem Hafen, den ich anlief, getroffen habe. Einer wie der andere waren sie auf der Flucht vor der politischen Polizei ihres eigenen Landes. Wenige hatten Pässe. Das beraubte sie jeder Möglichkeit einer dauernden Zuflucht und regelmäßigen Arbeit. Sie zogen von Land zu Land, bisweilen freiwillig, meist aber ausgewiesen als gefährliche Unerwünschte.
»Ich hoffe, du bist kein *Hammeldieb*«, sagte Bandura zu mir.
»Was sind denn *Hammeldiebe*?«
»Leute, die mit Musterkoffern voller Programme, großer Theorien und Pläne ankommen. Leute, die in der Gefahr umfallen. Sich in einer Wolke von Staub auflösen. Leute, die jeden Morgen Ei mit Schinken haben wollen.«
»Dann bin ich kein *Hammeldieb*«, sagte ich.
»Du wirst es beweisen müssen«, erwiderte Bandura böse. »Zeig es, indem du ein Schiff suchst, bei dem der *Chow* schlecht behandelt wird. Fahr ihm von Hafen zu Hafen nach und bring die Besatzung in Aufruhr, bis es dem *Chow* wieder gutgeht. Für die Aktion brauchen wir keine Politiker; wir brauchen ›Aktivisten‹.«
»Wie kann man in Antwerpen zu einem Schiff kommen?« fragte ich.
»Antwerpen ist schlecht. Aber es gibt andere Häfen. Die besten Möglichkeiten bietet England, da ausländische Schiffe kaum Leute in englischen Häfen finden können, seit die Engländer für weniger als acht Pfund nicht mehr arbeiten wollen.«
»Ich werde nach England gehen«, sagte ich.
»Geh nach Liverpool. Liverpool ist am besten.«
Während unserer Aussprache lag Mariette wie eine Katze auf der Couch und hörte mit offensichtlichem Interesse, aber ohne ein Wort zu sagen, zu. Als ich weggehen wollte, hielt Bandura mich zurück. »Ich gehe zuerst«, sagte er. »Ich gehe zuerst und komme zuletzt.« Bevor er ging, sprang Mariette auf, nahm ihm die Mütze vom Kopf und küßte ihn leicht auf die Stirn.
Ich lebte und arbeitete mehrere Tage lang mit der Bande Banduras. Sie hatten ihre Quartiere in Dachstuben über den verschiedenen kleinen Hafenkneipen. Die Kneipenbesitzer, Griechen, Deutsche, Esten und sogar ein Hindu, duldeten Banduras »Aktivisten«, denn sie schleppten ihnen einen Haufen Seeleute mit Geld zu. Wir verbrachten den Tag am Hafen, besuchten Schiffe, diskutierten mit den Leuten von der Besatzung und verteilten eine kleine Zeitung unserer Bewegung, die von Bandura in Englisch, Deutsch und Schwedisch geschrieben und gedruckt wurde. Bandura hatte eine beachtliche Sprachbegabung, aber seine Orthographie war fürchterlich. Trotzdem hatte die Zeitung Durchschlagskraft. Sie erschien, wie es unter dem Titel hieß, »nach Bedarf«. Sie hieß *Our Rudder*.
Dann kam der Tag, an dem Bandura mir mitteilte, daß er ein Schiff für mich nach Liverpool habe. Das Schiff, ein wöchentlich verkehrender britischer Dampfer, fuhr von Gent aus. In der gleichen Nacht noch, in strömendem Regen, gingen ein junger Lette und ich auf die Überlandstraße hinaus in Richtung Gent. Gegen Morgen ließ uns ein angetrunkener Geschäftsmann, der auf dem Wege zur Baumwollbörse in Kortrijk war, in seinem Wagen mitfahren, und zwei Stunden später setzte er uns in der Nähe des imponierenden alten Schlosses der Grafen von Flandern mitten in der Stadt ab.
In der folgenden Nacht war ich auf dem Weg nach Liverpool im Kohlenbunker

des kleinen Wochentrampdampfers. Ich lag auf über Kohlen gebreiteten Säkken, mit einem Paket Sandwichs als Kopfkissen und zählte die Querbalken über mir und die Regentropfen, die durch einen Riß in der Einstiegluke in den Bunker hereintropften. Kaum waren wir aus dem Kanal heraus, der Gent mit der Nordsee verbindet, als ich von einem Kohlentrimmer entdeckt wurde, der mit einer rauchenden Petroleumlampe in den Bunker kam. Ich gab dem Trimmer zehn von den sechzehn Shillingen in Silber aus Banduras Schatzkammer. Er versprach, nichts zu sagen. Für die zehn Shilling versorgte er mich mit einer Decke und mit Essen – auf den britischen Wochenschiffen kaufen und machen die Seeleute ihr Essen selber – und hielt mich über den jeweiligen Standort des Schiffes längs der Küste von England und Wales auf dem laufenden. Nördlich des Bristolkanals gerieten wir in Nebel; das klägliche Tuten der Sirenen hielt an, bis wir nach einer kaum viertägigen Fahrt den Mersey erreichten. Während der Zollkontrolle versteckte ich mich unter den Kohlen, und als diese vorüber war, goß ich mir im Heizraum kübelweise heißes Wasser über den Kopf.

Die Arbeiterquartiere in den englischen Städten gehören wohl zu den elendsten in der Welt. Die Hafenzugänge sind scharf bewacht. Um elf Uhr scheint die ganze Stadt zu schlafen, mit Ausnahme schwankender Heimkehrer und einiger streitsüchtiger Whisky-Marys. Meine neue Umgebung mißfiel mir sehr.

Illegale Heuerbüros verlangten vier Pfund Vorauszahlung für eine illegale Stellung auf einem griechischen oder baltischen Trampdampfer. Zwei Nächte schlief ich in einem Logierhaus für westindische Neger, das von einer zahnlosen Hexe betrieben wurde, die neun Pence pro Bett und Nacht verlangte. Essen bekam ich während meiner Entdeckungsfahrten durch die Docks bei den Schiffsköchen, für die ich Geschirr spülte. Durch Zufall kam ich mit den Besatzungsmitgliedern eines deutschen Dampfers in Berührung, die mir sagten, daß ihr Schiff nach der Westküste von Nordamerika auslaufen werde.

Die Seeleute, mit denen ich sprach, sympathisierten, wie die meisten deutschen Seeleute jener Zeit, mit der kommunistischen Sache. Sie versorgten mich mit dem Überrest einer *paillasse*; damit kletterte ich in den Steuerbord-Kohlenbunker und von dort durch ein Mannloch im hinteren Schott in den Laderaum Nummer drei. Die Ladung bestand aus Masseln. Ich legte die zerlumpte Matratze auf die Masseln und schlief ein. Der Lärm der Deckwinden weckte mich auf. »Flut«, sagte ich mir. Das Schiff war ausgelaufen.

Nach einigen Stunden kam einer in den Bunker und rief mich.

»Alles ist klar – du kannst herauskommen.«

Ich kroch in den Bunker zurück und stieg von dort an Deck. Es war dunkel. Wir hatten den Fluß hinter uns, der Lotse hatte das Schiff verlassen, das Land kam außer Sicht, und der glatte Horizont des Meeres hob sich hoch empor. Ich ging in das Logis. Der eiserne Ofen glühte rot. Ich bekam ein gutes Essen, beantwortete Fragen, hörte Nachrichten aus Deutschland und war zufrieden. Das Leben schien plötzlich schön und reich zu sein.

Am folgenden Morgen nach dem Frühstück badete und rasierte ich mich, zog die sauberen Kleider an, die die Seeleute mir abgegeben hatten, und ging mittschiffs, um mich beim Kapitän zu melden.

Das Schiff hieß *Eleonore*, Heimathafen Hamburg, und war von einem unternehmungslustigen jüdischen Kaufmann namens Regendanz vom Friedhof geholt und wieder in Dienst gestellt worden; dementsprechend hatte man seine Anfangsbuchstaben in Weiß auf das verblaßte Grün des Schornsteins gemalt. Ich brachte heraus, daß Kapitän Walter, ein stämmiger, friedlicher, weißhaariger Mann mit einem gewaltigen Kopf, meinen Vater gut gekannt hatte. Er behandelte mich mit der allergrößten Freundlichkeit. Als Mensch war er zu nachdenklich und zu liebenswürdig, um den extremen Radikalismus seiner Besatzung zu teilen.

»Und in Amerika«, fragte er mich, »beabsichtigst du wegzulaufen?«

»Ja«, gab ich zu.

»Ich kann es dir nicht übelnehmen«, sagte er traurig. »Deutschland geht vor die Hunde.«

Ohne seinen Kopf wegzuwenden, wischte er eine Träne aus dem Auge.

Unter der Besatzung der *Eleonore* waren Leute, die seinerzeit an der wilden Reise der *Lucy Woermann* teilgenommen hatten. Vor der Ausreise hatten sie jetzt in Hamburg ein Matrosen-und-Heizer-Syndikat gegründet und eine Konterbandeladung Schnaps eingelagert, die sie in den Vereinigten Staaten mit hohem Gewinn wieder zu verkaufen hofften. Indessen tranken sie jedoch den Schnaps selbst. Im Karibischen Meer war die Besatzung im Heizraum vollständig betrunken. Die blendende Sonne und die Hitze, die von den eisernen Decks zurückstrahlte, taten das übrige. Streitigkeiten brachen aus, Messer blitzten, und ein Kohlentrimmer, der schwankend vor einem Messer schwingenden Verfolger davonlief, fiel über Bord.

Das Schiff drehte bei, und die betrunkenen Kameraden des Kohlentrimmers strengten sich gewaltig an bei dem Versuch, ein Boot zu bemannen und ins Wasser zu lassen. Als sie daran gehindert wurden, tobten sie los. Die Deckwache, durch Freiwillige der Wachen unter Deck verstärkt und von einem Obermaat, einem früheren Unterseebootskommandanten, angeführt, überwältigte die betrunkenen Heizer. Das war eine üble Arbeit. Jeder Mann, und die meisten von ihnen waren bei der glühenden Sonnenhitze nackt, mußte erst durch Schläge bewußtlos geschlagen, dann an den Ringbolzen des Sülls festgeschnallt und mit kaltem Wasser übergossen werden. Inzwischen schwamm ein Matrose namens Ronaikal hinaus zu dem Mann, der über Bord gefallen war. Er zog ihn bis ans Schiff heran, und beide wurden mit Boleinen an Bord gezogen. Der Kohlentrimmer war tot.

Für mich bedeutete dieses Ereignis eine günstige Wendung. Ich unterschrieb die Schiffsartikel, wurde reguläres Mitglied der Besatzung an Stelle des Ertrunkenen und karrte als Kohlentrimmer während der Wache von zwölf bis vier Kohlen aus dem Reservebunker zu den Feuern. Als dann die *Eleonore* zwei Wochen später in den Hafen von San Pedro einfuhr, hatten die Einwanderungsbehörden keinen Grund, mich als blinden Passagier festzuhalten.

Es war herrlich, wieder in Amerika zu sein. Hier konnte man den ganzen Kontinent durchstreifen, ohne von einem Grenzposten angehalten zu werden. In der ersten Nacht in San Pedro desertierte ich vom Schiff, schlief in einer mexikanischen Hüttenkolonie, die unter dem Namen *Glückliches Tal* bekannt ist, und am Morgen ging ich auf den nächsten Bauplatz und fragte den Vorarbeiter nach Arbeit. Er heuerte mich auf der Stelle für fünf Dollar täglich an.

Zehn Tage arbeitete ich dort. Die Hälfte meines Einkommens sandte ich an Bandura. Die darauffolgenden fünf Tage arbeitete ich in einer Konservenfabrik für Ölsardinen in Wilmington. Dann wurde ich entlassen, weil ich bei dem Versuch erwischt worden war, eine Kiste Büchsensardinen zur Speisehalle der I.W.W. zu schleppen, wo die herumreisenden Parteidelegierten auf rohen Bänken schliefen. Ich hatte eine große Bewunderung für diese einfallsreichen und entschlossenen Kämpfer, die Tausende von Meilen in Güterzügen zurücklegten, ohne mehr zu besitzen als den Parteiausweis und einen oder zwei Dollar. Ein paar Tage arbeitete ich in Los Angeles als Geschirrwäscher. Dann bummelte ich mit einem jungen Handwerksburschen aus Iowa durch Orangenplantagen auf die Stadt San Bernardino zu und schlief im Bungalow eines Mannes, der von der Mission besessen war, eine Kirche bauen zu müssen. Für ein Bett und ein Frühstück versprach ich ihm, eine Tonne Steine für seine Kirche zu sammeln. Wir wurden handelseinig; aber zufällig war er ein Homosexueller. Der Handel endete mit Hilferufen des Kirchenbauers und mit meiner Flucht, wie es mein Los war. In den Bergen von San Bernardino sprang ich auf den ersten besten Güterzug, der sich mühsam den Berg hinaufarbeitete. Er nahm mich über eine äußerst trostlose Wüstenstrecke mit, und bei einem Dorf namens Barstow war ich gezwungen, ihn zu verlassen. Ich wurde sofort von einem munteren Raufbold verhaftet, der eine Pistole im Gürtel und ein Abzeichen auf der Brust trug. Er ließ mir die Wahl zwischen dem Gefängnis wegen Landstreicherei oder der Arbeit bei einem Brückenbau in der Wüste. Ich wählte die Arbeit, und der stellvertretende Sheriff brachte mich zu einem Bahnlager.

»He, Mr. Robinson«, rief er, »hier ist ein Kerl, der arbeiten will.«

Also machte ich mich an die Arbeit. Trug Zementsäcke auf den Schultern von einem Schuppen zu einem gefräßigen Betonmischer, und zwar zehn Stunden am Tag zu fünfzig Cent die Stunde unter einer unbarmherzigen, aus dem wolkenlosen Himmel herniederbrennenden Sonne. Zementstaub und Schweiß drangen in meine Poren ein und wurden hart. Die Nacht hindurch zitterte ich vor Kälte in einem mit mexikanischen Arbeitern vollgestopften Güterwagen. Am Morgen kam der stellvertretende Sheriff vorbei, um zu sehen, ob ich noch da sei. In der zweiten Nacht tat ich so, als wolle ich mich schlafen legen, schlich mich dann aber in die Nacht hinaus, als alles ruhig war. Die Sterne leuchteten. Im Mondlicht sah man fern die gelben Berge. Ohne Bedauern ließ ich zwei Zahltage im Stich und bestieg den ersten Güterzug, der zur Küste fuhr. Es war ein Viehzug. Während ich mich in einer mißlichen Lage an eines der Wagengitter klammerte, mit den donnernden Rädern unter mir und den Funkenschauern über mir, fühlte ich die Zungen der Kühe, die meine Hände und Handgelenke beleckten. Es gelang mir, aufs Wagendach zu klettern, dort schlief ich ein. Als ich erwachte, war es heller Tag, und der Zug stand still. Ich sah einen Mann über mir; er stieß mich mit dem Fuß an.

»Hast du eine Waffe bei dir?«

»Nein.«

»Steh auf und Hände hoch!«

Er durchsuchte mich. Dann befahl er mir, vom Wagen herabzuklettern und vor ihm her zum Stationsgebäude zu gehen. Ich fragte den Mann, wer er sei.

»Ich bin ein Spezialbeamter der *Southern Pacific Railroads*«, sagte er. Dann bat ich ihn, mich laufen zu lassen. Er verlangte einen Dollar. Ich gab ihm den Dollar, und er befahl mir, die Stadt zu verlassen.

»Was ist das für eine Stadt?«

»San Berdoo«, sagte er.

Ein Mann mit einem großen blauen Wagen bot mir einen Platz an. Ich nahm an. Es war ein Kameramann, der weit herumreiste. Er fuhr mit einer halsbrecherischen Geschwindigkeit. Als ich mit steifen Gliedern und müde aus dem Wagen stieg, stand ich direkt vor den *William Fox Studios* in Hollywood.

In einer *cafeteria* auf einem der Boulevards saß ein dicker Mann und hielt nach Piraten Ausschau. Ich erzählte ihm, daß ich Matrose sei. Tief gebräunt, mit seit Wochen nicht mehr geschnittenen Haaren, nur im groben Baumwollzeug und einem blauen Hemd mit abgeschnittenen Ärmeln, sah ich wie ein echter Pirat aus. Der Mann heuerte mich gegen sieben Dollar pro Tag für zwei Tage an.

Am frühen Morgen wurde eine Horde anderer dunkelhaariger und sonnenverbrannter Männer und ich in bequeme Lastwagen geladen und an die Küste von San Pedro gefahren, wo drei Nachahmungen alter Galeonen an der Mole festgemacht waren. Wir bestiegen die Galeonen und wurden nach der Catalina-Insel hinaus mitgeschifft. Diejenigen von uns, die nicht dunkel genug waren, wurden braun angemalt. Einige, halbnackt und in Ketten, wurden Galeerensklaven; andere, mit Schwertern, Äxten und Messern bewaffnet, wurden Piraten. Direktoren, Assistenten und Kameraleute liefen herum und gaben kurze, barsche Anweisungen. Die Stars, unter ihnen Milton Sills, kamen in Motorbooten. Der Tag begann mit dem Filmen einer Seeschlacht. Schiffe wurden gerammt, enternde Parteien flogen einander an die Gurgel, Peitschen knallten über die Rücken der Räuber, Männer wurden über Bord gestoßen, und Sklaven liefen amok. Zwischen den Szenen tranken alle Limonade und würfelten um *dime* und *quarters*. Das ging so weiter, bis die Sonne unterging. Der zweite Tag verging in ähnlicher Weise. Die Galeerensklaven, die braun angemalt worden waren, durften sich über Nacht nicht waschen.

In einer der Pausen zwischen zwei gemimten Schlachten lief ich Romaikal in die Arme, meinem früheren Schiffskameraden, der den ertrunkenen Kohlentrimmer aus der Karibischen See gefischt hatte. Es schien ihm sehr gut zu gehen. Geschicklichkeit und Ausdauer, zusammen mit seinem guten Aussehen und einer raschen Auffassungsgabe, hatten ihm zu fünf Arbeitstagen pro Woche verholfen; während dieser Zeit arbeitete er mit verschiedenen Filmgesellschaften. Inzwischen war das Filmen weiterer Seeschlachten verschoben worden, und Romaikal nahm mich zu einem Büro an der Spring Street mit, das die Rollen verteilte, und machte mich mit einem Mann bekannt, der Treckfahrer bei einem Wildwestfilm war. Ich wurde Treckfahrer. Der Lohn betrug fünf Dollar. Die Arbeit bestand darin, einen Planwagen zwischen Hunderten anderer, die in Tätigkeit waren, mit höchster Geschwindigkeit einen langen, grasbewachsenen Abhang einer Pachtfarm hinunterzufahren, die etwa zwanzig Meilen außerhalb von Hollywood lag. Zuerst hatte ich Schwierigkeiten; ich hatte nie vorher mit Pferden zu tun gehabt oder auch nur eines angefaßt. Da ich aber Hunde und Pferde liebte, war ich sehr bald imstande, das Gespann ebensogut zu führen wie mein Nachbar. Zuletzt ging ein Rad ab, und mein Wagen stürzte um. Einer der Männer am Megafon schrie begeistert: »Fein! Fein!«

Eines Abends traf ich in dem großen Schlafsaal des York-Hotels, wo ich wohnte, Virchow, einen meiner Hamburger Genossen. Er war in New York von der *Westphalia* desertiert und auf einem Schiff der Luckenbach-Linie an die Westküste gekommen. Er zeigte mir Briefe, die er von Parteimitgliedern in Deutschland bekommen hatte. Die deutschen Gerichte fabrizierten en gros Urteile gegen Kommunisten wegen Verrat, Aufruhr, Überfall, Verschwörung und Mord.

Viele waren zum Tode verurteilt worden, aber alle diese Urteile waren in lebenslängliches Zuchthaus umgewandelt worden. Unter denen, die zu Lebenslänglich verurteilt worden waren, befand sich einer meiner Freunde, der beim Sturm in Eimsbüttel dabeigewesen war, Wilhelm Willendorf, ein grobknochiger, traurig dreinschauender, furchtloser Kämpfer.

Die Wirkung, die diese Nachrichten auf mich hatten, war überwältigend. Wieder brannte mich der Haß gegen ein System, das mit kalter Überlegung die besten Söhne der Arbeiterklasse vernichtete. Ich kochte vor Wut und Scham! Drüben in Deutschland gingen die Genossen lebenslang in den Kerker, und ich war hier – und es ging mir gut, und ich freute mich an dem großen Hollywood-Humbug. Virchow kramte ein schmutziges Blatt bedruckten Papiers aus seinem Seesack hervor und übergab es mir. Erstaunt schaute ich es an. Das Papier trug den Titel *Sturm* und den Untertitel *Von Seeleuten – für Seeleute.* Es war eine Untergrundzeitung, die von der Marineabteilung der kommunistischen Partei Deutschlands gedruckt worden war. Der Inhalt war aufreizend. Er packte mich und rüttelte mich auf.

»Ich gehe zurück, um zu kämpfen«, sagte ich.

Virchow trat den Rückzug an. »Deutschland ist das lausigste und verkommenste Land der Welt«, murmelte er. »Ich werde niemals wieder zurückgehen.«

»Dann bist du ein Deserteur.«

»Und was bist du?«

»Ich gehe zurück.«

Ich verzichtete auf eine gute Möglichkeit zu einem friedlichen Leben. Ich reiste nach San Pedro und bestürmte die Kapitäne und Maate jedes Schiffes, das nach Europa fuhr. Der Kapitän des Frachters *Montpellier* von den United American Lines heuerte mich als kräftigen Seemann an. Dreißig Tage später manövrierte die *Montpellier* unter einem düsteren Nordseehimmel durch die Schleusen und machte am Sibirien-Dock in Antwerpen fest.

Ich schaute nach Mariette. Sie wohnte nicht mehr an der alten Stelle, und ich schloß daraus, daß sie in eine andere Straße umgezogen sei. So machte ich die Runde bei den Aufenthaltsorten von Banduras Bande – der *Rose of England, Monico Sam, Café Belgenland, Helgoland Bar, Susie's Paradies.* Ich fand Bandura in einer chinesischen Kneipe in Brouversvliet. Er sah so mager, hungrig und verwegen aus wie je.

»Das Mädchen Mariette ist gestorben«, sagte Bandura düster. »Sie war liebenswerter als alle Debütantinnen westlich des Rheins zusammengenommen. Wir besorgten für sie ein feines Begräbnis.«

Schweigend trank ich meinen Tee. Da begehrte Bandura auf: »Nimm die Mütze zu Ehren von Mariette ab.«

Ich nahm meine Mütze ab. Bandura erzählte mir von ihrem Begräbnis. Er und seine Helfer hatten zwei ganze Tage damit verbracht, an Bord der Schiffe Geld zu sammeln, um Mariette mit revolutionären Ehren begraben zu können. Nachts hatten sie die Parks und eine Anzahl Privatgärten durchkämmt und einen Berg frisches Grün und Frühlingsblumen mitgebracht. Sie hatten

den Sarg auf den Schultern getragen, und ein Zug von Marineagitatoren aus vielen Nationalitäten waren ihm mit roten und schwarzen Fahnen gefolgt. Bandura hatte eine Rede am offenen Grab gehalten. Die Inschrift auf dem Grabstein, so erzählte mir Bandura, hieß: MARIETTE – *sie liebte die Arbeitstiere des Meeres und half ihnen.*
»Ich bin froh, daß ihr es so gemacht habt«, sagte ich.
»Sei versichert«, sagte Bandura mit einem melancholischen Lachen, »keine ehrliche Dirne hat jemals eine aufrichtigere Trauergemeinde gehabt, und noch nie wurde eine mit größerer Würde beigesetzt.«
Ich machte einen heftigen Versuch, den Bann der Trauer zu durchbrechen, und rief nach Bier. Eine dicke junge Kellnerin mit aufgedunsenem Gesicht bediente mich. Sie stellte es auf den Tisch, und dann glitt ihr Arm plötzlich an Banduras Hals entlang und in das offene Hemd.
»Für mich auch Bier?« rief sie.
Bandura stieß sie weg. »Weg mit dir«, sagte er höhnisch, »du stinkst.«
»Wie geht es deinem Kampf?« fragte ich. Bandura lehnte sich nach vorn und antwortete mit einem prustenden Lachen:
»Gut, sehr gut. Gerade als wir Mariettes Grab zugeschaufelt hatten in Anwesenheit aller meiner Jungs, stürzte sich die Gendarmerie auf uns. Wir alle flogen ins Gefängnis für eine Nacht. Einen Tag später wurden wir deportiert, einige nach Frankreich, andere nach Holland. In der folgenden Nacht machten wir alle einen Bogen, und siehe da, wir kamen alle wieder nach Antwerpen zurück!«

Übergang zur Verschwörung

Während der drei Tage, die mein Schiff in Antwerpen blieb, verbrachte ich jede freie Stunde mit Bandura und seiner Gefolgschaft, die in den Monaten meiner Abwesenheit an Zahl stark zugenommen hatte. Jede Woche hatten Schiffe aus Helsingfors, Reval und Riga ganze Haufen von blinden Passagieren nach Antwerpen gebracht, meist politische Flüchtlinge, alle in gleicher Weise erbittert und an ein hartes Dasein gewöhnt. Unter ihnen bewegte sich Bandura wie ein ungekrönter König; er war ihr Führer, weil er lebte, wie sie lebten, arbeitete, wie sie arbeiteten, und der Fähigste von ihnen war. Er hatte jetzt Kontakte hergestellt mit politischen Unruhestiftern in den Häfen von Marseille, Bordeaux, London, Cardiff, Rotterdam, ja sogar in Oran an der nordafrikanischen Küste und in Straßburg, dem Schiffahrtszentrum am Oberrhein. Er korrespondierte und arbeitete mit den I.W.W.-Einheiten an der amerikanischen Westküste zusammen und mit Anarchistengruppen in spanischen und lateinamerikanischen Häfen.
Einer von Banduras neuen Anhängern war Ilja Weiß, ein »Aktivist« aus meinen frühen Hamburger Tagen. Weiß war der Ungar, der einem Beamten der Hamburger Hafenpolizei einen Topf Farbe ins Gesicht geschüttet hatte. Die deutsche Polizei hatte ihn nach Holland abgeschoben. In Rotterdam wurde er verhaftet, und die holländische Polizei schob ihn nach Belgien ab. Ich traf Weiß im halbdunklen Hinterzimmer einer Kneipe.

»Bist du noch Kommunist?« fragte er.
»Gewiß.«
»Schön, dann mußt du wissen, was wir über Banduras Sache beschlossen haben.«
Ich hörte zu. Weiß arbeitete eng mit meinem früheren »Chef«, dem Genossen Albert Walter in Hamburg, zusammen. Die deutsche Kommunistische Partei war nach einer kurzen Periode der Illegalität, die dem blutigen Oktober gefolgt war, wieder aufgetaucht, und Walter hatte sein Hauptquartier in der Rothesoodstraße, nahe dem Hamburger Hafen, erneut aufgeschlagen; von dort aus leitete er in allen Teilen der Welt die maritime kommunistische Propaganda der *Profintern* – der Internationalen Roten Gewerkschaften. Die Aufgabe dieser Organisation, die 1920 als eine Hilfsorganisation der Komintern gegründet worden war, bestand darin, alle existierenden Gewerkschaften zu erobern oder, wo sich das als unmöglich erweisen sollte, diese zu vernichten und kommunistische Körperschaften an ihre Stelle zu setzen.
Die Komintern hatte Ilja Weiß und andere dazu bestimmt, Banduras Organisation ihrem Gründer und Führer wegzunehmen. Mit Bandura konnte die Komintern nichts anfangen, weil er sich hartnäckig weigerte, irgendwelche Befehle entgegenzunehmen. Zweimal war bereits der Versuch gemacht worden, ihn mit einem lukrativen Posten in der Allrussischen Transport-Union in Leningrad zu bestechen, aber der Ukrainer hatte höhnisch abgelehnt.
Ich bewunderte Bandura und hatte eine ehrliche Verachtung für Ilja Weiß. Er ließ durchblicken, daß die kommunistische Parteigruppe sich das Ziel gesetzt habe, Bandura lächerlich zu machen. Sie habe deshalb das Gerücht ausgestreut, Bandura sei rauschgiftsüchtig und verwende den größten Teil des Geldes, das die Seeleute ihm gaben, dazu, mehrere Freundinnen mit großem Luxus zu umgeben. Die Vorgänge, die sich bei Mariettes Begräbnis ereignet hatten, dienten dieser Intrige als Grundlage. Ilja Weiß regte an, daß ich unter den »Aktivisten« aller Häfen verbreiten solle, Bandura sei ein Gauner und führe ein Doppelleben; er behaupte zwar, ein Vorkämpfer für das Arbeiterwohl zu sein, sein Privatleben sei aber das eines ausschweifenden Bourgeois.
»Bandura ist nichts dergleichen«, sagte ich.
»Vielleicht nicht«, entgegnete Weiß, »aber politisch handelt er unverantwortlich.«
»Warum können wir Banduras Führerschaft nicht anerkennen?«
»In einer revolutionären Krise wären wir niemals sicher, ob er nicht mit eigenen Schlagworten aus unserem Verband ausbrechen würde. Er ist verdammt unabhängig, er ist es zu sehr. Wie können wir wissen, ob er nicht von den Schiffseigentümern bezahlt wird?«
»Das ist einfach lächerlich.«
Die grünlichen Augen von Weiß wurden klein und funkelnd. »Bandura macht keinen Unterschied zwischen einer faschistischen Diktatur und einer Diktatur des Proletariats«, fuhr er fort. »Jede Regierung bedeutet in seinen Augen Tyrannei. In einem Krieg gegen die Sowjetunion würde er sich weigern, für Rußland zu kämpfen. Wir müssen uns von ihm lösen. Er ist ein getarnter Gegenrevolutionär.«
»Beweise das erst!« schrie ich ihn wütend an.
»Bandura betreibt seine Agitation auch auf sowjetischen Schiffen«, sagte

Weiß mit kaum zurückgehaltener Wut. »Er erzählt den russischen Seeleuten, daß sie ein Recht haben zu streiken, um bessere Ernährung und Bezahlung zu erhalten. Was ist das?«

Ich schwieg. Weiß fügte hinzu:

»Es ist eine Sache für sich, gegen die Kapitalisten zu streiken; aber es ist etwas völlig anderes, gegen einen sozialistischen Staat zu streiken.«

Ich war tief beunruhigt. Was Ilja Weiß mir erzählt hatte über die kommunistische Offensive, die Küsten zu kontrollieren, ließ mein Herz schneller schlagen. Zuletzt konnten wir gewinnen; die roten Fahnen der Freiheit und Gleichheit würden über den fernsten Ozeanen wehen; die Matrosen würden die Herren über ihre Schiffe sein; kostbare Ladungen würden für die Bedürfnisse der Völker transportiert werden und nicht für die Gewinne der Schiffseigentümer. Ich war entschlossen, das Meine zum Sieg des Kommunismus auf den Meeren beizutragen. Das gleiche wollte Bandura, ich wußte es ganz bestimmt, dessen Bereitschaft, sein Leben für die Sache der Arbeiter hinzugeben, außer allem Zweifel stand. Und nun kam Weiß und sagte, Bandura sei ein Feind der sozialen Revolution und gleichzeitig ein Gegner der Sowjetunion! Das war mein erster Zusammenstoß mit der unerbittlichen Intoleranz eines monolithischen Glaubensbekenntnisses gegenüber jeder persönlichen Unabhängigkeit in der Haltung wie im Denken. Es war nicht Weiß, der den Plan, Bandura zu diffamieren und zu stürzen, gehabt hatte; er führte nur Befehle aus. Er war ein Bolschewik jener osteuropäischen Schule, der nicht vor einem Mord an seinem eigenen Bruder zurückschrecken würde, wenn seine Führer ihm sagten, daß eine derartige Tat dem Sieg diene. Ohne solche Männer und diesen blinden Gehorsam konnte die Komintern nicht leben. Ich verabscheute Treulosigkeit. Ein Verräter war keine Kugel wert. Aber ich erkannte auch die schreckliche Alternative: Wenn Ilja Weiß die Wahrheit sagte, würde meine Weigerung, Bandura zu verraten, mich selbst als Verräter an der kommunistischen Sache erscheinen lassen.

Bevor die *Montpellier* Antwerpen verließ, fragte ich Bandura geradeheraus:

»Bist du für die Arbeiterherrschaft in Rußland?«

Sein hageres Gesicht zog sich zusammen, als leide es unter einem Schmerzanfall. Er holte etwas Dobbelmanntabak aus seiner seitlichen Rocktasche, drehte sich eine Zigarette und zündete sie an. Dann sagte er ruhig:

»Ich weiß, warum du das fragst. Ja, ich bin für eine freie Gesellschaft der Arbeiter, aber in Rußland haben die Arbeiter keine Macht und keine wirkliche Freiheit. Keine Partei kann den Arbeitern Freiheit geben. Denn die Freiheit müssen sie sich selbst erkämpfen.«

»Die Kommunisten sind ihre Führer in diesem Kampf«, protestierte ich.

»Die meisten Kommunisten, die ich kenne, sind feine und tapfere Leute«, sagte Bandura. »Nur ihre Führer – bah!« Mit einer verzweifelten Bewegung hob er die Arme. »Sie sind *Hammeldiebe*«, fügte er leidenschaftlich hinzu.

Mein Versuch, Banduras Ansichten zu ändern, war vergeblich. Mochte Ilja Weiß also tun, was er für richtig hielt.

Die *Montpellier* dampfte nach Hamburg. Ich hatte Angst, die Polizei würde mich wegen meiner Teilnahme am Oktoberaufstand verhaften. Aber mein Dampfer führte die Flagge der Vereinigten Staaten, eine in jedem deutschen Hafen willkommene Flagge, und die Polizei belästigte die Besatzung nicht.

Während das Schiff in Hamburg lag, heuerte ich einen arbeitslosen Deutschen an, der mich vertreten sollte; ich ging an Land, um Albert Walter Bericht zu erstatten.

Das Aussehen von Walters Büro hatte sich geändert. Es waren neue Schreibtische und neue Karteikästen da und große neue Wandkarten an den Wänden. Es gab jetzt einen großen Leseraum, der wohlausgestattet war mit kommunistischen Zeitungen in vielen Sprachen, und eine *Lenin-Bibliothek*. Im Erdgeschoß des Hauses waren ein Versammlungsraum und ein Restaurant. Das Haus war voller Seeleute und Mädchen; eine Anzahl Aktivisten waren am Werk, die Meinungen der Besucher zu formen. Offiziell war das Gebäude unter dem Namen *Internationales Hafenbüro* bekannt, der erste in einer Reihe von Matrosenklubs, die sich später über die ganze Erde ausbreiten sollten – Propagandazentren und Ausgangspunkte für die größer werdende kommunistische Macht an den Küsten.

Albert Walter, braungebrannt und massig wie immer, war von seiner Arbeit begeistert und wollte die kleinsten Einzelheiten wissen, die sich auf die Schiffahrt bezogen.

»Schreib alle Namen und Adressen auf, Verhältnisse, wie du sie in den Seemannsheimen gefunden hast, in den Seemannsmissionen, den Schiffsbüros, den Gefängnissen, und beschreibe die Methoden der Zollkontrollen in den verschiedenen Häfen und Orten, an denen du die Grenze überschritten hast, und wie du nach England gekommen bist. Vergiß nichts. Kleinigkeiten können von großem Wert sein für uns. Wir fahren jetzt mit vollen Segeln auf unser Ziel los.«

Ich schrieb den Bericht. Am gleichen Abend wurde ich zu Walters Privatquartier gerufen. Er wohnte in einer bescheidenen Dreizimmerwohnung zusammen mit seiner Mutter, einer kleinen, beweglichen Frau, deren Leben sich ganz um den energischen Sohn drehte. Außerdem waren noch Walters vertrauenswürdige Sekretärin, eine fanatische junge Blondine namens Gertrud G., und zwei Männer anwesend, die ich nie zuvor gesehen hatte.

Die beiden Männer waren Atschkanow, ein Russe, und Ryatt, ein Lette. Beide hatten von Moskau den Auftrag, als Berater Albert Walters bei den internationalen Bemühungen um eine kommunistische Beherrschung der Schiffahrt mitzuwirken. Atschkanow war ein lebendiger kleiner Mann mit einem unordentlichen grauen Haarschopf und runden ruhelosen Augen. Er war Sinowjews rechte Hand in Marineangelegenheiten. Ryatt war groß und mager, mit einem knochigen, verschlossenen Gesicht. Er war Spezialist der kommunistischen Kriegsflottenorganisation. Später, im Jahr 1931, wurde er Direktor des Paßfälscherbüros der Komintern, deren Diensträume an der Ogorodnikowa in Leningrad lagen.

»Aha, ein richtiger Matrose«, murmelte Atschkanow, als ich eintrat.

Die alte Frau Walter goß kaukasischen Wein in die Gläser, und Walter verteilte ausgezeichnete Zigarren. Atschkanow las einen Bericht von Ilja Weiß über die Fortschritte bei den Bemühungen, Banduras Organisation zu übernehmen. Er wandte sich an mich und sagte: »Es war nett von dir, gute persönliche Beziehungen zu Bandura anzuknüpfen.« Ich antwortete, daß ich eine heftige Abneigung gegen unehrenhafte Untergrundmanöver habe.

Atschkanow lächelte schwach. »Praktischer Bolschewismus bedeutet soviel wie die Kombination von legalen und illegalen Arbeitsmethoden«, sagte er.

»Du mußt verstehen, Genosse, daß strategische Manöver einen großen Platz in unseren Operationen einnehmen. Und was ist ein strategisches Manöver? Wir entfesseln eine rücksichtslose Offensive, während wir offen erklären, daß wir einen rein defensiven Kampf führen. Wir heucheln eine freundschaftliche Gesinnung einem unversöhnlichen Feind gegenüber, um ihn im günstigen Augenblick um so besser vernichten zu können. Das sind strategische Manöver.«
»Ich liebe klare Fronten«, sagte ich eigensinnig. »Wenn wir jemanden bekämpfen, weshalb nicht mit einer offenen Kriegserklärung? Die Arbeiter werden Tricks und Umwege nie verstehen. Warum müssen wir manövrieren, um einem Mann Schaden zuzufügen? Der Komintern-Kongreß gab uns die Losung: *Zur Macht durch die Gewinnung der Massen.*«
»Das ist richtig«, unterbrach Ryatt, der mit barscher, abgehackter Stimme sprach. »Wir müssen mit den Massen gehen, uns selbst auch an sie binden und niemals von den Massen isoliert handeln – *die konspirativen Aufgaben ausgenommen!*«
All das verstand ich und war auch damit einverstanden. Aber daß Bandura, der gut zu mir gewesen war, diffamiert und möglicherweise sogar vernichtet werden sollte und in so kaltblütiger Weise, erweckte in mir ein Ressentiment. Atschkanow und Ryatt, mit jener charakteristischen Ausdauer und Geduld, überredeten und diskutierten wie geschickte ältere Brüder. Sie vertrauten auf mich und brauchten mich auch offensichtlich, und es war keine schwierige Aufgabe für sie, mich ihrem Willen zu unterwerfen.
»Mehr Elastizität!« rief Atschkanow aus. »Bolschewistische Elastizität. Genosse Lenin selbst lehrte uns, daß bolschewistische Elastizität auf der Geschicklichkeit beruht, die Taktik zu ändern und alle möglichen Methoden zu gebrauchen, ohne jemals das eine und einzige Endziel aus den Augen zu verlieren.«
Für mich als noch jungen Kommunisten waren diese Männer heroische Gestalten. In Männern wie Atschkanow sah ich Idealisten, die die überwältigende Autorität der siegreichen Sowjetrevolution hinter sich hatten.
Atschkanow legte seinen Arm um meine Schultern. »Genosse Walter hat dich für ein Experiment in der internationalen Arbeit empfohlen«, sagte er. »Du bist noch jung in der Bewegung, aber du hast gute Arbeit in den Häfen geleistet und hast auf den Barrikaden gekämpft.«
Seine Freundlichkeit brachte mich etwas in Verlegenheit. »Das hat keine Bedeutung«, murmelte ich.
Albert Walter wieherte laut: »Habt ihr das gehört? Er sagt, das zählt nicht.«
»Ein Tag auf den Barrikaden«, bemerkte Ryatt, »ist soviel wert wie drei Jahre ordentlicher Parteimitgliedschaft.«
Die Instruktionen, die ich bekam, besagten zusammengefaßt folgendes:
Ich sollte meine Stellung auf der *Montpellier* behalten und an die pazifische Küste zurückkehren. Vor meiner Abreise aus Europa sollte Ilja Weiß dafür sorgen, daß ich zum Abgesandten Banduras ernannt würde, damit ich jene Gruppen in den Häfen Kaliforniens, mit denen er in Kontakt war, mit Albert Walters Netz von Hafen-Aktivisten gleichschalten könne. Ich sollte große Mengen von Propagandaliteratur mitnehmen und sie in allen Anlegehäfen verteilen. Versandadressen in San Pedro und San Franzisko wurden vereinbart für die Verschiffung von weiterem Propagandamaterial in Englisch, Spa-

nisch und Japanisch. Die spanischen Broschüren waren zur Verteilung an die Mexikaner, an die Docker in Panama und die Arbeiter in der Panamakanalzone bestimmt. Das japanische Material sollte nach Honolulu gehen und an andere Orte auf den Hawai-Inseln. Wo immer möglich, sollte ich Seeleute auf anderen Schiffen gewinnen, die mit der Sache sympathisierten und bereit waren, bei der Verteilung des Propagandamaterials mitzuwirken. Ich sollte versuchen, in jedem Anlegehafen einen Aktivisten zu finden, der zuverlässig genug war, mit Geld und Instruktionen versorgt zu werden, um Aktivisten-Brigaden nach dem Hamburger Muster zu bilden. Ich sollte Mitglied der Internationalen Seemanns-Union von Amerika werden, die damals unter der konservativen Leitung von Andrew Furuset stand, um oppositionelle Zellen in dieser Organisation zu bilden und eine militante Klassenkampfbewegung ins Leben zu rufen. Wenn möglich, sollte ich mit Leuten von der amerikanischen Küstenwache Kontakt aufnehmen, besonders mit denen, die schon in irgendwelche Schwierigkeiten geraten waren, und sollte ihre Namen und Adressen Albert Walter und Atschkanow schicken. Ich sollte durch Bestechung einen bestimmten Beamten der *American Shippowners' Association* in Los Angeles Harbor »testen«, um festzustellen, ob er bereit war, Kommunisten an Bord amerikanischer Schiffe aufzunehmen. Ich sollte auch Nahaufnahmen machen und eine detaillierte Beschreibung einer neuen Harpunierkanone liefern, die auf den Walfangschiffen der *California Sea Products Corporation* angebracht war; dann sollte ich die Verwendung von Flugzeugen in den großen Thunfischereien Südkaliforniens studieren und darüber Bericht erstatten. Schließlich wurde von mir erwartet, daß ich regelmäßige Berichte über alles einsendete, was ich über die wirtschaftliche Lage und die politische Haltung der amerikanischen Hafenarbeiter in Erfahrung bringen konnte, insbesondere über jene, die in den großen Bauindustrien und auf den Tankschiffen der *Standard Oil Company* beschäftigt waren.

Das war ein großer Auftrag. Abgesehen von den Propagandaaufgaben roch er nach GPU-Geschäften.

»Versuch nicht, alles auf einmal zu unternehmen«, riet Ryatt, »du weißt, vor dem Krieg schickten sie mich zehn Jahre ins Gefängnis. Ich lernte bald, daß ich nicht zehn Jahre lang alles auf einmal abmachen konnte. Ich verbrachte eben einen Tag nach dem anderen, und so fiel es mir leicht. So mußt du die Dinge tun.«

Albert Walter sah, daß ich mir Notizen machte. »Schreib nicht zuviel auf«, sagte er.

»Aber ich kann mir nicht alles merken.«

»Schön, aber vernichte deine Notizen.«

Es wurden mir vierzig amerikanische Dollar pro Monat zugesagt, mit denen ich meine Arbeit finanzieren sollte. Walter zahlte das erste Drei-Monate-Budget in neuen amerikanischen Noten aus und trug die Summe, die er mir gab, in ein dünnes Notizbuch ein. Walter fügte hinzu:

»Und hab keine Angst, daß du in dieser Wildnis da draußen allein bist. Wir haben eine große Anzahl Genossen wie dich an Bord der Schiffe, die auf dem gleichen Gebiet tätig sind.«

Bald waren alle Einzelheiten festgelegt. Wie üblich wurde mir nicht erlaubt, Albert Walters Wohnung vor Ryatt und Atschkanow zu verlassen, die sich illegal im Lande aufhielten. Ryatt schüttelte mir mit großem Ernst die Hand.

Atschkanow strahlte. Er hätte mich beinahe umarmt. »Mach deine Sache gut«, sagte er in fließendem Deutsch mit slawischem Akzent.
Als sie gegangen waren, machte Walter alle Fenster auf. Er war in Hemdsärmeln. Sein schwerer Körper schwitzte. Die Haut seiner Arme und seiner Brust hatte die Farbe von altem Teakholz. Gertrud G., seine Sekretärin, machte sich zum Diktat bereit. »Das Leben ist doch eine fröhliche Sache«, brummte Walter. Gertrud lächelte zum erstenmal an diesem Abend.
Die alte Frau Walter, die wie ein treuer Hausgeist herumlief, hatte den Tisch abgeräumt. »Kind«, sagte sie plötzlich zu ihrem großen Sohn, »es ist elf Uhr. Du mußt ins Bett gehen.«
Er erhob sich und gab ihr einen schallenden Kuß.
»Ich möchte gehen, Genosse Walter«, sagte ich.
»Mach's gut«, gab er zur Antwort, »und ich werde dir durch dick und dünn beistehen.«
Die Nacht war klar, ein warmer Wind blies von West. Ich schlenderte zum Hafen und hatte plötzlich das Bedürfnis zu singen. Auch mein Blut sang.
Die Nacht, bevor die *Montpellier* aus Hamburg auslief, war eine richtige Nacht für heimliche Dinge. Ich machte freiwillig Fallreepwache. Die ganze Besatzung war an Land, um in den letzten Stunden mit den Schönen auf der Reeperbahn zu tanzen. Selbst der Kapitän hatte sich mit zwei Mädchen, einer gehörigen Menge Wein und einem guten Abendessen eingeschlossen und die Vorhänge seines Kabinenfensters zugezogen. Inzwischen arbeiteten Albert Walters Kontaktmänner geräuschlos auf allen Touren.
Große, schwere Pappkoffer wurden an Bord geschmuggelt. Die schwarzen Anfangsbuchstaben auf ihrer Außenseite bezeichneten die Sprache, in der die Literatur, die sie enthielten, gedruckt war. Und in später Nachtstunde kam ein heimlicher Besucher, ein Mann, den ich zuallerletzt zu sehen erwartet hätte. Es war Hugo Marx, der Hamburger *Hans Dampf in allen Gassen* der GPU.
»Ich bringe dir einen Freund«, sagte er. »Er muß ungefährdet nach Kanada hinüber. Du mußt für ihn einen Platz als blinder Passagier finden.«
Ich hatte zwar schon reichlich Aufträge auszuführen, aber mit einem blinden Passagier hatte man mich bisher noch nicht belästigt.
»Genosse Walter gab mir keine Instruktionen darüber«, sagte ich. »Gib ihn auf ein anderes Schiff.«
»Nein. Er muß mit dir fahren«, sagte Hugo Marx aufbrausend.
»Wer schickt ihn?«
Bösartig fuhr der GPU-Mann auf mich los: »Was interessierst du dich für Informationen, die dich nichts angehen?« Meine Impulsivität hatte mir jetzt einen Streich gespielt.
»Genosse Ryatt möchte, daß sein Freund auf deinem Schiff fährt«, sagte Marx in einem etwas versöhnlicheren Ton.
Jetzt war die Sache klar. Ich hatte den Verdacht gehabt, daß der Neuankömmling eher einer von jenen illegalen Emigranten sein könnte, der der Partei einige Dollar für die Überfahrt bezahlte. Jetzt wußte ich, daß das nicht der Fall war. Er war Kommunist und ging hinaus auf Parteiarbeit. Ich war nicht befugt, weitere Fragen zu stellen.
Hugo Marx warf mir einen schnellen Blick zu, lächelte kalt und ging. Der Neuankömmling sprach mich in ausgezeichnetem Englisch an: »Hast du et-

was zu essen? Ich war heute in fürchterlicher Eile und habe Hunger wie ein Wolf.« Es war zu dunkel an Deck, um seine Gesichtszüge erkennen zu können, aber ich sah, daß der Fremde einen gut gewachsenen Körper und breite Schultern hatte. Er war von mittlerer Größe und noch jung. Als ich ihn zum Messeraum der Matrosen führte, der auf der Rückseite des Bootsdecks lag, trat ein Mädchen aus dem Schatten und gesellte sich zu uns.

»Wer ist das?«

»Meine Freundin«, sagte der Neuangekommene.

»Geht sie auch mit nach Kanada?« fragte ich betroffen.

»O nein«, war die Antwort.

Wir hatten Kaffee, Brot und kaltes Fleisch im Messeraum. Beinahe das erste, was ich feststellte, war, daß der Neuangekommene ein Kommunist von außergewöhnlichem Format war. Er hieß Michael Avatin und war Lette. Früher war er Schiffahrtsagitator der Kommunistischen Partei in Riga gewesen. Er war in Rußland geschult und hatte für die Komintern in England gearbeitet. Er nannte sich Lambert und hatte einen guten englischen Paß, der auf diesen Namen lautete und den er sicherheitshalber für die Dauer der Reise bei mir deponierte. Offensichtlich kam er nicht aus proletarischen Verhältnissen; ich hatte den Eindruck, daß er aus einer Offiziersfamilie stamme oder selbst Kadett, vielleicht auch Seeoffizier gewesen sei. Er strahlte ein ruhiges Selbstvertrauen aus. Von Schiffen verstand er etwas. Seine Bewegungen waren schnell, seine Erscheinung recht elegant, das Gesicht glatt, markant und wettergebräunt, das Haar hell und seidig. Seine Augen zeigten ein ruhiges Grau, aber sie hatten, wie die Nase, einen undefinierbaren asiatischen Ausdruck. Der Mund war schmal und hart. Er und Bandura waren so verschieden, wie zwei revolutionäre Aktivisten untereinander nur verschieden sein können. Ich mochte ihn sofort gern, und ihm ging es, fühlte ich, ebenso wie mir. In Michael Avatin begegnete ich einer der ungewöhnlichsten Gestalten des unterirdischen *Apparats* der Komintern.

Das Mädchen war noch sehr jung, kaum mehr als neunzehn. Sie war klein, gut gewachsen und hatte kein schönes, aber ein hochintelligentes Gesicht. Sie war eine Jüdin aus Warschau. Michael Avatin nannte sie Malka. Sie hatten sich ein Jahr zuvor in einer Parteischule in Moskau kennengelernt und ineinander verliebt.

Ich fand ein gutes Versteck für Avatin. Vom Spardeck der *Montpellier* öffnete sich eine hölzerne Luke senkrecht in den Laderaum Nummer drei. Weder im Hafen noch auf See wurde diese Luke je benützt. Ich versorgte Avatin mit einer Decke und einer Kanne Wasser und richtete es ein, daß ihm nachts zu einer bestimmten Stunde durch einen Luftschacht eine Packung mit Lebensmitteln hinabgelassen werden konnte. Das war zweckmäßig, weil ich während der Wache von zwölf bis vier Dienst hatte. Die Fracht im Laderaum drei bestand aus englischen Textilien, Steingut und Schuhen; sie waren in Kisten verpackt, und wir ordneten alles so an, daß eine bequeme Höhle unter der Wasserlinie entstand. Bevor er in sein Versteck schlüpfte, sagte Avatin zu mir:

»Ich will von Malka Abschied nehmen. Wer weiß, vielleicht ist es das letzte Mal.«

Die Kabine des dritten Maats war leer. Dieser hatte vor zwei Tagen eine Auseinandersetzung mit dem Ersten Offizier der *Montpellier* gehabt, einem prächtigen Raufbold, und war infolgedessen desertiert. In der Kabine des Deserteurs konnten Michael und Malka sich noch einmal umarmen, während ich draußen aufpaßte. Dann schlüpfte Malka heraus, winkte mit der Hand auf Wiedersehen und eilte an Land. Die Dunkelheit zwischen den Kranen und Lagerschuppen nahm sie auf. Etwas später kam Avatin an Deck.

»Ich bin bereit«, sagte er.

Die *Montpellier* brauchte zwanzig Tage, um von der Nordsee nach Panama zu dampfen, und zwölf von Panama nach San Pedro in Südkalifornien. Ich las viel während der Reise. Der Buchhändler des Hamburger Hafenbüros hatte mich mit vielen Büchern und Broschüren versorgt.

Während wir den Nordatlantik überquerten, pflegte ich während meiner Wachen unter Deck nachts in den Laderaum drei zu kriechen, um Michael Avatin kurze Besuche zu machen. Einmal erzählte er mir, er habe ein dreieckiges Kratzeisen gefunden und damit drei Kisten aufgebrochen, um den Inhalt auszukundschaften. Die eine enthielt Schuhe, und Avatin hatte ein Paar gefunden, das ihm paßte. Die zweite enthielt kunstseidene Strümpfe, die dritte Spielzeug. Von nun an amüsierte er sich damit, Damenstrümpfe in Oxfordschuhe hineinzustopfen. Dann sortierte er alle linken Schuhe aus und packte sie in die Kiste, die ursprünglich nur Strümpfe enthielt. Dann verschloß er beide Kisten wieder sorgfältig.

»Zwei unbekannte Händler sind fällig für einen Alptraum«, bemerkte er und fügte hinzu: »Das Spielzeug rührte ich nicht an. Spielzeug ist für die Kinder.«

Bisweilen führten wir kurze Gespräche. Michael Avatin reiste nach Vancouver. Von sich aus gab er mir keine Information über seine Aufgabe dort, und ich stellte keine Fragen. Hugo Marx' ominöses »Warum interessierst du dich für Informationen, die dich nichts angehen?« war mir noch lebhaft in Erinnerung. Es war das Grundgesetz aller konspirativen Tätigkeit, daß keiner mehr über die Geheimnisse seiner Organisation wissen durfte, als für ihn notwendig war, um seine besondere Aufgabe zu erfüllen.

Eines Morgens, zwölf Tage nachdem wir von Hamburg fort waren, kündigte ein Ingenieur, daß ein blinder Passagier an Bord der *Montpellier* entdeckt worden sei. Ich rannte an Deck. Dort, im glänzenden Sonnenlicht, die Hände in den Taschen, stand Michael Avatin. Als er mich sah, tat er, als kenne er mich nicht. Offensichtlich waren vor Tagesanbruch zwei Mitglieder der Heizraumbesatzung in den Laderaum drei eingedrungen, etwas zu stehlen. Als sie kamen, kroch Avatin in die hinterste Ecke des Laderaums. Aber die Eindringlinge arbeiteten mit Blendlaternen und fingen an, ein paar Kisten aufzubrechen. Entweder war das Licht an Deck bemerkt worden, oder man hatte das Geräusch des Hämmerns und des splitternden Holzes gehört. Offiziere schauten nach. Die Diebe flohen rechtzeitig, aber Michel Avatin wurde entdeckt.

Er zeigte keinerlei Unruhe deswegen. Es wurde ihm eine kleine Beschäftigung im Matrosenlogis zugewiesen, und er mußte mit den Leuten an Deck arbeiten. Aber als die *Montpellier* in den Panamakanal einlief, wurden Avatin Handschellen angelegt, und er wurde in einen kleinen Vorratsraum neben der Kabine des Obermaats eingeschlossen. Kanalbeamte kamen an Bord und verhörten ihn. Ich war so nervös, daß ich kaum mit den Gedanken bei meiner Arbeit bleiben konnte, das war die Verteilung meiner spanischen

Propagandaschriften. Ich legte einen Meißel, einen Hammer und eine Feueraxt zurecht und dachte über die Möglichkeiten nach, meinen Genossen zu befreien. Als der Dampfer in die Schleusen von Gatun einfuhr, fand ich einen unbewachten Augenblick, in dem ich mit Avatin durch die kleine Öffnung in der Türe des Gefängnisses sprechen konnte.

»Ich kann dir eine Axt geben, damit du die Tür einschlagen kannst«, sagte ich. »Ich mache dir ein Floß. Du kannst über Bord springen und an Land paddeln.«

Michael Avatin schüttelte den Kopf. »Ich habe in Panama nichts zu tun«, gab er zur Antwort. »Ich gehe nach Vancouver.«

»Das ist dann immer das gleiche. Sie werden dich in jedem Hafen einschließen.«

»Sei ohne Sorge. Ich komme schon heraus, wenn ich heraus will.«

»Willst du keine Axt?« fragte ich.

»Nein. Aber du kannst mir etwas Tabak geben.«

»Gut.«

»Und vergiß nicht«, sagte Avatin leise: »Ich kenne dich nicht, und du kennst mich nicht. Verstanden?«

»Verstanden.«

Als wir auf der pazifischen Seite wieder auf hoher See waren, wurde Avatin freigelassen und mußte wieder arbeiten. Wir vermieden es, miteinander zu sprechen, es sei denn nachts und an abgelegenen Stellen. Ich pflegte die Bekanntschaft mit unserem Funkgast Sparks, um zu erfahren, was mit dem blinden Passagier geschehen würde, wenn das Schiff amerikanische Häfen anlief. Ich fürchtete, er werde ins Gefängnis kommen. Aber ich war bald beruhigt. Es war üblich, die blinden Passagiere in jedem amerikanischen Anlegehafen zu fesseln, um sie dann im ersten besten europäischen Hafen an Land zu schaffen. Anlegehäfen waren San Pedro, San Franzisko, Portland, Seattle und Vancouver. Avatin beschloß, in den amerikanischen Häfen ruhig an Bord zu bleiben, aber in Vancouver einen Vorstoß in die Freiheit zu machen, nachdem er die Offiziere der *Montpellier* davon überzeugt hatte, daß er ein friedfertiger und gelehriger Einzelgänger sei. Er hatte dem Kapitän einen falschen Namen angegeben und hatte keinerlei Angst vor den Fragen, die ihm von seiten der amerikanischen Einwanderungsbeamten bevorstanden.

Einer der Schiffsöler, ein Hawaianer, machte einen Nachschlüssel zu Avatins Gefängniszelle nach einem Wachsabdruck, den der Lette vom Schloß hatte machen können. Alles, was Michel Avatin außer dem Nachschlüssel noch brauchte, war eine gute Feile, mit der er die Fesseln durchsägen konnte, wenn der Augenblick zur Flucht gekommen war. Inzwischen gewann er sich bei der Besatzung fast jeden zum Freund, was nicht schwierig war, da die Seeleute einen natürlichen Respekt vor jedem haben, der sich auf dem Schiff als williger und brauchbarer Arbeiter erweist. Außerdem war Avatin ein geschickter Barbier, ein Beruf, den er in einem lettischen Gefängnis gelernt hatte. Unter denen, die seine Kenntnisse in Anspruch nahmen, befand sich sogar der Kapitän der *Montpellier*. Als der Dampfer im Außenhafen von San Pedro Anker warf, um die Ankunft der Zoll- und Einwanderungsbehörden abzuwarten, wurde Avatin wieder eingesperrt, aber diesmal wurden ihm keine Handschellen mehr angelegt.

Drei Tage lang löschte die *Montpellier* einen Teil ihrer Ladung in San Pedro.

Ich traf mit einigen Schiffahrtsdelegierten der I.W.W. zusammen und versuchte, sie von der Notwendigkeit des Aufbaus einer internationalen revolutionären Organisation der Docker zu überzeugen. Ich argumentierte: »Die Seefahrt ist international, und ihre Herren können nur durch internationale Streiks getroffen werden. Was aber nützen Streiks auf amerikanischen Schiffen und in amerikanischen Häfen, wenn drei Viertel der amerikanischen Handelsmarine in See ist oder in fremden Häfen liegt? Ein wirksamer Streik fordert die Stillegung der amerikanischen Schiffahrt auf der ganzen Welt, und um das zu erreichen, ist es unbedingt notwendig, eine internationale Kampforganisation der Seeleute zu haben. Das gleiche gilt für die Schiffahrt der anderen Nationen.« Die *Wobblies* gaben zu, daß mein Argument richtig sei. »Gut«, fuhr ich fort, »die Grundlagen für eine solche internationale Organisation sind geschaffen, das Hauptquartier ist in Hamburg, und reisende Organisatoren sind auf der ganzen Welt an der Arbeit, um diese Gedanken zu verbreiten und die Hilfe radikaler Seemannsgruppen in allen wichtigen Häfen zu gewinnen.«
Ich verriet nicht, daß diese Kampagne von Moskau und der Komintern ausging und unterstützt wurde. Das war nicht notwendig. Sobald sich in größerem Umfang einzelne Gruppen dem Plan angeschlossen hatten, würden die kommunistischen Einheiten dafür sorgen, daß sie alle Schlüsselpositionen unter kommunistische Kontrolle brachten. Wesentlich für den Erfolg des Planes war das Eindringen von Anhängern des *Hamburger Programms* in die konservative *International Seamen's Union of America.*
Um sechs Uhr morgens, eine Stunde bevor die reguläre Arbeit auf dem Schiff begann, war ich bereits wieder auf den Beinen, verteilte Flugblätter und Broschüren unter den mehreren tausend Hafenarbeitern, die in einem langen Schuppen am Wasser versammelt waren, wo die Packermeister ihre Leute für den Tag anwarben. Den Rest meiner spanischen Literatur verteilte ich in der Landstreicher-Kolonie *Glückliches Tal,* in der die meisten der mexikanischen Hafenarbeiter lebten. So fanden an jedem der drei Morgen rund zweitausend Stück von Atschkanows Propagandaschriften den Weg in die Hände und – wie ich hoffte – auch in die Gehirne der Werft- und Hafenarbeiter im Hafen von Los Angeles. Es war klar, daß die Propagandawelle bald von einer festen Organisation abgelöst werden konnte, wenn diese Arbeit nur einmal in der Woche durch Beauftragte verschiedener Schiffe geleistet wurde. Reguläre kommunistische Parteigruppen gab es unter den Hafenarbeitern der Westküste im Jahre 1924 praktisch noch nicht.
Die *Montpellier* verließ San Pedro und dampfte nach San Franzisko. Auch hier hatte Michael Avatin nichts einzuwenden, daß man ihn einsperrte und daß er von den Einwanderungsbehörden verhört wurde. Ich musterte in San Franzisko ab. Mein Abschied von Michael Avatin war kurz. Ich äußerte Besorgnisse hinsichtlich seiner Voraussage. Er antwortete mit hartgesottenem Humor: »Das Britische Empire ist mein Schoßkind. Wenn es eines Tages zugrunde geht, so werde ich von Moskau einen Orden bekommen. Bis dahin: Bleibe im Angriff und zittere nicht.« Ich gab ihm seinen englischen Paß zurück und ging meiner Wege.
»Grüß meine Freundin Malka, wenn du sie siehst«, waren Avatins Abschiedsworte.
Seit jenem nebligen Morgen in San Franzisko hat Michael Avatin meinen Weg

oft gekreuzt. Aber weder er noch ich haben jemals Malka Stifter wiedergesehen. Ihre Geschichte ist eine der unzähligen Tragödien, die die Wege der Kampagnen der Komintern säumen.

Jahrelang zog Avatin auf mehr oder weniger wichtigen geheimen Missionen durch große Teile des Britischen Empire, bis er 1929 in London durch Agenten von Scotland Yard gefaßt wurde. Mit Hilfe der GPU entkam er und trat dann zur Auslandsabteilung der GPU über. Inzwischen war Malka mit Aufträgen in verschiedenen Ländern Osteuropas beschäftigt. Ohne Zögern opferte sie ihre Jugend und ihre Liebe der Sache. In der Komintern gelangte sie zu Ansehen, weil sie ein natürliches Talent für die gefährliche »Desintegrierungs«-Arbeit beim Militär und bei der Polizei hatte. Sie arbeitete in den baltischen Ländern, in Jugoslawien – dem Friedhof der Bolschewiki – und in Polen. Die starken Positionen, welche die Komintern in der polnischen Armee hatte, sind weitgehend das Ergebnis von Malkas unermüdlichen Anstrengungen. Die späteren Aufstände von 1931 in Skiernivice, Lodz und Nowa-Vileiko waren zum Teil Malkas vorbereitender Arbeit zu verdanken. Schließlich wurde sie von der polnischen politischen Polizei verhaftet. In Verletzung der Parteibefehle machte Avatin einen gefährlichen Vorstoß nach Polen, um einen Weg zu finden, seine Freundin zu befreien. Es gelang ihm nicht. Berichte über die Behandlung, die Malka durch den Polizeiinspektor Zaremba im Gefängnis von Lwow zu erdulden hatte, entfachten in Michael Avatin jenen monumentalen Haß auf alle Polizeileute und Polizeispitzel, der ihn später zum unbarmherzigen berufsmäßigen Spionenjäger und Spionenmörder machte. Viele Wochen der Folterungen genügten nicht, um aus Malka die Namen der Kommunisten herauszuholen, die in der polnischen Militärarbeit tätig waren. Aber zu guter Letzt brachen sie doch ihren Widerstand. Im Gefängnisspital gab sie die Namen ihrer Genossen bekannt, nachdem Polizeiinspektor Zaremba, ein sadistischer Unhold, ihr zweimal heißes Eisen in den Unterleib eingeführt hatte. Diese Scheußlichkeiten geschahen gegen Ende Dezember 1930 und wurden in der zweiten Januarwoche 1931 wiederholt. Aus Lwow entlassene Kommunisten brachten den Bericht nach Berlin. Georgi Dimitroff, damals Leiter des Berliner Büros, hielt Malka für eine Verräterin. Aber Avatin hielt ihr Andenken hoch.

Angriff auf den Pazifik

Mit dem Eifer eines Kreuzritters widmete ich mich dem Beruf eines Untergrundagenten an der pazifischen Küste.

Eine Woche lang sammelte ich Informationen über den Küstenwachdienst. Immer wieder ging ich zum Pier der Küstenwache am Ende des *Embarcadero* und knüpfte Bekanntschaften an mit Matrosen, deren Kutter nach ihrer Rückkehr von der Seepatrouille hier vertäut wurden. Ich studierte die Bedingungen, die an eine Aufnahme in diesen Dienst gestellt wurden, und folgte den Männern, wenn sie Landurlaub hatten, um alles nur mögliche über die Orte zu erfahren, die sie besuchten. In später Nachtstunde pflegte ich mich dann an Bord der Kutter zu schleichen und Propagandaschriften so hinzulegen, daß die Besatzung sie am anderen Morgen finden mußte. Am Ende der Woche ging ich, um das Bild abzurunden, zur Küstenwachstation und stellte den Antrag auf ein offizielles Rettungsboot-Zeugnis. Zwei Küstenwachkapitäne unterwarfen mich auf der Stelle einer strengen Prüfung. Mit anderen Bewerbern zusammen wurde ein Rettungsboot bemannt, und wir fuhren zu einer seemännischen Prüfung in die Bucht hinaus. Einer der Offiziere, Kapitän Anderson, ein rauher alter Seebär, schrie Kommandos zu Manövern, die er ausgeführt haben wollte. Als das vorüber war, übernahm der zweite Kapitän, der den Namen Patricius trug, den theoretischen Teil der Prüfung. Von den acht anwesenden Bewerbern war ich der einzige, der die Prüfung bestand. Ich erhielt ein Dokument, das von Kapitän Patricius unterzeichnet war und mir bescheinigte, daß ich jetzt ein staatlich geprüfter Rettungsbootsmann war. Mit diesem Papier in der Tasche fühlte ich mich sicherer. In jener Nacht schrieb ich einen Bericht an Albert Walter mit Einzelheiten, die ich über die Möglichkeiten einer kommunistischen Durchdringung des Küstenwachdienstes gesammelt hatte.

In den nächsten fünf Monaten durchstreifte ich die Westküste von Puget Sound bis San Diego. Selten blieb ich länger als eine Woche an einem Ort. Jeder Dampfer der Rolandlinie brachte Ladungen von Propagandaliteratur aus Hamburg, und ich verteilte sorgfältig jedes Stück. Auch scheute ich nicht davor zurück, unwichtige Häfen, wie Santa Barbara, Eureka oder Newport, Oregon, aufzusuchen. Geld kam nicht; Albert Walter beklagte sich in seinen Briefen über die schweren finanziellen Verpflichtungen, die er an anderen Orten hatte. Ich reiste viele tausend Meilen in diesen Monaten, aber meine Reisespesen waren beinahe gleich Null. Die Küstenschiffe, auf denen ich fuhr, um von einem Hafen in den anderen zu kommen, waren die Bauholzfrachter *Robert Johnson* und *Grays Harbor*, die Frachter *Admiral Sebree* und der Passagierdampfer *Dorothy Alexander*. Oft reiste ich als blinder Passagier, hauptsächlich auf der *Yale* und der *Harvard*, die die schnellsten Schiffe an der Küste waren.

Während dieser Monate war ich nie im Wirtshaus, hatte nie einen richtigen Ruhetag und ging nie mit einem Mädchen aus. Ich lebte nur für die Sache. Aber zeitweise war ich schrecklich einsam. Ich erinnere mich an eine Nacht, als ich auf einem Holzstoß im Hafen von Tacoma saß, zusammengebrochen und bereit, aufzugeben und zu desertieren. »Das Leben«, dachte ich, »könnte so hübsch sein, so leicht, wenn ich nur für mich selbst zu sorgen hätte; ich könnte einen Handel lernen, ein Geschäft gründen, einen großen neuen Wagen haben und eine schöne Wohnung, und das Leben wäre samtweich und süß!« Einen Augenblick später wurde ich so wütend über meine bürgerlichen Gedanken, daß ich ein Stück Holz vom Boden raffte und es mir über den Kopf schlug.

Albert Walter, Atschkanow und Ryatt hatten allen Grund, mit mir zufrieden zu sein. Gegen Ende November hatte ich das Hamburger Büro in Kontakt gebracht mit kleinen, aber recht stabilen Aktivisten-Gruppen in Seattle, Grays Harbor, Portland, Astoria, San Franzisko und San Pedro. Ich beschloß nun, in Hawai einzudringen.

In Hamburg war mir der Name eines Beamten der *American Shipowners' Association* genannt worden, der nach dem Bericht eines von Albert Walters Agenten als bestechlich galt. Dieser Beamte würde, so hatten wir einigen

Grund zu glauben, jeden Mann auf jedem gewünschten Schiff für eine Gebühr von zehn Dollar befördern, ohne daß irgendwelche Fragen gestellt würden. Es war wichtig, einen solchen Mann an der Hand zu haben, und es war ebenso wichtig, ihn ahnungslos zu lassen; denn er durfte nicht wissen, daß sich durch seine Hilfe kommunistische Agitatoren in den strategisch wichtigen Schiffahrtslinien festsetzen konnten. Albert Walter und Atschkanow hatten von mir verlangt, daß ich diesen Spuren folge und es auf einen praktischen Versuch ankommen lasse.

Es war sehr einfach. Ich ging nach San Pedro und fragte nach Mr. X., einem großen, hübschen, gefällig aussehenden jungen Mann in den Diensträumen der *Shipowners' Association*. Ich hatte zwei Tage gearbeitet, um ein kleines Segelschiffsmodell in einer Flasche anzufertigen, und überreichte es ihm. Er war erfreut. Am anderen Morgen schrieb ich ihm ein paar Worte: *Bitte besorgen Sie mir ein Schiff nach Honolulu.* In den Briefumschlag legte ich zehn Dollar mit ein und legte ihn auf seinen Schreibtisch. Bevor die Woche um war, wurde ich aufgerufen wegen einer Stellung als Matrose an Bord der *Calawaii*, eines Luxusdampfers der *Los Angeles Steamship Company*. Als ich vom ersten Offizier gefragt wurde, ob ich amerikanischer Bürger sei, sagte ich: »Ja.« Ich wurde ohne weitere Formalitäten angenommen.

Die *Calawaii* war von vorn bis hinten mit tropischem Weiß bemalt; sie war ein reguläres Schiff des hawaiischen Seehandels. Im Laufe seiner jeweils drei Wochen dauernden Rundreisen blieb der Dampfer eine Woche in den Inselgewässern mit Honolulu und Hilo als hauptsächlichen Anlegehäfen. Unmittelbar bevor das Schiff auslief, verbrachte ich eine hektische Nacht mit dem Anbordschmuggeln meines vergrößerten Vorrats an Handkoffern und großen Paketen voll Propagandaliteratur in japanischer Sprache.

Die Überfahrt nach Honolulu war balsamisch. Das milde, warme, von Felsen eingerahmte Gesicht von Molokai und Diamond Head, das seine schimmernde Nase in die saphirische See tauchte, schien bei dem Gedanken, daß jemals eine Revolution diese Küsten berühren könnte, heiter zu lachen. Die weißen Brecher, die über purpurrote Kliffe schäumten, die dahingleitenden Seemöwen und das saftige Grün der Hügel höhnten den Proselyten Lenins mit fröhlichem Spott; sie ließen mich an friedlich vor sich hin summende Fischer denken, an üppige braune Mädchen mit verführerischen Hüften und an Kapitän Cook. Dunkelfarbige Halbwüchsige tauchten im Hafen nach Geldstücken, und auf der Mole schleuderten einem die dicken braunen Musiker der *Royal Hawaiian Band* ein musikalisches Willkommen entgegen. Aber hinter der Menge der elegant angezogenen Leute mit den leuchtenden Augen und den flammenfarbigen *leis* um den Nacken sah ich das, was ich gesucht hatte: hie und da mongolische Gesichter über fadenscheinigem Baumwollzeug und ärmellosen Hemden. Das Proletariat! Da waren die Leute, die ich suchte.

Vierzig Prozent der Bevölkerung von Honolulu schienen Japaner zu sein; Filipinos, Chinesen und Portugiesen bildeten die nächststärkste Gruppe. Die meisten Chinesen waren Händler und Kaufleute. Die eigentliche Arbeiterklasse von Honolulu setzte sich aus Portugiesen, Hawaiianern und Japanern zusammen, mit einem Schuß Negerblut auf der portugiesischen Seite, während das Plantagenproletariat der Insel meist aus Filipinos bestand. Entgegen der Praxis der Komintern in anderen »halbkolonialen« Ländern durfte in Hawaii kein nationalistisches Schlagwort gebraucht werden, da hier jede

Rasse einer Mehrheit anderer Rassen gegenübersteht. Überdies sind in den Straßen von Honolulu Worte wie *Mischling* oder *Halbblut* tabu. Alles, was ich damals sah, hörte und las über die rassischen und sozialen Zustände auf den hawaiischen Inseln, referierte ich in einem weitschweifigen, dreißigseitigen Bericht, den ich nach Hamburg sandte. Fünf Jahre später, 1930, sah ich diesen Bericht in Moskau, im Büro Losowskis – sein richtiger Name ist S. A. Dridzo –, des Chefs der internationalen Propaganda- und Aktionsausschüsse der Profintern. Mit Rotstift stand da: *Sehr interessant.* Und ein Satz, der besagte, daß spanische, portugiesische, chinesische, japanische und englische Propagandaliteratur in Honolulu gleichzeitig verteilt werden sollte, war ebenfalls dick rot unterstrichen.

Auf dieser ersten Reise verteilte ich nur Flugblätter und Broschüren in japanischer Sprache. Ich sorgte dafür, daß die Molen von Honolulu und Hilo tagelang damit übersät waren. In Bündeln zu fünfzig und mehr gab ich sie in den Eisdielen, den Aufenthaltsräumen und den zahlreichen japanischen *Massage-Salons* an den Häfen ab, die Massage-Salons dienten den Armen als Ersatz für Bordelle. Ich blieb an Bord der *Calawaii* und kehrte mit ihr nach San Pedro zurück, um dort außer dem japanischen auch alles spanische und englische Propagandamaterial, das ich bekommen konnte, auszuladen.

Während meiner zweiten Fahrt zu den Inseln ging ich an Bord jedes Schiffes, das im Hafen von Honolulu lag, einschließlich der kleinen Küstendampfer; darunter waren zwei japanische Schiffe und das auf Rahen getakelte Segelschiff *Tusitala* von New York. Von den Offizieren verschiedener Dampfer der Matson-Linie und der *Dollar Steamship Company* wurde ich hinausgeworfen, aber ich fand vielversprechende junge Sympathisierende an Bord der Dampfer *City of Los Angeles* und *Molokai* und an Bord der *Tusitala.* Ihre Namen sandte ich nach Hamburg, damit die Aktivisten in anderen Häfen benachrichtigt werden konnten, um die Arbeit zur Bildung kommunistischer Zellen auf diesen Schiffen fortzusetzen. In Hilo mietete ich mir ein Taxi für eine sechsstündige Fahrt durch die Zucker- und Ananasplantagen. Sobald ich irgendwelche Filipinos bei der Arbeit sah, rief ich, um ihre Aufmerksamkeit zu erregen, und warf dann Hände voll spanischer Flugblätter aus dem Wagen. Ein Mann mit einem martialischen rotblonden Schnurrbart nahm mit einem klapprigen Ford die Verfolgung auf. Er forderte mich auf, das Land zu verlassen, andernfalls wollte er mich ins Gefängnis werfen lassen. Der Taxifahrer entschuldigte sich in den höchsten Tönen. Wir fuhren nach Hilo zurück. Ich glaube, dies war das erste Mal in der Geschichte, daß der Ruf *Arbeiter aller Länder, vereinigt euch!* bis zu den Plantagenkulis von Hawaii gelangte.

Meine dritte Reise zwischen Kalifornien und Honolulu gab mir die seltene Gelegenheit, den persönlichen Kontakt mit einer großen Zahl von Filipino-Arbeitern aufzunehmen. Als wir im Hafen von Los Angeles waren, stellte ich fest, daß Hunderte von Schlafstellen aus rohem Holz in drei Reihen übereinander in die Zwischendecks der *Calawaii* eingebaut wurden. Als ich nach dem Zweck dieser Massenquartiere fragte, antwortete der Bootsmann: »Sklaventransport.« Wir sollten eine große Sendung Plantagenarbeiter, die vor wenigen Tagen aus Luzon hier angekommen waren, nach Honolulu übersetzen.

Auf dem Meer durften die Filipinos nicht an Deck kommen. Die Tatsache, daß die wohlgenährten Herren und eleganten Frauen der ersten und zweiten Klasse an Deck promenierten, spielten, tanzten und flirteten, während eine Vielzahl dunkelhäutiger Arbeiter in der überfüllten, übelriechenden Dunkelheit des Zwischendecks kampieren mußte, erregte meinen Zorn und spornte mich zu heftiger Aktivität. Ich verbrachte mehr Zeit unter den Filipinos als auf Deck in der Back. Diese Söhne aus dem *Land der Siebentausend Inseln* mochten bei dem selbstzufriedenen Außenstehenden den Anschein einer blöden und einförmigen Masse von Sklaven erwecken, aber je mehr ich in diese Masse eindrang und versuchte, ein Teil von ihr zu werden, um so mehr merkte ich, daß diese Männer, die mit Reis gefüttert und wie Vieh behandelt wurden, Menschen wie wir alle waren, mit Hoffnungen, Träumen, Plänen. Sie liebten ihre Heimat, und viele von ihnen waren auch fähig, ihrem Willen nach nationaler Unabhängigkeit Ausdruck zu verleihen. Die gute Hälfte von ihnen konnte lesen, und rund ein Viertel konnte Englisch sprechen und verstehen. Die kommunistische Doktrin, die bei den unterdrückten Völkern die Schlagworte des Klassenkampfes mit dem Kampf um die nationale Befreiung verbindet, fiel hier, sobald sie in die einfachste Form gebracht wurde, auf fruchtbaren Boden. Meine Filipino-Zuhörer waren sichtlich beeindruckt, als ich ihnen den Grundsatz erläuterte, daß alle Menschen, ohne Rücksicht auf die Hautfarbe, auf die gleichen Rechte Anspruch hätten. Der erste Schritt im Kampfe um diese gleichen Rechte sei der Kampf für gleichen Lohn, wie ihn der weiße Arbeiter habe, und die beste Methode, dieses Ziel zu erreichen, sei der Streik zur Erntezeit. Ich sah, wie düstere Gesichter verständnisvoll aufleuchteten, und dann beschwatzten sie alles aufgeregt unter sich.

Einer von ihnen, ein älterer Mann mit herkulischem Körperbau, fragte mich: »Ist das der Wille Gottes?«

»Ganz sicher«, sagte ich. »Gott hat nicht Reiche und Arme gemacht.«

Mehr als einmal in Augenblicken des Müßiggangs überkam mich die Versuchung, ein schläfriger und zufriedener Bewohner von Hawaii zu werden, von jenem wahren Land der Blumen, der champagnergleichen Brandung und der toleranten Lebensart. Als ich aber von meiner dritten Reise zu den Inseln nach San Pedro zurückkehrte, fand ich einen Brief aus Hamburg vor, der über die Soldaten- und Matrosen-Y.M.C.A. an mich adressiert war. Wie gewöhnlich war er in einem einfachen Code geschrieben – das Alphabet begann mit *m*, jeder vierte Buchstabe war ungültig, das Ganze war in der Art eines Kreuzworträtsels angeordnet und mußte von rechts nach links und von unten nach oben gelesen werden. Albert Walter schrieb, daß seine Organisation eine weltweite Kampagne gegen die Seemannsmissionen vorbereite und daß er zu diesem Zweck Material über die Tätigkeit der *Seamen's Church Institutes of America* brauchte, die sehr wahrscheinlich von den Schiffseigentümern unterstützt würden, um die Wirkungen der Klassenkampfpropaganda zu neutralisieren. Er bat mich auch um genaue Informationen über die Lebensbedingungen der Seeleute an Bord der Öltanker der *Standard Oil Company*. Solche Informationen waren notwendig, um kommunistische Programme für die Forderungen der Tankerbesatzungen aufzustellen. Die *Standard Oil Company* war für die amerikanische Tankschiffahrt repräsentativ. Die Öltransporte würden in den kommenden Kriegen eine entscheidende Rolle spielen. Die kommunistische Kontrolle dieses Zweiges der Handelsschiffahrt

war zu einem der Hauptpunkte im Aktionsprogramm der Marineabteilung der Komintern geworden.
Ich verließ meine Stellung auf der *Calawaii* im Februar 1925 und machte mich auf eine vierwöchige Reise durch die *Seamen's Church Institutes* der Westküste. Die *Seamen's Institutes* in den amerikanischen Häfen waren die besten Seemannsheime der Welt. Sie unterhielten Lesesäle und Bibliotheken, sie empfingen und verschickten Post, gaben besseres Essen zu niedrigeren Preisen als die meisten Gaststätten, unterhielten eine kostenlose Stellenvermittlung für Deck- und Maschinenraumpersonal und stellten den Seeleuten eine Rechtsberatung zur Verfügung. Oft gaben sie gesellige Abende, Tanzvergnügungen und Vorträge; sie zeigten sogar kostenlos Filme. Einige der Heime hatten Schlafsäle und Einzelräume als billige Quartiere für arbeitslose Seeleute. Die Atmosphäre in diesen Einrichtungen war sauber und freundlich. Es gab keine aggressiven Versuche zur »Seelenrettung«. Es gab auch keine Wachen oder Rausschmeißer, mit Ausnahme des *Seamen's Institute* in New York, einem großen Gebäude in der South Street. Keine Mitgliedergebühren wurden erhoben. Jeder Seemann war willkommen, solange er nicht den Hausfrieden störte. Obwohl sie betrunkene oder fragwürdige Frauen ausschlossen, durften die Seeleute ihre Freundinnen empfangen; hier schrieben sie ihre Briefe, erhielten ihre Post, spielten und betrieben ihre Liebhabereien.
Aber vom kommunistischen Standpunkt aus waren die *Seamen's Institutes* Agenturen der Schiffseigentümer, errichtet, um Folgsamkeit und Religion zu predigen. Sie wurden zudem als Nachschubbasen für Streikbrecher angesehen und als Spionagezentren gegen die stets zahlreichen Aufrührer und Unzufriedenen in der Seefahrtsindustrie. So mußten sie denunziert und mit allen Mitteln bekämpft werden. Der Plan für diese Kampagne wurde in Moskau und Hamburg im Jahr 1924 gefaßt. Er ging Hand in Hand mit dem Entschluß, kommunistische Internationale Seemannsklubs in allen wichtigen Häfen einzurichten. Wenn sich also die Internationalen Klubs (*Interklubs*) zu kulturellen, erzieherischen und politischen Zentren der seefahrenden Bevölkerung entwickeln sollten, dann mußten die *Seamen's Institutes* vernichtet und ausgerottet werden. Der Krieg gegen sie wurde viele Jahre lang geführt und erreichte seinen Höhepunkt Anfang der dreißiger Jahre, als die Seemannsheime, einschließlich ihres größten in New York, zum Schauplatz von Unruhen und Überfällen durch kommunistische Störtrupps wurden.
Es war mein Los, hier die ersten Kundschafterdienste zu leisten und die ersten Geplänkel zu liefern. In San Pedro, San Franzisko und Seattle und auf meinen Reisen zwischen den Häfen längs der pazifischen Hauptverkehrsader, die ich gelegentlich auch als blinder Passagier machte, gewann ich das Vertrauen der freundlichen Direktoren des jeweiligen *Seamen's Institute* dadurch, daß ich mich als freiwilliger Helfer anbot. Ich reinigte Lesesäle und Büros und besuchte Schiffe, um singfreudige und gesangsbegabte Matrosen für die Singabende zu gewinnen. Auf diese Weise gewann ich Einblick in die organisatorische Struktur dieser Institute und in ihre Arbeitsmethoden. Ich hatte Zugang zu ihrer offiziellen Literatur. In unbewachten Augenblicken konnte ich einen Blick in die Korrespondenz werfen, die auf den Schreibtischen der Direktoren lag. Ich beging einige gemeine Schnüffeleien, um die auswärtigen Quellen festzustellen, die die Institute mit Geld versahen. Ich sammelte auch statistisches Rohmaterial über die Zahl der Seeleute, die wäh-

rend eines normalen Aufenthalts die Gastfreundschaft des Instituts in Anspruch nahmen. Jeden Abend machte ich detaillierte Aufzeichnungen über alle meine Beobachtungen, und am Schluß eines Monats sandte ich die Früchte meiner Arbeit, einschließlich der Drucksachen, die ich heimlich beiseite gebracht hatte, an Albert Walter nach Hamburg. Ich mochte dieses kleinliche Spionieren gar nicht; besser eignete ich mich für die Aktion als für das Herumspionieren und die Hintertreppendiplomatie.

Ich ging nach San Pedro und bestach Mr. X., mich an Bord eines Öltankers der *Standard Oil* zu bringen.

Das Schiff hieß *El Segundo* und gehörte der *Standard Oil Company* von Kalifornien. Die Hälfte der Besatzung bestand aus College-Studenten, die aus Vergnügen und um etwas zu verdienen Matrosen geworden waren. Ich bearbeitete sie; aber sozusagen ohne Resultat. Wenn wir auf dem Meer waren, hallte oft bis um Mitternacht der Messeraum von wilden politischen Diskussionen. Ich studierte die Lebensbedingungen, die Einstellung und die Sorgen der berufsmäßigen *Standard-Oil*-Seeleute. Zwei von ihnen, die ich unter die kommunistischen Parteigänger einreihen konnte, veranlaßte ich, in die *International Seamen's Union* einzutreten, um destruktive Gedanken in diese Organisation hineinzutragen. Während meiner zweiten Reise auf der *Calawaii* war ich selbst in die *Union* eingetreten und hatte ausreichendes Rohmaterial unter den Mitgliedern der Vereinigung in San Pedro gefunden, um eine oppositionelle Zelle ins Leben rufen zu können. Ihre Aufgabe bestand darin, die Führer der *Union* und ihre gewöhnlichen Mitglieder zu entzweien und ihren Plänen bei den wöchentlichen Versammlungen Widerstand entgegenzusetzen. Der Rest der Besatzung der *El Segundo* blieb für meine Agitation unzugänglich. Die *Standard-Oil*-Seeleute sind wohlgenährt und gut bezahlt und in der Regel gegen kommunistische Argumente gleichgültig. Von den vielen amerikanischen Tankern, die ich in jenen Jahren an der Westküste besuchte, gingen die Besatzungsmitglieder nur eines einzigen Schiffes, der *Empire Arrow*, auf mein Ansinnen, eine kommunistische Zelle auf dem Schiff zu bilden, ein.

Drei Wochen nachdem ich mich hatte anwerben lassen, war ich nach San-Pedro zurückgekehrt und wollte wieder auf die *El Segundo*; aber sie war bereits ausgelaufen. Auf meine Bitte gab mir der Marinegeistliche der *Standard Oil Company*, ein gewisser Mr. Pendergast, ein Empfehlungsschreiben.

Ein Jahr eigener Kampfführung hatte in mir das Gefühl geweckt, Wasser in ein Faß ohne Boden hineinzuschütten. Ich suchte tüchtige Gegner. Aber keinem von denen, die ich seit Hamburg getroffen hatte, konnte ich diese Eigenschaft zuerkennen. Ich träumte davon, daß ich eines Tages imstande sein werde, große Arbeiterarmeen in die Feuerlinie der Revolution zu führen. Ich träumte auch davon, daß ich eines Tages Herr auf der Brücke eines der schönsten Hochseeschiffe sein würde. Aber eine Laufbahn in der amerikanischen oder einer anderen ausländischen Handelsmarine war mir als Deutschem verschlossen. Fremde waren nicht erwünscht. Und in Deutschland war ich erwünscht – um mit Waffengewalt gegen die Regierung zu kämpfen. Eine Arbeiterrevolution schien die einzige Abhilfe zu sein. Die alten Gesetze würden dabei über Bord geworfen und mit ihnen diejenigen, die sie gemacht haben. In Amerika aber wurden keine Revolutionen gemacht. In Europa und Asien mußten sie früher oder später ausbrechen. Ich beschloß, nach Europa zurückzukehren. Einer meiner jüngeren Brüder war vor wenigen Monaten als Matrose an Bord des norwegischen Frachters *Hoyanger* an die Küste gekommen. Wir tauschten einige von unseren Ausweispapieren aus. Ich würde in Europa sicherer sein, wenn ich seinen Namen tragen könnte.

Ein merkwürdiger Gewissenskonflikt ließ mich meine Abreise aufschieben. Ich erinnerte mich, daß meine Hamburger Chefs von mir etwas über eine Harpunierkanone wissen wollten, welche auf den Walfangschiffen in Gebrauch war, die von San Franzisko ausliefen. Die Sache war in Albert Walters Briefen nicht wieder erwähnt worden, und ich legte dieser Aufgabe keine besondere Bedeutung bei. Ich sah in ihr nur eine jener kleinen Anweisungen, die man jungen Kommunisten mitgibt, um ihre Begabung für Industriespionage zu testen. Ich wußte, daß es eine besondere Abteilung in der deutschen Kommunistischen Partei gab – und wahrscheinlich auch in den kommunistischen Parteien anderer Länder –, die sich mit dieser Art von Spionage befaßte, um so den Aufbau der sowjetischen Industrie zu erleichtern. Diese Abteilung war unter dem Namen *BB-Apparat* (*BB* – Betriebs-Berichterstattung) bekannt.

Ich reiste nach San Franzisko und zeigte den Empfehlungsbrief der *Standard Oil Company* in den Diensträumen der *California Sea Products Company* vor, die drei Walfangschiffe betrieb. Ich bewarb mich um eine Stellung, und der Beamte, der mich ausfragte, schien durch meine Muskelkräfte und durch meinen dringenden Wunsch zu arbeiten beeindruckt zu sein. Innerhalb von zwei Tagen wurde ich Deckmatrose an Bord des Walfangschiffes *Traveler*.

Unsere Jagdgründe waren die Gewässer zwischen der nördlichen und der südlichen Begrenzung der zerklüfteten Farallon-Inseln, wo die spielfreudigen Tümmler und die riesigen schwefelbäuchigen Wale noch ziemlich häufig vorkamen. Man tötete die Tiere, nachdem sie einmal gesichtet waren, mit Harpunen, die aus kleinen Geschützen am Bug des Dampfers abgeschossen wurden. Dann wurden die Tiere längsseits geholt und voll Luft gepumpt, um sie über Wasser zu halten. Die schwimmenden Kadaver wurden zur Walstation in der Nähe von Monterey gebracht, an Ketten aufgehängt, in Stücke geschnitten und ausgekocht, um Material für die Herstellung von Seife, Parfüms und Margarine zu gewinnen. Jede Kreuzfahrt dauerte vier bis fünf Tage. In zehn Tagen lieferte der *Traveler* nicht weniger als sieben Tümmler und einen »Schwefelbauch« an das Schlachthaus in der Bucht von Monterey.

Diese zehn Tage machten mich krank. Ein lebender Wal, der seine fünfzig Tonnen Last mit wunderbarer Eleganz zur Meeresoberfläche hinaufkurvte, bot einen herrlichen Anblick. Ich war fasziniert von dieser Stärke und Anmut, die das Leben in langen Jahren herausgebildet hatte. Dann kamen die Menschen, geldgierig, unbarmherzig und gemein, und brachten geschickt eine Granate an der Spitze einer Harpune an, um Herz und Lunge des Wals zu zerfetzen. Ich konnte es nicht mit ansehen, wie das Tier dann, getroffen, Blut speiend und ohne jede Möglichkeit, seine Mörder anzugreifen, durch das Wasser irrte. Der stinkende Kadaver wurde längsseits des Schiffes nach Monterey geschleppt – ein trauriges Ende für den Titanen des Meeres!

Das neueste Harpuniergeschütz befand sich an Bord der Hawk, eines neueren Schwesterschiffs der *Traveler*. Ich verbrachte eine Stunde mit dem Kanonenschützen der *Hawk*, zu einer Zeit, als er gerade dabei war, seine blitzende Kanone liebevoll zu reinigen. Er beantwortete gern und stolz meine Fragen nach den Besonderheiten der Kanone und ihrer Bedienung. Vom Koch borgte ich mir dann eine Kamera und nahm die Kanone von sechs verschiedenen Seiten auf. Ich war mir klar, daß ich da eine unehrenhafte Arbeit verrichtete: aber ich verabscheute den Walfang. Dann ließ ich den Film entwickeln und sandte die Negative zusammen mit einem kurzen Bericht nach Hamburg. Anschließend desertierte ich aus meiner Stellung, ohne nach meinem Lohn zu fragen.

Ich machte gerade in San Pedro auf ein Schiff nach Europa Jagd, als eine kurze Notiz von Albert Walter mich bat, mich nochmals von der *Calawaii* anheuern zu lassen. In der Notiz stand wörtlich: »Wir haben gehört, daß die Filipino-Plantagenarbeiter in Hawaii Vertragsarbeiter sind, die in nächster Zeit auf die Philippinen zurückkehren werden. Wir sind deshalb sehr daran interessiert, zu wissen, ob diese Arbeiter frei genug sind, um an einer politischen Schulung teilzunehmen, bevor sie nach Hause zurückkehren. Genosse B. ist jetzt Bootsmann auf der *Calawaii* und wird mit dir zusammenarbeiten. Mit internationalem Gruß. A. W.«

Als die *Calawaii* einfuhr, ging ich sofort an Bord und fragte nach dem Bootsmann. Es war ein Deutscher, ein Mann um die Dreißig, von der blonden, schweigsamen und widerspenstigen Art, und ein ausgezeichneter Seemann. Ich zeigte ihm den Brief aus Hamburg, und er sorgte dafür, daß ich als Steuermannsmaat angeworben wurde. Genosse B. war als Kriegsgefangener in Sibirien gewesen. Wie viele andere deutsche Kriegsgefangene in Rußland war er nach der Oktober-Revolution der bolschewistischen Partei beigetreten und hatte am russischen Bürgerkrieg teilgenommen. 1923 war er von der Marineabteilung der Komintern als Propagandist und Verbindungsmann an die Westküsten von Nord- und Südamerika geschickt worden.

In der zweiten Nacht nach unserer Ankunft im Hafen von Honolulu hatte Genosse B. vier oder fünf mit den Kommunisten sympathisierende Männer dort zu einer Besprechung an Bord gebracht, um festzustellen, in welchem Bezirk die größte Anzahl Filipino-Arbeiter konzentriert war. Die Besprechung fand im vorderen Teil des Schiffes, in der kleinen Zweimannkabine statt, die ich mit dem Genossen B. teilte. Es war eine zwecklose Sitzung. Die Pseudokommunisten von Honolulu litten übermäßig an dem, was man in Kominternkreisen geringschätzig als Lokalpatriotismus bezeichnete. Mit großer Geduld wehrte Genosse B. sie ab. Wir stritten stundenlang, und unsere Stimmen waren oft lauter, als die Klugheit es geboten hätte. Was wir nicht wußten, war, daß ein anderer Steuermannsmaat der *Calawaii*, ein junges Mitglied irgendeiner patriotischen amerikanischen Organisation, hinter der dünnen hölzernen Scheidewand horchte, durch die unsere Kabine von der unseres Nachbarn getrennt war.

Als wir am nächsten Tag durch eine kobaltblaue See auf Hilo zudampften, wurden Genosse B. und ich zum ersten Offizier der *Calawaii* befohlen. Mr. Wells war ein gutaussehender und tüchtiger Seemann, der wußte, was er tat. Mr. Wells lehnte sich gegen das Geländer und schaute uns mit durchdringenden Augen an.

»Das muß aufhören, meine Herren«, sagte er. »Es ist mir gesagt worden, daß Sie I.W.W.-Delegierte seien. Wir wollen keine *Wobblies* auf unserem Schiff. Zudem möchte ich nicht noch mehr geheime Seifenkisten an Bord haben.«

Einige Sekunden lang waren wir wie vor den Kopf geschlagen.

»Kapitän«, sagte Genosse B., »ich möchte wissen, was . . .«
»Das sollte genügen«, schnitt ihm der erste Offizier das Wort ab, sich plötzlich schroff abwendend. »Sie wissen, was ich meine. Das ist alles.«
Es gab für uns keinen Zweifel über die Person des Spions auf unserem Schiff. Daß er von uns als von I.W.W.s berichtet hatte, bewies, daß er nicht allzuviel von unserer Unterhaltung verstanden hatte. Meine Abneigung gegen Spitzel war so groß, daß ich weitergehen und dem Spion das, was Ernst Thälmann eine »proletarische Abreibung« nannte, zukommen lassen wollte. Aber Genosse B., der beherrschter und erfahrener war als ich, hielt mich zurück.
In Hilo machten wir uns einen Nachmittag frei und mieteten ein wackeliges Auto. Wie es in diesem Hafen üblich war, spielte das Jazz-Orchester der *Calawaii* auf dem Sonnendeck, und die Offiziere und die Passagiere tanzten mit einer Schar fader junger Damen, die an Bord gekommen waren. Wir sahen, wie Mr. Wells mit freudig gerötetem Gesicht ein junges Ding in den Armen hielt, mit ihr herumwirbelte und dahinglitt, und so kamen wir unbemerkt weg. Wir fuhren auf der Insel Hawaii herum, bis es dunkel wurde. Die Straßen waren ausgezeichnet. Die turmartigen Konturen von Mauna Kea und Mauna Loa gegen das reine Blau des Himmels waren ein seltener Anblick, der unserer Fahrt den Reiz eines Sonntagsausflugs gab. Wir hatten aber nur gelegentlich einen Blick für die Landschaft. Unsere Augen hielten nach den sich dahinschlängelnden Linien der Filipino-Arbeiter in den großen Zucker- und Ananasplantagen Ausschau. Wo immer wir eine Gruppe an der Arbeit sahen, fragten wir, wo die Wohnbaracken der Leute seien und wo der nächste Ort. Gemächlich wanderten wir durch die Dörfer. Genosse B. und ich machten uns Notizen von allem, was uns wichtig schien. Es war klar, daß kommunistische Organisatoren, welche die Filipino-Plantagenarbeiter sammeln und schulen sollten, sich unauffällig in diesen Dörfern einnisten mußten; wenn sie es fertigbrachten, das Vertrauen der ortsansässigen Chinesen zu gewinnen, so würden sie viele Möglichkeiten haben, mit den Filipinos zusammenzukommen. Die Propagandaliteratur mußte in neutraler Form gedruckt werden und das Aussehen von Katalogen oder von Reklamedrucksachen haben. Ein Organisator brauchte nicht in die Plantagen selbst zu gehen. Wenn er erst einmal einige von den Arbeitern interessiert hatte, so konnte man die Diskussion und die Verteilung der Broschüren in die Baracken verlegen. Wir kehrten zur *Calawaii* zurück, staubig und müde, aber mit dem Gefühl, an diesem Tag gute Arbeit geleistet zu haben. Genosse B.wollte nicht, daß der Bericht über unsere Erkundungsfahrt von Hawaii aus weggeschickt würde. Er beschloß zu warten, bis wir wieder in San Pedro zurück wären.
Nach einer kalten Dusche ging ich in der gleichen Nacht noch in Hilo an Land, um mich in einer Eisdiele in der Nähe der Docks etwas zu erfrischen. Als ich den Raum betrat, sah ich den jungen Mann, den ich für den Spitzel auf dem Schiff hielt, schwankend an einem kleinen Tisch im Hintergrund sitzen. Er hatte zuviel vom *okolehau* gehabt, war leicht betrunken und sehr anmaßend. Er hatte ein Messer in der Hand und machte sich ein Vergnügen daraus, damit eine Anzahl Baströcke und andere hawaiische Souvenirs von einer Wand abzuschneiden, wo sie zur Schaustellung aufgehängt worden waren. Als er mich sah, brüstete er sich und posaunte laut in die Gegend: »Halleluja, ich bin ein Landstreicher . . . ich will nicht arbeiten! I.W.W.!« (d. h. *I Won't Work*). Jetzt wußte ich es genau. Ich ging auf ihn los und schlug ihm mit bei-

den Fäusten ins Gesicht. Dann kehrte ich aufs Schiff zurück. Bei der Ablösung am nächsten Morgen sah ich, daß ihm zwei seiner Vorderzähne fehlten. Er sah mich schief an, sagte aber nichts.
Aber er nahm Rache. Kaum hatte die *Calawaii* in San Pedro am Pier festgemacht, zehn Tage nach diesem Vorfall, als die Einwanderungsbeamten an Bord kamen und eine Wache am Fallreep zurückließen. Ich wurde aufgefordert, alle meine Papiere in die Kapitänskajüte zu bringen. Genosse B. hatte die gleiche Aufforderung erhalten. In der Kajüte nahmen mir zwei Einwanderungsbeamte in Uniform mein Seemansgeschicklichkeitszeugnis, meinen Rettungsbootsausweis und mein Abheuerbuch der *Shipowners Association* ab.
Eine Minute später kam ein Schiffskamerad mit der Nachricht, er habe die Fallreep-Wache sagen hören, die Beamten seien an Bord gekommen, um »ein Paar unerwünschte Ausländer« zu verhaften. Dann stürzte Genosse B. in die Kabine und fluchte.
»Wir müssen schleunigst verschwinden«, sagte er.
Wir vereinbarten einen Treffpunkt an Land und trennten uns. Wir hörten eine Stimme durch den Kajütgang unsere Namen rufen. Ich lief durch das Zwischendeck zu einer mittschiffs liegenden Pfortluke, die auf See zum Ausschütten der Küchenabfälle diente. Ich glitt durch diese Luke. Der Rand der Betonkaimauer war zu weit weg, als daß ich ihn hätte erreichen können. Aber am Grunde eines vier Fuß breiten Abzugskanals zwischen der Schiffseite und dem Kai waren schwere Blöcke an den im Beton verankerten Ringbolzen festgekettet, die als Fender dienten. Ich ließ mich auf einen dieser Blöcke hinab. Die Oberfläche war schleimig und schmutzig. Ich kroch auf den Blöcken entlang und mußte plötzlich einem Wasserstrahl ausweichen, der aus dem Speigatt kam, bis ich schließlich das Heck des Dampfers erreichte. Dort fand sich eine eiserne Leiter, die zum Kai führte. Ich kletterte hinauf und verschwand im Dunkel eines großen Schuppens.
Ich traf den Genossen B. in der Bude eines Wahrsagers im Vergnügungsviertel von Long Beach, ein paar Meilen vom Pazifik-Dock entfernt. Man hatte auf uns eine Jagd veranstaltet, die von San Pedro bis nach Wilmington ging. Genosse B. hatte seine Notizen und das Geld gerettet. Ich hatte nichts retten können. Barhäuptig, nur mit Khakihemd, Baumwollzeug und Segeltuchschuhen bekleidet, berieten wir auf einer Schiffschaukel, was nun zu tun sei. Wir sahen keine Möglichkeit, jemals wieder ein Schiff in einem Hafen der Westküste zu bekommen. Beide waren wir Flüchtlinge aus dem Deutschland von 1923 und wollten uns auf keinen Fall der Gefangennahme und Deportierung aussetzen. Keiner von uns hatte Identitätspapiere. Unsere Sachen waren noch an Bord der *Calawaii*.
Ich kannte ein älteres Mädchen in Long Beach, das sich mit dem Kommunismus eingelassen hatte, weil es den Mann nicht gewinnen konnte, den es liebte. Sie arbeitete als Kellnerin in einer Gaststätte am Strand. Die Gaststätte schloß um elf Uhr, und ich traf sie nachher und setzte ihr unsere Lage auseinander. Sie erklärte sich bereit, an Bord der *Calawaii* zu gehen, um zu sehen, ob noch irgendwelche Wachen da waren. Während sie an Bord ging, warteten Genosse B. und ich in einem leeren Eisenbahnwagen hundert Meter vom Schiff entfernt. Sie kehrte mit dem Bericht zurück, daß eine Doppelwache am Fallreep stehe.

Im Dunkel der Nacht schlenderten Genosse B. und ich durch den Hafen, bis wir ein Boot fanden. Wir setzten uns hinein und ruderten durch die Pazifik-Docks bis zur Außenseite der *Calawaii*. Verschiedene Barken waren längsseits vertäut. In der Dunkelheit fiel ich beim Suchen durch eine offene Luke in den Laderaum einer Barke und blieb einige Zeit bewußtlos dort unten liegen. Wie durch ein Wunder hatte ich mir dabei nichts gebrochen. Genosse B. hißte mich an Deck zurück und belebte mich mit Hafenwasser. Dann kletterte er an der Außenseite der *Calawaii* hinauf, zehn Minuten später ließ er unsere Sachen in das Boot herunter, mit dem ich inzwischen bis zum Bug des Dampfers gepaddelt war. Wir glitten schweigend durchs Wasser und landeten in einem abgelegenen Teil der Docks, wo es keine Zollwache gab. Jene Nacht verbrachten wir in der winzigen Wohnung der Kellnerin.

Genosse B. beabsichtigte, nochmals als blinder Passagier nach den Hawaii-Inseln zu fahren. Ich fragte ihn, ob er meine Hilfe brauche.

»Nein«, sagte er. »Du bist zu groß und auffallend. Es ist besser, wenn du nach New York gehst.« Er konnte mir den Fehler nicht verzeihen, daß ich den Spitzel in Hilo verprügelt hatte. Dann gab er mir so viel Geld, daß ich die Fahrkarte bis St. Louis bezahlen konnte. Dort ging ich in den Deutschen Klub, dessen Mitglieder gerade beim Chorsingen und bei der Zimmergymnastik waren, um wegen einer finanziellen Unterstützung für meine Weiterreise nach New York zu fragen. Ich erzählte ihnen, ich hätte mein Schiff verloren und wollte es in irgendeinem Hafen an der Ostküste wieder erwischen, um meinen Lohn nicht zu verlieren. Sie gaben mir drei Dollar und eine Empfehlung an einen Landsmann, einen Nähmaschinenhändler, der nach New York fuhr und froh war, einen Begleiter zu haben.

New York erschreckte und bedrückte mich. Ich zögerte lange, einen jener Landhaie in Anspruch zu nehmen, die als Schiffsmeister und Notare in den dunklen oberen Stockwerken von South Street wohnten, um mir durch einen von ihnen eine Stellung als Matrose an Bord der *Carlier* vom Königlich-Belgischen Lloyd besorgen zu lassen. Vierzehn Tage später, im Frühherbst 1925, heuerte ich in Antwerpen ab.

Der Weg nach Leningrad

Unter dem Einfluß einer aggressiven katholischen Kampagne hatte der muntere Hafenbezirk von Antwerpen während meiner Abwesenheit eine durchgreifende Säuberung erlebt. Die Polizeiaufsicht war viel strenger geworden.

Es war verboten, daß die Dirnen sich gegenüber der Kathedrale nackt aus den Fenstern lehnten, um den vorübergehenden Seeleuten ihre Vorzüge anzupreisen. Die Massenbordelle waren verschwunden. Den Horden von Strandräubern und Ausgestoßenen von allen Küsten der Welt war es nicht mehr gestattet, in den Promenaden längs des Flusses zu kampieren. Die zahlreichen männlichen und weiblichen Kneipenbesitzer, die sich vom Rheinkai bis zum Sibirischen Dock etabliert hatten, waren weniger freundlich und sehr viel mißmutiger, seit Antwerpen sich anschickte, seinen Ruf als die wildeste und verdorbenste Hafenstadt der Welt an Hamburg, Shanghai oder Alexandria abzutreten.

Auch Bandura war nicht mehr in Antwerpen. Ich war irgendwie enttäuscht, zu erfahren, daß der alte Kämpe sich der kommunistischen Parteidisziplin gebeugt hatte. Er war wiederholt verhaftet und nach Holland und Frankreich abgeschoben worden, stets beharrlich nach Antwerpen zurückgekehrt, aber schließlich hatte man ihn dazu gebracht, in den Hamburger Hafen umzuziehen, wo die Partei seine Tätigkeit besser überwachen konnte. Die Antwerpener Hafen-Aktivisten waren ganz unter kommunistische Kontrolle geraten, die Ilja Weiß, der Ungar, mit Hilfe eines chinesischen Studenten aus Berlin und des *Roten McGroth*, eines Eingeborenen aus Neu-Seeland, ausübte. Gestützt durch regelmäßige Zuwendungen aus der Kasse Albert Walters, überschwemmten sie im Durchschnitt monatlich achthundert Schiffe mit Propaganda.

Mir befahl plötzlich ein Brief Albert Walters, Antwerpen zu verlassen. Es schien, daß man mich für eine Art Spezialausbildung an der kommunistischen Universität in Leningrad ausgewählt hatte. Meine Instruktionen lauteten dahin, ich solle meine Heuerpapiere vom Genossen Anton bei einer Adresse in Merxen, einer Vorstadt von Antwerpen, abholen. Ich fand mich dort in einer gutausgestatteten Kurzwarenhandlung, in deren Hinterräumen sich ein elegant möbliertes Kontor befand. Von hier aus brachte mich eine zurückhaltende Frau in das Geheimbüro des Genossen Anton. Der war ein streng aussehender, über 1,80 Meter großer Mann mit höflichen Manieren und glich eher einem kirchlichen Würdenträger als einem GPU-Agenten. Wie ich aber später entdeckte, leitete er die gesamte GPU-Tätigkeit in Flandern. Er hatte einen eigenen Apparat, der unabhängig funktionierte und dessen Existenz sogar Ilja Weiß und den örtlichen Parteifunktionären verborgen geblieben war.

Genosse Anton sprach fehlerfrei Deutsch, Englisch, Französisch und Flämisch – seine Muttersprache. Er empfing mich wie einen Geschäftsmann. Er wußte, daß ich komme, und hatte ein russisch geschriebenes Dokument für mich vorbereitet, das zwei riesige blaue Sowjetsiegel trug. Er gab mir zwanzig holländische Gulden, genaue Instruktionen, wie ich nach Rußland gelangen werde, und sagte mir, daß ich den Genossen Ryatt, Ogorodnikow-Prospekt 15 in Leningrad, anlaufen solle.

Mein Schiff war die *Russ*, ein deutsches Fahrzeug, das von den Sowjets gechartert und mit einer Besatzung bemannt war, zu der Albert Walters Büro die Zustimmung gegeben hatte. Das Schiff sollte von Rotterdam mit einer Ladung Eisen nach Leningrad gehen. Ich ging *via Untergrund-Route* nach Holland. An jedem wichtigen Grenzübergang hatte die Komintern eine Kurierstation eingerichtet, die illegal reisende Kommunisten über die Grenze zu bringen hatte. Bis zur belgischen Grenzstation Esschen fuhr ich mit dem Zug. Ein gutangezogener junger Mann erwartete mich dort am Bahnhof. Er hatte zwei Fahrräder, eines für sich und eines für mich. Wir warteten, bis es dunkel war. Ohne Eile führte er mich durch ein Labyrinth obskurer Feldwege nach Norden. Keine Grenzpatrouille hielt uns an. Zwei Stunden später kamen wir in die holländische Grenzstadt Rozendaal. Mein Führer setzte mich in einen Zug nach Rotterdam; er selbst kehrte zu seiner Verbindungsstation auf der belgischen Seite zurück.

Obwohl ich für meine Überfahrt nichts bezahlte, brauchte ich mich doch nicht

zu verstecken, mit Ausnahme während der Durchfahrt durch den Kieler Kanal, wo die deutschen Beamten den Dampfer bei der Durchfahrt durch die Kanalschleusen kontrollierten. Die meisten Studenten der Kominternschulen reisen auf diese Weise; man reist so bequem nach Rußland hinein und wieder heraus, ohne daß ausländische Hafen- oder Grenzbehörden etwas davon erfahren.
Ich kann meine Gefühle nicht beschreiben, als ich in der Ferne Land sichtete und die Sowjetunion aus dem Nebel auftauchte – Kronstadt und die davorliegenden Inseln, und dann die nüchternen Konturen von Leninport. Kein andächtiger Gläubiger hätte beim Betreten eines Heiligtums größere Ehrfurcht empfinden können, als ich beim Betreten dieser am weitesten nach Westen gelegenen Hauptstadt der Sowjetunion.
Ich wanderte durch die düsteren Straßen von Leningrad: meine Schritte waren leicht und sicher. Von all den vielen fremden Städten, in die ich während meines langen Vagabundenlebens gekommen war, war mir Leningrad am wenigsten fremd. Wie ein armer Wanderer kam ich mir vor, der schließlich nach Hause kommt, um zu sehen, ob die Dinge so sind, wie sie sein sollten. Alle Unruhe war weg, weg war auch der krankhafte Drang zur Aktion um jeden Preis. Ich war kein Stück Treibholz an feindlicher Küste mehr. Ich war zufrieden, meinen Kopf hochtragen und meine Augen in die Gesichter einfacher Männer und Frauen versenken zu können, die ihren Platz am Steuer der ersten Diktatur des Proletariats hatten.
Niemand sagte zu mir: »Kehre um! Fliehe, du einfältiger, du unwissender Narr! Fliehe, bevor es zu spät ist!« Hätte einer das gesagt, ich hätte ihn niedergeschlagen.
Ein großes Gedränge war in den Straßen. Die Männer und Frauen, die ich sah, waren besser gekleidet und sahen besser genährt aus als ich. Viele Gesichter waren ernst, fast traurig, aber viele waren auch stark und voll stummer Entschlossenheit. Und Lächeln und Gelächter sah man überall bei denen, die in Gruppen zwischen den grauen, nach Farbe lechzenden Häuserreihen einherbummelten. Ich hatte Hunger und war hundemüde vom stundenlangen Gehen. Meine Schuhe waren abgetragen. Der Überzieher, den ich trug, war zerrissen. Wiederholt fragte ich nach dem Weg, bis schließlich ein Junge mit einem offenen Gesichtsausdruck verstand, was ich wollte. Er war Chemiestudent und Komsomolze. Wir gingen Seite an Seite und unterhielten uns.
»Sie hätten jemand hinunterschicken sollen, um dich am Schiff abzuholen«, sagte der Student. Und eine Weile später, als er erfahren hatte, daß ich in Amerika gewesen war:
»Ist es wahr, daß die Arbeiter in Amerika Autos haben?«
»Ja, sehr viele von ihnen.«
»Man sagt uns, ein Arbeiter in Amerika sei so gut wie tot mit vierzig«, sagte der Student und fügte gedankenvoll hinzu: »Auch wir sollten Autos haben.«
Wir bogen in den Ogorodnikow-Prospekt ein und betraten ein massives Gebäude, das von Gärten umgeben war. Die dick mit Teppichen belegte Vorhalle wurde von einer Bronzebüste Lenins beherrscht. Eine Reihe von Palmen berührten beinahe die hohe Decke, große Spiegel warfen funkelndes Licht zurück. Schwere lederne Armsessel waren längs der Wände angeordnet. Hohe mit Elfenbein und Gold bemalte Türen führten nach allen Seiten. Die Aufschriften an den Türen besagten: *Französische Abteilung* – *Anglo-amerika-*

nische Abteilung – Kolonial-Abteilung usw. Ich war im Internationalen Klub in Leningrad.
»Früher war das der Privatpalast eines großen Schiffsmagnaten«, erklärte der Student. »Du hättest vor ein paar Tagen bei der Oktoberfeier hier sein sollen. Die *Internationale* wurde gleichzeitig in siebzehn Sprachen gesungen.«
Ryatt, der lettische Bolschewist, an den ich mich wenden sollte, war nicht im Klub. Er war für ein paar Tage nach Moskau gefahren. Ein deutscher Funktionär mit düsterem Blick war um mein Wohlergehen besorgt. Er führte mich zu einem weitläufigen, im Keller gelegenen Restaurant, das einem modernisierten mittelalterlichen Weinkeller glich. Die Hälfte der großen runden Tische war besetzt. Man konnte viele Sprachen hören. Ich aß ein kräftiges, gutgekochtes Essen, und mein Bierglas wurde ohne Aufforderung immer wieder gefüllt. Vom Restaurant wurde ich zu einem Friseur geführt und von dort in ein Dampfbad mit anschließendem Baderaum, in dem ich mindestens eine Stunde blieb. Nach dem Bad brachte mich eine kräftige, schweigsame Frau in einen der oberen Räume des Klubs und bettete mich auf eine gewaltige Ledercouch.
»Schlaf«, sagte sie kurz. »Jetzt mußt du schlafen.«
Ich schloß die Augen und schlief lange, bis spät in den nächsten Morgen hinein.

»*Wstawai!* Steh auf!« sagte eine barsche Stimme.
Über mich beugte sich ein gewaltiger Mann in Weiß mit einem harten Gesichtsausdruck. Ihm zur Seite betätigte sich eine hübsche junge Frau. Der Mann erinnerte mich an den Kanonenschützen auf dem Walfänger *Hawk*; die Frau sah nach ihrer Gestalt und ihrem Ausdruck den Mädchen gleich, die ich als Packerinnen in den finnischen Häfen hatte arbeiten sehen.
»Ich bin der Arzt«, sagte der Mann. »Ich muß dich untersuchen.«
Ich schaute nach meinen Kleidern. Sie waren verschwunden. Der Inhalt meiner Taschen lag sauber auf dem Tisch.
Die Frau lachte. Sie sagte etwas auf russisch.
»Sie sagt, deine Lumpen sind im Ofen«, übersetzte der Arzt. »Sie verbrannte sie.«
»Aber was soll ich jetzt anziehen?«
»*Nitschewo!* Du wirst andere bekommen.«
Sie ging fort, um Kleider zu holen. Der Arzt untersuchte mich. Er konnte nichts finden, was nicht in Ordnung war. Die Kleidungsstücke, die die Frau mir brachte, waren nicht neu, aber sie waren strapazierfähig und warm. Ein schwacher Geruch nach einem Desinfektionsmittel hing in ihnen.
»Wir sorgen gut für unsere Jungens«, sagte der Arzt. »Jetzt können Sie nach unten zum Frühstück gehen.«
Im Restaurant wartete der düster aussehende Deutsche auf mich. »Iß schnell, es ist schon spät«, sagte er.
»Wohin gehen wir?«
»Zur GPU.«
»Zur GPU?«
»Ja, natürlich.«
Ich nahm an, daß man mich vielleicht ausfragen werde. Man hatte mir ge-

sagt, daß die Geheimdienste kapitalistischer Länder darauf erpicht seien, ihre Spione in die Kominternschulen zu schicken.
Teils zu Fuß, teils in rüttelnden, überfüllten Omnibussen kamen wir in ein Viertel mit Palästen; diese hatten früher einmal Männern gehört, die jetzt tot und verschwunden oder im Exil waren. Wir kamen an dem schwerfälligen Admiralitätsgebäude vorüber und bogen in eine der Durchgangsstraßen ein, die hier ihren Anfang nahmen. Wir näherten uns dem schweigsamen Gebäude mit den dicken Mauern am Majorow-Prospekt.
Viele Menschen drängten sich in den schmutzigen Korridoren. Nachdem ich eine Zeitlang gewartet hatte, wurde ich in ein geräumiges Büro geführt, dessen einzige Dekoration aus einem Bild von Lenin und einem von Felix Dserschinski, dem Begründer der Tscheka, bestand. Zwei Männer in Uniform saßen an einem Tisch. Der eine war klein und dick. Das Gesicht des anderen schien nur aus einem Paar durchdringender Augen und hervorstehenden Backenknochen zu bestehen.
Ich wurde nicht ausgefragt. Beide waren über meine Vergangenheit gut informiert. Sie wollten nur meine Identität prüfen und eine Fotografie für meinen kommunistischen Studentenpaß machen. Die Männer sagten mir, daß ich während meines Aufenthalts in der Sowjetunion den Namen Adolf Heller führe. Alle Studenten hatten angenommene Namen, um sich gegen Spitzel ausländischer Polizeibehörden zu schützen. Anonymität war von entscheidender Bedeutung für die Tätigkeit, die wir später ausüben sollten. Auch empfahlen die Genossen, im Verkehr mit Ausländern vorsichtig zu sein. Ich wurde gebeten, keine Briefe durch die Post an Freunde und Verwandte im Ausland zu schicken. Alle Briefe mit einem ausländischen Bestimmungsort mußten dem Sekretariat des Internationalen Klubs übergeben werden. Sie wurden dann mit dem wöchentlichen Kurier nach Berlin mitgenommen und dort zur Post gegeben, um ihre sowjetische Herkunft zu verbergen. Der wirkliche Grund dafür war natürlich die strenge Zensur aller hinausgehenden Mitteilungen durch die GPU.
Ich wurde fotografiert. Bevor man mich entließ, hielt ein todblasser Genosse eine kurze Rede. Jeden Satz begleitete er mit einem Nicken seines Totenkopfes. Kein Zweifel, er hatte die gleiche Ansprache schon tausendmal vorher gehalten. »Halte unerschütterlich die proletarische Disziplin aufrecht«, schloß er. »Du bist ein Gast der Sowjetunion. Du sollst eines Tages ihr Sohn werden. Zeige dich unserer gemeinsamen historischen Aufgabe würdig. Sei würdig der großen Tradition der bolschewistischen Revolution!«

An dem Vormittag nach der Rückkehr Ryatts aus Moskau hörte ich meine erste Vorlesung in der Internationalen Abteilung der Kommunistischen Universität. Das Hauptgebäude dieser Akademie für bolschewistische Theorie und Praxis war der frühere Palast der *Duma*, jetzt *Uritzky-Palast*, der einer der größten Parkanlagen der Welt gegenüberliegt. Die hochgelegenen Fenster, die Säulen- und Marmorgänge, die getäfelten Wände und die riesigen Kandelaber, der ganze massive Glanz einer vergangenen Epoche, vermittelten dem Neuling eine Vorstellung von der Vollständigkeit des bolschewistischen Triumphes. Die ernsten Bilder der Riesen der Revolution waren überall zu sehen. In Stein eingegraben fanden sich die Worte: *Arbeiter aller Länder, vereinigt euch!*

Mehr als sechstausend Studenten besuchten die Kommunistische Universität im Winter 1925/26. Weit in der Mehrzahl waren die Russen, die für eine politische oder administrative Tätigkeit in der Parteimaschine, in den Planungsstäben, in den Gewerkschaften oder den Genossenschaften, in der Roten Armee, der Roten Marine und der GPU und für Funktionen in der großen Zahl der kommunistischen Massenorganisationen ausgebildet wurden.
Die ausländischen Studenten waren in der Internationalen Abteilung zusammengefaßt; von ihr wurden rund zwanzig Räume im zweiten Stock eines in unmittelbarer Nähe liegenden Gebäudes, das früher die Leningrader Garnison beherbergt hatte, in Anspruch genommen. Die Chinesen, Japaner, Koreaner und Malayen hatten ihre eigene *Universität der Völker des Ostens* in Moskau und eine kleinere, die Pan-Pazifische Universität in Wladiwostok. Die amerikanischen Kommunisten hatten ihre besondere Abteilung an der *Universität der Völker des Westens*, die ebenfalls in Moskau war. Zu jeder der ausländischen Gruppen an der Kommunistischen Universität gehörten eine Anzahl Russen, die für die revolutionäre Arbeit außerhalb der sowjetischen Grenzen vorbereitet wurden. Es war eine Auslese, jung und klug, und alle beherrschten fließend mindestens eine Fremdsprache neben der russischen.
Die Vorlesungen an der Internationalen Abteilung befaßten sich fast ausschließlich mit den Aussichten des Klassenkampfes und dem Kampf für den Kommunismus. Sie verfolgten nicht den Zweck, Akademiker zu erziehen. Revolutionäre Theorien wurden nie außerhalb der aktuellen Klassenkampferfahrungen behandelt. Die Kämpfe der Vergangenheit und der Gegenwart – bewaffnete Erhebungen, Streiks und Bürgerkriege – wurden analysiert und seziert, die strategischen und methodischen Fehler hervorgehoben und Lehren daraus gezogen, um dem Studenten für die Aktionen der Zukunft Richtlinien zu geben. Alle Kurse führten zu der leninistischen Konzeption vom wichtigsten Schritt auf dem Wege zur klassenlosen Gesellschaft – der Ergreifung der Macht durch Revolution und die Errichtung der Diktatur des Proletariats unter der Führung der Kommunistischen Partei. Jeder Gedanke, jede Kampagne, jede wie immer geartete Aktion hatte nur dann Wert, wenn sie einen Fortschritt auf dem Wege zur Machtergreifung bedeutete. Jede Unterlassung, jeder Skrupel oder jede Nachlässigkeit, die diesen Fortschritt aufzuhalten vermochten, waren ein unverzeihliches Verbrechen. Revolution war nicht *ein* Weg – sie war der *einzige* Weg.
Es gab eine spezielle militärische Abteilung, in der die Offiziere der Roten Armee über die Strategie des Straßenkampfes und die Wissenschaft vom Bürgerkrieg lasen. Es gab da eine besondere Abteilung für das Studium afrikanischer Probleme und Sprachen, und eine andere – einer sehr streng ausgelesenen und verschwiegenen Elite vorbehalten –, an der GPU-Leute als Instruktoren wirkten. Hier wurden Fotografie, Fingerabdruck und Polizeiarbeit gelehrt. Und allen bekannt waren die Klassen, in denen eine große Anzahl russischer Mädchen unermüdlich daran arbeiteten, sich die westlichen Sprachen fließend anzueignen. Diese Mädchen waren politische Arbeiter. Sie waren die *Aktivisty* – ein Titel, auf den sie sehr stolz waren.
Die internationalen Universitäten der Komintern sind in Wirklichkeit Schulen, die von der Kommunistischen Partei der Sowjetunion eingerichtet und unterhalten werden. Da die Komintern tatsächlich nicht mehr und nicht we-

niger als die Auslands-Abteilung der KPdSU ist, sprachen wir Studenten oft scherzend von der Komintern als von der *Moskauer Fremdenlegion.* Aber sehr wenige von unseren Instruktoren waren Sowjetbürger. Die Mehrzahl der Dozenten unserer Fakultät waren Deutsche, Letten, Polen, Finnen und Ungarn. Der Prominenteste unter ihnen war Otto Wilhelm Kuusinen, der Führer der finnischen Sowjetrevolution von 1918, einer der Begründer der Komintern und vertrauter Mitarbeiter Lenins. Auch heute noch ist Kuusinen ein treuer Diener des Kreml und wurde in der Weltpresse als Führer der finnischen Scheinregierung genannt, die von Stalin während der sowjetischen Invasion Finnlands eingesetzt wurde.

Unter meinen Instruktoren waren auch zwei Ungarn, der ruhige und gelehrte Pap und der gutartige, wenn auch vulkanische Gögös; sie kamen einige Jahre später in Budapest zu Fall, wohin sie entsandt worden waren, um einen kommunistischen Staatsstreich zu inszenieren. Beide waren von ihrem eigenen Parteichef Rakosi verraten worden. Von der Polizei bis zum Wahnsinn gequält, hängte sich Pap im Gefängnis von Szegedin 1930 auf. Gögös starb unter den Händen seiner Folterknechte. Ein anderer Dozent, der talentierte Deutsche Arthur Ewert, der wegen seiner derben Herzlichkeit und seines ausgelassenen Humors beliebt war, geriet in ein brasilianisches Gefängnis. Besonders schrecklich war das Ende von Rosa Speculant, einer puritanischen Jüdin, die über Propaganda las. Sie wurde von der Komintern nach Polen geschickt und dort von der politischen Polizei verhaftet. Man hörte nichts mehr von ihr, bis ein geflohener kommunistischer Gefangener nach Berlin kam und folgendes berichtete:

> *Polizei-Inspektor Tkaczuk kam in das Gefängnis* von *Luck, um die Genossin Speculant auszufragen. Um sie zu einem Geständnis zu bringen, wurden ihre Fußsohlen mit Stöcken geschlagen. Wasser, Petroleum und Urin wurden ihr in die Nasenlöcher gegossen. Weil sie sich immer noch weigerte, zu gestehen, wurde sie von den Gefängniswachen vergewaltigt. Sie wurde der Station für Geschlechtskranke des Gefängnisspitals überwiesen.*

Inzwischen ist ein Kinderheim am Schwarzen Meer in der Nähe von Noworossijsk nach Rosa Speculant benannt worden.

Gelegentlich lasen auch hohe Funktionäre der Komintern an der Universität. Derartige Vorlesungen waren festliche Ereignisse. Sie hatten den Charakter bolschewistischer Massenveranstaltungen und wurden in dem ehrwürdigen Großen Sitzungssaal abgehalten, in dem früher die *Duma* zusammentrat. Besonders hervorragend unter den Gastdozenten war Ossip Pjatnitzki, der hartgesottene Chef der Organisationsabteilung – des Org-Sekretariats – der Komintern. Pjatnitzki war der am meisten gefürchtete Mann bei allen trägen Parteibürokraten in der ganzen Welt. Er war der Mann, der zahlte oder sperrte und die Unterstützungen der Komintern für ausländische Parteien herab- oder heraufsetzte. Er war der Mann, der die Peitsche offener Kritik ohne Furcht oder Begünstigung schwang; wo er eine eiternde Wunde sah, steckte er mit Vergnügen seine Finger hinein. Der kleine, untersetzte, ergrauende, ungeschliffene und tüchtige Pjatnitzki wischte den Beifall wie eine Zeitverschwendung beiseite. Er war ungeheuer populär unter den Studenten. Unter den Fachleuten für konspirative Organisation war er der unbestrittene Meister. Seine Stimme klang hart, hatte aber einen humoristischen Nebenton. Er beendete eine dreistündige Lektion über die *Organisation des Sieges* mit dem Ausruf: »Unser revolutionäres Vaterland, die Sowjetunion, steht im Krieg gegen die ganze kapitalistische Welt. Nur der Triumph der Weltrevolution vermag diesen Krieg zu beenden.«

Die ausländischen Studenten lebten in gesonderten Quartieren und nach Nationalitäten gruppiert. Abgesehen von offiziellen Verbrüderungsabenden wurden enge persönliche Beziehungen zwischen Studenten verschiedener Nationalitäten nicht gefördert, weil man fürchtete, daß Spione sich einen Weg in die studentische Mannschaft bahnen könnten. Ich lebte mit einer Gruppe deutscher oder Deutsch sprechender Genossen aus den baltischen Ländern in einem alten Mietshaus im Viborgbezirk. Auf der einen Seite war die Newka, der nördliche Arm der Newamündung, auf der anderen eine große Irrenanstalt, von der eine Abteilung der GPU unterstand. Wir standen um sechs Uhr dreißig auf, nachdem wir von einem dunkelhäutigen Helfer des Hausverwalters, einem Georgier, geweckt worden waren, der von Zimmer zu Zimmer lief und heiser schrie: »Auf, ihr Gefangenen des Hungers . . .« Nach einem Frühstück aus Brot und Tee machten wir uns auf den Weg. Ein Bus brachte uns im Schneckentempo südwärts über die Newa; er hielt bei jedem Häuserblock, um ganze Horden von Passagieren ein- und aussteigen zu lassen. In gehobener Stimmung ließen wir uns dort oft in der Dunkelheit und in der beißenden Kälte eines Leningrader Wintermorgens in heftige Flirts ein.

Die erste Vorlesung begann um neun Uhr. Die Themen reichten von Marx' *Theorie des Mehrwerts* bis zur *Anwendung von Clausewitz' Regeln für die Kriegführung, auf die Durchführung von Streiks*, vom *Revolutionären Defätismus und der Umwandlung eines imperialistischen Krieges in einen Bürgerkrieg* bis zu *Massenpsychologie und Propaganda.* Dann folgte eine Diskussionsstunde. Jedes Problem vom Krieg bis zur Ehe wurde vom reinen Klassenstandpunkt aus analysiert. Eine weitere Vorlesung folgte und dann wieder eine Diskussionsstunde. So wurde es ein Uhr.

Die Zeit von eins bis zwei war der Gymnastik gewidmet; Zielübungen mit Kleinkaliberrevolvern und Kleinkalibergewehren und andere Arten physischer Ertüchtigung wurden betrieben. Die Instruktoren waren Offiziersanwärter der Roten Armee, selbstherrliche Beispiele physischer Vollkommenheit. Die Demonstration athletischer Einzelleistungen war verpönt. Wenn einer außerordentliche Tapferkeit besaß, so war es ihm nicht erlaubt, damit zu renommieren, wie junge Leute das gerne tun. Alles wurde kollektiv gemacht, und das Tempo paßte sich dem des Langsamsten an. Von Zeit zu Zeit gaben drei Komsomolzen eine musikalische Darbietung auf Trompeten zum besten. Eine der Leibesübungen bestand darin, unter einer eiskalten Brause zu turnen, ein Selbstkontrolltest, bei dem die Mädchen immer wieder die abgehärtesten männlichen Studenten übertrafen. *Severnoje Sijanije — aurora borealis* — wurde diese Tortur genannt.

Nachmittags schrieben wir gewöhnlich Abhandlungen oder Flugblätter-Texte über Themen, die uns von unseren Instruktoren gegeben worden waren. Die Studenten hatten die Wahl zwischen zwei Themen, zum Beispiel *Warum bekämpfen die Kommunistischen Parteien den Vertrag von Versailles?* oder *Welches muß die Politik der Kommunistischen Parteien im Falle eines Krieges zwischen Deutschland und Frankreich sein?* Ich erinnere mich an eine

Aufforderung, zu der Frage Stellung zu nehmen: *Ist Amerika ein imperialistischer Staat?* Sie schloß sich an das Studium des Buches von Scoot Nearing *The American Empire* an, das an uns in vervielfältigten Abzügen und in die verschiedenen Sprachen übersetzt verteilt wurde.

Jede Minute unserer Zeit wurde von einem Kontrollbüro der Komintern überwacht, dessen unsichtbarer Chef Kuusinen und dessen sichtbarer Leiter die deutschen Kommunisten Kühne und Schneller waren. Schneller war Weltkriegsoffizier in der deutschen Armee gewesen. Kühne war eine Mischung von Geschäftsmann und Wissenschaftler und wurde später der Sekretär der kommunistischen Fraktion des deutschen Reichstags. Es kam vor, daß Heinz Neumann, dessen regulärer Sitz im Komintern-Gebäude in Moskau war, sich bis in die kleinste Einzelheit in die Aufstellung unseres Zeitplans einmischte. Viele von uns hatten eine Abneigung gegen diesen Sprößling eines millionenschweren Berliner Getreidehändlers schon wegen seiner gewalttätigen diktatorischen Manieren und wegen seines offen zur Schau getragenen Zynismus, mit dem er hübsche Studentinnen in sein Hotel zitierte. Es war bekannt, daß er ein schönes junges Mädchen aus der Kaukasusgegend als Freundin in Moskau sitzen hatte. Trotzdem ließ er jedesmal, wenn er in Leningrad war, ein skandinavisches oder deutsches Mädchen kommen, die dann Heinz Neumanns Appetit befriedigen mußten. Die Mädchen gingen gerne zu ihm hin. Neumann stand in dem Ansehen, einer der wenigen ausländischen Kommunisten zu sein, die zum inneren Kreis um Stalin gehörten, dessen Name damals auf uns alle magisch wirkte. Aber die ganze Ausländische Abteilung der Kommunistischen Universität kicherte, als Heinz Neumann von Unbekannten überfallen und auf dem Dekabristenplatz im Schatten des Denkmals Peters des Großen verprügelt wurde. Wie gewöhnlich war Neumann in Gesellschaft einer jungen Frau, beide waren leicht betrunken. Am nächsten Tag – dem Lenin-Liebknecht-Luxemburg-Gedächtnistag – pflegte Neumann seine Wunden in der Einsamkeit. Aber am darauffolgenden Morgen erschien er im Kontrollbüro, um an die Studentendelegierten Anweisungen zu geben für einen Verbrüderungsabend mit den Arbeitern der Putilow-Werke im *Palast der Arbeit*. Dieser kaltblütige Wüstling war ein tüchtiger Parteiarbeiter.

Die offizielle Überwachung beschränkte sich nicht nur auf die genaue Einteilung unserer Zeit. Was wir lasen, unsere Unterhaltungen, unsere persönlichen Beziehungen wurden durch unsichtbare Agenten der GPU überwacht, die zudem noch bei jeder Studentengruppe einen Spitzel unterhielt. Nur kommunistische Zeitungen – und davon wieder nur eine strenge Auswahl – durften von uns gelesen werden. Wir durften keine anderen Bücher haben als die, welche von den Universitätsbüchereien und dem Internationalen Klub ausgegeben wurden. Wir wurden sorgfältig von jedem persönlichen Kontakt mit russischen Arbeitern und Studenten ferngehalten. In regelmäßigen Zeitabständen zeigten alle Zimmer in den Studentenheimen Spuren einer gründlichen Durchsuchung, die zu einer Zeit durchgeführt wurde, in der die Zimmerinsassen in der Vorlesung oder auf einem Ausflug waren. GPU-Männer hörten bei allen Gruppengesprächen zu. Wir waren aufrichtige Revolutionäre, der Sowjetunion ergeben, und betrachteten die GPU als unsere Beschützerin. Um vom eisenbeschlagenen kommunistischen Pfad abzuweichen, dazu waren wir vom Morgen bis zum Abend viel zu sehr beschäftigt. Es ist mir in all jenen Monaten auch niemals irgend etwas bekannt geworden, was darauf hingedeutet hätte, daß ein ausländischer kommunistischer Student irgendwelche Schwierigkeit mit der GPU gehabt hätte.

Die Studentengruppe, zu der ich gehörte, zählte dreiundfünfzig Mitglieder, bisweilen waren es mehr, bisweilen auch einige weniger. Wir lebten gut. Wir erhielten unser Essen kostenlos, wir erhielten Kleider, wenn wir welche brauchten und einen Antrag stellten. Gesellige Veranstaltungen und Ausflüge kosteten uns auch nicht eine Kopeke. Die fünfzig Rubel, die jeder von uns alle vierzehn Tage von der *Kassa* des Kontrollbüros erhielt, konnten wir ausgeben, wie wir wollten, für Trinken, Zigaretten oder andere Kleinigkeiten. Aber wir dreiundfünfzig waren gezwungen, in acht kleinen Räumen zu schlafen, von denen die drei größten den fünfzehn Mädchen unserer Gruppe als Quartiere und Schlafräume dienten. Die jungen Männer wurden zu sieben oder acht in jedem der übrigen Zimmer zusammengepfercht. Wir schliefen auf zusammenklappbaren Feldbetten. Wenn alle Betten aufgestellt waren, füllten sie die Zimmer von einer Wand zur anderen. Gewöhnlich brannten die Lichter die ganze Nacht, denn es gab immer einen, der es für wichtiger hielt, zu lesen, was verlangt wurde, als gründlich zu schlafen. Die eisernen Öfen waren rotglühend, aber ihre Zahl reichte nicht aus, um es wirklich warm werden zu lassen. Kleine Öllampen, abgenutzte Kaffeemaschinen, Samowars und sogar Kerzen wurden benützt, um die grimmige Winterkälte zu bekämpfen. Die Fensterscheiben waren teilweise zerbrochen und mit Papier oder alten Stoffresten überklebt. Aber alle Unbehaglichkeit und das Fehlen einer Möglichkeit, sich zurückzuziehen, führte niemals zu Streitigkeiten oder zu Verdrießlichkeiten unter uns. Wir setzten unseren Stolz darein, zu zeigen, daß keine Unbequemlichkeit uns entmutigen konnte.

Wir verachteten die bürgerlichen Ideale einer gesicherten Existenz, der Ehe und der Liebe, von Eigentum und Gesetz und Ordnung. Keiner von uns dachte daran, Kinder zu haben oder einen Garten oder ein Zimmer voll Möbel oder eigene Bücher. Wir glaubten zu wissen, was uns in den kommenden Jahren erwartete. Wir waren die Jugend einer internationalen Verschwörung. Die Kapitalisten und ihre käuflichen Regierungen würden uns mit allen Mitteln bekämpfen, weil sie wußten, daß unser Triumph ihren Tod bedeuten würde.

Wir erwarteten keinen Pardon und hatten nicht die Absicht, welchen zu geben. Unsere Arbeit war die Zerstörung – die äußerste und unbedingteste Zerstörung der kapitalistischen Gesellschaft und des kapitalistischen Staates, ein Aufreißen und Umwerfen aller Maßstäbe und Werte, die sich aus den Grundbegriffen: *meine* Erde, *mein* Haus, *mein* Land, *meine* Frau, *meine* Fabrik oder Schiff oder Bergwerk oder Eisenbahn ergaben.

Ehen zwischen den jungen Kämpfern für die Weltrevolution waren zu vermeiden. Männer mit Familien und Frauen mit Kindern würden allzusehr am Frieden hängen. In der immer stürmischen und häufig kurzen Laufbahn des Berufskommunisten wurden normale Eheneigungen schon im Keim zerstört. Angesichts des kolossalen revolutionären Ziels, das vor uns lag, schien uns die Pflege persönlicher Gefühlsbeziehungen zwischen Mann und Frau trivial und nichtig. Aber wir waren keine Keuschheitsapostel. Wir waren gesunde junge Tiere, die genauso der erotischen Leidenschaft, der Verliebtheit und

der Sehnsucht nach den Liebkosungen der Geliebten fähig waren wie die übrige männliche Jugend und die lebenshungrigen Mädchen.
Diskussionen über die Vorzüge und Nachteile der »freien Liebe« überließen wir den Intellektuellen eines dem Untergang geweihten Liberalismus. Wir waren zu direkt in unseren gegenseitigen Beziehungen, um ein Opfer der Gewohnheit des Werbens und Flirtens zu werden, das »auf der anderen Seite« vorherrschte. Verfemt waren schwüles Geflüster und laszive Anspielungen. Verfemt war auch erotische Eifersucht. Verfemt war auch das Verfolgen und Bestürmen von Mädchen, die nicht Lust hatten, darauf einzugehen. Verfemt war falsche Scham und morbide Neugier. Es galt als Regel, daß der Student, der sich zu einem bestimmten Mädchen hingezogen fühlte, ihr frei heraus sagte: »Ich begehre dich. Sei meine Freundin, solange die Partei uns erlaubt, zusammen zu sein.« Wenn die Gefühle gegenseitig waren, pflegte das Mädchen zu lächeln und zu nicken, und die Sache war in Ordnung. Die Mädchen handelten nicht anders. Oft lebten zwei oder mehr junge Männer zugleich mit demselben Mädchen in intimer Freundschaft. Es wurde kein Geheimnis aus solchen Verhältnissen gemacht. Die Unterhaltungsräume im Parterre unseres Hauses, in denen wir tanzten, Wodka tranken und abends Schach spielten, wurden gegen Mitternacht zum unveräußerlichen Schutzgebiet der Liebenden. Die russischen Komsomol-Mädchen umlagerten die internationalen Studentenheime in Scharen und umgaben, wie das auch bei uns der Fall war, die ausländischen jungen Revolutionäre mit einer Aura romantischen Heldentums. Die unglücklichen Prostituierten, die auf den Plätzen und in den Hauseingängen vor Kälte zitterten, berührten nie unser Leben. Fälle von Geschlechtskrankheiten unter den Studenten waren außerordentlich selten.
Die Meisterhandwerker im Kreml hätten sich keine besseren Werkzeuge wünschen können. Wir waren die vor nichts zurückschreckenden Gefangenen einer grandiosen Fiktion, wir, die wir uns für hartköpfige Materialisten hielten. Wir gingen über die Not des Alltags hinweg, über die rund um uns her verstreuten Trümmer menschlicher Existenzen, über den Terror und den Militarismus, der im Land vorherrschte, mit dem vorgeformten Glauben, daß wir mit Riesenschritten vorwärtsmarschierten: »Die Macht ist unser – und die Zukunft auch!«
Von den sechs Genossen, die während jenes Winters in Leningrad meine Zimmerkameraden waren, sind zwei tot, einer kam ins Gefängnis. Von den anderen habe ich jede Spur verloren.
Ins Gefängnis kam Hans Sorgers. Er war ein heiterer, treuer junger Mann, der im Internationalen Klub Schuhplattler tanzte und gerne bayrische Volkslieder sang. Er wurde Verleger der deutschen Parteipresse und hielt auch noch an seinem Posten fest, als der Reichstag in Flammen aufgegangen war, bis eine Liebesgeschichte mit einer jungen Jüdin ihn in die Netze der Gestapo brachte. Nach einer der üblichen Razzien wurde das Mädchen verhört. Halb wahnsinnig vor Angst, verriet sie ihren Liebhaber. Fünfzehn Jahre Einzelhaft im Gefängnis Plötzensee bei Berlin waren sein Los.
Ein anderer, Nikola Koffardschieff, ein mutiger und ernsthafter Bulgare mit einem Kopf wie aus Eiche geschnitzt, war ein ausgezeichneter Schachspieler. Er war der einzige in unserer Gruppe, der nie den Arm um ein Mädchen legte. Aber er liebte Kinder. Er gab ihnen Bonbons und erzählte ihnen Geschichten.

Das war seine Entspannung – und ein Liter Wodka einmal im Monat. Wenn Nikola betrunken war, wurde er düster, ging hinaus und wanderte die ganze Nacht durch die Straßen. Er war ein fleißiger Arbeiter, den nur Kinder zum Lachen bringen konnten. Im September 1931 sandte Georgi Dimitroff Nikola in einer Komintern-Mission nach Bulgarien. Am 30. Oktober, als er sein Leben einsetzte, um einen verhafteten Genossen zu befreien, wurde er von Polizeibeamten in den Straßen von Sofia erschossen.

Und dann war da noch Kazys Kentautas, der Litauer, den ich nie vergessen werde. Er war der beste Student unserer Gruppe, der Sohn eines Hufschmiedes aus Memel. Er las Hegel und Feuerbach im Original, und heimlich las er auch Nietzsches *Zarathustra.* Kazys war kein Kämpfer, aber er gehörte zu denen, die nackt in das Feuer gehen würden, um sich selbst zu beweisen, daß der Geist bisweilen über die Materie triumphieren kann. Eines Abends sah er mich im Palast der Arbeit in Leningrad mit Kristinaite tanzen, einem schmächtigen Mädchen mit feurigen Augen, das an der Ausländischen Abteilung Volkswirtschaft und konspirative Organisation studierte. Er verliebte sich plötzlich in sie und konnte sich beinahe in einen Rauschzustand versetzen, nur dadurch, daß er Kristinaites Haare anstarrte, die von einem weichen, glänzenden Schwarz waren. Von jenem Tage an hatte er weniger Interesse an der Schule, aber irgendwie war er zu scheu, sie anzusprechen. Ich erzählte Kristinaite von Kazys. Er bildete sich für die Arbeit in faschistischen Ländern aus – die gefährlichste aller Tätigkeiten. Kristinaite lachte und ging zu Kazys Kentautas. Danach waren sie fast jede Nacht zusammen. Er war mutig genug, sie zu heiraten. Kristinaite pflegte zu sagen: »Nach der Revolution werden wir Kinder haben.« Kurze Zeit darauf wurde er zu einer Untergrundtätigkeit nach Finnland geschickt, sie nach Rumänien oder Griechenland. Später arbeiteten sie zusammen in Lettland, um 1930 bekam Kristinaite ein Baby, das sie in einem Kinderheim jenseits der Grenze, im nahen Ostrow unterbrachte.

Bis Ende 1933 hörte ich nichts mehr von ihnen. Im Dienst der Komintern schrieben wir einander kaum jemals persönliche Briefe. Man ging von der Voraussetzung aus, daß der eine den anderen nicht kannte, es sei denn, daß beide den gleichen Auftrag hatten. Aber im Oktober 1933 entdeckte ich die Namen der beiden in der Kartei des westlichen Sekretariats der Komintern in Kopenhagen. Von Lettland waren sie zur Reorganisation der Partei nach Litauen gesandt worden. Sie wurden gefaßt und in die Kerker von Kowno geworfen. Kazys Kentautas wurde wegen Hochverrat zum Tode verurteilt. Kristinaite weigerte sich, ein Geständnis abzulegen. Unmenschliche Gefängniswärter folterten sie mit schweren Gefängnisschlüsseln. Kristinaite wurde wahnsinnig. Um die Folgen ihrer Brutalität zu verbergen, ermordeten die Wärter sie in der darauffolgenden Nacht.

Ich denke oft an Kristinaites plötzliches Gelächter. Hätte ich zu Kazys gesagt, als er mir seine Liebe zu ihr gestand: »Laß die Hände weg, Genosse Kentautas, sie ist nichts für dich, du kannst ja nicht einmal tanzen«, dann hätte Kristinaite vielleicht ein wenig länger gelebt.

Mit dem Ausbruch des Frühlings rührte sich die alte Wanderlust in meinem Blut. Ich hatte genug Vorlesungen an der Kommunistischen Universität gehört und sehnte mich nach den Winden und der Freiheit des Meeres. Außerdem erwarteten wir für das Jahr 1926 bedeutsame politische Ereignisse. In England kündete sich ein Generalstreik an, und wir hofften, er werde das britische Empire in seinen Grundfesten erschüttern. In China stand die Revolution vor der Tür. In Holländisch-Ostindien standen Pläne, die im Schoße der Komintern ausgeheckt worden waren, kurz vor der Ausführung. Ich bat, mich ins Feld zu schicken. Die Bitte wurde mir gewährt. Ryatt teilte mir mit, daß ich als Kurier in den Orient gehen solle, sobald entsprechende Abmachungen getroffen waren. Inzwischen wurde ich zur Eröffnung des Internationalen Seemannsklubs nach Murmansk abgeordnet.

In Begleitung einer Dolmetscherin fuhr ich nach dem arktischen Hafen. Zwei Tage und Nächte kroch unser Zug durch eine Schneewüste nordwärts. Murmansk, an einem düsteren Fjord gelegen, war zu jener Zeit ein verschlafenes und zu schnell groß gewordenes Dorf, das sich ungeordnet an den Hängen niederer, aber steiler Hügel ausdehnte. Sein tiefer gelegener Teil stak in gefrorenem Schmutz und Schlamm. Die Wärme des Golfstroms, die gerade noch um das Nordkap herumreichte, machte aus Murmansk den einzigen eisfreien Sowjethafen nördlich des Schwarzen Meeres. Es war ein öder Hafen mit vernachlässigten Schuppen und Pieren. Ein alter kleiner Frachtdampfer und zwei kleine Trampschiffe lagen im Nebel vor der Küste. Eine unbeschreibliche Schwermut hing über dem Ort. Aus einem schmierigen Himmel fiel Sprühregen. Aber die Häuser in der Nähe des Bahnhofs, aus rohbehauenen Stämmen gebaut, waren wasserdicht und warm.

Ein Delegierter der sowjetischen Seemanns-Union erwartete mich am Bahnhof; die Leute, die ich dort sah, waren schmutzig, zerlumpt und verdrießlich; der Mann hatte ein Gesicht, aus dem das Leben alle Wünsche getilgt zu haben schien. Er nickte mir nur ein unfreundliches Willkommen zu, ohne seine Hände aus den Löchern seines zerfetzten Überziehers zu nehmen, und veranlaßte mich, ihm zu folgen. Wir gingen zusammen zum Internationalen Klub, einem langen, aus schmalen Baumstämmen gebauten Haus, das innen mit einer Büste Lenins, Bildern von Marx und anderen revolutionären Führern, roten Fahnen, einem großen Gestell voll nagelneuer Bücher und Broschüren und einem Grammophon mit einem rotangestrichenen Lautsprecher dekoriert war. Der Regen tropfte durch die Sackleinwand, mit der die Fenster an Stelle von Glas verkleidet waren. Es gab keinen Waschraum in dem Gebäude.

Die aktive Mitgliederzahl des Murmansker Interklubs bestand aus fünf Russen, darunter zwei Mädchen aus Leningrad, die Deutsch und Englisch konnten, und vier ausländischen Seeleuten, einem Deutschen, zwei Skandinaviern und einem Schotten. Das war eine lustige Gesellschaft und ganz zufrieden mit ihrer Aufgabe, die Fahne des Internationalismus in dieser feuchtesten Gegend des sowjetischen Vaterlandes hochzuhalten. Ich hielt die Hauptrede der Gründungsfeier, nachdem der Vorsitzende mich als »Delegierten der Arbeiter des kapitalistischen Europa« eingeführt hatte.

Eine Woche später, nach meiner Rückkehr nach Leningrad, lagen für mich Instruktionen vor, denen zufolge ich über Berlin nach Rotterdam gehen und dort auf einem für Ostasien bestimmten Dampfer anheuern sollte. Ryatt übergab mir die nötigen Empfehlungsschreiben und einen schweizerischen Paß, dessen Originalfotografie durch ein Foto von mir ersetzt worden war.
»Immer wenn du einen falschen Paß gebrauchst«, erklärte mir Ryatt in seiner trockenen und nüchternen Art, »dann sieh zu, daß du die Grenze nachts überschreitest. Nachts sind die Grenzbeamten weniger aufmerksam, und man sieht Fehler im Paß viel schlechter bei elektrischem Licht.«
Um nicht durch Polen reisen zu müssen, wo die politische Polizei eine ungewöhnlich wirksame Einrichtung in einem sonst ganz unwirksamen Land war, machte ich den kleinen Umweg über Riga und betrat Deutschland über die ostpreußische Grenzstadt Eydtkuhnen.
Der Expreßzug, den ich in Riga bestieg, war wenige Wochen zuvor der Schauplatz eines blutigen Kampfes gewesen. Das brachte mir in Erinnerung, daß der Beruf eines Kominternkuriers, zu dem man mich jetzt bestimmt hatte, einer der gefährlichsten ist, die es auf der Erde gibt. Die internationalen Kuriere Nette und Machmannsthal waren *en route* von Berlin nach Moskau unterwegs und hatten viele vertrauliche Dokumente bei sich, die ihnen von den Sowjetagenten in London übergeben worden waren. Die Dokumente waren in diplomatische Kuriersäcke verpackt. Außerhalb von Riga, kurze Zeit nachdem die beiden Kuriere sich auf lettischem Territorium befanden, drangen zwei Fremde in schwarzen Kleidern und schwarzen Masken in das Schlafwagenabteil der beiden Kominternmänner ein. Die Eindringlinge zogen Pistolen und verlangten die Herausgabe der Kuriersäcke. Es war Nacht, und der Zug raste nordwärts mit einer Stundengeschwindigkeit von nahezu 90 Kilometern. Nette, der im oberen Bett geschlafen hatte, griff unter das Kopfkissen nach seiner Pistole. Im unteren Bett erwischte Machmannsthal ebenfalls seine Pistole, die er am Pyjama befestigt trug. Die maskierten Fremden eröffneten sofort das Feuer. Die Kuriere, die durch das Bettzeug behindert waren, begannen ebenfalls zu schießen. Vier Pistolen knallten in einem Raum von weniger als sechs Fuß los. Nette erhielt Schüsse durch Lunge und Magen.
Er sprang aus dem Bett, fuhr aber fort, vom Gang des rüttelnden Zuges aus zu schießen. Das Abteil war von oben bis unten mit Blut bespritzt. Als der Rauch abzog, waren die beiden Angreifer tot. Nette lag im Sterben. Machmannsthal war schwer verwundet, blieb aber am Leben. Die Kurierpost wurde in Sicherheit gebracht. Spätere Erhebungen durch die Rigaer Polizei und die GPU in Leningrad ergaben, daß es sich bei den toten Angreifern um frühere Weißgardisten handelte, die im Dienst des britischen *Secret Service* standen.
In Berlin erhielt ich meine Befehle von Fritz Heckert, einem von Moskaus Hauptagenten im Ausland, und von einem chinesischen Kommunisten, der, soviel ich mich erinnere, Wan-Min hieß. Bela Kun war damals auch in Berlin, das zu jener Zeit der Hauptsitz der Komintern außerhalb der Sowjetunion war. Die deutsche Republik war das liberalste und nachlässigste Land bei der Jagd auf ausländische Agitatoren. Meine Aufgabe für die nächsten Monate wurden mir im Café Bauer bei Kaffee und Kuchen erläutert.
Ein Staatsstreich wurde für Holländisch-Ostindien geplant. Eine siegreiche

Erhebung der Eingeborenen von Java und Sumatra, so hoffte man in Moskau, würde Japans Appetit auf diese reichen indonesischen Inseln erregen. Jeder japanische Vorstoß auf Java mußte wiederum England zur Intervention veranlassen. Und das würde die britische Aufmerksamkeit von dem, was in China vorging, ablenken. Die Strategie bestand darin, »die kapitalistischen Länder gegeneinander auszuspielen«, zum Besten der Sowjetunion. Ich sollte eine Sendung vertraulichen Materials zu M. Lan, einer chinesischen Komintern-Agentin in Indonesien, bringen. Die Sendung bestand aus einer Anzahl von Paketen, deren Inhalt zu belastend war, als daß man sie hätte durch die Post schicken können, und zu umfangreich, um mit Erfolg auf dem Wege über eine regelmäßige Passagierroute durchgeschmuggelt zu werden. Vielleicht enthielt sie auch Geld. Zum Zweck der Identifizierung bekam ich das Schnappschußfoto eines Hundes. Jeder, der mir eine zweite Kopie dieses Fotos vorwies, sei es in Singapore, Sabang oder Belawan, war zur Entgegennahme der Sendung berechtigt. Ich mußte als *bonafide*-Seemann von Rotterdam aus fahren, wo mich mein Kuriergepäck erwartete. Heckert zeigte mir ein Bild von M. Lan und sagte mir, daß sie möglicherweise selbst an Bord des Schiffes kommen werde.

»Dein Gehalt beträgt von jetzt an«, sagte Heckert, »achtzig Dollar monatlich. Wenn das Material richtig abgeliefert worden ist, so schick mir ein Telegramm und begib dich nach Shanghai, um weitere Instruktionen entgegenzunehmen.«

Vom *Technischen Büro* – der Paßfälscherzentrale der Komintern in Berlin – bekam ich ein gutes deutsches Seemannsbuch und Empfehlungsschreiben eines Missionars, der in der Londoner Seemannsmission tätig war. Bevor ich in den Berlin-Amsterdam-Expreß stieg, wurde ich dringend davor gewarnt, irgend jemandem, »auch nicht deiner Mutter oder deiner Geliebten«, zu erzählen, wohin ich gehe, jeden persönlichen Verkehr zu meiden und mich bei Fragen Außenstehender dumm zu stellen. »Schweigen ist Gold«, erklärte mir Wan-Min. »Wenn du nicht verschwiegen bist, können wir dich nicht brauchen.«

Mein Dampfer war die *Franken*, mit Kapitän Kühnemann vom Norddeutschen Lloyd, ein schönes neues Schiff, damals auf seiner Jungfernfahrt.

Ich kam durch eine einfache List auf das Schiff. Als der Dampfer in Rotterdam anlegte, gab ein kommunistisches Besatzungsmitglied eine ernsthafte Krankheit vor und wurde ins Marinehospital gebracht. Ich hatte keine Schwierigkeit, die Stellung des »kranken« Mannes zu bekommen. Doch bevor die *Franken* auslief, wurde ich mit zusätzlichen Verantwortlichkeiten belastet. Ein junger ortsansässiger Kommunist holte mich mitten in der Nacht aus meiner Koje.

»Komm an Land«, sagte er schwer atmend. »Es ist ein Bote aus Hamburg für dich da.«

Albert Walter in Hamburg hatte von meiner Reise in den Fernen Osten Wind bekommen und wollte mir kurz entschlossen auf Kosten des Berliner Büros, das meine Reise finanzierte, einige von seinen Geschäften aufhängen. Ich zog mich an und hetzte an Land. In einem Nachtlokal traf ich Hugo Marx. Sein bleiches, schmales Gesicht zeigte das übliche fuchsartige Grinsen, und seine Augen waren halb geschlossen. Er gab mir einen Brief mit Instruktionen, auf dem stand: *Auswendig lernen – vernichten,* und verschiedene

große Umschläge, die Geld für die kommunistischen Hafeneinheiten in Genua, Alexandria und Colombo enthielten.
Die *Franken* stach in See; meine »Post« war sicher an Bord verstaut. Der erste Anlegehafen war Genua. Am frühen Morgen wuchs es aus dem Meer, ein Amphitheater von Perlgrau, Gelb und Rosa gegen einen Hintergrund baumloser grüner Hügel, die von Befestigungen gekrönt waren.
Ein Kommunist mußte in Italien wachsam sein. Das Bild Mussolinis starrte aus jedem Schaufenster Genuas. Falkenäugige junge Schwarzhemden standen an jeder Straßenecke. Ein falsches Wort, eine ungeschickte Bewegung, eine harmlose kleine Unterlassungssünde konnten Scharen ehrbarer Revolutionäre den Untergang in den Inquisitionskammern der *Ovra* bringen. Der Verbindungsmann der italienischen Untergrundbewegung kam an Bord in der Verkleidung eines Packers. Er erkannte mich an dem vorher vereinbarten Zeichen: ein blaues Taschentuch, das mit einem Doppelknoten um den Hals gebunden war. Sein offenes, energisches Gesicht strafte alle gängigen Vorstellungen vom Aussehen eines Verschwörers Lügen.
»Gib mir eine Zigarette«, sagte er freundlich.
Ich zündete für ihn ein Streichholz an und wartete auf das Stichwort. Der Genuese gab es mit einer beinahe spielerischen Nonchalance. »Laß uns noch einmal nach Tripolis gehen ...«, summte er auf italienisch.
Das war die erste Zeile eines Soldatenliedes aus dem türkischen Krieg.
»... O laßt uns den *Arabis* die Köpfe abschneiden«, fuhr ich fort.
Ich ging voran. Er folgte mir gemächlich. Im Spind des Bootsmanns händigte ich ihm den Umschlag aus, den ich von Hugo Marx bekommen hatte. Er war in einer neuen Taurolle versteckt gewesen. Der Italiener riß den Umschlag auf und machte sich über den Inhalt her. Er enthielt einige maschinengeschriebene Blätter und eine Geldsumme in amerikanischer Währung. Ich vereinbarte mit ihm, daß er für die gleiche Nacht eine Konferenz der Hafen-Funktionäre organisieren und mich dazu abholen sollte. Der Italiener zerriß den Umschlag in kleine Fetzen. Das Geld steckte er ein. Die Briefe machte er auf seinem Schenkel mit einem Gummiband fest. Nun war er bereit zu gehen.
»Viel Glück«, sagte ich, »vergiß nicht – heute abend.«
»*Viva Lenin*», antwortete er mit Inbrunst »*Ora esempre!*«

»Loslassen – vorn und achtern!«
Die *Franken* dampfte an der italienischen Küste entlang und lag wenige Tage später zur Kohlenübernahme in Port Said. Kohlenleichter kamen längsseits, und eine Bande schreiender arabischer Kohlentrimmer überschwemmten das Schiff. Ich hatte einen Brief für die kommunistische Hafenorganisation von Alexandria, dem größten Hafen Ägyptens. Das Hauptquartier in Hamburg hatte die Genossen von meinem Kommen informiert. Es war also kein Zweifel, daß sie mir einen Verbindungsmann nach Port Said schicken würden. Ich wartete. Eine Zeitlang dachte ich, daß der Kurier aus Alexandria sich unter den Hausierern mit den Korallen-Nippsachen und dem türkischen Konfekt befinde. Aber er tauchte nicht auf.
Die geschwungenen Ufer des Suezkanals glitten vorbei, heiß und gelb, verlassen bis auf die Kolonnen von Ankerpfählen, die Hütten und Esel und von Zeit zu Zeit ein Kamel, das seine schwere Last schleppte. Die *Franken* durchquerte der Länge nach das Rote Meer. Das verbotene Bab-el-Mandeb er-

schien und verschwand wieder in einer sternenübersäten Nacht. Und nach einer sechstägigen Fahrt durch den bleiern schimmernden Indischen Ozean fiel der Anker auf der Reede von Colombo.

Im Norden, übervölkert und geheimnisvoll, lag Indien. Auf der Schule in Leningrad hatte ich N. M. Roy gehört, den führenden ostindischen Bolschewiken, als er über die Probleme der kommunistischen Offensive in Indien sprach. Die Partei war stark in den Industrien von Bombay, Madras, Kalkutta. Die Teilnehmer bei Streiks und Demonstrationen wurden nach Hunderttausenden gezählt. Kinderarbeit, die längste Arbeitszeit, die niedrigste Bezahlung und die höchste Sterblichkeit lieferten anklagendes Material für die Agitation. Aber in Indien waren die Schwierigkeiten auf dem Wege zu einem kommunistischen Erfolg größer als bei den primitiven Kolonialvölkern. Primitive Völker sind ungeduldig und männlich. Die größte Untugend der Hindus war ihre senile Tradition, ihre Schwäche und Passivität. Die Kommunistische Partei von Britisch-Indien war gezwungen, an vielen verschiedenen Fronten zu kämpfen. Sie bekämpfte den britischen Imperialismus. Sie bekämpfte Gandhi als einen Verräter des indischen Volkes. Sie bekämpfte die reaktionäre Gruppe der indischen Bourgeoisie. Sie verband sich mit der liberalen Fraktion und der Intelligenz, mit der Absicht, beiden später die Kehle durchzuschneiden. Sie gab sich Mühe, die religiösen Gefühle der Moslems an der Küste von Malabar nicht zu verletzen. Welle auf Welle überflutete die in Moskau und Leningrad gedruckte und in die mehreren Hundert indischen Dialekte übersetzte Propagandaliteratur Indien, um das eigenwilligste Hindernis von allen zu beseitigen — das Kastensystem der Hindus.

Der Kurier der Organisation in Colombo, ein indischer Matrose mittleren Alters, war pünktlich. Bei Sonnenuntergang kam er in einem bequemen Boot von der Küste her an Bord und brachte kleine Spielelefanten aus Ebenholz und ein Bündel grellbunter Schals, mit denen er sofort bei den Maaten und Ingenieuren zu hausieren begann. Er trug geflickte Khakihosen und ein ärmelloses blaues Hemd, das ihm über den Gürtel herunterhing. Das Losungswort, das man ihm von Hamburg aus zugeschickt hatte, rief er laut über das ganze Schiff:

»Wer hat für mich eine *London Times*? Ich möchte gerne lesen. Es macht nichts, wenn sie alt ist.«

Ich nahm ihn unter dem Vorwand nach vorne, ihm einen Schal abkaufen zu wollen, und übergab den Brief. Er versprach, ihn nach Pondicherry in die französische Kolonie zu bringen, wo sich die Leitung des Marineaktivs befand. Ich hatte keine Zeit, mit ihm an Land zu gehen. Die *Franken* lag nur für wenige Stunden vor Anker. Wir trennten uns. Als ich über die Reling lehnte und den *Lascar* in der samtweichen Dunkelheit davonrudern sah, kam er mir mit einemmal vor wie ein Verrückter, der den stürmischen Ozean in einem Sarg zu überqueren versucht. Einen Augenblick lang schien das Ziel, für das er und ich und alle anderen von uns kämpften, in weite Ferne gerückt. »Wir alle sind Verrückte, die in Särgen durch die Nacht rudern«, dachte ich. »Tote auf Urlaub!« Ich hörte das Klatschen des Wassers im Hafen und das dumpfe Schlagen der Ankerkette im Rohr der Klüse. An der flachen Küste brannten trübe die Lichter. Ich ging unter Deck, um Kaffee zu trinken und eine Zigarette zu rauchen.

Die *Franken* dampfte ostwärts, den Golf von Bengalen entlang und die ge-

fährlichen Nikobaren meidend. Die Zufahrtswege zur Malakka-Straße waren sehr belebt; wir trafen auf Liniendampfer, überseeische Trampschiffe, kleine dreckige Küstendampfer, Dschunken mit hohem Heck, die wie schlafende Fledermäuse aussahen, und einheimische Fahrzeuge mit fremdartigen Boots- und Segelformen. Längs der Durchfahrt zwischen dem Indischen Ozean und dem Chinesischen Meer lagen die Anlegehäfen eine knappe Tagesreise auseinander. Der erste war Sabang, reich, grün, mit steilen Ufern, eine Kohlenstation an der Nordspitze von Sumatra. Belawan, Pulo Penang und Singapore folgten. Hier, war mir gesagt worden, würde die Revolution zunächst ausbrechen. Hier sollte das Hauptkontingent der Konterbande, die ich mitführte, an Land gebracht werden. Meine Spannung wuchs von Tag zu Tag. Ich schlief wenig. Auf keinen Fall durfte ich den Verbindungsmann der indonesischen Partei verfehlen. Was auch immer die vielen Päckchen in Buchformat enthielten, ich würde sie um die halbe Welt herum mitgenommen haben. Sie waren wichtig. Ich musterte jeden gelbbraunen malaiischen Packer, der an Bord kam. Ich beobachtete die Bootsleute, die Hausierer, die Laufburschen der Krämer und erwartete, daß sie sich zu erkennen geben würden. Ich hielt es sogar für möglich, daß sich der erwartete Kurier unter den zehn- und zwölfjährigen Mädchen befinden könne, die an Bord kamen, um die Wäsche der Matrosen zu waschen und ihre Hüften zur Schau zu stellen.
Nichts ereignete sich in Sabang. Kein Fremder, der den Bedingungen entsprach, erschien, während wir auf der glühendheißen Reede von Penang lagen. Dann kam Singapore. Kaum waren die Taue um die Betingshölzer geschlungen und die Laufplanke ausgelegt, als ein Schiffskamerad nach mir rief.
»Ho – komm her! Hier ist eine Frau, die etwas von dir will.«
Neben einem Haufen chinesischer Werftarbeiter ging eine kleine Chinesin. Sie war unauffällig schwarz gekleidet. Ihre Bewegungen waren anmutig, ihre Gesichtszüge schmal und energisch. Sie kannte meinen Namen. Im Schutze des rückwärtigen Ruderhauses zog sie etwas aus ihrer winzigen schwarzgoldenen Handtasche, was auf den ersten Blick wie ein Stück Pappkarton aussah. Es war die Fotografie eines Hundes.
»Mögen Sie diese Art von Hunden gerne?« fragte sie höflich.
»Ich habe einen ganz gleichen«, lachte ich.
So lernte ich M. Lan kennen, den weiblichen Verbindungsmann der Kommunistischen Partei Indonesiens. Sie gab mir die Adresse eines Babu-Geldwechslers, der an einem Platz gerade außerhalb der Hafengrenze eine Bretterbude hatte. Mit Hilfe eines jungen Chinesen schmuggelte ich nachts meine Konterbande an Land hinter einer Postenkette schläfriger Sikhs vorbei. In der Nähe saß M. Lan in einer Rikscha und rauchte.
Noch heute kenne ich nicht den genauen Inhalt der verbotenen Sendung, die ich von Rotterdam nach Singapore transportierte. Alles in allem mochten die Päckchen vielleicht ein Gewicht von drei Zentnern haben. Vielleicht enthielten sie belgische automatische Pistolen oder Munition oder Explosivstoffe. Auf alle Fälle war es Dynamit, gedrucktes oder wirkliches, und ich war jedenfalls froh, daß ich es ohne Zwischenfall aus meiner Obhut geben konnte. »Transaktion durchgeführt«, kabelte ich an Fritz Heckert nach Berlin.
Der erwartete revolutionäre Staatsstreich kam kaum ein halbes Jahr später. Im November 1926 erhoben sich große Abteilungen javanischer Schwerarbeiter mit der Waffe in der Hand. Ein Aufstand in Sumatra folgte. Gebäude

wurden bis auf den Grund niedergebrannt, Eisenbahnen flogen in die Luft, es wurde viel Blut vergossen in Schlachten zwischen Insurgenten und Regierungstruppen. Die von den Rebellen auf Java und Sumatra angewandte Taktik war ziemlich die gleiche, die ich während der Barrikadenkämpfe in Hamburg festgestellt hatte. Die gleiche war auch die Hand, die hinter den Kulissen führte. Die Erhebung mißlang. Hunderte fielen in der Schlacht. Hunderte wurden verwundet. Tausende wurden gefangengenommen und in die Gefangenenlager nach Neu-Guinea geschickt. Hunderte wurden durch die Militärgerichte summarisch zum Tode verurteilt.

Ich desertierte von der *Franken* im Hafen von Hongkong. Die chinesischen Seeleute und Docker waren gerade im Streik. Britische Matrosen patroullierten an den Molen dieser britischen Kronkolonie, die an der Ecke jenes China liegt, das gärend den kommenden Aufruhr erwartete. Ich besaß noch etwa vierhundert Dollar von dem Kominterngeld, das ursprünglich für Ägypten bestimmt war. Ich beschloß, es für die Agitation unter den britischen, amerikanischen und deutschen Seeleuten im Hafen von Hongkong einzusetzen. Aber ich wurde bald gewahr, daß ein solcher Plan nicht durchführbar war an einem Ort, wo die britische Marine und der britische *Secret Service* ihre Scheinwerfer bis in den hintersten Winkel richteten. Mit allen verfügbaren Mitteln machten sie auf einen gewissen Kuchimow Jagd, einen Kominternagenten, der nach Hongkong gekommen war, um die Fortsetzung des Generalstreiks zu organisieren. Dann hörte ich von dem Fall des Genossen Dosser, eines anderen Agenten der Komintern, der versucht hatte, sich in Hongkong als getarnter Handelsvertreter niederzulassen. Seine europäische Freundin hatte den Versuch gemacht, ihn in seinem Hotel zu vergiften. Dosser band ihr daraufhin Hände und Füße und wechselte seine Wohnung, wurde aber bald verhaftet und deportiert. Mit bolschewistischer Hartnäckigkeit kehrte er heimlich zurück, wurde von neuem verhaftet und wieder deportiert; es gelang ihm jedoch, nach Shanghai zu entkommen. Britische Agenten verhafteten ihn dort, und seither hat man nichts mehr vom Genossen Dosser gehört. Diese Information veranlaßte mich zu einem Ortswechsel. Ich schiffte mich auf einem Küstenfahrer als Deckpassagier nach Shanghai ein.

In Shanghai setzte ich mich mit einer Deckadresse der Komintern in der unteren Nankingstraße in Verbindung, einem Friseur, wie sich herausstellte. Ein chinesischer Student nahm meine Empfehlungen entgegen und bat mich zu warten. Am folgenden Tag bestiegen wir Rikschas und ließen uns in die schönen Parkanlagen von Bubbling Well Road fahren. Von halbnackten, schwitzenden menschlichen Zugtieren durch die Straßen gezogen zu werden, war mir unangenehm. Den glänzenden gelben Rücken vor mir, das Klatschen bloßer Füße auf dem brennenden Asphalt und die schrillen Schreie einer Stimme, die sich einen Weg durch die Menge bahnen wollte, erweckten in mir den dringenden Wunsch, abzuspringen, dem Kuli einen Klaps auf seine schwitzenden Schultern zu geben und zu sagen: »Hör zu, nimm's, wie's ist; wir wollen zusammen eine Limonade trinken.« Aber die Straßen von Shanghai waren ebenso unsentimental wie verkehrsreich. Berge von rotgesichtigem Fleisch zogen, in untadeliges Weiß gehüllt, vorbei; bärtige Sikhs, unter den Turbanen eine Mischung von Sanftmut und selbstgefälliger Arroganz, schritten einher, schmutzige Kinder wälzten sich im Rinnstein, Frauen ächzten unter fürchterlichen Lasten, Händler sangen ihre Waren aus. Und überall sah ich

Arbeiter ohne Lächeln, die auf den Bürgersteigen entlanggingen, schrecklich arm, aber geschickt und hart, bester Rohstoff für jede Revolution. »China ist Asien!«, ein Satz, den ich von den Lippen eines meiner Lehrer in Leningrad gehört hatte: »Wenn wir China haben, haben wir auch Indien und alles, was dazwischenliegt.«

Wir hielten bei den Parkanlagen in der Nähe des *Majestic*-Hotels. Ein Mann mit ausgesprochen slawischen Gesichtszügen und den Manieren eines höflichen Parisers wartete hier. Dem Benehmen und Aussehen nach konnte er Lehrer oder auch Lokomotivführer sein. Er hieß Mandalian und war verantwortlicher Kominternagent für die gesamte Aktivität im Bezirk Shanghai.

Bis jetzt waren für mich keine neuen Anweisungen aus Berlin eingetroffen. »Wir können dich hier ebensogut brauchen«, bemerkte Mandalian, nachdem er mir einige oberflächliche Fragen gestellt hatte. Er ließ sich als erstes von mir die vierhundert Dollar aushändigen, die ich noch bei mir hatte. Danach spazierten wir durch den Park. Mandalian sprach mit einer schnellen, aber disziplinierten Stimme, und ich bemühte mich, den Sinn jedes Wortes zu erfassen.

»Halt den Kopf nicht so schief auf eine Seite wie ein Verschwörer«, ermahnte er mich, bevor wir auch nur hundert Meter gegangen waren. »Vielleicht sind Leute da, die uns beobachten. Sei *légère*; benimm dich wie ein Müßiggänger, der über Pferderennen plaudert ...«

Mandalian sprach hauptsächlich über die fremden Kriegsschiffe und die ausländischen Soldaten in China, eine bewaffnete Macht, welche die größte Gefahr für die kommunistische Revolution in China bedeute. Die Kanonen auf den grauen Schiffen konnten nicht durch Frontalangriffe selbst einer Million schlecht bewaffneter Kulis außer Betrieb gesetzt werden. Man mußte einen anderen Weg einschlagen; die Zersetzung der Moral der ausländischen Seeleute und Soldaten durch fortdauernde Propaganda. Die Komintern hatte eine besondere antimilitaristische Abteilung geschaffen, die sich unter der Leitung eines fähigen chinesischen Kommunisten namens Siu dieser Aufgabe annahm. Die Leute von den fremden Kriegsschiffen weigerten sich kurzerhand, sich von Orientalen, die zu verachten man sie gelehrt hatte, in politische Diskussionen verwickeln zu lassen. Genosse Siu brauchte einen Mann, der sich mit den britischen und amerikanischen Matrosen auf einen Boden stellen konnte, der ihre Sprache sprach und von ihnen als gleichberechtigt anerkannt wurde. Für Mandalian war ich dieser Mann. Bis zum Eintreffen weiterer Befehle aus Berlin sollte ich Siu in der antimilitaristischen Abteilung unterstützen. Ich traf mit ihm noch am gleichen Tag im Haus der chinesischen Seemanns-Union zusammen.

Genosse Siu hatte in Europa studiert und sprach gut Deutsch. Er war ein untersetzter, beweglicher Mann in den Dreißigern und mit einer Russin, die als Sekretärin bei ihm arbeitete, verheiratet. Die Zahl der Funktionen, die er innehatte, war erstaunlich. Er war Parteisekretär der Seemanns-Union von Shanghai. Er leitete die Arbeit der kommunistischen Spione unter den gutorganisierten Überresten der früheren Koltschak-Armee, deren überlebende Mitglieder zu Tausenden in Shanghai hängengeblieben waren. Siu leitete auch die Geschäfte der revolutionären Studentengruppen in Shanghai. Er stellte mir eine ziemlich neue Vervielfältigungsmaschine zur Verfügung und machte mich mit einer Gruppe japanischer und chinesischer Genossen bekannt, mit denen ich zusammenzuarbeiten hatte. »Den Panzerkreuzern müssen wir die Zähne ausziehen«, sagte er.

Glücklicherweise bemerkten wir unsere groteske Kühnheit nicht. Unsere kombinierte Streitmacht bestand aus einer Reihe ausgewählter Kommunisten, einschließlich einer Handvoll Japaner und zweier Skandinavier, die Abenteuer suchten. Mit einer tragbaren Druckmaschine und einem wöchentlichen Budget von hundert Shanghai-Dollar gingen wir daran, den kombinierten Seestreitkräften Englands, Frankreichs, Japans und Amerikas auf dem unteren Jangtsekiang »die Zähne auszuziehen«. Die Summe, die wir erhielten, um unseren Kampf zu finanzieren, belief sich vielleicht auf ein Fünftel des Gehalts, das die Komintern an die Genossen Mandalian und Siu zahlte. Sie waren es aber, die später auf den Tagungen in Moskau profunde Ausführungen über die Gründe der chinesischen Niederlage machen würden; einfache Handlanger wie ich hatten nicht mitzureden.

Ungefähr ein Drittel der Kriegsschiffbesatzungen verbrachte seine Nächte abwechselnd an Land. Sie besuchten die Varietés und Tingeltangel der *Internationalen Konzessionen* und die Bordelle und Spelunken im Tschapai-Bezirk. Bei den Mädchen in diesen Bordellen handelte es sich um junge Chinesinnen, die unter dem äußeren Anstrich des Lasters nichts anderes als eingeschüchterte und willenlose Kinder waren. Die meisten von ihnen waren von ihren Eltern zur Zeit ihrer ersten Menstruation in die Sklaverei verkauft worden, und die Eigentümer der Bordelle entließen sie, sobald sie erwachsen waren. Diese Elendshäuser wurden ausschließlich von Europäern und Amerikanern besucht, und die Mehrzahl der Besucher waren Seeleute von den fremden Kriegsschiffen und den Marineeinheiten. Den chinesischen Kommunisten in unserem Aktiv fiel die Aufgabe zu, die populären Bordelle zu belagern. Sie schlossen sich den an den Eingängen wartenden Rikscha-Kulis an und versahen jede ankommende Blaujacke und jeden Marinesoldaten mit Broschüren, die zum Ungehorsam und zur Meuterei aufforderten. Einer der chinesischen Genossen schaltete seine Frau und seine Schwester ein; sie mußten sich mit den Mädchen des Hauses befreunden, um unsere Flugblätter in die Räume der Kinderprostituierten einzuschmuggeln. Die letzteren schien die Aussicht zu interessieren, daß ihre gierigen und unbarmherzigen Herren, die Bordell-Bosse, nach der Revolution ohne Unterschied in den Whangpo-Fluß geworfen werden würden.

Die Ausländer in unserer antimilitaristischen Abteilung, die beiden Skandinavier, sechs oder sieben Japaner und ich, konzentrierten uns auf die Varietés im Gebiet der Nanking Road. Es gab da immer einige Marineleute und Seesoldaten unter der Menge der Leute, die Nacht für Nacht diese Häuser füllten. Die Mädchen hier waren Europäerinnen oder Töchter russischer Flüchtlinge, die ganz hübsch angezogen, aber liederlich und ganz und gar käuflich waren. Wir fanden einige sympathisierende Europäerinnen, die sich bereit erklärten, Propagandaschriften an die Scharen von Blaujacken zu verteilen, die jede von ihnen an der Hand hatte. Allein diese Absicht wurde wirksam durchkreuzt von einer Russin, die offenbar als Spitzel für die ortsansässigen weißgardistischen Organisationen tätig war. Außerdem war die Rivalität zwischen den launischen und trunksüchtigen Russinnen und ihren schöneren und jüngeren europäischen Schwestern in vollem Gange. Zu guter Letzt

blieb nichts anderes übrig, als die Kriegsschiffmatrosen in direkte politische Diskussionen zu verwickeln. Regelmäßig drohten die Debatten mit einer Schlägerei zu enden. Die Blaujacken waren an Land gekommen, um sich zu amüsieren, und sie ärgerten sich über unsere Belehrungen, sofern wir sie nicht zuerst zum Trinken einluden. Dafür aber fehlte uns das nötige Geld.
Bei dem Massengemetzel von Kommunisten, das dem Bruch zwischen Tschiangkaischek und Moskau im Jahre 1927 folgte, wurden nahezu alle chinesischen Genossen, mit denen ich in Shanghai zusammengearbeitet hatte, umgebracht. Jahre später, nachdem die Todesstrafe für Kommunisten in Japan eingeführt worden war, erfuhr ich vom Schicksal meiner japanischen Freunde. »Genosse Sano und seine Helfer – Fukumoto, Nabejana Mitamura und Takara – wurden von der japanischen Geheimpolizei aus Shanghai entführt und verschwanden an Bord eines nach Kobe fahrenden Schiffes.« Der Bericht, den die Komintern über sie erhielt, trug den Vermerk: *Vermißt; keine Org-Folgen,* was soviel hieß, daß ihr Verschwinden keine nachteiligen Folgen für die Organisation gehabt habe – sie behielten nämlich ihre Geheimnisse als gute Bolschewisten für sich.

Nach dreiwöchiger antimilitaristischer Tätigkeit nahm mein Aufenthalt in Shanghai ein plötzliches Ende. An einem drückend heißen Tag Ende Juli 1926 bat mich Siu durch seinen koreanischen Kurier zu sich; ich sollte ihn an der Ecke der Rue Molière treffen.
»Ich habe Neuigkeiten für dich«, sagte Siu.
»Instruktionen?«
»Richtig.«
Er sagte mir, daß ich in San Franzisko gebraucht werde. Er hatte eine Adresse, die hübsch auf ein Stück gelbes Zigarettenpapier gedruckt war.
»Wende dich an diese Adresse«, sagte er.
»Wie, zum Teufel, soll ich aber nach San Franzisko kommen?« fragte ich. »Ich habe nicht einmal fünf Dollar.«
Siu zuckte die Achseln. »Du kannst auf das Geld warten oder du kannst ohne Geld reisen. Es gibt nichts, was ein Bolschewik nicht tun kann. Auf jeden Fall gib deine Kontaktadressen an den Genossen Sano weiter.«

Von Shanghai nach San Quentin

Gegenüber dem Zollpier, auf der anderen Seite des Flusses, lag der amerikanische Überseedampfer *President Wilson.* Der Name seines Heimathafens San Franzisko war hinten quer über das Heck gemalt. Das Schiff sollte bei Tagesanbruch auslaufen. Während der Nacht ging ich an Bord und kletterte in ein Rettungsboot auf dem Achterdeck. Am frühen Morgen, als ich durch ein Loch blickte, das ich in die Persenning geschnitten hatte, sah ich, daß der Dampfer seewärts fuhr. Ich lag mit dem Gesicht nach unten unter den Duchten und horchte auf das weit entfernte Stampfen der Maschinen. So verging ein friedlicher Tag. Ich nahm an, ich sei nun unter günstigen Umständen auf dem Weg nach Kalifornien. Aber die Nacht brachte eine Überraschung.

Ganz in der Nähe des Rettungsbootes ertönte ein langgezogenes, unwirkliches Geheul, das mit kurzen Unterbrechungen fortdauerte und mich an wilde Tiere, die in Käfigen für irgendeinen zoologischen Garten transportiert werden, erinnerte. Ein solcher Käfig mochte auf dem Achterdeck verstaut sein. Das Geheul steigerte sich, war langgezogen und endete mit einem Ton höchster Verzweiflung.

Schließlich kroch ich aus dem Boot, um der Sache auf den Grund zu gehen.

Die Sterne schienen hell in einer violetten Nacht. Dicht neben dem Rettungsboot stand ein Zelt. Aus dem pechschwarzen Innern des Zeltes kam der Geruch von Blumen, und von hier kam auch das Geheul.

Ich trat ein und zündete ein Streichholz an. Drinnen stand ein Sarg. Der Sarg war mit Blumen bedeckt. An der Kopfseite des Sarges, der an der Zeltstange befestigt war, hing das Bild eines Chinesen. An der Seite lag zusammengekauert ein kleiner dicker Hund. Ich setzte mich auf den Sarg und streichelte den Hund. Wir wurden Freunde, und der Hund hörte auf zu heulen.

Plötzlich fiel mir ein, der Mann im Sarg müsse ein Chinese sein, sicher der gleiche, dessen Bild an der Zeltstange hing. Chinesen werden aber nie von China zu einem Begräbnis nach Amerika gebracht; wohl aber wurden oft reiche Chinesen, die in Amerika starben, nach China gebracht, um in ihrer Heimat begraben zu werden. Ich kam zu dem Schluß, daß die *President Wilson* nicht nach Amerika fuhr.

Ich stürzte aus dem Zelt und betrachtete den Horizont. An der Steuerbordseite verlief kaum sichtbar eine flache Küstenlinie. Das sagte mir, daß die *President Wilson* südwärts dampfte, nicht nach Kalifornien, sondern in der entgegengesetzten Richtung, vielleicht nach Hongkong, Manila oder Singapore!

Es war Hongkong. Ich wechselte mein Versteck und kroch in ein Rettungsboot, das so weit wie möglich von der Leiche und dem trauernden Hund entfernt war, und zwei Tage später verließ ich die *President Wilson* am Pier von Kowloon.

An der Mole lag ein anderer Überseedampfer, die *Empress of Canada*. Rauch quoll aus ihren gelben Schornsteinen.

»Wo fährt sie hin?« fragte ich den Laufburschen eines Händlers.

»Nach Vancouver – Sie ist das schnellste Schiff auf dem Pazifik.«

Lichter leuchteten auf den Laufplanken und aus den Laderäumen. Das Gerassel von Winden vermischte sich mit dem Geschnatter der Touristen und den Rufen der vielen Chinesen zu dem magischen Singsang der Welthäfen.

Ich drängte mich durch die Menge und stieg das Fallreep hinauf.

»Fahrkarte, bitte«, rief der uniformierte Wachmann.

Ich schwenkte ein Stück Papier unter seiner Nase. »Ein Telegramm für Mr. Collins«, brüllte ich, lief an der Wache vorbei und verschwand im Strom der Passagiere.

Schiffe konnten mich nicht in Verlegenheit bringen. Ich bog in einen Durchgang ein, kletterte eine Kajüttreppe hinauf, lief das Promenadendeck entlang, kletterte eine Leiter hinauf und rannte zum dritten Schornstein der *Empress*. Er rauchte nicht; es war eine Attrappe, die nur aus ästhetischen Gründen angebracht worden war. Für eine lange Reise war die Innenseite eines Kamins ein besseres Versteck als ein Rettungsboot. Ich kletterte die schmale Eisenleiter zur Plattform hinauf, die sich am oberen Ende des Schornsteins befand.

Die Sirenen heulten. Pfiffe ertönten. Bald setzte sich das Schiff in Bewegung. Der süßliche Geruch der Küste verschwand aus der Luft, und die *Empress of Canada* bahnte sich einen Weg in die offene See. Ich lehnte mich an ein rußbedecktes Gitter und schlief ein.

Vor Sonnenaufgang am darauffolgenden Morgen kletterte ich an Deck hinunter. Ich schlüpfte in einen luxuriös ausgestatteten Baderaum. Die Nacht da oben hatte mich so schwarz wie einen Kaminfeger gemacht. Ich badete und rasierte mich und reinigte meine Kleider. Ich wusch mein einziges Hemd und trocknete es über dem Warmwasserrohr. Dann ging ich aufs Promenadendeck.

Sofort kam ein kleiner, streng aussehender Mann in Weiß und Gold auf mich zu. An seinen Ärmelstreifen sah ich, daß er eine Art von Polizeichef auf dem Schiff sein mußte. Ohne alle Umstände fragte er mich:

»Reisen Sie Erster Klasse?«

»Nein«, sagte ich, »Dritter.«

»Es tut mir leid«, sagte er, »aber das hier ist das Deck Erster Klasse. Die Dritte Klasse ist ganz vorn, zwei Decks unter diesem.«

Ich wechselte meinen Aufenthaltsort. Die Zwischendecks wimmelten von Chinesen und Europäern. Kellner undefinierbarer Nationalität boten Suppen, Biskuits und farbige Getränke an und blockierten den Durchgang.

Da ich hungrig war, fragte ich einen dieser fliegenden Köche, ob ich seine Suppe kosten dürfe. Die Suppe war heiß und gut. Gerade in diesem Augenblick ertönte eine mächtige Stimme hinter mir, und eine riesige Tatze griff nach meinen Schultern. Ich drehte mich um. Vor mir stand ein Gigant in einem schlechten braunen Anzug; er hatte leuchtende Augen und unordentliche braune Haare, die stellenweise ergraut waren. Sein Atem roch nach Alkohol.

Ich sagte: »Ich bin gerade beim Frühstück.«

»Frühstück nennst du das? Was?« brüllte der Riese in die Gegend. »Hinauf bis in die Anden und den Amazonas hinab! Wie ist das möglich? Die ganze Zeit habe ich einen Jungen wie dich gesucht. Von Iquitos bis Pará rittlings auf einem Mahagonibaum! Mein Name ist Ferguson – und wie heißt du?«

Ich gab einen Namen an.

»Ein Teufelsname«, sagte er dröhnend. »Komm mit rüber zu meinem Freund Killman, Augustus Killman; er ist der beste Mann, der je einem Mandarin die Haut abzog.«

Killman war groß und kräftig, mit einem wettergebräunten Gesicht und tiefliegenden grauen Augen. Er drückte mir die Hand mit einem Griff, der schmerzte, und ich trat ihn dafür auf die Zehen.

»Du bist in Ordnung«, sagte er feierlich.

Ferguson legte mir und Killman die Arme um den Hals und brüllte: »Mit euch beiden hinauf bis in die Anden und den Amazonas hinab rittlings auf einem Mahagonibaum!«

Das war der Anfang der heitersten illegalen Reise, die ich je gemacht habe. Die beiden baten mich, bei einem *Fan-tan*-Tournier mitzumachen, das an der hinteren Luke von einem dickbäuchigen Chinesen und einigen seiner halbblütigen Leibgardisten gespielt wurde. Ferguson gab mir zehn Dollar, nachdem ich eingestanden hatte, daß ich kein Geld hatte. Ich spielte, gewann zu-

erst und verlor dann alles. Ferguson verlor. Killman gewann ständig, und bei einbrechender Dunkelheit hatte er die Taschen voller Silberstücke.
»Laßt uns zum Essen gehen«, sagte Ferguson.
Ich erzählte ihm, daß ich nicht in den Speisesaal gehen könne, weil ich als blinder Passagier fahre. Ferguson war nicht überrascht.
»Warte hier«, sagte er.
Nach dem Essen luden mich Ferguson und Killman in ihre Kabine ein. Aus seiner Rocktasche zog Ferguson ein Steak, Brot, Butter und Käse; alles war in eine Serviette gewickelt.
»Iß«, sagte er gönnerhaft. »Hinauf bis in die Anden . . .«
Acht Tage lang bewegte ich mich frei auf dem Schiff und blieb unentdeckt. Ferguson versorgte mich mit Lebensmitteln, die er aus dem Speisesaal schmuggelte. Er lieh mir auch einen sauberen Anzug. Jeder Tag endete mit einer wilden Trinkerei. Die Nächte verbrachte ich in Deckstühlen und Baderäumen. Shanghai, Yokohama und das Binnenmeer lagen weit achtern. Die *Empress of Canada* bahnte sich einen Weg nach Osten durch den offenen Pazifik. In neun Tagen würden wir in Amerika sein.
Da sagte Ferguson, dessen Schnapsvorräte zu Ende waren, er sei es müde, »Steaks in den Taschen herumzutragen«. Er schlug vor, daß ich einfach in den Speisesaal gehen und meine Mahlzeiten mit den anderen Passagieren zusammen einnehmen solle.
Das tat ich denn auch. Es war am neunten Tag nach Hongkong. An der Seite Fergusons bekam ich Frühstück und Mittagessen ohne Zwischenfall. Während des Abendessens aber sah ich, wie der europäische Steward die Gäste an seinen Tischen zählte. Ich sah, wie er den Kopf schüttelte und nochmals zählte. Dann verschwand er.
»Wir werden ihm erzählen, daß du unser Sohn bist«, kicherte Killman.
Der Steward tauchte wieder im Gang auf. Bei ihm stand ein Mann vom Proviantamt. Beide zählten. Sie zählten nochmals, und dann schauten sie in ihren Listen nach. Sie flüsterten, und dann schaute der Mann vom Proviantamt näher hin und nickte. In der nächsten Minute gab mir der Steward ein Stück Notizpapier und einen Bleistift. Unauffällig bat er mich, meinen Namen und die Nummer meiner Kabine aufzuschreiben.
»G. F. Collins«, schrieb ich. »Luxuskabine 36.«
»Bitte gehen Sie doch gleich zum Proviantmeister«, sagte der Steward verbindlich.
Ich ging nach oben und erkletterte die luftige, rußverkrustete Plattform am oberen Innenrand im dritten Kamin der *Empress*. Sie fanden mich nach zweistündigem Suchen. Ein Matrose sagte mir lachend, ich solle herunterkommen. Drei Männer in Uniform nahmen mich in Empfang. »Entschuldigen Sie bitte, können wir Ihre Fahrkarte sehen?«
»Tut mir leid: habe keine.«
»Keine Fahrkarte? Warum?«
»Kein Geld.«
Sie brachten mich zum Kapitän.
»Wer sind Sie?« fragte der Kapitän.
»Ein blinder Passagier, Sir.«
»Nationalität?«
»Amerikaner, Sir.«

»Das sagen alle. Ihr Name?«
»Collins.«
»Hm, warum nicht Smith? Irgendwelche Papiere?«
»Nein, Sir.«
»Verkauft?«
»Verloren.«
Der Kapitän lachte breit. »Gepäck mit?«
»Nein, Sir.«
»Schaut nach, was er in den Taschen hat!«
Der Polizeioffizier durchsuchte mich. Die Durchsuchung förderte eine Uhr, ein Messer, einen Rasierapparat, eine Zahnbürste und drei Taschentücher zutage.
Dann wurde ich dem Bootsmann zugeteilt, einem jähzornigen Iren, und mußte arbeiten, Deckenlichter aus Teakholz, Türen und Relinge von morgens bis abends mit Schabmesser und Glasstücken abschaben. Ich war nicht allein. Ich teilte das Schiffsgefängnis – ein Hilfslazarett auf dem vorderen Teil des Bootsdecks – mit fünf ungepflegten Russen, Strandgut des Shanghaier Hafens; sie alle waren blinde Passagiere, die man am ersten Tag schon erwischt hatte.
Fünfhundert Meilen des Pazifischen Ozeans stürzten täglich an den Flanken des Dampfers vorüber. Ich machte Pläne und überlegte meine Flucht. Killman hatte mir einige Pfund Butter besorgt. Diese verlängerte ich mit Schmierfett, mit dem man Rollen und Ankerketten schmiert: ich hatte herausgefunden, daß ich mich durch ein Bullauge hindurchzwängen konnte, wenn ich mich mit Fett und Butter einrieb. Das übte ich nachts, wenn die Russen schliefen.
In Landnähe änderte sich das Wetter. Der Himmel war mit fliegenden Wolken bedeckt. Dahinter erschienen, vorerst noch undeutlich, die Küste, die Hügel und die ins Meer vorspringenden Landzungen Amerikas. Der Polizeioffizier sperrte mich zusammen mit den Russen im Lazarett ein. Er zählte: »Eins, zwei, drei, vier, fünf, sechs. Schön, Jungs. Wir werden euch hierbehalten, bis die Polizei an Bord kommt.« Die schwere Teakholztür wurde zugeschlagen. Der Schlüssel drehte sich im Schloß. Das Schiff drehte landwärts, und kurze Zeit darauf rasselte der Anker auf den Grund. Quarantäne. Zwei Stunden später nahm die *Empress* ihren Weg in den Viktoria-Hafen.
Die Russen schnatterten wie aufgeregte Paviane. Sie wollten den Chinesen, der uns das Essen brachte, überwältigen und dann fliehen. Der Chinese kam, war aber vorsichtig und schob unser Frühstück durch ein kleines Türloch, das sich zum Bootsdeck öffnete. Sobald er sich entfernt hatte, zog ich die Kleider aus, fettete meinen Körper von den Schultern bis zur Hüfte ein und schob meine Kleider hinaus auf das Bootsdeck. Dann folgte ich nach – Kopf voran, Arme hinaus, Schultern ... Mit zusammengebissenen Zähnen preßte ich mich durch. Der kantige Messingring riß mir ganze Streifen Haut ab.
Draußen zog ich mich wieder an. Ich setzte eine Sonnenbrille auf, die ich während der Überfahrt irgendwo eingesteckt hatte, und mischte mich unter die Menge. Die Leute drängten über das Fallreep. Der Polizeioffizier stand schwatzend am Geländer. Er erkannte mich nicht. Zwei Einwanderungsbeamte auf dem Fallreep hielten mich an. »Paß, bitte?«
Ich war auf diese Frage gefaßt. »Oh, ich kam soeben hier an Bord, um den Bootsmann um eine Stellung zu fragen«, erklärte ich ihnen.
»Wie sind Sie an Bord gekommen?« fuhr mich der eine an.

»Mit dem Schiffshändler – er ist mein Onkel.«
Ich ging an Land und schritt schnell der Stadt zu. Bald stoppte ein Wagen neben mir. Mein Herzschlag setzte aus. Ein Mann lehnte sich aus dem Wagen.
»He«, rief er, »wollen Sie mitfahren?«
Zehn Minuten später überdachte ich meine Lage in einem kleinen Park auf der anderen Seite von Viktoria. Tagsüber versteckte ich mich in einer leeren Barke. Nachts durchstreifte ich die Hafengegend. Weit weg, kaum sichtbar über der Meerenge von Juan de Fuca, welche die Vancouver-Insel vom Hauptland im Süden trennt, lagen die Vereinigten Staaten.
Ich fand ein Ruderboot, das an einem Pfahl festgemacht war, löste die Fangleine und schob es hinaus in das stark strömende Wasser. Der Wind blies. Es herrschte schwache Sicht. Ich ruderte mit aller Kraft in Richtung nach Süden. Das Boot rollte auf der See, wobei es alles andere als waagerecht im Wasser lag, und oft mußte ich halten und das Wasser mit meiner Mütze ausschöpfen. »Tod den Henkern, Königen und Verrätern ...« sang ich in die Nacht hinaus. Ich kämpfte den Wunsch, umzukehren und aufzugeben, nieder. Ich fluchte auf mich selbst, aber ich ruderte. Ich ruderte die ganze Nacht. Ich ruderte den ganzen folgenden Tag. Ich ruderte auch noch die darauffolgende Nacht. Hunger hatte ich wie ein Wolf. Ich ließ mein Taschentuch sich voll Regen saugen und stillte meinen Durst. Meine Hände waren mit offenen Blasen bedeckt. Ich rechnete damit, daß ich nicht durchhalten würde.
Gegen elf Uhr am Morgen des dritten Tages landete ich an einer buschigen Küste. Ich stieß das leere Boot in die Strömung zurück, dann brach ich zusammen und schlief ein. Es war Nacht, als ich wieder erwachte. Ich fand eine Straße, der ich folgte. Sie führte zu einer kleinen Stadt – Port Angeles. Ich durchquerte Port Angeles und stieß auf eine Überlandstraße, die nach Süden führte.
Per Anhalter kam ich schließlich nach San Franzisko, halbtot, aber triumphierend. Ich lief die Adresse an, die Siu mir in Shanghai gegeben hatte, ein geräumiges Haus in der Clay Straße, und fragte nach Miss Green. Ich wurde zu einem komfortablen Zimmer im dritten Stock geführt. Dort fand ich mich einem streng aussehenden Mädchen mit Brille gegenüber. Doch als sie ein paar Schritte machte, sah ich sofort, daß ihre vornehme Zurückhaltung und ihre Brille Tarnung waren. Sie hatte einen straffen Körper und mutwillige Augen. Sie war keine Amerikanerin. Auch hieß sie, wie ich sofort wußte, nicht Miss Green.
»Ich bin der Genosse aus Shanghai«, sagte ich.
»Kamen Sie einfach so?«
»Als blinder Passagier.«
Sie war nicht mißtrauisch. Mandalian hatte nach meiner Abreise aus China ein Kabel geschickt. Sie machte Tee und Sandwiches.
»Was werde ich hier für eine Beschäftigung haben?« fragte ich.
»Sie werden sehen«, sagte sie mit einem Seitenblick.
»Amerikanische Parteiarbeit?«
»Nein. Wir haben keinen Kontakt mit der Partei in den Vereinigten Staaten. Die Zahl der Mitglieder ist dieses Jahr unter zweitausend gefallen.«
»Schön, was soll ich tun?«
»Sie werden es bald wissen«, lächelte sie.
Das Mädchen ging hinaus, um zu telefonieren und mir neue Kleider zu be-

sorgen. Ich badete und schlief, bis sie wiederkam. »Der Chef will Sie um neun Uhr sehen«, sagte sie.
In einem gemütlichen Restaurant in der Nähe des Golden Gate Park erwartete mich der Chef, ein Russe, der sich als Ingenieur ausgab und sich unter dem Namen Getsy vorstellte. Ein schlanker Mann in den Vierzigern mit einem ruhigen, intellektuellen Gesicht. Seine Haare und Augen waren grau, und grau war auch der Anzug, den er trug. Er hatte die beherrschte, monotone Stimme eines Mannes, der den Kniff gelernt hat, zu sprechen, während es so aussieht, als schlafe er.
Getsy war gut informiert über meine Arbeit in der Partei. »Vermeide es, irgendeinen deiner Freunde hier an der Küste zu treffen«, warnte er mich. »Niemand außer den Leuten, die ich dir bezeichne, braucht zu wissen, daß du in Kalifornien bist.« Sich an das Mädchen wendend, fügte er hinzu: »Gib ihm etwas Geld, Gushi.«
Das Mädchen nahm eine Anzahl Banknoten aus ihrer Tasche und schob sie mir über den Tisch.
»Brauchst du sonst noch irgend etwas jetzt?«
Ich schaute das Mädchen an. Der Name Gushi stand ihr sehr viel besser als das distanzierende »Miss Green«. Sie zeigte ihre Zähne und lachte. Mit halbgeschlossenen Augen musterte mich der Russe durch den Rauch seiner Zigarette.
Ich bummelte drei Tage herum und hatte nichts anderes zu tun, als meinen Launen zu folgen. Gushi hatte für mich im gleichen Haus, in dem auch sie wohnte, ein Zimmer bekommen. Immer wenn sie nicht mit Gängen für Getsy in Anspruch genommen war, waren wir zusammen. Aus ihrer Haltung ging klar hervor, daß sie ihren Vorgesetzten nicht mochte, aber fürchtete. Nie sagte sie zu mir etwas über die Art seiner Tätigkeit. Sie war, wie ich schließlich herausbrachte, die einzige, die wußte, wo Getsy seine geheime Wohnung hatte.
»Er ist ein Genosse«, sagte sie bei einer Gelegenheit, »aber er ist nicht menschlich. Es gibt für ihn nichts außerhalb seiner Arbeit.«
Noch mehr als die meisten Kominternfunktionäre der auswärtigen Missionen lebte Gushi auf ihrer eigenen Insel, fern von den Gewohnheiten und Gebräuchen der sie umgebenden feindlichen Welt. Es war ihr verboten, außerhalb des Stabes von Getsys Apparat Freunde zu haben. Jede neue Bekanntschaft, wie harmlos sie auch immer war, wurde mit Mißtrauen betrachtet. Für sie und ihre Art – und es gab Tausende wie sie im sowjetischen Geheimdienst – war jede normale Erholung, wie sie gesunde junge Leute brauchen, ausgeschlossen. Sie würde niemals in der Lage sein, ihren eigenen Weg zu gehen, würde nie einen Mann und Kinder haben können und nie ein richtiges Heim. Die psychologische Folge davon war ein kühles und arrogantes Auftreten, dessen Wurzeln in verborgener Einsamkeit und Unzufriedenheit zu suchen waren. Gushi war froh, in mir einen Freund zu finden, und ich war froh, daß ich sie hatte.
»Wir wollen alles vergessen«, sagte Gushi, »und eine Orgie feiern.«
Sie schickte den Portier nach italienischem Essen und Schnaps, dann schlossen wir die Tür ab und löschten das Licht. Die äußerste Erschöpfung verschaffte mir dann ein Gefühl der Freiheit.
Tagsüber, wenn Gushi für Getsy beschäftigt war, fuhr ich an die Bucht und schwamm durch die Brandung. Zeitweise dachte ich daran, weiter und weiter

zu schwimmen, bis meine Kraft mich verlassen und mir eine Rückkehr unmöglich machen würde. Aber ich kam immer wieder zurück. Gushi pflegte ihre Sachen zusammenzupacken, wenn ich kam. »Etwas Neues für mich?« fragte ich jedesmal. Sie zuckte dann zusammen und sagte schroff: »Noch nicht. Laß uns Mondschein trinken. Laß uns eine Kerze anzünden. Laß uns eine Orgie feiern.«

Am vierten Tag bestellte mich Getsy zu einer Besprechung. Wieder traf ich ihn in der Nähe des Golden Gate Park. Er war absolut farblos und gab mir seine Instruktionen mit kalter Stimme. Es ging darum, einen Transport illegaler kommunistischer Literatur nach Japan in die Wege zu leiten. Die *President Jefferson* von der Admiral-Linie sollte von Seattle nach dem Orient auslaufen. An Bord des Überseedampfers befanden sich vier Kommunisten als Besatzungsmitglieder. Sie sollten eine große Sendung japanischer Broschüren nach Jokohama schmuggeln. Die Haltung Japans war von größter Bedeutung für die Revolution in China. Neben England war Japan der stärkste imperialistische Faktor im Osten. Der Erfolg einer Revolution in China hing teilweise von einer wirksamen Abwehr – durch Streiks und Sabotage – der möglichen japanischen Intervention ab. Da die Verbindungslinien zwischen Wladiwostok und Nippon vom japanischen Geheimdienst zu sehr überwacht waren, wurden alle Geldüberweisungen und die Belieferung mit Propagandamaterial von Moskau nach Japan über die Häfen der Westküste der Vereinigten Staaten geleitet.

Zusammen mit Gushi fuhr ich nach Seattle, um die Schiffsladung in Empfang zu nehmen, die über New York gekommen und sicher in Fässer verpackt war. Ich mobilisierte unsere Helfer an Bord der *President Jefferson,* veranlaßte die Umpackung der Broschüren in kleinere Pakete, ihren Transport auf das Schiff, sorgte für ein sicheres Versteck und bestimmte die Losungen, mit denen die Ladung an die Empfänger ausgehändigt werden durfte. Innerhalb einer Woche telegrafierte Gushi an die Komintern-Deckadresse in Jokohama, daß das »Spielzeug« abgeschickt sei.

Gushi war eine unermüdliche Helferin. Ihr heftiges, unbezwingbares Temperament besänftigte sich, sobald sie ihren Verstand an organisatorische Aufgaben wandte. Hocherfreut über die reibungslose Durchführung unserer Aufgabe, kaufte ich ihr einige hübsche Geschenke und zwei Theaterkarten. Sie war darüber so glücklich, daß sie mich in den Arm zwickte und zu tanzen anfing.

»Nach dem Theater wollen wir tanzen«, sagte sie. »Es ist schon eine Ewigkeit her, daß ich nicht mehr getanzt habe.«

»Du siehst mit einem Male ganz anders aus«, sagte ich, als sie ihr dichtes blondes Haar vor dem Spiegel in unserem Hotelzimmer bürstete.

»Ich *bin* auch anders.«

Es klopfte an der Tür: Ein Telegramm von Getsy. Er befahl mir, sofort nach Los Angeles zu fahren. Er wartete dort auf mich in einem Hotel. Gushi wurde blaß, als ich ihr das Telegramm vorlas. Ihre Schultern fielen herab. »Dann werden wir halt ein anderes Mal tanzen gehen«, sagte sie und fügte mit schneidendem Sarkasmus hinzu: »Wir haben keine Zeit ›Dummheiten‹ zu machen, mein Freund. Bei uns heißt's: *Marschier oder krepier!*«

»Was soll das bedeuten?« fragte ich und zeigte auf das Telegramm.

»Ich kann es dir nicht sagen«, antwortete sie langsam.

Wir trennten uns am Bahnhof. Ich sah Gushi nie wieder.
Spät am folgenden Abend kam ich in Los Angeles an. Ich fuhr direkt zu Getsy ins Hotel. Er war im Pyjama, eine düstere Gestalt mit grauem Gesicht, die sich da über die Papiere beugte, die auf dem Schreibtisch und auf den Stühlen ausgebreitet waren. Eine dichte Wolke von Zigarettenrauch hing im Zimmer. Er sammelte die Papiere zusammen und verschloß sie in seiner Mappe, bevor er zu sprechen begann.
»Wie ist es in Seattle gegangen?«
»Alles in Ordnung. Gushi informierte Jokohama.«
»Sehr gut.«
Getsy ging im Zimmer auf und ab, den Blick auf den Teppich geheftet. »Es gibt da eine ernsthafte Sache für dich zu tun«, sagte er.
»Gut. Um was handelt es sich?«
»Um eine Exekution«, sagte Getsy sanft.
Ich war plötzlich hellwach. Ich riß mich zusammen und wurde grundlos nervös. Das hatte ich nicht erwartet. Getsy fuhr fort, im Zimmer auf und ab zu gehen. Seine Schuhe glitten lautlos über den Teppich. Ich stellte fest, daß seine Augen mich mieden. Ich wartete. Mit kaum vernehmbarer, monotoner Stimme fuhr Getsy fort:
»In den Reihen der Revolution müssen wir drei Typen von verborgenen Feinden unterscheiden. Einmal die ausgebildeten Spione und *agents provocateurs*, ohne die keine Polizeibehörde einen auch nur vorübergehenden Erfolg über unsere Einheiten verzeichnen könnte. Die besten dieser Leute werden von außen in die Bewegung eingeschmuggelt; der Rest rekrutiert sich aus den Weichlingen und labilen Mitkämpfern, die irrtümlicherweise in die Partei hineingekommen sind. Die zweite Kategorie sind die Saboteure und jene, die die Parteikampagnen durchkreuzen und die Parteieinheit untergraben. Dann gibt es noch jene, die wir für aufrichtige Revolutionäre gehalten, denen wir Vertrauen entgegengebracht und die wir mit verantwortungsvollen Aufgaben geehrt haben und die es nun für angemessen halten, unser Vertrauen um ihres eigenen persönlichen Vorteils willen zu verraten. Die Individuen dieser letzten Gruppe sind weitaus die gefährlichsten und die am meisten zu verachtenden. Das sind die ekelhaften Freibeuter, die das Leben unserer Genossen für Geld verkaufen, die stehlen und plündern und erpressen, die unsere Geheimnisse auskundschaften, um sie dem Meistbietenden zu verkaufen. Solche Kreaturen müssen zu Tode gehetzt und vernichtet werden wie Vipern, was sie auch sind. Sie am Leben zu lassen, wäre ein Verbrechen an der Revolution. Das wirst du sicher verstehen. Wir haben keine Möglichkeit, Verrätern einen offenen Prozeß zu machen. Aber wir haben die Mittel, sie zu strafen. Es kommt vor, daß der Verräter flieht und sich versteckt, dann ist die Strafe nur aufgeschoben. Wir suchen ihn. Und wenn wir ihn finden, müssen wir ihn bestrafen ohne Rücksicht auf die Zeit, die verstrichen ist, und den Raum, den er zwischen sich und seinen Verrat gebracht hat. Von einem solchen Mann spreche ich.«
Es schien, als flüsterten mir Gushis Lippen ins Ohr: »Lieber Genosse, siehst du nun, weshalb wir dich in Amerika brauchten? Irgendwo, weit weg hat ein aus Genossen gebildetes Gericht einen Verräter zum Tode verurteilt, und du mußt jetzt die Arbeit des Henkers tun. *Marschier oder krepier* und schließ deine Augen, wenn es dir dann besser wird.«

Die Zigarette, die ich rauchte, brannte auf meinen Lippen, und ich riß sie rasch aus dem Mund. Vor mir stand Getsy in weinrotem Pyjama und hielt einen Aschenbecher in seinen dünnen grauen Händen.
»Ich bezweifle, daß ich ein guter Terrorist sein werde«, sagte ich.
»Das ist keine Frage von Terrorismus. Terroristische Handlungen sind Teile einer bestimmten revolutionären Offensive. Betrachte diese Exekution als eine ausschließlich interne Angelegenheit.«
»Das ist Mord, Genosse Getsy.«
»Unsinn. Nimm an, du hättest eine Familie. Nimm an, du hättest Kinder, die du zärtlich liebst. Nimm an, du lädst einen Mann ein, den du als guten Freund in dein Haus aufnimmst. Nimm an, daß dieser Mann, der deine Gastfreundschaft genießt, ein Metzgermesser nimmt, deinen Kindern die Kehle durchschneidet, alles stiehlt, was du hast, und entkommt. Ist es Mord, einen solchen Mann zu töten?«
»Nein.«
»Also gut.«
»Wo ist dieser Kerl?«
»Hier in Los Angeles«, sagte Getsy.
Er ging in den Nebenraum und suchte in der Tasche seines Rocks. Er zog einen Umschlag heraus und entnahm ihm eine Fotografie im halben Postkartenformat.
»Hier; schau ihn dir an.«
Ich betrachtete genau die Fotografie. Sie zeigte den Kopf und die Brust eines Mannes von mittlerem Alter mit schweren, jüdischen Gesichtszügen.
»Das ist der Mann«, sagte Getsy kalt.
»Exekutionen sind Sache der GPU«, sagte ich.
»Stimmt!«
»Ich finde, das sollte ein Genosse tun, der besser darauf trainiert ist als ich.«
»Ich habe keinen anderen. Die Sache eilt. Alle Vorarbeit ist geleistet. Wir haben die Adresse.« Mürrisch sagte er: »Glaube nicht, daß es sich um eine persönliche Sache handelt. Der Beschluß, diese Schlange zu zertreten, stammt nicht von mir.«
»Was hat er getan?«
»Was geht dich das an?« zischte Getsy.
Furcht, Zorn und sture Pflichterfüllung kämpften in mir. »Und wenn ich es nicht tue?« sagte ich wütend. »Und nach Deutschland zurückgehe?«
Getsy wurde hart. »Es nicht tun? Ich glaube, du sagtest das zu schnell. Dann und wann schließen *wir* einen Mann aus – wegen Feigheit, Untreue oder wegen unproletarischer Führung. Aber etwas nicht tun?«
»Das meinte ich nicht.«
»Ich weiß es.«
»Es ist etwas anderes, den Gegner auf den Barrikaden zu bekämpfen. Man schießt auf ihn aus Notwehr oder in wilder Wut; aber mit Absicht töten?« versuchte ich zu argumentieren.
»Das ist nur ein gradueller Unterschied, nicht mehr«, sagte Getsy.
»Wenn ich einem Mann das Leben nehmen soll, möchte ich wissen, warum.«
Getsy kam auf mich zu und legte mir die Hände auf die Schultern. »Mein lieber Genosse«, sagte er, »dieser Mann ist ein Verräter – und das genügt. Ver-

räter müssen sterben. Das ist ein allgemeines Gesetz, das so alt ist wie das menschliche Zusammenleben.«
»Gut, ich will es mir überlegen.«
»In unserer Organisation sind eigenmächtige Untersuchungen nicht gestattet. Du weißt das.«
»Gib mir Zeit zum Nachdenken.«
Getsy ging von neuem auf und ab. Ich saß in einem tiefen Sessel, die Hände hinter dem Kopf verschränkt, und versuchte, über diesen beunruhigenden Aufruhr in meinem Inneren Herr zu werden. Ich hatte den Grundsatz des Terrors als eine Notwendigkeit anerkannt. Gegenrevolutionäre, Spekulanten, Spione, Verräter und Wucherer hatten kein Recht zu leben. Welches waren dann meine Bedenken, einen Verräter mit eigenen Händen zum Teufel zu schicken? Mochte ein Spießer, der zu Hause am Kaminfeuer in der Zeitung las, daß ein gefährlicher Verbrecher gehängt worden war, seiner Befriedigung Ausdruck geben; mochte ein Richter, der einen unglücklichen Landstreicher zum Galgen verurteilt hatte, nachher ruhig nach Hause gehen, ein gutes Steak essen und sich mit seiner Frau vergnügen. Würde aber der Spießer zufrieden sein, der Richter am Steak und an den Umarmungen seiner Frau Gefallen finden, wenn sie das Hängen mit eigenen Händen besorgen müßten?
Getsy ging auf und ab, die Hände auf dem Rücken, und redete und redete. Seine monotone Stimme schien einen Zauber über den ganzen Raum zu verbreiten, bis dieser so grau und unbarmherzig und unpersönlich war wie der Besitzer dieser Stimme, die jetzt sagte: »Die bürgerliche Ethik ist nicht unsere Ethik. Humanitäre Gesichtspunkte, wo es sich um Feinde der Revolution oder des sowjetischen Staates handelt, riechen nach kleinbürgerlicher Sentimentalität, die unvereinbar ist mit den Erfordernissen des Klassenkampfes und der Ausdehnung der sowjetischen Macht.«
War ich ein plärrender Weichling? Suchte ich Schutz in der Moral und den ästhetischen Argumentationen einer Welt, der ich nie angehört hatte? Getsy sprach von seinem Leben in den verbotenen Organisationen der Bolschewisten zur Zeit des Zaren, erzählte, wie die gehetzten revolutionären Arbeiter von St. Petersburg und Kiew Spione der *Ochrana* gefangen und in den Kellern und in den Wäldern hingerichtet hatten. Er sprach von der Tätigkeit der Tscheka während der Jahre des Bürgerkriegs. Er sprach von den Legionen von Arbeitern, die das Opfer des Verrats geworden waren und die jetzt in zahllosen Gefängnissen und Gräbern lagen. Mußte denn nach Moskau berichtet werden, daß ich mich weigerte, einen revolutionären Auftrag auszuführen? Daß ich indirekt bestrebt war, einen Verräter an der gemeinsamen Sache vor seiner unvermeidlichen Strafe zu bewahren? Wenn ich aber anerkannte, daß Verräter sterben mußten, war ich dann selbst zu weich und zu unentschlossen, dieses Gesetz in die Tat umzusetzen? Daß deshalb ein besserer, der Sache mehr ergebener Genosse für die Ausführung dieser Aufgabe eingesetzt werden mußte? Besaß denn die Komintern nicht den Status einer Armee im Kriege? Galt denn nicht überall der Grundsatz, daß ein Soldat an der Front, der sich weigerte, die Waffe gegen den Feind zu erheben, das Leben verwirkt habe?
Es gab keinen Ausweg. Getsy blieb so nahe vor mir stehen, daß er mich berühren konnte. Seine Stimme war so leise, daß man sie in einer Entfernung

von wenigen Schritten nicht mehr hörte. Hatte ich Angst davor, daß ich wegen Mordes an den Galgen käme? »Das zu verhindern, ist ganz und gar eine Frage der Organisation«, sagte Getsy. Tausendmal schlimmer als Gehenktwerden war der Ausschluß aus der Partei. Hier hatte man einen Verräter, der schon gedacht hatte, er habe endlich einen sicheren Unterschlupf gefunden, doch erwischt. Er würde die Kenntnisse, die er hatte, dazu benützen, jene zu vernichten, deren Vertrauen er mißbraucht hatte. Deshalb mußte er selbst vernichtet werden.

»Genosse Getsy«, hätte ich gern gefragt, »weshalb bringst du ihn denn nicht selbst um?«

»Gut«, sagte ich, »ich werde es tun.«

Getsy ließ sich in einen Stuhl fallen.

»Wann?« fragte ich.

»Sofort«, sagte Getsy. »Hast du einen klaren Kopf? Sehr gut! Laß uns die Einzelheiten besprechen.« Die Stimme des Russen war trocken und kalt.

Die folgenden Tage waren mit einer wahnsinnigen Erbitterung erfüllt, mit einer wilden Sehnsucht nach Schlaf und Entrinnen und zwecklosen Anstrengungen, mich selbst zu hypnotisieren, um die Seelenqual zu beseitigen, die mir meine Zweifel und mein Zögern bereiteten. Die Geister jenes blutigen Oktober 1923 in Hamburg kamen jetzt zurück und quälten mich. Es war nicht Angst, die mich beunruhigte. Es war eine Schlacht zwischen meinem blinden Pflichtgefühl und der spontanen Gegenwehr meiner Natur gegen den unangenehmen Beigeschmack des beabsichtigten Unternehmens. Der Kampf endete mit Aufruhr und Verwirrung. Verwirrung insofern, als ich den Auftrag ungeschickt und in einer Art ausführte, die mir von Hugo Marx und dem albernen Felix Neumann nur verächtlichen Spott eingetragen hätte. Ich fand den Mann, den Getsys Spione aufgespürt hatten, und griff ihn am hellichten Tage in einer belebten Straße an, von vornherein wissend, daß der Angriff mit einem Mißerfolg enden würde. Ich schlug mit dem Revolverkolben einmal auf ihn ein, wobei ich gewaltig ausholte – eine Gebärde, die mehr dazu diente, meinem perversen Pflichtgefühl gerecht zu werden, als daß sie der Ausdruck meiner Absicht zu töten gewesen wäre. Mein erstauntes Opfer schrie um Hilfe, und ich lief wie ein Mensch im Trancezustand weg; erst jetzt kam mir undeutlich zum Bewußtsein, daß ich auch nicht die geringsten Vorkehrungen für eine erfolgreiche Flucht getroffen hatte.

Ein Lastwagenführer lief hinter mir her. Barbiere tauchten aus dem in der Nähe liegenden Frisiersalon auf. Entschlossen nahmen sie die Verfolgung auf und schwangen ihre Scheren. Ich lief an zwei Häuserblocks entlang, stürzte in ein kleines Hotel und jagte die Treppen hinauf, um auf das Dach des Gebäudes zu kommen. Ich fiel auf der Treppe hin, und als ich wieder aufstand, sah ich den Lastwagenführer und drei Barbiere den Treppenaufgang heraufstürmen.

»Bleibt stehen«, sagte ich.

Der vorderste Barbier, ein hochaufgeschossener, furchtloser Kerl, schwang seine Schere.

»Bleib stehen, oder wir werden dich in Stücke reißen.«

Ich machte keinen Versuch, ihnen Widerstand zu leisten. Vollständige Gleichgültigkeit und große Müdigkeit überkamen mich. Die Barbiere führten mich zum Frisiersalon. Eine heulende Menge folgte.

»Haut ihn in die Fresse! Hängt ihn auf!« Es gab Geschrei und Gelächter.
»Der erste, der ihn schlägt, wird aufgeschlitzt«, warnte ein Barbier.
Dann kam die Polizei. Handschellen wurden mir angelegt.
»Gut, mein Junge, jetzt komm mit«, sagte ein Schutzmann gemütlich.
Im Stadtgefängnis von Los Angeles, in einem großen Zimmer zu ebener Erde, wurde ich von zwei Kriminalbeamten verhört. Beide waren kraftstrotzende Männer in den Dreißigern. Gelegentlich machten sie Notizen auf große gelbe Notizblöcke. Sie schienen befriedigt von den Auskünften, die ich ihnen über mich gab, bis sie zu der Ursache meiner Verhaftung kamen.
»Weshalb hast du diesen Mann angegriffen? Was war eigentlich der Grund, so in großen Zügen?«
Ich schwieg.
»Warum tatst du es?«
»Er lachte mich aus, und ich wurde wahnsinnig wütend auf ihn.«
»Au weh, also weiter. Du möchtest wohl, daß wir etwas deutlicher mit dir werden?«
Schweigen.
»Wir werden dich zu Brei schlagen. Was meinst du dazu?«
Ich schaute auf die Tür. Draußen schien hell die Sonne. Der eine Beamte sah, in welcher Richtung mein Blick ging. Er nahm seinen Revolver vom Tisch auf.
»Versuch nicht, wegzulaufen«, knurrte er, »ich werde dir sonst mit diesem Ding den Kopf zerschmettern.«
»Ich habe nicht die Absicht, wegzulaufen«, sagte ich.
»Wer waren deine Partner?«
»Ich hatte keine Partner.«
»Ein einsamer Wolf, was? Es ist besser, du erzählst uns, wer deine Partner waren.«
Schweigen.
Der eine der beiden stand auf und stellte sich hinter mich. Er packte mein Haar und riß meinen Kopf nach rückwärts. Mit der freien Faust tippte er auf meinem Nasenbein herum.
»Los – wer waren deine Partner?«
»Ich sagte ja schon, ich war allein«, rief ich.
»Wo wohnst du?«
»Ich hatte kein Zimmer. Ich kam erst heute morgen in die Stadt.«
»Von wo kamst du?«
»Britisch-Kolumbien.«
»Du siehst aus wie einer von den Burschen, die für eine ganze Reihe von Überfällen hier herum verantwortlich sind.«
»Aber nicht ich.«
»Nein? Seit wann bist du denn ein Revolverheld? Für wen hast du denn sonst gearbeitet?«
»Ich arbeite für niemanden. Ich kam her, um Arbeit zu finden.«
Jetzt versammelten sich fünf oder sechs andere Kriminale und standen in einem geschlossenen Kreis um mich herum. Sie gebrauchten ihre Fäuste und begannen, mich im Kreis herum vor- und rückwärts zu stoßen. Sie stießen Drohungen aus. Als sie aufhörten, sagte einer von ihnen: »Es ist besser, du gestehst. Sag uns alles, was du weißt.«

Das Verhör dauerte nochmals eine halbe Stunde, ohne weiteres Resultat. Ich geriet in Verzweiflung. Innerlich verfluchte ich Getsy. Den Kriminalen, so skeptisch sie auch waren, gelang es nicht, in meine Verteidigungslinie einzudringen. Meine Lippen waren geschwollen, und die linke Seite meines Gesichts war gequetscht, bevor dieser unfaire Boxkampf beendet war.
Ich wurde in einen großen käfigartigen Raum gebracht, der das Fundament des Gebäudes zu bilden schien. Der Boden war aus Eisen. Die Seiten bestanden aus Eisengittern, die mit festem Drahtgeflecht verbunden waren, das vom Boden bis zur Decke reichte. Die Decke war ebenfalls aus Eisen. Rund um die Außenseite des Käfigs war ein Rundgang für die Wärter, und dahinter waren die schmutzigen Außenmauern des Gebäudes. Kein Fenster war zu sehen. Elektrisches Licht brannte Tag und Nacht. Schmutzige Segeltuchhängematten waren in zwei Reihen an Stahlhaken aufgehängt. In einer Ecke war ein Wasserhahn und eine zusammengebrochene Toilette.
Es war das übelste Gefängnis von den vielen, die ich kennengelernt habe, und war gerammelt voll von Gefangenen. Die Stärksten von ihnen gebrauchten ihre überlegene Muskelkraft und setzten sich in den Besitz der Hängematten. Die Schwächeren waren gezwungen, sich auf den eisernen Boden hinzulegen. Es gab keine Decken, keine Seife und kein Klosettpapier. Alte, unübertroffene Meister der Bestialität und erschrockene Neulinge unter den Verbrechern, Einbrecher, Autodiebe, Kuppler und Burschen, die bei einem Verstoß gegen die Prohibition betroffen worden waren, waren zusammengepfercht. Männer, die sich tagsüber Ungeziefer aus den Hemden lasen, und sexuell Pervertierte, die sich mit neuerworbenen Freunden nachts herumbalgten, waren ein alltäglicher Anblick. Türen knallten, Polizei und Aufsichtspersonal schrien Namen aus. Widerspenstige Gefangene wurden unter den Augen der Polizeibeamten von den Aufsehern mißhandelt. Ein aufgebrachter Neger, der immer wieder nach Morphium schrie, wurde vielleicht zehnmal während eines einzigen Tages verprügelt.
»Was nun?« fragte ich mich. »Wird die Komintern etwas für mich tun?« Niemals. Das war klar. Die Besorgnis, die Moskau bei Männern vom Kaliber der Gorew-Skoblewski an den Tag legte, konnte nicht den sehr viel zahlreicheren geringeren Kämpfern in Moskaus Dienst zugewandt werden. Niemand würde sich in *meinem* Fall wegen eines Gefangenenaustauschs herumstreiten, selbst wenn so etwas in Amerika möglich gewesen wäre. Meine Chefs würden von mir das *Marschier oder krepier* erwarten – oder beides, wie alle Generale das von ihrem Kanonenfutter erwarten. Ich hörte zu, wie ein Mitgefangener in allen Einzelheiten das Hängen erläuterte. Ein Polizist und zwei Aufseher schlugen den dicken Neger, weil er nicht aufhörte, nach Morphium zu schreien. Der Neger krümmte sich auf dem dreckigen Stahlboden und winselte ein Gebet. Seine Peiniger hatten hochrote Gesichter. Eine rauhe Stimme schrie den Neger an: »Runter mir dir, du schwarzer Bastard!«
Gegen Ende des zweiten Tages wurde ich aus dem Käfig gerufen und in ein kleines fensterloses Zimmer gestoßen. Hier wartete ich, von absoluter Stille umgeben, gespannt auf das, was nun geschehen würde.
Schließlich kam ein Kriminalbeamter. Ich hatte ihn bisher noch nicht gesehen. Er grüßte mich freundlich und bot mir eine Zigarette an.
Ich setzte mich hin und schaute in sein gütiges Lächeln hinein.
»Nun, mein Junge«, begann er, »du weißt, warum du hier bist, und du weißt,

daß diese Situation dich sehr in die Klemme bringen kann, wenn du nicht richtig handelst. Du bist ein hübscher junger Bursche, und ich werde nicht versuchen, dich hinters Licht zu führen, denn ich weiß, daß das keinen Zweck hat. Ich habe einen Sohn etwa in deinem Alter; deshalb tut es mir leid, einen Jugendlichen wie dich hier zu sehen. Ich dachte deshalb, ich wollte einmal hier hereinkommen, um herauszufinden, was da eigentlich los war. Erzähle mir nichts, wenn du es mir nicht erzählen willst. Jene anderen Kerle, die dich schlugen, können nicht einmal ihr Gesicht von einem Loch im Boden unterscheiden. Sie sind einfach zu dumm, nicht wahr? Ich meine, man muß einem Mann auch etwas Zeit lassen. Deshalb komme ich dich jetzt besuchen, um mir von dir die Geschichte so erzählen zu lassen, wie sie sich zugetragen hat. Ich wäre froh, wenn ich dir helfen könnte. Also nimm die Sache leicht. Erzähl mir aber lieber gar nichts, wenn du etwa die Absicht hast, mir einen Bären aufzubinden.«

Das war gefährlich. Ich klemmte meine Hände unter dem Tisch fest und erzählte ihm die gleiche Geschichte, die ich den Beamten erzählt hatte, als sie mich zuerst verhörten.

»Gut«, fuhr mein Befrager fort, als ich geendet hatte. »Aber weshalb sollte denn ein netter Kerl wie du versuchen, einen zu decken, der es nicht verdient? Du gehörst nicht zu der Art, die einem Kameraden die Augen ausschlagen, weil er dir kein Glas Wasser geben wollte. Hat dieser Mann dich schon früher einmal geärgert? Oder hat am Ende einer versucht, dich zum besten zu halten, indem er dich veranlaßte, auf einen anderen loszuschlagen? Was hast du dir davon versprochen? Nichts! Und der Kerl, der dich anwarb, ist vielleicht jetzt gerade ganz in den Genuß eines saftigen Steaks mit *pommes frites* vertieft, warum auch nicht? Habe ich nicht recht?«

Ich kämpfte gegen die hypnotische Wirkung der einschmeichelnden Stimme dieses Mannes an. Er gebrauchte eine Methode, die ein Gefangener nicht erwartet. Er hatte gütige Augen; sein Gesicht blieb freundlich entspannt. Mit einer unbeholfenen Betonung meiner Hartnäckigkeit blieb ich bei der ursprünglichen Version meines Tatmotivs.

Der andere schmeichelte weiter: »Wahrlich, es wäre für mich ein leichtes, für dich einen bedingten Straferlaß zu erwirken. Ein Junge wie du gehört nicht ins Gefängnis. Denk doch an alle die netten Mädchen, die draußen herumlaufen. Oder an alle Jungens deines Alters, die ihre Mädchen in den großen Wagen mitnehmen. Sie zu einem guten Essen mitnehmen, sie an den Strand mitnehmen. Das ist doch eine feine Sache, mein Junge! Du könntest bei mir zu Hause wohnen, wenn du herauskommst, bis du einen guten Job gefunden hast. Ich hätte nichts dagegen. Aber ich würde es doch bedauern, dich im Gefängnis zu sehen.«

Der Mann war ein Könner! Er ahnte nicht, wie nahe er dabei war, seine geschickt geführte Schlacht zu gewinnen, als er auf die Uhr sah und erstaunt feststellte, daß die Zeit so schnell vergangen war. Er klopfte mir auf die Schulter und schüttelte mir die Hand.

»Also, auf Wiedersehen! Denk mal darüber nach. Ich werde wiederkommen.«

Ich sah ihn nicht wieder. Wohl aber besuchten mich später die Kriminalen wieder, die mich unmittelbar nach der Verhaftung verhört hatten. Sie waren in Hemdsärmeln, und einer von ihnen hatte ein zwei Fuß langes Stück Garten-

schlauch in der Hand. Der andere legte ein Stück Papier und einen Bleistift auf den Tisch.
»Es wäre besser, die Namen deiner Bundesgenossen aufzuschreiben«, befahl er. »Schreib hin, was du tun wolltest. Schreib *Raub* oder *Mordversuch* oder was es auch immer war.«
Ich beugte mich über den Tisch und nahm den Bleistift in die Hand. Ich schrieb nichts.
Einer der Kriminalen klemmte daraufhin meinen Kopf unter seinen Arm, und sein Kollege prügelte mich mit dem Gartenschlauch. Als er fertig war, war sein Gesicht rot, und er atmete schwer. Der andere verdrehte meinen Arm. Aber ich schrie nicht. Die Kriminalen gingen. Sie versprachen, in fünf Minuten wieder da zu sein, um das Verfahren fortzusetzen. Sie kamen nicht wieder, und ich hörte nichts mehr von ihnen.
Mein nächster Aufenthaltsort war das Stadtgefängnis hoch oben im Wolkenkratzer City Hall. Das war ein höchst modernes Gewahrsam, sauber, und gut verwaltet. Die Gefangenen wurden in Trupps von dreißig in lange, enge Käfige gesperrt. Nachts wurden wir in Zweimannzellen eingeschlossen, deren Türen elektrisch geöffnet und geschlossen wurden. Zu keiner Zeit wurden wir zur Bewegung an die frische Luft gelassen, wie es in ganz Europa Sitte ist. Aber durch einen Fensterspalt konnten wir weit unten den Straßenverkehr sehen, und die, welche die geringsten Hemmungen hatten, vergnügten sich damit, gellende Schreie den Mädchen zuzurufen, die auf den weit entfernten Gehsteigen vorübergingen. Ich studierte die verschiedenen Typen der Geächteten, der Spitzel und der ganz einfach Unglücklichen und versuchte, ihre Einstellung zum Leben zu verstehen. Wochen vergingen. Ich mied alle Kontakte mit der Außenwelt, um keinesfalls Getsys Organisation zu gefährden.
Eines Morgens wurde ich in ein kleines Besuchszimmer gerufen. Ein netter junger Mann mit langen Wimpern und greller Krawatte erzählte mir, daß er Anwalt sei und meine Verteidigung vorbereiten wolle. Ich hielt ihn für eine besondere Art von Polizeispitzel.
»Ich brauche keinen Anwalt«, sagte ich. »Gehen Sie bitte und lassen Sie mich allein.«
»Ich bin befriedigt«, lächelte er. »Ich sehe, daß Sie nicht weich geworden sind. Getsy sendet mich.«
Ich war aufgeregt, aber ich war immer noch mißtrauisch. »Getsy?« antwortete ich. »O ja, ich erinnere mich. Er trägt gerne besonders grelle Schlipse.«
»Nein«, sagte der Anwalt prompt, »seine Schlipse sind grau, immer grau.«
Das überzeugte mich. Ich fragte ihn, was ich tun solle.
»Um jeden Preis weitere Verhöre vermeiden. Wir wollen keine weiteren Untersuchungen mehr. Warten Sie nicht auf den Prozeß. Bekennen Sie sich schuldig und überstehen Sie die ganze Geschichte.«
»Wessen soll ich mich schuldig bekennen?«
»Irgend etwas. Sie sollen die Untersuchung einstellen. Verhindern Sie, daß sie Zeugen aufrufen.«
»Gut.«
»Verlangen Sie einen öffentlichen Verteidiger und sagen Sie ihm, daß Sie sich schuldig bekennen.«
Das war alles. Ein fester Händedruck, ein durchdringender Blick, und dann

ging er ebenso geräuschlos, wie er gekommen war. Ein paar Tage später bekannte ich mich vor dem *Superior Court* des »Angriffs mit einer tödlichen Waffe« schuldig. Keine Zeugen wurden aufgerufen; keine weiteren Fragen gestellt. Zwei Minuten, nachdem ich den Gerichtssaal betreten hatte, verurteilte mich der Richter von einem bis zu zehn Jahren Gefängnis in San Quentin.

ZWEITER TEIL

DER TANZ IM REICH DER FINSTERNIS

Rund tausend Tage lebte ich hinter den grauen Mauern von San Quentin unter den Augen, den Knütteln und den Maschinenpistolen der Wachen und trug die graue Sträflingskleidung. Ich kam in einer aufrührerischen Stimmung in das Gefängnis und lebte und sprach von nichts anderem als von Auflehnung und überdachte alle möglichen Wege zur Flucht. Man erwartet, daß ein Mann im Gefängnis seelisch zugrunde geht. Gefängnisse sind dazu da, den Willen der Männer zu brechen, und wenn ein Mann gebrochen ist, ist die Rache der Gesellschaft gestillt. Ich aber war entschlossen, mich nicht brechen zu lassen. Bald erkannte ich, wie ohnmächtig selbst der zäheste Verbrecher gegenüber der massiven Autorität der Gefängnisverwaltung ist. Mit der Zeit verzichtete ich auf alle Fluchtpläne, unterdrückte meinen inneren Hang, die zwecklose Rolle eines Rebellen zu spielen, und verlegte mich ganz darauf, den Sinn der Einkerkerung zu vereiteln und mich im Gegenteil wieder handlungsfähiger zu machen, damit ich, mehr noch als bisher, befähigt sein würde, meinen Platz bei den revolutionären Kämpfen der Zukunft auszufüllen. Im ersten Jahr arbeitete ich im Lärm und im Geknatter der Jutespinnerei des Gefängnisses. Im zweiten Jahr brachte ich es zum Gefängnisbibliothekar. Und das dritte sah mich als Sprach- und Mathematiklehrer in der Erziehungsabteilung von San Quentin. Es waren keine friedlichen Jahre; das Gefängnisleben ist nicht monoton, sondern voll Kampf und Zwist, Sieg und Niederlage in den verschiedensten Formen.

Es waren auch keine verlorenen Jahre, trotz des fühlbaren Mangels an Privatleben und an Frauen. Ich war zu sehr beschäftigt, um unter einer solchen, immerhin erträglichen Härte zu leiden. Viel wichtiger für mich als das Verlangen nach Vergnügungen, die außerhalb meiner Reichweite lagen, war der Schritt vorwärts in eine neue Welt anregender Entdeckungen und intensiver Selbsterziehung. San Quentin gab mir weit mehr, als es mir wegnehmen konnte. In mir hatte sich eine leidenschaftliche Neigung zur Literatur entwickelt. Ich las und studierte fast alles, was ich in die Hand bekommen konnte, von Joseph Conrads *Lord Jim* und Romain Rolands *Jean Christophe* angefangen bis zu Darwins *Origin of Species* und Bowditchs *Epitome of Navigation*. Ich vervollkommnete mich im Englischen, lernte Französisch und Spanisch, studierte Astronomie, Journalismus und Kartographie – alles Kurse, die den Insassen von San Quentin durch die Universität von Kalifornien zugänglich gemacht wurden. Ich wurde Mitarbeiter an der Gefängnis-Zeitung *Bulletin*, und in der Druckerei wurde ich mit der Kunst des Setzens vertraut gemacht. Während der ganzen Zeit blieb ich ein treuer Legionär der Komintern. Ich hatte eine geheime Gefängnisbücherei mit revolutionärer Literatur zusammengestellt und hatte marxistische Schulungskurse und eine atheistische Liga unter den Sträflingen organisiert. Trotz der Gefängniszensur hatte ich Kontakt mit dem Kominternnetz aufnehmen können. Ich war so sehr auf die mir selbst gestellten Aufgaben fixiert, daß ich meine Freilassung auf Ehrenwort und meine darauffolgende Entlassung aus dem Gefängnis zuerst als eine unwillkommene Störung des mich ganz ausfüllenden Lebens ansah. Die Komintern erwartete jedoch meine Rückkehr nach Berlin. Ich verließ San Quentin in den ersten Tagen des Dezember 1929.

»Viel Glück«, lachte die Wache am Tor.
Drei Tage später ging ich an Bord eines nach Europa fahrenden Dampfers. Le Havre war der erste Anlegehafen. Während der üblichen Zollabfertigung und der polizeilichen Überprüfung der Passagiere und der Besatzung zeigte ein weinselig aussehender französischer Beamter besonderes Interesse für mich. Ich hatte kein französisches Visum; auch hatte ich weder Gepäck noch Geld bei mir. »*Monsieur*«, sagte er. »Sie können in Frankreich nicht reisen. Wir müssen Sie festhalten.« Er brachte mich zum Einwanderungsheim in der Nähe des Hafens. Dort wurde ich in einen Raum gebracht, in dem ein Bett, ein Tisch, ein Waschtisch und ein Stuhl standen.
Beim Weggehen sagte der Beamte: »Im Lauf des Vormittags werden die Behörden beschließen, was mit Ihnen geschehen soll.«
Ich wartete gar nicht so lange. Mein Zimmer hatte ein kleines Fenster, und zwölf Fuß unter der Fensterbrüstung war der Gehsteig einer ruhigen Straße. Während der Nacht patrouillierte eine Wache um das Gebäude. Sie kam alle zwei oder drei Minuten unter meinem Fenster vorbei. Die Nacht war rauh und böig. Ich wartete, bis die Wache um die Ecke war; dann stieg ich mit den Beinen voran aus dem Fenster, bis ich an der Fensterbrüstung hing. Ich ließ los und sprang auf das Pflaster. Der Wind pfiff zwischen den Häusern. Am Ende der Straße beleuchteten Lichter eine Mole. Ich lief und war frei! Die ganze Nacht wanderte ich durch die Straßen von Le Havre und war ganz berauscht von einem tiefen Freiheitsgefühl. Ein Mann lebt nur richtig, wenn er in Bewegung ist, dachte ich, wenn er um jeden Preis weitermarschiert. Wenn er aufhört zu gehen, schwinden seine Kräfte. Die Lebensfreude ist die Freude der Erfahrung, die aus dem Gefühl der eigenen Kraft entsteht. Während der tausend Tage in San Quentin hatte ich keinen Augenblick aufgehört zu gehen. Deshalb streifte ich mit einem frohen Behagen durch die Straßen von Le Havre trotz des strömenden Regens und trotz der Dunkelheit und trank die rauhe Dezemberluft wie Hochzeitswein. Ich erkletterte die steilen Felsen, wo der Leuchtturm aufragte, nur um meine Freude und meinen Lebenswillen in die sturmgepeitschte Nacht hinauszurufen.
Bei Tagesanbruch kam ich wieder zur Besinnung. Mein schäbiger Anzug hing wie ein verregnetes Leintuch herunter. Der Wind hatte meine Mütze mitgenommen, und meine Schuhe trieften vor Wasser und Schmutz. Zwei Stunden lang war ich auf der Suche nach den Büros der Kommunistischen Partei von Le Havre, ohne Erfolg. Ich fragte nicht nach dem Weg. Vielleicht hätten die Leute sonst Verdacht geschöpft beim Anblick eines schlechtgekleideten Ausländers, der nach dem kommunistischen Hauptquartier fragte.
Mein Weg führte mich zum Hafen. Abgesehen von einem Frühstück und einer Möglichkeit, meine Kleider zu trocknen, gab es drei Dinge, die ich mir vor allem wünschte. Ich wollte das Wort *Genosse* hören. Ich wollte eine Frau. Meine Augen und mein Verstand wollten sich an etwas Unpersönlichem und zugleich Schönem weiden. Das erste Schiff, das ich aufsuchte, um mir ein Frühstück zu erbitten, war ein britischer Wochendampfer aus Cardiff. Ein Cockney-Offizier warf mich hinaus und fluchte mit einem gewaltigen Stimmaufwand hinter mir her. Es tat gut, die alten Limeysalzwasserflüche zu hören. Dann ging ich an Bord eines norwegischen Fernostfrachters.
Der Norweger war geradeso sauber, wie das englische Schiff schmutzig ge-

wesen war, und die norwegischen Seeleute nahmen mich mit der traditionellen Gastfreundschaft ihres Landes auf. Sie stellten mir ein mächtiges Frühstück aus Kaffee, Haferbrei, französischem Brot, Salzhering und Kaugummi hin, und während ich aß, priesen sie uneingeschränkt das Temperament der Dirnen in Le Havre und die Naturschönheiten Norwegens. Ich zog meine Kleider aus und hängte sie an einen Heizkörper zum Trocknen.

Zur Mittagszeit, als die Besatzung in der Messe beim Essen saß, erschien ein junger Skandinavier vom Land und begann, eine politische Rede zu halten. Dann zog er Bündel von Flugblättern unter seinem Rock hervor und verteilte sie an die Seeleute, die den Neuangekommenen mit Genosse Soeder anredeten. Die Schlagzeile auf den Flugblättern lautete: *Wer sind die Feinde des Seemanns?* Das Zeichen auf den Flugblättern – eine Erdkugel, über der sich ein Anker und eine Flagge kreuzen – waren die Insignien der Marineabteilung der Komintern. Soeder war Mitglied der Aktivisten-Brigade von Le Havre. Ich hätte ihn beinahe vor Freude umarmt und erzählte ihm, wer ich sei. »Willkommen, Genosse«, sagte er.

Genosse war immer noch ein magisches Wort für mich. Gegen Abend gingen wir zusammen an Land. Soeder warnte mich:

»Sei vorsichtig mit dem, was du sagst, wenn du Genossen in höheren Rängen begegnest. Du bist lange Zeit weg gewesen.«

»Weshalb vorsichtig?«

»Also, wie gesagt, sei vorsichtig. Es hat Reinigungsaktionen gegeben in der Komintern. Die Komintern hat sich verändert. Sie ist ausgerichtet worden. Sie läuft jetzt wie ein Torpedo. Immer nur in einer Richtung. Es gibt keine Abweichungen mehr, keine internen Diskussionen, keine Kompromisse.«

Über diese Änderungen sollte ich in den kommenden Wochen sehr viel erfahren. Sinowjew und Trotzki waren ausgeschlossen worden. Bucharin war aus der Spitze der Komintern entfernt worden. Stalin beherrschte jetzt Rußland und damit auch die Komintern. Er hatte das gigantische Industrialisierungsprogramm des Fünfjahrplanes gestartet, und wer sich ihm entgegenstellte, wurde in die Gosse getreten. Den Säuberungen in Moskau folgten Säuberungen in der Komintern, deren Organisationen, bisher Sturmtruppen der Weltrevolution, jetzt ausschließlich die Sowjetunion zu verteidigen hatten. Und die militantesten Formationen der Komintern schwenkten mit Begeisterung auf diese Linie ein. Denn der Fünfjahrplan sollte aus der Sowjetunion die stärkste Industrie- und Militärmacht der Welt machen. Das war entscheidend. Die ungeheure Stärke der neuen Sowjetunion würde den Sieg der großen revolutionären Offensive der Zukunft garantieren.

Keine Armee konnte sich einer strengeren Organisation rühmen oder einer kompromißloseren Disziplin als die Komintern unter Stalin. Im Bewußtsein jedes Kommunisten stand das Wort *Parteibefehl* bedingungslos über allem. Jede Regung der Unabhängigkeit und geistigen Eigenwilligkeit wurde als Laune und als bürgerlicher Rückfall angesehen. Mut, Ergebenheit und Kühnheit wurden verlangt, und vor allem blinder Glaube an die Ideale und die Unfehlbarkeit des Politbüros in Moskau. Mit dieser Politik war das Rückgrat der Komintern – die Schicht der Aktivisten von der obersten Führung bis zur gemeinen Mannschaft – sehr wohl zufrieden. Eine Armee, deren Generäle nach verschiedenen Richtungen strebten, war zur Niederlage verurteilt.

Soeder führte mich zum örtlichen Kontaktmann zwischen Komintern und GPU in Le Havre. Solche Agenten gab es in allen Häfen und Städten im Inneren des Landes. Ihre offizielle Tätigkeit bestand darin, Kontakte herzustellen und Pässe für internationale Funktionäre auszustellen, die ihrem Bezirk zugewiesen waren oder durch ihn hindurchreisten. Sie besorgten Deckadressen für die konspirative Post und für den Versand von Propagandaliteratur. Sie empfingen und verteilten die Kominternunterstützungen für die lokalen Organisationen. Abgesehen davon hatten sie die Aufgabe, eine strenge Überwachung der Parteiarbeit und des Privatlebens der Genossen in ihrem Bereich durchzuführen. Alle offiziellen Berichte der Leitungen wurden in Berlin und Moskau auf ihre Exaktheit geprüft, indem sie mit den entsprechenden Geheimberichten der örtlichen Agenten verglichen wurden. Immer stammten diese Agenten aus dem Lande, in dem sie arbeiteten; immer standen sie auf der Gehaltsliste der GPU.

Der Mann an der Spitze des *Apparates* in Le Havre war ein französischer Schullehrer namens Cance, ein dunkler, hartgesottener kleiner Mann mit einem gestutzten Schnurrbart, der sich ausgezeichnet für diese Arbeit eignete. Er war Hauptmann der Reserve in der französischen Armee. Noch 1937 war er auf diesem Geheimposten, zur Zeit der Entführung des weißrussischen Führers und Generals von Miller aus Paris, dessen Spuren alle in Le Havre endeten, von wo am Tage nach der Entführung ein Sowjetdampfer in See stach. Zweiter im Befehlsbereich des *Apparats* in Le Havre war seine Gattin, eine schöne, flachsblonde junge Frau mit grauen Augen. Sie lebten in einem geräumigen, gutproportionierten eigenen Haus (58, rue Montmirail), auf einem über der Stadt liegenden Hügel, von dem aus man die Seinemündung und die große Hafenbucht mit ihren geschickt getarnten Küstenbatterien und Befestigungen überblicken konnte.

Herr Cance war ein vollkommener Gastgeber und ein Wunder an Tüchtigkeit. Er notierte rasch die Information, die ich ihm über mich gab, verschlüsselte sie sofort und schickte seinen Sohn los, um sie zur telegraphischen Nachprüfung nach Berlin gehen zu lassen. Wenige Minuten später stand eine herrliche Mahlzeit auf dem Tisch, dazu Wein und ausgesuchte Schnäpse. Madame Cance war bezaubernd. Ihre kirschroten Lippen redeten eine Sprache, die wie Musik tönte. Bevor sie geheiratet hatte, war sie Tänzerin gewesen. In vorgerückter Stunde trug sie ein fließendes Gewand aus Rohseide, das eine goldene Kette um die Taille zusammenhielt. Dann tanzte sie, während Cance Geige spielte. Eine Pantomime, die sie den *Todesmarsch der Pariser Kommune* nannte, folgte. Es begann mit einem wilden Rhythmus der vorrückenden Kommunarden und endete mit einem frenetischen *Vive la Commune!* und einem jämmerlichen Winseln, bevor das Exekutionskommando die Gewehre abfeuerte. Bald sah ich alles wie durch einen wollüstigen Nebel, ohne mir recht klar darüber zu sein, ob das von der unheimlichen Vorstellung von Madame Cance herrührte oder von den Alkoholmengen, die ich durch meine Kehle hatte laufen lassen. Von Zeit zu Zeit sah ich das sanguinische Gesicht von Cance durch den Nebel und hörte seine Soldatenstimme rufen:

»Buvez, mon ami, et vivez joyeux!«

Ich war während meiner ersten Jahre auf dem Meer ein guter Trinker gewesen, aber ich war kein Partner für den Genossen Cance. Er füllte mein

Glas immer wieder nach und forderte mich zum Trinken und nochmals Trinken auf. Dann ermunterte er mich, »die besten Abenteuer« meiner Jugend zu erzählen. Er tat das, um mich bis in den letzten Winkel auszuhorchen.
»*Certainement*«, lachte Madame Cance.
»Es ist zu deinem eigenen Vorteil, *camarade*«, fügte ihr Gatte hinzu.
Ich erzählte wie ein Wasserfall, wie Männer zu sprechen pflegen, wenn der Druck der Gefangenschaft von ihnen genommen ist. Es war Cances Beruf, zu sondieren und zu spionieren. Ich log nicht. Ich hatte nichts zu fürchten. Ihr Gästezimmer, in dem ich für diese Nacht wohnte, hatte, so wurde mir erzählt, schon hervorragende Besucher beherbergt: Romain Rolland, Bela Kun, Kuusinen, Albert Walter, André Marty, Tom Mann und eine Unzahl anderer Kominternagenten, wie den Finnen Sirola alias Miller, den General der Roten Armee Gussew alias P. Green, den Briten Harry Pollitt, der hier seine Reise von Moskau nach New York unterbrochen hatte. Über jeden wußte Genosse Cance eine lustige Geschichte zu erzählen. Bela Kun hatte darauf bestanden, daß seine Dolmetscherin eine lebhafte Brünette sein müsse, die auch bereit war, mit ihm ins Bett zu gehen. Kuusinen hatte die Abneigung eines Katers gegen kaltes Wasser. General Gussew hatte seinen eigenen Wodka mitgebracht und hatte gleich zwei Mädchen auf einmal verlangt. Harry Pollitt war errötet wie ein Geistlicher aus Kensington. Albert Walter war ein perfekter Gentleman gewesen, aber er verabscheute Frauen. Romain Rolland war tieftraurig gewesen, daß er seine Sekretärin nach Le Havre mitgenommen hatte. Und so weiter. Mit teuflischer Geschicklichkeit machte Genosse Cance sie alle nach. Madame Cance schlürfte Likör und sah ihren Mann unentwegt und mit einem leicht spöttischen Lächeln an. Und dann zog er unerwartet die Bilder von drei Mädchen heraus. Eines nach dem anderen reichte er mir hin und sprach darüber, als erläutere er einem Freund seine Gartenanlage:
»*Voici Suzanne* – bittersüß und zurückhaltend. *Violà la petite Babette*, große Erfahrung, aber ausgezeichnet. *Et c'est Marcelle* – ein ganz ausgelassenes Mädchen. Das sind die Bräute der Komintern zu Le Havre. Wähle. Welche soll es sein?«
Ich war zu überrascht, um gleich antworten zu können. Madame Cance lehnte sich nach vorn und sagte ernsthaft: »*Allez, camarade, pourquoi pas?* Jedem nach seinem Geschmack.« Cance brach in schallendes Gelächter aus.
»Wir sind keine Asketen«, erklärte er. »Die Bolschewiki und die Pariser – es gibt keine echteren Hedonisten in unserem Jahrhundert.«
»Ein Genosse, der aus dem Gefängnis kommt, hat es am ehesten verdient«, stimmte Madame Cance ein.
Cance telefonierte. Marcelle war nicht da; sie war nach Rouen gefahren, um ihre Mutter zu besuchen. Suzanne war zu Hause. Cance lachte ins Telefon. Ein Genosse *de l'Amérique*? Gerade aus dem Gefängnis gekommen? Jung? Natürlich würde sie kommen!
Madame Cance zog sich zurück. Mein Gastgeber experimentierte mit dem Radio. Träumerische Walzermusik strömte in den Raum. »Wir werden das Beste der bürgerlichen Kultur behalten, nachdem wir die Bourgeoisie vernichtet haben«, bemerkte er. »Auf deine Gesundheit! Versäume nicht, in den Louvre zu gehen, wenn du durch Paris kommst.«
»Ist das Mädchen eine Prostituierte?« fragte ich.

»*Mais non*«, antwortete er rasch, »*elle est une activiste!*«
Eine Nachricht aus Berlin, die über Basel kam, um den Anschein zu erwekken, daß sie dort aufgegeben worden sei, kam mitten in der Nacht. Sie bestätigte meine Identität. Um sieben Uhr früh wurde ich durch Singen geweckt. In der Vorhalle des Hauses machte unter dem Kommando des Genossen Cance die ganze Familie Morgengymnastik. Nach einem Frühstück mit *café-au-lait* und trockenem französischem Brot gab mir mein Gastgeber hundert Francs und eine Adresse in Paris und fuhr mich zum Bahnhof. Suzanne kam mit. Sie blieb am Zug bis wenige Sekunden vor der Abfahrt. Polizeibeamte, die möglicherweise nach einem vermeintlich heimatlosen Flüchtling Ausschau hielten, würden ihn nie in einem Mann vermuten, der von einer plaudernden jungen Dame zum Bahnhof gebracht wurde. Bald war ich auf der Fahrt nach Rouen und darüber hinaus, längs des sich windenden Seinetales mit den vielen Tunnels und Brücken, die den sich in Schleifen dahinziehenden Fluß überquerten. Die Sonne schien auf die Boulevards, als ich in Paris ankam. Die Straßen waren wie ausgestorben. Die Leute ruhten sich noch von ihren Weihnachtsfeiern aus.
In einer Métrostation studierte ich den Plan von Paris. Ich bummelte in der Stadt herum, wie es der Zufall wollte, wählte jene Boulevards, deren Namen mir am besten gefielen, und am späten Nachmittag traf ich in der Nähe der Bastille auf die Seine. Ich folgte der Seine, bis ich zum Louvre kam. Von dort ging ich über eine kleine Brücke auf das linke Ufer hinüber, durchschritt eine düstere, kerkerhafte Passage und befand mich in einer engen alten Straße, in der sich Buchläden, Bilder- und Antiquitätengeschäfte aneinanderreihten. Rue de Seine. Ich suchte die Nummer 63, die Adresse des Verbindungsmannes der GPU. Eine mürrische Concierge erschien auf mein Läuten. Ich hielt mich an die Weisungen, die mir Cance gegeben hatte, und fragte nach Monsieur Ginsburg, dem Architekten. Die Concierge wurde plötzlich munter. Sie musterte mich mit einem durchdringenden Blick. »*Entrez, monsieur!*« Sie führte mich über einen stillen Hof in ein Gebäude auf der Rückseite. Sie öffnete eine Tür mit einem Sicherheitsschlüssel. »*Entrez, monsieur!*«
Ich trat in einen kleinen, völlig leeren Raum. Sein einziges Fenster mündete auf so etwas wie einen engen Luftschacht. Ich drehte mich um, um der Concierge zu sagen, daß sie sich vielleicht geirrt habe. Aber die Tür hatte keinen Griff auf der Innenseite. Ich war eingeschlossen. Draußen brummte die Concierge: »*Attendez, monsieur!*«
Nach einer Weile hörte ich eine männliche Stimme, gedämpft, aber ärgerlich. Die Tür wurde geöffnet. Ein eleganter junger Mann, etwas unter mittelgroß, begrüßte mich. Er hatte ein blasses, scharf profiliertes und intelligentes Gesicht, scharfe grünliche Augen und eine hohe Stirn. Er trug eine Brille. »Bitte tausendmal um Verzeihung«, sagte er in gepflegtem Deutsch. »Unser Freund Cance hat mir deinetwegen telefoniert. Die Concierge ist eine Närrin. Bitte komm in mein *Atelier*. Mein Name ist Ginsburg.«
Das *Atelier* war geräumig und hell. Neue, in lebhaften Farben gepolsterte Stahlmöbel, ein Haufen von Plänen und Entwürfen, Bücherborde, Büromaschinen, Landkarten, eine Vase mit gelben Blumen, Reproduktionen berühmter Gemälde an den Wänden und ein verkleinerter Bronzeabguß der Laokoongruppe auf einem Sockel in einer Ecke gaben dem Raum eine Mi-

schung aus kalter Geschäftstüchtigkeit und freundlicher Wärme. R. W. (Roger Walter) Ginsburg war Architekt, ein Europäer undefinierbarer Nationalität, der überall zu Hause war. Er hatte eine entzückende junge Freundin, eine Elsässerin und Linguistin von Ruf, die er mir als seine Frau vorstellte. Sie hieß Doris. Am Tisch saßen, mit der Bearbeitung eines großen Posteingangs beschäftigt, zwei düstere schwarzhaarige und schwarzäugige Männer. Als sie hörten, daß ich aus den Vereinigten Staaten kam, verwickelten sie mich sofort in ein aufregendes Gespräch, bei dem Doris Ginsburg als Dolmetscherin fungierte.

Das Büro des Architekten war vielleicht der kosmopolitischste Treffpunkt der sowjetischen Geheimdienste in Westeuropa. Reisende Instruktoren der Komintern und Agenten der GPU, die auf der breiten Straße kamen und gingen, die von Moskau nach Berlin und Paris führte, versäumten nie, sich an Roger Ginsburg zu wenden, sei es wegen ihrer Post, wegen des Austausches von Pässen, wegen Geld, wegen eines sicheren Quartiers in den Wohnungen der Parteimitglieder, oder sei es, um mit Mitarbeitern in Kontakt zu kommen, um Material für innere Intrigen zu sammeln und um ihre Berichte für die Spedition mit dem nächsten Kurier nach Berlin und Moskau aufzugeben. Kein belastendes schriftliches Material außer dem, das die Besucher in den Taschen haben mochten, durfte jemals im *Atelier* herumliegen. Für jeden Zweig seiner Abteilung unterhielt Ginsburg eine getrennte Wohnung in den anliegenden Häusern, deren Mieter dem *Apparat* angeschlossene Parteimitglieder waren. Über die angeblich so mächtige Pariser *Sûreté* machte man sich in Ginsburgs *Atelier* nur lustig.

Ich wurde im *Hôtel d'Alsace* einlogiert. Dieses Hotel lag in einer ruhigen Nebenstraße der Rue de la Seine. Es war ein Komintern-Hotel, das mit Kommunisten besetzt war, und wurde von einer kräftigen blonden Dame geleitet, die die Zimmer ihrer Gäste durchstöberte, wann es ihr beliebte, und auch nicht die Spur eines Hinweises auf revolutionäre Tätigkeit in ihrem Bereich duldete. Sie sprach Englisch mit amerikanischem Akzent. Ihre *Okays* dröhnten durch Decken und Wände. Wenn jemand telefonierte, wollte sie mithören, was gesprochen wurde, obwohl sie keine Einwände machte, wenn die Gäste Mädchen auf die Zimmer mitbrachten, vorausgesetzt, daß es sich nicht um Diktate, sondern um *l'amour* handelte.

Die beiden dunkelhaarigen Individuen, die ich bei meinem ersten Besuch im *Atelier* traf, entpuppten sich als kommunistische Häuptlinge aus Südamerika. Der eine hieß Urso und kam aus Paraguay, der andere, Pérez, war das Haupt der uruguayischen Kommunistischen Partei. Beide waren aus Moskau gekommen und hatten in Paris Station gemacht, um die Ankunft eines wichtigen Genossen aus Berlin, eines gewissen Harry Berger, abzuwarten, um mit ihm über die Einzelheiten einer bestimmten Kampagne in den lateinamerikanischen Ländern zu verhandeln. Beinahe wäre ich in schallendes Gelächter ausgebrochen, als ich den mächtigen Kopf und die breiten Schultern von »Harry Berger« im Zimmer erscheinen sah. Ich erkannte ihn sofort. Es war Arthur Ewert, mein politischer Instruktor an der Kommunistischen Universität in Leningrad. Ich gab nicht zu erkennen, daß ich ihn kannte. Auch er schien mich nicht zu kennen. Für die Südamerikaner war er *camarado Berger*. Nach einigen freundlichen Präliminarien schlug er in gebrochenem Spanisch wie mit einem Vorschlaghammer auf sie ein und rügte sie, ich ver-

mutete wegen »syndikalistischer Tendenzen« und »opportunistischer Abweichungen«. Andere Besuche unterbrachen die Unterhaltung, und die drei gingen weg, um die Konferenz in den *Jardins des Tuileries* fortzusetzen.
An zwei Nachmittagen half ich Doris Ginsburg, Berichte und Resolutionen vom Deutschen ins Englische zu übersetzen. Eines von diesen Dokumenten war ein Manifest des westlichen Sekretariats der Komintern, das zur Organisierung von Hungermärschen in jedem Land am 1. Februar 1930 aufforderte. Ein anderes war der Bericht über die Entschließungen einer internationalen Konferenz von Negerdelegierten in Wladiwostok. Ein drittes umfaßte eine lange Liste von Fabriken und Bergwerken in Algerien und Tunis, in denen kommunistische Zellen gebildet worden waren. Für Doris war das eine reine Gewohnheitssache. Für mich aber war diese Arbeit faszinierend. Sie gab mir eine Vorstellung von der Größe der Organisation, der ich angehörte.
Am anderen Morgen bat mich Doris, als Dolmetscher bei der Konferenz einer Gruppe ausländischer Kommunisten tätig zu sein, bei der Racamond und Frachon sprachen, die beiden Führer des Blocks der Roten Gewerkschaften in Frankreich, der CGTU, die mehrere Hunderttausend Mitglieder zählte und die stärkste Sektion der Profintern war. Doris hatte andere dringende Arbeiten. Ich nahm ihren Vorschlag mit Vergnügen an.
Die Konferenz fand in der Wohnung eines Arbeiters in St. Denis statt. Ich traf die beiden Franzosen im Hauptquartier der Roten Gewerkschaften, einem ausgedehnten Komplex von Gebäuden an der Rue des Granges aux Belles, und zusammen mit einer stillen Sekretärin machten wir die langweilige Reise nach St. Denis. Julien Racamond war eine narbenübersäte alte Eiche unter den Männern, bewegte sich langsam, dachte schnell, einer der wenigen kommunistischen Führer, die wirklich Einfluß auf die Massen hatten. Sein Kollege, Benoit Frachon, ein dicker, aber beweglicher Mann, erfreute sich des Rufes, der erste Experte für revolutionäre Strategie und Organisation in Frankreich zu sein. Als ich zwischen den beiden in der Métro saß, kam ich mir vor wie ein junger Leutnant, der zwischen zwei ergrauten Generälen erdrückt wird.
Eine seltsame Gesellschaft erwartete uns am Versammlungsort in St. Denis. Es waren vier Männer und eine Frau. Der eine war ein ausgemergelter und traurig dreinblickender Ostinder. Neben ihm saß ein untersetzter, lebendiger Mann, den die anderen mit Mustafa Sadi ansprachen. Er war Syrier. Bei den beiden anderen handelte es sich um Ratti, einen italienischen Organisator aus Marseille, und Allan, einen großen blonden Schotten, der wie ein erfolgreicher Kaufmann aussah. Die Frau hatte einen ruhigen Blick und war zurückhaltend. Sie trug Ringe an den Fingern und kauerte in einem Pelzmantel auf dem Sofa. Ich traf sie später in England wieder. Sie war die Frau eines britischen Kominternagenten mit einer langen Reihe von »Taten« in Deutschland, den Vereinigten Staaten und China. Alle sprachen englisch. Aber Racamond und Frachon konnten nur Französisch. Satz für Satz übersetzte ich das Englische ins Deutsche, und die Dolmetscherin übersetzte dann das Deutsche ins Französische.
So hatte ich zum erstenmal in meinem Leben Gelegenheit, eine jener zwanglosen Konferenzen von Konspirateuren internationalen Formats aus nächster Nähe mitzumachen, Konferenzen, die in der Folge unvermeidlich zu Streiks,

Überfällen, Schießereien, Schlagzeilen und Geschäftsplünderungen an Orten führten, welche Hunderte und oft Tausende von Meilen entfernt lagen. Diese besondere Konferenz befaßte sich mit den bevorstehenden Kampagnen in Syrien, Palästina, Transjordanien und Ägypten. Die Frau erstattete Bericht über die politische Situation im Nahen Osten. Julien Racamond, unbeholfen und mürrisch, legte die Politik und die allgemeine Aktionslinie für die Zukunft dar. Benoit Frachon erläuterte subtile taktische Probleme. Die Konferenz befaßte sich mit der Frage, wie man das militante nationalistische Element unter den Arabern vor den Komintern-Wagen spannen könnte. Es sollte Propagandaliteratur nach dort gesandt werden. Waffen mußten geschmuggelt werden. Agitatoren und Organisatoren mußten in jeder Küstenstadt zwischen Alexandrette und Alexandria eingesetzt werden. Dann wurde über die Charterung eines griechischen oder türkischen Dampfers gesprochen; und über einen jüdischen Geistlichen in Tel Aviv, hinter dem niemand einen Kommunisten vermutet hätte; über Schlagworte, die außerhalb der religiösen Gegensätze unter den Moslems wirksam sein könnten; über die Organisation von Terrorgruppen, die das Militär in Frankreich und England beunruhigen sollten; über Kampagnen gegen die Auslieferung syrischer Rebellen, die von britischen Truppen in Transjordanien gefangengenommen worden waren, an Frankreich; über Araber, die an eine Universität nach Moskau geschickt werden sollten; über Streiks und passiven Widerstand und über die Zweckmäßigkeit, eine Welle von Eisenbahnsabotageakten zu entfesseln. Das Hauptquartier der kommunistischen Anstrengungen im Nahen Osten befand sich in Marseille. Der Italiener Ratti kümmerte sich um die Verbindungen. Alle Anwesenden machten Notizen, rauchten und tranken Rotwein.

Racamond leitete diese formale Versammlung, und ich vermute, daß er auch die Unterstützungszahlungen kontrollierte, welche die Komintern in den Nahen Osten fließen ließ. Summen wurden erwähnt: fünfhundert Francs, siebentausend Francs, zwölf Millionen Francs. Der Ostinder feilschte mit hohler Stimme. Mustafa Sadi stand auf und schrie wie eine hysterische Frau, Tränen rollten seine dicken Backen herab, als er bei Racamond für eine Erhöhung von tausend Francs plädierte. Allan, der stämmige Schotte, wurde sardonisch. Aber Racamond, der von dem kaltblütigen Frachon geschickt unterstützt wurde, beherrschte die Versammlung. Racamond sprang immer wieder auf und schüttelte die enormen Fäuste über dem Haupt Mustafa Sadis, als wolle er ihn umbringen. Im Nu waren fünf Stunden vorbei. Die Versammlung war zu Ende. Racamond brach unter Scherzen auf. Frachon folgte ihm wie ein Schatten. Der Ostinder sah aus, als würde er jeden Augenblick einschlafen. Mustafa Sadi wischte sich den Schweiß von der Stirn. Allan war in eine *London Times* vertieft. Die Engländerin gähnte und wickelte ihren Pelzmantel noch enger um ihre eckigen Schultern. Die Arbeit war getan. Bald würde das Geld ausgegeben werden, würden die Druckerpressen donnern, die Kuriere sich mit falschen Pässen und Koffern mit Doppelböden in Marsch setzen, und irgendwo im Nahen Osten würden Gendarmerie und Truppen Überstunden eintragen.

Als ich wieder in die Rue de Seine zurückkam, um die letzten Instruktionen für meine Abreise nach Berlin am nächsten Tag entgegenzunehmen, sagte mir Roger Ginsburg, daß Arthur Ewert mich zu sprechen wünsche. Ginsburg sagte vertraulich: »Ich denke, daß du weißt, daß die Stellung des Genossen Ewert in der Komintern nicht sehr fest ist. Er ist ein befähigter Bolschewist, aber leider hat er zu sehr seinen eigenen Kopf.«

Der Ewert, den ich nun traf, war sehr liebenswürdig und sehr menschlich, beinahe sanft, was eine seltsame Sache bei einem Kämpfer mit seiner Erfahrung und Geschicklichkeit war. Er sprach von seiner Vergangenheit. Nach seiner Tätigkeit in Leningrad war er nach Amerika geschickt worden, und eine Zeitlang war er der faktische Diktator der Kommunistischen Partei der Vereinigten Staaten. Eine von Thälmann in Berlin gesponnene Intrige hatte ihn im Jahre 1929 nach Moskau zurückgebracht. In solchen Fällen war es schwierig, festzustellen, wo die politischen Motive endeten und wo die persönlichen Motive anfingen. Die beiden Führer klärten dann ihre Differenzen in Moskau in Gegenwart von Molotow und Manuilsky. Arthur Ewert war der Verlierer. Aber Ewert war davon überzeugt, daß er recht habe. Er begünstigte eine Allianz mit den deutschen Sozialdemokraten und eine Einheitsfront gegen die schnell emporkommende nationalsozialistische Partei Hitlers. Auf der anderen Seite vertrat Thälmann, von Moskau unterstützt, den Standpunkt, daß die Sozialisten, als die Rivalen im Lager des Proletariats, die Hauptfeinde der kommunistischen Bewegung seien. *»Der Hauptfeind ist die Sozialdemokratie!«* Molotow verlangte, daß Ewert selbstkritisch seinen Bankrott eingestehen solle und daß sein Widerruf im *Imprecorr*, dem meistgelesenen ausländischen Blatt der Komintern, veröffentlicht werden solle. Ewert war ein richtiger Kommunist. Ein richtiger Kommunist kann sich kein Leben außerhalb der Partei vorstellen. Er erniedrigte sich. Seine Selbstkritik wurde am 23. Februar 1930 veröffentlicht. Als Ewert sprach, betonte er jeden Satz mit einem beinahe apologetischen Lächeln.

»Weshalb erzählst du mir das alles?« fragte ich. »Du bist soviel länger in der Bewegung als ich.«

»Weil du jetzt nach Deutschland zurückkehrst, mein Junge«, antwortete er. »Du bist jung. Dein Name hat schon einen guten Klang in der Bewegung. Und letzten Endes wird die Jugend die großen Fragen entscheiden. Die jungen Genossen in Deutschland sollten wissen, daß nicht die Sozialdemokratie, sondern der Faschismus der Hauptfeind der Arbeiter ist. Ich sage dir, daß wir dabei sind, einen schrecklichen Fehler zu machen!« Traurig fügte er hinzu: »Man schickt mich nach Südamerika. Nichts wird dort entschieden werden. Die entscheidenden Schlachten werden in Deutschland geschlagen.«

Das tönte überzeugend. Aber ich erinnerte mich an Soeders Ermahnung: »Sei vorsichtig. Wir laufen wie ein Torpedo. In einer Richtung nur.« Und Ginsburgs Warnung: »Unglücklicherweise hat er zu sehr seinen eigenen Kopf.«

»Wie kann ich wissen, ob du nicht deine eigene Politik treibst?« fragte ich unverschämt.

Ewert lachte breit und gutmütig. »Natürlich tue ich das«, sagte er. »Sag mir, wer tut es nicht?«

»Ich verstehe dich nicht.«

»Du wirst es schon noch verstehen! Seit Stalin an der Macht ist, hat die Komintern sich verändert. Gehorsam zählt heute mehr als Initiative, genau wie es in der alten preußischen Armee war. Sieh dich mit kritischen Augen um. Keine kommunistische Partei hat eine richtige nationale Führerschaft. Und warum? Weil Moskau es nicht erlaubt. Das Ergebnis ist, daß ein holzköpfiger Zelot wie Ernst Thälmann die stärkste kommunistische Partei außerhalb Rußlands leitet. Ein Feldwebel, der eine Partei leitet, von der das Schicksal der Weltrevolution abhängt!«

Ich wurde rebellisch. »Genosse Thälmann ist vom Parteikongreß gewählt worden«, sagte ich. »Wir sind zur Loyalität den Führern gegenüber verpflichtet, die wir wählen, weil das Prinzip des demokratischen Zentralismus in der Partei entscheidend ist.«

»Dummes Zeug«, gab Ewert zurück. »Stalin beseitigte die Demokratie und hielt sich an den Zentralismus. Führer werden ernannt, nicht gewählt. Jeder Führer treibt seine eigene Politik. Jeder Führer bemüht sich, sein persönliches Netz von Spionen und seine eigene geheime Privatarmee aufzubauen, um sich den nötigen Hintergrund zu schaffen. Und der Kongreß? Ich will es dir sagen. Kongresse werden einberufen, wenn es zu spät ist, der Tyrannei von oben her Einhalt zu gebieten. Kongresse werden nur zusammengerufen, um zu fertig vorliegenden Entscheidungen ›Jawohl‹ zu sagen. Das mag für deine keuschen Ohren wie eine gegenrevolutionäre Rede klingen.«

Jetzt war ich vollkommen aus dem Konzept gebracht. Dieser Mann war mein Lehrer gewesen. Er war eine Autorität für das Glaubensbekenntnis, das ich mit Leib und Seele genommen hatte. Für einen in die Enge getriebenen Verstand liegt die Rettung in der Aktion. Ich fragte mich nicht, wer hier recht oder unrecht habe. Deshalb ging ich zum Angriff über.

»Ja, Genosse Ewert, es klingt tatsächlich wie eine gegenrevolutionäre Rede!«

»Und ist es doch nicht«, brummte Ewert.

»Du treibst Fraktionspolitik. Selbst wenn du korrekt handelst, läuft es doch auf die Zerstörung der Parteieinheit hinaus.«

»Ich will nichts zerstören. Ich will nur die Wahrheit sehen und will, daß andere sie auch erfahren.«

»Und dann?«

»Ich möchte nicht melodramatisch sein. Aber eine Allianz zwischen uns und den Sozialdemokraten vermöchte den Kurs der Geschichte für viele Jahre festzulegen. Es müßte eine ehrliche Allianz sein.«

»Wir können keine Allianz mit Verrätern machen«, sagte ich.

»Indem man das sagt, treibt man die stärksten Gewerkschaften, die es in der Welt gibt, in das bürgerliche Lager. Wir machen da einen Fehler, der uns allen das Leben kosten kann. Ich möchte dich nicht einschüchtern oder zwingen, meine Meinung anzunehmen. Aber ich möchte, daß du darüber nachdenkst. Ich möchte, daß du mit den einfachen Genossen der deutschen Partei diese Fragen erörterst. Die ganze Zukunft der revolutionären Bewegung hängt davon ab, was in diesem und im nächsten Jahr in Deutschland geschieht.«

Ich sagte Arthur Ewert auf Wiedersehen. Seine Augen, die tief unter der vorgewölbten Stirn lagen, folgten mir bis zur Tür. Die kalte Nachtluft, die ich an meinem Hals fühlte, die mir in die Ärmel hinaufkroch, ließ mich gewahr werden, daß ich mit mir selbst sprach. »Es ist belanglos, was wir für einen Kurs haben«, sagte ich zu mir, »die Komintern ist die einzige echte revolutionäre Macht in der Welt, und wenn einer die soziale Revolution will, muß er der Komintern durch dick und dünn folgen und sie nicht durch unerfreuliche Parteistreitigkeiten schwächen.«

Im *Hôtel d'Alsace* fand ich einen maschinengeschriebenen Zettel.

Komm sofort zu mir. R. G.

Ich ging um die Ecke und einen Häuserblock weit in die Rue de Seine zu Ginsburgs *Atelier*. Ginsburg arbeitete über einem Plan.

»Du bist die ganze Zeit mit dem Genossen Ewert zusammengewesen?« fragte er freundlich.

»Ja ... Ich bin müde.«

»Gab er dir Instruktionen?«

»Nein. Wir sprachen inoffiziell.«

Roger Ginsburg setzte eine tragbare *Continental* auf einen niedrigen Stahltisch. Er zog eine Schublade heraus und entnahm ihr Papier. »Ich werde einen starken Kaffee mit Kognak machen«, sagte er. »Setz dich hierhin. Schreibe einen Bericht über alles, was Genosse Ewert zu dir gesagt hat. Schreib es in allen Einzelheiten, bitte.«

»Aber warum?«

»*Parteibefehl!*«

Zerbrich den Charakter und die Unabhängigkeit eines Mannes, und du wirst einen folgsamen Parteihengst haben. Das war die neue Waffe der Komintern. Es war meine Pflicht als Kommunist, Arthur Ewert, meinen geachteten Lehrer, zu verraten. War Verrat an den Genossen von nun an der Preis der Loyalität?

Ich schrieb den Bericht. Ginsburg arbeitete an seinen Plänen weiter, ohne auch nur ein einziges Mal den Kopf nach mir umzudrehen oder aufzublikken, bis ich den letzten Buchstaben des letzten Wortes getippt und mich zum Gehen bereitgemacht hatte.

»Es ist besser, du schläfst hier heute nacht«, sagte er, »du wirst in wenigen Stunden nach Deutschland fahren.«

Ginsburgs bleiches Gesicht war wie eine Maske. Ich sah durch sie hindurch. Er war entschlossen, mir keine Gelegenheit zu verschaffen, Ewert zu warnen, bevor ich Paris verließ.

Die Unfehlbaren

Eine mütterliche Französin von beträchtlichem Umfang, einer der Kuriere des Pariser *Apparats*, eskortierte mich zur *Gare de l'Est*, kaufte mir eine Fahrkarte und setzte mich in den Zug nach Straßburg. An einem Rotkreuzabzeichen am Rockaufschlag erkannte mich auf dem Straßburger Bahnhof ein anderer Kurier und führte mich zu den Diensträumen des Straßburger Verbindungsmannes, einem modernen Mietshaus an der Avenue Jean Jaurès. Der Agent hieß Sorgus. Er war ein dunkelhäutiger Elsässer und mochte Mitte dreißig sein; ein gewissenhafter Arbeiter, dessen Hobby das Sammeln von Schmetterlingen war.

Auf Befehl von Sorgus begleitete mich ein großes, hageres und schweigsames junges Mädchen von der Straßburger Partei nachts zu dem Dorf Lauterburg, das an der Stelle liegt, wo der Rhein auf deutsches Gebiet übertritt. Hier unterhielt die Komintern eine Grenzschleuse. In einem kleinen Haus, das wie ein auf den Kopf gestelltes Boot aussah, in dessen Seiten man Fenster geschnitten hatte, führte mich das Mädchen einem sehnigen jungen Mann zu, der eine Fischrute nahm und mich veranlaßte, ihm zu folgen. Wir gingen

bis zu einer Stelle, an der verschiedene Boote an einem Pfahl angebunden waren. Das schwarze Wasser gurgelte. Der Rhein floß schnell zwischen niedrigen grasbewachsenen Ufern dahin. Wir stiegen in ein Boot und stießen ab, trieben mit der Strömung flußabwärts und taten, als fischten wir. Vor uns waren Lichter. Wir fuhren an ihnen vorbei, ohne angerufen zu werden.
»Wir sind jetzt in Deutschland«, sagte der junge Mann.
Er legte ein Paar schwerfällige Ruder aus und ruderte an das rechte Ufer des Flusses. Die Ruderdollen waren mit Leinwand umwickelt, so daß sie beim Rudern kein Geräusch machten. Ich sprang an Land. Mein Führer ruderte in die Nacht zurück. Ich stand auf einer großen Wiese. Der Wind blies in kalten Böen. Mühsam arbeitete ich mich bis zu einem Haus durch, in dem keine Lichter brannten. Dort war ein Weg. Der Weg mündete in eine Landstraße. Ein Wegweiser zeigte an: *Karlsruhe – 4 Kilometer.*
Ich fuhr nicht auf dem kürzesten Weg nach Berlin. In San Quentin hatte ich von Freiheit geträumt. In Paris hatte ich Erfahrungen gesammelt, die noch schwer auf meinem Gemüt lasteten. Ich hatte noch beinahe nichts von dem Geld ausgegeben, das ich von Cance, Ginsburg und Sorgus erhalten hatte. So beschloß ich, eine Woche für mich selbst zu nehmen. Ich bestieg den Zug von Karlsruhe nach Heidelberg. Ich war in meine Heimat zurückgekehrt, aber wie wenig kannte ich sie! Die Leute am Rhein liebten ihr Land. Sie würden nirgendwo anders leben wollen, und sie waren stolz darauf, daß ihre Wiegen am Rhein gestanden hatten. Zwischen Neckar und Main war ich geboren, aber man hatte mich zu früh wieder von hier fortgenommen, als daß mein Verstand reif genug gewesen wäre, diese zauberhafte Landschaft aufzunehmen. Und jetzt, nach fünfundzwanzig Jahren des Herumvagabundierens, erblickte ich zum erstenmal dieses Land, in dem ich geboren war.
Ich nahm ein Zimmer in einem Hotel, von dem aus man den Neckar überblicken konnte. Im Lauf des Tages stieg ich zu den Ruinen des Heidelberger Schlosses hinauf und von da aus wanderte ich durch die Einsamkeit der winterlichen Wälder. Selbst im Winter war es das schönste Land, das ich jemals gesehen hatte. Auch am nächsten Tag wanderte ich allein durch die Wälder.
Am Abend ging ich in eine Bar. Es war Sonnabend. Es gab Musik, und eine Menge junger Leute aßen, tranken und tanzten und schienen ohne jede Sorge zu leben. Ich saß allein an einem Tisch, trank Niersteiner und sah neidisch zu, aber ich war zu schüchtern, eines von den Mädchen zu fragen, ob es mit mir tanzen wolle. Sie waren alle so unbeschwert in ihrem unschuldigen Leichtsinn. Sie wollten spielen, und ich hatte bereits vergessen, wie man spielt. Dann sah ich ein Mädchen an einem anderen Tisch, das ebenfalls allein war und melancholisch dreinschaute. Sie war etwa sechsundzwanzig, blond, mit einem runden Gesicht und einer guten Figur, und sie war sehr betrunken. Um meine niedergeschlagene Stimmung etwas zu heben und ihre Aufmerksamkeit zu erregen, schaute ich zu ihr hin und begann mit rauher Stimme zu singen: »Das Wandern ist des Müllers Lust.«

»Vom Wasser haben wirs gelernt,
Vom Wasser . . .
Das hat nicht Ruh bei Tag und Nacht,
Ist stets auf Wanderschaft bedacht,
Das Wasser, das Wasser, das Wa-a-a-asser.«

Das Mädchen und ich, wir beiden Ausgestoßenen in der sorglosen Heidelberger Atmosphäre kamen zusammen. Sie hieß Liese. Ich fragte sie nie nach ihrem Familiennamen, und sie fragte nicht nach dem meinen. Zwei Tage blieben wir noch in Heidelberg. Wir kauften Rucksäcke und Proviant und verbrachten sechs Tage auf einer Wanderschaft durch den Odenwald von Heidelberg nach Darmstadt. Fast jeder Berggipfel längs der berühmten Bergstraße hatte sein altes einsames Schloß mit einem Burggraben, einer Zugbrücke, Kerkern, Ziehbrunnen, die bis auf die Basis des Berges hinabgegraben waren, und Wällen, die oft sechs bis zehn Fuß dick waren. Die Komintern schien so weit weg zu sein wie der Saturn. Wir waren verwegen und glücklich. Mit jedem Tag wurden wir jünger.

Wir trennten uns in Darmstadt. Liese kehrte nach Heidelberg zurück. Ich reiste nordwärts.

In Berlin suchte ich sofort das deutsche Zentralkomitee im Karl-Liebknecht-Haus auf, dem Gebäude, das den Bülowplatz beherrschte. Abgesehen von den langherabhängenden roten Fahnen an der Vorderseite erschien das Karl-Liebknecht-Haus wie ein anderes großes Geschäftshaus; aber innen war es befestigt und bewacht wie ein Arsenal. Ich gab einem von den Wachleuten einen beschriebenen Notizzettel und bat ihn, mich bei der Organisationsabteilung des Zentralkomitees anzumelden. Ich wartete. Von irgendwoher kam das dumpfe Hämmern von Druckerpressen. Türen schlugen zu, und Leute stürzten vorbei. Die Gänge waren voll von leuchtenden Plakaten, Diagrammen, Tagesberichten. Dutzendweise parkten im Hof die Fahrräder und Motorräder der Parteikuriere. Schließlich kehrte der Wachmann zurück.

»Genosse Ernst will dich sehen«, kündigte er an. »Vierter Stock, Zimmer Nr. 39.«

Das Zimmer 39 war klein und kahl. Die Fenster hatten keine Vorhänge. Ein großer Schreibtisch stand drin, zwei harte Stühle, und ein Bild von Stalin hing an der Wand. Die Wände waren in einem einheitlichen Schlachtschiffgrau gestrichen. Hinter dem Schreibtisch saß ein Mann. Zwei kleine schwarze stechende Augen starrten mich feindselig an.

Der Mann war klein und untersetzt. Sein dünnes Haar war so gekämmt, daß es eine kahle Stelle auf dem Kopf bedeckte. Er hatte klobige Hände, eine harte runde Stirn und einen dicken, unbeugsamen Mund. Sein grobes Gesicht hatte eine ungesunde Farbe, und er hatte den finstersten Gesichtsausdruck, den ich je bei einem Menschen gesehen hatte. Er zeugte von Kraft, Geduld, Unbarmherzigkeit und Mißtrauen. Aber das Ungewöhnliche bei diesem Mann waren seine Augen – glitzernde Schlitze, die niemals blinkten und ohne eine Spur von Weiß. Bevor auch nur ein Wort gefallen war, wußte ich, wer dieser Mann war. Ich hatte ihn schon früher gesehen. Er war der Heizer des Schlachtschiffs *Helgoland*, der 1918 die erste rote Fahne der Revolution über der kaiserlichen Flotte gehißt hatte.

Ernst Wollweber war weit gereist seit dem Tag, an dem er als Unbekannter hervorgetreten war, um eine der stärksten Stützen in der Kriegsmaschine des Kaisers umzustürzen. Er war Mitglied des inneren Zirkels der kommunistischen Strategen von Zentraleuropa geworden, ein Mitglied jener anonymen Aristokratie der Berufsrevolutionäre, ohne deren erfahrene und ungewöhnliche Hilfe die ständig im Licht der Öffentlichkeit stehenden höchsten

Parteifunktionäre nichts als geschwätzige Generale ohne Offizierskorps zur Führung der Armee gewesen wären. Um ihn vor der Verhaftung durch die Polizei zu schützen und die verfassungsmäßige Immunität für ihn zu erlangen, war Ernst Wollweber in den Preußischen Landtag gewählt worden. Als Mitglied dieser gesetzgebenden Körperschaft hatte Wollweber auch die Berechtigung erworben, die deutschen Bahnen zwischen dem Rhein und Ostpreußen unentgeltlich zu benützen. Dazu bezahlte ihm die deutsche Regierung noch die bedeutenden Tantiemen, die allen Mitgliedern deutscher Parlamente zustanden. So finanzierte die Weimarer Republik die Reisen und den Unterhalt von Agitatoren und Organisatoren, die als gewählte Abgeordnete kein geringeres politisches Ziel verfolgten, als die vollständige Vernichtung dieser Republik.
»Du bist Genosse Ernst Wollweber«, sagte ich befangen.
Der Mann nickte. Er gab mir den Parteigruß: *»Rot Front!«* Dann brummte er:
»Nimm Platz.« Wir gaben uns über den Schreibtisch die Hand. Wollwebers Griff war hart. Sein Gesicht verzog sich sogar zu einem freudlosen Lachen, bei dem sich eine Reihe unregelmäßiger, vom Rauchen gelb gewordener Zähne zeigte.
»Wie lange warst du nicht mehr in der deutschen Parteiarbeit?«
»Etwa sieben Jahre«, sagte ich.
»Wie sind die amerikanischen Gefängnisse?«
»Nicht schlecht.«
»Du hast dort gute Arbeit geleistet. Aber das politische Sturmzentrum ist jetzt Deutschland. Wir brauchen dich dringend hier.« Er zündete eine neue Zigarette am Stummel der alten an. »Übrigens«, fügte er hinzu, »hast du bereits mit dem Genossen Albert Walter in Hamburg Verbindung aufgenommen?«
»Noch nicht. Ich werde ihm einen Bericht schicken.«
»Das ist nicht notwendig«, sagte Wollweber. »Die Parteispitze ist *hier*. Gib *mir* deinen Bericht.«
»Gut.«
Als er fortfuhr, mich zu fragen, hatte ich das Gefühl, daß Wollweber mit unendlicher Vorsicht um mich herumging, wobei er seine Kreise enger zog und mir nach jeder Antwort etwas näher kam. Plötzlich sagte er:
»Ich habe deinen Bericht über die Unterhaltung mit dem Genossen Ewert gelesen.«
Ich war erschrocken. Bisher war es in der Komintern üblich gewesen, Denunziationen jenen vorzulegen, die dadurch betroffen waren. Dies war in einem Geist der Offenheit und Kameradschaft geschehen. Aber jetzt wurde es mir von neuem zum Bewußtsein gebracht, wie sehr sich die Verhältnisse in der Komintern geändert hatten. Denunziationen und vertrauliche Berichte von Genossen über Genossen waren jetzt höheren Orts erwünscht. Das System der geheimen Dossiers für »den Bedarfsfall« entwickelte sich immer mehr zu einem wichtigen Teilgebiet innerhalb des privaten Arsenals beinahe jedes kommunistischen Führers.
»Ach, hat Ginsburg ...« begann ich.
»Sag: *Genosse* Ginsburg«, unterbrach Wollweber. »Die Partei liebt die Aufgabe gewisser anerkannter Formen nicht.«

»Genosse Ginsburg forderte mich auf, ihn zu schreiben«, erklärte ich.
Ich wußte nicht, wo ich stand. Ewert – Wollweber ... Waren sie Freunde oder Feinde? Als Organisationsleiter hatte Ernst Wollweber in der deutschen Partei die gleiche Stellung inne wie Ossip Pjatnitzki in der Komintern. Der *Org-Leiter* konnte in seiner Maschinerie Leute machen und stürzen, wie er wollte.
»Ein sehr interessanter Bericht«, sagte Wollweber. »Hast du mit dem Genossen Ewert vereinbart, in Zukunft privat in Verbindung zu bleiben?«
»Nein.«
»Private Beziehungen zwischen Genossen haben bisweilen ihren Wert. Meist aber sind sie gefährlich – besonders für den Jüngeren. Dein Bericht über den Genossen Ewert ist bei mir. Nimm an, daß er für mich geschrieben wurde – für mich persönlich.«
»Gut.«
»Welche Art Arbeit liegt dir am meisten?«
»Organisation in der Seefahrt.«
»Gut. Ich werde bei der nächsten Sitzung des Zentralkomitees bestimmte Vorschläge über dich machen. Vielleicht kann man dich mit dem Rhein, der Donau oder den Berlin-Brandenburgischen Kanälen beauftragen. Ich werde es dir in ein paar Tagen mitteilen. Inzwischen kannst du dich wieder etwas an Deutschland gewöhnen.«
Wenn Wollweber sprach, schien jedes Wort wie ein langsames mürrisches Gebrumm aus ihm herauszukommen. Ich hatte von ihm den Eindruck, daß er niemals in Eile und äußerst furchtlos war, daß ihn nichts überraschen konnte und daß er sich bewußt von allen Illusionen frei gemacht hatte.
Ernst Wollweber besorgte für mich bis auf weiteres Kost und Logis und machte mich mit einem Mann bekannt, der das Parteiarchiv in den weitläufigen Kellern des Karl-Liebknecht-Hauses leitete. Länger als eine Woche machte ich immer wieder den Weg zum Parteihaus. Ich las viel, um mich aufs laufende zu bringen, sprach mit vielen Mitgliedern des Stabes im Karl-Liebknecht-Haus und studierte die offiziellen Parteiberichte der vergangenen zwei Jahre. So kam ich wieder in das richtige Verhältnis zu dieser gewaltigsten aller kommunistischen Parteiorganisationen, die jemals außerhalb der Sowjetunion aufgebaut wurden – einer Parteiorganisation, die später den kommunistischen Parteien in allen anderen Ländern als Vorbild diente.
Die Kommunistische Partei Deutschlands hatte zu jener Zeit eine Viertelmillion Mitglieder. Sie gab siebenundzwanzig Tageszeitungen heraus mit einer Gesamtauflage von rund fünf Millionen Exemplaren; ein Dutzend wöchentlicher und monatlicher Publikationen und Hunderte von Betriebszeitungen vergrößerten noch den Umfang der Parteipresse. Es gab nahezu viertausend kommunistische Zellen in Deutschland, davon über sechshundert allein in Berlin. Um die Partei war ein Gürtel von siebenundachtzig Hilfsorganisationen gruppiert, die ihre Befehle auf dem Wege über das Karl-Liebknecht-Haus von Moskau empfingen.
Im Schatten des mächtigen kommunistischen Baus arbeitete schweigend und wirksam das Untergrundnetz der GPU in Deutschland. Ihre Abteilungen umfaßten den *S-Apparat* für Spionage, den *M-Apparat* für die Infiltration der Armee und der Marine, den *P-Apparat für die Zersetzung der Polizei*, den *BB-Apparat* für industrielle Spionage zugunsten der Sowjetunion, die

Parteischutzgruppen – die bewaffneten Leibwachen der Parteiführer –, den *N-Apparat* für Pässe, Parteizensur, Kurierdienst und Verkehr, außerdem die verschiedenen *Zersetzungs-Apparate* für Gegenspionage und Zersetzungsarbeit in der Sozialdemokratischen Partei, dem katholischen Zentrum, bei den Monarchisten und unter den militärischen Formationen der Hitler-Bewegung. Jede Parteiabteilung und jede Hilfsorganisation wurde von einem speziellen Emissär aus Moskau geleitet, der mit diktatorischen Vollmachten ausgerüstet war.

Das vielsagende Wort *Agent* wird in Kreisen der Komintern nie gebraucht. Der unbeholfene offizielle Titel der ausländischen Kommissare des Kreml ist der eines *Internationalen Politischen Instruktors.* Jeder dieser internationalen Agenten war Spezialist auf einem bestimmten Gebiet. Es gab Spezialisten für Propagandatechnik, Streikstrategie, Industrieorganisation, Spezialisten für Frauenfragen, Spionagespezialisten, Reklamefachleute, Fachleute für die Rote Armee, kaufmännische Experten, Polizeispezialisten und Spezialisten für jede Grundindustrie – Stahl, Schiffahrt, Eisenbahnen, Bergbau, Textilien, öffentliche Verwaltungen, Landwirtschaft und die chemische Industrie – sowie Buchhaltungsexperten, die ausgeschickt wurden, um finanzielle Verwicklungen zu klären. Selten waren sie mit ihren richtigen Namen bekannt. Kaum jemals lebten sie in Hotels. Sie hatten geheime Büros und geheime Quartiere, die sich für gewöhnlich in den Wohnungen vertrauenswürdiger Parteimitglieder befanden. Alle diese Instruktoren waren gut angezogen und gut bezahlt, und selten erschien einer von ihnen in einer Versammlung ohne eine Leibwache in der Gestalt eines persönlichen Kuriers oder eines wachsamen Mädchens, das gleichzeitig Sekretärin und Mätresse war. Dieses schwer faßbare Korps der Kominternagenten bildete die eigentliche Führerschaft der Kommunistischen Partei.

Aber Berlin war mehr als das Zentrum des deutschen Kommunismus; seit 1929 war Berlin das Feldhauptquartier der gesamten Kommunistischen Internationale geworden. Moskau lag zu weit weg von Westeuropa und den amerikanischen Ländern, um eine strenge und ständige Überwachung der Tätigkeit seiner Fremdenlegion ausüben zu können. Außerdem war es nach den Gesetzen der konspirativen Arbeit wünschenswert, daß der breite Strom internationaler Agitatoren von und nach Rußland auf das unbedingt notwendige Maß beschränkt wurde. Es wurde deshalb beschlossen, alle Fäden in Berlin enden zu lassen und nur eine einzige Verbindungslinie zwischen Berlin und Moskau aufrechtzuerhalten. Ein West-Sekretariat der Komintern wurde dementsprechend in Berlin eingerichtet, dessen Jurisdiktion von Island bis nach Kapstadt reichte. Zum politischen Chef wurde Georgi Dimitroff ernannt, der nur Molotow, dem eigentlichen Leiter der Komintern, verantwortlich war.

Ich lernte Dimitroff durch Willy Münzenberg kennen, der mich in seiner Eigenschaft als Präsident der Weltliga gegen den Imperialismus eingeladen hatte, auf einem Treffen der chinesischen kommunistischen Studenten der Universität Berlin über Amerika zu sprechen. Dieses Treffen war ein Erfolg. Am späten Abend bemerkte Münzenberg, der mich gern mochte:

»Etwas, das einer revolutionären Situation nahekommt, reift in Indien heran. Wie wäre es, wenn du nach Kalkutta gehen würdest?«

Ich antwortete, daß ich auf einen Auftrag in Deutschland wartete. Ich er-

wähnte Wollwebers Namen. Münzenberg fuhr auf. »Du warst in der internationalen Arbeit tätig. Du hättest dich an das West-Sekretariat wenden sollen«, polterte er los. »Nicht an Wollweber. Wollweber ist Deutschland.«
»Schön, aber ich bin doch ein Mitglied der deutschen Kommunistischen Partei.«
»Das ist richtig. Aber als internationaler Arbeiter stehst du nicht unter der Jurisdiktion des deutschen Zentralkomitees. Wer ist Wollweber? Wollweber ist ein *Lokalpatriot*. Er denkt, Deutschland ist die ganze Welt. Ein fähiger Genosse, aber kein Internationalist.«
Ich entdeckte jetzt eine neue Form der Rivalität – eine Rivalität zwischen den vertikalen nationalen Abteilungen der Komintern und der großen Zahl der horizontalen internationalen Vereinigungen. Trotz meiner Loyalität der Komintern gegenüber war ich vor die Frage gestellt: Wer ist stärker – Wollweber oder Münzenberg?
Zwei Tage später klopfte es am frühen Morgen an meine Tür. Ein entschlossen dreinschauender weiblicher Kurier trat ein.
»Ich komme vom Westbüro«, erklärte sie. »Genosse Dimitroff möchte dich sehen.«
Dimitroff war zu jener Zeit außerhalb der Komintern-Aristokratie beinahe unbekannt. Männer seiner Art bevorzugten die Anonymität. Zehn Jahre lang, bis zum Jahr 1923, war er Mitglied des bulgarischen Parlaments gewesen. Dann stand er an der Spitze einer kommunistischen Erhebung, die fehlschlug; er entkam ins Ausland. In Abwesenheit verurteilte ihn ein Gericht in Sofia zum Tode. Nachdem man ihn für die katastrophale Niederlage des Kommunismus in Bulgarien verantwortlich gemacht hatte, schrieb Dimitroff in Moskau ein Dokument der Selbsterniedrigung und gewann die Freundschaft Stalins. Er wurde der Führer der kommunistischen Balkanföderation und wurde später zur Leitung des West-Sekretariats der Komintern berufen. Unter den vielen Decknamen, die er in Berlin gebrauchte, sind die wichtigsten Dr. Steiner, Alfons Kuh, Professor Jahn und Dr. Schaafsma-Schmidt.
Dimitroffs weiblicher Kurier, der auf der Hut vor etwaigen Verfolgern war, führte mich in ein Haus an der Wilhelmstraße 131-132. Hier, getarnt durch eine moderne Buchhandlung und durch ein Verlagsunternehmen mit dem Namen *Führer-Verlag*, unterhielt die Komintern ein Dutzend Abteilungen, ein Heer von Stenotypistinnen, Kurieren, Übersetzern und Wachpersonal. Ich wurde in ein elegant möbliertes Büro geführt. An der Wand befand sich in einem massiven schwarzen Rahmen ein Porträt von – Bismarck.
Mein erster Eindruck von Dimitroff war enttäuschend. Ich hatte erwartet, einen stählernen Mann und einen harten Veteranen vieler Kampagnen zu treffen. Statt dessen erschien aus einem dahintergelegenen Büro ein großer, sanfter Mann mit weichem Gesicht, kräftig und dunkel, angezogen wie ein Dandy und nach einem starken Parfüm riechend. Er trug einen schweren Ring an der linken Hand. In seinen gut manikürten Fingern hielt er eine schwarze Zigarre. Seine Augen waren groß und klar. Ich stellte aber bald fest, daß er eine treibende Kraft und eine dominierende Persönlichkeit war. Er sprach Deutsch mit einer beachtlichen Sicherheit. Seine Worte waren laut und hart.
»Wir haben einen Schlußstrich unter eine zehnjährige Periode revolutionären Abenteuertums gezogen«, sagte er. »Putschismus fällt endgültig aus. Unser Programm ist jetzt das der gezielten Aktion; das eines Planes, der sich

über mehrere Jahre hin abwickelt. Wir können unser Ziel, die Revolution, nicht durch Nacht-und-Nebel-Streiche erreichen, wir können es nur mit bolschewistischen Methoden schaffen. Wir müssen organisieren und die Führung jedes Streiks, auch des kleinsten, in Händen behalten – und wir müssen ihn auch *gegen* den Willen der sozialistischen Gewerkschaftsbürokratie durchführen. Eine fortlaufende Sperre unabhängiger Streiks wird den Einfluß der Sozialdemokratie auf die Massen brechen, das ganze System der industriellen Produktion in Unordnung bringen und die kapitalistische Krise verstärken, bis sie den Punkt erreicht, an dem sie zusammenbricht.«

Dimitroff wurde heftiger, als er sagte:

»Die Sozialdemokraten sagen den Arbeitern, es sei unmöglich, während einer Krise mit Millionen von Arbeitslosen Streiks zu gewinnen. Sie raten den Arbeitern, Lohnsenkungen widerstandslos hinzunehmen. Hier ist die Gelegenheit, die wir Kommunisten ergreifen müssen! Wir müssen in den Köpfen der Arbeiter den Haß gegen ihre falschen Führer kultivieren. Tag für Tag müssen wir ihnen tausendfach einhämmern: ›Die Sozialisten und die Gewerkschaftsführer sind Verräter! Sie sind die gefährlichsten Feinde der Arbeiter! Sie haben die Arbeiter an die Bourgeoisie verkauft.‹«

»Und die Nazi-Bewegung?« fragte ich und dachte an Arthur Ewert und an seine Warnung.

»Die Hitler-Bewegung hat keine Anhänger unter den Arbeitern«, entgegnete er. »Hitler verspricht allen alles. Er stiehlt seine Ideen auf allen Seiten. Niemand nimmt ihn irgendwie ernst. Er hat keine Tradition und keinen Hintergrund. Nicht einmal ein Programm. Laß dich nicht verwirren. Das größte Hindernis auf dem Wege zur proletarischen Revolution ist die Sozialdemokratische Partei. Unsere vordringlichste Aufgabe ist es, ihren Einfluß zu liquidieren. Nachher werden wir Hitler und sein Lumpengesindel in den Abfalleimer der Geschichte kehren.«

Plötzlich fragte mich Dimitroff: »Was denkst du über die deutsche Partei?«

»Im Vergleich zu anderen kommunistischen Parteien ist sie wie ein Expreßzug zwischen Schubkarren«, gab ich zurück.

Dimitroff schaute mich lange lächelnd an. Seine Augen, sein großer Mund, sein ganzes bewegliches Gesicht strahlten.

»Es mag sein«, sagte er schließlich. »Aber die Lokomotive könnte rostig sein und vielzuviel Kohle verbrauchen. Es wäre wohl möglich, daß zehn Heizer nötig sind, um sie auch nur zehn Meter vorwärtszubringen.«

Ich war sprachlos, das aus dem Mund eines unfehlbaren Führers zu hören.

»Wir dürfen niemals vor bolschewistischer Selbstkritik zurückscheuen«, fuhr er fort. »Selbstkritik ist eine scharfe Waffe. Die Lokomotive kann nicht ohne Reparaturen auskommen. Die rostigen Teile können herausgenommen werden; glänzende, neue, junge Teile können eingesetzt werden. Vielleicht sind einige von den Heizern Saboteure. Vielleicht ist die Kohle nicht sehr gut. Stimmt's?«

»Wir wollen also ein paar gute Heizer und gute Kohle nehmen«, sagte ich.

Dimitroff lachte fröhlich wie ein Junge.

»Warum nicht?« sagte er. »Sie wird dann wie der Teufel laufen.«

Dann ging er auf meine zukünftige Verwendung über. »Wir schicken dich nach Moskau«, verkündete er mir. Ich nickte und war gespannt, mehr zu erfahren.

»Seeleute gehören zu den Schiffen. Du wirst deshalb auch weiterhin bei der Marineabteilung tätig sein. Wir müssen mit ganzer Kraft in die Schiffahrtsindustrie hineinstoßen. Wenn der Krieg kommt ... du weißt, was das bedeutet. Wir müssen die kapitalistische Seefahrt in unsere Hand bekommen. Die Sowjetunion braucht Frieden. Nichts eignet sich besser zur Zähmung eines kapitalistischen Hais, als wenn man ihm seinen Export und Import abschneidet. Du wirst Albert Walter in Moskau treffen. Viele andere Seeleute werden dort sein. Ihr werdet alle zusammen die Lage mit dem Genossen Losowsky zusammen gründlich erörtern.«

Ich wurde im Dachgeschoß des Karl-Liebknecht-Hauses fotografiert. Innerhalb eines Tages erhielt ich einen dänischen Paß auf den Namen Rolf Gutmund, Handelsvertreter und Einwohner von Aalborg. Es war ein guter Paß. Nur die Fotografie war ausgewechselt worden, sonst war er intakt geblieben. Ein sowjetisches Visum und ein polnisches Transitvisum waren bereits eingetragen. Zusätzlich erhielt ich ein spezielles Identitätspapier, das russisch geschrieben war, mit der Anweisung, es nur der sowjetischen Grenzpolizei zu zeigen. Ich reiste mit drei anderen Genossen, einem Ungarn namens Emmerich Sallai, einem Mädchen aus Köln, das zum Studium an die Lenin-Universität geschickt wurde, und einem pausbäckigen Funktionär der Kommunistischen Partei der Schweiz. Als Sallai sah, daß mein Überzieher schäbig und zu leicht war, gab er mir einen schweren Mantel, den er übrig hatte.

Eine Stunde vor meiner Abfahrt traf ich im Restaurant des Karl-Liebknecht-Hauses ganz unerwartet auf Wollweber. Er saß allein an einem Tisch, über ein Glas Bier gebeugt, die Personifikation eines Wesens, das unentwegt über Verschwörungen und Bündnissen brütet. Mißtrauisch schaute er mich an, als ich ihm sagte, daß ich nach Moskau führe.

»Wer schickt dich?«

»Genosse Dimitroff.«

Er zeigte ein schwaches, finsteres Lächeln. Dann schüttelte er mir die Hand. »Gute Reise«, brummte er. »Vergiß nicht zurückzukommen.«

Er machte ein paar kurze Bemerkungen zu meinen Reisebegleitern und ging dann, die Hände auf dem Rücken, weg. In den Augen des Kölner Mädchens blitzte es. »Kennst du den Spitznamen, den Genosse Ernst hat?« fragte sie augenzwinkernd. »In den Versammlungen macht er die Gebärden und Bewegungen von Wladimir Iljitch nach. Wir machen ihn wütend, wenn wir ihn den *kleinen Lenin* nennen. Man sagt, daß er die Leninposen vor dem Spiegel übt, wenn er allein ist.«

Mit unheimlicher Präzision erkannte uns zwei Tage später ein Abgesandter der Profintern bei unserer Ankunft in dem tollen Durcheinander am Bahnhof in Moskau. Wir wurden ins *Hotel Bristol* gefahren, die Kominternkarawanserei für kommunistische Durchreisende aus dem Ausland. Ich war in einem Zimmer zusammen mit einem Finnen und einem Letten untergebracht. Das Mobiliar bestand aus drei Bettstellen, drei Stühlen, einem Tisch, einem Waschtisch, einem Samowar und einem Stalinbild. Es gab eine Kochgelegenheit, aber sie funktionierte nicht und war längst außer Gebrauch. Ich war kaum zwei Stunden im Hotel – das mehr ein kosmopolitisches Mietshaus als ein Hotel im europäischen Sinne war –, als ein Deutscher mit verschlagenem Gesicht mich in eine Unterhaltung über Rußland verwickelte. Er tat zu freundschaftlich. Und nach einer Weile begann er ganz offen den Fünfjahrplan und Stalins Führerqualitäten zu kritisieren. Ich wußte, was gespielt wurde. Der Mann war der unvermeidliche Hausspion der GPU. Ich sagte ihm, er solle mit seinem gegenrevolutionären Unsinn aufhören oder ich werde ihn aus dem Zimmer hinauswerfen. Jedesmal, wenn er mich später sah, hob er die rechte Faust und rief lachend: »Heil Moskau!«

Am Morgen nach unserer Ankunft zerstreute sich unsere Gruppe. Das Mädchen aus Köln zog in eines der Studentenhäuser. Der Schweizer ging zu einer Konferenz mit Pjatnitzki. Ich sah ihn nicht wieder. Sallai ging ins *Hotel Savoy*, wo sein Landsmann Bela Kun, der den Orden der Roten Fahne erhalten hatte, das Zentrum der ungarischen Kolonie bildete. Ich fragte Sallai, ob er seinen Mantel nicht zurückhaben wolle. Meine Frage schien ihn zu verletzen.

»Ich habe einen, der genausogut ist. Behalte ihn, denn ich brauche ihn nicht.«

Ich trug den Mantel drei Jahre lang. So überlebte er seinen ursprünglichen Besitzer; denn Emmerich Sallai wurde zusammen mit zwei anderen Kominternangehörigen in Budapest wegen Hochverrat am 28. Juli 1932 zum Tode verurteilt und in der gleichen Nacht noch gehängt. Von ihnen wird berichtet, daß sie mit dem Ruf gestorben seien: »Lang lebe die Diktatur des Proletariats. Wir werden gerächt werden.«

Die Marinekonferenz bei der Profintern war bereits im Gang. Auf die Gefahr einer Rüge von seiten meiner Vorgesetzten hin stahl ich mir einen kurzen Tag, um Moskau zu durchstreifen. Die Propaganda für den Fünfjahrplan beherrschte das öffentliche Leben – das war überall sichtbar, wo immer man ging, und für mich war das aufregend. Der Kreml hatte beschlossen, für Jahre den normalen Lebensstandard von hundertsechzig Millionen Menschen zu opfern, um einen titanischen Wettlauf mit einer hundert Jahre alten Rückständigkeit zu gewinnen. »Sozialismus oder sterben!« Für den jungen Kommunisten aus dem Ausland war dieses *Alles oder nichts* eine vertraute und beruhigende Musik. »Ist der Fünfjahrplan erst einmal durchgeführt, wird die Sowjetunion so unüberwindlich stark sein, daß sie den Triumph der Revolution außerhalb Rußlands verbürgt.« War das nicht faszinierend für einen jungen Fanatiker, der bereit war, jede Entbehrung auf sich zu nehmen, ja selbst sein Leben für die Revolution hinzugeben? Solche Gedankengänge ließen die bolschewistische Gleichgültigkeit gegenüber dem Ozean menschlichen Leidens, das vor unseren Augen lag, edler erscheinen.

Die Elite der Abteilung für Seefahrt der Komintern war bei der Konferenz im Roten Saal des Profinterngebäudes versammelt. Ein großer, hagerer Russe präsidierte, ein blonder junger Mann von zurückhaltendem Auftreten. Es war Kommissarenko, der Leiter der Schiffahrts- und Hafen-Vereinigungen von Rußland und Sibirien. Aber der Mann, der die Versammlung beherrschte, war Losowski, der führende Kopf der Profintern. Er hatte ein schmales, fast hohles Gesicht, einen schlechtgepflegten roten Bart und schnelle, fanatische Augen. Als Sprecher war er geschickt, liebte Sarkasmen und besaß eine draufgängerische Vitalität, die ich bei einem Mann von seiner gebrechlichen Erscheinung für etwas höchst Ungewöhnliches hielt. Die dritte bedeutende Figur in der Versammlung war Albert Walter; seine energische Geradheit und Männlichkeit hatte sich nicht verändert, seit ich ihn zum letztenmal gesehen hatte. Den Rest bildeten die Delegierten der Marineabteilungen von fast einem Dutzend Ländern. Die Konferenz war einberufen worden zur Ausarbeitung von Plänen für die Organisation einer Internationale der Seeleute und Hafenarbeiter und der Roten-Küsten-Vereinigungen auf allen Kontinenten. Die neue Internationale sollte innerhalb eines Jahres gegründet werden, nachdem eine weltweite vorbereitende Kampagne durchgeführt worden war. Ihre Hauptaufgabe bestand in der Mobilisierung von Seeleuten zum Schutz der Sowjetunion im Falle eines Krieges und hatte den Zweck, die Schiffahrt der sowjetfeindlichen Nationen zu behindern. Gleichzeitig sollte die neue Internationale als Sturmbock bei der Vernichtung aller Seefahrtsvereinigungen dienen, die unter Umständen nicht unter kommunistische Kontrolle gebracht werden konnten. Am vierten Tag der Konferenz hielt uns Ossip Pjatnitzki, der Organisationsleiter der Komintern, einen Vortrag über die Technik, Propaganda in Organisation und Organisation in Aktion umzuwandeln. Der luchsäugige, aggressive, aber anspruchslose Alt-Bolschewik sprach von »unseren Aufgaben in Malaya, Griechenland oder Amerika«, als seien diese Länder Stücke von einem Garten in Moskau.

Für mich von besonderem Interesse waren die Berichte über die regelmäßigen Fortschritte des Kommunismus längs der amerikanischen Seeküste seit jenen vom Zufall bestimmten Tagen, als ich einer aus der Schar der reisenden Agenten aus Hamburg war, die Propagandaliteratur über den Atlantik brachten. In den neun wichtigsten Häfen der Vereinigten Staaten waren internationale Seemanns-Klubs eingerichtet und aus Mitteln der Profintern finanziert worden. Unter Zuhilfenahme der Hamburger Arbeitsmethoden hatten diese Klubs ihren wachsenden Einfluß befestigen können. Sie bildeten die Grundlage für den Aufbau einer nationalen Organisation, die sich die *Marine Workers' League* nannte. Losowski hatte einen besonderen monatlichen Zuschuß zur Verfügung gestellt für die Publikation einer kommunistischen Zeitung für amerikanische Seeleute, der *Marine Workers' Voice*. Die Moskauer Konferenz, die einen von Kommissarenko vorgelegten Plan annahm, glaubte die Zeit jetzt dafür reif, eine Rote Gewerkschaft der Amerikanischen Küstenarbeiter ins Leben zu rufen. Zwei junge amerikanische Kommunisten mit Führereigenschaften und der nötigen Rücksichtslosigkeit waren plötzlich in den Vordergrund getreten und standen in Losowskis höchster Gunst. Losowski sprach von ihnen mit beinahe väterlicher Zuneigung. Der eine war George Mink, der andere Tom Ray. Losowski und Walter kamen überein, Mink die Leitung an der atlantischen und Ray die Leitung an der pazifischen Küste zu geben mit den entsprechenden Hauptquartieren in New York und San Franzisko. Mink und Ray wurden auf die Gehaltsliste der Profintern gesetzt; Losowski bestimmte, daß sie einen zusätzlichen monatlichen Betrag erhalten sollten, um die Kosten für die *Marine Workers' Voice*, den Unterhalt der Internationalen Klubs und die Entsendung einer Gruppe von Agitatoren in die Häfen zwischen Norfolk und Seattle zu decken. Wie alle sowjetischen Mittel für die Marinearbeit im Ausland wurde auch dieses Geld über Albert Walters Hamburger Büro seiner Bestimmung zugeleitet. Ferner wurden Geldmittel für eine Zusammenkunft amerikanischer Seefahrt-Kommunisten bewilligt, die im April 1930, drei Monate nach der Moskauer Konferenz, in New York stattfinden sollte, um die *Marine Workers' Industrial Union* zu organisieren. Sie wurde von 118 Delegierten der atlantischen, pazifischen und der Golfhäfen sowie der Häfen der Großen Seen besucht. George Mink, Tom Ray und ein gewisser La Rocca wurden dann nach Moskau eingeladen, um Bericht zu erstatten und weitere Instruktionen entgegenzunehmen.

Waren tagsüber die Pläne für zukünftige Kampagnen entworfen worden, so endete jeder Abend mit hemmungslosen Saturnalien. Die einzigen, die sich von diesen Orgien fernhielten, waren die Russen, der feierliche Chinese und die älteren Kommunisten, die weggingen, um ihre Notizen für die Reden und Verhandlungen des nächsten Tages vorzubereiten. Die übrigen Delegierten begaben sich in ihre Hotels, das *Bristol* und das berühmte *Lux*, wo die meisten der ausländischen Kominternangehörigen ihre überfüllten Quartiere hatten. Wodka, Wein und verschiedene Sorten billiger Süßigkeiten und Kuchen standen immer zur Verfügung. Bisweilen waren bis zu fünfundzwanzig von uns in einem Raum, der sechs oder acht Meter im Geviert maß. Die plötzliche Entkleidung eines Neulings, der sich dessen nicht versah, gegenseitiges Bespritzen mit kaltem Wasser, Wodkatrinkturniere und die »Nationalisierung der Frauen« – eine saftige Satire auf die bürgerliche Propaganda – waren beliebte Spiele. Männer erschienen in Frauenkleidern, Mädchen als Bauern oder Packer, und – bei ausgelöschten Lichtern – mußte jeder Teilnehmer seine eigenen Kleider wiederhaben, bevor der Zeremonienmeister beschloß, das Licht wieder anzudrehen. »Proletarische Scheingerichte« verhängten dann Strafen über jene, die in verschiedenen Stadien des Unbekleidetseins erwischt wurden. Unsere Späße endeten gewöhnlich um Mitternacht; kein Kommunist hätte es sich leisten können, dabei ertappt zu werden, daß er am nächsten Tag während der Erfüllung seiner Pflichten den Schlaf nachholte. Die alten Bolschewisten kannten in dieser Hinsicht keine Gnade.

Am letzten Tag der Konferenz zeigte mir Albert Walter einen Brief von Wollweber, der von Berlin aus geschrieben war. Der *kleine Lenin* war eifersüchtig auf die Aufmerksamkeit, mit der Walter in Moskau behandelt wurde. Er beklagte sich bei der Komintern, daß die vielversprechendsten jungen Elemente der deutschen Partei für internationale Aufträge weggenommen würden. »Er ist ein Bauer«, platzte Walter heraus. »Laß dich nicht von ihm hinters Licht führen.«

»Aber weshalb all diese verfluchte Angeberei?« rief ich.

»Die menschliche Natur ist die widerspenstigste Erfindung, die man sich denken kann«, antwortete Walter grimmig.

Am nächsten Tag erhielt ich den Auftrag, nach Antwerpen zu gehen, um mich mit der Tätigkeit der kommunistischen Küstenaktivs und der Internationalen Klubs in Rotterdam, Antwerpen, Gent und Dünkirchen zu befassen. Mein Monatsgehalt betrug dreihundert Dollar; mein monatliches Budget für die Organisation belief sich auf siebenhundertfünfzig Dollar. Ich war froh, zur Front zurückkehren zu können. Ich verabscheute das Leben des Politikers.

Nachrichten über das Wiederaufflackern der Kämpfe in Deutschland platzten wie ein warnender Windstoß in die schläfrige Atmosphäre meines Abteils, als ich durch Berlin fuhr. Die Zeitungsverkäufer schrien auf den Bahnsteigen: »Blutige Überfälle in Berlin und Hamburg! Nazi-Sturmführer ermordet!« Die Partei hatte die arbeitslosen Massen gegen die Polizei in die Schlacht geführt. In den Industriegebieten war auf Barrikaden gekämpft worden. Hamburg berichtete von Toten und Verwundeten. Am 23. Februar war in Berlin der SA-Führer Horst Wessel unter kommunistischen Kugeln gefal-

len. *Der Angriff*, die Goebbels-Zeitung, forderte Vergeltung. Der Kampf um die Eroberung Berlins, Deutschlands, der Welt trat in ein akutes Stadium.
Aus einem benachbarten Eisenbahnwagen, der voller Braunhemden war, kam Gesang. Es war das *Horst-Wessel-Lied*, das von dem erschossenen Nazi-Studenten verfaßt worden war, das Kampflied, das in späteren Jahren mit dem *Deutschland, Deutschland über alles* zusammen gesungen werden sollte.
Mein Zug fuhr aus Berlin hinaus. Er rollte westwärts, dem Rhein zu. Zum erstenmal roch es in der Luft nach Frühling.

Firelei

In Antwerpen begegnete ich Firelei.
Ich sah sie zum erstenmal im Museum, wohin ich mich gelegentlich flüchtete, um mich fern von der harten Wirklichkeit eine Stunde auszuruhen. Sie saß unter der wohlbeleibten Nüchternheit der holländischen Meister, ein Klecks lebendiger Schönheit und Farbe, die Tochter eines furcht- und illusionslosen Zeitalters. Sie hatte ein offenes Skizzenbuch auf den Knien liegen, und der Stift in ihrer rechten Hand flog über das Papier. Sie hatte kleine, geschickte Hände. Sie blickte intensiv auf ein schwermütiges Frauenporträt, das vor ihr an der Wand hing. Rasch kehrte ihr Blick zu dem Papier auf ihren Knien zurück, und ihre rechte Hand zeichnete mit flinkem Strich die Umrisse. Und dann wanderten ihre Augen wieder zurück zu dem Bild der älteren und kräftigeren Frau an der Wand.
Ich blieb stehen und blickte ihr über die Schulter. Sie war so in ihre Arbeit versunken, daß sie meine Aufdringlichkeit gar nicht bemerkte. Eine unwiderstehliche und unfaßbare Neigung ergriff mich. Es gab dafür keine Erklärung, und der Vorgang war für mich völlig neu. Was mich beeindruckte, war die unnachahmliche Harmonie zwischen ihrer konzentrierten Arbeit und der heiteren Anmut ihrer Haltung und ihrer Bewegungen. Ich wagte nicht, mich noch näher zu ihr hinabzubeugen. Eine blaue Baskenmütze saß leicht auf ihrem dunkelblonden Haar. Ihr Haar hatte einen matten Glanz; manchmal glitzerte es im Licht. Sie war schlank und von straffem Wuchs. Ihre Knie und Beine zeigten, daß es keine Spur von Müdigkeit oder Nachlässigkeit in ihrem Äußeren geben konnte. Haut, Arme und Nacken hatten die herbe Frische einer nordischen Frau, die ohne Sonne und Wind nicht leben kann. Das war helles Elfenbein, und man sah das Blut unter der Oberfläche pulsieren. Ich betrachtete sie mit der atemlosen Erregung eines halbverhungerten Wanderers, der an einem rauhen Weihnachtsabend durch die Fenster den brennenden Weihnachtsbaum sieht mit dem Gefühl, daß er arm und mit leeren Händen dasteht.
Ich war ihr jetzt so nahe, daß ich sie berührte. Blitzschnell sah sie auf. Sie hatte volle, zuckende Lippen. Ihre Augen waren grau und forschend. »Was machen Sie da? Was wollen Sie von mir?« schienen sie zu fragen. Ich senkte meinen Blick. Ich murmelte eine alberne Entschuldigung. Dann lief ich weg, schamrot und wütend über mich selbst.

Ich hatte viel Arbeit an jenem Tag. Eine große Sendung Literatur sollte an Bord eines französischen Dampfers geschmuggelt werden, der nach Saigon fuhr. Das mußte mit der größten Umsicht geschehen. Denn in Cochin-China verging kein Monat, ohne daß die Köpfe einiger kommunistischer Kämpfer unter dem Beil fielen. Willy Münzenberg hatte einen annamitischen Aktivisten namens Le Huan mit der Weisung nach Antwerpen geschickt, sich nach Saigon einzuschiffen. Ich mußte mich um ihn kümmern. Aber trotz all dieser Pflichten gelang es mir nicht, meine Gedanken von dem Mädchen abzuwenden, das ich im Kunstmuseum gesehen hatte.

Ich fluchte über mich: »Du Narr, bleib doch in deinen Grenzen! So ein feines Mädchen ist nichts für dich! Nenn sie Bürgerweibchen und dann Schluß damit! Halte dich an die Komsomolmädchen und an die Dirnen in Skipperstreet! Für die bist du ein König. Für sie aber bist du ein Ärgernis, ein Straßenkehrer, ein wurzelloser Lumpenkerl... Nenn sie Bürgerweibchen und mach Schluß damit!«

Doch am nächsten und an den folgenden Tagen eilte ich ins Kunstmuseum und lauerte stundenlang in den hohen Räumen und wurde mir schmerzlich bewußt, daß ich meine Pflichten als Revolutionär versäumte. Ich konnte das Mädchen im Museum nicht finden.

Die Sonne schien warm, und die Bewohner von Antwerpen kamen aus den Häusern und setzten sich schwatzend auf die Vorplätze. Es war im März. Le Huan war auf dem Wege nach Cochin-China und ahnte nicht, daß er direkt in das Gefängnis von Annam und in den Tod fuhr. Ein melancholischer junger polnischer Jude namens Hirsch kam aus Paris mit dem Auftrag, nach Gdingen zu gehen. Ich brachte ihn an Bord eines Schiffes, das nach Gdingen fuhr. Ich erhielt drei Postkarten von ihm, auf denen er schrieb, daß alles gut gehe in Polen. Dann kam eine kurze Mitteilung aus Berlin, daß ich den Genossen Hirsch aus meiner Liste streichen solle. Hirsch war von der Polizei erwischt worden. Einige Monate später, am 12. Juni, wurde er wegen Hochverrats in Lemberg gehängt. Unsere Agitationskampagne wurde fortgesetzt mit Versammlungen in den Internationalen Klubs, Propaganda unter den Werftarbeitern und den Männern der Flußschiffahrt, mit wilden Zeitungsangriffen auf die Sozialisten und ihre uneinnehmbaren Gewerkschaften. Gewaltige Ladungen von Druckschriften kamen aus Berlin und Moskau; sie sollten nach Jamaica, Siam und Indien geschickt werden. Es wurde draußen wärmer, und die kühnsten der Café-Besitzer an der Meir stellten zum erstenmal die Tische auf den Gehsteig.

Dann, plötzlich, traf ich sie wieder. Sie streifte durch das Hafengebiet. Der Hafen war voll von Schiffen und Geräuschen jeder Art, die Luft roch stark nach Teer und Meerwasser, und mächtig ragte die Kathedrale von Antwerpen in den blauen Himmel. Auf einem rostigen Beting an einer Ecke der Mole saß das Mädchen. Ihre Beine baumelten über dem grünen Wasser der Docks. Wieder zeichnete sie, und ihre Augen sprangen geduldig vom Papier zu einem Haufen Flußkähne, die in der Nähe vertäut waren, und wieder zurück. Hinter den Flußkähnen sah man Kräne und Schuppen, und weiter hinten die Dächer von Antwerpen, und der Turm der Kathedrale glänzte in der Sonne.

Ich trat heran. Diesmal wollte ich mit ihr sprechen. Im alltäglichen Wechsel von Sonne und Schatten kam sie mir viel weniger unerreichbar vor als in der kirchenähnlichen Stille des Museums. Im Hafen war ich zu Hause.

Die Flußkähne hatten romantische Namen. Sie kündeten von Amsterdam und Straßburg, und einige hatten den Weg von Rouen und Paris hierher gemacht. Auf den Decks kauerten die Männer in der Sonne. Einige rauchten Pfeife und ruhten sich aus. Breithüftige Frauen unterhielten sich von Schiff zu Schiff. Ein dicker kleiner Hund bellte die Wäsche an, die im Wind flatterte. Das Mädchen hatte das Heck eines französischen Rheinkahns gezeichnet. Man sah Ankerketten und das große horizontale Steuerrad, und eine zufriedene Frau, die ihr Baby im Schutze eines Kajütgangs nährte. Das Mädchen sah mich. Ein Lächeln zeigte mir, daß sie mich erkannte. Ich sah mir ihre Zeichnung an.

»Es sieht aus wie in der Wirklichkeit«, sagte ich. Sie errötete.

»Es ist so schwierig, die Stimmung der Docks einzufangen«, bemerkte sie.

»Haben die Docks Stimmungen?«

Sie lachte und schloß ihr Skizzenbuch. Sie war ein Mädchen, das gerne lachte. Sie war nicht *bourgeois.* Sie war von einer bezaubernden Einfachheit; es schien mir unsinnig, sie in eine Kategorie einreihen zu wollen.

»Sie haben den Namen des Schiffes vergessen«, sagte ich. »Ein Schiff muß einen Namen haben. Es heißt *Oran.*«

»Ja, ja, ich muß den Namen noch hinsetzen.« Sie zögerte einen Augenblick. Dann öffnete sie nicht ohne Widerstreben das Skizzenbuch nochmals. »So – O-R-A-N.«

Sie sprach Englisch; auch ich hatte mit ihr Englisch gesprochen. Sie sprach jedes Wort mit größter Vorsicht aus. Den Kopf leicht zurückwerfend, sagte sie:

»Englisch ist die Seemannssprache, nicht?«

»Ja.«

»Sind Sie ein Seemann?«

»Gewiß!«

»Wo ist Ihr Schiff?«

»Ich bin an Land. Ich schaue mich nach einem neuen Schiff um.«

»Ich habe einen Onkel, der Kapitän war. Er sagte immer, ein Seemann ohne Schiff sei wie ein Pfarrer ohne Kirche. Woher kam Ihr letztes Schiff?«

»Aus Galveston.«

»Wo ist Galveston?«

»In Amerika. In Texas.«

»Oh – ich habe von Texas gehört. Was brachten Sie von dort nach Antwerpen?«

»Getreide«, sagte ich.

»Seeleute sind glücklich, meine ich.«

»Und warum?«

Das Mädchen antwortete nicht sogleich. Sie lehnte sich zurück und sagte: »Panama, Sumatra, Honolulu, Madagaskar, Oran ... ich liebe diese Namen sehr.«

Sie zog die Knie an und umschloß sie mit den Armen. Sie schaute zum Fluß, auf dem ein großes japanisches Schiff im Kielwasser eines rauchenden Schleppers seewärts fuhr. »Mögen Sie Antwerpen?« fragte sie weiter.

»Ja. Sind Sie von hier?«

Sie schüttelte den Kopf. »Ich bin studienhalber hier«, sagte sie ernst.

»Sie sind Künstlerin?«

»O nein.« Sie lächelte schnell. »Ich muß erst noch lernen, meine Augen und meine Hände zu gebrauchen. Ich liebe Linien und Farben, wenn sie etwas zum Ausdruck bringen, zum Beispiel Geräusche und Stimmungen. Ich hätte gern in Paris studiert, aber meine Eltern erlaubten es nicht. So kam ich nach Flandern.«
»Sie sehen aus wie eine Flämin.«
»Meine Mutter war Flämin.«
Das Mädchen lachte fröhlich. Ein Schiff fuhr ins Dock. Die dänische Flagge wehte am Heck. Heisere Rufe aus rauhen Kehlen schwangen im Wind.
»Wo sind Sie zu Hause?« fragte das Mädchen.
»Überall, wo es Schiffe gibt«, sagte ich.
»Schauen Sie doch!« rief sie laut.
Ein Trupp Männer kletterte von einem britischen Dampfer, der in einiger Entfernung an der Mole festgemacht hatte, an Land. Es waren indische Matrosen, ausgemergelte Kerle mit Turbanen auf den Köpfen und leuchtenden Baumwollhemden, die unter den Sweatern hervorkamen und um ihre dünnen Knochen flatterten. Als sie an uns vorbeikamen, zeigte ein großer Mann mit sanften Rehaugen und einem hängenden Schnurrbart lachend seine gelben Zähne.
»Heizer«, sagte ich.
»Wo gehen sie hin?«
»Zur Skipperstreet.«
Das Mädchen verzog das Gesicht und sagte entschlossen: »Bleiben Sie doch auf diesem Beting ruhig sitzen. Ich möchte versuchen, eine Skizze von Ihnen zu machen.«
»Wie wollen Sie das Bild nennen?«
»*Matrose, der nach einem Schiff Ausschau hält*«, antwortete sie. »Stecken Sie doch die Daumen in den Gürtel und halten Sie still.«
Wir sprachen wenig miteinander. Winden rasselten nah und fern. Den Fluß herauf wehte ein wirres Konzert tutender Sirenen. Die Augen des Mädchens waren jetzt gespannt und seltsam unpersönlich. Sie gingen zwischen dem Skizzenblock und mir hin und her. Ich wurde befangen wie ein Schulknabe, dessen Geheimnisse ans Licht gezogen werden. Ein kleiner Trupp Packer kam heran und glotzte das Mädchen an. Einer von ihnen rief bewundernd: »Ah, *la garçonne!*« Er führte die Spitzen seiner abgearbeiteten Finger nach französischer Art an den Mund und öffnete sie mit einem schallenden Kuß. Das Mädchen antwortete mit einem schelmischen Blick zu ihnen hin. »Bitte, meine Freunde«, sagte sie auf flämisch, »stört mich jetzt nicht.« Dann führte sie geschickt die Zeichnung zu Ende, während wir uns unterhielten.
Ich nannte sie Firelei. Ich fand, daß dieser Name zu ihr passe. Wir trafen uns während der folgenden Wochen, sooft es mir gelang, mich ein paar Stunden von meinen nie abreißenden Verpflichtungen freizumachen. Ich war heftig und hoffnungslos verliebt. Ich hatte die Liebe bisher als eine heuchlerische Gewohnheit der verachteten Bourgeoisie angesehen. Jetzt aber wollte ich, daß Firelei unter allen Umständen mein Gefährte und Genosse werden sollte. Sie mochte mich gern. Ich war von anderer Art als die jungen Männer, die einem Mädchen ihres Typs sonst begegneten. Es war für sie unmöglich, mich in irgendeine der überkommenen sozialen Kategorien einzuordnen, die sie kannte. In ihren Augen war ich weder ein Bourgeois noch ein Arbeiter, auch

gehörte ich nicht zu der herkömmlichen bohème. Sie sah in mir den Individualisten und Rebellen. Und Firelei war, wie die besten der europäischen Nachkriegsjugend, auch ein Rebell. Sie lehnte sich gegen die Absprachen einer Generation auf, die das Recht, der Jugend den Weg in die Zukunft zu weisen, verwirkt hatte. Die Jugend hatte gelernt, sich den Weg selbst zu bahnen. Das begriffen wir beide. Aber Firelei wußte nichts vom eigentlichen Charakter meiner Arbeit. *Kommunist* war ein gängiges Modewort im Europa von 1930. Man verstand darunter ungewaschene Leute, die nach Schweiß und billigem Kaffee rochen, sich in Horden zusammenrotteten und auf den Straßen »Nieder!« schrien. Ich fürchtete, daß sie die Beziehungen mit mir abbrechen und abreisen würde, wenn ich ihr erzählte, wer ich war.
Firelei war halb Deutsche, halb Flämin. Ihr Vater war ein Geschäftsmann aus Mainz. Die deutsche Revolution von 1918 war zwei Monate nach ihrem elften Geburtstag ausgebrochen. Nach Abschluß des Lyzeums hatte sie eine Kunstschule in Frankfurt besucht und war dann in München gewesen, wo sie einen Ingenierstudenten kennenlernte, mit dem sie zu einer Wanderung über die Alpen durchbrannte. Ihr Vater, der ihr nachgefahren war, brachte Firelei nach Mainz zurück und veranlaßte sie, eine Stellung in der Reklameabteilung eines Modehauses anzunehmen. Sie arbeitete fast drei Jahre in Mainz und stand ununterbrochen im Kampf mit ihren Eltern. Die Familie war deutschnational und bewegte sich in monarchistischen Kreisen. Aber Firelei haßte Soldaten und jede Autorität, die sich auf ein Dogma und eine Uniform stützte. Sie war reizbar und eigensinnig. Ständige Unzufriedenheit und eine angeborene Freiheitsliebe machten sie rücksichtslos. Sie hängte ihre Stellung an den Nagel und ging nach Paris, um ihr unbestreitbares künstlerisches Talent weiterzuentwickeln. Die Familie flehte, schimpfte und bat, sie möchte zurückkommen. In einer deutschen Provinzstadt war es ein Unglück, eine Tochter zu haben, die auf eigene Faust in Paris lebte. Firelei, die zehn Tage nur von Brot und Käse gelebt hatte, antwortete mit der Forderung nach einer monatlichen Unterstützung. Es kam ein Kompromiß zustande, demzufolge man ihr erlaubte, ein Jahr nach Antwerpen zu gehen, wo sie einen Onkel hatte; dieser, ein pensionierter Schiffskapitän, hatte sein linkes Bein auf dem Kongo verloren. In seinem Haus lebte Firelei.
Bisweilen führte meine Tätigkeit mich nach Rotterdam, Gent und Dünkirchen. Ich war dann zwei oder drei aufeinanderfolgende Tage von Antwerpen abwesend. Wenn dann Firelei kam, weil sie gerne mit mir zusammen sein wollte, traf sie mich oft nicht an. Das brachte sie unvermeidlich zu dem Schluß, daß ich für einen Seemann ein recht seltsames Leben führe. Ihr Onkel, ein kluger Mann von mächtiger Gestalt, wurde argwöhnisch wegen meiner Tätigkeit. Ich wollte Firelei nicht anlügen. Ich wollte sie nicht aufgeben. Ich beschloß, ihr die Wahrheit zu sagen. In schlaflosen Nächten, in denen ich mich hin- und herwälzte und vor mich hin redete, rang ich mich dazu durch, notfalls die Komintern fallenzulassen und das Mädchen zu gewinnen, das ich liebte.
Aber die Macht, die die Komintern auf die Geister ihrer verpflichteten Diener ausübt, kann nur noch mit dem Griff verglichen werden, mit dem der Jesuitenorden seine Mitglieder festhält. Ereignisse großen Ausmaßes, die in Indien und Cochin-China heranreiften, trieben mich auf meinen Posten zurück. Indische Matrosen dienten auf britischen und deutschen Schiffen, die in

Antwerpen regelmäßig anlegten. Diese indischen Matrosen bildeten die *Pipeline*, durch die die Komintern einen unaufhörlichen Strom von Propaganda, Instruktionen und kleinen Agenten in alle ostindischen Häfen brachte.
In Kominternkreisen sprach man bereits von der »indischen Revolution«. Im Frühling 1930 verfielen zahlreiche Kommunisten der berauschenden Vorstellung, das Britische Empire werde auseinanderfallen, sobald die Sowjets in Indien die Macht ergreifen würden. Es gab Straßenkämpfe in Kalkutta und anderen Städten. Die neugegründete Rote Gewerkschaft von Indien stand unter der Leitung des Panpazifischen Sekretariats der Profintern, das der Amerikaner Earl Browder im Jahr 1927 in Shanghai mit Mitteln aufgebaut hatte, die ihm von Losowski zur Verfügung gestellt worden waren.
Mein Pflichtgefühl der Revolution gegenüber verursachte heftige Gewissenskonflikte. Hatte ich das Recht, Firelei in ein solches Leben von Verschwörung und Gewalttat hineinzuziehen? Sie bedeutete für mich unendlich viel mehr als die unglücklichen Hindus. Aber ich hing an der Komintern wie ein Bauer am Land seiner Väter. Die Komintern war die Erde, die mir das Leben und den Lebenszweck gab. Und da war Firelei – die in einem anderen Boden wurzelte. Ich rang mit dem Gedanken, daß sie zu gut und zu fein sei, um im Dienste der Komintern zugrunde zu gehen. Ich rang mit der Vorstellung, daß ich das eine aufgeben müsse, um das andere zu gewinnen und zu halten. Ich war erschrocken über die heimliche Feigheit und die mögliche Verräterei, welche das Erbteil jedes menschlichen Wesens ist. Es schien sehr viel einfacher zu sein, in dem Zustand zu verharren, der das Entweder-Oder nicht kannte. Wo aber, so fragte ich mich, lag der Sieg und wo die Niederlage?
Eines Nachts wurde Firelei die Meine. Ich erzählte ihr, daß ich im Gefängnis gewesen sei. Ich erzählte ihr, daß ich im Dienst der kommunistischen Internationale stehe. Ich erzählte ihr, daß ich stolz darauf sei, ein Revolutionär zu sein und daß ich nie etwas anderes sein möchte. Fireleis Standpunkt war der eines keuschen und jugendlichen Idealismus. Waren denn nicht alle großen Denker, Dichter und Künstler im Grunde ihres Herzens Revolutionäre gewesen? Sie wußte nichts von der häßlichen Wirklichkeit der kommunistischen Bewegung.
»Wenn wir an die Macht kommen«, sagte ich zu ihr, »wird alles menschliche Leid ein Ende haben. Das Leben wird dann von Freude erfüllt sein. Unterdrückung, marschierende Armeen, ungerechte Gesetze, Hunger und Elend werden dann nur noch als Gespenster einer besiegten Vergangenheit in der Erinnerung leben.«
Firelei hatte das jeder Frau eingeborene Mitgefühl für edle Seelen. Ich zeigte ihr einen Bericht aus Belgisch-Kongo, in dem die fürchterlichen Bedingungen beschrieben wurden, unter denen die unglücklichen Eingeborenen in den Kupferbergwerken und den Baumwollgebieten um Bama und Leopoldsville zu arbeiten gezwungen waren.
»Gegen diese Unmenschlichkeit kämpfen wir«, sagte ich.
Ich zeigte Firelei einen anderen Bericht, der das Leben der von den faschistischen Gerichten zu Gefängnisstrafen in Santo Stefano, einer fünf Meilen von Neapel entfernten Insel, verurteilten Kommunisten behandelte. Ich erzählte ihr von Gefangenen, die man in den Schiffsladeräumen an Ketten angeschmiedet hatte, von Männern, denen es jahrelang nicht vergönnt war, die Sonne zu sehen oder eine menschliche Stimme zu hören, ich erzählte ihr von Krankheit

und Tod in den Kerkern, von einem Friedhof ohne Namen und von Kreuzen am äußersten Ende der Insel, von schlechter Ernährung und von Gendarmen, die die Langeweile lasterhaft gemacht hatte. Firelei hatte Tränen in den Augen.

»Wir müssen sie befreien«, sagte ich. »Dafür kämpfen wir.«

Ich zeigte ihr einen dritten Bericht, der aus Saigon durchgekommen war. Er berichtete vom Kampf der Kulis um das Recht, sich in Roten Gewerkschaften zu organisieren, von Streiks gegen die jämmerlichsten Löhne auf der Welt, von der Grausamkeit des residierenden Gouverneurs von Annam und der französischen Polizei, von den Arbeitermetzeleien und den Massenhinrichtungen von Bauern, die sich weigerten, die übermäßigen Steuern der Regierung zu bezahlen.

»Die Kulis in Cochin-China fühlen und lieben wie du und ich«, sagte ich. »Sie haben ein Recht, über ihr Schicksal selbst zu bestimmen. Sie führen einen gerechten Kampf, und wir müssen kämpfen, um ihnen zu helfen.«

Ich entfaltete vor Firelei eine Welt, die aussah wie ein grausames Bilderbuch der Ungerechtigkeit und des Elends, die von einer Handvoll reicher Leute in London, Paris, Brüssel und New York über die Menschheit gebracht worden sind. Sie war nicht in der Lage, dieser marxistischen These von der Armut, der Massenarbeitslosigkeit und des Krieges entgegenzutreten. Sie idealisierte mich, und ich idealisierte sie. Wir waren von nun an jede Nacht beisammen. von einer Welle wahnsinnigen Glücks verschlungen, eines Glückes, das an Intensität alle unsere Vorstellungen überstieg, die wir von der menschlichen Fähigkeit der hemmungslosen Hingabe gehabt hatten. Es ging nicht lange, da sagte sie zu mir: »Ich möchte dir bei deiner Arbeit helfen.«

Firelei war keine Kommunistin. Ihre leichtlebige Natur lehnte sich dagegen auf, daß man aus ihr ein Zahnrad in einer Organisation machen könnte, die blinder Gehorsam und eine totalitäre Führung beherrschten. Sie bot aus freien Stücken ihre Hilfe an, aus einem Gefühl der Kameradschaft und aus dem altruistischen Wunsch, die Leiden hilfloser Menschen zu erleichtern. Ich war bestrebt, sie von den abstoßenden Vorgängen der kommunistischen Praxis fernzuhalten. Sie malte Plakate, zeichnete Karikaturen und machte Dekorationsentwürfe für die Internationalen Klubs. Sie begeisterte sich an Motiven, die bisher völlig außerhalb ihres Gesichtskreises gelegen hatten. Ihre Arbeiten waren voll echter Originalität, weil sie nichts von den russischen Vorbildern wußte, und sie zogen rasch die Aufmerksamkeit der Propaganda-Abteilung des West-Sekretariats auf sich. »Wer ist der Genosse, der so gut zeichnen kann?« erkundigte sich ein Brief aus Berlin. Ich beantwortete die Rückfrage nicht. Firelei war mehr am Zusammenklang von Linien und Farben interessiert und an den Wirkungen, die diese auf das Gefühl ausübten (einschließlich ihres eigenen), als an der Strategie und Taktik der politischen Verschwörung.

Wir entdeckten, daß wir eine gemeinsame Liebe zum Meere hatten, zu allem, was lebte und wuchs, und zum Wandern. Jede Woche wurde ich für einen Tag meinen Komintern-Pflichten untreu, heuerte ein Boot und segelte mit Firelei auf dem Unterlauf der Schelde. Bisweilen segelten wir nach Vlissingen, wanderten über die Dünen und verbrachten die Nacht an einem Feuer am Strand. Wir schwammen, freundeten uns mit den Fischern an, liebten uns, tauchten nach Muscheln, und ich lehrte Firelei, was ich von den Sternen und

den Planeten wußte. Im Augenblick wollten wir nicht mehr. Wir gehörten einander.
Fireleis Onkel wurde immer kriegerischer, je öfter seine Nichte erst bei Tagesanbruch nach Hause zurückkehrte. Ich begann, ihn als meinen persönlichen Feind zu betrachten. Die meisten Flamen sind leichtlebig, aber sie können schroff und barsch werden, wenn ihr eigenes Interesse oder die Ehre ihrer Familie auf dem Spiel steht. Zuerst drohte der pensionierte Schiffskapitän nur, er werde Firelei zu ihren Eltern nach Mainz zurückschicken. Als das Mädchen fortfuhr, seine Vorstellungen von Ehrbarkeit in den Wind zu schlagen, griff er zu Gewaltmaßnahmen. Eines Tages kam Firelei bleich und verstört zu mir.
»Onkel Bert hat versucht, mich einzuschließen.« Ihr Lachen hatte einen leicht hysterischen Unterton. »Ich wehrte mich, und er hat mich geschlagen. Was soll ich jetzt tun?«
»Ausziehen«, sagte ich. »Mach keine Zugeständnisse. Zwing ihn auf die Knie.«
»Wohin soll ich gehen?«
»Zu mir.«
»Natürlich. Aber sie werden mir meinen Monatswechsel sperren.«
»Freiheit ist mehr als Geld.«
»Aber du hast kaum genug, um selbst davon zu leben.«
Das war wahr. Der größere Teil meines monatlichen Einkommens ging für unerwartete Ausgaben in meiner Organisation weg, und dann gab es Monate, in denen ich überhaupt kein Geld erhielt. Die Komintern hatte eine bestimmte Methode, denen, die für sie tätig waren, ihre Abhängigkeit von den Geldquellen in Moskau und Berlin durch die plötzliche Einstellung der Geldsendungen vor Augen zu führen. Solche vorübergehenden Mangelperioden waren ein Loyalitätstest, den sich der sparsame Pjatnitzki ausgedacht hatte. Immerhin dauerten sie nicht länger als jeweils einen Monat.
»Wenn wir beide zusammen sind, so gibt es kein Hindernis, das wir nicht bezwingen könnten«, sagte ich zu Firelei.
Von da an lebten wir zusammen. Fireleis Onkel weigerte sich, ihr zu gestatten, ihre Sachen im Haus abzuholen. »Hüte dich vor dem Matrosen«, warnte er sie. »Nur ein Abtrünniger gibt seine Heimat auf.« Ich mobilisierte einen Trupp kommunistischer Hafenarbeiter für einen nächtlichen Überfall auf das Haus des alten Schiffskapitäns. Fireleis Sachen, einschließlich mehrerer Bücherkisten, wurden ohne einen ernstlichen Zwischenfall in meine Dachwohnung geschafft, die in einem sechsstöckigen Mietshaus am Antwerpener Marktplatz lag. Unsere Wohnung war ziemlich ungepflegt und düster, als Firelei einzog, aber nach ein paar arbeitsreichen Tagen hatte ihr Sinn für Schönheit und Harmonie sie in einen freundlichen Ankerplatz für uns beide verwandelt. Die Wände waren mit guter Schiffsfarbe gestrichen, die von einem meiner seefahrenden Gehilfen aus einem Schiffsspind gestohlen worden war. Die Möbel wurden instand gesetzt und umgestellt. Bilder kamen an die Wände, Büchergestelle wurden eingerichtet, und Firelei sorgte dafür, daß immer Blumen im Zimmer waren. Es war das, was in den zwölf seit dem großen Krieg vergangenen Jahren einer Wohnung am nächsten kam.
Bis zu dieser Zeit war Firelei selten mit einem meiner kommunistischen Mitkämpfer zusammengekommen. Nun wurde es unvermeidlich, daß sie mit ihnen häufiger zusammentraf und sie aus größerer Nähe betrachten konnte.

Diese Kommunisten gehörten nicht der lokalen Parteiorganisation an, mit der ich wenig zu tun hatte, sondern es waren Männer und Frauen, die im internationalen *Apparat* der Komintern arbeiteten und auf ihren verschiedenen Missionen in Antwerpen durchkamen. Bisweilen blieben sie über Nacht in meiner Bude, und da sie es für selbstverständlich hielten, daß Firelei ein Mitglied der Organisation war, sprachen sie oft ohne jede Zurückhaltung, wie Männer es tun, wenn sie sich nach einer langen und gefährlichen Reise endlich wieder einmal in Sicherheit fühlen. Es konnte Firelei nicht entgehen, daß die kommunistische Tätigkeit eng mit der sowjetischen Geheimpolizei zusammenhing.

Einer meiner Besucher – unterwegs von England nach Berlin – war ein Mazedonier, dessen Name auf der Suchliste sämtlicher politischer Polizeiorgane in Europa war, weil er etwas mit der Ermordung von Nikolaus Mileff zu tun hatte, der in Sofia umgebracht wurde, kurz nachdem er zum bulgarischen Gesandten in Washington ernannt worden war. Ein anderer, ein eurasischer Bolschewik, erzählte von seiner Flucht aus dem Pamekasan-Gefängnis auf der Madurainsel in Holländisch-Ostindien, wo etwa sechshundert Führer des bewaffneten Aufstandes von 1926/27 in Java und Sumatra gefangengehalten wurden. Dieser ausgemergelte Eurasier, der sich Waldemar nannte, war ein Halsabschneider, der sehr wohl in jede beliebige Seeräubergeschichte gepaßt hätte. Vor seiner Überweisung nach der Madurainsel hatte er unter mörderischen Bedingungen zwei Jahre im Gefangenenlager von Digul River in den Dschungeln von Holländisch-Neu-Guinea verbracht. Er prahlte damit, Gefängnismeutereien angezettelt und die Ermordung verschiedener Aufseher ins Werk gesetzt zu haben. »Damit«, sagte er und zog plötzlich einen langen schmalen Dolch unter seinem Gürtel hervor und streichelte ihn in Fireleis Gegenwart. Er war als blinder Passagier von Singapore nach Antwerpen gekommen. Ich begleitete ihn bis nach Verviers, wo der diensttuende Kommunist der Grenzstation ihn durch die Grenzwälder nach Aachen schmuggelte und in einen nach Berlin fahrenden Zug setzte. Wieder ein anderer, ein Russe, der in Antwerpen auf einen russischen Dampfer wartete, der ihn nach Leningrad bringen sollte, versuchte, auf die still zuhörende Firelei dadurch Eindruck zu machen, daß er ihr von seinen Erfahrungen als GPU-Agent in Bangkok erzählte, wo er angeblich eine Anzahl Zimmermädchen des Rajhani-Hotels in eine sowjetische Handelsspionageorganisation gepreßt hatte, die sich *Association of Employers of Europeans* nannte.

Je mehr Firelei von der Untergrundmaschine der Komintern erfuhr, um so ausgeprägter wurde ihre Abneigung gegen die kommunistische Bewegung als solche. Der eingleisige Fanatismus, die absolute Gefühllosigkeit und die Intoleranz vieler dieser Kommunisten, denen sie begegnete, entsetzten sie.

»Wie können Leute, die von nichts anderem reden als von Zerstörung und von Blutvergießen, die Menschheit in die Freiheit und zum Glück führen?« fragte sie.

»Du mußt verstehen, daß wir uns im Krieg befinden«, antwortete ich. »Der Zweck des Krieges ist die Vernichtung des Feindes. Wir müssen erst vernichten, bevor wir wiederaufbauen können.«

»Weshalb aber müssen wir uns die Methoden von Rußland borgen? Alles, was ihr tut, zielt auf Gewaltanwendung ab. Ich mag die Gewaltanwendung nicht.«

»Jede Geburt ist eine Art Revolution – gewaltsam! Selbst das netteste Kind tritt mit Geschrei und Blut ins Leben.«
»Ich muß noch so viel lernen«, sagte Firelei.
»Du mußt hassen lernen«, sagte ich zu ihr.
»Ich wünschte, wir könnten davongehen und unser eigenes Leben leben«, schloß Firelei.
Eines Nachts kam ich sehr spät von einem Vorstoß nach Rotterdam zurück. Ich war überrascht, als ich sah, daß in unserem Zimmer noch Licht brannte. Firelei schlief noch nicht. Ich fand sie in ein Bündel Manuskripte vertieft, die ich teils in San Quentin, teils während anderer Mußestunden geschrieben hatte, um mich von dem bisweilen widerwärtigen Druck der Kominternarbeit zu befreien. Das Bündel enthielt auch das Manuskript eines Buches und eine Anzahl kurzer Skizzen und Artikel, die sich auf meine früheren Erfahrungen und Beobachtungen an Bord der Segelschiffe bezogen. Firelei jubilierte.
»Das ist ja eine Entdeckung!« rief sie. »Warum hast du mir nie erzählt, daß du schreibst? Warum schickst du diese Stücke nicht weg zur Veröffentlichung? Laß uns das doch tun! Ich finde, sie sind lebendig und wirklich gut.«
Ich sah sofort, daß Firelei hoffte, meine schriftstellerischen Fähigkeiten würden vielleicht für sie und mich ein Leben ohne Komintern ermöglichen.
»Sie sind nicht marxistisch«, sagte ich. »Ich schrieb sie, weil ich von Zeit zu Zeit davon träumte, wieder Seemann zu werden.«
»Gerade deshalb! Laß sie mich wegschicken.«
Sie bat, und ich konnte nicht widerstehen. Am nächsten Morgen ging sie in die Stadtbibliothek, um Verlagshäuser festzustellen, die sich möglicherweise für Sachen interessieren könnten, in denen das Leben auf den Schiffen und unter den Seeleuten geschildert wird. In den darauffolgenden Tagen arbeitete sie schwer an meiner Schreibmaschine und brachte eine Anzahl Manuskripte, die sie ausgewählt hatte, in eine geeignete Form. Sie arbeitete mit Hingabe und mit einer Begeisterung, die mich erstaunte. Das Buchmanuskript, das ich *Scum's Wake* genannt hatte, schickte sie prompt an ein Verlagshaus nach New York. Die Beschreibung eines Segelschiffs, das bei Nebel durch einen englischen Kanal manövriert wird, ging an den *Blue Peter*, ein nautisches Magazin, das in London erschien. Eine Geschichte über Helgoland, die Firelei mit dem Titel *Silberne Brücken* versah, wurde an eine Touristenzeitschrift nach Hamburg gesandt, und ein Bericht über meine Fahrt als blinder Passagier von Shanghai nach Vancouver wurde an ein New Yorker Reisemagazin auf den Weg gebracht. Während ihrer Mußestunden setzte Firelei die Abschrift einer Auswahl meiner Manuskripte fort.
Schnell vergingen die Wochen. Und dann kam ein Triumph nach dem anderen für das Mädchen, das ich liebte. *Blue Peter* nahm den Artikel *Nebel* an. Von New York kam ein ganz hübscher Scheck für meine Geschichte vom blinden Passagier, und das deutsche Touristenblatt beeilte sich ebenfalls, die *Silbernen Brücken* zu bezahlen. Das amerikanische Verlagshaus schrieb, daß *Scum's Wake* zur Veröffentlichung in Betracht gezogen werde. Die Magazinverleger fragten nach weiteren Geschichten. Ich starrte auf die Schecks und wußte nicht, was ich machen sollte. Ich war ganz benommen von diesem unerwarteten Erfolg, und da ich die Öffentlichkeit fürchtete, war ich dagegen. Für bürgerliche Verleger zu schreiben, war für mich Handel mit dem Feind. Für Firelei war das etwas anderes.

»Mach so weiter«, ermunterte sie mich mit ausgelassener Fröhlichkeit. »Schreib mehr Sachen dieser Art.« Firelei unternahm alles mögliche, um mich von meinem albernen Widerstand abzubringen.
»Schreib weiter«, drängte sie, »auf diese Weise werden wir unsere Freiheit gewinnen.«
»Freiheit von was?«
»Von Leuten, die dich in der Hand haben wie ein Pfand.«
»Hör zu«, warf ich ein. »Ich gehöre zur Komintern.«
»Du gehörst dir selbst – und mir!«
»Ich kann es nicht tun. Ich glaube, daß die Treue zu einer selbstgewählten Sache das Höchste ist, was es im Leben eines Mannes gibt.«
Firelei kam ganz nahe zu mir heran. Leise sagte sie mir Zärtlichkeiten. »Laß uns doch für uns sein«, sagte sie, »wir brauchen nicht abhängig zu sein. Wir sind geschickt genug, um selber über unser Schicksal zu bestimmen. Wir brauchen nicht in Geheimnissen und Schändlichkeiten zu wühlen.«
Firelei hatte Angst vor der Zukunft. Sie wußte jetzt genügend über den Dienst in der Komintern, um zu erkennen, daß sie früher oder später jede harmonische Beziehung zwischen Mann und Frau in ihrem Bannkreis unterbrechen und zerschlagen würde.
»Woran denkst du?« fragte ich schroff.
»Soll ich es dir sagen?«
»Ja.«
»Ich möchte ein Baby.«
Ich fand keine Antwort darauf. Wir hatten niemals von einer Heirat gesprochen. Wir beide glaubten, daß eine Verbindung zwischen einem Mann und einer Frau nicht heiliger oder dauerhafter gemacht werden kann durch den offiziellen Segen eines Funktionärs oder eines Geistlichen. Aber wir beide glaubten, daß es ein Verbrechen sei, ein Kind zu haben, wenn die Möglichkeit, es in Sicherheit und einer glücklichen Umgebung aufzuziehen, fehlte und wenn die Eltern in beständiger Furcht vor einer plötzlichen Flucht oder einem längeren Aufenthalt im Gefängnis lebten.
»Ich bin verpflichtet, der Sache zu dienen, solange ich lebe«, sagte ich, von meiner inneren Unsicherheit geplagt.
»Schreib immerhin. Vielleicht änderst du eines Tages deine Meinung«, sagte Firelei ruhig.
Ich fand Zeit zum Schreiben. Ich spielte mit dem Gedanken, auszubrechen und mir einen eigenen Weg zu bahnen, genau wie ein Soldat, der mit dem Gedanken spielt, aus seinem dreckigen Schützengraben zu desertieren, um zu seiner weit entfernten Wohnstätte zurückzukehren, ohne ernstlich daran zu glauben, daß sich eine solche Idee jemals verwirklichen ließe. Die Bande, die mich an die kommunistische Maschine gefesselt hielten, waren stärker, als ich mir selbst einzugestehen wagte. Dennoch schrieb ich und hatte Firelei neben mir. Jedesmal wenn ich eine Arbeit anfing, beendete ich sie in einem Zug, meist graute dann schon der Tag. Fünf oder sechs Artikel und Geschichten, deren Hintergrund immer die See war, gingen an verschiedene Magazine. Die Verleger sandten mir umgehend Schecks und druckten, was ich geschrieben hatte. Es war seltsam genug, daß mich das alles nicht im geringsten aufregte. Ich nahm es als selbstverständlich hin in der Meinung, daß es »nichts gibt, was ein Bolschewist nicht kann«. Hatte ich mir nicht Firelei gewonnen? Ich wäre

nicht vor einem Auftrag zurückgescheut, mit einem Kanu um das Kap Hoorn herumzufahren oder in Afghanistan die Regierung zu übernehmen. Inzwischen machte Firelei Pläne für meine literarische Karriere und sprach davon, eine einsame Fischerhütte an der flandrischen Küste zu mieten.
Das Ende dieser Periode innerer Unsicherheit kam wie ein plötzliches Erwachen aus einem langen, verwirrenden Traum. Es kam in Form eines Abgesandten von Ernst Wollweber aus Berlin. Der Abgesandte war Michael Avatin, der Lette, dem ich vor sechs Jahren bei seiner Reise über den Ozean an Bord der *Montpellier* geholfen hatte. Die Jahre, so schien es, hatten ihn nicht älter gemacht. Fest, mit klarem Gesichtsausdruck, schnell beweglich und immer in Stimmung, war er eines Abends im Internationalen Klub in Antwerpen erschienen und hatte sich sofort an die gründliche Überprüfung der Organisation, die ich auftragsgemäß leitete, gemacht. Ich arbeitete gerne mit Avatin. Er war bei der Sache und unbestechlich. Sein Ansehen in der Komintern war das eines Mannes, der niemals schmeichelte, niemals um eine Gefälligkeit bat und niemals Drückebergern gegenüber Gnade walten ließ. Man wußte, daß er Freunde und Stützen bis in die höchsten Stellen der GPU und der russischen Partei hatte. Aber er war ein Mann, der von Leuten niemals etwas verlangte, was er nicht selbst zu tun bereit und imstande war.
Avatin übte als Vertreter der Auslandsabteilung der GPU zahlreiche Funktionen aus. Die routinemäßige Überprüfung der Zuverlässigkeit des internationalen Komintern-*Apparates* in den Niederlanden war nur ein Teil seiner Aufgabe. Seine Haupttätigkeit war die eines Direktors des *S-Apparats* der Partei, der Spionageabteilung, soweit es sich um Deutschland und die kleineren umliegenden Länder handelte. In Antwerpen ersuchte er um meine Mithilfe bei der Zusammenstellung einer ausgewählten Liste wenig bekannter, aber zuverlässiger junger Kommunisten, die auf die weißgardistischen russischen Organisationen in Belgien und Holland angesetzt werden könnten. Avatin besprach sich mit einem seiner Mitarbeiter, einem Angestellten im italienischen Konsulat in Antwerpen. Mussolinis *Ovra* war sehr aktiv darum bemüht, italienische Revolutionäre nach Südfrankreich, besonders nach Marseille, zu locken, um sie bei Gelegenheit nach Italien zu entführen. Die Besprechung zwischen dem lettischen Spionenjäger und dem Italiener fand im Vorstadtbüro des Genossen Anton statt, des offiziellen Agenten der GPU in Antwerpen.
»Wenn du einen *Ovra*-Spion erwischst, was machst du dann mit ihm?« fragte ich Michael Avatin.
»Wir nehmen die unwichtigen ins Kreuzverhör, verprügeln sie tüchtig und lassen sie laufen. Die gefährlichen Spione exekutieren wir, um ihren Kollegen Angst einzujagen.«
Ganz plötzlich, als wir eine Straße entlanggingen, sagte Avatin: »Laß uns in deine Wohnung gehen. Ich habe Instruktionen für dich vom Genossen Wollweber.«
»Ich unterstehe aber nicht Wollwebers Jurisdiktion.«
»Vielleicht doch. Er hat die Militärarbeit in Zentraleuropa übernommen.«
Der Ton, in dem Avatin das sagte, klang beiläufig, es schien mir aber, als schwinge da ein leicht drohender Unterton mit. *Zentraleuropa* umfaßte die Schweiz, die Tschechoslowakei, die Niederlande und Belgien. Wir stiegen die sechs Treppen zu meiner Dachwohnung hinauf. Blitzartig hatten Avatins

Augen jede Einzelheit des Ortes aufgenommen. Firelei war da. Sie hatte einen erschrockenen Ausdruck in den Augen. Ihre Lippen öffneten sich, sie machte einige Schritte, um den Letten zu begrüßen, der ihr fremd war. Es war augenscheinlich, daß Avatins Erscheinung – eine sehr männliche Mischung zwischen einem Wikinger und einem Mongolen – vom ersten Augenblick an ihr künstlerisches Interesse erregte.

Michael Avatin warf mir einen fragenden Blick zu.

»Sie ist meine Gefährtin«, sagte ich.

»Parteimitglied?«

»Nein.«

»Ich bedaure«, murmelte Avatin. »Bitte sie doch, uns für eine Stunde allein zu lassen.«

Firelei nahm ein Buch und verließ die Wohnung ohne ein Wort.

Firelei entscheidet sich

Als Michael Avatin mir so geradeheraus ins Gesicht sah, war er das Urbild aller Macht der Komintern und der GPU. Er hatte die kompromißlose Haltung eines Fanatikers, der sich selbst als Mitglied einer Klasse betrachtete, die ein Sechstel der Erdoberfläche beherrscht.

»Wie kannst du als internationaler Vertreter mit illegalen Aufgaben«, fragte er, »jemandem, der nicht Parteimitglied ist, Kenntnis von einer Adresse geben, von deren Geheimhaltung die Sicherheit unseres konspirativen *Apparats* abhängt?«

»Welcher Adresse?«

»*Dieser* Adresse hier. *Deiner* Adresse.«

»Das Mädchen ist vertrauenswürdig«, sagte ich.

»Vertrauenswürdigkeit ist nichts als eine Vermutung, solange sie nicht die Bewährungsprobe bestanden hat«, entgegnete Avatin. »Sie ist keine Genossin.«

Unsere Unterhaltung wurde zusehends schärfer. Ein Parteispion im Antwerpener *Apparat* hatte eine Menge Einzelheiten über mein Privatleben gesammelt und diese dem Genossen Anton mitgeteilt, der sie in Erfüllung seiner Pflichten als GPU-Resident einem seiner Berichte nach Berlin beigefügt hatte. Avatin sprach ganz offen über dieses System »gegenseitiger bolschewistischer Kontrolle«. Die Berichte waren zu Ernst Wollweber gelangt, der gerade zu diesem Zeitpunkt mit Zustimmung Dimitroffs beschlossen hatte, mich mit dem illegalen Waffenhandel von Belgien nach Deutschland zu betrauen. Das war kurz nachdem Reichskanzler Brüning, der Katholikenführer, den Reichstag aufgelöst und das Datum für die allgemeinen Wahlen auf den 14. September 1930 festgesetzt hatte. Der Wahlkampf wurde in einer Bürgerkriegsstimmung geführt. Zur Überraschung aller bahnte sich die Nazipartei unter Hitler und Göring mit einer unerwarteten Stoßkraft den Weg zur Macht. Die Kommunisten bekämpften die Sozialdemokraten. Die Sozialdemokraten bekämpften die Nationalsozialisten. Die Nationalsozialisten bekämpften die Kommunisten. Ernst Thälmann, der kommunistische Parteigeneral, hatte angekün-

digt: »Wenn wir erst die Sozialdemokraten vernichtend geschlagen haben, wird der Endkampf um die Macht in Deutschland zwischen dem Bolschewismus und dem Faschismus gehen.« Die Militärabteilung der deutschen Kommunistischen Partei brauchte Waffen, die in Deutschland kaum zu bekommen waren. Sie mußten aus den angrenzenden Ländern eingeschmuggelt werden. Wollweber hatte mich dazu ausersehen, dieses Unternehmen auf der belgischen Seite in die Hand zu nehmen. Die Tatsache, daß Firelei kein ausgebildetes und erprobtes Parteimitglied war, gefährdete – vom kommunistischen Gesichtspunkt aus – nicht nur dieses Projekt, sondern auch alle anderen illegalen Unternehmungen, mit denen ich in Verbindung stand.
»Du bist lange genug in der Bewegung, um das zu verstehen«, sagte Avatin. »Du mußt entweder dein Mädchen fallenlassen, oder aus ihr eine Kommunistin machen. In der Gefahr soll sich ihre Loyalität bewähren. Dann wollen wir sie willkommen heißen.«
»Ich nehme an, daß ich andernfalls aus der Partei hinausgeworfen werde?«
»Solche Alternativen gibt es nicht.«
»Ich weiß.«
»Wir können niemanden entlassen, der im *Apparat* gearbeitet hat. Was ist schon ein Mädchen? Die Welt ist voll von Mädchen. Für uns ist die Partei alles, der Anfang und das Ende aller Dinge.«
»Vielleicht aber will Firelei nicht in die Partei eintreten!«
»Wenn sie dich liebt – und dich nicht verlieren will –, wird sie Mitglied unserer Partei werden«, sagte Avatin.
»Und im andern Fall müßten wir beide, sie und ich, in die Sowjetunion gehen?«
»Das ist der einzige Weg, Genosse.«
Avatin hatte eine bestimmte Art, plötzlich einen anderen Ton anzuschlagen. Jetzt verlegte er sich darauf, mich zu überreden, und sprach wie ein besorgter Freund: »Genosse, der Weg, den du jetzt gehst, ist falsch.« Jetzt sprach er mit dem fragwürdigen Stolz eines pflichtbewußten Offiziers, der dabei ist, seine Soldaten zum Ruhm und in den Tod zu führen: »Wir leben für die Revolution – es ist uns unmöglich, ein anderes Leben zu leben.«
Totalitärer Glaube und unbedingter Gehorsam gewannen die Oberhand. Avatin und ich und zahllose andere kannten nur einen Herrn: die Partei und die Komintern, und wir alle waren von der Vorstellung besessen, daß der Kampf für die Revolution das einzige lebenswerte Ziel unserer Epoche sei. Es war *Parteibefehl,* daß ich Firelei entweder fallenließ oder sie bedingungslos für die Sache gewann. Es war *Parteibefehl,* daß ich aufhören sollte, für bestimmte Verlagshäuser zu schreiben, weil diese nach leninistischer Theorie dem feindlichen Lager gleichzusetzen waren.
Ich hörte auf zu schreiben. Ich warf meine Unabhängigkeitsträume, die sich jetzt als schal und trügerisch erwiesen hatten, zum alten Eisen. Ich wurde heftig, wenn Firelei zögerte, sich meinem Willen zu unterwerfen. Ich besorgte Waffen in Brüssel und Antwerpen und ließ sie auf dem Seeweg nach Deutschland schmuggeln. Ich arbeitete bis zur Erschöpfung, um keine Zeit zum Nachdenken zu finden. Ich führte einen heftigen Kampf mit dem aufsässigen Eigensinn meines anderen Selbst. Eine seltsame Schroffheit überkam mich, und ich trat die Schönheit und Zärtlichkeit, die ich eben erst liebengelernt hatte, mit Füßen. Entsetzt verließ mich Firelei, die diese plötzliche Veränderung in mir

nicht verstand. Ich fand ihre Spur und stand die ganze Nacht auf der Straße vor dem Haus, in das sie sich geflüchtet hatte, und schrie ihren Namen wie ein wildes Tier. Zwei Schutzleute brachten mich zu Verstand. Sie ließen mich wieder frei, nachdem ich ihnen glaubhaft gemacht hatte, daß ich kein Verrückter war.

Nach vier Tagen kam Firelei zu mir zurück. Ihre Liebe zu mir war weit stärker als ihr instinktives Beharren auf dem herkömmlichen Lebensweg, und ihre Fähigkeit zur Selbsterniedrigung war so groß wie die meine.

Während der folgenden beiden Wochen forderte der Hochbetrieb eine tägliche Arbeitszeit von sechzehn Stunden und mehr von mir. Zwei Männer mittleren Alters, die wie erfolgreiche Geschäftsleute aussahen, kamen mit Empfehlungsschreiben von Dimitroff im Flugzeug von Paris nach Antwerpen. Ich war vom Westsekretariat in Berlin durch eine verschlüsselte Mitteilung angewiesen worden, den beiden Ankömmlingen in jeder nur denkbaren Weise behilflich zu sein. Die beiden waren die Chefs des südamerikanischen Büros der Kommunistischen Internationale mit Hauptquartier in Paris. Der eine war Gustav Sobottka, ein Tscheche, der auch die internationale Aktion Moskaus unter den Bergleuten leitete. Der andere war ein ruhig sprechender Russe oder Pole, der sich eines amerikanischen Passes bediente und den Kommunisten in Belgien und Frankreich als *Genosse René* bekannt war. Beide genossen ein ungewöhnliches Ansehen im internen Kreis des sowjetischen Geheimdienstes im Ausland. In ihrer Begleitung befanden sich zwei elegante Sekretärinnen und eine Leibwache von drei Franzosen der Pariser Rot-Front-Liga. Die Mädchen rochen nach Eau de Cologne und die Männer nach den scheußlichen französischen Zigarren. Genosse Anton und ich hatten eine kommunistische Familie in der Vorstadt Merxem veranlaßt, ihre Wohnung vorübergehend zu räumen, um dem südamerikanischen Büro Unterkunft zu verschaffen. In solchen Fällen waren geheime Privatquartiere unumgänglich, denn die Hotels mußten ihre Gästelisten täglich der Polizei vorlegen.

Daß die Ankömmlinge gerade in Antwerpen abgestiegen waren, hing mit den Vorbereitungen der Komintern für einige größere Unternehmungen in verschiedenen südamerikanischen Ländern zusammen. In den meisten dieser Länder operierten die kommunistischen Parteien illegal; man brauchte also ein vom Post- und Kabelverkehr unabhängiges Nachrichtensystem. Diesem Zweck diente ein Netz von Marinekurieren auf den Schiffen, die von Marseille ausliefen; aber ein plötzliches Eingreifen der französischen *Sûreté* in Verbindung mit den kommunistischen Anschlägen in Syrien und dem Nahen Osten hatte die Marseiller Organisation zerschlagen. Daraufhin war beschlossen worden, die Verbindungszentrale für Südamerika so lange nach Antwerpen zu verlegen, bis Marseille wieder arbeiten konnte.

Meine Organisationen in Rotterdam und Antwerpen konzentrierten sich für eine Anzahl Tage ausschließlich darauf, Kommunisten, die auf Schiffen im Südamerikadienst fuhren, in den Komintern-Kurierdienst zu stellen. Sicherheitshalber wurden sie von allen anderen Parteiverpflichtungen befreit. Gewaltige Mengen von Druckschriften und viel Geld gingen nach Buenos Aires und Montevideo. Diese Notstandskuriere waren in Wirklichkeit Gefangene des internationalen *Apparats* und standen unter der Aufsicht unserer luchsäugigen Beobachter und GPU-Residenten in den Docks der Heimathäfen auf beiden Seiten des Atlantiks. Wir trafen solche Vorsichtsmaßnahmen, um zu verhindern, daß Sendungen »verlorengingen«. Auch draußen auf hoher See wurde der Kurier insgeheim von einem Kommunisten unter der Besatzung überwacht.

Der größte Teil der Propagandaschriften, die von Antwerpen aus verschickt wurden, waren zur Verteilung in den lateinamerikanischen Heeren und Marinen bestimmt und forderten die Leute im Falle einer akuten Krise zur Meuterei auf. Ich erfuhr, daß eine erstaunliche Anzahl Geheimagenten auf dem Weg nach den südamerikanischen Staaten war. Die kommunistischen Parteien drüben waren für ihre starken anarchistischen Tendenzen bekannt. Moskau traute den lateinamerikanischen Führern nicht über den Weg und ließ sie dementsprechend gründlich von Kominternagenten überwachen.

Sobottka und René waren sehr zufrieden mit der Schnelligkeit, mit der ich meine Organisation ihren dringenden Bedürfnissen anpaßte. René war besonders zuvorkommend zu mir. Er ließ durchblicken, daß er mich als Organisator auf den südamerikanischen Flüssen gebrauchen könnte. Abgesehen von dem Versuch, mit ihr anzubändeln, nahmen die beiden von Firelei keine Kenntnis. Sobottka spielte auf sie an, als er zu mir von meiner »reizenden bürgerlichen Frau« sprach. Ich nahm ihm das sehr übel. Aber ich tat meine Pflicht als Kommunist. Persönliche Vorlieben und Abneigungen zählten nicht. In seiner väterlichen Art fuhr René mir durchs Haar. »Ich werde deine ausgezeichnete Mitarbeit in meinem nächsten Bericht nach Moskau erwähnen« versprach er mir.

Fireleis Vater erschien unerwartet in Antwerpen. Er kam, um seine Tochter nach Deutschland zurückzuholen. Da Firelei wünschte, daß ich mit ihm spreche, traf ich ihn in einem Hotelzimmer, das ich für diese Aussprache gemietet hatte. Er hatte sich gut gehalten und war etwas beleibt, mit roten Backen und den äußeren Zeichen des Wohlergehens. Er war hergekommen in der Erwartung, seine Tochter zu sehen. Statt ihrer traf er mich. Vom ersten Augenblick an trat ich ihm als Feind entgegen, entschlossen, ihn schnell, rücksichtslos und endgültig abzuweisen. Ich wußte wohl, daß ich im Grunde weich war. Ein brutaler Angriff war die beste Verteidigung gegen diese Weichheit.

»Was wünschen Sie?« fragte ich mit erzwungener Grobheit.

»Wo ist meine Tochter?« fragte der Mann heiser.

»Ihre Tochter gehört mir!«

Der Mann bat und flehte wie ein verzweifelter Bettler unter der Tür des Reichen. Er stieß Drohungen aus. Er bat um Einsicht und Mitleid. Ich tat ihm unrecht. Ich wurde brutal. »Gehen Sie jetzt, oder ich werfe Sie die Treppen hinunter«, drohte ich. Fireleis Vater ging und drohte mit der Faust. »Ich werde jetzt Ihre Vergangenheit etwas genauer untersuchen«, rief er halb schreiend, halb murmelnd. »Ich werde Ihnen die Hölle heiß machen – Sie Kommunist!«

Ich wußte, daß ich für ihn ein lasterhafter Lumpenkerl war. Ich erzählte Firelei, was geschehen war. Plötzlich fiel ihr ein, daß ihr Vater heute Geburtstag hatte. Das machte sie störrisch. Lange lief sie ziellos im Zimmer auf und ab. Sie sprach von den ausgiebigen Festen, mit denen ihre Familie schon immer die Geburtstage der Familienmitglieder gefeiert hatte. Es würde bestimmt an diesem Abend bei Onkel Bert ein Fest gefeiert. Es werde Wein und Champagner geben, und die Tische würden brechend voll von Eßbarem sein. Bei anderen Gelegenheiten hatte Firelei mit Verachtung von diesen Lustbarkeiten gesprochen und hatte gesagt: »Sie verfressen und versaufen tausend Mark in einer Nacht, während die Menschen draußen nichts zu nagen und zu beißen haben.« Jetzt beschloß Firelei, zum Hause ihres Onkels, des Schiffskapitäns, zu gehen, um ihren Vater zu versöhnen und eine Art Waffenstillstand mit ihrer Familie zu schließen.

»Ich möchte ihm klarmachen, daß sie sich ganz grundlos um mich sorgen und ängstigen«, sagte Firelei.

»Willst du allein gehen?«

»Nein, wir wollen zusammen gehen. Wir brauchen uns nicht zu schämen und uns vor nichts zu fürchten.«

Spät am Abend gingen wir hin. Eine Versammlung hatte mich aufgehalten. Als wir uns dem Haus näherten, einem gutgebauten dreigeschossigen Bau mit einem sorgfältig gepflegten Garten, hörten wir die gedämpften Töne eines Festes. Einige sangen –

»Trink, trink, Brüderlein, trink,
Laß doch die Sorgen zu Haus ...«

Ich klingelte. Ein flämisches Dienstmädchen öffnete die Haustür. Firelei ging mit langsamen Schritten durch das Vestibül in einen großen Raum. Es waren viele Leute dort. Ich hörte Gläser klirren. Die Möbel waren zur Seite geschoben; man brauchte Platz zum Tanzen. Es wurde immer noch gesungen. Firelei wurde mit Freudenrufen empfangen, aber als ich ihr folgte, verstummten alle plötzlich. Ich fühlte die Feindseligkeit an den erstarrenden Blicken. Dann erhob sich einer der Männer und humpelte auf mich zu. Es war ein breitschultriger Flame mit einem vollen, früher einmal wetterharten Gesicht und eisengrauem Haar, Firleis Onkel. Man konnte nicht ohne weiteres sehen, daß er ein künstliches Bein hatte. Sein ausgestreckter Arm zeigte auf die Tür.

»Verlassen Sie mein Haus!« sagte er.

»Wenn du ihn zwingst fortzugehen, gehe ich auch«, sagte Firelei.

Sekunden peinlicher Beklemmung folgten. Fireleis Vater kam, vor sich hin murmelnd, auf mich zu. Die anderen Männer begannen zu murren. Eine Frau seufzte:

»Jesus-Maria, was für ein Mädchen!«

»Verlassen Sie mein Haus!« wiederholte der einbeinige Schiffskapitän gebieterisch.

»Was ist denn eigentlich los mit euch?« fragte Firelei. Ihr Vater stand jetzt vor mir.

»Es tut mir leid wegen heute morgen«, sagte ich leise. »Wir wollen vernünftig miteinander reden.«

Fünf oder sechs Personen standen auf und gingen hinter uns hinaus, um Hut und Mantel zu holen. Andere wanderten unentschlossen auf und ab. Es war eine ziemliche Verwirrung. Einer schlug mit der Faust auf den Tisch. Dabei fiel eine Karaffe auf den Boden und zerbrach. Eine Frau lief schwankend hin und her und schlug sich die Hände vors Gesicht. Firelei stand unbeweglich da. Die linke Hand hielt sie an der Kehle. Ihre schlanke Gestalt war hoch aufgerichtet vor Erregung. Ihr Gesicht war blaß. Ihre Augen waren voll verständnislosen Staunens, auf ihren Lippen lag Bestürzung und Verachtung. Der einbeinige Mann stand jetzt vor mir, seine haarigen Fäuste hoch erhoben. Er schrie mir ins Gesicht:

»Wie können Sie mir so etwas antun? Wie können Sie mir so etwas antun?« Andere Männer sammelten sich um uns. Der Gedanke, daß eine Schar wütender und halbbetrunkener Bürger über mich herfallen könnte, schien mir absurd. Die Männer kamen näher; ich zog mich gegen die Wand zurück und schaute nach Firelei. Eine ältere Frau mit schwarzen Locken ergriff Fireleis Handgelenke und versuchte, sie in ein Nebenzimmer zu ziehen. Firelei wollte sich freimachen. Eine andere Frau und ein Mann packten ihre Arme und rissen sie mit sich fort. Inzwischen drängten mich die vorrückenden Männer unter Anführung des Schiffskapitäns gegen den Ausgang.

»Wie können Sie mir so etwas antun?« sagte er wütend.

»Schweigen Sie«, schrie ich, »Sie sind verrückt!«

»Hinaus!« schrie er aus Leibeskräften. »Hinaus, sage ich!«

Es war eine traurige Burleske. Plötzlich stürzte ich vorwärts, und die Männer wichen zurück. Ich rannte ins Nebenzimmer, wo Firelei immer noch kämpfte. Ihr Kleid war zerrissen. Ihre Angreifer bekamen jetzt Angst. Sie ließen sie los. Der einbeinige Mann mit den blitzenden Augen unter den buschigen Brauen mischte sich ein. Firelei rief:

»Onkel Bert, du hast zuviel getrunken, du weißt nicht, was du tust.«

Die Tür zum vorderen Zimmer schlug mit solcher Gewalt zu, daß das ganze Haus zitterte. Einer von den Männern war über den Tisch gefallen. Er weinte. Der Schiffskapitän packte Firelei an den Schultern.

»Ein Unglück! Ein verdammtes Unglück!« schrie er wie wahnsinnig.

»Du wirst keinen Pfennig erben«, drohte Fireleis Vater. »Ich werde dir nicht einmal den Dreck unter den Fingernägeln geben.« Er schien völlig außer sich zu sein. Aus der Kehle des einbeinigen Mannes kamen Töne wie aus einem Nebelhorn:

»Ein Unglück! Freidenker und Dirnen!«

Firelei schlug ihrem Onkel auf den Mund. Er war still.

Die schwarzhaarige Frau rief: »Unser Mädel, unser Kindchen . . .«

Firelei war zerzaust und rasend vor Wut. Sie hatte mit einem solchen Empfang nicht gerechnet. Ich führte sie aus dem Haus. Wir gingen rasch die Straße hinab. Ein Dutzend Schritte humpelte der einbeinige Mann hinter uns her. Dann blieb er stehen.

Wir wandten uns dem Hafen zu. Grelle Musik kam uns aus den Fenstern der Hafenkneipen entgegen. Matrosen tanzten vergnügt. An den Ecken rauchten Prostituierte Zigaretten und redeten die vorübergehenden Seeleute an.

»Das war tierisch«, platzte ich heraus.

»Es war jämmerlich«, sagte Firelei.

Wir gingen schweigend weiter, am Scheldeufer entlang, bis wir zu den düsteren Zinnen des *Steen*, einer alten Jesuitenfestung, kamen.

»Und jetzt – was nun?« fragte ich Firelei.

»Ich folge jetzt dir«, antwortete sie.

Eine Woche verging. Firelei hatte sich hartnäckig geweigert, sich als Mitglied in die Partei aufnehmen zu lassen, die für sie ein fremdes, unpersönliches Untier war.

»Die Menschen sind nicht für Uniformen geschaffen worden«, sagte sie nachdrücklich. »Weder im körperlichen noch im geistigen Sinne. Ich kann dir in aller Aufrichtigkeit helfen, ohne ›Hurra!‹ oder ›Nieder!‹ zu schreien bei Dingen, von denen ich nicht genug verstehe.«

Meine Nerven hielten nicht mehr durch. Meine Haltung Firelei gegenüber wurde unfair. Ich war von Überarbeitung und Mangel an Schlaf erschöpft. Ich war meiner Sache nicht mehr sicher. Das Leben schien ein blödsinniger Karneval zu sein, ein sinnloser Tumult ohne Atempause und Freude. Eines Tages fragte mich Firelei: »Warum mußt du mich verletzen, wenn du mit dir selbst unzufrieden bist?«

»Verletze ich dich?«

Und dann stürzte ich davon, um René zu treffen. Er war in Gesellschaft des ewig ruhigen und traurigen Genossen Anton. Außer ihnen war noch ein intelligent aussehender junger Mann anwesend, den ich noch nie gesehen hatte: ein Deutscher, Karl S., der an der West-Universität in Moskau einen Titel erworben hatte. Er war nach Antwerpen gesandt worden, um mich abzulösen. Ich sollte einen anderen Auftrag erhalten.

»Du wirst den Genossen Karl mit den Einzelheiten deines *Apparats* vertraut machen«, sagte René und fügte mit einem feinen Lächeln hinzu: »Ich habe ein Abkommen mit dem Genossen Walter getroffen. Du gehst auf eine Reise nach Buenos Aires. Dein Dampfer verläßt Southampton in zwei Tagen. Sag niemandem, wohin du gehst. Wir werden die Nachricht ausstreuen, daß du nach Deutschland zurückgekehrt seist.«

Es blieb mir nur wenig Zeit, meine Abreise vorzubereiten. Ich übergab Karl S. das ganze Material, die Verbindungen und die Informationen, die er zum Weitermachen brauchte. Dann eilte ich zu der Dachwohnung, die für Firelei und mich vier arbeitsreiche Monate lang ein Heim gewesen war. Ich stand vor dem Bett und packte meinen Koffer, als Firelei hereinkam. Ohne ein Wort zu sagen, kam sie ganz nahe an mich heran und legte ihre Arme um meinen Hals. Aber meine Gedanken waren bereits auf dem La Plata.

»Bitte, laß mich allein«, sagte ich.

»Weshalb sollte ich dich allein lassen?«

»Ich weiß es nicht. Ich habe keine Zeit. Du störst mich.«

Firelei lachte.

»Alter Brummbär«, sagte sie. »Das ist ja eine hübsche Begrüßung, die du mir da gibst ... Oder ist es ein Abschied? Gehst du weg?«

»Ja, heute nacht.«

»Wohin? Ich gehe mit dir.«

»Ich fahre für die Komintern. Ich muß allein gehen. Ich kann dir nicht sagen, wohin ich gehe, aber ich werde bald wieder zurück sein.«

Ich tat, als hörte ich ihren Seufzer nicht. Sie löste ihre Arme und fiel in einen Sessel.

»Jan« – sie nannte mich bei dem Namen, den ich an der niederländischen Küste führte – »Jan, hör zu, ich möchte mit dir sprechen.«

»Also los.«

»Sag mir, bin ich denn für dich nicht mehr als ein willfähriges Wesen im Bett?«

Ich hörte auf zu packen. »Doch«, sagte ich, »du bist mein Genosse.«

»Genosse!« rief sie aus. »Ich hasse dieses Wort. Ich hasse das Bett. Ich hasse das traurige Leben, das wir führen. Du bist immer weg. Du kommst niemals vor Mitternacht zu mir. Du verlangst von mir nicht einmal Essen oder Geld. Muß es denn so sein? Müssen wir denn so jämmerlich leer sein, wenn wir zusammen sind? Warum machen wir nicht einmal Ferien und wandern über die

Felder? Weshalb können wir nicht ein paar Blumen und Wein holen und einen Abend für uns haben?«
Ich sah, wie sie die Tränen zurückdrängte. Firelei schämte sich der Tränen.
»Es tut mir leid, daß ich dir Leid zufügte«, sagte ich. »Aber kannst du nicht verstehen, daß wir mitten in der größten sozialen Umwälzung aller Zeiten leben und daß ich das höchste Ziel vor Augen habe, das ein Mann verfolgen kann? Ich gehöre der Sache; ich gehöre ihr mit Haut und Haar. Du hast einmal zu mir gesagt: ›Wohin du gehst – gehe auch ich hin.‹ Ich wünschte, du würdest mir folgen. Es gibt kein Wort mit tieferem Sinn als das Wort *Genosse.*«
»Ich kann nicht, Jan.«
Fireleis Gesicht war totenblaß. Ihre Lippen zuckten. Die Spitze ihres linken Fußes trommelte nervös auf den Boden.
»Warum kannst du nicht?« fragte ich streng.
»Weil ich mit angesehen habe, wie diese letzten Monate dich verändert haben. Du bist ein Leibeigener geworden. Ein fanatischer Leibeigener. Jedesmal, wenn du von der Partei sprichst, scheinen die Muskeln in deinem Gesicht festzufrieren, und deine Augen werden grausam und wild. Die Sache, immer und ewig die Sache.«
»Sie ist wunderbar«, sagte ich, »und wahr!«
»Sie ist abscheulich«, antwortete sie, »sie nimmt uns alles weg und gibt uns nichts.«
»Das ist nicht abscheulich.«
»Doch, das ist abscheulich – eine Menge schwitzender, schreiender Landstreicher ist abscheulich!«
Firelei ging quer durch das Zimmer zu der Stelle, wo ein Selbstporträt in Wasserfarben an der Wand hing, das sie von sich vor einem Spiegel gemacht hatte. Es war gut gelungen. Sie blieb davor stehen, und ihre Augen zogen jede Linie des Bildes nach.
»Schau her«, sagte sie, »das bin ich. Meine Brüste sind klein und fest, meine Beine sind schlank und stark, die Linien meiner Hüften sind verlockend, und meine Stimme ist voll Wohlklang. Ich weiß es, weil du es mir gesagt hast. Meine Augen sind grau, und sie lachen gern. Wenn sie lachen, glitzern sie. Sie sagen, daß ich dir gehöre mit Leib und Seele. Du bist viel stärker als ich. Was du aus mir machst, das bin ich.«
»Du bist mein Genosse«, sagte ich.
»Bin ich das?« Firelei lächelte. »Mir träumte, du habest einen mächtigen Hund. Der Hund hatte das Gesicht von Avatin. Er zwang mich, in dem einen Zimmer zu essen, während du im anderen aßest. Dann sahst du, wie ich deinem Hund Gift gab, und du kamst und brachst mir meine Handgelenke und schlugst mir mit dem Teller, von dem der Hund gefressen hatte, ins Gesicht. Als ich stürzte, befahlst du dem Hund, mich zu töten.«
»Firelei! Firelei!« rief ich laut.
Immer noch blickte sie auf ihr Bild. Sie drehte sich um.
»Nicht so laut«, sagte sie sanft.
Ich flehte sie an, vernünftig zu sein.
»Wie kann ich vernünftig sein, wenn du nicht bei Verstand bist?« antwortete sie gelassen.
Ich zögerte und sagte: »Ich werde den späteren Zug nach Vlissingen nehmen.«

»Nein«, entgegnete Firelei. »Es bleibt dir immer noch eine Stunde bis zum letzten Zug. Du gehst nach England? Ich habe Kerzen gekauft und eine Flasche Madeira. Laß uns unsere guten Sachen anziehen. Dann wollen wir das Zimmer verdunkeln und die Kerzen anzünden. Laß uns so tun, als seist du eben von deiner Reise zurück.«

Ich bestieg den Damper *Monte Pascoal* in Southampton Roads, reiste zweiter Klasse und war mit Empfehlungsschreiben ausgerüstet, die mich als Vertreter des Universum-Verlages in Berlin auswiesen. Die Konterbande, die ich mitführte, bestand aus sechs Filmstreifen, die in flachen Stahlkassetten verpackt waren. Ich kannte diese Filmaufnahmen nicht. Alles, was ich wußte, war, daß Sobottka und René großen Wert darauf legten, sie sicher in den Händen des zentralen Profinternbüros in Montevideo (*Confederación Sindical Latino-Americana*) zu wissen. Ich hatte auch verschiedene große Geldkuverts bei mir, die einer von Arthur Ewerts südamerikanischen Kurieren abholen sollte. Geld für Lateinamerika wurde gewöhnlich durch die sowjetische Handelsmission (*Jushamtorg*) in Buenos Aires überwiesen. In Kominternkreisen wußte man – obwohl das nie erwähnt oder diskutiert wurde –, daß Geld, das nicht telegrafisch angewiesen, sondern durch Kurier gebracht wurde, aus dem Falschgeld der deutschen Spezialisten für die Komintern in Berlin bestand. Das traf ganz besonders für deutsche, belgische, französische und amerikanische Währung zu. Ich wußte nicht, ob das Geld, das ich mit nach Buenos Aires nahm, gefälscht war oder nicht. Seine Zuweisung jedoch war mit einer ungewöhnlichen Umsicht organisiert worden. Es war ein sehr großer Betrag. Wie groß, das konnte ich nicht in Erfahrung bringen. Die drei Kuverts waren mit *A*, *U* und *C* – Argentinien, Uruguay, Chile – bezeichnet. Vor meiner Abfahrt war noch ein schöner Rindlederkoffer angekommen, der auch von einem Berliner Spezialisten angefertigt worden war. Die Geldkuverts wurden in Gegenwart von René, dem Genossen Anton und mir in den Doppelboden des Koffers gelegt. Anton klebte dann das Futter wieder ein. Um die Sendung herausnehmen zu können, mußte man den Kofferdeckel aufschneiden. Dann wurde der Koffer mit harmlosen Papieren des Universum-Verlages und mit schmutziger Wäsche gefüllt. »So ist die Sache nahezu todsicher«, lachte René. »Das gibt dir das Gefühl der Sicherheit. Wenn man sich sicher fühlt, benimmt man sich auch unauffällig.«
Ich zahlte die Miete für meine Dachwohnung drei Monate voraus. Ich hoffte, in sechzig Tagen wieder zurück zu sein. Firelei versprach, diese Zeit der Einsamkeit tapfer zu tragen.
Während meiner Reise nach Montevideo frischte ich mein Spanisch auf, wurde der ausdauerndste Besucher der Schiffsbibliothek und schlief viel; ich vermied sorgfältig jeden persönlichen Kontakt mit meinen Mitreisenden. Vigo, Lissabon, Rio de Janeiro und Santos waren Anlegehäfen. Erfolgreich widerstand ich der mächtigen Versuchung dieser Häfen. Ich ging nicht mit den Schaulustigen an Land, denn ich hatte Angst, meine Konterbande einem neugierigen Steward oder einem Schiffsdetektiv preiszugeben. In der Nacht bevor die *Monte Pascoal* in die gelbe Mündung des La Plata einfuhr, um auf der Höhe von Montevideo vor Anker zu gehen, versteckte ich die Metallkassetten mit den Filmen im Zwiebackbehälter eines der Rettungsboote des Dampfers. Die Paß- und Zollkontrolle der urugayischen Behörden war bei

den Passagieren erster und zweiter Klasse oberflächlich. Mit festem Griff faßte ich meinen neuen Rindlederkoffer und ging mit dem ersten Boot an Land.

Als ich mich an der Landungsbrücke durch die Haufen schreiender Droschkenkutscher hindurchgedrängt hatte, merkte ich, daß ich von zwei gutangezogenen Individuen beschattet wurde. Der eine von den beiden hielt sich etwa zwanzig Meter hinter mir, während der andere mir auf der entgegengesetzten Straßenseite folgte. Mein erster Gedanke war »Polizei!«. Ich beschleunigte meinen Schritt und ging immer wieder um die Ecke. Die beiden folgten. Ich überlegte, ob ich ein Taxi nehmen oder loslaufen solle. Der leuchtende gelbbraune Koffer, den ich trug, machte mich leicht kenntlich. »Wenn ich laufe, werde ich sofort verhaftet«, kalkulierte ich. »Wenn ich ein Taxi nehme, werden meine Verfolger die Nummer aufschreiben oder mir in einem zweiten folgen.« In meiner Verzweiflung versuchte ich einen anderen Trick. Ich zog einen Reiseprospekt aus der Tasche und warf gleichzeitig einen flüchtigen Blick über meine Achsel. Dann zerriß ich das Papier in kleine Stücke, so, daß meine Beschatter sehen konnten, was ich tat, daraufhin warf ich die Papierschnitzel auf die Straße. Ich war überzeugt, daß die beiden Detektive anhalten und die verstreuten Papierschnitzel zusammenlesen würden. Ich stand still und tat so, als wolle ich mir ein Schaufenster ansehen, und beobachtete sie aus den Augenwinkeln. Sie blieben jedoch nicht stehen, um die Papierschnitzel aufzusammeln. Der eine hinter mir lachte laut und schwenkte beide Hände auf eine Weise, die unter Seeleuten »alles klar« bedeutet. Ich wartete in höchster Spannung. Der Mann kam direkt auf mich zu. Sein Begleiter kam von der anderen Straßenseite herüber.

»Zum Teufel noch mal«, lachte der erstere. »Du läufst ja wie ein Kakerlak davon mit deinen langen Beinen.«

Er hatte deutsch gesprochen. Sein Begleiter grüßte.

»Wir kommen von Harry Berger«, sagte der Deutsche.

Harry Berger war der Deckname für Arthur Ewert. Die beiden waren zu meinem Schutz abkommandiert worden. Wir bestiegen zusammen eine Droschke und fuhren zu einem kleinen Restaurant in der Calle Viejo, in dessen Hinterzimmer sich das Büro des Verbindungsmannes von Montevideo befand. Dort zeigte ich meine Beglaubigungsschreiben vor, die auf Leinwand getippt und im Schulterfutter meines Rockes eingenäht waren. Der Verbindungsmann, ein untersetzter, flaumbärtiger Deutscher, schickte sofort einen Kurier zur *Monte Pascoale*, um die schweren metallenen Filmbehälter an Land zu schmuggeln.

Montevideo und Buenos Aires dienten als Komintern-Zentralen für alle Länder südlich des Panama-Kanals. Der Kommunismus in Südamerika lag ausschließlich in den Händen ausländischer Agenten. Russen, Deutsche, Polen, Letten und Finnen waren in den verantwortlichen Stellungen, und es gab eine Anzahl New Yorker im Korps der fliegenden Agitatoren.

Mein Zwischenaufenthalt in Montevideo dauerte mehrere Wochen. Eine Vertreterin des *Jushamtorg*-Büros in Buenos Aires kam auf einem der Wochenendausflugsdampfer nach Montevideo. Sie war eine magere, blutleere Person, etwa fünfunddreißig Jahre alt, gut angezogen und bis zur Grobheit sachlich. Sie war die Sekretärin der bolschewistischen Parteizelle des *Jushamtorg*-Personals und wahrscheinlich auch örtliche Agentin der GPU. Ihr übergab ich den Rindlederkoffer. Sie untersuchte das Deckelfutter mit einem Vergrößerungsglas, und nachdem sie festgestellt hatte, daß die Markierungen und das Futter intakt waren, übergab sie mir eine Quittung über »eine Kiste elektrischer Birnen«. Übrigens wurde die *Jushamtorg* am 31. Juli 1931, also kein Jahr darauf, von der Polizei überraschend besetzt und geschlossen. Sie wurde dann über den La Plata verlegt und in Montevideo neu aufgebaut. Der Beweis für den Zusammenhang zwischen der *Jushamtorg* und den blutigen kommunistischen Unruhen in Brasilien veranlaßte die uruguayische Regierung, diese Büros zu schließen und den sowjetischen Handelsattaché Minkin im Dezember 1935 auszuweisen. Bei gleicher Gelegenheit wurde auch Arthur Ewert als Kopf der revolutionären Umtriebe in Brasilien verhaftet, wo er im Gefängnis blieb, obwohl die Komintern sich von ihm losgesagt und ihn sitzengelassen hatte.

Die Gastfreundschaft der Kommunisten in Montevideo übertraf alles, was ich bisher in Europa und in den Vereinigten Staaten erlebt hatte. Ich bekam ein luxuriöses Zimmer in einem Privathaus am Rande der Stadt. Ich wurde verschwenderisch verpflegt. Jeden Tag wurde ich von ortsansässigen Kommunisten zum Essen eingeladen – wo sich dann Doktoren, Geschäftsleute und Schleppdampferkapitäne einfanden, die auf der Gehaltsliste der Profintern standen. Es gab da viele hübsche Mädchen, freudig bereit, sich in die Arme eines ausländischen *camarado* zu werfen. Zu jener Zeit waren die Deutschen in Südamerika äußerst beliebt. Sogar die grob aussehenden *hombres* der untersten kommunistischen Garnitur versuchten einer den anderen auszustechen, um die Freundschaft eines Bolschewiken aus Übersee zu erwerben. Oft genug endete so ein Treffen damit, daß ein düsterer Genosse sich an mich heranmachte und mit blitzenden Augen und Zähnen mir mit einem vertraulichen Geflüster vorschlug: »*Oiga – señorita pequeña y hermosa? Vámonos! Pagaro!*« Ich lehnte ab. Hungrig wartete ich auf einen Brief von Firelei. Ich hatte ihr gesagt, daß sie mir Post über den Genossen Anton zukommen lassen könne, der sie weiterbefördern werde. Aber es kam kein Brief.

Mein Aufenthalt ging vorüber, nachdem ich als Delegierter der Marinesektion der Komintern auf einer Versammlung der Küstenfunktionäre von Peru, Chile, Uruguay und Argentinien gesprochen hatte. Aktionsprogramme für die Seeleute, die Werftarbeiter, die Flußschiffahrt und das Personal der südamerikanischen Marinen wurden entworfen. Ich erzählte Einzelheiten vom Aufruhr in der deutschen Flotte im Jahre 1918, um den Lateinamerikanern nachdrücklich die Bedeutung des Aufbaus kommunistischer Zellen in jeder Marine klarzumachen. Ich sprach begeistert, und selbst die Backen meines Dolmetschers glühten.

Ich hätte mir damals kaum vorstellen können, daß im September 1931 bei der Präsidentenwahl die Komintern in Chile beinahe an die Macht gekommen wäre. Das Land war durch Streiks und Unruhen vollständig gelähmt. Das Schlagwort »Alle Macht den Sowjets!« kam auf. Die chilenische Flotte meuterte und setzte sich in den Besitz der Marinebasen. Das Standrecht wurde verhängt, und achtzig Regierungsflugzeuge bombardierten die Aufständischen und beschossen sie mit Maschinengewehren. Der Aufstand wurde niedergeschlagen. Dreihundertzwanzig Aufständische fielen in diesem Kampf. Eine Reihe Rädelsführer wurden zum Tode verurteilt, sehr viele kamen ins Gefängnis.

Mein Auftrag war erledigt. Ich fuhr nach Buenos Aires und ging an Bord der

Cap Arcona, die nach Europa fuhr. Ich hatte keinen Brief von Firelei bekommen. Ich war in großer Sorge. Der schnelle Dampfer stampfte nordwärts, und niemand an Bord war ungeduldiger, nach Hause zu kommen, als ich. An Bord der *Cap Arcona* machte ich eine beunruhigende Entdeckung. Während meiner Abwesenheit von Europa war der Reichstag neu gewählt worden. Die Kommunistische Partei hatte eine Million Stimmen gewonnen und war die drittstärkste Partei im Lande geworden. Die Sozialdemokraten hatten viele hunderttausend von ihren Anhängern verloren. Die Vernichtungspolitik der Komintern war nicht umsonst gewesen! Aber die Überraschung, die wie ein Donnerschlag aus heiterem Himmel kam, war der gewaltige Vormarsch der Hitlerbewegung, auf die man bisher nur mit Verachtung herabgesehen hatte. In einem gigantischen Sprung hatten die Nationalsozialisten die Zahl ihrer Mandate von 12 auf 107 erhöht; sie, die noch vor zwei Jahren nur ein Fünftel so stark waren wie die Kommunisten, waren jetzt die zweitstärkste politische Partei im Lande geworden. Eine neue, bisher unbekannte Macht erhob sich mit dem unheilverkündenden Rauschen eines allerdings noch fernen Gezeitenumschlags. Und zum erstenmal sah ich Anzeichen davon auf der *Cap Arcona.*

Die Besatzung des Schiffes, das zu den größten der deutschen Handelsflotte zählte, hatte eine starke, disziplinierte und gutorganisierte Zelle von SA-Leuten, die das Schiff mit ihrer Propaganda überschwemmte. Ich beobachtete sie, wie sie während ihrer Unterdeckwache Drill- und Gymnastikübungen machten. Sie bildeten eine Einheit, deren Elan und deren Verachtung aller Außenseiter mit nichts zu vergleichen war, was ich bisher unter deutscher Flagge gesehen hatte. Sie übten ihre Macht durch eine Mischung von Propaganda und Terror aus. Alle waren sie jung und repräsentierten einen guten Typ der deutschen Jugend. Ich kam zu der Schlußfolgerung, daß es an der Zeit sei, etwas zu unternehmen, und zwar bald, und es mit der allergrößten Energie und Ausdauer zu tun. Ich erinnerte mich der warnenden Stimme Arthur Ewerts: »Wir werden vernichtet werden!«

Nach meiner Ankunft in Hamburg machte ich meinen Bericht und erhielt unmittelbar anschließend einen neuen Auftrag, der meine Anwesenheit in Bremen und dem Wesergebiet für einige Monate erforderlich machte. Ernst Wollweber hatte zusätzlich zu den vielen anderen Kontrollfunktionen auch noch die Führung aller kommunistischen Kampfverbände in der deutschen Schiffahrt, den Eisenbahnen und den anderen Verkehrsmitteln übernommen. Ernst Thälmann und seine Satelliten waren jetzt mehr in Moskau als in Berlin. Mit viel Geduld und großer Geschicklichkeit im dunkeln operierend, wurde Ernst Wollweber, der finstere Ex-Aufrührer, dessen Wiege in den Kohlenbergwerken Schlesiens gestanden hatte, immer mehr die beherrschende Figur hinter den Kulissen der stärksten und bestorganisierten kommunistischen Bewegung außerhalb Rußlands. Ich war nun Wollweber direkt verantwortlich und unterstand seinem Befehl.

Ich telegrafierte an Firelei, aber ich erhielt keine Antwort. Ich teilte Wollweber mit, daß ich die Absicht habe, kurz für einen oder zwei Tage nach Antwerpen zu fahren. Er antwortete, daß die Partei die Notwendigkeit privater Reisen ihrer Leute nicht anerkenne. Ich schrieb per Luftpost nach Berlin zurück, daß ich keine »privaten Unternehmungen« im Sinn habe, sondern um einen kurzen Urlaub nachsuche, um Firelei zu finden und Vorbereitungen für ihre Übersiedlung nach Bremen zu treffen. Ich wies auf die Tatsache hin, daß Fireleis künstlerisches Talent für die Propagandaabteilung der Partei von Nutzen sein würde. Wollweber antwortete in beinahe ultimativer Form. »Intime Beziehungen zwischen Genossen in verantwortlicher Stellung und nichtproletarischen Außenseitern kommen nicht in Frage«, schrieb er. »Ich habe dir das vorher schon klargemacht. Bitte füge dich meiner Auffassung. Solange die betreffende Person (Firelei) nicht Mitglied unserer Organisation wird und sich der Parteidisziplin nicht unterwirft, müssen wir sie als eine mögliche Gefahr für unseren *Apparat* ablehnen. Wenn du das nicht verstehen kannst, hast du die leninistische Definition vom Wesen der bolschewistischen Partei nicht begriffen.«

Ich ging trotzdem nach Antwerpen. Es war Anfang November. Heulend kam ein feuchter Wind von der Nordsee her, und das Regenwasser gurgelte in den Rinnsteinen. Ich stürmte die Treppen hinauf zu der Dachwohnung, in der Firelei und ich so viele glückliche Stunden zusammen verlebt hatten. Oben holte ich tief Atem. Mein Herz schlug hörbar. Ich zog den Schlüssel aus der Tasche, schloß auf und trat ein. Die Wohnung war leer. Eine dünne Staubschicht lag auf dem Boden. Keine Bücher, keine Kleider und keine Vorhänge mehr an den Fenstern, die dem Turm der Kathedrale gegenüberlagen. Nur eine gähnende und bedrückende Leere. Firelei hatte keine Nachricht hinterlassen. Dann machten meine Augen eine schreckliche Entdeckung. Es war das Bild, das Firelei von sich selbst gemacht hatte, groß, schweigend und in zarten Farben. Düster starrte es in das ausgeräumte Zimmer: das Bild eines ermordeten Mädchens. Man konnte den Wandverputz sehen, wo die Augen gewesen waren. Die Augen waren ausgestochen.

Wie wahnsinnig begann ich, nach ihr zu suchen. Der Hausbesitzer wußte nichts. Er murmelte nur etwas von den Unannehmlichkeiten, die man mit allein gelassenen Frauen habe, die alles Mögliche und Unmögliche anstellten. Ich lief zum Haus von Fireleis Onkel, aber die Türe wurde mir vor der Nase zugeschlagen. Ich fragte die Nachbarn aus. Nein, sagten sie, das deutsche Malermädchen sei nicht ins Haus des Schiffskapitäns zurückgekommen. Ich rief die Polizei an. Ich fragte den Genossen Anton und alle anderen Antwerpener Kommunisten, die sie gekannt haben mochten. Keiner von ihnen wußte, wohin Firelei gegangen war, mit Ausnahme vielleicht von Anton — und er weigerte sich, es mir zu sagen, weil ich nicht in offizieller Eigenschaft nach Belgien gekommen war. »Vielleicht ist sie zu ihren Eltern nach Deutschland zurückgegangen«, meinte er. »Die Töchter der *petite bourgeoisie* kapitulieren beim ersten ernsthaften Hindernis.«

Das war nicht wahr. Die *madame* des Café Banana mit dem großen Busen und dem großen Herzen, zu der Firelei von Zeit zu Zeit hingegangen war, um Seemannstypen zu zeichnen, wußte, was mit meinem Mädchen geschehen war. »Sie ist im Spital, das arme *meisje*«, sagte sie mit ihrer männlichen Stimme. »Sie war sehr krank. Aber es geht ihr jetzt besser, beinahe gut. Warum, um Gottes willen, hast du dich nicht mehr um sie gekümmert?«

»Was ist geschehen? Erzähl, schnell!«

»Eine Fehlgeburt«, sagte die Frau. »*Godsverdumme*, sie hat es selbst gemacht. Sie war schon beinahe verblutet, als man sie fand.«

Heftige Gewissensbisse, Selbstanklagen und Gewissensqualen schüttelten mich durch und durch. Ich kämpfte sie mit knirschenden Zähnen nieder. Vom gedrechselten Rationalismus eines Kommunisten aus betrachtet waren solche inneren Kämpfe ein Zeichen der Schwäche. Ich versuchte nachzudenken: »Täglich stolpern und fallen auf der ganzen Welt Männer und Frauen. Sollen wir unseren Vormarsch einstellen wegen privater Schwierigkeiten, die so unvermeidlich sind wie der Sonnenaufgang?«

»Firelei liebt Blumen«, dachte ich. »Es wäre ein Zeichen meiner Anteilnahme.« Ich kaufte Blumen und brachte sie ihr an das Krankenlager. Wie könnte ich jemals den Ausdruck freudiger Erleichterung auf ihrem Gesicht vergessen, als sie mich sah? Lange blickten wir einander an, hielten einander die Hände und sprachen kein Wort.

Firelei sprach zuerst, mit einem langen strahlenden Lächeln.

»Du bist also zurückgekommen«, sagte sie.

Ich erzählte ihr von allen möglichen Dingen, die ihr Freude machten. Und dann fragte ich sie: »Warum tatest du das?«

»Ich dachte, du würdest nie wieder zurückkommen«, antwortete sie sanft. »Ich habe erfahren, wie es ist, wenn man stirbt.«

Länger, als ich eigentlich wollte, blieb ich in Antwerpen. Fireleis Genesung war wie der Anbruch des Frühlings. Ein Telegramm von Wollweber erinnerte mich, daß es November war, der stürmischste Monat des Jahres.

»Komm unverzüglich zurück«, sagte die Depesche.

»Ich muß gehen«, sagte ich zu Firelei.

»Bald wird es mir so gut gehen, daß ich nachkommen kann«, sagte sie glücklich. »Es wird schön sein, wenn ich das Leben mit dir teilen kann.«

»Unser ganzes Leben hindurch werden wir Genossen sein«, sagte ich.

Die Farbe war aus ihren Wangen gewichen. Ihr Gesicht war schmaler, härter und entschlossener.

»Ich habe meine Meinung geändert«, sagte sie. »Ich hatte viel Zeit, darüber nachzudenken. An dem Tag, an dem ich nach Bremen komme, mußt du aus mir ein Mitglied der Kommunistischen Partei machen.«

Unwillkürlich erschrak ich und trat einen Schritt zurück. Ich wußte, daß sie diesen Vorschlag nicht machte, weil sie den Bolschewismus billigte, sondern aus Liebe zu mir, und daß das für ihre Entscheidung ausschlaggebend war.

»In Bremen wirst du meine Mutter kennenlernen«, sagte ich.

»Ich freue mich«, sagte Firelei und lächelte, »sie und ich werden gute Freunde werden, davon bin ich überzeugt.«

Zwischen Hammer und Amboß

Hauptmann Göring, die rechte Hand Hitlers, sollte als Hauptredner auf einer nationalsozialistischen Massenversammlung in Bremen sprechen. Der Chef des Antifaschistischen Kampfbundes der Kommunistischen Partei, der unbarmherzige Heinz Neumann, gab den Befehl, die Versammlung zu sprengen. Unsere örtlichen Führer scheuten diesen Auftrag, vielleicht, weil sie bereits vor Görings Sturmabteilungen Respekt bekommen hatten. Ich als Neuling wurde mit dieser Arbeit beauftragt. Das war eine Seite meines neuen Aufgabenbereiches.

Hundert ausgesuchte Antifa-Leute wurden mir für die Göring-Affäre zur Verfügung gestellt, furchtlose junge Raufbolde, einer wie der andere. Wir hatten ein besonderes Flugblatt mit der Schlagzeile: *Zehn Fragen, die Nazi-Göring nicht zu beantworten wagt,* das wir bei dieser Versammlung verteilen wollten. Ich teilte meine Leute in Gruppen von fünf Mann ein und befahl ihnen, sich im Saal in der Menge zu verteilen und erst dann in Aktion zu treten, wenn der Ruf »Die Nationalsozialisten sind weder national noch sozial« ertönte. Jeder Mann war mit einem Eichenknüppel und einem Messingschlagring ausgerüstet und mit einem Bündel von fünfzig Flugblättern versehen.

Die Versammlung begann um acht Uhr im Kasino, dem größten Saal der Stadt. Ganz Bremen schien dorthin unterwegs zu sein. Ein Zug Schutzleute besetzte die wichtigsten Punkte. Mädchen und junge Männer gingen auf den Gehsteigen auf und ab. Einige trugen rote Armbinden – sie verkauften kommunistische Schriften. Andere trugen das Hakenkreuz – sie riefen Hitlerschlagworte in rauhen Sprechchören. Da und dort brach eine kleinere Prügelei aus, wurde jedoch von der Polizei rasch niedergeschlagen. Braunhemden marschierten in geschlossenen Formationen auf. Sie wurden mit wildem Geschrei empfangen:

»Nieder mit den braunen Mördern!«

»Nieder mit der Moskowiterpest!« kam es prompt zurück.

Im Saal drängten sich Tausende. An den Wänden entlang und vor der Rednertribüne standen SA-Männer Schulter an Schulter. Eine Musikkapelle spielte einen Militärmarsch. Rote Fahnen von gigantischem Ausmaß bedeckten die Wände. Hundert Hakenkreuzbannerträger bildeten den Hintergrund der Szene. In der gewaltigen Menge war meine Mannschaft wie ein Tropfen in einem Fluß.

Plötzlich ging ein Ruck durch die ganze Linie der Braunhemden an den Wänden entlang. Die rechten Arme flogen in die Höhe. Fanfaren schmetterten. Die massiven Wände des Gebäudes erzitterten, als die ganze Menge in ein gewaltiges Geschrei ausbrach:

»Heil! Heil!«

Saalwachen marschierten im Gänsemarsch den Mittelgang hinunter auf die Rednertribüne zu. Uniformierte SA-Männer folgten mit den Sturmbannern. Das goldene Hakenkreuz oben an den Fahnenstangen glitzerte im Licht. Und dann schritt ein grimmig aussehender, untersetzter Mann in Zivil den Gang hinunter. Sein kurzer rechter Arm war zum Hitlergruß erhoben. Eine zweite Kolonne Saalwachen folgte unmittelbar hinter ihm. Eine Glocke ertönte. Das Geschrei hörte auf. Ein gertenschlanker Mann kündigte mit militärischer Stimme an, daß Hauptmann Göring über das Thema *Versailles muß sterben, damit Deutschland leben kann* sprechen werde.

Der untersetzte Mann schritt nach vorn und starrte in die Versammlung. Sein breites, muskulöses Gesicht glänzte im Scheinwerferlicht. Ein schönes blondes Mädchen überreichte dem Nazihäuptling einen Rosenstrauß, der so groß war wie ein Rad. Hauptmann Göring roch an den Rosen und lachte. Dann zog er seinen Rock aus und warf ihn achtlos hinter sich unter den Tisch. Er rollte die Hemdsärmel hoch und zog den Gürtel ab. Zustimmendes Gelächter vermischte sich mit Beifall. Göring schwang die Arme, und der Beifall schwoll zu dröhnendem Geheul.

Hauptmann Göring sprach. Seine Rede war grob und kraftvoll, von spöttischer Höflichkeit und so einfach, daß selbst ein Kind das meiste davon würde verstanden haben. Was jedoch seine Hörer überzeugte, waren weniger seine Worte als der Eindruck einer unbändigen und brutalen persönlichen Ehrlichkeit, den er erweckte. Seine Stimme und seine Fäuste erschlugen den Vertrag von Versailles. Er schritt auf dem Podium auf und ab, die Fäuste geballt, mit den Armen fuchtelnd und mit einem Gesicht, das von Schweiß triefte. Seine Stimme erhob sich zu einem Sturm drohender Töne. Er steigerte sich selbst in eine flammende Wut hinein. Er schrie, knurrte und hämmerte. Er brummte und paradierte in wahnsinnigen Wutausbrüchen. Er griff alles in der Welt an, von Gott angefangen bis hinunter zu den Pfandleihern und Nudisten, mit einer einzigen Ausnahme: der Armee. Er gab eine gewaltige Welle von Haß von sich und sandte sie donnernd unter seine Zuhörer. Ich war bestürzt, die Masse von schwerfälligen Deutschen in größerer Aufregung zu sehen als einen Haufen Spanier bei einem Stierkampf. Ich versuchte, kühl zu bleiben, versuchte, Notizen zu machen über das, was ich zu sagen beabsichtigte, nachdem Hauptmann Göring gesprochen hatte, aber ich gab es bald auf. Der Mann faszinierte mich.

Schließlich endete Göring inmitten eines wahren Erdbebens von Beifall. Er setzte sich und wischte sich den Schweiß aus dem Gesicht. Er fischte seinen Rock unter dem Tisch hervor und wickelte ihn achtlos um die Schultern. Der gertenschlanke Mann mit der militärischen Stimme erhob sich und fragte, ob irgendwelche Vertreter gegnerischer Parteien zehn Minuten zu sprechen wünschten, um Hauptmann Göring zu widerlegen, der selbst gerne bereit sei, auf alle Fragen zu antworten, die an ihn gestellt würden. Ich stand auf und ging nach vorn, wobei ich automatisch meinem *Parteibefehl* gehorchte. Ich fühlte, wie sich meine Kopfhaut zusammenzog und kalt wurde. Ich übergab dem gertenschlanken Mann einen Zettel, auf dem mein Name und meine Parteizugehörigkeit stand.

Der gertenschlanke Mann kündigte an: »Ein Vertreter der Kommunistischen Partei hat jetzt das Wort. Ich bitte die Versammlung, Disziplin zu wahren.«

Ich stieg auf das Podium. Eine tödliche Stille lag über dem großen Saal. Die Leute aus Görings Leibwache schauten mich neugierig an.

Nach dem ersten Satz kehrte mein Selbstvertrauen zurück. Es gab zwar Gekicher und Pfiffe, aber da war auch der frenetische Beifall meiner hundert Helfer in der Menge. Ich führte aus, daß der Vertrag von Versailles die Folge eines verlorenen Krieges gewesen sei, und daß der Krieg von den Kapitalisten zu imperialistischen Zwecken angezettelt worden sei. »Ganz Deutschland weiß«, fuhr ich in meiner Rede fort, »daß die Nazipartei von den Kapitalisten finanziert wird, die die deutsche Nation ausbeuten. Die nationalsozialistische Partei ist weder national noch sozialistisch – wenn sie sich auch selbst eine Arbeiterpartei nennt!« An dieser Stelle drehte ich mich um und zeigte auf Hauptmann Göring: »Sieht dieser Mann vielleicht aus wie ein Arbeiter?«

Göring stieß seinen stiernackigen Kopf nach vorn. Ein halbes Dutzend Braunhemden sprangen auf das Podium und stürzten sich auf mich. »Raus mit dem Halunken!« befahl Göring. In diesem Augenblick tauchten meine Helfer in Gruppen zu fünf in der Menge auf und warfen Hände voll von den kleinen roten Flugblättern in den gedrängt vollen Saal. Tumult. Ich sprang vom Podium über die Köpfe der vor mir stehenden Braunhemden hinunter und fiel

kopfüber in die Menge. Ein Schlag traf meinen Kopf. In der Aufregung spürte ich den Schlag kaum. Die Braunhemden hatten ihre Vorzugsplätze längs der Wände verlassen und drängten nun gegen die Saalmitte vor, um über die Störenfriede herzufallen. Knüttel, Messingschlagringe, Knüppel, Gürtel mit schweren Schnallen, Gläser und Flaschen wurden als Waffen gebraucht. Glasstücke und Stühle flogen über die Köpfe der Versammlung. Männer von beiden Parteien brachen Stuhlbeine ab und benützten sie als Knüppel. Frauen wurden ohnmächtig im Geschrei und Lärm des Kampfes. Bald waren Dutzende von Köpfen und Gesichtern blutig geschlagen, Kleider waren zerrissen; die Kämpfer wichen gerne mitten in die Massen entsetzter, aber hilfloser Zuschauer aus. Die Braunhemden fochten wütend. Systematisch drängten sie uns gegen den Hauptausgang. Die Musik stimmte einen Militärmarsch an. Hermann Göring stand ruhig auf dem Podium, die Fäuste in die Hüften gestemmt. Mein Plan hatte darin bestanden, einen solchen Hexenkessel in dem überfüllten Saal zu schaffen, daß die Polizei, die draußen wartete, eingreifen und die Versammlung schließen müßte. Aber die Polizei griff nicht ein; sie war von den Sozialdemokraten kontrolliert, die damit zufrieden waren, wenn die extremistischen Streitkräfte sich gegenseitig die Köpfe einschlugen.
Überall um mich herum kämpften jetzt Kommunisten, um die Straße zu gewinnen. Wie Hasen liefen sie davon. Auch ich lief weg. Als ich um eine Ecke bog, stand ein großer offener Motorlastwagen da. Drin saßen dreißig Schutzleute, unbeweglich, und hielten ihre Gewehre wie schweigende Gespenster.

Meine Mutter, die ein ruhiges Leben in ihrer kleinen Bremer Wohnung führte, nahm Firelei gut auf. Sie verabscheute den Kommunismus, weil er Gewalt predigte und Gott leugnete, aber wenn es darum ging, Bedürftigen zu helfen, machte sie keinen Unterschied. Wenn ein betrunkener Mörder zu ihr gekommen wäre, um sie um Hilfe zu bitten, so hätte sie geholfen. Ihre drei kleinen Zimmer waren voller Erinnerungsstücke. Meine Mutter liebte es, ihr Heim als einen offenen Hafen für ihre fünf herumziehenden Kinder und deren Freunde anzusehen. Meine beiden Brüder, kräftige Zwei-Meter-Kerle, waren, von einer unbezähmbaren Wanderlust besessen, zur See gegangen. Meine beiden Schwestern waren ebenfalls aus dem Haus, die ältere war als Säuglingsschwester in einem Krankenhaus in Berlin, die jüngere begleitete als wissenschaftliche Fotografin die Afrika-Expedition von Leo Frobenius, der die Wildnis des Sudan erforschte. »Aber sie kommen immer wieder zu mir zurück«, sagte meine Mutter lächelnd und bereit zu warten.
Eines Tages sagte Firelei zu mir: »Mutter ängstigt sich deinetwegen. Als du Kommunist wurdest, versuchte sie eifrig, den Kommunismus zu verstehen, aber es gelang ihr nicht. Es bricht ihr das Herz, daß du nur für Zerstörung und Hader arbeitest. Sie betet, daß du dich davon abwenden mögest.«
»Es ist zu spät«, sagte ich.
»Mutter meint, daß es nie zu spät sei. Sie hat mich gebeten, dich zu beeinflussen, daß du in die Navigationsschule gehst, um dich auf das nächste Offiziersexamen vorzubereiten. Sie sagte, es sei immer schon dein Traum gewesen, als Kapitän auf der Brücke eines Überseedampfers zu stehen.«
»Es ist *noch* mein Traum«, sagte ich und versuchte, das verräterische Hochkommen meiner inneren Erregung zu verbergen. »Nur sag mir, wer würde

denn einem bekannten Kommunisten und Aufrührer ein kostbares Schiff anvertrauen? Nein, nein, es ist schon längst zu spät!«
»Warum willst du es nicht versuchen und sehen, was daraus wird?« bat Firelei. »Es gibt nichts, was du nicht tun könntest. Mit einem Navigationszeugnis in der Tasche wirst du bestimmt eine Stellung finden. Denk daran, es ist nie, nie zu spät!«
Ich vernachlässigte meine Parteiverpflichtungen nicht. Aber ich fand die Zeit, mich als Student an der nautischen Schule in Bremen einschreiben zu lassen. Der Direktor, Kapitän Preuß, hatte meinen Vater gut gekannt. Er empfing mich freundlich.
»Sieh, wer kommt denn da!« rief er. »Schön, schön, mein Junge, bist du den bolschewistischen Unsinn müde geworden?«
»Woher wissen Sie denn, daß ich Bolschewist bin?« fragte ich etwas verlegen.
»Allah erzählte es mir«, lachte Preuß und fügte ernsthaft hinzu: »Sei doch kein Narr. Die Reeder haben ihren Informationsdienst. Du hast ihnen einen Haufen Unannehmlichkeiten bereitet in letzter Zeit. Sie haben deinen Namen auf die schwarze Liste gesetzt – mit roter Tinte, sage ich dir. Aber immerhin – wenn du zur Einsicht kommst, werden wir sehen, was wir tun können.«
Der Schulbesuch kostete mich nicht viel Zeit. Ich hatte das Wesentliche in der Mathematik und in der nautischen Astronomie in San Quentin bewältigt, und ich brauchte deshalb nur wenige Stunden in der Woche zur Schule zu gehen, um die amtlichen Bestimmungen für die Ausbildung von Schiffsoffizieren zu erfüllen. Ich hatte zu jener Zeit keinen anderen Grund, diese zusätzliche Last zu buckeln, als den, meiner Mutter eine Freude zu machen. Ich war überarbeitet, aß nicht viel und schlief zu wenig. Aber meine Mutter war überglücklich; in ihrem unschuldigen Herzen glaubte sie, daß sie einen Sieg über die Komintern davongetragen habe.
Ich stellte fest, daß die nautische Schule eine Hochburg Hitlers war. Der Stab von dreißig Lehrern bestand aus Nazis. Die ungefähr dreihundert Studenten waren Nazis. Der Offiziersklub – die *Tritonia* – wurde von den Nazis beherrscht. Die Schule war mit Naziliteratur überschwemmt. In den Pausen war die Schule eine einzige Naziversammlung. Viele Studenten kamen zu den Vorlesungen in SA-Uniform. Auf jedem Rockaufschlag um mich herum glitzerte das Hakenkreuzabzeichen. Ich war der einzige Kommunist.
»Warum bist du Nazi?« fragte ich einen von ihnen. Es war Ende 1930.
»Schau doch, was diese sogenannte Demokratie für uns getan hat«, antwortete er mit absoluter Selbstsicherheit. »Die Hälfte unserer Schiffe verrottet auf den Friedhöfen. Adolf Hitler wird Deutschland auf den Platz unter den Nationen führen, der ihm zukommt. Wir werden Kolonien haben. Wir werden uns in allen Richtungen ausdehnen. Wir werden bald die beste Handelsmarine der Welt haben. Unter Hitler werden unsere Schiffe fahren – und nicht verrotten.«
»Das ist ein Programm imperialistischer Expansion«, kommentierte ich.
»Ganz gewiß!«
»Das bedeutet Krieg.«
»Und wenn schon? Männer sind geboren, um Kriege zu führen und zu gewinnen.«
»Das deutsche Volk will keinen Krieg.«

»*Wir* sind das deutsche Volk.«

»Sieh dir Rußland an«, sagte ich, »es ist das einzige Land in der Welt, dessen Handelsmarine zunimmt.«

»Erzähl mir nichts von Rußland«, antwortete der Nazi. »Ich war in Wladiwostok mit meinem letzten Schiff. Die Mädchen kamen an Bord, um sich fünfmal für eine Büchse Sardinen vornehmen zu lassen. Das nennst du Bolschewismus?«

»Die Russen exportierten im vergangenen Jahr mehr Getreide als Kanada«, entgegnete ich.

»Ich empfehle dir, deine kommunistische Propaganda in dieser Schule aufzugeben«, sagte der Nazi kalt, »einige von unseren Jungs könnten sonst ihre Reitpeitschen mitbringen und dich aus dem Haus prügeln. Schweig also lieber.«

Firelei, die aus tiefer Liebe zu mir in die Bewegung getrieben worden war, erwarb sich bald eine beachtliche Popularität in der deutschen Kommunistischen Partei. Sie malte Plakate, die die Partei in internationalen Kampagnen verwandte. Ihre Karikaturen von Hindenburg und Hitler und anderen feindlichen Führern wurden in der Parteipresse veröffentlicht. Sie organisierte Theatergruppen, die Nordwestdeutschland bereisten; die berühmteste und talentierteste dieser Gruppen nannte sich *Die Reporter*. Ohne auch nur einen Pfennig dafür zu bekommen, arbeitete sie von morgens bis nachts. Sie hatte zuviel zu tun, um sich darüber klarzuwerden, daß ihr Aufgehen in der Parteiarbeit ihre Aussichten auf eine legitime künstlerische Karriere zerstörte. Manchmal, wenn sie müde war, pflegte sie darüber nachzugrübeln und zu fragen: »Wo führt das alles hin?«

»Vorwärts und aufwärts!« pflegte ich dann zu antworten. »Wir haben keine Zeit, müde zu sein.«

Ich hatte meine Seitensprünge in das Gebiet der Literatur aufgegeben. Wenn ich schrieb, schrieb ich für die Parteipresse. Meine Artikel und kleinen Geschichten erschienen in einer Anzahl kommunistischer Tages- und Wochenzeitungen. Auf Befehl von Wollweber hatte ich alle Bemühungen, mein Buch *Scum's Wake* in den Vereinigten Staaten zu veröffentlichen, eingestellt. Dafür wurde es von der literarischen Abteilung der Komintern zensiert, die Abweichungen von der offiziellen stalinistischen Politik getilgt, und es erschien in verstümmelter Form in der von Willy Münzenberg kontrollierten, getarnten deutschen kommunistischen Presse und in verschiedenen Gewerkschaftspublikationen in Sowjetrußland. Da ich bezahlter Angestellter der Komintern war, sah ich mich formell verpflichtet, die mir zukommenden Honorare für die »erfolgreiche Durchführung des Fünfjahrplans« zur Verfügung zu stellen. Ich tat das mit Freude. Zur Belohnung wurde ich zum Ehrenpräsidenten der Liga der proletarischen Schriftsteller im Nordwestlichen Gebiet ernannt.

Ich hatte auch zwei Einakter geschrieben, *Signal zur Meuterei* und *Seemannsfeinde*. Beide wurden von der Partei genehmigt und in der Folge von kommunistischen Theatergruppen an Bord der größten Überseedampfer des Norddeutschen Lloyd, zu denen auch die Renommierschiffe *Columbus* und *Bremen* gehörten, in Bremerhaven aufgeführt. Sie verursachten in den Kreisen der Reeder größeren Ärger als ein Monat intensivster Streikagitation. Die Stücke waren eine offene Aufforderung zur Meuterei, sie waren direkte Befehle an die Besatzungen, sich der Schiffe zu bemächtigen und die rote Fahne zu hissen, wenn die Zeit gekommen sein würde. Parallel mit diesen Aufführungen ging eine verbissene Propaganda an Bord der Schiffe des Norddeutschen Lloyd, jener Gesellschaft, die praktisch die alte Hansestadt Bremen beherrschte. Mein Erstaunen war deshalb groß, als ich eines Tages von einem Vertreter des Lloyd-Verlages, der dem Norddeutschen Lloyd gehörte, aufgesucht wurde. Der Vertreter lud mich ein, die Verlagszentrale zur Vereinbarung einer vertraulichen Besprechung anzurufen. Die Chefredakteurin des *Lloyd Journal* wollte mich sprechen. Getreulich telegrafierte ich Wollweber, um ihn von dem Vorschlag in Kenntnis zu setzen.

»Sei vorsichtig«, antwortete er, »sie wollen dich bestechen. Aber der Kontakt kann von Nutzen sein.«

Die Chefredakteurin empfing mich sehr freundlich. Sie war eine kultivierte Dame, ein gewisses Fräulein von Thülen, die Schwester einer der mächtigsten Persönlichkeiten des Norddeutschen Lloyd. Unbefangen teilte sie mir mit, die Gesellschaft habe erfahren, daß ich vor dem Abschluß meines Studiums an der nautischen Schule in finanzielle Schwierigkeiten geraten sei. Sie bot mir einen Vertrag an, ihr jeden Monat einen Artikel für ihre Zeitschrift zu schreiben, im ganzen also zwölf Artikel zu je zweihundert Mark. Ich lehnte ab. Dann fragte sie mich, ob ich allenfalls den offiziellen Touristenführer des Norddeutschen Lloyd für 1931 vom Deutschen ins Englische übersetzen würde. Der Touristenführer war in allen nordatlantischen Häfen wohlbekannt. Das Buch hatte zweihundert Seiten und pries die Schönheiten Deutschlands. Fräulein von Thülen bot mir tausend Mark für diese Arbeit. Ich nahm an. Es bestand ein stillschweigendes Einverständnis darüber, daß ich alle weiteren Versuche, unter den Besatzungen der Lloydschiffe Unruhe zu stiften, unterlassen sollte.

Wollweber überlegte, ob er mich nicht als Geheimagent der Komintern in den Norddeutschen Lloyd hineinsetzen solle. Dieser Plan wurde jedoch von Heinz Neumann torpediert, der mich für seine antifaschistischen Kampagnen haben wollte. Ich machte nur einen kleinen Teil der Übersetzung selbst. Die Hauptarbeit wurde von den offiziellen Übersetzern der Kommunistischen Partei geleistet. Nach zehn Tagen konnte ich die englische Version des Touristenführers abliefern. Ich erhielt einen Scheck über tausend Mark. Das Geld floß in die Kasse der Kommunistischen Partei, und ich fuhr fort, den Norddeutschen Lloyd bei jeder möglichen Gelegenheit zu ärgern. Wieder einmal hatte ich mutwillig die Gelegenheit verpaßt, mir eine unabhängige loyale Existenz aufzubauen. Firelei war von meiner Unbesonneheit tief betroffen. Meine Mutter war bekümmert über meinen Verrat.

Wollweber war unterwegs auf einer seiner Inspektionsreisen, die ihn zu allen kommunistischen Zellen in der Transportindustrie Zentraleuropas führten. Der Mann war unheimlich. Keine Einzelheit und keine Schwäche entging ihm. Er war ein Tier mit dem Gehirn eines bösartigen Wissenschaftlers. Er fürchtete nichts außer der Öffentlichkeit. Harmlos sagte ich zu ihm: »Man nennt dich den *Kleinen Lenin,* aber du gleichst sehr viel eher Stalin als Lenin.«

Da blieb Wollweber plötzlich stehen. »Warum meinst du?« fragte er und zeigte lachend seine vom Tabak gebräunten Zähne.

»Ich meine«, sagte ich vorsichtig, »Genosse Lenin stand immer im Licht der Öffentlichkeit und vor den Massen.«

»Was hast du denn gegen den Genossen Stalin?« fragte mich Wollweber mit finsterem Blick.
»Nichts«, sagte ich.
»Genosse Stalin ist der größte lebende Staatsmann«, erklärte Wollweber, als wolle er jemanden zum Tod durch Erhängen verurteilen. »Keiner, der diese Feststellung in Frage stellt, kann jemals in einer wichtigen Funktion verwendet werden.«
An diesem Abend, als die Tagesarbeit getan war, sagte Ernst Wollweber zu mir: »Nun wollen wir gehen und uns einen Spaß machen.«
»Was brauchst du dazu?«
»Einen ruhigen Ort, wo ein Mann die Rettungsleine loslassen und in Frieden einen Kasten Bier trinken kann.«
Ich lachte. Ich lud Wollweber in meine Wohnung ein, die im proletarischen Westend der Stadt lag. Ich kaufte zwei Kisten Bier und brachte die Wirtin dazu, mir einen Haufen Bratwurst mit Kartoffelsalat zuzubereiten. Wollweber kam um neun Uhr. Er war immer mißtrauisch und sandte deshalb seine Sekretärin voraus, die das Haus untersuchen mußte, bevor er eintrat. Die Sekretärin war ein kleines Mädchen von zwanzig, recht anziehend, aber verschlossen und ihrem Herrn ergeben wie ein gutdressierter Hund.
Wollweber war ein starker Trinker, obwohl er niemals auch nur einen Tropfen Alkohol anrührte, solange er sich nicht vollkommen in Sicherheit vor den langen Armen seiner zahlreichen Feinde fühlte. Diesmal trank er ohne jede Hemmung; seine kleinen, funkelnden, schwarzen Augen hefteten sich wie saugende Tiere auf Firelei. Seine Hände folgten bald, aber Firelei lachte sie weg. Mit wenigen schnellen Strichen zeichnete sie die Karikatur eines schrecklich verliebten Wollweber und nannte es *Kannibale, nach einer Braut Ausschau haltend.* Wollweber brüllte vor Lachen, aber der Spitzname *Kannibale* wurde ebenso populär wie der des *Kleinen Lenin.*
Wollweber sprach von seiner Jugend. Schon am Anfang des großen Krieges war sein Vater, ein Bergmann, an der russischen Front gefallen, und Ernst war im Alter von siebzehn Jahren Mitglied der sozialistischen Jugend geworden. Sein Beruf war der eines Flußschiffers gewesen. Er war auf den deutschen Wasserstraßen gefahren und hatte defätistische Propagandaliteratur von Berlin an die Westfront geschmuggelt, bis er eines Tages einer Gruppe von Aktivisten half, eine Anzahl Zementschiffe in einem belgischen Kanal zu versenken, um den Transport von Kriegsmaterial an die Front zu sperren. Die Sozialisten schlossen ihn wegen seines Radikalismus aus, und Wollweber trat dem Spartakusbund bei und meldete sich gleichzeitig als Freiwilliger bei der kaiserlichen Marine. Er hatte in der Schlacht von Jütland mitgekämpft und war dann einer der Hauptorganisatoren der entscheidenden Meuterei in der deutschen Flotte geworden. Wollweber prahlte mit seiner Tapferkeit als Revolutionär und als Mann, derweilen er immer näher an Firelei heranrückte. Seine kleine Sekretärin-Mätresse beobachtete ihn wie eine hypnotisierte Maus. Plötzlich wandte sich Wollweber an mich.
»Dein Kind hier«, grölte er, »ich muß sie im Bett haben!« Auf seine erschrokkene Sekretärin zeigend, fügte er hinzu: »Du nimmst Helen, sie ist ein netter kleiner Betthase.«
Das Trinkgelage endete ganz plötzlich. Firelei, Helen und ich zogen aus und suchten Notquartiere in einem Hotel und ließen den *Kleinen Lenin* allein die

Wohnung hüten. Als wir am nächsten Morgen zurückkamen, um zu sehen, was mit meinem Chef geschehen war, fand ich ihn mit einer junohaften Prostituierten im Bett; es war ihm gelungen, sie noch auf der Straße aufzugabeln, nachdem wir weggegangen waren. Wollweber war wieder nüchtern geworden. Er bezahlte das Mädchen und schickte es weg.

»Bah«, knurrte er, als wir allein waren, »nach einer Nacht wie dieser möchte ich mich am liebsten erbrechen. Das Leben ist ein aussätziges Höllenloch. Unbefriedigend, alles zusammen unbefriedigend.«

Wenige Minuten später, nach einer Dusche mit kaltem Wasser, war er wieder der alte desillusionierte Krieger. »Zeig mir jetzt deine Pläne für die Wesermobilisation«, brummte er. »Wir müssen etwas mehr Schwung in die Sache bringen. Bis zum Februar müssen wir zu Streiks kommen, die die ganze Transportindustrie in Fetzen reißen.«

Die Hitlerbewegung überschwemmte das Land wie eine Sturmflut; die Mittelparteien wurden weggewischt. Da es mein Geschäft war, sie in den Versammlungen, in den Fabriken, auf der Straße und auf den Schiffen zu bekämpfen, so studierte ich ihre Methoden. Die Nazis führten ihre Kampagnen mit einer unbegrenzten Einsatzbereitschaft: mit Mut und Rücksichtslosigkeit, mit Hingabe und Zynismus. Sie versprachen den Arbeitern höhere Löhne, der Industrie höhere Gewinne und den Arbeitslosen gutbezahlte Stellungen. Sie versprachen den kleinen Händlern die Abschaffung der Warenhäuser. Sie versprachen den Landarbeitern Land, den Bauern Steuerbefreiung und besseres Einkommen, den Großgrundbesitzern staatliche Subventionen und billige Arbeitskräfte. Sie versprachen, den Streik zu ächten, und gleichzeitig unterstützten sie jeden Streik, um sich die Gunst der Schwerarbeiter zu gewinnen. Sie zogen gegen den Kapitalismus los und feilschten hinter den Kulissen mit den Industrieführern. Den Studenten und Intellektuellen versprachen sie Aufstieg und Macht, so daß diese sich zu Tausenden um das Nazibanner scharten. Die Nazipropaganda reagierte blitzschnell und nutzte jeden Fehler, den andere politische Gruppen machten. Hand in Hand mit dieser Propaganda ging ein wunderbar organisierter Terror. Die Kaufleute wurden terrorisiert und dadurch veranlaßt, einen Teil ihrer Gewinne an die Nazi-Partei abzuführen. Die Liberalen wurden so lange terrorisiert, bis sie es nicht mehr wagten, öffentliche Versammlungen abzuhalten. Einsatzabteilungen der Braunhemden, die in der Technik des Terrors geschult waren, schlugen, stachen und schossen ihre Gegner bei den alltäglichen Schlägereien nieder.

Wir brachten die Losung auf: »Schlagt die Nazis, wo ihr sie trefft!« Und doch rangierte sie erst an zweiter Stelle. Das Hauptziel der Kommunistischen Partei war immer noch die Vernichtung der Sozialdemokratie, des »Hauptfeindes«, der den Weg zu einem Sowjetdeutschland versperrte. So kam es, daß ich bei der Organisation einer Marinestreikkampagne meine Hauptanstrengungen auf die Vernichtung der sozialistisch kontrollierten Gewerkschaften richtete. Mit Hilfe von vielen Hunderttausenden von Flugblättern stachelten wir die Unzufriedenheit der Arbeiter und trieben sie zu einem wilden Haß gegen die Arbeitgeber, gegen die Polizei und gegen ihre sozialdemokratischen Führer, die für Schiedsgerichtsverfahren eintraten.

Die von der Komintern angewandte Taktik, die sozialistischen Gewerkschaften zu zerstören, bestand in der Forderung nach der »Einheitsfront«. In jeder kommunistischen Versammlung, in jeder Zeitung und jedem Flugblatt wurde bei jeder Gelegenheit das Schlagwort von der »Einheitsfront« gebraucht. Anfänglich und weil ich persönlich eine Zusammenarbeit mit den Sozialdemokraten für wünschenswert hielt, nahm ich das wörtlich. Ich ging also in das Hauptquartier der sozialistischen Transportarbeiter-Gewerkschaft in Bremen, um ihrem Chef den Plan einer gemeinsamen Aktion bei dem unmittelbar bevorstehenden Streik vorzuschlagen. Einer der vielen GPU-Spitzel in unserer Partei bekam Wind von meinem Besuch und sandte einen vertraulichen Bericht nach Berlin, in dem er mich wegen geheimer gegenrevolutionärer Verhandlungen mit einem notorischen »Sozialfaschisten« anschwärzte – ein Ausdruck, der damals bei den Kommunisten in Mode war. Der Bericht wurde Hermann Remmele zugeleitet, dem kommunistischen Reichstagsabgeordneten, der gerade in Westdeutschland umherreiste. Er nahm mich sofort am Kragen und hielt mir eine stürmische Vorlesung über das, was die Komintern unter »Einheitsfront« verstehe.

Genosse Remmele stellte klar, daß keine »Einheitsfront« erwünscht sei, bei der nicht die Kommunisten die Führung hätten. Das Ziel war, sich mit der Mitgliederschaft gegen den Willen ihrer sozialistischen Führer zu vereinigen. Man nannte das die »Einheitsfront von *unten* her«, darauf berechnet, einen Keil zwischen die gegnerischen Führer und ihre Massen zu treiben und auf diese Weise die Gewerkschaften zu spalten. Alle kommunistischen Vorschläge waren absichtlich so gefaßt, daß sie von den sozialistischen Führern abgelehnt wurden. Diese Vorschläge endeten stets mit dem Ruf »Verteidigt die Sowjetunion, das Vaterland aller Arbeiter!« Die sozialistischen Führer lehnten diese Formel ab, und die Kommunisten schrien daraufhin: »Verräter! Saboteure der Zusammenarbeit!« Auf diese Weise wurde das Manöver mit der »Einheitsfront« zu einer der Hauptursachen für die Ohnmacht der organisierten deutschen Arbeiterschaft gegen Hitlers Machtergreifung.

Ich beugte mich dem Befehl Remmeles. »Das ist die Parteilinie«, sagte er. »Jede Abweichung davon ist so gut wie Verrat!« Fünf Jahre später gelangte dieser Veteran der bolschewistischen Bewegung, der Verfasser eines Buches zu Ehren der Sowjetunion, der in Deutschland zu Gefängnisstrafe verurteilt und nach Rußland geflohen war, an das Ende der »Parteilinie«. Er wurde in den Kerkern der GPU in Moskau als *Gestapo-Spion* erschossen.

Der blinde Haß gegen die Sozialdemokraten trat etwa Mitte Januar 1931 in ein entscheidendes Stadium, als Georgi Dimitroff ein geheimes Memorandum mit Instruktionen für alle Führer und Unterführer der kommunistischen Kampfgruppen herausgab. Ein besonderer Ausschuß unter der Leitung von Thälmann, Heinz Neumann und Wollweber wurde gebildet, um die Instruktionen zu verwirklichen. In einen Satz zusammengefaßt, hatten die Instruktionen den folgenden Inhalt: *Gemeinsame Aktion der Kommunistischen Partei und der Hitlerbewegung, um die Auflösung des zusammenschrumpfenden demokratischen Blocks zu beschleunigen, der Deutschland regiert.*

Mein nächster Mitarbeiter, ein Ingenieur mit ledernem Gesicht, namens Salomon, und ich starrten einander bestürzt an.

»Wer ist nun verrückt?« brummte Salomon. »Wir – oder das Zentralkomitee?«

»Ohne die Hilfe der Sozialdemokratischen Partei kann die deutsche Bourgeoi-

sie nicht überleben«, grölte Wollweber in einer Versammlung von Parteifunktionären. »Mit der Liquidation der ›Sozial-Faschisten‹ bereiten wir den Boden für den Bürgerkrieg vor. Wir werden dann Hitler unsere Antwort auf den Barrikaden erteilen.«
Einwände wurden mit dem Ausschluß aus der Partei niedergehalten. Die Parteidisziplin verbot den einfachen Mitgliedern, die Sache zu diskutieren. Von da an verband sich, trotz der ständig zunehmenden Härte des Guerillakrieges, die Kommunistische Partei mit der Hitlerbewegung, um der bereits fallenden Demokratie in den Rücken zu stoßen.
Es war eine seltsame Allianz, die weder von der roten noch von der braunen Bürokratie jemals offiziell proklamiert oder anerkannt wurde, die aber trotzdem eine bittere Tatsache war. Viele von den einfachen Parteimitgliedern leisteten eigensinnigen Widerstand; wenn sie auch zu diszipliniert waren, um das Zentralkomitee offen anzugreifen, so gingen sie doch zu einer stillschweigenden Kampagne passiven Widerstandes oder gar der Sabotage über. Immerhin machten sich die aktivsten und loyalsten kommunistischen Elemente – darunter auch ich – energisch daran, den *Parteibefehl* in die Wirklichkeit umzusetzen. Zwischen den Anhängern Stalins und Hitlers kam es zu vorübergehendem Waffenstillstand und Zusammenarbeit, wann immer sie es für zweckmäßig hielten, Versammlungen und Demonstrationen der demokratischen Front zu überfallen und zu sprengen. Allein im Jahr 1931 nahm ich an Dutzenden solcher terroristischen Unternehmungen gemeinsam mit den gewalttätigsten Nazi-Elementen teil. Meine Genossen und ich folgten lediglich den Parteibefehlen. Ich werde einige von diesen Unternehmungen beschreiben, um die Dimitroff-Hitler-Allianz zu charakterisieren und um zu zeigen, was in jener Zeit überall in Deutschland vor sich ging.
Im Frühjahr 1931 hatte die sozialistische Transportarbeiter-Gewerkschaft eine Konferenz der Schiffs- und Werft-Delegierten aller wichtigen Häfen Westdeutschlands einberufen. Die Konferenz fand im *Haus der Arbeit* in Bremen statt. Sie war öffentlich, und die Arbeiter wurden eingeladen, den Verhandlungen zu folgen. Die Kommunistische Partei sandte einen Kurier in das Nazihauptquartier mit dem Angebot, bei der Sprengung der Gewerkschaftskonferenz zusammenzuarbeiten. Die Hitlerianer stimmten zu, wie sie es immer in solchen Fällen taten. Bei Eröffnung der Konferenz waren auf der Galerie zwei- oder dreihundert Kommunisten und Nazis untergebracht. Ich leitete die Operationen für die Kommunistische Partei und ein Sturmführer namens Walter Tidow für die Nazis. In weniger als zwei Minuten waren wir uns über den Aktionsplan einig. Sobald die Konferenz der Sozialdemokraten richtig im Gange war, stand ich auf und hielt eine Rede von der Galerie herunter. In einem anderen Teil des Saales tat Tidow das gleiche. Zuerst waren die Gewerkschaftsdelegierten sprachlos. Dann gab der Vorsitzende den Befehl, die beiden Störenfriede, Tidow und mich, aus dem Gebäude zu entfernen. Wir saßen ruhig und hohnlächelnd da und sahen zu, wie zwei kleine Gruppen kräftiger Gewerkschaftler auf uns zukamen, mit der Absicht, uns hinauszuwerfen. Wir rührten uns nicht. Sobald aber der erste Gewerkschaftsdelegierte einen von uns anrührte, erhoben sich unsere Anhänger, und die Schlägerei begann. Das Mobiliar wurde zerschlagen, die Teilnehmer der Konferenz wurden verprügelt und der Saal in ein Schlachtfeld verwandelt. Wir gelangten auf die Straße und zerstreuten uns, bevor Ambulanzen und Roll-

kommandos der Polizei erschienen. Am nächsten Tag brachten die Nazipresse und unsere eigene Parteipresse auf der ersten Seite einen Bericht, wie die »sozialistischen« Arbeiter, die über den »Verrat« ihrer eigenen korrumpierten Führer empört seien, ihnen eine tüchtige »proletarische Abreibung« verabfolgt hätten.

Bei einer anderen Gelegenheit waren die deutschen Liberalen das Opfer. Die demokratische Partei hatte zu einer öffentlichen Massenversammlung zur Verteidigung der Deutschen Verfassung eingeladen. Sie hatte ihre militärische Organisation, den *Jungdeutschen Orden*, aufgeboten, um die Versammlung gegen extremistische Übergriffe zu schützen. Ein stattliches Polizeiaufgebot stellte sich im großen Saal auf. Am Tag vor der Versammlung hatte die Nazi-Partei bei der Kommunistischen Partei sondiert, ob sie ihr beim Zerschlagen des demokratischen Treffens behilflich sein wolle. Ein Waffenstillstand wurde zwischen den roten und den braunen Guerillas abgeschlossen. Beide Seiten konzentrierten sich darauf, die Demokratien endgültig von der politischen Landkarte zu entfernen. Ich wurde mit der Leitung des kommunistischen Stoßtrupps betraut; die Nazigruppe stand wiederum unter der Führung von Tidow, einem Glücksritter aus der Clique des Hauptmanns Röhm. Unsere Horden kamen vorzeitig und füllten den Saal, bevor die Demokraten in Erscheinung traten. Der Hauptsprecher des Abends war General von Lettow-Vorbeck, der Verteidiger Deutsch-Ostafrikas im ersten Weltkrieg. Wir gewährten General Lettow-Vorbeck knappe zehn Minuten für seine Rede. Dann begann auf ein Zeichen hin eine Gruppe von Nazis und Kommunisten in der vordersten Reihe des Auditoriums dem General die gemeinsten Ausdrücke und Beleidigungen zuzurufen. Der *Jungdeutsche Orden* und die Polizei griffen sofort ein, um die Ruhestörer zum Schweigen zu bringen. In wenigen Sekunden war eine große Schlacht im Gang. Flaschen und Stühle wirbelten durch die Luft. Gut über tausend Angreifer schlugen sich mit Hunderten vom *Orden* und der Polizei und mehreren Tausend unschuldigen Zuhörern. Tidows und meine Leute hatten Juckpulver, Stinkbomben und eine große Menge weißer Mäuse mitgebracht. Das Juckpulver und die weißen Mäuse wurden eingesetzt, um die Frauen aus der Versammlung zu vertreiben. General von Lettow-Vorbeck wurde in einen Abort unter der Bühne eingeschlossen. Die Polizei wagte nicht, von ihren Waffen Gebrauch zu machen, aus Furcht, Unbeteiligte zu treffen. Schließlich gelang es der Polizei, uns auf die Straße abzudrängen, wo dann die Schlägerei bis tief in die Nacht hinein fortdauerte. Die Zerschlagung des Massentreffens der Demokraten war über Erwarten gut gelungen. Das gleiche Schicksal erlitten ihre Versammlungen im ganzen Reich.

Die kommunistische Zusammenarbeit mit der Hitlerbewegung aus Gründen politischer Zweckmäßigkeit beschränkte sich nicht auf die Zerschlagung von Versammlungen und Demonstrationen ihrer Gegner. Im Frühjahr 1931 strebten die deutschen Nationalisten ein Plebiszit an, um die sozialdemokratische Regierung in Preußen zu verdrängen. Zusammen mit den Anhängern Hitlers sammelten sie die gesetzlich vorgeschriebene Anzahl von Unterschriften, um die Berliner Regierung zur Volksabstimmung zu zwingen. Gespannt erwarteten wir Kommunisten die Antwort auf folgende Fragen: »Wie sollen wir stimmen? Wenn wir mit den Nazis stimmen, fällt möglicherweise die sozialistische Regierung in Preußen, und eine Kombination von Hitlerianern und

Monarchisten wird in Preußen, dem beherrschenden Staat im Reich, an die Macht kommen. Sicher wollen wir aber nicht unsere Stimmen abgeben, um Hitler zum Herrn über Preußen zu machen?«

Das kommunistische Oberkommando unter Dimitroff gab uns die Antwort telegrafisch und brieflich und durch Rundschreiben, Broschüren und Schlagzeilen in der Parteipresse. *Nieder mit den Sozialdemokraten, dem Hauptfeind der Arbeiter! Kommunisten, es ist eure Pflicht, die sozialistischen Verräter aus den Regierungsstellen zu vertreiben!* Während also kommunistische und nazistische Terrorgruppen sich in nächtlichen Gefechten gegenseitig mit Schußwaffen bekämpften, gingen die Kommunisten loyal zu den Wahllokalen, um ihre Stimmen zur Unterstützung eines Unternehmens abzugeben, das der Monarchist Hugenberg und der Faschist Hitler in die Wege geleitet hatten.

Die Streikwelle, die wir in den ersten Monaten des Jahres 1931 in Gang gesetzt hatten, war Wasser auf die Mühle der Nazis. Die Bergleute streikten an der Ruhr, in Sachsen und Schlesien. In meiner eigenen Provinz längs der Küste folgten die Arbeiter der Häfen bald nach. Wir versuchten mit allen Mitteln, diesen Streik in eine größere politische Auseinandersetzung zu verwandeln und die Massen in Konflikt mit der Polizei zu bringen. Aber die Arbeiter, durch die vielen bitteren Erfahrungen belehrt, waren entweder zu müde oder hatten kein Vertrauen in die Macht der Kommunistischen Partei. Unter solchen Bedingungen konnten die Kämpfe nur kurz und hektisch sein.

Hamburg und Bremen waren zu jener Zeit für die sowjetische Handelsmarine die wichtigsten Anlegehäfen. Durch besondere Emissäre erhielten wir Instruktionen, die russische Schiffahrt vom Streik auszunehmen. Das war *Parteibefehl.* Wenn also die Hafenarbeiter streikten, so wurden alle Schiffe davon betroffen bis auf jene, die unter sowjetischer Flagge fuhren. Unsere Streikkomitees bildeten besondere Stauertrupps, um die russischen Schiffe zu laden und zu löschen, während die Schiffe der anderen Nationen vom Streik sabotiert wurden. Die Masse der Streikenden protestierte. Nazi-Agitatoren nützten die Gelegenheit mit dem Ruf: »Die Sowjetunion organisiert den Streikbruch! Während die Arbeiter darben, lassen sich die Kommunisten von den Sowjetschiffen bezahlen! Die Kommunistische Partei stellt das Profitinteresse der Sowjetunion höher als das Butterbrot-Interesse der deutschen Proletarier!«

Daß die sowjetische Regierung zum größten Streikbrecherunternehmen in Deutschland wurde, traf viele von uns schwer. Aber unsere Parteiführer blieben fest. »Wer gegen *Hammer und Sichel* streikt«, erklärten sie, »sabotiert den Fünfjahrplan und wird zum Verräter des ersten sozialistischen Landes!« Streikende Arbeiter, die sich dieser Anordnung widersetzten, wurden in den Versammlungen verprügelt und durch Rotfronttrupps von der Wasserfront vertrieben; sie liefen auf diese Weise sehr oft direkt in die offenen Arme der Hitlerianer.

Zu gleicher Zeit drängten sich die Nazis in unsere Reihen mit der Absicht, auch jene Industrien zu infiltrieren, die bisher gegen ihre Propaganda immun geblieben waren. In Bremen und Minden führten die Nazis starke Schläge und bemühten sich, die Mehrheit in den Streikkomitees zu erlangen. Edgar Andree, einer der Führer des verbotenen Rotfrontkämpferbundes, erhielt den Auftrag, die Nazistoßtrupps aus den Werften und aus diesen Ausschüssen zu vertreiben. Ich hatte Andree 1923 im Lager von Maria Schipora kennengelernt. Dieser warmherzige Riese und großartige Kämpfer zeigte eine unbarmherzige Grausamkeit, wenn es darum ging, die Hitlerkolonnen zu Staub zu zermahlen.

Edgar Andree war bei uns zu großer Popularität gelangt, nachdem es ihm gelungen war, Naziversammlungen zu sprengen, in denen Dr. Goebbels der Hauptredner gewesen war. Andree organisierte rote Terroreinheiten in allen norddeutschen Städten, bewaffnete sie mit Dolchen und belgischen Repetierpistolen und gab ihnen den Befehl: »Für jeden ermordeten Kommunisten werden fünf SA-Leute umgelegt!« Andree war in der Hauptsache für die Bildung einer besonderen militärischen Organisation verantwortlich, die sich »Antifaschistische Garde« nannte. Keiner flößte den SA-Männern größere Angst und größeren Haß ein als Edgar Andree. Unsere Spitzel in den Hitlerformationen berichteten, daß die SA-Führer Karl Ernst in Berlin und Fiebelkorn in Hamburg befohlen hatten: »Andree muß sterben!«

Zu jener Zeit, also zwei Jahre bevor Hitler zur Macht kam, war die Gestapo in ihren Grundzügen bereits vorhanden. Die Nazis hatten sich die Form und die Technik der Tscheka zu eigen gemacht, und die Elite der Sturmabteilungen erwies sich als sehr geschickt in der Nachahmung der Formen des Massenterrors sowjetrussischer Prägung. Von nun an stand Terror gegen Terror. Der Beschluß der Nazis, Edgar Andree zu »liquidieren«, würde, das wußten wir, auf jede Gefahr hin durchgeführt werden. Andree berief am 4. März eine geheime Konferenz ein, um die Errichtung einer besonderen Schule zu diskutieren, in der die Antifaschistische Garde in terroristischer Kriegführung unterrichtet werden sollte. Ich wurde zu dieser Konferenz eingeladen und war aufgefordert worden, eine Liste furchtloser junger Kommunisten mitzubringen, die geeignet wären, terroristische Unternehmen gegen die Sturmabteilungen durchzuführen. Wir trafen uns in größter Heimlichkeit im Hinterzimmer einer Kneipe in Fünfhausen, einem Dorf wenige Meilen vor Hamburg. Aber Andree selbst war nicht anwesend, da er plötzlich, unmittelbar vor dem Zusammentreffen, den Befehl erhalten hatte, in einer dringenden militärischen Mission nach Paris zu fliegen.

Die Konferenz in Fünfhausen endete sehr spät. Nach einem Glas Bier an der Bar stieg ich in den Nachtomnibus nach Hamburg. Es fuhren noch zwei andere Kommunisten mit, Karl Henning, der Mitglied der Hamburger Bürgerschaft war, und ein Genosse namens Cahnbley, der mit dem geheimen Druck illegaler Armee- und Marinepropaganda beauftragt war.

Außerhalb von Fünfhausen hielt der Bus an. Drei junge Leute, davon einer in der Uniform eines SA-Mannes, stiegen ein und setzten sich in die Nähe des Fahrers. Darin lag nichts Ungewöhnliches; die Hitlerianer machten diese Außengemeinden Tag und Nacht unsicher. Aber während der Bus auf die offene Landstraße hinausfuhr, sprangen die drei Neuzugestiegenen plötzlich auf und zogen Pistolen. Der uniformierte Sturmmann stieß die seine dem Fahrer in den Rücken.

»Fahr ruhig weiter«, sagte er ganz sachlich.

Den Finger am Abzug ihrer Pistolen, schauten sich die anderen im Bus um. Blitzartig wurde mir klar, daß ein Spion an der Konferenz in Fünfhausen teilgenommen hatte und daß diese drei Mörder waren. Einer von ihnen, ein großer blauäugiger Jüngling, richtete seine Pistole auf Cahnbley.

»Du bist Andree«, platzte er heraus. »Dich suchen wir.«
Cahnbley sank in seinem Sitz zusammen. Die anderen Passagiere saßen wie gefrorene Leichen da. Genosse Henning griff ein.
»Laßt ihn doch in Ruhe«, sagte er. »Das ist nicht Edgar Andree.«
Die Pistolen richteten sich auf ihn. Einer von den Nazis zischte: »Ich kenne dich. Wir haben dich auf die Liste gesetzt, du bist Henning.«
»Leg dein Schießeisen weg«, sagte Henning.
Ich tauschte einen Blick mit Cahnbley. Im nächsten Augenblick stürzten wir uns auf die Mörder. Ihre Pistolen knatterten. Glas splitterte. Der SA-Mann vor uns schoß auf Cahnbley und mich. Eine Frau schrie auf.
Wir waren unbewaffnet. Genosse Henning fiel der Frau, die neben ihm saß, auf den Schoß und stöhnte. Der große junge Nazi feuerte immer noch auf Henning. Einige Kugeln blieben im Bein der Frau stecken. Sie wand sich und schrie.
Genosse Cahnbley hatte einen Schuh ausgezogen und griff den Braunhemdigen vor sich an. Pulvergeruch erfüllte den Bus. Ein kleines Kind fiel zu Boden. Die Pistolen machten einen betäubenden Lärm. Plötzlich griff Cahnbley nach seinem Gesicht und fiel auf zwei Frauen, die im Gang lagen. Beide Frauen bluteten. Eine Kugel streifte meinen Kopf: ich drehte mich um mich selbst und fiel zwischen zwei Sitze.
Der Bus hielt. Ich kämpfte gegen die Bewußtlosigkeit und hörte noch, wie die Mörder alle Passagiere aufforderten, auf die Landstraße herauszukommen. Ich schloß die Augen und lag still, um den Anschein zu erwecken, daß ich tot sei; ich wurde aus dem Bus getragen und in den Straßengraben gelegt. Die Nazis befahlen dem Chauffeur, allein weiterzufahren. Sie schnitten die Telefonleitungen über ihren Köpfen durch und wurden von einem Wagen mitgenommen, der dem Bus gefolgt war.
Männer mit Taschenlampen traten in Tätigkeit. Blut rann an meinem Hinterkopf herab. Henning war tot, siebenmal in den Kopf und in die Brust getroffen. Cahnbley hatte ein Auge und einen Teil seiner Nase verloren. Das verwundete Kind jammerte. Die beiden verwundeten Frauen waren bewußtlos. Eine dritte schrie unaufhörlich, so laut sie konnte. Irgend jemand badete meinen Kopf in kaltem Wasser. Bevor die Polizei erschien, stolperte ich in die Dunkelheit hinaus. Ein Milchwagen brachte mich nach Hamburg.
Zwei Nächte später saß ich auf dem Podium bei einer kommunistischen Massenversammlung im Sagebiel-Saal in Hamburg. Ernst Thälmann, der Parteiführer, sprach. Er rief zur Bildung von roten Sicherheitsausschüssen auf, um in Stadt und Land dem Naziterror zu begegnen.
Nach Thälmann stand ich auf, um zu der Versammlung zu sprechen. Der Vorsitzende wies auf den Verband hin, den ich um den Kopf trug, und nannte ihn ein »revolutionäres Ehrenzeichen«. Ich forderte die Massen dringend auf, die Nazieindringlinge aus den Arbeitervierteln hinauszuwerfen und den Tod des Genossen Henning zu rächen. Ich beendete meine Rede mit dem Ruf:
»Tod dem Faschismus! Deutschland ist nicht Italien!«
Aus fünfzehntausend Kehlen stieg der Schrei:
»Rache! Rache!«
Michel Avatin von der GPU bekam den Auftrag, die Mörder Hennings zu erledigen. Sie wurden gefaßt, mußten aber der Polizei übergeben werden. Die

Richter, vor die sie kamen, sympathisierten, wie fast überall, mit den Nazis. Die Mörder erhielten Gefängnisstrafen und wurden kurz nach der Machtübernahme durch Hitler freigelassen. Alle drei wurden nachher Mitglieder der Hamburger Gestapo.

Sowjet-Kapitän

Kapitän Preuß, der Direktor der Nautischen Schule, ließ mich in sein Privatbüro kommen. Die Augen in dem wettergebräunten Gesicht waren durchdringend und jung. Die großen, behaarten Ohren, die seiner Haltung einen leicht komischen Zug verliehen, schienen nach vorn zu schnellen und erweckten den Anschein ungewöhnlicher Angriffslust.

»Schiffe gehören aufs Meer«, sagte er in seiner explosiven Art, »und die besten jungen Leute, die es auf Gottes Erdboden gibt, sind gerade gut genug, sie zu führen. *Accord?*«

»*Aye, Sir.*«

»Zum Teufel noch mal!« polterte Kapitän Preuß los. »Wir haben jetzt Ende Februar. Die Steuermannsprüfungen stehen vor der Tür. Und was tun Sie? Vertrödeln Ihre Zeit mit diesen roten Mistfinken! Es ist zum Verzweifeln! Ich könnte acht Glasen schlagen und Sie rausschmeißen. Aber zufälligerweise bin ich ein weichherziger Kerl. Sie müssen sich darüber klarwerden, daß Sie jetzt an dem Punkt sind, wo die Wege sich trennen. Der eine, auf dem Sie jetzt sind, führt in den Dreck; der andere in sauberes tiefes Wasser. Mir wäre das vollkommen egal, wenn Sie nicht der Sohn eines alten Seemanns wären.«

Die Worte des Kapitäns brachten die künstliche Brücke in mir zum Einsturz, die ich mir gebaut hatte, um zwei sich ausschließende Wünsche zu verbinden: gleichzeitig Rebell und Befehlshaber eines Schiffs zu sein. In des Kapitäns Stimme schwang jetzt ein gütiger Unterton mit, als er fortfuhr:

»Wir alle haben unsere dummen Gedanken und unsere Träume, mein Junge. Einige von diesen Träumen können wir verwirklichen, andere – nie! Es sind totgeborene Kinder, sonst nichts! Es gibt nur zwei Möglichkeiten für Sie: Sie können den anständigen Weg gehen«, und die Spitze einer Zigarre abbeißend, fügte er hinzu: »oder den Weg zur Hölle.«

Zu einer klaren Entscheidung fehlte mir die Kraft. Aber ich entschloß mich, die Schiffsoffiziersprüfungen zu machen. »Vielleicht kann ich aus den Fesseln schlüpfen«, dachte ich, »und doch noch den großen Sprung tun!«

Die Nächte hindurch hielt ich mich mit schwarzem Kaffee, Kognak und unzähligen Zigaretten wach, stahl mir die Zeit, die eigentlich der Parteiarbeit gehörte, um mich auf die Prüfungen vorzubereiten, die die Theorie des Magnetismus, gegißtes Besteck, sphärische Trigonometrie, Bestimmungen über die Rettung Schiffbrüchiger, über die Verstauung der Fracht, englische Handelskorrespondenz, über die Behandlung von Skorbut und das Sumnerverfahren umfaßten. Ich schlug mich mit Azimut und Amplitüden, mit Längengradmessungen und Ex-Meridian-Höhen herum, mit Chronometerberichtigungen sowie Empfang und Sendung von drahtlosen Nachrichten nach dem Morsealphabet. Ich war dankbar für das, was ich in San Quentin gelernt hatte, als ich dann unter siebzehn Studierenden als Zweitbester das Examen bestand und sogar in der bürgerlichen Presse von Bremen ehrenvoll erwähnt wurde. Ich erhielt ein Zeugnis, das mir das Recht gab, als Steuermann auf Schiffen jeder Größe und auf jedem Meer zu fahren.

Ich betrachtete dieses Steuermannszeugnis lange. »Du elender Fetzen Papier«, dachte ich, »für mich bist du nicht mehr wert als ein Anteil an den Gummiplantagen auf dem Mond!« War ich nicht auf der schwarzen Liste aller deutschen Reeder?

In den darauffolgenden drei Wochen nahm mich ein Werbefeldzug unter den Schiffern und Arbeitern längs des Rheins ganz in Anspruch. Nach Beendigung eines Kurses auf einer Parteischule war Firelei jetzt bei der Reklameabteilung der *Weltfilm* in Hamburg, einer Gesellschaft, die sich mit sowjetischen Filmen befaßte. Als ich zurückkam, fand ich einen Brief vor, der mich aufforderte, zur Direktion des Norddeutschen Lloyd zu kommen.

Ich wurde in das Büro des Kapitäns von Thülen geführt, des Chefs der nautischen Abteilung. Er erklärte mir, seine Gesellschaft, einer der größten und ältesten Schiffahrtskonzerne der Welt, halte immer Ausschau nach talentierten jungen Leuten, um sie ins Offizierskorps ihrer Flotte aufzunehmen. Er zeigte sich verärgert über meine Verbindung mit dem Kommunismus, riet mir, mit der radikalen Politik zu brechen und bot mir eine Tätigkeit als zweiter Offizier auf einem Ostasiendampfer an! Von Thülen wurde dabei von Kapitän Paul König unterstützt, der im Weltkrieg das deutsche Handelsunterseeboot *Deutschland* auf seiner Fahrt von Bremen nach Baltimore und zurück befehligt hatte. Diese beiden mächtigen alten Seehunde versprachen mir eine schöne Karrière, unter der Bedingung, daß ich alle Beziehungen zur Kommunistischen Partei abbreche.

Das war eine Gelegenheit, die sich im Laufe eines Lebens nicht wiederholen würde. Ich wußte das. Eine gute, anständige Tätigkeit, Sicherheit und die Aussicht auf eine ehrenvolle Karriere waren jetzt greifbar. Ich hatte zu wählen zwischen der Verwirklichung meines Jugendtraums und den gefahrvollen Unsicherheiten im Leben eines berufsmäßigen Revolutionärs. Mehrere Minuten lang kämpfte ich einen heftigen inneren Kampf.

Schließlich lehnte ich ab. Die bürgerliche Ehre war nicht meine Ehre. Ich war mit der Komintern verbunden, und ich wollte mit der Komintern leben und sterben. Ich dankte den beiden Kapitänen für ihre Freundlichkeit. Sie konnten nicht fassen, daß ein junger Seemann ein solches Angebot ausschlagen könne. In ihren Augen war ich ein unverbesserlicher Narr.

Wie ein Blinder stolperte ich die dick mit Teppichen belegten breiten Treppen des Direktionsgebäudes des Norddeutschen Lloyd hinunter. Draußen auf der Straße begann ich ohne Rücksicht auf die neugierigen Blicke der Vorübergehenden wie ein Kind zu weinen, übermannt von einer Welle hilfloser und fürchterlicher Wut über mich selbst. Ich hatte hinter mir die letzte Brücke zur Welt der normalen Pflichten und des normalen Lebensgenusses abgebrochen.

Firelei war blaß und schweigsam, als ich ihr erzählte, was vorgefallen war. »Mußte das denn sein?« schien ihre Traurigkeit zu sagen. »Alles für die Sache – und nichts für uns selbst?«

Die Partei bekam Wind von der Tatsache, daß ich ein Offizierspatent besaß. Ende Mai wurde ich nach Berlin gerufen, und der weibliche Kurier, der mich vom Bahnhof abholte, führte mich direkt zu einer Konferenz im Büro von

Ernst Thälmann im Karl-Liebknecht-Haus. Fritz Heckert und Dimitroff waren anwesend.

Dimitroff, stark parfümiert wie immer, lachte übers ganze Gesicht.

»Du bist der erste Schiffsoffizier, der gleichzeitig Mitglied der Kommunistischen Partei ist«, sagte er.

Fritz Heckert, der sich seinen kraftlosen Bauch streichelte, kam zur Sache: »Du mußt jetzt zu den Offizieren und Ingenieuren der Handelsmarine gehen, um dort revolutionäre Zellen zu bilden.«

Ich erzählte den Genossen nicht, daß man mir eine Offiziersstellung angeboten hatte. Sie hielten es für selbstverständlich, daß mein Name als bekannter Agitator auf den schwarzen Listen im Büro jedes Reeders zwischen Königsberg und Emden stand. Aber Heckert und Dimitroff verloren keine Zeit und entwickelten einen Aktionsplan, der vorsah, daß ich in die größte der sieben existierenden Vereinigungen für Kapitäne, Maaten und Ingenieure und in die Organisation der *Vereinigung für Schiffsoffiziere* – eine Frontorganisation für die direkte Arbeit der kommunistischen Parteieinheiten – eintreten solle. Es wurde mir ein Anfangsbudget von achthundert amerikanischen Dollar bewilligt, und für später monatliche Budgets, die meinen Bedürfnissen angepaßt waren. Dieses Geld kam vom Westeuropäischen Büro der Profintern, die damals hunderttausend Dollar monatlich von Moskau erhielt und der Kontrolle von Fritz Heckert in Berlin unterstand.

Ernst Thälmann schlug vor, daß ich zuerst zu einem kurzen Aufenthalt in die Sowjetunion gehen solle, um die Methoden und Bedingungen der dortigen nautischen Vereinigung zu studieren. Dimitroff und Heckert waren sofort damit einverstanden.

»Ohne praktische Erfahrung als Schiffsoffizier«, wandte ich ein, »werde ich diskreditiert und schon bei der ersten Versammlung, die ich besuche, hinausgeworfen werden. Die Nazi-Organisatoren werden aufstehen und sagen: ›Schaut doch, dieser Mann hat nie auf einer Brücke gestanden, und jetzt kommt er her und will den Maaten und Ingenieuren sagen, daß sie unter seiner Führung kämpfen sollen.‹«

»Na schön«, sagte Dimitroff. »Wir werden dir ein Schiff besorgen. Wir werden dir eine Tätigkeit als Kapitän eines sowjetischen Schiffes verschaffen. Du mußt dafür sorgen, daß du einige Nazis in deiner Besatzung hast, die dann mit eigenen Augen sehen, daß du der wirkliche Kommandant des Schiffes bist.«

Das klang phantastisch. Aber der abenteuerliche Anstrich dieses Vorschlags brachte mein Blut in Wallung. Dimitroff versprach, mich zu benachrichtigen, wenn er ein entsprechendes Schiff gefunden habe. Dann telefonierte Fritz Heckert nach seiner Sekretärin Liselotte, einem mageren, dunkelhaarigen Mädchen, das gleichzeitig seine Bettgenossin war, sie solle achthundert Dollar von der Sowjetischen Handelsmission abholen. Zwanzig Minuten später kam sie mit dem Geld, Fünf- und Zehndollarnoten, die in einer abgenutzten Aktentasche untergebracht waren.

In Hamburg blieb ich sieben Tage, erkundigte mich nach den verschiedenen Offiziersvereinigungen und besuchte Dutzende von Schiffen, um Maate und Ingenieure zu interviewen. Dann schrieb ich die erste Nummer einer neuen Schiffsoffizierszeitung, die ich *Die Brücke* nannte, und ließ sie in einer Auflage von 5000 von der Parteipresse drucken. Ich teilte die ganze Sendung in einzelne Pakete auf und sandte diese an die Internationalen Seemanns-Klubs in

Danzig, Kiel, Stettin, Lübeck, Hamburg, Bremen und einer Reihe kleinerer Häfen. Dann brach ich mit einer Motorradstaffel der Partei zu einem Besuch sämtlicher deutscher Häfen auf.
Ich war in Danzig, als mich eine Nachricht aus Berlin erreichte. Darauf stand:

An Sowjetkonsul in Bremen wenden um Kommando von Sowjet Pioner zu übernehmen. Zusammenstellung der Besatzung deine Sache. Wollweber.

Mein Herz schlug höher. Die Magier der Komintern hatten die Sache wirklich gedreht. Mit siebenundzwanzig Jahren, ohne praktische Navigationskenntnisse, sollte ich Schiffskapitän werden! In wahnsinnigem Tempo fuhr ich mit dem Motorrad nach Hamburg. Um neun Uhr am anderen Morgen war ich bei Firelei. Atemlos erzählte ich ihr von meinem Auftrag.
»Nimm mich mit«, sagte sie sofort.
»Aber die Partei«, erwiderte ich. »Du kannst nicht ohne Urlaub weggehen.«
»Partei oder nicht Partei«, sagte sie entschlossen. »Wenn du Kapitän wirst, möchte ich als Schiffsjunge angeheuert werden.«
Ich rief den Hamburger Vorsitzenden der Vereinigung der Deckoffiziere, den Genossen Karl Meininger, an, den ehemaligen Präsidenten der Gesellschaft der Freidenker, und beauftragte ihn für die Zeit meiner Abwesenheit mit der Leitung aller unserer Einheiten in den deutschen Häfen. (Übrigens wurde der gleiche Meininger 1934 von der Gestapo verhaftet, wegen Hochverrats zu Gefängnis verurteilt, entkam 1936 aus Deutschland und wurde später Kapitän eines Handelsschiffes in Palästina.) Dann packten wir – Firelei und ich – schnell ein paar Sachen und nahmen den Zug durch die Lüneburger Heide nach Bremen.
Im Sowjetkonsulat in Bremen traf ich einen Beamten der *Sowtorgflot*, des russischen Schiffstrusts, der mit der Überwachung des Baus sowjetischer Schiffe auf deutschen Werften beauftragt war. Der Konsul stellte ihn mir als Kapitän Kostin vor; ich hielt ihn für einen ehemaligen Unterseebootskommandanten der zaristischen Marine.
»Unsere Freunde in Berlin haben Sie außerordentlich empfohlen«, sagte der Konsul zu mir. »Ich nehme an, daß Sie mit allen Fragen, die die Führung eines Schiffes betreffen, durch und durch vertraut sind?«
»Natürlich«, antwortete ich keck.
Die Tatsache, daß »unsere Freunde in Berlin«, die mich empfohlen hatten, von einem Schiff nicht mehr wußten, als daß es am Bug begann und am Heck endete, kümmerte den Konsul nicht im geringsten. Kapitän Kostin, ein lebhafter, kleiner Mann, klopfte mir auf die Schulter und brachte mich zu seinem Wagen, den er vor dem Konsulat geparkt hatte. Zusammen fuhren wir zur Vulkanwerft.
Mein Schiff, der *Pioner* – das russische Wort für »Pionier« –, ein großer, schöner und seetüchtiger Kahn, war eben fertig geworden und für den Dienst an der Nordküste Sibiriens bestimmt. Ich hatte den Auftrag, das Schiff rund um das Nordkap herum nach Murmansk zu bringen; von dort aus sollte es von einer russischen Besatzung übernommen und weiter bis zur Jenissejmündung gebracht werden. Es war mit bestem handwerklichem Können gebaut, enthielt die letzten Neuerungen auf dem Gebiet der Schiffbautechnik und war mit zwei 800-PS-Dieselmotoren ausgerüstet.

Ich entdeckte bald, daß Kapitän Kostin nicht viel Ahnung von Nautik hatte. Er wußte nicht einmal, was ein Seeanker war. Er wußte auch nicht, wie ein Kompaß funktionierte. Die deutschen Schiffbauer, wären sie nicht so ehrlich gewesen, hätten ihm aufhängen können, was sie wollten, und Kapitän Kostin hätte ohne jedes Zögern jeden lecken Kahn auf jene eisverseuchte Schiffsroute in Marsch gesetzt, sofern er nur die allgemeinen Umrisse eines Schiffes aufwies. Mein erster Gedanke war, diesen Schwindel der GPU zu melden; in meinen Augen verdiente es Kostin, erschossen zu werden.

Firelei rettete Kapitän Kostin das Leben. Sie hielt ihn für einen liebenswerten Burschen. Er bewirtete uns königlich, gab für uns ausgesuchte Essen, belegte Zimmer in den besten Hotels und erzählte uns mit großer Begeisterung, daß Murmansk bald der modernste Fischereihafen der Welt sein werde.

Ich hatte freie Hand bei der Ausrüstung des *Pioner*. Ich kaufte Berge von Lebensmitteln nicht nur für die Reise nach Norden, sondern auch für die Rückreise mit der Bahn, denn ich wußte, daß Rußland ein außerordentlich hungriges Land war. Bei der Zusammenstellung meiner Besatzung jedoch stieß ich auf Schwierigkeiten.

Abgesehen von Firelei, die ich zum Koch des *Pioner* machte, brauchte ich zehn Mann: einen Maschinisten, drei Öler, einen Maaten, vier tüchtige Seeleute und einen Küchengehilfen. Ich beabsichtigte, mindestens vier Mann von meiner Besatzung aus den arbeitslosen Mitgliedern der Deckoffiziersvereinigung zu rekrutieren, die Mitglieder der Nazipartei sein konnten, um einwandfreie Zeugen dafür zu haben, daß ich tatsächlich als Kapitän ein Schiff befehligt hatte. Die anderen sechs mußten *bona-fide*-Seeleute aus den Reihen der Kommunistischen Partei sein. Aber das kommunistische Oberkommando in Bremen, an seiner Spitze die Genossen Robert Stamm und Nickel, vereitelte meine Pläne.

Stamm und Nickel bestanden darauf, daß ich ihnen zum Gehorsam verpflichtet sei. Sie widersetzten sich dem Plan, einige Nazis mitzunehmen. Sie behaupteten, die Nazis würden das Schiff unterwegs beschädigen, Sabotageakte begehen und sobald sie in der Sowjetunion seien, Spionage treiben. Die ganze Besatzung des *Pioner* sollte aus Parteimitgliedern bestehen, und Stamm und Nickel wollten sie aussuchen.

Zuletzt schlossen wir einen Kompromiß. Der Parteiausschuß hatte fünf Besatzungsmitglieder zu bestimmen, und mir blieb es überlassen, die anderen fünf zu bestellen, unter der Voraussetzung, daß keiner einer feindlichen Organisation angehöre. Die Vereinbarung wurde unterzeichnet, unsere Papiere mit den nötigen Visa versehen; als der *Pioner* jedoch zum Auslaufen bereit war, mußte ich feststellen, daß von den fünf Leuten, die die Partei gestellt hatte, nicht einer auch nur ein einziges Mal an Bord eines Schiffes gewesen war. Die Bremer Parteichefs hatten ganz einfach ihre Freunde bei mir untergebracht, damit sie auf leichte Weise Geld verdienen und eine Vergnügungsreise in das proletarische Vaterland machen konnten.

Mit wehenden roten Fahnen, heulenden Sirenen, dem Abschiedswinken angetretener Parteidelegationen und Kapitän Kostins Lächeln und Küssen für Firelei, fuhr der *Pioner* in den Fluß hinaus und richtete seine breite Nase gegen die Nordsee. Ich ging auf der Brücke auf und ab, verbarg meinen Stolz, so gut ich konnte, und versuchte, eine möglichst unauffällige berufsmäßige Haltung einzunehmen, beobachtete dabei aber mit Luchsaugen jeden Handgriff

des grauhaarigen alten Weserlotsen, der das Schiff mit leichter Hand den Fluß hinabsteuerte.
Ich hatte keinen erfahrenen Steuermann. Mein Ingenieur war in Wirklichkeit Automechaniker. Von meinen Matrosen konnten nur zwei ein Schiff steuern. Die anderen begannen ihre Arbeit mit der Gründung eines Schiffskomitees, eines Proviantausschusses und mit der Bestellung eines *Kulturkommissars*, der die marxistischen Veranstaltungen während der Reise organisieren sollte. Unterhalb der Stadt Brake trafen wir auf Flut und kamen in kurze heftige Wellen. Noch bevor wir Bremerhaven erreicht hatten, wo der Fluß in die Nordsee mündet, hingen der Präsident des Proviantausschusses und der *Kulturkommissar* mit grünen Gesichtern über der Heckreling.
»Sie haben aber Nerven«, wandte sich der grauhaarige Weserlotse an mich. »Auch nicht für eine Million Rubel würde ich auf diesem Schiff nach Murmansk fahren!«
Auf der Höhe von Bremerhaven kam die Zollbarkasse längsseits, um das Siegel von jenen Waren zu entfernen, die wir im Freihafen gekauft hatten. Es handelte sich um verschiedene Kisten Kognak und einige Tausend Zigaretten. Zu meiner Bestürzung kam der Zollinspektor wütend auf die Brücke.
»Die Siegel in eurem Proviantraum sind erbrochen«, schrie er. »Wer gab Ihnen das Recht, Zollsiegel vor Verlassen der deutschen Hoheitsgewässer zu entfernen?«
Ich ging nach unten; der wütende Inspektor folgte mir auf den Fersen. Ich stellte fest, daß die Genossen der Proviantkommission in Unkenntnis der Freihafenbestimmungen und in ihrem Eifer, einen Verpflegungsplan für unsere Expedition aufzustellen, die Siegel eigenmächtig abgenommen hatten. Jetzt standen sie wie die Schafsköpfe vor dem angerichteten Unheil. Einige brummten etwas von einer »bürgerlichen Provokation« von seiten der Zollbeamten.
»Wer hat diese Siegel erbrochen?« forschte der Inspektor immer noch wütend. »Wie viele Zigaretten sind zwischen Bremen und hier an Land geschmuggelt worden? Wie viele Flaschen Kognak, wie viele Pfund eingedoste Butter? Ich muß das Schiff konfiszieren! Der Lotse erhält Kursanweisung nach Bremerhaven zur Untersuchung des Falles!«
Alle Proteste waren zwecklos. Drei Zollwächter wurden an Bord des *Pioner* zurückgelassen, der im Schneckentempo nach Bremerhaven fuhr, wo andere Zollbeamte ihn ohne viel Aufhebens am Pier festmachten.
Zehn Stunden Streit und Verhandlungen folgten. Auf dem Zollamt wurde ich verhört, als sei ich ein Seeräuber. Der *Pioner* wurde von oben bis unten durchsucht. Über jede Flasche Kognak, jede Zigarette, jedes Pfund Butter und Kaffee und Reis mußte Rechenschaft abgelegt werden. Während ich Fragen beantwortete und Erklärungen unterschrieb, um die Behörden zufriedenzustellen, ergriffen meine Genossen an Bord die Gelegenheit, eine Reihe von fliegenden Versammlungen unter den Werftarbeitern und den Hafenpolizisten abzuhalten.
Der Weserlotse, der beschwören konnte, daß nichts an Land geschmuggelt worden war, verabschiedete sich mit der Bemerkung: »Junger Mann, Sie werden niemals nach Murmansk kommen.«
»Wir verurteilen Sie zu einer Geldstrafe von dreihundert Mark und dreiundzwanzig Mark Kosten«, verkündete der Zollbeamte, der die Untersuchung

geführt hatte. »Sie können die Buße bezahlen und auslaufen. Sie können die Buße auch anfechten. In diesem Fall wird das Schiff zurückgehalten, bis das Gericht ein Urteil gefällt hat.«
Mit knirschenden Zähnen zahlte ich die Buße. Sie erschöpfte beinahe den Kassenbestand des *Pioner*. Dann kehrte ich auf das Schiff zurück und teilte dem *Kulturkommissar* und den drei anderen Genossen von der Proviantkommission mit, daß sie entlassen seien.
»Du hast kein Recht, uns zu entlassen«, wandten sie ein. »Wir werden die Besatzung zu einer Versammlung einberufen und über die Sache sprechen.«
Ihr seid ohne jede Bezahlung fristlos entlassen«, fuhr ich sie an. »Ihr seid entlassen! Packt eure Sachen und verlaßt das Schiff!«
»Wir weigern uns, das Schiff zu verlassen.«
»Fort mit euch!«
»Das ist unproletarisches Verhalten«, protestierten sie. »Wir werden die Partei anrufen.«
»Macht, daß ihr von meinem Schiff runterkommt«, sagte ich, »oder ich werde euch als Aufrührer verhaften lassen.«
Sie weigerten sich und waren nicht von der Stelle zu bringen. Firelei und mein Ingenieur, der einen ziemlich abgründigen Humor besaß, schlossen die Feuerlöschgeräte an, und der Ingenieur setzte die Pumpen in Betrieb.
»Geht von meinem Schiff runter«, kommandierte ich nochmals.
»Du wirst dich deswegen vor der Parteikontrollkommission zu verantworten haben«, rief der *Kulturkommissar* großsprecherisch.
»Spritz los!«
Firelei und der Ingenieur richteten den Wasserschlauch auf die widerspenstigen Genossen, verfolgten sie über Deck und in ihre Kabine mit einem Strahl öligen Hafenwassers. Schließlich entkamen alle vier auf die Mole. Der Ingenieur, Genosse Lausen, stand mit einem englischen Schraubenschlüssel Wache, um ihre Rückkehr an Deck zu verhindern.
Ich fuhr in einem Taxi zum kommunistischen Hafenbüro und heuerte vier neue Seeleute an. Dann mobilisierte ich den Lastwagen der Parteizeitung und schickte die vier damit nach Bremen, um sich vom Sowjetkonsul die nötigen Visa geben zu lassen. Innerhalb von acht Stunden waren sie zurück.
Inzwischen erschien ein Kurier in Bremerhaven, der mir die folgende Mitteilung von Kapitän Kostin brachte:
»Lieber Genosse, fahren Sie bitte mit *SS Pioner* nach Kiel und nehmen Sie dort die *SS Lososi* ins Schlepptau. *Lososi* ist beim Bunkerschiff in der Kieler Förde verankert und soll durch *SS Pioner* nach Murmansk geschleppt werden. Ich werde Sie in Kiel treffen. Mit internationalen Grüßen, Kostin.«
Kurze Zeit darauf lief der *Pioner* aus. Einmal in offenem Wasser, fuhr ich mit Ostkurs zwischen den Inseln Helgoland und Scharhörn hindurch, lief in die Elbemündung ein, passierte Cuxhaven und blieb vor den Brunsbütteler Schleusen, an der Einmündung des Kieler Kanals in die Nordsee, liegen, bis ich in die Schleusen einfahren konnte. Als die Küstenwachstation in Cuxhaven das Signal »Was für ein Schiff?« hißte, antwortete ich stolz: »*Pioner* von Bremen nach Murmansk.«
Zwischen Kiel und dem Nordkap lagen zwar recht gefährliche Gewässer, aber ich war entschlossen, mein Schiff nach Murmansk zu bringen oder mich überhaupt nicht mehr unter Menschen zu zeigen! Gerade als wir die Schleusen in

Brunsbüttel mit dem Kanallotsen an Bord verlassen wollten, erhielt ich ein Telegramm aus Bremen. Ich wußte sofort, daß das Telegramm von der Kommunistischen Partei in Bremen kam. Der *Kulturkommissar* und die Proviantkommission hatten sich sicher inzwischen darüber beschwert, daß ich sie so grob von Bord des *Pioner* vertrieben hatte. Es lautete:

Du bist hiermit wegen offenkundigem Opportunismus und unproletarischem Verhalten aus der Kommunistischen Partei ausgestoßen. Verlasse das Schiff Pioner sofort. Nickel.

Ich rief den Laufjungen eines Lieferanten für Schiffsartikel herbei und bat ihn, für mich ein Telegramm an die Kommunistische Partei in Bremen zu schicken.

Zur Hölle mit euch, telegrafierte ich. *Ich und Pioner auf dem Wege nach Murmansk.*

Nachts fuhren wir durch den Kieler Kanal. Es war, als dampfe man an einer hellerleuchteten Überlandstraße entlang. Bei Tagesanbruch passierten wir eine Zerstörerflottille, die aus entgegengesetzter Richtung kam. Ich dippte höflich die rote Sowjetflagge, als die langsamen grauen Kriegsschiffe auf gleicher Höhe waren, und ich hatte die Befriedigung, zu sehen, wie die Einheiten der deutschen Flotte ihrerseits die Hoheitszeichen dippten und so ein Schiff würdigten, das unter meinem Kommando stand.

An den riesigen Schleusen von Holtenau auf der Ostseeseite stand der nette kleine Kapitän Kostin und hieß uns lachend willkommen. Er kam an Bord des *Pioner,* bevor wir in den Kieler Hafen einliefen. Dort lag an einem alten Kohlenschiff vertäut der Hochseefischdampfer *Lososi,* ein neugebautes Schiff, das erst vor kurzem auf der Germaniawerft in Kiel fertig geworden war. Die *Lososi* gehörte, das sah ich auf den ersten Blick, zu den modernsten Fischdampfern, die es gab; ich hielt sie für mehr als doppelt so groß wie den *Pioner.* Die *Lososi* hatte keine Besatzung. Kapitän Kostin war nicht davon abzubringen, daß das Schiff keine Besatzung brauche, weil der *Pioner* den Fischdampfer doch ins Schlepptau nehmen solle. »Drei Matrosen werde ich selbst in diesem Fall mindestens für die *Lososi* brauchen«, sagte ich. »Auch ein Schiff im Schlepptau muß gesteuert werden, besonders in den klippenreichen Gewässern der norwegischen Küste.« Kapitän Kostin erklärte in seiner aufgeregten Art, die *Sowtorflot* habe keine Vorkehrungen getroffen, um die *Lososi* zu bemannen.

»Schön, aber in diesem Fall sind Sie die *Sowtorgflot*«, argumentierte ich. »Infolgedessen können Sie mir den offiziellen Auftrag geben, noch drei weitere Matrosen anzuheuern.«

»Das ist absolut unmöglich«, protestierte Kapitän Kostin. »Ich kann eine solche Verantwortung nicht übernehmen.« Er händigte mir die Papiere der *Lososi* aus, und widerwillig quittierte ich die Übernahme eines neuen Fischdampfers.

»Übrigens«, sagte Kapitän Kostin, »haben Sie eine Karte des Drontheimfjords?«

»Nein.«

»Verschaffen Sie sich unter allen Umständen eine Karte des Drontheimfjords«, sagte er. »Es gibt dort einen kleinen Hafen, er heißt Muruviken. Auf

dem Weg nach Murmansk müssen Sie in Muruviken anlegen, um zweihundert Tonnen Holzschliff zu übernehmen. Dieser Holzschliff ist für Murmansk bestimmt.«
»Holzschliff?« wiederholte ich erstaunt.
»Holzschliff, natürlich Holzschliff. Sie laden den Holzschliff in die *Lososi* und bringen ihn nach Murmansk. Hier sind die Papiere; alles ist in bester Ordnung.«
Mit den Papieren für den Holzschliff händigte er mir gleichzeitig eine Flasche Kupferberg-Gold aus und sprang dann in eine bereitliegende Barkasse. Er mußte nach Bremen zurück, um den Stapellauf eines anderen Kahnes zu überwachen«. Als die Barkasse abdrehte, rief ich noch hinterher:
»He! Wie steht es denn mit einer Schleppleine für die *Lososi?*«
»Es ist eine gute Schleppleine auf dem *Pioner*«, rief er zurück und winkte freundlich mit beiden Armen.
Ich nahm zwei Matrosen und ging in die Piek, um mir die Schleppleine anzusehen. Es stellte sich heraus, daß man höchstens vom abgeschnittenen Ende einer Trosse sprechen konnte, das keine hundert Fuß lang war, viel zu kurz jedenfalls, um ein Schiff wie die *Lososi* ein gutes Stück über den Atlantischen Ozean zu schleppen. Bei einer zu kurzen Leine wie dieser hier bestand die Gefahr, daß eine von achtern kommende schwere See das hintere Schiff auf das vordere schleudern und beide zertrümmern würde. Zudem fehlte einer kurzen Leine die nötige Elastizität, so daß bei einem plötzlichen Ruck die Leine jederzeit zerreißen konnte. Es war klar, daß ich mir eine andere Leine beschaffen mußte.
Die Tatsache, daß die *Lososi* keine Besatzung hatte, bekümmerte mich nicht. Drei Leute vom *Pioner*, die ich zu diesem Zweck abstellte, konnten die *Lososi* steuern, so daß wir dann auf dem vorausfahrenden Schiff noch zu neunt waren. Wenn die russischen Arbeiter den Fünfjahrplan mit trockenem Brot und Gurken in vier Jahren durchführen konnten, warum sollte ich dann nicht zwei Schiffe mit *einer* Besatzung nach Murmansk bringen können?
Ich ging an Land und rief die *Derutra*, die sowjetische Schiffahrtsgesellschaft in Hamburg an. Eine liebenswürdige Stimme mit einem stark russischen Akzent antwortete.
»Ich brauche eine Schleppleine«, sagte ich. »Ich brauche eine Schleppleine von normaler Länge, sonst kann ich nicht nach Murmansk fahren.«
»Eine Schleppleine? Bitte, Genosse, erkläre.«
Lang und breit erklärte ich Art und Zweck der Schleppleine und erläuterte dann, weshalb ich nicht ohne Leine fahren könne. »Ich brauche eine gute lange Schleppleine«, schloß ich, »und ich brauche sie sofort.«
Die Stimme an der anderen Seite des Drahtes schwieg. Ich hörte, wie jemand auf russisch etwas dazu sagte. Dann antwortete die Stimme:
»Es ist wohl möglich, daß du eine Schleppleine brauchst, Genosse. Ich bin sogar sicher, daß du eine brauchst. Es ist eine ernsthafte Ausgabe. Ich kann nicht – aber es ist vielleicht besser, wenn du mit dem Genossen sprichst, der mit dem Einkauf im Ausland beauftragt ist.«
Der Genosse, der mit dem Einkauf im Ausland beauftragt war, meldete sich. »Ich brauche eine Schleppleine ...« Nochmals erklärte ich mein Problem von Anfang bis zum Ende.
»Sehr gut«, sagte der Genosse vom Auslandseinkauf. »Aber welche Garan-

tie haben wir denn, daß die Schleppleine wieder zu uns zurückkommt, wenn sie erst einmal in Murmansk ist? Wir werden sie nie wiedersehen. Wir ...«
»Aber ich *brauche eine Schleppleine*«, brüllte ich ins Telefon.
»Aber natürlich, natürlich, aber ... Ich kann keine Entscheidung von einem Augenblick auf den anderen treffen, Genosse. Ich werde dich mit dem Genossen Vizepräsidenten verbinden. Er wird die Sache sicher gerne in Ordnung bringen ...«
Genosse Vizepräsident war am Apparat.
»Ich brauche eine Schleppleine ...« wiederholte ich.
»Gewiß, Genosse ... nur erlaube mir, daß mein Genosse Sekretär die Inventarliste des *Pioner* nachsieht ... Hab einen Augenblick Geduld, bitte.»
»Ich brauche eine Schleppleine«, begann ich von neuem. »Ohne eine Schleppleine kann ich nicht fahren. Eine Schleppleine kostet dreihundert Mark. Es ist billiger, eine Schleppleine zu kaufen, als Geld an die Hafengebühren zu verschwenden.«
»Wir verstehen vollkommen«, gab der andere sanft zurück. »Aber ... nimm einmal an, eine Schleppleine wäre in Wirklichkeit gar nicht nötig. Ich kann eine Schleppleine nicht kaufen, ohne im Besitze aller Unterlagen zu sein.«
»Genosse Vizepräsident – *ich brauche eine Schleppleine ...*«
»Ja, ja.« Und dann sagte er ganz untröstlich: »Einen Augenblick bitte. Ich persönlich kann die Verantwortung dafür nicht übernehmen.«
Ich wartete. Ich rief nochmals an. Ich war eine Stunde lang am Telefon. Schließlich antwortete Hamburg: »Wir haben nicht die Ermächtigung, eine Schleppleine für dich zu kaufen. Nach unserer Inventarliste befindet sich eine gute Schleppleine an Bord des *Pioner*.«
Ich gab es noch nicht auf. *Derutra* in Hamburg sagte mir, ich solle die Sache mit der sowjetischen Handelsmission in Berlin verhandeln. Ich telefonierte nach Berlin.
»Ich brauche ein Schleppleine«, sagte ich, »um zwei neue sowjetische Schiffe nach Murmansk zu bringen. Ohne Schleppleine müssen beide Schiffe zwecklos in Kiel bleiben.«
Am Berliner Ende des Drahtes sagte eine schwere Stimme: »Schön. Wir werden die Sache diskutieren. Ruf uns in vierundzwanzig Stunden wieder an.«
Ich wartete vierundzwanzig Stunden. Vierundzwanzig Stunden im Hafen kosteten nahezu hundert Mark. Dann rief ich Berlin wieder an.
»Hier spricht der Kapitän des *Pioner*. Wie steht's mit der Schleppleine?«
»Ach ja, eine Schleppleine. Wir haben mit Hamburg gesprochen. Hamburg teilte uns mit, daß eine gute Schleppleine an Bord des *Pioner* ist. Bitte gebrauche die.«
»Es ist keine Schleppleine vorhanden«, schrie ich wütend. »Es ist eine Leine da – so kurz wie ein Hundeschwanz ... zum Schleppen völlig ungeeignet ... Ich brauche eine richtige Schleppleine.«
»Ach so, eine Schleppleine?«
»Ja, eine Leine zum Schleppen!«
»Bitte hab Geduld. Wir können das nicht so ohne weiteres entscheiden.«
Dann telefonierte ich Kapitän Kostin nach Bremen. Seine Sekretärin sagte, Kapitän Kostin sei wegen einer Sache, die eine Schleppleine betreffe, nach Berlin gerufen worden.

Ein weiterer Tag ging vorüber. Weitere hundert Mark russisches Geld gingen zum Teufel. Früh am anderen Morgen rief ich Berlin wieder an.
»Hier spricht der Kapitän des *Pioner* und der *Lososi.* Ich brauche eine Schleppleine, um zu . . .«
»Die Genossen sind noch nicht da«, unterbrach mich eine weibliche Stimme, »rufen Sie doch um zehn Uhr wieder an.«
Ich rief um zehn Uhr an.
»Was ist nun mit dieser Schleppleine los?« fragte ich schroff.
»Ganz richtig«, antwortete die schwere Stimme, die ich vor zwei Tagen gehört hatte. »Ja, die Schleppleine. Wir schicken morgen einen Mann, um die Tatsache festzustellen, daß sich keine Schleppleine an Bord des *Pioner* befindet.«
»Blöde Gesellschaft«, schrie ich ins Telefon. »Ihr sabotiert den Fünfjahrplan. Wenn ich bis heute abend keine Schleppleine habe, werde ich mit dem *Pioner* in See stechen und die *Lososi* hierlassen.«
Nun rief ich meine Besatzung zusammen, um zu beraten, was zu tun sei.
Genosse Lausen, mein Ingenieur, schlug vor, daß wir uns nachts längsseits eines Kahnes schleichen und eine Schleppleine stehlen sollten. Wir verwarfen diesen Vorschlag aus Furcht, daß er zur Konfiskation unseres Schiffes führen könnte. Ich ging an Land zu einem Händler in Schiffsartikeln und kaufte die beste Schleppleine, die ich finden konnte. Ich zahlte nicht bar, sondern sagte dem Inhaber des Geschäfts, er solle die von mir unterschriebene Rechnung der Sowjetischen Handelsmission in Berlin präsentieren. Als ich mit meiner Schleppleine in einem Wassertaxi zum *Pioner* zurückkehrte, fand ich drei Russen mit steinernen Gesichtern an Bord vor. Sie sagten, sie seien soeben aus Berlin angekommen, um den Fischdampfer *Lososi* zu bemannen!
Ich teilte die Russen in drei Wachen ein, einen Mann pro Wache, und überzeugte mich selbst davon, daß sie das Steuerruder handhaben konnten. Danach wurden alle Leute zusammengeholt, um das eine Ende unserer kostbaren Schleppleine um Back und Vormast der *Lososi* festzumachen. Am späten Nachmittag lichteten wir den Anker, verließen Kiel und nahmen Kurs in die Ostsee hinaus.
Glücklicherweise war das Wetter gut, bis wir den Sund zwischen Dänemark und Schweden hinter uns gebracht hatten. Wir liefen nicht mehr als sechs Knoten die Stunde. Im Kattegat zwischen Gotenburg und Kap Skagen gerieten wir in einen schweren Nordweststurm. Der *Pioner*, der weniger als fünf Fuß Tiefgang hatte, schlingerte fürchterlich.
Auf der Höhe von Skagen ging ich auf Westkurs und steuerte die Südspitze Norwegens an. In den rötlichen Strahlen der sinkenden Sonne sah ich plötzlich die Russen auf dem tanzenden Vorschiff des achtern folgenden Fischdampfers hin und her laufen und wild gestikulieren. Wie wahnsinnig zeigten sie immer wieder auf die Schleppleine. Durch einen mächtigen Feldstecher — der *Pioner* hatte die allerbeste Ausrüstung — stellte ich fest, daß die Schleppleine sich an der Stelle durchwetzte, wo sie in das eisengefütterte Rohr im Klüsloch einmündete. Jeden Augenblick drohte die Leine abzureißen und den Fischdampfer dem Wind und den Wellen preiszugeben.
Ich drehte mit dem *Pioner* bei und setzte ein Boot mit drei Mann aus. Die Schleppleine hing schlaff herab. Die *Lososi* drehte sich langsam und blieb querab auf der unruhigen See liegen. Die drei Männer im Beiboot ruderten zur *Lososi* hinüber und holten zusammen mit den Russen die Schleppleine ein

Stück weit ein. Da der Fischdampfer nicht unter Dampf war, mußte diese Arbeit mit der Hand gemacht werden. Diese langwierige Arbeit nahm ganze vier Stunden in Anspruch. Die Leine wurde an der beschädigten Stelle eingeholt, repariert und verstärkt, die Stellen, an denen sie sich abscheuerte, mit Polstern aus Leinwand und Segeltuch geschützt. Als die drei Männer zum *Pioner* zurückkehrten, kenterte das Boot. Alle drei konnten schwimmen und wurden mit Rettungsleinen an Bord geholt. So groß war unser Eifer, die Interessen der Sowjetunion wahrzunehmen, daß wir ein zweites Boot aussetzten, um das gekenterte Beiboot sicherzustellen! Erst nach Mitternacht konnten wir unseren Kurs nach Westen wieder aufnehmen; beide Schiffe kämpften sich stampfend durch die kurzen, schweren Seen. Vom *Pioner* aus sahen wir die *Lososi* wie ein Uhrpendel im Wasser hin- und herschlagen. Zuerst dachten wir, die Nordsee sei schuld an diesem verrückten Hin- und Herschwingen des Fischdampfers, aber bald bemerkten wir, daß die russischen Kollegen sich einfach nach Einbruch der Nacht schlafen gelegt und die Steuerung des Schiffes sich selbst überlassen hatten. Als am nächsten Tag die Küste Norwegens in Sicht kam, drehte ich nochmals bei und wechselte die Russen gegen drei Leute vom *Pioner* aus, die von nun an die *Lososi* steuern sollten.
In Sicht der Küste hielt ich die beiden Schiffe während der nächsten drei Tage auf nördlichem Kurs. Ich brauche nicht zu sagen, daß ich kaum schlief. Tag und Nacht blieb ich auf der Brücke, hohläugig, ohne auf den Hunger zu achten, und fand, daß es eine wunderbare Sache sei, zwei viel zu schwach bemannte Schiffe durch das Meer zu steuern, wenn ich mich dabei auch nur auf mich selbst verlassen konnte. Die Welt der politischen Kämpfe schien einem anderen Planeten anzugehören. Mehr denn je fühlte ich, daß meine Liebe zum Meer in einen bitteren Konflikt mit meiner Loyalität zur Komintern geriet. Sollten die Schiffe aber infolge meiner unzureichenden nautischen Kenntnisse untergehen, so würde ich mich lieber selbst umbringen, als mir das Hohngelächter Dimitroffs und Heckerts anzuhören. Für diese beiden Genossen war ich ein Bolschewik, und für einen Bolschewiken gab es keine undurchführbare Aufgabe.
Firelei lernte den *Pioner* steuern. Sie erwies sich bald als einer meiner besten Rudergänger, und sie brachte es auch rasch zu einer gewissen Fertigkeit, mit dem Sextanten umzugehen, wenn es sich darum handelte, mittags an der Sonne und nachts am Polarstern die geographische Breite zu messen.
Wenn sie das Schiff steuerte, sang sie. Auf den weiten Horizont des Meeres blickend, sagte sie zu mir: »Jetzt weiß ich, warum die Matrosen gerne singen, wenn sie arbeiten.«
Ich fuhr jetzt dicht an der Küste um Kap Statland herum, denn ich erinnerte mich an den Holzschliff, und ich wollte den Drontheimfjord nicht verpassen. Der Fjordlotse kam an Bord, trank beinahe eine halbe Flasche von unserem Kognak und brachte beide Schiffe sicher an die baufällige Anlegestelle einer Sägemühle beim Dorf Muruviken.
Wir erfuhren, daß die Hafenarbeiter längs der ganzen Küste Norwegens streikten. Wir aber sollten doch eine Ladung Holzschliff für die Sowjetunion an Bord nehmen. Der Fünfjahrplan kannte keine Streiks. Er konnte nicht warten. Der Sowjetvertreter in Oslo hatte über die Kommunistische Partei Norwegens Vereinbarungen getroffen, den Holzschliff durch Streikbrecher auf die *Lososi* zu verladen. Aber meine Männer auf dem *Pioner* wollten nicht

mit Streikbrechern zusammenarbeiten. Ich mußte erst stundenlang reden, bevor ich meine Besatzung davon überzeugen konnte, daß Streiks gegen die Kapitalisten ausgefochten würden, nicht aber gegen die Heimat des Sozialismus. Nur die drei Russen kümmerten sich nicht darum. Seltsamerweise waren sie die drei am wenigsten klassenbewußten Mitglieder der Schar, die unter meinem Kommando stand.

Die Nachricht, daß zwei Schiffe mit Hammer und Sichel im Hafen lägen, ging wie ein Lauffeuer um den Drontheimfjord. Sechs Stunden, nachdem wir an der Mole festgemacht hatten, erschien die ganze Kommunistische Partei von Drontheim, einer Stadt von 60 000 Einwohnern, *in corpore.* Sie kamen auf Lastwagen, auf Fahrrädern und Bussen nach Muruviken, um die siegreichen revolutionären Arbeiter auf den unter sowjetischer Flagge fahrenden Schiffen zu begrüßen. Mehr als dreihundert norwegische Genossen, Männer, Frauen und Kinder, überschwemmten den *Pioner* und die *Lososi.* Ihr Erstaunen war groß, als sie an Stelle einer vollzähligen Besatzung tüchtiger Russen eine Schar Deutscher unter dem magischen Sowjetzeichen vorfanden, denn sie hatten Transparente und Fahnen mitgebracht, die die Aufschrift trugen: *Wir grüßen die Baumeister des Sozialismus.*

Wie dem auch sei, wir hatten jedenfalls eine schöne Zeit. Ich organisierte eine »Internationale Verbrüderungsfeier«, öffnete unsere Kognak- und Zigarettenvorräte, hielt den norwegischen Genossen eine Rede über die *Piatiletka* (Fünfjahrplan), und gegen Abend überließ ich dem Genossen Lausen die Sorge um diesen Haufen Zechbrüder an Bord des Schiffes; denn zusammen mit Firelei und dem Parteikomitee von Drontheim wurde ich zu einer Arbeiterversammlung mitgenommen, wo ich eine Begrüßungsansprache halten sollte. Es war eine Versammlung von Streikenden. Sie klatschten laut, als ich ihnen als der russische Kapitän der russischen Schiffe vorgestellt wurde.

Um zwei Uhr morgens kam ich nach Muruviken zurück. Viele Luken auf dem *Pioner* und der *Lososi* hatten noch Licht, und seltsame Geräusche kamen aus dem Inneren der Schiffe. Auf den Decks lagen betrunkene Norweger herum; sie lagen verstreut zwischen leeren Flaschen und zerbrochenem Glas. An Bord der *Lososi* tanzten einige Paare zu den Melodien einer Balalaika, die ein russischer Matrose spielte. In den Quartieren der Besatzung des *Pioner* ging es hoch her. In jeder Koje lag eine norwegische Kommunistin in den Armen eines deutschen Genossen. Von Zeit zu Zeit wurden die Frauen und Mädchen unter kreischendem Gelächter von einer Koje zur nächsten weitergereicht. Firelei, selbst angeheitert, erinnerte sich des Wasserschlauches, den sie gegen den *Kulturkommissar* in Bremerhaven gebraucht hatte. Sie band einen Eimer an eine Schlinge, füllte ihn mit Meerwasser aus dem Drontheimfjord und kippte es so lange in die Kojen, bis der erzürnte Genosse Lausen sie schließlich packte und über Bord warf. Ich zog mich aus und sprang ihr nach. Das war ein Signal für die anderen. Bald hatten alle, die schwimmen konnten, sich ihrer Kleider entledigt und sich hinter mir ins Wasser gestürzt, um im milden Licht der Nordlandnacht ein lustiges Bad zu nehmen. Bei Tagesanbruch ließ ich alle Taxis kommen, die in Muruviken aufzutreiben waren, und packte meine sämtlichen norwegischen Gäste, wie es gerade kam, hinein. Statt Geld bekam jeder Taxichauffeur eine Flasche Kognak. Dann endlich wurde es ruhig um den *Pioner* und die *Lososi.*

Am nächsten Nachmittag war auch der Holzschliff an Bord, und ich durchsuchte erst beide Schiffe gründlich, bevor wir in See stachen. Mein Verdacht war gerechtfertigt. Vier männliche und zwei weibliche norwegische Kommunisten wurden aus ihren Verstecken gezogen und an Land geschickt. Das Hämmern der Motoren erklang so laut wie immer, der Küstenlotse kam an Bord, der *Pioner* wandte sich seewärts und zog die *Lososi* mit zweihundert Tonnen Holzschliff im Kielwasser hinter sich her.

Der norwegische Küstenlotse übernahm die Führung der Schiffe, und ich holte meinen Schlaf nach. Wir fuhren nordwärts, die Inlandpassage benützend, zwischen der Küste und dem Labyrinth der felsigen Inseln hindurch, und die Nächte wurden so hell, daß man unter dem unheimlichen Leuchten des Mitternachtshimmels Zeitung lesen konnte. Wir passierten Börvik und Bodö, schlängelten uns durch die buchtenreichen Kanäle östlich der Lofoten und ließen Narvik, Tromsö und Hammerfest – die nördlichste Stadt der Erde – bald hinter uns. Bei der Gjösvär-Insel in der Nähe des Nordkaps schickte ich den Lotsen weg, fuhr um das Kap herum und richtete den Bug des *Pioner* ostwärts in das Arktische Meer. Wir befanden uns jetzt auf einer leuchtenden, spiegelglatten See, dreihundert Meilen nördlich des Polarkreises. Um Mitternacht hing die Sonne wie eine glühende Orange tief über dem nördlichen Horizont.

Ich navigierte mit der größten Vorsicht. Nordkyn und das Vardö-Vorgebirge kamen in Sicht und verschwanden wieder. Eine Schar von Walen tummelte sich in der samtweichen See. Ich nahm Kurs auf die Kildin-Insel, die genau östlich der Einfahrt in die Kola-Bucht liegt.

Siebzehn Tage nach unserer Ausfahrt aus Kiel liefen wir in die Kola-Bucht ein. Über der niedrigen Küste lag Nebel, und ich ließ die Sirene des *Pioner* jede Minute aufheulen, als unsere beiden Schiffe langsam in die russischen Gewässer eindrangen. Als das Murmansker Lotsenboot wie ein Gespenst aus dem Nebel erschien und die schreienden Seemöwen über unseren Köpfen ihre Kreise drehten, empfand ich das wie einen Freudenruf. Für mich war die wohlbehaltene Ankunft in Rußland der größte Triumph meines Lebens. Die Besatzung des *Pioner* stand in einer Reihe an der Reling und betrachtete den dickbäuchigen russischen Lotsen, als sei er irgendein Gott aus dem Märchen. Allein dieser sowjetische Bürger zeigte kein Interesse an den neuen Schiffen, die wir gebracht hatten. Ihn leckerte nach einer Tasse guten Kaffees und einer Platte Eier mit Schinken – zwei Dinge, die Firelei ihm auch prompt lieferte.

Ohnmacht und Allmacht

Ein Trupp von GPU-Leuten kam im Hafen von Murmansk an Bord des *Pioner*, aber kein offizieller Vertreter der Marine erschien, um die beiden schönen und kostspieligen Schiffe in Empfang zu nehmen, die ich mit so großem Stolz und soviel Eifer für den Fünfjahrplan hierher navigiert hatte. Der Chef der GPU, ein borstiger, dunkelfarbiger Kerl mit inquisitorischen Knopfaugen, sprach fließend englisch. Jeder Mann meiner Besatzung wurde bis in alle Einzelheiten verhört. Da wir alle die schwarzen Mitgliedsbücher der Partei hatten, verbrüderten sich die GPU-Leute danach gerne mit uns, aber für die beiden funkelnagelneuen Schiffe zeigte kein einziger von ihnen auch nur das geringste Interesse.

Ich musterte den Hafen mit lebhafter Neugier. Der Geruch von Schmutz, Arbeit und Fisch hing in der Luft. Seit meinem Aufenthalt zu Beginn des Jahres 1926 war das schläfrige Dorf Murmansk geradezu ein Vulkan an Aktivität geworden. Die Stadt hatte sich vergrößert, und neue Siedlungen mit großen Blockhäusern dehnten sich in alle Richtungen aus. Riesige Fischlagerräume waren aus behauenen Baumstämmen und Wellblech errichtet worden. Eine große Flotte Hochseefischdampfer lag an der Mole vertäut oder in der Bucht vor Anker. Winden rasselten; Ladungen von Fischen schwangen durch die Luft. Männer und Frauen liefen herum, arbeiteten und schrien. Eine neue, massiv gebaute Mole erstreckte sich bis weit in den Hafen hinein. Ich starrte sie an und wunderte mich.

»Schauen Sie doch mal die Mole an«, sagte ich zu dem GPU-Chef. »Der Überbau ist falsch gemacht. Er ist so gebaut, daß die Stauer keinen Platz mehr haben, auf dem sie stehen und arbeiten können.«

»Ja«, sagte der GPU-Mann finster. »Sabotage! Wir haben den Ingenieur deswegen erschossen.«

Dann zeigte ich auf einen Haufen Fischdampfer, die am Außenhafen lagen. Es waren neue Schiffe, aber sie sahen defekt und rostig aus.

»Warum werden diese Schiffe stillgelegt?« fragte ich. »Warum sind sie nicht in Betrieb, draußen beim Fischfang? Warum sind sie so rostig?«

»Wir haben hier keine Werft, um sie zu reparieren«, sagte mein Führer. »Und Farbe ist rar.« Er zuckte die Achseln. »*Nitschewo*, wir werden bald eine Werft bauen und sie dann reparieren.«

Bis jetzt war noch niemand erschienen, um den *Pioner* und die *Lososi* zu übernehmen. Ich wollte endlich wissen, wem sie übergeben werden sollten.

»Dem Hafenkommandanten«, sagte mir der GPU-Chef. »Er wird bald kommen.«

Der Tag verging, ohne daß der Hafenkommandant erschienen wäre. Hingegen kam der Aufsichtsbeamte der Mole, an der meine beiden Boote vertäut waren, ein sauber rasierter Grobian in feingewichsten Stiefeln, wütend herbei und befahl mir, meine Schiffe auf die andere Hafenseite zu schaffen, da er für sie an der Mole keinen Platz freihalten könne.

Mit den Booten verlegte ich Leinen bis zur anderen Hafenseite und zog dann die beiden Schiffe hinüber. Der Aufseher auf der anderen Seite protestierte zwar heftig aus irgendeinem obskuren Grund. Ich beachtete aber seinen Einspruch nicht, und er lief mit der Drohung weg, mich beim Hafenkommandanten wegen Widersetzlichkeit anzuzeigen. Der Hafenkommandant aber blieb auch weiterhin eine Märchengestalt.

Gegen Abend wurde der *Pioner* von einer Schar zerlumpter Frauen und Kinder heimgesucht. Sie schlichen sich heimlich an Bord, um Brot und andere Lebensmittel zu erbetteln, falls wir welche entbehren könnten. Firelei kochte Eintopf aus Kartoffeln, gesalzenem Schweinefleisch und Erbsen; unsere russischen Besucher vertilgten enorme Portionen und ließen auch nicht das geringste übrig. Als sie satt waren, fingen die Frauen an, alle nicht abgeschlossenen Kabinen zu plündern. Sie versuchten, Decken und Schuhe, ja selbst Alarmglocken wegzuschaffen. Schließlich sah ich mich gezwungen, meine Besatzung aufzubieten, um sie von Bord zu jagen. Später kamen dann ein

paar jüngere Frauen zurück und boten sich den Matrosen für ein paar Socken, ein Stück guter Seife oder eine Büchse Corned beef an.
Um acht Uhr kam der örtliche GPU-Chef an Bord des *Pioner* und lud uns ein, den Abend mit ihm an Land zu verbringen. Firelei und ich nahmen freudig an und baten ihn, uns Murmansk zu zeigen.
»Wie kommt es, daß so viele Frauen um Essen betteln? Warum gibt es so viele Prostituierte? Habt ihr denn keine Arbeit für sie?« fragte Firelei.
»Wir haben viel Arbeit für alle«, sagte der GPU-Mann. »Aber viele von unseren Mitbürgern haben immer noch größeres Interesse für sinnlosen Putz als für die großen Dinge, die wir vollbringen. Haben sie euch belästigt? Ich werde sie verhaften lassen!«
Jede Straße in Murmansk hing voll roter Spruchbänder mit Losungen zum Fünfjahrplan. Überall wimmelte es von Männern und Frauen in schmutzigen Kleidern. Die Straßen waren nicht gepflastert. Die seitlichen Gehsteige waren an vielen Stellen aufgerissen, und die Leute mußten hintereinander über die Planken turnen, die man über die Löcher gelegt hatte. An anderen Stellen versank man tief im Morast.
»Macht euch nichts aus den schlechten Straßen«, sagte der GPU-Chef zu uns. »In zwei Jahren werden sie gepflastert sein.«
Wir kamen an dem weitläufigen Holzbau des Internationalen Klubs vorbei, bei dessen Einweihung ich vor mehr als fünf Jahren mitgewirkt hatte. Nach meiner damaligen Vorstellung sollte der Klub sich zu einem kulturellen Zentrum entwickeln. Was ich jetzt sah, war eine jämmerliche Hütte, vollgestopft mit lärmenden Arbeitern jeden Alters und Geschlechts; einige von ihnen lasen zerfetzte Zeitungen, andere aßen Fische, die sie, in Papier gewickelt, mitgebracht hatten, und fast alle tranken Wodka unter den Büsten und Bildern von Lenin und Stalin.
Überall hing der Geruch von feuchten Kleidern, ungewaschenen Körpern und Fisch. In der Hauptstraße war ein Lastwagen im Dreck steckengeblieben und verlassen. Hin und wieder stolperten wir über betrunkene Männer und Frauen, die auf einem Brett im Schmutz schliefen. Wohin ich blickte, sah ich dumpfe Gleichgültigkeit und unbeschreiblichen Schmutz. Es gab nur zwei moderne Steingebäude in der Stadt: die Bank und das Haus der GPU. In den meisten Blockhütten war jeder Raum von einer ganzen Familie belegt, und oft waren es auch zwei Familien. Alleinstehende Arbeiter wurden zu fünf oder zu acht in einem Raum untergebracht. Der ununterbrochene Zustrom neuer Schwerarbeiter überfüllte die neuerrichteten Blockhäuser, bevor noch die Zwischenwände eingezogen, die Rohrleitungen verlegt und das Licht installiert waren. Ich sah fünfköpfige Familien in Zimmern hausen, deren einzige Einrichtung ein Haufen Lumpen, eine Kiste und ein paar Nägel in den Wänden bildeten; und über allem hing der unvermeidliche Farbdruck von Stalin. Nur mein fanatischer Glaube, daß die Industrialisierung der Sowjetunion, wenn sie auch ein bisher nie dagewesenes Massenelend mit sich brachte, für unseren Sieg in der ganzen Welt unumgänglich sei, hielt mich aufrecht.
Unsere Besichtigung von Murmansk, »dieser Grenzstadt der sozialistischen Werktätigen«, hatte auch ihre groteske Seite. Firelei, die sich über die vielen betrunkenen Leute aufhielt, die in den Straßen herumlagen, fragte unseren GPU-Führer, ob denn die Parteiorganisation in Murmansk nicht für eine bessere Freizeitgestaltung der Arbeiter sorgen könne. Der GPU-Mann fuhr

wütend auf: »Betrunkene?« fragte er. »Haben Sie einen Betrunkenen gesehen? Hat er Sie belästigt? Wo? Ich werde ihn sofort verhaften lassen!«
Wir betraten einen langen, scheunenartigen Bau, der das einzige Lichtspieltheater der Stadt beherbergte. Es war mit übelriechenden Menschen vollgestopft. Es gab keine freien Plätze mehr. Der GPU-Chef tippte drei Zuschauern auf die Schultern und ersuchte sie, aufzustehen und uns die Sitze freizugeben. Zuerst murrten sie, doch als sie sich umdrehten und die elegante und schnittige Uniform der Politischen Polizei sahen, sprangen sie schnell auf. Wir beteuerten, daß wir gerne stehen würden, aber unser Führer wollte nichts davon wissen.
Ein Wildwestfilm aus Hollywood wurde gespielt, mit toll reitenden Cowboys in riesengroßen Hüten und einer gewaltigen Schießerei. Der GPU-Mann, der auf sein Englisch stolz war, ließ sich nicht davon abbringen, uns jedes Bild mit lauter Stimme zu erklären. Die Zuschauer waren darüber empört und schrien nach Ruhe. Unser Begleiter schrie etwas zurück und fuhr fort, uns zu erklären, wer wessen Kuh gestohlen und wer wen erschossen habe.
»Ein verdammt guter Film«, verkündete er am Schluß.
Wir kamen sehr spät zum *Pioner* zurück. Aber Murmansk war noch hellwach. Die ganze Bevölkerung arbeitete in drei Schichten, und unter der trüben Mitternachtssonne ging die Arbeit weiter wie am hellen Tag. Hunderte von Frauen und einige Männer errichteten einen Zaun um einen Teil des Hafens. Sie hoben tiefe Löcher in dem sumpfigen Boden aus und versenkten Betonpfeiler in die Löcher. Wir blieben stehen, um einer Gruppe von älteren Frauen zuzusehen, die diese Arbeit verrichteten. Ihre Jacken und Kleider waren alt und zerlumpt und die Schuhe an den Nähten geplatzt. Die Gesichter waren ausgemergelt. Jedesmal wenn sie die Hacken in die widerspenstige Erde schlugen, stöhnten sie tief auf.
»Sind das Sträflinge?« fragte Firelei, von dem Eindruck unangenehm berührt.
»Nein, nein«, antwortete der GPU-Mann eifrig. »Viele Tausende kommen nach Leningrad, um in den dortigen Fabriken zu arbeiten. Sie werden in Brigaden zusammengefaßt und zur Arbeit nach Murmansk geschickt. Wenn sie ein Jahr in Murmansk gearbeitet haben, dürfen sie sich in Leningrad Arbeit suchen.«
»Arbeiten sie immer nachts?«
»Einige arbeiten tags, andere nachts. Die Zeit ist kostbar, und die UdSSR braucht Fische.«
Dann erzählte er uns, daß die GPU vor drei Monaten unter diesen Arbeitern auf passiven Widerstand gestoßen sei und ihn niedergeschlagen habe. »Sie flüsterten sich gegenseitig ins Ohr: ›Nimm dir Zeit, mach langsam!‹ Wir haben vierhundert verhaftet.«
»Und was machte man mit ihnen?« fragte Firelei.
»Die Rädelsführer erschossen wir gleich. Die anderen wurden mit dem Zug weggeschickt.«
»Was wurde aus ihnen?«
»Ich weiß es nicht. Wir haben keine Zeit, uns lange mit Saboteuren zu beschäftigen.«
Als wir wieder an Bord des *Pioner* in unserer Kabine waren, warf Firelei sich auf das Bett und weinte. Das wenige, das sie von Murmansk gesehen

hatte, war weit schlimmer als alles, was sie jemals in dem vom Hunger gequälten Deutschland erlebt hatte. Das war nicht das sozialistische Vaterland, von dem man so viel Stolzes erzählt hatte.

»Kämpfen wir etwa *dafür?*« fragte sie.

»Die Massen sind rückständig in diesem Land«, hielt ich ihr entgegen. »Was wir gesehen haben, zeigt die übermenschliche Anstrengung, die von den Bolschewisten gemacht wird, um das Erbe des Zarismus zu liquidieren. Kein Preis kann zu hoch sein, um eine sozialistische Gesellschaft aufzubauen.«

Ich wußte, daß das hohl tönte, aber ich mußte meinen Glauben verteidigen.

Als auch am darauffolgenden Morgen niemand erschien, um die beiden meiner Obhut anvertrauten Schiffe abzunehmen, ging ich selbst auf die Suche nach dem Hafenkommandanten. Ich fand ihn in einem winzigen Büro hinter einer Batterie von Telefonen; ein großer, melancholischer Mann mit einem borstigen Gesicht und schmutzigen Fingernägeln. Er trug einen schäbigen weißen Leinenanzug. Seine Füße lagen neben einem Glas Tee auf dem Schreibtisch.

»Ich bin der Kapitän des *Pioner* und der *Lososi*«, sagte ich. »Ich möchte diese Schiffe Ihrer Obhut übergeben.«

Der Hafenkommandant, ein Beamter der nördlichen Staatsfischereien, schaute mich überrascht an.

»Schiffe?« brummte er. »Was für Schiffe?«

»Neue Schiffe, die ich von Bremen und Kiel gebracht habe, zwei neue Schiffe.«

Er war völlig überrascht. Mühsam erhob er sich aus seinem Stuhl. Dann wandte er sich an einen untersetzten, rotgesichtigen und blauuniformierten Gehilfen:

»Zwei Schiffe sind aus Deutschland hier eingetroffen. Sind sie in gutem Zustand?«

»Ich werde sie überprüfen«, brummte der Gehilfe.

Der Hafenkommandant bat mich, in zwei Stunden wiederzukommen. Er würde bis dahin mit der Zentrale in Leningrad telefoniert haben, um meine Aussage zu überprüfen.

Als ich wiederkam, fand ich den Hafenkommandanten in strahlender Laune vor. Er bot mir Tee, Kuchen und Zigaretten an.

»Ich habe Leningrad angerufen«, sagte er. »Wir warten auf diese beiden Schiffe schon seit Wochen.«

Der Hafenkommandant brauchte drei Tage, um eine Besatzung für den *Pioner* und die *Lososi* zusammenzubringen. Er lud mich ein, sein Gast zu sein. Seine Frau, die als Stenotypistin bei der Bank arbeitete, setzte mir Kohlsuppe, Fisch, Kaviar, Schwarzbrot und Wodka vor. Aber die meiste Zeit verbrachte der Hafenkommandant an Bord des *Pioner*, wo er sich an unseren Vorräten an Corned beef, Butter, Schinken und Kognak gütlich tat.

Endlich kamen die russischen Besatzungen für die beiden Schiffe. Es waren siebenundzwanzig Mann für den *Pioner* und mehr als vierzig für die *Lososi*. Sie stammten teilweise aus den Gegenden am Jenissej in Sibirien, aus Archangelsk und aus verschiedenen Gebieten der Kola-Halbinsel, ein abenteuerlich aussehender, lärmender, hartgesottener Haufen. Sie erfüllten die Schiffe mit freudigem Geschrei, bewunderten die Sauberkeit und Neuheit, prüften die ihnen fremden Einrichtungsgegenstände, spuckten auf das geschrubbte Deck, sprangen mit den verdreckten Stiefeln auf den Matratzen herum, schlugen die Türen, verstreuten den Inhalt der Werkzeugkisten, verwandelten die blitzblanke Schiffsküche in einen Saustall, schnitten die Lederriemen an den Fenstern des Steuerhauses ab und setzten sich dann gruppenweise bequem rund um ihre unvermeidlichen Wodkaflaschen, die aus den unförmigen Bündeln, die sie mitgebracht hatten, zum Vorschein kamen. In einer Stunde waren die beiden neuen Schiffe ramponierte Tollhäuser geworden.

Der russische Kapitän, der den Auftrag hatte, den *Pioner* nach den sibirischen Gewässern zu bringen, war ein blonder Jüngling von nicht mehr als einundzwanzig Jahren. Ich überraschte ihn dabei, wie er meine Sachen aus der Kapitänskajüte hinauswarf.

»Ich übernehme jetzt das Schiff«, erklärte er. »Infolgedessen gehört diese Kabine mir.«

Auch als ich ihn bat, meine Sachen wieder zurückzubringen und für sich ein anderes Quartier zu suchen, bis ich das Nötige für meine Rückreise nach Deutschland veranlaßt habe, blieb er arrogant. In diesem Augenblick kam der Funker, ein Kerl mit mongolischen Gesichtszügen und riesigen Schultern, und erinnerte ihn daran, daß die Besatzung hungrig sei und daß er von mir die Übergabe der Schlüssel für den Proviantraum des *Pioner* verlangen solle.

»Gib mir die Schlüssel«, sagte er. »Wir brauchen Fleisch, wir brauchen Mehl, wir brauchen Konserven.«

Ich wußte, daß sich unsere Vorräte in Nichts auflösen würden, wenn ich ihm die Schlüssel aushändigte, und ich brauchte den restlichen Proviant, um meine Leute während der Heimreise zu verpflegen.

»Kommt nicht in Frage«, erwiderte ich schroff.

Nach längerem Hin- und Herreden schickte er einige seiner Männer los, um aus den nächstgelegenen Schuppen einen Sack voll Kabeljau zu stehlen. Bald roch der vor kurzem noch so schöne *Pioner* von oben bis unten nach Fisch und Fett.

»Ich übernehme das Schiff jetzt«, wiederholte der russische Kapitän. »Du kannst mit deiner Besatzung gehen, und zwar so bald wie möglich.«

Ich verlangte von ihm die Unterzeichnung einer Empfangsbestätigung, aus der hervorging, daß er das Schiff *Pioner* einschließlich des ganzen an Bord befindlichen Inventars in gutem Zustand übernommen habe. Er unterschrieb mit einem Schnörkel, ohne sich auch nur im geringsten darum zu kümmern, ob Schiff und Einrichtung dem Bestandsverzeichnis entsprachen. Die gleiche Szene spielte sich an Bord der *Lososi* ab, die einen Letten mit einem langen, rötlichen Schnurrbart als Kapitän erhalten hatte. Wir packten also unsere Sachen, und die Russen, durch ihren Wodka in Stimmung gebracht, trugen unser Gepäck singend und rufend zum Bahnhof. Als wir durch den Morast stiefelten, gab Genosse Lausen seiner Verwunderung mit den Worten Ausdruck:

»Diese Russen hier oben sehen zwar aus wie Männer, aber sie handeln wie große Kinder. Wir hätten alles, was nicht niet- und nagelfest war, in Kiel und Drontheim verkaufen und ihnen zwei leere Schiffe abliefern können, und keiner hätte etwas davon bemerkt.«

Mein Ingenieur sagte die Wahrheit. Jetzt schon waren einige wertvolle nautische Instrumente verschwunden, und der elektrische Strom in der Küche funktionierte nicht mehr. Die zweihundert Tonnen Holzschliff, die wir in Norwegen mit Hilfe der Streikbrecher an Bord geschafft hatten, wurden in

Leningrad dringend gebraucht. Die wertvolle Ladung war jetzt auf der Mole aufgehäuft und, obwohl Wolkenbänke am Himmel Regen ankündigten, nicht einmal mit Segelleinen zugedeckt.

Zwei Tage lang kampierten wir inmitten einer stinkenden Menschenmenge auf dem Bahnhof von Murmansk und warteten auf den Zug nach Leningrad. Jeden Tag fuhren zwei Züge, aber sie waren so voll, daß wir keinen Platz finden konnten. Zu den zerlumpten Horden von Reisenden auf die Wagendächer zu klettern, das wagten wir nicht.

Schließlich rief ich meinen Gönner von der GPU zu Hilfe, und der fünfte Zug nahm uns mit. In diesem Zug befanden sich zwei gepolsterte Wagen, die beinahe leer waren; drei oder vier höhere sowjetische Beamte waren die einzigen Passagiere. Sonst bestand der beinahe eine halbe Meile lange Zug aus gedeckten Güterwagen und Personenwagen der Holzklasse. In einem solchen Wagen fand unsere *Pioner*-Besatzung schließlich Platz. Jeder von uns hatte ein aufklappbares Holzbrett, auf dem man sich ausstrecken konnte. Während der Fahrt brachte uns der Schaffner Leintücher und Decken; unsere russischen Mitreisenden mußten auf solchen Luxus freilich verzichten.

Die Russen um uns herum betrachteten uns wie Wundertiere; wir hatten Büchsenfleisch und Butter bei uns. Wenn wir aßen, kamen Frauen von ihren Brettern herunter und bettelten. Der Zugführer hielt sie uns zwar vom Leibe, aber eine Zeitlang fürchtete ich, daß wir überfallen würden.

»Behaltet eure Schuhe an, wenn ihr schlaft«, warnte uns der Zugführer.

In der ersten Nacht im Zug wurden uns, als wir schliefen, Kleidungsstücke gestohlen. Daraufhin teilte ich meine Besatzung in Wachen ein, um unsere armseligen Siebensachen vor den unglücklichen Proletariern um uns herum zu retten. Mehr als einmal kam es in dem überfüllten Waggon vor, daß ein junges Mädchen einen deutschen Matrosen ansprach und ihm für eine Stange Sunlicht-Seife einen Gang in den Waschraum vorschlug.

Drei Nächte verbrachten wir im Zug. Als wir die Außenbezirke von Leningrad erreichten, verteilte ich den Rest unseres Proviants unter einige kinderreiche russische Familien. Eine Mutter sagte zu mir: »Gott segne Sie!« Sie verzehrten alles an Ort und Stelle und verwahrten die leeren Büchsen vorsichtig in ihren Bündeln. Ein Zug fuhr an uns vorüber, nordwärts, Richtung Murmansk. Firelei und ich zählten sechsundsiebzig Wagen. Dichte Haufen von Menschen und Gesichtern sah man hinter jedem Fenster. Dieser Zug hatte nichts gemeinsam mit den Luxuszügen auf der Moskauer Strecke. Er glich einem altersschwachen Maulesel, der einen Berg wegschleppen soll. Mit unserem Zug verhielt es sich nicht viel anders. In der Hast und dem Lärm des Leningrader Bahnhofs brauchten wir sechs lange Stunden, um unser bißchen Gepäck zur Aufbewahrung zu geben.

Meine Genossen verbrachten die Zeit mit Ausflügen zu den ehemaligen Zarenschlössern, die jetzt als Museen und Kinderheime eingerichtet waren. Sie besuchten die *Smolny* und die Roten Putilow-Werke. Fast immer hatten sie Hunger; denn vor zwei Uhr nachmittags gab es kein Essen, ausgenommen in Restaurants, in denen ein gutes Steak achtzehn Rubel kostete.

Unser Schiff, die *Smolny*, verließ Leningrad mit einer Verspätung von fast drei Tagen. Vor dem Auslaufen erschien eine Abteilung GPU-Soldaten an Bord und durchsuchte beinahe jeden Passagier bis auf die Haut.

Auf der Höhe von Kronstadt stieß Ingenieur Lausen einen tiefen Seufzer aus:

»Ich möchte wirklich nicht in diesem Land begraben sein«, sagte er offen heraus. »Wartet nur, bis wir ein Sowjetdeutschland haben – dann werden wir den Moskowitern zeigen, was sozialistische Leistungsfähigkeit ist. Diese schönen Schiffe in Murmansk – alle rostig und kaputt ... verflucht noch mal!«
Mein Glaube an die bolschewistische Herrschaft und an die magischen Leistungen der *Pjatiletka* war durch die Reise nach Murmansk ebenfalls erschüttert worden. Ich war zum erstenmal in nichtpolitischer Eigenschaft in der Sowjetunion gewesen, und diese Reise hatte mir einen unvereinbaren Gegensatz im sozialistischen Vaterland enthüllt. Einerseits gab es da diese große Lethargie, diese slawische Angst vor jeder Verantwortung, weitverbreitete Unfähigkeit und eine tragikomische Wirkungslosigkeit. Andererseits kannte ich sehr wohl die tödliche Wirksamkeit der unfehlbaren Partei und der GPU; hier war man mit harten Entscheidungen schnell bei der Hand, und »Aktivismus« galt als das Höchste. Es war dieses seltsame und verwirrende Zusammentreffen von Impotenz der Massen und Omnipotenz der herrschenden Klasse, das den Genossen Lausen zu seinem verzweifelten »Verflucht noch mal!« veranlaßt hatte.
Ich wurde ein schlechtes Gefühl nicht los, seit wir Leningrad verlassen hatten. Es hätte mich damals vielleicht von meiner Sowjetbesessenheit befreit, wenn mich nicht die Umstände zwei Monate später als Offizier in verantwortlicher Stellung, der zu der »unfehlbaren und omnipotenten Elite des Bolschewismus« gehörte, nach Leningrad zurückgeführt hätten.
Nach meiner Rückkehr aus Murmansk wurde ich Mitglied des Inneren Kreises, der die Marineabteilung der Komintern leitete. Anfang September 1931 erhielt ich die Aufforderung, zu Dimitroff nach Berlin zu kommen. Ein weiblicher Kurier des Westsekretariats führte mich sogleich in ein obskures Kaffeehaus im Bezirk Moabit. Kurze Zeit darauf erschienen Dimitroff, Wollweber, einige andere Deutsche und ein Russe, den ich vorher nie getroffen hatte. Sie kamen einer nach dem anderen; Dimitroff schickte seine Sekretärin voraus, um festzustellen, ob irgendwelche unerwünschten Außenseiter da seien. Die Konferenz legte den Aktionsplan für einen Streik fest, der auf einer in der Geschichte der industriellen Kriegführung neuen Taktik beruhen sollte.
Die Komintern plante einen größeren Schlag gegen die deutsche Schiffahrt. Am 1. Oktober sollten alle deutschen Handelsschiffe stillgelegt werden, nicht nur in Deutschland, sondern in allen ausländischen Häfen und auf hoher See. Den Vorwand für diesen Streik lieferte eine Lohnkürzung für alle Seeleute; der eigentliche Zweck aber war der, den deutschen Außenhandel mit einem einzigen gewaltigen Schlag lahmzulegen. In allen wichtigen Häfen waren bereits Aktionsausschüsse ins Leben gerufen worden. Eine Gruppe von sechzehn Agenten wurde mit der Durchführung des geplanten Unternehmens betraut. Drahtlose Mitteilungen gingen an alle Schiffe auf hoher See, deren Funker mit dem Kommunismus sympathisierten. Der erste Schlag sollte die deutschen Schiffe in den sowjetischen Häfen treffen und zum Signal für die deutschen Besatzungen in aller Welt werden, ebenfalls loszuschlagen. Wollweber und Albert Walter leiteten die Kampagne in Deutschland. Ich wurde beauftragt, die Aktion in den Häfen der skandinavischen Länder und in der Sowjetunion zu organisieren. Andere wurden dazu bestimmt, den Angriff gegen die deutsche Schiffahrt in Holland, Belgien, Frankreich, England und den Vereinigten Staaten vorzutragen. Ein junger Amerikaner namens Marcel

Laroque, der sich aktiv in der Marinesektion der Kommunistischen Partei der Vereinigten Staaten betätigte, übernahm die Leitung der Operationen in Antwerpen.

Die Führer der kommunistischen Aktivs auf allen auslaufenden Schiffen erhielten ihre geheimen Instruktionen. Zwei Tage nach der Berliner Konferenz war ich auf dem Weg nach Leningrad; über Kopenhagen, Gotenburg und Stockholm. Ich reiste mit dem Schiff von Stockholm nach Turku und dann mit der Eisenbahn nach Leningrad längs der Südküste Finnlands weiter. Ein Sonderauftrag des Westsekretariats stellte alle Funktionäre des Leningrader Internationalen Klubs unter meinen Befehl. Ich sandte den Chef der deutschen Sektion in Leningrad, Fritz Richter, nach Odessa, wo er sich um die deutschen Schiffe in den Schwarzmeerhäfen kümmern sollte, blieb selber in Leningrad und richtete das Hauptquartier in der Nähe des Hafens ein.

Unsere Vorbereitungen wurden möglichst geheimgehalten. Für die streikenden Seeleute wurden Quartiere besorgt. Eine Gruppe junger Frauen von den Fremdsprachenschulen übernahmen die Unterhaltung der Streikenden; sie sollten sie unter allen Umständen vom Hafen und von ihren Schiffen fernhalten. Eine Abteilung deutsch sprechender GPU-Agenten mit Marineerfahrung wurde zu meiner Verfügung gestellt. Sie wurden verkleidet und sollten die Rolle streikender Seeleute spielen; sie hatten den Auftrag, zu verhindern, daß deutsche Schiffe in der Nacht nach ihrem Einlaufen in den Hafen ausbrachen. Die sowjetischen Werftarbeiter sollten einen Sympathiestreik erklären und sich weigern, beladene deutsche Schiffe zu löschen. Die *Sovtorgflot* hatte bereits in ausreichender Menge zusätzlichen britischen und skandinavischen Schiffsraum gechartert, um eine Unterbrechung sowjetischer Exporte zu vermeiden, die normalerweise mit deutschen Schiffen bewältigt wurden.

Am 1. Oktober bei Tagesanbruch wurde der Aufruf zum Streik und zur Meuterei durch Funk verbreitet. Drei deutsche Dampfer lagen im Hafen von Leningrad. Die Ausschüsse in den europäischen Häfen berichteten, daß fünfundzwanzig andere deutsche Schiffe zur Zeit auf dem Wege nach Leningrad seien. Die deutsche Schiffahrt, die die gegen sie gerichtete internationale Verschwörung nicht bemerkte, fuhr ahnungslos in die gestellte Falle.

An deutschen Schiffen lagen in Leningrad die *Anita Russ*, die *Asta* und die *Bolheim.* Mit einer Leibwache von drei GPU-Leuten, die sich durch die protestierenden Offiziere einen Weg bahnten, ging ich an Bord dieser Schiffe und rief die Besatzung zusammen. Ich erklärte, daß der Streik ausgebrochen sei, daß die deutschen Reeder eine Lehre erhalten sollten, die sie niemals vergessen würden. Die Kommunisten in jeder Besatzung stimmten unverzüglich dafür, sich dem Streik anzuschließen. Den anderen wurde gesagt, daß sie als Streikbrecher behandelt würden, wenn sie nicht mitmachten. Einige widersetzten sich. An Bord der *Asta* blockierte der Erste Offizier das Fallreep mit der Waffe in der Hand. Unter der Führung eines GPU-Mannes gingen jetzt Trupps von russischen Werftarbeitern an Bord der Schiffe. Der Offizier der *Asta* wurde niedergeschlagen. Die Widerspenstigen unter den Besatzungen wurden mit Gewalt an Land gebracht.

Eine Stunde später telegrafierte ich nach Hamburg, Bremen, Antwerpen und Rotterdam: *Deutsche Besatzungen in Leningrad streiken hundertprozentig. Aufforderung an alle anderen Besatzungen, dem Beispiel der Leningrader Aufrührer zu folgen.*

Die Nachricht ging blitzartig rund um die Erde. In Hamburg, Bremen, Kiel, Stettin, in Belgien und Holland, in Bordeaux, Philadelphia und Bombay legten deutsche Seeleute ihre Schiffe still. Gerüchte über Meutereien auf hoher See trafen ein. Mehr als hundert Besatzungen streikten. In jedem Fall wurde der Streikbeschluß durch das Parteiaktiv an Bord des entsprechenden Schiffes durchgesetzt. Schiffe, die keine Kommunisten in ihren Besatzungen hatten, schlossen sich der Aktion nicht an, ausgenommen in russischen Häfen, in denen die Seeleute mit Hilfe der sowjetischen Polizei gezwungen wurden, ihre Schiffe zu verlassen.
Am 9. Oktober lagen einundzwanzig deutsche Schiffe im Hafen von Leningrad fest. Am 15. Oktober hatte sich ihre Zahl auf sechsunddreißig erhöht. Die Besatzungen von fünf deutschen Dampfern wurden in Odessa an Land gebracht. In einem Falle versuchten die Offiziere, mit ihrem Schiff nachts ohne Besatzung auszulaufen. Ich hatte diesen Fall vorgesehen. Wir hatten Sicherheitsausschüsse gegründet, die auf jedem Kai Wache halten mußten. Durchbrennende Dampfer wurden zur Rückkehr gezwungen, und ihre Kapitäne wurden von den sowjetischen Behörden wegen »heimlich vereinbarten Auslaufens mit unterbemannten Schiffen« mit Geldstrafen belegt.
Die deutsche Regierung protestierte heftig gegen die Zurückhaltung deutscher Schiffe in sowjetischen Häfen und gegen die Massenentführung deutscher Seeleute. Die Sowjetregierung antwortete, daß die deutschen Seeleute auf eigenen Wunsch streikten und daß sie keine legale Möglichkeit zum Eingreifen habe.
Inzwischen wurden die siebenhundert »streikenden« Seeleute in Leningrad gut unterhalten. Die Streikposten vor ihren Schiffen stellten der Komsomol und die GPU. Die tägliche Streikversammlung war in Wirklichkeit ein Bankett, dem Darbietungen und Tanz folgten. Nach ihren eigenen Worten lebten die deutschen Seeleute »wie Lords«. Die meisten von ihnen hatten sich russische »Streikliebchen« zugelegt. Ausflüge, Theaterabende, Fabrik- und Museumsbesichtigungen wurden für sie arrangiert, und nichts wurde unterlassen, um zu verhindern, daß die deutschen Arbeiter mit ihren russischen Arbeitskollegen zusammenkamen.
Am Morgen des 19. Oktober traf ein Telegramm aus Berlin ein. Der Streik sollte abgebrochen werden! Die Lohnkürzung wurde hingenommen. Die Seeleute wurden angewiesen, auf ihre Schiffe zurückzukehren. Diese Nachricht war niederschmettetnd. Sie bedeutete Niederlage. Aber warum?
Die Antwort darauf erfuhr ich später. Die Nationalsozialisten, die anfänglich den Streik unterstützt hatten, machten jetzt eine ihrer Kehrtwendungen und boten den Schiffseigentümern an, die stillgelegten Schiffe mit Nazis zu bemannen. Bald schon liefen Schiffe aus Hamburg aus, die ausschließlich mit SA-Leuten bemannt waren. Um die Eroberung der Handelsmarine durch Hitler abzuwenden, hatte die Kommunistische Partei ihren Anhängern befohlen, an Bord der Schiffe zurückzukehren. Der Streik war vorbei.
Dann kam das Nachspiel. Die Seefahrtsgesetze der Weimarer Republik waren unverändert aus Kaisers Zeiten übernommen worden. Nach diesen Gesetzen begingen Seeleute, die auf hoher See oder in fremden Häfen streikten, Meuterei. In deutschen Häfen und im Lotsenhaus des Kieler Kanals wurden Sondergerichte eingesetzt, um die Aufrührer zu verurteilen. Diese Gerichte arbeiteten in drei Schichten vierundzwanzig Stunden täglich. Besatzungen,

die im Ausland gestreikt hatten, wurden bei ihrer Ankunft in deutschen Gewässern von der Polizei in Haft genommen. Die Polizei ging an Bord der einlaufenden Dampfer. Sie verhaftete die Aufrührer und brachte sie vor Gericht. Einhundertzweiundvierzig Rädelsführer, die den kommunistischen Streikaufruf durchgesetzt hatten, erhielten Gefängnisstrafen. Fünfundzwanzig von den Schiffen, die in Leningrad stillgelegt worden waren, wurden überfällig. Ihre Besatzungen, die wußten, was in Deutschland auf sie wartete, meuterten auf hoher See. Die Feuer wurden gelöscht und Sand in die Maschinen geworfen. Rettungsboote mit Meuterern stießen von den Schiffen ab und trieben in der Ostsee. Flugzeuge wurden von der Regierung eingesetzt, um diese Schiffe festzustellen.

Wie die meisten kommunistischen Kampagnen hinterließ auch diese auf lange Zeit zerstörte Hoffnungen, zugrundegerichtete Familien, verelendete Menschen.

Ich kehrte an Bord des sowjetischen Dampfers *Kooperazia* nach Deutschland zurück. Sobald ich meinen Fuß auf deutschen Boden setzte, wurde ich von zwei untersetzten Männern in Zivilkleidern angesprochen. Sie zeigten ihre Polizeiabzeichen. »Ihre Papiere?«

»Was ist denn los?«

»Das werden wir Ihnen zeigen. Sie sind verhaftet!«

Sie eskortierten mich zum Zentralgefängnis im Herzen von Hamburg.

Man fotografierte mich, nahm meine Fingerabdrücke und sperrte mich in eine Einzelzelle. Die gegen mich gerichtete Anklage der deutschen Regierung lautete auf »Sabotage und Anstiftung zu Meuterei und Rebellion«.

Ich war nicht der einzige, der wegen aktiver Beteiligung an der Massenmeuterei in der deutschen Schiffahrt verhaftet worden war. Aus einer Information, die mir der Gefangene, der das Essen verteilte, zuflüsterte, und aus einer ständigen Welle von Rufen, die aus Hunderten von Zellenfenstern kamen, entnahm ich, daß das große Gefängnis zur Hälfte mit verhafteten Kommunisten gefüllt war. Das hob die Stimmung. Kriminalbeamte kamen zum Verhör. Sie schmeichelten und drohten. Ich verweigerte jede Aussage. Ich lehnte das Essen ab. Ich schloß mich dem Chor der Schreier an und zog mich an den Gittern meiner Zelle hoch, um aus dem Fenster zu sehen. Ich tat, was ich konnte, um gegen die offiziellen Bestimmungen über das Benehmen der Gefangenen zu verstoßen. Ich wußte, daß meine Genossen das gleiche taten. Angesichts einer solchen Massenaktion waren die Gefängnisaufseher verwirrt und hilflos. Tag für Tag gab es kommunistische Demonstrationen außerhalb des Gefängnisbereichs. Ich hörte die singende Menge, die Sprechchöre und den Lärm der Polizeiangriffe auf die Masse der Demonstranten.

Unter den Gefangenen waren Albert Walter, Edgar Andree und Christian Heuck, ein Reichstagsabgeordneter aus Kiel. (Heuck erhängte sich 1933 kurz nach seiner Verhaftung durch die Gestapo.) Alle drei waren unter Verletzung ihrer verfassungsmäßigen Immunität festgesetzt worden. Die ganze nichtkommunistische Presse von den Nazis bis zu den Sozialdemokraten verlangte eine drastische Bestrafung der Verhafteten.

Es geschah nichts. Die Untersuchungen der Polizei und der Gerichte führten zu nichts. Die Sowjetunion war zu jener Zeit Deutschlands bester Kunde. Die Sowjetflagge stand in den deutschen Häfen neben dem Union Jack an zweiter Stelle. Die deutsche Regierung war sich darüber klar, daß die Verfolgung der Streikführer unvermeidlich auch die Sowjetunion belasten und

kompromittieren würde, und fürchtete die Folgen für den Handel und die politischen Beziehungen zwischen Moskau und Berlin.
Nach neuntägiger Gefangenschaft wurden wir alle formlos entlassen. Wir marschierten in den grauen Novembertag hinaus, schmutzig, unrasiert und mitgenommen von unserem Hungerstreik. Mädchen vom Kommunistischen Sportklub empfingen uns in den Straßen mit roten Fahnen. Sie verteilten Wiener Würstchen und Bier. Wir feierten unseren Sieg. Es stimmte, daß der Streik mit einer Niederlage der deutschen Arbeiter geendet hatte; aber für die Sowjetunion war es auf jeden Fall ein Sieg.

Die Menschenjäger

Gegen Ende des Jahres 1931 richtete die Marinesektion der Komintern ihre Aufmerksamkeit auf die japanische Handelsflotte. Die Ereignisse in der Mandschurei trieben einer Krise zu. Die japanische Armee drang im Lande vor. Die Beziehungen zwischen Moskau und Tokio wurden täglich gespannter. Die Komintern hatte in der ganzen Welt eine antijapanische Kampagne organisiert. Unser Seemanns-Verband rief zur Sabotage des militärischen Nachschubs Japans und der japanischen Handelsmarine im allgemeinen auf.
Hier wurden, soviel ich weiß zum erstenmal, kommunistische Sabotagemethoden in großem Maßstab erprobt. Einfluß und Organisation der Komintern waren in Japan zu schwach, um die Häfen durch Streiks lahmzulegen, nicht zuletzt, weil man dort die Todesstrafe für Kommunisten eingeführt hatte. In Übereinstimmung mit der allgemeinen Regel der *Aktion um jeden Preis* wurde Sabotage jeweils dort angewandt, wo mit Streiks keine Wirkung zu erzielen war.
In die Schraubenwellenlager wurde Sand geworfen. Die Winden der Ladebäume wurden unbrauchbar gemacht. Ladewinden und Trossen wurden so präpariert, daß sie zerrissen, sobald man sie beanspruchte. Anschriften und Bezeichnungen auf Kisten und Körben wurden vertauscht. Auf hoher See wurden bei schlechtem Wetter die Entlüftungskanäle gegen den Wind gedreht, so daß das Meerwasser in die Laderäume tropfte. Nachts wurde gallonenweise Petroleum oder Benzin durch die Luftschächte gegossen und einige Büschel mit Petroleum getränktes Werg hinterhergeworfen. Im Lauf der Zeit entwickelte jeder Saboteur seine speziellen Kunstgriffe. Die japanischen Schiffswachen wurden verstärkt, aber das blieb wirkungslos.
Bald erhielten wir die Gewißheit, daß Agenten des japanischen Geheimdienstes in europäischen Häfen tätig waren, um diese Welle von Sabotageakten auszuforschen. Ein chinesischer Sprachschüler an der Berliner Universität, ein hochintelligenter junger Kerl, der bei unserer chinesischen Abteilung als *Genosse Yang* bekannt war, wurde nach Rotterdam geschickt, um sich um unsere Sabotagebrigaden in den holländischen Häfen zu kümmern. Als Ausläufer einer Wäscherei verkleidet, ging er an Bord aller einlaufenden japanischen Schiffe, um Sabotagemöglichkeiten zu erkunden und Pläne zu entwerfen, die dann durch Mitglieder seines Hafensicherheitsausschusses und seine Helfer unter der Besatzung des Dampfers ausgeführt wurden.

Eines Tages wurde Yang von Geheimagenten an Bord eines japanischen Schiffes überwältigt und als Gefangener zurückgehalten. Das Schiff verließ Rotterdam, um Jokohama über Le Havre, Oran und Port Said zu erreichen. Bei der Komintern herrschte gewaltige Erregung wegen des Zwischenfalls. Yangs Auslieferung an die japanische Polizei hätte seinen sicheren Tod bedeutet. Auch würde sie überall einen demoralisierenden Einfluß auf unsere Sabotagegruppen ausüben. Kommissarenko gab mir den Auftrag, alles Nötige zu veranlassen, um Yang vor dem Henker in Jokohama zu retten.

Ich schrieb einen Aufruf zu Yangs Befreiung, der in sieben Sprachen übersetzt wurde. Die Losung lautete: *Befreit den entführten chinesischen Kuli!* Ich befahl unseren Aktivs in Le Havre, Oran und Alexandria, nichts unversucht zu lassen, um Yang zur Flucht aus seinem schwimmenden Gefängnis zu verhelfen. Inzwischen legte das Schiff in Le Havre an. Ein Versuch der ortsansässigen Kommunisten, den chinesischen Genossen zu befreien, wurde von der französischen Polizei vereitelt. Der Dampfer lief zur Weiterfahrt nach seinem nächsten Anlegehafen Oran an der nordafrikanischen Küste aus. Yang befand sich immer noch an Bord. Kommissarenko war wütend. Andere, die den liebenswürdigen kleinen Chinesen gekannt hatten, hielten ihn für so gut wie tot. Nach einer schlaflosen Nacht kam ich zu der Überzeugung, daß es nur einen Mann gab, der fähig war, Yang trotz Hölle und Hochwasser zu befreien. Dieser Mann hieß Michael Awatin, der Lette vom *S-Apparat* der Spionageabwehrabteilung der Komintern. Avatin war in Berlin. Da er der GPU unterstand, hatte ich keine Befugnis, mich an ihn zu wenden.

»Gib mir Avatin für drei Wochen«, sagte ich zu Kommissarenko.

Eine Zeitlang überlegte der Russe meinen Vorschlag. Der Ausdruck seines ruhigen Gesichtes mit der hellen Haut verriet nicht, was er dachte. Schließlich sagte er:

»Natürlich Avatin. Ich hätte schon früher an ihn denken sollen.«

Avatin kam in der gleichen Nacht sehr spät in Hamburg an. Er ging direkt in meine Wohnung am Schaarmarkt und weckte Firelei. Ich war nicht zu Hause. Firelei benachrichtigte mich von Avatins Ankunft.

Ich fand Michael Avatin in einem bequemen Sessel sitzend, Kaffee trinkend und Bilder von Käthe Kollwitz durchblätternd. Avatins Gegenwart beruhigte mich sehr; er wirkte wie einer, den selbst ein Erdbeben oder ein Massenmord nicht aufschrecken können. Er hörte sich die Sache an, stellte dann einige Fragen, die sich auf die Verkehrsverbindungen bezogen, nickte, dachte eine Minute lang nach – und erhob sich.

»Sehr gut, Genosse«, sagte er. »Ich werde nach Oran gehen.«

Die verfügbare Zeit war kurz. Yang würde voraussichtlich in vier bis fünf Tagen in Oran eintreffen. Aber Avatin war, wohl als einziger in der ganzen Komintern, imstande, solche Distanzen innerhalb kürzester Zeit und mit einem Minimum an Mühe und Aufsehen zu bewältigen.

Eine Woche höchster Spannung folgte. Es war mir, als warte ich auf die Begnadigung vom eigenen Todesurteil. Eines Morgens in aller Frühe kam dann endlich ein Telegramm:

Alles in Ordnung. M. Lambert.

Lambert war einer von Avatins Decknamen. Ich jubelte, Yang war frei!

Avatin war von Hamburg nach Amsterdam, von Amsterdam nach Paris, von Paris nach Marseille geflogen. In Marseille pickte er einen bewährten griechischen GPU-Agenten namens Michael auf. Mit Michael zusammen fuhr er als blinder Passagier unter den Kesseln eines Mittelmeerdampfers nach Algier. Von Algier aus nahmen die beiden die Bahn nach Oran. Es gab dort einen Internationalen Klub. Avatin mobilisierte die Hafen-Aktivisten und die kommunistischen Organisationen unter den Dockarbeitern. Als das Schiff, auf dem Yang gefangengehalten wurde, einlief, um Bunkerkohle zu übernehmen, war Avatin bereit. Er und einige seiner Helfer hatten sich Brecheisen und Äxte beschafft.

»Es ging so einfach wie ein Pferdediebstahl«, sagte Avatin später zu mir. »Unsere Afrikaner haben Mut! Ich ging an Bord, um festzustellen, wo Yang gefangengehalten wurde. Ich fand ihn mit Handschellen in einem Nebengelaß unter Deck. Unsere Afrikaner stürmten das Schiff und legten an mehreren Stellen kleine Feuer. Während die Japaner zu den Brandherden liefen, um zu löschen brachen meine Männer mit den Äxten die Tür auf und machten sich mit dem Genossen Yang aus dem Staub. Ich setzte ihn in ein Auto und fuhr mit ihm in die Wüste, bis sich alles etwas beruhigt hatte.«

Im sowjetischen Geheimdienst war Avatin eine außergewöhnliche Gestalt und ungemein beliebt. Er blieb nicht hinten, wenn er seine Männer ins Feuer schickte.

Einer von Avatins Vorgesetzten, ein schlanker, schweigsamer Lette mit steinernem Gesicht, namens Schmidt, kam eines Tages in einer besonderen Mission für die GPU nach Hamburg. Seine Ankunft wurde streng geheimgehalten. Statt einfach mit falschen Papieren über die Grenze zu kommen, ließ er sich nachts von einem sowjetischen Schiff aus an Land schmuggeln. Schmidts Landsmann Michael Avatin kam von Berlin herüber, um ihn zu treffen.

Schmidts Mission betraf die Abwehr ausländischer Spionage gegen die Sowjets. Er hatte den Auftrag, einen Schlag gegen die Nazipartei zu führen. Da in der Komintern niemand besser als ich über die nationalsozialistischen Umtriebe in der Handelsmarine unterrichtet war, wurde ich aufgefordert, an den Besprechungen zwischen Schmidt und Avatin teilzunehmen.

Es scheint, daß die GPU im Dezember 1931 ein Mitglied der Nazipartei unter den Studenten der West-Universität Moskau entdeckt hatte. Dieser Spion beging wenige Tage nach seiner Verhaftung Selbstmord im Lubjanka-Gefängnis. Bevor er starb, gestand er den Beamten, die ihn verhörten, daß die Hitlerbewegung auf sowjetischem Boden über ein Netz von Verbindungsleuten verfüge, die einen Informationsdienst über die Vorgänge in der Sowjetunion eingerichtet hätten. Eine Anzahl deutscher Ingenieure und technischer Spezialisten kam in den Verdacht, insgeheim Mitglied der Nationalsozialistischen Partei zu sein. Man befürchtete, daß sie sogar mit antistalinistischen Kräften in den Industriezentren der Sowjetunion zusammenarbeiteten. Ein gewisser Professor Ernst Schwartz, der eine Wohnung in Hamburg und ein Haus in Frohnau, einer Vorstadt von Berlin, hatte, wurde als Chef des nazistischen Spionagedienstes in der Sowjetunion bezeichnet. Die GPU suchte nach belastenden Dokumenten, um die Verhaftung deutscher Staatsangehöriger in der Sowjetunion zu rechtfertigen. Genosse Schmidt hatte den Auftrag, das nötige Material in Deutschland zu beschaffen. Er und Avatin brüteten den folgenden Plan aus:

Sechs Kommunisten aus Hamburg, die der Berliner Polizei nicht bekannt sein durften, sollten Professor Schwartz vierzehn Tage lang genau überwachen. Zu einer festgesetzten Zeit sollten sie ihn festnehmen, während andere Trupps unseres *Apparates* zugleich das Berliner Haus und die Hamburger Wohnung schlagartig durchsuchten. Alle seine Bücher, Karteien und Dokumente sollten beschlagnahmt und nach Hamburg gebracht werden, von wo aus sie mit dem nächsten russischen Schiff nach einem sowjetischen Hafen verschifft werden sollten. Die sechs Beschatter stellte Hugo Marx, der Hamburger Verbindungsmann der GPU. Ich hatte den Auftrag, für die sichere Überführung der Dokumente von Professor Schwartz nach Hamburg und an Bord des Schiffes zu sorgen. In den Händen Avatins lag die Leitung des Unternehmens. Schmidt sollte als führender Mann im Hintergrund bleiben.

Was ich von der Verschwörung wußte, war nicht mehr, als was Michael Avatin und Genosse Schmidt mir zu sagen für notwendig hielten. Jeder von uns begab sich einzeln nach Berlin, wo wir uns in einer kommunistischen Wirtschaft in der Hedemannstraße trafen. Während unsere Leute ihr Netz um Professor Schwartz zogen, schlug ich mein Quartier in einem Gartenhäuschen auf, das zu einer Laubenkolonie am Rande von Berlin gehörte, die *Felseneck* hieß. Diese Kolonie lag zwischen der Hauptstadt und der Vorstadt Reinickendorf und umfaßte nicht ganz hundert Gartenhäuschen. Sie war im Grunde genommen mehr ein geheimes Lager der kommunistischen Militärorganisation als eine Schrebergartengemeinschaft. Die Gegend um *Felseneck* war ziemlich einsam und unbebaut, trotz der Nähe neugebauter Wohnblocks im Außengebiet von Berlin-Schönhausen. Schlecht geschnittene Hecken, Zäune, Haufen von Trümmern und Unrat verstärkten noch die Unwirtlichkeit des Ortes. Das war wichtig, denn in der Kolonie *Felseneck* befanden sich auch mehrere Häuser, die als Stützpunkte der deutschen GPU verwendet wurden. Hier erwartete ich also die Lieferung der Dokumentenladung aus der Villa von Professor Schwartz.

Das Material, das Avatins Helfer erbeuteten, bewies, daß Professor Schwartz das Spionagebüro des SA-Stabschefs Hauptmann Röhm geleitet hatte. Als dann im Frühjahr 1931 die Auslandsorganisation der Nazipartei gegründet wurde, war Schwartz, der Rußland aus dem ersten Weltkrieg kannte, einer besonderen Abteilung für sowjetische Angelegenheiten zugeteilt worden. Falls es sich herausstellte, daß tatsächlich zahlreiche russische Verbindungen über ihn liefen, konnte die Sicherstellung seiner Archive unter Umständen die Vernichtung aller Naziagenten in der Sowjetunion zur Folge haben. Schwartz war vierundfünfzig Jahre alt. Sein offizieller Rang war der eines Sturmbannführers. Um den eigentlichen Charakter seiner Tätigkeit zu tarnen, gab er sich als Porträtmaler aus. Wo und wann er den Titel eines Professors erhalten hatte, blieb ein Geheimnis.

Am Abend des 18. Januar schlug Avatins Mannschaft zu. Durch einen fingierten Telefonanruf aus dem Büro von Dr. Goebbels, dem damaligen Naziparteichef von Berlin, wurde Professor Schwartz aus seiner Wohnung in Frohnau weggelockt. Ein GPU-Agent hatte ihn angerufen. Während Schwartz weg war, überfiel die GPU seine Villa; seine Frau und die beiden Dienstmädchen wurden gefesselt, und die Angreifer entkamen mit zwei Kabinenkoffern voll Material aus seinem Archiv. Die Koffer wurden zuerst zur Chorinerstraße 34 gebracht, einem kommunistischen Schlupfwinkel im Norden von Berlin.

Wenn aber die GPU ihre Spione innerhalb der Hitlerbewegung hatte, so taten die Geheimdienste der Nazipartei das gleiche, indem sie ihrerseits Agenten in den kommunistischen Organisationen unterhielten. Eine fliegende SS-Abteilung überfiel überraschend das Haus Chorinerstraße 34. Aber die bei Professor Schwartz gestohlene Ladung war zu diesem Zeitpunkt bereits nach *Felseneck* unterwegs. Die Braunhemden stürmten das Versteck in der Chorinerstraße mit schußbereiten Pistolen. Rotfrontkämpfer, die im Hause Dienst taten, antworteten mit der Eröffnung des Feuers. Vier von den Naziangreifern wurden erschossen, bevor die Polizei kam.

Im Nazihauptquartier meldete ein Spion in den kommunistischen Reihen, daß die Archive von Professor Schwartz in aller Eile in ein Versteck in der Laubenkolonie *Felseneck* gebracht worden seien. Ernst Schwartz holte sich Hilfe aus einem Landhaus mit Namen *Waidmannslust*, einem nazistischen Bollwerk, eine Stunde zu Fuß von *Felseneck* entfernt. Er führte in größter Eile eine Schar bewaffneter Braunhemden nach der kommunistischen Kolonie.

Inzwischen saß ich still und friedlich in dem Gartenhäuschen an einem großen Ofen und diskutierte mit den Genossen die allgemeine politische Lage und wartete auf die Ladung Papiere für Hamburg. Die beiden Koffer mit den gestohlenen Dokumenten kamen jedoch nie bis nach *Felseneck*. Sie verschwanden spurlos im Straßengewirr der Berliner Vorstädte. Von den beiden Genossen, die den gemieteten Wagen mit den Koffern fuhren, hörte man nie mehr etwas. Später wurde bekannt, daß die beiden die Nerven verloren hatten und desertiert waren.

Plötzlich platzte ein Kurier herein. Er berichtete atemlos, daß eine Kolonne von zweihundert bewaffneten Nazis *Felseneck* angreife. Ich sprang auf, um die Lage zu prüfen und Verbindung in der Kolonie aufzunehmen. Es war schon zu spät. Von nah und fern tönten Alarmrufe der Rotfrontkämpfer. Es war ein Uhr und stockfinster. In den Häuschen ging Licht an. Wer Waffen hatte, schwärmte in Schützenlinie in den Gärten aus. Man hörte Rufe, knakkendes Holz und splitterndes Glas. Die SS-Leute rückten langsam vor, durchsuchten und zerstörten jedes Häuschen, wobei sie am Rande der Kolonie anfingen und sich langsam zum Zentrum durcharbeiteten. Steine flogen durch die Fenster. Türen wurden mit Füßen eingetreten. Die Nacht war erfüllt von Geschrei und vom Geknatter der Pistolenschüsse.

Ich hatte keine Waffe. Ich wußte nichts Besseres zu tun, als mich hinter einen Zaun zu kauern und mit Ziegelsteinen bewaffnet zu warten. In den Gartenwegen, aus den zerbrochenen Fenstern, hinter den kahlen Hecken hervor züngelte das Mündungsfeuer der Pistolen. Die Schießerei war wild, die Verwirrung groß. Zeitweise war es unmöglich, Feind und Freund zu unterscheiden, denn die SS-Männer trugen keine Uniform und keine Abzeichen. SS-Leute drangen zwanzig Meter entfernt in eine Hütte ein. Ein junger Arbeiter namens Fritz Klemke, der sich darin aufhielt, stürzte aus der Tür. Eine Sekunde später hörte ich ihn durch das Feuer der Pistolen aufschreien. Er starb schnell. Ich sah Männer und Frauen in die Nacht hinauslaufen. Ich lief mit ihnen. Scheinwerfer blitzten jetzt zu beiden Seiten der Kolonie auf. Polizeifahrzeuge fuhren schrill kreischend auf, dann bellte das schwere Krachen der Dienstpistolen. Die Polizei begann, das Areal zu umzingeln, aber die Polizeiwagen kamen nicht durch die engen Wege der Kolonie hindurch. Angreifer wie Verteidiger zerstreuten sich in der Nacht. Im kalten, trüben Morgenlicht erreichte ich den Tiergarten, meilenweit entfernt vom Schauplatz des Blutbades. Ich wanderte durch den Tiergarten zum Brandenburger Tor. Die Straßen waren leer. Ich fand eine Gaststätte, die offen war, und bestellte einen Kaffee. Er hatte mir noch niemals so gut geschmeckt.

Im Lauf des Tages begann ich, Avatin zu suchen. Es wurde mir gesagt, daß er nach Essen gegangen sei. Auch Schmidt hatte seinen Aufenthaltsort gewechselt. Die Zeitungen machten eine Riesengeschichte aus der *Felseneck*-affäre. Zwei Polizisten waren unter den Opfern des Überfalls. Die Berliner Polizei verhaftete vierundfünfzig SS-Leute und zwölf Kommunisten; eine große Untersuchung war im Gang. Ich floh nach Hamburg.

Die Polizei fand Zusammenhänge zwischen dem *Felseneck*-Blutbad und kommunistischen Operationen in Hamburg. Polizeikommissar Braschwitz von der Berliner politischen Polizei reiste eigens nach Hamburg, um Edgar Andree, den Führer der Rotfrontkämpfer, zu verhören; ergebnislos. Braschwitz schloß sich später den Nazis an und wurde einer der Chefs der Gestapo.

Professor Schwartz wurde tot im Eingang einer Hütte in *Felseneck* gefunden. Die Wand der Hütte, die einem Kommunisten namens Hohmann gehörte, zeigte einige dreißig Einschüsse. Nach dem Polizeibericht war Schwartz von rückwärts »mit einem ungewöhnlich langen Messer« erstochen worden.

Um den Mord an Professor Schwartz zu rächen, unternahmen SA-Abteilungen unter den Studenten der Berliner Universität einen mörderischen Angriff auf die kommunistischen Studenteneinheiten. Diese forderten Verstärkungen an. Der Kampf wurde so heftig, daß die Polizei die Universität »bis auf weiteres« schloß.

Der *S-Apparat* der Partei hatte inzwischen den Spion Himmlers in der Kolonie *Felseneck* festgestellt. Es war der einundzwanzigjährige Bernhard Wittkowsky. Bald darauf wurde seine Leiche mit eingeschlagenem Schädel am Rande von Berlin gefunden. In der weit entfernten Stadt Essen wurde ein anderer Nazispion, Arnold Guse, entdeckt und am darauffolgenden Tag umgebracht.

Hitler bot öffentlich eine Belohnung von fünfhundert Mark für die Namhaftmachung der GPU-Mörder. Er hatte keinen Erfolg.

Als ich gegen Ende Januar Avatin wiedersah, schien er unverändert. Wir sprachen über das Mißlingen der Berliner Expedition und über den Tod der Nazis.

»Wer legte sie um?« fragte ich plötzlich.

Avatin warf mir einen raschen Blick zu. »Ist es nicht gleichgültig?« antwortete er. »Sie waren schlimme Feinde des Proletariats.«

Als sich schließlich der Lärm über das *Felseneck*-Blutbad gelegt hatte, zog Schmidt seine nächste Sache auf. Offenbar war es dem britischen Spionagedienst gelungen, sich in den Besatzungen russischer Schiffe festzusetzen. Der britische Geheimdienst bediente sich dabei eines Agenten, der aus den Reihen der streng antibolschewistischen *British National Union of Seamen* kam. Bei dem Agenten, der in Hamburg die Verbindungen in der sowjetischen Handelsmarine führte, handelte es sich um einen gewissen Andersen, einen schlauen und geschickten Skandinavier. Genosse Schmidt kam aus Moskau, um eine größere Operation gegen Andersen in die Wege zu leiten. Ein Trupp deutscher Kommunisten wurde Schmidt für sein Unternehmen zugeteilt. Sie überwachten jeden Schritt, den Andersen tat. Sie brachen in seine Büros am

Schaarsteinweg ein (nur ein paar Häuser vom Marinehauptquartier der Nazis, dem *Stellahaus*, entfernt) und fanden einen Weg, Andersens Post abzufangen.

Dieses Vorgehen führte zu Resultaten. Es kam zu einer Umstellung der Besatzungen auf sieben oder acht sowjetischen Dampfern, und einige Russen, die im Internationalen Klub sehr geschätzt waren, verschwanden. Im Februar 1932 wurde die Entführung Andersens vorbereitet; er sollte an Bord eines russischen Schiffes in die Sowjetunion verschleppt werden. Von Schmidt, dessen Verschwöreraugen stets den Boden vor seinen Füßen abzusuchen schienen, und von Hermann Schubert, dem Reichstagsabgeordneten und Hamburger Parteichef, erhielt ich den Befehl, zehn zuverlässige Leute aus meinem *Apparat* Karl Stevens, der unter dem Namen *Punch* bekannt war, zur Verfügung zu stellen. Stevens war einer der rücksichtslosesten Funktionäre der Spionageabwehr. Stevens und seine zehnköpfige Mannschaft sollten Andersen entführen.

Aber Andersen hatte durch seine eigenen Spitzel erfahren, was gespielt wurde. Als Stevens und seine Leute an einem frühen Morgen plötzlich in Andersens Büro erschienen, trat ihnen eine Bande mit Knüppeln und Schlagringen bewaffneter britischer Seeleute entgegen. Es entspann sich ein heftiger Nahkampf. Das Büro wurde zerstört, und Andersen lag mit eingeschlagenem Schädel unter einem Tisch. Die Polizei kam, und die Angreifer mußten auseinanderspritzen. Nach einem Aufenthalt im Krankenhaus kehrte Andersen nach England zurück. Aus Rache überfiel eine starke Bande Bewaffneter den Internationalen Klub in Hamburg, nachts zu einer Zeit, als der Klub mit Seeleuten aus allen Ländern und ihren Mädchen vollgestopft war. Am anderen Morgen zählte ich rund zweihundert Stühle mit abgebrochenen Beinen; die Männer hatten sie als Waffen gegen die Angreifer gebraucht. Wie gewöhnlich erschien die Polizei erst, als die Geschichte vorbei war, und die Verhöre, die sie anstellte, waren ganz oberflächlich und dienten nur dazu, Material für einen amtlichen Bericht zu sammeln.

Die britischen Zeitungen, die kurze Zeit darauf über den Angriff auf Andersen berichteten, charakterisierten den Internationalen Klub in Hamburg als eine »Mördergrube«.

Punch Stevens verschwand aus Hamburg, um den Nachstellungen der Polizei wegen eines anderen Verbrechens zu entgehen. Jahre später, als ich in einem Nazigefängnis saß, erfuhr ich von Mitgefangenen, daß Stevens, in der Uniform eines SA-Mannes, im Frühjahr 1934 von einem Gestapoagenten erkannt worden sei. Er wurde ergriffen und verhört. Unter der Folter gab Stevens zu, sich im Auftrag der GPU eingeschlichen zu haben. Drei Monate später verurteilte ihn das Gericht zu lebenslänglichem Gefängnis. Damit kam er im ganzen besser weg als sein Chef, Hermann Schubert, eine der Stützen des deutschen Kommunismus, der nach Rußland floh und Professor an der Leninschule wurde. Zusammen mit vielen anderen kommunistischen Flüchtlingen wurde Genosse Schubert während Stalins großer Säuberung in den Kerkern der GPU umgebracht.

Während der ersten sechs Monate des Jahres 1932 wurden durch den deutschen *Apparat* der GPU in Hamburg vier Entführungen auf dem Seeweg vorgenommen. Das Schicksal des einen der vier Opfer ging mir sehr nahe. Der lange Arm Stalins erreichte meinen Freund, den Ukrainer Bandura, den ich lieben und achten gelernt hatte, als er noch Chef der Küstenorganisation in Antwerpen war.

Bandura, der sich der kommunistischen Partei angeschlossen hatte, weil er die aufrührerischen Hafenarbeiter liebte, als seien sie seine eigenen Kinder, wurde in Hamburg, wohin er inzwischen umgezogen war, zu einer leidvollen Gestalt. Totenblaß und ewig in Lumpen gehüllt, mißbraucht und von den hundertprozentigen Stalinisten in der Organisation zurechtgewiesen, blieb er loyal und unerschrocken bei der Verteidigung der Interessen der Seeleute. Zum Dank für all seine Hingabe wurde er als Ausgestoßener behandelt und verdächtigt, unerlaubte »Syndikalistische Tendenzen« in der Partei zu fördern.

Bandura war sehr unglücklich. Seit seiner frühesten Jugend kannte er nur das Leben eines Klassenkämpfers. Er tröstete sich mit dem Alkohol, den er sich von den französischen Schiffen beschaffte, auf denen er mit Erfolg eine Anzahl Zellen aufgebaut hatte.

»Ich lebe in einem Dunst von Intrigen, und niemand versteht mich«, platzte er eines Tages heraus, und tiefe Verzweiflung verzerrte sein verwüstetes Gesicht. »Alle, die gut zu mir waren, habe ich verloren – meine Frau, meine Freunde, meine Kinder – alle! Alle!« Die Heftigkeit seiner Verzweiflung ergriff mich.

»Was wollt ihr denn eigentlich von mir? Bitte, sag es mir!« klagte er jämmerlich.

Ich konnte ihm nicht helfen. Nur diejenigen konnten Banduras Situation verstehen, die die kommunistische Methode der vollständigen Isolierung eines der Ketzerei Verdächtigen kannten. Es ist ein tödliches Verfahren. Es ist, als entzöge man einem Fisch das Wasser, ließe ihn aber am Leben, um ihn leiden zu lassen.

Eine eigenartige Freundschaft entspann sich zwischen Bandura und Firelei. Sie begann Anfang Februar, an dem Tag, an dem Firelei und ich heirateten. Ihre Eltern hatten eine etwas versöhnlichere Haltung eingenommen, als sie einsahen, daß es unmöglich war, uns zu trennen. Sie hatten ihr genügend Geld für die Einrichtung einer hübschen Wohnung gegeben. Die Heiratszeremonie hatten wir in Hamburg rasch hinter uns gebracht und waren dann gleich in den Hafen zu einer Konferenz auf einem sowjetischen Schiff geeilt. Wir trafen dort Bandura und einen offiziellen Vertreter der russischen Gewerkschaften, der aus Eifersucht über die Beliebtheit Banduras unter den russischen Seeleuten eine wilde Kampagne zur Diskreditierung des Ukrainers entfesselt hatte. Firelei, die ein natürliches Gerechtigkeitsgefühl besaß, verteidigte Bandura, und von jenem Tage an hing der rauhe Wandersmann an ihr wie ein treuer Hund.

Eines Tages sagte Firelei zu ihm: »Genosse Bandura, komm mit mir nach Hause, du brauchst ein Bad und ein gutes Essen.« Der unordentliche alte Krieger war sanftmütig hinter ihr hergetrottet. Von da an traf ich ihn oft in unserer Wohnung. Bandura hatte das Bedürfnis, sich zu entspannen und neue Hoffnung zu schöpfen. Beim Kaffeetrinken pflegte er zu Firelei zu sagen: »Erzähl etwas.«

»Was soll ich denn erzählen?« sagte Firelei dann.

»Das ist ganz gleichgültig«, brummte Bandura. »Erzähl von den Vögeln. Erzähl von den Bäumen. Erzähl von dem Kind, das du bekommen wirst. Nur erzähl mir etwas.«

Firelei war in anderen Umständen. Jedesmal, wenn ich Bandura neben Firelei sah, meinte ich, eine sturmzerfetzte alte Eiche neben einer anmutigen jungen Birke zu sehen. Sie bewunderte Bandura wegen seiner Lebenserfahrung und seiner ungewöhnlichen menschlichen Eigenschaften und nahm keinen Anstoß an seinem vernachlässigten Äußeren. Firelei pflegte eine Weile zu erzählen, und dann fing Bandura an zu reden und redete eine Stunde und länger. Immer sprach er vom Leben. Von den Träumen seiner Jugend. Von der Schönheit, der weder das Gefängnis noch die Not etwas anzuhaben vermochten. Von den Flüssen, auf denen er gefahren war. Aber er sprach nie über Politik, wenn er mit Firelei zusammen war. Wenn Bandura sie verließ, pflegte er zu sagen:
»Deinen Sohn werde ich lieben! Ich bin jetzt nicht mehr arm, ich bin reich!«
»Genosse Bandura hätte nie Revolutionär werden sollen«, sagte Firelei zu mir.
»Warum nicht?«
»Als Junge wünschte er sich, Gärtner zu werden. Wäre der Weltkrieg nicht in sein Leben eingebrochen, würde er jetzt ein weiser alter Gärtner sein.«
Hin und wieder hatte ich von unseren Hafen-Aktivisten Berichte bekommen, aus denen hervorging, daß Bandura auf russischen Schiffen im Hafen, aber auch an Land in den Varietés von St. Pauli in Gesellschaft sowjetischer Matrosen gesehen worden war. Bandura hatte nichts auf russischen Schiffen zu suchen. Er stand an der Spitze der Aktivisten-Kolonnen, die sich mit den Dampfern unter französischer, jugoslawischer und griechischer Flagge zu befassen hatten. Personen, die sowjetische Schiffe besuchen wollten, mußten einen vom sowjetischen Generalkonsulat ausgestellten Paß vorweisen.
Bandura besaß kein solches Papier. »Was hat das zu bedeuten?« dachte ich. »Bandura ist Slawe; er sehnt sich nach einem Zusammensein mit seinen Landsleuten.«
Es gibt eine Vereinbarung zwischen der GPU und den Vertretern der Komintern in den verschiedenen Häfen, die bestimmt, daß man sowjetischen Seeleuten in den Häfen außerhalb Rußlands nach Möglichkeit keine Gelegenheit geben solle, nach Gutdünken in der »kapitalistischen« Umgebung herumzustreifen. Die Verlockungen einer solchen Umgebung hatten oft genug zu Desertionen russischer Seeleute geführt, besonders von solchen, die keine erprobten Kommunisten waren. Sowjetische Schiffe wurden in ausländischen Häfen ständig überwacht, nicht nur von den sowjetischen Schiffskomitees und der mißtrauischen Hafenpolizei, sondern auch von den Mitgliedern der ortsanssäsigen kommunistischen Sicherheitsausschüsse. Als offizieller Grund für die Überwachung wurde Sabotageabwehr wegen antistalinistischer Elemente angegeben. Der tatsächliche Grund war jedoch der, die sowjetischen Seeleute von der Allgegenwart der GPU zu überzeugen. Der Führer dieses Sicherheitsdienstes in Hamburg war Hugo Marx, der blaßgesichtige und eitle GPU-Fuchs, der in den stürmischen Monaten des Jahres 1923 in mein Leben getreten war. Abgesehen von seiner Funktion als Leiter des Sicherheitsausschusses wirkte Hugo Marx als Obmann eines Stauereiunternehmens, das unter dem Namen *Stauerei-Einheit* bekannt war und sich in der Hauptsache mit der Ladung und Entladung sowjetischer Schiffe zu befassen hatte. Eines Morgens erschien Hugo Marx unangemeldet in meinem Büro, schloß die Tür hinter sich ab, warf rasch noch einen Blick über die Schulter und stieß dann hastig hervor:

»Wir werden Bandura erledigen müssen.«
»Weshalb denn?«
»Wir haben ihn genau beobachtet. Er macht uns nun schon seit Jahren Ärger. Wer weiß denn, ob er nicht von Trotzki bezahlt wird?«
Spöttisch sagte ich: »Wenn Bandura ein Trotzkist ist, dann gehöre ich zur christlichen Kirche.«
Hugo Marx zog eine Liste mit Namen russischer Schiffe hervor.
»Hier sind die Schiffe, auf denen Bandura in den vergangenen zwölf Monaten gegen die Sowjetregierung agitiert hat«, sagte er finster. »Ich bin im Besitze schriftlicher Berichte von jedem einzelnen dieser Schiffe.«
»Welche Tendenz hat diese Agitation?« fragte ich.
»Die bolschewistische Partei soll sich unter Stalin dem russischen Proletariat entfremdet haben. Das sind seine eigenen Worte: ›Demokratischer Zentralismus ist bürokratischer Zentralismus geworden. Ihr habt keinen Sozialismus in Rußland, sondern die Diktatur einer konterrevolutionären Bande von Eunuchen. Stalin muß gehen, bevor die Macht der Arbeiter wieder aufgerichtet werden kann.‹ Nun, was sagst du dazu?«
Ich schwieg. Das waren keine zurechtgemachten Anklagen. Bandura war gut informiert über das, was in der Sowjetunion vor sich ging. Trotz seiner Heimatlosigkeit war Bandura ein Bauer. Er kannte die Bedeutung der von Menschen gemachten Hungersnöte. Er wußte auch, was die GPU-Verbände zu jener Zeit mit den ukrainischen Bauern machten. Und so kam es, daß Bandura, der Rebell, zurückschlug, so gut er konnte.
»Bandura erzählt den russischen Seeleuten, die Arbeiter in anderen Ländern haßten Stalin«, fuhr Hugo Marx fort. »Einer der Matrosen auf dem *Krasny Profintern* machte Einwände. Er sagte Bandura, daß er in der Prawda gelesen habe, Genosse Stalin sei beliebt und genieße das Vertrauen des Weltproletariats. Was glaubst du, was Bandura dazu sagte? ›Die *Prawda* lügt, kein Mensch liebt Stalin‹ – das war seine Antwort.«
»Was wirst du nun tun? Ihn aus der Partei ausstoßen?«
»Nein. Wir werden ihn wegschicken.«
»In die Sowjetunion?«
»Es hängt davon ab, was wir machen können. Berlin muß eine Entscheidung treffen. Die breite Masse der Genossen darf nichts erfahren. Man muß sagen, daß Bandura in einer Mission nach Polen geschickt worden sei.«
Hugo Marx ging. Am nächsten Tag sah ich Bandura.
»Genosse Bandura«, sagte ich zu ihm, »ich weiß, daß du ein Geheimnis für dich behalten kannst.«
Bandura war leicht betrunken. Er kam gerade von einem Rundgang auf den französischen Schiffen im Hafen zurück. Er legte die Hand aufs Herz. »Viele große Geheimnisse sind hier verschlossen«, sagte er. »Sie sind bei Bandura sicher.«
»Die GPU hat Informationen, daß du mit Leuten auf russischen Dampfern sprichst«, sagte ich. »Sie hat das nicht gern. Es wäre besser, du würdest verschwinden. Geh nach Rotterdam oder Marseille oder irgendwohin.«
Bandura lachte. »Ihr möchtet mich wohl gerne los sein?«
»Ich meine es ernst. Dies ist eine Warnung.«
»Die GPU hat den gleichen Geruch wie die Mörder von Karl Liebknecht«, brummte Bandura. »Sie sind die Verräter, nicht ich.«

»Das ist ganz egal, sie haben die Macht.«
»Und ich habe den Glauben, Genosse. Ich hatte den Glauben, bevor du geboren warst. Wo ist deine Frau?«
»Firelei?«
»Ich möchte sie sehen.«
»Das geht nicht.«
»Ich verstehe«, sagte der Ukrainer mit schneidender Verachtung. »Ich bin ein Mann, der die Pest weiterträgt. Ich glaube an die Freiheit. Du glaubst an das Heulen mit den Wölfen. Leb wohl. Sag deiner Frau, daß ich ihr für alle ihre Güte danke.«
»Paß auf, daß niemand dich sieht, wenn du weggehst.«
Bandura verließ Hamburg nicht. Er wurde von den GPU-Leuten verhaftet und neun Tage in einem geheimen Gewahrsam in Kohlofen 19 festgehalten. In den ersten Tagen des Juni 1932, in einer milden Sommernacht, wurde er an Bord des *Dnjepr* gebracht. Bandura leistete keinen Widerstand. Der *Dnjepr* fuhr nach Leningrad. Bandura war einer der ersten von der Legion ausländischer Kommunisten, die auf die Solowietzky-Inseln im Weißen Meer verbannt wurden, die Inseln »der Tränen, die zu Eis werden«.
»Was ist mit dem Genossen Bandura los?« fragten die Aktivisten von Hamburg mehr als einmal nach seinem Verschwinden.
»Man hat ihn in Gdingen gesehen«, war die Antwort.
Und drei Wochen später wurde eine neue Legende in Umlauf gesetzt. Es hieß: »Genosse Bandura ist von der polnischen Polizei in Gdingen verhaftet worden.«
Im Strudel der Ereignisse war der ukrainische Kämpfer bald vergessen.

Drei weitere Männer wurden entführt und während der ersten Hälfte des Jahres 1932 auf den Weg nach Leningrad gebracht. Sie verschwanden aus Hamburg an Bord der sowjetischen Dampfer *Alexej Rykow* und *Rosa Luxemburg*. All diese Entführungen wurden unter den Augen der deutschen Behörden durchgeführt, ohne daß der geringste Verdacht entstanden wäre. Zu jener Zeit war das Untergrundnetz der GPU so ausgedehnt und wirksam, daß es auf verschiedenen Kontinenten wie ein wirklicher Staat im Staate funktionierte.
Eines der drei Opfer war Mitglied der sowjetischen Handelsmission in Berlin gewesen. Er hatte eine beträchtliche Geldsumme gestohlen und war nach Köln ausgerückt, um sich dort als Exporteur von Spielzeug niederzulassen. Er wurde in Köln von Michael Avatin und seinen Helfern festgenommen und nach Berlin zurückgebracht. Dort beschloß ein aus zwei GPU-Beamten und zwei Mitgliedern der kommunistischen Zelle im Stab der Sowjetischen Handelsmission bestehendes »proletarisches Gericht«, daß er nach Rußland zurückgeschickt werden solle. Unter GPU-Bewachung wurde er nach Hamburg gebracht, ein untersetzter, betrübt aussehender Mann mit einer Hornbrille. Um zu verhindern, daß er Selbstmord beging, wurde er Tag und Nacht gefesselt. Ein Mann von der Besatzung des sowjetischen Frachters *Rosa Luxemburg* erhielt die Aufforderung, in Hamburg zu »verschwinden«, und der unglückliche Veruntreuer aus Berlin wurde an seiner Stelle als reguläres Besatzungsmitglied registriert. Man hat nie mehr etwas von ihm gehört; man kann als sicher annehmen, daß er in Rußland erschossen worden ist.

Die beiden anderen unfreiwilligen Passagiere nach Rußland waren Italiener. Mussolinis politische Polizei, die *Ovra*, war sehr aktiv in Deutschland und Österreich. Beinahe jedem italienischen Konsulat war ein politischer Spion zugeteilt. Eines der Opfer wurde von der GPU in Wien festgenommen, wo er die Rolle eines antifaschistischen Offiziers der Mailänder Garnison gespielt hatte. Er hatte sich als Flüchtling vor der *Ovra* und als Mitglied der verbotenen Kommunistischen Partei Italiens ausgegeben. Sein eigentliches Tätigkeitsgebiet war die Erkundung der Transporte kommunistischer Propagandaliteratur, die in Wien in italienischer Sprache gedruckt und dann über die Alpengrenze nach Italien geschmuggelt wurde. Man bezahlte ihm zweitausend Lire für die Beschlagnahme jedes solchen geheimen Transports. Mehr tot als lebendig kam er als Gefangener der GPU nach Hamburg und wurde an Bord des *Alexej Rykow* nach Leningrad verschleppt.
Das zweite Opfer war ein italienischer Spion, der zum Konsulat in Hamburg gehörte. Er erschien in meinem Büro etwa um den 20. Mai 1932 herum und gab sich als Kommunist aus, der aus dem Gefängnis in Turin ausgebrochen sei. Er hatte Zeitungsausschnitte bei sich, die diese Geschichte beweisen sollten, und arbeitete dann als Freiwilliger in der italienischen Sektion des Internationalen Klubs in Hamburg, die damals sehr aktiv war. Die Sektion erhielt eine besondere Unterstützung, gab eine Zeitung heraus und veröffentlichte Broschüren, die über italienische Schiffe nach Italien geschmuggelt wurden. Unter den italienischen Schiffen, die in den nordeuropäischen Häfen verkehrten, war nicht eines ohne kommunistische Zelle innerhalb der Besatzung. Die Aufgabe dieses Spions war es, die Namen der Verbindungsleute zu ermitteln, damit die *Ovra* sie verhaften konnte, wenn sie wieder in die italienischen Häfen zurückkehrten.
Ich hatte keinen Verdacht, daß der Neuangekommene ein Spion sein könne. Er machte einen guten Eindruck und sprach wie ein ausgebildeter Kommunist. In einem internationalen Schiffahrtszentrum wie Hamburg gab es sozusagen jeden Tag politische Flüchtlinge; teils kamen sie auf den großen Überlandstraßen, teils als blinde Passagiere. Wenn ich den Spionageabwehr-Apparat der Partei in Kenntnis setzte, um die Verhältnisse des Neuangekommenen überprüfen zu lassen, so folgte ich dabei mehr dem üblichen Routineverfahren. Jeder Neuankommende, der keine offiziellen Parteiempfehlungen vorweisen konnte, wurde so lange überwacht, bis wir von seiner Glaubwürdigkeit überzeugt waren. Das war eine reine Maßnahme der Selbsterhaltung.
Der Italiener bekam ein Zimmer bei der Familie eines Parteimitglieds. Wenn er in den Hafen ging, wurde er von unseren Sicherheitsleuten beschattet. Ein Mädchen vom kommunistischen Jugendverband erhielt die Weisung, mit ihm Freundschaft zu pflegen. Ich war so vorsichtig, ihm keine Aufträge auf italienischen Schiffen zu geben. Er sprach Französisch und wurde für eine Probezeit in der französischen Abteilung eingesetzt.
Der Italiener hieß Giacomo Bianchi. Zuerst machte er keinen der Fehler und beging keinen der Irrtümer, über die das Gros der Spione stolpert. Kein kompromittierendes Material war in seinem Zimmer verborgen. Er vermied es, Fragen zu stellen, die mit seiner Tätigkeit nichts zu tun hatten. Er gab auch nicht mehr Geld aus als seinen mageren Wochenlohn, den ihm die französische Sektion bezahlte. Er empfing keine Post und schrieb keine Briefe. Dennoch verriet er sich. Ich wollte bereits die Überwachung aufheben und ihn als

zuverlässiges Mitglied in unseren Kreis aufnehmen, als Hugo Marx wie ein Gespenst erschien und flüsterte: »Sei lieber vorsichtig.«
»Hast du etwas gefunden?« fragte ich.
Marx nickte. In der vorhergehenden Nacht hatte eine Schar italienischer Matrosen an einem politischen Tanzkränzchen im Internationalen Klub teilgenommen. Giacomo Bianchi war ebenfalls dort gewesen und hatte mit französischen Seeleuten gesprochen. Die Italiener waren von einer Gruppe Russen mit Bier traktiert worden und hatten sich darüber gefreut. Aber weder durch eine Gebärde noch durch ein Wort hatte Giacomo verraten, daß er von der Anwesenheit seiner antifaschistischen Landsleute Kenntnis genommen habe.
»Das ist verdächtig«, flüsterte Hugo Marx. »Giacomo ist ein Spion. Wäre er kein Spion, so hätte er mit seinen Landsleuten gesprochen. Um die Tatsache zu verbergen, daß er ein Spion ist, vermied er es, sich mit ihnen in Gegenwart anderer zu unterhalten.«
Die Überwachung Giacomos wurde verstärkt. Eines Nachts, als er mit dem Mädchen vom kommunistischen Jugendverband im Bett lag, versprach er ihr, sie auf eine Reise nach Italien mitzunehmen. Sie zeigte sich einverstanden, hatte sich noch enger an ihn geschmiegt und ihn ermuntert, mehr zu erzählen. »Ich habe einflußreiche Beziehungen«, hatte Giacomo geheimnisvoll angedeutet. Am nächsten Morgen hatten wir den Bericht darüber. Einige Tage später wurde Giacomo in einem Restaurant beschattet, in dem er mit einem Fremden aß. Der Weg des Fremden endete im italienischen Konsulat. Einen Tag später wurde dieser Fremde von einem von Hugo Marx' Leuten fotografiert. Die Fotografie wurde in die Handtasche des Mädchens gesteckt. Am nächsten Abend, als sie mit Giacomo im Restaurant des Internationalen Klubs saß, zog das Mädchen die Fotografie heraus, zeigte sie Giacomo und sagte: »Wir haben einen italienischen Spion erwischt. Er hat uns eine Liste seiner Mitarbeiter gegeben. Komm, wir wollen darauf anstoßen!«
Giacomo wartete gar nicht erst. Er entschuldigte sich und lief weg. Zwei Agenten der GPU erwischten ihn in seinem Zimmer, als er in aller Eile seine Sachen packen wollte.
Der Spion wurde im Bierkeller des Internationalen Klubs beinahe zu Tode gefoltert. Das besorgten die Mitglieder der italienischen Sektion. Sie hatten einen wilden Haß auf *Ovra*-Spione und wollten ihn solange wie nur möglich leiden lassen. Er wurde geschlagen, bis er alles, was er über die Tätigkeit der *Ovra* in Deutschland wußte, preisgab. Danach war es für die GPU unmöglich, ihn freizugeben. Er hätte die Polizei informiert und seine Mitspione gewarnt. Wenn ich nicht interveniert hätte, wäre er von den Italienern an Ort und Stelle ermordet worden. Wir aber konnten nicht zulassen, daß man womöglich eine Leiche bei uns im Hause fand. Giacomo wurde also nach Kohlhofen 19 gebracht, dem geheimen Gefängnis der GPU in Hamburg. Ich sah ihn nicht wieder. Nach einigen Wochen wurde er an Bord des *Alexej Rykow* in die Sowjetunion transportiert. Nicht einmal das Mädchen, das seine Geliebte gewesen war, erfuhr etwas über sein Schicksal. Man erzählte ihr, daß Giacomo nach Holland entkommen sei.

Stalin auf den sieben Meeren

Im Jahre 1932 erstreckte sich Stalins Macht über die sieben Meere mit einem weitgespannten Netz getarnter und unterirdischer Beziehungen. Hier wurden Propagandafeldzüge geführt, Schmuggelringe unterhalten, Schulen für Agitatoren und Strandräuber betrieben, Massenstreiks angezettelt, Massensabotage organisiert, Meutereien entfacht und Spionage in allen nur möglichen Formen getrieben. Morde wurden ausgeführt, ein Stab von erfahrenen Menschenräubern beschäftigt und Gefängnisschiffe unterhalten, die als Handelsschiffe getarnt waren.

Die erstrangige, strategische Bedeutung einer Kontrolle der ganzen Handelsmarine aller kapitalistischen Länder war in Moskau längst erkannt worden. Die Möglichkeit, jederzeit den internationalen Übersee- und Flußhandel lähmen zu können, war lebenswichtig für die Verteidigung der Sowjetunion. Seit der Konferenz der Marinesektion der Komintern in Moskau 1930, an der ich teilgenommen hatte, trat nach außen hin immer mehr eine scheinbar unabhängige internationale Körperschaft in Tätigkeit, die die Interessen aller Arbeiter der Küsten in der ganzen Welt wahrnahm. Sie lief unter dem Namen einer *Internationale der Seeleute und Hafenarbeiter* – kurz *ISH*, war aber in Wirklichkeit eine getarnte Verlängerung der Marinesektion der Komintern. Ähnlich der Komintern und der Profintern bezeichnete sich die ISH als souveräne Organisation mit Selbstverwaltung. Um diese Tarnung wirksamer zu gestalten, wurde ihre Zentralverwaltung nicht in Moskau, sondern in Hamburg, Rothesoodstraße 8, eingerichtet. Der Chef der ISH war Albert Walter. Im August 1931 berief mich Georgi Dimitroff in das politische Büro der ISH und teilte mich der Zentralverwaltung zu. Mein monatliches Gehalt betrug 200 Dollar. An diesem zentralen Punkt wurde ich bald in alle größeren kommunistischen Unternehmungen auf dem Gebiet der internationalen Schiffahrt eingeweiht.

Die Operationen der ISH umfaßten drei verschiedene Gebiete: 1. die revolutionäre Aktion, 2. die Aufrechterhaltung der Verbindungen zwischen den Zentren in Moskau und Berlin und der übrigen Welt, 3. die Marinespionage. Die Kampagne unter den Deckoffizieren war nur ein kleiner Teil der Aufgaben, die mir schon bald nach meinem Erscheinen in der Hamburger Zentralverwaltung zugeschoben wurden. In der Komintern werden die Kräfte der Männer in erschreckender Weise verbraucht. Der Fluch der Überarbeitung und die Gefahr, im Kleinkrieg unterzugehen, lag über uns allen. Die Funktionäre brachen unter der Last der an sie gestellten Anforderungen beinahe zusammen. Proteste waren zwecklos. Wir pflegten zu sagen: »Ein Bourgeois besteht aus Fleisch und Knochen; ein Kommunist besteht aus Funktionen.«

Die ISH besaß Organisationen in zweiundzwanzig Ländern und neunzehn Kolonien. Abgesehen von den festen Funktionären beschäftigte sie fünfzehn politische Instrukteure, die ständig unterwegs waren und von denen jeder für das geräuschlose Funktionieren des kommunistischen Marine-*Apparats* in seinem Gebiet – der Levante, Westindien, USA und Kanada, den skandinavischen Ländern usw. – verantwortlich war. Die ISH unterhielt siebenundvierzig Internationale Klubs in ebenso vielen Häfen. Ihre wichtigste Publikation, das *ISH-Bulletin*, wurde in dreizehn Sprachen herausgegeben, in Hamburg gedruckt und von dort an die roten Marineorganisationen in der ganzen Welt verteilt. Vom monatlichen Gesamtbudget wurden nur etwa 8000 Dollar für den Unterhalt der ISH-Verwaltung und des Außenstabes verwendet. Die verbleibenden 44 000 Dollar wurden als Unterstützungen an die der ISH angeschlossenen Organisationen im Ausland verteilt.

Handelte es sich um Länder, welche kommunistische Parteien innerhalb ihrer Grenzen duldeten, wurden die Unterstützungen gewöhnlich durch Kabel an neutrale Deckadressen oder an fiktive Geschäftsfirmen geschickt; bei Ländern, in denen die Kommunistische Partei illegal arbeiten mußte, wurden sie über das maritime Kuriernetz verteilt. Später wurden wir allerdings durch die strengen Devisengesetzgebungen in vielen Ländern gezwungen, von der Geldüberweisung durch Kabel abzusehen. Kuriere, die zu den Schiffsbesatzungen gehörten, und Kommunisten, die als Angestellte auf internationalen Zügen fuhren, wurden mehr und mehr die Träger der vertraulichen Kominternpost. Aus verständlichen Gründen bediente man sich fast nie der Banken für die Überweisung von Geldbeträgen. Sorgfältig wurde jeder belastende Kontakt zwischen dem kommunistischen *Apparat* und den offiziellen diplomatischen Vertretungen der Sowjetunion vermieden.

Empfänger dieser kommunistischen Unterstützungen für die Marine-Agitation waren von 1930 bis 1933 in den Vereinigten Staaten George Mink und anschließend Roy Hudson (das *Pferdegesicht*). Ich schickte das Geld jeweils nach: 140 Broad Street und Box 13, Station O, beide in New York City. Finanziert wurden davon die *Marine Worker's Voice*, der Unterhalt der Internationalen Klubs, die Organisatoren, besondere kommunistische Gruppen in der Panamakanalzone und die kommunistische Arbeit in der *US-Navy* und der Küstenwache. George Mink wurde später einer der wichtigsten internationalen GPU-Leute; Roy Hudson stieg in das zentrale Exekutivkomitee der amerikanischen kommunistischen Partei auf.

Als Mitglied der Zentralverwaltung der ISH hatte ich in dieser Zeit mehrfach Kontakt mit amerikanischen Kommunisten. Einige von ihnen waren mir unmittelbar unterstellt. Zwei sollten einmal sehr hoch in Stalins Gunst stehen: die GPU-Berühmtheit George Mink und James W. Ford, ein Neger, der bald der ewige Vizepräsidentschaftskandidat der Kommunistischen Partei der Vereinigten Staaten wurde. Wir betrachteten Ford als einen Karrieremacher, hielten ihn nicht für sehr mutig und noch weniger für fleißig; Ford besaß jedoch eine unheimliche Fertigkeit, durch Schmeicheleien diejenigen für sich einzunehmen, die irgendwelche Budgets zu verwalten hatten. Sehr dunkelhäutig und zur Korpulenz neigend, sanft sprechend und gut angezogen, ging Genosse Ford in einer ruhigen diplomatischen Art seinen Geschäften nach und entwickelte dabei ein beträchtliches Geschick für die unauffällige politische Intrige.

1930 wurde James Ford zum Generalsekretär des Internationalen Komitees der Negerarbeiter ernannt. Wegen der ausgezeichneten Schiffsverbindungen nach Westindien und der afrikanischen Küste hatte man den Hauptsitz dieses Komitees nach Hamburg verlegt. Fords Büro befand sich im Gebäude des Internationalen Klubs in Hamburg. Es wurden ihm eine geheime Wohnung, eine monatliche Unterstützung von Moskau und eine junge Mätresse gestellt, die übrigens auch der GPU angehörte. Negeragenten der Moskauer Schule wurden nach England, Jamaika, den Vereinigten Staaten und nach Südafrika geschickt. Die Organisation James Ford – kurz als das *Negerkomitee* bezeichnet – florierte. Zahllose Aufrufe, Broschüren und eine Monatsschrift, der *Negro Worker*, wurden in den kommunistischen Druckereien Hamburgs hergestellt und fanden ihren Weg in alle von Negern bewohnten Teile der Erde. Da der *Negro Worker* sehr hetzte, mußte der größere Teil der Auflage jeweils durch die Marine-Kuriere meines *Apparats* in die entsprechenden Bestimmungsländer geschmuggelt werden. Alle agitatorischen und organisatorischen Bemühungen des *Negerkomitees* waren darauf gerichtet, die Bewohner der Kolonien zu Streiks und Aufruhr aufzuputschen, ganz besonders in den britischen Besitzungen. Der am wenigsten Aktive bei dieser Agitation war James Ford selbst. Er war zu sehr Intellektueller, um gleichzeitig revolutionärer Aktivist sein zu können, und er scheute die Gefahr. Ein politischer Instrukteur aus Moskau, ein Pole namens *Adolf*, sagte einmal zu mir: »Dieser Ford ist ein kostspieliges Paradepferd. Er verschwendet zu viel Geld und schläft zuviel.«

Albert Walter war wütend.

»Wir wollen diesen Schwindler loswerden, am besten schicken wir ihn wieder nach Amerika zurück«, schlug er Moskau vor.

»Aus Repräsentationsgründen muß Ford bleiben; er ist ein guter Redner«, telegrafierte Losowski zurück.

Das Ende kam plötzlich. Eine größere Anzahl Exemplare des *Negro Worker* war nach Kapstadt und Durban geschmuggelt worden. Es gab viel Unruhen und einige Gewalttätigkeiten unter den Werftarbeitern in den südafrikanischen Häfen. Der britische *Secret Service* konnte die Spuren des aufrührerischen *Negro Worker* bis nach Hamburg verfolgen. Das Londoner Kolonialministerium protestierte bei der deutschen Regierung und beschuldigte sie, Anstifter von Aufständen im Britischen Empire zu beherbergen. Eine Polizeiaktion auf unsere Hamburger Zentralverwaltung war die Folge. James Ford, der fürchtete, verhaftet zu werden, lief aus dem Gebäude, sprang auf ein Fahrrad und versuchte, sich in Sicherheit zu bringen. Dieser Versuch war zwecklos und lächerlich. In einer norddeutschen Stadt wie Hamburg konnte nichts mehr auffallen als ein Neger auf einem Fahrrad, hinter dem die Polizei her war. Wer im Dienste der Komintern auffiel, war für die konspirative Arbeit so gut wie unbrauchbar. Ford wurde summarisch aller seiner internationalen Funktionen enthoben. Aber Losowski rettete ihn. Ford packte seine Sachen und verschwand. Ein etwas tüchtigerer Kollege von ihm, George Padmore, kam aus Moskau und übernahm die Leitung des Negerkomitees. Nach kurzer Zeit der »Verbannung« in Moskau kehrte Ford nach Amerika zurück, wo die kommunistische Presse ihn als »den großen Negerführer« empfing.

Von völlig anderer Art als Ford war sein Landsmann George Mink, der ebenfalls ein besonderer Günstling des Kreml werden sollte – allerdings auf einem anderen, sehr viel gefährlicheren Gebiet. Er erschien in Deutschland gegen Ende 1931, ich traf ihn damals im Vorzimmer Dimitroffs im *Führer Verlag* in Berlin. Er war ein auffallender Mann; jung, flink, mit leicht jüdischen Gesichtszügen und einer lauernden und zynischen Arroganz, untersetzt und kräftig. Sein Mund war verkniffen und grausam, seine Zähne unregelmäßig, und er hatte glitzernde grünlich-braune Raubtieraugen. Selbst für den unkritischen Betrachter schien Mink von einer undefinierbaren Mittelmäßigkeit zu sein. Als wir uns damals trafen, hatte er gerade eine beträchtliche Geldsumme

in amerikanischer Währung – einige tausend Dollar – für die Marine-Agitation in den Vereinigten Staaten bekommen. Das Geld wurde ihm von Fritz Heckert ausgezahlt, dem Reichstagsabgeordneten und gleichzeitigen Schatzmeister des Westsekretariats der Komintern.
»Wer ist dieser Kerl?« fragte ich.
»Ein Gangster aus New York«, antwortete Heckert scherzend. »Es ist besser, du fährst im gleichen Zug mit ihm. Er will auch nach Hamburg, um ein Schiff nach den Vereinigten Staaten zu nehmen. Mink liebt Mädchen, und er hat einen Haufen Geld bei sich.«
Bald saßen Mink und ich eng nebeneinander in einem Abteil des Berlin-Hamburg-Expreß. Wir waren allein. Mink zog eine Flasche französischen Kognak hervor und einen Haufen pornographischer Fotos. »Die Dirnen lieben solche Bilder«, erläuterte er. »Ein Blick, und sie fallen auf den Hintern.« Wir tranken Kognak und unterhielten uns. Mink wußte, daß ich Mitglied der ISH-Leitung war. Er wollte deshalb einen guten Eindruck machen. So prahlte er mit seinen Eroberungen.
Er hatte sich 1926 in Philadelphia, wo er als Taxichauffeur arbeitete, der Kommunistischen Partei angeschlossen. Nebenher plünderte er in den Docks. Mit stolzgeschwellter Brust erwähnte er, daß seine alten Bekannten ihn *Mink, den Hafenpiraten* getauft hätten. Er war dann zu dem Schluß gekommen, daß das Leben eines Berufskommunisten ihm sehr liegen würde. Er ging 1927 auf eigene Faust nach New York, schrieb von dort vertrauliche Berichte und bot Losowski in Moskau seine Dienste an. Seine Energie und Skrupellosigkeit, verbunden mit seiner Erfahrung als »Hafenpirat«, qualifizierten ihn für eine Stellung, in der er sich der Aufgabe zu widmen hatte, die amerikanische Schiffahrt unter die Herrschaft der Komintern zu bringen. Er organisierte den ersten Internationalen Klub an der amerikanischen Küste. Er wurde 1928 nach Moskau berufen, wo er sich bereit erklärte, für die GPU Spionagedienste zu leisten und Genossen, die im Verdacht der Unzuverlässigkeit standen, zu überwachen. Er gewann die Gunst Losowskis und berief sich auf entfernte verwandtschaftliche Beziehungen zu ihm. Mit einem falschen Paß, Geld und Sondervollmachten versehen, reiste George Mink in den Vereinigten Staaten, Mexiko und anderen lateinamerikanischen Ländern umher. Von 1930 an war er allerdings mehr in Berlin, Hamburg und Moskau als in New York. Offiziell befaßte er sich mit der revolutionären Gewerkschaftsarbeit; inoffiziell war er zu einem wesentlichen Element im Gegenspionage-*Apparat* der GPU geworden.
Zu Beginn des Jahres 1932 durchsuchten die Offiziere des Überseedampfers *Milwaukee* der Hamburg-Amerika-Linie einige Kabinen ihres Schiffes, das sich auf dem Wege von New York nach Hamburg befand. Die durchsuchten Kabinen dienten drei GPU-Kurieren als Unterkunft, die sich als Stewards auf der *Milwaukee* hatten anheuern lassen. Es waren Ferdinand Barth, Camillo B. und Carl R.
Maschinengeschriebene Berichte, Spezialfotoapparate, verschlüsselte Mitteilungen, Pläne und Fotos – die ganze Ausbeute einer Industriespionage von vier Wochen in Amerika – wurden in den Matratzen entdeckt. Die drei Kuriere wurden festgenommen und später der Polizei übergeben. Ein Genosse im Hamburger *Apparat*, der für den sicheren Transport solchen Materials verantwortlich war, trat ein paar Tage später aus der Partei aus. Allein

GPU-Leute, die im Besitze von Organisationsgeheimnissen sind, können nicht zurücktreten. Von dem Genossen, einem jungen Techniker namens Hans Wissinger, wurde verlangt, daß er nach Rußland gehe. Da er wußte, was seine Freiheit wert war, weigerte er sich. Darauf beschlossen die Führer des *S-Apparats,* Wissinger zu beseitigen. Unter den Männern, die den entsprechenden Auftrag erhielten, befanden sich Hugo Marx und George Mink. Marx und Mink waren einander wert.
Die beiden Vollstrecker des Auftrags kümmerten sich wenig darum, ob Wissinger schuldig oder unschuldig war. Am 22. Mai bei Tagesanbruch wurde Hans Wissinger im Bett in seiner Wohnung an der Mühlenstraße erschossen aufgefunden. Im Internationalen Klub, der nur ein paar Türen vom Schauplatz des Mordes entfernt lag, verursachte die Ermordung Wissingers eine beträchtliche Erregung. Er war beim Hamburger Aktivisten-Korps gut bekannt gewesen. Albert Walter war wütend und wollte wissen, wer denn so dumm und unbesonnen gewesen sein konnte, eine solche *Liquidation* in unmittelbarer Nähe des offiziellen ISH-Gebäudes auszuführen. Er ließ Hugo Marx kommen.
»Frage George Mink«, antwortete Hugo Marx trocken.
Um Skandal zu vermeiden, schrieb die kommunistische Presse den Mord an Wissinger nazistischen Terroristen zu. Am gleichen Tag traf ich George Mink auf dem internationalen Seemannskongreß, der damals gerade in Hamburg tagte. Er saß im Restaurant nebenan, trank und sang, umgeben von einer Schar von Parteistenografinnen. Ich trat auf Mink zu.
»Kanntest du Wissinger?«
»Was ist denn mit ihm los?« fragte er.
»Möglicherweise war er unschuldig«, sagte ich. »Vielleicht hast du einen Fehler gemacht.«
Mink gab mir die übliche GPU-Antwort: »Wir irren uns nie! Wir treffen niemals einen Unschuldigen!«

Von den meisten internationalen Bolschewisten, die Hamburg anfangs der dreißiger Jahre bevölkerten, wurde George Mink gehaßt und verachtet. Selbst seine eigenen Landsleute nannten ihn ganz offen einen Gangster. Albert Walter sprach von ihm als dem »Halsabschneider der Boverystraße«. Als gegen Ende 1932 ein Parteistreit zwischen Ernst Thälmann und dem ISH-Chef ausbrach, wurde Mink von der Berliner GPU beauftragt, belastendes Material gegen Albert Walter zu sammeln.
Seeleute sind rauh. Eines Morgens packten Männer von Albert Walters Leibwache George Mink und durchsuchten ihn. Er hatte eine Miniaturkamera in der Tasche. Da die Mitnahme von Fotoapparaten jeder Art in kommunistische Dienststellen von internationaler Bedeutung streng verboten war, wurde Albert Walter von dem Fund benachrichtigt.
Der alte Seemann war wütend. »Gebt ihm Saures!« befahl er. »Verprügelt ihn!«
Das war Musik für die Ohren der Hamburger Genossen. Sie zogen George Mink über einen Tisch und verprügelten ihn. Dann warfen sie ihn die Treppe hinunter.
Seit jenem Tag war Mink aus meinem Gesichtskreis verschwunden. Als ich 1935 Gefangener der Gestapo war, wurde ich nach ihm gefragt. Ich erfuhr da-

mals, daß er in Kopenhagen verhaftet worden war, wohin man die Zentrale der Auslandsabteilung der GPU verlegt hatte, nachdem Hitler zur Macht gekommen war. Eines Nachts – es war Ende Mai 1935 – hörte man ein Zimmermädchen im Hotel Nordland in Kopenhagen um Hilfe rufen. Mehrere Angestellte des Hotels drangen in das betreffende Zimmer ein und fanden einen ihrer Gäste – George Mink – dabei, das Mädchen zu vergewaltigen. Mink wurde der Kopenhagener Polizei übergeben. Als Detektive sein Zimmer durchsuchten, fanden sie Geheimcodes, chiffrierte Adressen, falsche Pässe und dreitausend amerikanische Dollar zweifelhaften Ursprungs. George Mink und verschiedene seiner Freunde wurden festgenommen und der Spionage zugunsten der Sowjetunion angeklagt. Am 30. Juli 1935 wurde Mink in einem Prozeß unter Ausschluß der Öffentlichkeit zu achtzehn Monaten Gefängnis verurteilt.

Nach seiner Freilassung kam George Mink nach Moskau. Nur der mächtige Einfluß Losowskis rettete ihn davor, wegen seines unvorsichtigen Benehmens in Kopenhagen vollständig kaltgestellt zu werden. Die GPU gab ihm einen Paß auf den Namen *Alfred Hertz* und schickte ihn nach Barcelona. Mink kämpfte nicht an der Front gegen General Franco. Er operierte im Hinterland. Seine Wohnung im Hotel Continental wurde zum Ausgangspunkt vieler mörderischer nächtlicher GPU-Überfälle auf die Wohnungen von Antistalinisten in Barcelona.

Noch ein anderer Amerikaner spielte eine hervorragende Rolle in Stalins Kreuzzug auf den sieben Meeren, ein gewisser Genosse Appelman, ein ehemaliger Parteiorganisator in Albany, New York, der unter dem Decknamen *Mike Pell* bekannt war. Er hatte für die Komintern in Deutschland und Sowjetrußland gearbeitet und die ersten Antikriegsausschüsse unter den Besatzungen amerikanischer Transatlantikdampfer – mit der *President Roosevelt* an der Spitze – organisiert.

Ende Mai 1932 erschien Mike auf dem ersten Internationalen Seemannskongreß in Altona, der roten Schwesterstadt von Hamburg. Er war Mitglied einer großen Schiffahrts-Delegation der Vereinigten Staaten, die unter der Leitung von George Mink stand. Dieser Kongreß, der von der »unabhängigen« ISH einberufen worden war, stellte eine »Einheitsfront«-Angelegenheit dar. Es hatte den Anschein, als verhandelten die Delegierten auf der Basis absoluter Gleichheit »ohne Rücksicht auf Rasse, Hautfarbe oder politische Einstellung«. In Wirklichkeit war der Kongreß von A bis Z vom Kreml befohlen und finanziert; sogar das Fahrgeld der Delegierten aus den entferntesten Gegenden der Welt wurde aus unseren Mitteln bezahlt.

Die ersten Delegierten trafen drei Wochen vor der Eröffnung in Hamburg ein. Sie kamen mit dem Zug, mit dem Flugzeug und mit Überseedampfern; einige überquerten das Meer als blinde Passagiere. Sie kamen von Kapstadt und San Franzisko und Sydney und von Hunderten dazwischenliegender Häfen – Pilger zu der großen Maskerade, hinter der sich Stalins Macht über die sieben Meere barg. Sie wurden kommunistischen Empfangskomitees weitergereicht, die ihnen Privatquartiere, Essen, Geld und Unterhaltung verschafften. Ein Mitglied der Spionage-Abwehr war jeder Delegation zugeteilt, dem Namen nach als Führer und Dolmetscher, in Wirklichkeit aber als Spion, um eine etwaige antistalinistische Einstellung der ausländischen Besucher an den Tag zu bringen. Alles in allem repräsentierten die Delegierten ungefähr eine

Million Seeleute, Hafenarbeiter und Flußschiffer. Die Kommunisten bildeten nur eine kleine Minderheit. Und doch war die Mehrheit der Nichtkommunisten hoffnungslos der kommunistischen »Fraktion« ausgeliefert, die nach außen hin niemals in Erscheinung trat, sondern im geheimen als disziplinierte Einheit operierte, um das scheinbar demokratische Verfahren der Versammlung zu manipulieren.
Alle Resolutionen, Reden und Programme waren vorher in unseren kommunistischen Leitungen aufgesetzt worden. Alle Sprecher waren auf die verschiedenste Art getarnte Kommunisten, und es wurde ihnen genau vorgeschrieben, was sie sagen sollten. Unter der Masse ausländischer Delegierter war nur ein einziger, der dieses Schwindelsystem politischer Drahtzieherei durchschaute und offen dagegen protestierte. Er hieß Engler und kam als französischer Delegierter aus Rouen. Sehr rasch wurde Engler aufs Korn genommen. Zwei Mitarbeiter von Hugo Marx, die sich als deutsche Sicherheitsbeamte ausgaben, suchten Engler noch in der gleichen Nacht auf. Sie erzählten ihm, daß die deutschen Behörden ihn als unerwünschten Fremden betrachteten. Dann brachten sie ihn nach Köln und setzten ihn in den Zug nach Paris mit der Ermahnung: »Wenn Sie nach Deutschland zurückkommen, Herr Engler, werden Sie ins Gefängnis wandern.«
Kommissarenko holte sich eine Anzahl Redner aus der starken amerikanischen Delegation, die den Kongreß besuchte. Louis Engdahl aus Chikago, der damals mit Ada Wright, der Mutter eines der Neger aus dem berühmten Scottsboro-Fall, in Europa umherreiste, sprach über *Internationale Solidarität*. Harry Hynes, der nationale Organisator der roten Marine-Arbeiter-Union von Amerika, erläuterte die Technik der Streiks an der Küste (Harry Hynes wurde später in Spanien getötet). Thomas Ray aus San Franzisko sprach über die Aufgaben der Seeleute im Falle eines Krieges gegen die Sowjetunion (Thomas Ray wurde später die treibende Kraft in der *National Maritime Union of America*). Keiner von diesen Sprechern gab seinen eigenen Gedanken Ausdruck. Engdahls Rede war von Willy Münzenberg verfaßt, Hynes' Darlegungen waren in Kommissarenkos Gehirn entstanden, und Tom Rays Vorlesung über die Kunst der Meuterei und Sabotage bei Munitionstransporten war von mir entworfen worden.
Viele Delegierte waren ausgemachte Schwindler. Chinesische Studenten aus Berlin sprachen als »Vertreter« der Dockarbeiter von Kanton oder Wei-hei-wei. Ein Neger aus Trinidad, der den größten Teil seines Lebens in London verbracht hatte, wurde als Delegierter der Negerflußarbeiter auf dem unteren Mississippi begrüßt. Solche Tricks sind typische Züge jeder internationalen kommunistischen Tagung.
Am zweiten Tag der Verhandlungen wußten wir endgültig, daß keine Delegation aus den ostindischen Häfen mehr nach Hamburg kommen konnte. Die britische Regierung hatte den Ostindern die Pässe verweigert und den Delegationsführer ins Gefängnis gesteckt. Sorgenvoll betrat Kommissarenko den Kongreßsaal und redete vor sich hin. Plötzlich wandte er sich an mich und sagte: »Indien ist wichtig. Wir brauchen einen Hindu auf diesem Kongreß. Geh und mach einen Hindu ausfindig, bring ihn her, und wir werden ihn sprechen lassen.«
Ich ging hinaus, um nach einem entsprechenden Hindu zu suchen. Der Dampfer *Drachenfels* der Hansalinie lag im Hafen. Seine Heizer waren Hindus. Ich

eilte zum Hafen hinunter und ging an Bord der *Drachenfels*. Die Hindus an Bord verstanden mich nicht, als ich zu ihnen über den Kongreß sprach. Ich versuchte es mit einer anderen Methode.
»Mögt ihr gerne Singsang-Fräuleins? Oder kleine Singsang-Babys? Dann, Jungs, kommt schnell mit mir. Kostet nichts.«
Drei Ostinder erklärten sich bereit, mitzukommen. Zwei davon hatten lange dünne Bärte. Der dritte war glattrasiert, aber mager wie ein Skelett. Alle drei trugen gewaltige Turbane und Hemden, die ihnen über die Gürtel herabhingen. Sie leckten sich im voraus die Lippen und folgten mir in ein Taxi. Wir fuhren direkt zum Kongreß.
»Kommt herein«, sagte ich. »Hier sind die Singsang-Babys zu sehen. Ja hier.«
Die drei waren aufs höchste überrascht, als sie sich in einem großen Saal voller Männer sahen, die sich über Papiere beugten; ganz benommen starrten sie auf die roten Fahnen ringsherum. Ich führte meine Opfer hinter den Tisch, an dem das internationale Präsidium saß, und von dort auf die Rednertribüne. Den Glattrasierten stieß ich nach vorn. Es gab einen Trommelwirbel, und dann trat Ruhe ein. Ernst Wollweber, der Präsident des Kongresses, erhob sich und kündigte mit Donnerstimme an, daß trotz der Versuche von Scotland Yard, die Teilnahme der ostindischen Delegation zu sabotieren, die ostindischen Genossen einen Weg gefunden hätten, auf dem Kongreß zu erscheinen. Er schloß mit dem Ruf:
»Der Vertreter der Dockarbeiter-Union von Kalkutta hat jetzt das Wort.«
Die drei Hindus standen hilflos auf der Bühne und lachten.
Der junge Amerikaner Mike Appelman rettete jetzt die Situation. Finster und wild blickte er jetzt die Hindus an.
»Wie lange arbeitet ihr?« fragte er leidenschaftlich flüsternd.
»Von sechs bis sechs«, sagte ein Hindu.
»Die ostindischen Genossen sagen, daß die imperialistischen Ausbeuter die ostindischen Arbeiter zwingen, ununterbrochen von sechs Uhr morgens bis sechs Uhr abends zu arbeiten, also ein Minimum von zwölf Stunden täglich und an sieben Tagen die Woche«, verdolmetschte Appelman, sich an die Versammlung wendend.
»Wieviel wird bezahlt«, zischte Appelman den Hindu an.
»Drei Pfund.«
»Die ostindischen Proletarier müssen 360 Stunden im Monat für 60 Shilling schuften, oder sechs Stunden für einen Vierteldollar«, verkündete Appelman dem Kongreß.
»Was eßt ihr abends?« fragte er den Hindu.
»Reis!«
»Sie müssen sich wie Tiere ernähren. Dreimal am Tage gibt es eine Handvoll Reis, das ist die Ration für ostindische Arbeiter!« brüllte Appelman.
»Wollt ihr gerne mehr Geld haben, besseres Essen, den Boß verprügeln?« beschwatzte er jetzt seine Beute.
Die Hindus staunten. Sie lachten und nickten.
»Die ostindischen Arbeiter erklären sich bereit, sich dem Klassenkampf anzuschließen, der ein Kampf um bessere Bezahlung und kürzere Arbeitszeit, um Befreiung von Ausbeutung, um den Sozialismus und den Schutz der Sowjetunion gegen die Angriffe der imperialistischen Haie ist!« donnerte Appelman.

Der Kongreß heulte Beifall. Die Musik stimmte die *Internationale* an, die Delegierten erhoben sich von ihren Plätzen und sangen mit. Schnell wurden die drei Hindus aus dem Saal hinausgebracht. Am Ausgang wollten sie wissen, wann sie denn die versprochenen »Singsang-Fräuleins« zu sehen bekämen. »Da hört doch alles auf, ihr Dummköpfe«, wurde ihnen gesagt. »Macht, daß ihr auf euer Schiff zurückkommt!«

Der wirkliche Beherrscher des Kongresses, der das Programm mit den Forderungen der Seeleute und Hafenarbeiter aller Nationen entwarf, war der Russe Kommissarenko. Er war auch der Diktator der sowjetischen Transport-Arbeiter-Union und ihrer vierhunderttausend Mitglieder. Genosse Kommissarenko stellte in der Vollsitzung des Kongresses die Methoden und Bedingungen in der sowjetischen Schiffahrt als Vorbild für alle Handelsmarinen der ganzen Welt hin. »Unser Kampf wird erst zu Ende sein«, rief er, »wenn die roten Fahnen der proletarischen Freiheit von den Mastspitzen des letzten Schiffes auf den Meeren wehen.« Aber in einer *Sonderkonferenz* der verantwortlichen ISH-Funktionäre sprach Kommissarenko in einer sehr viel kaltblütigeren Weise. Jetzt diskutierte er mit uns die politischen Sonderaufgaben der kommunistischen Parteigruppen besonders auf den russischen Schiffen. Als einer der Führer des Marine-*Apparats* war ich in häufige Berührung mit sowjetischen Schiffen gekommen. Es waren als Freiheitsschiffe getarnte Gefängnisschiffe: Gefängnisschiffe für ihre Besatzungen, die einem besonderen Seerecht unterworfen waren, das an Grausamkeit noch die Strafbestimmungen der berüchtigten *Seemannsordnung* des Kaisers übertraf; Gefängnisschiffe aber auch für widerspenstige ausländische Kommunisten, die frei herumlaufen zu lassen die GPU für unklug hielt. Kommissarenko fand das alles selbstverständlich; er sprach ja als Bolschewist zu Bolschewisten.

Im Zusammenhang mit dem Beginn des Fünfjahrplans und der gleichzeitigen Umwandlung der Komintern in eine Waffe des sowjetischen Geheimdienstes wurde das Entführen von möglicherweise gefährlichen Polizeispitzeln und kommunistischen Renegaten im Ausland Routineangelegenheit. Die Reihe der Opfer reichte von Beamten des sowjetischen diplomatischen Korps und der Handelsmissionen bis zu den Polizeispitzeln, den *agents provocateurs*, den Spionen ausländischer Regierungen, den Defraudanten sowjetischer und kominterneigener Gelder, den Führern antistalinistischer Organisationen, Geiseln, Widerspenstigen und Saboteuren und solchen Renegaten, deren Kenntnis des Geheimdienst-*Apparats* des Kreml möglicherweise das Leben wichtiger Geheimagenten und die Existenz einer Organisation in Gefahr brachte, die mühsam und mit großen Kosten für Moskau aufgebaut worden war.

Von all diesen Dingen wußte die breite Masse der kommunistischen Parteimitglieder selbstverständlich nichts Handgreifliches. Die Genossen, die im Untergrund bei der Spionageabwehr verwendet wurden und bei den Entführungen mit der GPU zusammenarbeiteten, stammten niemals aus der kommunistischen Führungsschicht. Sie wurden der Parteisubstanz entnommen, die zwischen den oberen Ausschüssen und der gehorsamen kommunistischen Herde lag. Die Männer, die für diesen sogenannten *S-Apparat* rekrutiert wurden, mußten drei grundsätzlichen Anforderungen genügen: Sie mußten während einer dreijährigen Parteitätigkeit völlig einwandfreie Personalakten haben, mindestens eine Verhaftung nachweisen, in deren Verlauf sie nichts Nachteiliges der Polizei verrieten, und von einem fanatischen Glauben an die historische Weltmission der Sowjetunion beseelt sein. Sie mußten jung, entschlossen und der Sache blind ergeben sein. Waren sie erst von der Spionageabwehr übernommen, verschwanden sie vollständig aus dem offiziellen Bild der Partei.

Das Verfahren, das bei der Entführung eines Spions oder eines Verräters angewendet wird, variiert kaum. Der Entführung wird der Vorzug vor einer Ermordung auf fremdem Territorium gegeben, sofern das Opfer nicht eine so obskure Persönlichkeit ist, daß niemand sich um die näheren Umstände seines Todes kümmert. In den meisten Fällen kommt zuerst die freundliche Einladung zu einer Arbeit in der Sowjetunion. Wenn der Delinquent sich bereit erklärt zu gehen, so wird er, wenn er nach Rußland kommt, wahrscheinlich nicht einmal erschossen oder verbannt; vielleicht bekommt er wirklich eine Stellung, eine unbedeutende Sinekure, tausend oder mehr Meilen von der nächsten Grenzstation entfernt, mit der Gewißheit, daß ihm nie, nie mehr in seinem Leben gestattet werden wird, das sozialistische Vaterland zu verlassen. Die meisten Kommunisten, die auf diese Weise »eingeladen« werden, gehen freiwillig und finden sich mit ihrem Schicksal ab. Sie halten meist ein Leben außerhalb der sowjetischen Bewegung für schlimmer als den Tod. Für sie ist die Selbstauslieferung an die GPU eine letzte Loyalitätshandlung der Sache gegenüber, die ihnen bereits das Beste genommen hat – den himmelstürmenden Enthusiasmus ihrer Jugend!

Wenn aber erst einmal die freundliche Einladung der GPU, »nach Moskau zu gehen und etwas auszuruhen«, zurückgewiesen worden ist, tritt die Spionage-Abwehr in Aktion. Die GPU wartet nicht erst die Ankunft eines sowjetischen Schiffs in einem in der Nähe liegenden Hafen ab, bevor sie sich ihrer Beute bemächtigt. Das Opfer wird bei der ersten Gelegenheit festgenommen und dann gefangengehalten – oftmals monatelang –, bis ein sowjetisches Schiff eintrifft, das mit einer ausgelesenen Besatzung bemannt ist. Die GPU hat eigene Gefängnisse in wichtigen Städten oder doch in der Nähe davon. In Hamburg war es mitten in der Stadt, im Keller des Hauses Kohlhofen 19, in dem ein Buchkommissionsgeschäft, die *Viva*, untergebracht war. In Berlin war es ein Landhaus am Schönholzer Weg, am Rande von Reinickendorf-Ost. In Kopenhagen war es ein Sommerhaus, das Richard Jensen gehörte, an der Überlandstraße von Kopenhagen nach Kjöge. In Paris war es ein Haus an der Rue d'Alembert, das Beaugrand, ein Mitglied des französischen Parlaments, unterhielt, der 221 Rue Etienne Marcel in Montreuil wohnte, gerade um die Ecke des Pariser Außenpostens der GPU. Es gab noch viele solcher geheimen sowjetischen Gefängnisse, deren genaue Lage zu kennen ich keine Möglichkeit hatte. Vom jeweiligen illegalen Gefängnis aus wird der Gefangene dann in der Nacht vor dem Auslaufen an Bord der Sowjetschiffe gebracht.

Völlig getrennt von den offiziellen Sitzungen des Kongresses fanden geheime organisatorische Konferenzen in den anschließenden Räumen statt, zu denen nur Kommunisten Zugang hatten. Die Themen, die hier diskutiert wurden, hatten eindeutig konspirativen Charakter – Verbindungsnetze, Personalfragen, Unterstützungen, neue Kniffe bei der Anzettelung von Streiks, konkrete Aktionspläne gegen die Schiffahrt verschiedener Nationen und die Arbeit der Kommunisten in der Marine der kapitalistischen Länder. In einer dieser Versammlungen, die ich leitete, wurde die Taktik, die bei Matrosenaufständen der Vergangenheit angewandt worden war, eingehend analysiert, es wurden Fehler kritisiert und erfolgversprechende Methoden für die künftigen Marinekampagnen empfohlen. Ein russischer Delegierter, der mit dem sowjetischen Dampfer *Dnjepr* gekommen war, erläuterte die Methoden, die von den Bolschewisten bei der Zersetzung der zaristischen baltischen Flotte angewendet worden waren. Ein Deutscher, der Reichstagsabgeordnete Willy Leow, erklärte die Zellenverhältnisse beim siegreichen Aufstand in der Kaiserlich Deutschen Marine. Genosse Languinier, ein Franzose, analysierte die Aufstände der französischen Kriegsschiffbesatzungen in Toulon. Delegierte der dänischen Marine und der polnischen Marinebasis von Gdingen folgten mit ihren Berichten. Aber das größte Interesse fanden die Lehren, die sich aus der chilenischen Marinerevolte und der Meuterei in der britischen *Home Fleet* in Invergordon, beide im September 1931, ergaben. George Mink berichtete über die Ereignisse in Chile, während Cole, ein Delegierter aus Liverpool, über den *Geist von Invergordon* sprach.

Die Meuterei in der britischen Flotte in Invergordon war ein Ereignis allererster Ordnung. Sie hatte nicht nur das britische Empire, sondern auch den Glauben von Millionen von Nichtengländern an die Immunität der Schlachtschiffe Albions gegen den Bazillus der Rebellion erschüttert. Die Meuterei begann in der Nacht zum 12. September, nachdem Sir Austen Chamberlain im Unterhaus erklärt hatte, daß eine Soldkürzung für alle unteren Ränge in der Marine beschlossen worden sei. In jener Nacht saßen die Matrosen dichtgedrängt in den Kantinen an Land – und die Agitatoren gingen an die Arbeit. Der Vollmatrose Bond von H.M.S. *Rodney* – die zu den mächtigsten Einheiten der *Home Fleet* gehörte – sprang auf einen Tisch und forderte die Matrosen auf, den Beschluß der Regierung mit einem Streik zu beantworten. Der nächste Redner war Len Vincott, der Organisator unter den Rädelsführern. Schiffsdelegierte wurden gewählt, um die Streikparole an alle Schiffe der Flotte weiterzugeben. Am nächsten Tag wurden Schiffsausschüsse gebildet. Montag, den 14. September, setzte eine Versammlung der Besatzungsdelegierten den Beginn des Streiks auf Donnerstag früh 6 Uhr fest. Einem Seeoffizier, der versuchte, die Versammlung aufzulösen, wurde ein Glas an den Kopf geworfen. Die Matrosen kehrten zu ihren Schiffen zurück, und einige von ihnen sangen das kommunistische Schlachtlied *Rote Fahne*. Die Nacht hindurch gingen Rufe von Schiff zu Schiff: »Vergeßt nicht morgen früh!«

»Morgen früh« kam. Die ersten, die streikten, waren die Matrosen der *Rodney*. Ihre Hurrarufe schallten über die Reede. Zwei Stunden später befanden sich alle Besatzungen der *Home Fleet* im Ausstand. Schwert und Schild des Britischen Empire waren gelähmt. Nach sechsunddreißig Stunden kapitulierte die Admiralität vor den Aufrührern. Die Affäre wurde vertuscht. Weder Prozesse noch Strafen folgten. Nur vierundzwanzig Rädelsführer wurden aus dem Dienst entlassen – »wegen subversiven Verhaltens« –, und sie erhielten kostenlos eine Fahrkarte nach Hause. In der Diskussion über die Lehre der Invergordon-Meuterei äußerte einer der russischen Emissäre auf dem Hamburger Kongreß, daß ein solcher Marinestreik »den britischen Löwen in eine harmlose Katze verwandelt habe«. Dieser Satz wurde von dem amerikanischen Delegierten, Mike Appelman, aufgenommen und in einem Buch *S.S. Utah* auf internationaler Ebene popularisiert; in diesem Buch wurde in einer kaum verschleierten Form die Technik der Organisation von Streiks und

Meutereien auf hoher See dargestellt; das Buch wurde mit Unterstützung der Komintern in Rußland, Deutschland, den skandinavischen Ländern und Amerika veröffentlicht. Die Invergordon-Meuterei ließ in der Vorstellung vieler nichteingeweihter Bolschewisten einen unberechtigten Optimismus über die Möglichkeit eines Zusammenbruchs des Britischen Empire entstehen. Meine mißglückten Abenteuer in England während meines nächsten Auftrags bestätigten allerdings die Auffassung unserer Führer, daß trotz des »Geistes von Invergordon« unsere Macht keineswegs ausreichte, die Klauen des britischen Löwen zu stutzen.

Generalinspektor für England

Ich wurde nach Berlin gerufen, nachdem der Internationale Seemannskongreß beendet war und der letzte Delegierte die Mittel für die Heimreise in Empfang genommen hatte. Georgi Dimitroff empfing mich überaus freundlich. »Lieber Genosse«, sagte er zu mir, »wir wollen dich nach England schicken. Du wirst dort eine schwierige Situation vorfinden. Unsere britische Bewegung ist jämmerlich. Sie kann weder leben noch sterben. Harry Pollitt und sein Haufe sind ebenso snobistisch wie unfähig zu einer Bearbeitung der revolutionären Massen; sie müßten ja keine Engländer sein.«

Fünf lange Stunden wurde ich auf meine Mission vorbereitet und erhielt bis in die letzten Einzelheiten gehende Instruktionen. Vor allem sollte ich die Finanzgebarung des Londoner *Daily Worker* und der Schiffahrtszeitung *Seafarer* überprüfen; ferner war eine Inspektionsreise durch die britischen Häfen vorgesehen, die Reorganisation der kommunistischen Gewerkschaftsopposition, bekannt unter dem Namen *Minderheitsbewegung*, der ostindischen Seemannsunion, deren Hauptquartier sich in London befand, sowie der *West Indian Society* – einer internationalen Negerorganisation mit Zentrum in Cardiff (Wales).

Es war bei weitem der wichtigste Auftrag, den ich jemals zu bewältigen hatte. Ich verbrachte zwei Tage mit dem Nachlesen der britischen Korrespondenz in der Registratur des Westsekretariats der Komintern. Ich stellte fest, daß die Berichte, die das britische Zentralkomitee gesandt hatte, eine Mischung von Diplomatie, Selbstlob und Inanspruchnahme von Erfolgen war, die niemals zustande gekommen waren. Jeder Brief endete mit einem schrillen Schrei nach Geld. Die britische Partei hatte fast keine eigenen Einnahmen. Vielleicht fünf Prozent der eingetragenen Mitglieder zahlten Mitgliedsbeiträge. Jede Phase der Parteitätigkeit hing von den Unterstützungen aus Moskau ab.

Beiläufig sei erwähnt, daß die britische Korrespondenz des Westsekretariats nicht im Zentralbüro des *Führer Verlags* aufbewahrt wurde. Die Registratur jeder einzelnen Nation war in verschiedenen Privatwohnungen erprobter Parteimitglieder untergebracht. Diese Dezentralisation des dokumentarischen Materials machte es der Polizei unmöglich, bei einer Razzia den größeren Teil der vertraulichen Kominternarchive in Berlin zu beschlagnahmen. Selbst der tüchtigen Gestapo gelang es nicht, sie zu erwischen. Im Frühjahr 1933 wurde sie in kleinen Sendungen nach Kopenhagen gebracht.

Um meine Einreise in das Vereinigte Königreich sicherzustellen und jede Gefährdung meiner Verbindungslinien zu verhindern, wurden gründliche Vorbereitungen getroffen. England war eines der freiesten Länder der Erde. Aber es hatte in Scotland Yard eine Polizeimaschinerie, die mit einer allwissenden Präzision arbeitete. Spitzel von Scotland Yard gab es überall. Die britischen Paßbehörden standen in dem Ruf, mit einem Blick die sorgfältigsten Fälschungen auf Reisedokumenten zu entdecken. Wir in der Komintern wußten, daß kein bekannter Agent jemals darauf hoffen konnte, einen britischen Einreisehafen ohne offizielle Belästigung zu passieren. Zahlreiche Beauftragte der Komintern waren in den vorhergehenden Jahren festgenommen und von Scotland Yard ausgewiesen worden.

Für meinen Aufenthalt in England erhielt ich drei falsche Pässe. Einen holländischen, der auf den Namen Gerhart Smett ausgestellt und für die Einreise und die Registrierung bei der Londoner Polizei bestimmt war; einen norwegischen auf den Namen Alfons Petersen, der für meine Identifikation bei der britischen Kommunistischen Partei dienen sollte, und einen amerikanischen, ursprünglich ausgestellt auf einen Mann namens Kurt Peter, den ich für alle Fälle in Reserve hielt. Ich sollte nur im Notfall von diesem amerikanischen Paß Gebrauch machen, zum Beispiel dann, wenn ich mich einer Verhaftung durch die Flucht entziehen mußte. Die Personalbeschreibung in allen diesen Pässen paßte genau auf mich. Einzig die Fotografien waren ausgewechselt worden und die Unterschrift des Paßinhabers. Zudem trug ich geschäftliche Empfehlungsschreiben bei mir, die mich als Vertreter eines Großfischhändlers aus Rotterdam auswiesen. Der Fischhändler existierte wirklich; er war dafür bezahlt, daß er im Falle einer Untersuchung den Empfehlungsbrief als echt anerkannte. Alle diese Dokumente wurden vom Kominternfälscherzentrum ausgegeben, dessen Büros sich in der Lindenstraße 72 in Berlin SW 68 befanden.

Im Flugzeug von Hamburg-Fuhlsbüttel nach Croydon sollte ich nur den holländischen Paß und den Brief des Fischhändlers mitnehmen. Die anderen Pässe, Adressen und Kominternschreiben würden mir dann durch zwei Marinekuriere gebracht werden, die unseren geheimen Verkehr von und nach England bewerkstelligten. Beide waren Ingenieure, die auf den britischen Wochenbooten *Teal* und *Lapwing* Dienst taten.

Ich sagte Firelei auf Wiedersehen und flog nach London; der Tag war kristallklar. Die Kontrolle in Croydon verursachte mir ein paar unangenehme Augenblicke. Die diensttuenden Paßbeamten sahen jede Seite meines holländischen Passes genau an. Dann begannen sie, langsam die Liste der Verdächtigen, die sie bei sich hatten, durchzugehen. Ein paar Fragen folgten. Ich konnte durchgehen. Ein Bus brachte mich nach London.

Ich traf Harry Pollitt, den kommunistischen Führer Großbritanniens, in der *Brasserie Universelle* in der Piccadillygegend. Er war ein hübscher, gut gewachsener und elegant gekleideter Mann Ende dreißig, bekannt als ausgezeichneter und unermüdlicher Redner mit einer sehr hohen Meinung von seinen Fähigkeiten. Er empfing mich mit einer gezwungenen Fröhlichkeit, was mich argwöhnen ließ, daß er meine Anwesenheit in London nicht gerne sah. »Es ist was faul im Staate Dänemark«, dachte ich, »man darf dem Genossen Pollitt keine Gelegenheit geben, die Tatsachen zu verdunkeln.« Vom ersten Augenblick an waren wir Feinde. Seine Verstimmung war mit Zucker überstreut. Für ihn war ich ein unwissender Eindringling in britische Angelegenheiten. Es gab aber keine kommunistische Partei, in der jemand offen die Autorität des »Mannes aus Moskau« in Frage zu stellen gewagt hätte. Als Pollitt mir bei einer kommunistischen Familie Quartier anbot, lehnte ich ab. Die Art des Geschäftes, das ich hier zu erledigen hatte, war unerfreulich. Es war deshalb ganz offensichtlich gefährlich, mich unter einer Adresse aufzuhalten, die diesen der Korruption verdächtigen Funktionären bekannt war. Ich lehnte es auch ab, eine Sekretärin in Anspruch zu nehmen, die Pollitt mir zur Verfügung stellen wollte. Ich war fest davon überzeugt, daß sie mich im Auftrage des Zentralkomitees bespitzelt hätte.

»Ein hübsches Kind«, sagte Pollitt, um mich zu locken.

»Mach dir keine Mühe«, sagte ich. »Ich werde meinen eigenen *Apparat* benutzen.«

Vorsichtig, als wittere er etwas, schien der britische Parteichef in der Luft herumzuschnüffeln. Er hielt mich für einen Russen.

Ich mietete mich in einer der zahllosen Pensionen am Eustonbahnhof ein. Dann ging ich daran, einen Kern verläßlicher Helfer zusammenzubringen, deren Namen und Adressen mir mit anderem Material durch den Kurier der *Teal* übermittelt worden waren. Der Mitarbeiterstab, den ich zusammenstellte, bestand aus Joe Keeman, einem hartgesottenen kleinen Australier und Veteranen vieler Kominternunternehmungen, aus dem *Roten McGrath*, einem dünnen Neuseeländer, mit dem ich in den Jahren nach dem Hamburger Aufstand von 1923 in Antwerpen zusammen gearbeitet hatte; außer diesen beiden fiel meine Wahl noch auf Patrick Murphy, einen von den wenigen schwer trinkenden und hart kämpfenden Iren im GPU-Dienst, und auf ein Mädchen namens Cilly. Cilly war jung, groß und dunkel, kühl, unabhängig und elegant; ein Mädchen deutscher Abstammung, das für die sowjetische Handelsmission in London, die *Arcos*, gearbeitet hatte, bis dieses Unternehmen von Scotland Yard geschlossen worden war. Wir trafen uns in einem Teeraum, um unsere gegenseitigen Beobachtungen auszutauschen und unser Verhalten festzulegen.

Die britische Partei nahm bei der Komintern eine Sonderstellung ein. Sie hatte noch nie eine Erneuerung durchgemacht. Sie war noch nie durch inneren Zwist zerrissen worden. Aber seit dem Generalstreik von 1926 war sie das unnützeste und kostspieligste Spielzeug der Kommunistischen Internationale geworden. Sie hatte jährlich Gelder in der Höhe von einer Viertelmillion Dollar verschwendet. Zehn Jahre nach ihrer Gründung verfügte sie über zehnmal weniger Grundeinheiten, als die Partei allein in Hamburg hatte. »Was mag die Ursache für diese Stagnation sein?« fragte ich mich.

Der Hauptgrund lag vielleicht in der geistigen Einstellung des britischen Arbeiters. Ein anderer Grund konnte in der mangelnden Eignung und in der Arroganz der Parteiführerschaft gesehen werden. Denn sie vertrat den korrupten Standpunkt, daß die Revolution ein gutes Geschäft sei, solange man ihren Ausbruch nicht zu befürchten habe. Und der dritte Faktor war die Geschicklichkeit, mit der die britischen Gewerkschaftsführer und Scotland Yard auf die liebenswürdigste Art verstanden, jeden kommunistischen Versuch zu einer Offensive zu lähmen.

Ich beschloß, mich zuerst dem *Daily Worker* zuzuwenden. Der Verlag und der Geschäftsbetrieb dieses zentralen Parteiorgans standen jeden Tag von neun Uhr morgens bis pünktlich sechs Uhr abends unter der Aufsicht von Scotland Yard. Zwei Detektive waren ständig auf dem Posten. Ich sah sie auf der anderen Straßenseite stehen, in Hauseingängen herumlungern, angeblich in Zeitungen vertieft, und doch jede Person sofort ins Auge fassend, die das Gebäude betrat oder verließ. Unsere Kontrolle mußte also nachts vorgenommen werden und ohne daß die, welche es anging, vorher gewarnt werden konnten.

Joe Keeman und Pat Murphy stöberten die führenden Leute der Zeitung in ihren Wohnungen auf. Unsere Sitzung dauerte bis sieben Uhr am nächsten Morgen. Dasselbe wiederholte sich noch zweimal im Lauf einer Woche. Diese Versammlung viel zu eleganter Engländer – es war kein einziger Arbeiter unter ihnen – war über meine »GPU-Methoden« der Untersuchung und des Kreuzverhörs wütend. Aber sie befleißigten sich kluger Zurückhaltung, da sie für ihre Stellungen fürchteten. Unsere Konferenzen waren stürmisch und eine nervenaufreibende Angelegenheit. Aber das ist der Vorteil bei der Überprüfung einer ganz von Moskau finanzierten Organisation: Der »Mann aus Moskau« kann dreinhauen, wie er will, er kann zynisch werden, kann in Wut geraten und die von Moskau bezahlten Strohmänner nach Herzenslust beschimpfen – nicht einer von ihnen wird sich dagegen auflehnen, aus Angst, in einem »vertraulichen Bericht« erwähnt zu werden.

Der *Daily Worker* war im Jahre 1930 gegründet worden. Die Anfangsunterstützung von 45 000 Dollar war von der Sowjetregierung *via* Komintern unter der Bedingung gegeben worden, daß die Auflage jeder Ausgabe mindestens hunderttausend Exemplare betrage. Zusätzlich zu diesem Anfangsbetrag waren vom Westsekretariat jeden Monat 2 600 Dollar zur Bezahlung der Gehälter des Redaktionsstabes des *Daily Worker* zur Verfügung gestellt worden. Im April 1931 hatte das britische Zentralkomitee nach Berlin und Moskau berichtet, daß die Auflage des *Daily Worker* auf über zweihunderttausend gestiegen sei und hatte um die Genehmigung eines Budgets von 4 000 Dollar monatlich nachgesucht, um die stark angewachsene Zahl der in der Presse der Partei tätigen Genossen bezahlen zu können. Das Mißverhältnis zwischen der angeblich steigenden Auflage und der traurigen Stagnation der übrigen Parteitätigkeit hatte bei den verantwortlichen Kominternfunktionären Verdacht erweckt. Nach einer höchst peinlichen Untersuchung stellte sich folgendes heraus:

Die Auflage des *Daily Worker* betrug nicht zweihunderttausend, sondern nur lumpige dreißigtausend. Das Verlags- und Redaktionspersonal war nicht vergrößert worden. Wohin also floß das Geld der Komintern? Ein kleiner Teil davon war dazu verwendet worden, Inserate zu *kaufen*! Geschäftsleute wurden dafür bezahlt, daß sie den Inseratenteil des *Daily Worker* benutzten; das geschah in der Absicht, Moskau den steigenden Einfluß des Blattes vorzudemonstrieren. Der Rest des Geldes ging in Form von Gehältern und »Ausgaben« an eine kleine Clique von Mitgliedern des Zentralkomitees. »Ausgaben« schlossen recht luxuriöse Wohnungen, den Unterhalt von Mätressen, Ferienreisen an die Südküste sowie Pelzmäntel und Autos für die Frauen der prominenten britischen Stalinisten ein.

Die britischen Genossen versuchten mit allen Mitteln, diese Tatsachen damit aus der Welt zu schaffen, daß sie stundenlang von den Schwierigkeiten sprachen, denen der *Daily Worker* von seiten der britischen Behörden ausgesetzt sei. So war zum Beispiel der *Daily Worker* vom offiziellen Zeitungsbezug ausgeschlossen worden. 1931 war der Chef der Druckerei für neun Monate ins Gefängnis gewandert. Frank Paterson, einer der nominellen Besitzer des Blattes, war zu zwei Jahren Zuchthaus verurteilt worden. Einer der Herausgeber, Genosse Allison, hatte drei Jahre Gefängnis bekommen. Ein anderer, Genosse Shepherd, war in Verbindung mit der Invergordon-Meuterei der britischen Flotte zu zwanzig Monaten Zuchthaus verurteilt worden. Und so weiter. Ich lachte über diese Erklärungen. Der antikommunistische Terror in England war eine Kindergarten-Angelegenheit im Vergleich zu den Schwierigkeiten, denen unsere Genossen in den meisten europäischen und asiatischen Ländern begegneten. Unbarmherzig strich ich die Löhne auf vier Pfund Sterling pro Woche zusammen, und die »Ausgaben« ließ ich ganz wegfallen. Ich hatte aus Berlin die Unterstützungen für Juni und Juli mitgebracht, und ich saß auf diesen Beträgen wie ein abgebrühter Geizhals. Als alle Löhne bezahlt waren, war ein Überschuß von nahezu 1 600 Dollar vorhanden, die ich zur Verbesserung des Vertriebsapparats verwendete. Ich schickte einen langen Bericht über meine Erfahrungen durch meinen Kurier an Bord der *Lapwing* nach Hamburg. Von Hamburg wurde er nach Berlin weitergegeben, und von Berlin nach Moskau. Mit Ausnahme von Gallacher wurden die Lenins des Britischen Empire einer nach dem anderen nach Moskau beordert.

Die Verhältnisse, die ich in den Geschäftsräumen des *Daily Worker* vorfand, herrschten auch in den meisten anderen Abteilungen der kommunistischen Bewegung in Großbritannien. Sie wurden durch eine korrupte Clique von Bürokraten geleitet, die nicht nur die Kasse der Komintern, sondern auch noch die Taschen ihrer eigenen kleinen Leute plünderten. In der glühenden Sommerhitze überprüfte ich in London eine ganze Reihe kommunistischer Dienststellen, unter denen sich auch Namen der vielen Hilfsorganisationen befanden. Überall das gleiche Bild: elegante und redegewandte Angestellte, die hinter einem blankpolierten Schreibtisch dahindösten, schmuck aussehende Sekretärinnen, Dienststunden von neun bis vier Uhr, Haufen von Plänen und Resolutionen auf dem Papier, Bilder von Lenin und Stalin an den Wänden, und keine einzige erwähnenswerte Verbindung mit den arbeitenden Massen Großbritanniens.

Zu meinen Aufgaben gehörte unter anderem auch die Überprüfung des Londoner Büros der *Freunde der Sowjetunion*, die nach außen als eine »unabhängige« Gesellschaft figurierte. Seit Ende 1930 hatte diese Gesellschaft eine besondere monatliche Zuwendung erhalten, um die intensive antisowjetische Kampagne bekämpfen zu können, die sich gegen die Verwendung von Sklavenarbeit in den großen Holzfällerlagern der GPU im Gebiet um Archangelsk richtete. Die *Freunde der Sowjetunion* in London hatten gewaltige Mengen einer guten und teuren illustrierten Zeitschrift erhalten, die die *UdSSR im Aufbau* zeigte, und gleichzeitig einen entsprechenden Geldbetrag, um eine großzügige Verteilung dieser Publikation unter den britischen Lehrern, den College-Professoren und den verschiedenen Berufsgruppen zu ermöglichen. Stichproben in der Registratur und den Lokalen der *Freunde* in London ergaben, daß das Geld zu ganz anderen Zwecken verwendet worden war, während Berge der *UdSSR im Aufbau* staubbedeckt in den Kellern lagerten.

Die britische Partei hatte unter ihren Mitgliedern keine militanten Gruppen. Wenn einer der führenden Leute einen Haufen Flugblätter verteilt haben wollte, war er gezwungen, sich irgendeinen heruntergekommenen Kerl für einen Pauschallohn von fünf Shilling pro Tag zu engagieren und ihn die Arbeit verrichten zu lassen. Ein guter Teil dieser Partei-»Freiwilligen« verdiente sein mageres Brot mit Gelegenheitsinformationen, die sie Scotland Yard gaben. (Als die Agenten von Scotland Yard mich einige Zeit später verhaftet hatten, erzählte mir ein Londoner Polizeiinspektor in allem Ernst: »Ihr Kommunisten freßt längst aus der Hand. Wenn wir etwas wissen wollen, so gehen wir direkt in eines von euren Büros und kaufen uns die Information, die wir brauchen.«)

Ein Unternehmen, das mir in Moskau besonders hoch angerechnet wurde, betraf die Liquidation eines traulichen Schlupfwinkels, den zwei der obersten britischen Kommunisten, die Genossen Thompson und George Hardy, sich auf Kosten der Komintern eingerichtet hatten. Thompson und Hardy arbeiteten zusammen an der Spitze der wichtigsten Abteilung der Kommunistischen Partei Großbritanniens – sie waren für die Häfen, die Docks, die Fischerei und die große britische Handelsmarine verantwortlich. Thompson war ein Riese mit einer harten Stimme, ein ehemaliger Angestellter des Britischen Gewerkschaftskongresses. George Hardy war ein Leisetreter, ein Fuchs und Ränkeschmied, der an vielen Orten draußen in der Welt, in Indien, Moskau und Wladiwostock, in Südafrika, Shanghai und den Vereinigten Staaten Kominterngeschäfte besorgt hatte. Ich hatte beide, Hardy und Thompson, im Jahr vorher kurz in Berlin und Hamburg getroffen. Beide sahen aus wie erfolgreiche Geschäftsleute, und die Eleganz ihrer Frauen brachte einen auf den Gedanken, sie kämen geradewegs aus einem konservativen *Club*.

»Wenn du mit diesen beiden zu tun hast, sei grob und aggressiv«, hatte mir Dimitroff geraten. »Sie sind imstande, dir die Nelson-Statue auf dem Trafalgar Square zu verkaufen, wenn du nicht aufpaßt.«

Ich fand, was ich zu finden erwartet hatte. Die kommunistischen Schiffahrtsorganisationen in Großbritannien zählten vierzehnhundert eingetragene Mitglieder, aber kein einziges Mitglied hatte, abgesehen von einer Eintrittsgebühr, Mitgliedsbeiträge bezahlt. Die Internationalen Seemanns-Klubs in den britischen Häfen waren keine politischen Zentren, sondern widerliche Cafés, die zum persönlichen Vorteil von Hardy und Thompson betrieben wurden. Der Internationale Klub in Freetown (Sierra Leone, an der Westküste Afrikas), der von London aus finanziert und geleitet wurde, war aus einem kommunistischen Sammelpunkt in etwas verwandelt worden, was einem Zentrum des Sklavenhandels sehr ähnlich sah. Von dort kommende Negergenossen erzählten die Geschichte. Hardy hatte die Parteizelle in Freetown an eine Clique von Negerhäuptlingen verkauft, Männer, die die Küstenschiffahrt für eine Gebühr von einem Drittel der Negerlöhne mit Hafenarbeitern versorgten. Thompson betrieb ein blühendes Geschäft, indem er arabische und chinesische Seeleute importierte und sie auf britischen Schiffen weit unter dem normalen Lohnstandard unterbrachte. Die monatliche ISH-Unterstützung von 2 500 Dollar, die Hardy und Thompson durch Albert Walter erhielten, um die britische Schiffahrt rot zu machen, wurde in der folgenden Weise verteilt: Hardy bezahlte sich selbst ein Gehalt von 1 000 Dollar, Thompson bezahlte sich ebenfalls 1 000 Dollar, und die verbleibenden 500 Dollar wurden für den Druck einer Zeitung, des *Seafarer*, ausgegeben, einer Zeitung, die nicht unter den Dockarbeitern und Seeleuten verteilt wurde, sondern allein zur Versendung nach den deutschen und sowjetischen Häfen bestimmt war, um den »Beweis« ihrer Tätigkeit in England zu erbringen. Geduldig sammelte ich umfangreiche Einzelheiten für einen Bericht an Georgi Dimitroff. Mein Kurier auf der *Teal* übermittelte den Bericht nach Hamburg. Inzwischen sammelte George Hardy, der bemerkt hatte, daß etwas Bedrohliches im Gange war, Gegenmaterial gegen das Marinezentrum in Hamburg und gegen mich. Er beschuldigte mich, einen Einbruchsdiebstahl in sein Büro an der Commercial Road organisiert zu haben und bezichtigte mich des Diebstahls seiner persönlichen Akten. Er vertraute diesen Gegenbericht seiner Frau an und schickte sie damit nach Moskau, wo sie ihn persönlich abgeben sollte. Es wäre sehr einfach gewesen, Mrs. Hardy in Berlin festzuhalten. Allein man erlaubte ihr die Weiterreise.

Von Berlin aus erhielt ich bald den Auftrag, Hardy und Thompson mit allen mir zur Verfügung stehenden Mitteln auszubooten und eine neue Leitung an die Spitze ihres *Apparats* zu setzen. Ich war mit den Methoden, Leute zu »erledigen«, genauso vertraut wie jeder, der in der kommunistischen Bewegung groß geworden war. Zuerst sperrte ich alle weiteren Unterstützungszahlungen. Der *Seafarer* stellte sein Erscheinen ein. Die sieben Internationalen Klubs in den britischen Häfen waren einer nach dem anderen gezwungen zu schließen. Durch anonyme Flugblätter, die ich unter ihren eigenen Anhängern verbreitete, beschuldigte ich Hardy und Thompson der Veruntreuung von Geldern der Arbeiter und der Zusammenarbeit mit Scotland Yard. Ich hatte veranlaßt, daß abträgliche persönliche Angaben über Hardy in die Hände der ärgsten Feinde des Kommunismus, Bevin und Spence, gelangten, der Führer der britischen Seeleutegewerkschaften. Bald begann dieses Material auf der ersten Seite von Mr. Spences Zeitung, *Der Seemann*, zu erscheinen und fand so seinen Weg in die Back jedes Schiffes, das unter britischer Flagge fuhr. Das Resultat war, daß Hardy Thompson des Verrats bezichtigte und Thompson Hardy eine nachhaltige Tracht Prügel vor Charley Browns berühmter Taverne an der West India Dock Road verabfolgte. Aus Rache denunzierte Hardy mich bei Scotland Yard, und Detektive begannen East End durchzukämmen, wobei sie nach einem »Russen mit amerikanischem Akzent« fragten. Mehrfach hatte ich das instinktive Gefühl, verfolgt zu werden. Glücklicherweise kann man den durchschnittlichen Detektiv auf hundert Meter Entfernung erkennen.

Die Kampagne zur Erledigung von Hardy und Thompson war erfolgreich. Der großsprecherische Thompson war nicht gefährlich; es wurde ihm gestattet, sich zurückzuziehen. George Hardy hingegen wurde nach Moskau befohlen. Zwei Wochen lang zögerte er. »Gottverflucht, ihr Hundesöhne«, sagte er zu mir, »ihr habt meine Frau dort zurückbehalten.«

»Du hast sie doch selbst dorthin geschickt, oder?« antwortete ich.

Schließlich aber war George Hardy doch Engländer. Er ging nach Moskau. Das Leben wurde ihm wohl geschenkt. Aber er ist meines Wissens nie wieder aufgetaucht.

Die neue Leitung der Komintern im Bereich der britischen Schiffahrt wurde auf dem *Weltkongreß gegen den imperialistischen Krieg* 1932 in Amsterdam gewählt; dieser Kongreß wurde vom Kreml finanziert und ins Werk gesetzt. Er stand unter dem Patronat einer schönen Reihe »unschuldiger« Liberaler,

die von Romain Rolland bis zu Patel reichte – dem Vorsitzenden des ostindischen Nationalkongresses. Die ganze internationale Komintern-Elite war anwesend. In einer der Geheimkonferenzen, die neben einer öffentlichen Schau-Sitzung abgehalten wurde, ernannte man die Nachfolger von Thompson und Hardy.
Nachdem Thompson und Hardy aus dem Weg geräumt waren, konzentrierte ich mich auf die *West Indian Association.* Das war eine Negerliga, die durch einen Neger namens O'Connell im Lauf der Jahre aufgebaut worden war und zahlreiche lokale Gruppen in Jamaika, Haiti, der Dominikanischen Republik und auf einigen kleineren Inseln kontrollierte. Sie befaßte sich mit der Verteidigung der Negerrechte und der Förderung kultureller Beziehungen zwischen den verschiedenen Negerzentren. O'Connell, der sein Hauptbüro in Cardiff hatte, war ein energischer Mann, von sehr dunkler Hautfarbe, aber mit der Nase eines arabischen Pferdehändlers und dem Kinn eines Boxers. Er war nicht Mitglied der Kommunistischen Partei, war aber einer der wichtigeren Massenorganisationen beigetreten – der Gesellschaft der *Freunde der Sowjetunion.* Meine Instruktionen gingen dahin, O'Connell einen kommunistischen Berater ins Büro zu setzen und ihn durch die Zahlung einer regelmäßigen Unterstützung von einigen hundert Dollar vom Internationalen Sekretariat der *Freunde der Sowjetunion* festzulegen. Zur Zeit existierte ein solches Sekretariat allerdings nicht; das »Sekretariat« war Willy Münzenberg. Das Ziel war natürlich, O'Connells Vereinigung als kommunistischen Transmissionsriemen unter der Negerbevölkerung Westindiens zu benützen. Der Kadermann, den ich in O'Connells Sache hineinsetzen wollte, war ein Londoner Neger namens Jones, ein Schüler der Leninschule in Moskau. Ich ahnte allerdings nicht, daß Genosse Jones schon jahrelang auf der Gehaltsliste von Scotland Yard stand.
Meine Mission endete mit einer traurigen Niederlage. Ich reiste nach Cardiff. O'Connell war bereit, die Unterstützung anzunehmen, die ich ihm für seine Organisation anbot, aber er bestand hartnäckig darauf, daß Westindien und Moskau zwei voneinander völlig getrennte Sachen seien. Er sagte mir unverblümt: »Ich vertrete meine Negerbrüder; du willst, daß ich Rußland unter den Westindern vertrete. Ich kann nicht zwei Herren dienen. Mein Gewissen schließt das aus.«
»Aber wir sind sehr daran interessiert, der farbigen Bevölkerung bei ihrem gerechten Kampf zu helfen«, erklärte ich.
»Wer ist das, *wir?*« rief O'Connell. »*Wir,* das ist Moskau. Moskau ist sehr daran interessiert, Moskau zu helfen.«
Ich versuchte es daraufhin anders. Es gab verschiedene Neger in Cardiff, die sowohl Mitglieder der Kommunistischen Partei als auch Mitglieder der *West Indian Association* waren. Es waren nicht viele, aber es gab sie. Ich ließ ein Flugblatt drucken, das O'Connell als »Verräter« an der Sache der Neger bezeichnete, wies darauf hin, daß die endgültige Befreiung der Neger nur revolutionär gelingen könne, und drängte die Mitglieder der Vereinigung, O'Connell abzusetzen. Das Flugblatt wurde in Cardiff und auf den mit westindischen Negern bemannten Schiffen verteilt. O'Connell reagierte sofort. Er berief eine öffentliche Versammlung seiner Anhänger, um kurzen Prozeß mit der stalinistischen Opposition zu machen.
Ich ließ Jones aus London kommen und eine Handvoll anderer kommunisti-

scher Neger aus Liverpool und Birkenhead, um unsere Gruppe bei der bevorstehenden Versammlung zu verstärken. Die Rollen wurden im voraus unter allen Teilnehmern verteilt. Ich quartierte die Leitung vorübergehend in einer Fischbraterei wenige Häuser neben dem Versammlungsraum ein und hielt den Kontakt mit der kommunistischen Clique durch zwei Negerkuriere aufrecht. Außer O'Connell hatte die Vereinigung keinen guten Redner. Andererseits war jedes Mitglied unserer Einheit in der Lage, eine Rede zu halten. Ich war zuversichtlich, daß wir den Tag gewinnen würden. War erst ein kommunistischer Block innerhalb der Vereinigung vorhanden, konnte O'Connell entweder zum Abdanken oder zu Verhandlungen gezwungen werden.

Doch O'Connell gewann die Schlacht. Er war über jede Einzelheit meines Plans informiert worden. Leute in Zivil trieben sich in der Nähe des Versammlungsortes herum. O'Connell eröffnete die Versammlung, indem er jedes Mitglied der kommunistischen Gruppe beim Namen nannte, einschließlich Jones, und dann verlangte er, daß die Genannten das Gebäude verlassen sollten. Es kam zu einem Handgemenge, einige Köpfe wurden eingeschlagen, dann griff die Polizei ein und verhaftete alle Kommunisten in der Versammlung als »Ruhestörer«. Ich verfluchte mich als einen dummen Tölpel. Nun suchte auch die Polizei in Cardiff den »Russen mit dem amerikanischen Akzent«. Vom Pech verfolgt, floh ich aus Wales. Wieder in London zurück, berichtete ich meinen Mißerfolg nach Berlin. Von dort kam der Befehl, O'Connell zu erledigen oder seine Vereinigung zu vernichten. Pat Murphy wurde nach Cardiff geschickt, um die Kampagne fortzusetzen. Sie endete, Monate nachdem ich England verlassen hatte, mit der Liquidation der *West Indian Association.* Die Büros in Cardiff wurden mehrere Male verlegt, bis sie schließlich ganz schlossen. O'Connell geriet in Vergessenheit.

Mitte Juli wurde ich plötzlich nach Deutschland zurückgerufen. Die Atmosphäre, die ich bei meiner Landung in Hamburg vorfand, überzeugte mich davon, daß große und unversöhnliche Kräfte gegeneinanderstanden und nun zu einem Kampf auf Leben und Tod antraten. Aber die alles zerschmetternden Ereignisse in Deutschland gehören zu einem anderen Kapitel. Im August kehrte ich nach London zurück, diesmal per Schiff über Grimsby. Es war da immer noch die Angelegenheit mit der *East Indian Seamen's Union*, die ausgetragen werden mußte.

Moskau hatte gefordert, daß das Hauptquartier der *Union* von London nach Kalkutta verlegt werde. Ein engerer Kontakt mit der Heimatbasis der ostindischen Hafenarbeiter war erwünscht. Aber aus undurchsichtigen Gründen hatten das Zentralkomitee der Britischen Partei und der Leiter der *East Indian Seamen's Union* jeden Versuch, die Zentralverwaltung nach Kalkutta zu verlegen, immer wieder sabotiert.

»Wir wissen wenig über diese Leute«, hatte mir Albert Walter gesagt. »Das Haupt der *Union* ist ein Hindu. Er ist dick und ein nichtsnutziger Müßiggänger, aber er hat mehr Schiffsbeziehungen nach Indien als alle anderen. Such ihn auf und lege etwas *TNT* unter seinen Hintern. Er nennt sich *Vakil.*«

Wie in allen solchen Fällen begann ich damit, das Budget des Hindus trockenzulegen. Drei meiner Mitarbeiter, die in Achtstundenschichten arbeiteten, beobachteten die Umgebung vom Fenster eines Zimmers aus, das ich in einem auf der gegenüberliegenden Seite der Straße gelegenen Haus gemietet hatte. Vakils Hauptquartier füllte ein altes zweigeschossiges Haus mit sechs Zimmern über einem großen Laden im Erdgeschoß, der jetzt als Versammlungs- und Klubraum diente. Ich argumentierte nun in folgender Weise: »Der Hindu weigert sich, nach Kalkutta umzuziehen. Er muß einen Grund dafür haben. Ich muß also herausfinden, mit wem er zusammenkommt, was er macht und welcher Einfluß ihn so hartnäckig in London festhält.« Die Überwachung ergab eine Woche hindurch keine Anhaltspunkte; malerische indische Matrosengestalten von den Schiffen im Hafen suchten ihn auf, das war alles. Vakil selber ging jeden Morgen in den Hafen an Bord von Schiffen mit ostindischen Besatzungen; auf diesen Gängen trug er eine einfache Kassette mit billigen Uhren und anderen kleinen Geschenken bei sich. Damit tarnte er sich und gelangte so zu den Schiffen, ohne von den Polizisten, die die Zugänge zu den Londoner Docks bewachten, behelligt zu werden.

Um nicht noch mehr Zeit mit einer zwecklosen Überwachung zu verlieren, entschloß ich mich, ohne weitere Erkundigungen den *Babu* selbst zu befragen. Unangemeldet ging ich an einem Sonntagabend zu ihm hin. Vakils Büro im ersten Stock war ein schmutziger kleiner Raum; Plakate hingen an den Wänden, Haufen ostindischer Literatur lagen auf den Gestellen, und eine primitive Druckerpresse stand in einer Ecke. Eine Schar neugieriger *Lascars* war mir vom Klubraum die Treppe hinauf gefolgt, um zu sehen, was der Okzidentale in ihrem Haus wolle. Ich schickte sie ins Erdgeschoß zurück. Sie gehorchten und waren ziemlich erschrocken, weil sie mich für einen Polizisten hielten.

Der *Babu* war ein großer, brauner und fetter Mann von etwa 50 Jahren. Er war angezogen wie ein Kneipenbesitzer aus East End, und seine kleinen schlauen Augen schielten zwischen Wulsten von Fett in die Welt hinaus. Er war nicht allein. Zwei mit Turbanen versehene Individuen hockten auf niederen Stühlen neben ihm. Sie sprangen auf, als ich das Büro betrat.

»Was möchten Sie gerne, Sir?« sagte Vakil mit Würde.

»Ich komme von der *Internationale der Seeleute und Hafenarbeiter.*«

»Ah!«

Wir setzten uns. Die beiden Gefährten Vakils wollten gehen. Aber ich verhinderte es. »Ich bin der erste, der wieder geht«, sagte ich bestimmt. »Ihr könnt gehen, wenn ich wieder gegangen bin.« Wir unterhielten uns. Alle meine Versuche, zu erfahren, weshalb der Chef der *East Indian Seamen's Union* sich weigerte, seinen Hauptsitz nach Kalkutta zu verlegen, blieben ergebnislos. Vakil war ein geschickter Gesprächspartner. Er prahlte mit seinen indischen Verbindungen, wies auf das Vertrauen hin, das ihm die indischen Seeleute entgegenbrachten, und erging sich dann in unendlichen Klagen über den Mangel an Zusammenarbeit mit unserer internationalen Organisation. Wie ich bald merkte, sagte er das alles nur, um mich zu hindern, hinter seine Schliche zu kommen.

»Gib mir eine Liste aller deiner Verbindungsleute auf den nach Ostindien bestimmten Schiffen«, bat ich ihn. »Zeig mir deine Korrespondenz mit den ostindischen Einheiten. Und zeige mir die Buchhaltung.«

»Oh, gern, aber alles ist in einer Sprache geschrieben, die du nicht lesen kannst«, entgegnete der *Babu*.

Ich richtete mich darauf ein, die Nacht bei ihm zu verbringen und fragmentarische Aufzeichnungen über seine Organisation zu sammeln. Vakil beantwortete meine Fragen nur widerstrebend Zum Teil waren seine Antworten

ausweichend, meist jedoch offensichtlich falsch. Da versuchte ich es mit dem, was man in der Komintern die *Thälmann-Methode* nannte. Ich schlug mit der Faust auf den Tisch, schoß plötzlich in die Höhe, daß der Stuhl hinter mir ins Zimmer flog, beugte mich nach vorn und schrie mit aller Brutalität, deren ich fähig war:
»Genosse Vakil, deine Handlungen sind eines Revolutionärs unwürdig. Ich dachte, ich hätte es mit einem Bolschewisten zu tun. Wo ist deine bolschewistische Offenheit? Ich sehe jetzt, daß ich es mit einem unsauberen Geschäftemacher zu tun habe. Ich will keine Ausflüchte. Ich kann nicht zugeben, daß du mit den Lebensinteressen unserer ostindischen Brüder dunkle Geschäfte machst! Wir haben dich an die Spitze dieser Organisation gestellt. Wir haben ein Recht zu wissen, was du mit unseren Mitteln gemacht hast!«
Vakil sackte im Sessel zusammen und ließ die Arme herunterhängen.
»Mein Wort«, sagte er schließlich. »Deine Frechheit ist erstaunlich!«
»Zur Sache!« sagte ich. »Vergiß nicht, daß wir stärker sind als du. Glaubst du, wir ließen jemanden eine unserer Organisationen bestehlen und sich dann aus dem Staube machen?«
»Vergiß du nicht, daß wir in London sind«, murmelte der *Babu*.
Ich tat so, als verstehe ich diese Drohung nicht, und bat ihn um einen Bericht über seine Organisation. Ich versprach, am Morgen wiederzukommen. Vakil war einverstanden.
Vom nächsten Telefon aus rief ich Joe Keenan an und befahl ihm, unsere drei Mitarbeiter zu wecken. Um zwei Uhr morgens trafen wir uns am Eingang zum Blackwelltunnel am Ende der East India Dock Road. Von dort aus gingen wir zu *Babus* Haus.
Vakil lag bereits im Bett. Er erschien an der Tür in einem schmutzigen grünen Pyjama. Wir stießen ihn ins Haus und traten ein. Dann durchsuchten wir das ganze Gebäude. Abgesehen von unserer Gruppe waren nur Vakil und die beiden Turbanmänner anwesend. Die beiden letzteren wurden in einen Hinterraum eingesperrt und dort bewacht. Vakil wurde in sein vollgestopftes Büro getrieben.
Eine seltsame Inquisition folgte. Der *Babu* war ein Feigling. Unter Drohungen gab er alles preis, was wir wissen wollten, einschließlich des Geheimnisses der abgelehnten Übersiedlung seines *Apparats* nach Kalkutta. Seine heulende Angst war lachhaft. Vakil hatte die *East Indian Seamen's Union* in einen Opiumschmuggelring umgewandelt, dessen Abnehmer in London saßen. Seine Gewährsleute auf den Schiffen des Ostindienhandels kauften die Droge in kleinen Mengen in den verschiedenen Häfen Indiens. Vakil stellte das nötige Kapital zur Verfügung. Sie bezogen das Opium zu 2,30 Dollar je Kilogramm und schmuggelten es nach London, wo Vakil ihnen eine Kommission von zwanzig Prozent bezahlte. Der *Babu* verkaufte dann das Opium an die ortsansässigen Händler und nahm dafür jeden Preis, den er bekommen konnte.
»Was hast du mit dem Geld gemacht?«
»Die Gewinne waren sehr klein. Ich bin ein Mann mit einer großen Familie«, sagte Vakil sanft.
In Wahrheit hatte Vakil aber gar keine Familie, hingegen war er Besitzer verschiedener Häuser in Whitechapel geworden. Ich sagte Vakil, daß er die Leitung der *Indian Seamen's Union* mit sofortiger Wirkung niederzulegen habe. Ich drohte, ihn bei den britischen Behörden anzuzeigen, falls er ver-

suchen sollte, sich der *Union* weiterhin bei seinen Opiumgeschäften zu bedienen. In Wirklichkeit beabsichtigte ich das nicht, denn Leute von Vakils Schlag würden keinen Augenblick zögern, unsere ostindischen Anhänger auf den Schiffen zu denunzieren, wenn er selbst in Schwierigkeiten kam. Ich nahm alle Papiere, Dokumente und Akten, die ich im Hause finden konnte, an mich. Meine Begleiter packten alles in Säcke und schafften einen nach dem anderen in eine Wohnung in der Hugh Street, die mitten in den Slums von Poplar lag und die ich gleich nach meiner Ankunft in London gemietet hatte, weil ich sie als geheimes Depot für koloniales Propagandamaterial verwenden wollte. Ich schrieb sofort einen detaillierten Bericht über den Fall nach Berlin. Die Akten des *Babu* folgten dann eine Woche später über unseren Kurier auf der *Lapwing*.

Die »Erledigung« Vakils hatte ein Nachspiel. Wieder lief bei Scotland Yard eine Anzeige über meine Anwesenheit in London ein; entweder stammte sie von Vakil selbst oder vom Zentralkomitee der britischen Kommunistischen Partei, das über meine herausfordernden Eingriffe in britische Angelegenheiten heftig verärgert war.

Ein anderer Ostinder, ein Student namens Gani, war aus Berlin hergeschickt worden, um Vakil die ostindischen Seeleute abspenstig zu machen und die Übersiedlung der *Union* nach Kalkutta zu organisieren. An einem Nachmittag hatte ich mich zu einer Besprechung mit Gani in der Stadthalle von Poplar getroffen, dem sichersten Ort, den man sich für kommunistische Verschwörertätigkeit denken konnte; ich verließ ihn, um so schnell wie möglich in den entgegengesetzten Teil von London zu kommen, wo ich am Bahnhof von King's Cross Cilly, meine Sekretärin, treffen wollte. Zu diesem Zweck nahm ich den Commercial Road Bus nach Aldgate. Kaum hatte ich den Bus verlassen, um zur Endstation der Untergrundbahn am Bahnhof Aldgate hinüberzugehen, als zwei untersetzte Individuen hinter einer Ecke hervorkamen und mich am Arm packten.

»Junge, Junge, was ist denn mit euch los?«

»Du siehst der Beschreibung eines Ausländers verdammt ähnlich, den wir suchen«, antwortete der eine von ihnen.

Beide zeigten ihre Abzeichen.

»Wir sind von Scotland Yard«, murmelten sie einstimmig.

Ich hatte in meiner Tasche verschiedene Aufzeichnungen über meine Unterhaltung mit Gani und ein paar Notizen für einen Brief, den ich Cilly hatte diktieren wollen. Der Brief war für die Leiter unserer Einheiten in Cardiff, Liverpool, Glasgow und in den Tynehäfen bestimmt. Ich knüllte die Zettel in meiner Tasche zu einer Kugel zusammen, nahm sie blitzschnell heraus, stopfte alles in den Mund und begann, wie wild darauf herumzukauen. Ich wäre beinahe erstickt.

Einer der Geheimpolizisten klopfte mir kräftig auf den Rücken.

»Spuck die Dokumente aus, Bruder«, riet er mir.

Es war mir gelungen, einige von den Notizen zu verschlucken, eine oder zwei spuckte ich aus und zerrieb sie mit den Füßen zu Fetzen, sobald sie auf den Boden gefallen waren. Was ich noch nicht hatte verschlucken können, zogen mir die Geheimpolizisten jetzt mit ihren dicken plumpen Fingern aus dem Mund. Ich hatte mich zu sicher gefühlt. Eine der wichtigsten Regeln der konspirativen Technik war von mir nicht beachtet worden. Diese Regel lautete:

Stecke niemals irgendwelches schriftliches Material in deine Taschen; laß es dir durch einen unbekannten Mitarbeiter bringen oder verbirg es im Futter deiner Kleider oder in den Falten deines Körpers.

Es ist ein Grundsatz aller Angehörigen von Scotland Yard, niemals unnötig Gewalt anzuwenden, und sie beweisen dadurch am besten ihre Tüchtigkeit, ganz im Gegensatz zur Polizei der meisten anderen Länder, die auf ihre Brutalität stolz ist. Es gab hier weder Handfesseln noch Jiu-Jitsu-Griffe noch Polizeiwagen, die mit heulenden Sirenen durch belebte Straßen jagten. Einfach nur ein kleiner Stoß zwischen die Rippen und ein affektiert in die Länge gezogenes: »Na, dann los; du wirst doch keinen Widerstand leisten wollen, oder?«

»Nein«, sagte ich.

»Wo wolltest du hin?« fragten sie.

»Ich war auf dem Weg zu meiner Wohnung, wollte zusammenpacken und das Land verlassen«, erzählte ich ihnen.

»Sehr gut. Gehen wir also in deine Wohnung.«

Im Bahnhof von Aldgate nahmen wir einen Zug nach Westen. Ich saß in einer Ecke am Fenster, der eine Geheimpolizist neben mir, der andere gegenüber. Es war alles sehr friedlich. Die Yardmänner scherzten und fragten mich, wie mir Piccadilly gefalle, und sie wollten wissen, wie ich die englischen Mädchen im Vergleich zu denen meiner Heimat finde.

»Die russischen Mädchen sollen ja ganz groß in der Liebe sein«, sagte der eine. Ich war auf der Hut.

»Ich weiß es nicht. Ich habe das auch gehört.«

»Bist du denn kein Rußki?«

»Nein.«

»Ja, ja, tu nur so! Wie gefällt dir England?«

»Ich mag es nicht.«

»Na, wenn du gleich zu uns gekommen wärst, hätten wir dich ein wenig herumgeführt. Ich bin sicher, daß dir England dann gefallen hätte.«

»Kann sein.«

»Welches Land gefällt dir denn am besten auf der ganzen Welt?«

»Die Vereinigten Staaten.«

»Nicht Rußland?«

»Nein.«

»Deine Offenheit in Ehren«, sagte der eine der beiden Männer ironisch. »Aber ihr Jungs werdet es in England nie zu etwas bringen. Wer zum Teufel möchte denn zu sieben in einem Bett schlafen? Oder ist es vielleicht nicht so?«

»Weiß nicht. Ich war nie in Rußland.«

Wir verließen die U-Bahn im Westzentrum von London und gingen gemächlich zu meiner Wohnung, in der nichts vorhanden war, was mich kompromittieren konnte. Wenn ich die Geheimpolizisten dahin führte, so hoffte ich, sie von East End fernzuhalten, wo die meisten kommunistischen Operationszentren lagen. Auf dem Wege kehrten wir in einer Gaststätte ein. Ich besorgte für die Geheimpolizisten einen Drink, und sie luden mich daraufhin ebenfalls zu einem Drink ein, und das Katz-und-Maus-Spiel nahm seinen Fortgang. In meiner Wohnung zogen sie mich nackt aus und durchsuchten jeden Zoll meiner Kleider und das ganze Zimmer. Die Ausfragerei, die nun folgte, dauerte viele Stunden. Zuerst führte ich sie ganz schön an der Nase herum, verwickelte mich dann aber in Widersprüche, und als ich schließlich zugab, daß ich ihnen ein Lügenmärchen erzählt hatte, lachten wir alle, und es sah so aus, als fühle jeder von uns sich wohl und glücklich in der Gesellschaft der anderen. Schließlich bestellten sie Tee und Sandwiches. Sogar als sie sich davon überzeugt hatten, daß sie von mir nichts erfahren würden und daß ich nichts zugeben würde, nicht einmal die unbestreitbare Tatsache, daß mein Paß ein Stück beste Fälscherarbeit war, wurden sie weder grob noch begannen sie mit Drohungen zu arbeiten.

»Ich habe einen Vorschlag für dich«, sagte der eine ganz plötzlich. »Wenn du für uns arbeiten willst, so kannst du dir etwas Geld auf die Seite legen. Der Beruf, den du dir da ausgesucht hast, ist doch nicht besonders einträglich, oder? Und jeder kann ein paar Pfunde extra gut gebrauchen.«

»Ich erzählte euch doch gerade, daß ich England nicht mag.«

»Wohin willst du denn von hier aus gehen?«

»Nach Deutschland. Ich habe ein nettes Mädchen dort.«

»Schön, aber vielleicht wirst du dein Mädchen nicht so bald wiedersehen. Wir könnten dich unter Umständen wegen Vorspiegelung falscher Tatsachen bei deiner Einreise unter Anklage stellen.«

»Wie ihr wollt«, sagte ich.

Es gibt bei der Komintern eine Redensart über die verschiedenen Methoden der Landesverweisung, die folgendermaßen lautet: »In Rußland kommt man gleich *unter* die Erde, anderswo wird man aus dem Land *hinausgeworfen*, aber in England wird man aus dem Land *hinauskomplimentiert.*« Ich kann die Zuverlässigkeit dieses Ausspruchs bezeugen. Denn einer der Geheimpolizisten erklärte, als sie weiteres Fragen als zwecklos einstellten:

»Wir wollen nicht unfreundlich sein, du weißt das. Dem Innenministerium genügt es, euch Burschen auf die Liste der Verdächtigen zu setzen und euch dann dahin zurückzuschicken, woher ihr gekommen seid. Im Lauf des Morgens werden wir dich auf ein Schiff bringen. Nur deinen Paß hätten wir gerne behalten.«

»Was? Ohne Fotografieren und ohne Fingerabdrücke?«

Die Geheimpolizisten lachten. »Wir haben dein Bild im Paß, und deine Fingerabdrücke haben wir auf den Gläsern, die du vorhin in der Gaststätte angefaßt hast.«

Mir kam der Verdacht, daß diese Männer vielleicht gar nicht vom Geheimdienst der britischen Regierung seien, sondern Schwindler. Weshalb wären sie denn sonst so gleichgültig? Weshalb nahmen sie mich nicht mit in die Zentrale? Ich bat sie also um ihre Ausweise.

»Jeder kann ein solches Abzeichen vorzeigen«, sagte ich.

»Oh, gewiß.«

Beide zogen ihre Scotland-Yard-Ausweise hervor. Mein Respekt vor dieser Polizei-Institution wuchs gewaltig.

»Du bist ein netter Kerl, wir wollen es auch sein. Wir wollen keine große Sache daraus machen. Aber immer, wenn du dir mal gerne ein paar Extra-Pfunde verdienen möchtest — nun freilich, dann schick eben eine Postkarte.«

Ich war für den Rest der Nacht ihr Gefangener. Der eine blieb in meinem Zimmer, der andere ging weg, um die Formalitäten zu erledigen, die in England mit dem »Hinauskomplimentieren« verbunden sind. Am Morgen kam ein Polizeiinspektor und ein anderer Geheimpolizist.

»Wir nehmen nicht an, daß du etwas Schriftliches in deinem Gepäck mitnimmst«, erläuterte der Inspektor, während er mir beim Packen meiner Sachen zusah. »Nur tu mir den Gefallen und komm nicht wieder nach England zurück. Es ist in jeder Weise unvorteilhaft für dich, und uns machst du nur Ärger.«

Dann ging es per Bahn nach Grimsby. Dort wurde ich auf einen der Dampfer der *London and North Eastern Railroad* gebracht. Ein Geheimpolizist begleitete mich, bis wir außerhalb der britischen Territorialgewässer waren. Er fuhr mit dem Lotsen wieder zurück.

Die »Erledigung« des fetten *Babu* in London hatte noch ein tragikomisches Nachspiel. Er schrieb an Albert Walter, den Chef der ISH, daß er alle ostindischen Kommunisten, die er kenne, dem britischen *Secret Service* denunzieren werde, sofern die Akten, die aus seinem Büro weggenommen worden seien, nicht innerhalb eines Monats zurückgegeben würden. Die Sache wurde der GPU-Dienststelle in der Hedemannstraße in Berlin übergeben. Zuerst wurde Michael Avatin beauftragt, nach London zu gehen, um Vakil »zum Schweigen zu bringen«. Aber Avatin war den Leuten von Scotland Yard bekannt; auch war er ein zu wertvoller Mann, als daß man ihn gerne bei einer so unwichtigen Aktion verloren hätte. Ein anderer namens Patra wurde an seiner Stelle geschickt. Patra, groß, hager, ein mutig dreinblickender Bursche aus dem Balkan, hatte seit Januar 1932 im Spezial-*Apparat* gearbeitet, der von dem schweigsamen Letten Schmidt geleitet wurde. Patra ging nach London.

Jahre später hörte ich von einem Mitgefangenen in den Gestapokellern des Polizeipräsidiums am Alexanderplatz in Berlin, was mit dem *Babu* damals geschehen war. Man hatte ihn in seiner Bude in der Nähe des Londoner East India Docks chloroformiert, ihn dann in eine Kiste gesteckt und hinter dem Rücken der englischen Hafenpolizisten in Tilbury an Bord eines russischen Schiffes geschmuggelt. Vakil wurde bei guter Gesundheit nach Leningrad gebracht.

»Was geschah denn mit dem Hindu in Rußland?« fragte ich.

»Ich weiß es nicht«, sagte der andere. »Man sagt, er sei Krankenwärter in einem Hospital geworden.«

Die Kunst, Meutereien anzuzetteln

Einige Tage nach meiner Ausweisung aus England erhielt ich durch Albert Walter den Befehl, in die Höhle des Löwen zurückzukehren.

»Aber ich bin doch eben ›hinauskomplimentiert‹ worden«, wandte ich ein.

»Eben darum«, brummte der gebräunte alte Seemann. »Sie erwarten nicht, daß du gleich wiederkommst, und du hast also eine ausgezeichnete Chance, durchzurutschen.«

Ich erhielt einen neuen Paß und Empfehlungsschreiben und dazu fünfhundert Dollar. Ich sollte nicht nach London, sondern nach Glasgow gehen. Die schottische Sektion der britischen Seeleutegewerkschaften, die durch den mächtigen Labour-Führer Ernest Bevin kontrolliert wurden, hatte sich von ihrer Mutterorganisation abgespalten und führte jetzt unabhängige Streiks in

Grangemouth und Glasgow durch. Ein Bericht des Residenten der GPU in Glasgow hatte die bisher unbekannte Tatsache gemeldet, daß drei Leute im Vorstand der Splitterpartei mit den Kommunisten sympathisierten. Moskau hatte deshalb den Plan, sie zum Anschluß an die Profintern zu bewegen. Zu diesem Zweck hatte die Komintern eine finanzielle Unterstützung für die in den schottischen Häfen Streikenden zur Verfügung gestellt. Dementsprechend lautete mein Auftrag, mit dem kommunistenfreundlichen Vorstand in Glasgow zu sprechen und den Weg für eine kommunistische Offensive und Eroberung dieser Gewerkschaften zu ebnen. Das sollte in Zusammenarbeit mit Gallacher geschehen, dem einzigen kommunistischen Mitglied des Unterhauses. Ich hatte Gallacher, diesen rauhen und aggressiven Burschen, in London getroffen und wußte, daß er sich mit Harry Pollitt, seinem Parteichef, in den Haaren lag.

Unverzüglich schiffte ich mich auf einem kleinen britischen Trampschiff nach Newcastle ein. Der einzige andere Passagier war ein Kaufmann aus Newcastle namens Bates. Während der Überfahrt war ich viel mit ihm zusammen, so daß er mich zu einem *Weekend* in seinem Haus einlud, als der Dampfer zwischen den schmutzigen Ufern des Tyne entlangfuhr. Als Gast eines prominenten Bürgers von Newcastle war ich sicher, nicht allzusehr von den Paßbeamten in Newcastle belästigt zu werden. Doch die unglaubliche Tüchtigkeit der britischen Polizei durchkreuzte meine Pläne.

Kaum hatte das Schiff an der Mole in Newcastle festgemacht, als auch schon zwei untersetzte Beamte in Zivil an Bord kamen und auf mich zusteuerten.

»Ihren Paß, bitte! Wir sind von Ihrem Kommen bereits benachrichtigt.«

Ich saß hilflos in der Kabine und betrachtete die beiden Detektive, die meinen Paß mit starken Vergrößerungsgläsern untersuchten, während am Kai Mr. Bates in seinem Wagen auf mich wartete und bereits ungeduldig hupte. Der eine der beiden Detektive schaute mich scharf an.

»An diesem Paß ist herumgebastelt worden«, sagte er langsam.

Der andere Detektiv schlug mit den Knöcheln seiner Faust auf den Tisch.

»An diesem Paß ist herumgedoktert worden«, wiederholte er.

Ich selbst und meine Sachen wurden mit peinlicher Sorgfalt durchsucht. Sie fanden nicht, was sie suchten. Die Adressen und Rundschreiben, die ich für meine Arbeit brauchte, waren einem Marinekurier an Bord eines anderen Schiffes anvertraut worden. Schroff weigerte ich mich, irgendwelche Fragen zu beantworten.

»Kommen Sie mit!«

Ich wurde von der Hafenpolizei festgehalten. Diese Dienststelle war mit Leuten besetzt, die die Uniform der britischen Marine trugen. Sie befand sich in einem Backsteinbau und war sehr sauber gehalten. Jede einzelne Zelle hatte ihren eigenen Ofen. Bevor man mich in eine Zelle sperrte, bekam ich Tee und eine Platte Eier mit Schinken; ein Aufseher zündete ein Holzfeuer an. Spät in der Nacht führte man mich in den Wachraum zum Verhör. Merkwürdigerweise war keiner von den Detektiven anwesend. Ein älterer Offizier in Marineuniform verhörte mich. Sein Gesicht war verzerrt und tief gefurcht und machte den Einduck eines an Schlaflosigkeit leidenden Mannes, der seinen Ärger nur mit Mühe verbirgt.

»Warum sind Sie mit einem falschen Paß in das Vereinigte Königreich eingereist?«

»Ich weigere mich zu antworten.«
»Sie weigern sich zu antworten?«
»Ja.«
Der Offizier hatte einen schrecklichen Wutanfall. Ich hatte den Eindruck, daß ich es mit einem Mondsüchtigen zu tun habe. Ich zog mich an die Wand zurück, der Offizier folgte mir und krümmte sich zusammen, als wolle er zum Sprung ansetzen.
»Sir!« schrie er. »Ich bin ein ›Sir‹ für Sie, verstehen Sie mich? Ich bin ›Sir‹, Sie Lump!«
»Sir«, murmelte ich, von dem unerwarteten Angriff überrascht.
»Ihr verdammten Kommunisten«, schrie er. »Ihr wollt die Welt in Brand stecken. Aber nicht, solange ich lebe! Ihr seid so übel wie die Deutschen, die im Krieg unsere Schiffe aus dem Hinterhalt versenkten. Schlimmer noch, ihr seid ...«
Zuerst dachte ich, es handle sich um einen Einschüchterungsversuch, um einen Versuch, mir Angst einzujagen, um mich zu einer Aussage gefügig zu machen. Aber das war es nicht. Mein Examinator war verrückt. Kaum hatte er sich ausgetobt, wurde ich wieder in meine Zelle eingesperrt.
Die Laken auf meinem Bett waren weiß und frisch, die Decken waren sauber, das Feuer knisterte, und ich schlief vorzüglich. Mein Schlaf war wohltuend. Am andern Morgen, als die Detektive kamen, um ein wahres Gottesgericht von Fragen auf mich herabprasseln zu lassen, erzählte ich ihnen von meinen nächtlichen Erfahrungen mit dem Gefängniskommandanten. Die Detektive entschuldigten die Grobheit des Beamten. Sie erzählten, daß seine Gehirnschale eingeschlagen worden sei, als sein Schiff 1916 von einem Unterseeboot torpediert wurde, und daß er jetzt eine silberne Gehirnschale habe.
Zwei Tage und Nächte verbrachte ich zwecklos im Gefängnis von Newcastle. Als die Detektive sich schließlich davon überzeugt hatten, daß ich ihnen weder Angaben über mich selbst noch über meine Auftraggeber machen würde, sprachen sie hauptsächlich über England und ließen es sich nicht nehmen, mir mit freundlichem Spott die Zwecklosigkeit einer zweiten Einreise nach England darzulegen. Ich versuchte etwas über den Scotland-Yard-Spitzel in Hamburg herauszubekommen, der ihnen mein Kommen mitgeteilt hatte. Sie lachten nur: »Wir brauchen keine Spitzel. Wir schnuppern in der Luft, und dann wissen wir schon: Aha! Es kommt jemand.«
Erneut wurde ich aus England ausgewiesen. Man schickte mich auf dem gleichen Schiff nach Hamburg, auf dem ich nach Newcastle gekommen war. Daraufhin wurde ich endgültig aus der Liste der Kominternleute gestrichen, die für einen Auftrag in England in Frage kamen. Wenn ein Mann erst einmal bei Scotland Yard bekannt war, schien auch die beste Tarnung nichts mehr zu nützen. Großbritannien war für die Komintern immer eines der ungefährlichsten, aber schwierigsten Gebiete gewesen.
»Mach dich bereit, sofort nach Holland zu gehen«, wies Albert Walter mich in seiner groben, immer aktiven Weise an. »Ich habe mich mit dem Westsekretariat unterhalten. Ein Schiffsstreik bahnt sich in Holland an. Schau zu, daß er zum Ausbruch kommt. Nimm das dickste Schiff aufs Korn, auf dem wir eine starke Zelle haben. Wir brauchen eine sensationelle Aktion, *ein Fanal*, ein leuchtendes Vorbild, damit die anderen Besatzungen folgen. Und vergiß nicht, die Sozialdemokraten in deinen Streikaufrufen herunterzumachen.«

Am frühen Morgen des darauffolgenden Tages erreichte ich Rotterdam. Der holländische Schiffsstreik wurde von den Sozialdemokraten kaum unterstützt. Die Komintern wünschte offene Gewalttätigkeiten; die sozialistischen Führer würden sich davon distanzieren und uns so Gelegenheit geben, sie als Verräter an der Sache der Seeleute zu bezeichnen.
Verbindungsmann und politischer Instrukteur für unsere Marineaktivs in der holländischen Handelsmarine war Willem Schaap, dessen ruhige Art und dessen blaue Augen kaum so viel stille und zielbewußte Energie vermuten ließen. Das Zentralkomitee der holländischen Partei hatte aus Berlin die Anweisung erhalten, alle Kräfte für einen weithin sichtbaren Schlag an den Küsten zur Verfügung zu stellen – es handelte sich um insgesamt 5700 Kommunisten, in 142 Zellen organisiert. Moskaus Absicht bei dieser Aktion ging weit über die eigentlichen Belange der holländischen Schiffahrt hinaus. Im Fernen Osten bereitete die Kommunistische Partei Indonesiens einen Schlag gegen die holländische Kolonialherrschaft vor. Die indonesischen Kommunisten, die immer noch unter dem Eindruck ihrer blutigen Niederlage nach den Aufständen von 1926 und 1927 litten, sollten durch eine Demonstration der kommunistischen Macht im Mutterlande ermutigt werden. Wenn sich herausstellte, daß die Kommunistische Partei stark genug war, die Schiffahrt zwischen Holland und den Kolonien zu unterbrechen, würden sie sich aufraffen und eine neue Offensive mit dem Ziel der *Nationalen Befreiung* auslösen. Wie gewöhnlich dienten bevorstehende Lohnkürzungen als Vorwand für solche Aktionen. Wie gewöhnlich war der eigentliche Grund für den geplanten Handstreich die hysterische Angst der Sowjetregierung vor einem imperialistischen Angriff auf Rußland und das daraus resultierende Bestreben, die Aufmerksamkeit Englands, Frankreichs und Japans auf Unruheherde zu lenken, die sich weit von den sowjetischen Grenzen entfernt bildeten.
In Willem Schaaps Büro ging ich mit dem Genossen de Groot – einem Mitglied des holländischen Zentralkomitees – die Listen der kommunistischen Zellen auf holländischen Schiffen durch. Wir wählten den Überseedampfer *Rotterdam* für unsere Initiativaktion. Die *Rotterdam* war der Stolz der holländischen Handelsmarine – ein großer Luxusdampfer, der zu dieser Zeit gerade mit mehreren hundert Passagieren und der holländischen Olympiamannschaft an Bord auf der Fahrt von New York nach Rotterdam war. Die kommunistische Zelle an Bord dieses Schiffes zählte siebenundzwanzig Mitglieder, darunter sieben Deutsche, die von einem deutschen Schiffsstreik im Vorjahr her bereits Erfahrungen hatten. Unter den Kommunistenfreunden des Schiffes befand sich auch der Zweite Funkoffizier. Fahrplanmäßig sollte der Dampfer die britischen und französischen Kanalhäfen anlaufen. Es stand für mich außer Zweifel, daß die Holland-Amerika-Linie, die Eigentümerin des Schiffes, über den bevorstehenden Streik informiert war und dementsprechend den Kapitän der *Rotterdam* anweisen würde, keinen holländischen Hafen anzulaufen, bevor der Streik nicht geschlichtet war. Das war die übliche Taktik der Reeder. Sie hofften, die Besatzungen in Unkenntnis der schwebenden Konflikte lassen zu können, indem sie ihre Schiffe von den Heimathäfen fernhielten. Das gab uns den gesuchten Anlaß. Ich schickte Willem Schaap an die englische Südküste, um die *Rotterdam* abzufangen und eine Meuterei zu organisieren für den Fall, daß die Gesellschaft versuchen sollte, das Schiff an der fahrplanmäßigen Rückkehr in seinen Heimathafen zu hindern. Ich

hoffte zuversichtlich, daß die siebenundzwanzig Kommunisten stark genug seien, die zweihundert Mann Besatzung zu einer Aktion zu bringen.
Während die *Rotterdam* sich Kap Landsend näherte, arbeiteten unsere Kolonnen im Rotterdamer Hafen Tag und Nacht. Wir hielten Dutzende von Versammlungen ab und verteilten viele Tausende von Streikaufrufen. Wir schickten Agitationstrupps an Bord jedes Schiffes im Hafen. Nachts fuhren unsere Abteilungen in Booten in den Häfen herum und schmierten mit Farbe und Bürsten die Streikparole an Schiffsflanken, Kaimauern und Frachtschuppen. Aktionsausschüsse wurden gebildet. Kommunistische Angestellte in den Büros der Holland-Amerika-Linie wurden angewiesen, uns über die Pläne der Gesellschaft auf dem laufenden zu halten. Unsere Spitzel in der Rotterdamer Polizeidirektion wurden angesetzt, um uns im voraus von beabsichtigten Aktionen der Polizei zu unterrichten.
Wie ich erwartet hatte, erhielt der Überseedampfer *Rotterdam* einen drahtlosen Befehl seiner Reederei, die Passagiere in Plymouth und Boulogne zu landen und, ohne die holländischen Häfen zu berühren, wieder nach New York zurückzukehren. Willem Schaap begab sich sofort nach Plymouth, schlich sich an Bord der *Rotterdam* und blieb dort, während der Dampfer zur französischen Küste hinüberwechselte. So hatte er die nötige Zeit, um mit den Mitgliedern der kommunistischen Schiffszelle den Schlachtplan auszuhecken.
Zur festgesetzten Stunde trat unsere Kolonne an Bord der *Rotterdam* – die inzwischen auf hoher See Kurs New York dampfte – in Aktion. Durch den zweiten Funkoffizier und den Anführer der kommunistischen Zelle wurde der Besatzung mitgeteilt, eine drahtlose Nachricht sei eingegangen, daß alle holländischen Seeleute in allen holländischen Häfen in Streik getreten seien; sie hätten sich in einem Aufruf an die Besatzung der *Rotterdam* gewandt, sie solle den Kapitän zur Rückkehr in die Heimatgewässer zwingen. In Wirklichkeit war keine solche Nachricht eingegangen. In Wirklichkeit hatte die holländische Schiffahrt bis zur Stunde noch nicht den Weg zum gemeinsamen Handeln gefunden. Es war unser Plan, eine solche gemeinschaftliche Aktion durch das Beispiel eines Aufruhrs auf der *Rotterdam* auszulösen.
Die Meuterei entwickelte sich planmäßig. Eine kommunistische Delegation überreichte dem Kommandanten des Schiffes, Kapitän van Dulken, ein Ultimatum. Sie forderten, das Schiff solle nicht nach New York fahren, sondern in die Heimatgewässer zurückkehren, um sich dem Streik anzuschließen.
Kapitän van Dulken weigerte sich. Er teilte der Besatzung mit, daß es keinen Generalstreik in der holländischen Schiffahrt gebe. Die deutschen Kommunisten in der Delegation nannten ihn einen Lügner, bestanden auf der Richtigkeit der gefälschten drahtlosen Nachricht und wiederholten ihre Forderungen im Namen der Besatzung des Dampfers. Wieder weigerte sich Kapitän van Dulken.
Kühn gingen die Kommunisten zu Taten über. Mit einer Horde Freiwilliger aus der übrigen Besatzung drangen sie in den Maschinenraum, löschten die Feuer und legten die Maschinen still. Hilflos wie ein gigantischer Sarg trieb der Überseedampfer gegen die westlichen Ausläufer des englischen Kanals.
Die Nachricht von einer Meuterei auf hoher See an Bord eines der größten Schiffe der holländischen Flotte wischte die letzten Reste eines Widerstandes gegen den Streik in Rotterdam hinweg. Über Nacht wurde die gesamte Schiffahrt eingestellt. Mit Ausnahme der Streikposten und des Polizeiaufgebots war der Hafen tot.

Dieser radikale Umschwung war mehr, als die gemäßigten Führer der holländischen Seemannsvereinigung erwartet hatten. Sie sprachen sich gegen eine Taktik aus, die die Landesgesetze verletzte. Ich nahm die Gelegenheit sofort wahr. Die ganze Küste entlang wurden rote Flugblätter verteilt, in denen die sozialistischen Führer als Verräter gebrandmarkt wurden, weil sie durch ihre Weigerung, den Kampf mit allen Mitteln – gesetzlichen wie ungesetzlichen – weiterzuführen, die Matrosen an die Reeder auslieferten. Das Ergebnis war, daß die holländischen Seeleute in Massen ins kommunistische Lager überliefen.

Die holländischen Reeder machten Versuche, ihre stillgelegten Schiffe mit chinesischen Seeleuten zu bemannen, von denen ungefähr dreihundert in den orientalischen Logierhäusern im Hafengebiet von Rotterdam lebten. Auf eine Anregung von Willem Schaap und seinem chinesischen Mitarbeiter beschlossen wir, die chinesischen Seeleute durch eine Maßnahme zu erschrecken, die Genosse Schaap als »psychologischen Terror« bezeichnete. Der Anführer des Rotfrontkämpferbundes in Rotterdam wurde zum »Chefpsychologen« ernannt. Er organisierte eine Bande Parteiguerillas und besorgte sich eine Liste der chinesischen Logierhäuser. Einige Mitglieder seiner Schar gaben sich als Beauftragte der holländischen Seemansvereinigung aus, andere als Beamte der Rotterdamer Fremdenpolizei. Sie machten die Runde in den Logierhäusern und bedrohten die arbeitslosen orientalischen Seeleute mit »sofortiger Deportation nach China«, wenn sie es wagen sollten, an die Stelle der streikenden holländischen Seeleute zu treten. Einige Chinesen, die diesen Befehl mißachteten, wurden mit Sandsäcken niedergeschlagen. Die große Mehrheit aber fügte sich stoisch der »psychologischen« Behandlung des Genossen Schaap.

Inzwischen wurde an Bord der *Rotterdam* die Partie Zug um Zug weitergespielt. Kapitän van Dulken kapitulierte scheinbar vor der Forderung der Besatzung, das Schiff nach Rotterdam zurückzufahren. In der Nacht jedoch änderte er heimlich den Kurs und fuhr von neuem in Richtung New York. Bei Sonnenaufgang entdeckten die kommunistischen Heizer den Trick des Kapitäns. Die Sonne hätte über der Back aufgehen sollen. Statt dessen ging sie über dem Heck auf. Das Schiff fuhr also nach Westen. Die Feuer wurden wieder gelöscht, und wieder trieb das große Schiff hilflos auf den Wellen zwischen Kap Lizard und Ushant.

»Zurück nach Rotterdam«, drohte der Aktionsausschuß, »oder wir werden die Kiste auf die Felsen von Cornwall auflaufen lassen.«

Es blieb Kapitän van Dulken keine Wahl. An Bord der *Rotterdam* waren die Kommunisten die Herren. Das Steuer wurde von neuem herumgelegt. In der Nacht auf Montag, den 5. September, ging das große Schiff auf der Höhe des North-Hinder-Leuchtfeuers vor Anker, und der Kapitän drahtete an die holländische Admiralität: *Meuterei an Bord – ersuche um Hilfe.*

Im Rotterdamer Hafen wurden Seesoldaten an Bord eines Lotsenboots genommen; es sollte sofort auslaufen und die Meuterer kleinkriegen. Das Kanonenboot *Meerlant* wurde von der Admiralität beordert, die *Rotterdam* in den Hafen zu eskortieren. Ich hatte diese Möglichkeit vorausgesehen und Vorsorge getroffen. Ein Aktivisten-Trupp verteilte Flugblätter unter den sich einschiffenden Seesoldaten. »Proletarier in Uniform«, hieß es in den Flugblättern, »weigert euch, eure Brüder an Bord der *Rotterdam* zu verhaften! Ihr Kampf ist euer Kampf. Erinnert euch an die glorreiche Tradition der

Meuterer auf der *Potemkin*!« Es war aber kaum von Bedeutung, daß eine kleine Gruppe von Seesoldaten sich wirklich weigerte, an der Expedition gegen die Rebellen der *Rotterdam* teilzunehmen. Sie wurden schnell entwaffnet und arretiert.

Zwischen zwei und drei Uhr am Morgen des 6. September wurde der Überseedampfer im Konvoi nach Rotterdam eingebracht. Die Decks waren durch eine Kompanie Seesoldaten besetzt; das Kanonenboot *Meerlant* folgte achtern in kurzer Entfernung. Zehn Rädelsführer wurden verhaftet und ins Gefängnis geworfen; die Anklage lautete auf Meuterei und Aufruhr. Unter diesen zehn befanden sich auch unsere sieben deutschen Genossen.

Sehr viel schlimmer endete eine andere Meuterei, die wenige Monate später unter holländischer Flagge auf der anderen Seite der Erde ausbrach. Ihre Vorbereitung und Technik lehnte sich eng an die bei der Rebellion an Bord der *Rotterdam* gemachten Erfahrungen an und war das Ergebnis der unsichtbaren Anstrengungen der *M-Abteilung* – der militärischen Sektion – der Komintern.

In allen größeren kommunistischen Parteien gibt es Vertreter der *M-Abteilung*. Sie sind die aktiven Organe des »revolutionären Defätismus«, die Waffen des Kreml in den Heeren und Marinen der anderen Länder. Die Einheiten der *M-Abteilung* waren dazu ausgebildet, unermüdliche, hartnäckige und systematische revolutionäre Propaganda innerhalb der bewaffneten Streitkräfte der kapitalistischen Nationen zu treiben. Wie wir sehr wohl wußten, bestand das Ziel dieser Kampagne in der vollständigen Unterhöhlung der Disziplin und der Moral in den »imperialistischen« Heeren und Flotten. Die Anwerbung ehemaliger Angehöriger der Heere und Flotten für die Kommunistische Partei wurde als äußerst wertvoll angesehen. Ehemalige Soldaten und Matrosen wurden eingesetzt, um Verbindungen mit Männern, die noch unter den Fahnen standen, herzustellen und auszubauen. Im Kriegsfall wurde von diesem *Apparat* die Organisation von militärischer Sabotage und Meutereien erwartet, wann immer die Interessen der Sowjetunion eine solche Aktion erforderten. Es wurde von allen verantwortlichen Funktionären in der Marineabteilung der Komintern und in der *M-Abteilung* verlangt, daß sie sich mit der Lektüre und einer Analyse der bekannten Flottenmeutereien im Schwarzen Meer, in Toulon, in der Kaiserlich-Deutschen Flotte, in der britischen Flotte in Invergordon und auf den chilenischen Kriegsschiffen befaßten.

Besonders stark waren die kommunistischen Positionen in der deutschen, dänischen, französischen und holländischen Marine. Seit 1931 gab es besondere Schulen in Rouen, Hamburg und Rotterdam, die sich mit der Ausbildung von Kommunisten für die Marinearbeit befaßten. Mitte September 1932, nach Beendigung des Streiks der holländischen Seeleute, erhielt ich den Befehl, acht Mitglieder der holländischen jungkommunistischen Liga in einem zehntägigen Kurs für die Marinearbeit zu schulen. Diese acht jungen Kommunisten waren für den Militärdienst in den bewaffneten Streitkräften ihrer Länder gemustert worden. Als Berufsseeleute sollten sie ihren Dienst in der Marine leisten und sollten sich um eine Verwendung im ostindischen Geschwader der holländischen Flotte bewerben.

Ich betrachtete das als eine Nebenaufgabe. Die zehn Tage waren für mich die reinste Erholung. Die Schulung der eifrigen jungen Leute fand im Gebäude des Internationalen Klubs, Willemskade 7, statt, in einem Haus, das den zukünftigen Marineverschwörern einen weiten Rundblick über den ganzen inneren Hafen von Rotterdam mit seinen Überseedampfern und Kriegsschiffen bot.

Bei der letzten Vorlesung, die ich hielt, war auch ein junger chinesischer Kominternagent anwesend, der von Moskau gekommen war und sich auf dem Wege nach Indonesien befand. Dieser Genosse, ein ruhiger und aufmerksamer Mann, saß schweigend in einer Ecke, hörte zu und machte sich von Zeit zu Zeit Notizen. Willem Schaap hatte ihn mir mit dem Namen *Leo Chang* vorgestellt.

»Was hat er denn mit der holländischen Marine zu tun?« fragte ich.

»Er beschäftigt sich gerade mit dem Kolonialgeschwader«, gab Schaap zur Antwort.

Nach einer langen Reihe von Konferenzen mit der *M-Abteilung* in Rotterdam reiste *Leo Chang* nach Batavia ab. Ich kehrte nach Hamburg zurück und war bald zu sehr von anderen Pflichten in Anspruch genommen, um noch darauf zu achten, was die Kominterneinheiten in der holländischen Marine und *Leo Chang* in Indonesien zusammenbrauten. Was sich aber vier Monate später in den fernöstlichen Gewässern abspielte, war so aufregend, daß es für einen kurzen Augenblick in unseren Gedanken sogar den sich ankündigenden nazistischen Massenmord überschattete. Da diese Vorkommnisse sich wenige Tage, nachdem Hitler Reichskanzler geworden war, und zu einer Zeit ereigneten, da die Vereinigten Staaten sich mitten in einer schweren finanziellen Krise befanden, sind sie bis auf den heutigen Tag ein nur wenig bekanntes Kapitel der Geschichte unserer Zeit geblieben.

Die Marinegarnison von Surabaja auf Java hatte sich erhoben. Da die holländische Regierung die ganze Existenz ihres weiten ostindischen Reiches als gefährdet ansah, handelte sie schnell. Vierhundertfünfundzwanzig von den Meuterern in Surabaja wurden gefesselt ins Gefängnis geworfen. Die Komintern rief: »Nieder mit den Imperialisten! Befreit die Gefangenen von Surabaja!« Es war eine zu schöne Gelegenheit, als daß man sie hätte verpassen wollen.

In Kotoraj, einem kleinen Hafen des nördlichen Sumatra, lag das holländische Schlachtschiff *De Zeven Provincien*. An Bord dieses Kriegsschiffes hatte die *M-Abteilung* der Komintern eine starke Zelle und zudem noch einen Aktionsausschuß, der sich aus holländischen und javanischen Seeleuten zusammensetzte. *Chang*, der Instrukteur der Komintern, hatte in Moskau unter anderem die Heldentat der Meuterer auf der *Potemkin* in der zaristischen Flotte studiert. Ein Kurier kam von Singapur, dem Kominternhauptquartier für Niederländisch-Ostindien, mit Instruktionen. Die Matrosen der *Zeven Provincien* sollten sich des Kriegsschiffs bemächtigen, an die javanische Küste dampfen und die Marinestation von Surabaja bombardieren. Eine solche Aktion konnte sehr wohl für alle anderen Marineeinheiten zum Signal werden, die rote Flagge zu hissen, und sie konnte den Ausbruch einer allgemeinen Erhebung in Niederländisch-Ostindien zur Folge haben.

Der Kommandant und die Offiziere der *Zeven Provincien* waren in Kotoraj an Land gegangen; nur neun Offiziere waren an Bord zurückgeblieben. Kurz vor Tagesanbruch am 5. Februar schlugen die Aufrührer zu. Unter Anwendung von Gewalt wurden acht von den neun Offizieren gefesselt; einer ent-

kam, indem er über Bord sprang und an Land schwamm. Dann stachen die Meuterer noch vor Tagesanbruch mit dem gekaperten Schlachtschiff in See und nahmen Kurs auf Java.
Moskau feierte die Entführung dieses Kriegsschiffes sofort als einen bedeutsamen und kolossalen Erfolg. Genosse Dimitroff befahl mir von Berlin aus, einen Aufruf zur Unterstützung der Meuterei zu verfassen. »Seeleute aller Länder«, schrieb ich, »seid bereit, dem glorreichen Beispiel der Aufrührer der *Zeven Provincien* zu folgen!« Diese Proklamation wurde in deutschen, holländischen, englischen, skandinavischen und französischen Ausgaben gedruckt und heimlich auf den Kriegsschiffen der betreffenden Länder verteilt.
Gleichzeitig trat in Holland und in Niederländisch-Indien der Komintern*apparat* in Funktion. Versammlungen wurden einberufen. Auf Miniaturpressen, die früher schon nach Singapur und Batavia geschmuggelt worden waren, wurden Hunderttausende von Proklamationen gedruckt und verteilt. Sie riefen die Arbeiter zu Aktionen der Solidarität auf, zu Demonstrationen und Streiks als notwendigem Vorspiel der bewaffneten Erhebung.
Auch die Besatzungen anderer holländischer Kriegsschiffe hatten bereits gemeutert. Fünfundvierzig Rädelsführer wurden verhaftet. Flugzeuggeschwader, die den Befehl erhalten hatten, *De Zeven Provincien* zu verfolgen, wurden aufgehalten, weil das Bodenpersonal des Flugplatzes streikte. Von den Aktionsausschüssen aufgestachelt, trat ein Teil der eingeborenen Arbeiterbevölkerung von Surabaja in den Ausstand. Viele wurden verhaftet.
In der Hauptstadt der Niederlande zeigte die Regierung große Eile. Verordnungen wurden erlassen, um den subversiven Plänen in den Kolonien entgegenzutreten. Angehörige des Heeres und der Marine hatten Strafen zu gewärtigen, falls kommunistische Literatur in ihrem Besitz gefunden wurde.
Inzwischen gab Genosse *Chang* den Befehl, das Marinearsenal in Surabaja zu besetzen und das revolutionäre Proletariat zu bewaffnen.
Die Aufrührer der *Zeven Provincien* dampften an der Küste von Sumatra entlang. Von Celebes aus fuhr ein regierungstreues Geschwader von Kreuzern und Zerstörern mit Volldampf durch die Java-See, um den Meuterern den Weg abzuschneiden.
Nicht ohne Ironie ist die Tatsache, daß ein Regierungsspitzel unter der Besatzung der *Zeven Provincien* den Kapitän vor der bevorstehenden Meuterei warnte. Allein der Kapitän, der aus Gründen der Bequemlichkeit über Nacht an Land gegangen war, schlug diese Warnung in den Wind. Zwei Stunden später war die Entführung des Schlachtschiffs eine vollendete Tatsache. Mit sieben Offizieren und zwanzig Seesoldaten begab sich der Kapitän an Bord des Regierungsschiffes *Aldebaran*, um die Verfolgung seines Schiffes aufzunehmen. Aber *De Zeven Provincien* war schneller. Es war nicht einfach, sie zu fangen. Überdies war sie mit 28-cm-Geschützen bewaffnet. Wir in der Komintern hofften glühend – was übrigens ganz lächerlich war –, daß das Donnern dieser 28-cm-Kanonen der dreihundertjährigen holländischen Herrschaft über die Gewürz-Inseln ein Ende bereiten werde!
Ein Flugbootgeschwader mit Maschinengewehren und Bomben an Bord verließ Batavia seewärts mit unbekanntem Ziel. Zwei Unterseeboote, zwei Zerstörer und ein Minenleger beteiligten sich an der Jagd auf *De Zeven Provincien*. Verstärkungen wurden zum Schutz des Arsenals von Surabaja bereitgestellt. Dort lagen der regierungstreue Kreuzer *Java* und die Zerstörer *Evert-*

sen und *Piet Hein* in Erwartung der sich nähernden Aufrührer. Der Kommandant des entführten Schlachtschiffs war inzwischen an Bord eines schnelleren Schiffes, der *Eridamus*, gegangen; auch die *Eridamus* jagte jetzt im Kielwasser der *Zeven Provincien* und signalisierte ständig die Position des Meutererschiffes.

Dann kam die Niederlage. Die Solidaritätsaktionen an Land liefen sich tot. Die Aufständischen waren auf sich gestellt. In ihren eigenen Reihen brach Zwietracht aus; sie sandten widerspruchsvolle Radiomeldungen in die Welt, und *De Zeven Provincien*, die die Westküste von Sumatra entlangfuhr, lief nur noch sieben Knoten. M. Wibaut, ein führender Sozialist, verurteilte öffentlich die Haltung der Aufständischen. In Massenversammlungen wurde der Regierung jede Unterstützung zugesagt. Als die Komintern die Niederlage kommen sah, überließ sie die Meuterer kaltblütig ihrem Schicksal. Als die Meuterer sich verlassen fanden, boten sie die Übergabe an, vorausgesetzt, daß man ihnen die Freiheit garantierte.

Die Regierung antwortete: »Keine Verhandlungen! Bedingungslose Übergabe!« Einheiten des Heeres wurden in West-Java konzentriert, um eine Landung der Meuterer zu verhindern. Dem versammelten ostindischen Geschwader schlossen sich außerdem noch sechs Seeflugzeuge, ein Kabelschiff und ein Marineschlepper an.

Nach fünf Tagen trieben die kombinierten Seestreitkräfte *De Zeven Provincien* auf der Höhe der Südküste von Sumatra in die Enge. Die Meuterer hatten keine Flugabwehrgeschütze. Ein Seeflugzeug ließ eine Botschaft auf das Schiff fallen.

»Ergebt euch, oder wir eröffnen das Feuer«, hieß es darin.

Die Meuterer weigerten sich, die weiße Flagge zu hissen. Hartnäckig blieb *De Zeven Provincien* auf ihrem Kurs.

»Ergebt euch!« wiederholte ein zweites Signal.

»Fort mit euch!« war die kurze Antwort der Meuterer.

Flugzeuge heulten über ihren Köpfen. Sie warfen Bomben. Ein Volltreffer hinter der Brücke setzte *De Zeven Provincien* in Brand, tötete 22 Aufrührer und verwundete 25 weitere. Von Panik ergriffen, stürzten sich die Meuterer in die Boote. Die Regierungsstreitkräfte waren entschlossen, die Insurgenten ohne Rücksicht auf die von ihnen gefangengehaltenen Offiziere zu vernichten. Bis zum letzten Augenblick sendeten die Mitglieder des Aktionsausschusses Radiobotschaften, in denen sie die Lohnkürzungen verurteilten und Gerechtigkeit verlangten.

Das bittere Ende war da. Die Überlebenden wurden ins Gefängnis geführt. In Surabaja verurteilte später ein Kriegsgericht 19 Javaner und 5 holländische Rädelsführer zu Zuchthausstrafen zwischen einem und achtzehn Jahren.

Firelei begrüßte mich glücklich zu Hause. Ich fand sie schöner und liebenswerter denn je. Es war der 25. September 1932. Zwei Tage später wurde unser Sohn geboren. Ich stand am Kopfende von Fireleis Bett, hielt ihre Hände und achtete nicht auf die Zeit. An der Wand über dem Bett hing ein Bild, das Lenin in nachdenklicher Haltung darstellte. Ein Parteiarzt und eine Säuglingsschwester vom kommunistischen Sanitätskorps waren da. Firelei kämpfte tapfer wie viele Frauen, die keine Angst haben. Mir schien die Geburt eines Kindes ein größeres Ereignis im Leben des einzelnen zu sein als eine Revolu-

tion. Sie hatten wohl viel Gemeinsames, Geburt und Revolution. Beide waren gewalttätig. Beide mußten mit Kampf, Not und Blut bezahlt werden. Beide bedeuteten den Beginn eines neuen Lebens, und niemand konnte im voraus sagen, welche Richtung es einschlagen würde.
»Ein Junge«, brummte der Arzt.
»Ein Junge«, rief Firelei froh und erstaunt. »Hörst du? Ein Junge!« Und dann flüsterte sie ängstlich: »Es schreit gar nicht! Warum schreit er denn nicht?« Und einen Augenblick später: »Oh, hörst du? Er schreit! Er hat einen Klaps bekommen, und jetzt schreit er! O wie schön, wie schön!« Fireleis liebe und glückliche Stimme erfüllte unsere spartanische Wohnung. Sie ließ sich in die Kissen fallen und war zufrieden.
Das Kind nannten wir Jan.

Das Hakenkreuz wirft seine Schatten

Eines Tages fragte ich Ernst Thälmann:
»Was wird geschehen, wenn Adolf Hitler an die Macht kommt?«
»Laß ihn«, antwortete Thälmann, »es wird nicht lange dauern. Die Arbeiter werden sich erheben.«
Eine Zusammenarbeit zwischen den mächtigen sozialistischen Parteien in Deutschland und der KPD im Frühjahr 1932 hätte die Flut eingedämmt und damit dem Lauf der Weltgeschichte eine andere Richtung gegeben. Ich schreibe das aus der Erfahrung des Teilnehmers, des Kämpfers auf einer der beiden Seiten, ich schreibe nicht als objektiver Historiker, als unbeteiligter Zeuge – sondern ich bin Partei, ich hatte Stellung bezogen zu den Ereignissen, die Hitlers kalter Revolution vorausgingen.
Zu Beginn des Jahres 1932 beherrschten die Nazis bereits die Regierungen in Thüringen und Braunschweig, aber Preußen – zwei Drittel von Deutschland – war immer noch fest in sozialistischen Händen. Am 17. März durchsuchte die sozialistisch beeinflußte preußische Polizei die Nazihauptquartiere Berlins und Hunderter von kleineren Städten, um einen von der SA geplanten Marsch auf Berlin zu vereiteln. Am 17. April wurden durch eine Regierungsverordnung die militärischen Organisationen der Nazipartei verboten. Polizei durchsuchte und schloß die Stützpunkte der braunen Horden.
Das Verbot der SA blieb allerdings völlig wirkungslos, obwohl es durchaus ernst gemeint war. Die militärischen Formationen der Nazis blieben weiter bestehen und wuchsen noch. Die einzige sichtbare Wirkung der neuen Verordnung bestand darin, daß die Hitlerleute jetzt weiße Hemden trugen statt braune.
Dreizehn Millionen Nazis standen jetzt acht Millionen Sozialdemokraten und halb so vielen militanten Katholiken gegenüber. Der Machtausgleich lag in den Händen der Kommunistischen Partei und ihrer fünf Millionen Anhänger. Eine Zeitlang schien es, als zeigten die März- und Aprilangriffe auf die Nazifestungen den Beginn einer allgemeinen Offensive an, um den Hitlerismus in den Schatten zurückzutreiben. Die Masse der Kommunisten wäre bereit gewesen, jetzt einzugreifen und zu helfen. Aber in Moskau, auf der elften Sit-

zung des Exekutivausschusses der Komintern erhob sich D. Z. Manuilsky, das Sprachrohr Stalins in der kommunistischen Internationale, und sagte:

Um die Massen zu täuschen, erklären die Sozialdemokraten mit Absicht, daß der Hauptfeind der Arbeiterklasse der Faschismus sei. Es ist aber nicht wahr, daß der Faschismus von der Art der Hitlerbewegung den Hauptfeind darstellt...

Manuilskys Stimme war die Stimme des Kreml. Für die Kommunisten auf der ganzen Welt war sie Gesetz. Sie erzeugte eine schreckliche Verwirrung unter den Führern der deutschen Partei. Schwächliche, halbe Maßnahmen waren das Ergebnis, ein Schwanken zwischen den Extremen, die immer schon zwischen einer vollständigen Zusammenarbeit mit der Hitlerbewegung und den mörderischen Kämpfen aus dem Hinterhalt gegen einzelne SA-Trupps lagen.

Wahlschlachten folgten einander wie die Wellen vor einem Sturm. Jedesmal, wenn ich im Lauf des Jahres 1932 nach Deutschland zurückkehrte, geriet ich mitten in einen wilden Wahlkampf. Die Armeen, die sich in jenen Monaten feindlich gegenüberstanden, waren größer als die Armeen, die im Weltkrieg kämpften.

Die rohen Zahlen von zwei Wahlen, der ersten und der letzten im demokratischen Deutschland, sprechen eine deutliche Sprache, was Demokratie im Jahr 1932 in Deutschland wert war:

In den Wahlen zur Nationalversammlung im November 1919 erhielten die Parteien, die die demokratische Weimarer Verfassung unterstützten, 25 723 000 Stimmen. Die Parteien, die die Weimarer Verfassung ablehnten, erhielten nur 4 667 000 Stimmen.

In den letzten drei Reichstagswahlen im November 1932 zählte die Demokratische Front 13 314 000 Anhänger, während die Legionen des Absolutismus und der Diktatur bis zu einer Zahl von 21 337 000 emporgestiegen waren.

In den vierzehn Jahren ihrer Existenz hatte die deutsche Demokratie also 12 670 000 von ihren einstigen Verteidigern verloren, während die Parteien, die der Demokratie den Tod schworen, 16 670 000 neue Wähler gewonnen hatten.

Adolf Hitler hatte einen Sonderbeauftragten nach Hamburg geschickt, um einen Schlag gegen das organisatorische Monopol zu führen, das die Kommunistische Partei in einem großen Teil der deutschen Handelsmarine errungen hatte. Hitlers Beauftragter war ein gewisser Heines, einer jener ehemaligen Offiziere, von denen die Nazipartei förmlich wimmelte, ein blutrünstiger Schurke aus Hauptmann Röhms Schar von Päderasten. Dieser Heines war 1920 wegen Mordes zum Tode verurteilt, durch die Hindenburg-Amnestie aber wieder auf freien Fuß gesetzt worden. 1933 machte Hitler Heines zum Polizeipräsidenten von Breslau. Heines wurde bei der »Blutreinigung« der Nazis im Jahre 1934 durch die Gestapo getötet.

Einen Tag nach Heines' Ankunft in Hamburg erschien der kommunistische Reichstagsabgeordnete Heinz Neumann. Als alter Spezialist in der Kunst des Terrors diktierte er den Hamburger Parteichefs die Einzelheiten einer Offensive des Blutvergießens. »Blut muß fließen«, war der meistgebrauchte Ausspruch des jungen Berliners. Neumann war in der Partei gefürchtet. Es war bekannt, daß er in Stalins Gunst stand.

»Gib mir einen Mann, den ich dazu gebrauchen kann, dem Nazi-Heines in Hamburg die Hölle heiß zu machen«, forderte er. Der Hamburger Parteichef, Hermann Schubert, bestimmte mich, die Wünsche Neumanns bei seiner Anti-Heines-Kampagne zu erfüllen.
»Unser größtes Laster ist unsere weibische Menschlichkeit«, waren die ersten Worte des Berliners bei einer Aussprache, die in meiner Hamburger Wohnung stattfand. »Warum befreien wir uns nicht von diesen unangebrachten Skrupeln? Diese Hitlerbanditen! Diese verblendeten sozialdemokratischen Saboteure! Bei solchen Leuten sind Worte sinnlos!«
Heinz Neumann war nicht repräsentativ für den allgemeinen Typ des Parteiführers. Bis zu einem gewissen Grad hatte er sich die Unabhängigkeit des Denkens bewahrt; er verlangte Disziplin, haßte sie aber für sich, und das besondere Merkmal seines Charakters war eine rücksichtslose und in die Augen springende Verantwortungslosigkeit. Er hatte ein feines, intelligentes Gesicht und war rasch bereit zu lachen. Seine Augen waren groß und grausam. Er handelte, als sei die Welt für ihn, Heinz Neumann, geschaffen worden, um sich darin aufzuhalten. Seine Verachtung für den einfachen, schuftenden Arbeiter verriet seine bürgerliche Herkunft. Für viele junge Kommunistinnen war er noch der romantische Ritter des revolutionären Abenteuers. Er konnte sie nehmen und von sich stoßen, wann immer er wollte. Unter den Schönen der Partei klang der Satz »Ich habe mit Heinz Neumann geschlafen« etwa, wie wenn einer sagte: »Ich habe den Orden der Roten Fahne erhalten«. Genosse Neumann war von einer wahren Gier nach rücksichtsloser Aktion erfüllt. Für ihn war jeder sozialistische Arbeiter, der den sowjetischen Führungsanspruch ablehnte, das gleiche wie ein tollwütiger Braunhemdler und damit reif für das Messer oder für die Kugel. »Die Sozialisten sind Sozialfaschisten«, pflegte er auffahrend mitten in einer Konferenz zu sagen. »Sie sind der linke Flügel der Hitlerbewegung.« Aber wie viele Mörder, die ihre Untergebenen zum Töten anhalten, war Heinz Neumann physisch ein Feigling.
Seine Instruktionen über die Methoden, mit denen Heines' Kampagne in den Hamburger Hafenvierteln zu vereiteln waren, können in einem einzigen Satz zusammengefaßt werden: »Die erste Versammlung der Seeleute, die von Heines einberufen wird, zersprengen und jedes Braunhemd, das sich zeigt, zusammenschießen.«
Den ersten Teil dieses Befehls führte ich aus. Ich ging in die Versammlungen mit einer Abteilung von mehreren Hundert kommunistischen Matrosen und Hafenarbeitern und jagte sie auseinander. Ich lehnte Heinz Neumanns Vorschlag ab, nach der Flucht der Nazis aus dem Versammlungsraum auf den Straßen einen Massenmord zu veranstalten, weil ich wußte, daß die Sturmabteilungen unverzüglich Repressalien ergreifen würden. Die ekelhafte Folge der häufigen Schießereien war, daß sehr oft unschuldige Passanten, auch Frauen, unter den Opfern waren. Neumann war wütend über meine »Skrupel«. Seine Wut schien berechtigt, nachdem ein Haufen von zweihundert SS-Leuten ihrerseits eine kommunistische Versammlung von achthundert männlichen und weiblichen Teilnehmern auffliegen ließ. Etwa zu dieser Zeit – es war Anfang Mai – hatte der Marinesturm der Nazi-Partei einen Stützpunkt auf dem Schaarmarkt, im Herzen des Hamburger Hafengebiets, eingerichtet.
Neumanns schmales Gesicht war von einer nervösen Blässe überzogen, und

seine Augen glühten vor Wut, als er von neuem verlangte: »Wir müssen diesen Hitlerbanditen zeigen, daß sie sich nicht ungestraft in den roten Häfen einnisten können. Ich gebe dir zehn Tage Zeit. Ich will Leichen sehen!«
Von den sieben anwesenden Parteiführern wagte nicht einer, etwas dagegen zu sagen. Von Kopf bis zu den Füßen zitternd, sagte ich:
»Genosse Neumann, ich habe eine schlechte Hand für eine Schlächterei. Mein Gebiet ist Organisation und Verbindungswesen.« Mit diesen Worten verließ ich die Konferenz, und ich habe das nie zu bereuen gehabt. Hätte ich Neumanns Befehle befolgt, so wäre ich heute nicht mehr unter den Lebenden. Die Männer, die meine Stelle in der Terroristengruppe des Berliners einnahmen, starben alle einen schrecklichen Tod.
Heinz Neumann übertrug die Arbeit, Nazileichen im Hamburger Hafengebiet zu produzieren, auf Johnny Dettmer, einen unbarmherzigen blonden Riesen, den ich schon 1923 kennengelernt hatte, als er sich mit dem Schmuggel russischer Gewehre nach Deutschland zur Bewaffnung der Roten Hundertschaften beschäftigte. Genosse Dettmer hatte keine »Skrupel«. An der Spitze der *Roten Marine*, einer Abteilung der verbotenen Militärorganisation der Partei, produzierte er Leichen in so ausreichender Anzahl, daß sogar das Herz Heinz Neumanns seine Freude daran hatte.
Eines Morgens in der Frühe war ein Trupp von sieben jungen Nazis dabei, an den Eingängen zum Hafen Propagandaschriften an die Hafenarbeiter zu verteilen. Johnny Dettmers Mannschaft schlich in der Admiralitätsstraße hinter ihnen her und erschoß alle sieben von hinten. An einem anderen Tag marschierten Buben und Mädel der Hitlerjugend zu einem Dampfer, den sie für einen Ausflug gemietet hatten. Die Zugänge zu den Landungsbrücken führten durch eine parkähnliche Umgebung. Hinter Bäumen und Sträuchern lag Johnny Dettmers Mannschaft im Hinterhalt. Jungen und Mädel, alle unter sechzehn, wurden ohne Unterschied von den Dumdum-Geschossen aus den Pistolen der Roten Marine getroffen. Bei einer anderen Gelegenheit – es war in der Nacht zum 19. Mai 1932 – wurde eine Gruppe junger Nazis, die von einer Versammlung nach Hause ging, von der *Roten Marine* in einer dunklen Straße (Herrengraben) überfallen und in die Hausflure der in der Nähe liegenden Häuser getrieben. Hier wurden acht oder neun von ihnen mit Messerstichen verstümmelt. Einem Nazi wurden die Augen mit einem Schraubenzieher ausgestochen. Ein anderer, der SA-Mann Heinzelmann, erhielt elf Messerstiche. Die Männer von der *Roten Marine* warfen sich dann auf ihre Opfer, schnitten ihnen die Geschlechtsteile ab und rissen ihnen die Wirbelsäule auseinander. Ich und andere meiner Mitgenossen waren starr vor Entsetzen, als wir die Einzelheiten dieser Heldentaten vernahmen. Aber wir hatten gelernt, unsere Meinungen und Gefühle für uns zu behalten. In der Partei wurden Häresien mit einer Leichtigkeit und einer Findigkeit entdeckt, die sogar die spanische Inquisition in den Schatten stellte. Der Zweck dieser Beispiele eines abschreckenden Terrorismus – die Braunhemden aus dem Hafengebiet zu vertreiben – wurde nicht erreicht. Die Hitlerbanden fuhren mit unerschütterlichem Mut und mit Kühnheit fort, ihre Stellungen in das Gebiet der arbeitenden Klasse vorzutreiben.
Nach dieser Serie von Massenmorden verschwand Heinz Neumann plötzlich von der Bühne des deutschen und des internationalen Bolschewismus. Gegen ihn gesponnene Intrigen der Thälmann-Pieck-Gruppe wurden ihm zum Ver-

hängnis. Ernst Thälmann bediente sich Neumanns häretischer Interpretation des Bastardbegriffs *Sozialfaschist*, um einen seiner talentiertesten Rivalen zu erledigen. Die späteren Mißgeschicke des Berliner Millionärssohns entbehren nicht einer beißenden Ironie. Neumann wurde nach Moskau verbannt, wo er fast zwei Jahre lang zürnte. Als der alternde Wilhelm Pieck, Thälmanns designierter Nachfolger und der erbitterte Feind des jungen Berliners, nach dem Zusammenbruch der Partei in Deutschland nach Moskau kam, erhielt Neumann den Auftrag, nach Deutschland zu gehen, um die Untergrund-Bewegung gegen Hitler zu leiten. Ein solcher Auftrag war gleichbedeutend mit einem Todesurteil. Neumann aber ging in die Schweiz und versuchte zu erreichen, daß Genosse Pieck an seiner Stelle nach Deutschland gehe. Neumann erhielt den Befehl, nach Rußland zurückzukommen – was er ablehnte. Die GPU denunzierte ihn daraufhin der schweizerischen Polizei, die Neumann verhaftete und ihn beschuldigte, mit einem falschen Paß in die Schweiz eingereist zu sein. Die Naziregierung verlangte von den Schweizer Behörden die Auslieferung Neumanns an die Gestapo, um ihn wegen Mordes und Hochverrats zur Verantwortung zu ziehen. Neumann hatte die Wahl zwischen Deutschland und Rußland. Er wählte Rußland, leistete Abbitte, erniedrigte sich vor der Zentralen Kontrollkommision in Moskau und erreichte, daß Stalin ihm verzieh. Im Jahre 1936, kurz vor Ausbruch des Bürgerkrieges, erschien Neumann mit einem Auftrag der Komintern in Spanien, wo er sich des Namens Enrique Fisher bediente. Er geriet in einen Gerichtsbarkeitsstreit mit dem GPU-*Apparat* in Madrid, wurde von der GPU in Spanien verhaftet und in die Sowjetunion zurückgebracht, als Stalins Säuberungsaktion auf ihrem Höhepunkt angelangt war. Heinz Neumann, der Chefterrorist der Komintern und Verfasser des Schlagworts »Schlagt die Nazis, wo ihr sie trefft!« starb unter den Kugeln von Stalins Henkern.

1937 hatte ich in Kopenhagen Gelegenheit, Ernst Wollweber zu fragen:

»Warum ist Genosse Neumann umgebracht worden?«

»Nenn ihn nicht ›Genosse‹!« brummte der Schlesier. »Er war ein Spion der Gestapo.«

Hitlers beste unfreiwillige Verbündete waren wir, die Kommunisten. Die breite Masse unserer Mannschaft wurde in ihrem weitgehend instinktiven Kampf gegen den Nazivormarsch beinahe jede Woche von den Unfehlbaren in den hohen Gremien in Moskau und Berlin zurechtgewiesen. Wie oft wurde ich von meinen Vorgesetzten ermahnt und ermahnte meinerseits die unter meiner Leitung arbeitenden Genossen: »Konzentriert eure Bemühungen nicht auf Hitler, bleibt auf der Linie, wir müssen unsere härtesten Schläge gegen die ›Sozialfaschisten‹ führen – gegen die Sozialdemokratische Partei! Sie und ihre Gewerkschaften müssen zerschlagen werden, wenn wir die Mehrheit der Arbeiter für die Diktatur des Proletariats gewinnen wollen!« Wir folgten den Instruktionen mit aller Energie, denn wir waren darauf geschult, uns einer genauen Kontrolle und einer persönlichen Disziplin zu unterwerfen, die mehr nach Bismarck roch als nach Karl Marx, den wir anbeteten.

Firelei durchschaute das alles.

»Wir sind so loyal wie Grammophonplatten«, sagte sie einmal zu mir.

»Das ist unsere Stärke«, hatte ich ihr geantwortet. »Um die Welt zu erobern müssen wir eine Weltpartei haben, die in ihren Reihen keine abweichende Meinung kennt.«

»Ein Eiffelturm aus Grammophonplatten, die alle die *Internationale* spielen«, antwortete Firelei lächelnd.
Ich war wütend geworden. Tatsächlich war Intoleranz die Luft, in der wir atmeten. Aber Firelei war ein zu braver Soldat, um aus den Reihen auszubrechen.

Im Frühjahr 1932 vereinigten sich die demokratischen Parteien in Deutschland zu ihrem einen und einzigen Versuch, die Nazisturmflut durch einen gemeinsamen Gegenschlag »innerhalb der Grenzen von Verfassung und Gesetz« aufzuhalten. Ihre Organisationen bildeten ein Kartell, das zahlenmäßig und finanziell viel stärker war als die Hitlerbewegung. Sie nannten es die *Eiserne Front* und bezeichneten als ihr Ziel die Aktivierung aller republikanischen Hilfsquellen gegen Hitler. Der tägliche Durchschnitt von zweitausend Nazi-Massenversammlungen sollte in einer gleichen Anzahl von *Stop-Hitler*-Treffen ein Gegengewicht finden. Die Führer der *Eisernen Front* proklamierten ihre Absicht, Deutschland durch einen fortlaufenden Damm von Massenversammlungen wiederzuerobern. Sie ahmten die nazistische und die kommunistische Propagandatechnik nach, schwächten aber ihre Kampagne von Anfang an dadurch, daß sie den Gebrauch von handgreiflichen Methoden zur Unterstützung ihrer Propaganda ablehnten. Stoßbrigaden der Gewerkschaften – *Hammerschaften* – wurden aufgestellt, um die Versammlungen und Propagandatrupps der *Eisernen Front* gegen Überfälle der SA zu schützen.
Kaum hatte die *Eiserne Front* ihre Gegenoffensive begonnen, als alle Einheiten der Kommunistischen Partei die Instruktion erhielten, alle Unternehmungen der *Eisernen Front* zu sabotieren. Das taten wir denn auch. Den Propagandaabteilungen der *Eisernen Front* wurden die Waffen abgenommen und die Flugblätter und Zeitungen, die sie verteilen sollten. Versammlungen der *Eisernen Front* wurden dadurch sabotiert, daß die Säle schon vor Beginn von SA-Leuten und Kommunisten besetzt waren. Kommunisten, die vorgaben, Demokraten zu sein, traten zu Hunderten in die Organisationen der *Eisernen Front* ein, mit dem einzigen Zweck, Verwirrung zu stiften. Eine kolossale Kampagne in der nazistischen und kommunistischen Presse begleitete dieses unsichtbare Vorgehen. Die Führer der *Eisernen Front*, die einen Rückhalt an der Regierung des Reichskanzlers Brüning hatten, machten nur schwache Versuche, zurückzuschlagen. Ein Dutzend kommunistische Zeitungen wurde verboten, eine Reihe kommunistischer Verleger wurde ins Gefängnis geworfen. Als im April die SA durch Verordnung verboten wurde, hätten die Führer der *Eisernen Front* die Macht gehabt, die Vorteile, die ihnen diese Maßnahme verschaffte, auszunutzen und mit einer allgemeinen Offensive nachzustoßen, aber es fehlte ihnen der Mut. Sie hatten Angst vor der Revolution. Wie es schien, hatten sie sogar vor der eigenen Macht Angst.
Die Regierung des Reichskanzlers Brüning, die vom demokratischen Block gestützt worden war, demissionierte am 30. Mai 1932. Demokratische Versuche, nur mit Verordnungen zu regieren, waren fehlgeschlagen. Franz von Papen, ehemaliger Spionagemann und Autorität des Herrenklubs intrigierender Adliger, wurde Reichskanzler, und General Schleicher, der Chef der Reichswehr, sein Kriegsminister. Hitler hatte sein Ehrenwort gegeben, das Kabinett v. Papen zu unterstützen – unter zwei Bedingungen: sofortige Auflösung des Reichstages mit anschließenden Neuwahlen und Widerruf der Re-

gierungsverordnung gegen die SA. Diese Bedingungen wurden zugestanden. Die Wiederbewaffnung der Nation wurde eines der Hauptziele der Anhänger des neuen Regimes. »Tod dem Bolschewismus!« hieß der Kriegsruf, mit dem die Wiederbewaffnung in die Wege geleitet werden sollte; auf diese Weise hoffte man, die Aufmerksamkeit des Auslandes, vor allem Frankreichs, abzulenken. SA und SS entfesselten eine neue Terrorwelle. In der ersten Juniwoche erreichte die Zahl der politischen Morde einen neuen Höchststand.
Hitler bedachte die Papen-Regierung plötzlich mit einem Ultimatum. Er forderte die Verhängung des Standrechts, das Verbot der Kommunistischen Partei und die nationalsozialistische Kontrolle über die preußische Polizei. Von Papen lehnte ab. Hitler drohte, »die Ereignisse ihren Fortgang nehmen zu lassen«; v. Papen, der fürchtete, daß die Hitlerbewegung der Kontrolle durch die Regierung entgleiten könne, bereitete selbst einen Staatsstreich vor.
Es wurde berichtet, daß nazistische Sturmbrigaden in gewaltigen Lagern rund um Berlin konzentriert würden. Die Reichswehr befand sich in höchster Alarmbereitschaft. Die SA-Männer sprachen ganz offen von der bevorstehenden »Nacht der langen Messer«. Kanzler v. Papen plante einen Schlag gegen Preußen; eine reaktionäre nationalistische Regierung im Reich und eine sozialistisch beherrschte Regierung im größten deutschen Staat waren unvereinbare Gegensätze. Der Ruf: »Vertreibt die Marxisten aus den preußischen Ministerien!« erschallte bedrohlich. Preußen war das letzte Bollwerk der Demokratie.

Nach meiner Rückkehr aus England begab ich mich sofort zu einer Versammlung ins Karl-Liebknecht-Haus. Es war eine außerordentliche Tagung. Das ganze Zentralkomitee der Partei war hier versammelt; dazu kamen noch die Führer sämtlicher Massenorganisationen und die Mitglieder des Kurier*apparates*. Es war eine stürmische Tagung, die von acht Uhr abends bis fünf Uhr morgens dauerte. Ein Dutzend verschiedene Parteigruppen lag sich in den Haaren; Brüllen und Gelächter kennzeichnete die Debatten, und zeitweilig schien mir, als werde unter der Elite des deutschen Bolschewismus eine Schlägerei ausbrechen. Einige befürworteten den Einsatz der gesamten Macht der Partei gegen Hitler. Einige sprachen von einer Allianz in letzter Minute mit den Sozialdemokraten. Andere waren der Meinung, daß ein Nazistaatsstreich die sozialistischen Arbeiter in das kommunistische Lager treiben würde. Schließlich überwog die Auffassung, daß die Sozialisten den Hauptfeind der sowjetischen Macht bildeten. Ernst Thälmann wütete wie ein Stier und wurde machtvoll unterstützt durch Hugo Eberlein, den Schatzmeister der Partei, durch Hermann Schubert, den Vizepräsidenten, und durch Willy Leow, Leo Flieg, Fritz Schulte und andere Mitglieder des Reichstags und des Zentralkomitees. Ernst Wollweber und Hans Kippenberger saßen schweigend da, ebenso Hotopp, einer der Führer der Liga der proletarischen Schriftsteller.
Zuletzt wurden alle Vorschläge, eine ehrliche Allianz mit den Sozialdemokraten zu bilden, niedergeschlagen. Die alte Parteilinie hatte gesiegt.
»Ihr Kommunisten seid durch eure Politik der Spaltung der Arbeiterklasse hauptsächlich für den gegenrevolutionären Auftrieb in Deutschland verantwortlich«, schrieb die sozialistische Presse herausfordernd.
»Verräter!« kreischte die kommunistische Presse als Antwort. »Brückenbauer für den Faschismus!«

Wenn man heute auf diese konfuse Versammlung im Karl-Liebknecht-Haus zurückblickt, so ist daraus eine Versammlung von Leichen geworden. Nach dem Reichstagsbrand gelang es den meisten der Teilnehmer an dieser wilden, aber ergebnislosen Tagung, der Gestapo zu entkommen. Ihrer Macht beraubt, trafen sie sich wieder in Moskau; jetzt konnten sie den Herren im Kreml nichts mehr nützen. Die GPU übernahm es, die Arbeit zu vollenden, die die Gestapo vergeblich hatte verrichten wollen. Kippenberger und Schubert, Leo Flieg, Birkenhauer und Hugo Eberlein, die Herausgeber der *Roten Fahne*, Süßkind, Knoth und Nofke, Thälmanns Sekretäre Werner Hirsch und Meyer, die führenden preußischen Kommunisten Dr. Lothar Wolf und Dr. Fritz Halle, die Schriftsteller Hotopp, C. Haus, Kurt Sauerland und Emel, Fritz Schulte und Heinrich Kurella, die Herausgeber des *Imprecorr*, Bertha Gropper, die *garçonne* der kommunistischen Reichstagsfraktion, und andere, deren Namen Seite um Seite füllen würden – sie alle waren dazu bestimmt, mit Heinz Neumann auf den Friedhöfen der GPU zusammenzutreffen.
Hitler, Göring, Goebbels und ihr Anhang von viertausend Rednern donnerten in Flugzeugen und in riesigen Autobussen über das Land. Abend für Abend kamen sie in die deutschen Städte, um zu den Massen zu sprechen. Keine Gemeinde war zu abgelegen oder zu unbedeutend für ihre Invasion: Königsberg am Donnerstag, Kassel am Freitag, Hamburg am Samstag. Tagsüber jagte Hitler durch die Luft, und abends hypnotisierte er das Volk und trieb es zu frenetischer Begeisterung.
Ernst Thälmann, unser Führer, erklärte, daß die Zuspitzung des Konflikts unserer Politik jetzt »das strategische Schlagwort von der Revolution des Volkes« als Waffe in die Hand gebe. Nichts als Worte! Wir alle wußten, daß wir nicht stark genug waren, eine Revolution zu machen. Die Reichswehr war durchsetzt mit heimlichen Nazis. Die deutsche Polizei außerhalb Preußens war von Nazis verpestet. Es gab nur eine Macht im Land, die stark genug war, die Braunhemden und Stahlhelmer in einem Bürgerkrieg zu schlagen: die Gewerkschaften, die von der sozialdemokratischen Partei kontrolliert wurden. Aber ihre Führer schraken vor einem Bürgerkrieg zurück.
Die Kommunistische Partei begann jetzt, ein verzweifeltes Spiel zu spielen. Geheime Instruktionen gingen an alle Einheitsführer; sie enthielten den Befehl, bei nächster Gelegenheit ein großes Blutbad zwischen SA und SS und den Arbeitern zu provozieren. Ein solches Blutbad, so hoffte man, würde die Massen der Gewerkschaften über die Köpfe ihrer Führer hinweg zu einer Gegenaktion aufstacheln. Die Kommunistische Partei sollte sich dann an die Spitze der aufgebrachten Massen setzen, den Generalstreik ausrufen und die Bewaffnung der organisierten Arbeiterschaft fordern. Das Ziel war, den Bürgerkrieg zu entfesseln und die vollständige Entfremdung der sozialistischen Massen von ihrer Führung herbeizuführen. Dieser Plan war ebenso verbrecherisch wie absurd. Aber wir Kommunisten, die wir in einer Welt lebten, wie wir sie gerne haben wollten, gingen mit dem Optimismus Größenwahnsinniger, die vom Mars kamen, auf unser Ziel los.
Das Erwachen war grausam. Es begann an einem Sonntag im Juli. Die SA-Führung hatte allen Braunhemden des Nordseegebiets befohlen, sich zu einem Marsch durch die kommunistischen Quartiere von Hamburg-Altona zu versammeln. Sofort konzentrierte die Kommunistische Partei ihre militärischen Formationen für eine Gegendemonstration in Hamburg. Die Absicht war, die

beiden bewaffneten Paraden, von denen jede Zehntausende von Mitmarschierenden zählte, in den engen Straßen zusammenstoßen zu lassen. Außerdem sollte sich jeder kampffähige Kommunist, der nicht an der Demonstration teilnahm, an einen der vielen Sammelpunkte in den Vorstädten begeben. Jede auf diese Weise zusammengestellte Brigade erhielt eine Liste mit Namen und Adressen von Nazi- und Stahlhelmfunktionären in dem betreffenden Gebiet. Für den Fall, daß das Zusammentreffen der beiden Demonstrationen mit einem Blutbad enden würde, hatten wir den Befehl, in die Häuser bekannter Hitleranhänger einzudringen und alles kurz und klein zu schlagen, was uns in die Hände fiel. Ein sorgfältig aufgebauter Kurierdienst verband die verschiedenen Stoßbrigaden mit dem kommunistischen Oberkommando, das aus drei Führern bestand: Hermann Schubert, dem Hamburger Parteichef, Ernst Wollweber als Vertreter des Zentralkomitees und Edgar Andree, dem Chef des Militär-*Apparats*. Die Zahl der an jenem Sonntagmorgen in den Unterkünften in Bereitschaft liegenden bewaffneten Kommunisten war größer als am Vorabend der unglücklichen bewaffneten Erhebung vom Oktober 1923. Trupps von Mädchen und Frauen hielten sich bereit, für die Verwundeten zu sorgen und sich unter Umständen auch um die von der Polizei Verfolgten zu kümmern. »Der Tag der langen Messer« rückte näher.
Der sozialistische Polizeichef von Altona, Eggerstedt, verbot die geplante kommunistische Gegendemonstration im letzten Augenblick. Gleichzeitig bestätigte er die den Nazis bereits gegebene Erlaubnis, den Marsch durchzuführen, und gewährte ihm polizeilichen Schutz. (Der gleiche Eggerstedt wurde später kaltblütig in einem Gestapokonzentrationslager in der Nähe von Papenburg zwei Tage nach seiner Einlieferung ermordet.) Kommunistische Spitzel in den Reihen der SA brachten den Weg in Erfahrung, den die Naziparade nehmen sollte. Bewaffnete Einheiten der Rotfrontkämpfer wurden schon vorher auf den Hausdächern längs der Durchmarschroute der SA stationiert. Ich war mit der Führung der Matrosen-und-Hafenarbeiter-Einheit der Partei beauftragt und hatte diese Streitkräfte, die ungefähr achthundert Mann stark waren, an dem sich weit hinziehenden Flußufer in Hamburg und Altona versammelt. Unsere Tagesparole war die Vertreibung aller Nazis von den Schiffen und aus dem Hafen, sobald der Überfall auf die Nazidemonstration in Altona erfolgreich verlief.
Der Aufmarsch der SA begann. Sie marschierten mit dröhnenden Musikkapellen und fliegenden Hakenkreuzfahnen. Die Demonstration wurde von Polizei begleitet. Polizeiwagen mit Maschinengewehren fuhren vor dem Zuge her und folgten ihm. Der Zug kam in die gewundenen Straßen der alten Innenstadt und schlängelte sich vorwärts wie eine ungeheure braune Schlange. Das Schmettern der Trompeten und das Rollen der Trommeln hallte von den Mauern der kleinen Häuser wider. Die Seitenstraßen längs der Durchmarschroute brodelten von vielen Tausenden von Arbeitern mit ihren Frauen. Fäuste reckten sich in die Höhe, Steine und Abfall deckten die Braunhemden ein, und es gab ein wildes Geschrei.
Die SA marschierte wie eine Maschine. Die Gesichter der jungen Leute waren gefaßt und blaß. Auf ein Signal des Abteilungsführers brachen die Teilnehmer des Zuges in kurzen Abständen in ein hohles Gebrüll aus:
»Tod der roten Pest! Deutschland – erwache!«
Dann krachten die ersten Schüsse von den Dächern. Die Dächer waren zu flach

und die Straßen zu eng, als daß man auf die marschierenden Kolonnen direkt hätte zielen können. Die Schüsse wurden deshalb auf die Erdgeschosse der den Dachschützen gegenüberliegenden Häuser abgegeben. Die abprallenden Kugeln schlugen dann in die braunen Kolonnen. Einige Frauen, die sich den Zug von den Fenstern ihrer Wohnungen aus angesehen hatten, wurden getroffen und fielen schreiend hin. Die SA-Leute drangen in die Häuser, um die Angreifer auf den Dächern zu fassen. Abfalleimer flogen aus den Fenstern.
Polizeiwagen griffen in die Schlacht ein. Maschinengewehre bestrichen die Dächer und die Fenster. Polizisten warfen Gasgranaten, und die Leute liefen wie Kakerlaken davon. Die SA wurde in unregelmäßige, übel zugerichtete Gruppen aufgespalten. Einige setzten den Marsch fort; die meisten flohen. Die kommunistischen Feuergruppen, die den Befehl erhalten hatten, die Braunhemden zu vernichten, waren mit einemmal in einen hoffnungslosen Kampf mit der Polizei verwickelt. Der »Tag der langen Messer« endete mit einem Mißerfolg und brachte Verwirrung in unsere Reihen. Die Einsatzgruppen rund um das Schlachtfeld warteten vergeblich auf den Befehl, loszuschlagen. Achtzehn Tote und zweihundert Verwundete lagen auf den mit Steinen übersäten Straßen. Sehr viel mehr Verwundete und einige Sterbende wurden in den kommunistischen Wohnungen und Häusern versteckt, wo sie von den kommunistischen Samariterinnen gepflegt wurden. Als ich nach Hause zurückkam, immer noch ganz betäubt von der Katastrophe, kam Firelei mir an der Tür entgegen. »Sei ganz still«, sagte sie, »wir haben drei verwundete Genossen hier.«
»Werden sie durchkommen?«
Sie nickte. »So ein Tag vergiftet das Herz«, fügte sie mit leiser Stimme hinzu.
Das war der »Blutsonntag von Altona«, der den berüchtigten, aber historischen »Raub Preußens« beschleunigte. Das Westsekretariat der Komintern hätte Hitler keinen größeren Gefallen tun können als das Altonaer Blutbad zu provozieren. Unter dem Vorwand, daß die sozialdemokratische Regierung in Preußen ihre Unfähigkeit bewiesen habe, Gesetz und Ordnung in diesem Staat aufrechtzuerhalten, forderte Kanzler v. Papen die Minister Severing und Braun auf, die Berliner Regierungsgebäude zu räumen. Die sozialdemokratischen Führer der preußischen Regierung brandmarkten beide das Ultimatum v. Papens als verfassungswidrig und erklärten, daß sie nur der Gewalt weichen würden. Von Papens Staatsstreich wurde am 20. Juli vollendet, wenige Tage nach der Schlächterei von Altona. Ein neuernannter Polizeipräsident von Berlin drang mit fünfzehn Uniformierten in das preußische Regierungsgebäude ein und verhaftete die Minister. Die sozialistischen Oberhäupter wurden einige Stunden später gegen die Zusicherung, nichts zu unternehmen, wieder freigelassen. Eine Handvoll Männer hatte auf diese Weise und unter Verletzung der Weimarer Verfassung einen Teil der preußischen Regierung abgesetzt, die letzten Endes über dreißigtausend bewaffnete und ausgebildete und unter ihrem rechtmäßigen Befehl stehende Polizisten verfügte.
Die kommunistischen Massen waren auf den Straßen. Millionen von Aufrufen, die zum Generalstreik aufforderten, wurden durch unsere Aktivisten-Brigaden verteilt. Massenverhaftungen von Kommunisten waren die Folge. Die sozialdemokratischen Kräfte rührten sich nicht. Nur allzu deutlich waren die Herzen der Arbeiter durch die Bruderkämpfe und das gegenseitige Mißtrauen bereits vergiftet. Ein geschickter und rücksichtsloser junger Mann, Dr.

Hermann Diels, wurde zum Chef der Preußischen Politischen Polizei ernannt. In ihren formalen Grundzügen wurde also die Organisation, aus der später die Geheime Staatspolizei (Gestapo) entstand, am 20. Juli 1932 ins Leben gerufen.

Vierzehn Nazis und Kommunisten wurden am 31. Juli, dem Tag der neuen Reichstagswahlen, getötet. Die Nazis gingen als stärkste Partei des Landes daraus hervor. Die Sozialisten behaupteten immer noch den zweiten Platz. Die Kommunistische Partei kam an dritter Stelle. Als Antwort auf sein ständiges Drängen wurde Adolf Hitler am 13. August das Angebot gemacht, in die Regierung einzutreten. Er lehnte das Angebot ab. Er wollte alles – oder nichts. Am 30. August wurde Hauptmann Göring Präsident des Reichstages. Aber diese Körperschaft zeigte sich wieder funktionsunfähig; es fand sich keine Mehrheit, die in der Lage gewesen wäre, eine Regierung zu bilden. Die Abgeordneten lehnten die Regierung v. Papen bei einer Abstimmung mit 513 gegen 32 Stimmen ab, worauf Reichskanzler von Papen den Reichstag auflöste. Das geschah am 12. September. Neue Wahlen wurden ausgeschrieben, die am 6. November stattfinden sollten. Ich kehrte rechtzeitig von meinem Auftrag in Holland zurück, um in diesen Hexenkessel zu tauchen.

In der Heftigkeit des Wahlkampfes, der den ganzen Oktober ausfüllte, fanden weder ich noch meine Mitarbeiter Zeit für eine Stunde des Nachdenkens oder auch nur eine Nacht mit normalem Schlaf. Im Augenblick legten wir alle internationalen Pflichten beiseite, um unsere ganze Kraft auf deutschem Boden zur Wirkung zu bringen.

Alle paar Tage gab es Generalalarm für alle Parteimitglieder, Alarme, die durch Gerüchte verursacht wurden, daß Hitler den Tag für den Marsch auf Berlin festgesetzt habe. Dreimal im Verlauf eines Monats wurde ich von der Hamburger Polizei verhaftet; jedesmal verbrachte ich die Nacht in den Kellern des schmutzigen Stadtgefängnisses; jedesmal waren die Keller überfüllt mit Kommunisten, Stahlhelm- und SA-Leuten und Mitgliedern weniger kriegerischer Organisationen. Der politische Kampf hörte auch im Gefängnis nicht auf. Es war der aktivste und düsterste Monat meines Lebens. Die Partei befahl, und ich stürzte wie ein Roboter los, einer unter zahllosen anderen Robotern, ein Rad im furchtbaren Durcheinander einer sinnlosen Maschinerie. Für Firelei und mich schien der einzige Nichtkombattant in unserer Umgebung unser kleiner Sohn Jan zu sein. Der kleine robuste Kerl, wenn er in seinem Körbchen schlief oder im Badewasser plantschte, war eine Erholung für die vielen überarbeiteten und überforderten oder finster entschlossenen männlichen und weiblichen Revolutionäre, die bei uns zu allen Tages- und Nachtstunden ein- und ausgingen. Die erstaunten Blicke, das nachdenkliche Lächeln und der feste Händedruck der Genossen – in Gegenwart von Jan – erinnerten mich an den Gesichtsausdruck eines Sträflings, der das unbekümmerte Lachen eines Kindes hört, das in seine Welt von Stein dringt.

Der Oktober war auch ein Streikmonat. Ein permanenter Befehl der Komintern verlangte die Organisation von Streiks, wann und wo immer sich dazu eine Möglichkeit bot, um die Produktion und das Transportwesen zu desorganisieren und so zu einer Zuspitzung der Konflikte beizutragen und die durch die wirtschaftliche und politische Krise verursachte Not zu vergrößern. Die Maßnahmen zur Bekämpfung der Arbeitslosigkeit, die Kanzler von Papen getroffen hatte, bildeten einen ausgezeichneten Ausgangspunkt für eine wilde

Streikwelle. Ein Drittel der arbeitenden Bevölkerung Deutschlands war arbeitslos; aus dieser Armee von Arbeitslosen rekrutierten sich die treuesten und rücksichtslosesten Kämpfer in den Reihen der Kommunisten und der SA. Von Papen hatte den Plan, die Zahl der in Arbeit Stehenden zu erhöhen, ohne das nationale Gesamteinkommen zu vergrößern. Die Kommunistische Partei rief die Massen auf, die Arbeit niederzulegen, und jeder Streik wurde mit dem Ruf verbunden: »Nieder mit dem Papen-Regime!« Inzwischen hatte die Hitlerbewegung ebenfalls einen offenen Krieg gegen die Regierung erklärt. Fünf SA-Leute, die in Schlesien einen Kommunisten zu Tode gefoltert hatten, indem sie fünfunddreißigmal auf ihn schossen, während sie seine Mutter zwangen, zuzusehen, waren von einem Sondergericht zum Tode verurteilt worden. Als Antwort hatte Hitler öffentlich die verurteilten Mörder als seine »Blutsbrüder« adoptiert und ging zum Frontalangriff gegen v. Papen über. »Nieder mit dem Papen-Regime!« wurde jetzt auch der Kriegsruf der Nazis. Kommunisten und Braunhemden versuchten mit vereinten Kräften den Papen-Plan durch eine Streiklawine unmöglich zu machen.

Am 3. November um 4 Uhr morgens, unmittelbar vor den Wahlen, kulminierte die Streikwelle in dem großen Berliner Transportstreik. Kommunisten und Nazis standen Schulter an Schulter in den Streikpostenlinien, den Überfalltrupps und in den Aktionsausschüssen. Reichskanzler v. Papen drohte mit dem Ausnahmezustand und dem Einsatz der Reichswehr. Die Nationalsozialisten und die Kommunistische Partei antworteten mit einer Konzentration ihrer bewaffneten Brigaden in der Umgebung und in den Vorstädten Berlins. Der Streik dauerte weiter und beherrschte die Novemberwahlen. Hitler verlor zwei Millionen Stimmen und 33 Mandate im Reichstag.

Wir alle atmeten freier. Die Parteipresse brach in Jubel aus. »Hitlers Schiff sinkt!« verkündeten die Schlagzeilen. Die Sozialisten verloren siebenhunderttausend Anhänger, die sich den Kommunisten angeschlossen hatten. Mit fast sechs Millionen Stimmen hatte die Kommunistische Partei jetzt nahezu hundert Mandate im Reichstag. In Wirklichkeit hatte alles von neuem in eine Sackgasse geführt. Obwohl im Niedergang begriffen, war die Hitlerbewegung immer noch die stärkste Partei im Land. Keine parlamentarische Mehrheit war möglich; von neuem war der Reichstag eine Maschine, die nicht lief. Die Streiks dauerten an. Zwölf Tage später trat v. Papen zurück.

General von Schleicher wurde am 2. Dezember Reichskanzler. Man nannte ihn den sozialen General. Geheime Wiederbewaffnung der Nation mit Hilfe der Gewerkschaftsmillionen war das Ziel seines Programms. Er suchte die herrschende Verbitterung unter den Parteien im Lande dadurch zu mildern, daß er eine Amnestie für politische Gefangene erließ. Tausende von eingekerkerten Kommunisten und SA-Leuten wurden aus den deutschen Gefängnissen entlassen, Soldaten, die sofort in die Schlacht zurückkehrten.

»Fort mit Schleicher!« tobte die Nazipresse.

»Nieder mit der Schleicher-Regierung!« hallte es bei den Kommunisten wider.

Am 6. Dezember 1932 wurde ich nach Berlin gerufen, um Georgi Dimitroff Bericht zu erstatten. Er sah wohlgenährt und glücklich aus. Angesichts der Gewitterwolken im Juli hatte er gefürchtet, das Westsekretariat, das er leitete, könne gezwungen sein, Berlin zu verlassen. Eine solche Vorsichtsmaßnahme, meinte er, sei jetzt nicht mehr nötig. Die Nervosität, die die Kominternkreise ergriffen hatte, flaute nach Hitlers Wahlmißerfolg im September etwas ab. Wieder einmal wurde die Aufmerksamkeit von der Braunen Gefahr abgelenkt und richtete sich auf den »Hauptfeind«, die Sozialdemokraten. Hitler sei auf dem Abmarsch, versicherte mir Dimitroff. »Hitler wird nie zur Macht kommen«, sagte er überzeugt.

In Dimitroffs Büro in der Wilhelmstraße begegnete ich einer Sekretärin, die ich noch nicht gesehen hatte, einem Mädchen von athletischem Wuchs und männlichem Gang; sie folgte ihrem Herrn wie ein treuer Hund. Isa hieß sie. Sie machte Kaffee für uns in einer elektrischen Kaffeemaschine, während ich meine Instruktionen bekam.

»Arbeitest du gerne mit mir?« fragte der Bulgare.

»Ja.« Ich lächelte.

»Ich arbeite auch gerne mit dir. – Du kannst nach Skandinavien gehen.«

Zwei Tage lang stöberte ich im Archiv der skandinavischen Länder, das in einer Erdgeschoßwohnung in Berlin-Lankwitz aufbewahrt wurde, um mich über meine neuen Aufgaben im groben zu informieren. Ich erhielt meine Empfehlungsschreiben, einen falschen Paß und Geld; dann bestieg ich den Nachtexpreß über Warnemünde–Gjedser nach Kopenhagen.

Richard Jensen, ein ungeschlachter Mann, geborener Däne, leitete die Komintern-Operationen im nördlichen Europa. Befehle aus Moskau gingen über Berlin an Jensen, und dieser gab sie an die Vorsitzenden der Zentralkomitees der Partei – an Axel Larsen in Dänemark, an Sillén in Schweden und an Christiansen in Norwegen – weiter. Dieser Däne war eine außergewöhnliche Gestalt, ein rauher und beherrschender Wikinger von dreihundert Pfund Lebendgewicht; er besaß eine unheimliche Geschicklichkeit und liebte es, schallend zu lachen. Er war weit über zwei Meter groß und trank gewaltig. Bier trank er vor dem Frühstück, Bier stand immer auf dem Schreibtisch in seinem Büro, Bier trank er abends vor dem Einschlafen. Alle, die ihn kannten, mochten ihn gern. Manch einer kam und ging wie ein Schatten über die Bühne der Komintern und verschwand wieder, ausgebrannt, kaltgestellt oder umgebracht – aber Jensen hielt es Jahre hindurch aus. Er war Arbeiter gewesen und liebte es, Geld wie ein Lord auszugeben, und er war einer der wenigen ausländischen Bolschewisten, die sich Stalins unwandelbaren Vertrauens zu erfreuen schienen.

Viermal im Jahr reiste Jensen nach Moskau, gelegentlich nach Berlin und Paris, aber er liebte seine Heimatstadt Kopenhagen vor allem. Seine Adresse war, bis ich den sowjetischen Dienst im Jahre 1938 quittierte, eine der beständigsten und zuverlässigsten von allen Kominternadressen: Vesterbrogade 70, ungefähr fünf Minuten vom Kopenhagener Zentralbahnhof und vom Tivoli entfernt. Die Hauptfreude dieses Genossen bestand darin, jeden Beauftragten, der zu Besuch kam, einschließlich der allerhöchsten, bis zur Bewußtlosigkeit unter den Tisch zu trinken. Es war für ihn ein ungemeines Vergnügen, triumphierend wegzugehen, während irgendein selbstüberheblicher *Mann aus Moskau* schnarchend auf einem der dicken Teppiche seiner Wohnung lag. Richard Jensen war mit einer Frau in den Vierzigern verheiratet; sie gehörte der GPU an, war farblos, aber unbestechlich und zwei Köpfe kleiner als ihr Mann. Jensens Sohn Martin arbeitete ebenfalls in der Auslandsabteilung der GPU. Während meines Aufenthalts in Kopenhagen war ich Jensens Gast. Ich fand in meinem Gastgeber einen Meister der schwierigen Kunst, lärmende Gastfreundschaft mit den hohen Anforderungen der konspirativen Arbeit zu verbinden.

Die Kommunistische Partei Dänemarks war klein, aber gesund. Sie besaß vier Zeitungen und elftausend Mitglieder. Sie verfügte über eine wirksame militärische Organisation, eine Anzahl von Zellen in der dänischen Marine und eine ungewöhnlich aktive Gruppe intellektueller Propagandaredner, die von dem bekannten Kopenhagener Architekten Paul Henningsen geführt wurde. Dänemark war kein Industrieland. Ohne seine Handelsmarine und ohne seinen Export von Milchprodukten würde das Land bald in sehr schlechte Verhältnisse geraten. So war die Handelsmarine vom kommunistischen Standpunkt aus der entscheidende Teil der dänischen Arbeiterschaft. Den sozialistischen Einfluß in den Häfen zu brechen und stark genug zu werden, um der dänischen Regierung mit einer Exportblockade drohen zu können – und sie dann den Wünschen Moskaus gefügig zu machen –, das war das Hauptziel aller Anstrengungen der Komintern in Dänemark. Um die Fuchtel einer Exportblockade mit Erfolg schwingen zu können, war die Eroberung der Seeleutegewerkschaften wichtig. Die Matrosen-Union und die Heizer-Union von Dänemark waren reiche und mächtige Organisationen, die der Amsterdamer Sozialistischen Internationale (ITF) unter dem holländischen Kämpfer Edo Fimmen angeschlossen waren. Die Durchdringung dieser beiden Organisationen mit kommunistischen Zellen von innen und von außen her wurde später in Moskau als ein klassisches Beispiel angeführt, wie ausländische Gewerkschaften erobert und der Macht der Sowjets dienstbar gemacht werden können.

Die Kampagne wurde von Richard Jensen geleitet. Organisierte Angriffe auf die charakterliche Integrität der sozialistischen Führer – Bestechung und Erpressung kleinerer Angestellter – Einsatz von Spitzeln – Parteicliquen-Verschwörungen – parteiisch zusammengesetzte Versammlungen – offener Terror – Entsendung von Gewerkschaftsdelegationen in die Sowjetunion, um sie durch Festlichkeiten einzuschläfern und gefügig zu machen – pausenlose Propaganda unter den dänischen Besatzungen in den ausländischen Häfen – kostenlose sowjetische Filmvorführungen – geräuschlose Zusammenarbeit mit den intellektuellen Elementen durch die dänische *Gesellschaft der Freunde der Sowjetunion*: das waren die gebräuchlichen Methoden. Die Schiffahrtsindustrie in Kopenhagen geriet unter kommunistischen Einfluß. Jensen sorgte dafür, daß antistalinistische Elemente unter den Seeleuten ihre Stellung verloren. Ende 1932 gab es kein einziges dänisches Schiff, unter dessen Besatzung es keine kommunistische Zelle gab. Sogar die beiden Dampfer, die regelmäßig zwischen Island und Hamburg verkehrten, die *Dettyfoss* und die *Godafoss*, waren mit einer Mehrheit von Kommunisten bemannt und dienten als Kurierschiffe für die GPU.

Bei der nächsten Tagung flog Edo Fimmen nach Kopenhagen, um seine Gewerkschaft zu retten. Er hielt eine dreistündige deutsche Rede, und Richard Jensen bestach Fimmens Übersetzer, krank zu werden! Es war kein anderer Übersetzer aufzutreiben. Geschlagen kehrte der Holländer nach Amsterdam zurück. Die Heizer-Union und ihr Millionenvermögen sowie die Gebäude, die sie in Kopenhagen besaß, gingen bald darauf in das Eigentum der Komintern über. Ohne Kragen und unrasiert, aber »mächtiger als der König von Dänemark«, war hier Jensen am Ruder.

Mein Auftrag bestand in einer zehntägigen Vortragsreise durch die dänischen Häfen, wo ich bei Gewerkschaftsversammlungen als »Vertreter der Transportarbeiter der Sowjetunion« sprechen sollte. Dänemark war das glücklichste und liberalste Land. Ich reiste – als »russischer Delegierter« – nach Odense, Sonderburg, Aarhus, Esbjerg, Aalborg und einigen kleineren Hafenstädten und heckte mit örtlichen Gruppen neue Pläne aus; ich machte in meinen Reden die dänischen Einrichtungen herunter, griff die Gewerkschaftsführer und die sozialistische Stauning-Regierung an, und kein einziges Mal wurde ich von den Behörden belästigt! In allen dänischen Städten fand ich Übernachtungsquartiere in den Wohnungen von reizenden Leuten, Kommunistenfreunden vom intellektuellen Typ. Außerhalb von Kopenhagen war der Nimbus des *Mannes aus Moskau* so groß, daß die Parteimädchen sich veranlaßt fühlten, einander auszustechen, wenn sie dem Besucher, »der von Stalin gesandt war«, ihre Gunst anboten. In Sonderburg marschierte ich hinter einer Kapelle von Akkordeonspielern die Hauptstraße hinunter, gefolgt von einer jubelnden Menge, die die Internationale sang. Leider hatte ich wenig Zeit für so ein lustiges Spiel. Die Versammlungen, drei in jeder Stadt – eine für die Führung, eine allgemeine für die Mitglieder und eine dritte, öffentliche –, waren von Organisatoren vorbereitet. Martin Jensen, der als mein Dolmetscher fungierte, sandte jeden Tag einen detaillierten Bericht an seinen Vater. Richard Jensen war mit den Ergebnissen meiner Reise zufrieden. »Wenn ich das nächstemal nach Moskau fahre, werde ich dich herausstreichen«, versprach er mir. Dann sagte er barsch: »Laß uns ein Bier trinken!«

Von Kopenhagen ging ich nach Schweden. Jensen warnte mich vor der Tüchtigkeit der schwedischen Polizei, die erwiesenermaßen Berichte über ausländische Agenten mit Scotland Yard austauschte.

Das Verfahren, die Paßkontrolle bei der Einreise nach Schweden zu umgehen, war einfach. Ich setzte mit der Fähre über den Sund nach Malmö. Die Paßkontrollstelle in Malmö hatte zwei Abteilungen. An der einen stand *Für Skandinavier* und an der anderen *Für Ausländer*. In der letztgenannten Abteilung hatte jeder Reisende seine Papiere zur Prüfung vorzulegen und einen vorgedruckten Fragebogen auszufüllen; in der Abteilung *Für Skandinavier* wurde überhaupt keine Überprüfung vorgenommen. Ein Mädchen von Richard Jensens *Apparat* begleitete mich. Sie plauderte laut auf dänisch, als wir durch den »skandinavischen« Eingang nach Schweden eintraten. Ich nickte zu ihrem Geplauder und lachte. Als der Beamte vom Dienst ihre Scherze hörte, ließ er mich ohne weiteres durch. Acht Stunden später war ich in Göteborg, dem wichtigen Seehafen und der zweitgrößten Stadt Schwedens.

Der Verbindungsmann in Göteborg war von meinem Kommen unterrichtet. Sein Kurier, ein Mädchen, das mich am Bahnhof erwartet hatte, brachte mich sofort in seine behagliche Wohnung am Järntorgsgatan. Dieser GPU-Mann hieß Harold Svensson, ein sanfter Mann von etwa sechsunddreißig Jahren, klein, schmächtig und blond. Ich hatte von ihm in Berlin, Hamburg und Kopenhagen gehört. Er befaßte sich mit Küstenspionage und der Aufrechterhaltung von Verbindungen. Die kommunistischen Zellen, die er an Bord der größten schwedischen Überseedampfer, der *Gripsholm* und der *Kungsholm,* kontrollierte, waren zeitweise vom Westsekretariat zur Übermittlung von Spezialmaterial nach und von New York verwendet worden. Harold Svensson war schwedischer Zollbeamter und gehörte zur Hafenpolizei von Göteborg. Er tarnte seine konspirativen Verbindungen, indem er eine nominelle Funktion in der schwedischen Gesellschaft der Freunde der Sowjetunion ausübte. Seine Frau, eine überaus elegante Brünette, war ebenfalls im Staatsdienst tätig. Die sieben Tage in Göteborg verbrachte ich in der Wohnung eines Mitarbeiters von Svensson, eines idealistischen Grobians namens Knut Björk.

Meine Aufgaben in Schweden waren wenig erfreulich. Die Kommunistische Partei Schwedens war seit langem die unabhängigste unter den sechsundsiebzig der Komintern angeschlossenen Parteien. Sie hatte es als einzige zu einer gesunden finanziellen Unabhängigkeit gebracht und besaß damit auch die Möglichkeit, ihre Aufgabe ohne Rücksicht darauf, ob die Moskauer Unterstützungen *via* Berlin–Kopenhagen rechtzeitig kamen oder nicht, zu erfüllen. Nun schätzte aber Moskau einen Zustand finanzieller Unabhängigkeit bei seinen ausländischen Helfern nicht; denn eine solche Unabhängigkeit beraubte den Kreml der Möglichkeit, eine widerspenstige Organisation zu zähmen: etwa das Erscheinen der Parteipresse zu verhindern oder die Zahlung der Gehälter an ihre Führer einzustellen.

Es war ein ungeschriebenes, aber eisernes Gesetz in der Komintern, daß kein zentrales Parteiorgan sich vollständiger finanzieller Unabhängigkeit erfreuen und daß die Gehälter der Mitglieder des Zentralkomitees nicht aus Beträgen bezahlt werden durften, die von den Mitgliedsbeiträgen stammten, sondern von den regelmäßigen monatlichen Unterstützungen genommen werden mußten, die Ossip Pjatnitzky in Moskau seinen Fonds entnahm. Einnahmen, die sich aus der kommunistischen Tätigkeit außerhalb der Sowjetunion ergaben, mußten so oder so unter die Kontrolle einer der zahlreichen sowjetischen Institutionen gestellt werden, und Moskau entschied dann, wieviel von den einzelnen Organisationen verbraucht werden durfte und zu welchem Zweck. Finanzielle Leibeigenschaft dieser Art war einer der wichtigsten Hebelarme, um die Tätigkeit aller Kominternparteien den Interessen der Sowjetunion dienstbar zu erhalten.

Das finanzielle Rückgrat der Kommunistischen Partei Schwedens war eine Reihe modern eingerichteter und gut verwalteter Arbeiterklubs, die Volksgaststätten betrieben und ein blühendes Geschäft in allen größeren Städten Schwedens machten. Die Komintern hatte beschlossen, diese lukrative Einnahmequelle von der schwedischen Parteimaschine abzutrennen und sie in Form einer Genossenschaft der Aufsicht der GPU zu unterstellen – oder sie, im Falle einer unüberwindlichen Opposition, zu zerstören.

Mein wichtigster Mitarbeiter in dieser Sache war Gustav Holmberg, ein ehemaliger Lehrer an der Leninschule in Moskau, Mitglied des schwedischen Zentralkomitees und Chef der GPU in Westschweden. Genosse Holmberg hatte die freundliche und standfeste Art eines erfolgreichen amerikanischen

Detaillisten, eine Art, die von den obersten GPU-Chefs bei der Auswahl örtlicher Agenten sehr bevorzugt wurde. Holmberg entschied, welche Funktionäre zu den »Gaststätten-Konferenzen« eingeladen werden sollten. Die Reden, die ich hielt, stammten nicht von mir. Sie waren schon vorher in Berlin von einem der Direktoren des Münzenberg-Presse-»Trusts« verfaßt worden. Ich brachte sie mit aller Energie, deren ich fähig war, an den Mann, und die wilden Auseinandersetzungen, die darauf folgten, dauerten bis tief in die Nächte hinein. Holmberg machte eifrig Notizen. »Das Barometer ablesen« nannte er das ruhig und überließ es mir, zu reden und Argumente zu finden, mit denen man den vielen hartnäckigen Einwänden gegen den Kominternplan entgegentreten konnte.

Es ist eine der Besonderheiten der kommunistischen Bewegung, daß ein Beauftragter der Komintern – obwohl er unter Umständen viel weniger taugt als ein ortsansässiger Funktionär – sehr viel größere Autorität genießt als dieser, wenn es sich darum handelt, die Ansichten einer Versammlung kleiner Kommunisten zu »koordinieren«. Für das durchschnittliche Parteimitglied ist der anwesende internationale Gast ein mächtiges und geheimnisvolles Wesen, ein richtiger Salomo der Weltrevolution. Um sein Prestige zu erhalten, muß er zwischen sich und der breiten Masse Distanz halten; es verhält sich damit ganz ähnlich wie bei den Kolonialbeamten des Britischen Empire, die darauf achten, die Trennung zwischen ihrer erhabenen Person und den Eingeborenen aufrechtzuerhalten.

Nach einem viertägigen peinlichen Kuhhandel gaben die Schweden nach. Einstimmig wurde eine Resolution zugunsten einer Reorganisation des Gaststättengeschäfts im Sinne eines »privaten« Unternehmens angenommen, und die Delegierten wurden zur Geheimhaltung verpflichtet. Der Weg war jetzt frei für offizielle Verhandlungen zwischen Berlin und dem Stockholmer Zentralkomitee. Ein langer, von Holmberg und mir unterzeichneter Bericht ging nach Berlin. Ein gewisser Eiling, Buchhaltungsexperte der GPU, ein Mann, der übrigens äußerlich eine große Ähnlichkeit mit H. G. Wells hatte, wurde nach Schweden geschickt, um den Diebstahl des ergiebigen Gaststättenrings im Namen der »Bolschewisierung« der schwedischen Partei zu vollenden. Noch bevor er ankam, fuhr ich in einem Schlafwagenabteil des Kopenhagen-Oslo-Expreß nordwärts.

Alle schwedischen Arbeiterklubs wurden formell liquidiert. In Göteborg, wo der Klub zwei Stockwerke im *Rialto-Haus* innehatte, weigerte sich die Leitung des Klubs, des größten und erfolgreichsten von allen, das Unternehmen der GPU zu übergeben. Im Sommer 1933, nachdem die GPU sich diesen Klub absichtlich als Basis für eine sensationelle Entführungsaktion ausgesucht hatte, schloß die Polizei dieses Unternehmen *wegen Verbrechen, die in seinen Räumen begangen worden waren.*

Die Kommunistische Partei von Norwegen war das *enfant terrible* der Komintern. Immer wieder hatte sie sich gespalten und war beinahe bis zum letzten Mann gesäubert worden; aber sobald sie sich wieder erholt hatte, fielen die führenden Leute wieder in ihr Sodom und Gomorrha zurück. Die meisten norwegischen Bolschewiken waren aufrichtige Revolutionäre, kühne Aktivisten, aber nichtsdestoweniger blieben sie im Grunde genommen unverbesserliche Halunken. Wenige Monate vor meiner Ankunft hatten sie eine beträchtliche Unterstützung bekommen, mit der sie die Durchdringung der norwegischen Walfangflotte finanzieren sollten; eine Woche später war der Parteikassierer aus Schweden geflohen und hatte das Geld und die Frau eines Tönsberger Unternehmers mitgenommen. Auf dem letzten Parteitag in Oslo hatte eine Diskussion über die Errichtung von Frauenausschüssen mit einem heftigen Wortwechsel über den wechselweisen Frauentausch des Parteichefs Christiansen, des Organisationsleiters Ottar Lie und der übrigen Mitglieder des Zentralkomitees geendet.

In der Christnacht 1932 stahl Alfons Pedersen, einer der früheren Propagandisten der Partei, im Parteihauptquartier die Schreibmaschinen und Mimeographen, verkaufte sie an einen Altwarenhändler, der ebenfalls Parteimitglied war, und zog dann zusammen mit seinen Freunden die Carl-Johann-Straße hinauf zum Königspalast, und alle sangen das Kampflied der sowjetischen Flieger.

Als Dimitroff mit mir über Norwegen sprach, nannte er die Norweger »gute Kerle, aber liederliche Gauner«. Die Partei bestand mehr aus Deklassierten und schwarzen Schafen bürgerlicher Herkunft als aus echten Arbeitern. Die einzigen zuverlässigen Gruppen waren bei den Studenten der Universitäten von Oslo und Drontheim und bei den norwegischen Matrosen zu finden, die über alle Kontinente verstreut waren. Abgesehen von einer Handvoll Berufsrevolutionäre waren die treibenden Kräfte in den lokalen Parteigruppen immer wieder die Studenten und die Matrosen. In den vielen norwegischen Städten, die ich im Laufe meiner fünfwöchigen Reise besuchte, war die Aufnahme immer etwa die gleiche: Ich wurde zum Trinken aufgefordert, und erst wenn ich bewiesen hatte, daß ich auch mit den stärksten einheimischen Säufern Schritt halten konnte, waren die Genossen bereit, sich in umständliche Unterhaltungen über Parteiangelegenheiten einzulassen.

Der Hauptverbindungsmann zwischen dem GPU-Komintern-*Apparat* und den kommunistischen Organisationen von Norwegen war einer der bekanntesten Ärzte der norwegischen Hauptstadt, Dr. Arne Halvorsen. Er besaß ein Privathaus in einer vornehmen Wohnkolonie, das sich *Sommerfreude* nannte, eine Klinik an der Aakebergsveien 22 und ein geheimes politisches Laboratorium, Carl-Johannsgade 2, in einem Gebäude, von dem aus man den breiten Platz vor dem Osloer Hauptbahnhof überblicken konnte.

Dr. Halvorsen war ein Mann mit vielen Beziehungen. Die Fäden, die er in der Hand hielt, gingen in die Universitäten, die Hospitäler und in die technischen Hochschulen, in die Werften, die Einrichtungen der Küstenverteidigung und in den staatlichen hydrographischen Dienst. Seine junge Frau Karin, ein großer, dunkler, melancholischer Typ, arbeitete als Direktionssekretärin bei Wilhelmsen, dem größten norwegischen Reeder. Karin Halvorsen gehörte wie ihr Mann als geheimes Mitglied der Partei an. Ihr Bruder stand ebenfalls in sowjetischen Diensten und bekleidete eine Stellung bei der norwegischen Staatspolizei. Dr. Halvorsen hatte seine Laufbahn als Straßenbahnfahrer begonnen. Er hatte sich durch die Universitäten und die medizinischen Schulen hochgearbeitet, war Regierungsarzt geworden und als solcher dem Lotsendienst an der atlantischen Küste zugeteilt. Während des russischen Bürgerkrieges war Dr. Halvorsen nach Moskau gegangen, um der bolschewistischen Sache seine Dienste anzubieten. Er gewann das Vertrauen Lenins und Dserhinskis und wurde ein intimer Freund von Anatol Lunatscharski, dem ersten sowjetischen Volkskommissar für Erziehung. Nach seiner Rückkehr nach

Norwegen nahm die GPU ihn als eine außerordentliche Entdeckung für sich in Anspruch. Dr. Halvorsen war groß, scheinbar träge, hatte aber ein Gesicht, das eine animalische Energie ausstrahlte. Er hatte intelligente graue Augen und ein sardonisches Temperament. Übermäßiges Trinken hatte ihn brutal gemacht. Nacht für Nacht war er bis drei Uhr auf, zwang seine Frau und seine Gäste, beim Trinken mit ihm Schritt zu halten, und dann schlief er bis acht Uhr; das war der ganze Schlaf, den er brauchte. Unter seinen geheimen Mitarbeitern war eine Anzahl weiblicher Parteimitglieder, die er beherrschte, nachdem er an ihnen die gewünschten Eingriffe vorgenommen hatte. Freundlich lächelnd zeigte er mir einmal in einem Hinterzimmer seiner Klinik lange Reihen von Glasgefäßen, die menschliche Embryos in allen möglichen Stadien der Entwicklung enthielten. Jedes Gefäß trug ein Etikett, auf dem, sauber gedruckt, der Name eines »toten Revolutionärs« stand.
»Was ist das?« fragte ich entsetzt.
Dr. Halvorsen lachte zynisch. »Ich zeigte sie dem Genossen Lunatscharski, als er letztes Jahr Norwegen bereiste. Er wäre beinahe ohnmächtig geworden.«
Karin Halvorsen war die unglücklichste Frau, die ich jemals traf. Ohne ein Wort zu sagen, schaute sie zu, wenn ihr Mann in einem Klubsessel saß und eine jüngere Parteischöne umschlungen hielt, ein Faß Bier auf dem Wohnzimmerfußboden und eine Auswahl stärkerer Alkoholika in Flaschen auf den Tischen. Ich sah jeden Abend, den ich in seiner Wohnung verbrachte, wie Dr. Halvorsen immer neue Möglichkeiten fand, sie zu quälen. Sie machte den Eindruck einer Frau, die ihre letzte Träne schon längst geweint hat, unfähig, noch mehr zu weinen. Aber sie war ihm treu, treu bis in den Tod – oder war es Treue zur Sache? Durch sie gingen Abschriften aller wichtigen Dokumente, die sich auf die norwegische Schiffahrt bezogen, an die GPU, sehr oft bevor sie die Büros ihrer legitimen Empfänger erreichten.
Am zweiten Tag nach meiner Ankunft in Oslo berief ich eine Versammlung des Zentralkomitees ein und legte die Gedanken Dimitroffs und Jensens dar über das, was die Kommunistische Partei Norwegens sein und tun sollte. Abgesehen von den Eisenbahnen und den öffentlichen Unternehmungen hatte Norwegen nur drei wirklich wichtige Industrien: den Walfang, die Fischerei und die Handelsschiffahrt. Aber es gab nicht einen Mann im Zentralkomitee, der etwas über Marineangelegenheiten wußte. Die einzige Abteilung, die wirklich funktionierte, war der von Dr. Halvorsen geleitete Apparat, dessen Agenten, über alle wichtigen Punkte von Christiansund bis nach Narvik verteilt, sich mit militärischen Aufgaben und Spionage befaßten, insbesondere dem Gebiet nördlich des achtundsechzigsten Breitengrads, einer Gegend, die die Sowjetunion wegen ihrer strategischen Bedeutung begehrte. Mir fiel die Aufgabe zu, im Zentralkomitee Verständnis für die atlantischen Schiffahrtsfragen zu wecken. Um die Meinungsverschiedenheiten zu verdecken, hielt der Parteichef Christiansen eine lange Rede über die »politische Situation«. Ottar Lie, seine rechte Hand, und andere folgten dem Stichwort ihres Chefs. Alles, was sie sagten, klang ernsthaft und sehr beachtenswert. Es war die übliche Verteidigung von Funktionären, die sich bemühten, die effektiven Schwächen in der Parteiarbeit zu verbergen. Um ihre Verteidigungslinien zu durchbrechen und ihnen klarzumachen, daß die Komintern über ihre persönlichen Unzulänglichkeiten und Laster auf das genaueste unterrichtet war, griff ich die Sache mit dem Frauentausch auf. Christiansen fuhr voller Empörung

auf mich los und sagte drohend: »Unsere Privatangelegenheiten haben nichts mit unseren politischen Aufgaben zu tun.«
»Sie haben sogar sehr viel damit zu tun«, gab ich zurück.
Ich hatte Auszüge aus Berichten mitgebracht, die die Komintern von ihren Parteispionen in Norwegen erhalten hatte. Ich war in der Lage, sieben Fälle anzuführen, bei denen ein norwegischer Kommunistenführer auf einer Reise durch Norwegen seine Frau gegen die Frauen und Mätressen anderer Zentralkomiteemitglieder ausgetauscht hatte. Als die breite Masse der Partei Wind davon bekam, hatte sie gewisse Schlüsse gezogen und war unter anderem zu der Auffassung gelangt, daß nächst den Trinkgelagen die *freie Liebe* eine der Hauptbeschäftigungen der Osloer Kommunisten geworden sei. Jeder, der einen reichlichen Nachschub an Bettgefährten des anderen Geschlechts wünschte, brauchte nur in die Partei einzutreten, von der man tatsächlich sehr oft als vom *Roten Harem* sprach. Im übrigen hatte Dr. Halvorsen mich davor gewarnt, mich mit einer norwegischen Kommunistin einzulassen, ohne ihn vorher zu konsultieren. »Sie blühen nur so von Geschlechtskrankheiten«, hatte er mir erklärt.
Genosse Christiansen und seine Mitarbeiter begriffen. Sollten sie nach Moskau gerufen werden und sollte die GPU die antikommunistische Presse Norwegens mit Einzelheiten der organisierten Promiskuität bei diesen Liebesaffären versehen, so waren ihre Karrieren als Berufsrevolutionäre und »Arbeiterführer« in Frage gestellt. In einer solchen Situation hätten frische junge Genossen von den Moskauer Schulen, wenn sie als Kreuzritter des »proletarischen Anstands« nach Norwegen kämen, gute Aussichten auf Erfolg, mochten sie auch noch so unbekannt und unerfahren sein.
Das Zentralkomitee schien, jedenfalls vorläufig, eingeschüchtert zu sein. Wir gingen also dazu über, einen Aktionsplan für einen kommunistischen Angriff auf die Walfangflotte und für die fortschreitende Konsolidierung der Parteipositionen in den Häfen und in der Schiffahrt festzulegen. Das Organisationsprogramm, das ich vorlegte, das in Berlin formuliert worden war, wurde einstimmig angenommen. Aber nach Beendigung der Konferenz sollte mir eine typische norwegische Überraschung beschert werden. Ich hatte in der Hitze der Diskussion nicht bemerkt, daß Ottar Lie die Versammlung heimlich verlassen hatte. Dann stellte ich fest, daß mein Mantel verschwunden war. Es war ein guter neuer Kamelhaarmantel. Ottar Lie, der Organisationsleiter der Partei, hatte ihn inzwischen in einem Altwarengeschäft verkauft. Er erschien eine kleine Weile nachher wieder mit einer Flasche Gin unter dem Arm.
»Was denkst du dir eigentlich dabei, Genosse Lie?« fragte ich.
»Oh«, lachte er, »ich sah den schönen Mantel hier draußen hängen, und da ich mir nicht vorstellen konnte, wem er gehörte, so verkaufte ich ihn. Und jetzt wollen wir einen trinken, Genosse internationaler Vertreter.«
Ich machte gute Miene zum bösen Spiel. Wir tranken. Nachdem der Gin durch unsere Kehlen geflossen war, schlug Ottar Lie vor:
»Nun wollen wir hingehen und meinen Mantel verkaufen. Er ist zwar recht schäbig, aber es ist immerhin ein Mantel.«
Meine Arbeit in Norwegen begann nun ernsthaft. Christiansen schlug vor, daß seine Nichte mich als Sekretärin und Dolmetscherin auf meinen Reisen durch Norwegen begleiten solle. Ich lehnte dieses Angebot selbstverständlich ab; denn sie war der übliche Spitzel, den jedes Zentralkomitee, dessen Tätig-

keit überprüft wurde, in den internationalen *Apparat* zu setzen versuchte, um sich über die Tätigkeit – und die wunden Stellen des *Mannes aus Moskau* – informieren zu können. Dafür akzeptierte ich eine Sekretärin, die Dr. Halvorsen für mich auswählte, ein geheimes Parteimitglied mit einem GPU-Auftrag. Sie hieß Kitty Andresen und wohnte in Oslo, St. Hallvard 26; sie war eine Amazone mit häßlichen Gesichtszügen und unwiderstehlicher Vitalität. Zwischen den einzelnen Reisen, samstags, wenn keine Parteiarbeit getan werden konnte, weil die Partei betrunken war, liebte sie es, mich an den Oslofjord mit hinauszunehmen, um zwischen Eisblöcken zu schwimmen, oder mit mir in den dichtbewaldeten Bergen und an den Seen in Norrmarken zu wandern und Ski zu laufen. Ich war für solche Anstrengungen schlecht zu gebrauchen, aber ihre sprühende Heiterkeit angesichts meiner eigenen Erschöpfung war für mich eine reiche Belohnung. Kitty studierte an der Universität Oslo. Sie rauchte nicht, trank nicht, war unzugänglich in Parteiangelegenheiten, konnte sich aber durch einen amerikanischen Wildwestfilm zu Gefühlsausbrüchen hinreißen lassen, sofern die Schießerei auf der Leinwand mit der nötigen Menge Sentimentalität gemischt war.
In der ersten Woche meiner Mission konzentrierte ich mich auf Oslo; in der zweiten überprüfte ich unsere Organisation in den südlich der Hauptstadt gelegenen kleineren, aber lebenswichtigen Häfen Fredrikstad, Tönsberg und Sandefjord; denn die beiden zuletzt genannten Häfen waren die Heimatbasen für den Hauptteil der antarktischen Walfangflotten der Welt. Die dritte Woche verbrachte ich im Gebiet von Bergen, die vierte in Drontheim. Überall fand ich das gleiche Bild: einen im wesentlichen gesunden Parteikern und eine halbintellektuelle Führung von Halunken. Wo das Material für eine neue Führerschaft vorhanden war, wechselte ich die Führer aus. Die Sekretäre von Fredrikstad und Bergen schickte ich nach Berlin, angeblich um dem Westsekretariat Bericht zu erstatten, in Wirklichkeit aber, um sie aus dem Wege zu haben, während ich eine Reorganisation ihres Gebiets vornahm. Ich vereinbarte mit Berlin, daß man sie für mindestens einen Monat festhalten solle. Ich weiß nicht, was später aus ihnen geworden ist.
In Oslo eröffnete ich einen neuen Internationalen Klub und gründete einen permanenten Aktionsausschuß unter den Werft- und Hafenarbeitern. In Tönsberg und Sandefjord veranlaßte ich die Gründung von Schulen, in denen Schiffahrtsinstrukteure ausgebildet werden sollten, um kommunistische Zellen auf den großen Schiffen der Walfangflotte zu bilden. In Bergen sprach ich bei Mitgliederversammlungen unabhängiger lokaler Gewerkschaften, um sie für einen Anschluß an die *Profintern* in Moskau zu gewinnen, hatte aber nur teilweise Erfolg. Parallel dazu berief ich eine Parteiversammlung ein, an der alle erreichbaren Kommunisten des Ortes teilnehmen mußten. Ich wollte sie veranlassen, möglichst bald die Führung in den lokalen Gewerkschaften zu erobern. In Drontheim sprach ich vor der kommunistischen Studentengruppe an drei aufeinanderfolgenden Abenden über Fragen, die aus ihrem Kreis gestellt wurden. Als Themen wählten sie *Das Programm der Komintern, Die Aufgaben der Kommunisten im Falle eines imperialistischen Krieges* und *Staat und Revolution.* Ich gewann den Eindruck, daß die Jugend Norwegens weit weniger stark in ihrem Heimatboden verankert war als die Jugend etwa Frankreichs oder Hollands. Die jungen Leute in Drontheim zeigten einen perversen Stolz, ihr eigenes Land zugunsten eines kaltblütigen Internatio-

nalismus herunterzumachen. Aber in der Komintern sind *Internationalismus* und *Sowjetmacht* Synonyme.

Wie überall gab es auch in der kommunistischen Bewegung Norwegens tragische Gestalten, deren Leben bewußt durch die Sache zerstört wurde, der sie sich verschworen hatten. Da war zum Beispiel Arthur Samsing, ein robuster, blauäugiger, fröhlicher kleiner Mann, der ins Exil und möglicherweise in den Tod gehetzt wurde wegen einiger Bemerkungen, die er über die »Besitzenden« und die »Nichtbesitzenden« in der Kommunistischen Internationale gemacht hatte. Ich kannte den Genossen Samsing seit Jahren. Er hatte für die Komintern in Amerika, in Belgien, in Deutschland und in seinem Heimatland Norwegen gearbeitet. Samsing beging den Fehler, zu sagen, was er dachte. Einmal wurde er mit einem gefährlichen Auftrag nach Gdingen geschickt. Der Tod war das beinahe unvermeidliche Los jedes Kominternangehörigen, der von der polnischen Polizei erwischt wurde. Aber weder Gefahr noch Ungemach konnten Samsing abhalten. Während seiner Tätigkeit in Gdingen wurde seine junge Frau, die er mit zwei kleinen Kindern in Oslo zurückgelassen hatte, schwer krank. Eine teure Behandlung war notwendig, um ihr das Leben zu retten. Samsing schrieb an Georgi Dimitroff, er möge ihm die nötigen Mittel dafür vorstrecken. Er erhielt die Antwort, daß die Organisation nichts für seine Frau tun könne, weil sie nicht Mitglied der Partei sei. Samsing verließ Gdingen und reiste nach Berlin. Man sagte ihm, daß die Komintern keine Mittel für solche Zwecke habe und daß Genosse Dimitroff abwesend sei. Dimitroff befand sich in Zoppot, einem durch seine Spielbank bekannten Seebad in der Nähe von Danzig, also nur einen Sprung von Gdingen entfernt! Arthur Samsing eilte nach Zoppot. Er fand seinen bulgarischen Chef, weit entfernt von den Gräben des Klassenkampfes, in einem eleganten Hotel in Gesellschaft einer schönen Tänzerin aus Berlin. Samsing bat Dimitroff um Geld, um seine Frau zu retten. Er hatte keine anderen Hilfsquellen; sein ganzes Leben hatte er in der Bewegung und für die Bewegung verbracht. Dimitroff, verärgert darüber, daß einer seiner bescheiden lebenden Aktivisten ihn in der Rolle eines Bonvivant erwischt hatte, wurde wütend. Samsing reiste ohne Geld wieder ab. Er kehrte nicht auf seinen Posten nach Gdingen zurück. Er ging nach Oslo, um seiner Frau beizustehen, die mit den Kindern in einer verlassenen Hütte in den Wäldern hinter Oslo lebte. Die Komintern behandelte ihn als Deserteur und strich ihn aus der Gehaltsliste. Samsing antwortete in einem offenen Brief, in dem er den wirtschaftlichen Wohlstand der Kominternführer – der Bonzen – mit der chronischen Not der Mehrheit der Aktivisten verglich, die getreu die gefährliche Arbeit in den niederen Sphären verrichteten.

»Samsing ist verrückt«, antwortete Dimitroff auf diese offene Herausforderung.

Das geschah im Sommer 1931. Samsings Frau kam durch. Samsing selbst wurde außergewöhnlich aktiv in der Kommunistischen Partei Norwegens. Deswegen blieb er auch arbeitslos. In abgetragene Lumpen gekleidet, ausgemergelt vor Hunger, in einer baufälligen Hütte in den Wäldern wohnend, fuhr er fort, der Partei als Freiwilliger zu dienen. Mehrfach wurde er verhaftet und ins Gefängnis geworfen. Aber für einen Revolutionär seiner Art war ein Leben außerhalb der Bewegung undenkbar. Er war einer der wenigen Norweger, die nicht tranken. Die Komintern schloß ihn nicht aus; Samsing hatte zu lange im Dienst der Sowjets gearbeitet, er kannte zu viele ihrer Geheimnisse. Allerdings wurde er mehr und mehr von der Vorstellung besessen, daß ihm die Aufgabe zugefallen sei, die Partei und die Internationale von ihren Bonzen zu befreien – von ihrer schmarotzerischen und allmächtigen Bürokratie. Die Komintern stellte fest, daß Arthur Samsing für die *Liquidierung* reif sei.

Aufgefordert, in die Sowjetunion zu gehen, weigerte er sich. »Es gibt genug Kommunisten in Rußland«, antwortete er, »aber es gibt nicht genug Kommunisten in Norwegen.« Im Herbst 1932 schlug die Komintern Samsing vor, seine Familie in die Sowjetunion zu schicken, seine Frau zur Behandlung in ein Sanatorium und die Kinder zur Versorgung in ein Kinderheim. Damit war Arthur Samsing einverstanden. Er wußte, daß Frau und Kinder als Geiseln zurückgehalten würden und daß er sie nie mehr sehen würde, wenn er nicht selbst nach Rußland ginge. Das ist ganz gleichgültig, dachte er, auf jeden Fall hätten sie bessere Lebensmöglichkeiten in der Sowjetunion und wären nicht gezwungen, ihre Hungerexistenz fortzusetzen. Die Familie ging nach Kopenhagen, und Richard Jensen sandte sie nach Leningrad. Samsing ging von neuem nach Oslo, um der Partei zu dienen.

Ich traf Arthur Samsing im Januar 1933 wieder. Seine Verbitterung gegen Dimitroff und seinesgleichen hatte nicht vermocht, seinen enthusiastischen Glauben an die Zukunft des Sozialismus zu zerstören. Das norwegische Zentralkomitee, das seinen Schneid und seine rücksichtslose Ehrlichkeit fürchtete, setzte Samsing am liebsten in Aktionen ein, die voraussichtlich zu seiner Verhaftung führen mußten. Eine dieser Aufgaben, die ihm während meiner Anwesenheit in Oslo zugewiesen wurde, bestand darin, eine Sitzung des *Storting*, des nationalen Parlaments in Norwegen, zu stören. Samsing drang an der Spitze einer Schar ausgesuchter Mitarbeiter in den *Storting* ein und unterbrach mit Erfolg die Verhandlungen. Sofort machte die gesamte Polizei Jagd auf Arthur Samsing. Einige Tage später übergab mir Dr. Halvorsen einen Brief vom Westsekretariat. Der Brief enthielt den Befehl, den Genossen Samsing bei keiner Aktion zu verwenden, die seine bereits schon unbequem gewordene Popularität in der Norwegischen Partei noch erhöhen könnte. Anschließend wurde der Vorschlag gemacht, den Genossen Samsing zu bewegen, nach Sowjetrußland zu gehen. Samsing lachte laut heraus, als ich ihm von diesem Brief erzählte.

»Sag Dimitroff, er soll mich in Ruhe lassen«, sagte er. »Gegen die Bonzen Krieg zu führen ist wichtiger, als eine friedliche Tätigkeit in Rußland haben. Sag Dimitroff, daß ich nicht bereit bin, mich auf Eis legen zu lassen.«

Damit hatte die Sache ihr Bewenden; ich hatte Samsing gewarnt und ihn gebeten, seine Herausforderungen zu mäßigen.

»Du stehst allein«, sagte ich ihm. »Ein Revolutionär, der allein gegen die Komintern steht, kann niemals gewinnen. Die Komintern gewinnt immer gegen den einzelnen Rebellen.«

»Sag dem Genossen Dimitroff«, antwortete er ernst, »der Genosse Samsing sei der Meinung, daß für einen norwegischen Kommunisten Norwegen zuerst kommt, und nicht die Sowjetunion. Ein Kommunist muß für die Befreiung seiner Klassengenossen kämpfen, nicht für die nationalen Ambitionen der Sowjetunion.«

»Die Sowjetunion ist das Symbol der kommunistischen Macht und des kommunistischen Ruhms«, entgegnete ich.
»Das ist Unsinn! Und du weißt es.«
»Ohne die Sowjetunion hat der Weltkommunismus keine Chance, zu überleben.«
»Die Emanzipation der Arbeiter kann nur durch die Arbeiter selbst erfolgen«, sagte Samsing höhnisch. »Das können wir auch ohne den großen mächtigen Mann mit dem Stock.«
Ich diskutierte mit dem eigensinnigen kleinen Norweger. Das Argument, das ich beim Versuch anwandte, ihn zu seiner alten Sklaven-und-Soldaten-Treue zurückzubringen, war das gleiche, das ich in stillen Stunden zur Beseitigung meines eigenen nagenden Zweifels gebraucht hatte. »Vielleicht ist etwas Wahres in dem, was du behauptest«, sagte ich. »Die Komintern ist zum illegalen Arm des *Narkomindel* (des Volkskommissariats für Auswärtiges) in Moskau geworden. Sie ist trotzdem die stärkste revolutionäre Organisation, die existiert. Es gibt keinen Ersatz für die Komintern. Wenn wir ehrlich Revolution und Sozialismus in der Welt wollen, können wir nur mit der Komintern gewinnen und nicht gegen sie – niemals gegen sie.«
»Nur weiter!« lachte Samsing. »Oder soll ich diesen Sermon für dich beenden? Er lautet folgendermaßen: ›Ein Kommunist, der sich selbst in eine fortwährende Opposition zur stalinistischen Führerschaft setzt, wird unvermeidlich im Lager der Bourgeoisie und der Gegenrevolution landen.‹ Ich bin blind gewesen. Aber als ich den Genossen Dimitroff in Zoppot herumhuren sah, konnte ich wieder klar sehen. Dieser Pelzmantelproletarier! Ich sagte ihm, daß ich nach Norwegen gehöre und nicht nach Polen. ›Genosse Samsing‹, sagte er, ›wir haben schon lange deine opportunistischen Tendenzen mit angesehen‹, und ich antwortete: ›Genosse Dimitroff, du trägst einen so schönen Anzug. Er ist mir zu groß, aber ich kann ihn mir ändern lassen.‹ Und was sagte er? ›Samsing, du bist verrückt. Du brauchst Ruhe.‹«
»Möglich, daß du Ruhe brauchst«, murmelte ich.
»Ich sagte dem Genossen Dimitroff«, fuhr Samsing fort. »Ich sagte ihm: ›Wenn du alle intelligenten Leute wegjagst, die nicht gefügig sind, und nur die folgsamen Idioten behältst, dann wirst du die Partei bestimmt ruinieren.‹ Das stammt nicht von mir. Genosse Lenin schrieb das in einem Brief an Bucharin. Genosse Dimitroff schaute mich an, als wolle er sagen: ›Samsing, wenn du nicht verrückt wärst, müßtest du dich schämen.‹ Ha ha ha! Sag den Bonzen, daß Samsing sich immer noch stark ins Zeug legt.«
Samsing war verloren. Es war nur noch eine Frage von Wochen. Ende Januar wurde er nach Kopenhagen zu einer Konferenz mit Richard Jensen gerufen. Zum Erstaunen der Kopenhagener Aktivisten erschien Samsing total betrunken. Er kehrte nicht nach Oslo zurück. Er verschwand.
Um das Ende der Erzählung vorwegzunehmen: die Samsing-Episode wurde, was mich betraf, wenige Monate später abgeschlossen. Ich ging im April 1933 nochmals in einer Mission nach Norwegen. In *Aftenposten*, Norwegens größter Zeitung, sah ich die Fotografie von Arthur Samsing über einer Frage, die mit großen Lettern gedruckt war. Sie lautete: *Wo ist dieser Mann?*
Die Osloer Polizei wartete lange auf eine Antwort. Eines Abends fragte ich Dr. Halvorsen: »Was geschah eigentlich mit dem Genossen Samsing?«
»Oh, der ist in Rußland«, antwortete er freundlich.

Am 30. Januar 1933 war ich in Drontheim. Ein Telegramm kam: *Komm zurück. Dringend. Firelei.*
Ich fühlte mich merkwürdig beunruhigt. Ich fuhr nach Oslo, eine Nacht mit dem Zug durch schneebedecktes Bergland. In Oslo sprang ich in den Expreßzug Malmö-Trelleborg und kam am frühen Morgen des folgenden Tages in Stralsund an. Während meiner letzten Tage in Drontheim war ich zu sehr mit Alltagsarbeit beschäftigt gewesen, um die Tagespresse verfolgen zu können. Im Zug hatte ich Ernest Hemingways Buch *A Farewell to Arms* gelesen.
Firelei erwartete mich auf dem Bahnsteig in Stralsund. Sie stand auf den Zehenspitzen, als der Zug einlief. Ich lehnte aus dem Fenster und rief ihren Namen. Ein oder zwei Sekunden verdeckte eine Wolke von SA-Leuten sie vor meinem Blick. Das Geräusch zusammenklappender Absätze und der Geruch von Leder zogen vorüber. Dann waren wir beieinander.
»Etwas Trauriges ist geschehen«, sagte Firelei.
»Was denn?«
»Deine Mutter ist gestorben.«
Der Schlag war heftig. Ein kurzer Anfall von Schmerz, vermischt mit einem unbestimmten Schuldgefühl wegen aller Dinge, die ich zu tun unterlassen hatte, schüttelte mich. Es war zu spät.
»Lebte sie noch, als du mir das Telegramm schicktest?« fragte ich.
»Nein. Die Partei befahl mir, dir zu telegrafieren.«
Von der Lokomotive stieg Dampf auf und erfüllte die Luft. Ich hörte die rauhen Stimmen der Gepäckträger, die durchdringenden Rufe der Würstchenverkäufer und Bruchstücke unzusammenhängender Unterhaltungen. Firelei nahm mich auf die Seite und fügte ruhig hinzu:
»Hitler ist soeben Reichskanzler geworden.«

DRITTER TEIL

DIE NACHT DER LANGEN MESSER

Die SA marschierte den ganzen Tag; die Augen der Männer glühten vor Begeisterung. Die SA marschierte die ganze Nacht im flackernden Licht der Fackeln und im Widerschein der Hakenkreuzfahnen. Die SA sang:

»Laßt Hitlerfahnen von den deutschen Türmen flattern,
der Tag der Freiheit bricht für Deutschland an ...«

In der höheren Führung der Partei machten wir uns keine Illusionen über den Terror, den die Hitlerbewegung in Kürze gegen uns entfesseln würde. Wir machten uns auch keine Illusionen über die überwältigende Stärke der militärischen Organisationen der Nazipartei und die relative Schwäche unserer eigenen. Ein Frontalangriff bedeutete Massenmord; das wußten wir alle. Die deutschen Arbeiter standen sich in feindlichen Lagern gegenüber, und ihre Führer waren unfähig, sich über eine gemeinsame Aktion zu verständigen. Von den Verhältnissen überrascht, stolperte unsere Partei in die Sackgasse. Wir waren stark. Aber Hitler war stärker. Wir wußten, daß eine bewaffnete Erhebung zu diesem Zeitpunkt eine völlige Vernichtung unseres Führerkorps zur Folge haben mußte. In diesem Augenblick war unser altes Schlagwort von der Weltrevolution barer Unsinn. Ernst Thälmann, der vor Aufregung tobte, weigerte sich, das Signal zu einer Offensive zu geben, die von vornherein zum Scheitern verurteilt war. Er zitierte Lenins berühmte Worte: »Ein General, der seine Armee in eine sichere Niederlage führt, verdient, erschossen zu werden.«
Aber Moskau teilte unsere Bedenken offensichtlich nicht. Das Westsekretariat der Komintern erhielt unverzüglich die entsprechenden Befehle, die Dimitroff der deutschen Parteileitung übermittelte. Ich nahm an zwei stürmischen Sitzungen teil, von denen die eine in Hamburg, die andere in Berlin stattfand. Bei diesen Sitzungen wurden den qualifiziertesten Kaderchefs die Instruktionen mitgeteilt, die die Moskauer Weisungen realisieren sollten. Moskau verlangte eine Generaloffensive und die sofortige Ausrufung des Generalstreiks gegen die Hitlerregierung. Auf der Konferenz in Hamburg erhob sich der Genosse Westermann und rief: »Zu welchem Zweck?« Der Beauftragte der Komintern, ein Ungar, antwortete scharf:
»Um Hitler wegzufegen. Wir haben sowohl den Putschisten Kapp als auch den Monarchisten Cuno durch Massenstreiks erledigt. Massenstreiks werden auch Hitler den Garaus machen.«
»Das ist Wahnsinn«, rief Westermann herausfordernd. »Der Genosse von der Komintern weiß so gut wie ich, daß die Partei nicht stark genug ist, um einen Generalstreik durchzuführen, um wieviel weniger dann erst eine Revolution. Die Partei wird vernichtet werden!«
»Genosse Westermann sollte begreifen, daß Hitler, wenn man ihm die Möglichkeit gibt, seine Machtstellung zu befestigen, gegen die Sowjetunion marschieren wird«, antwortete der Ungar. »Hitlerismus bedeutet Krieg! Ich spreche in blutigem Ernst, wenn ich sage, daß es jetzt mehr denn je unsere Pflicht ist, das sozialistische Vaterland zu beschützen. Ohne die Sowjetunion wird es niemals ein Sowjetdeutschland geben.«

Ein kurzes Beifallsgemurmel folgte.
Westermanns gerötetes Gesicht wurde aschgrau. »Ich denke an das Schicksal der Arbeiter unserer deutschen Partei«, sagte er mit langsamer, zitternder Stimme. »Der Einfluß der Partei auf die Massen reicht nicht aus, um einen Generalstreik mit Erfolg durchzuführen. Die Partei wird allein dastehen, und sie wird vollständig vernichtet werden. Auch wird die Masse der Partei nicht kämpfen, wenn man ihr erzählt, daß sie die Sowjetunion beschützen soll. Um sie zum Kämpfen zu bringen, muß man sie anlügen, muß man sie überzeugen, daß die Hoffnung besteht, die Hitlerregierung wegzufegen. Mein Gewissen verbietet mir, meine Genossen, deren Vertrauen ich genieße, in den sicheren Tod zu schicken.«
Westermann sackte in seinem Stuhl zusammen. In der Versammlung herrschte Schweigen. Stumme Verachtung zeigte sich auf den meisten Gesichtern. Der Abgesandte der Komintern antwortete giftig:
»Müssen wir den Genossen Westermann für einen Agenten des Klassenfeindes in unserer Mitte halten? Westermann will paktieren.«
Rufe wurden laut: »Raus mit Westermann! Fort mit dem Verräter!«
Westermann verließ freiwillig die Konferenz. Man erlaubte ihm nicht, das Gebäude vor Schluß der Versammlung zu verlassen. Am nächsten Tag war er aus der Partei ausgestoßen. Zwei Jahre später, im Frühjahr 1935, wurde er von der Gestapo verhaftet und beging Selbstmord in einer Zelle des Konzentrationslagers Fuhlsbüttel.
Wir unterwarfen uns dem *Parteibefehl.* In den ersten Tagen und Nächten des Februar 1933 organisierten wir die Verteilung von Millionen von Flugblättern mit der Schlagzeile: *Deutsche Arbeiter! Nieder mit Hitler! Generalstreik ist die Forderung der Stunde!*
Welche Ironie! Noch einmal hatte die Komintern Hitler den letzten und unmittelbarsten Vorwand für die Entfesselung der nationalsozialistischen Revolution geliefert. Diejenigen von uns, die für eine ruhige Vorbereitung einer lange dauernden Untergrund-Opposition waren, wurden durch den Kominternbefehl: *Kein Rückzug – sondern Generaloffensive!* einfach überfahren. Unsere wilde Generalstreikparole kam Hitler wie von Gott gesandt. Sie ermöglichte ihm, sogar liberale antinazistische Kräfte mit dem Ruf zu zerschlagen: *Rettet Deutschland vor dem Bolschewismus und dem Bürgerkrieg!* Hermann Göring beendete eine Rede vor Naziformationen mit dem Ausruf: »Wir können unsere Arbeit nur mit einer Bartholomäusnacht vollenden. Nationalsozialisten! Keine Sentimentalitäten!«
Die Gewerkschaften rührten sich nicht, und die kommunistischen Elemente in ihren Reihen waren unfähig, sie in so kurzer Zeit aufzustacheln. Hitler hatte den Reichstag aufgelöst, und Deutschland war von neuem dem Wahlkampf ausgeliefert.
Die Streiks hörten auf. Demoralisation drang von außen in die Reihen der Kommunistischen Partei. Das Ansehen der Partei war bereits irreparabel geschädigt. In den fliegenden Versammlungen vor den Schiffsbüros und an den Werfttoren hörte ich die Arbeiter sagen: »Was willst du? Wir wollen nicht für Moskau streiken!«
Die Apathie der Mehrzahl der Deutschen in der Stunde der Entscheidung war erschreckend. Sie unterlagen dem braunen Terror, ohne auch nur mit der Wimper zu zucken. Es schien, als begriffen die Führer des Liberalismus und

die Häupter des Sozialismus überhaupt nicht, daß eine Flutwelle das Land in Kürze überschwemmen werde. Sie trieben eine Politik des Abwartens. Die Komintern folgte dem anderen Extrem. Je sichtbarer der Mißerfolg, um so verrückter die Losungen. Kuriere mit Geheiminstruktionen folgten einander auf dem Fuße. Es gab Tage, an denen ich drei bis vier Blätter voller Instruktionen von der Zentrale erhielt. Die eine Instruktion wurde durch die nächste wieder aufgehoben oder bis zur Unverständlichkeit entstellt, und allen war der Satz angefügt: »Nach Kenntnisnahme zurück an den Überbringer oder zu vernichten.«

Im weiten Hafengebiet von Hamburg blieben wir unter uns. Niemals seit 1930 waren die Docks so frei von Naziuniformen gewesen. Für SA-Leute bedeutete es sicheren Tod, allein oder in kleinen Gruppen im Hafengebiet erwischt zu werden. Eines Nachts sandte ich alle meine Leute in Booten und Barkassen in den Hafen; am nächsten Morgen leuchtete in gemalten Buchstaben von jedem Schiff und jeder Hafenmauer unser Kriegsruf: *Jagt den Hitler fort! Werft die Nazispitzel in den Hafen!* Polizei und Zollbeamte, die an den Eingängen zum Hafen stationiert waren, wurden bald so verstärkt, daß es für uns immer schwieriger wurde, größere Mengen von Propagandamaterial in den Hafen zu schmuggeln. Firelei schlug vor, eine Geheimdruckerei auf einem der in dem großen Schiffsfriedhof von Waltershof vertäuten Dampfer einzurichten, damit wir unsere Antinazischriften innerhalb der Hafenzone drucken konnten. Der Plan wurde gutgeheißen. Unter den Wachleuten, die diese Millionen Tonnen außer Dienst gestellten Schiffsraums in Waltershof zu bewachen hatten, waren viele Kommunisten. Nach einem Erkundungsgang eines Morgens in aller Frühe wählte ich die *Bochum*, einen mittelgroßen alten Frachter der Hamburg-Amerika-Linie.

Der Transport einer neuen Handpresse und zweier Vervielfältigungsapparate durch die Absperrung der Hafenpolizei wurde noch in der gleichen Nacht bewerkstelligt. Ein Parteimitglied schmuggelte mit einem Leichter, der einem Bergungsunternehmen gehörte, die Maschinen auf den Waltershof. Drei von meinen Mitarbeitern holten alles an Bord der *Bochum*. Eine große Menge Papier und mehrere hundert Tuben Druckfarbe folgten mit einem späteren Transport. Wir richteten die Druckerei mit allem Drum und Dran im Zwischendeck unter der Luke Nummer Drei ein.

Ich war äußerst vorsichtig bei der Auswahl der Genossen, die diese neue Untergrund-Anlage bedienen sollten. Zwei Mann mußten die Presse bedienen. Ein dritter war nötig für den Kurierdienst zwischen mir und der *Bochum*, um die zum Druck vorgesehenen Manuskripte hinzubringen. Ein vierter Genosse, gleichfalls ein Kurier, sollte das fertige Propagandamaterial von der *Bochum* an die fünf Gebietskuriere weitergeben. Diese hatten es dann an die dreißig Verteiler auszuliefern, die zu bestimmten Stunden und an bestimmten Stellen des Hafengebiets warteten. Die Gruppenleiter pflegten es dann in kleinere Pakete aufzuteilen, um es an die Aktivisten ihrer Gruppen zu verteilen. Das war das System der konspirativen Organisation, das allen Einheiten innerhalb der Partei empfohlen worden war. Alles, was ein Schwächling auf diese Weise unter Druck verraten konnte, falls er von der Polizei erwischt wurde, waren die Namen der vier anderen Genossen seiner Gruppe. Ich machte Firelei zum Kurier zwischen meiner Zentrale und der *Bochum*. Sie trug auch die Verantwortung für die wirksame künstlerische Aufmachung unserer Propagandaschriften. Den Kurierdienst zwischen den unteren Einheiten und der *Bochum* versah ein Mann namens Julius Emmerich, ein Marineingenieur mit einwandfreier Vergangenheit in der Partei. Niemand von uns kam damals auf den Gedanken, daß Emmerich schon monatelang Agent im Geheimdienst der SS Heinrich Himmlers war. In unserer Werkstatt an Bord der *Bochum* hatten wir als Spezialisten einen kleinen schweigsamen Rumänen, einen Experten in Geheimarbeit, und einen arbeitslosen Schlepperkapitän – Willem –, der ihn unterstützte. Der Rumäne hieß Alexander Popovics.

Genosse Popovics hatte außerordentliche Qualitäten. Er war nahe an Vierzig, dunkel, mit einem energischen, freundlichen Gesicht und langsamen Bewegungen; früher war er einmal Mitglied der unglücklichen Mannschaft Banduras gewesen. Die Komintern hatte ihn auf die Kominternschule nach Leningrad geschickt und ihn nachher als Instrukteur und politischen Konterbandisten in Bessarabien gebraucht. Als Führer einer kommunistischen Grenzkolonne hatte er viele Jahre hindurch den praktischen Teil des Schmuggels von Druckschriften, Waffen, Briefen und Geld über den Dnjestr von Rußland nach Rumänien geleitet. Popovics kannte die Flüsse wie kein anderer. Er hatte sein Leben als Donauschiffer begonnen. Seine Haupthelferin bei dieser Frontarbeit war ein Mädchen gewesen, das er später in der Sowjetunion geheiratet hatte.

Popovics war nicht mehr ganz normal. Von Zeit zu Zeit pflegte er mitten in der Parteiarbeit innezuhalten und sich düsteren Meditationen zu überlassen. Eines Tages fand ich ihn in einer solchen Stimmung.

»Genosse Alex«, sagte ich, »was plagt dich?«

Aus der Innentasche seines Rockes zog er einen Ausschnitt aus einer rumänischen Zeitung hervor. Der Ausschnitt war auf eine dünne Stahlplatte geklebt, etwa im halben Format einer Postkarte.

»Hör zu«, sagte er. Und er las, indem er Satz für Satz übersetzte:

»11. Januar 1932. Der Zoll überraschte sechs Personen, die heimlich den Dnjestr überschreiten wollten. Nachdem die Zöllner verschiedene Male vergeblich zum Halten aufgefordert hatten, eröffneten sie das Feuer. Alle sechs Personen wurden getötet. Unter ihnen befand sich ein Mädchen. Fünf von ihnen waren aktive Mitglieder einer kommunistischen Jugendorganisation; beim sechsten handelt es sich um einen Schmuggler. Das geschah letzte Nacht in Soroca, in Nordbessarabien.«

»Das Mädchen war deine Frau?« fragte ich.

Popovics nickte.

»Und ich war der ›Schmuggler‹«, sagte er bitter. »Sie hielten mich für tot, und so entkam ich. Aber alle anderen Genossen, meine lieben jungen Genossen, waren wirklich tot. Aber der Bericht stimmt nicht. Die Wachen töteten sie, nachdem man uns verhaftet hatte, um uns das Geld zu stehlen, das wir bei uns trugen.«

Das war es, was Popovics' Verstand verwirrt hatte. Für schwierige Aufträge konnte man ihn nicht mehr verwenden. Aber nach wie vor war er zuverlässig. Im Sommer 1932 war er in Hamburg aufgetaucht, nachdem ihn die belgische Polizei über die Grenze abgeschoben hatte; jetzt war er Aktivist und warb für den Kommunismus auf den Schiffen aus den Balkanländern. Tagsüber schlief Popovics in einer Hängematte im unteren Laderaum der

Bochum. Nachts setzte er die Geheimpresse in Bewegung. Er war ruhig und furchtlos. Pflichtgefühl war sein Lebensodem. Er gehörte zu jenen Menschen, die sich lieber aufhängen oder die Adern aufschneiden, als jemanden zu verraten. Das erste Propagandamaterial, das unter Popovics' geschickten Händen die Presse verließ, war ein zündender Aufruf, dessen Wortlaut vom Berliner Zentralkomitee an alle Parteiorganisationen verschickt worden war. Er war in einer Sprache geschrieben, in der Ernst Wollweber Meister war, und endete mit den Worten:
Entwaffnet die SA – bewaffnet die Arbeiter!
Auf Schiffen, die von holländischen und belgischen Häfen kommend Hamburg anliefen, brachten Kommunisten Ladungen von Waffen für den Rotfrontkämpferbund mit. Meinem *Apparat* fiel die Aufgabe zu, die Waffen sicher an Land zu bringen. Dort mußten sie den Kurieren von Edgar Andree, dem Chef der militärischen Formationen der Partei, übergeben werden. In jenen Tagen sah ich viele Rotfrontkämpfer. Ihre laufende Aufgabe bestand zur Hauptsache in Lohnräubereien, um Geld für Waffenkäufe zu bekommen, in Überfällen auf Waffengeschäfte, in organisierter Plünderung von Lebensmittelgeschäften, in Hinterhalten, um bestimmte Leute umzulegen, und in der Terrorisierung der Polizei in den Außenbezirken. In der Stadt hörte man jede Nacht Schießereien von den Dächern. Bis jetzt war kaum einer dieser Scharfschützen erwischt worden.
Als ich spät nachts nach Hause kam, fand ich Edgar Andree in meiner Wohnung. Andree mochte Firelei gern. Sie hatte gelegentlich neue Plakate für seine Truppe gezeichnet und hatte oft auf seine Bitte hin in mühevoller Arbeit Pläne von Polizeirevieren, Reichswehrunterkünften, Rangierbahnhöfen und dergleichen kopiert. Diesmal hatte ich eine seltsame Szene vor mir: Edgar Andree lag hinten im Zimmer auf einem Sofa, seine mächtigen Glieder bequem ausgestreckt, trank Kaffee mit seinem wie immer etwas belustigten Ausdruck auf dem tiefbraunen, kühn dreinschauenden Gesicht. Vor ihm paradierte Firelei. Sie trug ihren Badeanzug. Über den Knien, mit starken Gummibändern festgemacht, hingen verschiedene kleine automatische Pistolen belgischer Herkunft.
Ich lachte.
»Was ist denn da los?« sagte ich.
»Keine Verführung«, lachte Andree. »Ich experimentiere. Seit unsere Jungs angefangen haben, unvorsichtigen Braunhemden die Waffen abzunehmen, haben die Nazis eine neue Kriegslist eingeführt. Mit verliebten Blicken gehen die SA-Leute auf und ab, die Nazimädchen dicht an ihrer Seite; die Waffen ihrer ›Freunde‹ haben sie unter den Röcken auf die Schenkel geschnallt. Es ist einfach, einen Faschisten auf Waffen zu untersuchen. Aber nicht jeder Genosse hat die Nerven, seine Pfoten unter die Röcke einer fremden Frauensperson zu stecken. Geschickt, nicht?«
»Und nun?«
»Zum erstenmal stiehlt Genosse Edgar den Nazis eine Idee«, sagte Firelei. »Warum sollten unsere Mädchen diese Technik nicht auch lernen? Auch die Polizei zögert, Frauen auf offener Straße zu durchsuchen.«
»Tatsache ist allerdings«, sagte Edgar Andree, »daß ich hierherkam, um ganz friedlich eine Tasse Kaffee zu trinken.«
Wenige Tage später wurde die »neue Technik« von Andrees Leuten beim

Angriff auf das Adlerhotel, einen Stützpunkt der SA in der Nähe des Hauptbahnhofs, angewendet. Als die SA-Leute feststellten, daß die unbekannten Männer, die in den nahegelegenen Hauseingängen herumstanden, keine Waffen hatten, dachten sie sich weiter nichts dabei. Die Mädchen, die später kamen, wurden nicht belästigt. Beim Pfiff einer Signalpfeife gaben sie den Rotfrontkämpfern rasch die Pistolen, die sie bei sich trugen. Einen Augenblick später war eine wilde Schießerei im Gange. Das Adlerhotel wurde zerstört, sieben Braunhemden erschossen. Zwei unschuldige Passanten, darunter eine Mutter von vier Kindern, blieben im Kugelhagel tot liegen.

In der dritten Februarwoche ließ mich Albert Walter, der Marinechef der Komintern, in sein getarntes Büro am Baumwall kommen. Der gebräunte alte Seemann war rasend vor Wut. Er polterte durch die Gegend und rief nach den Stenotypistinnen. Als er mich sah, blieb er sofort stehen.

»Entschuldige, Genosse«, brummte er. »Aber dieses elende Vabanquespiel der ganzen Thälmanngesellschaft treibt einen so weit, daß man am liebsten aus allem Kleinholz machen möchte. Jeder, der etwas taugt, verschwindet von der Bildfläche für irgendwelche verdammten ›Sonderaufgaben‹. Als ob wir ein Klub von Spionen und Bombenwerfern und nicht eine Gemeinschaft von Revolutionären wären.«

»Du bist nervös, Genosse Walter«, sagte ich.

»Ich bin nicht nervös, ich bin wahnsinnig wütend!« donnerte der alte Krieger zurück.

»Und welche Aufgabe habe ich?«

»Das ist es ja«, sagte er sarkastisch. »Sonderauftrag!« Dann faßte er sich und sagte: »Berlin schickt Geld für dich. Such dir ein Dutzend von unseren Freunden aus, es müssen welche sein, die mit Schiffen umzugehen verstehen, und fahr mit ihnen nach Berlin. Die Sache ist eilig. Melde dich im Karl-Liebknecht-Haus. Frag dort nach Kippenberger.«

»Um was handelt es sich denn?«

Albert Walter schlug sich mit beiden Händen an die massive Vorderseite seines harten Schädels. »Zum Teufel noch mal«, stieß er aufgebracht hervor. »Hast du jemals von den Ratten gehört, die das sinkende Schiff verlassen?«

»Sicher, aber . . .«

»Na also, hier ist dein Geld, hol die Leute zusammen und fahr nach Berlin. Das Westsekretariat zieht nach Kopenhagen um.«

Neun Stunden später war ich in Berlin. Während meine Kameraden im Wedding und in Moabit in den Wohnungen von Kommunisten warteten, begab ich mich zum Zentralkomitee am Bülowplatz.

Ich kam zu spät, um Kippenberger, den Fachmann der Partei für militärische Angelegenheiten, für Industriespionage und mitteleuropäische Verbindungen, zu treffen. Arbeiter liefen wie aufgescheuchte Schafe auf dem großen Platz hin und her. Die Schaufenster der in der Nähe gelegenen kommunistischen Buchhandlungen waren eingeschlagen. Im Karl-Liebknecht-Haus selbst, der Hochburg des Bolschewismus in Europa, wimmelte es von Polizisten. Polizeifahrzeuge standen in langer Reihe hintereinander vor dem Gebäude. Unaufhörlich strömten Polizisten heraus mit Aktenbündeln, Bergen von Büchern und Dokumenten, mit Schreibmaschinen, Vervielfältigungsapparaten oder Teilen der mächtigen Rotationsmaschinen, die auf diese Weise unbrauchbar gemacht werden sollten. Alles wurde durcheinander in die Last-

wagen geworfen, die dann in Richtung Polizeipräsidium davonbrausten. Leere Fahrzeuge rollten herbei und schlossen sich am Ende der Wagenreihe an. Erschlagen stand ich an der Absperrung. Die Tatsache, daß die Polizei im feindlichen Lager stand und das Symbol kommunistischer Macht in Westeuropa plünderte, war überwältigend.
Ein Arbeiter legte mir die Hand auf die Schulter.
»Besser, du trittst etwas in die Menge zurück«, murmelte er. »Sonst verhaften sie dich noch.«
Ich trat zurück.
»Sie schließen das Karl-Liebknecht-Haus«, sagte der Arbeiter.
Nirgends auch nur der geringste Widerstand. Das ganze Gebiet rund um den Bülowplatz wimmelte von Polizei, Karabinern, Maschinenpistolen, Panzerwagen. Keine Naziuniform weit und breit. Die SA wäre am Bülowplatz von den Arbeitern in Stücke gerissen worden, die nun finster und ratlos hin und her liefen.
Ich sprang in ein Taxi. Am Halleschen Tor bezahlte ich den Fahrer und ging zu Fuß weiter. Ich wanderte die Wilhelmstraße entlang bis zu den düsteren Gebäuden, in denen Adolf Hitler und seine Helfershelfer die Macht übernommen hatten. Nummer 48. *Neuer Deutscher Verlag*. Nach außen ein Verlagsunternehmen. In Wirklichkeit war es eine der ehemaligen Zweigniederlassungen des Westsekretariats der Komintern. Der Ort war still und verlassen, nur ein hübsches junges Mädchen war zurückgelassen worden, um für Besucher die abgerissenen Fäden neu zu knüpfen und sie mit neuen sichereren Adressen zu versorgen. Das Mädchen aß Schokolade.
Sie gab mir eine Adresse in Gesundbrunnen im Nordosten von Berlin.
»Geh dorthin und warte«, sagte sie.
Ich wartete im Haus eines verkrüppelten Kriegsveteranen, während die geheimen Parteikontrollstellen die Echtheit meines Auftrags nachprüften. Am Abend erschien ein Kuriermädchen.
»Ich suche einen Genossen, einen Matrosen aus Hamburg«, sagte sie.
Der Kriegskrüppel zeigte auf mich.
»Bitte, komm mit mir, Genosse«, sagte sie.
Wir vereinbarten, was wir sagen wollten, falls wir von der Polizei angehalten würden. Wenn zwei Verdächtige bei einer getrennten Vernehmung die gleiche harmlose Erklärung für ihr Zusammensein gaben, verlor die Polizei meist das Interesse und belästigte einen nicht weiter.
Das Mädchen führte mich zu einem modernen Wohnblock in Wilmersdorf.
»Ist Genosse Kippenberger da?« fragte ich sie. »Nein«, gab sie zur Antwort. »Du wirst einen anderen Genossen treffen, einen, den du übrigens gut kennst.«
Sie klingelte dreimal kurz und einmal lang. Von drinnen sah jemand durch das Guckloch. Er öffnete und ließ uns ein.
»Ist unser Freund da?« fragte das Mädchen.
Der Mann nickte.
Ich ging durch einen Raum, in dem eine Gruppe junger, gut angezogener Männer und Frauen verschiedenen Alters müßig herumsaß. Ich hielt sie für Kuriere oder für Angehörige einer Leibwache. Dann kam ich in einen großen Raum, der als Büro eingerichtet war; hier traf ich Ernst Wollweber.
Er stand mitten im Zimmer, kaum mehr als ein Meter fünfzig groß, eine klobige, finstere Gestalt im abgetragenen blauen Anzug. Eine Zigarette hing

an seinen Lippen. Sein speckiges Gesicht blieb unbeweglich, aber die kleinen schwarzen Augen blitzten lauernd durch die engen Schlitze, sein Blick war grübelnd, forschend und lebhaft. Außerdem war noch ein großes elegantes Mädchen da, das anscheinend mit der Ausarbeitung eines neuen Geheimschlüssels beschäftigt war. Ich kannte sie. Es war Cilly, die in England mit mir zusammen gearbeitet hatte. Sie blickte mich ohne ein Zeichen des Erkennens an.

Wollweber sprach durch den Rauch seiner Zigarette, und seine Stimme war kaum hörbar: »Wie viele Genossen hast du aus Hamburg mitgebracht?«

»Mit mir – dreizehn.«

»Dreizehn!« Der Schlesier zeigte seine kleinen von Nikotin gebräunten Zähne, als wolle er lachen. »Und Matrosen obendrein!« Plötzlich stieß er seine Schultern nach vorn und sagte: »Was denkst du über die Lage?«

»Wenn wir bis zum März nicht zu richtigen Massenaktionen kommen, wird es zu spät sein«, sagte ich.

»Zu spät wozu?«

»Für eine Offensive.«

Wollweber sagte aufbegehrend: »Es ist nie zu spät. Eher zu früh. Wir werden jetzt die Initiative Hitler überlassen. Er wird Fehler machen, und die Massen werden erwachen. Nichts ist stärker als die Massen. Unsere Schlagworte sind auf Offensive gestellt. Das ist selbstverständlich. Was wir jetzt brauchen, ist eine Kette von kleinen Gefechten, um unseren Rückzug zu dekken. Ein Rückzug ist keine Niederlage. Oder?«

Ein teuflisches Leuchten kam aus seinen Augen.

»Nein«, sagte ich.

»Ein Führer muß fühlen, was in den Massen vorgeht«, fuhr Wollweber fort. »Im Augenblick wollen die Massen nicht kämpfen. Das beste, was wir jetzt tun können, ist, den Massen einzuhämmern, daß sie kämpfen *müssen.* Und dann Hitler auf den Fersen bleiben. Durch Zersetzung. Durch Sabotage. Durch Schüsse aus dem Hinterhalt. Auf lange Sicht wird das diese Halsabschneider entnerven. Wir müssen uns selbst und alle Genossen mit dem Geist der Selbstaufopferung erfüllen. Sonst werden wir nicht überleben.«

»Keine Angst«, sagte ich, »unsere Kader werden ihr Bestes geben.«

»Die Kader sind gut«, sagte Wollweber finster. »Wie unsere Großmogule der Strafe entgehen wollen, das ist freilich eine andere Frage. Diese Burschen, die sich an das legendäre Geld aus Moskau klammern, werden niemals bereit sein, ihr Leben zu opfern. Sie werden bald einen Tritt in den Hintern bekommen.«

Ernst Wollweber war durch und durch Deutscher. Er verachtete alle Internationalisten, die nicht den *Background* und die Tradition der russischen Bolschewisten hatten. In Wollwebers Vorstellung, so vermutete ich, bestand die Welt nur aus zwei Ländern, von denen zu sprechen lohnte. Das eine war die Sowjetunion, das andere Deutschland. Alles andere war Mist.

»Man sagte mir, ich solle Kippenberger aufsuchen«, sagte ich.

»Das ist nicht nötig. Er mußte verschwinden. Graf Helldorf sucht ihn wegen Mord.« Graf Helldorf war der oberste SA-Führer von Berlin. Der Mord, um den es sich handelte, betraf den gewaltsamen Tod der beiden Bürgerkriegsexperten Lenk und Anlauf vom Berliner Polizeipräsidium. Beide waren durch die kommunistische Spionageabwehr erschossen worden. Hans Kippen

berger, der seinerzeit Reichstagsabgeordneter gewesen war, wurde 1936 von der GPU in Moskau verhaftet und ist inzwischen wie so viele andere Genossen verschwunden.
Dann kam Wollweber auf meine nächstliegende Aufgabe zu sprechen. Ich sollte nach Charlottenburg gehen und in der Lützowstraße einen Mann namens Kuschinsky aufsuchen, bei dem eine große Anzahl Koffer und Reisetaschen mit vertraulichen Dokumenten des Zentralkomitees und des Westsekretariats zum Abtransport nach Kopenhagen bereitlagen. Der Transport sollte über den deutschen Hafen Flensburg nach der dänischen Stadt Sonderburg gehen. Es handelte sich also darum, die Flensburger Förde unbemerkt zu überqueren. Das ganze war ein einfaches Schmuggelunternehmen, allerdings eines von besonderer Wichtigkeit.
Wollweber besorgte Kuriere, die dafür zu sorgen hatten, daß sich meine zerstreute Mannschaft unauffällig im Wartesaal des Charlottenburger Bahnhofs versammeln konnte. Dort erteilte ich die nötigen Instruktionen, vorsichtshalber jedem Mann einzeln. Einer nach dem anderen begaben wir uns nach der genannten Adresse an der Lützowstraße. Dort nahm jeder zwei schwere Koffer in Empfang, erhielt einen Geldbetrag und eine Fahrkarte zweiter Klasse nach Flensburg. Wir reisten nachts, alle mit dem gleichen Zug, aber jeder in einem anderen Abteil. Als der Zug nordwärts durch die Nacht rasselte, konnte ich nicht umhin, mir vorzustellen, daß die Polizei, wenn sie uns an der nächsten Station erwischte, den größten Fang an belastendem Material machen würde, der ihr jemals seit dem Bestehen der Komintern in die Hände gefallen war. Der Himmel allein konnte wissen, was diese Koffer alles enthielten! In den Wagengängen sah ich verschiedene untersetzte Individuen in schlechtsitzenden Kleidern auf und ab gehen. Im Vorbeigehen schauten sie in die Abteile. An den Stationen waren sie plötzlich alle auf den Bahnsteigen, wo sie alle Wagentüren des Zuges unter Aufsicht hielten. Als wir in Hamburg umstiegen, wechselten diese Leute mit uns den Zug. Erst dachte ich, daß es sich vielleicht um Geheimpolizisten oder Nazispitzel handeln könnte. Aber der Umstand, daß sie im Zug aneinander vorbeigingen, ohne ein Wort zu wechseln, überzeugte mich bald, daß es sich um Angehörige unseres eigenen Spionageabwehr-*Apparats* handelte, die den Auftrag hatten, für die Sicherheit dieses ungewöhnlichen Kurierunternehmens zu sorgen und sich von unserer Zuverlässigkeit zu überzeugen.
Ohne Zwischenfall gelangten wir nach Flensburg. Auch jetzt begaben wir uns einzeln zu einem vereinbarten Sammelpunkt in der Nähe des Hafens. Wir trafen uns in einem Wirtshaus, an dessen Wänden folgender Leitspruch aufgehängt war: *Trink, bis du platzt, aber sprich nicht über Politik.* Unser illegales Gepäck wurde zwischen Bierfässern im Keller eingelagert. Ein besonderer Verbindungsmann, ein blauäugiger, netter Junge mit einer Empfehlung von Richard Jensen in Kopenhagen, wartete hier auf mich. Er hieß Julius Vanman. Nach Monaten erst erfuhr ich, daß er auf der Gehaltsliste der GPU stand. Vanman hatte ein Boot bereitliegen. Meine Kuriere schliefen den Rest des Tages, während ich Vanman zum Hafen begleitete. Dort lag ein schweres Rettungsboot mit sechs Rudern, das dem Internationalen Klub in Flensburg gehörte; es erwies sich jedoch als unzweckmäßig, ortsansässige kommunistische Matrosen, die den Nazis des Grenzgebietes bekannt waren, als Rudermannschaft für diesen besonderen Transport einzusetzen.

Die Nacht war eiskalt. Kurz vor Mitternacht weckte ich meine Helfer. So schnell wie möglich trugen wir unsere Konterbande in das Boot, stießen von der baufälligen Landungsbrücke ab und griffen zu den Rudern. Vanman kauerte sich im Vorschiff nieder. Er kannte die Verhältnisse in der Flensburger Förde. Ich saß am Steuer. Wir fuhren abgeblendet und zwangen uns, nicht zu rauchen. Wir ruderten in völliger Dunkelheit durch kurze böige Wellen, und ein eisiger Wind wehte von der Steuerbordseite über das Schiff. Die Lichter an der Küste waren deutlich sichtbar. Rot und grün beleuchtete kleine Dampfer glitten in der Nacht an uns vorbei. Segeltuchstreifen, die um die Ruder gewickelt waren, wo sie in den Dollen lagen, dämpften die Rudergeräusche. Der Ruderschlag war nicht lauter als die Dünung und das gleichmäßige Schnaufen der Ruderer. Die Nacht war sternklar. Ein Haufen Mäntel lag auf der Lage von Koffern, die im Boot verstaut waren. Nur Vanman und ich, die wir keine harte Arbeit zu verrichten hatten, blieben bis über die Ohren eingewickelt.

In sechs Stunden legten meine Genossen fünfzig Meilen zurück. Als wir uns der dänischen Küste näherten, hieß es vorsichtig sein. Nur die Hälfte der Leute ruderte noch. Das tuckende Geräusch von Fischerbootsmotoren war rund um uns. Bei Tagesanbruch überzog sich der Himmel, und das Meer an den Landzungen hatte die Glätte und Farbe von Stahlblech. Die Küste war niedrig und stellenweise felsig. Ein paar Häuser kamen in Sicht. Es war noch zu früh, und die Häuser hatten kein Licht. Vanman suchte die Küste mit dem Fernglas ab. Er sah einen breiten Lichtstreifen über einem halbversteckten Dach und einen zweiten, weniger breiten darunter.

»Jetzt langsam«, sagte Vanman leise. »Da – haltet auf die Küste zu.«

Nur noch vier von den Leuten ruderten jetzt. Die anderen kauerten hinter dem Schandeck, um von zufälligen Beobachtern nicht gesehen zu werden. Vor uns kam eine Landestelle in Sicht, die nur wenig aus dem Wasser ragte. Als unser Boot längsseits lag, kamen zwei Männer aus der Deckung ans Ufer. Ich atmete freier. Die dauernde Spannung, unter der man in den stilleren Stunden eines gefährlichen Unternehmens steht, fiel von mir ab. Vanman war glücklich. Er pfiff eine Schlagermelodie vor sich hin: *Das ist die Liebe der Matrosen* ... Die Deutschen zündeten sich Zigaretten an und begannen, Atem zu schöpfen. Sie überließen es den Genossen vom Land, die geheimnisvolle Ladung zu löschen.

Im Haus hinter dem Landungssteg trafen wir Georg Hegener, Jensens Vertreter. Er war stämmig, heiter und voller Kraft. Er stieß mich in die Rippen. »Nun wird unser träges Dänemark ein Gefühl für *Kultur* bekommen«, lachte er und zeigte auf die Ansammlung von Gepäck.

Genosse Hegener hatte bereits die nötigen Vorkehrungen für den Transport der Ladung nach Kopenhagen getroffen. Die Schmuggelstation am Rand von Sonderburg war erst kürzlich eingerichtet worden. Unser Transport war der dritte dieser Art innerhalb einer Woche, der mit Kominterndokumenten aus Berlin durch eine Hintertür nach Dänemark hereinkam. Das war jedoch nur ein Anfang. Hier und an anderen versteckten Stellen längs der Grenze trat die Organisation in Tätigkeit, um den großen Auszug des Heeres von Kominternbeamten aufzunehmen, die seit nahezu anderthalb Jahrzehnten ihre Zelte in Deutschland aufgeschlagen hatten.

Meine Schar ging auseinander. Einzeln und zu zweit kehrten wir nach

Deutschland zurück, einige benutzten den Autobus, der an der Küste entlangfuhr, die anderen nahmen den Zug. Meine Genossen hätten hier eine Gelegenheit gehabt, sich in Sicherheit zu bringen, wenn sie es gewollt hätten, statt nach Deutschland zurückzukehren, wo sie auf einem Pulverfaß saßen, aber keiner von ihnen desertierte. Ihre Loyalität war ihre Ehre.

Die deutsche Wahlschlacht war in vollem Gange. Die üblichen kommunistischen Massenversammlungen und Demonstrationen waren längst verboten worden. Statt dessen wurden Tausende von kleineren Versammlungen veranstaltet. Viele illegale Demonstrationen, die hinter einer bewaffneten Vorhut von Rotfrontkämpfern aufgezogen wurden, fanden gleichzeitig an sechs oder sieben verschiedenen Orten statt. In größter Heimlichkeit wurde eine Anzahl Parteimitglieder abgeordnet, den Naziformationen beizutreten. Alle offiziellen Parteidienststellen wurden aufgegeben. Geheime Büros und Kurierzentralen entstanden in Mietshäusern und Hinterzimmern von kleinen Geschäften, Waffendepots wurden an sichere Orte verlegt, Geheimdruckereien in ständig wachsender Anzahl in Dachkammern und Kellergeschossen eingerichtet. Die Auslandsabteilung der GPU in Hamburg setzte ihre Tätigkeit im Schutze eines Schuhmacherladens fort. Das Hauptquartier der Militärorganisation der Partei tarnte sich hinter der Fassade des Prometheus-Verlages.

Es gab aber auch Spitzel und Verräter in unserer Mitte. Einer war Joseph Bleser, der die Stellung eines Fahrers im zentralen Kurierdienst versah.

Agenten des kommunistischen *S-Apparats*, die im Berliner Polizeipräsidium arbeiteten, stellten fest, daß Bleser SA-Mann war und für die politische Polizei arbeitete. Der Spitzel wurde gewarnt und verschwand. Gerüchtweise verlautete, daß er nach Hamburg gekommen sei. Von Michael Avatin erhielt ich ein Foto und die Personalbeschreibung dieses Mannes; gleichzeitig sollte ich die Schiffahrtskreise der Nazis überwachen, denn Bleser war früher Seemann gewesen. In den letzten Februartagen konnte ich die Nachforschungen einstellen; Bleser war ermordet worden. Die deutsche GPU hatte bei der Überwachung seiner Frau Spuren gefunden, die nach Höchst und in das Gebiet von Frankfurt am Main wiesen. Die GPU-Beauftragten hatten ihn aufgespürt, waren ihm nachts gefolgt und hatten ihn in der Kasinostraße erschossen. Er war nur einer von vielen, die auf diese Weise endeten.

Im Hafengebiet von Hamburg und in den Industrievororten wagte sich kein Nazi in Uniform zu zeigen. In einer einzigen Straße wehten oft aus Hunderten von Fenstern rote Fahnen mit Hämmer und Sichel. Rote Spruchbänder waren von Haus zu Haus über die Straßen gespannt. Solche Spruchbänder und zahllose Plakate an den Häusern trugen folgende Losungen: *Kommunisten in den Reichstag! Tod dem Faschismus! Stimmt für Thälmann, Pieck, Clara Zetkin, Wollweber, Heckert!* In der nationalsozialistischen Presse fand sich in jeder Schlagzeile ein Fluch auf den Kommunismus. *Tod, Tod, Tod* war der immer wiederkehrende Refrain. In Berlin begann Hauptmann Göring, eine neue Art von Geheimpolizei zu organisieren – die *Geheime Staatspolizei* – die Gestapo. Was bedeutete das? Ich diskutierte darüber mit Edgar Andree, der Firelei gebeten hatte, den Kopf einer neuen Zeitung für die Reichswehrsoldaten zu zeichnen. Andree lachte bitter. »Diese Teufelskerle versuchen, unsere GPU nachzumachen«, sagte er.

Die nazifeindlichen Massen duckten sich wie verängstigte Hunde, ließen alle unsere Aufrufe zu einer Massenerhebung unbeachtet und warteten geduldig, bis die Schläge auf sie niedersausten. Die Regierung erklärte, daß sie der SA, der SS und dem Stahlhelm Funktionen einer Hilfspolizei übertragen habe. Unsere Gewährsleute in der Nazipartei berichteten, daß ausgesuchte Trupps von Schlägern organisiert und unter der Bezeichnung *Kommandos zur besonderen Verwendung* bewaffnet worden seien.

Was hatte das zu bedeuten? Es folgten zwei seltsam stille Tage. Die Atmosphäre lastete schwer und drohend.

Es war zwei Uhr morgens, als ich nach einer arbeitsreichen Nacht an Bord der verlassenen *Bochum* aus dem Hafen zurückkehrte, wo der treue Popovics wieder einmal über einem flammenden Aufruf an die Massen brütete. Gemächlich ging ich zur *Bunten Kuh*, einem Café in St. Pauli, um einen gewissen Lewandowsky zu treffen, der sich auf die Verteilung von nachgemachten Fünfmarkstücken verstand, die im Auftrag der Partei in Umlauf gesetzt wurden. Die zahlreichen Kabaretts und Tanzdielen an der Reeperbahn hatten noch Hochbetrieb. Seeleute suchten ihr Vergnügen. Die Prostituierten gingen die Straßen auf und ab oder verhandelten an den Ecken. Jemand trat auf mich zu. Es war ein Kurier.

»Was gibt's Neues, Genosse?« fragte ich ihn.

»*Parteibefehl* – alle Funktionäre haben sofort ihren Aufenthaltsort zu wechseln. Geh nicht nach Hause.«

»Warum?«

»Der Reichstag brennt. Massenverhaftungen in ganz Preußen.«

Ich war nicht überrascht.

»Das ist es also«, sagte ich.

»Das ist es!« Der Kurier nickte. »Die Nacht der langen Messer ist gekommen.«

In aller Eile versuchte ich, Firelei zu finden und mit unserer Leitung Fühlung aufzunehmen. Am Holstenwall traf ich eine Abteilung der SA, die auf das Stadtzentrum zu marschierte. Die Stiefel schlugen den Takt auf dem Asphalt. Eins-zwei, eins-zwei. Die SA-Männer sangen das Horst-Wessel-Lied.

»Die Straße frei
den braunen Bataillonen ...«

Im Hurrikan

Mehr als 4600 kommunistische und sozialdemokratische Führer wurden in der Nacht des Reichstagsbrands verhaftet. Rollkommandos der Nazis besetzten alle kommunistischen Parteigebäude in Preußen. In den frühen Morgenstunden waren unsere Kuriere in allen Richtungen mit dem Befehl unterwegs, große Auflagen von Flugblättern mit der Schlagzeile *Nazi-Göring setzt den Reichstag in Brand* zu drucken und zu verteilen. Hitler verbreitete die Version, daß man einen halbnackten Holländer, Marinus van der Lubbe, in dem brennenden Gebäude festgenommen habe. Er wurde sofort als Kommunist gebrandmarkt. Wir im inneren Kreis der Komintern und der Kommunistischen Partei hatten von diesem Mann noch nie etwas gehört.

Wie auf Hunde wurde jetzt auf die Kommunisten Jagd gemacht. Die Schwäch-

linge in unseren Reihen kapitulierten. Spitzel tauchten überall aus dem Dunkel auf. Die Mehrheit der obersten Parteifunktionäre hatte durch einen Sprung ins neutrale Ausland die eigene Haut in Sicherheit gebracht. Einige wurden immerhin erwischt. Ernst Thälmann wurde von einem seiner Kuriere verraten und in seinem Tarnquartier verhaftet. Edgar Andree wurde von Eiche Resinski, einem Schüler der Leninschule, verraten und von der Gestapo aus dem Zug herausgeholt. In Berlin wurde Georgi Dimitroff von einem Kellner denunziert, ergriffen und ins Gefängnis abgeführt. Torgler, der Führer der kommunistischen Fraktion im Reichstag, stellte sich freiwillig der Gestapo. Albert Walter eilte im Morgengrauen nach Hause, um seine Mutter noch rechtzeitig in Sicherheit zu bringen; er lief der Gestapo direkt in die Arme, die im Schlafzimmer seiner Mutter auf ihn wartete.
Über Nacht hatte die Kommunistische Partei das Aussehen eines Ameisenhaufens bekommen, der von boshaften Schlägen zerstört wird. Am 2. März wurde das neue Terrorgesetz gegen die Kommunistische Partei erlassen. Hitlers Technik zu siegen war einfach: Konzentration der ganzen Brutalität der nationalsozialistischen Bewegung gegen jeweils nur einen Feind, während er die anderen in falsche Sicherheit wiegte.
Jeder Morgen brachte neue Hiobsbotschaften. Aber selbst unter solchen Schlägen funktionierten die unteren Parteizellen und die Aktivisten-Einheiten der Rotfrontkämpferbrigaden weiter. In einer Donnerstagnacht im März geriet ein Aufgebot von SA-Leuten im Hamburger Arbeiterviertel in einen Hinterhalt, der von den Abteilungen Edgar Andrees gelegt worden war. Die Eindringlinge wurden vertrieben. Neun Braunhemden fielen unter den kommunistischen Kugeln. Am gleichen Tag verteilte die unter meinem Befehl stehende Hafenorganisation innerhalb einer Stunde hunderttausend Flugblätter, in denen die Arbeiter aufgefordert wurden, den neuernannten Nazihafenkommissar aus dem Hafengebiet zu vertreiben. Am darauffolgenden Morgen öffnete eine kommunistische Sabotagegruppe in den Raffinerien des Hannoverkanalhafens die Ventile und ließ 200 000 Liter Benzin auslaufen.
Von der alten Führerschaft blieb nur ein Mann auf seinem Posten — Ernst Wollweber, der Leiter der kommunistischen Organisationsabteilung. Er stand mit einer nicht mehr zu überbietenden Gleichgültigkeit gegen jede Gefahr inmitten der allgemeinen Verwirrung. Er war heute in Berlin, morgen in Hamburg und übermorgen am Rhein, ernannte neue Führer in den verschiedenen Gebieten und deckte unnachsichtig alle Fehler in der Organisation auf. Er war jetzt kurz angebunden, fast anmaßend grob und tobte mit unerbittlicher Verachtung gegen alle, die nicht bedingungslos zu gehorchen bereit waren.
In der Nacht zum 5. März traf der braune Terror Hamburg. Hier, wie in Berlin und anderen großen Städten, waren die Nationalsozialisten immer noch in der Minderheit geblieben. Allein die erbitterte Feindschaft zwischen den beiden großen Lagern innerhalb der Arbeiterschaft, zwischen den Sozialdemokraten und den Kommunisten, war zu tief und Jahre hindurch, besonders von kommunistischer Seite, allzu eifrig geschürt worden, als daß sie in dieser letzten entscheidenden Stunde der Weltgeschichte sich hätte überbrücken lassen. Ich war in jener Nacht im Hamburger Internationalen Klub und sprach zu einer Versammlung von Abgeordneten der Schiffs- und Hafen-Aktionsausschüsse. In einem anderen Raum des Hauses leitete Firelei eine Filmvorfüh-

rung, bei der vor einem dichtgedrängten Auditorium der sowjetische Film *Sturm über Asien* gezeigt wurde. Im Hafengebiet wehten die roten Fahnen immer noch aus vielen Fenstern. Draußen in den Straßen standen unsere bewaffneten Abteilungen Wache, und Erkundungstrupps durchstreiften die Stadt im Zuge der regelmäßigen Überwachung aller wichtigen Naziparteidienststellen, der Polizeireviere und der öffentlichen Gebäude.
Kurz vor Mitternacht kam aus dem Hauptquartier ein Kurier mit der Nachricht, daß massenhaft SA-Leute an allen Bahnhöfen angekommen seien. Eine Stunde später wurde berichtet, daß sich die Naziformationen durch eine Blitzaktion des Rathauses und des Polizeipräsidiums bemächtigt hätten. Um zwei Uhr morgens telefonierte ein Genosse vom Antifa-*Apparat*, daß mehrere SA-Gruppen im Anmarsch auf den Internationalen Klub seien. Ich nahm sofort die Verbindung mit der geheimen Leitung der Kommunistischen Partei auf. Eine übermüdete Stimme antwortete.
»Sie kommen«, sagte ich. »Ist inzwischen eine Vereinbarung mit den Sozialdemokraten über eine gemeinsame Aktion zustande gekommen?«
»Nein, wir stehen allein«, antwortete die Stimme.
Ich ging in den Internationalen Klub zurück und unterrichtete die unruhig gewordenen Seeleute von der Entwicklung der Dinge. Sie wollten bleiben und das Gebäude verteidigen. Viele von ihnen hatten Pistolen oder Messer. Ruhig trat Firelei auf mich zu. Sie war blaß. Ihre Augen flackerten.
»Warum ein sinnloses Blutvergießen verursachen?« sagte sie. »Sag den Genossen, sie sollen nach Hause gehen.«
Hunderte von erwartungsvollen Gesichtern blickten aus dem halbdunklen Saal auf mich.
»Geht auf eure Schiffe zurück«, sagte ich zu ihnen. »Wir wollen unseren Kampf nicht in geschlossenen Formationen führen, sondern von tausend Stellen, sonst könnten wir leicht in eine Falle geraten. Jeder Aktionsausschuß und jede Zelle soll eine antifaschistische Kampfgruppe bilden. Jede Gruppe muß aber wissen, daß sie nicht allein kämpft, daß tausend andere Gruppen mit ihr im Kampfe stehen, auch wenn sie das nicht ohne weiteres feststellen kann. Genossen, tut eure Pflicht! Lang lebe die Kommunistische Partei!«
Die Menge zerstreute sich. Kurz nach drei Uhr morgens erschienen SA-Leute. Sie hatten Gewehre, Maschinenpistolen und Gasgranaten. Die wenigen von uns, die das Gebäude nicht hatten verlassen wollen, wurden beinahe zu Tode geschlagen und ins Gefängnis geschleppt.
Die Liste der Antifaschisten, die verhaftet werden sollten, war lange vorher schon von Heinrich Himmlers Organisation vorbereitet worden. Das wurde mir klar, als unsere Spitzel in der SS berichteten, daß selbst Namen von Leuten, die schon vor Hitlers Regierungsantritt gestorben waren, auf diesen Listen standen. In dieser Hinsicht also hatte Himmler die Methoden der GPU nachgeahmt. Auch wir hatten vorbereitete Listen von Personen, die im Falle einer kommunistischen Erhebung verhaftet und erschossen oder als Geiseln zurückbehalten werden sollten. Die Nazikommandos kamen nachts; sie machten es wie die GPU. Sie schleppten die Gefangenen weg und ließen die Angehörigen im ungewissen, ob die Verhafteten tot oder noch am Leben seien. Frauen, Mütter und Kinder von Flüchtigen wurden als Geiseln ergriffen und festgehalten. Grauenhafte Berichte sickerten aus den überfüllten Gefängnissen durch. Genossen, die ich kannte und als Freunde schätzte, waren, um den

Folterungen zu entgehen, aus dem Fenster gesprungen oder wurden in irgendeinem Park mit durchschnittener Kehle aufgefunden oder mit eingeschlagenem und mit Segeltuch umwickeltem Schädel irgendwo aus dem Wasser gezogen.
Unter dem Terror schlossen sich die Reihen der Besten unter uns immer fester zusammen. Ich sah es an Firelei. »Wir müssen weiterkämpfen«, sagte sie. »Wir haben keine Zeit zu weinen.«
Die Gestapo griff brutal zu. Ihr neues Personal rekrutierte sie hauptsächlich aus der SS. Sie hatte einige ausgebildete Leute, meist ehemalige Offiziere, die große Mehrheit aber begann ihre Tätigkeit ohne jede Vorbildung. Das einzige, was sie mitbrachten, waren grausamer Fanatismus und der Wille, den Gegner zu besiegen. Die ehemalige politische Polizei, in der viele Sozialdemokraten und ein paar geheime Mitglieder der Kommunistischen Partei tätig waren, hatte zuletzt noch in wirksamer Weise die Akten durcheinandergebracht, bevor sie ihre Stellung im Polizeipräsidium aufgeben mußte.
In der ersten Phase bemächtigte sich die Gestapo aller Kämpfer – sofern man ihrer habhaft werden konnte –, die auf der sogenannten Blutliste standen. Viele der ausersehenen Opfer entgingen der Gefangennahme nur dadurch, daß sie jede Nacht ihre Unterkunft wechselten. Aber auch das wurde immer schwieriger. Die Zahl der verfügbaren Deckadressen nahm sehr schnell ab. Die Familien, in deren Wohnung die Gestapo einen aktiven Kommunisten versteckt fand, wurden verurteilt. Nachbarn mißtrauten einander, und die Eltern fürchteten ihre Kinder. Nach der ersten Verhaftungswelle gab es eine Kampfpause. Die Blutlisten waren erschöpft. Wir benutzten diese zweitägige Pause, um unsere angeschlagenen Einheiten zu reorganisieren, eine Anzahl Verbindungen wiederherzustellen, unzuverlässige Anhänger zu entfernen und der Spionageabwehr der Partei die Namen bekannter Verräter mitzuteilen.
Dann führte die Gestapo neue Schläge und bediente sich dabei anderer Methoden. Jedes Mitglied der Nazipartei wurde angewiesen, mit der Geheimpolizei zusammenzuarbeiten. Spitzel wurden dazu bestimmt, die Geheimnisse jeder Fabrik, jedes Häuserblocks und jedes Hauses auszukundschaften. Eine Lawine von Denunziationen war das Ergebnis. Nazispitzel, die seit Jahren in den kommunistischen Reihen operiert hatten, kamen jetzt aus ihren Verstekken. Sie wurden in Autos verladen und zusammen mit den Gestapokommandos losgeschickt. Von früh bis spät und die ganze Nacht hindurch fuhren diese Fahrzeuge kreuz und quer durch die Stadt. Jedesmal, wenn der Spitzel einen ihm bekannten Kommunisten auf der Straße sah, stoppte der Wagen, und der Genosse war verhaftet. In einer Stadt wie Hamburg, die mehr als hunderttausend kommunistische Anhänger zählte, hatte diese Taktik verheerende Wirkungen. Ein einziger Spitzel – Kaiser, der Leiter der kommunistischen Arbeitslosenorganisation gewesen war – konnte die Verhaftung von nahezu achthundert Kommunisten und ihrer Familien auf sein Konto buchen. Und es gab noch viele dieser Art.
Der kommunistische S-Apparat, zu dessen Führern Michael Avatin gehörte, steckte verschiedene Abteilungen seiner Einsatzleute in gestohlene SA-Uniformen, und die auf solche Weise getarnten Genossen übten einen richtigen Terror über die obenerwähnte Kategorie von Nazispitzeln aus. Die Tätigkeit dieser Gruppen ließ in der Anfangszeit der nationalsozialistischen Revolution

das seltsame Gerücht entstehen, daß die Nazis sich gegenseitig in den einsamen Gegenden von Hamburg und Berlin ermordeten. Ich erinnere mich an Fälle, wo Agenten der kommunistischen Spionageabwehr, die innerhalb der Hitlerbewegung arbeiteten, kommunistische Verräter verdächtigen konnten, mit dem Erfolg, daß diese Gestapospitzel ihrerseits in den Folterkammern endeten, nachdem sie für die Geheimpolizei Hitlers wertlos geworden waren. Dann kam die dritte Phase in der Überfalltechnik der Gestapo, gegen die es keine Verteidigungsmöglichkeit gab. Diese Methode war brutal, aber wirksam. Ohne jede Warnung fielen einige Hundert Gestapoagenten mit Unterstützung durch Tausende von SS- und SA-Leuten über einen bestimmten Stadtteil her. Die SA-Leute riegelten ganze Häuserblocks ab. Niemand erhielt die Erlaubnis, das abgeriegelte Gebiet zu betreten oder zu verlassen. Vor den Eingang jedes Hauses wurde ein SA-Mann gestellt. Keinem Einwohner wurde gestattet, das Haus zu betreten oder zu verlassen. Die Gestapoagenten und die SS durchsuchten dann jedes Haus vom Dach bis in den Keller. Kein Zimmer, kein Bett, keine Kommode oder sonst ein Einrichtungsgegenstand wurde vergessen. Wände und Böden wurden nach Hohlräumen abgeklopft. Männer, Frauen und Kinder wurden ausgezogen und durchsucht. Wer sich nicht genügend ausweisen konnte, wurde in eines der vielen wartenden Polizeifahrzeuge gepfercht. Die Beute war gewaltig. Geheime Druckerpressen, Lager mit Waffen und Explosivstoffen, Bestände von illegaler Literatur, Geheimschlüssel, Dokumente und ausgehungerte Flüchtlinge ohne Ausweispapiere wurden in fast jedem Block ans Licht gefördert.
Ich wußte, daß mein Name der Gestapo bekannt war, und hatte auch die üblichen, den Regeln der Verschwörertätigkeit entsprechenden Vorsichtsmaßnahmen getroffen. Seit der Nacht des Reichstagsbrands hatte ich die Wohnung, die ich mit Firelei teilte und die auch das Heim unseres jetzt fünf Monate alten Sohnes war, nicht mehr betreten. Ich schlief bei unbekannten kommunistischen Freunden. Für meine Post benützte ich Deckadressen und unterhielt drei voneinander getrennte Kurierstellen für Nachrichtenübermittlung und Aufrechterhaltung der Verbindungen. Die geheimen Versammlungen und Besprechungen, an denen ich teilnahm, fanden nie zweimal am gleichen Ort statt. Parkanlagen, monarchistische Restaurants, verlassene Schiffe, überfüllte Tanzdielen, Leichter und Boote waren die Orte, an denen ich meine Genossen traf, um Pläne zu machen, Berichte und Instruktionen zu geben und zu empfangen. Selten benutzten wir Privathäuser; mit der Zeit und immer stärker zunehmendem Terror wurde schließlich jedes Haus zu einer Falle.
Bevor ich mich zu einem Treffpunkt begab, pflegte ich eine Begleitperson – meist war es ein Junge oder ein ganz junges Mädchen – vorauszuschicken, um festzustellen, ob der vereinbarte Ort auch frei von verdächtigen Spaziergängern sei. Ich machte mich in meinem Aussehen wie in meinem Auftreten so unauffällig wie nur möglich. In der Tasche hatte ich einen belgischen Paß und einige harmlose flämische Briefe, die in Ostende abgestempelt waren. Niemals trug ich vertrauliches Material bei mir. Ich hatte es fertiggebracht, lange Listen von Namen und Adressen auswendig zu lernen und eine ganze Sammlung von Codeworten im Kopf zu behalten. Schriftliches Material war immer schon ein gefährliches Hindernis in der konspirativen Arbeit gewesen. Wenn schriftliche Aufzeichnungen mitgenommen werden mußten, so beförderte sie ein Kuriermädchen, das ein Naziparteibuch bei sich hatte, in einer

Geheimtasche auf der Innenseite des Gürtels. Notwendige Besprechungen mit dem einen oder anderen meiner Vorgesetzten wurden stets auf einem gemächlichen Spaziergang in einer Vorstadtstraße abgehalten. Niemals benützte ich leere oder halbleere Autobusse und Trambahnen; überfüllte Transportmittel waren immer noch die besten Verstecke. Ich vermied alle überflüssigen persönlichen Beziehungen mit meinen ehemaligen Freunden; nur Parteibeziehungen zählten. Alle Leute, die nach etwas fragten, mußten als verdächtig angesehen werden. Es bestand ein Parteibefehl, daß Parteimitglieder, die Fragen über andere Parteimitglieder stellten, die außerhalb ihres begrenzten Tätigkeitsgebiets lagen, sofort dem lokalen GPU-Apparat angezeigt werden mußten. Ich benützte für jeden Bezirk, in dem ich tätig war, einen anderen Namen. Mehr noch: Im Verkehr mit Genossen, die ich nicht sehr gut kannte, verwendete ich niemals den Namen, der in meinen Ausweispapieren stand, noch den Namen, unter dem ich mich gelegentlich in Hotels eingetragen hatte, noch irgendwelche anderen Namen, unter denen ich früher schon verhaftet worden war, noch irgendeinen Namen, den ich jemals zuvor schon gebraucht hatte.

Ein Mann, der in der politischen Untergrundarbeit tätig ist, lernt Pünktlichkeit, ganz gleichgültig wie groß die Bedeutung des jeweiligen Unternehmens ist. Leute, die warten, können die Aufmerksamkeit von Passanten oder unsichtbaren Beobachtern auf sich ziehen. Wenige Minuten des Wartens konnten oft ein Verhör und die Verhaftung des Wartenden verursachen. Wir warteten nie länger als eine Minute; wenn dann der erwartete Genosse nicht kam, riß eine mühsam aufrechterhaltene Verbindung ab. Die Genossen hielten die gegenseitigen Aufenthaltsorte voreinander geheim; nur die unentbehrlichsten Verbindungsmänner und die Kuriere kannten diese lebenswichtigen Adressen. In meinen verschiedenen Geheimquartieren empfing ich niemals irgendwelche Besucher. Ich war darauf bedacht, die Aufmerksamkeit von Nachbarn nicht dadurch zu erregen, daß ich bis spät in die Nacht Licht brannte. Ich ging ohne jede Hast über die Straße und betrat oder verließ mein Quartier erst, nachdem ich die Straße und alle in der Nähe liegenden Fenster nach Beobachtern abgesucht hatte.

Mit den Freunden, mit denen ich zusammenlebte, vereinbarte ich Signale und Zeichen, die reine Luft oder Vorhandensein von Gefahr anzeigten. Ein Blumentopf auf dem Fensterbrett bedeutete: »Du kannst hereinkommen; alles ist in Ordnung.« Ein unordentlich gezogener Vorhang war eine Warnung: »Vorsicht, Gefahr.« Wenn ich die Straße entlangging, hielt ich mich immer ganz weit rechts, damit im Wagen vorbeifahrende Gestapoagenten nach Möglichkeit mein Gesicht nicht erkennen konnten. Bevor ich um eine Ecke bog oder in ein Haus eintrat, überzeugte ich mich, daß ich nicht beschattet wurde. Schulbuben und junge Mädchen wurden von der Gestapo mit Vorliebe für Gelegenheitsspitzeleien gebraucht. Die Frauen und die Geliebten verhafteter Männer oder von Flüchtigen isolierten wir vollständig von der Partei, denn sie wurden in erster Linie von der Gestapo überwacht. Ich sprach niemals einen anderen Genossen in Gegenwart eines Fremden an; und wenn wir nicht vorher schon ein Zusammentreffen miteinander vereinbart hatten, gaben wir durch nichts zu erkennen, daß wir uns kannten. Von höchster Wichtigkeit wurde die sogenannte *konspirative Minute*: zwei oder mehr im Untergrund Tätige benützten die erste Minute ihres geheimen Zusammenseins, zu vereinbaren, welche Angaben im Falle eines plötzlichen Überfalls der Polizei gemacht werden sollten. Alkoholische Getränke waren strikt verboten. Ein Kommunist, der in eine Liebesaffäre mit einem Nichtparteimitglied verwickelt war, wurde automatisch aus unseren Reihen ausgestoßen. Mehr als eine Mätresse von Parteifunktionären entpuppte sich als Mitarbeiterin der Gestapo.

Das waren die fundamentalen Regeln unseres Untergrunddaseins. Unbesonnenheit und Flüchtigkeit waren keine Eigenschaften, mit denen man überleben konnte. Tapferkeit allein reichte nicht aus, und auch nicht Loyalität. Nur eine geschickte Tarnung, zupackende Schläue und gute Nerven konnten unsere Leitung erhalten und so die Voraussetzung für Angriffe aus dem Dunkeln schaffen. Die Gestapo griff mit heftigen und harten Schlägen an. Zuerst zeigte sie wenig Geschick. Sie brauchte viele Monate, bis dieses Instrument des Terrors die Geduld und Befähigung und die tödliche Routine entwickelte, die später jeden Untergrundauftrag in Deutschland zum Himmelfahrtskommando machten.

Drei Tage nachdem die große Menschenjagd in Hamburg begonnen hatte, wurde Julius Emmerich, der als Kurier zwischen unserer geheimen Druckerei an Bord der *Bochum* und den Aktivisten-Einheiten im Hafen tätig war, zum Judas. Die Sache ereignete sich kurz vor Tagesanbruch. Die Wache schlief in einer Kabine mittschiffs. Willem, der Schlepperkapitän, und Popovics, der tapfere rumänische Revolutionär, hatten gerade ihre nächtliche Arbeit mit dem Drucken einer Untergrundzeitung, des *Scheinwerfers*, beendet. Sie warteten auf Julius Emmerich, der die Druckschriften den wartenden Gruppenleitern zur Verteilung überbringen sollte. Emmerich kam nicht. Popovics, der an Deck gestiegen war, um nach dem Kurier Ausschau zu halten, sah indessen fünf oder sechs Männer über das Deck eines Dampfers kriechen, der längsseits der *Bochum* vertäut war. Popovics sprang hinunter, um die Wache zu wecken. Die Wache kam herauf und rief die Eindringlinge an, die bereits an Bord der *Bochum* angelangt waren.

»Hände hoch!« war die Antwort, die er erhielt. »Rühr dich nicht oder wir schießen!«

Mit gezogener Pistole schwärmten die Eindringlinge über die Decks aus. Popovics schrie durch den Ventilator in den Laderaum hinunter:

»Flieht! Gestapo!«

Für Willem war es zu spät, noch zu entkommen. Er machte einen verzweifelten Versuch, die Packen mit dem verräterischen *Scheinwerfer* über Bord zu werfen. Die Eindringlinge nahmen ihn fest. Popovics sprang in den Hafen, Schüsse krachten hinter ihm her. Beim Schwimmen zog er seine Kleider aus. Es gelang ihm, aus der Reichweite der Pistolen zu kommen, indem er hinter ein Schiff schwamm, das mitten im Waltershofbassin vor Anker lag. Er erreichte schließlich einen griechischen Frachter, rief um Hilfe und wurde an einer Rettungsleine hochgezogen. Die griechischen Matrosen gaben ihm Kleider und halfen ihm an Land. Der Rumäne erschien kurze Zeit darauf in meiner Wohnung, wo Firelei, die noch nie von der Polizei verhaftet worden war, immer noch mit unserem Kleinen lebte. Firelei wußte, wo ich zu finden war.

Die Gestapo arbeitete schnell. Noch bevor es Mittag war, waren achtundsiebzig Mitglieder unserer Aktivisten-Brigade hochgenommen. Der Wachmann von der *Bochum* verweigerte jede Antwort auf die Fragen der Gestapo; er entkam durch einen Todessprung aus einem Fenster des fünften Stockwerks im Polizeihauptquartier. Willem wurde zwei Stunden lang mit Ketten geschlagen und gestand dann alles, was er wußte. Bei Einbruch der Dunkelheit hatte ich eingehende Berichte über diese Ereignisse und befahl allen Genossen, deren Namen und Adressen den Verhafteten bekannt waren, unverzüglich ihre Quartiere zu wechseln – sofern noch Zeit dazu war. Die meisten Kämpfer unter der kommunistischen Mannschaft hatten ohnehin schon alles verloren.

Mit Hilfe von Firelei und einigen Kurieren versuchte ich während der Nacht, die Reste meiner Organisation wieder zu sammeln. Das war eine schwierige Aufgabe, weil weitere Verhaftungen die ganze Nacht hindurch vorgenommen wurden und ständig Gefahr bestand, daß man unversehens ein Haus betrat, das gerade von der Gestapo durchsucht wurde. Jedes unbekannte Gesicht, und wenn es noch so freundlich dreinschaute, gab Anlaß zu der Frage: »Wer bist du? Freund? Feind? Kann ich dir trauen oder wirst du mich verraten?«

Als der Morgen anbrach, waren wir todmüde. Bei der physischen Erschöpfung und der nervösen Anspannung nützten auch die stärksten Reizmittel nichts mehr.

»Ich komme mir vor wie eine wandelnde Leiche«, sagte Firelei und versuchte, tapfer zu lächeln. »Wo können wir schlafen?«

»Ich weiß es nicht«, sagte ich.

»Jan, was führen wir ein schäbiges Leben. Bisweilen habe ich das Gefühl, daß alle unsere Anstrengungen keinen Zweck haben«, sagte Firelei bitter.

»Du bist müde.«

»Ja, ich bin müde.«

»Ich werde einen Ort finden, wo du schlafen kannst«, versprach ich ihr.

»Erst muß ich den Jungen in Sicherheit bringen«, sagte sie.

»Sei vorsichtig.«

»Ja.«

Wir vereinbarten, uns in einem kleinen Restaurant in Barmbek zu treffen. Ich war zur verabredeten Zeit dort. Firelei kam nicht. Ich wartete Stunde um Stunde und war halb wahnsinnig vor Angst. Firelei erschien nicht. Ich lieh mir ein Fahrrad und fuhr zum Schaarmarkt, wo die Wohnung, in der wir so viele glückliche Stunden verlebt hatten, lag. Von der Straße aus sah ich, daß die Fenster offen standen. Bücher und Papiere waren zum Fenster hinausgeworfen worden. Es waren meine Bücher und meine Papiere. SA-Leute sammelten sie von der Straße auf und verstauten sie auf dem Rücksitz eines Wagens. In beträchtlicher Entfernung vom Haus schauten Gruppen von Männern, Frauen und Kindern schweigend zu. Sie alle kannten diese Hausdurchsuchungen bereits zur Genüge. Es war sieben Uhr in der Frühe.

Jemand klopfte mir von hinten auf die Schulter. Ich sah ein bekanntes Gesicht. Ein Funktionär unserer Straßeneinheit. Er veranlaßte mich, ihm zu folgen. Wir schlichen uns weg.

»Genossin Firelei ist in Sicherheit«, sagte der Genosse.

»Wo ist sie? Sie kam hierher, um das Baby zu holen.«

»Beruhige dich. Du wirst sie gleich sehen.«

Er führte mich durch verschiedene enge Straßen; wir kamen schließlich zu einem gutgepflegten Mietshaus. Ich fand Firelei in einer kleinen Wohnung mit lärmenden Kindern. Sie saß auf einem Stuhl in der Küche und hielt ihr

Taschentuch auf den Mund gepreßt. Eine robuste Frau mit roten Armen versuchte sie zu trösten.
»Was ist denn los?« fragte ich. »Wo ist das Kind?«
Von Zeit zu Zeit innehaltend, erzählte Firelei mir, was geschehen war. Aus ihrer Stimme klang Fassungslosigkeit, beinahe Selbstanklage.
Sie war in unsere Wohnung gegangen, wo Jan friedlich schlafend in seiner Wiege lag. Eine Zeitlang hatte sie vor dem Bettchen gestanden und das kleine Gesichtchen betrachtet. Sie hatte sich nicht entschließen können, den Kleinen zu wecken. Sie war sehr müde gewesen, todmüde. Sie hatte etwas Milch auf dem Herd warmgestellt, hatte eine heiße Dusche genommen und sich mit der Absicht auf das Bett gelegt, nur ein paar Minuten auszuruhen. Dann war sie gegen ihren Willen eingeschlafen.
Ein plötzliches Klingeln an der Haustür hatte sie aufgeweckt. Sie hatte still gelegen und den Atem angehalten, weil sie fürchtete, daß das Baby aufwachen und zu schreien anfangen würde.
»Aufmachen!« hatte eine rauhe Stimme von draußen gerufen.
Dann war die Tür unter einem mächtigen Stoß eingedrückt worden. Jemand schlich vorsichtig über den Vorplatz. Einen Augenblick später stand ein untersetzter junger Mann im grauen Mantel und grauen Hut in ihrem Schlafzimmer. Der Mann hatte eine Mauserpistole in der Hand. Er nahm seinen Hut nicht ab.
»Guten Morgen«, sagte er. »Mein Name ist Teege. Ich möchte ein paar Worte mit Ihrem Mann sprechen.«
»Er ist nicht da. Wer sind Sie?«
»*Geheime Staatspolizei.*«
»Ich bin allein«, sagte Firelei. »Mein Mann ist weggegangen.«
»Wohin denn?«
»Ich weiß es nicht. Nach Frankreich vielleicht.«
Der Gestapomann sah sich im Zimmer um. Dann sagte er: »Ich glaube Ihnen nicht. Ziehen Sie sich an.«
»Warum?«
»Sie sollen mit mir kommen.«
»Wohin?«
»Das werden Sie sehen. Ziehen Sie sich jetzt an.«
Firelei überlegte rasch. »Ich habe nichts an«, sagte sie zu dem Eindringling. »Ich kann mich nicht anziehen, wenn Sie hier im Zimmer sind. Sie müssen sich schon ins Nebenzimmer bemühen, bis ich fertig bin.«
Der Gestapoagent Hermann Teege zögerte. Er stand vor der Wahl, im angrenzenden Wohnzimmer zu warten oder eine nackte junge Frau aus ihrem Bett zu ziehen.
»Wie Sie wollen«, sagte er. Er hob das Kind aus der Wiege. Mit dem noch schlafenden Baby auf den Armen ging er in das Wohnzimmer hinüber. »Es ist besser, ich passe auf den Kleinen auf, bis Sie fertig sind«, erklärte er.
Was Firelei jetzt tat, geschah in einer verzweifelten Vergewaltigung ihrer eigenen Gefühle. Sie sprang aus dem Bett, schlüpfte in ihre Schuhe, warf den Mantel über und ging auf Zehenspitzen zur zweiten Schlafzimmertür, die auf den Vorplatz führte. Im Zimmer nebenan telefonierte der Gestapomann zu einer in der Nähe liegenden SA-Dienststelle und forderte von dort die Hilfe eines Haussuchungskommandos an. Firelei erreichte die Wohnungstür und

sprang die Treppe hinab. Die Straßen waren noch leer, mit Ausnahme einiger Werftarbeiter, die an die Arbeit gingen. Sie trat in einen kleinen Tabakladen, dessen Besitzer ein Freund von uns war. Der Mann hatte sie zu der Wohnung geführt, in der ich sie jetzt getroffen hatte. Hier war Firelei zusammengebrochen.
»Ängstige dich nicht, ängstige dich nicht«, sagte eine junge Frau leise. »Einem Baby werden sie nichts tun. Warte ruhig ab. Auf jeden Fall warte, bis sie das Haus durchsucht haben, die dreckigen Hunde. Und wenn sie dann gegangen sind, freilich, dann werde ich selbst hingehen und das Baby holen. Ich möchte den sehen, der mich davon abhält! Keiner wird eine Frau wie mich zurückhalten. Ich werde es ihnen schon zeigen. Und jetzt, meine Deern, sei ganz ruhig und warte ab.«
Ich hatte das Gefühl, daß die Szene, die sich hier abspielte, bezeichnend war für das, was im gleichen Augenblick überall in Deutschland geschah. Wir warteten. Blaß kroch die Sonne über die grauen Häusermauern. Gegen elf Uhr sandte ich einen Jungen der Straßeneinheit auf Erkundungen aus. Er steckte sich ein Hakenkreuzabzeichen ins Knopfloch und schlenderte davon. Nach endlosen Minuten kam er zurück.
»Sie durchsuchen jetzt das ganze Haus«, berichtete er, »und die beiden Häuser daneben. Ein Gestaposchwein und neun SA-Leute, die herumschnüffeln, und ein Wagen voll Gestapoleute um die Ecke, falls es Schwierigkeiten geben sollte.«
Ich schickte den Jungen mit zwei anderen zusammen wieder hin, sie sollten die Wohnung und die Nazis weiterbeobachten. Dann lief ich zu einem Haus, das in einer verlassenen Straße lag und den seltsamen Namen *Herrlichkeit* trug. Hier befand sich der Stützpunkt des Rotfrontkämpferbundes. Aber außer einem älteren Verbindungsmann und drei Kurieren – einem Mädchen von vielleicht siebzehn Jahren und zwei Jungen von vierzehn und fünfzehn – war niemand da. Ich wollte mir zehn Bewaffnete für ein Ablenkungsmanöver holen, um die Gestapo vom Schaarmarkt in eine der alten Seitenstraßen zu locken, damit einer von meinen Freunden in die Wohnung gelangen und das Baby herausholen könnte. Die jungen Kuriere waren sofort bereit, mitzumachen, aber der grauhaarige Verbindungsmann schüttelte den Kopf.
»Genosse, du weißt, daß wir von niemandem Befehle entgegennehmen dürfen«, sagte er gleichgültig. »Unsere Befehle erhalten wir von der Leitung. Nur den Befehlen von dort dürfen wir Folge leisten.«
»Wo kann ich Fiete Schulz treffen?« fragte ich energisch. Fiete Schulz war der Kampfgruppenführer der Leitung, der Nachfolger von Edgar Andree.
Der Verbindungsmann lachte. »Ich kann es dir nicht sagen. Denn du gehörst nicht zum *Apparat* des Genossen Fiete.«
Alle weiteren Argumente erwiesen sich als zwecklos. Die Rotfrontkämpfertrupps waren anderswo beschäftigt. Sie würden keinen ihrer Leute eines Babys wegen aufs Spiel setzen. Im Untergrund, das sah ich ein, waren kleine Kinder ein gefährlicher Ballast.
Erst am Nachmittag kehrte ich wieder in die Wohnung der robusten Frau zurück. Firelei war weggegangen. Die Frau sagte, sie habe abgetragene Kleider für Firelei gefunden; sie habe sich dann verkleidet, ihr Haar hochgesteckt, einen altmodischen Hut und eine Brille aufgesetzt und ihr Gesicht mit feiner Asche eingerieben, wodurch sie das Aussehen einer alten Frau bekam. Sie war mit dem jungen Genossen von der Straßeneinheit fortgegangen.

»Es ist vielleicht besser, wenn du gleich hinterhergehst«, sagte die Frau zu mir. Ich ließ jede Vorsicht außer acht und eilte zum Schaarmarkt. Mitten auf dem gepflasterten Platz ging eine steile Treppe zu einer öffentlichen Bedürfnisanstalt hinab. Ich stieg eine Anzahl Stufen hinunter, bis meine Augen in gleicher Höhe mit dem Boden waren. Von diesem Versteck aus suchte ich die Gehsteige ab. Ich sah Firelei. Sie ging langsam an dem Haus vorbei, in dem sich unsere Wohnung befand. Nichts rührte sich im Haus. Braunhemden waren nicht zu sehen. Hakenkreuzfahnen hingen schlaff an einer Reihe von Fahnenstangen aus den Fenstern.

Als Firelei am Haus vorbeiging, warf sie einen Blick zu den Fenstern unserer Wohnung hinauf. Sie ging bis zur nächsten Ecke weiter, blieb unruhig stehen, kehrte um, ging wieder an dem Haus vorüber und schaute nochmals prüfend zu den Fenstern hinauf, aus denen kein Laut drang. Sie ging fünfzig Meter weiter und trat dann plötzlich in einen Hausflur. Ich stieg langsam die Stufen hinauf und wandte mich zu dem gleichen Hauseingang; ich zwang mich, gleichgültig zu erscheinen. Im Halbdunkel eines Treppenaufgangs sah ich Firelei mit meinem jungen Helfer sprechen.

»Geh weg von hier«, sagte ich nervös. »Das ist reiner Wahnsinn.«

»Ich muß mein Kind wiederhaben«, sagte Firelei entschlossen. »Es liegt am Fenster und schreit.«

»Und wer ist sonst noch dort?«

»Ich weiß es nicht. Es ist überall so ruhig.«

»Wo sind die Aufpasser? Hast du die Nazis weggehen sehen?« fragte ich den jungen Kommunisten.

»Zwei SA-Männer fuhren mit dem Wagen weg. Er war vollgepackt mit Sachen, die sie herausgeholt haben.«

»Und die anderen? Der Gestapomann?«

»Ich weiß es nicht.«

»Geh nicht in das Haus«, sagte ich. »Sie haben eine Falle gestellt. Wahrscheinlich haben sie sich in den Zimmern versteckt und warten, bis wir das Baby holen wollen.«

»Sie stellten sein Bett ans Fenster. Er hat Hunger. Er schreit!« sagte Firelei leise. Sie schüttelte die Fäuste. »Diese Tiere, oh, diese Tiere!«

Sie wollte in das Haus gehen.

»Geh nicht hin«, redete ich auf sie ein. »Sie werden dich verhaften.«

»Sie werden dir das Kind nicht lassen, wenn du im Gefängnis bist«, sagte der junge Genosse.

Wir standen im Flur und wußten nicht, was wir tun sollten. Ein Mann ging an uns vorbei die Treppen hinauf. Seine Kleider rochen nach abgestandenem Bier.

»Er hat uns gesehen«, flüsterte der Junge. »Wir dürfen hier nicht länger bleiben.«

Mit knirschenden Zähnen sagte Firelei: »Wenn ich jemals meinen Jan wiederbekomme, werde ich ihn lehren, wie man haßt.«

Das waren schreckliche Worte von den Lippen Fireleis.

»Der Mann hat uns gesehen«, wiederholte der junge Kommunist. »Ich sage euch nochmals, wir können hier nicht bleiben.«

»Ich bleibe«, sagte Firelei. »Es war nur ein Arbeiter.«

Wenn die Gestapoagenten es schließlich müde wurden, hinter den Vorhängen zu lauern, würden sie das Kind wohl mit sich nehmen. Ich hatte eine Verabredung mit einem Parteimitglied, einem Fotografen, der eine neue Druckerpresse in seinem Atelier installieren sollte.

»Ich muß gehen«, sagte ich gequält.

»Gut, dann geh.«

»Und du versprichst mir, keine Dummheiten zu machen.«

»Ich verspreche es«, sagte Firelei.

»Diese Gegend hier ist gefährlich. Vergiß nicht, daß zu viele Leute dich hier kennen.«

»Ich weiß es. Ich werde nichts Dummes tun.«

Ich gab Firelei fast alles Geld, das ich bei mir hatte. Wir vereinbarten einen Treffpunkt – den Lesesaal des Städtischen Museums – und eine Zeit: jeweils mittags zwischen zwei und drei. Wir trennten uns, ohne zu wissen, ob wir uns jemals wiedersehen würden.

Ich entschloß mich, die neue Geheimdruckerei für unsere Hafeneinheiten auf dem Prinzip äußerster Dezentralisation aufzubauen. Das war der beste Schutz vor zukünftigen Katastrophen. Jeder Arbeitsgang bei der Herstellung von Propagandamaterial sollte an einem anderen Ort durchgeführt werden. An einer Stelle sollte das druckfertige Manuskript angefertigt werden, an einer anderen das Papier gelagert, eine dritte war für die Schreibmaschinen vorgesehen, eine vierte für die Zubehörteile, die zum Drucken gebraucht wurden, eine fünfte sollte als Niederlage für die zur Verteilung bestimmten Druckschriften dienen. Keiner von den Genossen, der an einer Stelle arbeitete, sollte etwas über die anderen Orte wissen, und für je zwei Stellen wollte ich einen besonderen Kurierdienst einrichten. Gewaltsam löste ich die Gedanken von meinen persönlichen Schwierigkeiten. Selbst eine so geringfügige Sache wie der Kauf von hunderttausend Blatt Papier war mit Gefahr verbunden und verlangte absolute Aufmerksamkeit. Alle Papiergeschäfte standen unter Aufsicht der Gestapo, und die Händler hatten die Pflicht, die Namen und Adressen aller Käufer von großen oder kleinen Papiermengen zu melden. Es war außergewöhnlich schwierig, einen Mann zu finden, der unauffällig und zugleich mutig genug war, bei einem Händler Papier zu kaufen. Aber nach langem geduldigem und vorsichtigem Suchen fand ich schließlich Jan Templin, einen Vorarbeiter der Stauerfirma Einheit, die sich mit dem Laden und Löschen sowjetischer Schiffe befaßte.

Templin hatte ein gutes Männergesicht, graue Augen, blonde Haare, und war gesund wie ein Baum. Wir spazierten zusammen eine einsame Straße entlang, einen Kurier vor uns und einen hinter uns. Die beiden sollten uns gegen das plötzliche Erscheinen eines Überfallkommandos sichern. Jan Templin gab seiner Unzufriedenheit durch lautes Schimpfen Ausdruck.

»Beim Grabe Karl Liebknechts«, sagte er feierlich, »ich habe drei Wohnungen mit dicken Kominternonkels voll, und ich weiß wirklich nicht, was ich mit ihnen machen soll. Sie sind aus Berlin ausgerissen, und jetzt verlangen sie von mir, daß ich sie auf irgendein russisches Schiff schmuggle. Fast alle haben solche Angst, daß sie schon in die Hosen machen, wenn sie nur ein braunes Hemd an der Leine hängen sehen.«

Ich lachte. Seine Wut war grotesk.

»Wie heißen sie denn?« konnte ich nicht umhin zu fragen. Templin platzte laut heraus:

»Die Namen tun nichts zur Sache. Wenn ich nur die ganze Gesellschaft in einen Sack stecken und ersäufen könnte. Was wollen diese Bastarde eigentlich? Kann ich vielleicht sowjetische Dampfer aus dem Ärmel schütteln?«
»Das ist deine Sache«, sagte ich. »Mein Problem ist Papier.«
»Papier!«
»Ja. Wo kann ich Papier herbekommen, ohne im nächsten Augenblick festgesetzt zu werden?«
»Willst du es kaufen?«
»Was denn sonst? Kannst du mir vielleicht Papier abgeben?«
»Jede Menge«, sagte Jan Templin.
»Hunderttausend Blatt?«
»Ohne weiteres.«
Er hatte plötzlich sein eigenes Problem vergessen. Seine Augen leuchteten. Sie leuchteten, weil sein Verstand ihm sagte, daß das Papier, das er mir verschaffen konnte, zum Druck von Aufrufen zum Widerstand und zur Sabotage verwendet würde; weil er wußte, daß diese Aufrufe sehr rasch ihren Weg in die Lagerhäuser, die Mannschaftsräume auf den Schiffen und in die Heuerbüros finden würden. Die Einheit war mehr als nur ein Stauer-Unternehmen; sie war ein Pfeiler der revolutionären Verschwörung in der Tarnung eines Handelsunternehmens. Hafenarbeiter, die keine Kommunisten waren, konnten keine Beschäftigung bei der Einheit finden. Die Arbeitsgruppen der Firma waren längst nach militärischen Gesichtspunkten organisiert worden. Sehr oft wurden sie zu allen möglichen gefährlichen Unternehmen gebraucht; das war der Preis dafür, daß sie ihr Geld mit sowjetischen Schiffen verdienten. Von Jan Templin erfuhr ich, daß die Mannschaft der Einheit mit Erfolg ein Papierlager im Freihafengebiet geplündert hatte. Er sprach die Wahrheit, wenn er mir sagte, daß er »jede Menge« Papier zur Verfügung habe. Das Papier war hinter dem Rücken des Zolls an Land geschmuggelt worden. Die Männer Templins hatten es in den Kohlenbunkern von Schleppern versteckt, die mit Kommunisten bemannt waren.
Ich erhielt die nötige Menge Papier und fand auch einen Lagerraum dafür im Kellergeschoß unter einer Bäckerei. Ich mietete einen Karren, um das Papier zu transportieren. Sobald die Konterbande auf das Fahrzeug verladen war, wurde sie mit drei Zentnern Kartoffeln zugeschaufelt, und zwei von meinen Helfern brachten es an seinen Bestimmungsort. Die gleichen Kartoffeln benützte ich am darauffolgenden Tag, um den Transport des elektrischen Multigraph-Apparats zu tarnen. Dieser Apparat hatte vorher einem Kader von Intellektuellen gehört, die inzwischen alle verhaftet waren. Ich stellte die Maschine in einem dunklen Raum auf, der im obersten Stockwerk eines Gebäudes an der Reeperbahn neben dem Atelier eines Fotografen lag. Anscheinend war das ein idealer Ort für eine Geheimdruckerei. Das Atelier hatte zwei Eingänge. Das vordere Treppenhaus lag zur Reeperbahn hin, die Hintertreppen gingen auf einen Hof, der in eine Seitenstraße mündete. Ich sorgte dafür, daß in der Wohnung ein elektrischer Klingelknopf installiert und eine Leitung mit einem Summer bis in den dunklen Raum verlegt wurde. Die Leute, die beim Drucken waren, konnten auf diese Weise gewarnt werden, falls ein Überfallkommando in der Wohnung des Fotografen erscheinen sollte. Wieder ernannte ich Alexander Popovics zum Chefdrucker. Er streichelte die fast neue Maschine, als sei sie sein eigenes Kind.

»Jetzt geht's wieder los«, sagte er fröhlich .»Du schreibst – ich drucke.«
Zwei Tage lang hörte und sah ich nichts von Firelei und dem Kind. Die Reorganisation meines Propaganda-Apparats hatte sich ohne weitere Verhaftungen durchführen lassen. Alle alten Adressen, soweit diese den verhafteten Genossen bekannt waren, hatte ich inzwischen geändert. Neue Verbindungsstellen waren eingerichtet, neue Treffpunkte und Kennworte vereinbart worden; man hatte neue Deckadressen für die Verbindung mit den vielen hundert kommunistischen Schiffszellen ausfindig gemacht, die alle Stützpunkte darstellten, die bisher trotz der Razzien der Gestapo geblieben waren. Die erste Großauflage eines neuen Flugblattes mit der Schlagzeile *Das Hakenkreuz ein Hungerkreuz* war unter Popovics' unermüdlichen Händen zustande gekommen und verteilt worden. Und immer noch kein Wort von Firelei.
Schließlich traf ich sie am vierten Tag nach dem Überfall der Gestapo auf unserer ehemalige Wohnung. Ich sah sie im Lesesaal des Städtischen Museums an einem Tisch sitzen und in einem großen Band mit Reproduktionen von Gemälden Albrecht Dürers blättern. Ihr Gesicht sah mitgenommen aus, aber ihre Hände waren sicher und ihr Blick heiter. Daß sie da war und für einen Augenblick in Sicherheit, kam mir vor wie ein Wunder. In jenem Augenblick nahm ich mir vor, sie nie mehr allein zu lassen.
»Du siehst«, sagte sie lächelnd, »ich kann vorsichtig sein. Ich habe nichts Dummes gemacht.«
»Erzähle.«
Sie hatte ein Dutzend Leute auf die Beine gebracht, die nicht Parteimitglieder waren, einen Kolonialwarenhändler, eine Näherin, einen Lastwagenchauffeur, die Tochter eines Schneiders und andere, die Firelei von einer früheren Bekanntschaft her mochten und bereit waren, ihr einen Gefallen zu tun. Alle paar Stunden hatte sie jemand anders gefunden, und ihre Bitte war immer die gleiche gewesen: »Mein Kind ist dort oben in dem Haus. Bitte gehen Sie hin und nehmen Sie es mit nach Hause, bis ich es abholen komme.« Nacheinander waren diese netten Leute in den zweiten Stock hinaufgegangen, wo man unseren kleinen Jan zuletzt wimmernd in seinem Bettchen am Fenster hatte liegen sehen. Keiner von diesen barmherzigen Rettern kehrte wieder zurück.
»Unsere Wohnung war wie ein hungriges Maul«, sagte Firelei. »Viele Leute gingen hinein – keiner kam wieder heraus. Die Gestapo hielt sie dort gleich fest und hoffte, daß schließlich doch noch einer von uns kommen würde.«
Nach drei Tagen des Wartens waren die Menschenjäger der Sache müde. Sie hatten die Betten aufgeschlitzt, die Wohnungseinrichtung zerschlagen und die Bilder von den Wänden gerissen. Alle meine Bücher, Manuskripte und Fotografien hatten sie weggeschleppt, dazu ein Radio und alles von Wert. Sie hatten nichts Belastendes gefunden. Ich war sorgfältig darauf bedacht gewesen, alles belastende Material von meiner Wohnung fernzuhalten. Die Leute, die Firelei in das Haus geschickt hatte, wurden wieder freigelassen, nachdem jeder zuletzt noch einen Fußtritt bekommen hatte. Die Gestapobande zog ab, alles im Zustand völliger Vernichtung zurücklassend und mit der Ankündigung, daß sie eine Gemeindeschwester für das Kind schicken wollten.
Die Näherin, ein beherztes Mädchen namens Lieschen, war daraufhin in die Wohnung zurückgekehrt und war mit dem Baby entkommen.

»Ich gab Lieschen mein letztes Geld«, sagte Firelei, »damit sie das Kind zu meinen Verwandten nach Hannover bringen konnte.«
Sie konnte nicht verbergen, wie schwer es ihr wurde, sich von dem Kind zu trennen. Ich tat, als sehe ich ihren Kummer nicht, und sprach von der Arbeit, die zu tun war. Sie hörte zu, als existiere auch für sie nichts anderes.
»Du bist mein Genosse«, sagte ich.
Sie nickte. »Gut! Also zurück an die Front!«

Tote auf Urlaub

Ich wurde aufgefordert, nach Berlin zu kommen. Walter Duddins, der sonnengebräunte Rheinländer und Nachfolger des allzugut bekannten Reichstagsabgeordneten Hermann Schubert auf dem Posten eines politischen Leiters der Hamburger Parteiorganisation, überbrachte mir den Befehl. Ich hatte ihn zu einem scheinbar unschuldigen Bummel durch den Stadtpark getroffen. Er gab mir ein Kennwort, eine Adresse in Neukölln, und sagte mir, wann und wo ein Kurier mit einem Motorrad warten werde, um mich mitzunehmen. Selbstverständlich erhielt ich keinen Hinweis auf die Art meines Auftrags.
»Und Firelei?« wollte ich fragen. Ich erinnerte mich des Versprechens, das ich mir gegeben hatte.
Für kommunistische Ohren wäre eine solche Frage zu absurd gewesen, als daß ich gewagt hätte, sie laut zu äußern. Die Partei brauchte Firelei in Hamburg. Wenn sie ihren Posten verlassen hätte, wäre sie als Deserteur behandelt worden. Und die neuen Parteibestimmungen brandmarkten Desertion als Verrat.
»In Ordnung«, sagte ich zu Duddins.
»Übergib deinen *Apparat* dem Genossen Otto. Er hat Schneid.«
»Gut.« Otto K. war meine rechte Hand in unserer Marineorganisation. Er hatte sich bei der Durchführung von Meutereien auf deutschen Schiffen in amerikanischen Häfen während des Oktoberstreiks von 1931 einen Namen gemacht.
»Ich warne dich«, schloß Duddins, »niemand darf auch nur das geringste über das erfahren, was du in Berlin sehen und hören wirst.«
Ich traf den Kurier um 12 Uhr. Ein junger Student, der das Studium aufgegeben hatte, um Berufsrevolutionär zu werden. Er hatte das Abzeichen des monarchistischen *Stahlhelms* an seine Lederjacke geheftet.
»Wenn wir unterwegs angehalten werden«, instruierte ich ihn, »so wissen wir nichts voneinander. Du hast mich an einer Tankstelle aufgelesen, weil ich dir zehn Mark dafür geboten habe, daß du mich nach Berlin mitnähmst.«
»Geht in Ordnung.«
Fünf Minuten später rasten wir durch die Außenbezirke von Hamburg. Ohne Zwischenhalt kamen wir fünf Stunden später in Berlin an. Der Student fuhr zu einem der Häuser des Christlichen Vereins junger Männer; im Hof stiegen wir ab.
»Ich werde hier zwei Tage bleiben«, sagte der Student. »Wenn du mich brauchst, frage nach Herrn Gerdes.«

In überfüllten Autobussen fuhr ich nach Neukölln, das unter dem Namen *Barrikadenquartier* bekannt war. Berlin wimmelte von Hitlerleuten; ihre braunen und schwarzen Uniformen tauchten in jedem Häuserblock auf. Aber in den steinernen Straßenzeilen von Neukölln waren Naziuniformen selten. SA-Leute wagten sich hier nicht allein auf die Straße. Sie marschierten in geschlossenen Gruppen zu sechs und mehr und hielten sich wohlweislich auf der Straßenmitte. Selbst die Polizisten machten ihren Dienst nur zu zweit; sie waren bis an die Zähne bewaffnet und bereit, sofort zuzuschlagen.

Ich betrat ein dreistöckiges Haus. Wohnung 4 bei Meyerhoff. Wie meist in solchen Fällen befiel mich eine nervöse Spannung. Mein Herz schlug schneller. Wenn man an einer Wohnungstür läutete, wußte man nie, ob ein Freund oder ein Feind dahinter wohnte, oder ob womöglich Gestapo im Hinterhalt lag. Ich klingelte. Ein kleiner Junge öffnete die Tür. Als er einen Fremden sah, schlug er sie sofort wieder zu.

»Papa!« hörte ich ihn rufen.

Schwere Schritte näherten sich der Tür. Ein unrasierter, untersetzter Mann machte auf. Er war in Hemdsärmeln. Aus einer Tür am Ende des Korridors spähte das Gesicht einer Frau. Der Mann schaltete eine elektrische Birne ein; ich stand in grellem Licht, während er sich im Halbdunkel zurückhielt.

»Was wünschen Sie?«

Ich gab ihm das Losungswort: »Ich habe Ihre Adresse gelesen. Ich möchte gerne die Briefmarken ansehen, die Sie zu verkaufen haben.«

»Sind Sie Händler?«

»Nein, ich bin Sammler!«

»Komm herein!«

Der Mann führte mich in ein hübsch eingerichtetes Zimmer. »Setz dich«, sagte er. Er nahm eine Mappe aus dem Schrank. Sie enthielt eine Briefmarkensammlung. »Wenn es draußen an der Tür klingeln sollte, vertiefe dich in das Studium der Briefmarken«, riet er mir. »Man kann nie wissen. Ich will mich jetzt rasieren.«

Als er sich rasiert und angezogen hatte, verließ er allein das Haus. Nach einer Stunde etwa kehrte er zurück.

»Wir können jetzt gehen«, sagte er. »Geh aber bitte nicht neben mir, sondern bleib zehn Schritte zurück. Bleib stehen, wenn ich die rechte Hand in die Tasche stecke. Du wirst dann eine junge Frau sehen. Wenn ich beide Hände in die Taschen stecke, dann warte nicht – verdufte sofort!«

»Wird gemacht.«

Ohne Eile ging es die Straßen entlang und um viele Ecken.

Jedesmal, bevor mein Führer um eine Ecke bog, schaute er umständlich nach dem Straßenschild; das geschah nur zum Schein; er wollte sich nur vergewissern, daß wir nicht beschattet wurden. Schließlich betrat er eine kleine Konditorei. Wenige Sekunden später kam er wieder heraus; nach zehn Schritten blieb er vor einem Schaufenster stehen. Langsam steckte er die rechte Hand in die Manteltasche. Ich blieb stehen und befand mich gerade vor der kleinen Konditorei. Ein großes Mädchen, das ich noch nie gesehen hatte, kam aus dem Café. Sie begrüßte mich herzlich. »Hallo, ich habe auf dich gewartet.«

Sie hakte mich ein. Zusammen gingen wir so über die Straße wie alte Bekannte. Ich warf einen Blick zurück. Der Mann, der mich hierher geführt hatte,

war verschwunden. Seine Aufgabe in dem an Umwegen reichen Mechanismus einer konspirativen Verbindung war erfüllt.
Wieder gingen wir im Kreis herum. Das Mädchen plauderte lebhaft über Marlene Dietrich. Plötzlich führte sie mich in eine Gaststätte, in der ein Haufen Autobusschaffner beim Essen saßen. Als sie ihren Kaffee getrunken hatte, verabschiedete sie sich
»Bleib hier, bis jemand, den du kennst, dir ein Zeichen gibt«, sagte sie mit einem Händedruck und verschwand.
Eine Zeitlang war ich allein. Leute kamen und gingen; prüfend schaute ich in jedes neue Gesicht und wartete auf ein Zeichen. Draußen wurden die Straßenlaternen angezündet, ein Radio spielte, und in der Küche klapperte das Geschirr. Dann trat eine elegante junge Frau in Schwarz ein. Ihre Bewegungen waren ausgeglichen, ihr Gesicht kühl und wohlgebildet; sie hatte schöne Beine. Sie setzte sich an einen Tisch in der Nähe des Eingangs und bestellte Salat und Tee. Dann erkannte ich sie. Es war Cilly. Jetzt wußte ich, warum ich nach Berlin gerufen worden war: Ich sollte Ernst Wollweber treffen.
Cilly aß ohne jede Eile. Nachher zündete sie sich eine Zigarette an und beschäftigte sich zum Zeitvertreib damit, aus den Gewürzstreubüchsen auf ihrem Tisch einen kleinen Turm zu bauen. Bei einer ungeschickten Bewegung ihres Knies wackelte der Tisch, und der Turm fiel um. Ich beobachtete jede ihrer Bewegungen. Sie machte eine scheinbar unbeabsichtigte Gebärde komischer Verzweiflung zu mir herüber. Das war das Zeichen. Bald darauf verließ sie das Lokal. Ich zahlte, stand auf und folgte ihr.
Es war dunkel geworden. Wir stiegen in ein Taxi und wechselten im Betrieb der Friedrichstraße in ein anderes über.
»Du kannst schlafen, wenn du willst«, sagte Cilly langsam. »Wir haben eine lange Fahrt vor uns.«
Mehr wurde nicht gesprochen. Die Spannung war von mir gewichen. Ich lehnte mich zurück und betrachtete die undeutliche Silhouette des Fahrers vorn. Von Zeit zu Zeit wanderten meine Augen seitwärts zu Cilly, die gelassen und heiter dasaß, als sei sie auf dem Nachhauseweg vom Theater. Die Straßen glitten vorbei, Bäume und Häuser. Wir fuhren in südwestlicher Richtung nach Zehlendorf. Am Rand von Zehlendorf vor einem modernen Mietshaus hielt der Fahrer.
Cilly bezahlte den Chauffeur und ging durch den Haupteingang. Auch jetzt folgte ich ihr. Sie führte mich in eine Parterrewohnung. Die Einrichtung war einfach, aber neu. Die tapezierten Wände waren kahl und die Küche leer. Nichts ließ erkennen, daß hier jemand lebte.
»Warte hier bitte«, sagte Cilly. »Ich muß den Genossen Ernst benachrichtigen, daß du da bist.«
Von neuem war ich allein. Nach einer Weile hörte ich die Vordertür gehen. Ein behender, mächtig gebauter Mann trat geräuschlos ein. Ich hatte ihn früher schon gesehen. Es war einer von den Berlin–Moskau-Kurieren des Westsekretariats; er hieß Max. Früher einmal war er Jiu-Jitsu-Lehrer bei der Berliner Polizei gewesen. Er begrüßte mich lebhaft.
»Unser Freund ist draußen«, sagte er. »Er spricht nicht gerne zwischen vier Wänden. Merke dir dieses Haus; wenn das Gespräch zu Ende ist, dann komm hierher zurück.«
Eine stämmige Gestalt wartete vor dem Haus. Nur am Glimmen der Ziga-

rette sah man, daß der Mann lebte. So traf ich Wollweber im Schatten Berlins unter Hitler. Er brummte vergnügt. Seite an Seite wanderten wir zum Zehlendorfer Forst und in den Grunewald.
»Bisweilen«, sagte Wollweber langsam mit sicherer Stimme, »werden die besten Pläne durch unvorhergesehene Ereignisse zunichte. Aber das ist kein Grund zur Panik. Am Ende werden wir doch gewinnen. ›Noch nie hat jemand seinen Nachfolger getötet‹, sagte Machiavelli, und er wußte, was er sagte.« Und mit brummender Stimme fügte er hinzu: »Jetzt erzähl mir aber von Hamburg.«
Ich erzählte ihm alles, was ich wußte. Wollweber hörte zu, und seine Augen starrten geradeaus in die Dunkelheit, aus der sich nur die Silhouetten der nackten Bäume abhoben. Als ich mit meinem Bericht fertig war, stellte er mir Fragen. Diese Fragen waren ganz präzis und verlangten ebenso präzise Antworten. Sein Hang zu Einzelheiten erstaunte mich immer wieder. Sein Interesse an einer neuen Erfindung auf dem Gebiet der Druckerei oder einer neuen Art des Vertriebs von Propagandaliteratur war nicht weniger groß als sein Interesse an der Arbeit der zentralen Aktionsausschüsse und an dem erst kürzlich aufgebauten Netz von Sabotageeinheiten. Es war charakteristisch für Wollweber, daß ihm das Schicksal der verängstigten Kominternführer, die Berlin in wilder Flucht verlassen hatten, um in Jan Templins Durchgangsunterkünften auf sowjetische Schiffe zu warten, völlig gleichgültig war.
»Sie waren so oder so eine Plage«, sagte Wollweber zu dem Fall. »Heute ist ein guter kleiner Genosse in Deutschland mehr wert als zehn große im Ausland.« Und dann fuhr er fort:
»Die Dinge stehen weniger schlecht, als man hätte erwarten können. Wer die Nazis kennt, kann nicht von ihren Methoden überrascht sein. 30 000 Genossen befinden sich jetzt in zweiunddreißig Konzentrationslagern. Letzte Woche wurden 247 Genossen in Berlin ermordet. Das ist schrecklich, aber nicht schlecht – wenn man den Umfang unserer Organisation in Betracht zieht. Sicher werden noch mehr umkommen. Es kostet immer einen hohen Preis, wenn eine Massenpartei aus der Legalität in den Untergrund geht. Auf der anderen Seite hätte die Gestapo alle 30 000 aufhängen oder erschießen können. Wir dürfen das nie vergessen! Im Augenblick ist die größte Gefahr nicht die Gestapo, sondern die Panik.«
Ernst Wollweber hatte eine eiserne Ruhe.
»Und der größte Fehler, den wir heute machen könnten«, fuhr er fort, »bestände darin, die illegalen Methoden der Bolschewiki vor der sowjetischen Machtergreifung nachzuahmen. Die Gestapo ist nicht die *Ochrana*. Die zaristischen Schwarzen Hundert waren Trottel im Vergleich zur SS, mit der wir es jetzt zu tun haben. Im Vergleich zum Gestapoterror war der Terror der *Ochrana* geradezu eine Erholung. Wir müssen jede Nachahmung in unseren praktischen Arbeitsmethoden vermeiden. Wir müssen Hitler mit modernen Methoden bekämpfen, wenn nötig, müssen wir unsere Methoden von Tag zu Tag wechseln. Deshalb habe ich dich nach Berlin gerufen. Die Genossen müssen auch der unerwartetsten Änderung unserer Politik oder unserer Methoden unbedingt folgen. Der Widerstand aller Genossen, die eigene Wege gehen wollen, muß gebrochen werden.«
Wollweber sprach weiter. Nach jedem Satz wartete er meine Zustimmung ab. Es dauerte einige Zeit, bis ich bemerkte, daß er mich wegen meiner persön-

lichen Einstellung zur Parteidisziplin im allgemeinen und meiner Unterordnung unter seiner Diktatur im besonderen sondierte. Ich bestritt seine Begründungen nicht. Aber ich war mir auch klar darüber, daß er von einem unausrottbaren Mißtrauen gegen alle besessen war, die in irgendeiner Weise zur alten Führerschaft der deutschen Kommunistischen Partei gehört hatten. Viele von den alten Führern waren verhaftet worden, die meisten von den bekannteren aber waren aus Deutschland geflohen. Über Nacht war Ernst Wollweber der verantwortliche Funktionär und führende Organisator der neuen Untergrundbewegung geworden. Er war ein Mann, der entschlossen war, jede Zusammenarbeit innerhalb der Partei abzulehnen, die nicht auf der unbedingten Anerkennung seiner Befehlsgewalt beruhte. Mehr denn je glich er einem klobigen und furchterregenden Abbild Stalins. Es war unmöglich zu sagen, wo bei ihm die politischen Motive aufhörten und wo die persönlichen anfingen. Es war auch nahezu unmöglich, seine Pläne vorauszusehen; erst im letzten Augenblick vor ihrer Verwirklichung wurde klar, was er wollte. Eines stand fest: Ein Schiff unter dem Befehl Ernst Wollwebers mußte vom Ersten Offizier bis herab zum Schiffsjungen mit seinen erprobten Kreaturen bemannt sein.
Er wünschte einen Wechsel in der Leitung der Hamburger Parteiorganisation, die an Bedeutung nur noch von der Berliner übertroffen wurde. Walter Duddins sollte gehen; ein Mann namens John Scheer sollte sein Nachfolger werden. Die Aufgabe, für die Wollweber mich ausersehen hatte, bestand darin, den Genossen Scheer mit den wichtigsten Funktionären des Hamburger *Apparats* in Kontakt zu bringen, ohne daß ihr Vorgesetzter, Walter Duddins, davon erfuhr. So konnte Duddins nach einer gründlichen Vorbereitung mit einem Schlag isoliert werden. Duddins, der dem Reichstag angehört hatte, besaß internationale Schulung. Er war wegen seiner Furchtlosigkeit und seiner Geschicklichkeit geachtet. Er hielt aber Wollweber für einen »Bauern«. Die einzige Erklärung, die der finstere ehemalige Meuterer für seine Abneigung gegen Duddins gab, bestand in dem mürrisch hingeworfenen Satz: »Genosse Walter Duddins ist ein leichtfertiger Opportunist.« Wollweber wollte selbst nach Hamburg kommen, um John Scheer an die Spitze der umgruppierten Führerschaft zu setzen.
Die abstoßende Unterhaltung war damit zu Ende. Mein Chef lehnte sich gegen den Stamm eines großen Baumes und blickte mir durch seine Schlitzaugen hinter der glimmenden Zigarette ins Gesicht. Einen Augenblick standen wir schweigend da.
Dann sagte Wollweber, und seine Stimme klang rauh: »Hast du den neuesten deutschen Witz gehört?«
»Nein.«
»Welches ist die begehrenswerteste Frau im Dritten Reich?«
»Ich weiß nicht.«
»Die arische Großmutter«, platzte er lachend heraus.
Wir trennten uns am Rande des Grunewalds. Der Wald lag einsam da, die Nacht war warm und pechschwarz. Als ich mich mit dem freudlosen Lachen Ernst Wollwebers in den Ohren rasch entfernte, war ich froh, allein zu sein. Es war sehr spät, als ich in das Haus in Zehlendorf zurückkehrte. Max und zwei andere Männer waren dort, alle drei in Pyjamas, und spielten in einem Hinterzimmer Karten.

»Du schaust mürrisch drein«, sagte Max zu mir. »Hat dich jemand gebissen?«
»Ich möchte jetzt schlafen«, antwortete ich. »Ich hätte nicht gedacht, daß der Chef so stundenlang marschieren würde.«
»Der Chef kann manches«, lachte Max. »Die Genossen, die hierherkommen, um mit ihm zu sprechen, gehen mit ihm wie Matadore in den Wald hinaus und kommen wie Bahrtuchträger zurück. Komm, ich zeige dir dein Bett.«
Er führte mich in ein großes Schlafzimmer. Wie die anderen Räume, die ich gesehen hatte, zeigte sich auch hier keine Spur von Bewohnern, abgesehen von einem feinen Geruch, der mich an wilde Rosen erinnerte.
»Zieh deine Schuhe aus«, sagte Max und mahnte mich damit zur Vorsicht. »Die Leute unter uns denken sonst, wir seien eine Fälscherbande, wenn wir nachts auf diese Weise herumtrampeln.«
»Was ist das für ein Parfüm?« fragte ich. »Ich habe es schon einmal gerochen.«
»Cilly schläft von Zeit zu Zeit hier, wenn der Chef nicht in der Stadt ist«, antwortete Max sachlich.

Wir befanden uns im Zug nach Hamburg: Wollweber, John Scheer, Cilly und ich. Es war nicht der Expreß, den ich in sichereren Zeiten so oft benützt hatte.
Die Klugheit verbot es gejagten Männern, ihre Gesichter auf einem großen Bahnhof zu zeigen. Wir reisten von Berlin nach Spandau mit der Stadtbahn, dort stiegen wir in den Lokalzug, der uns bis nach Bergedorf, einer Vorstadt von Hamburg, bringen würde; so konnten wir die Blockade der Gestapo auf dem Hamburger Hauptbahnhof umgehen. Wollweber und ich saßen in verschiedenen Abteilen des gleichen Wagens, während John Scheer und Cilly sich in einem anderen Wagen am Ende des Zuges befanden. Wollweber und Cilly hatten dänische Pässe, ich ging als Belgier, und Genosse Scheer hatte Empfehlungsschreiben eines Händlers aus Minneapolis bei sich. John Scheer war ein vornehm aussehender Mann von sechsunddreißig Jahren mit scharfgeschnittenen Zügen und klaren Augen. Er war nelsonblau gekleidet und hatte das Aussehen eines Seeoffiziers in Zivil.
Die Reise war langweilig, der Zug ziemlich voll mit Reisenden, die immer nur ein paar Stationen mitfuhren; unter ihnen befanden sich auch eine Anzahl SA-Leute aus den Landgegenden und alle paar Kilometer hielt der Zug an obskuren Stationen der Elbgegend. In Berlin hatte ich eine der großen Pariser Tageszeitungen gekauft. Auf jeder Station benützte ich das bequeme Format, um mich vor den neugierigen Blicken der Mitreisenden und des Zugpersonals auf den Bahnsteigen zu schützen. Weder ich noch einer von meinen Reisegenossen ahnte, daß die Gestapo soeben einen neuen Dreh in ihrer Durchsuchungstechnik ausgeknobelt hatte.
Der Zug näherte sich gerade Ludwigslust, einer kleinen Stadt, hundertfünfundzwanzig Kilometer von Hamburg entfernt und ganz in der Nähe von Bismarcks Grab. Die Lokomotive pfiff, verlangsamte die Geschwindigkeit, und der Zug hielt an, wie er das an allen anderen Stationen der Strecke getan hatte. Wie bisher vertiefte ich mich in meine Zeitung, hielt sie so vor mich hin, daß niemand mein Gesicht sehen konnte, und wartete, bis er sich wieder in Bewegung setzen würde.

Der Zug rührte sich nicht. Ich erschrak, als ich die Stimme eines Unteroffiziers hörte, der vom Bahnsteig aus in den Wagen hineinrief:
»Alles aussteigen! Alle Reisenden verlassen den Zug!«
Es gab große Aufregung, ein Trampeln von Füßen und ein erregtes Geflüster. Ich schaute auf.
Der Zug war von Braunhemden umstellt. Sie trugen um die Ärmel die weißen Binden von Görings Hilfspolizei. Die Pistolen schauten aus den Futteralen, und die Sturmbänder der Mützen saßen fest unter dem Kinn. Ich sah meine Mitreisenden aus dem Wagen klettern. Einige scherzten, andere waren aufgeregt und stellten Fragen, ein paar schauten mit offenem Entsetzen auf die SA. Mich schauderte, als ich nachdachte. »Was nun? Das Spiel ist aus!«
Ein trauriges und schönes Lied fiel mir ein, das Firelei gerne sang: *Lebe wohl du grüne Erde,* so lautete die erste Zeile.
Wieder kam das schneidende Kommando: »Die Reisenden haben den Zug zu verlassen!«
Ein paar Meter entfernt stand Ernst Wollweber auf dem Bahnsteig, seine schwarzen Augen blitzten in der Sonne. Mit dem Streichholz zündete er sich eine Zigarette an, und seine Augen folgten einer Wolke von Tabaksqualm, die sich in der klaren Morgenluft zerteilte.
Ich sprang aus dem Abteil, rannte an Ernst Wollweber vorbei, stieß ihn an und trat ihm dabei auf die Zehen. Ich zog meinen Hut. »Verzeihung«, sagte ich.
»Behalte die Nerven«, brummte der Chef. »Diese Kerle wissen nichts.«
Dann kamen wir im Gedränge auseinander. Ich erreichte schließlich das Ende des Zuges in der Hoffnung, doch einen Fluchtweg zu entdecken; aber die Absperrung durch die SA war vollständig. Wer verrückt genug gewesen wäre, auszubrechen, wäre zweifellos beschossen worden. SA-Leute trampelten durch die Wagen, schauten in die Werkzeugschränke und in die Aborte. Ganz am Ende des Zuges stand Cilly und plauderte mit einem Braunhemd. Cilly hatte ihren Kopf zurückgeworfen und zeigte ihren langen weißen Hals, und der Nazi lachte dankbar. John Scheer interessierte sich lebhaft für die Lokomotive, er schaute weder nach rechts noch nach links und versuchte, eine möglichst große Distanz zwischen sich und Wollweber zu bringen.
Ohne ersichtlichen Grund folgte ich John Scheer. Ich tastete nach meiner Brusttasche, wo mein guter belgischer Paß ruhte. Er war für mich jetzt so wichtig, wie ein dürftiges Floß für einen Schiffbrüchigen mitten auf dem Ozean. Plötzlich wußte ich, weshalb ich John Scheer folgte. Die verrückte Idee überkam mich plötzlich, daß Genosse Scheer vielleicht Lokomotivführer sei, daß er vielleicht gerade die Absicht habe, auf die Lokomotive zu steigen und mit Volldampf davonzufahren. Natürlich geschah nichts dergleichen. Er pflanzte sich neben dem Führerstand der Lokomotive auf, verschränkte die Hände auf dem Rücken und starrte hochmütig über die Köpfe der Braunhemden weg. Ich kehrte um. Ernst Wollwebers Gesicht war eine finstere Maske. Er zündete sich eine weitere Zigarette an. Ich kam auf einen seltsamen Gedanken, der nichts mit der unmittelbaren Gefahr zu tun hatte. »Unser Ziel liegt im dunkeln«, dachte ich, »die Bewegung ist zum Selbstzweck geworden.«
Eine Stimme, die klang, als käme sie durch ein Megaphon, rief jetzt: »Alle Reisenden in Einerreihe aufstellen! Ausweise vorzeigen!«

Ein kleiner Tisch stand am Ende des Bahnsteigs, auf dem Tisch lag so etwas wie ein Buch mittleren Formats. Auf Stühlen hinter dem Tisch saßen zwei junge Männer in Zivil – Gestapoleute. In langer Einerreihe auseinandergezogen, standen die Reisenden vor dem Tisch. Unter den ersten zehn befand sich John Scheer. Fünf oder sechs Reisende standen zwischen ihm und mir. Ziemlich am Ende der Reihe stand Wollweber und hinter ihm, noch fast um einen Kopf größer, Cilly. In kurzer Entfernung vom Tisch und die ganze Szene überblickend stand ein großer junger Mann mit blitzenden blauen Augen und einem Ausdruck arroganter Überlegenheit. Er trug keine Uniform, aber im Knopfloch seines Rockes sah man das silberne Hoheitszeichen, den Nazi-Adler. Das war der mit der Durchführung dieser Operation betraute Beamte.

»Vorwärtsgehen!«

Am hellichten Tage der Gestapo entgegenzutreten, ist etwas ganz anderes, als sie aus dem Dunkel der Nacht zu bekämpfen. Ich hatte keine Eile, zu sehen, was mit Wollweber und Cilly passierte. Alle meine Anstrengungen konzentrierten sich darauf, unbefangen zu erscheinen, und mein Blick war auf den Tisch vor mir gerichtet.

Die Überprüfung begann. Einzeln traten die Reisenden an den Tisch, zeigten die Ausweispapiere und antworteten auf kurze Fragen. Inzwischen untersuchte eine Abteilung SA das Gepäck, das im Zuge zurückgelassen worden war. Verschiedene Reisende vor mir zeigten Mitgliederausweise der Nazi-Partei vor. Sie konnten ohne Belästigung weitergehen. Irgendwo hinter mir wurde ein Mann ohnmächtig. Er war Jude. Ein paar SA-Leute beugten sich zu ihm herab und durchsuchten seine Taschen. Dann führten sie ihn zum Zug zurück. Die Braunhemden waren höflich. Sie brachten Stühle aus dem Wartesaal und boten sie älteren Frauen an. Die Schlange wurde kürzer.

Jetzt kam die Reihe an John Scheer. Er warf seinen amerikanischen Paß auf den Tisch und schaute desinteressiert in den Himmel. Einer der Gestapoagenten prüfte den Paß; der andere schaute im Buch nach, in dem sich Listen von Namen und gelegentlich auch Fotografien befanden.

»Sprechen Sie Deutsch?«

John Scheer schüttelte den Kopf. »*I speak English*«, sagte er.

Der Gestapomann fragte in schlechtem Englisch: »*Why ar you traveling in Germany?* – Zu welchem Zweck reisen Sie in Deutschland?«

»*Tourist*«, sagte John Scheer.

»*You travel alone?* – Reisen Sie allein?«

»Yes.«

»*What is your business in America?* – Welchen Beruf üben Sie in Amerika aus?«

»*I have a steam laundry.* – Ich habe eine Dampfwäscherei.«

»*What do you intend to do in Hamburg?* – Weshalb fahren Sie nach Hamburg?«

»*Take ship for New York.* – Um mich nach New York einzuschiffen«, sagte John Scheer.

»*How much money have you?* – Wieviel Geld haben Sie bei sich?«

»*Ninety marks* – Neunzig Mark.«

»*Oh, you have bought your steamer ticket?* – Haben Sie Ihr Schiffsbillett schon gekauft?«

»*Right.*«
»*Please show it*«, forderte ihn der Gestapomann auf.
»*I do not have it here, a friend has it in Hamburg.* – Ich habe es nicht hier, es liegt bei einem Freund in Hamburg«, erklärte Genosse Scheer.
»*Give the name and address of your friend.* – Geben Sie Namen und Adresse Ihres Freundes an.«
Scheer gab irgendeinen Namen an und den Namen einer Straße, die nicht existierte. Der Gestapoagent, der die Verdächtigenliste durchgegangen hatte, machte eine Bleistiftnotiz.
»Thank you», sagte John Scheer.
Er entfernte sich. Er war noch nicht sechs Schritte zum Zug hin gegangen, als der Gestapomann hinter ihm herrief: »Aber Sie haben etwas vergessen!« Genosse Scheer hatte seinen amerikanischen Paß auf dem Tisch liegenlassen. Er drehte sich um und kam mit ausgestrecktem Arm zurück. Der Gestapoagent hielt den Paß fest.
»Ich dachte, Sie könnten kein Deutsch verstehen?« sagte er gereizt.
John Scheer schaute auf seine Fingernägel. »*A little I understand.* – Ein wenig verstehe ich«, sagte er.
Der Gestapooffizier, der sich bis jetzt von den Verhandlungen ferngehalten hatte, griff jetzt ein. »Ist hier ein Nationalsozialist, der Amerikanisch sprechen kann?« rief er in die Reihe der wartenden Reisenden. Es meldeten sich zwei Nazis, die »Amerikanisch« sprechen konnten. John Scheer verlor sichtlich an Haltung. Sein Gesichtsausdruck wurde starr. Die Nazireisenden sprachen Englisch mit ihm. Er versuchte zu antworten.
»Dieser Herr ist bestimmt kein Amerikaner«, erklärte einer der Nazis. John Scheers Englisch war schlecht, und er hatte keinen amerikanischen Akzent.
»Es tut uns leid, aber wir müssen Sie festnehmen. Haben Sie Gepäck?«
Zwei SA-Leute brachten den Genossen Scheer in den Wartesaal. Er hatte seine Fassung wiedergefunden. Das war das letzte, was ich von ihm sah. Monate später kam die Nachricht, daß er ermordet worden war. Niemand außer seinen Mördern wußte, wie er gestorben war.
Die Überprüfung nahm ihren Fortgang. Abgesehen davon, daß mich meine Augen schmerzten, hatte ich John Scheer bereits vergessen. Jetzt kam ich an die Reihe. Nur zwei Männer und eine Frau standen noch zwischen dem Tisch und mir. Ich wußte, daß mein Paß einen Defekt hatte. Wenn man die zweite Seite des Passes gegen das Licht hielt, konnten erfahrene Augen leicht eine Stelle finden, an der das Papier dünner war, da nämlich, wo die alte Fotografie abgelöst und eine neue von mir an die Stelle gesetzt worden war. Dem Mann vor mir wurden jetzt verschiedene Fragen gestellt. Mechanisch hörte ich auf seine Antworten. Er war Österreicher und wollte seine verheiratete Schwester in der alten Stadt Lauenburg besuchen. Während der ganzen Zeit trat er immer von einem Bein auf das andere.
»Schön, Sie können in den Zug zurückgehen.«
Fröhlich zog der Österreicher ab.
»Der nächste bitte!«
Ich trat vor und händigte dem Gestapomann meinen Paß aus. Der andere, nach einem kurzen Blick auf mein Gesicht, vertiefte sich von neuem in die Liste der gesuchten Männer. Etwas seitwärts stand ihr Vorgesetzter wie eine Statue.

»Sprechen Sie Deutsch?«
»Jawohl!« Ich war jetzt ganz ruhig. Die Angst, die mir den Schweiß aus den Poren getrieben hatte, war weg.
»Reisen Sie allein?«
»Ja.«
»Zu welchem Zweck sind Sie in Deutschland?«
»Ich bin Seemann. Ich verließ mein Schiff in Danzig. Ich bin auf dem Weg nach Belgien zurück, um ein anderes Schiff zu bekommen.«
Der Gestapomann schaute hoch. »Wie hieß Ihr Schiff?«
»*Yser*, von Antwerpen«, sagte ich. »Ein belgisches Schiff.«
»Warum ist kein polnisches Transitvisum in Ihrem Paß?« Seine Finger bohrten sich förmlich in eine leere Seite meines Dokuments.
»Der belgische Konsul in Danzig sandte mich per Schiff nach Stettin. Dort nahm ich den Zug.«
»Zeigen Sie Ihre Fahrkarte!«
Auf Wollwebers Rat hatte ich glücklicherweise eine durchgehende Fahrkarte von Berlin nach Hamburg-Hauptbahnhof genommen.
»Warum gehen Sie nach Hamburg?«
»Mein Konsul in Hamburg wird mich per Schiff nach Antwerpen schicken. Das ist billiger als mit dem Zug.«
»Waren Sie früher schon in Deutschland?«
»Nur an Bord von Schiffen.«
Der Gestapomann schien befriedigt. Er sah zu seinem Kollegen hinüber, der das Buch wieder zugemacht hatte und leicht den Kopf schüttelte. Er hatte nichts gefunden.
Eine ganz plötzlich an mich gerichtete Frage ließ mich auf der Hut sein.
»Weshalb benützen Sie den Lokalzug, um von Berlin nach Hamburg zu kommen?«
»Es ist billiger«, sagte ich. »Mein Konsul wollte die Schnellzugzuschläge nicht bezahlen.«
»Wieviel Geld haben Sie bei sich?«
»Dreiundvierzig Mark.«
»Wo lernten Sie Ihr Deutsch?«
»Meine Mutter stammt aus Eupen. Ich lebte viele Jahre dort. Die Gegend war deutsch, bevor Versailles unterzeichnet wurde.«
»Ah, dann sind Sie also sozusagen ein Volksgenosse?«
»Jawohl.«
»Danke, Sie können in den Zug zurückgehen.«
Jetzt hatte ich die Sache hinter mir. Ich bemerkte mit Schrecken, daß ich zu schnell in mein Abteil zurückging. Schrecklich, ich wäre beinahe gerannt. Ich zwang mich, langsam zu gehen, so daß es auch für einen scharfen Beobachter nicht auffiel. Als ich wieder im Zug saß, dachte ich an Ernst Wollweber. Er würde niemals durchkommen. Wenn die Fotografie von irgend jemandem sich in der Verdächtigenliste dort auf dem Tisch befand, so war es die von Ernst Wollweber. Ich ließ das Fenster in meinem Abteil herab, heftete die Augen auf den Chef und hielt mich zu beiden Seiten des Fensters fest... Die zurückgehaltene Erregung, die in mir wie Lava brodelte, war so groß, daß ich fürchtete, der Boden würde mir unter den Füßen wegsacken.
Ernst Wollweber rauchte ununterbrochen. Er schien nicht im geringsten auf-

geregt zu sein. Seine kleine, untersetzte Gestalt machte einen harmlosen und unbedeutenden Eindruck zwischen Cillys großer Eleganz hinter ihm und dem breitschultrigen Mann vor ihm, dessen grobes Gesicht und schwere Uhrkette die Vorstellung von einem Butter-und-Eier-Händler oder von einem Pferdehändler erweckte.

Die Reihe wurde kürzer. Zwei Männer, die keine Ausweispapiere bei sich hatten, wurden in den Wartesaal abgeführt. Etwa eine Stunde war vergangen, seit der Zug angehalten worden war. Der Gestapooffizier wurde ungeduldig. Er ging die immer noch wartende Reihe der Reisenden entlang und schickte die Frauen und einige Kinder in den Zug zurück. Unter denen, die zurückgingen, befand sich auch Cilly. Anmutig und ohne jede Eile ging sie in ihr Abteil zurück. Eine Anzahl männlicher Reisender blieb noch in der Reihe. Der letzte war Ernst Wollweber. Sein Kopf auf den klobigen Schultern war unruhig geworden. Seine kleinen Füße traten mit nervösen Bewegungen auf dem Boden hin und her. Für ihn war der Tod keine zwanzig Meter entfernt.

Der monotone Bahnhof und der blaue Himmel, die Bäume und die Häuser und die Lokomotive – alle schienen sie zu fragen: »Genosse Ernst ... Was nun?«

Dann ereignete sich etwas Erstaunliches. Ernst Wollweber humpelte aus der Reihe. Sein Gesicht war zu einem verlegenen Lachen verzogen. Er humpelte direkt auf den großen jungen Gestapooffizier zu, verneigte sich unbeholfen und gab ihm den lichtgrauen dänischen Paß. Ein Augenblick, und die beiden waren mitten in einer Unterhaltung. Als die Gestapoagenten am Tisch den untersetzten kleinen Reisenden mit ihrem Vorgesetzten sprechen sahen, machten sie keine Anstalten, ihn in die Reihe zurückzurufen, noch wagten sie, eine Frage an ihn zu richten. Ich konnte nicht hören, was gesprochen wurde. Sie unterhielten sich lebhaft, Wollweber mit einem seltsamen Ausdruck des Respekts, und der Gestapooffizier mit einer jovialen Beschützermiene. Mit der behandschuhten Rechten klopfte er Wollweber auf die Schulter, nachdem er ihm den dänischen Paß zurückgegeben hatte.

Die Überprüfung der übrigen Reisenden war beinahe zu Ende. Der Gestapooffizier begleitete Wollweber zu seinem Abteil und plauderte die ganze Zeit mit ihm. Ich ging zum nächsten Fenster, von wo aus ich Bruchstücke ihrer Unterhaltung hören konnte.

»Grüßen Sie unsere Blutsbrüder in Nordschleswig!« sagte er. »Das neue Deutschland vergißt seine Brüder jenseits der Grenze nicht. Gute Reise! Gute Reise!«

Die Stimme eines Unteroffiziers rief: »Alles fertig!«

Der Zug setzte sich langsam in Bewegung. Der Gestapooffizier stand in Achtungstellung. Sein Arm flog in gerader Linie in die Höhe.

»Auf Wiedersehen! Heil Hitler!«

»Heil Hitler!«, antwortete Wollweber, ohne einen Finger zu rühren.

In einem vegetarischen Restaurant in Bergedorf befahl der Chef Cilly, sofort nach Berlin zurückzukehren. Deckadressen, Niederlagen, illegale Wohnsitze, Verbindungsstellen – alle Zahnräder der Untergrundmaschine mußten, soweit sie John Scheer bekannt waren, unverzüglich geändert werden, bevor dessen Widerstand von der Gestapo gebrochen werden konnte.

Später, in Hamburg, fragte ich Wollweber: »Wie hast du das bloß gemacht?«

»Gemacht — was?«
»Im Zug — in Ludwigslust?«
Der Schlesier gab sein altes sardonisches Lachen von sich.
»Ich sagte ihm, ich hätte Gicht«, erzählte er, »und ich könne es kaum noch aushalten, so lange in der Reihe zu stehen. Ich erzählte ihm, ich sei Deutschdäne und nach Süden gekommen, um mich selbst davon zu überzeugen, daß die Berichte in der ausländischen Presse über die Grausamkeiten nichts als jüdische Propaganda seien. Der Bursche fühlte sich geschmeichelt. Er schluckte es. Er war stolz, haushoch stolz.«
»Wenn Genosse Scheer den gleichen Gedanken gehabt hätte«, bemerkte ich, »dann hätten sie dich gefaßt.«
Halb verächtlich, halb spöttisch, brummte Ernst Wollweber: »Warum sollten sie mich denn erwischen . . .? Du weißt doch, die meisten Burschen haben einen unsichtbaren Knacks im Schädel. Man bemerkt ihn erst, wenn es zu spät ist. In einem falschen Augenblick tun sie das einzig Falsche, was man tun kann, und damit ist dann der höllische Mummenschanz zu Ende.«
Für den Rest des Tages schob er alle Untergrundprobleme von sich. Er schloß sich in das Zimmer ein, das ich für ihn in der Wohnung eines Arbeiters in der Nähe des Hamburger Flughafens besorgt hatte. In aller Einsamkeit trank er dort viele Flaschen Patzenhofer Bier.

Aber Wollwebers Anwesenheit in Hamburg elektrisierte bald die Partei und die Gestapo. Die Überlebenden des alten bürokratischen Partei-*Apparats* zitterten um die Gelegenheit eines ehrenhaften Rückzugs in die Sowjetunion und entwickelten plötzlich eine selbstmörderische Tapferkeit, indem sie sich bemühten, ihrem Chef zu beweisen, daß Hamburg immer noch die roteste Stadt außerhalb der Sowjetunion sei. Die jüngeren, meist kühneren Kommunisten in den unteren Parteiausschüssen, die sich selber als Erben und Vorkämpfer der neu gebildeten Untergrundbewegung betrachteten, setzten ihren ganzen Schwung ein, um Ernst Wollweber zu zeigen, daß die alte Führerschaft hoffnungslos durch die Ereignisse ausgeschaltet worden war. Jeder Außenstehende hätte eine solche Rivalität um die Führung einer verlorenen Sache als grausamen Wettlauf um das Vorrecht, qualvoll zu sterben, angesehen. Für den Zyniker war das nur der in Blut geschriebene Beweis, daß selbst unter Todgeweihten der Kampf um magere Rationen sehr viel heftiger ist als die Schlacht um wohlgefüllte Töpfe.
Die Stadt Hamburg hallte wider von kommunistischen Demonstrationen, und in Stunden, in denen die Straßen am meisten belebt waren, senkten sich Wolken von blutroten Flugblättern von den Dächern. Die Gestapo schlug blitzartig zu. Vom Polizeipräsidium sickerten Berichte durch, daß man den Massen von Gefangenen unter der Folter immer wieder die Frage stellte: »Nun, du Kommunistenschwein, bist du endlich soweit, uns zu sagen, wo Ernst Wollweber ist?«
Hugo Marx und Fritz Luchs, die beiden Chefs des Hamburger GPU-*Apparats*, wurden verhaftet. Walter Duddins wurde gefaßt, mit ihm tausend andere. Marx erhängte sich in seiner Zelle. Fritz Luchs wurde totgeschlagen. Duddins wurde wegen Hochverrats verurteilt und wanderte ins Gefängnis. Wollweber überlebte. Niemand, außer vielleicht seinen Vorgesetzten in der Komintern und Max, dem Anführer seiner Leibwache, wußte genau, wie oft er kam

und wieder ging. Im Verlauf eines einzigen Tages verhandelte Ernst Wollweber mit einer besonderen »Transportabteilung« des Pressedienstes der Komintern, mit einem Russen, der als Rundfunktechniker an Bord eines russischen Schiffes gekommen war, und mit einem üblen Raufbold namens Rudolf Heitmann, der als Gestapoagent auf der Gehaltsliste der GPU geführt wurde. Unter den Parteimitgliedern zirkulierte ein neuer Aufruf, den Ernst Wollweber herausgegeben hatte und der mit den Worten begann:

Genossen! Unser Rückzug ist beendet. Eine neue Offensive beginnt. Ein militärisches Oberkommando beginnt einen Krieg mit einer schlagkräftigen Armee; die Partei hingegen muß ihre Armee im Laufe des Kampfes aufbauen.

Die neue Offensive endete jedoch in Hitlers Gefängnislagern. Die Augen vor der Tatsache unserer Niederlage zu verschließen, wurde zum Kriterium für unsere Loyalität. Es war nicht gestattet zu fragen: »Warum?« Jede Andeutung, daß vielleicht in der allgemeinen Politik der Vergangenheit Fehler gemacht worden seien, war Verrat. Ich fürchte, wir hatten bald größere Angst, der Wahrheit und unseren eigenen inneren Zweifeln ins Gesicht zu sehen, als der Macht der Hitlergarden und der Gestapo.

Gegen Ende März an einem frühen Morgen fiel meine Geheimdruckerei in der Dunkelkammer des Fotografen einer Razzia zum Opfer. Die Erwähnung der Geschichte dieser Razzia ist eine Ehrenpflicht gegenüber dem hingebungsvollen Heroismus von Alexander Popovics. Wenige Stunden bevor die Razzia stattfand, hatte ich dem Rumänen noch Instruktionen gegeben. Er sah aus, als habe er seit Wochen weder gebadet noch richtig gegessen. Aber er war unbezähmbar.

»Wir alle sind tote Männer auf Urlaub«, hatte er zu Firelei gesagt. »Aber wir können die Stellung nicht aufgeben, ohne vor Scham zu sterben. Wir würden nachts wachliegen und hinter Gefängnisgittern hervor die Gesichter jener auf uns gerichtet sehen, die verschwunden sind.«

In diese für Verschwörerarbeit eingerichtete Dunkelkammer hoch oben in einem finsteren Mietshaus paßte Firelei gar nicht hinein. Die Scheiben des einzigen Fensters in diesem Raum waren mit schwarzer Farbe zugestrichen. Decken waren rundherum an den Wänden gespannt, um den Lärm der arbeitenden Maschine zu dämpfen. Eine elektrische Birne war vorhanden, die Firlei mit einem Taschentuch umwickelt hatte, um das Licht abzublenden.

Firelei war sechsundzwanzig Jahre alt. Sie war elegant und begehrenswert, und sie liebte immer noch die vollen Farben des Sommers. In der Härte eines Lebens, das stündlich bedroht war, erschien sie wie eine Fremde, die nicht hineingehörte. Nicht ihre Begeisterung für die Sache, sondern ihre Liebe zu mir hatte sie gezwungen, den unwiderruflichen Schritt zu tun. Sie hatte harte Kämpfe mit sich ausgefochten, um die unleugbare Neigung ihres Charakters zur Auflehnung zu überwinden. Es war ihr schließlich auch gelungen. Sie war eine der Unsrigen geworden und hatte trotzdem nie ihr echtes, jedem Kompromiß abgeneigtes Gefühl verloren. Dumpf dröhnte die Maschine, und wie fröhliche Tiere sprangen die sauber gedruckten Blätter heraus. Wenn jeweils wieder hundert beisammen waren und nun zu einem harmlos aussehenden Paket verschnürt wurden, pflegte Popovics sein ungepflegtes Haupt

zu erheben und stolz zu sagen: »Schau her, Genossin Firelei, und sag: ›Reist in die Ferne, ihr guten kleinen Blätter!‹«
Und Firelei, um ihm einen Gefallen zu tun, sagte dann leise: »Reist in die Ferne, ihr guten kleinen Blätter!« Der Rumäne brummte dann vor Vergnügen und beugte sich wieder entschlossen über seine Maschine.
So hatte ich sie kurz vor Mitternacht verlassen, Firelei, den Genossen Alexander und einen jungen Kurier.
Die Geschichte des Überfalls, es war ja nur einer von Tausenden, erfuhr ich bruchstückweise, teils von Firelei, teils von späteren Mitgefangenen, die noch mit Popovics gesprochen hatten, bevor er den Tod erlitt, und teils aus Zeugenaussagen, die bei einem Hochverratsverfahren gemacht wurden, in dem ich selber einer der Angeklagten war.
Zwischen drei und vier Uhr morgens wählte der Hauswart eines Mietshauses an der Reeperbahn die Nummer 0-0001 – die Nummer der Gestapo. Er berichtete von einem verdächtigen Geräusch in dem Gebäude, das er zu überwachen hatte. Eine alte weibliche Mieterin hatte sich über den Lärm beklagt, der aus einem Raum über ihrem Schlafzimmer zu kommen schien und ihren Schlaf störte.
Es war ein dumpfes Klopfen, berichtete der Hauswart. Es klang so, als werfe jemand eine Orange auf den Boden.
Eine halbe Stunde später kam ein Wagen der Gestapo und hielt vor dem Mietshaus. Zwei Männer sprangen aus dem Wagen. Sie sprachen mit dem Hauswart, dann traten sie ins Haus und gingen die Treppen hinauf.
Popovics war der erste, der die Schritte hörte. Sofort stellte er die Maschine ab.
»Was ist los, Alexander?« fragte Firelei.
Das Summerzeichen aus der nebenanliegenden Wohnung des Fotografen ertönte; die Warnung kam gleichzeitig mit den Schlägen gegen die Tür des Ateliers, das die nächtliche Ruhe gestört hatte. Firelei war außer Fassung. Popovics griff sie am Handgelenk und zog sie zu der versteckten Hintertür auf der gegenüberliegenden Seite des Ateliers. Das Schloß war geölt; es ließ sich sofort öffnen.
Es sah so aus, als tue Popovics genau das, was er im Falle einer Gefahr zu tun sich vorgenommen hatte. Er stieß Firelei auf den dunklen Treppenabsatz hinaus und sagte: »Lauf los!«
»Und du?« fragte Firelei schwer atmend.
»Ich habe noch zu tun«, erwiderte Popovics.
Der junge Kurier war bereits die Hintertreppen hinabgesprungen. Firelei entkam in der Dunkelheit. Hinter ihr schloß Popovics die Tür ab. Firelei hatte ihre Schuhe ausgezogen. Als sie die Treppen hinablief, um den Hof zu erreichen, hörte sie, wie die Vordertür eingeschlagen wurde. Popovics zog den Schlüssel aus dem Schloß der hinteren Tür, öffnete das Fenster und warf den Schlüssel in die Nacht hinaus.
Dann griff der Rumäne eine Liste mit verschlüsselten Verteileradressen aus ihrem Versteck hinter einem Dachbalken. Er zerriß sie in kleine Stücke und ließ alles in seinem Mund verschwinden. Dann kletterte er selbst aus dem Fenster auf einen Sims, der sich längs des Daches hinzog. Er schloß das Fenster hinter sich und kroch den Sims entlang. Wollte er damit die Aufmerksamkeit der Gestapo von Firelei ablenken? Oder dachte er an seine eigenen

Worte: »Wir können unsere Sache nicht im Stich lassen, wir würden sonst vor Scham sterben?«
Die Gestapo durchsuchte das Atelier und die Dunkelkammer. Der Fotograf und seine Familie wurden verhaftet. Popovics kroch weiter am Dachgesims entlang. Der Stein war glatt, so daß er beim Kriechen nur langsam vorwärtskam. Ein Ablaufrohr lief am Ende des Gesimses nach unten. Wenn er nur ...
Ein Mann lehnte sich weit aus dem Fenster. Popovics kam in das Licht einer Blendlaterne. Er drückte sich fest gegen das Gesims und blieb still liegen.
»Komm zurück!« rief der Mann.
Popovics bewegte sich nicht.
»Komm zurück – oder ich schieße!«
So wurde Popovics Gefangener der Gestapo. Einer von vielen Tausenden.

Viele Wochen sah ich Firelei nicht wieder. Wir waren auseinandergerissen, wie viele vor uns in der Bewegung, die sich liebten, voneinander getrennt wurden. Die Partei schickte sie nach Berlin. Es war ihr verboten worden, mir zu sagen, wo sie lebte und welchen Auftrag sie hatte. Es gab nicht einmal einen Abschied.
Einen oder zwei Tage später traf der Dampfer *Beira* im Hamburger Hafen ein. Ein dänischer Frachter, der im regelmäßigen Verkehr von Kopenhagen kam. Ein Mitglied der starken kommunistischen Zelle unter der Mannschaft dieses Schiffes fungierte als Kurier zwischen dem Westsekretariat und dem Zentralkomitee der deutschen Partei. Er brachte mir den Befehl, die vertrauliche Schiffskartei der Seemannsinternationale – *ISH* – sicher von Hamburg nach Kopenhagen zu schaffen. Die Kartei war im Besitz von Albert Walter, dem inzwischen eingekerkerten Chef der Marinesektion der Komintern, gewesen.
Durch ein Kuriermädchen nahm ich die Verbindung mit der Mutter des alten Seemanns auf. Sie war eine gebrechliche alte Frau, aber ihr kämpferischer Geist war ungebrochen. Natürlich könne ich die Kartei haben, erklärte sie. Sie enthielt Angaben, die in jahrelanger geduldiger Arbeit von den Hafenbrigaden vieler Häfen gesammelt worden waren. Die Kartei befand sich in einer Mottenkiste. Die Kiste war in der Wohnung eines Fischers in Altona versteckt. Sonst sprach Frau Walter von nichts anderem als von ihrem Sohn Albert, ihrem einzigen Kind.
Ich fand die Mottenkiste, und ich hütete sie wie meinen Augapfel. Mit Hilfe des Laufjungen eines Schiffsartikelhändlers schmuggelte ich sie an Bord der *Beira*. Dann versuchte ich, Ernst Wollweber mitzuteilen, daß ich die Sendung bis nach Kopenhagen begleiten würde. Wollweber konnte nicht so rasch aufgefunden werden; jede Woche verlegte er sein Hauptquartier, und die Verbindung mit ihm konnte nur über ein kompliziertes System von Verbindungsstellen hergestellt werden.
Die Fahrt nach Kopenhagen verlief ruhig. Die plötzliche Befreiung von dem Alpdruck in Deutschland ließ mich zeitweise daran zweifeln, ob ich wachte oder träumte. Der enorme Umfang Richard Jensens, der mich an der Landungsbrücke in Kopenhagen erwartete, überzeugte mich: Ich war tatsächlich wach.

Im Lande des Zwielichts

Richard Jensen rollte seine vielgerühmte Korpulenz an das Steuer seines neuen Renault-Wagens. Er kicherte und war zufrieden.
»Nachdem jetzt die Lichter in Berlin ausgegangen sind«, sagte er, »wird Kopenhagen die erste Stadt nach Moskau sein.«
Kopenhagen lag in einem Meer von Licht und überschäumender Frühlingsfreude. Die vielen Leute, die in den zahlreichen Vergnügungsstätten rund um den Tivolipark herum mit Genuß tranken, aßen und tanzten, hatten keine Ahnung von den dunklen Mächten, die sich in ihrem lieben kleinen Königreich festsetzten, seit die Kuppel des Deutschen Reichstages im Brand geborsten war. Sie waren, wie die Bewohner ihrer Nachbarländer im Norden und der großen Demokraten im Westen, merkwürdig unvorbereitet, um es mit Kräften aufzunehmen, die von einer Entwicklung der Menschheit sprachen, jedoch die Ergreifung der Macht meinten. Die breite unterirdische Strömung, die von Moskau ausging, war von ihrem Hauptziel – Deutschland – abgelenkt worden und traf zum erstenmal mit ganzer Kraft die Länder nördlich der Ostsee und westlich des Rheins.
Jensen lachte: »Meine Frau beklagt sich darüber: ›Den lieben langen Tag klingelt es bei uns. *Towarischtsch* hier, *Towarischtsch* dort. Sie kommen von Moskau, von Leningrad, von Berlin, von Hamburg. Sie sprechen nicht ein einziges Wort Dänisch. Genosse Jensen, sagen sie, verschaff uns dänische Pässe.‹ So steht die Sache!«
»Und die Polizei?«
»Die Polizei ist harmlos«, versicherte mir Jensen.
Wir fuhren zu den vorläufigen Diensträumen, die das Berliner Westbüro der Komintern in Kopenhagen, Vimmelskaftet 42, als ein von Otto Melchior geführtes Anwaltsbüro getarnt, eingerichtet hatte. Es war leicht einzusehen, warum Kopenhagen zum Angelpunkt der Kominternleitung im Ausland gewählt worden war. Die alte Route über Berlin war von der Gestapo blockiert. Paris war von Moskau zu weit entfernt, und die Verbindungswege rund um Deutschland herum waren zu umständlich und zeitraubend, um bequem und sicher nach Frankreich zu gelangen. Der Reiseweg Moskau–Leningrad–Helsinki–Kopenhagen führte durch verhältnismäßig harmlose Länder. Per Bahn und Schiff brauchte man nicht mehr als achtundvierzig Stunden dazu. Die kommunistischen Positionen in den skandinavischen Handelsflotten waren stark, besonders in Dänemark; Kopenhagen war also ein geeigneter Mittelpunkt für ein weltweites Netz konspirativer Seeverbindungen. Mehr noch, die Dänen waren eines der gastfreiesten und liberalsten Völker der Erde, und der freundlich gewährenlassende Geist der dänischen Polizei war lange schon sprichwörtlich bei den Kominternleuten.
In dem Pseudo-Anwaltsbüro am Vimmelskaftet traf ich Georgi Dimitroffs interimistischen Nachfolger. Er war tschechischer Nationalität und in der Komintern unter den Namen Walter Ulrich, alias Ulbricht, Leo, Urwich und Sorensen bekannt. 1923 war er in Deutschland führender Funktionär im Organisationsbüro der *Roten Hundertschaft* gewesen. Er hatte jetzt einen eleganten jungen Polen bei sich, einen Beauftragten von Kommissarenko aus Moskau, der mit der Reorganisation der Internationale der Seeleute und Ha-

fenarbeiter beauftragt war, die infolge der Gefangennahme Albert Walters durch die Gestapo ihres fähigsten Führers beraubt worden war. Genosse Ulrich war klein, mit breiten Schultern und einem breiten, aber asketischen Gesicht; er war langsam in seinen Bewegungen und dunkelhäutig. Er hatte tiefliegende, intelligente braune Augen.
»Ich glaube nicht, daß du nach Deutschland zurückkehren wirst«, sagte Ulrich zu mir. »Wir brauchen dich anderweitig. Wir gehen jetzt zu einer neuen Politik über, die sich gegen die bürgerlichen Demokraten richtet. Hier wird uns der Einsatz unserer Energie zehnmal mehr einbringen als in Deutschland. Hitlers Erscheinen hat die weltpolitische Situation von Grund auf geändert. Die sogenannten Demokratien verfaulen bei lebendigem Leib. Sie bieten uns Möglichkeiten zu einer raschen Ausdehnung, die uns für die beim deutschen Rückzug erlittenen Verluste mehr als entschädigen wird. Wir werden einen roten Ring um Deutschland legen und – wenn die Zeit gekommen ist – die Nazimacht abwürgen.«
»Die deutsche Partei erwartet meine Rückkehr«, sagte ich. »Das Zentralkomitee gab mir keinen Urlaub.«
Jensen gähnte mächtig und hörbar. »Das ist alles schön und gut. Kopenhagen ist jetzt an der Spitze. Wir werden Wollweber einen deutschen Genossen von der Leninschule schicken, der deinen Platz einnehmen kann.«
»Du wirst nach Schweden gehen«, sagte Ulrich.
Ein großer Schiffsstreik war in Schweden ausgebrochen, der größte in der Klassenkampfgeschichte dieses Landes. Der Streik ging von der sozialistisch kontrollierten Seemannsvereinigung aus, deren Führer alle Anstrengungen machten, ihn innerhalb der Grenzen eines Lohnstreites zwischen den Seeleuten und den Reedern zu halten. Die Komintern, erklärte Ulrich, war mit einem solchen Kurs nicht zufrieden. »Wir müssen diesen Streik in einen Aufruhr verwandeln«, sagte er. »Wir müssen ihm den Charakter eines heftigen *politischen* Konflikts geben. Wir müssen Bedingungen schaffen, die zu Zusammenstößen zwischen den Arbeitern und der Regierung führen. Das schwedische Proletariat muß lernen, daß es nicht genügt, Lohnkürzungen zu bekämpfen, sondern daß einzig und allein die sowjetische Macht die Rettung vor chronischer Not gewährleisten kann. Das ist wichtig. Denke daran, daß Schweden nur einen Schritt vor den Toren der Sowjetunion liegt.«
Es gab einige bemerkenswerte Punkte in meinem Auftrag, die Ulrich und Jensen mir eingehend auseinanderlegten. Einer davon war ein genialer Plan, die schwedische Seemannsvereinigung zu torpedieren. Die Vereinbarung zwischen der Vereinigung und dem Reederverband enthielt eine Klausel, durch die die Seeleute verpflichtet wurden, eine Kündigungsfrist von sieben Tagen einzuhalten, bevor sie ihre Schiffe verließen. Ein Teil meiner Aufgabe bestand darin, die Schiffsbesatzungen zu veranlassen, diese juristische Bestimmung zu mißachten und ihre Schiffe sofort nach Ankunft in schwedischen Häfen zu verlassen. Eine solche Aktion, so hoffte die Komintern (und die Hoffnung erwies sich als begründet), mußte zu Schadensersatzforderungen gegen die Seemannsvereinigung wegen Vertragsbruch führen und so ihre finanziellen Hilfsquellen erschöpfen.
Genosse Ulrich machte eine Bewegung mit den Händen, als wolle er jemandem den Hals umdrehen. Die Verstärkung des kommunistischen Einflusses in Schweden, erklärte er, hänge von dem Ausmaß ab, in dem der schwedi-

sche Handel desorganisiert – und die Autorität des schwedischen Staates geschwächt werden könnte.

»Wann soll ich reisen?« fragte ich.

»Sofort«, sagte Ulrich.

Zwei dänische Kuriere wurden mir für die Verbindung nach Kopenhagen zugeteilt. Für meine Aktion wurde mir während der Dauer des Streiks ein wöchentliches Budget von 1 800 Dollar zugebilligt. Jensen verschaffte mir einen dänischen Paß.

»Ein guter Paß«, sagte Jensen. »Die Stempel sind echt. Er kommt direkt von meinen Freunden in der Polizei von Fredriksberg.«

Richard Jensen fuhr zur sowjetischen Handelsmission, um das nötige Geld zu holen. Er brachte es in ein Hinterzimmer des Restaurants *Helmerhus*, wo der Betrag abgezählt wurde. Hier ereignete sich ein grotesker Zwischenfall. Das Geld lag ausgebreitet auf dem Tisch, in Fünf-, Zehn- und Zwanzigdollarnoten. Rund um den Tisch saßen Ulrich, Jensen, der Pole und ich beim Bier.

Plötzlich klopfte jemand an die Tür, die nicht abgeschlossen war. Wie Raubvögel, die sich auf ihre Beute stürzen, stießen unsere acht Fäuste auf das Kominterngeld los. Mit affenartiger Geschwindigkeit stopften Ulrich, der Pole und ich die Noten in unsere Taschen. Jensen schnallte seinen Gürtel auf, öffnete die Hosen und wischte mit einem Ausholen seiner mächtigen Arme alles Geld, was noch auf dem Tisch geblieben war, hinein. Es war der Kellner, der geklopft hatte.

»Telefon für Herrn Jensen«, sagte der Kellner.

Jensen stand auf und ging zum Telefon, das außerhalb des großen Speisesaals lag. Beim Gehen hielt er beide Hände an sein Gesäß gepreßt. Der Kellner beobachtete den Riesen von der Seite. Der Pole stand plötzlich auf und folgte Jensen wie ein mißtrauischer Kater. Wie zu erwarten war, fielen alle zwei oder drei Schritte amerikanische Banknoten unten aus Jensens Hosenbeinen heraus. Der Pole las sie auf. Der Direktor vom *Helmerhus* kam mit einer komischen Miene angelaufen. Wie ein Schlachtschiff verfolgte Jensen seinen Kurs weiter, ohne sich im geringsten um die anderen zu kümmern. Bei seiner Rückkehr vom Telefon wischte er jeden Verdacht mit einem lauten Lachen weg.

»Großer Gott«, polterte er los, »jetzt wird ganz Kopenhagen erfahren, daß ich eine faule Frau habe.«

Ich nahm den Expreßzug über Malmö nach Göteborg, der Zentrale der streikenden Seeleute. Harold Svensson, der schwedische Zollbeamte im Dienste der GPU, empfing mich freundlich. Kaum eine Stunde nach meiner Ankunft in Göteborg befand ich mich bereits bei einer Besprechung mit Gustav Holmberg vom schwedischen Zentralkomitee. Bei ihm befanden sich noch zwei weitere Männer. Einer davon war Georg Hegener, Jensens Stabschef. Seine Leibesfülle behinderte ihn keineswegs. Er besaß ein entwaffnendes Lächeln, Sinn für Schabernack und eine jahrelange Erfahrung im Dienste der Komintern. Der andere hieß Bertil Berg, ein Einheimischer aus Malmö und Hauptverbindungsmann zwischen dem GPU-Einsatz und der Kommunistischen Partei an der Küste Südschwedens. Er war jung und wagemutig. Kalte, beinahe farblose Augen gaben seinen hübschen, knabenhaften Zügen den Anschein

einer beunruhigenden Grausamkeit. Vor vierzehn Tagen waren die beiden nach Göteborg geschickt worden, um einen Schlag gegen die widerspenstige kommunistische Geschäftsleitung des gutgehenden Restaurants des Göteborger Arbeiterklubs zu führen, das zwei Stockwerke im *Rialtohaus*, dem größten Gebäude der Stadt, einnahm.
Mit Hilfskräften der militärischen Organisation der schwedischen Partei hatten die beiden Beauftragten ein Unternehmen in Szene gesetzt, das die Presse aller skandinavischen Länder in große Aufregung brachte. Der Streik der Seeleute war im Gange, und Hegener und Berg benützten die Gelegenheit, ein terroristisches Unternehmen zu starten, für das sie die Verantwortung auf den Arbeiterklub abzuwälzen gedachten. Ein Dampfer, die *Kjell*, war mit Streikbrechern bemannt worden. Das Schiff lag im Außenhafen vor Anker. Eines Nachts heuerte Bertil Berg eine Motorbarkasse, belud sie mit Parteiguerillas und fuhr mit ihnen längsseits der *Kjell*. Das GPU-Kommando enterte das Schiff und überwältigte die Besatzung. Aus der Zahl der Opfer suchten sie fünf aus, banden sie an Händen und Füßen und warfen sie in die wartende Barkasse. An Land wurden die entführten Seeleute auf einen Lastwagen verladen und zum *Rialtohaus* gefahren. Dort wurden sie vor einer großen Zahl von Gästen im Restaurant brutal mißhandelt und wieder rasch in einem kleinen Lieferwagen weggefahren.
Die schwedischen Behörden gaben Großalarm. Die Polizei rückte mit der gesamten Mannschaft aus, um das Land nach den fünf Entführten abzusuchen. Ihre Bemühungen waren erfolglos. Der Arbeiterklub wurde prompt durchsucht, und nahezu zweihundert Personen, die mit der Sache gar nichts zu tun hatten, wurden verhaftet. Von Drontheim bis Kopenhagen und von Esbjerg bis Stockholm bezeichneten die Zeitungen auf ihren Titelseiten diese Entführung als das sensationellste Verbrechen, das seit vielen Jahren in Skandinavien begangen worden sei. Tag für Tag war in den Zeitungen die Frage zu lesen: *Wo sind die Männer der »Kjell«?*
Man fand sie fünf Tage nach ihrer Entführung. Ohne Kleider, blutend und zerschlagen, kamen sie aus den Wäldern weit im Inneren Schwedens gehumpelt. Kurze Zeit darauf wurde der Göteborger Arbeiterklub von der Polizei geschlossen. Die GPU hatte ihr Ziel erreicht.
»Warum?« fragte der Geschäftsführer den Göteborger Polizeichef.
»Wegen der hier begangenen Verbrechen«, antwortete der Beamte.
Bertil Berg wurde verhaftet. Er leugnete alles und forderte das Gericht offen heraus. Er wurde verurteilt, nicht wegen Entführung, sondern wegen Aufruhrs und Sabotage. In einer späteren Phase des Streiks wurde Richard Jensen, der nach Schweden gekommen war, um auf einer nationalen Konferenz der Streikausschüsse zu sprechen, im Zug durch Beamte der Staatspolizei verhaftet. Er wurde im Göteborger Gefängnis eingesperrt und als Urheber der *Kjell-Affäre* unter Anklage gestellt. Jensen stellte entschieden in Abrede, daß er jemals mit der Komintern in Verbindung gestanden habe; er war einfach ein Gewerkschaftler und nichts anderes. Eine Anzahl dänischer Intellektueller, die zu der Gesellschaft *der Freunde der Sowjetunion* gehörten, unterschrieben eine Stellungnahme, in der sie die Unschuldsbeteuerungen Richard Jensens bekräftigten. Die schwedische Regierung entließ ihn daraufhin unter Entschuldigungen.

Der schwedische Streik entwickelte sich, vom kommunistischen Standpunkt aus, zu einem großen Erfolg. Zum erstenmal während meiner Laufbahn wurde ich der eigentliche Diktator einer leidenschaftlich erregten Massenbewegung. Die Befehle, die ich auf den geheimen Versammlungen der kommunistischen Funktionäre in den zentralen Streikausschüssen ausgab, wurden als Gebote angenommen, gegen die es keinen Einspruch gab. Die Kommunisten, die als geschlossener Block in den Streikausschüssen auftraten, verwandelten meine Befehle in »Mehrheitsbeschlüsse« der breiten Masse. Diese von den Sowjets übernommene Methode ging unter der Flagge der *proletarischen Demokratie*. Sie wurde mit Erfolg auch in den Gewerkschaftsversammlungen und bei Massenversammlungen angewandt, die einberufen wurden, um bei der Öffentlichkeit Sympathie für die Streikenden zu wecken. Ich begann zu begreifen, welche Macht eine koordinierte und zentral geleitete Propaganda auf eine erregte Masse auszuüben vermag. Jetzt wußte ich, mit welcher Leichtigkeit eine in Bewegung geratene Menschenmenge zu Ausschreitungen aufgehetzt werden kann. Früher einmal hatte Georgi Dimitroff in Berlin zu mir gesagt: »Wenn du fühlst, daß du die Massenseele fest in der Hand hast, so laß nicht mehr los, überlaß die Masse niemals sich selbst. Sag ihr von morgens bis abends, was sie tun soll; laß sie fühlen, daß eine Macht hinter ihr ist, die den rechten Weg kennt und auch unermüdlich darauf hinweist.« Im schwedischen Streik erwies sich die Richtigkeit dieses Rates, dem ich folgte.

Ich zerschlug die Seemannsvereinigung von Schweden, die bisher zu den bestorganisierten dieser Art zählte. Spezialtrupps, die sich aus starken Kerlen zusammensetzten, gingen an Bord der einlaufenden Schiffe und zwangen ihre Besatzungen, ihre Stellung ohne Rücksicht auf die siebentägige Kündigungsfrist zu verlassen. Die Reeder antworteten mit Gerichtsverfahren, in denen die Beschlagnahme des Vereinsvermögens gefordert wurde. Versuche der führenden Leute der Vereinigung, dieser Entwicklung der Ereignisse entgegenzuwirken, gaben mir Gelegenheit, sie in täglichen Aufrufen auf blutrotem Papier als Verräter an den Streikenden und als Hilfsvolk der Reeder anzuschwärzen. Ich sandte die besten Genossen nach Stockholm und Luleå, nach Karlskrona, Malmö und Helsingborg. In allen Häfen wurden Streikausschüsse unter kommunistischer Kontrolle ins Leben gerufen, und infolge ihrer pausenlosen Agitation gelang es ihnen bald, den bevollmächtigten Vertretern der Vereinigung die Streikleitung abzunehmen. Jede offizielle Versammlung der Vereinigung stand in kurzer Zeit unter dem Einfluß der kommunistischen Aktivisten. In Göteborg und Malmö stießen die Streikenden die Gewerkschaftsführer aus. Die Zweigorganisation der Vereinigung in Stockholm wurde wegen allgemeiner Verletzung der Vereinsstatuten aus dem Gesamtverband ausgeschlossen. Die Vereinigung brach auseinander. In einem Brief mit neuen Instruktionen schrieb mir Ulrich am Schluß: »Das hast du gut gemacht.«

Die Leitung der Vereinigung erließ einen Appell an ihre Mitglieder: *Rettet eure Vereinigung vor ausländischen Verbrechern und Räubern!*

Drei Stunden später antwortete ich mit einem dunkelroten Plakat, an dessen Kopf die höhnische Schlagzeile stand: *Fort mit den Verrätern! Verfaultes Holz schwimmt nicht, man kann es auch nicht schnitzen!* Die Demokratie in der schwedischen Arbeiterbewegung verlor eine große Schlacht.

Unsere Terrorkampagne gegen die Streikbrecher und die aktiven Antikommunisten in den Reihen der Streikenden wurde gleichzeitig mit den Angriffen auf die Gewerkschaften geführt. Im Hafen von Göteborg lag die *Lumplena* vor Anker, die als Wohnschiff für Streikbrecher diente. Unsere Streikposten verhinderten, daß die Seeleute, die sich auf der *Lumplena* befanden, an Land gehen konnten. Sie wurden in Regierungsbarkassen nach Göteborg gebracht, blieben an Bord der *Lumplena* und wurden von dort auf die Schiffe gebracht, die wegen des Streiks stillagen. Zuerst versuchte ich, die Tätigkeit der Streikbrecher dadurch unmöglich zu machen, daß ich eine Reihe zuverlässiger Genossen an Bord der *Lumplena* schmuggelte, die dann mit einer nichtseemännischen Besatzung von Streikbrechern hinausfuhr. Auf hoher See übten sich unsere Leute in der Kunst, in den Kohlenbunkern Feuer zu legen, feinen Sand oder Glaspulver in die Schraubenwellenlager zu streuen, oder, wenn das nicht zum Ziel führte, ihre Kameraden als Streikbrecher den kommunistischen Zellen in den ausländischen Anlegehäfen zu denunzieren.

Aber das Westsekretariat verlangte mehr. Richard Jensen sandte einen Kurier, einen gewissen Longfors, mit dem Befehl, die *Lumplena* mitsamt der Bande von Streikbrechern an Bord im Hafen von Göteborg zu versenken.

»Neue Situationen verlangen neue Kampfmethoden«, erklärte er.

»Genosse Ulrich ist nervös«, berichtete mir Longfors. »Die Zeitungen sind voll von Gerüchten, daß sowjetische Agenten den Streik leiten. Sie sagen, daß die Schweden solche Methoden nicht erfinden könnten. Wir möchten deshalb, daß du vorsichtig bist und dich nicht erwischen läßt. Ulrich fürchtet, daß es einen fürchterlichen Skandal geben würde, wenn man dich festnimmt.«

Ich hatte deswegen keine Angst. Ich war siegestrunken. Meine persönlichen Kontakte in Göteborg und Stockholm beschränkten sich auf weniger als ein Dutzend Kuriere und führende Persönlichkeiten der schwedischen Partei. Die breite Masse derer, die meine Befehle ausführten, wußten nicht einmal etwas von meiner Existenz. Während die Fronten aufeinanderprallten und die Ereignisse ihren Lauf nahmen, war ich sorgfältig darauf bedacht, ganz im Hintergrund zu bleiben.

Ich verhandelte mit Gustav Holmberg über die Art und Weise, in der man die *Lumplena* versenken könnte. Ein plötzlicher Sabotageakt, besonders wenn er mit dem Verlust von Menschenleben verbunden wäre, hätte nach meiner Ansicht die öffentliche Meinung gegen uns aufgebracht. Eine vorbereitende Kampagne war unbedingt notwendig. Die öffentliche Meinung mußte gegen die *Lumplena* aufgebracht werden, bevor das Schiff versenkt werden konnte, dann würde die Versenkung als ein Akt spontaner Verzweiflung gelten. Fünf Rotfrontkämpfer wurden ausgesucht; sie sollten sich in Bereitschaft halten, gegen das Schiff vorzugehen, sobald der psychologische Moment gekommen war. Das Öffnen der Hauptventile oder ein Feuer im Laderaum oder beides zusammen, das würde ausreichen. Inzwischen mobilisierte Holmberg die Jungkommunisten, um die öffentliche Meinung zu bearbeiten.

Über Nacht wurden die Hauswände, die Gehsteige und die Kaimauern von Göteborg mit aufgemalten Schlagzeilen überschwemmt: *Fort mit der Lumplena! ... Nieder mit dem Pestschiff Lumplena! ... Was ist ein Streikbrecher? Ein Mann, der euren Kindern das Brot stiehlt!*

Kameramänner der Zeitungen fotografierten die Schlagzeilen. Die Aufnah-

men erschienen auf den Titelseiten der schwedischen Presse. *Was soll das bedeuten?* wurde in den Bildunterschriften gefragt. *Wo ist unsere Polizei?* Der Reederverband forderte Polizeiverstärkungen zur Bewachung des Hafens und der *Lumplena*. Der Plan, das Streikbrecherschiff zu versenken, wurde durch ein anderes Ereignis überschattet. Die *Gripsholm*, das Flaggschiff der schwedischen Handelsmarine, lief von New York kommend in Göteborg an. Nach der Ausschiffung der Passagiere und der Post erhielt der Überseedampfer den Befehl, sofort wieder in See zu stechen. Ich sandte meine roten Gruppen in den Hafen. Die *Gripsholm* wurde mit Gewalt festgehalten und ihrer viele hundert Mann zählenden Besatzung beraubt. Sie war das hundertste Schiff, das durch den Streik stillgelegt wurde.
In einer Nacht schrieb ich ein Flugblatt: *Matrosen, bildet Sturmbrigaden!* Die Sturmbrigaden wurden gebildet. In der nächsten Nacht schrieb ich ein anderes Flugblatt: *Matrosen und Fischer! Stürmt den Hafen! Reißt die Streikbrecher von den Schiffen!*
Die Flugblätter wurden noch in der gleichen Nacht auf den Parteipressen gedruckt. Motorisierte Kuriere beförderten sie bis in die entferntesten Häfen Schwedens, noch bevor die Druckerschwärze trocken war. Die Ergebnisse ließen die bolschewistischen Herzen höherschlagen. Die Handelsmarine geriet in Bewegung, und in Ermangelung einer anderen energischen Führung tat sie genau das, was das geheime kommunistische Oberkommando sie zu tun aufforderte. Die Versuche der Gewerkschaften, das traditionelle und weitschweifige demokratische Verfahren – Vorschläge, Diskussionen und schließlich Abstimmung – zur Lösung der Krise anzuwenden, wurden durch Überraschungsaktionen der eisern zusammenhaltenden kommunistischen Minderheit zunichte gemacht. Das alles zeigte mir, wie unwirksam die demokratische Taktik ist, wenn sie gegen eine zentral geleitete Verschwörung eingesetzt wird, die an der Spitze des aufgebrachten Pöbels steht.
Die Männer stürmten die Häfen und plünderten die Streikbrecherschiffe. Die Masse der Angreifer bestand nicht nur aus Seeleuten. Auch die Kommunistische Partei mit Männern, Frauen und Kindern war beteiligt, von denen die meisten noch nie an Bord eines Schiffes gewesen waren. Das ereignete sich in Stockholm, in Malmö und in Göteborg. An Bord des schwedischen Lloyddampfers *Gwalia* gaben sich die Aufständischen nicht damit zufrieden, alles, was ihnen unter die Hände kam, zu demolieren, sondern sie zündeten das Schiff auch an verschiedenen Stellen an. Die Angriffe in den Häfen fanden nachts statt. In Göteborg wurden berittene Polizisten von ihren Pferden heruntergeholt und entwaffnet. Die Polizei setzte Tränengas ein; da sie darin jedoch keine Erfahrung hatte, warf sie ihre Bomben zu früh, und die Streikenden warfen die Gasbehälter zwischen die Angreifer zurück.
Nachrichten kamen aus Hamburg, daß mehrere Schiffe mit Marine-SA, mit Kurs auf Stockholm in See gegangen waren, um die schwedischen Schiffe zu bemannen. Obwohl sich niemand außer der Auslandsabteilung der NSDAP darüber im klaren war, so war das doch der Anfang einer systematischen Durchdringung der Handelsmarinen der skandinavischen Länder, Hollands und Belgiens mit ausgebildeten Mitgliedern der Hitlerbewegung. Wieder einmal hatte die Komintern, ohne es zu wollen, den Faschisten Tür und Tor geöffnet. Im jetzigen Zeitpunkt war diese Nachricht allerdings Wasser auf die Mühle der Kommunisten. Sie gab uns die Gelegenheit, den schwedischen

Reederverband zu beschuldigen, sich mit den verhaßten Nationalsozialisten verbündet zu haben.
Von den beiden Schiffen mit Braunhemden, die im Laufe der Woche erwartet wurden, kam nur eins an. Der andere Transport war in Oscarsham, Norrköping und anderen kleinen Häfen auf der Strecke an Land gesetzt worden.
Ich fand den Internationalen Klub voll von Seeleuten aller Nationalitäten. Sie hatten sich mit Hämmern und Äxten, mit Knütteln, mit sandgefüllten Flaschen, Sandsäcken, Messern, Marlspiekern, Totschlägern und Schraubenschlüsseln bewaffnet. Sie hatten sich selbst in Trupps eingeteilt und führten blutrünstige Reden. Wilde Pläne wurden ausgeheckt. Sie wollten die *Kjell*-Entführung im großen Maßstab wiederholen. Die SA-Leute sollten die Opfer sein. Es wurde laut über Foltermethoden gesprochen, eine teuflischer als die andere. Die Phantasie der weiblichen Anhänger war dabei noch erfindungsreicher als die der Matrosen. Ich war erstaunt über den gewaltigen Haß, den die gewöhnlich so friedfertigen Schweden entwickelten.
Der Höhepunkt kam wie ein kalter Schauer. Der deutsche Dampfer *Alster* lief in den frühen Morgenstunden in den Hafen ein. Der größte Teil der Stockholmer Rotfrontkämpfer schlief auf den Bänken und in den Fluren des Internationalen Klubs. Die anderen befanden sich in nahegelegenen Wohnungen und warteten auf den Alarm. Sobald ich durch einen Mann vom Hafensicherheitsausschuß die Mitteilung erhielt, daß das Nazischiff da war, eilte ich zum Internationalen Klub. Kuriere weckten die Schläfer in den Wohnungen.
»Die braunen Halsabschneider sind da«, riefen sie.
Wäre ich eine Minute früher aufgestanden, so wäre ich in die Hände der Stockholmer Polizei gefallen. Sie hatte den *Interklub* umzingelt. Einer nach dem anderen, wie blöde Schafe, tauchten die Mitglieder der Sturmbrigaden aus dem Gebäude auf und wurden entwaffnet. Ich stand im Schutze eines Hauseingangs in nächster Nähe und beobachtete zähneknirschend den ganzen Vorgang. Unser Plan war verraten worden.
Ich telefonierte in die Privatwohnung Silléns, des kommunistischen Parteichefs.
»Wir müssen sofort einen Aufruf erlassen«, rief ich in den Apparat und berichtete ihm die Vorgänge der Nacht. »Nimm folgende Schlagzeile: *Der Stockholmer Polizeichef steht im Dienste Hitlers.*«
Silléns Stimme hörte sich an wie das Knarren einer Tür.
»Was? Mitten in der Nacht?«
»Weißt du am Ende nicht, daß ein Streik im Gange ist? – Also los! Meine Kuriere werden um neun Uhr im Zentralkomitee sein.«
Ich hängte ein. Das Flugblatt wurde gedruckt und war vor zwölf Uhr mittags im Hafen verteilt. Ich hatte die Absicht, einen Angriff auf die *Alster* zu provozieren, noch nicht aufgegeben. Aber die Führer der Hafenbrigaden waren verhaftet. Die Razzia der Polizei hatte unsere Kräfte zersplittert. Es blieb nur ein Ausweg übrig: der Guerillakrieg. Parteikuriere mobilisierten alle verfügbaren handfesten Kommunisten. Sie versammelten sich an den Straßenecken des weitausgedehnten Hafenviertels. Ich schickte sie in kleinen Trupps in den Hafen; sie hatten den Befehl, jeden, der von der *Alster* an Land zu kommen wagte, zu verprügeln und von den Molen herunterzuwerfen. Jedem Trupp wurden einer oder zwei von den deutschen Flüchtlingen zugeteilt. Die streikenden Stockholmer Seeleute halfen mit.

Die verhafteten Genossen, die den Tag im Gefängnis verbringen mußten, wurden am Abend entlassen. Obwohl der geplante Massenüberfall mißlungen war, standen die Nazis einen Tag lang unter Terror. Dieser Tag brachte aber auch sonst Überraschungen. Als einige SA-Leute erfuhren, daß man sie als Streikbrecher benützen wollte, weigerten sie sich, das Schiff zu verlassen. Mehr noch: Elf von den angeblichen Braunhemden marschierten nach Einbruch der Dunkelheit in den Internationalen Klub und bezeichneten sich selbst als Antifaschisten, die die Gelegenheit der Bemannung schwedischer Schiffe durch Nazis wahrgenommen hatten, um aus Deutschland zu entkommen. Wir hießen sie als Brüder willkommen. Die Mädchen, die sich noch in der Nacht vorher in der Ausmalung von Folterungsplänen hervorgetan hatten, machten jetzt liebreiche Anstrengungen, den deutschen Genossen aus Hamburg zu gefallen.

Inzwischen bemühten sich die Führer der Schwedischen Seemannsvereinigung, die angeschlagenen Reste ihrer Organisation dadurch zu retten, daß sie mit den Reedern Frieden schlossen. Sie nahmen die geforderte Kürzung der Seemannslöhne an und forderten ihre Mitglieder auf, zu ihren Schiffen zurückzukehren. Ein Telegramm von Richard Jensen teilte mir mit, daß geheime Besprechungen zur Beendigung des Streiks im Gange seien. Der Charakter meines Auftrags wurde damit plötzlich auf den Kopf gestellt. Statt immer mehr Schiffsbesatzungen in den Streik zu ziehen, sollte ich jetzt versuchen, die kommunistischen Matrosen und die mit ihnen Sympathisierenden zu veranlassen, einen Run auf die vorhandenen freien Plätze auf den Schiffen zu machen. In ihrem Kampfeseifer wollten die Genossen erst nichts davon wissen und den Kampf um jeden Preis fortführen.

Ein zweites Telegramm kam von Jensen:

Keinen Unsinn machen! Unsere Freunde müssen sich wieder einschiffen!

Wenn sie es nicht taten, das wußte ich, würden unsere sozialdemokratischen Gewerkschaftsrivalen ihnen die Stellen wegnehmen, und die Kommunisten würden auf dem Trockenen sitzen.

Also regierte die Parteidisziplin den Tag. In Massenversammlungen in allen größeren Häfen redeten die kommunistischen Funktionäre auf die Seeleute ein, die Lohnkürzungen anzunehmen. So endete der Streik für die schwedischen Seeleute mit einer Niederlage. Aber stärker denn je kehrte dafür die Kommunistische Partei auf die Schiffe zurück. Das Westsekretariat, die Komintern in Moskau und die gesamte Kominternpresse feierten den Streik als einen bedeutenden politischen Sieg.

Ich sandte einen Kurier mit einem ausführlichen Bericht nach Kopenhagen und verlangte neue Instruktionen. Dann kehrte ich nach Göteborg zurück. Ich war völlig erschöpft. Meine Gedanken waren in Deutschland. Wo war Firelei? Wo war mein Sohn? Ich hatte nichts mehr von ihnen gehört.

Harold Svensson hatte einen Brief mit Instruktionen für mich. Er hatte seinen Uniformrock aufgeknöpft und ließ seinen kleinen Sohn auf den Knien reiten. Er ahmte das Wiehern eines Pferdes nach, und das Kind quietschte vor Freude. Ich las inzwischen meine Instruktionen.

Svensson unterbrach sein Spiel. »Nun, Genosse, wohin geht die Fahrt?« fragte er.

»Norwegen«, sagte ich. »Narvik.«

Richard Jensen, der inzwischen zum Chef der Finanzabteilung des Westbüros befördert worden war, konnte mir kein Geld schicken. Er hatte mich wissen lassen, daß große Beträge in Amerika gebraucht würden, wo eine umfangreiche Kampagne zugunsten einer offiziellen Anerkennung der Sowjetregierung im Gange war. Infolge des plötzlich stärker gewordenen Interesses der Komintern an den Vereinigten Staaten war ich gezwungen, dritter Klasse und mit einem täglichen Budget von zwei Dollar über den Polarkreis zu fahren.

In Oslo ging ich direkt in Dr. Halvorsens Wohnung. Ich fand ihn gestärkt hinter einem Glas Whisky; er arbeitete gerade einen großen Bericht über die norwegischen Staatsbahnen aus. Das Material umfaßte viele hundert Seiten, Karten, Aufnahmen von Tunnels und Brücken, besonders auf der Strecke, die die Gebirgsstadt Honefoss mit Bergen verband.

»Sozusagen ein Stück Chirurgie, Genosse Arne«, sagte ich kommentierend.

»Mein besonderes Hobby«, gab er zurück. »Ein wunderbares Hobby.«

Ich wechselte das Gesprächsthema, denn ich war gekommen, um von Dr. Halvorsen ein Empfehlungsschreiben für die Partei in Narvik zu holen.

»Ich habe einen guten Mann dort oben«, sagte er, »Martin Hjelmen. Er hat eine sehr aktive Gruppe unter den Fischern längs der Nordlandküste beisammen, aber die Kontakte mit der Kirunabahn sind schlecht. Du kannst dir denken, daß er sich da oben vereinsamt vorkommt. Es wird ihn anregen, wenn er sieht, daß die Internationale sich für seine Arbeit interessiert.«

Ich entdeckte mit Erstaunen, daß Dr. Halvorsen seine vertraulichen Organisationsakten unter medizinischen Bezeichnungen getarnt hatte. Korrespondenz und Akten Narvik betreffend holte er aus einem geschlossenen Metallschrank, der die Bezeichnung *Epidemische Encephalitis* (Schlafkrankheit) trug. Er wählte eine Anzahl Papiere aus.

»Sieh dir das mal an, damit du die Zusammenhänge kennenlernst.«

Dr. Halvorsen telefonierte mit Kitty Andersen, seinem weiblichen Kurier. Kaum eine halbe Stunde später stürmte die kraftvolle Amazone ins Zimmer.

»He, Matrose!« rief sie. »Du gehst in den Norden, wie ich höre. Nimm mich mit. Ich langweile mich hier zu Tode.«

»Kein Geld«, antwortete ich. »Ich werde wohl allein gehen müssen.«

Kitty Andersen verzog das Gesicht. Aber nichts vermochte ihre fröhliche Stimmung zu verderben.

»Ich muß dir erzählen«, sprudelte sie heraus. »Ich hatte einen langen Plausch mit König Haakon von Norwegen.«

»Mit dem König?«

»Gewiß. Es war im Februar. Ich war in Nordmarken beim Skifahren. Plötzlich fuhr ein Kerl hinter mir her, der aussah wie eine schlaksige Vogelscheuche. Bei der Abfahrt überholte er mich; ich wurde wütend und rief: ›Heda, stopp!‹ Er stoppte und entschuldigte sich, daß er mich überholt habe. Wir saßen dann zusammen im Schnee und aßen Butterbrote, und er nannte mich eine ›blühende Tochter Norwegens‹. Ich lachte und sagte: ›Lieber Freund, Sie sind alt genug, um selbst eine Tochter in meinem Alter zu haben. Ich habe Sie doch sonst schon mal gesehen.‹ Und *presto*! ›Gewiß‹, sagte er, ›ich bin Haakon, der König.‹ Bald sprachen wir über Politik. Weißt du, was er sagte? ›Unsere Schiffe sind unser Leben und unsere Macht.‹«

Dr. Halvorsen ließ sein höchst vergnügtes, satanisches Lachen hören. Ich suchte seine Gedanken zu erraten. Er dachte an Karin, seine Frau, und an die Informationen, die sie aus den Büros des Schiffsmagnaten Wilhelmsen nach Hause brachte.

Ich nahm den Nachtzug nach Drontheim. Von hier aus geht keine Bahn mehr nach Norden, weil das Land zu felsig und zu wild ist. Abgesehen von der Kirunabahn, die von Schweden kommt, geht aller Verkehr nach Nordland per Schiff entlang einer felsigen Küste von wilder Schönheit. Der Dampfer war klein, aber gut gebaut. Als Reisender dritter Klasse war ich gezwungen, die Reise an Deck zu machen. Bauern, Fischersfrauen, ein wettergebräunter Geistlicher, eine Handvoll Eisenbahnarbeiter und Elektriker waren meine Reisegefährten, alles abgehärtete und freundliche Leute, die den klaren Ernst ihrer Küste liebten. Sie fluchten auf die Schiffe, die in zunehmender Zahl die Küste auf dem Wege nach Murmansk, Archangelsk und der Karasee passierten. Das Öl dieser Dampfer verunreinigte das Meer, und dabei gingen die Fische zugrunde.

Nicht weit von der Einfahrt nach Saltfjorden und in den Hafen von Bodö sah ich mit eigenen Augen, welchen Schaden das Öl unter den Wasservögeln anrichten konnte: Einige vorbeifahrende Tanker hatten den Bodensatz ihrer Tanks und das Schmutzwasser vom Kielraum ins Meer gepumpt, und die Ölflecke auf dem Wasser hatten die Federn der schwimmenden Möwen verklebt. Meilenweit beleidigte dieser traurige Anblick das Auge – zahllose Vögel, ölverkrustet, tot oder sterbend auf den Wellen des Nordatlantik. Es würde wohl zwecklos sein, diesen einfachen Norwegern von den Wundern des Fünfjahrplanes zu erzählen, der Öl vor ihren Haustüren zurückließ und die Fische und Vögel tötete. Am dritten Tag lief das Schiff bei wolkenverhangenem Himmel in den Ofotfjord ein. Langgezogene schwarzbraune Berge schossen am Horizont empor, und der gewaltige Eisenerzpier, der den längsseits vertäuten Dampfern das Aussehen von Spielzeug verlieh, türmte sich an der Steuerbordseite empor. Wenn das Eisenerz nicht gewesen wäre, würde Narvik ein schläfriges kleines Fischerdorf geblieben sein. Eisen bedeutete Leben in Narvik. Die Eisenbahn, die von Kiruna zur eisfreien Küste herunterführte, hatte die Stadt in einen der bedeutendsten Erzhäfen der Welt verwandelt. An der Spitze in der Schiffahrt in Narvik standen die Flaggen Großbritanniens und Deutschlands, aber die deutsche Flagge war dabei, den *Union Jack* sehr rasch zu verdrängen. Narvik war wie Murmansk eine Grenzstadt, voll von männlicher Kraft und dem Lärm schwerer Arbeit, aber ohne eine Spur des aufgehäuften trostlosen Schmutzes von Murmansk.

Mein Auftrag in Narvik hing eng mit der Politik der Hitlerregierung zusammen. Die Berichte, die wir über die Beschleunigung der geheimen Aufrüstung in Deutschland erhalten hatten, die kürzlich erfolgte Ernennung eines Militärattachés bei allen größeren deutschen Botschaften und das Anwachsen der deutschen Bestellungen auf Eisen auf dem Wege über Narvik, das alles deutete auf weitsichtige Kriegsvorbereitung. Krieg gegen die Sowjetunion, so glaubten wir. Das Eisenerz, ohne das Deutschland keinen Krieg führen konnte, kam in der Hauptsache aus den Kiruna-Bergwerken. Für mich stand außer Zweifel, daß im Falle eines Krieges die Rote Armee nicht zögern würde, einen eisernen Riegel zwischen die norwegischen Erzhäfen und die deutsche Schiffahrt zu schieben. Uns von der Komintern fiel die Aufgabe zu, den Boden dafür vorzubereiten. Die Instruktionen, die ich vom Westsekretariat erhalten hatte, sahen vor, die kommunistischen Kräfte des Narvikgebietes aus ihrem Hauptoperationsfeld in der Fischerei und der Schiffahrt herauszuziehen. Sie sollten ihre Aufmerksamkeit von nun an mehr den Hafenarbeitern, den Eisenbahnern und den Bahnarbeitern der Kirunabahn zuwenden. Im Kriegsfall würden Generalstreik und Aufstand der Hafenarbeiter und Eisenbahner einen ausgezeichneten Vorwand liefern, insbesondere wenn etwa die norwegische Regierung gegen die Streikenden vorgehen sollte, die Provinz Nordland durch die Rote Armee und die sowjetische Marine zu besetzen. Hatte Stalin nicht selbst öffentlich erklärt, daß die Rote Armee die Armee der Weltrevolution sei?

Die kommunistische Parteiorganisation des Narvikgebietes zählte nahezu neunhundert zahlende Mitglieder. Das Parteibüro befand sich im Gebäude des Internationalen Klubs, der von dem unglücklichen Arthur Samsing im Frühjahr 1931 gegründet worden war, und er erhielt sich seit jener Zeit mit Hilfe einer monatlichen Unterstützung von 400 Dollar aus der Kasse der Komintern. Einen Monat vor meiner Ankunft in Narvik war Knut Björk, den ich in Schweden kennengelernt hatte und der später in Spanien umkam, zum offiziellen Parteivorsitzenden im Narvikgebiet ernannt worden. Aber die Fäden hinter den Kulissen hielt Martin Hjelmen, der Mann Dr. Halvorsens, in Händen.

Hjelmen stammte aus Oslo. Er hatte eine militärische Ausbildung hinter sich und war ein befähigter Organisator. Ein Mann mittlerer Größe mit lebhaften dunklen Augen, kühnen Gesichtszügen und einem Schopf wirrer brauner Haare; Hjelmen war einer von den wenigen norwegischen Kommunisten, die nicht durch den Alkohol für mindestens einen Tag in der Woche unbrauchbar waren. Er sprach gut Englisch und war früher in Amerika gewesen. Die Zusammenarbeit mit einem Mann von Hjelmens Format machte mir Freude. Er war ehrlich bis auf die Knochen. Als Bolschewist sah er Norwegens Rettung einzig und allein in einer engen Allianz mit Sowjetrußland. Für dieses Ziel arbeitete er.

In zahlreichen Vorträgen überzeugte ich die in der Partei Tätigen von der Notwendigkeit, den Hafen von Narvik und die Kirunabahn zu einem stalinistischen Stützpunkt auszubauen. Zusammen mit Hjelmen und Björk arbeitete ich einen detaillierten Plan für die Parteiarbeit der kommenden sechs Monate aus. Wir beschlossen, eine Wochenzeitung für die Hafenarbeiter von Narvik herauszugeben und eine zweite für die Eisenbahner, ferner ständige Beobachtungsposten in den Wohnungen von Genossen einzurichten, die längs der Bahnstrecke nach Kiruna lebten. Nach fünf intensiven Arbeitstagen hatte ich das Gefühl, daß die Reorganisation und der zukünftige Kurs der Partei in Narvik Gestalt angenommen habe. Sie war nun imstande, das weitere allein zu tun. Ich bereitete mich auf die Abreise vor. In einer Stadt wie Narvik konnte ein Ausländer, der mit den am Ort bekannten Kommunisten zusammen war, nicht lange der Aufmerksamkeit der Nordlandpolizei entgehen.

Martin Hjelmen war ausgezeichnet über die Tätigkeit der Nazis in den skandinavischen Ländern orientiert. Die erste Naziparteigruppe war mehr als ein Jahr vor dem Reichstagsbrand gegründet worden. Bereits gegen Ende März 1933 hatte die Gestapo angefangen, sich auch jenseits der deutschen Grenzen auszudehnen und ihre Agenten als Journalisten, Geschäftsleute oder

Anti-Hitler-Flüchtlinge getarnt hinauszuschicken. Ein Kreuzer ohne Namen hatte rund um die Lofoten-Inseln sein Unwesen getrieben. Eine Organisation ortsansässiger Deutscher, die sich *Kulturverband* nannte, war im hohen Norden in Erscheinung getreten. Eine andere Organisation, die *Deutsch-Schwedische Reichsvereinigung*, war an einem unbekannten Ort im nahegelegenen Schweden aus dem Boden geschossen. Ein gewisser Herr Haupt aus Berlin hatte sich als Vertreter einer Speditionsfirma in Narvik niedergelassen und hatte seine Geschäftsverbindungen ganz offensichtlich dazu benützt, die Ausschaltung von »Nichtariern« zu betreiben, die in norwegischen Firmen mit Geschäftsbeziehungen nach Deutschland tätig waren. Ein Überfall auf Haupts Büro, den zwei von Hjelmens Mitarbeitern bewerkstelligten, hatte eine Anzahl *Schulungsbriefe* zutage gefördert, die für die Mitglieder der NSDAP bestimmt waren. Sie hatten auch Flugblätter in norwegischer Sprache gefunden. Diese waren vom *Fichtebund* in Hamburg herausgegeben worden, einem getarnten Unterstützungsempfänger der Auslandsabteilung der NSDAP. In diesen Flugblättern wurde die Hitlerbewegung als Schutz Norwegens vor der bolschewistischen Invasion gepriesen. Im Vorsommer 1933 waren das alles noch höchst aufregende Informationen.

Was Martin Hjelmen nicht wußte, war, daß Herr Haupt auch im Internationalen Klub seine Spitzel hatte. Herr Haupt war Gestapobeamter, und seine Kuriere fuhren als Matrosen auf den Erzschiffen, die aus Hamburg kamen. Mit der Behauptung, daß sie erbitterte Feinde Hitlers seien, nahmen sie unbehelligt an den kommunistischen Versammlungen in Narvik teil. Eines Morgens wurde Knut Björk von Geheimpolizisten nach dem Aufenthaltsort eines Kominternagenten aus Hamburg befragt. Die Detektive nannten einen Namen. Es war der meine. Es war gewiß, daß einer von den Nazispitzelkurieren mich erkannt und meine Anwesenheit in Narvik Haupt gemeldet hatte, worauf dieser mich der norwegischen Polizei denunzierte.

Eine wilde Jagd begann. Die Polizei beobachtete alle Dampfer, die den Hafen von Narvik verließen. Hjelmen ließ mich durch einen Fischer aus Narvik hinausschmuggeln. Das Boot des Fischers war etwa zehn Meter lang, aus Eiche und fast neunzig Jahre alt. Es hatte einen hustenden Motor, der einem Weltkriegsjahrgang angehörte. Wir entwischten aus dem Ofotfjord mitten in der Nacht, der Fischer, sein zehnjähriger Sohn und ich. Ein steifer Nordweststurm blies, und die Brandung heulte bedrohlich gegen die pechschwarzen Buhnen an der Küste. In jener Nacht fehlte nicht viel, und wir hätten auf der klippenreichen Wasserwüste von Vestfjorden unser Leben verloren. Ich dachte an die Frau des Fischers. Wie hätte sie mich verflucht!

Der Fischer, eine breitschultrige titanische Gestalt auf dem sich hebenden und senkenden Heck, hielt das Steuer. Er kaute Tabak, als wäre es Schokolade.

Ungefähr einmal jede Stunde brüllte er nach seinem Sohn, der ihm dann Tee mit Rum bringen mußte. Der Junge mühte sich mit dem widerspenstigen Motor. Ich pumpte, bis auf die Haut naß, das Wasser, dessen Spritzer mir salzig in den Augen brannten, aus dem Boot. Wir erreichten Bodö auf der Nordwestseite von Saltfjorden am Abend des darauffolgenden Tages.

»Es tut mir leid, daß ich Sie für Ihre Mühe nicht bezahlen kann«, sagte ich dem Fischer. »Aber geben Sie mir Ihre Adresse. Und alles Gute für Ihre Rückfahrt nach Narvik.«

»Ich möchte kein Geld von Ihnen nehmen«, sagte der Fischer. »Ich glaube, *Sie* sind es, dem man gute Reise wünschen muß!«
Ein Dampfer sollte im Lauf des Vormittags nach Drontheim fahren. In einem Restaurant verkaufte ich meine neue Continental-Reiseschreibmaschine an den Angestellten eines Rechtsanwalts. Er gab mir achtzig Kronen dafür. Sechzig Stunden später war ich in Drontheim. Ich ging in den Internationalen Klub.
Genosse Birkland, der Sekretär, war überrascht, mich zu sehen.
»Die Polizei war hier«, sagte er in großer Aufregung. »Sie hat nach dir gefragt.«
Der arme Bursche war ängstlich darauf bedacht, daß ich bald verschwand. Er hatte Angst, die Komintern würde ihn verantwortlich machen, wenn ich von der Polizei verhaftet würde.
»Streck mir fünfzig Kronen vor«, sagte ich. »Ich gehe nach Oslo.«
Als ich den Bahnhof in Oslo verließ, bemerkte ich, daß ich von zwei Männern in Zivil verfolgt wurde. In schneller Folge ging ich um mehrere Ecken und schlüpfte dann rasch ins *Cityhotel*. Die Geheimpolizisten hatten angefangen zu laufen. Sie holten mich in der Vorhalle ein. Der eine legte mir die Hand auf die Schulter. Der andere bewachte den Eingang.
»Wir sind von der Ausländerabteilung. Bitte kommen Sie mit uns zum Polizeipräsidium.«
Sie riefen ein Taxi. Zwischen den beiden Geheimpolizisten, die mich festgenommen hatten, fuhr ich zum Polizeipräsidium. In einem geräumigen Büro hatte ich minutenlang den Blick eines ruhigen breitschultrigen Mannes auszuhalten. Es war der Chef der Ausländerabteilung.
»Setzen Sie sich«, sagte er.
Ich setzte mich und bereitete mich auf eine Verteidigung durch Schweigen vor.
»Warum verletzen Sie die norwegische Gastfreundschaft?« fragte der Mann.
»Ich verstehe nicht, was Sie meinen«, gab ich zurück.
»Sie wissen es sehr wohl! Kennen Sie Samsing?«
»Wen?«
»Arthur Samsing?«
»Nein.«
Aus einer Mappe nahm der Beamte eine Fotografie des Genossen Samsing.
»Was hatten Sie mit dem Verschwinden dieses Mannes zu tun?« fragte er.
Er fügte noch hinzu: »Wo ist er?«
»Ich kenne den Mann nicht«, sagte ich.
»Was machten Sie in Narvik?«
»Ich war nie in Narvik. Ich komme von Drontheim.«
»Zu welchem Zweck kamen Sie nach Norwegen?«
»Ich kam als Tourist. Norwegen ist ein schönes Land.«
Mein Ausfrager wurde wütend.
»Ich sehe, es hat keinen Zweck, mit Ihnen zu sprechen«, sagte er gereizt. »Immerhin lassen Sie mich Ihnen Folgendes sagen: Wir wissen, wer Sie sind. Wir wissen, daß Sie von der Deutschen Geheimen Staatspolizei gesucht werden. Sie sind mit ungesetzlichen Absichten nach Norwegen gekommen. Wir werden Sie abschieben müssen. Wenn Sie offen zu uns sprechen, können Sie sich das

Land wählen, in das Sie ausgewiesen werden wollen. Wenn Sie uns aber weiterhin an der Nase herumführen, dann ...«
»Was dann ...?«
»Dann werden wir Sie nach Deutschland ausliefern«, schloß der Kommissar. »Was das bedeutet, wissen Sie besser als ich.«
»Ich möchte mit Ihnen sprechen», sagte ich.
»Gut. Erzählen Sie mir, weshalb Sie nach Norwegen gekommen sind, und sagen Sie mir, wen Sie hier getroffen haben.«
»Ich kam hierher, um das Land kennenzulernen«, sagte ich. »Hauptsächlich aber, um ein Mädchen zu sehen, das ich liebe.«
»Welches Mädchen?«
»Fräulein Kitty Andresen.«
»Die Adresse?«
»St. Hallvard 26.«
Mein Examinator spottete: »Oh, Sie sind kaum nur wegen eines Mädchens hergekommen. Wer ist dieses Fräulein Andresen?«
»Eine Dame. Ich kann Ihnen nicht mehr sagen. Wenn sie will, wird sie von sich aus sprechen.«
»Wir werden sehen ... Übrigens, sind Sie der Instrukteur der Kommunistischen Internationale für die skandinavischen Länder?«
»Was?«
Das Verhör zog sich eine Stunde so hin und führte zu nichts. Am Ende sagte der Chef der Fremdenpolizei in kalter Wut:
»Genug! Mit Ihnen müssen wir eine andere Sprache sprechen!«
Er ließ einen Geheimpolizisten kommen. Handschellen wurden mir angelegt, und ich wurde in einen dunklen Korridor im Keller des Gebäudes geführt, der vor einem schweren zweiflügeligen Eisentor endete. Der eine Flügel wurde geöffnet.
»Hier hinein«, sagte der Geheimpolizist.
Ein schweres Schloß schnappte hinter mir zu. Abgesehen von einer schmalen Öffnung, durch die ein dünner Lichtstrahl hereinfiel, war da nur die eiserne Tür und Stein rundherum, oben und unten. Ich begann auf und ab zu gehen und versuchte Steinchen um Steinchen das Mosaik der Ereignisse zusammenzusetzen, die zu meiner Verhaftung geführt hatten. Es war das dreizehnte Mal in meinem Leben, daß ich in die Hände der verhaßten Polizei gefallen war. Der Gedanke, daß die Norweger mich der Gestapo ausliefern könnten, ließ mich nicht mehr los. Ich begann die Zelle nach einer Rasierklinge abzusuchen, die ein früherer Insasse vielleicht zurückgelassen haben konnte. »Ich werde niemals nach Deutschland gehen«, sagte ich mir, »nicht als Gefangener. Niemals!«
Ich dachte über einen Ausweg nach, über die Gestapo, den Tod, über Firelei — und über Schiffe, die ziellos über die Ozeane fuhren. Und ich dachte darüber nach, wie ganz anders, wie leicht und fröhlich das Leben doch hätte sein können.
Um sieben Uhr abends drehte sich der Schlüssel im Schloß, und ein Wärter trat in meine Zelle. Ihm folgte ein Gefangener. Der Gefangene trug ein großes Servierbrett. Das Servierbrett war mit einer schneeweißen Serviette bedeckt. Er stellte das Servierbrett auf den Tisch und betrachtete es mit gierigen Blicken.

»Herr«, sagte der Wärter respektvoll, »ein Freund sendet Ihnen dieses Essen aus dem Restaurant, das an der Straße gegenüberliegt.«
Nun wußte ich, daß Kitty Andresen von der Polizei verhört worden war und daß Kitty Dr. Halvorsen von meiner Verhaftung berichtet hatte. Ich probierte jede Speise vorsichtig, weil ich eine Notiz darin vermutete, und fand diese schließlich auch im Pudding. Es war eine maschinengeschriebene Botschaft von Dr. Halvorsen. *Lieber Freund,* hieß es auf dem Zettel, *iß alles. Kitty, der Engel, wird bald zu Dir kommen. A.*
Ich aß alles. Gegen neun bekam ich heftiges Fieber. Ich erkannte, daß Dr. Halvorsen mein Essen »behandelt« hatte. Es wurde mir schwindlig, meine Augen brannten, und eine qualvolle Müdigkeit ergriff jeden Muskel. Ich legte mich auf das niedere Eisenbett hin und wartete, bis der Zauber vorüber wäre.
Ich versuchte zu schlafen, aber der Schlaf wollte nicht kommen. Die Dunkelheit um mich drehte sich langsam, und das Gefühl, daß mein Kopf nach unten fiel, wenn ich mich noch sosehr bemühte, das zu verhindern, dauerte fort.
Plötzlich ging das Licht an. Der Nachtwärter erschien. Etwas, das hinter ihm war, stieß den Wärter beiseite. Dr. Halvorsen mit einer kleinen Ledertasche stürzte in die Zelle. Hinter ihm folgte Kitty. Dr. Halvorsen warf dem Wärter wütend Amtsmißbrauch vor.
»Was für eine kuhdumme Verwaltung betreibt eigentlich dieses Gefängnis«, platzte er heraus. »Ich sagte doch, daß dieser Mann krank sei. Dieser Skandal wird Folgen haben. Willst du vielleicht endlich einem kranken Mann die Fesseln abnehmen? Willst du am Ende gar einen kranken Mann in einem rheumatischen Loch wie diesem hier umkommen lassen?«
Mit zugekniffenem linken Auge und einem diabolischen Lachen in seinem verwüsteten Gesicht beugte sich Dr. Halvorsen über mich. Er fühlte meinen Puls.
Er führte mir ein Thermometer in den Mund ein. Er öffnete mein Hemd und horchte mich mit dem Stethoskop ab.
»Nimm es leicht«, murmelte er, »nimm es leicht, alter Junge. Ich werde dich durchbringen, oder ich will nicht Arne Halvorsen heißen.« Sich an die Wache wendend rief er: »Hol mir Wasser — aber eiskalt!«
Die Wache rannte so schnell wie möglich.
Dr. Halvorsen steckte mir eine gewöhnliche Zündholzschachtel unter die Dekke. »Kannst du verstehen, was ich sage?« flüsterte er.
Ich nickte bloß. Meine physische Lethargie war echt.
»Hab keine Angst«, sagte der Arzt. »Erschrick nicht. Die Medizin in der Schachtel ... nimm sie morgen früh gegen sechs Uhr. Es wird dir schlecht werden, und du wirst schwitzen. Tu so, als ersticktest du und kriegtest keine Luft, und sag, du habest Schmerzen unter den Rippen.«
Der Wärter kam zurück und brachte Wasser. Dr. Halvorsen schüttete ein Pulver hinein und dann Wasser in das Glas.
»Trink das. Trink langsam. Du wirst dich dann besser fühlen.«
Ich trank. Kitty kniete an meinem Bett und hielt mir das Glas an die Lippen. Aus ihrem Munde kamen zärtliche Worte, und sie sprach laut genug, daß die Wache es hören konnte. Zuletzt küßte sie mich. Sie verließ die Zelle offensichtlich weinend und ihre Nase schneuzend.
»Laß diesen Mann ganz allein«, sagte Dr. Halvorsen zu der Wache. »Allein,

hörst du? Ich werde mit dem Gefängnisarzt sprechen, bevor er morgen seine Runde macht. Laß ihn allein. Allein, sagte ich.«
»Ja«, brummte der Wärter und schaute mich an, als sei ich ein Geist.
Am nächsten Morgen fühlte ich mich merkwürdig leicht, aber erschöpft. Dennoch blieb ich bis über die Ohren unter meiner Decke liegen und weigerte mich, das Frühstück, bestehend aus Kaffee, Schwarzbrot und Butter, zu mir zu nehmen. Kurz vor Mittag betrat der Wärter wieder meine Zelle.
»Können Sie gehen?« fragte er.
»Vielleicht.«
»Die Herren oben wollen Sie sehen.«
Ich schlüpfte in meine Hosen und stützte mich auf dem Weg durch den finsteren Korridor, durch mehrere Stahltüren und zwei Treppenfluchten hinauf, auf den Arm des Wärters. Ich täuschte einen Schwindelanfall und Schmerzen vor. Mehrmals lehnte ich mich gegen die Mauer, krümmte die Schultern, preßte die Hand gegen meine Brust, atmete mit wilder Unregelmäßigkeit und stöhnte. Der Wärter half mir in das Büro. Ich trat in das Zimmer, eine gute Imitation eines Mannes, der mit einem Bein im Grabe steht, und sackte humpelnd in einen Stuhl.
Der Chef der Osloer Fremdenpolizei trat auf mich zu.
»Wie geht es Ihnen?«
»Nicht sehr gut«, ächzte ich.
Er zuckte die Achseln und murmelte etwas vom Krankenhaus. Bei ihm stand ein anderer Mann; er war jung, athletisch gebaut, mit offenen grauen Augen in einem glatten, knabenhaften Gesicht.
Der Polizeikommissar sagte: »Dieser Herr ist gerade aus Stockholm gekommen, um sich mit Ihnen zu unterhalten. Er ist der Vertreter der Schwedischen Staatspolizei.«
»Aber wir sind hier doch in Norwegen«, versuchte ich zu protestieren.
»Die Polizeibehörden von Norwegen, Schweden und Dänemark arbeiten offiziell eng zusammen«, erklärte der Norweger. »Mein schwedischer Kollege hat ausdrücklich das Recht, Sie zu verhören, auch wenn Sie sich in Norwegen befinden.«
Der Schwede lächelte. Er bot mir eine Zigarette an. Ich lehnte ab. Er machte es sich auf dem einen Ende des Schreibtischs bequem und zog ein Notizbuch hervor.
»Meine Regierung«, begann er, »ist daran interessiert, Ihre Meinung über gewisse Ereignisse in Schweden aus jüngster Zeit zu erfahren. Unter anderem denke ich dabei besonders an die Akte von Vandalismus in den Häfen von Göteborg und Stockholm. Aber auch an die Entführung schwedischer Bürger von S.S. *Kjell*.«
»Ich weiß nichts von Schweden«, sagte ich mühsam.
»Vielleicht nicht viel. Ich kenne Schweden selbst sehr gut. Ich beschäftige mich zur Zeit in Schweden mit der Tätigkeit gewisser Organisationen, die mit der sowjetischen Regierung in Verbindung stehen. Ich habe die Anweisung, Sie für jede Information, die für meine Vorgesetzten von Wert ist, großzügig zu bezahlen.«
Ich mußte mich zwingen, nicht laut herauszulachen. Die meisten Skandinavier waren zu ehrbar, zu anständig und zu sehr frei von irgendwelchen Gaunereien, als daß sie tüchtige Polizisten abgegeben hätten. Ich konnte nicht umhin,

darüber nachzudenken, wie sehr ein Mann wie dieser schwedische *Secret-Service*-Beamte Gegnern von der Art Dr. Halvorsens oder des Genossen Ulrich oder Richard Jensens gegenüber im Nachteil war.
»Ich bin kein Verkäufer von Informationen«, sagte ich.
»Aber Sie sind in Schweden gewesen?«
»Ich bin auf meiner Reise nach Norwegen durch Schweden gefahren, das ist alles.«
»Haben Sie nicht illegal in Göteborg gewohnt?«
»Nein. Weshalb sollte ich illegal wohnen?«
»Sind Sie nicht ein Angestellter der Kommunistischen Internationale?«
»Nein.«
Der Chef der Fremdenpolizei griff ein. »Natürlich sind Sie das«, rief er. »Wir haben den Beweis! In Deutschland werden Sie wegen Hochverrats gesucht.«
Ich hatte meine Antwort schon bereit:
»Die Bevölkerung des freien Norwegen wird nicht sehr begeistert sein, wenn sie erfährt, daß ihre eigene Polizei mit der Gestapo des Brandstifters und rauschgiftsüchtigen Unholds Göring zusammenarbeitet.«
Die Gesichter meiner beiden Fragesteller blieben unverändert. »Es hat keinen Zweck, mit diesem Mann die Zeit zu verlieren«, sagte der Norweger zu seinem schwedischen Kollegen. »Wir können keine GPU-Methoden anwenden, um ihn zum Sprechen zu bringen, leider nicht.«
Nach einer weiteren Runde von Fragen wurde plötzlich die Tür geöffnet, und Kitty Andresen trat ein. Ihr auffallend schöner Körper bebte wieder vor Erregung, als sie mit raschen Schritten auf mich zutrat. Ihr Gesicht zeigte alle Anzeichen tiefsten Mitgefühls. Sie würdigte die Beamten keines Blicks, griff sich schnell einen Stuhl und stellte ihn neben den meinen; dann schlang sie die Arme um meinen Hals. »Mein armer Junge ... Können sie denn nicht sehen, wie du leidest? ... Komm, gib mir die Hand ... so ...« Die Tränen traten ihr in die Augen. Ich war höchst erstaunt über die beiden Geheimpolizisten.
Der Chef der Fremdenpolizei sagte zu Kitty: »Meine liebe junge Dame, ich muß Sie warnen. Das ist ein gefährlicher Mann. Er wird Sie enttäuschen. Er wird Sie unglücklich machen und Sie schließlich bedenkenlos im Stich lassen.« Er sprach norwegisch und in einer ernsten, väterlichen Art.
Kitty brach in schallendes Gelächter aus. »Oh, wie sind Sie bloß komisch!« Ihre Worte kamen wie ein Wasserfall. »Ich kenne diesen Jungen schon seit Jahren. Gefährlich? In der Tat! Er ist zärtlicher als irgendein Junge, auf den ich in Dänemark oder Norwegen oder sonstwo ein Auge geworfen habe. Nur ist er jetzt krank! Können Sie denn nicht sehen, daß er krank ist? Bitte, lassen Sie mich telefonieren. Ich werde den König anrufen. Der König wird Ihnen sagen, daß Sie sich lieber mit Räubern und Mördern abgeben, den Geliebten eines norwegischen Mädchens aber in Frieden lassen sollten.«
Die beiden Beamten waren sichtlich in großer Verlegenheit. Sie riefen den Wärter und befahlen ihm, mich in die Zelle zurückzubringen. Kitty folgte mir die Treppen hinunter bis zum Eingang in den düsteren Korridor im Keller, sprudelte immer neue Worte hervor und streichelte meine Arme und mein Gesicht. Ich zeigte völlige Eschöpfung.
Kitty schrie den Wärter an: »Wagt es nur, diesen Jungen auch nur einen Tag länger hierzubehalten! Ich werde einen schrecklichen Lärm schlagen. Ich werde zu den Zeitungen gehen. Ich werde ...«

Schweigend führte mich der Wärter in die Zelle.
Es gab keine Krankenstube in diesem Polizeigefängnis.
Ich entkleidete mich und vergrub mich unter den Decken. Als die Wache fortgegangen war, griff ich unter die Matratze nach der Zündholzschachtel, die Dr. Halvorsen mir heimlich zugesteckt hatte. Sie enthielt ein hellgraues Pulver. Ich kroch aus dem Bett und füllte den Blechnapf mit Wasser. Ich schüttete das Pulver in den Mund und schluckte es mit Wasser hinunter.
Die Wirkung zeigte sich bald. Mein Kopf wurde schwer, ich erbrach puren Schleim und krümmte mich und fluchte über mein diesmal nicht vorgetäuschtes Unglück. Nach einiger Zeit brach mir der Schweiß aus allen Poren, und krächzende Geräusche begleiteten meinen Atem. Meine Gefühle Dr. Halvorsen gegenüber waren höchst unfreundlich.
Immerhin erschien er pünktlich. Ich hörte ihn draußen im Korridor schreien und Einlaß begehren. Die Tür wurde geöffnet. Kaum hatte Dr. Halvorsen einen raschen Blick auf mich geworfen, als er auch schon dem Wärter befahl, sofort nach dem Gefängnisarzt zu telefonieren. Bis dieser kam, schritt Dr. Halvorsen im Gefängnisgang auf und ab und behandelte die Beamten vom Nachtdienst, als sei er der Eigentümer des Osloer Gefängnisses. Schließlich erschien der Gefängnisarzt.
Die Untersuchung des Patienten begann. Sie wurde durch Dr. Halvorsen geleitet, der von mir als von seinem »geschätzten Klienten« sprach. Der junge Gefängnisarzt ließ den älteren Kollegen gewähren. Ich stöhnte und wand mich vor Schmerzen, atmete unregelmäßig und stoßweise, faßte krampfhaft an meine Brust, brach stöhnend zusammen und zeigte alle Symptome eines Erstickungsanfalls.
Dr. Halvorsen unterhielt sich ernst und schnell mit seinem Kollegen.
»Sofortige Entlassung aus dem Gefängnis«, riet er. Und dann: »Der Mann muß in eine besondere Pflege. Ich übernehme die Verantwortung.«
Beide stürzten hinaus. Der Gefängnisarzt kam bald zurück, um mir ein Beruhigungsmittel zu geben, und ging dann wieder. Ich wartete allein in meiner Zelle und stieß die unmenschlichsten Töne aus, die für den draußen horchenden Nachtwärter bestimmt waren.
Dann erschien Dr. Halvorsen wieder mit dem Gefängnisarzt und zwei anderen Männern. Sie halfen mir in die Kleider, und mit Dr. Halvorsens Hilfe kroch ich durch den Korridor, ging durch zwei Tore, überquerte einen Gehsteig und torkelte in den Wagen meines Retters. Wir fuhren in die Außenbezirke von Oslo zu einem kleinen Haus, in dem Leif Foss, eine schweigsame Bulldogge von Mann, wohnte. Er gehörte zu den Veteranen vieler Gewerkschaftskongresse in Moskau. Dr. Halvorsen benahm sich, als habe er unerwartet ein großes Vermögen geerbt.
»Was war denn das für eine verfluchte Medizin?« fragte ich.
»*Ipecac*«, sagte er. »Ein sehr probates Mittel. Die Spanier bekamen es von den südamerikanischen Indios.«
»Und die Krankheit?«
»*Angina pectoris.* Vielleicht auch eine Vergiftung. Vielleicht eine Spur von Lungenentzündung. Die Geschichte war nicht ganz klar.«
»Und jetzt?«
Dr. Halvorsen lachte. »Norwegen, mein Freund, das ist Norwegen! Ich bin verantwortlich für deine Sicherheit. Das will heißen, daß du bei Sonnenauf-

gang auslaufen wirst. Wenn du jemals heiratest, nimm dir eine Frau, die einen Geheimpolizisten zum Bruder hat, wie unsere gute Karin. Und wenn ich dir etwas raten darf, dann nimm einen steifen Grog!«

»Du wirst aber Ärger wegen mir haben!«

»Überlaß das mir.«

Im Haus von Leif Foss wartete Kitty Andresen. Sie hatte ein Essen vorbereitet. Es gab Ente vom Grill. Wir aßen und tranken Tokaier und redeten bis spät in die Nacht hinein. Ich konnte das Essen nicht bei mir behalten; mein Magen rebellierte immer noch. Kitty war überschwenglich. Dr. Halvorsen, der gehört hatte, daß ich ein paar Tage in Hollywood gewesen war, bestand darauf, daß ich von meinen Erfahrungen als Filmpirat erzählte. Er gestand, daß er vor Jahren einmal den verzehrenden Ehrgeiz besessen hatte, ein ständiger Bewohner der Filmmetropole zu werden. Einzig Leif Foss war ernst; er wollte über den zweiten Fünfjahrplan diskutieren. Seine Versuche verliefen ergebnislos.

In den frühen Morgenstunden fuhr Dr. Halvorsen mich zu einem Genossen, der Fotograf war. Hier wurde eine Aufnahme von mir gemacht. Ich ging allein zu Leif Foss' Haus zurück. Bei Tagesanbruch erschien Dr. Halvorsen wieder. Aus einer Tasche zog er einen abgebrauchten dänischen Paß, aus der anderen eine Blechschachtel mit verschiedenen Chemikalien in kleinen Glasfläschchen. Kitty Andresen brauchte keine zwanzig Minuten, um in dem Paß einige Änderungen vorzunehmen, das alte Bild gegen ein neues von mir auszutauschen und den Gummistempel der dänischen Polizei mit Hilfe eines harten Eis zu übertragen. Sie pellte das Ei, während es noch heiß war, ab und rollte es säuberlich über den ursprünglichen Stempelabdruck, bis er ganz auf das Eiweiß übergegangen war. Nachdem sie meine Fotografie auf dem Paß befestigt hatte, rollte sie sorgfältig das erkaltende Ei über eine Ecke. Wie durch ein Wunder wurde der Stempel auf diese Weise wieder in den Paß zurückgebracht, ein wenig blasser zwar, als das Original gewesen war, aber völlig einwandfrei in der Form.

Um neun Uhr ging Dr. Halvorsen weg, um für mich eine Schiffskarte nach Antwerpen zu lösen. Ich nahm den Paß und die Schiffskarte – erste Klasse. Kitty brachte mich zum Hafen. Wir gingen an Bord eines Schiffes, der *Brabant.* Bevor Kitty wieder an Land ging, bat sie mich um einen Kuß. Diesmal war es ein richtiger Kuß. Dann heulten die Sirenen.

Um elf Uhr dampfte die S.S. *Brabant* durch den Oslo-Fjord. Zwei Tage später war ich in Antwerpen. Der ortsansässige Verbindungsmann, Genosse Anton, groß, kühl und konservativ, empfing mich am Kai. Dr. Halvorsen hatte ihn von meinem Kommen benachrichtigt.

»Ich habe Kopenhagen telegrafiert«, sagte Anton. »Genosse Avatin ist hier. Vielleicht braucht er dich. Antwerpen ist mit Gestapospitzeln verpestet.«

Es war Mai.

Abends aß ich mit Avatin; er war nur wenige Tage vor meiner Verhaftung in Oslo aus Deutschland entwischt. Was er über das Schicksal vieler unserer gemeinsamen Freunde gesehen und gehört hatte, ließ einem das Blut in den Adern gerinnen. Ich fragte ihn nach Firelei.

»Es geht ihr gut«, sagte er. »Sie arbeitet als Kurier beim Genossen Kippenberger.«

Ich konnte ein Frösteln nicht unterdrücken. Hans Kippenberger war der Leiter des militärischen Informations*apparats* der Partei. Ich kannte Hermann Görings neue Gesetze. Für Beihilfe beim Verrat militärischer oder industrieller Geheimnisse gab es nur eine Strafe in Deutschland: den Tod.

Wir sprachen über die Gestapo. Avatin hatte das Emporkommen, die Methoden und Gewohnheiten dieser Macht beobachtet, wie ein Tierbändiger das Verhalten eines Tigerbabys studiert. Die Auslandsabteilung der Gestapo dehnte sich aus. Das Korps ihrer Einsatzleute setzte sich aus zwei verschiedenen Kategorien zusammen – aus den Spitzeln und den Menschenjägern. Die Spitzel kamen gewöhnlich in der Verkleidung politischer Flüchtlinge; sie waren voller Begeisterung und ängstlich darauf bedacht, für sich selbst einen Platz in den Organisationen zu ergattern, die die Hitlerbewegung bekämpften. Die Menschenjäger hingegen waren ausgebildete Entführer und Mörder; sie kamen in Gruppen von drei oder fünf und hatten den Auftrag, Entführungen oder Morde von politischen Gegnern auszuführen. Sie tauchten erst auf, wenn die Spitzel ihre Opfer entdeckt, identifiziert und auf sie hingewiesen hatten. In jeder größeren Stadt in den Ländern um Deutschland stand der jeweilige Chef des Gestapo-Spionage- und Exekutions-Kommandos in dauernder Verbindung – durch die Post, den Telegrafen, Kuriere und über die diplomatischen Kanäle – mit der Zentrale der Gestapo in Berlin und ihrer Auslandsabteilung in Hamburg. Er befahl und leitete die Handstreiche und gab die von seinen Spitzeln gesammelten Informationen nach Deutschland weiter. Die zufällige Entdeckung eines Nazispitzels in Paris, Basel oder London führte oft ganz plötzlich zu einer Katastrophe für die mutigen Verschwörer, die innerhalb Deutschlands am Werk waren. Michael Avatin berichtete, daß sich an Bord jedes deutschen Schiffes, das im Handelsverkehr mit ausländischen Häfen eingesetzt war, ein Gestapobeobachter befinde. Aber das Spiel war nicht einseitig; Spitzel und Gegenspitzel waren auf beiden Seiten tätig. Und wer erwischt wurde, wurde wie eine Giftschlange getötet, ohne Verhandlung, ohne Gnade.

Der Hauptorganisator der Gestapo-Spionage in Flandern war ein früherer zaristischer Offizier, Ilja Raikoff, der wegen seiner enormen physischen Kräfte von denen, die ihn kannten, der *Ochs* genannt wurde. Der *Ochs* war uns von Rudolf Heitmann bezeichnet worden. Heitmann war ein GPU-Spitzel innerhalb der Hamburger Gestapo, und Avatin hatte den Auftrag, den Russen beiseite zu schaffen.

»Der *Ochs* ist schwer zu fassen«, sagte Avatin erläuternd. Mehr wollte er nicht sagen.

Bevor ein Monat vorüber war, erhielten unsere Kämpfer im Hafen von Antwerpen an einem Beispiel den Beweis der Tüchtigkeit Ilja Raikoffs. Die *Cari-*

bia, ein Überseedampfer der Hamburg-Amerika-Linie, war, von Westindien kommend, in Antwerpen eingelaufen. Ein Besatzungsmitglied namens Hans Lisser, das seit 1932 für die Komintern als Kurier nach Westindien tätig gewesen war, kam in Antwerpen an Land und bat, die Partei solle einen ausgebildeten Genossen an Bord schicken, der bei einer Versammlung des Aktionsausschusses auf dem Dampfer sprechen könne. Niemand von uns wußte, daß Genosse Lisser inzwischen Gestapospitzel geworden war – ein Zahnrad in der Maschinerie des *Ochsen*.
Ein Organisator wurde an Bord geschickt. Es war Ignaz Außinger, ein erfahrener und furchtloser Genosse, der erst vor wenigen Tagen der Gestapo in Köln entkommen war. Zusammen mit seinem Mädchen Paula war er flußabwärts nach Antwerpen gekommen, nachdem die beiden sich im Laderaum eines Rheinschiffes zwischen Eisenbahnschienen versteckt hatten. Außinger ging gegen acht Uhr abends an Bord der *Caribia*; er hatte eine ganze Menge antinazistischer Flugschriften bei sich. Einige Stunden nach Mitternacht hämmerte Paula, sein Mädchen, mit den Fäusten gegen die Türen des Internationalen Klubs. Sie weckte die Wachen. Das Mädchen war so erregt, daß die Wachen Mühe hatten, ihr unzusammenhängendes Gestammel zu verstehen. Dann begriffen sie: Genosse Außinger war nicht von der *Caribia* zurückgekehrt.
Paula schrie hysterisch: »Sie haben ihn erwischt. Sie haben ihn eingesperrt. Ihr müßt ihm helfen ...«
Drei von den Wachleuten rasten an die Mole, wo die *Caribia* festgemacht hatte. Mit Ausnahme der Fallreeplichter, die brannten, lag das Schiff dunkel und ruhig da. Vier jugendliche Fallreepwachen, SS-Leute, hinderten die drei nächtlichen Besucher am Betreten des Schiffes. Die drei deutschen Kommunisten konnten von sich aus keinen Alarm schlagen; denn sie hielten sich illegal in Belgien auf und waren deshalb sofortiger Verhaftung und Deportation ausgesetzt. Sie eilten deshalb zum Büro der belgischen Partei und weckten den *Concierge*. Der *Concierge* rief zwei Polizisten. Die Polizisten gingen an Bord der *Caribia*.
Die Naziwachen hielten sie oben am Fallreep auf. Sie spannten die deutsche Flagge quer über den Fallreepeingang.
»Jetzt treten Sie auf unsere Flagge, wenn Sie es wagen«, sagten sie zu den Polizisten. »Sie befinden sich auf deutschem Hoheitsgebiet.«
Die Polizisten zögerten.
»Es wurde uns gesagt, daß Sie einen Mann widerrechtlich auf dem Schiff zurückhalten«, sagte der eine von beiden. »Wir müssen das untersuchen.«
»Er ist Besatzungsmitglied. Er war gegen den Ersten Offizier tätlich geworden. Deshalb haben wir ihn eingesperrt.«
Die Belgier verlangten den Kapitän zu sprechen. Der Kapitän wurde gerufen. Er bestätigte die Geschichte der Naziwachen: der Mann sei wegen Widersetzlichkeit eingesperrt worden. Die belgischen Polizisten ahnten nicht, daß der wirkliche Herr des deutschen Schiffes nicht der Kapitän war, sondern der Führer des Nazistützpunktes auf dem Schiff.
Bei Tagesanbruch kam die Flut. Die *Caribia* lief aus, und Ignaz Außinger war als Gefangener an Bord. Bei der Zeit, die die Benachrichtigung der verantwortlichen Parteiführer von dieser Entführung kostete, war es bereits zu spät, den Genossen Außinger vor seinem Rücktransport nach Köln zu retten.

Die gesetzlichen Methoden der belgischen Behörden waren besonders unwirksam gegen die rücksichtslosen illegalen Methoden der Gestapo. Im Januar 1934 wurde Ignaz Außinger in Köln geköpft. Paula, sein Mädchen, benahm sich, als habe sie den Verstand verloren. Die Partei konnte sie nicht mehr verwenden. Eine Zeitlang streifte sie wie ein Rachegeist durch das Matrosenviertel Antwerpens. Dann begann sie zu trinken. Die belgische Polizei verhaftete sie, und weil sie keinen Paß hatte, wurde sie heimlich über die Grenze nach Holland abgeschoben. Der Leiter des Internationalen Klubs in Rotterdam schlug vor, sie in die Sowjetunion zu schicken. Aber Paula wurde als unzurechnungsfähig erklärt. Der russische Konsul verweigerte ihr das Visum. Sie tauchte schließlich im *Ton*, einem Kabarett an der Schiedamsche Dyke in Rotterdam, als Prostituierte unter.

Endlich kamen meine Instruktionen. Sie wurden mir aus Dänemark von einem Mann namens Dietlevsen, einem Kurier, der als Bootsmann an Bord des dänischen Dampfschiffs *P. A. Bernstorff* diente, gebracht. Abgesehen von der Fluglinie Kopenhagen—Amsterdam—Paris, bildete dieses Schiff, das zwischen Esbjerg, Antwerpen und Dünkirchen verkehrte, die wichtigste Verbindung für den konspirativen Verkehr zwischen Kopenhagen und den westeuropäischen Hauptstädten. Eisenbahnen waren tabu geworden, seit sie über den verbotenen deutschen Boden fuhren. Dietlevsen hatte auch Geld mitgebracht. Unter den Geldanweisungen war ein dicker Briefumschlag, den ich an Roy Hudson, den Nachfolger George Minks für das amerikanische Küstengebiet, weiterleiten sollte. Ein Kurier an Bord der *Ilsenstein* von der Bernstein-Linie brachte die Anweisung nach New York, wo sie im Hause Broad Street 140, dem Büro des Genossen Hudson, abgeliefert werden sollte.

Wie die meisten Kominterninstruktionen verlangten auch die meinen mehr von mir, als ein gewöhnlicher Sterblicher in der zur Verfügung stehenden Zeit zu leisten hoffen durfte. Ein Mann, dem man ein Brecheisen in die Hand drückt mit dem Auftrag, das Matterhorn zu versetzen, muß etwa die gleichen Gefühle haben wie ein Kominternagent, der seine neu eingetroffenen Instruktionen studiert.

»Wo soll ich anfangen?« fragte ich den Genossen Anton, der die finanzielle Seite dieser Pläne in der Hand hatte.

»Beginn mit dem, was dir am meisten liegt«, antwortete er ruhig.

Gemäß den erhaltenen Instruktionen entfesselte ich eine Generaloffensive gegen die Hakenkreuzflagge. Drei aufeinanderfolgende Tage lang wurden die Häfen von Antwerpen, Rotterdam, Gent und Dünkirchen mit Aufrufen überschwemmt, die alle auf den gleichen Grundtenor abgestimmt waren: *Nieder mit der Mörderflagge! Weigert euch, Schiffe zu laden oder zu entladen, die das Abzeichen des Hitlermörders tragen! Das Hakenkreuz ist ein Hungerkreuz!* Die Hafenarbeiter scharten sich zusammen. Aktionsausschüsse wurden gebildet. Nazis, die in den holländischen und belgischen Häfen das Hakenkreuzabzeichen trugen, wurden beinahe zu Tode geprügelt. Auf dem wackligen Rücksitz eines uralten Motorrads wurde ich in rasendem Tempo von Antwerpen nach Rotterdam und zurück nach Antwerpen, dann nach Gent und Dünkirchen gefahren. Es ging hoch her. Die Arbeiter reagierten rasch, denn die intensive Publizität, die die Greueltaten der Gestapo und der SA in der ausländischen Presse fand, hatte sie gut vorbereitet.

Meine Propagandatrupps im Hafen von Antwerpen konnten ihre erste Reihe

von Erfolgen buchen. Dünkirchen folgte, dann Rotterdam und Gent. Fünf Tage nach Beginn der Kampagne lagen rund zwanzig deutsche Schiffe allein in diesen Häfen still und wurden von einer feindseligen Menge belagert. Die Hafenarbeiter anderer Häfen von Sydney bis Sevilla folgten bald dem Beispiel der Antwerpener. Sobald ein deutscher Dampfer angelegt hatte, sandte ich eine Delegation von Hafenarbeitern an Bord, die den Kapitän zu sprechen wünschte. Die Hafenarbeiter verlangten, daß die Hakenkreuzflagge eingeholt werde. Selbstverständlich weigerte sich der Kapitän; denn Verhaftung durch die Gestapo wäre sein Los gewesen, wenn er auf die Forderung der Delegation eingegangen wäre.
Darauf gaben die Hafenarbeiter die folgende Antwort: »Solange Sie die Mörderflagge zeigen, werden wir nicht für Ihr Schiff arbeiten.«
Ein Postengürtel wurde rund um die betroffenen Schiffe gelegt. Keinem Deutschen wurde gestattet, an Land zu gehen. Eine größere Bewegung entstand, wenn die Offiziere an Bord der Dampfer versuchten, die Besatzung zur Abfertigung der Ladung zu zwingen. Kommunistische und sozialdemokratische Besatzungsmitglieder verweigerten den Gehorsam. Daraufhin gaben die Kapitäne dieser Schiffe mit der Sirene das Signal *Meuterei an Bord!* Und nun folgt ein trauriges Kapitel in den Polizeiannalen der demokratischen Nationen. Belgische und holländische Polizisten verhafteten die deutschen Seeleute als Meuterer. Der Bürgermeister von Antwerpen, Huysmans, erschien in den Docks, um die Stauer zu veranlassen, auch dann zu arbeiten, wenn die Hakenkreuzflagge über ihren Köpfen wehte. Das geschah nachts etwa um elf Uhr. Aus dem Schatten eines Lagerhauses beobachtete ich den Fortgang der Aktion.
»Wer ist der dicke Mann, der zu den Aktionsausschüssen spricht?« fragte ich einen der Kuriere, die sich auf dem »Schlachtfeld« befanden.
»Bürgermeister Huysmans«, gab er zur Antwort.
Der Bürgermeister war ein Sozialdemokrat. Ich rief eine Gruppe junger Aktivisten – Letten, Deutsche, ein Este und ein Irländer – und schickte sie vor, um den Eindringling ins Wasser zu werfen. Er war jedoch zu weit vom Rand des Wassers entfernt, und meine Genossen ließen es sich dann genügen, dem Bürgermeister von Antwerpen eine Tracht Prügel zu verabfolgen.
Ernsthafte Unruhen im Hafen von Antwerpen, berichteten die Schlagzeilen am folgenden Morgen.
In Gent und Dünkirchen war der Boykott der Hakenkreuzflagge so vollständig, daß die deutschen Schiffahrtsgesellschaften diese beiden Häfen von der Liste ihrer Anlaufhäfen strichen.
Nach zwei weiteren heftigen Wochen wurde die Kampagne plötzlich durch ein geniales Manöver, das möglicherweise im Propagandaministerium in Berlin von Dr. Goebbels selbst erdacht worden war, erledigt. Aufrufe erschienen in den Docks von Antwerpen und anderswo; sie waren mit *Die kommunistische Opposition* unterzeichnet und fragten die Docker, weshalb die Hakenkreuzfahne nicht auch von den sowjetischen Stauern in den russischen Häfen boykottiert werde. Auf der Rückseite des Flugblattes wurden Fotografien aus Leninport, dem Hafen von Leningrad gezeigt. Man sah darauf ein Schiff, das die Hakenkreuzflagge führte, nicht weit entfernt von einem anderen, auf dem Hammer und Sichel rot eingedruckt waren. Die Laderäume des deutschen Schiffes waren offen, und man konnte darauf die Gestalten arbeitender Män-

ner unterscheiden. *Stalin wünscht, daß ihr gegen deutsche Schiffe streikt,* so endete das Flugblatt. *Nun sollt ihr Stalin fragen, warum er nicht gegen die deutschen Schiffe in Rußland streikt.*
Diese Frage schlug ein. In der nächsten Streikversammlung fragten die Hafenarbeiter: »Warum?«
Die Antwort, die meine Kollegen und ich darauf geben konnten, war nicht gerade überzeugend. »Deutsche Schiffe fahren nach Rußland«, erklärten wir, »und bringen Waren, die für den siegreichen Aufbau des Sozialismus notwendig sind. Gegen deutsche Schiffe in sowjetischen Häfen zu streiken, hieße soviel wie gegen den zweiten Fünfjahrplan zu streiken.«
In einer dieser Versammlungen, die ich überwachte, stand ein Mann schreiend auf und streckte seine Arme mit einer anklagenden Gebärde aus:
»Nur Advokaten sprechen auf diese Weise«, brüllte er laut. »Die Sowjetunion hat uns verraten!«
Ich erlebte die Überraschung, daß der Ruf dieses Mannes dem Faß den Boden ausschlug und unsere Anstrengungen, die Nazischiffahrt aufs Meer hinauszutreiben, zunichte machte. Ich schaute ihm ins Gesicht. Es war das blasse, halb zynische, halb unbesonnene Gesicht eines Mannes von vierzig Jahren. Er hatte blondes Haar, kühne Augen und ein eigensinniges Kinn. Wer war das? Seine Gesichtszüge kamen mir vertraut vor. Nach Schluß der Versammlung folgte ich dem Mann auf die Straße hinaus. Und plötzlich erkannte ich ihn. Er hieß Hermann Knüffgen. Ich hatte ihn zum ersten Mal in dem düsteren Frühjahr 1919 gesehen. Er stand mitten in einer Bande aufrührerischer Hafenarbeiter und hatte eben ausgerufen: »Die Reichen müssen sterben, auf daß die Armen leben können!« Das war der Mann, der einen Fischdampfer in der Nordsee gekapert hatte, um damit die deutsche Delegation zum ersten Kongreß der Komintern in das vom Krieg aufgewühlte Rußland zu bringen. Der gleiche Mann, der später aus diesem Grund wegen Piraterie auf hoher See verurteilt und ins Gefängnis gekommen war.
Ich holte ihn in der Nähe des *Steen* ein.
»Hallo, du Seeräuber«, sagte er. »Bist du hier?«
»Komm, wir wollen ein Bier trinken«, schlug ich vor.
»Aber gerne.«
Es war eine seltsame Zusammenkunft. Hier stand der Mann, der viel dazu beigetragen hatte, wenn auch nur indirekt, mich in die Flut der kommunistischen Bewegung zu stoßen. Und hier war ich, ein Blutkörperchen im breiten Blutstrom der Komintern. Der Mann, dem ich in meiner Jugend auf seinem Weg zu folgen beschlossen hatte, saß drei Schritte entfernt und war jetzt ein erbitterter Feind unserer Sache. Es war keine Feindschaft zwischen uns. Wir unterhielten uns, ich mit Vorsicht, er mit offenem Zynismus. Nach Jahren, die er in deutschen Gefängnissen verbracht hatte, war Hermann Knüffgen vom Präsidenten Hindenburg amnestiert worden. Eine Zeitlang war er dem skandinavischen Büro der Komintern zugeteilt und war dann in Leningrad als Organisationsexperte in den Dienst der *Sowtorgflot* getreten.
»Ich sah bald, wie die Dinge im heiligen Rußland standen«, erzählte mir Knüffgen. »Das war kein Sozialismus. Das war nicht das, wofür ich gekämpft hatte. Was ich sah, war der Leichnam einer großen Nation; und wer saß in den Eingeweiden des armen Viehs und fraß sich voll? — Die herrliche bolschewistische Bürokratie. Das kastrierte *meinen* kleinen Traum. Es tat mir

leid, daß ich für sie 1919 den kleinen Fischdampfer gestohlen hatte. Ich rechnete also die Kosten aus: Der Fischdampfer war eine halbe Million Rubel wert; sieben Jahre Gefängnis waren nochmals sieben Millionen Rubel wert. Da dachte ich, daß es am Ende doch besser sei, ich bekäme mein Geld wieder zurück. Siebeneinhalb Millionen Rubel war gerade etwa das, was Herr Stalin mir schuldete. Nun gut, ich bekam also einen Haufen Rubel in die Hände, und ich begann, wenn immer das möglich war, zweihundert Rubel für ein englisches Pfund zu verkaufen. Bis dann eines Tages meine Freunde von der GPU ...«

Ich kannte das übrige. Knüffgen war als Spekulant festgenommen worden. Es gab einen Skandal, der die ganze Sowtorgflot erschütterte. Knüffgen wurde zum Tode verurteilt. Wegen seiner Vergangenheit als Mitarbeiter von Karl Liebknecht und Rosa Luxemburg wandelte die Sowjetregierung die Todesstrafe in zehn Jahre Zuchthaus um. Nach weniger als zwei Jahren Zwangsarbeit in einem karelischen Gefangenenlager entkam Hermann Knüffgen.

»Vielleicht haben tausend arme Teufel das gleiche versucht, und ich bin der einzige von tausend, der lebend herausgekommen ist«, sagte Knüffgen lachend.

»Und jetzt?«

»Jetzt bin ich hier«, sagte er.

»Und tust schmutzige gegenrevolutionäre Arbeit«, schloß ich.

Knüffgen lehnte sich zurück. Sein Blick folgte dem Rauch seiner Zigarre.

»Ich habe nie besser gelebt als jetzt«, sagte er zufrieden.

»Das glaube ich.«

»Du bist ein gottverdammter Dummkopf. Ihr Burschen denkt, ihr seid Wölfe, aber ihr seid nur Püppchen, die nach Schmetterlingen jagen. Bist du dir denn nicht im klaren darüber, daß Josef Stalin und seine *towarischtschi* nichts als Verachtung für euch ausländische Speichellecker empfinden?«

»Für wen arbeitest du jetzt? Für die Gestapo?« fragte ich nun todernst.

»Unsinn! Die Gestapo zahlt mir zu schlecht.«

»Wer zahlt mehr?«

»*Scotland Yard*. Du siehst, ich werde Realist.«

»Warum stelltest du dich dem Boykott der deutschen Schiffe entgegen?«

Knüffgen lachte kaltblütig. »Ich freue mich immer, wenn ich Knüppel zwischen die Kominternbeine werfen kann«, sagte er und fügte ernsthaft hinzu: »Jede Art von Politik ist Betrug. Du weißt das so gut wie ich. Weshalb daraus nicht die Konsequenzen ziehen?«

»Welche Konsequenzen?«

»Am Leben bleiben und es sich wohl sein lassen, das eigene Boot fahren und etwas Spaß haben.«

»Du tust mir leid.«

»Ich weiß, du bist immer noch der Meinung, daß *Recht* und *Unrecht* zwei verschiedene Dinge sind«, sagte Knüffgen. »Du bist gewissenskrank.«

»Meinetwegen nenn es Gewissen.«

»Setze das Gewissen auf den Thron, und du wirst vor Hunger sterben. Vielleicht findest du auch eines schönen Tages einen Strick um den Hals.«

Wir kamen zu nichts. Bevor ich ihn verließ, warnte ich den Renegaten:

»Misch dich in Zukunft nicht mehr in unsere Kampagnen ein. Ich gebe dir den guten Rat.«

»Nur kaltes Blut, mein Junge«, sagte Knüffgen gedehnt. »Ich habe lange Erfahrung im Geschäft. Erzähl meinen Freunden von der GPU, daß Genosse Stalin mir rund zehn Millionen Rubel in Gold schuldet. Kannst du dir einen Mann vorstellen, der eine solche Investition im Stich läßt?«

Wir trennten uns. Über den Genossen Anton nahm ich Verbindung mit Michael Avatin auf. Ich gab dem Letten einen Bericht über Knüffgen. Avatin nickte nur. Vierzehn Tage später erschien Willy Czympanski, der vor zehn Jahren im Gefängnis in Hamburg mein Mitgenosse gewesen war, in Antwerpen. Czympanski war Einsatzmann im sowjetischen militärischen Informationsdienst geworden, aber die GPU borgte ihn sich zeitweise vom militärischen *Apparat* für Sonderaufgaben aus. Schroff und verschlossen befragte er mich über Hermann Knüffgen. Ich erfuhr dann, daß er nach Antwerpen geschickt worden war, um den ehemaligen Captain Kidd der Komintern zu erledigen. Es gelang ihm nicht. Knüffgen überlebte ihn. Czympanski starb durch Selbstmord im Sommer 1937, nachdem die Gestapo ihn bei einem Spionageauftrag in Deutschland festgenommen hatte.

Die von Zeit zu Zeit auflebenden Streiks gegen die deutsche Flagge hatten viele deutsche Seeleute in Antwerpen stranden lassen. Es handelte sich um die Kämpfer, die gestreikt hatten und die eine sofortige Verhaftung zu gewärtigen hatten, wenn sie in einen deutschen Hafen zurückkehrten. Für mich und für die Komintern bedeuteten sie eine willkommene Verstärkung. Fünf der Begabtesten schloß ich zu einem *Pressekomitee* zusammen, das unsere neue Wochenzeitung *Scheinwerfer* herausgeben sollte. Die erste Ausgabe, die in einer Auflage von 12 000 Exemplaren erschien, begann mit der herausfordernden Schlagzeile *Wir leben, und wir werden am Leben bleiben!* Zwei Tage nach Erscheinen war der größte Teil der Auflage bereits auf dem Untergrundtransport nach Deutschland. Er gelangte in den Kohlenbunkern von Schiffen, die nach Bremen, Hamburg und Stettin fuhren, oder in den Bäuchen der rheinaufwärts ziehenden Lastkähne an sein Ziel.

Andere gestrandete deutsche Kämpfer organisierte ich zu Sabotagegruppen. Ich richtete Schulungszirkel ein, in denen die Genossen von den deutschen Schiffen in der einfachen Technik unterrichtet wurden, mit geringsten Mitteln möglichst großen Schaden an Schiffen und Ladungen anzurichten. Eine Reihe von Vorschlägen für maritime Sabotagetechnik war von irgendeinem Experten des Westsekretariats ausgearbeitet worden. Diese Zusammenstellung war mir durch Jensens Kurier an Bord der *P. A. Bernstorff* zugeleitet worden. Eine Anzahl Punkte in diesem Ausbildungsprogramm für Saboteure lasse ich hier folgen:

Die älteste und wirksamste Methode war, feinen Sand in das Schmieröl, das für Dampfmaschinen gebraucht wird, zu mengen, besonders die Lager der langen und schweren Schraubenwellen waren damit zu schmieren. Eine sorgfältig und am richtigen Ort verwendete Handvoll Sand reichte aus, um die größte laufende Maschine tagelang unbrauchbar zu machen. Sand oder feiner Kies konnten mit Erfolg bei den Winden der Ladebäume und im Ankerspill gebraucht werden. Andere Methoden waren: Direktes Unbrauchbarmachen von Kompassen und Sextanten; das Beschädigen von Kompassen durch Entfernen oder Ablenken der Steuermagnete; Bunkerbrände konnten durch das Übergießen der Kohle mit Petroleum und Wasser verursacht werden, besonders bei warmem Wetter; Steuerruderketten konnten auf hoher See durchgesägt werden; bei Schiffen, deren Ladung aus tropischen Früchten, besonders aus Bananen, bestand, konnte die Temperatur in den Laderäumen übermäßig herabgesetzt werden; die Anwendung von Petroleum bei Ladungen von Fleisch oder andern leichtverderblichen Nahrungsmitteln; neue technische Einrichtungen, Motoren, elektrische Bohrer, Pumpen, Pressen und Schreibmaschinen, die Deutschland in großen Mengen nach Südamerika exportierte, sollten mit Zement und Wasser übergossen werden. Auf die direkte Zerstörung und Versenkung von Schiffen zielten jene Instruktionen, die das Durchtränken von Getreide- und Sojabohnenladungen mit Wasser betrafen; das geschah entweder durch das Bohren kleiner Löcher in die Seitenwände unter der Wasserlinie oder durch das Befestigen des Mundstücks eines Wasserschlauchs für Löschzwecke in der Öffnung eines Lüftungsschachts oder einfach, indem man die Mündungen der Entlüftung bei Regen oder schwerer See im Schutze der Dunkelheit gegen den Wind kehrte. Wenn Getreide oder Sojabohnen einmal naß waren, quollen sie bis auf das Dreifache ihres normalen Umfangs auf und zersprengten Stahldecks und Seitenwände selbst des bestgebauten Schiffes. Als Höhepunkt der Sabotageleistung wurde die Übernahme deutscher Schiffe durch ihre Besatzungen im Falle eines Kriegsausbruchs vorgeschlagen. Die Zerstörung von Funkanlagen, Festsetzung von Offizieren als Geiseln und die Flucht in einen neutralen oder sowjetischen Hafen waren die bemerkenswertesten Anweisungen in diesem Programm.

Die Komintern ging von der Überlegung aus, daß die deutsche Wirtschaft schwach war und daß Sabotage in der Industrie und beim Transportwesen und ihre Ausweitung zu einer Massenbewegung den wirtschaftlichen und deshalb auch den politischen Zusammenbruch der Nazimacht beschleunigen würde. Die Theorie stellte sich als falsch heraus. Aber Tatsache blieb, daß keine große und deshalb äußerst verwundbare Organisation zur Durchführung von Sabotageakten notwendig war. Ein ausgebildeter Mann, der allein arbeitete, reichte aus, das glatte Funktionieren eines Schiffsbetriebes zu unterbrechen. Daß die Sabotagetrupps nicht ganz vergeblich gebildet worden waren, zeigten die Ereignisse in den darauffolgenden Jahren. In Puerto Colombia wurde der Frachter *Helgoland* des Norddeutschen Lloyd von Mitgliedern der Besatzung in Brand gesteckt; eine Meuterei folgte. Die Heizer der *Bahia Blanca,* eines Schiffs der Hamburg-Südamerika-Linie, machten ihr Schiff im Hafen von Rio de Janeiro unbrauchbar. In der Nähe von Pernambuco verursachte ein Sabotageakt einen Brand in den Bunkern der *Sao Paulo* aus Hamburg. Fünf Tage lang konnte man des Feuers nicht Herr werden. Die chinesischen Seeleute an Bord der deutschen Weizenschiffe *Nienburg* und *Anatolia* meuterten auf der Höhe von Buenos Aires. An Bord des Überseedampfers *Leuna* der Hamburg-Amerika-Linie, deren Heizer und Kohlentrimmer Kommunisten waren, verschwand der Leiter der Nazigruppe des Schiffes spurlos im Indischen Ozean.

In den ersten Junitagen erhielt ich die Anweisung, nach Paris zu fahren, um am Weltkongreß gegen den Faschismus als »Delegierter der Hamburger Arbeiter« und als Vertreter der Internationale der Seeleute teilzunehmen.

Der Zug nach Paris war überfüllt mit den Delegierten aus vielen Ländern. Alle hatten sie das gleiche Ziel, aber alle taten so, als kennten sie einander nicht, bis der Expreßzug in Lille einfuhr, der ersten sicheren Station jenseits der französisch-belgischen Grenze. Die *Gare du Nord* in Paris wimmelte von jungen Leuten, die Walter Ginsburg, unser Hauptverbindungsmann in der Seinestadt, an die Bahn geschickt hatte. Einer davon brachte mich in mein Quartier, Rue Etienne Marcel 221 in Montreuil, einer Vorstadt im Osten. Dort befand sich die Wohnung des Genossen Beaugrand, eines Mitglieds der Deputiertenkammer und Chefs des kommunistischen militärischen *Apparats* in Frankreich. Er war groß und hager, von Beruf war er Metzger in einem städtischen Schlachthaus gewesen. Seine Wohnung war vollgestopft mit Reiseandenken von vielen Reisen in die Sowjetunion, Erinnerungszeichen der Roten Armee und Fotografien der Sowjetführer. Seine Frau, eine vierschrötige, lebensvolle Person, hatte eine Stellung in der Verwaltung der *Halles*, des Mittelpunkts der Lebensmittelverteilung von Paris.

Eine meiner Aufgaben bestand jetzt darin, die Überwachung aller Seeleute, Hafenarbeiter, Flußschiffer und Fischer, soweit sie als auswärtige Delegierte zu dem Kongreß kamen, zu organisieren. Ferner sollte ich als Dolmetscher bei den Konferenzen zwischen der Kominternexekutive und den Führern der verschiedenen Delegationen fungieren. Diese Versammlungen fanden entweder im *Architektenstudio* Walter Ginsburgs an der Rue de Seine statt oder in den provisorischen Diensträumen, die das Westsekretariat in der Rue Lafayette 228 eingerichtet hatte. Die besten Leute der Komintern waren in die Stadt gekommen.

Mein Chef, Ulrich, kam mit Richard Jensen und einer ganzen Reihe nächster Mitarbeiter von Kopenhagen herübergeflogen. Aber die Mehrzahl der Delegierten waren keine Kommunisten. Arbeiter, Intellektuelle, Lehrer, Schriftsteller und Leute aus allen Berufen, die dem liberalen Lager angehörten, erschienen in Menge und wollten bei der Gründung einer Weltbewegung gegen Hitler und die Weltanschauung, die er repräsentierte, helfen. Wenige von diesen arglosen Pilgern machten sich offensichtlich auch nur die geringste Vorstellung davon, daß es die Komintern war, die den Weltkongreß organisiert und finanziert, alle Resolutionen entworfen und alle Entscheidungen bereits vor der formellen Eröffnung getroffen hatte. Die Hunderte von Ordnern und Dolmetschern, Stenotypistinnen, Stenografen, Führern und Kurieren waren alle Mitglieder der kommunistischen Partei. Der Kongreß trat in der *Salle Pleyel*, dem berühmten Konzertsaal unweit des *Etoile* und *des Arc de Triomphe* zusammen. Nach außen hin war es eine der größten internationalen Versammlungen, die jemals in der Welt zusammengetreten war. Aber der eigentliche Konvent fand wie gewöhnlich hinter den Kulissen statt. Der Kongreß wählte ein *Weltkomitee gegen Krieg und Faschismus* und erklärte sich einstimmig mit dem kommunistischen Vorschlag einverstanden, daß in jedem demokratischen Land der Erde eine entsprechende *Liga gegen Krieg und Faschismus* ins Leben gerufen werden solle.

Am dritten Tag des Kongresses sprach ich in der dichtbesetzten *Salle Pleyel*. Wie andere Redner, die aus totalitären Ländern kamen, trug ich eine Maske, denn mit der Gefahr, daß Gestapoagenten unter uns waren, mußte immer gerechnet werden. Ich forderte die internationalen Delegierten auf, sich der vielen tausend Schiffe aller Nationalitäten, die deutsche Häfen und deutsche Flüsse anliefen, als Rammböcke zu bedienen, um für die Anti-Hitler-Propaganda und -Organisation einen Weg über die Seegrenzen in das Dritte Reich zu bahnen. Es gab donnernden Applaus. Meine Rede wurde in sieben Sprachen übersetzt.

Eine der Persönlichkeiten, deren Auftauchen beim Kongreß erwartet wurde, war Ernst Wollweber. Aber der ehemalige Meuterer war auf seinem Posten in Deutschland geblieben. An seiner Stelle erschien Cilly, seine Sekretärin. Groß, geschmeidig, elegant angezogen, hatte sie nichts von ihrer wunderbaren Haltung verloren. Aber ihr Gesicht zeigte Spuren der monatelangen gefährlichen Untergrundarbeit an der Seite Wollwebers.
»Ich bin froh, daß ich lebend herausgekommen bin«, erzählte sie mir. »Es ist nicht bloß der Tod, der einen schüttelt; es ist der Schrecken, das Gefühl, daß es rund um einen her nichts als Zähne gibt, mörderische Zähne, die bereit sind, zuzuschnappen und einen zu zerreißen.«
Auf einer Spezialkonferenz der deutschen kommunistischen Führer in Walter Ginsburgs Atelier wurde der Name Ernst Wollwebers Gegenstand eines üblen Streits. Ein winzig kleiner, aber wild dreinblickender Russe vom Kominternsekretariat in Moskau war anwesend. Die Überbleibsel der alten deutschen Führerschaft – Pieck, Goenen, Remmele und ihre Leute – ängstigten sich schrecklich wegen Wollwebers Rivalität. Alle waren dafür, ihn an der Spitze der Organisation *in* Deutschland zu belassen, eine Funktion, die ihn, so hofften sie, früher oder später in die Keller der Gestapo führen werde. Gegen diese Haltung begehrte der russische Beauftragte wütend auf. Er schlug wild um sich. Ernst Wollweber als der Organisator der neuen unterirdischen Kominternmaschine in Deutschland hatte bei den sowjetischen Führern gewaltiges Ansehen gewonnen. Sie waren nicht bereit, den Besten der deutschen Mannschaft zu opfern. Die deutschen Führer unterlagen schließlich der Forderung des Russen, daß ein Kurier nach Berlin geschickt werden solle, um Wollweber sicher aus dem Land herauszubringen. Sie unterlagen wie Männer, die bei der Verlesung ihres eigenen Todesurteils zugegen sind. Sie boten sich an, einen ihrer eigenen Mitarbeiter nach Berlin zu schicken. Der Russe lehnte ab. Gegenseitiges Mißtrauen und dumpfer Haß lagen in der Luft.
»Geh und suche den Genossen Jensen«, sagte der Russe zu mir. »Sag ihm, er solle Punkt acht Uhr am *Métro Vavin* sein.«
Jensen schlug vor, daß seine rechte Hand, Georg Hegener, nach Deutschland gehen und Wollweber herausholen solle.
Kurz vor dem Start von Hegeners Expedition nach Deutschland hatte ich einen Treff mit Cilly in einem Café in der Nähe des Odéon. Sie war heftig erregt. Ihre Kaltblütigkeit war einer kummervollen und zerknirschten Hilflosigkeit gewichen. Bei einem Glas Pernod packte sie meinen Arm und sprach hastig auf mich ein.
»Dieser Wilhelm Pieck! Er ist so sehr darauf bedacht, in die Fußstapfen Ernst Thälmanns zu treten, daß er jeden, der lebend aus Deutschland herauskommt, als eine persönliche Bedrohung ansieht. Er hat Angst und will nicht, daß ich im Zentralkomitee arbeite. Er denkt, ich bin ein Spitzel von Ernst Wollweber. Er hat Angst, daß ich Material gegen ihn sammle für den Tag, an dem Ernst aus Deutschland herauskommt.«
Cilly liebte Ernst Wollweber. Ihre Mentalität war unpolitisch, aber sie war Kommunistin, in der Erfüllung ihrer Pflichten absolut zuverlässig und vor nichts zurückweichend. Und nun sah ich diese Frau den Panzer der Disziplin durchbrechen. Ihre dunklen Augen, ihre schlanke Eleganz waren in Aufruhr. Wie viele andere Kominternleute im Einsatz hatte sie eine unbestimmte, aber

tiefeingewurzelte Angst, plötzlich nach Moskau gerufen zu werden; keiner war jemals sicher, ob ein solcher Ruf nicht den endgültigen Abschied von diesem stürmischen, aber doch lebhaften Leben draußen bedeuten würde.
»Ich werde mit dem Genossen Jensen sprechen«, sagte ich zu ihr. »Er kann Moskau mitteilen, daß er dich für eine zeitlich begrenzte Aufgabe braucht.«
»Tu das bitte. Ich wäre dir dankbar dafür.«
Jensen besprach sich mit Ulrich. Der *S-Apparat* – die Spionageabwehrabteilung der Komintern – brauchte fähige weibliche Hilfskräfte. Cilly wurde daraufhin dem Kader von Michael Avatin zugeteilt.
Unter den Delegierten, die aus Deutschland gekommen waren, befand sich Bror Nyström, ein Schwede von Geburt, aber sowjetischer Staatsangehöriger. Er hatte im Industriespionage-*Apparat* von Hans Kippenberger gearbeitet; er war Spezialist für den Siemenskonzern, das große Elektro-Stahl-Unternehmen. Von ihm erfuhr ich den Aufenthaltsort von Firelei. Wieder einmal war sie auf der Flucht vor der Gestapo. Von Berlin war sie nach Dresden versetzt worden, und von dort war sie nach einer Razzia nach Stettin geflohen. Bror Nyström gab mir eine Adresse in Stettin.
»Du kannst ihr schreiben«, sagte er. »Es ist eine gute Adresse, wenn man das von Adressen heutzutage überhaupt sagen kann.«
Ich schrieb einige harmlose Zeilen auf eine Postkarte und gab die Adresse eines französischen Arbeiters in Montreuil an; dann brachte ich die Karte auf die Post. Ich wartete vier Tage. Es waren Tage einer grausamen Tortur. Dann kam die Antwort in der Handschrift, die mir so vertraut war. Es war ein kläglicher Hilferuf. Ich sandte Firelei telegrafisch alles Geld, das ich zur Zeit besaß.
Vom Telegrafenamt stürzte ich zur Zweigstelle des Westsekretariats in der Rue Lafayette. Eine undurchdringliche Sekretärin empfing mich. Ich verlangte, zu einem der leitenden Funktionäre gebracht zu werden.
»Warte«, sagte sie.
Ich wartete eine, zwei Stunden. Kuriere liefen einander die Hacken ab. Schließlich sagte mir die Sekretärin, ich solle zu der Fußgängerbrücke gehen, die gegenüber dem Louvre über die Seine führe. Auf der Brücke stand ein Mann mittleren Alters, tadellos in Grau gekleidet. Es war René, der Pole und Präsident des neugebildeten *Comité Mondial* – des Weltgeneralstabs der Ligen gegen Krieg und Faschismus. Sofort begann er, mit mir über meinen nächsten Auftrag zu sprechen. »Du sollst nach Straßburg und Basel gehen«, sagte er. »Wir müssen Möglichkeiten schaffen, die *Rundschau* in großem Maßstab über den Rhein nach Deutschland zu schaffen.« Die *Rundschau* wurde in Basel herausgegeben und war die Zeitung des Kominternpressedienstes. Ich hörte kaum zu. René sprach immer weiter! »Wir bringen jetzt ein Braunbuch über den Reichstagsbrand. Es ist höchst wichtig. Hunderttausend Exemplare in Miniaturausgabe sollen nach Deutschland gehen. Und Straßburg ...«
»Hör mal«, unterbrach ich ihn, »mich beunruhigt eine andere Sache. Meine Frau, Genossin Firelei, ist in einer verzweifelten Lage.«
»Ach so?«
Ich sprach. René war ein guter Zuhörer. Ich verlangte, daß die Partei mir helfen solle, Firelei aus Deutschland herauszubringen. Der Anflug von Neugier im Gesicht des Polen verwandelte sich in ein gefrorenes kleines Lächeln.
»Lieber Genosse«, sagte er geduldig, »ich respektiere deine Gefühle. Aber die

Lage ist zu ernst, als daß sie erlauben würde, unseren *Apparat* bei der Lösung privater Schwierigkeiten unserer Genossen aufs Spiel zu setzen. Später vielleicht. Wir brauchen dich zum Aufbau eines funktionierenden Brückenkopfes in Straßburg. Die Sache eilt.«
Feindschaft war zwischen uns, als wir uns trennten. In diesem Augenblick bedeutete Firelei mehr für mich als alle politischen Pläne und Verschwörungen zusammengenommen. Ich ging auf die Suche nach Richard Jensen. Jensen hatte Paris bereits verlassen. Er war nach Kopenhagen zurückgeflogen. Ich ging zu Ginsburg, dem Verbindungsmann. Ich brauchte Geld und einen zuverlässigen Kurier, den die Gestapo nicht kannte. Ginsburg zeigte Mitgefühl, hatte jedoch Angst. Er wollte nichts ohne genaue Instruktionen von oben tun. Ich war entschlossen, keine neuen Aufträge mehr entgegenzunehmen, solange Firelei in Deutschland gejagt wurde und heimatlos umherirrte.
Ich entschloß mich, an die Küste zurückzukehren. Die Matrosen würden mir ohne Zögern helfen. Die meisten von denen, die früher in Hamburg gewesen waren, kannten Firelei und betrachteten sie als Freund. Ich schrieb Firelei, sich bereitzuhalten. Es war unbesonnen, was ich da tat. Wenn der Brief in die Hände der Gestapo fiel, war alles verloren. Ich borgte mir hundert Franc vom Genossen Beaugrand. Das reichte für meine Reise nach Antwerpen.
Im Büro des Genossen Anton in Antwerpen fand ich einen Brief vom Westsekretariat vor, der den Befehl enthielt, sofort nach Straßburg zu fahren. Ich zeigte keine Eile.
Im Hinterzimmer des Café *Belgenland* versammelte ich die kampfbewährte Elite der Antwerpener roten Seeleute um mich. »Helft mir, Firelei zu retten!« Das war der Appell, den ich an sie richtete. Sie brachen beinahe in Jubel aus. Ihre Loyalität und ihre Begeisterung trieben mir die Tränen in die Augen. Unter ihnen befand sich Birzinsch, ein junger Lette. Unter seiner Führung zogen die Aktivisten am anderen Morgen aus, um das notwendige Geld durch eine Sammlung an Bord der Schiffe zusammenzubringen. Bei Einbruch der Dunkelheit waren fast vierhundert Belgas in meiner Hand.
»Ich brauche einen Freiwilligen, der mit mir nach Deutschland geht«, sagte ich. Birzinsch wollte mitkommen. Wir verließen Antwerpen noch in der gleichen Nacht und erreichten um vier Uhr morgens Verviers, eine belgische Stadt an der deutschen Grenze. Ein Führer der ortsansässigen kommunistischen Einheit führte uns auf Schmugglerpfaden in einem fünfstündigen Marsch durch dichte Wälder bis zum Stadtrand von Aachen. Wir gelangten auf deutsches Gebiet, ohne einem Grenzwächter begegnet zu sein.
In Aachen trennten wir uns. Birzinsch nahm den größeren Teil des gesammelten Geldes an sich und stieg in den Zug Köln–Berlin. Von Berlin wollte er nach Stettin gehen. Ich wartete in Aachen. Tag für Tag wanderte ich durch die ruhigen, sauberen Straßen, mied das Stadtzentrum, trat in Hauseingänge, wenn SA-Leute sich näherten, und versteckte mich nachts in den Wäldern. Ich konnte weder essen noch schlafen. Die Minuten schlichen wie böswillige und unendlich langsame Tiere dahin. Der Tag verging und die Nacht, der nächste Tag und die nächste Nacht. Ich wurde durch viele quälende Fragen beunruhigt: Was konnte Birzinsch zugestoßen sein? Würde er Firelei finden? Wo waren sie jetzt? Wann würden sie kommen? Unzählige Male stellte ich mir diese Fragen.
Jedesmal, wenn ein Zug aus Köln kam, trieb ich mich in der Nähe einer Gast-

stätte für Fuhrleute herum, die wir als Treffpunkt vereinbart hatten. Und endlich kamen sie, Birzinsch mit einem Ausdruck unvorstellbaren Triumphes auf seinem stoischen baltischen Gesicht, an seiner Seite Firelei in einem rotweißen Sommerkleid und mit einer lustigen Handtasche, die an ihrem Handgelenk baumelte. Ich hätte mich am liebsten mit einem Freudenschrei auf die beiden gestürzt, aber ich verhielt mich still und ließ sie vorbeigehen. Dann folgte ich ihnen langsam, bis wir den Waldrand erreicht hatten.

Birzinsch ging ein Stück weiter; er wollte angeblich Pilze suchen. Wir waren allein im schwachen Zwielicht des Buchenwaldes. Ich schaute Firelei in die Augen. Sie leuchteten wie Sterne.

»Jetzt sind wir wieder beisammen«, sagte sie sanft. »Ich bin so froh, so froh! Ich werde dich nie wieder allein fortgehen lassen . . .«

Die ganze Nacht wanderten wir nach Osten durch die dunklen Wälder. Birzinsch ging voran. Gegen Morgen blieb er stehen und wartete, bis wir ihn eingeholt hatten.

»Jetzt könnt ihr euch herzlich umarmen«, sagte er glücklich. »Wir sind in Belgien.«

Wieder versprach uns das Leben schöne Tage. Wir gelangten nach Antwerpen, und eine Woche lang lebten wir in der Dachstube über einer Gießerei und vergaßen die Welt um uns. Erst als das Westsekretariat mich mit Nachdruck an meine Pflichten erinnerte, fanden unsere heimlichen Ferien ein Ende.

»Wir gehen nach Paris«, kündigte ich an.

»Ich hätte schon immer gerne Paris gesehen«, sagte Firelei.

Wir reisten nach Paris, wobei wir die Grenze zu Fuß überschritten, denn Firelei war immer noch ohne Paß. In Paris beschaffte ihr Walter Ginsburg einen Paß auf den Namen Jeanette Languinier, gebürtig aus St. Nazaire. Auf diese Weise ausgerüstet, fuhren wir nach Straßburg und Basel.

Wir waren gerade in Straßburg, als uns die Nachricht erreichte, daß der Chef der Gestapospionage in Flandern, Ilja Raikoff – der *Ochs* – schließlich doch von Michael Avatin und seinen Gehilfen umgelegt worden war. Ich erfuhr die Einzelheiten dieser Exekution später, teils von Avatin selbst, teils durch Cilly, die ihm dabei geholfen hatte, in der Hauptsache aber vom Genossen Anton, dem Antwerpener Verbindungsmann, der die Berichte gesammelt hatte.

Vier hatten den Auftrag erhalten, die Sache abzumachen. Avatin, ein Belgier namens Rose, ein dicker, kleiner Grieche aus Thessalonich und Cilly. Sie mußten feststellen, daß der *Ochs* schwer zu fangen war. Er trieb sich in Taxis in der Stadt herum und hielt seine Besprechungen in hellerleuchteten Cafés ab. Avatin und Rose blieben ihm auf den Fersen. Der dicke Grieche strich im Hafengebiet herum, um jene zu beobachten, die im Quartier des *Ochsen* aus- und eingingen. Und Cilly, in leichten Kleidern, die aussahen wie Seide im Regen, saß Getränke schlürfend in den Cafés und tat ihr möglichstes, um den *Ochsen* zu veranlassen, mit ihr anzubändeln. Das ging so eine Woche, und Avatin wurde ungeduldig.

Cilly sollte den *Ochsen* betrunken machen und ihn dann zu einem nächtlichen Spaziergang am Fluß veranlassen. Aber der *Ochs* trank nicht genügend, und er ging nie aus dem Bereich des hellen Lichts und der Polizisten. Als er dann eines Nachts Cilly mit in ein Hotel nahm, beschloß Avatin, seinen Plan zu ändern.

Da Cilly den Gebrauch eines Messer ablehnte, ging der Grieche in eine Bibliothek, um etwas über Gifte zu finden. Er kam mit dem Bericht zurück, daß ein paar Tropfen unverdünnten Nikotins am besten wären. Alles, was Cilly zu tun hatte, war, dem *Ochsen* das Nikotin in den Tee zu gießen, bevor er zu Bett ging; nachher konnte sie das Flugzeug nach Paris nehmen, und Genosse Ginsburg würde für einen Paß sorgen, der bewies, daß Cilly schon lange in Paris lebte.

Es war ein aussichtsreicher Plan. Im Lauf der nächsten Woche nahm der *Ochs* Cilly in drei verschiedene Hotels mit. Es geschah nichts. Jeden darauffolgenden Morgen kam sie mit dem Bericht, daß der *Ochs* immer noch am Leben sei. Es schien, daß Cilly Skrupel hatte. Am dritten Morgen war ihr Gesicht so blaß, daß ihre Lippen blutrot aussahen. Als sie sagte, der *Ochs* sei ein sehr unglücklicher Mann, las Avatin ihr fürchterlich die Leviten. Er sandte eine Nachricht nach Kopenhagen und schlug vor, sie in ein weniger ernstes Arbeitsgebiet zu versetzen.

Dann, ganz plötzlich, passierte es doch.

Cilly vergiftete den Spitzel nicht. Kurz vor Mitternacht telefonierte sie aus einem Hotel an der Meir, daß der *Ochs* betrunken und unerträglich sei. Sie versprach, daß sie ihn in einem Taxi mitnehmen und unter den Bäumen in der Nähe der alten Festung am Fluß hinauswerfen werde.

Drei Stunden warteten Avatin, Rose und der Grieche auf der Bank unter den Bäumen. Kein Wort wurde gesprochen. Sie horchten auf das Durcheinander von Stimmen, das wie Rauch von einer Bande von Strandräubern emporstieg, die auf einer kleinen Wiese kampierten.

Gegen halb drei Uhr erschien ein Taxi unter den Bäumen. Sie sahen Cilly aussteigen. Sie ging rasch ans Ufer, da sie angeblich einen vorbeifahrenden Dampfer ansehen wollte. Der *Ochs* kam eine halbe Minute später mühsam aus dem Taxi geklettert. Er rief ihr nach, zu warten. Cilly wandte sich um. Gerade als er sie erreicht hatte, kippte sie ihn über eine Bank. Dann lief sie zum Taxi zurück und sagte dem Fahrer, er solle Gas geben. Als der *Ochs* sich wieder zurechtgefunden hatte, war das Taxi weg. Die Strandräuber schrien und lachten. Sie hatten um den *Ochsen* einen Kreis gebildet und übergossen ihn mit Spott und gutem Zureden.

»Jetzt ist es Zeit«, sagte Avatin ruhig.

Die Wolken hingen tief über den Türmen von Antwerpen. Die Lichter auf der anderen Seite des Flusses waren trübe im Regen. Die Strandräuber verzogen sich einer nach dem anderen. Ihre düsteren Gestalten glitten über das nasse Pflaster und verschwanden irgendwo in schützenden Toreinfahrten.

Avatin stand vor dem Russen. Er war ruhig, wie immer angesichts einer unmittelbar bevorstehenden Aktion. Das Hafengebiet lag einsam da. Der Regen fiel in Strömen.

»*Ochs*«, sagte Avatin, »wenn ein Mann einem anderen Mann eine Pistole gegen die Wirbelsäule hält, was geschieht dann?«

»Nichts«, sagte der *Ochs* verächtlich.

»Und wenn er abdrückt?«

Der *Ochs* blickte auf. »Der eine Mann ist tot, der andere lebt«, brummte er.

Von diesem Augenblick an ging alles schnell. Der Grieche preßte die Mündung einer Pistole gegen die Wirbelsäule des *Ochsen*.

»Steh auf!«

Der *Ochs* kam auf die Beine. Benommen stand der gewaltige Mann im Regen.
»Vorwärts!« sagte der Grieche.
Der *Ochs* marschierte. Er marschierte bis an die Ecke der Ufermauer, Avatin zur Rechten, Rose zur Linken und hinter ihm der dicke Grieche mit der Pistole.
»Wir werden dich jetzt töten«, sagte Avatin.
Der *Ochs* schien plötzlich erstaunt zu sein.
»Wo fehlt's euch?« fragte er, und seine Stimme vibrierte.
»Die Gestapo wird traurig sein, wenn sie dich verliert«, sagte Avatin.
Zu ihren Füßen gurgelte das schwarze Wasser des Flusses zwischen den Steinen. Der *Ochs* stand am Rand der Ufermauer, als wolle er nachdenken, dann drehte er sich plötzlich um und schlug dem Griechen ins Gesicht. Im gleichen Augenblick stieß Avatin ihm den Dolch in den Unterleib und schlitzte ihn auf. Dann gab er ihm einen Tritt. Der *Ochs* grunzte. Dann fiel er ins Wasser, und die Strömung trug ihn fort.

Das Sterben ist nicht so schwer

Sechzig Tage lang hielten wir uns in Frankreich, Belgien und Holland auf. Von Straßburg fuhren Firelei und ich nach Basel. Die Grenze überschritten wir am Rande des Dorfes St. Louis. Von Basel kehrten wir nach Paris zurück, und von Paris kamen wir nach Rouen, Le Havre, Boulogne, Dünkirchen, Gent, Antwerpen, Rotterdam und zurück nach Antwerpen. In diesen Häfen hatte ich die Aufgabe, Untergrund-Stützpunkte für die Verschiffung illegaler Druckschriften nach Deutschland einzurichten, eine Aufgabe, die ich mit der Überprüfung der kommunistischen Marineeinheiten längs der Flüsse und Küsten verband. In der zweiten Hälfte August war es mein Los, die Rolle eines der Cheftaktiker in dem großen Streik der Flußschiffer und Kanalarbeiter des Gebietes von Nordfrankreich und Paris zu spielen.
Wir befanden uns in Le Havre im Hause des Verbindungsagenten M. Gance und seiner reizenden Frau, als die Nachricht von den ersten amtlichen Kommunistenhinrichtungen in Deutschland ihre Runde um die Welt machte. Am 1. August 1933 fielen die Köpfe der Arbeiter Hermann Lütgens, Bruno Tesch, Wolff und Möller unter dem Beil des Scharfrichters in Hamburg-Altona. Ich hatte sie gekannt, Firelei ebenfalls. Andere Todesurteile waren von den Gerichten in Chemnitz und Breslau, in Berlin und Köln ausgesprochen worden. Auf uns wirkten diese Schlächtereien, als hätte man uns den Sohn ermordet. Zuerst empfanden wir abgrundtiefe Trauer, dann befielen uns Haß und Drang nach Rache. In zorniger Verzweiflung entwarf Firelei eine Karikatur von Hitler in der Rolle eines Scharfrichters, die Axt in der Rechten und den abgeschlagenen Kopf des Genossen Lütgens hoch in der Linken, der kopflose Leib lag zwischen den Beinen des Siegers. Über dieses Bild schrieb sie die drei bekannten Zeilen:

Verflucht, verflucht,
wer diesen Tag vergessen will,
wer dieses Blut nicht rächen will!

»Früher machte ich gerne schöne Dinge«, sagte Firelei düster. »Aber diese Zeit ist vorbei.«
Ich schrieb einen Aufruf, der Rache forderte, einen Aufschrei des Gefühls in Worten. In einer Auflage von 25 000 Exemplaren ließ ich ihn auf der Parteipresse drucken; als Hintergrund diente das Bild von Hitler als Henker. Ich sandte ihn sofort in alle Häfen, in denen Einheiten von uns im Schmuggel von gedruckter Konterbande nach Deutschland erfahren waren. Firelei verließ mit hundert von diesen Blättern das Haus von Gance; so schnell sie nur konnte, lief sie den Hügel hinunter.
»Es ist vielleicht besser, du schaust nach ihr«, riet mir Gance. »Sie ist fürchterlich aufgebracht.«
Ich ließ meine Arbeit liegen, um Firelei zu suchen. Ich konnte sie nicht sehen. Ich rannte den Berg hinunter und lief ziellos durch die Straßen von Le Havre, ohne auch nur eine Spur von ihr zu finden. Die Wahrheit dämmerte mir plötzlich. Es waren zwei deutsche Schiffe im Hafen, die *Gerolstein* und die *Bellona*. Firelei war in den Hafen gegangen, um Flugblätter unter den deutschen Besatzungen zu verteilen.
Es konnte nichts Gefährlicheres geben. Kein deutsches Handelsschiff war unterwegs, das nicht einen Spitzel unter der Besatzung hatte. Eine Gruppe von drei oder vier Nazis auf einem Schiff war mächtig genug, eine Besatzung von fünfzig Mann zu terrorisieren.
Ich lief zur *Gerolstein*, die eine kommunistische Zelle besaß.
»Ja«, sagte die Fallreepwache zu mir, »es war ein Mädchen hier, das irgendwelche wilden Zeitungen verteilte.«
»Ging sie wieder weg?«
»Ja.«
»Wann?«
»Eine gute Stunde vielleicht.«
»Wohin fährt das Schiff von hier aus?«
»New York.«
Ich stürzte zur *Bellona*, die in einem anderen Teil des Hafens lag. Der Heimathafen der *Bellona* war Bremen. Sie war von Spanien gekommen und war jetzt auf der Heimreise, eines der wenigen Schiffe, das mit einer Mehrheit organisierter Nazis bemannt war. Das Fallreep der *Bellona* wurde von zwei Matrosen bewacht, die die SA-Abzeichen trugen. Ich konnte nicht an Bord gehen. In kurzer Entfernung vom Schiff war die Kaimauer mit zerknüllten Exemplaren unseres Racheaufrufs übersät. Firelei war also hier gewesen.
Ich fragte einen Warenkontrolleur, der gerade dabei war, eine Schnapskontrolle am Eingang zu einem Lagerhaus durchzuführen: »Haben Sie ein Mädchen hier gesehen, ein junges Mädchen in einem rot-weiß gestreiften Kleid, ein blondes Mädchen?«
»*Un fille? . . . Ah, la garçonne! Mais oui!*«
»Wo?«
»Im Frachtbüro dort drüben.«
Es war das Frachtbüro der deutschen Neptunlinie. Es lag am Ende des Lagerhauses. Ich rief eine Gruppe Hafenarbeiter zusammen und nahm sie mit.
»Was ist denn los?«
»*Au secours*«, schrie ich aufgeregt. »*Brigandage. Les Nazis.*«
Vier oder fünf folgten mir. Die Hafenarbeiter von Le Havre waren Anarchi-

sten. Sie hatten an den Streiks gegen die Hakenkreuzflagge nicht teilgenommen, die sie als bedeutungslosen Fetzen betrachteten, genau wie die andern nationalen Hoheitszeichen; aber sie haßten die Hitlerbewegung deswegen nicht weniger. Ohne Umstände brach ich in das deutsche Frachtbüro ein. Die Hafenarbeiter folgten. Das Büro bestand aus zwei Räumen, einem großen Vorderraum und einem kleinen Büro hinten. Im Vorderraum sprach ein Offizier der *Bellona* mit zwei deutschen Angestellten.

»Halt«, rief der Offizier, »wohin wollt ihr?«

Wir drängten uns an ihm vorbei und durch die Tür in das rückwärtige Büro. Firelei war da. Sie saß an einem Tisch, ihr gegenüber ein junger Mann. Der junge Mann war kein Matrose; er zog sich gegen die Wand zurück. Firelei stieß einen Schrei der Überraschung aus.

»Was tust du hier?« fragte ich.

Sie war ganz von Sinnen. Sie erhob sich und ging mit geballten Fäusten auf den jungen Mann los. »Dieser kleine Mörder«, stieß sie hervor, »er wollte, daß ich mit ihm auf das Schiff gehe. Dieses interessante ...«

Männer versammelten sich im vorderen Büro. Unschlüssig standen die Hafenarbeiter da und wußten nicht, was sie tun sollten.

»Kommt, wir wollen gehen!«

Ich nahm Firelei am Arm und zog sie weg. Schweigend machten uns die Deutschen Platz. Die Hafenarbeiter wollten das Büro kurz und klein schlagen.

»Nein, nein«, sagte ich zu ihnen, »es war ein Irrtum.«

Firelei und ich waren illegal in Frankreich, unangemeldet und mit falschen Pässen. Wir konnten es nicht darauf ankommen lassen, von der Polizei verhört zu werden. Firelei zitterte am ganzen Leibe. Ich half ihr in ein Taxi und kletterte hinter ihr hinein.

»Wohin?«

»In eine Badeanstalt.«

Ich nahm für Firelei einen Duschraum und zwang sie, zehn Minuten nacheinander unter dem kalten Wasserstrahl zu stehen.

»Geht es dir jetzt besser?«

»Ja«, sagte sie ängstlich. »Ich weiß nicht, ich wurde wahnsinnig.«

»Jetzt zieh dich wieder an. Wir wollen zu den Gances gehen. Du wirst einen Tag im Bett bleiben und nichts hören und nichts sehen.«

Sie folgte mir wie ein müdes Kind. Im Schlaf schrie sie. Schreiend nannte sie die Namen der Männer, die in Hamburg-Altona hingerichtet worden waren, und sie nannte sie ihre »kleinen Brüder«.

Ich fragte sie nicht, was am Ufer bei der *Bellona* geschehen war. Wochen später erzählte sie es mir selbst. Sie hatte die Flugblätter verteilt und sie in kleinen Rollen auf den Dampfer hinübergeworfen, so daß sie auf dem Deck landeten. Dann war sie in das Frachtbüro gegangen, um noch mehr davon zu verteilen. Die beiden Männer weigerten sich, sie wieder hinauszulassen.

»Sie wollten, daß ich mit ihnen an Bord der *Bellona* gehe«, sagte Firelei. »Aber sie zögerten, weil ich ihnen drohte, Lärm zu schlagen. Und dann kamst du.«

Am 15. August waren wir in Dünkirchen. Die strategische Lage dieses Hafens hatte schon lange die besondere Aufmerksamkeit der Komintern auf sich gezogen. Kommunistische Gewerkschaften monopolisierten den Hafen und

die anschließenden Bahnen. Wir wußten, daß im Falle eines Krieges das Gebiet zwischen Dünkirchen und Lille der verwundbarste Punkt von ganz Frankreich sein würde. Der Resident der GPU in Dünkirchen hieß Marcel Wegscheider und war Ingenieur. Sein erster Gehilfe war Gustav Huyge, der Führer der Hafenarbeiterunion. Beide hatten ihre Büros in einem der schönsten Gebäude der Stadt, der *Salle d'Avenir*, rue l'Ecluse-de-Bergues 9.
Mit Wegscheider und Huyge diskutierte ich die Möglichkeiten einer Streikbewegung auf den Flüssen und Kanälen Nordfrankreichs. Ein entsprechender Feldzugsplan war vom Westsekretariat ausgearbeitet worden. Er verfolgte das große Ziel, die Industrien dieses Gebietes durch eine Unterbrechung der Rohstoffzufuhren lahmzulegen; diese erfolgten in der Hauptsache über die Flüsse und das Kanalsystem, das Paris mit Lothringen und der Kanalküste verband. Der *C.G.T.U.*, der kommunistisch kontrollierte Gewerkschaftsbund, hatte bereits durch eine wochenlange Streikagitation den Boden vorbereitet. Der Ausbruch der *Bataille des Bateliers* war nur noch eine Frage von Tagen. Der Dünkirchener Führung der Kommunistischen Partei fiel die Aufgabe zu, einen Stab von Experten zu stellen, der imstande war, den ausgebrochenen Streik in eine planvolle Schlacht zu verwandeln, indem er den Wasserweg nach Paris durch Schiffsbarrikaden sperrte. Es war das eine bisher noch nie versuchte Form von Transportsabotage in großer Form. Wegscheider, ich und unsere Schar von Mitabeitern reisten jeder für sich nach Paris. Wir trafen im Hauptquartier des *C.G.T.U.* in der Rue des Granges aux Belles wieder zusammen, um eine Konferenz mit René und den französischen Parteiführern abzuhalten.
Benoit Frachon, der Stratege der bolschewistischen Unternehmungen in Frankreich, entfaltete eine Generalstabskarte der Umgebung von Paris. Militärische Garnisonen und Unterkünfte der *Garde Mobile* waren blau eingezeichnet. Rot bezeichnet waren alle Flußmündungen und die strategisch wichtigen Vereinigungspunkte der Kanäle. Frachon wies mit pedantischer und kalter Stimme auf diese Punkte hin und bezeichnete sie als die Orte, an denen Schiffsbarrikaden am wirksamsten sein würden und wo die Trupps der Pariser Kämpfer bereits zur Aktion bereitstanden. Zwei motorisierte Kuriere waren jedem Trupp zugeteilt worden, um einen ständigen Kontakt mit der zentralen Streikleitung sicherzustellen. Diese hatte sich, um den Anschein der Unabhängigkeit zu erwecken, in St. Denis, fern von den offiziellen Gebäuden der Kommunistischen Partei, eingerichtet. Zu »Ratgebern« der zentralen Streikleitung wurden ernannt: Jean Rigal, Emile Ramette und ein gewisser Mauvais, alles Veteranen im Dienste der Komintern, und ich als Vertreter der *Internationale der Seeleute und Hafenarbeiter*, der Marinesektion der Komintern.
Der Streik begann am 19. August. Auch jetzt noch hatte die französische Regierung keine Ahnung vom Zweck dieses Unternehmens. Am 20. August bei Tagesanbruch traten unsere Sabotagebrigaden in Aktion.
Die französischen Flußarbeiter – die *bateliers* – folgten der Führung durch unsere Kader. An der Aisne wurden zehn Kähne Seite an Seite vertäut, bis sie den Fluß von einem Ufer zum anderen sperrten. Wir verstärkten diese Barrikade noch, indem wir die *bateliers* anwiesen, alle vorhandenen Anker auszuwerfen. Die Kähne an den beiden Seiten der Flußblockade wurden dann mit Trupps von Rotfrontkämpfern bemannt, deren Aufgabe darin bestand,

die Barrikade gegen Angriffe vom Land her zu verteidigen. Der Fluß war blockiert. Bei Anbruch des Tages konnten die Schiffstransporte aus der Gegend um Reims nicht mehr nach Paris weiter. Beim Einfluß der Aisne in die Oise wurde das Durcheinander für die Fahrt flußaufwärts von Stunde zu Stunde schlimmer.

Nun gingen wir dazu über, die Oise zu blockieren. Die Oise war breiter als die Aisne, und wir brauchten vierzehn Kähne, um eine schwimmende Barrikade zu bilden. Auf den Kanälen, die nach Norden und nach Belgien abzweigten, bildeten drei oder vier nebeneinander verankerte und unter sich zu einem Block vertäute Kähne vor dem Eingang der Schleusen wirksame Hindernisse. Bis zum Mittag waren insgesamt zweiundzwanzig Barrikaden dieser Art zusammengeschoben. Der Handel auf den Flüssen und Wasserwegen unterhalb von Paris erlag.

Die französischen Behörden waren zu überrascht, um sofort eingreifen zu können. In Lille und Amiens, in Dünkirchen und Rouen folgten die *bateliers* unserer Parole. Die Schiffahrt zwischen Frankreich, Belgien und Holland hörte auf. Als der Norden abgesperrt war, zogen wir alle unsere Kräfte nach dem Süden und Osten. Neue Schiffsbarrikaden entstanden. Die Seine wurde blockiert und dann die Marne. Am 22. August drohte die Pariser Regierung mit der Intervention. Sie stellte ein Ultimatum und verlangte die Beseitigung der Barrikaden.

Um Zeit zu gewinnen, sandten wir Delegationen streikender *bateliers* zu Verhandlungen mit der Regierung. Ramette und Jean Rigal eilten nach Norden, um die Bergarbeiter und die Arbeiter in den Textilindustrien in den Streik zu ziehen. Ich erließ einen Aufruf: *Männer der Flußschiffahrt, verteidigt eure Schiffsblockaden!*

Ich befand mich gerade in einer Sitzung mit dem Streikausschuß in Conflans Ste Honorine am Morgen des 23. August, als ein schwitzender Kurier in die Versammlung hereinplatzte.

»Vorsicht!«, rief er, »die *Garde Mobile* kommt und die Polizei und die Pariser Feuerwehr.«

Die Konferenz wurde unterbrochen. Arrachard, ein führender Pariser Kommunist, stürzte zu den nächstgelegenen Schiffsbarrikaden, um die Verteidigung zu leiten. Abteilungen der *Garde Mobile* marschierten auf den Fluß zu. Ich war auf dem Wege zur zentralen Kurierstelle, als ein Abteilungsführer mich anhielt.

»Halt! Woher? Wohin?«

Doris Ginsburg, die mich als Dolmetscherin begleitete, war dabei und zeigte ein bezauberndes Lächeln. Ich wies meinen dänischen Paß vor.

»Ein Tourist«, erklärte sie. »Ich führe ihn. Wir sind hergekommen, um die aufregenden Schiffsblockaden zu sehen.«

Der Offizier der *Garde Mobile* entschuldigte sich. »Sie können gehen«, sagte er. »Sie sollten wissen, *mademoiselle*, daß es bessere Dinge in Frankreich zu sehen gibt als das.«

Auf den schwimmenden Barrikaden wehrten die *bateliers* die Versuche der Angreifer, die Kähne zu entern, mit Knüppeln und Bootshaken und Strömen kalten Wassers aus Segeltuchschläuchen ab. Ein Angriff vom Land her wurde ebenfalls zurückgewiesen. Die Regierungsstreitkräfte ließen zunächst ab. Drei Stunden später erneuerten sie den Angriff mit den Hochdruckleitungen der

Pariser Feuerlöschgeräte. Die Verteidiger wurden durch die harten Wasserstrahlen umgeworfen. Die *Garde Mobile* enterte die Kähne und schnitt die Vertäuung durch. Die Schiffe drehten sich langsam um sich selbst und trieben dann stromabwärts, teils einzeln, teils zu mehreren, sofern diese noch vertäut waren. Als die *Garde Mobile* sich sammelte, um die nächste Hindernislinie anzugreifen, sandten Mauvais und ich Kuriere mit dem Befehl aus, die zerschlagene Barrikade wiederherzustellen. Diesesmal waren wir nicht mit *einer* Blockade zufrieden. Auf einer Strecke von anderthalb Kilometer bauten wir drei Barrikaden mit über vierzig Schiffen.
Die kombinierten Streitkräfte der Regierung griffen nun unsere Barrikaden von allen Seiten auf einmal an; im Dunkel der Nacht kamen sie unbemerkt heran. Wir hatten von der Komintern Befehl erhalten, nicht zum Gebrauch von Feuerwaffen aufzufordern, da die Aktion mehr den Charakter einer Hauptprobe haben sollte als den einer Entscheidungsschlacht. Um einen direkten Aufstand zu vermeiden, verzichteten die Polizei und die *Garde Mobile*, diese in Stahlhelmen, ebenfalls darauf, ihre Pistolen zu gebrauchen. Quetschungen, Schädelbrüche und zahllose unfreiwillige Bäder im Fluß- und Kanalwasser waren das Los der Kämpfenden auf beiden Seiten.
Der Kampf dauerte vier Tage und Nächte. Es war das abenteuerlichste Streikspiel, das jemals auf französischem Boden in Szene gesetzt wurde. In der Nacht zum 26. August wurden alle wichtigen Organisatoren zu einer Besprechung nach St. Denis gerufen. Frachon teilte uns mit, daß Befehl gekommen sei, den Streik bei Tagesanbruch abzubrechen. Genosse Arrachard fuhr wütend auf. »Warum«, protestierte er. »Die Sache läuft doch wundervoll. Warum jetzt aufhören?«
»Die Genossen von der Komintern sind befriedigt«, berichtete Frachon. »Wir müssen nicht alle unsere Trümpfe ausspielen. Es war ein Experiment, ein erfolgreiches Experiment. Wir können wertvolle Lehren für die größeren Schlachten der Zukunft daraus ziehen.«
Mehrere hundert *bateliers* waren im Verlauf dieses »Experiments« verhaftet worden. Dreißig aus Dünkirchen importierte Kämpfer wurden wegen Rebellion unter Anklage gestellt. Nicht einer der wirklichen Führer des Streiks war darunter.

An einem drückend heißen Tag Ende August erschien wie aus dem Boden gestampft Ernst Wollweber in Paris.
Firelei traf ihn im Atelier des Genossen Ginsburg an der Rue de Seine. Wollweber beugte sich über eine Karte von Paris und hatte eine zweite von Europa neben sich liegen.
»Genosse Ernst«, rief Firelei. »Willkommen in Paris. Wir fürchteten schon, du seist hochgenommen worden.«
»Fürchteten?« lachte der Schlesier. »Selbst der Beste läßt sich ersetzen, obwohl es bisweilen vorkommt, daß ein Toter ins Leben zurückkommt.«
Die Ankunft Wollwebers in Paris war wie das Erscheinen eines Habichts über einem Hühnerhof. Die zahlreichen deutschen Kommunisten, die sich nach ihrer Flucht aus Deutschland in bequemen Büros eingerichtet hatten, fürchteten für ihre Stellungen und für ihre Unterstützungen. Sie taten alles, was in ihrer Macht lag, den gefährlichen Ankömmling zu isolieren und ihn nach Brüssel oder Moskau abzuwimmeln. Eine Woche lang tat der Schlesier

nichts als sich orientieren. Er rekrutierte eine Anzahl ergebener Mitarbeiter aus der Masse der Flüchtlinge. Er sandte Privatkuriere nach Kopenhagen und in die Sowjetunion, und bald kehrten Nachrichtenträger mit zusagenden Antworten zurück. Konferenzen mit den Delegierten des Westsekretariats folgten. Ernst Wollwebers Ansehen als Organisator des deutschen Untergrunds war ungeheuer groß.

Wollwebers größtes Kapital war die Tatsache, daß er außerhalb der deutschen Grenzen kaum bekannt war. Er war ein geheimnisvoller Mann, und er wußte, wie er daraus Nutzen ziehen konnte. Er ging durch die Straßen von Paris, untersetzt, schweigend; seine eiserne Stirn war meist unter einem zu großen breitrandigen Filzhut verborgen, und seine finsteren Augen glitzerten in die heiße Pariser Sommerluft.

Er benützte zahlreiche verschiedene Namen. Beim *Comité Mondial* nannten sie ihn Schulz. In den Flüchtlingsausschüssen ging er unter dem Namen Anderson. In den Konferenzen der Parteifunktionäre wurde er als Kurt Schmidt vorgestellt. Ernst Wollweber schien ein düsteres Vergnügen daran zu haben, sich Namen von Männern zuzulegen, die in den Kerkern der Gestapo gestorben waren. Firelei nannte ihn den »Kannibalen«, einen Namen, den er offenbar gerne mochte, besonders wenn er von den Lippen eines liebenswerten Mädchens kam. Er pflegte dann seinen Gedankengang zu unterbrechen, und seine schwarzen Mongolenaugen wanderten nach oben, als studierten sie einen Geheimcode im Muster der Stuckverzierung an der Decke, und ein Lachen pflegte auf seine nikotindunklen Lippen zu kommen, ein Lachen, auf das Firelei einzig mit einem ziemlich komischen »Hu!« antwortete.

Eines Abends waren Firelei und ich mit Wollweber in einem Café an den Champs-Elysées. Wollweber trank Mineralwasser. Wir sprachen über Deutschland, über Paris und über die Zukunft. Und plötzlich sagte er:

»Ich habe mich hier umgesehen. Dieses Paris ist eine wahre Schatzgrube. Ich habe hier in einer Woche mehr gelernt, sage ich euch, als in drei Jahren in Deutschland. In Deutschland hungern sich unsere Genossen entweder zu Tode, oder sie werden zu Tode geschlagen. Und hier? Die Boulevard-Cafés sind mit lauter Deserteuren verdreckt!« Seine Stimme wurde gehässig. »Ich werde sie alle zusammentreiben«, schimpfte er, »einen und alle. Ich werde sie nach Deutschland zurückschicken, wo sie hingehören.«

Unsere Caféunterhaltung nahm ihren Fortgang. Wollweber sprach vom Westsekretariat, dem höchsten Gremium von Kominternbevollmächtigten außerhalb der Moskauer Dienststellen Molotows und Pjatznitzkis. Ulrich nannte er einen »Schurken von einem Juristen«. Den Polen René, den Präsidenten der Weltliga gegen den Faschismus, nannte er einen Schlappschwanz.

»Wenn ich Renés Vollmachten hätte«, rief er, »könnte ich erreichen, daß die Welt sich nach der anderen Seite dreht.« Wir kamen auf Henri Barbusse zu sprechen. Wollweber hatte nie von ihm gehört. »Wer ist denn dieser Bursche von einem Barbusse?« fragte er.

»Er schrieb das Buch *Das Feuer*«, erklärte Firelei.

»Er würde es nicht lange im Feuer aushalten«, kommentierte Wollweber finster. »Er ist zu groß und schmächtig. Jeder Trottel von einem Geheimpolizisten könnte ihn aus einer Million anderer herauspicken.«

Firelei lachte. »Genosse Ernst, was weißt du über diesen Burschen Goethe?«

»Goethe ist tot«, sagte Wollweber. »Goethe schrieb den *Faust.*«
Wollweber erzählte mir, daß er in Kürze nach Moskau abreisen werde. Von Moskau werde er nach Kopenhagen gehen. Er beabsichtigte, einen eigenen *Apparat* zu schaffen, auf den er sich unbedingt verlassen könne. Die Namen der prominten Rivalen – wie Wilhelm Pieck und Münzenberg – existierten für ihn nicht. Sie würde er jedenfalls nicht als Mitarbeiter haben wollen. Er wollte seine eigenen Mitarbeiter aus der sauberen Mannschaft auswählen. Und unvermittelt sagte er zu Firelei:
»Du wirst mit mir nach Kopenhagen gehen.«
Firelei erschrak. Sie wolle bei mir bleiben, antwortete sie.
»Dein Mann wird bald nachkommen«, ergänzte Wollweber. »Ich werde eine Menge Dinge in Kopenhagen machen. Die Luft ist dort reiner als hier in Paris.«
Drei Tage später erhielt Firelei ihre Reiseorder vom Westsekretariat. Sie wurde in Kopenhagen gebraucht, und es blieb ihr nichts anderes übrig, als nach Kopenhagen zu gehen. Ausschluß aus der Partei wegen Verletzung der bolschewistischen Disziplin war die einzige Alternative. Wollweber flog nach Kopenhagen. Firelei reiste an Bord der *P. A. Bernstorff* von Dünkirchen aus.
In Roger Walter Ginsburgs Atelier fand ich einen Brief des Westsekretariats, in dem ich beauftragt wurde, eine Sonderkonferenz der anglo-amerikanischen Delegationen des Weltjugendkongresses gegen den Krieg zu leiten, der im September in Paris stattfand. Gegenstand dieser Sonderkonferenz war die Koordinierung der Arbeit der kommunistischen Organisationen in den Rüstungs- und Schiffsindustrien für Zwecke der militärischen Spionage und der Verhinderung von Waffenverschiffungen, die von der Sowjetregierung nicht gebilligt wurden.
Kurz vor Beendigung des Weltjugendkongresses traf ich in den Diensträumen des Internationalen Komitees der Eisenbahner an der Place de La République in Paris den ehemaligen Offizier der polnischen Armee, den der Kreml nach der Verhaftung Albert Walters zum Kommissar für die Marinesektion der Dritten Internationale ernannt hatte. Dieser Genosse sagte mir, daß er sehr bald auf einen administrativen Posten in der Sowjetunion berufen werden würde und daß er Molotow mich für die Funktion eines Generalsekretärs der Marinesektion vorgeschlagen habe.
»Keiner kennt die internationale Schiffahrt besser als du«, sagte er.
Ein grenzenloses Glücksgefühl erfüllte mich. Das war die höchste Stellung, die ich im Dienste der Kommunistischen Internationale jemals zu erreichen hoffen konnte. Tonie, die Leiterin des Internationalen Komitees der Eisenbahner, vierzig Jahre alt, kräftig und burschikos, umarmte mich und drückte mich ohne ersichtlichen Grund an sich.
»Ich möchte mit dem Chef aller Matrosen schlafen«, jubelte sie.
Der Pole lachte spöttisch: »Tonie, du wirst dabei eine Menge von Mitbewerberinnen haben, aber es besteht keine Hoffnung, daß ihr Mädels jemals das Budget dieses Genossen in Unordnung bringen könnt.«
Seit der Verhaftung Albert Walters schwankten die monatlichen Unterstützungen, die die Internationale der Seeleute und Hafenarbeiter (ISH) von Moskau erhielt, zwischen zwanzig- und fünfundvierzigtausend Dollar, je nach dem Umfang und der Bedeutung der laufenden Aktionen und Kampagnen.
Ich begab mich zum Kominternhotel, dem Hôtel d'Alsace, und packte meine

paar Sachen zusammen. Ich sollte nach Kopenhagen fahren, um von Richard Jensen eine Serie neuer Pässe in Empfang zu nehmen und anschließend zu einer Besprechung mit Ossip Pjatnitzki, dem Organisationsleiter der Komintern, nach Moskau reisen.

Ich verabschiedete mich von meinen Pariser Freunden und bestieg den Nordexpreß nach Amsterdam. Einer der holländischen GPU-Agenten wartete am Flugplatz auf mich. Er hieß de Groot und hatte das Aussehen und die üblichen Empfehlungsschreiben eines Kaffeehändlers. Er übergab mir ein Paket mit mehreren Dutzend holländischen Blankopässen für Richard Jensen in Kopenhagen. Die Zollkontrolle der Flugreisenden war weniger streng als die Überprüfung der Reisenden, die per Zug oder Schiff ankamen. Die Motoren begannen zu laufen, es gab eine Staubwolke, und mein Flugzeug hob sich vom Boden ab. Die Friesischen Inseln tauchten auf und kamen bald wieder außer Sicht, die Nordsee breitete sich unter uns aus wie ein Teppich von Grün und Weiß; die feindliche deutsche Küste lag steuerbords und die freundliche Küste Jütlands vor uns.

Sofort nach meiner Ankunft in Kopenhagen ging ich zu Richard Jensens Wohnung an der Vesterbrogade. Von dort brachte mich eine Sekretärin zu einem Geheimbüro, Toldbodgade 18, in den übelbeleumdeten Nyhavn-Bezirk. Dort befand sich der Standort der neuen Paßfälscherzentrale des Westbüros der Komintern. Ich gab Jensen die holländischen Pässe und ersuchte ihn, mir beim sowjetischen Konsul die notwendigen Papiere für meine Reise nach Moskau zu besorgen.

»Du gehst nicht nach Moskau«, sagte Jensen zu mir. »Genosse Wollweber möchte dich sehen.«

»Ich habe Instruktionen, zu Pjatnitzki zu gehen«, entgegnete ich darauf.

»Laß Pjatnitzki in Frieden. Die Genossen Kuusinen und Bela Kun sind zur Zeit in Kopenhagen. Alles kann hier abgemacht werden«, sagte Jensen warnend.

Es vergingen drei Tage, bevor das Westsekretariat Zeit fand, sich mit meiner zukünftigen Arbeit zu befassen. Inzwischen traf ich Firelei. Sie hatte in Öresundsvej Quartier gefunden, in einem modernen Zimmer, von dem aus man einen wunderbaren Blick auf den Strand und die Ostsee hatte.

»Wollweber arbeitet Tag und Nacht«, sagte sie. »Er ist sozusagen ein Schraubendampfer in Hosen, der sich seinen Weg ins Westbüro bahnt.«

Firelei litt unter den unaufhörlichen Schreckensnachrichten aus Deutschland. Aber sie war glücklich bei ihrer Arbeit. Wollweber hatte sie mit der Abwicklung des Transportes kommunistischer Literatur aus Dänemark und Südschweden nach Deutschland durch Marinekuriere beauftragt. Darüber hinaus hatte sie die Aufgabe, jeden Morgen zwischen fünf und elf Uhr in ihrem Zimmer das Telefon zu bedienen und den wörtlich genauen Text der vielen eingehenden Nachrichten niederzuschreiben. Die Texte dieser Nachrichten wurden dann durch Kurier dem Westsekretariat zugeleitet. Der Hauptteil der telefonischen Nachrichten war verschlüsselt. Firelei verstand weder ihren Inhalt noch kannte sie die Anrufenden. Das machte nichts. Die Träume ihrer Jugend waren dahin. Ihr Kind war verloren. Sie hatte sich damit abgefunden, der Sache zu dienen, die ihr so viel genommen hatte und von der aus die Rückkehr zu der alten Lebensweise – die jetzt weit in die Ferne gerückt und fremd geworden war – außerhalb aller Möglichkeiten lag.

Am Morgen des vierten Tages nach meiner Ankunft in Kopenhagen erschien Jensens Sohn Martin, der für die GPU die kommunistische Tätigkeit in den Wasser-, Gas- und Elektrizitätswerken von Kopenhagen leitete. Es war Sonntag.
»Wir wollen zum Westbüro gehen«, sagte er. »Dort ist deinetwegen ein Kampf im Gange.«
»Was für ein Kampf denn?« fragte ich etwas erschrocken.
Während wir mit der Trambahn in die Vorstadt Charlottenlund fuhren, wo Otto Wilhelm Kuusinen, der inoffizielle Sekretär der Komintern, im Hause einer GPU-Agentin ein Büro unterhielt, redete Martin Jensen flüsternd auf mich ein. Es lag ihm daran, sich mit mir gut zu stellen, denn ich kannte einige von seinen Affären mit Parteischönheiten, und Martin fürchtete, daß Inge, seine reizende Frau, die ihn über alles liebte, davon etwas erfahren könnte.
»Es ist ein Rechtsstreit ausgebrochen«, flüsterte er aufgeregt. »Die Internationalisten wollen dich zum Chef der Wasserfrontgruppen machen, und da kam Wollweber und sagte: ›Nichts zu machen, ich brauche diesen Genossen in Deutschland.‹«
»Ist darüber schon eine Entscheidung gefallen?«
»Nein, sie kämpfen noch.«
»Wer ist der Stärkere?«
»Ich glaube, der Deutsche – Wollweber. Er hat eine unheimliche Geduld. Er sitzt und bringt Argumente vor, bis die anderen es satt haben und nach Hause gehen.«
Wir stiegen in der Nähe der Wohnung von Kuusinens Gastgeberin aus. Charlottenlund war ein vornehmes Quartier. Alte Bäume und bequeme Bänke standen an den baumbestandenen Wegen. Martin Jensen ging in das Haus Ordrupvej 173 und kehrte bald mit einer großen, ziemlich dürren Frau von etwa vierzig Jahren zurück. Sie hatte ein intelligentes Gesicht und zog beim Gehen den Fuß merkwürdig schlaff und verdreht nach, was darauf schließen ließ, daß das linke Bein am Knie steif war. Diese Frau war Petra Petersen, eine Geheimagentin und seit vielen Jahren in der Telegrafenzentrale der dänischen Hauptstadt tätig. Ich lernte sie in späteren Jahren besser kennen, als ich mehrere Wochen lang bei ihr wohnte und im gleichen Bett schlief, in dem Kuusinen im Frühherbst 1933 geschlafen hatte.
Martin Jensen verschwand. Petra Petersen legte ihren Arm in den meinen. »Ein schöner Tag«, sagte sie beiläufig. »Wir können etwas spazierengehen.«
Wir durchquerten den Park von Charlottenlund, bis wir den Strand erreichten. Die Sonne glitzerte auf dem Wasser des Öresunds, und in der Ferne stiegen friedliche Inseln aus der Bläue des Meeres auf. Am südlichen Ende des Strandes lag eine alte Festung, die inzwischen in einen Park verwandelt worden war; dort befand sich auch eine Schiffslandebrücke mit einer hübschen kleinen Motorbarkasse, zu der Petra Petersen mich jetzt hinführte. Wir bestiegen das Fahrzeug. An Bord waren Kuusinen, der Finne, ein kleiner, farbloser Mann mit einem straffen, eckigen Gesicht und stechenden Mausäuglein; ferner Ernst Wollweber, der mir noch nie so vierschrötig vorgekommen war wie jetzt in seinen hellen Flanellhosen und seinem blauen Jackett. Die Barkasse wurde von Julius Vanman gesteuert, der Mitglied der Spionageabwehr geworden war.
Während das Boot an der lieblichen Küste entlangkreuzte, hielten wir unsere

Besprechung ab. Wenn Kuusinen sprach, kam seine Stimme selten über ein hastiges Gemurmel hinaus. In Sprüngen hüpften die Sätze von seinen Lippen. Die Entscheidung, soweit sie mich betraf, war bereits gefallen. Ich sollte nicht nach Moskau gehen. Ich war für Deutschland vorgesehen. Wollweber beobachtete mich wie ein Luchs. Ich hörte die Nachricht schweigend an.
»Für den Augenblick will Genosse Ernst die Führung der Marinesektion selbst übernehmen«, erklärte mir Kuusinen.
Blitzschnell erkannte ich das Spiel, das hinter den Kulissen gespielt wurde, ein Spiel, in dem ich nur eine Figur war – eine von vielen Figuren. Ernst Wollweber war zu dem Schluß gekommen, daß ich niemals seine folgsame Kreatur sein würde. Ich hatte einen internationalen Horizont. Wollweber sah nur Deutschland. Sein Hauptehrgeiz – alle verfügbaren Kräfte im deutschen Kampf zu führen – bezog sich nicht nur auf die Mannschaft, die ihm unterstand, sondern auch auf das Geld. *Ich wurde nach Deutschland geschickt, weil Ernst Wollweber entschlossen war, die Unterstützungsgelder des Kreml für die Marinesektion nicht in der Hand eines Mannes zu lassen, über den er nicht nach Belieben verfügen konnte.* Wollweber rief in seiner lauten Art: »Du bist Mitglied der deutschen Partei und deshalb den Dispositionen der deutschen Leitung unterstellt.«
»Wir sind zu dem Schluß gelangt, daß du in Deutschland unentbehrlich bist«, sekundierte Kuusinen. »Für einen Bolschewisten gibt es keine größere Ehre, als seine revolutionäre Pflicht an der gefährlichsten Stelle zu tun.«
»Weshalb bist du, Genosse Kuusinen, dann nicht nach Finnland zurückgekehrt, als die Revolution dort im Blute erstickt wurde?« hatte ich auf der Zunge zu sagen. Ich nickte nur. Hitler war der gefährlichste Feind der Rechte der Arbeiterklasse und der Sowjetunion. »Mir ist es recht«, sagte ich, »ich werde nach Deutschland gehen.«
»Hast du Angst?« fragte Wollweber.
»Nein.«
»Wir geben dir eine Woche Urlaub. Und wenn du in ungefähr sechs Monaten wieder zurückkommst, werden wir ein großes Wiedersehen feiern.«
»Versuche nicht, dich über mich lustig zu machen«, antwortete ich finster.
»Keiner, der in Deutschland illegal arbeitet, kann hoffen, die ersten sechs Monate zu überstehen. Nicht einer von zehn unserer Freunde kommt jemals wieder zurück.«
»In der Partei haben wir keine Freunde. In der Partei kennen wir nur Genossen«, bemerkte der Schlesier. Und mit langsam aufsteigendem Groll fügte er hinzu: »Wir alle haben dem Tod ins Auge gesehen. Was tut's? *Das Sterben ist nicht so schwer.* Schwieriger ist die Kunst, am Leben zu bleiben.«
Das Sterben ist nicht so schwer! Es gab ein langes Schweigen.
»Beschäftigen wir uns lieber mit den konkreten Aufgaben«, schlug Kuusinen trocken vor.
Meine Woche »Urlaub« verging im Fluge. Die Tage waren bis zum Rand mit Arbeit ausgefüllt. Von Losowski in Moskau kamen Worte höchster Anerkennung für meinen Anteil am großen Fluß-und-Kanalstreik im Pariser Gebiet. »Der Matrose aus Hamburg«, schrieb er, »der hat seine Sache gut gemacht.« Das Ansehen, das ich im schwedischen Streik gewonnen hatte, vergrößerte sich dadurch noch. Losowski wünschte, daß ich eine kurze Geschichte dieser Kampagne schreiben solle, und ich verwendete zwei von mei-

nen »Urlaubs«-Nächten auf diesen Bericht. Er wurde später unter dem Titel *Die Erfahrungen im schwedischen Schiffsstreik* veröffentlicht.

Ich übersetzte viel vertrauliches Material, das sich auf die Verhaftung Georgi Dimitroffs in Berlin und auf die Vorbereitungen für den Reichstagsbrandprozeß bezog, der damals bereits eine internationale Sensation zu werden versprach. Der Heroismus, den die Weltpresse dem früheren Chef des Westsekretariats und derzeitigen nominellen Führer der Komintern in Moskau wegen seiner mutigen Angriffe gegen die Regierungs-»Zeugen« Hermann Göring und Joseph Goebbels unterstellte, war nicht mehr als das Ergebnis eines sorgfältig und schlau organisierten Spieles. Das vertrauliche Material, das in den Diensträumen des Westbüros am Vimmelskaftet in Kopenhagen durch meine Hände ging, enthielt Unterlagen, die ebensoweit außerhalb der Reichweite gewöhnlicher Nachrichtenjäger lagen wie die komplizierten Geheimschlüssel, die von Pjatnitzkis namenlosen Chiffre-Experten erfunden wurden.

Monate vor Beginn des berühmten Berliner Prozesses waren bereits geheime Verhandlungen zwischen Moskau und Berlin im Gang, um Dimitroff und seine beiden bulgarischen Gehilfen gegen drei deutsche Offiziere auszutauschen, die von der GPU auf sowjetischem Boden als Spione erwischt worden waren. Dimitroff mußte davor bewahrt werden, durch die Folterungen der Gestapo zum Reden gezwungen zu werden, nicht um seiner selbst willen, sondern wegen des sowjetischen Geheimdienstes und der Komintern, deren Arbeitsmethoden er zu gut kannte.

Unter der Anwendung von Zwang hatte Dimitroff sich weniger standhaft erwiesen als viele Genossen, die ihm unterstellt waren. Er gab der Gestapo die Adresse eines Ehepaares preis, das ihn beherbergt hatte; beide, Mann und Frau, versuchten der Verhaftung durch die Gestapo durch Selbstmord zu entgehen. Sie schnitten sich die Adern auf, aber sie wurden von den Nazikerkermeistern noch rechtzeitig in ein Krankenhaus eingeliefert. Ferner gab Dimitroff der Gestapo Namen und Adresse seiner Geliebten Annie Krüger preis. Seine Frau starb plötzlich unter Umständen, die bis heute ein Rätsel geblieben sind; das war im Mai 1933, als Dimitroff im Gefängnis saß und auf den Prozeß wartete.

Zu jener Zeit griff die GPU ein und drohte der Gestapo: »Laßt Dimitroff in Ruhe. Was ihr mit ihm macht, werden wir mit euren Spionen in Moskau machen.« Verhandlungen wegen eines Gefangenenaustausches begannen durch die Vermittlung des sowjetischen Konsulats in Kopenhagen und durch Dimitroffs Schwester, der die Gestapo merkwürdigerweise freies Geleit für Reisen aus und nach Deutschland gewährte. Der Handel zwischen Moskau und Berlin wurde kurz vor Beginn des Prozesses abgeschlossen. Um das Gesicht zu wahren, wurde Dimitroff jedoch bis nach Beendigung des großen Leipziger Schauprozesses in Deutschland festgehalten. Als Strafgefangener der Gestapo erfreute er sich im Gefängnis zahlreicher Vorrechte, die für die Masse der weniger bekannten Gefangenen unerreichbar waren. Er wurde mit Zeitungen versorgt, konnte in der Zelle Zigarren rauchen und Post empfangen. Inzwischen erhielten die »kleinen« Genossen nichts als Schläge, und nicht selten wurden sie erschossen. In späteren Jahren hörte ich sie sich in den Konzentrationslagern bitter über Dimitroff und seine Rettung durch Stalin aussprechen. Sie fühlten sich verraten und von der Sache, der sie gedient hatten, aufgegeben. Wenn *sie* General Göring in offener Verhandlung

beleidigt hätten, wie Dimitroff es in so dramatischer Weise in Leipzig tat, sie hätten furchtbar dafür bezahlen müssen; eine solche »heroische« Geste hätte sie das Leben gekostet.
Ich bereitete mich also auf den Weg in ein Land vor, in dem es nicht schwer war, zu sterben. Ich hatte die Karte von Deutschland im Kopf – seine Städte, Flüsse und die Fahrpläne der Eisenbahn. Ich lernte eine lange Reihe von Namen, Decknamen, Adressen und Deckadressen auswendig. Jedesmal wenn Ernst Wollweber den Namen eines meiner voraussichtlichen Mitarbeiter erwähnte, pflegte er hinzuzufügen: »Vielleicht ist der Genosse noch auf freiem Fuß, vielleicht ist er verhaftet oder tot. Du mußt das eben herausfinden.«
Ich sollte die Verteilung großer Mengen von Propagandamaterial unter die verschiedenen illegalen Parteileitungen der einzelnen Gebiete organisieren. Die Druckschriften wurden durch Marinekuriere in den Hamburger Hafen geschmuggelt, aber die Verbindungsorganisation, die zur Weiterbeförderung der literarischen Konterbande von den Depots im Hamburger Hafen zu den Parteistellen im Inland errichtet worden war, war zusammengebrochen. Meine Aufgabe bestand darin, sie wieder aufzubauen. Daneben bekam ich andere, kleinere Aufträge, die jedoch nicht weniger wichtig waren: die Weiterleitung vertraulicher Berichte aus Deutschland nach Kopenhagen durch Schiffskuriere. Einige dieser Berichte sollten durch Rudolf Heitmann, den GPU-Agenten bei der Hamburger Gestapo, kommen, andere von unseren Spitzeln in den verschiedenen Naziorganisationen, unter denen die Deutsche Arbeitsfront und die Auslandsabteilung der Partei die wichtigsten waren. Zwei der besten Kurierschiffe waren ausschließlich für den Transport dieser Berichte bestimmt; es waren die Dampfer *Beira* und *Jolantha,* dänische Schiffe, die zwischen Kopenhagen und Hamburg Handel trieben und ausschließlich mit den Leuten von Richard Jensen bemannt waren. Alle Vorbereitungen für meine illegale Einreise nach Deutschland wurden mit dem größten Geheimnis umgeben. Von Jensen erhielt ich zwei sorgfältig gefälschte Pässe, einen dänischen und einen britischen, der auf den Namen Robert Williams, Journalist, lautete, und von Sir John Simon unterschrieben war. Von Jensen erhielt ich außerdem eine Summe von 12 000 Dollar; die Hälfte davon sollte der Berliner Organisation zugeleitet werden, während die andere meine Ausgaben für die ersten drei Monate meiner Untergrund-Tätigkeit decken sollte. Und zum Schluß teilte mir Ernst Wollweber mit, er habe mir eine zuverlässige Genossin zugeteilt, die als meine persönliche Sekretärin und als Kurier dienen solle.
»Wer ist es?« fragte ich.
»Cilly.«
Seit Wollwebers Ankunft in Paris hatte Cilly sich *pro forma* mit einem älteren und unbekannten Mitglied der dänischen Kommunistischen Partei verheiratet.
Ein solches Verfahren war bei unseren weiblichen Agenten nichts Ungewöhnliches. Durch ihre Heirat hatte Cilly rechtmäßig ihren Namen geändert und hatte unter Beachtung der gesetzlichen Vorschriften die dänische Staatsbürgerschaft erworben. Der Däne, dem die Rolle des Ehemanns von der Partei zur Auflage gemacht wurde, war inzwischen nach Rußland geschafft worden und konnte also keinen Schaden mehr anrichten.
Es kam der Tag des Abschieds von Firelei.

Sie weinte. »Diesmal wirst du nicht mehr zu mir zurückkommen«, sagte sie. »Aus Deutschland kommt keiner wieder!« Bis zuletzt war sie dann tapfer. Wir aßen in Ruhe und gingen dann in Fireleis Zimmer, das sie mit vielen Blumen geschmückt hatte.

Um zehn Uhr erschien Julius Vanman, der GPU-Mann aus Jensens Gefolge. Eine Zeitlang wartete er ruhig. Dann sagte er:

»Es ist Zeit zum Aufbruch, Genosse.«

Ich löste mich von Firelei und folgte dem GPU-Führer auf die Straße. Firelei mußte zurückbleiben. Sie durfte nicht wissen, an welcher Stelle ich die deutsche Grenze überschreiten würde. Sie fing an, ihr liebstes Volkslied zu singen. *Fahre wohl, du grüne Erde ...* Nach der ersten Zeile brach ihre Stimme.

Julius Vanman führte mich in ein Hinterzimmer des Café Helmerhus am Raadhus-Platz. Ernst Wollweber war dort. Er war betrunken. Er hatte den Arm um den Hals einer jungen Brünetten namens Lola gelegt; es war die Frau von Walter Duddins, dem früheren Hamburger Parteichef, den Wollweber durch den unglücklichen John Scheer hatte ersetzen wollen. Duddins war in Deutschland verhaftet worden und sah seiner Verurteilung wegen Hochverrats entgegen. Lola war nur eine von der immer größer werdenden Schar der »Parteiwitwen«, die Kopenhagen und Paris bevölkerten, nachdem ihre Männer nach Deutschland und ins Verderben geschickt worden waren.

Wollweber schüttelte mir heftig die Hand. Sein aufgedunsenes Gesicht war voll Falten, die von einem freudlosen Lachen herrührten, und in seinen Augen lag ein schwarzes Leuchten.

»Hals- und Beinbruch«, brummte er. »Mach deine Sache gut. Die Partei vergißt ihre Kinder nicht.«

Vanman hatte für jede Einzelheit meiner Reise vorgesorgt. Mit dem Zug und der Fähre gelangten wir nach Fredericia an der Ostküste Jütlands, von dort ging's mit der Bahn südwärts bis nach Sonderburg. Unterwegs fragte ich Vanman nach Michael Avatin, den ich in Kopenhagen nicht getroffen hatte, obwohl er dort war.

»Er war gerade bei der Jagd auf Nazispitzel«, sagte Vanman.

»Erwischte er denn welche?«

Vanman lachte. »Ja, wenn dich das aufheitert. Am Tage deiner Ankunft aus Paris erwischte er einen Burschen namens Milenzer. Diese Gestaporatte hatte sich ein Zimmer gegenüber von Jensens Wohnung gemietet. Er hatte eine Filmkamera mitgebracht und nahm jeden auf, der bei Jensen ein- und ausging. Heitmann in Hamburg brachte uns auf seine Spur.«

»Was geschah mit Milenzer?«

»Die Genossen nahmen ihn in einem Boot auf den Sund hinaus und warfen ihn ins Wasser.«

Von Sonderburg geht eine Überlandstraße die Flensburger Förde entlang. Wir nahmen den Autobus, bis wir noch ungefähr anderthalb Kilometer von der deutschen Grenze entfernt waren. Von hier aus gingen wir landeinwärts durch eine große Besitzung, über Felder und durch Wälder, bis wir ein Sommerhaus erreichten, das an einer Landstraße lag. Die Marschroute war so kompliziert gewesen, daß ich jede Orientierung verloren hatte.

»Wo sind wir?« fragte ich.

»In Deutschland«, sagte Vanman. »Fünf Kilometer von Flensburg entfernt.«

In dem Sommerhaus wartete ein Grenzkurier auf uns, ein untersetzter jun-

ger Mann mit einem unerschütterlichen Temperament. Julius Vanman verabschiedete sich von mir. »Halt die Fahne hoch«, sagte er einfach. Der Grenzkurier pfiff lustig vor sich hin und zog zwei Fahrräder aus einem in der Nähe liegenden Schuppen.
»Es gibt nichts, was den Appetit zu einem Frühstück mehr anregt als so eine Fahrt am frühen Morgen«, sagte er langsam.
Er übernahm die Führung. Ich folgte ihm. Durch den kalten Morgennebel fuhren wir in die Stadt Flensburg hinein. In einer Gaststätte am Bahnhof machten wir halt und tranken Kaffee. Als der Kurier seine Tasse geleert hatte, nickte er mir zu und ging langsam fort. Ich wartete, bis er die Straße abwärts verschwunden war. Dann verließ ich die Gaststätte. Ich ging in den Bahnhof und war innerlich erregt, als ich an SA-Posten vorüberging; dann kaufte ich mir eine Fahrkarte nach Ahrensburg, einer Vorstadt von Hamburg. Das geschah am zehnten Oktober.

Gefangen

Am 30. November 1933 fiel ich in die Hände der Gestapo.
Die sieben Wochen, die auf meine Ankunft in Deutschland folgten, waren ein einziger endloser Alptraum. Nichts als Finsternis und trügerische Sümpfe, kauernde Gestalten, zum Sprung bereit, ihr Opfer zu zerreißen. Vorsichtiges Vorpirschen und unbesonnene Sprünge, wachsamer Fatalismus und sinnloser Eifer, vorgespiegelte Unbesiegbarkeit und die Todesschreie der Verlorenen wechselten in bunter Reihenfolge ab. Die Gestapo schlug längst nicht mehr aufs Geratewohl mit wilden Schlägen drauflos. Sie hatte den tödlichen Wert des Scharfsinns und der Geduld erkannt. Die Massenrazzien mit den großen Menschenjagden des voraufgegangenen Frühlings waren durch Methoden höchster Präzision abgelöst worden. Menschenjagd gab es nur noch selten, aber dafür war sie jetzt grausamer, lautloser, nervenaufreibender und vernichtender denn je.
Von Hamburg aus, dem großen Einfallstor für die Propaganda aus dem Ausland, machte ich Abstecher nach Berlin und Bremen, nach Lübeck, Emden und Duisburg. Die meisten Namen und Adressen der Unterführer im Propagandaverteilungsapparat, die Wollweber als meine Mitarbeiter bezeichnet hatte, waren nicht mehr vorhanden. Die Träger dieser Namen lagen entweder in den Kerkern oder bereits in den Gräbern, oder sie waren ganz einfach verschwunden; und ihre ehemaligen Wohnungen waren zur Falle für jene geworden, die kamen, um die zerrissenen Fäden aufzunehmen und das geheime Netz wieder zu flicken. Da der Verbindungsapparat zwischen den unteren Parteieinheiten und der Führung vernichtet war, sah ich mich gezwungen, nach einem neuen Weg zu den unbekannten Genossen auf dem Grunde der zerschlagenen Untergrund-Maschinerie zu suchen, um die unterbrochenen Kontakte wiederherzustellen und neue Stäbe aus der untersten Mannschaft zu bilden. Das war ein höchst gefährliches Unterfangen: einen Mann oder ein Mädchen, von denen ich seit Monaten nichts mehr gehört hatte, in den Tiefen einer großen Stadt zu finden und dann nachts mit unendlicher Vorsicht

eine Zusammenkunft zustande zu bringen, ohne bei einer dieser Annäherungen je zu wissen, ob der Mann oder das Mädchen noch zuverlässig oder inzwischen zum Verräter an der Sache und den ehemaligen Freunden geworden waren.

Meine Nerven waren so überreizt, daß ich das Gefühl hatte, sie müßten zerreißen, wenn ich nicht in ständiger Bewegung war. Jede Woche konspirativer Tätigkeit war wie eine Minute und doch wieder wie ein Jahrhundert gewesen. Bisweilen dachte ich, daß man sich glücklich schätzen müsse, von einem Exekutionskommando erschossen zu werden. Auf so rasche und anständige Art zu sterben kam mir bei weitem besser vor, als sich nicht endenwollende Tage herumzuschleppen, erfüllt von Haß und Furcht, von hektischem Mut, beunruhigenden Plänen und verkrampften Aktionen – und mit der ständigen Aussicht auf eine Katastrophe, was dann den Anbruch jedes neuen Tages, an dem man noch am Leben war, zu einem Wunder machte.

Ich war stolz darauf, keine Illusionen zu haben. Ich kämpfte, weil ich haßte. Darüber hinaus schien nichts von irgendwelcher Bedeutung zu sein. Ich fühlte mich elend im Zustand der Besinnung. Die Aktion war es, die mich ruhig und fanatisch glücklich machte. Ich wußte, daß ich ein Mitglied der Selbstmörderbrigade war, die eine unüberwindliche Übermacht angriff. Ich wußte, daß ein gefangener Kommunist – besonders wenn die Gestapo in ihm einen kommunistischen Führer sah – mit größerer Grausamkeit behandelt wurde, als irgendein Mörder, der seine Tat zu seinem persönlichen Vorteil begangen hatte. Ich hatte die blutroten Plakate gesehen, von denen die Kunde herunterleuchtete, daß die Köpfe von Genossen, die des Hochverrats für schuldig befunden waren, unter dem Henkerbeil gefallen waren.

Da war zum Beispiel das Problem, einen Ort zu finden, wo man schlafen konnte. Die meisten meiner Mitarbeiter waren aus ihren Wohnungen vertrieben worden. Jedes Haus hatte seinen Hauswart, jeder Fremde wurde der Polizei gemeldet. Es bedeutete sicheren Untergang, ein Privatzimmer zu mieten oder sich in einem Hotel einzutragen. Furcht und Mißtrauen lauerten hinter jedem Hauseingang. Es war Hochverrat, einem Staatsfeind einen Schlafplatz zu geben. Spitzel verpesteten die Straßen, die Bahnhöfe und Cafés, die Fabriken, die Docks und die Schiffe. Sie bildeten eine Armee freiwilliger Angeber, deren Existenz und Tätigkeit allein für den phänomenalen Erfolg der Gestapo sprach. Die Abholkommandos entfalteten ihre regste Tätigkeit zwischen Mitternacht und Tagesanbruch. Der Verkehr durch die sieben Tore der Gestapozentrale war in den Stunden am größten, wenn der normale Verkehr in der Stadt am kleinsten war.

Während dieser sieben Wochen schlief ich nur selten zweimal im gleichen Bett. Die Stunden des Tages waren die Stunden des Ausruhens. Mein Arbeitstag begann am späten Nachmittag, wenn die Dunkelheit hereinbrach, und endete nur selten vor fünf oder sechs Uhr in der Frühe. Die über alles wichtigen Kontakte wurden nachts hergestellt. Dann wurden Besprechungen mit Parteiinstrukteuren und Kurieren abgehalten, mit Genossen, die mit der Abfertigung von Propagandasendungen nach inländischen Bestimmungsorten beauftragt waren, mit Leuten von Schleppdampfern, Kapitänen von Flußkähnen und den Laufburschen von Schiffsartikelhändlern, welche die neueingetroffenen Druckschriftenpakete von den Schiffen hinter dem Rücken der Hafenpolizei und der Absperrung der Zollwachen zu den Depots an Land schmuggelten. Bei der Untergrund-Tätigkeit ist nichts fest. Das Bild ändert sich fortwährend, und das gleiche kann man von den Gesichtern sagen; nur das unbestimmte Gefühl der Gefahr ist immer da. Gegen Morgen hielt ich jeweils Ausschau nach einem Ort, wo ich schlafen konnte. Bisweilen war es die Wohnung eines unbekannten Parteimitglieds, bisweilen ein Keller oder der schmutzige Gang eines Lagerraums oder ein Zimmer in einem Stundenhotel für heimliche Liebespaare, und bei Gelegenheit war es auch eine Kirche. Die sichersten Plätze waren die Zimmer der Prostituierten. Sie haßten die uniformierten Nazis, die am häufigsten kamen und am wenigsten zahlten.

Einmal in der Woche traf ich Rudolf Heitmann, unseren Einsatzmann bei der Gestapo. Heitmann war ein breitschultriger Mann mittlerer Größe. Er hatte ein schweres, aber unauffälliges Gesicht, beinahe ausdruckslose blaue Augen und eine zurückhaltende Art. Sein auf preußische Art geschnittenes Haar war an den Schläfen grau. Zur Zeit der Weimarer Republik war er Angehöriger der Politischen Polizei gewesen, und als Hitler Kanzler wurde, hatte sich Heitmann im Auftrag der GPU der NSDAP angeschlossen. Er war kein eigentlicher Revolutionär. Er ließ sich für seine Informationen bezahlen. Die Gestapo hatte ihn übernommen und ihm eine kleinere Aufgabe in der Eisenbahnkontrollabteilung zugewiesen. Von diesem obskuren Beobachtungsposten aus sammelte er Angaben über Personen, die von der Gestapo gesucht wurden, oder über das Verhalten und das Schicksal von Genossen, die verhaftet worden waren, über kleine Spitzel, die in der Auslandsabteilung der Gestapo für Sonderaufgaben eingesetzt wurden. Seine Angaben, die auch im besten Fall nur kleine Bruchteile der Gestapotätigkeit umfaßten, gelangten dann in die Hände des Westsekretariats. Kommunistischer Einsatz innerhalb der Gestapo war für uns Gold wert. Es gab nicht viele von diesen Leuten; in Deutschland waren es nicht mehr als ein Dutzend. Richard Jensens wöchentlicher Kurier an Bord der *Beira* brachte mir unter anderem Material jede Woche einen Umschlag, der Geld für Rudolf Heitmann enthielt; ich traf dann Heitmann noch in der gleichen Nacht in einem Kellerkabarett in St. Georg. Wir saßen an getrennten Tischen und taten so, als kennten wir uns nicht, bis ich Heitmann ein Zeichen gab, mir in den Waschraum zu folgen. Hier tauschte ich meinen Geldbrief gegen die Informationen, die er gesammelt hatte. Er war genial in der Erfindung neuer Tarnmethoden. Eine Woche befand sich sein Bericht im Text eines billigen Schauerromans, die nächste war er auf dünne Papierblätter mit der Maschine geschrieben und in einen Korinthenstollen eingebacken, bei einer dritten Gelegenheit war er in das Leinen einer billigen Reisetasche eingeklebt, die mit Pferdepostkarten, Karten von Filmstars und Naziführern vollgestopft war.

Mein wichtigster Mitarbeiter war Karl Burmeister. Er stammte von der Nordseeküste, war groß, vierschrötig, blond und blauäugig und hatte die Moskauer Westuniversität absolviert. Er war ein vorsichtiger und zuverlässiger Arbeiter, der lange Zeit geduldig warten und beobachten konnte; sobald er aber den Weg klar vor sich sah, trat er schnell, rücksichtslos und erfolgreich in Aktion. Ihm war das Kuriernetz unter den Elbschiffern, auf dem Unterrhein und den mitteldeutschen Kanälen, die Rhein und Elbe mit dem Gebiet von Berlin verbanden, unterstellt. Auf seiner Loyalität und seinem Gedächtnis ruhte die Sicherheit mehrerer hundert Schiffskuriere und anderer Genossen, die im geheimen Transport-*Apparat* tätig waren. Karl Burmeisters junge Frau war als Geisel verhaftet worden. Die Gestapo hatte erklärt, daß sie sie festhalten würde, bis ihr Mann in ihren Händen sei. Ihm war es auch gelungen, eine Anzahl junger Kommunisten in die Auslandsorganisation der NSDAP hineinzumanövrieren. Burmeisters Zelle leistete vorzügliche Arbeit. Sie verschaffte uns – und wir übermittelten diese Informationen nach Kopenhagen und an die GPU – die Namen der meisten Gestapoeinsatzleute auf den deutschen Handelsschiffen, ferner die Namen von Gestapoverbindungsleuten in ausländischen Häfen und vollständige Listen nationalsozialistischer Seeleute, die im Fotografieren ausgebildet und mit Kameras ausgerüstet worden waren, um strategische Küstenstreifen und jeden ausländischen Hafen, der von deutschen Schiffen angelaufen wurde, zu fotografieren. Letzteres war eine Routinesache der Massenspionage, die die Gestapo von der GPU übernommen hatte.

Burmeister war merkwürdig empfindsam, aber ohne Furcht. Er hatte ein hohes Pflichtgefühl. Er war wie ein guter Offizier, der jederzeit bereit ist, allein hinter den feindlichen Linien zu operieren und seine Anhänger im feindlichen Land zu rekrutieren. Lachend verglich er sich einmal mit einem jener jesuitischen Sendboten, die geheime Missionen im elisabethanischen England auszuführen hatten. »Nur wünschte ich mir, wir hätten es ebenso einfach wie die Jesuiten«, bemerkte er. Er war ein Meister in der Kunst, die Moral der in ihrem Glauben Erschütterten wiederaufzurichten, indem er sie zur Überzeugung brachte, daß unsere Untergrund-Organisation stärker und besser organisiert sei, als dies in Wirklichkeit der Fall war.

Kontakte, die sehr oft durch unerwartetes feindliches Eingreifen verlorengingen, konnten bisweilen durch merkwürdige Zufälle wieder aufgenommen werden. Vierzehn Tage lang machte ich auf Otto K. Jagd, den Hauptverbindungsmann zu unseren Zellen an Bord der Überseedampfer der Hamburg-Amerika-Linie, dessen Spur ich nach einer Gestaporazzia im Hafen verloren hatte. Verbissen suchte ich nach ihm, aber ohne Erfolg. Mehr als ein halbes Jahr hatte er nicht mehr in seiner Wohnung geschlafen. Seine Frau, ein flachsblondes Bauernmädchen, hatte inzwischen einem Sohn das Leben geschenkt, den Otto noch nie gesehen hatte. Eines Morgens gegen vier Uhr nach einer Nacht harter Arbeit saß ich vor mich hinbrütend vor einem Glas Bier in irgendeiner abgelegenen Hafenkneipe. Die letzten Gäste stolperten in die Nacht hinaus, und die Kellner zählten das Trinkgeld. Ich war erschöpft und dachte darüber nach, wohin ich wohl gehen könnte, um ein paar Stunden zu schlafen, als eine Dirne mit breitem Gesicht und starken Hüften auf mich zutrat.

»Was ist denn mit dir los«, sagte sie kurz angebunden. »Du sitzt so lange ganz allein hinter einem kleinen Glas Bier.«

»Mir ist es recht so«, antwortete ich. »Übrigens hat das nichts mit deinem Geschäft zu tun.«

»Ich kenne dich«, sagte die Dirne.

»Du willst mich kennen?«

Sofort wachte ich auf und war bereit, dreinzuschlagen oder zu fliehen. Die Dirne setzte sich neben mich, faltete die Hände und lehnte sich an meine Schulter.

»Du bist Matrose«, sagte sie. »Du kamst mit einem englischen Schiff herein, na – es mag neun Jahre her sein. Du kamst ins Café Rheingold und trankst Cherry Brandy mit mir. Sehr viel Cherry Brandy, es war toll. Deshalb erinnere

ich mich an dich. Drei Nächte gingst du mit mir. Dann lief dein Schiff aus. Erinnerst du dich?«
»Du heißt Berta«, sagte ich. »Du warst damals Verkäuferin.«
»Jetzt heiße ich Marie.«
»Marie?«
»Ja. Auf welchem Schiff bist du denn?«
»Ich habe kein Schiff. Es ist schwierig, heutzutage ein Schiff zu finden.«
»Laß uns unser Zusammentreffen feiern«, sagte sie.
»Nein. Ich bin müde.«
»Du bist müde?«
»Ja, aber laß mich bei dir schlafen«, sagte ich und sah sie fragend an.
»Ach, du hast keinen Schlafplatz?«
»Nein, und auch kein Geld, dich zu bezahlen.«
»Hör zu«, flüsterte sie, »ich bin krank.«
»Ich werde dich nicht anrühren.«
Ich ging mit ihr in ein Haus, das voll war von Prostituierten, arbeitslosen Hafenarbeitern und Straßenkehrern aus dem Hafengebiet. Sie war nett und hatte ein gutes Bett. Auf einem alten Diwan saß ein Teddybär mit grünen Glasaugen. Seine rechte Pfote hatte er zum Faschistengruß erhoben. Über Maries Bett hing zwischen pornographischen Fotografien eine Lithographie von Adolf Hitler. Auf einem kleinen Tisch unter dem Bild lag eine abgenutzte Aktentasche. Das gebrochene braune Leder machte mich aufmerksam. An der Stelle des ledernen Handgriffs befand sich ein Stück Tau. Ich erkannte die Tasche sofort. Sie gehörte Otto.
»Wo ist Otto?« fragte ich und zeigte auf die Aktentasche.
»Wer?« fragte Marie stotternd. »Ich weiß nicht, wovon du sprichst. Sie gehört mir.«
Ich nahm sie beim Arm, schüttelte sie und wiederholte meine Frage. Das Mädchen bekam Angst.
»Er ist bei Emmie«, plapperte sie aus, »ein Mädchen, das drei Türen weiter wohnt.«
So fand ich den Genossen, den ich verloren hatte und für den ich schon das Schlimmste gefürchtet hatte.

Auf eine ganz andere Art endete meine Suche nach Jan Templin, dem Obmann der Zelle für die sowjetische Schiffahrt im Hamburger Hafen, der mich vor einem halben Jahr so großzügig mit einer Ladung Papier für die mir unterstellte Geheimdruckerei versorgt hatte. Templin war ein Mann, der Gott und die Welt kannte. Aber kurz vor den November-»Wahlen« zum neuen Nazireichstag, als die SA-Leute mit Plakaten durch die Straßen zogen, auf denen ein Mann, der am Galgen hing, und die Unterschrift *Er hat gegen das neue Deutschland gewählt*, zu sehen war, verschwand Jan Templin auf geheimnisvolle Weise aus seiner alten Umgebung. In seine ehemalige Wohnung zog ein SS-Offizier ein. Meine Suche war mit Gefahr verbunden; wenn man einen Mann sucht, der verschwunden ist, muß man Fragen stellen. In allen diesen Fällen ist zuerst anzunehmen, daß der Mann sich versteckt hat, dann kann er ins Ausland geflohen sein, oder er ist verhaftet worden. Meine Suche war zu Ende, als ein verängstigtes Nervenbündel von einem Mädchen im Bezirk Neustadt Cilly erzählte, daß Jan Templin von der Gestapo gefaßt worden sei.

Jan Templin wußte viel über unsere Verbindungen an Bord der russischen Schiffe. Ich bereitete eine Warnung vor, die ich mit dem Kurier der *Beira* abschicken wollte. Als dann aber die *Beira* von Kopenhagen kam, hatten die Ereignisse den Inhalt meiner Warnung bereits überholt. Jan Templin war tot. Er hatte die Geheimnisse der sowjetischen Schiffe mit sich in den Tod genommen. Ich atmete erleichtert auf. Er habe sich in der Zelle erhängt, berichtete das Pressebüro der Gestapo.

Olga Templin, seine Frau, erhielt eine Mitteilung der Polizei, aus der Zeit und Ort des Begräbnisses ihres Mannes hervorgingen. Beobachter des Partei-*Apparats* waren bei der Feier zugegen. Die Leiche Jan Templins wurde unter Gestapoaufsicht ins Grab gelegt. Der Sarg war versiegelt. Olga Templin erhielt keine Erlaubnis, ihren toten Mann nochmals zu sehen. Der Sarg wurde mit einer zwei Meter hohen Erdschicht bedeckt; als der Boden über dem Grab geebnet war, gingen die Gestapoagenten weg.

Mein Genosse Karl Burmeister schöpfte Verdacht. »Nimm an«, argumentierte er, »Jan Templin ist gar nicht tot, sondern lebt noch. Nimm an, die Gestapo habe einen leeren Sarg vergraben oder einen anderen Toten, um unsere Genossen im Glauben zu lassen, daß Templin tot ist. Was werden dann die anderen Verhafteten voraussichtlich tun, um sich selbst zu retten? Sie werden denken, daß ein toter Templin nicht mehr leiden kann, und so werden sie ihn belasten, um das Los der anderen, die noch leben, zu erleichtern. Nimm an, daß die Gestapo das erreichen will. Jan Templin lebt und wird von seinen eigenen Genossen belastet; die Gestapo kann eine offene Verhandlung inszenieren und ihn wegen Hochverrats verurteilen.«

Was Burmeister sagte, war schon passiert. Tony Taube vom Hamburger Parteikomitee wollte sich vergewissern, daß Templin wirklich tot war. In jener Nacht zog eine schweigende Gruppe von Kommunisten zu Jan Templins Grab. Sie hatten Schaufeln bei sich. Während die einen Wache standen, öffneten die anderen das Grab und sprengten den Deckel des Sarges auf. Sie fanden einen Leichnam. Sie steckten den Leichnam in einen Seesack und trugen ihn in die Wohnung eines Parteimitglieds, die nicht weit von der Friedhofecke entfernt lag. Dann riefen sie Burmeister herbei.

Der Tote war Jan Templin. Aber er war nicht durch Erhängen gestorben. Sein Gesicht war zerschlagen, als sei es mit schweren Stiefeln getreten worden. Sein rechtes Handgelenk und eine Anzahl Rippen waren gebrochen. Sein Körper war mit Striemen bedeckt. Die Beine waren zerquetscht. Die Geschlechtsorgane wiesen Brandwunden auf, die von den Enden brennender Zigaretten herrührten. Der Leichnam wurde fotografiert. Die Genossen standen bei dem Toten und summten den Totenmarsch der Revolution; einige konnten die Tränen nicht zurückhalten und weinten offen.

Am anderen Morgen erstattete Burmeister mir Bericht.

»Wenn ich jemals erwischt werde«, sagte er hart, »so werde ich ihnen nicht Zeit lassen, das zu tun – mir so etwas anzutun. Ich werde einen Ausweg finden. Einen raschen und sicheren.«

Um uns den schlechten Geschmack zu vertreiben, tranken wir in einer Kneipe Kaffee. Dann gingen wir die friedlichen Straßen entlang und sprachen von der Arbeit, die vor uns lag.

Cillys Wendigkeit und ihr rasches Erfassen lebenswichtiger Einzelheiten machten sie mir unentbehrlich bei meinem heimlichen Kreuzzug gegen die Macht der Nazis. Sie hatte einen behenden Geist und eine feine Witterung für die Wiederaufnahme verlorener Kontakte; auch gewann sie rasch die Sympathie Unbekannter. Sie schien intuitiv zu merken, ob ein Mann oder eine Frau aufrichtig waren oder schwankend oder unzuverlässig. Sie war bei der Nazipolizei noch nicht bekannt und hatte wenig zu fürchten. Sie lebte in vornehmen Hotels und trug elegante Kleider; sie widmete sich der Arbeit und dem Vergnügen mit einer Nonchalance, als habe sie noch hundert Jahre zu leben. Hundert Jahre der Jugend. Ihr gingen Haß und Bitterkeit ab, wie sie in unseren Reihen herrschten. Sie legte es darauf an, mir zu gefallen und mir ihr feuriges Temperament zu zeigen. Ihr schönes Gesicht, die offene Selbstverständlichkeit, mit der sie ihre Aufträge erfüllte, und ihr großer, kühler Körper erinnerten mich immer wieder an die Diana, die ich im Louvre gesehen hatte. Ich wunderte mich oft, weshalb Cilly, die doch Ernst Wollwebers Freundin war, nach Deutschland geschickt worden war. Als sie bei einer Gelegenheit von sich selbst erzählte, gab sie mir eine Antwort auf diese Frage.

»Ich bin verbannt worden.«

»Warum?«

»Als Genosse Ernst in Paris war, hatte er eine Liebesaffäre mit einer Polin. Als wir nachher in Kopenhagen wieder zusammen waren, erhielt Ernst Briefe. Diese Briefe waren parfümiert, und die Schrift war die einer Frau. Sie waren polnisch geschrieben, und ich konnte sie nicht lesen. Ich wurde fast wahnsinnig vor Eifersucht. Ernst lachte. Er erzählte mir, das Parfüm sei nur eine Tarnung für die Briefe der Organisation. Ich wußte, daß er log, und ich war gekränkt. Ich stahl die Briefe und ließ sie übersetzen. Es waren Liebesbriefe eines halbverrückten Mädchens. Ich war einfältig genug, ihm eine Szene zu machen.«

»Und da schickte dich Wollweber nach Deutschland?«

»Er schickte mich nach Deutschland«, sagte Cilly verächtlich. »Er erwartete, daß ich mich weigern, zu Kreuze kriechen und ihn bitten werde, mich bei ihm in Kopenhagen zu lassen. Er hatte sich getäuscht. Ich *ging* nach Deutschland.«

»Die Sache könnte immerhin ein schlechtes Ende nehmen«, sagte ich.

»Es können sich auch angenehme Dinge ereignen«, gab sie zur Antwort.

»Mach dir nichts vor, Cil.«

Es wurde Abend. Wir saßen in einer Ecke der Vaterlandbar. Cilly beugte sich über den Tisch, und eine ungewohnte feuchte Wärme war in ihren Augen. Heftig sagte sie:

»Ich mache mir nichts vor. Ich weiß, wo ich stehe. Wir sind Gefangene, geistig und körperlich. Unser Geist und unsere Körper werden auf einem engen Weg festgehalten, der auf beiden Seiten von hohen, fensterlosen Wänden umgeben ist. Der Weg hat einen Namen. Er heißt *Parteidisziplin*, die gemeinste Erfindung, die jemals gemacht worden ist.«

»Aber notwendig. Ohne sie könnte die Partei nicht existieren.«

Cilly erhob ihr Glas. »Lang lebe die Partei«, flüsterte sie mit Tränen in den Augen. »Ich, ich möchte leben. Jedes Tier möchte leben. Und wir hier, als Tote auf Urlaub, wir müssen leben, als sei jeder Erdentag unser letzter.«

»Gut«, sagte ich, »ich muß jetzt gehen. Ich habe um zehn Uhr einen Treff.«

»Willst du heute nacht zu mir kommen?« fragte Cilly ruhig.

»Nicht vor zwölf Uhr.«

»Komm bestimmt. Hotel Mau, Zimmer sechzehn.«
Es wäre für mich der reinste Wahnsinn gewesen, irgendein großes Hotel zu betreten. »Was ist bloß mit Cilly los?« fragte ich mich, als ich fortging. »Steht sie vor dem Zusammenbruch?«
Der Mann, den ich in jener Nacht suchte, war Martin Holstein, ein Kämpfer, den Wollweber mir als einen der besten empfohlen hatte. Schon seit Wochen machte ich alle Anstrengungen, Kontakt mit ihm herzustellen. Ich kannte Martin Holstein als einen der rücksichtslosesten Kämpfer in der Bewegung. Er war neunundzwanzig oder dreißig, mit schmalen Lippen, blaßgrünen Augen und einem totenblassen Gesicht. Er war kein Organisator, aber er hatte sich bei Aufträgen als nützlich erwiesen, die persönlichen Mut und die Fähigkeit, blitzschnell zuzuschlagen, verlangten.
Niemand in unseren Reihen verdächtigte Martin Holstein. Viele meiner Mitarbeiter waren der Gestapo durch einen unbekannten Verräter ausgeliefert worden. Hugo Gill, der Leiter unserer Einheiten auf den Überseekais und den Ölpiers, war eines Nachts mit zweiunddreißig seiner Mitarbeiter verschwunden. Alfred Feddersen war verraten und im Hamburger Zentralgefängnis zu Tode geprügelt worden. Zwei Wochen später waren Karl Rattai und Matthias Thesen von der Gestapo gefaßt worden; Rattai wurde infolge der Folterungen wahnsinnig, und Genosse Thesen öffnete seine Adern mit dem Glasscherben eines zerbrochenen Fensters. Es gab noch viele, die den gleichen Weg gegangen waren. Burmeister und ich und Cilly hatten mit Hilfe einer Spezialeinheit der Spionageabwehr jedes Mitlgied unserer Organisation einer Überprüfung unterzogen, um festzustellen, wer sich als Verräter unter uns verstecken könnte. Bestimmte Genossen wurden unter GPU-Überwachung gestellt. Aber niemand verdächtigte Martin Holstein, der der Partei jahrelang in Deutschland, in Amerika und in der Sowjetunion gedient hatte. Ich erinnerte mich der Worte Wollwebers: »Genosse Holstein ist dort irgendwo. Verwende ihn für eine Verbindungstätigkeit oder in den Schmuggeleinheiten oder den Sabotagegruppen. Holstein ist in Ordnung!« Geduldig hatte ich Holstein gesucht. Cilly trat mit ihm durch einen Kurier am 29. November in Verbindung und vereinbarte, daß er mich in der darauffolgenden Nacht im Botanischen Garten treffen solle.
Die Nacht zum 30. November war dunkel. Ein kalter Nordwestwind kam von der Nordsee her. Cilly ging neben mir her. Drei Minuten vor acht Uhr traten wir in den Botanischen Garten. Für acht Uhr war eine Besprechung mit Burmeister und Otto vorgesehen. Der Dampfer *Jolantha* war am Morgen, von Kopenhagen kommend, in den Hafen eingelaufen und hatte neue Instruktionen vom Westsekretariat gebracht. Um halb neun sollte ich Martin Holstein treffen.
Der Weg war schmutzig. Der kalte Wind schlug uns ins Gesicht. Angestrengt versuchten wir in der Dunkelheit etwas zu sehen. Über unseren Köpfen sauste der Wind durch die kahlen Baumkronen. Cilly, in einen langen Pelzmantel gehüllt, stieg behutsam über die Pfützen. Wir gingen am Ufer eines kleinen Sees entlang und zählten im Vorbeigehen die Bänke, an denen wir vorüberkamen: »Eins, zwei, drei, vier. Bei der fünften müssen sie auf uns warten.«
Auf der Bank saß jemand, zusammengekauert, mit eingezogenen Schultern und vorgestrecktem Kopf, die Hände schützend vor eine glimmende Zigarette

haltend. Wir blieben stehen. Cilly pfiff den Anfang eines Nazikampfliedes. Der Mann auf der Bank erhob sich und näherte sich uns mit langsamen Schritten. Die Hand in meiner Manteltasche hielt Fireleis kleine Pistole fest umklammert. Ich war entschlossen, sofort zu schießen, wenn irgend etwas nicht stimmen sollte.
Uns gegenüber zeichneten sich die Umrisse von Karl Burmeister ab. Er brummte etwas, als wir uns die Hände schüttelten.
»Wo ist Otto?« fragte ich.
»Verhaftet.«
Eine solche Nachricht ist wie ein Schlag auf den Kopf mit einem eichenen Knüttel. Man ist völlig benommen davon, und man hat das Gefühl, mitten in dichtem Nebel zu sein. Dann preßt man die Lippen zusammen, und es ist, als würde der Kopf hin- und hergeschleudert. Burmeister sprach langsam und sachlich:
»Sie haben ihn heute morgen geholt.«
»Wo?«
»Zu Hause.«
»Er besuchte also seine Anja?«
Anja war Ottos Frau.
Karl Burmeister nickte. »Vielleicht wollte er auch seinen Buben sehen. Er war so verdammt hungrig; er war krank und dachte, er könne vielleicht wenigstens eine Nacht anständig schlafen. Die Gestapo hat das Haus aber die ganze Zeit überwacht.« Finster fügte Burmeister hinzu: »Ein Revolutionär hat kein Recht auf eine Familie.«
»Wo ist Anja?«
»Verhaftet.«
»Wir müssen alle Adressen und Depots ändern, die Otto kannte«, sagte ich.
»Ich habe das schon gemacht«, erwiderte Burmeister. »Ich habe Ottos Sachen zu einem Mädchen in einem Blumenladen gebracht, bis wir neue Orte festlegen können.«
»Zu einem Mädchen?«
»Es gibt Mädchen, die sehr in Ordnung sind.«
»Ich hoffe es.«
»Sie sind oft verdammt gut zu gebrauchen«, brummte Burmeister.
Wir gingen unter den Bäumen auf und ab und behielten den Weg vor und hinter uns scharf im Auge. Geisterhafte graue Wolkenfetzen zogen über den schwarzen Himmel.
»Wie geht es deiner Frau?« fragte ich Burmeister.
»Das möchte ich auch wissen.«
Dann sprachen wir von unserer Arbeit, von den Schiffen, den Propagandasendungen, den Verbindungsstellen, den Methoden und Plänen und von einem Haufen technischer Einzelheiten, die zu einer Verschwörerorganisation gehören. Plötzlich ging Karl Burmeister in Abwehrstellung.
»Es verfolgt uns jemand«, sagte er ruhig.
Zwanzig Schritte hinter uns rauchte jemand eine Zigarette.
»Vielleicht Holstein.«
»Hol ihn der Teufel.«
Der Mann hinter uns ging langsam von einem Baum zum anderen. Es war Martin Holstein. Er hatte weder Hut noch Mantel an.

»Hallo, Martin.«
»Das Sitzen auf der Bank wurde mir zu kalt«, sagte Holstein gedehnt. »Nehmt mich in euren Teufelskreis auf.«
Unsere Unterhaltung dauerte eine weitere Stunde. Ich war froh, Holstein gefunden zu haben. Seine Begeisterung war ansteckend. Als die letzten Berichte besprochen und analysiert und das Vorgehen für die Kampagne des nächsten Tages festgelegt waren, trennten wir uns und gingen jeder in einer anderen Richtung davon.
Ich verließ den Botanischen Garten und wählte eine Straße, die an der Altstadt entlangführte. Ich wollte zu den Räumlichkeiten gehen, die Burmeister erst vor zwei Tagen für mich bekommen hatte, um eine Nachricht zu entschlüsseln, die ein Kurier am Nachmittag aus Berlin gebracht hatte, und um einige Anweisungen an die Verbindungsstellen zu geben; es sollten eine Anzahl Pakete mit Druckschriften, die unsere Hafenkuriere im Handgepäck verschiedener Bahnhöfe um Hamburg abgegeben hatten, abgeholt werden. Ich dachte an Cilly und ihren leidenschaftlichen Hunger nach einer höchst unpolitischen Gemeinschaft mit mir. Ich dachte an Firelei und ihre Einsamkeit, ihre Güte und ihren Mut und an ihre erschütternden Träume.
Der Himmel war mit schweren Wolken bedeckt. Unter dem gelben Laternenlicht schwammen die beleuchteten Bodenstücke wie kreisrunde Inseln in der Dunkelheit. Vor mir ging Arm in Arm ein Paar und verschwand um eine Ecke. Eine dicke Frau trottete durch die Kälte und trat in einen Hauseingang. Leere Gehsteige sind geeignet, einen gejagten Mann aufmerksam zu machen. In einem Haufen eingepfercht fühlt man sich sicherer. Die Scheinwerfer eines Autos warfen ihr Licht die Straße entlang. Ich wunderte mich, weshalb das Fahrzeug seine Fahrt verlangsamte, als sich der Abstand zwischen ihm und mir verringerte. Ich war drauf und dran, in einem Hauseingang unterzutauchen und zu warten, bis der Wagen vorbei war. Dann aber dachte ich, es seien meine Nerven. Und ich bemühte mich, meine Gangart nicht zu beschleunigen.
Mein Verdacht war keine Ausgeburt meiner Phantasie. Der Wagen kam langsam näher, und plötzlich hörte ich neben mir die Bremsen kreischen.
»Raus!« zischte eine Stimme. »Auf ihn!«
Ich machte einen Satz in einen Hauseingang. Die kleine automatische Pistole, die Firelei mir beim Abschied in Kopenhagen gegeben hatte, hatte sich in der Tasche meines Überziehers in einen Handschuh verwickelt. In diesem Augenblick der Not wußte ich genau, was ich zu tun hatte, was man mich zu tun gelehrt hatte für den Fall, daß ich auf der Straße überfallen würde. Ich wollte in das Haus laufen, die Treppen hinaufrasen, um über die Dächer zu entkommen und durch Schüsse meinen Rückzug decken. Mehr als einmal hatte sich diese Technik als erfolgreich erwiesen.
Die Tür war geschlossen. In einer Sekunde hatten mich die Verfolger eingeholt. Es waren drei junge Leute, die aus dem Wagen gesprungen waren. Sie hatten Waffen. Sie stießen mir ihre Pistolen ins Gesicht und in den Körper und schrien mich an:
»Hände hoch!«
»Eine Bewegung, und wir durchlöchern dich!«
Ich hob die Arme und bewegte mich nicht. Einer der Gestapoagenten stieß mir den Pistolenlauf gegen die Zähne. Seine Augen waren seltsam weit geöffnet, und er heulte wie ein Hund. Die Hände der anderen liefen über meine Schul-

tern, Arme und Beine hinunter und befühlten jeden Zoll meines Körpers und durchsuchten sämtliche Taschen. Alles, was sie fanden, steckten sie in ihre Manteltaschen. Ihr Atem ging keuchend. Nachdem sie mir Handschellen über die Gelenke gelegt hatten, wich die Spannung in ihren Gesichtern dem Ausdruck eines jungenhaften Triumphs. Ich hatte das Gefühl, der Boden berste unter meinen Füßen, und im Fallen rasten die Wände auf allen Seiten um mich in die Höhe.

Sie brachten mich zu einem Polizeirevier in St. Pauli, Hamburgs Coney Island. Als sie mich so gefesselt durch die Straßen führten, sammelten sich Leute aus dem Nichts und starrten mich an. Das barsche Kommando eines Gestapomannes genügte, um sie zu zerstreuen.

Auf dem Revier stießen sie mich auf einen Stuhl. Zwei Prostituierte, die vor mir hereingebracht worden waren, wurden in ein Hinterzimmer geschoben. Mehrere uniformierte Polizisten, die hinter ihren Schreibtischen saßen, betrachteten mich schweigend. Ihre Gesichter waren wie Masken und ohne jede Anteilnahme. Die drei Gestapoagenten scherzten und strahlten. Sie zogen die Mäntel aus. Sie nahmen die Pistolen aus den Manteltaschen und steckten sie in die Rocktaschen. Dann setzten sich alle drei nachlässig auf die Schreibtische und zündeten sich Zigaretten an. Ihre Kleider waren abgetragen; die eingefallenen Gesichter zeugten von mangelndem Schlaf.

Eine seltsame Benommenheit hatte sich meiner bemächtigt. Ich stellte jede Einzelheit fest, aber ich konnte nicht denken. Ich wußte, was in den kommenden Stunden geschehen würde. Irgendwie würde es geschehen, aber ich hatte nichts damit zu tun. Es galt jemand anderem. In den Kreisen meiner Genossen vom internationalen Kominterndienst hatten wir uns oft darüber unterhalten, wie einem Genossen zumute sein müsse, wenn er in die Hände der Gestapo fiel. Achselzucken konnte nur schwach den stummen Schrecken verbergen, den viele von uns innerlich empfanden, wenn im Zentralkomitee die Nachricht einging, daß einer von unseren Freunden aufgeflogen war.

Freunde? Als ich unter den blendend hellen Lichtern des Polizeireviers von St. Pauli gefesselt auf meinem Stuhl saß, erinnerte ich mich an Ernst Wollwebers finsteres Gesicht und an seine heiser hervorgestoßenen Worte: »Die Partei kennt keine Freunde – die Partei kennt nur Genossen«, und er hatte mit einem verächtlichen Lachen hinzugefügt: »Sei ruhig, es ist nicht schwer zu sterben.«

Der eine von meinen Überwindern war ein mächtiger Kerl mit dunkler Haut und vorstehenden Backenknochen. Die andern beiden waren schlank und blond. Alle drei ignorierten die anwesenden uniformierten Polizisten vollständig.

»Wir haben dich nun doch noch erwischt«, sagte der eine, der meinen forschenden Blick bemerkt hatte.

Einer von den anderen grinste, als er sich langsam mit dem Zeigefinger rund um den Hals fuhr. »Dein Bart dürfte bald ab sein«, sagte er gedehnt.

Nach einer eingehenden Prüfung meines Passes sagte der dunkelhäutige Kerl mit einer Miene ungeheurer Selbstzufriedenheit: »Wenn du nicht nach Deutschland zurückgekommen wärst, würden wir dich tot oder lebendig aus Kopenhagen oder aus Paris zurückgeholt haben. Und wenn du nach China gegangen wärst, so hätten wir dich auch erwischt.«

Einer der anderen Agenten hatte sich inzwischen ebenfalls meinen Paß angesehen. »Einen hübschen Paß hast du da«, sagte er. »Wo hast du den denn her?«

Ich gab keine Antwort.

»Sei dem, wie ihm wolle«, sagte der andere träge, »wir werden es schon herausbringen – und zwar bald.«

Ich gab mir alle Mühe nachzudenken. Ich gab mir alle Mühe, darüber nachzudenken, was sie wohl von mir wissen konnten und was ich sagen sollte. In demokratischen Ländern gilt die kommunistische Regel für verhaftete Genossen, nichts zu sagen. Wenn man hier nichts sagte, so wurde man einfach zu Tode geprügelt. Auf lange Sicht gibt man auf, oder man stirbt. Der Wille selbst der Stärksten wurde gebrochen, wenn sie nicht starben. Fleisch und Blut können gebrochen werden. Der Geist kann gebrochen werden. Wenn sie dafür sorgten, daß einer keine Gelegenheit zum Selbstmord hatte, konnten sie seinen Widerstand brechen. Sie wußten, daß ich in Kopenhagen und in Paris gewesen war. Sie wußten, daß ich mich eines falschen Passes bediente. Sie wußten, daß ich eine Pistole belgischer Herkunft bei mir trug, für die ich keinen Waffenschein hatte. Sie wußten noch mehr, noch sehr viel mehr. Kein Gefangener weiß bei seiner Verhaftung, wieviel die, die ihn gefangennehmen, von den Taten wissen, die er in Verletzung der Landesgesetze begangen hat.

Mein Gehirn war nur zu einer einzigen Schlußfolgerung fähig: »Sag ihnen nichts! Wahrscheinlich ist ein Kuli in einem Käfig voll hungriger Tiger weit besser dran; er würde wenigstens schnell sterben. Ich muß also nach einer Möglichkeit sehen, mich umzubringen. So lange aber durfte ich ihnen nichts sagen. Absolut nichts! Es gibt nicht die geringste Hoffnung. Aber das Ganze hat wenigstens einen Zweck. In der ganzen Welt fallen Tag für Tag Männer für ihre Sache. Die Sache überlebt. Die Sache ist unbesiegbar. Sag ihnen also nichts! Laß sie deine Glieder eins nach dem anderen abschneiden; das ist immer noch besser, als der Sache Schaden zuzufügen.«

»Willst du rauchen?«

Ich nickte.

Der dunkelhäutige Mann steckte mir eine Zigarette zwischen die Lippen, die trocken und gefühllos waren. Ich konnte nicht spüren, daß ich eine Zigarette zwischen den Lippen hatte. Der Gestapomann zündete ein Streichholz an und gab mir Feuer. Gierig sog ich den Rauch in meine Lungen. Der beißende Rauch stieg mir in die Augen, und unwillkürlich zog ich an den Fesseln, um die Zigarette aus dem Mund zu nehmen. Der Dunkelhäutige sah es. Er nahm mir die Zigarette aus dem Mund und legte sie auf den Rand des Schreibtischs. Einige Sekunden später steckte er sie mir wieder in den Mund.

»Du siehst«, sagte er, »wir sind anständig und offen mit dir.«

Die beiden anderen lachten. Die Polizisten blickten blöde drein.

Ich war neugierig, was wohl mit Karl Burmeister, Cilly und dem Genossen Holstein geschehen war. Meine Verhaftung war keine zufällige Sache. Als sie sich auf mich stürzten, wußten die Gestapoleute, wer ich war. Ich konnte es mir nicht erklären. Wir waren äußerst vorsichtig gewesen. Wir hatten alle die komplizierten Regeln der konspirativen Arbeit befolgt. Wir waren zu aufmerksam und zu gut trainiert, um nicht sofort feststellen zu können, wenn wir verfolgt wurden. Wir waren keine Anfänger in der illegalen Arbeit. Was aber, wenn man Karl Burmeister auch festgenommen hatte? Oder Cilly? Oder

Holstein? Ich wollte es einfach nicht glauben. Cilly würde um Mitternacht in mein Quartier kommen und feststellen, daß ich nicht da sei. Sie würde den Sachverhalt erraten. Sie wußte, daß ich eine Liste von Kurieradressen in meinem Schlafzimmer versteckt hatte. Sie würde diese finden, sie an sich nehmen und die anderen warnen.

Das alles war absurd.

Die Feststellung, gegen die sich mein Verstand wehrte, war die folgende: »Unter deinen Mitarbeitern ist ein Spitzel. Alle großen Fänge der Gestapo wurden durch Spitzel ermöglicht. Wenn es keine Spitzel gäbe, würde sich die Tätigkeit der Gestapo auf eine unergiebige bürokratische Routine beschränken.«

Ich kämpfte gegen diese Erkenntnis. Sie brachte mich zur Verzweiflung. Wer war der Spitzel? Was wußte er? Ich grübelte vergeblich.

»Du bist ein Dummkopf«, sagte der dunkelhäutige Gestapomann. »Ich hätte dein Gesicht unter Tausenden erkannt. Erinnerst du dich nicht an mich?«

»Nein.«

»Saß ich nicht neben dir in der Berliner U-Bahn?«

»Ich kann mich nicht erinnern.«

»Sahst du mich nicht in jener Versammlung in Antwerpen, in der du die Hafenarbeiterdelegierten auffordertest, alle deutschen Schiffe zu boykottieren, die belgische Häfen anlaufen? Erinnerst du dich daran?«

»Ich habe nie in einer solchen Versammlung gesprochen«, sagte ich.

»Wir werden dein Gedächtnis bald auftauen, mein Junge.« Der Große lachte.

»Von wo kommst du, Junge?«

»Ich wurde im Rheinland geboren.«

»Ja, ja, ich kenne es gut. Ist sie nicht schön, deine Heimat?«

»Ja, sie ist schön«, sagte ich.

Der Gestapoagent hielt mir jetzt die Faust unter die Nase. »Und du verkaufst deine schöne Heimat an Moskau!« fuhr er mich an. »Was meinst du, was mit einem Schurken geschehen wird, der sein Land an die Moskowiter verrät?«

Ich sagte nichts. Einer der Kollegen des Großen, der auf der Schreibtischkante hockte, spuckte mir ins Gesicht.

»Dein Bart wird bald ab sein«, sagte er, ohne die Lippen zu bewegen.

»Erschießen ist zu gut für einen, der gegen sein eigenes Land arbeitet.«

»Ich arbeite nicht gegen mein Land«, protestierte ich.

»Halt dein Maul! Jeder, der Hitler vernichten will, will auch Deutschland vernichten. Hitler ist Deutschland und Deutschland ist Hitler.«

Ich schwieg.

Der Dunkelhäutige betrachtete mich mit kalter Feindseligkeit. »Mir tut nur eine Sache leid«, sagte er. »Es tut mir leid, daß du nicht deinen Kopf vom Rumpf herabrollen sehen kannst.«

Das Telefon klingelte. Ein Polizist nahm den Hörer ab.

»Herr Magnus«, wandte er sich an den dunkelhäutigen Agenten. »Eine Nachricht für Sie. Das St.-Georg-Revier ist am Apparat.«

Magnus stapfte zum Telefon hinüber.

Ich strengte mich an, jedes Wort zu verstehen, das er sagte.

»Hier Magnus ... O ja, ein ausgezeichneter Abend ... Haben Sie die Dame? Gut. Sehr gut. Ausgezeichnet! Bitten Sie das Stadthaus um Instruktionen ... ja, ja ... Heil Hitler!«

Unmittelbar darauf wählte er eine andere Nummer. Ich folgte seinem Zeigefinger. 0-0001, das war die Nummer der Gestapozentrale. Ich wußte es, weil ich diese Nummer selbst oft gewählt hatte, um der Gestapo irreführende Informationen zu geben.

Dann sagte Magnus' rollende Stimme: »Inspektor Kraus? ... Gewiß, wir haben ihn. Er lief ziemlich rasch weg, aber wir erwischten ihn ... Nein ... er benahm sich recht zivilisiert. Hatte immerhin ein Schießeisen. Eines von den kleinen aus Belgien. Wir gaben ihm aber keine Gelegenheit, es zu gebrauchen. ... Ja, ganz zivilisiert ... Gleich von hier raufbringen? Sehr gut. Wird gemacht. Heil Hitler!«

Die beiden anderen sprangen von den Schreibtischen. Der Stuhl wurde unter mir mit dem Fuß weggestoßen. Die uniformierten Polizisten nahmen Achtungstellung an.

»Los geht's.«

An der Ecke wartete ein Wagen mit einem untersetzten Chauffeur am Steuer. Der Chauffeur trug ein graues Halstuch und eine schmierige Kappe, die er bis zu den Augenbrauen herabgezogen hatte. Als wir den Wagen bestiegen, starrten uns Passanten mit ausdruckslosen Gesichtern an und gingen eiligst ihrer Wege.

Ich wurde in den Fond des Wagens gestoßen und zwischen zwei Gestapoleuten eingequetscht.

»Rühr dich nicht und sprich nicht!«

Jeder der beiden Männer hielt die Mündung seiner Pistole gegen meine Rippen. Magnus, der vorn neben dem Chauffeur saß, wandte den Kopf zurück. »Hast du jemals blutige Striemen hinten gehabt?« fragte er mich.

»Nein.«

»Du wirst verdammt bald welche haben.«

Der Chauffeur gähnte. Dann fuhr der Wagen los.

Wir fuhren durch einsame Straßen zum Polizeipräsidium. Schatten und Lichter glitten vorbei. Leute gingen die Häuserreihen entlang. An einem Hauseingang versuchte ein Junge ein lachendes Mädchen ins Haus zu ziehen. An einer anderen Stelle drangen die Klänge eines elektrischen Klaviers durch ein schwach erleuchtetes Fenster.

Der Wagen verlangsamte seine Fahrt vor einem Hund. Magnus beschimpfte wild einen Lastwagenfahrer, der nicht weit genug auf der rechten Seite fuhr. Geringschätzig winkte der Lastwagenfahrer mit dem Arm; als er das Polizeiauto erkannte, fuhr er aber aus dem Weg. Tief dröhnte eine Schiffssirene vom Fluß. Der Mann zu meiner Linken stieß mich mit seiner Pistole an.

»Hörst du den Dampfer tuten?«

»Ja.«

»Du wirst nie mehr einen Dampfer tuten hören«, brummte er. »Du wirst niemals mehr ein Mädchen haben. Du wirst nie mehr ein Glas Bier trinken. Wie kommt dir das vor?«

Sie wußten, daß ich mit der Schiffahrt zu tun hatte, das erkannte ich jetzt.

»Ich glaube nicht, daß ich das schön finde«, sagte ich.

»Du hast ganz recht«, brummte er. »Eine gute Sache, eine Dampferreise zu machen und mit einem Mädchen ein Bier zu trinken.« Er tippte mit der Faust an meinen Kopf. »Das nächstemal, wenn ich eines habe, werde ich an dich denken«, kicherte er.

Meine eigene Ruhe erstaunte mich. Schließlich waren die Dinge ja auch so einfach. Jetzt befanden wir uns im Stadtzentrum. Langsam fuhr der Wagen über eine schmale Brücke, und dann beherrschte der hoch emporragende Steinkoloß des Polizeipräsidiums die Straße.
Der Wagen manövrierte durch den bogenüberspannten Torweg in einen düsteren Hof. Der Hof war voller Autos. Dicke Mauern ragten in die Dunkelheit. Licht drang von hochgelegenen Fenstern herab. Ich hörte das Schlagen der großen Glocke von St. Michael. Es war elf Uhr.
Die Gestapoleute sprangen aus dem Wagen. Der Chauffeur streckte sich und gähnte.
»Zum Teufel«, brummte er. »Schließlich braucht man auch mal seinen Schlaf.«
»Gut – Sie können für heute gehen.«
Einer der Gestapoleute, die mich gefangengenommen hatten, kam ganz nahe und flüsterte mir etwas ins Ohr.
»Jetzt wird dir der Bart abgehen«, knurrte er drohend.
»Sag ihnen nichts«, dachte ich. »Was immer geschieht, sag ihnen nichts. Für die Komintern gibt es nur ein einziges Verbrechen: Verrat an der Partei. Alles andere ist mehr eine Frage der Zweckmäßigkeit. Tausende sind bereits diesen Weg gegangen, jetzt komme ich dran.«
»Nimm dich zusammen! Und marsch jetzt!«
Der eine ging voraus. Die anderen folgten mir auf den Fersen.
Wir gingen durch einen großen, düsteren Raum. Unsere Schritte hallten von den schmutzigen Wänden wider. Ein SS-Mann ging mit klirrenden Schritten an uns vorüber. Er hatte das Ende einer Kette in der Hand, die um die Gelenke eines verdreckten Gefangenen festgemacht war. Ohne auf uns zu achten, gingen die beiden vorüber.
Mit schnellen Schritten durchquerten wir ein Labyrinth von Korridoren, stiegen breite Treppen hinauf, an bewaffneten Wachen und großen Räumen vorbei, aus denen Schreibmaschinengeklapper drang. Türen wurden auf ein Zeichen von Magnus aufgeschlossen und wieder verschlossen, sobald wir hindurch waren. In großen Sprüngen kamen zwei gefesselte Männer die Treppen herunter. Sie waren aneinandergefesselt. Hinter ihnen ein junger SS-Mann, der den Gummiknüppel über ihnen schwang.
»Schneller«, schrie er. »Lauft schneller!«
Auf dem nächsten Treppenabsatz stand eine Reihe von Männern mit dem Gesicht gegen die Wand. Wachen riefen Namen aus. Ein jüngerer SS-Mann hatte gerade den mageren Hals eines älteren Arbeiters zwischen den Fingern und machte sich ein Vergnügen daraus, ihm den Kopf gegen die Wand zu stoßen. Wo die Reihe der männlichen Gefangenen endete, standen zwei SS-Leute bei einem plumpen Mädchen. Das Gesicht des Mädchens war totenblaß. Sie warf sich auf den Steinboden und versuchte, dann wieder auf die Beine zu kommen. Ein SS-Mann schwang die Arme und brüllte:
»Auf – ab! Auf – ab! Auf – ab! Wir werden dir schon beibringen, wie man Dreck frißt, du Dreckhure. Auf – ab! Auf – ab! ...«
Ein entsetzliches Geschrei kam vom Ende des Korridors. Ein gutangezogener Mann hockte wie ein Hund auf allen vieren am Boden. So laut er nur konnte, schrie er: »Ich bin Jude! Ein stinkender Jude! Ich bin Jude, ein stinkender Jude!«

Wir befanden uns im sechsten Stockwerk. In dem großen Gang herrschte Grabesstille. Auf dem Boden lagen Teppiche. Die Wände waren sauber, und es roch nach frischer Farbe. Auf einer Bank saß eine Frau in tiefer Niedergeschlagenheit. Sie hielt eine Pappschachtel auf den Knien und ließ ihren Kopf hängen.
»Halt!«
Ich stand vor einer schweren Tür. Sie wurde von zwei bewaffneten SS-Leuten bewacht, die schwarze Uniformen trugen und den silbernen Totenkopf mit den gekreuzten Knochen auf der Mütze. Auf dem Türschild stand: *Inspektion 6 – Zutritt verboten.*
Die SS-Leute lachten über das ganze Gesicht.
»Hallo, wer ist denn das?«
»Ein Verräter«, sagte Magnus kurz angebunden.
Er drückte auf einen elektrischen Knopf. Die Tür öffnete sich. Ich wurde mit solcher Gewalt in den Raum gestoßen, daß ich der Länge nach hinfiel.
Ein Gemurmel vieler Stimmen entstand. Ich befand mich in einem großen, kahlen Raum. Im ersten Augenblick war ich ganz benommen durch das blendende Licht von Kronleuchtern. Dann sah ich Haufen schlechtangezogener Männer um mich herum; alle schauten nach mir hin und schimpften. Karten und Plakate bedeckten die Wände. Wolken von Zigarettenrauch stiegen langsam zur Decke.
Wie ein Peitschenhieb durchbrach eine Stimme den Lärm: »Aufstehen!« Langsam erhob ich mich vom Boden.

Die Gestapo verhört mich

Feindselige Gesichter glotzten mich an, und ein drohendes Stimmengewirr drang von allen Seiten auf mich ein. Ein von einem Hai angegriffener Schwimmer im Meer kann nicht verlassener sein als ein Feind des Nazistaates in den Fängen der Gestapo. Und doch war es genau das, was ich zu erwarten hatte. Ich war kein Opfer einer Verfolgung. Ich war kein Unschuldiger, der als Folge einer anonymen Denunziation im Morgengrauen aus dem Bett geholt wird. Ich hatte das Hitlerregime mit allen mir zur Verfügung stehenden Mitteln und Listen bekämpft. Ich hatte für eine proletarische Revolution gekämpft, an die ich irgendwie immer noch glaubte.
Ich erhielt einen Faustschlag ins Gesicht. Fußtritte von hinten warfen mich der Länge nach auf den Boden. Hände rissen mich wieder in die Höhe und schleuderten mich gegen eine Wand. Ein kahlköpfiger Kerl stieß mir das Knie in den Hintern. Ein anderer schlug mich mit Handschellen über den Kopf. Magnus schleifte mich in die Mitte des Raumes zurück. Er befahl mir, gerade zu stehen. Er veranlaßte die anderen, zur Seite zu treten.
»Laßt ihn jetzt«, befahl er.
Durch die Tür eines anschließenden Büros betrat ein kleiner, breitschultriger Mann den Raum. Er hatte dunkle, tiefliegende Augen und ein zerfurchtes Gesicht. Er trug einen gutgebügelten Anzug und Ringe an den Händen. Der Geruch von Fichtennadeln kam von seinem glänzenden Haar.

»Guten Abend«, sagte er.
Die Männer traten zurück. Es herrschte Schweigen. Einer brachte einen Stuhl. Der kleine Mann setzte sich zwei Meter vor mir hin und blickte mich gelassen an. Ihm zur Seite stand ein SS-Mann mit einer sechs Fuß langen Lederpeitsche in der Hand und ein Mädchen mit einem Stenoblock. Beide waren mit dem kleinen Mann aus dem anschließenden Zimmer gekommen.
»Wir werden jetzt Striemen aus deiner Haut schneiden«, sagte der kleine Mann. Das Mädchen lächelte. Sie hatte schöne Zähne. Sie war groß, hatte große blaue Augen und eine dichte flachsblonde Mähne. Ihre Arme waren unter ihren schweren Brüsten verschränkt. Ich erkannte sie. Sie hieß Hertha Jens und war die Tochter eines wohlhabenden Bauern aus der Marsch.
Sie lächelte mir zu und sagte: »Du siehst aber prächtig aus.«
Noch vor weniger als einem Jahr war Hertha Jens die Vertraute von Hermann Schubert, einem Mitglied des Reichstags und einem der Führer der Kommunistischen Partei gewesen. Sie hatte Zugang zu vertraulichem Material gehabt und hatte an konspirativen Besprechungen teilgenommen. Ihr war es zu verdanken, daß Druckereien von Überfallkommandos durchsucht und Hunderte von Genossen in den Kerker geworfen worden waren. Viele von uns hatten Hertha Jens gern gemocht; sie schien so zuverlässig und so gütig. Und dann erfuhren wir von ihrem Verrat, und damit war sie für den *S-Apparat* zur Liquidierung reif geworden. Einige behaupteten, daß sie seit Jahren Hitlers Spitzel gewesen sei. Andere waren der Meinung, daß sie erst zur Verräterin geworden sei, als Hermann Schubert sie im Stich ließ und nach Paris floh. Schließlich war das gleichgültig. Seit Mai schon stand Herthas Name bei der GPU auf der Liste der zur Liquidierung vorgesehenen Verräter.
Hertha Jens sah meinen erstaunten Blick. Ihr Lächeln verzog sich zu einem spöttischen Grinsen.
Die eingesunkenen Augen des kleinen Mannes vor mir leuchteten auf, als habe er eine elektrische Birne im Innern seines Kopfes angeknipst. Er sprach ruhig.
»Ich weiß eine ganze Menge Dinge, die ich mit dir anstellen kann«, sagte er. »Es kommt nicht oft vor, daß wir einen Fisch wie dich fangen. Berlin wird entzückt sein.«
Ein Kichern erhob sich im Kreis der Menschenjäger rund um mich. Ihre Gesichter glühten vor Erwartung. Der Rauch ihrer Zigaretten drehte sich in vielen gewundenen Säulen und zog nach oben ab. Der SS-Mann mit der Peitsche trat an einen Tisch in der Nähe des Fensters. Er schwang die Peitsche hoch, bis das Lederende die Decke berührte. Dann ließ er sie auf den Tisch niedersausen. Der Schlag klang wie ein Gewehrschuß. Ich zuckte zusammen.
»Ich bin Inspektor Kraus«, sagte der kleine Mann träge.
Wieder knallte der SS-Mann die Peitsche auf den Tisch.
»Das ist Inspektion 6«, fuhr Inspektor Kraus fort, »die Antikominternabteilung der Geheimen Staatspolizei. Unter deinen Freunden in Moskau genießt diese Inspektion ein ziemlich schlechtes Ansehen.«
Ein Gestapomann brach in schallendes Gelächter aus. Die anderen nickten beifällig. Hertha Jens schob die Lippen vor, bis sie breit und weich aussahen. Inspektor Kraus wandte seine Augen nicht von mir.
»Willst du vernünftig sein?«
»Ja.«

»Merk dir das eine – wenn du lügst, wirst du nicht am Leben bleiben. Ist dir das klar?«
»Das ist mir klar.«
»Wen trafst du heute nacht im Botanischen Garten?«
»Ich traf niemanden«, sagte ich. »Ich ging spazieren.«
»Wer schickte dich nach Deutschland?«
»Ich kam auf eigene Initiative.«
»Wo hast du gewohnt?«
»Ich kam heute mittag in Hamburg an und war gerade dabei, mir ein Hotelzimmer zu suchen.«
»Drei Fragen«, sagte Inspektor Kraus, »und drei Antworten. Alle drei Antworten von dir sind Lügen.«
Ich schwieg. Meine Knie zitterten. Ich wollte das Zittern beherrschen, aber ich war unfähig dazu. Inspektor Kraus fragte:
»Wer lehrte dich das Lügen?«
»Niemand.«
»Brachte dir deine Mutter bei, wie du lügen mußt?«
»Nein.«
»Lügst du, weil du denkst, daß du dadurch deine Haut retten kannst?«
»Ich lüge nicht«, sagte ich heiser.
»Lügst du, um deine Organisation davor zu bewahren, haushoch in die Luft gesprengt zu werden?«
»Nein.«
»Sag mir, mein Freund, wer ist Ernst Wollweber?«
»Ich kenne ihn dem Namen nach, aber ich lernte ihn nie persönlich kennen.«
»Wer gab dir den dänischen Paß, den wir in deiner Tasche fanden?«
»Der Konsul in Antwerpen weigerte sich, mir einen deutschen Paß zu geben«, erklärte ich. »Ich hatte keine Papiere. So kaufte ich den Paß von einem mittellosen Dänen.«
»Wie heißen deine Mitverschwörer? Nenne ihre Adressen.«
»Ich habe keine Mitverschwörer.«
»Wo sind Hans Kippenberger, Heinz Neumann, Bela Kun? Wo ist Hermann Schubert, Adolf Deter, Max Ulrich, Kommissarenko und das ganze Pack internationaler Schurken, die unser Land verpesteten? Wo sind sie? Wo leben sie? Und unter welchen Namen?«
»Ich weiß es nicht.«
»Wo ist Kuusinen? Wo ist Remmele? Wo ist Willy Münzenberg?«
»Ich weiß es nicht.«
Finster sagte Inspektor Kraus: »Ich kann dich behandeln lassen, daß du lieber tot wärst. Ich will dich aber erst noch ein paar Dinge fragen, die du hoffentlich weißt.«
Er schickte Hertha Jens ins Nebenzimmer, die Akten zu holen. Ein junger Mann kam herein und sprach flüsternd mit Inspektor Kraus. Kraus nickte. Der junge Mann verließ darauf den Raum. Mein Gesprächspartner nahm das Aktenbündel, das Hertha Jens ihm aushändigte.
»Nun denn«, sagte er. »Du bist Mitglied der Kommunistischen Partei?«
»Nein.«
»Du *warst* dort Mitglied?«
»Ja.«

»Wie lange?«
»Von 1923 bis zur nationalen Revolution – bis zum Reichstagsbrand.«
»Und du gingst ab, als Hitler an der Macht war?«
»Ja, ich ging ab.«
»Warst du so ein Schwächling, daß du deine Partei im Stiche ließest, als die Sache gefährlich wurde?«
»Ich ging ab«, sagte ich. »Ich ging ins Ausland, um eine Stellung auf einem ausländischen Schiff zu finden.«
Voll Verachtung sagte Inspektor Kraus: »Ja, ja, du bist wirklich ein harmloses, liebenswertes Wesen. Aber wir sind es auch, du kannst sicher sein. Jetzt hör mal zu: Ich habe hier einige Auszüge aus deinen Akten. Laß uns doch mal sehen, ob du das sanfte Lamm bist, das du in deiner jetzigen Lage gerne sein möchtest. Du warst Schiffsoffizier?«
»Ich habe ein Deckoffizierszeugnis.«
»Seinerzeit beschäftigtest du dich mit dem Aufbau einer kommunistischen Schiffsoffiziersorganisation und gabst ein Wochenblättchen, *Die Brücke*, heraus. Stimmt das?«
»Das stimmt.«
»Im Jahre 1923 hast du dich aktiv an der bewaffneten Erhebung gegen die Deutsche Republik beteiligt. Du warst damals Zugführer in der zweiten proletarischen Hundertschaft der Roten Marine. Du wurdest verhaftet, aber du entkamst. Ist das richtig?«
»Ja«, gab ich zu.
Inspektor Kraus fuhr fort: »Dann ist da eine Lücke von einigen Jahren. Aber nun kommen wir zum Jahre 1926. 1926 hast du in Kalifornien einen Menschen ermordet.«
»Ich habe nie einen Menschen ermordet«, unterbrach ich ihn heftig.
»Was du nicht sagst ... Ich habe hier«, sagte Inspektor Kraus, »einen offiziellen Bericht, der vom deutschen Konsul in New York überprüft worden ist. Aus diesem Bericht geht hervor, daß du durch ein höheres Gericht in Los Angeles wegen eines Verbrechens, verursacht durch den Gebrauch einer tödlichen Waffe, zu zehn Jahren Zuchthaus verurteilt wurdest.«
Mir wurde abwechselnd heiß und kalt. Aus dem Ring der Zuhörer hörte man ein langsames pfeifendes Geräusch. Der Raum schien sich um mich zu drehen, und die Umrisse der Männer waren verzerrt.
Von oben herab sagte Inspektor Kraus: »Ja, mein Freund, die Geister der Vergangenheit können einem zeitweise verdammt unangenehm werden, nicht wahr?«
Ich konnte nichts darauf antworten. Das Wild in der Falle, das den Jäger herankommen sieht, muß das gleiche Gefühl haben, das ich hatte. Mit eiserner Ruhe fragte Inspektor Kraus weiter:
»Warst du jemals im Dienst der GPU?«
»Nein. Niemals.«
»Mag sein. Ich werde das später noch herausfinden. Wir kommen jetzt zum Jahr 1929. Im Dezember 1929 kamst du in Berührung mit der französischen Fremdenpolizei, nicht? In Le Havre bist du aus dem Gefängnis ausgebrochen und entkommen. Die französischen Behörden sandten einen Bericht über dich an die Deutsche Botschaft in Paris. Ich betrachte also diesen Ausbruch aus dem Gefängnis als eine Tatsache.«

Ich nickte. Mein Mund war trocken. Ich wollte um Wasser bitten, aber ich konnte kein Wort herausbringen.
Inspektor Kraus lächelte. »In den darauffolgenden Jahren kommen die Geister haufenweise«, fuhr er fort. »1931 wurdest du von der deutschen Polizei wegen Anstiftung zum Aufruhr gesucht, aber du entkamst. Dann ist hier ein Bericht aus England. Die britische Regierung protestierte gegen den Schmuggel hochverräterischer Propaganda in die britischen Kolonien – als Angeklagte in dieser Sache werden genannt ein gewisser Losowski in Moskau, ein gewisser James Ford aus New York, ein zweiter Neger und du. Im Sommer 1932 wurdest du verhaftet und durch Scotland Yard aus London ausgewiesen. Im Frühjahr 1933 wurdest du in Schweden wegen Aufruhrs und Menschenraubes im Zusammenhang mit einem Matrosenstreik gesucht. Einen Monat später wurdest du verhaftet und solltest aus Norwegen ausgewiesen werden; auch diesmal entkamst du wieder. Zwei Monate später interessierte sich die *Sûreté* in Paris und Straßburg für dich. Ebenso die Polizeibehörden in Holland und Belgien. In allen Fällen hast du dich falscher Pässe bedient. Befehle und Geld erhieltest du von der Kommunistischen Internationale. Und jetzt haben wir dich hier. Diesmal wirst du nicht entkommen. Die Anklage gegen dich lautet auf Hochverrat.«
Inspektor Kraus lehnte sich zurück. In einer raschen Folge von Schlägen knallte der SS-Mann mit seiner Peitsche auf den Tisch am Fenster.
Ich wollte sprechen. Meine Stimme klang wie ein heiseres Gekrächze.
»Halt das Maul!« fuhr mich ein Gestapomann an.
»Du könntest uns Bände erzählen«, sagte der Inspektor gereizt. »Weshalb also nicht vernünftig sein? Das Leben kann so angenehm sein, mein Freund. Ich frage dich: Willst du jetzt Vernunft annehmen?«
»Ja«, sagte ich.
Mit einem Ruck richtete sich Inspektor Kraus auf. »Dann kommen wir zur Hauptsache«, sagte er. »Glaubst du, daß du mich zum Narren halten kannst?«
»Nein«, sagte ich.
»Wer ist die junge Frau, mit der du durch die Stadt gezogen bist?«
»Mit einer jungen Frau?«
»Du weißt schon – ein großes, brünettes, sehr schickes Mädchen.«
»Ich kenne kein solches Mädchen«, sagte ich.
»Bist du sicher?«
»Ja.«
Der Inspektor wandte sich an Hertha Jens.
»Hol die Dame herein«, befahl er.
Hertha Jens verließ, ein Liedchen pfeifend, den Raum, und eine halbe Minute später kam sie mit Cilly zurück. Cillys Gesicht war blaß und starr, ihre Augen waren weit offen, und sie sah aus, als habe sie drei Nächte nicht geschlafen.
Inspektor Kraus lachte befriedigt vor sich hin.
»Ein feines Exemplar«, sagte er. »Ich muß deinen guten Geschmack anerkennen.«
Cilly starrte mich mit ungläubigen Augen an. Das Rot von ihren zuckenden Lippen war verschwunden. Hinter ihr zeigte Hertha Jens lachend ihre schönen Zähne.
Cilly stand so nahe bei mir, daß ich sie hätte berühren können. Wir starrten einander an ohne ein Zeichen des Erkennens.

»Kennst du sie jetzt?« fragte Inspektor Kraus barsch.
»Nein«, sagte ich.
»Schau sie dir gut an«, stieß er wütend hervor, »sie wird eine stinkende alte Hexe sein, noch bevor wir mit ihr zu Ende sind.«
Cillys Lippen bildeten nur nod einen dünnen geraden Strich. Ihr dunkelblaues Kleid war zerknittert. Ihr Bernsteinarmband war weg. Ihre jugendliche Eleganz kontrastierte seltsam mit ihrem müden Gesichtsausdruck. Sie preßte die Lippen zusammen, bis sie ganz weiß waren. Sie sagten alles.
»Sag ihnen nichts«, das war es, was sie zum Ausdruck brachten.
Inspektor Kraus stand auf und packte sie am Arm.
»Kennen Sie diesen Mann?«
Cilly antwortete bestimmt: »Ich habe ihn noch nie gesehen.«
Inspektor Kraus holte aus. Er schlug Cilly fünf- oder sechsmal mit den Händen ins Gesicht. Sie stieß einen kleinen heiseren Schrei aus.
»Kennen Sie diesen Mann jetzt?«
»Nein«, sagte sie dumpf. »Ich kenne ihn nicht.«
»Das genügt. Abführen.«
Hertha Jens ergriff Cilly am Handgelenk und führte sie in das anschließende Zimmer. Als Hertha Jens zurückkehrte, sah ich, daß ein langer Gestapomann Cilly auf einen Stuhl stieß. Ein Ausdruck unvergeßlicher, höchster Verzweiflung lag auf ihrem Gesicht.

Alle Kaminfeuergespräche über Heldentum sind faul. Wenn so etwas menschenmöglich gewesen wäre: mich in mich selbst hinein zu verkriechen, mich zu verstecken – ich hätte es getan. Vor mir stand Inspektor Kraus; er hatte eine kurze Hundepeitsche in der Hand. Die Peitsche war in Wasser getaucht worden. Das nasse Leder schneidet tiefer ein. Ein Wassertropfen glitzerte am Peitschenende. Ich sah ihn auf den Boden fallen.
»Wie heißt dieses Mädchen?« fragte der Inspektor.
Niedergeschlagen schaute ich zur Seite. Ich antwortete nicht.
Da klatschte auch schon die Peitsche wie flüssiges Feuer über mein Gesicht.
Dem Hieb folgte von allen Seiten ein melodisches Gelächter.
»Das tut gut«, sagte Hertha Jens.
»Wie heißt das Mädchen?« sagte der Inspektor.
»Ich – weiß – es – nicht.«
Wieder traf mich die Peitsche. Der Striemen reichte von einem Ohr zum anderen. Zuerst kam ein winselnder Ton, wenn sie die Luft durchschnitt, und dann ein plötzlich aufflammender Schmerz, der die Augen blendete und das Gehirn mit langsam hineingestoßenen Dolchen durchbohrte. Ich weiß, daß ich stöhnte und rückwärts stolperte.
»Willst du uns jetzt sagen, wie das Mädchen heißt?«
»Ich kann nicht ... Ich weiß es nicht ...«
Des Inspektors Gesicht erstarrte in kaltem Zorn. Die Peitsche schnitt mir ins Gesicht, wurde zurückgerissen und schlug mit steigender Geschwindigkeit auf mich ein. Ich zerrte an meinen Fesseln, um die Hände schützend vors Gesicht zu halten, ich riß an den Fesseln und stöhnte.
»Willst du uns jetzt gefälligst den Namen dieser Frau sagen?«
Ich war wahnsinnig vor Schmerz. Ich torkelte gegen die Wand. Hände packten mich und stießen mich in den Kreis zurück.

»Wie heißt das Mädchen? Ihr Name?«
»Sie ... Sie ...«
»Na, wird's bald? Heraus damit!«
Ich zögerte. Ein Augenblick blinden, unüberlegten Zögerns.
Ein Gestapomann ergriff meinen Arm am Ellbogen und am Gelenk. Ich schrie auf. Ich dachte, der Arm würde mir ausgerenkt.
»Wie heißt diese Frau?« brüllte mir Inspektor Kraus in die Ohren. »Wir werden dir alle Knochen zerbrechen, wenn du nicht redest.«
»Ich lernte sie in der Bahn kennen«, seufzte ich.
»Welcher Bahn?«
»Im Zug von Kopenhagen.«
Der Gestapomann ließ meinen Arm los.
»Na, endlich geht's vorwärts«, sagte Inspektor Kraus. »Dann kamst du also aus Kopenhagen?«
»Ja«, gab ich zu, »aus Kopenhagen.«
»Und sie war im gleichen Zug? Die Komintern gab ihr den Auftrag, dich zu begleiten?«
»Sie war im Zug. Sie hatte nichts mit der Komintern zu tun.«
»Aber du?«
»Nein.«
»Zieht doch dem Kerl die Hosen runter«, platzte einer ungeduldig heraus.
»Jetzt erzähl uns, wie du sie kennengelernt hast«, wollte Inspektor Kraus wissen.
»Im Zug. Sie saß mir gegenüber im Abteil. Sie bat mich um eine Zigarette, und wir wurden miteinander bekannt. Später dachte ich, daß sich vielleicht etwas zwischen uns ergeben könnte.«
»Wann war das?«
»Gestern.«
»Wie heißt sie?«
»Ich weiß es nicht. Ich fragte sie nicht.«
»Was wolltest du mit ihr im Botanischen Garten?«
»Wir gingen spazieren.«
»Das alles ist ein Märchen, das ihr beide vorher zusammen abgemacht habt«, sagte Inspektor Kraus ruhig. »Du kamst nicht erst gestern. Du bist schon vor Monaten nach Deutschland gekommen. In den vergangenen vierzehn Tagen wurdest du in Hamburg und Berlin beschattet. Es war noch eine dritte Person mit euch im Botanischen Garten. Eine ganze Bande von euch war zusammen, und ihr seid Pläne machend herumgeschlichen, um das Neue Deutschland zu schädigen, Unzufriedenheit zu stiften, eure Spitzel einzusetzen und Hochverrat zu treiben. Wir haben Berichte über dich. Diese Berichte reichen aus, dich dein Leben lang zu begraben.«
Ich schwieg.
»Ist Ernst Wollweber in Kopenhagen?«
»Ich weiß es nicht. Ich kenne Ernst Wollweber nicht.«
»Welche Befehle hat Wollweber dir in Kopenhagen gegeben? Welchen Auftrag hattest du in Deutschland?«
»Wollweber gar mir keine Befehle. Ich kenne Wollweber nicht.«
»Möchtest du gerne rauchen?«
»Ja.«

Inspektor Kraus gab mir eine Zigarette. Während ich rauchte, legte er mir die Hand auf die Schulter. Sein Gesicht nahm von einem Augenblick auf den anderen einen freundlichen Ausdruck an.

»Hör zu«, sagte er, »wir beide können zusammen ein Geschäft machen. Du bist erledigt, absolut erledigt, und du weißt das. Schön. Es gibt zwei Wege für einen Menschen, alt zu werden, wenn wir einmal unsere Hand auf ihn gelegt haben: einen friedlichen und einen qualvollen Weg. Der qualvolle Weg kostet nichts. Der Preis für den friedlichen Weg ist, daß du uns alles, was du über deine Organisation weißt, erzählst. Alle Namen, alle Adressen und alle Verbrechen, von denen du weißt, und wer sie begangen hat.

Du bist nur einer. Mit deiner Braut nebenan macht das zwei. Wir haben auch den dritten Mann. Aber wer war der vierte? Wer waren die Dutzend anderen, die euren konspirativen *Apparat* aufbauten? Welche Grenzübergänge werden benützt? Wer bringt das Geld? Wer fälscht die Pässe? Wir wissen, daß du im Kominterndienst gewesen bist. Wir wissen, daß du im Dienst der Komintern nach Deutschland gekommen bist. Erzähl uns, welchen Teil der Stalin-Maschinerie du hier geleitet hast, wer deine Helfer waren. Wenn du das tust, wirst du es nie zu bereuen haben. Du wirst leiden, wenn du es nicht tust.«

Ich war froh, daß ich die Zigarette hatte. Sie gab mir Zeit zum Nachdenken. Das unstete Glitzern in den tiefliegenden Augen von Inspektor Kraus sagte mir, daß er den Fehler erkannte, den er gemacht hatte, als er mir zu rauchen erlaubte. Ich war zu sehr ein Teil der Komintern, um an mich selbst zu denken. Der einzelne bedeutete nichts. Die Partei war alles! Wenn ich nur diese Nacht durchhielt, so würden die Genossen draußen Zeit haben, ihren Aufenthaltsort, ihre Treffpunkte und ihre Depots zu ändern. Sie würden ihre Verbindungslinien ändern, ihre Schlüssel und sogar ihre Namen. Die Untergrund-Organisation hatte gelernt, schnell zu manövrieren und rasch alle Punkte aufzugeben, die durch die Verhaftung eines ihrer Mitglieder gefährdet waren, neue Punkte zu besetzen und neue Wege zu benützen, von denen die Genossen, die festgenommen worden waren, nichts wußten. Die Gestapomänner beobachteten mich wie Wölfe. Sie wußten: Wenn sie mich noch diese Nacht zum Sprechen bringen konnten, so würde das eine Reihe von Razzien und Massenverhaftungen zur Folge haben. Sie würden einen großen Fang machen. Göring und Himmler würden sie loben. Ich war entschlossen, ihnen nichts zu sagen. Ich wollte lieber auf schreckliche Weise sterben, als die Partei verraten. Ich war ein Soldat der Komintern. Keine Qual konnte die Anklage der Genossen aufwiegen: »Er gab sich freiwillig geschlagen; er hat die Sache verraten, um der Vernichtung zu entgehen.«

Hertha Jens nahm ihren Rock hoch und kratzte sich an ihrem dicken weißen Schenkel. »Auf was warten wir eigentlich noch?« sagte sie und verzog das Gesicht.

Inspektor Kraus sagte zu mir: »Hast du es dir überlegt?«

»Ich kann Ihnen keine Information über Dinge geben, von denen ich nichts weiß«, erklärte ich. »Ich verließ die Partei, als Hitler an die Macht kam.«

In diesem Augenblick klatschte mir die Hundepeitsche ins Gesicht.

»Wer schickte dich nach Deutschland? Wer gab dir Geld? Welchen Auftrag brachtest du mit?«

»Niemand schickte mich.«

»Und doch bist du gekommen. Du wußtest, daß man dich wegen Hochverrats sucht, und doch kamst du nach Deutschland mit einem zurechtgedokterten Paß. Warum?«

»Ich kam, um nach meinem Sohn zu suchen. Er war verschwunden, nachdem die Wohnung meiner Frau in Hamburg von der Geheimpolizei durchsucht worden war. Ich kam nach Deutschland, um seinen Aufenthaltsort ausfindig zu machen.«

»Aha! Ein Bolschewist mit Familiensinn, was? Wann wurde denn die Wohnung durchsucht?«

»Dieses Jahr im März«, sagte ich.

»Und warum?«

»Meine Frau sollte verhaftet werden.«

»Sie entkam, soviel ich weiß.«

»Ja. Sie kam später zurück, um nach dem Baby zu suchen. Unser Sohn war gerade sechs Monate alt. Als sie zurückkam, war das Baby verschwunden. Ich wollte es wiederfinden. Deshalb kam ich nach Deutschland.«

»Dein Sohn ist in guten Händen«, sagte Hertha Jens. »Deine Frau wird das Baby nie mehr sehen, solange sie sich nicht freiwillig stellt.«

»Halt deinen Mund«, riet ihr Inspektor Kraus. »Du wolltest also dein Kind aus Deutschland herausschmuggeln?«

»Ja.«

»Das glaube ich nicht. Wer schickte dich nach Deutschland? Welchen Auftrag hattest du?«

»Ich kam, um mein Kind zu finden.«

»Unsinn«, schrie er. »Welche Rolle hatte Karl Burmeister?«

Diese Frage traf mich wie ein Hammerschlag.

»Burmeister?«

»Ja, Burmeister. Welches war Burmeisters Funktion in eurem hochverräterischen Unternehmen? Sei kein Dummkopf – Heldentum ist eine Farce.«

Ich glaubte es nicht, als sie mir sagten, Karl Burmeister sei festgesetzt. Er war der kühlste, verläßlichste Kämpfer im Untergrund.

Inspektor Kraus sagte: »Burmeister hat uns alles erzählt.«

»Ich habe Burmeister seit sechs Monaten nicht mehr gesehen«, sagte ich.

»Was du nicht sagst! Dein Genosse Burmeister sagt, er habe vor wenigen Stunden im Botanischen Garten von dir Geld und Instruktionen erhalten.«

»Das ist unmöglich.«

»Nichts ist unmöglich.« Inspektor Kraus ging in den Gang hinaus. Eine Minute verging. Die Gestapoleute überschütteten mich mit Spott und Flüchen. Hertha Jens saß auf dem Stuhl und zeigte mir ihre Zähne. »Die Zeiten haben sich geändert«, sagte sie. »Ich bin wirklich froh, dich wiederzusehen.«

Die Tür zum Gang flog auf. Karl Burmeister wurde in den Raum gestoßen. Er stolperte über seine Füße. Sein mächtiger Brustkasten hob und senkte sich, und röchelnde Geräusche kamen aus seiner Kehle. Hinter ihm folgten Inspektor Kraus und zwei Gestapoleute in Hemdsärmeln. Sie schleuderten Karl Burmeister gegen die Wand.

»Nun, Karl, sag kein einziges Wort«, sagte Inspektor Kraus scharf. »Ich werde dir eine Frage stellen. Alles, was du zu tun hast, ist, zu nicken oder den Kopf zu schütteln.«

Burmeisters Oberkörper war nackt. Sein Gesicht war voller Quetschungen.

Sein Körper war mit blutenden Striemen bedeckt; an den Seiten und auf dem Rücken hatte er große Blutflecken. Blut war auf seinen Hosen und auf seinen Schuhen.
»Sag mir«, forderte ihn Inspektor Kraus auf und zeigte dabei auf mich, »ist das der Mann, der dir die Aufträge im Botanischen Garten gab?«
Burmeister schwieg.
»Ich möchte nur bestätigt haben, was du soeben den Herren gesagt hast, die dich verhörten.«
Plötzlich und mit einem unmenschlichen Schrei warf sich Karl Burmeister auf den ihm zunächst stehenden Gestapomann.
»Ihr Hunde«, brüllte er. »Ihr gottverdammten, lausigen Hunde!«
Einer von den Männern in Hemdsärmeln sprang nach vorn.
Er schrie wild: »Haltet ihn fest!«
Dann stürzten sich alle auf ihn.
»Hinaus mit ihm«, befahl der Inspektor. »Laßt ihn die Engel im Himmel singen hören.«
Karl Burmeister kämpfte wie ein Löwe. Er kämpfte mit dem Kopf, den Knien, den Füßen und mit seinen gefesselten Armen. Er kämpfte und fluchte, und sein Atem ging wie der einer Wöchnerin im Kindbett. Einer der Polizeiagenten hob die Pistole. Inspektor Kraus winkte ab. Burmeister kämpfte immer noch, als vier Männer ihn auf dem Boden hatten. Erst als einer ihm mit dem Fuß in die Kehle trat, wurde er still. Das fade Lächeln war aus Hertha Jens' Gesicht verschwunden. Mit katzengleicher Aufmerksamkeit beobachtete Inspektor Kraus den Kampf. Im Griff eines Gestapomannes stand ich dabei wie ein hilfloser, faszinierter Idiot.
Sie hoben Karl Burmeister vom Boden auf und schleppten ihn zur Tür. Auf halbem Weg öffnete er die Augen und machte sich mit einer einzigen, gewaltigen Anstrengung frei. Er lief quer durch den Raum und warf sich mit dem ganzen Gewicht seines Körpers gegen das Fenster. Das Glas zersplitterte. Karl Burmeister flog in die Nacht hinaus.
Schweigen.
Einige Gestapoleute gingen zum Fenster und schauten die sechs Stockwerke in den Hof hinunter. Der Mann in Hemdsärmeln, der die Pistole gezogen hatte, fluchte: »Höllenhund!«
Inspektor Kraus war ruhig. »Zwei von euch gehen hinunter und machen den Dreck weg«, befahl er. »Hertha, telefoniere bitte in die Kantine und laß Kaffee und Brote kommen.«
Hertha Jens telefonierte.
Ein junger SS-Mann brachte eine dampfende Kanne Kaffee und ein riesengroßes Servierbrett mit Tassen und Butterbroten. Bald hatte jeder Gestapomann eine Tasse Kaffee in der einen Hand und ein Brot in der anderen.
Einer brummte: »Zum Teufel mit diesem unregelmäßigen Dienst; man verliert jede Zeitorientierung . . . Nicht einmal nachts kann man anständig schlafen!«
Das Telefon klingelte.
Hertha Jens nahm den Hörer ab. Während sie telefonierte, straffte sich ihr Körper, und ihr Gesicht bekam einen Ausdruck angespannter Konzentration. Alle Augen hefteten sich auf ihre junohafte Gestalt.
Sie wandte sich um. »Blockwart Nummer 1 ruft an. Berichtet, daß Zivilisten

Propagandamaterial im Gebiet vom Großneumarkt verteilen.« Die Worte schossen ihr wie eine Maschinengewehrgarbe aus dem Mund.
Ein halbes Dutzend Gestapoleute griffen nach den Überziehern. Sie nahmen die Pistolen aus den Hüfttaschen und steckten sie in die Überzieher. Die Wanduhr unter dem Kolossalbild von Adolf Hitler zeigte halb zwei.
»Sonderkommando 8 mobilisieren«, befahl Inspektor Kraus. »Das Gebiet abriegeln. Falls die Straßen leer sind, Durchsuchung von Haus zu Haus.«
Wieder telefonierte Hertha Jens. In rascher Folge gab sie an jemanden vom Sonderkommando des Abschnitts Großneumarkt Instruktionen durch. Die Gestapoleute stürzten davon. Ich hörte sie den Gang und die Treppen hinabpoltern. Außer mir blieben nur Hertha Jens, die Wache, Inspektor Kraus und zwei von seinen Mitarbeitern zurück. Aus dem anschließenden Zimmer, wo Cilly verhört wurde, kam das Geräusch gedämpfter Stimmen.
Der Inspektor kaute an einem Brot. »Wir wollen weitermachen«, sagte er frostig. »Laß dir nicht einfallen, jetzt Burmeister mit Dingen zu belasten, für die du die Schuld trägst. Ihr Burschen wartet jeweils, bis einer von euch tot ist, um alle Verantwortung auf den Leichnam zu schieben. Entweder auf den Leichnam oder auf die Genossen, die sich in Moskau in Sicherheit befinden. Habe ich recht?«
Ich dachte an Karl Burmeister. Es war noch nicht lange her, daß wir über den Geist der Selbstverleugnung und den Willen eines Revolutionärs, in allen Leiden durchzuhalten, gesprochen hatten; die leninistische Geisteshaltung hatten wir als Selbstlosigkeit und Entschlossenheit definiert; wir sprachen von der Pflicht eines Revolutionärs, sein Leben für die Sache zu erhalten, wenn das ohne Verrat an der Bewegung möglich war. Karl Burmeister hatte zugegeben, daß wir nicht versuchen sollten, für die Revolution zu sterben, sondern für sie zu leben. Und doch hatte er sein Schicksal vorausgesehen. Ich erinnerte mich seiner Worte: »Wenn ich merke, daß ich es nicht mehr länger aushalten kann, werde ich einen Weg finden, mich töten zu lassen oder mich selbst zu töten, bevor einer das Wort Verräter aussprechen kann.«
»Verräter – das ist das übelste Wort, das es auf der Welt gibt«, dachte ich.
»Wo ist deine Frau?« schoß Inspektor Kraus auf mich los. »Kam sie mit dir nach Deutschland?«
»Nein, sie ist in Paris«, antwortete ich.
»Ist sie nicht in Kopenhagen?«
»Nein, sie ist in Paris.«
»Du irrst dich. Unsere Agenten haben sie in Kopenhagen fotografiert. Wir haben ein Bild von ihr, wie sie über die Straße geht. Wir haben ein anderes von ihr auf einem Bahnsteig. Beide Bilder wurden in Kopenhagen aufgenommen.«
»Sie ist in Kopenhagen«, gab ich zu.
»Sie heißt Firelei; stimmt das?«
»Ja.«
»Russisches Mädchen?«
»Nein – flämisch.«
»Aber sie ist in Rußland ausgebildet worden? Besuchte eine Schule, wo man Verrat und Mord lernt?«
»Nein.«
»Was macht Firelei in Kopenhagen?«

»Sie lebt dort als Flüchtling. Sie hat nichts mit irgendeiner politischen Arbeit zu tun.«
»Nein? Ist sie Künstlerin? Hat sie Kunstschulen besucht?«
»Ja.«
»Wäre es dann nicht dumm, wenn die Komintern sie nicht in einem ihrer Paßfälscherbüros verwenden würde?«
»Sie hat mit der Kommunistischen Partei gebrochen. Als ich wegging, ging sie auch weg.«
»Hör auf zu lügen!« Inspektor Kraus' Augen blitzten gefährlich. »Sag mir genau, was Firelei seit ihrer Flucht nach der Durchsuchung der Wohnung getan hat!«
»Ich war in Schweden, als die Razzia stattfand«, sagte ich. »Firelei ging nach Berlin. Von Berlin ging sie nach München. Sie war allein und hatte keinen Ort, wo sie leben konnte, und kein Geld. So kam sie nach Köln.«
»Mit dem Zug?«
»Nein, per Anhalter.«
»Wer beherbergte sie in Berlin, München und Köln? Welche Parteiverbindungen gab es in diesen Städten?«
»Ich weiß es nicht. Ich hatte mit ihr eine Adresse in Paris vereinbart. Sie schrieb mir nach Paris, und ich antwortete ihr postlagernd.«
»Wie hieß die Adresse in Paris?«
Ich erfand eine Adresse. Hertha Jens schrieb sie zusammen mit einigen anderen Antworten, die ich gab, auf.
»Wie brachtest du deine Frau aus Deutschland heraus?«
»Ich war in Straßburg, als Firelei in Köln war. Ich schrieb ihr, sie solle nach Kehl kommen, gegenüber von Straßburg am Rhein. Ich fuhr mit einem Boot über den Rhein und brachte Firelei nach Frankreich.«
»Nachts?«
»Ja, nachts.«
»Illegal?«
»Ja, sie hatte keinen Paß.«
»Du wußtest, daß Firelei wegen politischer Verbrechen gesucht wurde. Trotzdem hast du sie aus Deutschland herausgeschmuggelt?«
»Sie gehörte zu mir«, sagte ich. »Sie war meine Frau.«
»Bolschewisten und Frauen! Diese verführerische Prostituierte! Sie war wegen Verrats angeklagt. Gibst du zu, daß sie sich durch die Flucht den Folgen einer gerichtlichen Aburteilung entzogen hat und daß du sie in Kenntnis dieser Umstände aus Deutschland herausgeschmuggelt hast?«
»Ich gebe es zu.«
»Wie viele andere Verräter hast du aus Deutschland herausgeschmuggelt?«
»Keinen.«
»Was machtest du in Straßburg?«
»Ich suchte eine Stellung auf einem Rheinschiff.«
»Ausgerechnet eine Stellung, was? Und so nebenbei organisiertest du Streiks und schmuggeltest moskowitische Pamphlete nach Deutschland, ist es so?«
»Nein. Das einzige, was ich wollte, war eine Stellung und ein Heim für Firelei.«
»Sie hatte Geschick im Malen?«
»Ja.«

»Konnte sie auch Plakate und Karikaturen machen?«
»Sie konnte das«, gab ich zu.
»Karikaturen, die den Führer des Dritten Reiches lächerlich machten?«
»Das tat sie nie.«
»Plakate, die die Arbeiter aufriefen, uns bis zum Äußersten zu bekämpfen?«
»Nein.«
»Ich kann dir einige davon zeigen, soll ich?«
»Es gibt keine.«
»Nein?« Stolz und Verachtung vermischten sich in des Inspektors Lächeln. »Unsere Agenten haben sie fotografiert. In Antwerpen, in Paris, in Kopenhagen und in New York.«
»Firelei tat nichts Derartiges.«
»Sie tat es, sei nur sicher ... Das dumme ist, daß sie ihren Stil nicht verleugnen kann. Er ist ganz individuell. Ich könnte ihn erkennen, selbst wenn ich eines von ihren Plakaten in China sehen würde. – Was geschah mit Firelei, als du sie nach Straßburg geschmuggelt hattest?«
»Sie ging nach Paris.«
»Was machte sie in Paris?«
»Sie versuchte, ihren Lebensunterhalt mit Zeichnen zu verdienen.«
»Und nachher?«
»Sie reiste mit einem Wanderzirkus durch Frankreich.«
»Und du mit ihr?«
»Nein, ich ging nach Antwerpen zurück«, sagte ich.
»Um subversive Geschäfte zu betreiben?«
»Um mir ein Schiff zu suchen. Ich wollte wieder zur See.«
»Firelei kam nach Le Havre mit ihrem Zirkus?«
»Ja.«
»Was geschah mit ihr in Le Havre?« fragte der Inspektor.
Ich sah das Mona-Lisa-Lächeln auf den vollen roten Lippen von Hertha Jens, und ich wußte, was es bedeutete.
»Sie sollte nach Deutschland entführt werden«, antwortete ich.
»Firelei sollte entführt werden?«
»Ja.«
»Durch wen?«
»Durch unbekannte Männer.«
»Leute von der Gestapo?«
»Von der Gestapo.«
»Waren es nicht einige von deinen eigenen Freunden?«
»Nein.«
»Und?«
»Sie versuchten, sie an Bord eines nach Deutschland auslaufenden Schiffes zu bringen.«
»Was für ein Schiff?«
»Die *Bellona.*«
»Nun erzähl uns bitte, wie es ihr gelang, zu entkommen. Wer waren die Leute, die ihr dabei halfen? Wie wurde das gemacht?«
»Ich weiß es nicht«, antwortete ich.
»Sie sagte es dir nicht?«

»Sie sagte mir nur, daß sie loskam.«
»Sie traf sich dann mit dir in Antwerpen?«
»Sie traf mich in Antwerpen.«
»Was machte Firelei in Antwerpen?«
»Nichts.«
»Arbeitete sie nicht gegen das neue Deutschland?«
»Nein.«
»Beging sie nicht Hochverrat?«
»Nein.«
»Gab sie nicht den *Scheinwerfer* heraus?«
»Nein.«
»Du lügst wie eine Zeitung!« zischte Inspektor Kraus wütend.
»Nein.«
»Kam nicht dein Freund Ernst Wollweber nach Antwerpen, um Firelei nach Kopenhagen zu schicken, um das aus den skandinavischen Ländern geschmuggelte Material in Empfang zu nehmen?«
»Nein. Ich kenne Ernst Wollweber nicht.«
»Wer schickte Firelei nach Kopenhagen?«
»Ich tat es.«
»Und warum?«
»Weil sie dort bei einer Freundin leben konnte. Sie hatte sonst keine Existenzmittel.«
»Wie heißt diese Freundin?«
»Ich weiß es nicht mehr.«
»War Ernst Wollweber diese Freundin?«
»Nein. Ich kenne ihn gar nicht.«
»Du kennst deinen Boß nicht?«
»Er war nicht mein Boß.«
»Wer war denn dein Boß?«
»Niemand. Ich war arbeitslos und hatte keinen Boß.«
»Wie gelangte Firelei ohne Paß nach Dänemark?«
»Sie fuhr als blinder Passagier.«
»Auf welchem Schiff?«
»Mit der *Brabant* nach Oslo.«
»Und von Oslo nach Kopenhagen?«
»Per Anhalter nach Südschweden.«
»Und von Schweden nach Dänemark?«
»Sie überquerte den Sund in einem Boot.«
»Stahl sie das Boot und überquerte damit den Sund?«
»Nein. Fischer nahmen sie mit hinüber.«
»Nachts?«
»Nachts.«
»So wurde sie also nach Dänemark geschmuggelt. Wo lebt Firelei in Kopenhagen?«
»Ich weiß es nicht.«
»Was! Du lebtest dort, bevor du nach Deutschland zurückkamst, schliefst mit ihr, und du kannst uns ihre Adresse nicht sagen?«
»Sie war gerade dabei, ihre Adresse zu ändern, als ich sie zuletzt sah«, erklärte ich.

»Wechselt sie ihre Adresse so oft«, sagte der Inspektor, »weil sie fürchtet, daß die Gestapo sie vor den Richter bringen wird?«
Ich gab keine Antwort.
»Was macht Firelei in Kopenhagen?«
»Sie versuchte, eine Stellung zu finden, als ich sie verließ«, sagte ich. »Seither weiß ich nicht, was sie macht.«
»Ich will dir sagen, was sie macht«, sagte Inspektor Kraus trocken: »Sie hat eine Bande von Halsabschneidern unter ihrem Befehl. Sie schickt diese Halsabschneider auf deutsche Schiffe, die skandinavische Häfen anlaufen. Die Halsabschneider laden die deutschen Seeleute ein, sich an Land zu belustigen, und dann trifft Firelei sie in irgendeinen Café und versucht, sie zum Schmuggel subversiver Propaganda nach Deutschland zu verführen. Unsere Leute haben sie beobachtet und haben uns etwas von ihrem Material mitgebracht. Sie ist kein so unschuldiger Engel, wie du behauptest.«
»Firelei ist kein Revolutionär«, wiederholte ich beharrlich.
»Warum kommt sie dann nicht nach Deutschland zurück? Es wird ihr nichts geschehen! Eine merkwürdige Mutter, die ihr Baby im Stich läßt. Die niedersten Tiere zeigen eine größere Treue als sie!«
»Deshalb kam ich nach Deutschland«, sagte ich. »Ich kam, um das Kind zu finden.«
»Quatsch! Wo lebt deine Frau in Kopenhagen?«
»Ich weiß es nicht.«
Die Peitsche sauste mir über das Gesicht wie die Schneide eines rotglühenden Messers.
»Sag uns Fireleis Adresse in Kopenhagen!«
»Nein ... ich weiß sie nicht.«
Wieder die Peitsche. Ein Schmerz, der schlimmer ist als der Tod. Ich ging in die Knie, stöhnend, und dann lag mein Kopf auf dem Boden. Ich hörte die Peitsche singen und fühlte sie beißend hinten in meinem Nacken.
»Steh auf!«
Ich blieb mit geschlossenen Augen auf dem Boden liegen und weigerte mich, zu glauben, daß ich noch am Leben sei.
Einer griff nach dem Daumen meiner linken Hand und drückte ihn zurück. Ich fühlte, wie das Gelenk meines Daumens ausschnappte ... Ich sprang steil in die Höhe. Der Kerl, der mir den Daumen gebrochen hatte, fuhr zurück; er schien durch mein unmenschliches Geheul erschrocken zu sein. In der gleichen Sekunde klatschte mir die Peitsche von neuem ins Gesicht. Meine Lippen waren gefühllos. Die Vorderseite meines Hemds und meines Rockes waren voll Blut. Ich weiß, daß ich wie ein Betrunkener schwankte und staunte, daß ich nicht fiel.
»Nicht zu wild«, befahl Inspektor Kraus. »Ich möchte nicht, daß dieses Exemplar das Bewußtsein verliert.«
»In Ordnung«, brummte eine Stimme.
»Willst du uns jetzt Fireleis Adresse sagen?«
Ich nannte eine Straße in Kopenhagen. »Venedigvej«, sagte ich.
»Welche Nummer?« stieß der Inspektor hervor.
»Nummer dreiundachtzig«, antwortete ich.
»Wir werden die Sache nachprüfen ... Und nun wiederhole folgendes: Firelei ist eine Hure.«

»Firelei ... ist ... eine ... Hure.«
»Sie stinkt zum Himmel.«
»Sie ... stinkt zum Himmel.«
»Meine Frau ist eine Hure, die zum Himmel stinkt.«
»Meine Frau ist eine Hure, die zum Himmel stinkt.«
»Er lernt es ganz hübsch«, sagte Hertha Jens lächelnd. »Jetzt sollte nur noch seine Frau hier sein, um sich das mit anzuhören.«
Inspektor Kraus ging auf und ab. Ein Gestapomann saß auf dem Fensterbrett und rauchte. Er saß dort, um mich zu hindern, den gleichen Weg wie Karl Burmeister zu nehmen. Der SS-Mann hatte einen Eimer Wasser aus dem Waschraum gebracht und tauchte seine lange Peitsche ins Wasser. Dann nahm er einen Topf mit Vaseline von einem Gestell und fing an, die Peitsche einzufetten. Stimmengewirr drang aus dem Raum, in dem Cilly unter Druck gesetzt wurde. Ein junger Mann kam herüber und sprach flüsternd mit Inspektor Kraus. Ich konnte nicht verstehen, was sie sagten, begriff jedoch, daß sie Aussagen miteinander verglichen. Hertha Jens flegelte sich auf den Tisch, schob die Schultern gegen die Wand, gähnte und paffte den Rauch gegen die Decke. Als ich so dastand, ein gefoltertes Tier eher als ein menschliches Wesen, gingen mir unaufhörlich grausame Gedanken durch den Kopf.
Ein eigenartiges Fieber hatte mich ergriffen. Die untersetzte Gestalt von Kraus und der geile Leib der Verräterin nahmen Formen unwirklicher Scheußlichkeiten an. Das Bild von Adolf Hitler an der Wand schien fröhlich zu kichern. In mir war nichts mehr vorhanden, was irgend noch festen Bestand gehabt hätte, mit Ausnahme meines Hasses. Es war ein Haß, der durch meine Adern zog, in die Lungen und in den Kopf ging, ein Haß, der noch stärker war als die bedingungslose Hingabe an die Sache. Die Widerstandsfähigkeit eines Gefangenen, der nachts in die Gestapozentralen gebracht wird, hängt von der Heftigkeit des blinden Hasses ab, den er in sich wecken kann.
Inspektor Kraus schien meine Gedanken zu lesen.
»Sag mir«, sagte er, »was würdet ihr mit uns gemacht haben, wenn der Bolschewismus in Deutschland an die Macht gekommen wäre?«
Ich gab ihm keine Antwort.
»Ihr hättet unseren ganzen Haufen ermordet«, schloß er.
»Kommunisten sind keine Sadisten«, sagte ich mürrisch.
»Wir auch nicht«, sagte der Inspektor. »Wir wollen niemandem weh tun. Aber wenn einer im Besitze von Informationen ist, die wir brauchen, und sie uns nicht geben will – sind *alle* Mittel erlaubt, ihn zum Sprechen zu bringen. Aus Gründen des Staatsinteresses halten wir einen immer neu genährten Schrecken für ein geeignetes Mittel dazu. Verstehst du das?«
»Ja.«
»Ich freue mich, daß du das einsiehst. Wo wohntest du? Wo befanden sich deine Verstecke in Berlin und Hamburg?«
»Ich hatte keinen ständigen Aufenthalt«, sagte ich. »Ich ging in die Hotels. Ich wohnte jede Nacht in einem anderen Hotel.«
»Nenne mir die Namen dieser Hotels.«
»Es waren kleine Hotels in den Seitenstraßen an der Alster und in Barmbek.«
»Ich möchte die Namen haben!«
»Ich kann mich an die Namen nicht erinnern.«

»Nein? Wo schliefst du vergangene Nacht?«
»Ich gabelte eine Prostituierte auf. Sie nahm mich in ein kleines Hotel mit.«
»Wie hieß sie?«
»Emma.«
»Emma – und wie weiter?«
»Ich weiß es nicht. Ich fragte sie nicht.«
»Möchtest du, daß ich dir alle deine Finger breche? Einen nach dem anderen? Einen für jede Lüge, die du uns erzählst?«
»Nein.«
»Was machtest du in Antwerpen?«
»Ich versuchte, eine Stellung auf einem Schiff zu bekommen. Das war schwierig, weil ich keine Papiere hatte.«
Inspektor Kraus trat auf mich zu. Seine Stimme klang unheilverkündend und war kaum hörbar.
»Antwerpen, sagst du? Viele Verbrechen sind in Antwerpen begangen worden zu jener Zeit. Zum Beispiel: Wer organisierte die Banden, die auf die deutschen Schiffe kamen, um die Hitlerflagge herunterzuholen?«
»Ich weiß es nicht.«
»Wer druckte die Zeitung *Scheinwerfer* und ließ sie von Antwerpen nach Deutschland schmuggeln?«
»Ich weiß es nicht.«
»Was weißt du dann? Kennst du Ilja Raikoff?«
»Nein.«
»Du ziehst ein Gesicht, als sei dir die Nennung dieses Namens verdammt unbequem. Vielleicht kanntest du ihn unter dem Namen *Ochs*?«
»Nein.«
»Was geschah mit Ilja Raikoff? Wurde er nach Rußland entführt? Wurde er von der GPU ermordet?«
»Ich weiß es nicht. Ich kenne Ilja Raikoff nicht.«
Inspektor Kraus biß sich auf die Lippen. »Ich bin für meine Geduld berühmt«, sagte er. »Aber auch meine Geduld ist begrenzt. Auch ich bin nur ein Mensch. Ich kenne mehrere hundert Herren in diesem Haus, denen es in den Fingern juckt, dich so zum Schreien zu bringen, daß du die Wände hinaufgehst. Das ist ihre Methode, eigensinnige Kunden in fügsame Kunden zu verwandeln. Kennst du Edgar Andree?«
»Ich habe von ihm gehört.«
»Edgar Andree war ein harter Mann«, sagte Inspektor Kraus mit einem grimmigen Lachen. »Er war einer der härtesten Männer, die es überhaupt gab. Er ist für die Ermordung von Dutzenden von SA- und SS-Leuten verantwortlich, nicht?«
»Ich weiß es nicht.«
»Aber wir wissen es! Er dachte, er sei aus Granit«, fuhr der Inspektor finster fort, »nachdem ihn aber meine jungen Leute in Behandlung genommen hatten, schmolz er wie Butter an der Sonne. Bis sein Kopf herunterkommt, ist er glücklich, uns aus der Hand fressen zu dürfen.«
»Geben Sie mir bitte ein Glas Wasser«, bat ich.
Ein Lächeln flog über das Gesicht von Hertha Jens. »Gewiß«, sagte sie gedehnt. »Du kannst sogar Wein haben.«
Vom Gang her ertönten wütende Stimmen und das Getrampel von Stiefeln.

»Wasser?« brüllte Inspektor Kraus. »Wir werden dir Pfeffer in deinen Wanst schütten, wenn das mal erst alles offen ist.« Seine schmalen Lippen zuckten und schlossen sich dann fest zusammen. »Willst du uns endlich sagen, mit welchem Auftrag dich die Komintern nach Deutschland geschickt hat?«

»Niemand schickte mich her. Ich kam, um meinen Sohn zu finden.«

Inspektor Kraus sagte ruhig: »Das reicht. Gebt ihm *Kaschumbo*. Dreißig für den Anfang.«

Mit den Händen in den Taschen verließ er den Raum. Hertha Jens folgte ihm. Sie lächelte ihr fades Lächeln.

Ein einziger Gedanke bedrückte mich.

»In ein paar Minuten wirst du ein Krüppel sein«, dachte ich. »Sie werden dir die Nieren zerquetschen. Hoffentlich verlierst du das Bewußtsein, bevor du ihnen erzählt hast, was sie nicht wissen sollen.«

Ich war nicht nervös. Ich war ruhig. Das Unvermeidliche war da.

Ein großer junger Mann mit sandfarbenem Haar übernahm das Kommando. Er löste meine Fesseln. Er befahl mir, den Tisch vom Fenster in die Mitte des Raumes zu stoßen. Dann mußte ich mich entkleiden.

»Laß dir Zeit«, sagte er. »Es eilt nicht.«

Zwei Gestapoleute nahmen meine Kleider und durchsuchten sie gründlich. Sie schnitten die Säume auf und schnitten das Futter aus meinem Rock, aus meinem Überzieher und aus meinem Hut. Der Totenkopfmann klatschte seine Peitsche versuchsweise über meinen Rücken.

Ich war nackt. Sie packten mich und zogen mich über den Tisch, das Gesicht nach unten. Mit Handschellen fesselten sie meine Gelenke an die Tischbeine. Dann breiteten sie ein feuchtes Handtuch über meinen Rücken.

»Gib uns die Namen und Adressen von fünf deiner Komplicen an«, forderte mich der eine von den Agenten auf.

Ich sagte nichts.

»Nur fünf Namen und Adressen liegen zwischen dir und der Hölle«, fuhr er fort. »Überleg es dir gut. Ich gebe dir zehn Sekunden zum Nachdenken.«

»Denke nicht darüber nach!« sagte ich zu mir. »Schalte diese verfluchten Nerven in dir einen nach dem anderen ab und denke nichts mehr!«

Der große junge Mann mit dem sandfarbenen Haar gab ein Zeichen. Mein Kopf hing auf der einen Seite des Tisches herunter, und ich konnte gerade noch sehen, wie der SS-Mann die Peitsche hoch über seinen Kopf schwang. Ich hörte die Peitsche durch die Luft pfeifen, und ich schloß meine Augen. Der plötzliche Schmerz ließ mich stöhnend zusammenzucken.

»Halt's Maul!« brüllte einer.

»Eins«, begann der Kerl mit dem sandfarbenen Haar zu zählen.

Ich öffnete die Augen und preßte meinen Kopf nach unten. Zwischen den beiden Tischbeinen hindurch sah ich die schwarzgestiefelten Beine des SS-Mannes; sie waren weit auseinandergespreizt, die Füße standen fest auf dem schmutzigen Boden. Die Peitsche sang und sauste durch die Luft und schlug zu, und mit jedem Schlag verdunkelte sich die Welt. Aber die Schläge folgten nicht so rasch aufeinander, daß die Dunkelheit blieb. Meine Sinne krochen gerade noch rechtzeitig ins Leben zurück, um festzustellen, daß der nächste Hieb hoch von der Decke herabsauste. Die maßvolle Grausamkeit dieser Züchtigung erfüllte mich anfänglich mit einer mörderischen und ohnmächtigen Wut, dann mit heulender Verzweiflung. Das Heulen ging in

Stöhnen über. Ich hörte die klatschenden Hiebe der Peitsche, und ich fühlte das Stechen und Beißen, und der Schmerz war so groß, daß ich glaubte, mein Verstand sickere durch Nase und Augen heraus.

Eine sonore und ausdruckslose Stimme zählte in der Ferne. »Sechzehn ... siebzehn ... achtzehn ...«

War das das Ende?

Die Peitsche schlug im Rhythmus: Rücken, Gesäß, Schenkel. Dann wieder auf den Rücken. Unerträglich wurde der Schmerz, wenn die Peitsche zweimal den gleichen Striemen in meinem Fleisch traf. Ich konnte nicht mehr sehen. Die Beine des SS-Mannes, der Tisch, der Boden und meine Arme und Hände lösten sich in rote und schwarze Punkte auf, fluteten heran und ebbten wieder ab, sich windend, tanzend und wirbelnd, sich ausdehnend und wieder zusammenschrumpfend und sich im Kreise drehend.

»Zweiundzwanzig ... dreiundzwanzig ...«

Ich versank in ein bodenloses Loch und kämpfte gegen den Tod an. Ich schwebte in einem Dämmerzustand. Ein beißender Schmerz in den Nasenlöchern brachte mich zur Besinnung. Ich schlug die Augen auf. Stimmengewirr, das Trampeln von Stiefeln und blendendes Licht. Kaltes Wasser wurde mir über den Kopf gegossen. Ich versuchte, den Kopf zu heben, weil das Blut heftig gegen die Schläfen hämmerte. Die Tür wurde geöffnet, und Inspektor Kraus kehrte zurück. Hertha Jens folgte ihm; sie hatte eine Schreibmaschine unter dem Arm und preßte sie gegen ihren Körper. Inspektor Kraus ging langsam um den Tisch herum.

»Dein ausgebreiteter Leichnam strotzt nicht gerade von Schönheit«, sagte er sanft. »Wie geht es dir?«

»Gut«, sagte ich nach einer Weile.

»Ich hoffe, du hast dir diese erste Zärtlichkeit zu Herzen genommen. Wenn nicht, dann kommt mehr nach, sehr viel mehr, ich versichere es dir. Für den Augenblick wollen wir es dir erlassen, den Tisch noch länger zu umarmen.«

Einer brachte einen kleinen, zusammenklappbaren Tisch. Hertha Jens stellte die Schreibmaschine darauf, setzte sich und machte sich zum Diktat bereit. Inspektor Kraus diktierte. Die Schreibmaschine begann zu klappern. Name, Geburtsdatum und -ort, Familiengeschichte, Jugend, Verhaftungen und andere der Gestapo bekannte Einzelheiten wurden zu Papier gebracht. Inspektor Kraus diktierte: »Der Vorgeführte, der in der Nacht zum 30. November 1933 in der Nähe des Botanischen Gartens unter dem Verdacht des Hochverrats, begangen im Dienst der Kommunistischen Internationale in Moskau, festgenommen wurde, erklärte aus freiem Willen ...

»Also was?» stieß er hervor. »Willst du sprechen?«

»Ja.«

Hertha Jens, die kaum einen Meter entfernt vor mir saß, lächelte. Ihre Finger liefen über die Tasten der Schreibmaschine.

»Wann schickte die Komintern dich nach Deutschland und mit welchem Auftrag?«

Inspektor Kraus hatte dem SS-Mann die Peitsche aus der Hand genommen. Bei jedem Wort, das er sagte, stieß er mir das Ende des Peitschengriffs in den Rücken.

Ich sagte: »Die Komintern sandte mich nicht. Ich kam, um ...«

»Der Vorgeführte«, diktierte Paul Kraus, »leugnet hartnäckig die wohlbe-

kannte Tatsache, daß er ein aktiver Agent der Komintern war, der nach Deutschland geschickt wurde, um den gewaltsamen Umsturz des Dritten Reiches vorzubereiten. Seine Haltung ist typisch für die eines eingefleischten und unverbesserlichen Feindes des neuen Deutschland.« Der Inspektor machte eine Pause. »Der Gerichtshof wird das gerne hören«, fügte er hinzu.
Die Peitsche pfiff durch die Luft. Dann traf sie mich mit ihrem boshaften Biß.
»Wo befinden sich deine illegalen Quartiere in Hamburg?«
»Ich wechselte mein Quartier jede Nacht. Ich wohnte in Hotels.«
»Du Lügenhund!«
Wieder klatschte die Peitsche auf mich nieder.
»Wo war dein Versteck?«
Nach jeder ausweichenden Antwort, die ich gab, schlug Inspektor Kraus mitleidlos auf mich ein. Und nach jedem Hieb wiederholte er die gleiche Frage:
»Wo befanden sich deine illegalen Quartiere?«
Ich hatte gehört, daß Menschen ihrem Leben durch einen reinen Willensakt ein Ende bereiten können. Sie brauchten nur die Augen zu schließen und fest zu wünschen: »Tod, komm!« Das war für mich eine vergebliche Sache. Inspektor Kraus wartete jedesmal lange genug, um sicher zu sein, daß meine Augen offen waren und mein Körper sich wieder krümmen konnte – bevor er die Peitsche über die Schulter zurückschwang, um zuzuschlagen.
»Du bist ein Dummkopf«, sagte er. »Bildest du dir ein, daß einer von deinen Chefs – Kuusinen oder Pjatnitzki oder Wollweber oder irgendeiner von den anderen Lumpen –, daß einer von deinen Chefs, wenn er an deiner Stelle hier auf den Tisch gebunden würde – bildest du dir ein, daß sie auch nur eine einzige Minute zögern würden, dich und tausend andere mit dir zu verkaufen, wenn sie dächten, daß das ihnen helfen würde?«
Ich sagte nichts. Ich war mehr tot als lebendig. Unter mir klebten Blut und Schweiß am Tisch. Meine linke Hand war auf das Doppelte ihres normalen Umfangs angeschwollen.
Die Stimme von Inspektor Kraus ließ sich jetzt ruhig vernehmen: »Wir haben eine hohe Achtung vor Heldentum. Wir haben eine große Verachtung für Verräter. Unsere Erfahrung hat gezeigt, daß die größten Bosse in eurer Bewegung die übelsten Feiglinge sind, wenn sie einmal in unsere Hand geraten. Jedesmal, wenn uns ein großer Fisch ins Garn geht, rollen wir seine ganze Organisation auf. Du hast nichts anderes zu tun, als diesem Beispiel zu folgen, und du wirst es in jeder Weise angenehm haben. Wirst du uns nun endlich einige Tatsachen mitteilen?«
»Ja.«
»Du weißt verdammt gut, daß ich dich zentimeterweise in Stücke reißen lassen kann und daß selbst der räudigste Hund auf der ganzen Erde nicht nach dir bellen würde. Du weißt das. Wenn du dich entschließen könntest, uns nicht mehr an der Nase herumzuführen, so würden wir uns schon einigen können. Nimm mal an, du erzählst uns alles, was du weißt, nimm an, du hilfst uns, einen großen Fang zu machen, einen Haufen subversive Fische zu fangen – dann könnten wir für dich beim Richter ein gutes Wort einlegen. Vielleicht kämst du dann mit einer lebenslänglichen Verurteilung davon.«
»Ja.«
»Ich habe mehrere tausend Fragen an dich zu stellen. Tausende von Fragen,

auf die du interessante Antworten geben könntest. Was ich dir klarmachen möchte, ist das: Wir haben keine Zeit, mit dir um jede Antwort eine oder zwei Stunden zu kämpfen. Wenn du fortfährst, in dieser Weise unsere Zeit zu mißbrauchen, wären wir gezwungen, dich unter Anklage zu stellen, die Tätigkeit der Geheimen Staatspolizei zu sabotieren. Du weißt, was das bedeutet, nicht?«

»Ja.«

»Schön, willst du uns nun sagen, wo sich deine illegalen Quartiere befanden?«

Ich gab keine Antwort.

»Gebt ihm *Kaschumbo*«, sagte der Inspektor. »Fünfzehn auf die Beine, um sein Gedächtnis aufzufrischen.«

Fünfzehn Hiebe auf die Schenkel, und die ganze Haut ist weg. Unter der Peitsche brennt das rohe Fleisch wie Feuer. Jeder Hieb trifft jeden Zoll des Körpers und des Gehirns wie ein gewaltiger Hammerschlag. Jede Zelle stöhnt, und dann ist es, als verliere man den Verstand.

»Erschießt mich«, rief ich stöhnend. »Erschießt mich.«

»Warum sollten wir dich denn erschießen?« sagte eine Stimme verächtlich. »Wofür hältst du uns eigentlich?«

»Erschießt mich!«

Ich weiß nicht mehr, wie oft ich das sagte.

»Wo befanden sich deine illegalen Quartiere?«

Jetzt kam die Peitsche auf die schmalste Stelle meines Körpers herunter.

Kraus brüllte: »Es wird nicht mehr lange dauern, dann wirst du Blut pissen.« Und dann: »Willst du jetzt endlich meine Frage beantworten?«

Ich konnte nicht antworten. Ich fühlte einen stechenden Schmerz im rechten Ohr. Einer hatte mir von der Seite her einen Fußtritt gegen den Kopf versetzt.

»Sein Ohr blutet«, sagte Hertha Jens.

»Wo befanden sich deine illegalen Quartiere? Willst du uns das endlich sagen?«

Jemand übergoß mich mit Wasser.

»Ich gebe dir eine letzte Gelegenheit«, schrie Kraus. »Wir werden dir einen Schlauch in den Hintern stecken und ihn mit heißem Wasser füllen, wenn du nicht antwortest. Bevor wir das machen, werden wir dich mit Salz einreiben. Du wirst ein prächtiges Gefühl dabei haben. Salz ist ein edler Stoff.«

Die Peitsche sauste durch die Luft.

»Wo waren deine illegalen Quartiere?«

Es folgte ein langes Schweigen, es roch nach frisch angezündeten Zigaretten.

»Gebt ihm *Kaschumbo*«, befahl Paul Kraus. »Zwölf auf die Nieren.«

Das ist das Gefühl, dein Inneres sei mit spitzen Steinen gefüllt, die immer größer und größer werden, in die Lungen gelangen und in die Kehle und dir schließlich den Atem nehmen. Peitschenhiebe auf die Nieren, und zwischen jedem Hieb eine halbe Ewigkeit, das ist der Anfang eines tausend Nächte dauernden Todeskampfes, der einem bevorsteht.

Zu guter Letzt sagte ich ihnen die Adresse. »Martin Holstein ist noch frei«, dachte ich mir. »Er wird die Kuriere benachrichtigen, daß sie die Adresse von ihren Listen streichen.«

»Venusberg«, sagte ich.

»Sprich lauter!«

»Venusberg.«
»Welche Nummer?«
Jede Frage war von einem beißenden Peitschenhieb begleitet.
»Nummer siebzehn.«
»Den Namen der Leute?«
»Baumgarten.«
»Juden?«
»Nein.«
»Ein Ehepaar? Haben sie Kinder?«
»Nein.«
Inspektor Kraus telefonierte. »Fahndungskommando? ... Gut! Schickt einen Wagen zum Venusberg hinunter, Nummer siebzehn. Der Name ist Baumgarten. Wohnung durchsuchen. Jeden, den ihr dort trefft, verhaften und vorführen. Laßt zwei Leute an Ort und Stelle für die nächsten drei Tage. Jeden, der nach Baumgarten fragt, festnehmen und vorführen. Danke. Heil Hitler!«
Der Inspektor wandte sich zu mir zurück.
»Wirst du jetzt Vernunft annehmen?«
»Ja.«
Er befahl seinen Mitarbeitern, mich vom Tisch loszuschnallen. Sie brachten einen Stuhl, und ich sackte auf diesem Stuhl zusammen; ich fiel auf den Boden und lag auf dem Bauch, weil ich der offenen Wunden wegen nicht sitzen konnte. Hertha Jens gab mir ein Glas Wasser. Ich stützte mich auf die Ellbogen und trank das Wasser. Inspektor Kraus gab mir eine Zigarette. Während ich seitwärts auf dem Boden liegend rauchte, diktierte er, und die Schreibmaschine klapperte.
»Der Vorgeführte«, diktierte der Inspektor, »gesteht angesichts unwiderlegbarer Beweise, die ihm entgegengehalten wurden, daß er sich bei einem gewissen Baumgarten, Venusberg 17 in Hamburg, illegal aufgehalten hat, nachdem er heimlich in die Stadt gekommen, um sich einer ungesetzlichen kommunistischen Tätigkeit zu widmen.«
»Frau Baumgarten ist schwanger«, sagte ich.
»Eine schwangere Frau?«
»Ja.«
Inspektor Kraus verzog das Gesicht.
»Sind die Baumgartens Kommunisten?« fragte der Inspektor. »Gabst du ihnen Instruktionen?«
»Nein«, sagte ich.
»Wie kamst du auf ihre Adresse?«
»Durch Zufall. Ich hörte, daß sie ein Zimmer zu vermieten hatten.«
»Jetzt lügst du wieder. Du erhieltst die Adresse in Kopenhagen. Du erhieltst ihre Adresse von der Komintern.«
»Nein. Sie waren keine Kommunisten.«
»Wir werden Baumgarten darüber vernehmen. Wir werden Baumgarten hier auf den Tisch schnallen, und dann mag er dir sagen, daß du lügst. Du siehst, mein Freund, die Sache nimmt langsam Gestalt an.«
Ich gab keine Antwort. Die Baumgartens waren einfache Genossen. Sie wußten wenig und konnten der Bewegung damit kaum Schaden zufügen. Und zudem hatte ich mit ihnen vereinbart, daß sie im Falle eines Verhörs sagen sollten, daß sie mich für einen ausländischen Journalisten gehalten hätten.

»Jetzt hast du A gesagt«, bemerkte Kraus, »laß uns jetzt zu B kommen und dann das ganze Alphabet durchnehmen. Mit welchen Absichten kamst du nach Deutschland?«

»Ich kam, um meinen Sohn zu finden.«

»Ich frage noch einmal: Mit welchem Auftrag hat die Komintern dich nach Deutschland geschickt?«

»Ich wurde nicht von der Komintern geschickt.«

»Es war die GPU?«

»Nein.«

Inspektor Kraus beugte sich zu mir herab und riß mir die Zigarette aus dem Mund.

»Holt Salz«, sagte er kurz angebunden. Er ging in das andere Zimmer. Der SS-Mann gab mir Fußtritte in die Rippen. Inspektor Kraus kam zurück und zeigte mir eine Fotografie. Es war die Fotografie eines untersetzten Mannes, der gerade den Autobus verließ. Hertha Jens kniete nieder und hielt mir ein Vergrößerungsglas über das Gesicht auf der Fotografie. Ich blinzelte und versuchte scharf zu sehen. Ich konnte nicht. Meine Sehfähigkeit war getrübt. Es war, als ließe der Schmerz in meinem rechten Ohr mich nicht deutlich sehen.

»Wie heißt dieser Mann?«

»Ich weiß es nicht. Ich kann nichts sehen.«

»Ist das Michael Avatin?«

»Ich kann nichts sehen.«

»Kennst du Avatin?«

»Nein.«

»In Kopenhagen hat man dich mit Avatin zusammen gesehen. Avatin war in Antwerpen in der Woche, als Ilja Raikoff ermordet wurde. Und du warst auch dort. Schickte Avatin dich nach Deutschland?«

»Nein. Ich kenne ihn nicht . . .«

»Ist Avatin in Deutschland?«

»Ich weiß es nicht.«

»Was tatest du mit Avatin in Antwerpen und Kopenhagen?«

»Ich kenne Avatin nicht.«

»Wie hieß Avatins Geliebte in Hamburg?«

»Ich weiß es nicht.«

»Hat man dir ihre Adresse gegeben, als du in Kopenhagen warst?«

»Nein.«

»Sag etwas über deine Verbindungslinien von Hamburg nach Kopenhagen! Wie schicktest du die Berichte? Auf welche Weise bekamst du Geld?«

»Ich kam, um meinen Sohn zu finden.«

»Mit welchem Auftrag schickte dich die Komintern nach Deutschland?«

»Ich arbeitete nicht für die Komintern.«

»Welchen Auftrag gab dir dann die GPU?«

»Ich habe nie für die GPU gearbeitet.«

»Welcher Art war deine illegale Tätigkeit in Deutschland?«

»Ich wollte meinen Sohn aus Deutschland herausbringen.«

»Wozu hattest du eine Waffe bei dir?«

Ich schwieg.

Inspektor Kraus sagte: »Gebt ihm *Kaschumbo*. Paßt aber auf, daß er nicht einschläft.«

Ich wurde nicht wieder über den Tisch gezogen. Sie ließen mich auf dem Boden liegen; der Totenkopfmann griff nach der Peitsche und schlug brutal zu, ich krümmte mich vor Schmerz und versuchte sinnlos, mit den Zähnen in den Boden zu beißen. Nach dem dritten Hieb trat er zur Seite.

»Wirst du uns nun erzählen, was du in Deutschland wolltest?« rief Inspektor Kraus.

Selbst wenn ich es ihm hätte erzählen wollen, ich wäre unfähig gewesen, auch nur ein einziges Wort herauszubringen.

»Gebt ihm *Kaschumbo*«, befahl Inspektor Kraus.

So ging die Nacht dahin. Es war ein endloses Kriechen durch einen höllischen Morast. Dann kam der Augenblick, da das Gehirn die Peitschenhiebe zwar noch registrieren konnte, die Nerven aber aufgehört hatten, auf den Schmerz zu reagieren. Es kam der Augenblick, da der Raum sich plötzlich mit Leuten füllte – zurückkehrenden Gestapoleuten, die schrien, fluchten und drohten, und jungen Arbeitern und verängstigten Mädchen, die in den Raum stolperten und gegen die Wände gestoßen wurden; die dann angebrüllt wurden, weil man von ihnen wissen wollte, von wem sie die Flugblätter, die sie nachts verteilten, bekommen hatten. Von Zeit zu Zeit klingelte das Telefon.

Später bemerkte ich, daß es Tag war, und ich roch etwas, das mir jemand auf den Rücken und das Gesicht geschmiert hatte. Ich bemerkte, daß ich auf einem schmalen Feldbett lag und daß Licht durch ein kleines vergittertes Fenster hoch oben in der Mauer fiel. Ich bemerkte ferner, daß ich nackt war, daß ich auf dem Bauch lag, daß meine Gelenke und Fußknöchel an den Seiten des eisernen Bettes festgekettet waren und daß ganze Wellen von Hitze unter dem Bett heraufdampften. Ich hatte kein Gefühl. Auch konnte ich nichts hören. Meine linke Hand lag in einem steifen Verband. Ich wußte nicht, ob das der Tod war oder ob ich noch lebte. Ich versuchte, meinen Kopf zu heben, und im gleichen Augenblick war es, als fiele ich durch den Raum in eine bodenlose Tiefe. Ich verlor das Bewußtsein.

Hölle

Einhundertundeinen Tag dauerte die Inquisition. Alle diese Wochen und Monate kämpfte ich wie ein verwundetes Tier in einer Falle. Es waren einhundertein Tage blutbefleckter Finsternis inmitten mitleidloser Unholde. Abgesehen von einer Woche war ich die ganze Zeit allein oder eben in Gesellschaft der Folterknechte. Zwei Monate lang lag ich in Ketten und in Einzelhaft. Drei Monate lang sah ich nicht einmal ein Stück Seife, noch wurde mir die Möglichkeit gegeben, zu baden oder mich zu rasieren. Ich schrieb keine Briefe und empfing keine. Die Welt draußen hatte für mich aufgehört zu existieren. Und alles um mich herum war Verzweiflung und Tod und Wahnsinn; Äußerungen eines stummen und zwecklosen Mutes; hohläugige Gesichter – und die anderen Gesichter voll brutaler Anmaßung, und über allem der Wille des Feindes, meinen Widerstand zu brechen oder mich zu töten.

Die Hoffnung und die Erwartung eines raschen Todes ließen das Herz klopfen wie die Erwartung der Hochzeitsnacht. Wenn ich zu den öden Gängen der

Gestapo hoch oben unter dem Dach geführt wurde, um immer wieder verhört und nochmals verhört zu werden, suchten meine Augen ein unbewachtes Fenster, und mein Gehirn sehnte sich nach einem unbewachten Augenblick, in dem ich mich durch eine Glasscheibe in den leeren Raum stürzen konnte. Aber unabänderlich waren bei solchen Ausbruchsgedanken meine Handgelenke gefesselt, und das Ende der Kette lag in der Faust einer Totenkopfwache. Es blieben mir nur noch zwei andere, wenig sichere Wege für den Selbstmord: Man konnte sich die Adern aufbeißen oder mit einem Stück Glas aus dem Zellenfenster aufschneiden; oder man konnte sich aufhängen, falls sich irgend etwas finden ließ, das an Stelle eines Seiles dafür verwendet werden konnte. Viele versuchten auf diese Weise zu entkommen, aber kaum einer von zehn hatte Glück damit und konnte so den ersehnten Tod finden. Die meisten Gefangenen wurden nachts an ihre Betten gekettet, und tagsüber waren ihre Arme auf den Rücken gefesselt.

Bei zwei Gelegenheiten versuchte ich trotz dieser Behinderung, mich mit Streifen, die ich aus meiner stinkenden Decke herausgerissen hatte, aufzuhängen. Ich bemühte mich stundenlang, die Enden an der Wasserleitung über dem abgenützten Klosett festzumachen, und schließlich gelang es mir auch. Meine Gedanken waren ausgefüllt mit dem einen dumpfen Entschluß: »Mach ein Ende! Mach ein Ende damit!« Der Wunsch zu sterben war dem Wunsch eines Verdurstenden nach Wasser vergleichbar. Ich stand auf dem Sitz des Klosetts und band mir mit kreisenden Bewegungen das untere Ende meines improvisierten Stricks um den Hals und klemmte dann das Ende zwischen die Zähne. »Gott verflucht noch mal, mach Schluß, bevor sie wiederkommen«, brummte ich, ungeduldig über mich selbst und ohne daß ich noch einmal an irgendeinen Menschen gedacht hätte, ließ ich meine Füße seitwärts gleiten und hing. Es tat nicht weh. Es war ein angenehmes Gefühl. Ich hatte erwartet, daß ich qualvoll nach Luft schnappen würde; statt dessen merkte ich, daß der sich zuziehende Leinenstreifen meiner Decke einfach die Blutzirkulation im Kopf abschnitt. Ich hatte ein Schwindelgefühl, und dann drehten sich die Wände um mich herum, meine Beine und Hände schlugen krampfhaft ein paarmal aus, als habe sich ein widerspenstiger Motor in ihrem Inneren ganz plötzlich und unerklärlich in Gang gesetzt. Die Streifen der Decke gaben nach. Ich kam zum Bewußtsein und fand mich auf Händen und Knien am Boden wieder und den Kopf schüttelnd wie ein verrückter Hund. Zwei Nächte später versuchte ich es noch einmal, als die Flucht eines Mitgefangenen eine solche Aufregung verursacht hatte, daß die Nachtwache vergaß, mich an mein Bett zu fesseln. Auch der zweite Versuch mißlang. In meiner finsteren Wut lief ich quer durch meine Zelle und schmetterte meinen Kopf gegen die Wand. Aber ich verlor nur das Bewußtsein, und mein Kopf brummte tagelang.

Die Zeiten unregelmäßigen Schlafs waren erfüllt von Wahnsinnsträumen. Ich träumte immer wieder das gleiche. Ein guter, neuer Strick hing von den Gittern des Fensters in meiner Zelle herab; an seinem Ende befand sich eine sachkundig vorbereitete Schlinge; mit aller Macht kämpfte ich mich vorwärts, um den Strick zu erhaschen und ihn überzustreifen, aber es war, als hielten mich unsichtbare Hände von hinten an meinen Knöcheln und Knien fest, und meine Anstrengung brachte mich keinen Schritt vorwärts.

Ich war nun im Konzentrationslager Fuhlsbüttel in den nördlichen Außenbezirken von Hamburg. Der Flughafen war in der Nähe, und Tag und Nacht konnte man das Dröhnen der Flugzeuge hinter den rostbraunen Mauern hören. Das Lager Fuhlsbüttel war kein eigentliches »Lager«, sondern eine Gruppe alter Gefängnisse, die das Justizministerium noch ein paar Tage vor dem Sieg der Nazis zum Abbruch freigegeben hatte. Schon seit Jahren waren diese Gefängnisse außer Gebrauch. Aber die plötzliche Überfüllung der neueren Gefängnisse mit politischen Gefangenen hatte die Gestapo veranlaßt, den Abbruch der dem Untergang geweihten Gebäude zu stoppen. Fast über Nacht bevölkerten sich die einstmals verlassenen Kerker mit Tausenden von Männern und Frauen. Es waren vier große Blocks mit Zellen vorhanden, vierstöckige Backsteinbauten mit dicken Mauern. Sie waren von kahlen Höfen umgeben, und die Höfe selbst waren wieder von Wachtürmen und hohen Ziegelmauern eingeschlossen. An der Innenseite der großen Außenmauer entlang lief ein hoher Stacheldrahtverhau. Der Draht war mit elektrischem Strom geladen. Zwischen dem Stacheldrahtverhau und der Außenmauer standen schwarz uniformierte SS-Leute in Stahlhelmen, bis an die Zähne bewaffnet, auf Wache. Zwei Hauptgebäude enthielten nur Einzelzellen, während die ananderen beiden Gemeinschaftsunterkünfte für jene hatten, die ein »Geständnis« abgelegt hatten.

Die Zelle war drei Meter lang und anderthalb Meter breit. Abgesehen von einem niedrigen Eisenbett und einem abgenützten Klosett enthielt sie nichts. Schwere Stahltüren öffneten sich auf enge Gänge. Jede Zelle besaß ein kleines, vergittertes Fenster, etwa zwei Meter über dem Boden, und das Glas der meisten Fenster war zerbrochen, denn die jungen SS-Leute in den Höfen vergnügten sich zu allen Tages- und Nachtzeiten damit, aufs Geratewohl durch die Zellenfenster in die Zellen zu schießen. Gewehrschüsse und Geklirr von zersplittertem Glas waren fast ebenso alltäglich wie Ankunft und Abflug der Flugzeuge. Einen großen Teil der Wachen bildeten junge Leute zwischen achtzehn und dreiundzwanzig. Es waren die gleichen Leute, die unsere Gegner in den Guerillakämpfen der vergangenen Jahre gewesen waren. Und jetzt, da sie sich als Sieger fühlten und die verhaßten Gegner ihnen auf Gnade und Ungnade ausgeliefert waren, genossen sie ihre Rolle als Rächer. Fanatisch und an grausame Rücksichtslosigkeit gewöhnt, glaubten sie sich dazu berufen, die »marxistische Pest« auszurotten. Abgesehen von der speziellen Behandlung, welche die Gestapo vorschrieb, um den Widerstand bestimmter Gefangener zu brechen, um sie zur Preisgabe von Namen und Adressen von Genossen zu zwingen, dachten sich die Lagerwachen ihre eigenen Schikanen aus. Solche Unternehmungen reichten von der zwangsweisen Durchführung physisch erschöpfender »Übungen« in den Höfen bis zum ausgeklügelten Mord.

Als ich eines Tages nach einer Runde »Übungen« im Hof wieder in meine Zelle zurückmarschierte, sah ich, wie die Wachen einen Juden brachten, einen kleinen, vielleicht vierzigjährigen Mann mit einem fetten, runden Gesicht und erstaunten Augen. Sie ließen ihn auf Händen und Knien rund um den Gang laufen. Zwei Wachen mit Gummiknüppeln beförderten ihn mit Fußtritten in die Zelle 27, die der meinen gegenüberlag. Die SS-Leute waren zu beschäftigt, um auf mich zu achten, der ich vor meiner Zellentür stand und wartete, wieder eingeschlossen zu werden. Da der Jude ein Neuankömmling war und noch Zivilkleider trug, hielt ich die Augen und Ohren offen, um zu

erfahren, wer er wohl sein könnte. Was ich nun sah, ließ mir das Blut in den Adern stocken.
In Zelle 27 forderten die Wachen den Juden auf, sich auszuziehen. Er tat es und zitterte dabei wie Espenlaub. Plötzlich legte einer der SS-Leute den Arm um den Hals des Juden und hielt ihn in einer halb hängenden, halb stehenden Stellung fest. Der andere Wachmann schwang seinen Gummiknüppel und begann, dem Juden wohlgezielte Schläge zu versetzen. Mit schrecklichem Stöhnen hüpfte der Körper des Juden in die Höhe, und nach dem dritten Schlag zwischen die Beine sackte er zusammen, als sei jeder Knochen in seinem Körper gebrochen. Der Wachmann, der den Juden festgehalten hatte, gab ihn frei. Der Jude fiel auf den Boden. Er winselte schwach. Die beiden SS-Männer spuckten dem Juden ins Gesicht, verließen dann die Zelle 27 und schlossen die Tür ab.
Der eine von den beiden, ein blonder Junge mit durchdringendem Blick, etwa zweiundzwanzig Jahre alt, schloß mich in meine Zelle ein.
»Hast du gesehen, was mit dem Hebräer passiert ist?« fragte er mich erregt.
»Ja, ich sah es.«
»Dieses Dreckschwein ... Kannst du dir vorstellen, was er getan hat?«
»Nein. Was denn?«
»Er wollte ein arisches Mädchen vergewaltigen. Lauerte ihr in seiner Wohnung auf und versuchte, über sie herzufallen. Der Hund! Dieser widerwärtige Schurke!« Empörung blitzte aus seinen Augen.
Den ganzen Nachmittag hockte ich, so nahe ich nur konnte, an der Tür, und ebenso die halbe darauffolgende Nacht und vergaß dabei ganz meinen eigenen Schmerz. Stunde auf Stunde trampelten Leute in die Zelle 27. Es war, als sei jeder Wachmann ins Lager Fuhlsbüttel gekommen, um den Juden zu besuchen. Flüche, Schläge, grausames Gelächter und zeitweise ein krächzendes Gewimmer klangen aus der Zelle 27. Und immer wieder eine Stimme, die wie ein Peitschenhieb klang: »Ist das Arschloch immer noch am Leben?«
Während der Nacht starb das Opfer.
Am nächsten Morgen um neun Uhr wurde ich aus meiner Zelle geholt.
Draußen im Hof, den eine bleiche Wintersonne erhellte, hoben die jüdischen Gefangenen des Lagers Fuhlsbüttel eine tiefe Grube aus. Etwa sechzig nichtjüdische Gefangene waren in einer Reihe an der Mauer entlang aufgestellt. Zu zweit und dritt wurden noch weitere Gefangene aus dem Gebäude herausgebracht. »An der Wand stehenbleiben!« befahl eine Wache. »Nicht sprechen und nicht rühren, bis ihr dazu aufgefordert werdet!«
Im Schnellschritt erreichte ich die Mauer und trat in die Reihe der übrigen nichtjüdischen Gefangenen. Rund um den Hof standen Posten mit Stahlhelmen und schußbereiten Gewehren. Toussaint, der lange, martialisch aussehende Adjutant des Lagerkommandanten, besah sich die Grube, die die Juden ausgehoben hatten. »Tief genug jetzt«, sagte er.
Die Juden traten mit hängenden Köpfen und vor Angst aschgrauen Gesichtern zurück. Eine Gruppe von Leuten kam aus dem Gefängnis. Sie trugen eine Bahre, und in ihrer Begleitung befand sich ein SS-Mann mit den Arztabzeichen. Aller Augen starrten hin. Abgesehen von den Rufen der Möwen in der Luft herrschte Schweigen im Hof.
Auf der Bahre lag der verstümmelte Körper des Juden, der in der vergangenen Nacht ermordet worden war. Sein Gesicht war verzerrt, seine weit

offenen Augen glasig und nach oben verdreht. Der mit den Arztabzeichen führte die Bahrenträger an den in Reihe angetretenen Gefangenen vorbei, und wir alle starrten schweigend auf den Toten. Die Leiche war nackt, und die Möwen flogen nahe vorbei und schrien. Auf ein Kommando setzten die Bahrenträger ihre Last in der Nähe der Grube ab.
Mehrere Juden, die um die Grube herumstanden, bedeckten ihr Gesicht mit den Händen. Zweien von ihnen wurde schlecht. Sie wurden so lange gestoßen und geschlagen, bis sie wieder aufrecht standen.
Toussaint wandte sich zu uns, die wir in einer Reihe an der Mauer standen. »Singen!« befahl er. »*Drei Lilien!*«
Wir sangen, zuerst leise, dann so laut wir nur konnten:

> Drei Lilien, drei Lilien,
> die pflanzt' ich auf mein Grab,
> juvivalleralleraaa ...

Einer von den jüdischen Gefangenen, fast noch ein Knabe, schien wahnsinnig geworden zu sein. Er tanzte aus der Reihe und krächzte. Er krächzte wie eine Krähe: »Kraa ... kraa ... kraa ...«
Der Ton seiner Stimme genügte, um jeden Menschen zum Weinen zu bringen; er war so jammervoll, so bis zum Äußersten verzweifelt. »Kraa ... kraa ...« Unsere Augen hatten längst das Weinen verlernt. Der tote Jude auf dem Boden sah übel aus. Einige von uns hörten auf zu singen, und schließlich hörten wir alle auf.
»Kraa ... kraa ... kraa ...«
Die Wachen hatten sich inzwischen auf ihn geworfen, und Toussaint sagte: »Fort mit ihm!« Der wahnsinnig gewordene Jude wurde abgeführt.
Zwei Wachmänner rollten den Leichnam des Juden mit Fußtritten über den Boden, bis er in die Grube fiel. Jeder der anwesenden Juden mußte vortreten und dreimal rufen: »Ich bin ein Rassenschänder.«
Schließlich wurde der Tote aus der Grube geholt, und die anderen Juden mußten sich zu einer Kolonne formieren; sie mußten um den Leichnam herummarschieren und antisemitische Lieder singen. Dieser traurige Gesang legte sich wie Nebel über den Hof:

> Wenn das Judenblut vom Messer spritzt,
> dann geht's nochmal so gut,
> dann geht's nochmal so gut ...

und:

> Armer Jude Kohn, kleiner Jude Kohn,
> hast ja keine Heimat mehr ...

Sie sangen, bis ihre Stimmen heiser waren. Um Toussaint und die Wachen zufriedenzustellen, sangen sie, so laut sie nur konnten. Sie sangen aus lauter Verzweiflung, ohne eine Spur jenes mörderischen Kampfgeistes, den wir anderen in zäher Arbeit in uns lebendig zu erhalten suchten. Wir schauten vorwärts und hofften auf den Tag, an dem Leute wie Toussaint unter den Maschinengewehrkugeln der revolutionären Arbeiter fallen würden. Das war es, was uns auch jetzt noch kämpfen und planen ließ; deshalb schauten wir

in die Zukunft. Aber die Juden besaßen nichts dergleichen, um sich aufrechtzuerhalten.
Als die Wachen des Spiels müde waren, begannen auch sie zu singen, und wir übrigen Gefangenen sangen ebenfalls mit. Dann marschierten wir in unsere Zellen zurück, und die Kalfaktoren trugen die Leiche in den Ofen, der im Keller stand.

Im Lager Fuhlsbüttel begann der Tag um sechs Uhr in der Frühe mit dem lauten Schellen einer Glocke. Eine Minute später pflegte ich das Rasseln der Schlüssel in den schweren Schlössern zu hören, das Zuschlagen von Türen, das Getrampel der SS-Stiefel, wütende Rufe. Im gleichen Augenblick wurde die Tür meiner Zelle aufgerissen, ich sprang von meinem Bett auf – sofern meine Ketten mir das erlaubten –, um der Wache vom Dienst meine Anwesenheit zu melden. So laut ich konnte, mußte ich meinen Namen rufen und hinzufügen: »... rotes Schwein, in Ketten wegen Hochverrats!«
»Lauter!« brüllte der Wachmann dann. »Was bist du?«
»Ich bin ein rotes Schwein, in Ketten wegen Hochverrats!«
»Lauter! Ruf das fünfzehnmal!«
Während ich rief, stand der Posten mit gezücktem Gummiknüppel vor mir, um ihn niedersausen zu lassen, sobald ich beim Atemholen eine zu lange Pause machte. Dann löste er meine Fesseln. Ich sprang vom Bett und holte meine Hosen und mein Unterhemd. Es war mir nicht gestattet, andere Kleidungsstücke zu tragen. Während ich in diese Lumpen schlüpfte, lief der SS-Mann in meiner Zelle herum und rief:
»Schneller! Du bewegst dich wie ein Mehlsack! Schneller, du Lumpenhund!«
Dann warf er die »Nachtketten« in den Gang hinaus, fesselte meine Gelenke mit den »Tageisen« und ging rasselnd davon, um die gleiche Prozedur im Nachbarkäfig zu wiederholen. Eine Stunde war ich dann allein. Um sieben Uhr wurde ein dickes Stück Schwarzbrot in die Zelle geworfen. Frühstück.
Zehn Minuten später wurden die Gefangenen gesammelt, die zum Verhör zur Gestapozentrale gebracht werden sollten. Mit Flüchen und Fußtritten wurde ich aus meiner Zelle herausgeholt und in den Hof getrieben. Dort stand ich, mit dem Gesicht gegen die Mauer, bis mein Name aufgerufen wurde. Ich lief zum Gefangenentransportwagen. An der Tür des Wagens standen zwei junge SS-Leute mit Ketten in den Händen. Mit diesen Ketten wurde jeder Gefangene, bevor er in den Wagen stieg, über den Rücken geschlagen.
Der Gefangenenwagen hatte Stahlwände und ein Stahldach. Fenster fehlten. Im Innern war er in eine Anzahl Abteilungen mit Stahlzwischenwänden aufgeteilt, in denen man weder sitzen noch aufrecht stehen konnte. Es war, als kauere man in einem engen Stahlsarg. Auf diese Weise war »Raum« für zwanzig Gefangene in einem Wagen. Es gab vier solche Wagen, die jeden Tag zwischen dem Konzentrationslager und der Gestapozentrale mitten in Hamburg hin- und herfuhren. Um mich herum war Finsternis. Wenn der Wagen dann etwa vierzig Minuten später hielt, befand er sich in dem grauen düsteren Hof des Gestapohauptquartiers.
Die Gedanken eines Gefangenen, der sich auf dem Wege zu einer neuen Folterung befindet, sind düster. Wenn er entschlossen ist zu kämpfen, ist sein Geist von einem dumpfen Stoizismus erfüllt, oder er denkt sich die Fragen und Antworten aus, die ihm in diesen Höllenstunden bevorstehen. Ich hatte

die Zahl der Fahrten vergessen, die ich zwischen dem Lager Fuhlsbüttel und der Gestapo gemacht hatte; unzählige Male machte ich diesen Weg. Um mich herum waren Finsternis und eine drückende Leere, eine Verzweiflung, die noch erhöht wurde durch das Bewußtsein, durch belebte Straßen zu rollen und in nächster Nähe an Männern und Frauen vorbei, die ihrer alltäglichen Beschäftigung nachgingen, Leuten, die schon glücklich waren über ein Stück Seife und einen Ort, wo sie plaudern und schlafen konnten. Tag für Tag rollten solche Gefangenentransporte durch jede deutsche Stadt. Augen starrten in die Finsternis, und der Geist kämpfte, um den bevorstehenden Schrecken gewachsen zu sein.

Im Hof der Gestapo sammelten sich die Gefangenen zu einer Kolonne. Dann kam ein lautes Kommando: »Vorwärts marsch!« Von Totenkopfwachen umgeben, ging es los. Wer nicht Schritt halten konnte, wurde unbarmherzig geschlagen. So ging es durch den Hof, durch Gänge und die Treppen von drei Stockwerken hinauf, bis wir vor einer Tür haltmachten, die die Aufschrift *Wartezimmer* trug. Diese Tür wurde aufgeschlossen, und wir wurden in einen langen Raum getrieben.

»Nasen und Zehen gegen die Wand! Absolute Ruhe! Wer spricht, wird aufgehängt!«

Wenn die Wachen es mit politischen Gefangenen zu tun hatten, entwickelten sie in Wort und Tat eine mitleidlose Brutalität. Wir stellten uns in eine Reihe gegen die Wand und standen steif und still da. SS-Männer mit Knüppeln in den Händen gingen fortwährend hinter unserem Rücken auf und ab. Von Zeit zu Zeit klingelte ein Telefon. Der SS-Führer am Schreibtisch nahm die Anrufe entgegen. Es waren Anrufe von den verschiedenen Gestapo-Abteilungen – der Paßabteilung, der Abteilung für Explosivstoffe, dem Büro für Schußwaffen, der Antikommunistischen und der Antisozialdemokratischen Abteilung, der Auslandsabteilung, dem Identifizierungsbüro, der Spionageabwehr und andere Anrufe, die dem Zwecke dienten, bestimmte Gefangene zum Verhör in bestimmte Zimmer zu bringen. Jeder telefonische Anruf bewirkte eine unerträgliche Spannung in den maskengleichen Gesichtern der wartenden Gefangenen; das Klingeln ging einem durch Mark und Bein; und jedesmal dachte man: »Jetzt haben sie nach dir verlangt!« Es waren alte Männer unter uns, mütterliche Frauen, Mädchen. Gelegentlich wurde jemand ohnmächtig – er wurde mit kaltem Wasser übergossen und mit Beschimpfungen überschüttet.

Im Wartezimmer nahm eines Tages ein schmalgesichtiges Mädchen namens Martha Helm, das Mitglied der kommunistischen Organisation in Kiel gewesen war, vom Schreibtisch des SS-Führers ein Federmesser. Lautlos schnitt sie sich die Adern am linken Handgelenk auf. Dann setzte sie sich auf den Fußboden, während ihr Blut an die weiß gestrichene Wand gegenüber spritzte. Zwei SS-Leute packten sie und trugen sie schnell hinaus. Sie rief schwach um Hilfe. Die zurückgebliebenen SS-Leute tobten wie Bestien. »Augen zur Wand, ihr roten Bastarde! Rührt euch nicht, ihr Schurken!« Es hagelte Flüche und Fußtritte. Die maskengleichen Gesichter der Gefangenen veränderten sich kaum.

Mein Name wurde aufgerufen, ein SS-Mann legte eine Kette um meine Gelenke und führte mich zu den Büros der Auslandsabteilung. Inspektor Kraus führte das Verhör, von Hertha Jens und einer Gruppe Mitarbeiter unterstützt.

Ihre Methode war immer die gleiche: Fragen – Drohungen – Schläge; Fragen und Schläge; Versprechungen, wenn ich ihnen die gewünschten Antworten gäbe. Drohungen und Fragen, Fragen und Schläge, Verwünschungen und Schreien und Wimmern, durch die Wände aus den anderen Räumen zu hören, zeigten mir, daß ich in dieser kreischenden Mühle nicht der einzige war. Zeitweise pflegte Inspektor Kraus die gleiche Frage dreißigmal und öfter zu wiederholen, und jede ausweichende Antwort löste eine Serie klatschender Peitschenhiebe aus. Oft dauerte die Inquisition so lange, und ich war derart zerschlagen, daß ich den Sinn der Worte nicht mehr verstand. Aber bisweilen wurde sie plötzlich durch die Ankunft einer Welle neuer Häftlinge unterbrochen, welche die Aufmerksamkeit von Inspektor Kraus erforderten. Die Gestapo war überarbeitet. Die Leute der Auslandsabteilung sahen aus, als hätten sie seit Tagen nicht mehr geschlafen. Ihre Reizbarkeit machte sie um so bösartiger. Nur Hertha Jens blieb sich gleich. Sie genoß den Todeskampf ihrer ehemaligen »Genossen«. Sie hockte auf den Tischen herum, zeigte ihre dicken weißen Schenkel und paffte den Zigarettenrauch zwischen den kirschroten Lippen hervor. Ich haßte sie bis zum Wahnsinn. Ihre Anmaßung gab mir die Kraft, den Tag meiner unvermeidlichen Kapitulation hinauszuschieben.

»Hallo, mein Junge«, fragte sie mich einmal. »Kennst du Karl Lesch?«

Ich kannte ihn. Ich gab ihr keine Antwort.

»Unsere jungen Leute haben ihn gestern mittag zu Tode gepeitscht, unglücklicherweise«, klärte sie mich auf.

Inspektor Kraus gab ihr einen Verweis: »Diese Weiber!«

Nach jedem längeren Verhör schleppten mich zwei SS-Leute in ein Zimmer im fünften Stock, das man den *Reparaturladen* nannte. Ein junger Naziarzt mit zwei Krankenwärtern in brauner Uniform tat hier Dienst. Die einzige Behandlung bestand darin, Rücken und Beine der gefolterten Männer mit Vaseline einzureiben. Schweigend verrichteten die Wärter in den braunen Hemden ihre Arbeit. Der Arzt pflegte um mich herumzugehen, sich die Hände zu reiben und strahlend zu sagen: »Bemerkenswert, bemerkenswert.«

Gegen vier Uhr nachmittags wurden wir zum Rücktransport ins Konzentrationslager bereitgestellt. Um fünf Uhr waren wir dann wieder in den Zellen eingeschlossen. Die bis jetzt noch kein Mittagessen erhalten hatten, bekamen jetzt einen Liter dicke Suppe – Kartoffel-, Erbsen-, Kohl- oder Bohnensuppe; die übrigen erhielten wieder ein großes Stück trockenes Schwarzbrot. Selbst die Art und Weise, in der das Essen ausgegeben wurde, war darauf angelegt, die Nerven der Gefangenen zu zermürben, die dem Angriff der Gestapo einen hartnäckigen passiven Widerstand entgegensetzten. Die ausgeteilte Suppe war kochend heiß. In einer Minute mußte sie gegessen sein. Wenn eine Minute vorüber war, wurde ich wieder gefesselt. Die ersten paar Male verbrannte ich mir jämmerlich den Mund und den Hals. Aber mit der Zeit entwickelte ich eine Technik, die mir ermöglichte, einen Liter Suppe in einer Minute zu verschlingen. Sobald sie da war und meine Hände von den Fesseln befreit wurden, schüttete ich die Hälfte davon in mein Klosett. Dann füllte ich das Gefäß mit kaltem Wasser auf. Den Rest der Suppe, die auf diese Weise verdünnt und gekühlt war, schluckte ich in hastigen Zügen hinunter.

Wenn die Gefangenen vom Verhör bei der Gestapo zurückkamen, fanden sie das Konzentrationslager in Aufruhr. Von den Wachen getrieben, liefen Gefangene rund um die Höfe; andere mußten auf allen vieren die schmutzigen Treppen hinauf- und herunterlaufen, wieder andere standen mit dem Gesicht gegen die Mauer und mußten Schimpfrufe gegen sich selbst ausstoßen. Einmal sah ich Albert Walter. Er war nackt. Die Bronzefarbe seiner Haut hatte sich in ein fahles Grau verwandelt. Auch er sah mich. Seine Augen waren eingesunken und glasig. Keiner von uns gab ein Zeichen des Erkennens.

Das Zeichen *Licht aus!* kam um sieben Uhr, dann begann auch schon die Nacht. In jenem Winter von 1933 auf 1934 war jede Nacht im Lager Fuhlsbüttel eine Schreckensnacht. Jede Nacht starben hier Menschen. Die meisten starben durch Selbstmord, einige wurden auf Befehl der Gestapo ermordet, und einige starben »zufällig« unter den Händen marodierender Nachtwachen. Die meisten, die starben, waren Kommunisten. Es war das Ziel der Gestapo, für die Gefangenen, die des Hochverrats angeklagt waren, eine Verurteilung zu erreichen. Um aber einen öffentlichen Hochverratsprozeß in Szene setzen zu können, mußte belastendes Beweismaterial beigebracht werden. »Gestehe, daß wir dich verurteilen können – oder stirb!« lautete der Tagesbefehl. Neun Zehntel aller Gefangenen legten ein »Geständnis« ab. Die Gerichte verurteilten sie zum Tod oder zu Gefängnisstrafen. Bis zum Ende des Jahres 1936 gab es kaum einen Tag, an dem nicht in Hamburg Männer und Frauen wegen Hochverrats verurteilt wurden. Oft wurden hundert und mehr in einem einzigen Prozeß verurteilt. Für solche Prozesse wurde der Boden in den Fuhlsbütteler Nächten vorbereitet. Die Schrecken waren darauf angelegt, jeden einzelnen Gefangenen zu dem Punkt zu bringen, an dem er zu einem »Geständnis« bereit war und dann mit Freuden ins Gefängnis wanderte – nur um endlich den Knütteln und den Stiefeln der Totenkopfwachen zu entgehen. In der Weihnachtsnacht 1933 starben vierundzwanzig Kommunisten im Lager Fuhlsbüttel. Die Wachen kamen plötzlich in die Zellen und teilten den Todeskandidaten Stricke aus.

»Wenn du in fünf Minuten nicht hängst, werden *wir* dich aufhängen«, kündigten sie an.

Es gab jedesmal großen Lärm, wenn eine Leiche durch die Gänge geschleift wurde. Ein einzelner SS-Mann war immer noch mehr oder weniger ein menschliches Wesen; aber wenn ein Haufe SS-Leute beisammen war, so taten sie alles, um sich in fein ausgeklügelten Grausamkeiten zu überbieten; denn der höchste Ehrgeiz eines jeden dieser jungen Leute bestand darin, in die Gestapo befördert zu werden. Für den Weihnachtsabend spendierte eine Brauerei den Totenkopfwachen Freibier. Im Lager Fuhlsbüttel herrschte ein Pandämonium. Jedesmal, wenn eine Leiche in den Leichenraum des Gefängnisses geschleppt wurde, sangen die SS-Männer:

Ja, sowas, das ist herrlich,
ja, sowas, das ist schön,
ja, sowas hat man lange nicht
in Ko-La-Fu gesehn.

Ko-La-Fu war die Abkürzung für das Konzentrationslager Fuhlsbüttel.

Ungezählte Male weckte mich mein eigenes Stöhnen aus dem unregelmäßigen Schlaf. Träume quälten mich mit beharrlicher Boshaftigkeit. Unwillkürlich wollte ich mich mit einem Fluch auf den Lippen auf die andere Seite legen, aber die Ketten brachten meine Bewegung zu einem plötzlichen und schmerzhaften Halt. Das schwache Klirren dieser Ketten brachte mich oft zur Raserei. Ich riß und zog daran und stöhnte. Dann lag ich still. Meine Gedanken wanderten. Die Vergangenheit war ein Durcheinander von Farben, Gesichtern und unverbesserlichen Fehlern, und die Zukunft war eine zahnlose Hexe, die mir aus dem düsteren Nebel entgegengrinste. Schwache Geräusche drangen durch die Wände. Andere gefesselte Männer lagen in den Zellen zu meiner Rechten und zu meiner Linken, über mir und unter mir. Dann und wann drang ein Wahnsinnsschrei wie ein Dolchstoß durch die Nacht. Draußen im Hof blitzte ein Scheinwerfer, der wie mit Fingern die langen Fensterreihen der Zellenblocks abtastete.

Ich dachte an Cilly, an Otto und an viele andere, die ich gekannt hatte. Was war wohl aus ihnen geworden? Ich dachte an Firelei. »Wo bist du?« fragte ich. »Was machen sie mit dir?« Und ich meinte dann ein Flüstern zu hören, Fireleis Stimme, ganz nahe an mir vorüberziehend und gute und zärtliche und bedeutungslose Worte sprechend, bis sie von anderen Geräuschen verschluckt wurden: von den Kommandos einer Nachtwache, die eine neu angekommene Schar von Gefangenen einwies, oder von der Stimme Arthur Ewerts, der aus der Finsternis die Worte brüllte: »Ich sage dir, wir machen einen schrecklichen Fehler!« oder von der fröhlichen Stimme des Genossen Cance aus Le Havre, die knisternd sagte: *»Buvez du vin, et vivez joyeux!«* oder von der zarten Stimme Mariettes, der Dirne mit der edlen Seele, die wiederholte: »Treppauf, treppab, olala.« Und dann ewig und immer das Dröhnen der Flugzeuge.

Gegen ein Uhr morgens kam das Sonderkommando ins Lager Fuhlsbüttel. Es waren junge SS-Leute, eine ausgesuchte Schar von Gestapolehrlingen. Jedesmal kamen sie auf einem Lastwagen mit offenem Auspuff. Wenn der Lastwagen auf den Hof fuhr, gab der Fahrer ein Zeichen mit der Hupe, um den Beginn der Schreckensnacht anzukündigen. Es begann mit dem Widerhall gestiefelter Schritte auf den Steinböden der Gänge und dem Zuschlagen von Türen. Eine laute Stimme las eine Liste mit Namen herunter. Dann gingen die Burschen in die Zellen. Heiseres Geflüster: »Hallo, hallo, du wirst bei Sonnenaufgang erschossen.« Die Tür schloß sich wieder. Einige Zeit danach wurde sie von neuem geöffnet. Man sah den Umriß einer Totenkopfwache gegen das Korridorlicht. »He!« schrie er. Dann entleerte er seinen Revolver, indem er in die Wände und auf die Decke in der Zelle schoß. Dann herrschte eine Zeitlang Ruhe, bis das Türenschlagen von neuem begann. Gefesselte Gefangene wurden im Dunkel geschlagen. Ich konnte das Knallen der Türen, das Getrampel der Stiefel und das schreckliche Schreien der Geschlagenen hören. Sie kamen näher und näher. Dann hörte ich, wie ein Schlüssel in der Tür meiner Zelle herumgedreht wurde. Drei SS-Männer stürmten herein. Sie rissen mir die fadenscheinige Decke weg, und die Schläge ihrer Gummiknüppel hagelten planlos auf mich nieder. Ein Gefangener, der nicht schrie, wurde so lange geschlagen, bis er schrie, um die Wachen zufriedenzustellen und die Genossen in den anliegenden Zellen zu erschrecken, die bald drankamen. Ich erwartete sie, zitternd wie bei einem Malariaanfall, und als sie ihr Werk vollbracht hatten, lag ich still da und war zu benommen, um noch auf das Geheul der anderen hören zu können. Drei Zellen von mir entfernt lag der jüdische Herausgeber der Lübecker Sozialdemokratischen Parteizeitung. Er hieß, wenn

ich mich richtig erinnere, Sollmitz. Er hatte eine hohe Stimme, fast eine Frauenstimme. Eines Nachts, als das Sonderkommando in seine Zelle einfiel, schrie er: »Protest! Protest!«
Ein SS-Mann schrie triumphierend: »Hört euch doch den Juden an! Der Jude beklagt sich!«
Totenkopfmänner versammelten sich in seiner Zelle. Sollmitz wurde totgeschlagen. Es dauerte bis zum Morgengrauen, dann lief ein SS-Mann den Gang entlang, hämmerte an jede Tür und rief: »Will jemand einen krepierten Juden sehen?« So krochen die Tage. Die Zukunft lag grau, unbarmherzig und feindselig vor uns. Man lag wach, man starrte und starrte und suchte einen Ausweg. Man starrte und suchte, und Qual und Furcht und Haß waren die ständigen Begleiter.
Irgendwann Mitte Februar wurde ich ins Krankenzimmer gebracht. Ich betete und flehte um den Tod, aber der Tod wollte nicht kommen. Das Bett war sauber und das Essen wundervoll – Weißbrot, Milch, Eier. SS-Leute saßen stumm zwischen den Betten und achteten darauf, daß kein Gefangener zu einem anderen sprach. Der grauhaarige Arzt, dessen Gesicht durch Säbelhiebe entstellt war, gestattete der Gestapo das Betreten seiner Station nicht. Auf dem gleichen Gang lag schon seit Wochen Edgar Andree in einem Wasserbett. Die SS-Leute schlossen täglich Wetten ab, ob Genosse Andree noch lebte oder nicht. Sie zeigten eine unverhohlene Bewunderung für seine Widerstandskraft. Die Gefangenen in der Krankenstube waren alles Leute, die die Gestapo für zu wichtig hielt, um sie ohne großen Schauprozeß wegen Hochverrats sterben zu lassen. Am neunten Tag wurde ich aus der Krankenstube entlassen. Ich fühlte immer noch einen dumpfen Schmerz auf der rechten Seite meines Kopfs. Mein Ohr war zerschlagen worden; ich war halb taub. Meine Nieren waren verletzt; mein Urin war blutig. Ich hatte eine Unterleibsverletzung, die unheilbar war. Bevor ich die Krankenstube verließ, schüttelte der Arzt mir die Hand.
»Du siehst, mein Junge, die Zeiten haben sich geändert«, sagte er.
Ein Gestapomann brachte mich zum Bahnhof. Wir fuhren in einem offenen Auto. Der Anblick und die Geräusche des Verkehrs, die Schaufenster der Geschäfte, die Leute in den Straßen – das alles schien einer fernen, unwirklichen Welt anzugehören. Es zog durch mein Blickfeld wie die Marionettenfiguren bei einer langweiligen Vorstellung, bei der man zu weit hinten sitzt. Nur der ausgestreckte Arm eines Mädchens, das ein Fenster reinigte, prägte sich mir unvergeßlich ein; eine kleine feste Hand und ein halbnackter Arm, die rasch über die glatte Oberfläche hin- und herfuhren. Als das Bild lange schon verschwunden war, hatte ich es immer noch vor Augen.
»Wo geht's hin?« fragte ich den Gestapomann.
»Nach Berlin.«
Wir hatten ein Dritter-Klasse-Abteil für uns allein. Meine Wache war achtundzwanzig Jahre alt, mit einem langen Schädel, einem schmalen Gesicht und einem geschmeidigen Körper.
»Wir haben Achtung vor Kerlen, die nicht zu Kreuze kriechen«, erzählte er mir, nachdem der Zug aus dem Hamburger Hauptbahnhof heraus war. »Aber es ist unsere Pflicht, ihren Widerstand zu brechen und sie für Deutschland ein für allemal unschädlich zu machen.«
Auf der Fahrt erzählte er mir seine Lebensgeschichte, und ich rauchte seine

Zigaretten. Er war der Sohn eines Gymnasiallehrers und war Mitglied der Nazipartei geworden, als er an der Hamburger Universität Chemie studierte. Er hatte aus Geldmangel sein Studium aufgeben müssen und war dann durch die Wohlfahrt bei Notstandsarbeiten eingesetzt worden. Bei dieser Arbeit war er oft von seinen kommunistischen und sozialdemokratischen Arbeitskollegen mißhandelt worden, weil er darauf bestand, während der Arbeit das Hakenkreuzabzeichen zu tragen. Als er einmal besonders heftig verprügelt worden war, gab er seine Stellung auf, und die Wohlfahrt strich ihm die Unterstützung wegen »Arbeitsverweigerung«. Er ließ sich bei der SA anwerben, lebte in Baracken und wurde in den ständigen Straßenkämpfen abgehärtet. Zweimal wurde er bei nächtlichen Scharmützeln verwundet. Im Dezember 1932 wurde er für den Dienst in der SS ausgewählt, und sein Schneid und seine Intelligenz brachten ihm die Beförderung zum Scharführer ein, kurz bevor Hitler Kanzler wurde. Nach dem Reichstagsbrand wurde er einem Sonderkommando zugeteilt und drei Monate später für den Dienst in der Gestapo empfohlen. Er hatte einen leidenschaftlichen Stolz und einen schrankenlosen Glauben an die Mission Adolf Hitlers, und er hatte die feste Überzeugung, daß Verräter ein für allemal ihr Recht auf Freiheit und Leben verwirkt hätten. »Verräter« war, wer sich aktiv den nationalsozialistischen Gesetzen entgegenstellte.

Ich sah nichts von Berlin, denn meine Fahrten durch die Hauptstadt wurden in geschlossenen Polizeifahrzeugen unternommen. Zwei Nächte verbrachte ich in den tiefen Kerkern unter dem Polizeipräsidium am Alexanderplatz. Diese Kerker waren überfüllt mit allen möglichen Leuten, es herrschte dort ein ständiges Kommen und Gehen von Gefangenentransporten. Ich wurde in ein kleines tresorartiges Gehäuse eingeschlossen, dessen offene Vorderseite mit einem Stahlgitter versehen war. Dementsprechend hatte ich auch keine Gelegenheit, mit einem meiner Mitgefangenen zu sprechen oder Zeichen auszutauschen. Einmal wurde während der Nacht eine Horde Prostituierter, junge und alte, an meiner Zelle vorbei und den Gang entlang geführt. Alle Augenblicke schrien sie einstimmig: »Heil Hitler! Hoch das Bein, der Göring braucht Soldaten!« SS-Leute, die das Ende des seltsamen Zuges zusammenhielten, teilten Fußtritte aus. »Haltet's Maul!« schrien sie. »Maul halten! Maul halten!« Und die Prostituierten schrien von neuem: »Heil Hitler!«

Zwei Tage lang wurde ich von der Berliner Gestapo verhört. Sie war weniger brutal als ihre Kollegen in Hamburg; die Beamten schienen besser ausgebildet und in der Polizeiarbeit erfahrener zu sein. Hier wurde ich einer besonderen Form der Folter unterworfen: ich mußte stundenlang in einem fort auf einem Polizeikarabiner knien, ein anderes Mal auf einer flachen Büchse, die mit Nägeln gefüllt war. Die Gesamtatmosphäre war aber die gleiche wie in Hamburg – schmutzige Korridore, spartanisch einfach möblierte Büros, Drohungen, Fußtritte, Wachen, die gefesselte Gefangene durch das ganze Gebäude treppauf und treppab hetzten, Rufen, Reihen von Mädchen und Frauen, die mit Nase und Zehen gegen die Wand standen, überfüllte Ascheimer, Bilder von Hitler und seinen Helfern, der Geruch von Kaffee, elegant angezogene Mädchen, die mit höchster Geschwindigkeit hinter Schreibmaschinen arbeiteten – Mädchen, die gegen all den Schmutz und die Seelenqualen um sich herum unempfindlich zu sein schienen –, Haufen von konfiszierten Publikationen, Druckmaschinen, Büchern und Bildern. Die Verhöre, de-

nen ich unterworfen wurde, führten zu nichts. Ich hatte bereits so viel Erfahrung, daß ich die Antwort auf eine Frage formuliert hatte, bevor noch die Frage gestellt war. Meine Antworten waren entweder ausweichend oder irreführend. Überhaupt nicht zu antworten, war – im Gestapoverhör – immer ein fataler Weg.
»Wir geben dir drei Tage Zeit, um dich zu bedenken«, wurde mir gesagt.
Ein Polizeiwagen brachte mich am Stettiner Bahnhof vorbei, über die Havel und hinaus auf die Landstraße nach Stralsund. Es waren vielleicht dreißig Gefangene auf dem Fahrzeug, eine mürrisch und trübe aussehende Gesellschaft. SS-Leute standen zwischen den Reihen der Gefangenen, um zu verhindern, daß wir miteinander sprachen. Nach ein paar Stunden kamen wir ins Konzentrationslager Oranienburg. Ich sah Fabrikgebäude, lange Stacheldrahtverhaue, niedrige Baracken und einen großen gepflasterten Hof. Ich kam erneut in Einzelhaft. Ein feuchtes kleines Abteil im Keller einer ehemaligen Brauerei wurde vorübergehend mein Aufenthaltsort. Draußen regnete es. Ich erhielt weder Bett noch Decken, dafür zwei Säcke aus Segelleinen, die mit übelriechenden alten Fetzen gefüllt waren. Ich zitterte am ganzen Leib. Einer der diensttuenden SS-Leute belustigte sich damit, alle zwei Stunden den Kopf in meinen Käfig zu stecken und mit ernster Miene zu sagen:
»Die Decken kommen noch.«
Am zweiten Tag wurde die Kälte unerträglich. Ich schlug mit beiden Fäusten gegen die Tür. Eine Totenkopfwache erschien.
»Was soll der Lärm, du Schwein?«
»Ich friere zu Tode«, sagte ich.
»Du frierst? Gut. Komm heraus. Ich will dich etwas aufwärmen!«
Im Schnellschritt jagte er mich in den Hof hinaus. »Schneller! Schneller! Du läufst ja wie ein altes Weib im siebten Monat! Schneller, sagte ich!« Es waren noch andere Gefangene im Hof, die einer perversen Form militärischen Drills unterworfen wurden. Der SS-Mann jagte mich an den Rand einer Jauchegrube. Die Grube war drei Meter tief und etwa siebeneinhalb Meter breit. Ein schmales Brett war darübergelegt, das sich in der Mitte durchbog. Das Brett war abgelaufen von den vielen Füßen, die im Lauf der Zeit darübergejagt worden waren.
»Geh über das Brett!« befahl die Wache und schwang ihren Knüppel.
Ich balancierte auf das Brett hinaus. Nach zehn schwankenden Schritten, die ich machte, sprang der SS-Mann plötzlich mit beiden Füßen auf das Ende des Brettes. Ich verlor das Gleichgewicht und purzelte in den Dreck.
»Raus aus der Grube!«
Ich wühlte mich heraus.
»Bist du jetzt warm?«
»Jawohl, Herr Wachtmeister.«
»Richtig warm?«
»Jawohl.«
»Gut! Dann zurück in dein Boudoir! Lauf, du Sauhund!« Der Gummiknüppel sauste auf mich herab. »Eins-zwei-drei-vier, eins-zwei-drei-vier! Schneller! Schneller!«
Am Morgen des vierten Tages wurde ich nach Berlin zurückgebracht. Es folgte ein zweistündiges Verhör. Ein Gestapoinspektor brachte mir eine Karte des westdeutschen Grenzgebietes und forderte mich auf, ihm die Lage der Grenz-

stationen der Komintern zu bezeichnen. Dann zeigte er mir eine Anzahl Fotografien, die ich identifizieren sollte. Dann folgten Fragen über Namen und Adressen von Kommunisten in den an Deutschland angrenzenden Ländern. Auch das führte letzten Endes zu nichts.

»Ich sehe jetzt, wie die Sache steht«, sagte der Gestapomann kalt. »Wir werden andere Saiten aufziehen.«

Ich erwartete, über den Tisch gespannt zu werden. Statt dessen wurde ich an ein Dutzend andere Gefangene gefesselt und in einen Innenhof geführt, dort auf ein Polizeifahrzeug gestoßen und in einem Stahlkäfig untergebracht. Bald fuhr das Fahrzeug über Straßen, die ich nicht sah. Um mich herum war es vollkommen finster. Stunde um Stunde verging. Mein Körper wurde steif und empfindungslos.

»Wohin wohl?« fragte ich mich.

Die Fahrt dauerte die ganze Nacht. Endlich hielt der Wagen. Draußen wurden Schlüssel in das Schloß gesteckt. »Raus!«

Ich stand im trüben Licht der Morgendämmerung. Es schneite. Totenkopfwachen in Stahlhelmen gaben Befehle. Etwas seitwärts stand die lange Gestalt Toussaints. Das Pistolenfutteral an seinem Gürtel war offen, die Faust lag auf dem Griff der Mauserpistole.

»Willkommen!« schrie er laut.

Über unseren Köpfen schrien die Krähen heiser: »Kraa ... kraa ... kraa!«

Ich war im Lager Fuhlsbüttel; wieder in diesem Mörderlager.

Den ganzen Tag über sah ich dem Wind zu, der die Schneeflocken durch die kahlen Bäume am Rande des Hofes trieb. Gegen Abend ließ der Wind nach, die Nacht kam dunkel und still, und die Stille wurde nur durch das Dröhnen der Flugzeuge in der Ferne unterbrochen. Es ging mir nicht besonders gut. Ich hatte viel über die schwere, beschämende Niederlage der Kommunistischen Partei Deutschlands nachgedacht, und ich konnte keine befriedigende Antwort auf meine Fragen finden. Mein Verstand arbeitete ruhelos, und er war unersättlich in seinem qualvollen Bohren. Hatten wir uns so sehr daran gewöhnt, für ein unerreichbares Ideal zu kämpfen, daß das Kämpfen schließlich zum Selbstzweck wurde? Selbst in den besten Zeiten war das Ideal kaum mehr als ein Gespenst. Im übrigen aber brannten auf meinem Rücken immer noch die halbverheilten Wunden, und ein bleierner Schmerz lag in meinen Gliedern.

Sie wollten meinen Widerstand brechen, und ich ließ mich nicht brechen. Ich war ein Teil der Partei. Sie konnten mich töten, aber sie konnten nie und nimmer die Partei töten.

Das alte Würgen saß mir in der Kehle. Es stieg plötzlich in mir hoch, wennschon ich meine Zweifel nicht wahrhaben wollte.

»Mögt ihr mit mir machen, was ihr wollt, ihr Bastarde! Ich werde euch nichts sagen!«

Die Lichter waren gelöscht, und ich lag auf dem eisernen Drahtgeflecht, das mein Bett darstellte, an Händen und Füßen gefesselt. Ich blies gerade über mein durch das Reiben an der Fessel aufgeschürftes rechtes Handgelenk, um es etwas abzukühlen, als ich Schritte im Gang hörte. War vielleicht ich damit gemeint? Wenn nicht, würde ich es ja bald erfahren: Ich würde an eine andere Tür klopfen hören, Stöhnen, Schreie und das gedämpfte Fluchen der Wachen.

Nein. Es galt mir. Jemand knipste das Licht an. Ein Schlüssel rasselte im Schloß. Die Tür flog auf. Ich nahm Achtungstellung an.
Zwei Wachen traten ein. Die Gesichter unter den schwarzen Stahlhelmen waren fahl. Junge, schmale Gesichter mit ins Graue gehenden Augen und farblosen Lippen. Beide waren mit Gewehr, Seitengewehr und Gummiknüppel bewaffnet. Es waren keine Gangwachen. Es waren Wachen draußen vom Hof. Der eine beugte sich zu mir herunter und löste meine Fesseln. Ich überlegte schweigend, welche Teufelei sie wohl im Schilde führen könnten.
Ich stand jetzt unter dem Fenster, immer noch nackt, und schwankte sonderbar hin und her.
Die Wachen lachten.
»Welch ein Weichling«, sagte der eine.
»Anziehen!« kommandierte der andere.
Mit höchster Geschwindigkeit fuhr ich in meine schmutzigen blauen Hosen und die gestreifte Jacke.
Der eine SS-Mann brüllte: »Was stehst du da wie ein Mehlsack. Beeil dich gefälligst!«
Ich zog die stinkenden genagelten Schuhe an und setzte die kleine runde schwarze Mütze auf. Seit Monaten hatte ich weder Unterwäsche noch Socken gesehen.
»Dieser Bursche sieht wie Gandhi aus«, sagte der eine der beiden SS-Leute.
»Er sieht aus wie ein Affe nach der Hochzeitsnacht«, sagte der andere.
»Wie siehst du aus?«
»Wie Gandhi«, sagte ich.
»Zum Teufel nochmal, nein, nicht wie Gandhi.«
»Wie ein Affe.«
Der SS-Mann gab mir einen heftigen Fußtritt. »Welche Art von Affe, he?« schrie er.
»Wie ein Affe nach der Hochzeitsnacht«, sagte ich.
Ich starrte geradeaus und überlegte, was sie wohl mit mir vorhätten. Wenn es einer allein gewesen wäre, hätte man vielleicht vernünftig mit ihm sprechen können. Aber sobald sie zu zweien oder mehr kamen, schämte sich der eine vor dem anderen; jeder wollte den anderen an Grausamkeit überbieten.
Der eine gab mir einen Faustschlag auf den Magen.
»Sag: Ich bin ein liederliches Affenweibchen«, befahl er.
»Ich bin ein liederliches Affenweibchen«, sagte ich.
»Lauter!«
»Ich bin ein liederliches Affenweibchen!«
Zehnmal brüllte ich: »Ich bin ein liederliches Affenweibchen.« Fasziniert beobachteten mich die beiden dabei.
»Hinaus mit dir!«
Ich trat in den Gang. Er war leer. Hier und da schielte eine Wache durch das Guckloch in eine der Zellen hinein. Ich marschierte die Treppen hinunter und durch einen finsteren Vorraum in den Hof hinaus. Ich ging über den Hof, und der Schnee knirschte unter meinen Füßen. Die kalte Nachtluft sang in meinen Lungen und stieg mir in den Kopf wie Wein. Hinter mir zählten die beiden Wachen die Schritte ab.
»Links! Links! Links, zwei, drei, vier ...«

Alle zwölf Schritte sauste der Gummiknüppel auf meinen Nacken.
Die Wache am Tor hob die Hand zum Hitlergruß und ließ uns vorbei. Im Dunkel marschierten wir über einen anderen Hof, und auf der weichen Erde spritzte der nasse Schnee klatschend unter unseren Stiefeln. Von Zeit zu Zeit strichen die Strahlen der Scheinwerfer suchend über die Mauern. An der Außenmauer sah ich die unbeweglichen Umrisse von Wachen in schwarzen Wintermänteln und schwarzen Stahlhelmen. Sie hatten die Hände in die Ärmel zurückgezogen und hielten die Gewehre in der Armbeuge; wenn sie am äußeren Tor in den Lichtkreis der Laterne traten, sah ich, daß Handgranaten in ihren Gürteln steckten. Grau und groß versperrten uns die äußeren Tore den Weg.
Inzwischen war es mir gelungen, mich von jeder Furcht frei zu machen und meine Gedanken in neutrale Bahnen zu lenken. Ich war gerade dabei, *Grüne Birken erinnern mich an junge Mädchen ... Die Wasser des Rio de la Plata sind gelb und schmutzig ...* vor mich hinzusummen.
»Halt!« befahl einer der SS-Leute.
Die Wachen am äußeren Tor und die beiden, die mich aus der Zelle geholt hatten, unterhielten sich flüsternd. Aus der Mannschaftsküche wehte der Geruch von Erbsensuppe und gebratenen Zwiebeln herüber. Schwerfällig flog eine Krähe über unsere Köpfe. Ein Mann von der Torwache kam auf mich zu und schaute mir aus nächster Nähe ins Gesicht:
»Ach, du bist es«, sagte er leichthin. »Das ist gut. Hat dir jemals schon einer in die Wirbelsäule geschossen? Nein? ... Dann mal los, mein Liebling.«
Ein kleines Stück weit ging der schwere Torflügel auf. Ich schaute auf eine dunkle Straße mit Bäumen. Die Straße führte an Gärten und unbebauten Grundstücken vorüber, man sah einige kleine Häuser und schwachen Lichtschein.
Die Nacht war ungeheuer groß. Die Weite überfiel mich und schlug über mir zusammen; ich hatte im ersten Augenblick das Gefühl, zu ersticken. In jenem Häusern drüben lebten Menschen, die frei waren und die den Wert dieser Freiheit nicht kannten. Sie waren frei, zu gehen, wohin sie wollten; sie konnten in ein Gasthaus gehen und Kaffee trinken; sie konnten ins Bett kriechen und die Arme um ihre Frau legen; frei konnten sie singen, die Türen öffnen und das Licht an- und ausschalten. In meinem Kopf drehte sich alles, ich hörte mein Herz schlagen, und meine Sinne waren in Aufruhr. Und dann fragte ich mich wieder von neuem: »Was wollen sie? Was soll diese Exkursion mitten in der Nacht?«
»Weitergehen!«
Ich schritt durch das Tor.
»Bleib in der Mitte der Straße – Marsch!«
Ich marschierte auf der Mitte der Straße, und der süßliche Geruch von Dünger stieg mir in die Nase. In der Nähe mußte sich ein Stall mit Pferden und Kühen befinden. Aus weiter Ferne kam der schrille Pfiff einer Lokomotive. Es war ein schrecklicher Gedanke, eine Lokomotive, die durch die Nacht raste, nach Köln, Amsterdam, Paris, vielleicht nach Turin. Linker Hand verloren sich schweigende Obstgärten im undurchdringlichen Dunkel. Immer nach zwölf Schritten schlug der Mann hinter mir auf mich ein. Es schneite. Zur Rechten ragte das Gefängnis wie eine riesengroße geometrische Figur in den Himmel.
»Wohin wollt ihr denn mit mir?« fragte ich.

»Wir wollen dich erschießen«, war die kurzangebundene Antwort.
Sie wollen mich erschießen, dachte ich; das macht nichts! Wenn die bleibeschwerten Hiebe sich einem in den Leib einfressen, denkt man an das Erschießen wie an ein Fest. Ein einziger Hieb ist schmerzhafter als eine Kugel in den Kopf, meint man. So wird der Tod durch Erschießen am Ende noch zu einer dankbar empfundenen Zärtlichkeit.
Jenseits der riesigen Umrisse des Gefängnisses spielten die Strahlen der Scheinwerfer auf den weiten Feldern wie gierige Finger in der Nacht. Ich horchte auf das Motorengeräusch eines Flugzeuges, das über uns kreiste und zur Landung ansetzte. Die Nacht war wie jede andere. Eine Nacht voll Mißklang und Gefahr. Mehr und mehr erkannte ich, daß ich nicht sterben wollte. Der Tod würde den tanzenden Peitschenhieben, dem nächtlichen Zittern, der Qual, der Erniedrigung und der unberechtigten Hoffnung ein Ende setzen. Der Mensch ist bereit zu sterben, aber wenn der Tod bereit ist, sich seine Beute zu holen, entdeckt der Mensch, daß allein schon das Vorrecht, die gute reine Luft zu atmen, eine ausreichende Entschädigung für die Hölle darstellt, die eine Peitsche uns bereiten kann. Drei Schritte hinter mir knirschten die Stiefel der SS-Männer auf der Straße. Ich wußte, daß ihre Gewehre auf mein Kreuz gerichtet waren.
»Ach, du bist es! . . . Hat dir jemals schon einer in die Wirbelsäule geschossen?«
Irgendwo lebte Firelei. Wenn sie wüßte, was hier geschah, würde sie sicher weinen. Vielleicht weinte sie. Aber vielleicht schlief sie mit einem Genossen, der nach Deutschland in den Tod gehen sollte. Firelei, leb wohl, dachte ich; ich bin auf das Schlimmste von euch gefaßt, ihr Bastarde! Ich bringe es aber nicht über mich, einzugestehen, daß Hitler gewonnen hat. Es ist schwer, so schwer, sich vorzustellen, daß Hitler ohne dich geschlagen werden könnte, ausgerechnet ohne dich, der du lebend zu dieser Niederlage beitragen könntest. Hasse! Hasse mit aller Kraft!
Und wenn ich einfach weglaufen würde, diese einzige Gelegenheit unter tausend wahrnehmend? Wenn ich wegliefe, würde ich erschossen werden. Vielleicht wäre ich auf der Stelle tot. Es wäre dann wie ein schwerer und schneller Hammerschlag gegen mein Rückgrat, ein plötzlicher durchdringender Schmerz, ein lächerlicher Versuch, zu atmen und in die Luft zu greifen, und dann wäre es vorbei. Vielleicht bekäme ich dann noch einen Schlag mit dem Gewehrkolben auf den Kopf. Ein solches Ende wäre gar nicht schlecht. Es wäre leicht.
Ich wollte nicht sterben. Ich wollte leben.
Wenn ich wegliefe und sie mich nicht erschössen, sondern mich lebend wieder fingen . . . Mein Verstand lehnte sich gegen diesen Gedanken auf.
Nein. Lauf nicht weg.
Die Wachen hinter mir waren plötzlich stehengeblieben. Das Geräusch ihrer Stiefel war nicht mehr zu hören, als seien die Männer erfroren oder in die Erde versunken. Noch zwei Schritte weiter, und auch ich blieb instinktiv stehen. Wir standen alle schweigend in der Dunkelheit.
Ich wagte nicht, mich umzudrehen. Ein Gummiknüppel über das Gesicht wäre die Antwort, wenn ich zurückblickte.
Ich stand im Schnee, so wie ich war, und fühlte das kalte Beißen auf der Haut und rührte mich nicht.

»Weiter!« sagte einer hinter mir wütend.
Ich bewegte mich nicht.
»Los, du gottverdammter Hund!«
Ich marschierte zwei Schritte weiter, dann blieb ich wieder stehen, weil ich die Stiefel der Wachen drei Schritte hinter mir nicht hören konnte. Schneeflocken trieben mir ins Gesicht. Langsam, Zentimeter um Zentimeter, wandte ich den Kopf nach rechts und versuchte, etwas zu sehen. Undeutlich sah ich die beiden Wachen. Winzige Lichter leuchteten an ihren Helmen und auf den Läufen ihrer Waffen. Ich war erstaunt, zu sehen, wie gut sich ihre Silhouetten gegen den Schnee abhoben. Wenn ich noch einen einzigen Schritt weiterginge, würden sie mir in den Rücken schießen. *Auf der Flucht erschossen!*
Vier Meter hinter mir standen die beiden SS-Leute in der Nacht. Ich rührte mich nicht.
Heiser flüsternd stieß der eine hervor:
»Vorwärts, los!«
Ich rührte mich nicht. Ich blieb wie in den Boden eingewurzelt stehen und fühlte nichts. Der Mensch hat etwas in sich, das stärker ist als sein Wille zu sterben. Wenn der Tod in der Nähe ist, ist dieses Etwas da, neben dir, in dir, über dir und um dich herum, um dich vor dem einen Schritt zu bewahren, der den Tod zum raschen Sieger macht.
Der eine Wachmann trat zu mir und schaute mir ins Gesicht.
»Bist du verrückt?« fragte er.
»Nein«, sagte ich.
»Warum gehst du dann nicht weiter?«
»Ihr wollt mich wie einen Hund zusammenschießen.«
»Das wollen wir allerdings«, sagte der SS-Mann.
Eine torkelnde Gestalt kam die einsame Straße entlang. Ein Arbeiter, der seine Pfeife rauchte. Sein offener Überzieher flatterte wie die Flügel einer Fledermaus. Mit schlenkernden Armen schwankte er auf uns zu.
»Vorwärts!« sagte der SS-Mann.
Ich rührte mich nicht. Ich stand im Schnee, bewegungslos, meine Lungen arbeiteten wie Vulkane. Ich hätte mich jetzt umdrehen können und sagen: »Freunde, paßt mal auf. Ich habe die Sache satt. Bringt mich zur Gestapo, und ich will ihr alles erzählen, was ich weiß, alle Namen, alle Adressen, und dann will ich ein Geständnis unterschreiben, irgendeines, das ihr mir dann zum Unterschreiben vorlegt.« Wenn ich das täte, wäre alles in Ordnung. Ich bekäme Zigaretten und ein Steak und eine richtige Matratze zum Schlafen. Der Arbeiter war bei einem Baum stehengeblieben und betrachtete mich schweigend.
Der SS-Mann sagte mürrisch: »Vorwärts, du roter Hund!«
Ich rührte mich nicht. Vielleicht hatten sie den Befehl, mich nicht tödlich zu treffen. Vielleicht wollten sie mir nur das Knie zerschmettern oder mir die Geschlechtsteile wegschießen. So etwas war schon vorgekommen. Ein Mann mit einem zerschmetterten Knie würde lieber ein Geständnis unterschreiben als auch noch sein anderes Knie aufs Spiel setzen. Eine Axt, die den Kopf vom Rumpf trennt, und ein Richter im Zylinder und mit ernstem Blick und zufrieden schmunzelnde Gestapozeugen sind weniger schmerzhaft als ein zerschmettertes Knie. Der Arbeiter klopfte seine Pfeife an einem Baumstrunk aus und ging mit unsicheren Schritten weiter.

»Heil Hitler!« sagte er, als er an den Wachen vorüberkam.
»Diese Hure will nicht marschieren«, sagte der eine.
»Wir werden dieser verdammten Hure schon Beine machen«, sagte der andere.
Der eine gab mir einen Fußtritt. Ich fiel nach vorn in den Schnee. Ich bekam Fußtritte in die Rippen und einen Schlag mit dem Gewehrkolben auf den Rücken.
»Aufstehen! Wer in Teufels Namen hat dir gesagt, dich hinzulegen?«
Ich stand auf. Hart und kalt fühlte ich den Lauf einer Pistole im Genick.
»Jetzt vorwärts!«
Ich marschierte vorwärts. Ich zählte die Schritte, weil ich nicht an die Pistole im Genick denken wollte. Dreißig ... siebenunddreißig, einundvierzig ...
»Ich kriege kalte Hände«, brummte der SS-Mann. Ich merkte, wie er den Pistolenlauf von meiner Haut wegnahm. »Marschier weiter«, fügte er hinzu.
Ich marschierte. Drei Schritte hinter mir marschierten die Wachen.
»Singen!« kommandierte der eine. »Sing das Horst-Wessel-Lied!«
Ich sang. Ich sang aus vollem Halse.

Bald wehen Hitlerfahnen über allen Straßen,
Dann bricht der Tag der deutschen Freiheit an ...

Es ist die Melodie eines Revolutionsliedes. Ich hatte es bei Arbeiterdemonstrationen aus hunderttausend Kehlen erklingen hören. Der Marschtritt kämpfender proletarischer Kolonnen in feindlichen Straßen war die schönste Musik, die ich kannte. Mein Mund sprach laut den Nazitext, aber im Herzen kamen in schwerem Rhythmus andere Worte empor –

Hoch wehen Sowjetfahnen über Barrikaden,
So bricht der Tag der roten Freiheit an ...

Noch einmal blieben die Wachen stehen. Ich tat augenblicklich das gleiche und marschierte weitersingend auf der Stelle. Die Gefängnismauern schickten ein hohles Echo zurück.
»Vorwärts!« stieß der eine SS-Mann hervor.
»Ich marschiere nicht weiter, wenn ihr mir nicht folgt«, sagte ich.
»Du willst also nicht weitermarschieren?«
»Nein«, antwortete ich.
»Gut, dann kannst du stillstehen, bis du blau im Gesicht bist.«
Die SS-Leute besprachen sich, während ich stillstand.
»Wenn du nicht weitergehst, werden wir dich verprügeln«, sagte der eine.
»Vorwärts!« befahl der andere.
Ich rührte mich nicht.
»Wir werden dich verprügeln, bis du die Engel im Himmel singen hörst.«
Ich sagte nichts und blieb stehen.
»Vorwärts!« sagte der SS-Mann.
Ich rührte mich nicht.
»Du bist ein widerborstiger Scheißdreck, aber wie du willst«, brummte der eine.
»Laß deine Hosen runter.«

Ich löste meinen Gürtel und ließ die Hosen bis zu den Knien herunter. Die Wachen legten ihre Gewehre in den Schnee. Der eine nahm den Gummiknüppel zur Hand. Der andere hielt die Pistole auf mich gerichtet. Sie stießen mich mit dem Gesicht gegen einen Baum, der seitwärts an der Straße stand.
»Bück dich nach vorn! Nimm die Arme um den Baum und bück dich!«
Aus dem Gefängnishof kam ein Gewehrschuß und das Geräusch zersplitterten Glases. Das kam oft vor. Im Scheinwerferlicht hatte man einen Gefangenen am Fenster entdeckt, und die Wache im Hof hatte auf das Fenster geschossen. Selten wurde jemand auf diese Weise getroffen, aber das Fenster war zerschlagen, die Zelle wurde feucht, und sein Insasse setzte sich einer Lungenentzündung aus.
Ich bückte mich und schlang die Arme um den Baum.
Der eine grunzte: »Bück dich tiefer.«
Sie schlugen mich, bis ich zusammensackte und in den Schnee fiel. Sie streckten mich auf dem Boden aus und schlugen weiter auf mich ein. Dann nahmen sie ihre Schulterriemen ab und schlugen mir damit ins Gesicht. Als die Scheinwerfer eines Wagens näherkamen, hörten sie auf.
»Steh auf! Hinter den Baum mit dir und zieh die Hosen hoch.«
Als der Wagen vorbei war, marschierten wir zurück. Von Zeit zu Zeit stolperte ich, und die Wachen standen still und gaben mir die Möglichkeit, etwas auszuruhen. Die Wache am Tor packte mich im Genick und schüttelte mich hin und her.
»Mein Lieber«, brummte der Wachmann, »du weißt gar nicht, welches Glück du gehabt hast.«
Einer von den SS-Leuten, die mich mit hinausgenommen hatten, brachte mich in die Zelle zurück. Als er Licht machte, sah ich in sein jugendliches Gesicht und bemerkte, daß er vor allem zehn Stunden Schlaf brauchte.
»Na, wie fühlst du dich?« fragte er.
»Sehr gut, Herr Wachtmeister.«
»Hier. Nimm eine Zigarette. Das tut gut jetzt.«
Er gab mir eine Zigarette, zündete ein Streichholz an und gab mir Feuer.
»Wenn sie wüßten, daß ich dir eine Zigarette gegeben habe, wäre es zappenduster für mich«, sagte er lachend.
Er löschte das Licht aus und schloß die Tür meiner Zelle ab. Ich rauchte, als sei nichts geschehen. Während ich rauchte, stand der SS-Mann draußen vor meiner Zelle. Als das letzte kleine Ende der Zigarette zwischen meinen Lippen ausgegangen war, hörte ich ihn den Gang hinuntergehen. Ich hörte seine Absätze auf dem Steinboden, das Geräusch wurde schwächer, dann hörte ich ihn die eiserne Treppe hinuntergehen.
Ich konnte keinen Schlaf finden. Die Schmerzen, die ich hatte, kamen denen beim Herausreißen vieler Zähne gleich. Fiebrige, zitternde, abgründige Nächte. Endlose Nächte. Sie machten mich fertig. Fertig. Die ganze Nacht ging mir dieses Wort im Kopf herum. Fertig, fertig. Sie machten mich fertig.
Viermal in zehn Tagen nahmen sie mich zu Gängen in die Nacht mit hinaus. Jedesmal begann der Marsch mit der Aussicht auf Exekution und endete mit einer schlaflosen Erschöpfung.

Am 11. März 1934 brach die Gestapo meinen Widerstand. An jenem Tag um neun Uhr morgens hörte ich einen klirrenden Schritt im Gang näherkommen. »Ein SS-Mann schreitet die Front ab!«

Es waren nicht die jämmerlich quietschenden Schuhe eines Gefangenen, auch nicht das sanfte wischende Geräusch, das die Gefangenenwärter machen, es waren die Schritte einer Totenkopfwache – Schritte, die klirrten. Ein Schlüssel rasselte im Schloß der Tür zu meiner Zelle. Ich nahm sofort Achtungstellung an. Die Tür wurde heftig aufgestoßen.

Der SS-Mann betrachtete mich mit kalter Feindseligkeit. Er trug die schwarze Uniform und den Stahlhelm. Er hatte ein Seitengewehr am Koppel. Ein dikker Gummiknüppel baumelte an seinen Hüften. In den Händen hielt er einen Karabiner.

»Komm mit!« sagte er.

Ich trat aus der Zelle. Der SS-Mann durchsuchte mich rasch, indem er seine Hände behend über meine Brust, den Rücken, die Seiten und die Beine gleiten ließ. Ich hatte ein Gefühl der Leere im Magen und eine Wolke von Haß und Furcht im Kopf. Ich konnte nicht denken. Ich war wie ein Tier unter der Peitsche seines Herrn: wachsam und ohnmächtig.

»Vorwärts!« sagte er.

Ich marschierte den Gang entlang und die Treppenstufen hinunter.

Zwei Schritte hinter mir marschierte der SS-Mann, die Mündung seines Karabiners gegen mein Kreuz gedrückt. Wir marschierten über den Gefängnishof. Eisentore wurden von schweigsamen Wachen mit hochgeschlagenem Mantelkragen geöffnet. Wir überquerten weitere Höfe, und der Schnee knirschte unter jedem Schritt. Aus den kahlen Bäumen kamen die heiseren Schreie der Krähen. Mein Atem färbte sich weiß in der stillen Kälte.

Im Hof ließen drei SS-Männer einen abgemagerten Gefangenen sich im Schnee wälzen. Der Gefangene war nackt. Ich erkannte ihn. Es war Horst Witzel, der Ingenieur eines Schleppers, der eine Frau und drei kleine Kinder hatte. Er lag im Schnee und starrte zu mir hin ohne ein Zeichen des Erkennens. Ein SS-Mann schlug mit dem Gummiknüppel auf den abgemagerten Mann ein, ließ ihn aufstehen und jagte ihn um den Hof herum. Ein Wolfshund saß sprungbereit dabei und beobachtete den laufenden nackten Mann. Der Wachmann streichelte den Kopf des Tieres.

»Pack ihn, Nero«, rief er ihm zu.

Der Hund sprang in großen Sätzen davon. Horst Witzel fiel in den Schnee, er schrie, das Tier war über ihm und knurrte, und die SS-Leute lachten.

»Verdammt nochmal, willst du wohl lachen!« befahl mir einer von ihnen.

»Ha-ha-ha!«

»Nochmal, aber lauter!«

»Ha-ha-ha!«

Es klang, wie wenn ein alter Karren über ein Kopfsteinpflaster fährt.

Dann marschierten wir weiter. Wir kamen in eine düstere, große Halle; an beiden Seiten waren schmutzige Zellentüren, eine neben der anderen. Ein SS-Mann ging verstohlen von Tür zu Tür und schielte durch die Gucklöcher hinein.

»Gegen die Wand! Nase und Zehen gegen die Wand!«
Das ist nicht so einfach. Stell dich mit den Zehenspitzen und der Nasenspitze gegen die Wand, mit auf den Rücken gefesselten Händen, und steh still. Wenn du eine Stunde lang gestanden hast, treten dir die Augen aus den Höhlen, und es kommt dir vor, als wenn gewaltige Steine dich von beiden Seiten her zusammenpreßten. Ich stand so drei Stunden. Ich sah Männer, die schon nach einer Stunde schwach wurden. Ich sah andere, die den Kopf gegen die Wand zu schlagen begannen und wie Verrückte aufheulten, bis sie unter dem Schlag eines Karabinerkolbens zusammenbrachen. In einer langen Reihe standen sie, Nase und Zehen gegen die Wand, eine Reihe Arbeiter, und da und dort ein verzweifelter Jude darunter.
Drei Stunden und länger kann einer nur stehen, der alle Gedanken in sich niederschlägt und sich mit Haß vollpumpt ... Zuerst denken sie nach, dann aber gehen sie in die Knie – oder sie hassen, und ihr Haß erhält sie am Leben. Man kann nicht in Ruhe dort stehen. Alle paar Minuten schlägt ein vorübergehender SS-Mann einem mit einem plötzlichen Schlag von hinten den Kopf gegen die Wand. Andere teilen Fußtritte aus. Wieder andere stoßen einem den Gewehrkolben auf die Zehen ... Sie schleichen heimlich heran und hauen einem dann ganz plötzlich auf die Zehen. Man möchte vor Schmerz in die Höhe gehen. Wenn man den Fuß hebt oder ein Zeichen des Schmerzes von sich gibt, oder wenn man hochspringt, drehen sie einen um, mit dem Rücken zur Wand, und verprügeln einen mit Gummiknüppeln.
Ein kleiner blonder Raufbold befahl mir, die Schuhe auszuziehen. Er steckte in jeden Schuh eine Patronenhülse; dann mußte ich die Schuhe wieder anziehen und mit Nase und Zehen gegen die Wand stehen. Die ganze Zeit liefen die knarrenden Stiefel der SS-Leute hinter mir vorbei, brachten neue Gefangene und führten andere weg; ich wußte nicht wohin. Ich hörte Stöhnen, Befehle, Schimpfworte. So verstrichen drei Stunden.
Ich wurde von hinten ergriffen und in eine offene Zelle geschleppt. Dann wurde die Türe geschlossen und abgeriegelt.
Ich war nicht allein. Vier SS-Leute unter schwarzen Stahlhelmen saßen auf Stühlen. Ihre Gesichter waren erwartungsvoll auf mich gerichtet. Auf einem schmutzigen Bett ausgestreckt lag ein Gestapomann in Hemdsärmeln. Auf der Matratze waren Blutflecken. Der Gestapomann hatte ein dickes rundes Gesicht, wulstige Lippen und graugrüne Augen. Er fixierte mich kalt.
»Weißt du, wer ich bin?« sagte er langsam.
»Nein.«
»Ich bin Inspektor Radam. Deine Genossen möchten mich am liebsten bei lebendigem Leibe in der Hölle braten. Ich bin der beste Freund des Staatsanwalts Jauch vom Volksgerichtshof.« Radam lachte laut. Dann fügte er hinzu: »Weißt du, weshalb du hier bist?«
»Nein.«
»Oho! Er weiß nicht, weshalb er hier ist. Gebt's dem Bastard erst mal!«
Die SS-Leute knufften mich in die Ecke. Sie benutzten dabei ihre Gummiknüppel, bis der Gestapoagent sie innehalten ließ.
»Weißt du jetzt, wozu du hier bist?« fragte Radam affektiert.
»Ja.«
»Und?«
»Als ein Feind des Dritten Reichs«, sagte ich.

»Hübsch gesagt«, kommentierte Radam. »Nimm an, wir wollten ein kleines Plauderstündchen zusammen halten! Vielleicht wirst du uns bei dieser Gelegenheit von den Verbrechen erzählen, die du 1932 begingst?«
»Verbrechen?«
»Gewiß. Erzähl mir von den Verbrechen.«
»Ich war damals in England und Holland«, sagte ich. »Ich weiß nicht, was Sie meinen.«
»Mich interessieren die Pferde nicht, die du in England und Holland gestohlen hast. Laß uns auf der guten braunen Erde Deutschlands bleiben. Im Jahre 1932 warst du Kommunist. Stimmt das?«
»Ja.«
»Du glaubtest an das Schlagwort *Schlag die Faschisten, wo du sie triffst*. Stimmt das?«
»Die Partei hat immer die Theorie des individuellen Terrors abgelehnt«, antwortete ich. »Wir waren der Meinung, einen Gegner durch die Kraft des Wortes überzeugen und gewinnen zu können.«
»Aha«, sagte Radam, »das sind die berühmten *ideologischen Waffen*! Ungefähr zweihundert von unseren tapferen Jungens sind 1932 niedergemetzelt worden. Glaubst du, daß sie an der Macht des Wortes gestorben sind? Oder aus Altersschwäche?«
Aus einer Schuhschachtel, die am Bettende stand, zog Radam ein Bündel Fotografien. Er gab sie einem SS-Mann. Dieser hielt sie mir eine nach der anderen vor die Augen. Es waren die Bilder der Leichen ermordeter SA-Leute.
»Alle diese Jungen sind den *ideologischen Waffen* erlegen«, sagte Radam sarkastisch.
Ich schwieg. Es dämmerte mir langsam, daß die Gestapo sich entschlossen hatte, mich mit einer jener mörderischen Schlägereien aus den Tagen vor dem Reichstagsbrand in Verbindung zu bringen.
»Ich will nicht wissen, was du in Timbuktu gemacht hast«, stieß Radam hervor, »ich möchte nur, daß du mir hilfst, einige Punkte über das hier in Hamburg vergossene Blut aufzuklären. Ich habe mir alle die Märchen angesehen, die du Inspektor Kraus erzählt hast. Herr Kraus ist ein Gentleman. Ich bin keiner. Du kannst dich nicht herauswinden wie ein Aal. Dein Maß ist voll! Bei mir gibt's nur Biegen oder Brechen.« Er machte eine Pause, um Atem zu holen. Die Gesichter der SS-Leute um mich herum schienen mich einzukreisen. »Erzähle mir alles, was du über die Terrorakte weißt, die im Jahre 1932 begangen wurden«, schloß Radam.
»Ich bin kein Terrorist«, sagte ich rasch.
Radam wandte sich zu den Totenkopfwachen. »Frischt dem Bastard sein Gedächtnis auf«, sagte er gedehnt.
Die SS-Leute stießen mich in den Gang hinaus. Sie zwangen mich, das zu tun, was man in den Lagern den *Bärentanz* nannte. Dabei mußte man mit gefesselten Händen einen Eimer voll Wasser festhalten und so schnell wie nur möglich Froschhüpfen machen. Während ich lief und hüpfte, liefen die SS-Leute wie ausgelassene Buben neben mir her und versuchten, den Eimer mit Fußtritten zu treffen. Jedesmal, wenn Wasser über den Rand des Eimers lief, erhielt ich einen Fußtritt oder einen Hieb mit dem Gummiknüppel. Diese Folterung dauerte so lange, bis meine Beine den Dienst versagten. Die Wachen erlaubten mir, eine Minute auszuruhen. Dann stießen sie mich wieder

in die Zelle, in der Radam wartete. Der Gestapomann warf mir einen spöttischen Blick zu.
»Weshalb schnaufst du denn so, he?«
»Ich weiß es nicht.«
»Hat jemand dir weh getan?«
»Nein.«
Die SS-Leute lachten. Inspektor Radam saß aufrecht auf der Matratze und fixierte mich.
»War Jan Templin dein Freund?« fragte er.
»Ja.«
»Was geschah mit ihm?«
»Er ist tot.«
»Starb er, nachdem wir ihn verhaftet hatten?«
»Ich glaube es.«
»Und Fritz Luchs, wo ist er?«
»Ebenfalls tot.«
»Das stimmt. Und Hellmann?«
»Auch tot.«
»Und Wildinger?«
»Ich weiß es nicht.«
»Er ist tot«, sagte Inspektor Radam mit einem boshaften Lächeln auf den Lippen. »Tot und dahin.«
Er nahm ein Paket Zigaretten und ließ es rundum gehen. Alle SS-Leute rauchten jetzt. Radam sprang auf, fuhr auf mich los und schaute mir aus nächster Nähe ins Gesicht.
»Erzähle etwas über die Morde, die du begangen hast«, sagte er mit plötzlicher Grausamkeit.
»Ich habe keine Morde begangen.«
»Sprich nicht wie ein Rechtsanwalt.«
»Ich bin kein Mörder.«
»Verhaut den Bastard«, sagte Radam. »Zieht ihm die Hosen runter und verhaut ihn.« Die SS-Leute streiften mir die Hosen herunter und fesselten meine Hände an das Gitter des Zellenfensters. Dann schlugen sie mich, bis das Blut an meinen Beinen herunterlief. Zuerst stöhnte ich. Ich biß die Zähne aufeinander und versuchte, mir die Größe meines Hasses vorzustellen, aber das Stöhnen konnte ich nicht verhindern. Die Schläge wirkten wie das Ziehen einer Schrotsäge; sie bissen sich tiefer und tiefer in das Fleisch hinein.
Die Dinge begannen sich rund um meinen Kopf zu drehen. Die Wände, das Fenstergitter, das Bett, Radam und meine gefesselten Hände. Der Boden stürzte mir entgegen und löste sich drehend in einem Durcheinander von roten und schwarzen Wolken auf.
»Alles geht zum Teufel«, dachte ich. Die Nähe des Endes gab mir ein fernes Glücksgefühl. Dann aber hörte ich in der Ferne eine Stimme:
»Halt!«
Ein Becken mit Wasser wurde mir wie ein Stahlhelm über den Kopf gestülpt. Sie lösten meine Fesseln. Wieder stand ich mitten in der Zelle. Von den Hüften abwärts war ich nackt. Das Blut klebte zwischen meinen Zehen.
»Die Morde«, sagte Radam.
»Ja?«

»Erzähl jetzt über die Morde.«
»Ich verstehe nicht. Nein, nein, keine Morde.«
Radam erhob sich auf die Zehenspitzen und bohrte mir seinen dicken Finger in die Kehle.
»Hör zu«, sagte er, »du meinst, du seist zäh. Ich kann dir die Namen der zähesten Genossen im Land nennen und dir erzählen, wie sanft sie wurden, oh, so sanft und vernünftig. Sie dachten, sie seien zäh, aber sie waren es nicht. Die, die nicht friedlich geworden sind, sind tot, du siehst es ja, oder nicht? Denkst du vielleicht auch, du seist zäh? He?«
»Nein, ich bin nicht zäh.«
»Gut, dann lüge aber nicht wie eine Zeitung, sondern erzähl uns die Wahrheit.«
»Ich sage die Wahrheit.«
»Das ist prächtig. Hat man dich jemals schon an der Decke aufgehängt – die Füße oben und den Kopf unten?«
»Nein.«
»Das macht aus Lügnern die ehrlichsten Menschen. Erinnerst du dich an den 19. Mai? Erinnerst du dich an den Mord? Jenen, den du plantest? Den Mord, für den du verantwortlich bist?«
»Ich erinnere mich nicht. Es gab keinen Mord.«
Inspektor Radam zeigte die Zähne. »Wir werden dich auskochen«, sagte er gedehnt. »Du bist ein Fanatiker. Schaut nur, wie er die Zähne aufeinanderbeißt. Es wird etwas länger dauern als gewöhnlich, aber wir werden dich schon auskochen. Das ist gewiß.«
Er blies mir den Rauch seiner Zigarette ins Gesicht. Seine graugrünen Augen leuchteten hart und siegesgewiß.
Er fuhr ruhig fort: »Du kannst wählen. Entweder du gestehst. Dann wirst du den Kopf verlieren. Ein einziger Streich mit der großen Axt. Ssst! So geht das. Schnell! Aber bis dahin wird man dich in Frieden lassen. Oder aber du gestehst nicht. Dann werden wir dir das Fleisch zentimeterweise von den Knochen schälen, ganz sorgfältig, und du wirst heulen und brüllen und um jeden Preis sterben wollen.«
Man denkt nicht mehr, wenn man allein in einer solchen Zelle ist. Ich dachte an nichts, und ich hatte keinen bewußten Willen, am Leben zu bleiben. Nur ein dunkler, übermächtiger Wunsch war in mir – Haß. »Hasse ihn, oder du bist verloren!«
»Holt das Grammophon herein«, befahl Radam.
Zwei SS-Leute brachten ein Grammophon und einige Platten. Dreißig Sekunden lang stand die Tür der Zelle offen, und ich sah die Gesichter der SS-Männer draußen von der düsteren Halle aus zu mir hereinblicken. Brutale Kommandos kamen vom Hof bis in die Zelle herein. »Lauf, du Drecksack! Lauf schneller!«
Radam packte meine Haare und riß meinen Kopf zurück. »Kopf hoch. Noch fünf Minuten, und du wirst ein Krüppel sein.« Dann, an die Leute gewandt: »Was wollt ihr spielen?«
»Die Blaue Donau.«
»Das ist nicht laut genug«, sagte Radam. »Spielt lieber einen guten, lauten Marsch. Spielt den *Fridericus Rex.*«
»Gut.«

Radam stieß mir sein Knie in den Unterleib. »Wir sind gutmütige Kerle«, brummte er. »Wir wollen keinem weh tun, wenn wir nicht müssen. Wenn wir glauben, daß einer etwas weiß und darüber nicht sprechen will – was anders sollen wir denn da tun, oder? Ich will dir jetzt noch eine weitere Chance geben. Du weißt, was zerschlagene Nieren bedeuten? Damit kannst du bis ans Ende deiner Tage Blut pissen. Du weißt, es ist kein Vergnügen, die ganze Zeit Blut zu pissen. Deshalb meinte ich, du solltest mir jetzt erzählen, wie du jenen Mord organisiert hast.«

»Ich habe keinen Mord organisiert.«

»Bist du sicher?«

»Ich bin sicher.«

»Sei nicht blöde. Du wirst bald wünschen, du wärest nie geboren. Dann kannst du dich zu den anderen Gentlemen in die kühle Erde legen.« Radam tappte mit den Füßen auf den Steinboden. »Eine ausgesuchte Gesellschaft! Einige haben ein gebrochenes Genick, die anderen sind ohne Köpfe.«

Die SS-Leute lachten.

Radam sagte: »Der Bastard ist trotzig. Haut ihn. Haut den heiligen Geist aus ihm heraus.«

»Das Grammophon ist kaputt«, berichtete ein SS-Mann. »Sie werden sein Geschrei hören.«

»Dann bindet ihm ein Handtuch um den Kopf«, befahl Radam, »und stülpt ihm einen Stahlhelm über das Gesicht, und dann singt ihr alle miteinander. Laßt ihn doch nach Herzenslust schreien.«

Sie banden mir ein schmutziges Handtuch um den Kopf und stülpten mir einen Stahlhelm über das Gesicht und rissen mich, Kopf nach unten, auf den Boden.

Radam beugte sich zu mir herunter. »Erzähl mir über den Mord«, brüllte er. Ich schrie etwas. Ich wußte nicht, was ich schrie.

»Haut den Bastard! Breitet ein nasses Handtuch über ihn aus und haut ihn!«

Ich hörte, wie sie ein Handtuch unter dem Hahn naß machten. Sie breiteten das Handtuch über meinen Rücken aus. Dann sangen die SS-Leute.

Am Brunnen vor dem Tore,
da steht ein Lindenbaum;
ich träumt' in seinem Schatten
so manchen süßen Traum ...

Die Peitschen begannen zu klatschen, und Wellen von Feuer wogten und peitschten durch jeden Muskel. Zuerst krümmt sich der Mensch und versucht, sich im nächsten besten, was er gerade erwischt, festzubeißen. Dann brüllt er in den Helm, und die Schreie prallen ab und klingen wie Donner in den eigenen Ohren. Und danach kann er nicht einmal mehr schreien. Er wimmert ... ein langgezogenes Stöhnen, vermischt mit heftigem Schnappen nach Luft. Eine sonore Stimme zählte: »... siebzehn ... achtzehn ... neunzehn ...«

Die SS-Leute sangen jetzt ein anderes Lied. Ihre Stimmen klangen gedehnt, tief und traurig.

Morgenroo-ot, Morgenroo-ot,
leuchtest mir zum frühen Too-od.

Die Dinge wurden von neuem rot und schwarz. »Vierundzwanzig ... fünfundzwanzig ...« Es tat jetzt nicht mehr weh. Nur meine Beine waren nicht mehr unter meiner Kontrolle und schlugen wild in die Luft. Die singenden Stimmen traten in den Hintergrund, als gehörten sie zu einer Abteilung, die eine lange Straße hinabmarschiert.
Ein Kübel kaltes Wasser rüttelte mich aus diesem Schweigen auf. Meine Augen öffneten sich wieder. Das erste, was sie sahen, waren Stiefel rechts und links, und dazwischen die leuchtend gelben Halbschuhe Inspektor Radams. Ich war nackt und aufs äußerste erschöpft. In meinem Gehirn hämmerte es: »Sag ihnen nichts.« Überall hämmerte das Blut direkt unter meiner Haut, und mein ganzer Körper schien mit Stücken aus glühendem Eisen übersät zu sein. Das elektrische Licht brannte. Durch das Fenster sah ich, daß es draußen dunkel wurde. Wieder stand ich mitten in der Zelle. In einer Ecke saß ein junges Mädchen hinter einem kleinen Tisch. Auf dem Tisch stand eine Schreibmaschine.
»Was ist mit dir geschehen?« fragte Radam.
»Nichts«, sagte ich.
»Hat dir irgend jemand weh getan?«
»Nein.«
»Niemand?«
»Niemand.«
»Also hat dir niemand weh getan?«
»Niemand tat mir weh.«
»Gut«, sagte Radam und wandte sich an die Stenotypistin. »Schreibe: Alles, was ich jetzt sage, erkläre ich freiwillig und aus eigenem Antrieb. Ich mache dieses Geständnis frei und ohne irgendeinen Zwang.«
Die Schreibmaschine klapperte.
»Stimmt das?« fragte Radam.
»Das stimmt«, sagte ich.
»Und du erinnerst dich nicht an den Mord?«
»Nein.«
»Ich werde dir beim Auffrischen deines Gedächtnisses behilflich sein.«
»Ja.«
»Am neunzehnten Mai warst du bei einer Konferenz anwesend, an der die Funktionäre der Parteieinheiten des Hafenbezirks teilnahmen. Die Führer der Abteilung III des Rotfrontkämpferbundes waren ebenfalls anwesend. In dieser Konferenz wurde ein Angriff gegen den neuerrichteten Stützpunkt der SA auf dem Schaarmarkt besprochen. Dieser Angriff fand am darauffolgenden Tag, kurz nach Mitternacht, statt. Der SA-Mann Heinzelmann wurde erstochen, sechs andere schwer verwundet. Während der fraglichen Konferenz schlugst du vor, daß ein Nazi ermordet werden solle, um die NSDAP von weiteren Versuchen abzuschrecken, im Hafenbezirk Fuß zu fassen. Stimmt's?«
»Nein.«
Die Schreibmaschine klapperte, während Radam sprach. Ich registrierte Frage und Antwort.
»Du warst einer der Führer der Seemanns-Vereinigung?«
»Ja.«
»Du hast den wachsenden Nazieinfluß auf den Schiffen und in den Docks bekämpft?«
Mit jeder Frage kam ein Hagel von Schlägen und Fußtritten.

»Ja.«
»Du hast deine Anhänger aufgefordert, jeden Nazi über Bord zu werfen, der ein deutsches Schiff betreten würde?«
»Nein, ich bekämpfte sie in der Presse, durch Flugblätter und in Versammlungen.«
»Bei Demonstrationen?«
»Ja, auch bei Demonstrationen.«
»Mit Pistolen und Messern?«
»Das stimmt nicht.«
»Du hast niemals einen SA-Mann erschossen oder erstochen?«
»Niemals.«
»Du warst sehr klug. Du zogst es vor, das Schießen und Stechen von deiner Mannschaft besorgen zu lassen. Du saßest hinten im Dunkeln und zogst an den Fäden, und jetzt hast du Angst vor der Strafe und leugnest alles ab. Habe ich recht?«
»Nein. Ich glaube nicht an den Terrorismus.«
»Du glaubst an die Revolution?«
»Ja.«
»An den Streik? Die bewaffnete Erhebung? Die Revolution?«
»Ja.«
»Du warst bei der Versammlung anwesend, in der der Mord an den SA-Leuten beschlossen wurde?«
»Nein.«
»Deine Genossen sagen, du seist dabeigewesen.«
»Das ist unmöglich.«
»Willst du noch mehr Schläge haben?«
»Nein.«
»Niemand hat dir bis jetzt weh getan?«
»Nein.«
»Willst du uns jetzt die Wahrheit sagen?«
»Ja.«
»Wer war bei der Versammlung außer dir?«
»Ich weiß es nicht.«
»Somit gestehst du, bei der Versammlung gewesen zu sein, in der ein Mord geplant wurde?«
»Ich war nicht dort.«
»Lügner! ... Du hast Streiks organisiert?«
»Ja, das habe ich.«
»Den Streik in Schweden letztes Jahr.«
»Ja.«
»Den Streik der Flußschiffer in Frankreich? Die Beschlagnahme deutscher Schiffe im Ausland? Streiks gegen die Hakenkreuzfahne in Antwerpen? In Marseille? In Le Havre?«
»Ja ... nein.«
»Wurde irgend jemand getötet bei diesen Streiks?«
»Es gab einige Kämpfe mit der Polizei und mit Streikbrechern.«
Radam trat nahe an mich heran. Er streckte den Finger aus und malte ein Hakenkreuz in den Schleim aus Schweiß, Schmutz und Blut, der meinen Körper bedeckte.

»Einige von den Streikbrechern wurden getötet, nicht? Und einige Arbeiter, nicht? Und einige Polizisten in Hamburg, nicht? Wer tötete sie?«
»Ich weiß es nicht«, sagte ich.
»Du hast sie getötet!« stieß Radam hervor.
»Nein.«
»Du bist der intellektuelle Urheber dieser Morde. Du bist schuldiger als jene, die diese Arbeit für dich taten. Du sagtest bei der Versammlung, daß SA-Leute ermordet werden sollten. Daß dadurch die Nazis aus den Arbeiterquartieren hinausgetrieben würden. Stimmt's?«
»Das stimmt nicht.«
»Du hast also die Streiks organisiert, aber du hast nicht selbst getötet?«
Ich gab keine Antwort.
»Der Angeklagte schweigt«, sagte Radam. Dann: »Glaubst du an die These: *Töte den Nazi, wo du ihn triffst?*«
»Nein.«
»Deine Genossen Wollweber und Neumann sind die Urheber dieses Schlagwortes?«
»Ich nehme es an. Es war ein falsches Schlagwort.«
»Weshalb?«
»Ich glaubte, daß viele Nazis durch freundschaftliche Aussprache hätten gewonnen werden können und daß individuelle Gewaltanwendung der Sache Abbruch tat.«
»Wollweber war Kommunist?«
»Ja.«
»Und Neumann?«
»Ja.«
»Und du?«
»Ja.«
»Und Wollweber und Neumann propagierten den Mord?«
Ich gab keine Antwort.
»Du wolltest die Nazis durch Diskussionen für deine Sache gewinnen?«
»Ich wollte es.«
»Und jene, die nicht überzeugt werden konnten, sollten ermordet werden – war das deine Überzeugung, oder?«
»Nein.«
»Bist du Pazifist?«
»Nein.«
»Also bist du ein Mann, der an die Gewalt glaubt. Das wird dich deinen Kopf kosten, mein Freund.« Radam wandte sich an die SS-Leute. »Nehmt den Bastard und laßt ihn draußen eine Übung machen, und bringt mir Dettmer, Wehrenberg, Hoppe und Koopmann.«
Zwei SS-Leute nahmen mich hinaus auf den dunklen Hof. Ich war nackt. Sie gaben mir Fußtritte und forderten mich auf, zu laufen. Ich lief um den Hof herum, und die SS-Leute liefen neben mir her, schlugen mich mit den Gummiknüppeln und riefen: »Lauf schneller! Schneller!«
Danach stand ich in der Kälte still mit erhobenen Armen. Fünf Minuten, zehn, sechzig – ich weiß es nicht. Ich hatte aufgehört, ein Mann zu sein. Ich war ein lebendiges Stück Fleisch ohne Ehrgeiz, Hoffnung und ohne Willen. Ich tat, was man mir zu tun befahl; nur einmal fiel ich in den Schnee und schrie:

»Macht ein Ende! Erschießt mich, erschießt mich!« Ein Genickschuß wäre ein unerwartetes Paradies gewesen. Die SS-Leute lachten. Sie schlugen mir mit ihren Koppeln ins Gesicht. Dann ließen sie mich auf allen vieren um den Hof laufen. Danach brachten sie einen anderen nackten Mann in den Schnee heraus und stellten ihn mir gegenüber auf.
»Siehst du diesen Burschen?« fragte mich ein SS-Mann.
»Ja«, sagte ich.
»Das ist Herr Adam«, sagte der SS-Mann, »Adam und Eva.«
Die anderen lachten.
»Schlag ihn!« sagte der SS-Mann.
Ich rührte mich nicht von der Stelle. Ich konnte die Gesichtszüge des Mannes nicht sehen, der vor mir stand. Alles, was ich in der Dunkelheit sehen konnte, war seine Nacktheit und seine zitternden Knie.
»Verdammt nochmal, willst du ihn wohl schlagen!«
Ich holte aus und schlug den Mann ins Gesicht. Nicht fest.
Ein SS-Mann sprang zwischen uns und schlug heftig auf mich ein.
»So will ich, daß du ihn haust«, sagte er. »Hau ihn jetzt!«
Ich rührte mich nicht. Ein SS-Mann gab mir von hinten einen Fußtritt.
»Hau ihn!«
Ich konnte den Atem des nackten Mannes mit den zitternden Knien hören. Sein Kopf war leicht nach vorn gebeugt, wie der Kopf eines Gehängten. Ich fühlte plötzlich den Schlag eines Gummiknüppels auf meinem Unterleib und krümmte mich vor Schmerz zusammen.
»Nimm es nicht schwer«, sagte der SS-Mann. »Steh gerade.«
Ich stand gerade.
»Schlag ihn!« befahl er.
Ich holte aus und schlug den nackten Mann vor mir. Er sank auf die Knie und schüttelte den Kopf. Diese ungeheuerliche Angelegenheit wurde immer und immer wiederholt, und dann kam die Reihe an ihn, mich zu schlagen. Er schlug mich oft, zuerst leicht, dann aber mit zunehmender Kraft. Die Nacht war ruhig und unheimlich; wie Skelette griffen die kahlen Zweige der Bäume in den sternübersäten Himmel. Ein Hund bellte in der Ferne; gedämpfte Geräusche von Folterqualen und Wahnsinn stiegen von den ungeschlachten Mauern des Gefängnisses herab und endeten in einem sich tausendfach wiederholenden Stöhnen; die Glocke der Gefängniskirche schlug melancholisch Mitternacht, und ein Luftzug wehte einen Zipfel der Hakenkreuzfahne in die Scheinwerferstrahlen an der Außenmauer. Zwei nackte Männer standen im Hof und schlugen aufeinander ein, und von irgendwoher kam der Duft von gebratenem Fleisch.
An einem Fenster erklang Radams Stimme: »Bringt den Bastard wieder her!«
In den vier Ecken der Zelle standen vier Männer, Nase und Zehen gegen die Wand, und unter dem Fenster stand ein fünfter. Als ich in die Zelle trat, wandten sie die Köpfe etwas zur Seite, um etwas zu sehen. Ihre Gesichter waren grau und hohl und mit Schmutz und stacheligen Bärten verkrustet. Seit Monaten schon hatten sie keine Gelegenheit mehr gehabt, sich zu waschen oder sich zu rasieren. Ich wußte, daß es Genossen waren. Ich wußte, daß ich sie kannte, daß sie Arbeiter waren, die mit mir durch Kampf und Not gegangen waren, und doch war ich nicht imstande, auch nur ein einziges Gesicht zu erkennen, so sehr hatten sie sich verändert.

»Hoppe«, rief Radam.
Einer der Männer drehte sich um. Es war der Hafenarbeiter Arthur Hoppe, der sich drei Wochen, bevor die Gestapo ihn zwischen Mitternacht und drei Uhr morgens holte, verheiratet hatte.
»Hoppe«, sagte Radam und zeigte auf mich, »war dieser Mann bei der Versammlung, in der der Mord an Heinzelmann geplant wurde?«
»Ja«, murmelte er, »er war dabei.«
»Hetzte er zur Gewaltanwendung?«
»Ich kann mich nicht erinnern.«
»Also denk darüber nach! Tat er es?«
»Er tat es.«
Hoppe drehte sein Gesicht zur Wand zurück, und seine Schultern fielen herab.
»Wehrenberg!« kommandierte Radam.
Der Mann in einer anderen Ecke drehte sich herum. Es war der Schiffsheizer Alfred Wehrenberg, ein starker, großer Mann von fünfunddreißig Jahren, der Organisationsleiter bei der Roten Marine gewesen war.
»Wehrenberg«, sagte Radam, »du warst bei der Besprechung, bei der die Ermordung von SA-Leuten diskutiert wurde?«
Wehrenberg nickte.
»War dieser Mann auch anwesend?« fuhr Radam fort und zeigte auf mich.
Wieder nickte Wehrenberg.
Für mich war diese Situation ungeheuerlich und unverständlich. Bevor Radam davon sprach, hatte ich niemals von dieser Konferenz gehört. Ich hatte nichts mit dem Massaker der SA-Leute am Morgen des 20. Mai 1932 zu tun gehabt; denn an diesem Tag fand die Eröffnung des Weltkongresses der Seeleute statt, und ich war an den Vortagen mit den Vorbereitungen für den Kongreß vollauf beschäftigt gewesen. Die vier Genossen, die mir in der Folterzelle gegenübergestellt wurden, waren keine Verräter. Ich hatte sie als treue und zuverlässige Kämpfer kennengelernt, obwohl sie zu keiner Zeit mir direkt unterstanden. Alle vier waren Funktionäre der militärischen Abteilung der Partei gewesen.
»Wehrenberg«, sagte Radam, »sagte dieser Mann, daß man SA-Leute töten solle?«
Ich schaute Wehrenberg direkt ins Gesicht. Er schien mich nicht zu sehen. Er war wie ein Mann im Trancezustand. Langsam nickte er.
»Koopmann«, befahl Radam.
Auch Genosse Koopmann bestätigte, daß ich an der Mordkonferenz teilgenommen habe.
»Und jetzt Dettmer«, rief Radam.
Ich schaute Johnny Dettmer ins Gesicht. Er war der politische Leiter der Roten Marine und mein Kamerad bei den Waffenschmuggelunternehmungen und den Barrikadenschlachten von 1923 gewesen. Ich hatte ihn als einen kühnen Kämpfer, einen rücksichtslosen Mann der Tat kennengelernt, der immer über jene lachte, die sich dabei aufhielten, die Kosten zu berechnen. Genosse Johnny beugte sich nach vorn, als sei sein Brustkasten eingeschlagen worden. Ein ungepflegter rötlicher Bart bedeckte sein Gesicht. An der Stelle, an der sein rechtes Auge gewesen war, befand sich jetzt ein blaurotes Loch. Er wartete gar nicht erst auf Radams Frage.
»Nein, nein, nein, nein«, keuchte er. »Dieser Genosse war nicht bei der Ver-

sammlung. Er hatte nichts damit zu tun. Und selbst wenn er dagewesen wäre, so hätte ich keine Befehle von *ihm* entgegengenommen. Das ist alles, was ich zu sagen habe, Kommissar Radam!«
Radams wulstige Lippen zogen sich zusammen. Er gab den Wachen ein Zeichen, Dettmer zu packen. »Frischt dem Bastard das Gedächtnis auf«, sagte er langsam.
Die SS-Leute stießen Johnny Dettmer aus der Zelle. Lange Minuten waren sie abwesend. Schließlich kehrten sie zurück und führten Dettmer zwischen sich. »Erinnerst du dich jetzt, daß unser Freund hier an der Mordkonferenz teilnahm?« fragte Radam.
Dettmers Atem ging schwer und pfeifend. »Mag es so sein«, keuchte er. »Der Teufel soll Sie holen, Kommissar Radam!«
»War er dabei?« Radam lachte wie ein Jäger, der sein Wild vor dem Gewehrlauf hat. »War er dabei?«
»Nun gut, er war dort«, brüllte Dettmer.
»Aha!«
Ein langes Schweigen folgte. Meine vier unfreiwilligen Ankläger standen in ihren Ecken wie Mumien, die von einem Spaßvogel aufrecht an die Wand gestellt worden waren. Andere SS-Leute drängten in die Zelle. Um mich herum bildete sich jetzt ein Ring von grimmigen jungen Gesichtern, die unter schwarzen Stahlhelmen hervorsahen. Das Schweigen wurde durch das Geklapper der Schreibmaschine unterbrochen. Inspektor Radam diktierte: »Der Angeklagte, der mit den Schutzhaftgefangenen Dettmer, Wehrenberg, Koopmann und Hoppe konfrontiert wurde, beharrt auf der Behauptung, mit der Ermordung des SA-Mannes Heinzelmann nichts zu tun zu haben. Die vier obengenannten Gefangenen sagten jedoch freiwillig und in Gegenwart von Zeugen aus, daß der Angeklagte eine führende Rolle in der Versammlung gespielt habe, in welcher der Plan zur Ermordnung von Nationalsozialisten gefaßt wurde.« Sich an mich wendend, sagte Radam ruhig:
»Was sagst du nun? Sind diese vier nicht deine Kameraden? Bist du feige genug, ihnen die Verantwortung für ein Verbrechen, an dem du dich beteiligt hast, allein zuzuschieben?«
»Ich hatte nichts mit Straßenmorden zu tun«, erwiderte ich dumpf.
Radam fuhr fort: »Glaubst du, daß der Gerichtshof dir ein einziges Wort glauben wird, nachdem vier von deinen Komplicen gegen dich ausgesagt haben?«
»Ich habe trotzdem nichts damit zu tun gehabt«, antwortete ich, war jedoch bereits zu schwach, um den Sachverhalt richtig ausdrücken zu können.
Die SS-Leute um mich herum murrten. Es war eiskalte Drohung in Radams Stimme, als er langsam sagte: »Das ist die letzte Chance, die ich dir gebe. Das Spiel ist aus. Die letzte Chance, hörst du?«
»Ich hatte nichts damit zu tun«, sagte ich, unfähig zu irgendeinem anderen Gedanken.
»Das reicht!«
Die vier Gefangenen wurden abgeführt. Meine Handgelenke wurden von neuem an das Fenstergitter gefesselt. Eine der Totenkopfwachen zog unter dem Bett ein Stück Kette hervor. Er nahm sie doppelt und wickelte sich die freien Enden um die rechte Faust.
»Bereit«, sagte er.
»Hau ihn«, befahl Radam, »hau ihn, bis er tot ist.«

Jan Templin war mit einer Kette zu Tode gepeitscht worden. Ich schloß meine Augen und wartete. Ich wurde schwächer und schwächer.
»Hau ihn«, sagte Radam.
In diesem Augenblick gab ich den hoffnungslosen Kampf auf. Es war keine bewußte Entscheidung oder ein Willensakt. Ich hatte mehr gelitten, als die meisten meiner Genossen. Ich hatte mit aller Geschicklichkeit, aller Kühnheit, aller Loyalität und dem ganzen Haß, der in mir war, gekämpft. Mehr konnte ich nicht tun. Eine fremde Stimme sagte deutlich: »Gut, ich war in der Versammlung.« Einen Augenblick später erkannte ich, daß das meine eigene Stimme gewesen war.
»Aha!« grunzte Radam befriedigt. »Dann warst du also in der Versammlung?«
»Ja«, sagte ich.
Die Fesseln wurden mir abgenommen. Totenkopfwachen setzten mich sorgfältig auf das Bett. Einer gab mir eine Tasse starken Kaffee. Ein anderer steckte mir eine Zigarette in den Mund und zündete sie mir an. Ich rauchte gierig; sonst geschah nichts.
Inspektor Radam diktierte mit gedämpfter Stimme, und die Schreibmaschine klapperte auf hohen Touren. Ich konnte nicht hören, was er sagte. Ich hörte nur, daß er meinen Namen verschiedene Male wiederholte, aber das war alles. Ein SS-Mann fragte mich, ob ich ein Brot essen, ein anderer, ob ich einen Brief schreiben wolle. Ich gab ihnen keine Antwort. Ich rauchte eine Zigarette nach der anderen, trank Kaffee und kaltes Wasser und versuchte, mich zu erholen. Der Lärm der Schreibmaschine brach plötzlich ab.
»Komm bitte hier rüber«, sagte Radam.
Er drückte mir einen Federhalter in die Hand und deutete auf verschiedene maschinengeschriebene Blätter auf dem Tisch.
»Schreib deinen Namen unter jedes Blatt.«
Ich war nicht imstande, den Text des »Geständnisses« zu lesen, das ich unterschrieb. Die Buchstaben tanzten, und die Linien wirbelten auf mich zu und traten wieder zurück. Ich nahm die Feder und unterschrieb. In einem letzten hoffnungslosen Anfall von Widerstand bemühte ich mich, meine Handschrift gegenüber meiner gewöhnlichen, soviel ich nur konnte, zu verstellen. Als ich gerade dabei war, das letzte Blatt zu unterschreiben, unterbrach mich Radam.
»Wart einen Augenblick«, sagte er, »das ist der Schluß deiner Aussage. Schreib: ›Ich habe die vorstehende Aussage selbst gelesen und habe den Inhalt als richtig befunden.‹ Unterschreib mit vollem Namen.«
Ich schrieb: *Selbst gelesen und für richtig befunden.*
»Und jetzt dein Name.«
Ich unterschrieb.
Radam ergriff meine Hand und schüttelte sie heftig. »Nun ist er doch noch vernünftig geworden«, brummte er. »Wenn du mir mehr erzählen willst, brauchst du mir nur durch die Wache vom Dienst telefonieren zu lassen.«
Ich wurde in meine Zelle zurückgebracht. Das erste bleiche Licht am östlichen Himmel kündigte die Morgendämmerung an. Ich wurde nicht gefesselt. Ich erhielt saubere Leintücher und saubere Decken und etwas zum Rauchen.
»Schlaf, solange du willst«, sagte die Gangwache. »Wenn du ausgeschlafen hast, schlag an die Tür. Wir werden dir dann ein Bad richten, dir die Haare schneiden und dich auch rasieren lassen.«
Aber der Schlaf wollte nicht kommen.

Zehn Tage nach der Nacht meiner Niederlage wurde ich vom Lager Fuhlsbüttel in das Lager Papenburg, im Moorland an der holländischen Grenze, gebracht. Fuhlsbüttel war so mit Männern und Frauen überfüllt, deren Widerstand die Gestapo brechen wollte, daß die Gefangenen in den Gängen der Zellenblocks kampieren mußten. In den Lagern von Papenburg – es waren im ganzen fünf mit rund achttausend Insassen – befanden sich politische Gefangene, die »gestanden« hatten und dem Prozeß entgegensahen.
Die Gestapo hatte mehr Gefangene zu transportieren, als sie in den verfügbaren Gefangenenzügen unterbringen konnte. So wurde die Menschenfracht meines Zuges auf dem Weg nach Papenburg für eine Nacht in einem Lager in der Nähe von Worpswede untergebracht, die nächste Nacht in Oslebshausen, dem Hauptgefängnis der Wesergegend. Mehr als die Hälfte der Gefangenen des Lagers Worpswede waren SA-Leute. Nachts sprach ich in einer überfüllten Baracke mit einigen von diesen SA-Leuten. Sie stellten das radikalste und brutalste Element der ganzen Hitlerbewegung dar. Wegen Plünderungen von Geschäften und anderer Verstöße gegen die Disziplin war schließlich die Schutzhaft über sie verhängt worden.
Schlägereien untereinander und Homosexualität schienen ihre hauptsächlichsten Beschäftigungen zu sein. Nach einer Reise von drei Tagen kam ich, zusammen mit etwa hundert anderen Gefangenen, in Papenburg an, einer kleinen Stadt am Unterlauf der Ems.
Die Gegend rund um Papenburg gehört gewiß zu den einsamsten und traurigsten ganz Deutschlands. Die Einöde des Moors dehnt sich bis an den Horizont. Der Boden ist sumpfig, und die Häuser der armen Moorbauern sind niedrig und erheben sich kaum über den Boden, als schämten sie sich ihres traurigen Daseins. Überall schwarzes Moor. Als unser Zug einfuhr, wimmelte der Bahnhof von SS-Männern.
»Alles aussteigen!«
Auf dem Bahnsteig traten wir in Reih und Glied an. Die Wachen empfingen uns mit Hohn und Fußtritten. Wer besser gekleidet war als der große Haufe der Unglücklichen, war Gegenstand besonderer Grausamkeiten.
»Vorwärts marsch!«
Wir marschierten durch die Straßen von Papenburg inmitten des Geheuls aller ortsansässigen Nazis. Unter uns waren Arbeiter, Berufstätige, ein paar Intellektuelle und eine Schar Matrosen mit ihren Seesäcken über der Schulter. Bald gelangten wir ins offene Moorland. Nach einem dreistündigen ununterbrochenen Marsch kamen wir ins Lager: eine Anhäufung langer niedriger Baracken hinter dreifachem Stacheldrahtverhau. Die Gefangenen wurden gezählt. Namen wurden aufgerufen. Zuerst bekam jeder zum Empfang einen Fußtritt, dann Hacke und Schaufel, und schließlich wies man ihm dann einen Platz in einer der Baracken an.
Das Leben im Lager Papenburg gab mir wenig Zeit zum Nachdenken. Wir wurden um fünf Uhr morgens geweckt, und eine Stunde später rückten wir in Kompanieformation zur Arbeit aus. Wir zogen Gräben, die das Moor trockenlegen sollten. Wir arbeiteten von sieben bis fünf mit einer Stunde Mittagspause, in der wir aus der Feldküche verpflegt wurden. Um sechs

abends waren wir im Lager zurück, schmutzig, erschöpft und schlafbedürftig. Nach dem abendlichen Appell wurden wir in Ruhe gelassen. Die Nähe der holländischen Grenze lockte viele Gefangene, einen Fluchtversuch zu machen. Das gelang nur wenigen. Bei dem flachen Terrain fielen die meisten unter den Kugeln der Wachen. Jede Woche wurden durchschnittlich drei Gefangene auf der Flucht erschossen. Die Namen der Toten wurden jeweils beim Morgenappell verlesen. Wer auf der Flucht gepackt wurde, erhielt dreißig Hiebe mit der Nilpferdpeitsche. Das Auspeitschen fand jeweils morgens vor dem Frühstück im offenen Hof und in Anwesenheit aller Gefangenen statt, die Zeugen der Bestrafung sein sollten.

Die Sonntage, an denen wir nicht zu arbeiten brauchten und im Lager bleiben konnten, waren schrecklich. Die Totenkopfwachen hatten wenig zu tun und langweilten sich bei ihrer immer gleichbleibenden Tätigkeit. Sie fluchten über die mangelnde Unterhaltung und daß keine Mädchen da waren, und sie machten uns, die Gefangenen, für ihre Entbehrungen verantwortlich. Am Sonntagmorgen hatten die SS-Leute militärische Übung. Sie wurden in Scharfschießen, Bajonettangriff, in der Verteidigung gegen Bomben- und Panzerangriffe und in einer Reihe von Bürgerkriegsmanövern unterrichtet. Im Unterricht über Bürgerkriegführung wurden folgende Aufgaben gestellt: Anhalten eines Zuges, Zerstreuung einer aufrührerischen Volksmenge, Hausdurchsuchung, Verhaftung eines Aktionsausschusses, Gefangenentransport, Erstürmung einer Barrikade usw. Jedesmal wurden Gefangene dazu bestimmt, die Rolle der unterliegenden Partei zu spielen. Diese Manöver endeten gegen Mittag. Bereits um drei Uhr nachmittags war die SS dann betrunken. Das beliebteste Sonntagsnachmittagsspiel waren Turniere zwischen bissigen Hunden und Gefangenen. Ein spezielles Vergnügen bereitete es den SS-Männern, einen Gefangenen auf ein kleines Faß zu setzen und ihm das unter dem Hintern wegzuschießen.

Während meines Aufenthalts in Papenburg wurden zwei bestialische Morde von den Wachen begangen, wahrscheinlich auf Befehl der Gestapo. Eines Nachts wurde ein Jude mittleren Alters, ein Physiker aus Bielefeld, aus der Baracke gerufen. Wir mochten ihn gern, denn er war ein ausgezeichneter Schachspieler und sprach nie über sich selbst oder über den Grund seiner Verhaftung. Stunden vergingen; der Doktor kam nicht zurück. Am nächsten Morgen teilte uns der Sturmführer mit lauter Stimme mit, daß man den Juden in der Latrine an einem Balken aufgehängt gefunden habe. In seiner zynischen Art ordnete er zwei Mann von uns zur Reinigung der Latrine ab. In der Latrine gab es aber keine Balken, denn sie hatte kein Dach. Dafür fanden die Kameraden, die zur Reinigung hingeschickt worden waren, die rohen Holzwände voller Blutspritzer. Der Doktor aus Bielefeld hatte nicht Selbstmord begangen.

Der zweite Mord geschah am hellichten Tag, als wir bei der Arbeit waren. Das Opfer war ein ehemaliger Polizeibeamter aus Altona, ein Sozialdemokrat namens Heinrich Kessel. Er stand unter der Anklage, seinerzeit, als er noch im Polizeidienst stand, auf einen SA-Mann geschossen und ihn getötet zu haben. Der SS-Mann, der das Arbeitskommando führte, ließ Kessel auf einen Erdhügel klettern und ihn hundertmal rufen: »Ich bin ein Mörder!« Dann wurde Kessel im Kreis herum von einer Wache zur anderen gejagt. Vor jeder Wache mußte er anhalten und seine Hosen herunterlassen. Jede

Wache gab Kessel drei Hiebe mit dem Gummiknüppel. Daran anschließend befahl der Wachhabende dem gefolterten Mann, »nach Holland zu laufen«. Kessel war zu sehr geschlagen worden und hatte zuviel Angst, um noch nachdenken zu können. Er lief. Noch bevor er fünfzig Meter weit gekommen war, hob ein SS-Mann den Karabiner und schoß dem fortrennenden Mann eine Kugel in den Hinterkopf.

Eines Morgens in der zweiten Aprilwoche kam der Adjutant des Lagerkommandanten und rief meinen Namen. Ich nahm Achtungstellung an.

»Mach dich zur Abreise bereit«, wurde mir gesagt. »Du sollst zum Prozeß nach Hamburg.«

»Die Stunde der Verurteilung ist da«, sagte ich mir, und ich war froh darüber.

Ich wurde zum großen Gerichtsgefängnis am Sievekingplatz in Hamburg gebracht. Dort wies man mir eine Zelle im Erdgeschoß zu, in der *Totenreihe*, wo die Todeskandidaten der Gestapo beherbergt wurden. Die Wände der Zelle waren mit den Schriftzügen jener bedeckt, die vor mir hier gewesen waren, Männer, die jetzt im Grab lagen oder, wenn man sie zu langjährigen Zuchthausstrafen verurteilt hatte, in den Kerkern. *Wir sterben nie!* lautete eine dieser Inschriften, und eine andere: *Wir sind dennoch die Baumeister der Zukunft. Rotfront!*

Die *Totenreihe* wurde besonders sorgfältig bewacht. Alle paar Minuten erschien das Auge einer Wache an dem kleinen Guckloch meiner Zelle. Die Zellen der *Totenreihe* trugen alle die Aufschrift: *Sachen herausnehmen. Nachtlicht.* Die ganze Nacht brannte das elektrische Licht. Jeden Abend wurden mir sämtliche Kleidungsstücke abgenommen und während der Nacht aus der Zelle entfernt.

Der Prozeß begann am Tage nach meiner Ankunft in Hamburg. Wir waren dreiundfünfzig Angeklagte. Abgesehen von mir waren alle anderen ehemalige Funktionäre der Roten Marine aus der Hamburger Gegend, die wegen zahlreicher Terrorakte gegen die SA und die Hitlerjugend vor dem Richter standen. Wir saßen auf Bänken zusammengedrängt, Reihe an Reihe, mitten in dem großen Gerichtssaal. Zwischen zwei Gefangenen saß jeweils ein SS-Mann. Links in einer abgetrennten Umzäunung befanden sich die Bänke der Rechtsanwälte; je ein Rechtsanwalt war dazu bestimmt worden, immer eine Gruppe von fünf Gefangenen zu »verteidigen«. Rechts von uns saß eine Reihe von Nazibeamten, einige davon in Zivilkleidern, die Mehrzahl jedoch in glitzernden Uniformen. Unter ihnen erkannte ich Fiebelkorn, den obersten Chef der Hamburger SA; Karl Kaufmann, Hitlers Gauleiter von Hamburg; Wilhelm Bohle, den Leiter der Auslandsabteilung der NSDAP, und viele andere: SS-Häuptlinge, Gestapoleute, Polizeioffiziere, einen Vertreter der Reichswehr, Inspektor Radam und Hertha Jens. Hinter uns war der Gerichtssaal mit den Frauen der Nazifunktionäre und den Angehörigen der umgebrachten SA-Leute vollgestopft. An den Wänden entlang stand die SS Schulter an Schulter, alle schwer bewaffnet. Vorn auf dem Podium saßen die Richter. An der Rückwand über ihnen hing ein Bild Adolf Hitlers vor dem Hintergrund einer gewaltigen Hakenkreuzfahne.

Es gab eine plötzliche Bewegung. Rund um uns standen alle Nazis auf und streckten ihre Arme zum Hitlergruß in die Höhe. Die Wachen in den Gefangenenbänken stießen die Häftlinge in die Rippen. »Aufstehen, ihr Mörder!« Wir erhoben uns langsam. Durch eine geschnitzte eichene Seitentür betraten drei Richter den Saal. Sie trugen das Hakenkreuzzeichen auf ihren schwarzen Roben. Sie wandten sich der Versammlung zu, erhoben steif den rechten Arm und setzten sich dann. Keiner von den Gefangenen erhob den Arm zum Nazigruß. Die Verhandlung begann. Gerichtsdiener breiteten eine große Menge von Waffen auf zwei langen Tischen aus. Es waren die Waffen, die aus dem Arsenal der Roten Marine konfisziert worden waren, Pistolen jeder Art und jeden Kalibers, ein Dutzend Karabiner, ein Sortiment Messer und Dolche, dreizehn Handgranaten und zwei leichte Armeemaschinengewehre.

Der Prozeß zog sich viele Wochen hin. Tag für Tag saßen wir auf den Gefangenenbänken, eine hohläugige Schar Ausgestoßener, umgeben von allen Symbolen der Macht Hitlers. Der Staatsanwalt, ein großer, dünner, bleichgesichtiger Mann namens Jauch, beherrschte die Verhandlungen. Sein Haß gegen uns war unmißverständlich. Seine Augen blitzten, und seine farblosen Lippen verzerrten sich, wenn er die Todesstrafe und immer wieder die Todesstrafe forderte. Tag für Tag hieb die Nazipresse in die gleiche Kerbe. In den Schlagzeilen wurden wir die »ausgesuchteste Mörderbande«, die jemals einen deutschen Gerichtssaal bevölkert habe, genannt. Tag für Tag wurden uns Beschimpfungen wie »Sadisten«, »asiatische Mörder«, »blutrünstige Drahtzieher«, »verräterisches Ungeziefer« und was dergleichen mehr war ins Gesicht geschleudert. Als Zeugen waren natürlich fast ausschließlich Gestapoagenten und SA-Leute geladen worden. Die Väter und Mütter der umgebrachten Nazis hielten flammende Reden und schrien nach dem Blut der Mörder ihrer Söhne.

Johnny Dettmer kämpfte wie ein Berserker. »Wenn ich zwei Pistolen in den Händen hätte«, erklärte er bei einer Gelegenheit, »so wäre ich der Rote Richter in diesem Prozeß, und die Angeklagten wärt ihr, die Braune Pest!« Der Heizer Wehrenberg bezichtigte die Gestapozeugen des Meineids. Ein Genosse namens Arthur Schmidt, der junge adoptierte Sohn Edgar Andrees, rief den Richtern zu: »Hier steht der Arbeiter Arthur Schmidt. Ihr könnt ihn töten, aber ihr könnt seinen Geist nicht vernichten!« Die Antwort des Gerichts auf solche Belästigungen war immer die gleiche: »Haltet euren Mund! Vergeßt nicht, wo ihr euch befindet! Die Dimitroffmethode wirkt hier nicht!«

Die Sensation des Prozesses war, für mich wenigstens, der Augenblick, als Dettmer, Wehrenberg, Hoppe und Koopmann ihre Aussage widerriefen, ich sei bei der ominösen Führerkonferenz der Roten Marine dabeigewesen. Sie beschuldigten Inspektor Radam, sie unter Todesdrohungen gezwungen zu haben, mich mit der Planung von Terrorakten zu belasten. Zwei von den paar Zeugen, die keine Nazis waren, mein früherer Chef Albert Walter und ein militanter Gewerkschaftler namens Erich K., beschworen, daß ich am 19. Mai 1932, dem Tag der »Mordkonferenz«, voll und ganz mit dem Seemannskongreß beschäftigt gewesen sei. Dennoch forderte Staatsanwalt Jauch für mich wie für viele andere die Todesstrafe.

Dann kam der Tag der Urteilsverkündigung. Der Gerichtssaal war überfüllt mit Naziprominenz. Die Gesichter der Gefangenen waren bleich und gespannt. Bald würde der Vorhang fallen. Das Leben war an seinem Ende angelangt. Wir erhoben uns inmitten eines düsteren Schweigens, als die Richter zu ihren Sesseln gingen. Wir hörten die Urteilsverkündigung stehend an. Zuerst ka-

men die Todesurteile. Ich hielt den Atem an. Es waren neun. Mein Name war nicht darunter. Dann kamen die lebenslänglichen Verurteilungen, die zu fünfzehn Jahren, zu dreizehn Jahren, zu zwölf Jahren, zu elf Jahren ... Immer noch hatte der Präsident des Volksgerichtshofs meinen Namen nicht genannt. Dann kam er. »Schuldig befunden, durch Gewaltanwendung den Fortschritt der Deutschen Revolution aufzuhalten versucht zu haben – zehn Jahre Zuchthaus.« Eine Reihe kleinerer Verurteilungen folgten. Neun meiner Genossen waren zum Tode verurteilt worden. Sieben hatten lebenslängliches Zuchthaus bekommen. Ein Gefangener war während des Prozesses gestorben. Ein anderer mußte in eine Irrenanstalt gebracht werden. Der Rest teilte sich in die Gefängnisstrafen von insgesamt 350 Jahren.
Der Prozeß war zu Ende. Die Totenkopfwachen befestigten wieder Eisen um unsere Gelenke. Staatsanwalt Jauch strahlte inmitten einer Schar von Reportern. Der Heizer Alfred Wehrenberg kletterte auf eine Bank. »Lebt wohl, Genossen!« rief er. Er gehörte zu den neunen, deren Kopf bald unter dem Beil fallen würde. Der junge Arthur Schmidt, der ebenfalls zum Tode verurteilt worden war, erhob die rechte Faust: »Man wird uns rächen!« rief er heiser. »Unsere Kinder werden unter roten Fahnen spielen, während Hitler von den Würmern zerfressen wird. Rotfront! Rotfront! Rot ...«
Die Faust eines SS-Manns knallte direkt in das Gesicht des Genossen Schmidt.

Ein paar Tage nach Beendigung des Prozesses, der in die Geschichte unter dem Namen der *Rote-Marine-Prozeß* oder der *Prozeß Hotel Adler* (weil dort einer der Terrorangriffe stattgefunden hatte) eingegangen ist, wurde ich bei Tagesanbruch von einer Wache geweckt. Es war der 19. Mai 1934, der Tag vor Pfingstsonntag. Ich wurde in den Hof geführt.
»Was ist denn los?« fragte ich die Wache.
»Schnauze«, gab der Wachmann kurz angebunden zurück.
Ich marschierte über den Hof zu einem ziemlich breiten Weg, der zwischen der Außenmauer und dem Gefängniskrankenhaus lag. Dort sah ich, der Reihe nach gegen die Wand aufgestellt, ungefähr vierzig meiner Genossen, die im Roten-Marine-Prozeß verurteilt worden waren. Ihre Gesichter waren unbeweglich, und die weitgeöffneten Augen starrten vor sich hin. Sie standen regungslos und unter schwerer Bewachung.
»Stell dich hier in die Reihe und rühr dich nicht«, wurde mir befohlen.
Ich stand in der Reihe. Meine Augen wanderten hin und her, und ich versuchte den Grund für diese morgendliche Exkursion herauszufinden. Plötzlich sah ich etwas, das mich vor Schrecken erstarren ließ. Etwas weiter unten war ein niederes Schafott auf dem Weg aufgestellt. Es war hellgrün angestrichen. Neben dem Schafott standen vier sargähnliche Körbe und eine große Kiste mit Sägemehl. Ein starker Belag von Sägemehl war rund um das Schafott ausgestreut worden. Jetzt wußte ich, daß der Tag des Vollzugs der Todesurteile gekommen war. Die Luft war durchsichtig und der Himmel klar. Die Vögel zwitscherten im frischen Grün der Bäume jenseits der Mauern. Die ersten Strahlen der aufgehenden Sonne blitzten auf den Dächern der Gefängnisgebäude. Auf der Spitze des höchsten Turms flatterte eine große Hakenkreuzfahne. Schweigend standen wir da. SS-Wachen kamen und gingen. Minuten vergingen mir wie Stunden. Der Ausdruck meiner Mitgefange-

nen, die anfänglich ohne jede Anteilnahme zu sein schienen, wechselte jetzt zwischen Zweifel, unterdrückter Wut, Besorgnis und nagender Angst.
Eine Menge Leute trampelten über den Hof. Darunter befanden sich die drei Richter und Staatsanwalt Jauch, alle vier im Cut und Zylinder. Inspektor Radam war darunter, nervös lachend und mit den Kollegen von der Gestapo plaudernd. Dann kam ein langer Zug von SA- und SS-Führern. Die jüngeren Leute waren vollauf damit beschäftigt, ihren Gesichtern einen martialischen Ausdruck zu verleihen; aber Furcht und Neugier standen hinter den grimmigen Masken, die sie sich vorgelegt hatten. Dann ging eine andere, weniger geordnete Gruppe über den Hof – die Väter und Brüder der SA-Leute, die in den Kämpfen um die Macht gefallen waren. Alle diese Leute stellten sich auf dem Weg zu beiden Seiten des hellgrünen Schafotts auf.
Als letzter kam der Henker, ein untersetztes Individuum mit einem grobknochigen Gesicht und stumpfen braunen Augen. Er zeigte nicht die geringste Erregung angesichts der Aufgabe, die ihm bevorstand. Auch er trug ein gestärktes weißes Hemd, gestreifte Hosen, einen Cut und den Zylinder. Mit kaum vernehmbarer Stimme gab er seinen vier Helfern Befehle. Einer von ihnen eilte jetzt zu einer Seitentür des Gefängniskrankenhauses. Wenige Sekunden später erschien er wieder mit dem Beil. Früher war eine Guillotine in Gebrauch gewesen, um Köpfe abzuhauen, aber Hitler hatte die Guillotine als französische Erfindung abgelehnt. Das Handbeil war wieder zu seinem Recht gekommen. Es besaß einen Griff aus poliertem Holz und war etwa 1,20 Meter lang, breit und schwer. Sein Rücken bestand aus einem massiven Stück glänzenden Stahls. Der Helfer des Henkers legte es in ein Futteral aus Metall und Leder, etwa einen Meter vom Schafott entfernt, auf den Boden. Staatsanwalt Jauch holte Papiere aus seiner Aktentasche. Die Gefangenenreihe längs der Mauer schien zu schwanken, aber vielleicht waren es meine Augen, die schwankten. Der Henker war bereit.
Als erster wurde Johnny Dettmer aus seiner Zelle hergeführt. Er marschierte zwischen zwei Wachen und hatte die gestreifte Sträflingsjacke an. Er schaute in den Himmel, in die Baumspitzen und schwang die Beine, als freue er sich über diesen morgendlichen Spaziergang. Vor dem Staatsanwalt ließen sie ihn anhalten. Jauch murmelte etwas und blickte dabei kaum von seinem Papier auf. Ich sah dann zum erstenmal, daß ein Geistlicher anwesend war.
»Zur Hölle mit dir«, sagte Dettmer zu ihm mit lauter Stimme.
Dann ertönten Rufe aus vielen Zellenfenstern. »Guten Tag, Johnny!« – »Lang lebe die Revolution!« – »Nieder mit Hitler!« Schreie der Wut und Schreie des Schreckens. Als der Gehilfe des Henkers Johnny Dettmer ergreifen wollte, wehrte sich unser Genosse mit Händen und Füßen. Er kämpfte schweigend und mit aller Kraft. Aber seine Hände waren auf den Rücken gefesselt. Wachen banden ihm die Knöchel zusammen und schnallten ihn aufrecht auf ein Brett. Das Brett wurde in horizontale Lage gebracht. Johnnys Kopf schaute über das eine Ende des Bretts hervor. Unter seinem Kopf war ein halb mit Sägemehl gefüllter Korb.
»Leb wohl, Johnny«, dachte ich. »Laß jetzt das Kämpfen. Bitte, hör auf. Versuch, leicht zu sterben. Du warst ein guter Kämpfer. Leb wohl, Johnny, leb wohl, leb wohl!« Die meisten Augen waren ohne Tränen. Sie waren weit offen und trocken und starrten zum Schafott hin. Bevor ich erkennen konnte, was geschah, hob der Henker die Axt über dem Kopf des Genossen Dettmer.

Er schlug nicht zu. Er ließ sie einfach auf Johnnys Nacken fallen. Dann zog er mit einer leichten Bewegung die Klinge zu sich heran und trat zurück. Johnny Dettmers Kopf fiel in den Korb.
Eine Sekunde oder zwei zuckte der kopflose Körper noch. Blut rann in das Sägemehl. Die Zuschauer schwiegen. Die Gehilfen des Henkers schnallten den toten Körper los und legten ihn in einen der sargähnlichen Körbe. Die anderen wuschen das Brett und brachten es wieder in aufrechte Lage. Der Geistliche murmelte ein Gebet. Der Henker nahm den leblosen Kopf auf und legte ihn sorgfältig zwischen die Schenkel des kopflosen Körpers. Dann trugen vier Wachen den Korb in das Kellergeschoß des Gefängniskrankenhauses. Die Hilfskräfte hatten kaum das Blut mit einem neuen Streifen Sägemehl bedeckt, als der nächste Mann aus der Totenreihe vorgeführt wurde.
Es war Hermann Fischer, ein kleiner, schweigsamer, mutiger Mann, der in den Hamburger Barrikadenkämpfen von 1923 der Führer der ersten Roten Hundertschaft gewesen war. Fischer schaute weder rechts noch links. Er stieß den Geistlichen beiseite und ging direkt auf das Schafott zu. Als der Henker die Axt hob, zuckte Fischer die Achseln.
»Welch ein Theater!« waren seine letzten Worte.
Fred Wehrenberg, der Heizer, war der dritte. Er ging vor den Wachen her und sang mit seiner klingenden Stimme:

Brüder, zur Sonne, zur Freiheit...

Vor dem Staatsanwalt brach er den Gesang ab. Als Dr. Jauch das Urteil verlas, brüllte Fred Wehrenberg ihm ins Gesicht: »Lang lebe die Sowjetunion! Lang lebe Sowjetdeutschland!« Er brüllte es, bis der Stahl des Henkers seine Stimme durchschnitt. In der Reihe der zuschauenden Gefangenen waren zwei Leute ohnmächtig geworden. Wachen schleppten sie in die Zellen zurück. Aus einem der vergitterten kleinen Fenster schrie eine hohe Stimme unaufhörlich: »Rache! Rache!«
Als letzter von dieser Gruppe sollte Arthur Schmidt sterben. Als er über den Hof schritt, sah es so aus, als würde er zusammenbrechen. Seine Knie zitterten, und die Wachen mußten ihn stützen. Arthur Schmidt sah das Blut durch das fußtief aufgeschüttete Sägemehl schimmern Er sah schwarz-rote Flecken, er sah den einzigen übrigen Korbsarg, das nasse Schafott und die blitzende Axt und blieb plötzlich stehen.
»Sind die anderen schon tot?« fragte er.
Niemand antwortete ihm.
»Auch dein Kopf wird rollen«, sagte er zu Staatsanwalt Jauch und richtete sich plötzlich herausfordernd in die Höhe. Dann schnallten sie ihn auf das Brett.
Arthur Schmidt sprach jetzt mit sich selbst: »Alle Menschen müssen einmal sterben... Ich sterbe für das Proletariat... Sie können zwar den Arbeiter Arthur Schmidt töten, aber sie können seinen Geist nicht umbringen . . .«
Im letzten Augenblick rief er: »Mutter, Mutter!«
Das Beil fiel. Es war zuviel. Die Wand bäumte sich auf, und das Gebäude stürzte vor meinen Augen ein. Ich hörte, wie ein SS-Mann die Namen der ermordeten SA-Leute herunterlas. Beim Namen jedes Toten antwortete die Naziversammlung im Gefängnishof mit einem unartikulierten Schrei.
»SA-Mann Heinzelmann?«

»Hier!« brüllten die Wachen einstimmig.
Ich drehte mich und fiel hin. Als ich erwachte, war ich wieder in meiner Zelle.

Sechs Wochen nach dem Tod und der Einkerkerung der *Roten Marine* lag ich immer noch in Einzelhaft im Gerichtsgefängnis. Mai und Juni gingen vorüber, und die Höfe glühten in der Julihitze. »Warum überführen sie mich nicht in ein richtiges Gefängnis?« fragte ich mich. Ich war in meiner Zelle allein. Ich hatte keine Arbeit zu leisten. Ich durfte keine Briefe schreiben und keine empfangen. Ich hatte nichts zu lesen. Ich hörte so gut wie nichts von dem, was draußen in der Welt vor sich ging. Ich hörte die Gefängnisgeräusche, das Schlagen von Türen, die schnellen Schritte laufender Menschen und das Fluchen der Wachen. Selbst der Tag und Nacht tropfende Wasserhahn in meiner Zelle schien meine Anwesenheit zu ignorieren. Das Grün der Bäume wurde voller, und die Vögel hatten ihre Morgenkonzerte eingestellt. Einige Male hörte ich morgens, wenn ich wach auf dem Bett lag, die mir vertrauten Geräusche von Exekutionen – herausfordernde Schreie, die Rufe aus den Zellenfestern und den rauhen Chor der SS-Wachen.
In der Nacht zum 30. Juni und während der beiden darauffolgenden Nächte waren die Höfe in Aufruhr. Motorfahrzeuge donnerten herein, scharfe Kommandos durchschnitten die Finsternis, und in den frühen Morgenstunden hallte das ganze Gefängnis wider vom Lärm schießender Exekutionskommandos. Ich fragte mich, was diese Erschießungen wohl zu bedeuten hätten. Die Guillotine und die Axt waren auf jeden Fall verschwiegener und diskreter. Man schien mich vergessen zu haben. Um die langen Stunden hinzubringen, fing ich an zu turnen, analysierte meine Vergangenheit, versuchte, mich an alle Bücher zu erinnern, die ich gelesen hatte, und führte imaginäre deutsche und englische Unterhaltungen, zeitweise auch französische und spanische. Es gab Stunden, in denen ich mein ganzes vergangenes Leben als einen einzigen gigantischen und jämmerlichen Irrtum betrachtete, aber ich scheute mich vor einer solchen Einsicht und bekämpfte sie bewußt dadurch, daß ich mich mit den Begriffen bolschewistischer Pflichterfüllung und bolschewistischen Stolzes vergiftete. Nachts hatte ich das Gefühl, lebendig begraben zu sein. Träume quälten mich immer noch; es waren Träume von Kampf und Flucht, und der Kampf endete meist mit einer Niederlage und die Flucht mit tödlichem Unheil. Es ist eine Regel, daß der Mensch in der Gefangenschaft Zukunftspläne macht: Pläne, die ihm Ruhm, Abenteuer und Freuden bringen sollen. Ich zwang mich dazu, keine Luftschlösser zu bauen. Es gab keine Zukunft.
An einem Nachmittag Anfang Juli bekam ich unerwartet Besuch. Der Schlüssel in der Tür rasselte, die Sperrbalken wurden zurückgeschoben, und ich nahm Achtungstellung an. Rudolf Heitman, der GPU-Einsatzmann bei der Gestapo, trat in meine Zelle. Ein älterer Wachmann hatte Dienst. Heitman schickte ihn weg.
»Setz dich«, sagte Heitman zu mir, »nimm es leicht. Sollte jemand in die Zelle kommen, so weißt du, daß ich hier bin, um mir von dir eine bestimmte Fotografie identifizieren zu lassen.«
Ich hatte das dringende Bedürfnis, Heitman zu umarmen.
»Sag mir«, fragte ich, nach Luft schnappend, »was gibt es Neues?«
»Immer die alte Geschichte«, brummte Heitman, »Hitler sitzt fest im Sat-

tel. Und was die Revolution betrifft, wer glaubt schon daran? Vielleicht müssen wir uns mit der braunen Pest einigen.«
»Was bedeutete die ganze Schießerei in den Höfen vor einigen Nächten?« fragte ich.
»Vierzig SA-Führer sind nach Walhalla geschickt worden. Brigadeführer Fiebelkorn und sein Haufe. Röhm und Heines sind in München erschossen worden. General Schleicher und Karl Ernst und eine Menge anderer wurden in Berlin ermordet. Eine erstrangige Massenliquidierung von Leuten der sogenannten ›zweiten Revolution‹. Nein, Hitler hat das Ruder fest in der Hand. Himmler überwachte die Schlächterei. Die ganze SS und die Gestapo lagen mit Maschinengewehren bereit für den Fall, daß die Braunhemden auf den Gedanken gekommen wären, eine Sache zu starten. Ihr Burschen im Gefängnis könnt von Glück reden.«
»Glück – wieso?«
»Wenn Röhm und Heines den Kuchen genommen hätten«, sagte Heitman, »dann hätten sie euch alle an die Wand gestellt und euch mit Maschinengewehren zusammengeknallt. Tote kosten kein Geld.«
»Wer hat mich verraten?« fragte ich. »Wer war der Spitzel?«
Heitman zuckte seine breiten Achseln. »Das ist gerade das, was ich dich fragen wollte«, brummte er. »Ich bin nicht nahe genug bei der Auslandsabteilung, um in dieser Sache klarzusehen. Kopenhagen ist die reinste Hölle – nahezu neunhundert Verhaftungen im Hafen innerhalb von neun Monaten. Unsere Kurierschiffe sind durchsucht worden, und unsere Depots wurden ausgehoben. Wir haben eine Menge Spitzel entlarvt, aber den Verantwortlichen für *jenes* Fiasko haben wir noch nicht gefunden. Ich habe gehört, daß du eine schwere Zeit gehabt hast in Fuhlsbüttel. Inspektor Kraus hat aus Berlin den ein für allemal gültigen Befehl bekommen, den Kommunismus auf den Schiffen auszutilgen. Ein Glück für dich, daß Kraus so sehr beschäftigt ist. Er ist der schlimmste von diesen Kerlen – er und diese männerfressende Hure, die er bei sich hat.«
»Warum ist Hertha Jens immer noch am Leben?«
»Frag mich! Sie lebt praktisch ständig im Gestapohaus. Aber unsere guten Freunde arbeiten an diesem Problem. Sie wird im August Urlaub bekommen. Wenn sie den auswärts verbringt . . .« Rudolf Heitman fuhr sich mit seinem dicken Zeigefinger rund um den Hals. »Lichter aus für Hertha Jens«, fügte er hinzu.
»Wer beschäftigt sich mit dieser Sache?«
»Ich weiß es nicht«, sagte Heitmann.
»Avatin?«
»Keine Angst. Paul Kraus' Hurenbaby wird bekommen, was ihm zusteht.«
»Was geschah mit Cilly?«
»Sie spielte eine erstklassige Komödie«, sagte Heitman grinsend. »Sie gab nichts preis. Sie sagte, du habest sie hypnotisiert und dann verführt, und nachher sei sie in deiner Gewalt gewesen. Vergiß diesen Punkt nicht. Und verdirb ihr das Spiel nicht, wenn es zum Prozeß kommt.«
»Prozeß?«
»Ja, es wird noch einen zweiten Prozeß gegen dich geben. Hochverrat. Kraus vermutet eine ganze Menge, aber in Wirklichkeit weiß er herzlich wenig. Du kannst von Glück reden, daß er soviel zu tun hat. Er arbeitet Tag und Nacht.

Er schickt in großem Umfang Spitzel hinaus. Die Auslandsabteilung hat kurz nach Weihnachten eine besondere Agentenschule eröffnet. Sie bringen dort ihren Jungens alles bei, vom Geldschrankknacken bis zum Oxford-Englisch. Das macht aber nichts. Verhalte dich jetzt nur ganz ruhig.«
Heitman zog seine Dienstpistole heraus. Er kratzte sich damit auf dem Kopf.
»Gib mir Bleistift und Papier«, schlug ich vor, »ich möchte einen Bericht nach Kopenhagen durchgeben.«
»Gut, daß du zuerst darauf gekommen bist«, sagte Heitman, »ich wartete darauf. Ich bin deshalb gekommen. Ich werde dir Schreibmaterial hierlassen. Schreib ihn heute nacht. Kannst du im Dunkeln schreiben?«
»Ja.«
»Keine Handschrift, nur Druckbuchstaben.«
»Gut.«
Heitman gab mir einen Block mit Notizpapier und drei Bleistiftstummel, die ich auf der Innenseite meiner stinkenden Matratze versteckte. Ich stellte fest, daß er nervös wurde. Heitman arbeitete für Geld. Man hielt ihn für zuverlässig, weil er wußte, daß sein Leben der Komintern ausgeliefert war.
»Keine Angst«, beruhigte ich ihn. »Wenn irgend etwas schiefgehen sollte, werden sie nie erfahren, wer mir die Bleistifte gab.«
Wir hatten leise gesprochen. Von Zeit zu Zeit brach Heitman in wüste Schimpfereien aus; das war für die Wachen in den Gängen. Ebensooft zog er eine Kognakflasche hervor und trank daraus.
»Ich muß die ganze Zeit trinken«, sagte er. »Wenn ich das nicht tue, werde ich verrückt.«
Bald darauf ging er weg. Ich war so aufgeregt, als habe ich mich mit Absinth vollgepumpt. Cilly hatte ihnen also nichts gesagt. Hertha Jens war voraussichtlich auf dem Wege zu ihrer Strafe; sie würde den Weg Ilja Raikoffs, des *Ochsen,* gehen. Martin Holstein ... Als mir dieser Name in den Sinn kam, zuckte ich zusammen. Holstein war nicht verhaftet worden. War Holstein der Spitzel? Ich schob den Verdacht beiseite. Ich kannte Holstein schon zu lange, um an seiner Loyalität zweifeln zu können. Röhm war tot. Heines war tot. Fiebelkorn und viele andere von den braunen Briganten waren tot. Das erfüllte mich mit einer grimmigen Befriedigung. »Ha-ha-ha«, lachte ich innerlich. »Sie sind tot, und du bist immer noch am Leben.«
In der gleichen Nacht noch, als alles still war, schrieb ich den Bericht für das Westsekretariat. Ich schrieb in fieberhafter Hast und gleichzeitig meine ganze Aufmerksamkeit auf die Schritte näherkommender Nachtwachen konzentrierend. Sie hatten die Gewohnheit, auf Gummisohlen die Gänge entlangzuschleichen, plötzlich das Licht anzudrehen und sich in eine Zelle zu stürzen. Am nächsten Morgen kam Rudolf Heitman wieder. Er blieb nur wenige Sekunden, lang genug für mich, ihm meinen Bericht zu geben. Danach war ich glücklich. Ich hatte den Ring der Isolierung durchbrochen. Ich hatte die Mauer der Einsamkeit und der Bedrückung durchstoßen, die während zweihundert endlosen Tagen rund um mich aufgerichtet war. Ich erinnerte mich an Wollwebers Worte beim Abschied: »Die Partei vergißt ihre Kinder nicht.« Das war wahr! Die Komintern hatte einen Weg in meine Einzelhaft gefunden und mir die Hand gereicht.
Erst am Ende dieses Tages kam mir in den Sinn, daß ich vergessen hatte, Heitman nach Firelei zu fragen; ich hätte vielleicht einen Brief an sie dem

Bericht beilegen können. Ich fluchte und schimpfte mich einen treulosen Idioten. Mir war es vorgekommen, als sei Firelei unerreichbar fern – so fern wie der Sirius. »Vielleicht«, dachte ich, »hat sie einen guten Genossen gefunden, der ihr Liebhaber geworden ist.« Wir hatten einander diese Freiheit gewährt, als wir uns trennten. Ich war empört über meine eigenen Gedanken. Jetzt war Firelei plötzlich nicht mehr weit weg. Sie war mir ganz nahe. Die ganze Nacht konnte ich nicht schlafen. Ich dachte an Firelei. In der Dunkelheit und zwischen den bedrückenden Mauern sah ich sie in ihren vielen verschiedenen Stimmungen. Ganz zuletzt sang sie das schöne traurige Lied *Fahre wohl, du grüne Erde* ... Ein spöttischer Glockenschlag unterbrach mich. Es war die Morgenglocke. Es wurde hell in meiner Zelle, und bald darauf erschien ein kleines rechteckiges Fleckchen Sonne auf der Wand in der Nähe der Decke, das von den Schattenlinien des Gitters durchkreuzt war.

Ende Juli stand ich erneut vor Gericht. Diesmal kam ich vor eine Abteilung des Gerichts, die sich mit den Hochverratsfällen zu befassen hatte. Statt drei Richtern waren fünf da. Ich sah Cilly wieder. Sie saß auf der Sünderbank, kaum drei Meter von mir entfernt. Sie sah so kühl und elegant aus wie immer, war aber blaß und etwas schlanker. Aber sobald die Richter den Gerichtssaal betreten hatten, spielte sie die Rolle eines verängstigten Mädchens, das von einem bolschewistischen Agenten verführt und mißbraucht worden war, der sie in dem Glauben gelassen hatte, er sei der Journalist Williams aus London. Sie spielte ihre Komödie wunderbar. Ich gab zu, daß ich Cilly hypnotisiert habe, um sie zu meinem willigen Werkzeug zu machen. Auf alle anderen Fragen verweigerte ich die Aussage. Die Verhandlung dauerte vier Stunden. Die Reporter der Nazipresse kümmerten sich kaum um mich; ihr ganzes Interesse konzentrierte sich auf die Frau in diesem Prozeß. Einer der Zeugen der Verteidigung war der dänische Konsul in Hamburg. Ich vermutete, daß er von Richard Jensen instruiert worden war. Er bezeugte, daß Cilly, die vor Jahren seine Sekretärin gewesen sei, niemals den geringsten Kontakt mit der Komintern gehabt habe. Ein anderer Zeuge, den der Staatsanwalt geladen hatte, war der Generalkonsul der Sowjetunion. Er war ein Genosse und unser Freund. Mit den Händen in den Taschen schlenderte er in den Gerichtssaal. Die Nazirichter waren wütend über das ungenierte Betragen des Russen.

»Sind Sie der russische Konsul?« fragte Gerichtspräsident Dr. Roth gereizt.

»Nein«, sagte der Konsul.

»Wer sind Sie dann?«

»Ich bin der Generalkonsul der Sowjetunion«, gab er zur Antwort.

Die Richter zeigten ihm verschiedene Fotografien. Sie zeigten deutsche Kommunisten, unter denen auch ich mich befand, wie sie die Sowjetfahne grüßen. Diese Bilder waren in Leningrad während des deutschen Schiffstreiks von 1931 aufgenommen worden.

»Können Sie einen von diesen Männern identifizieren, die hier unter dem roten Lappen stehen?« fragte der Richter.

»Der rote Lappen?« sagte der Konsul langsam. »Ich bedaure.«

Ohne ein weiteres Wort drehte er sich um und verließ den Gerichtssaal.

Die Richter berieten zwei Stunden. Sie hatten keine ausreichenden Beweise, um mich auf Grund der neuen Hochverratsgesetze zu verurteilen, und ich hatte nichts, was politischer Natur gewesen wäre, zugegeben. Trotzdem verurteilten sie mich – nicht auf Grund von Nazigesetzen, sondern auf Grund des Republikschutzgesetzes der Weimarer Republik. Ich erhielt drei Jahre Gefängnis – das höchste Strafmaß unter dem alten Gesetz – wegen »Vorbereitung eines hochverräterischen Unternehmens«. Ganz mechanisch dachte ich: »Drei plus zehn macht dreizehn.«

Der Gerichtspräsident bedauerte, daß die Gestapo kein ausreichendes Belastungsmaterial zur Verfügung gestellt habe, um ein Todesurteil wegen Hochverrats zu ermöglichen. In seiner Schlußansprache bezeichnete er mich als einen »außerordentlich gefährlichen Feind des neuen Deutschland«. Ich jubilierte.

Meine schrecklichen Kämpfe im Gestapohauptquartier und im Lager Fuhlsbüttel waren also doch nicht vergeblich ausgefochten worden. Cilly war es gelungen, die fünf Richter des Volksgerichtshofs hinters Licht zu führen. Durch ihre Heirat hatte sie das dänische Bürgerrecht erworben, und ihre Freilassung wurde von der dänischen Presse und der Regierung in Kopenhagen dringend gefordert. Sie gaben ihr sieben Monate, weil sie, »vielleicht unbewußt, an der Vorbereitung eines hochverräterischen Unternehmens teilgenommen hatte«.

Nach Beendigung des Prozesses wurden wir ins Gefängnis zurückgebracht. Am vergitterten Stahlkäfig, der die Frauenabteilung von der Abteilung für männliche Gefangene trennte, wandte ich mich plötzlich um und ergriff Cillys Hand.

»Wenn du frei bist, grüße Firelei«, sagte ich.

Cilly kamen Tränen in die Augen. »Sicher werde ich das tun«, antwortete sie.

Ich wollte noch mehr sagen, aber die Wachen trennten uns.

Kurz nach meinem zweiten Prozeß wurde ich in das Hamburger Zuchthaus, ein modernes Gefängnis neben dem Lager Fuhlsbüttel, übergeführt. Ich wurde nackt ausgezogen und untersucht, zuerst durch einen Gefängnisbeamten, der nach versteckter Konterbande suchte, und dann durch einen Arzt. Der Arzt verordnete, daß ich einen Monat im Gefängniskrankenhaus bleiben solle, um mich zu erholen. Ich verließ das Krankenhaus Ende August; ich war weitgehend wiederhergestellt. Ich erhielt die reguläre Gefangenenkleidung: eine schwarze Baumwolluniform, ein Halstuch und ein Paar alte Stiefel. Kein Gefangener erhielt Socken. Für die Wintermonate wurde keine dickere Unterwäsche ausgegeben.

Während der ersten Monate versuchte ich, mir die Zeit zu merken. Aber mehr und mehr folgte ich einem natürlichen Verlangen, die Bedeutung der Zeit zu vergessen. Zeit hatte aufgehört, für mich wichtig zu sein. Zeit war Betrug. Ich verabscheute die Sonntage, weil dann die Kirchenglocken mit boshafter Beharrlichkeit läuteten, als wollten sie die Zeit bezeichnen. Zwanzig Minuten jeden Tag wurde ich in den Hof gebracht. Hier liefen ich und ungefähr dreißig Mitgefangene meines Korridors in Einerreihe hintereinander rund um den Hof, wobei wir sechs Meter Abstand zu halten hatten. Sprechen war verboten. Die verbleibenden eintausendvierhundertzwanzig Minuten des Tages verbrachte ich in der Einsamkeit meiner Zelle. Zum Frühstück und zum Abendessen erhielt ich zwei Scheiben Schwarzbrot; das Mittagessen bestand aus einem Liter Suppe. Ich aß in meiner Zelle. Das Essen wurde durch eine kleine Öffnung in der Stahltür hereingeschoben. Ich hatte immer

Hunger. Ich hatte früher schon das Gefühl des Hungers kennengelernt, aber ich hatte noch nie so gehungert wie jetzt.

Die Woche hindurch arbeitete ich zehn Stunden täglich; ich zupfte Werg aus großen alten Taustücken. Zuerst wurden die Taue in die einzelnen Fasern aufgelöst. Die Fasern mußten dann auf dem Steinboden geschlagen werden, um das Kabelgarn herauszulösen. Dann wurde das Kabelgarn einzeln mit der Hand herausgezogen. Es entstand dabei viel Staub. Am Ende eines Arbeitstags war die ganze Zelle mit einer Staubschicht bedeckt. Drei Kilo Werg war das Tagessoll. Der Gefangene, der das nicht leisten konnte, wurde für das Frühstück und das Nachtessen auf halbe Rationen gesetzt.

Ich konnte Bücher lesen. Jeden Sonntagmorgen bekam ich ein Buch. Die Bücher wurden vom Gefängnispfarrer verteilt, der ein Nazi preußischer Schule war. Er bestimmte, was ein Gefangener lesen sollte. Aus Gründen, die nur er kannte, versorgte er mich ausschließlich mit alten historischen Romanen.

Alle vierzehn Tage durfte ich baden. Ein Bad dauerte genau zwei Minuten. Ausziehen, heißes Wasser, Einseifen, kaltes Wasser, Gebrauch des Handtuchs und Anziehen – für jede dieser Handlungen standen nur Sekunden zur Verfügung, und ihre Ausführung wurde durch die Wache vom Dienst kommandiert. Einmal im Monat durfte ich die Unterwäsche wechseln, einmal jede Woche wurde ich rasiert, und alle vier Wochen wurde mir das Haar geschnitten. Rauchen und Zeitungen waren tabu. Selbst wenn ein ganzer Kontinent explodiert wäre, hätte ich nichts davon erfahren, falls es nicht zufällig Mitteleuropa gewesen wäre. Ich durfte keine Besuche empfangen. Einmal alle sechzig Tage durfte ich einen Brief schreiben, und einmal jede Woche durfte ich einen empfangen. Die Briefe, die ich schreiben konnte, durften nicht mehr als zwölf Zeilen lang sein – und davon wurde die Hälfte dann noch vom Gefängniszensor weggeschnitten. Aber ich bekam Briefe. Sie kamen von Firelei. Es waren schöne Briefe voll Güte, Liebe und Tapferkeit. »Du bist nicht allein«, schrieb sie mir. »Ich bin bei dir. Siehst du es nicht? Ich bin in deiner Zelle. Ich lege dir die Hand auf die Schulter und gehe mit dir auf und ab. Vier Schritte und dann kehrt, und vier Schritte zurück. Ich plaudere mit dir über die unvergeßlichen Stunden, die wir zusammen erlebt haben. Ich bin dankbar für diese Stunden. Nein, nein, du bist nicht allein.«

Das Leben in Einzelhaft ist hart. Im Vergleich zu den deutschen Gefängnissen war San Quentin ein Ferienaufenthalt gewesen. Zeitweise war ich nahe daran, zu verzweifeln. Ich versuchte, diese düsteren Stunden durch Brutalität gegen mich selbst zu überwinden. »Sie machen dir das Leben schwer«, dachte ich. »Gut, dann mach es dir selbst eben noch schwerer!« Ich warf das Brot zum Fenster hinaus. Ich machte mehr Werg, als ich machen mußte. Ich zwang mich, viele Minuten lang in schmerzhaften Stellungen zu stehen. Ich disziplinierte meinen Körper und meinen Geist. Das war mein Triumph. Härte gegen sich selbst läßt die Härte des Gefängnislebens als die natürliche Beigabe zu einem angenehmen Leben erscheinen. Mein größtes Vergnügen bestand darin, nachts wach zu liegen und mir im Geiste wunderbare Musik vorspielen zu lassen. Ich hörte *Carmen* und *Lohengrin*. Wenn die Musik sich nicht einstellen wollte, summte ich stundenlang Lieder vor mich hin, alle Volkslieder, an die ich mich noch erinnern konnte, und alle Kriegsgesänge der Komintern.

Ich erkundete aber auch meine eigenen Möglichkeiten. Ich entdeckte Länder, von denen ich bisher nie geträumt hatte. Ich war nie müßig. Ich hatte immer etwas zu tun. Ich konnte mit mir Schach spielen, in der Dunkelheit, ohne Schachbrett und ohne Figuren. Oder ich konnte meinen Geist zwingen, mit mir nach China oder Arabien zu reisen oder zurück in das Zeitalter Alexanders oder Napoleons. Ich konnte Männer und Frauen, die ich gekannt hatte, so vor mir erstehen lassen, daß es den Anschein hatte, als seien sie lebendig aus Fleisch und Blut und mit ihrer Stimme in meiner Zelle. Und ich konnte irgendein blödes Buch vornehmen und einen ganzen Sonntag damit verbringen, Teile davon ins Englische oder Französische zu übersetzen, oder mein Gedächtnis dadurch zu trainieren, daß ich die langweiligsten Stellen auswendig lernte. Ich kam zu dem Schluß, daß der Mensch ein wunderbares Geschöpf sei. Ich war zufrieden mit meiner Arbeit und mit meinen Entdekkungen. Mit der Zeit dachte ich weniger an die Welt draußen. Sie existierte nicht. Sie war eine Illusion. Die Gefängniszelle war die Welt und der Gefängnishof das Universum.

Der November 1934 brachte mir Leid und Unruhe. Fireleis Briefe blieben aus. Jeden Morgen, wenn Schritte den Gang heraufkamen, dachte ich fröhlich: »Jetzt kommt ein Brief von Firelei.« Aber die Schritte gingen vorbei. »Was ist mit ihr geschehen?« fragte ich mich. »Hat sie mich vergessen? Ist sie es müde geworden? Ist sie mit einer illegalen Mission fortgeschickt worden? Hat die Partei ihr verboten, mir zu schreiben? Ist sie gestorben?« Ich konnte keine Antwort finden. Der Winter ging vorüber und der Frühling 1935. Und kein Brief kam. Ich war so einsam, daß ich anfing, zu den trägen Fliegen in meiner Zelle zu sprechen. »Wo ist Firelei?« fragte ich sie. Eines Tages im Juni flog ein Schmetterling ziellos in meiner Zelle herum. Ich beschützte ihn wie einen großen Schatz. »Bist du von Firelei gekommen?« fragte ich.

Er flatterte durch die Wolken von Staub, schlug mit den Flügeln gegen die Wände und zerbrach.

Gefängniszauber

Der Oberaufseher war ein dunkler, schmächtiger, kleiner Mann mit einem scharfgeschnittenen Gesicht. Beim Gehen sah er aus wie ein abgebrochener Besenstiel. Sein Gesicht war gelb, die Nase scharf gebogen, die Lippen schmal und die Augen schwarz und stechend. Die Gefangenen nannten ihn den *Marabu.* Die Tätigkeit dieses Mannes bestand darin, Wärter und Gefangene in gleicher Weise zu schikanieren. Er bestimmte über die Strafen, die für Verstöße gegen die strenge Gefängnisordnung verhängt wurden. Die Strafen reichten vom Entzug des Rechts, Briefe zu schreiben, oder vom Entzug der Matratze bis zur Kürzung der Lebensmittelrationen und zu Dunkelhaft. Stundenlang konnte *Marabu* schweigend vor einer Zelle stehen und den Gefangenen durch das Guckloch beobachten, wenn er irgendeine Unregelmäßigkeit entdecken wollte, um auf diese Weise die Möglichkeit zu haben, ihm eine Strafe zuzudiktieren.

Wenn zum Beispiel eine ruhelose Seele während der Arbeitszeit in der Zelle auf und ab ging, nannte *Marabu* das »passiven Widerstand«. Wenn einer sich vom Frühstück ein Stück Brot absparte, um es mittags mit der Suppe zu essen, nannte *Marabu* das »Hortung von Vorräten für eine beabsichtigte Flucht«. Wenn ein Gefangener in der Sommerhitze sein Halstuch abnahm, erließ *Marabu* sofort Sanktionen wegen Verstoßes gegen die Disziplin. Wenn das Eßgeschirr eines Gefangenen oder der Löffel auch nur ein paar Zentimeter von der im Reglement für die Gefangenen bestimmten Stelle entfernt lag, so war das für *Marabu* eine »vorsätzliche Zuwiderhandlung«. Wenn er unter der Matratze eines Gefangenen versteckt einen Bleistiftstummel fand, so nannte *Marabu* das eine »Verschwörung zum Zwecke der Herstellung kommunistischer Pamphlete oder homosexueller Liebesbriefe«. Er tat alles heimlich, war wachsam und von einer zynischen Grausamkeit. Die Gefangenen haßten ihn. Aber *Marabu* kam niemals allein in eine Zelle. Er ließ sich immer von einer Leibwache in Gestalt von zwei kräftigen Wärtern begleiten. Von Zeit zu Zeit erschien er bei den Gängen im Hof. »Achtung!« brüllten dann die Wachen vom Dienst, und wir erstarrten zu Felsen. *Marabu* ging dann gemächlich von einem Gefangenen zum andern und suchte nach Fehlern. Wenn irgendwo ein Uniformknopf offen war, so pflegte er ein Taschenmesser hervorzuziehen und den Knopf abzuschneiden, der sein Auge beleidigte, und alle übrigen Knöpfe noch dazu. Seine Lieblingsstrafe im Hof bestand darin, die Gefangenen in ein gewaltiges Faß hinein- und wieder herausspringen zu lassen. Dann knatterte seine Stimme: »In das Faß – aus dem Faß! In das Faß – aus dem Faß!« Einmal jede Woche pflegte er uns mit dem Befehl zu überraschen, uns nackt auszuziehen. Eine Gruppe von Wärtern mußte dann unsere nackten Körper untersuchen, und eine andere machte sich über unsere Unterwäsche und unsere Schuhe her und untersuchte jedes Zentimeter. Wiederholte Versuche verrückter Häftlinge, *Marabu* umzubringen, führten zu nichts. Verschiedene dieser potentiellen Mörder wurden gefesselt in Dunkelhaft gehalten. Gefängnisgerüchte, die durch Klopfzeichen oder nachts leise von Fenster zu Fenster weitergegeben wurden, behaupteten, daß diese Unglücklichen jede Nacht von *Marabu* in eigener Person verprügelt würden.

Eines Tages im Juni erschienen zwei Aufseher in meiner Zelle. *Marabu* folgte ihnen. Ich nahm Achtungstellung an, rief Namen, Nummer und Grund meiner Verurteilung. *Marabu* spazierte rund um mich herum und musterte mich von allen Seiten. Seine gelben Hände hielt er auf dem Rücken verschränkt. Er stand so nahe vor mir, daß ich ihm seinen dürren Hals hätte umdrehen können. Ich stand regungslos da. *Marabu* sah sich mein Halstuch an. Es war nichts zu beanstanden. Er schielte über meine Schuhe weg. Sie glänzten. Mit großer Sorgfalt betrachtete er meine Jacke. Kein Knopf war offen, und kein Saum war schadhaft. Er wischte mit dem Zeigefinger über den Boden hinter dem Klosett. Dann schaute er sich den Finger an. Kein Staub. Er befahl mir daraufhin, die Matratze umzukehren, die Eßgeräte vorzuzeigen, die Hosen herunterzulassen, um zu beweisen, daß ich nichts Illegales zwischen meinen Beinen versteckt hatte. Schließlich sagte er mit krächzender Stimme: »Wie geht es dir sonst?«

»Ausgezeichnet, Herr Oberwachtmeister«, gab ich zur Antwort.

»Bist du immer noch Kommunist?«

»Nein, Herr Oberwachtmeister.«

»Na schön«, sagte er verdrießlich, »ich kann nicht sehen, was in deinem

Kopf vorgeht. Aber das ist noch kein Grund, dir zu glauben. Ich habe einige Fotos für dich mitgebracht.«

Er zog eine Anzahl Amateurfotos aus der Tasche. Es waren Fotos von Firelei. Ungestüm streckte ich meine Hand aus und beugte mich vor. *Marabu* fuhr mich an:

»Rühr dich nicht! Hände an die Hosennaht, wenn ich mit dir spreche.«

»Die Fotos, Herr Oberwachtmeister«, sagte ich.

»Sie waren in den Briefen deiner Frau. Hübsche, sehr hübsche Briefe, die sie dir da geschrieben hat.«

»Jawohl, Herr Oberwachtmeister.«

»Leider kann ich dir die Fotos nicht geben«, sagte er trocken. Der Schein eines Lachens geisterte über sein Gesicht. »Du wirst sie dann bekommen, wenn du entlassen wirst. In – in wieviel Jahren?«

»In zwölf Jahren«, sagte ich rasch.

»Hübsch, wenn du dann siehst, wie deine Frau vor zwölf Jahren ausgesehen hat«, gackerte *Marabu*. »Die Menschen haben ja die Gewohnheit, älter zu werden, nicht wahr. Die Gelenke werden steif, die Haut schlaff, und das Gesicht legt sich ganz hübsch in Falten. Altersfalten, möchte ich das nennen. Was tatest du eigentlich bei den Kommunisten?«

»Meine Pflicht, Herr Oberwachtmeister – wie ich es für richtig hielt – damals.«

»Pflicht – ja, ja! Wir alle tun unsere Pflicht«, sagte er.

»Jawohl, Herr Oberwachtmeister.«

Es machte mir ein unbeschreibliches Vergnügen, ihm ins Gesicht zu sehen und nicht jene Schwäche zu zeigen, die er so gerne an mir wahrgenommen hätte.

»Bist du gerne in Einzelhaft?« fragte *Marabu* weiter.

»Jawohl, Herr Oberwachtmeister.«

»Weshalb?«

»Ich bin gerne allein.«

»Gefällt es dir hier besser als im Gemeinschaftsraum?«

»Ich glaube ja, Herr Oberwachtmeister.«

»Warum?« fragte er kurz angebunden.

»Weil es hier so gleichförmig ist«, gab ich zur Antwort. »Man verliert jede Zeitvorstellung, und auf diese Weise geht die Zeit schneller vorbei.«

»Es geht dir zu gut«, sagte *Marabu* schließlich. Und sich an einen der beiden Aufseher wendend, sagte er: »Steckt den Mann in den Saal 9.«

Marabu ging. Er trug Gummisohlen, und es war unmöglich, ihn kommen und gehen zu hören. Der Wärter befahl mir, meine Decke zusammenzurollen und ihm nach dem Saal 9 zu folgen.

Ich marschierte den Gang hinunter an langen Reihen von Zellentüren vorbei. Die Türschlösser glänzten. Der Fußboden war poliert. Das ganze Gefängnis wurde peinlich saubergehalten. Das Schweigen war unerträglich; es schien die Tatsache Lügen zu strafen, daß nahezu zweitausend menschliche Wesen hinter diesen stummen Stahltüren lebten. Die große Halle war kühl und dämmerig und, abgesehen von den langsam dahinschwebenden Silhouetten der Wachen, ohne das geringste Anzeichen von Leben. Einer reinigte seine Pistole. Andere schauten von Zeit zu Zeit durch die Gucklöcher. Jene Flügel des Gefängnisses, in denen sich die Einzelzellen befanden, glichen mehr einem dämmrigen Grab als einem Aufenthaltsort eingesperrter Männer, die Monat um Monat mit ihren Gedanken allein waren.

Über die enge Eisentreppe stieg ich ins Erdgeschoß des Gefängnisgebäudes hinab. Mit dem Gesicht gegen die Wand standen Sträflinge in langen Reihen da. Es gab keinen Lärm und offensichtlich auch keine Bewegung. Als ich aber an ihnen vorüberging, sah ich sie heimlich zur Seite blicken. Ich erkannte einen blonden Jungen, den ich zuletzt auf dem Dach eines Mietshauses in Altona hatte kauern sehen, von wo aus er auf Braunhemden schoß, die unten auf der Straße plünderten. Mit den Schultern grüßte er mich, und mit den Händen gab er mir ein Zeichen, das bedeutete: »Ich habe fünfzehn Jahre.« Dann kam ich durch das Wartezimmer. Eine junge Frau erhob sich. Sie war hübsch gekleidet, aber ihre Augen waren rot vom Weinen; an jeder Hand hatte sie ein Kind, kleine Mädchen mit erstaunten Augen.

Nun ging's zum Mittelpunkt des Gefängnisses. Hier saßen auf einer erhöhten Plattform zwei Aufseher hinter einem Maschinengewehr. Von diesem Posten aus konnte man – ohne auch nur aufzustehen – Ströme von Blei in jeden der fünf strahlenförmig auseinandergehenden Flügel des Gefängnisses schicken. Es war eine Ironie des Schicksals, daß diese MG-Plattform die Gestalt eines fünfzackigen Sterns hatte.

Ich kam an der großen Glocke vorbei, die die Kommandos für den Tageslauf schlug; das Wecken, den Arbeitsbeginn, den Feierabend, das Essen und das Zubettgehen. Sie schlug zehnmal täglich; sechsunddreißigtausendfünfhundertmal würde sie in zehn Jahren schlagen; und jeder Schlag war wie ein verächtlicher Zuruf und das Rasseln von Ketten. Es war aber auch die einzige Musik – außerhalb der Gefängniskirche –, die seit den Tagen meines Abschieds von Cilly bis zu meinen Ohren gedrungen war. Zuerst hatte mich das impertinente Läuten dieser Glocke jedesmal zusammenzucken lassen, aber mit der Zeit hatte ich die Gewohnheit angenommen, dem metallischen Klingen mit einem mechanischen »Gelle, Glocke, und sei verflucht«, zu antworten.

Wir überquerten den Hof und bogen in den größten Flügel, der zu einem älteren Teil des Gefängnisses gehörte, ein. Hier befanden sich die Gemeinschaftssäle. Es gab hier drei breite Gänge. Jeder Gang hatte sieben breite Stahltüren, und jede Tür führte in einen Saal. Dieser Teil des Gefängnisses war mit einem andauernden dumpfen Brausen wie von einer fernen Brandung erfüllt, einem Brausen, das mit dem Morgen begann und nicht aufhörte, bis das Zeichen *Licht aus* um sieben Uhr dreißig abends gegeben wurde, einem Brausen, das beinahe das Leben und die Bewegung selbst war, ewig und unzerstörbar, der Klang von tausend menschlichen Stimmen, der hinter den grauen Stahltüren hervordrang.

»Saal 9, halt«, kommandierte der Aufseher.

Die Tür ging auf. Die eingerollte Decke unter dem Arm, trat ich ein. Ein irrsinniger Lärm schlug mir unter der niedrigen, schmutzigen Decke des Saales entgegen. Ich blieb stehen, verblüfft von der Menge sich bewegender und sprechender Gestalten. Ich erschrak über das Vorhandensein von soviel Leben. Und plötzlich legten sich zwei feste Hände von hinten über meine Augen.

»Hab ich dich!« sagte eine Stimme triumphierend.

Ich befreite mich. Vor mir stand Salomon, der in früheren Jahren meine rechte Hand gewesen war. Er schüttelte mir die Hand, bis ich beinahe umgefallen wäre. Sein graues Gesicht war vor Freude kaum noch zu erkennen.

»Willkommen!« sagte er. »Mein Gott! Du bist hier! Wir hatten Nachrichten, daß du getötet und begraben seist.«

Saal 9 war etwa zwölf Meter lang und neun Meter breit. Er hatte drei vergitterte Fenster gegen den Hof und zwei kleinere Fenster auf den Gang hinaus, die es den Aufsehern ermöglichten, den Saal gefahrlos unter Aufsicht zu halten, ohne hereinkommen zu müssen. Die ganze Länge der anderen Wände wurde durch plumpe hölzerne Gestelle verdunkelt, die in zwei Reihen wie riesige Büchergestelle standen. Jedes dieser Gestelle war neun Meter lang und nicht ganz zwei Meter breit, und darauf lagen nebeneinander Säcke aus grober Leinwand, die mit ein wenig Stroh gefüllt waren. Diese Säcke waren unsere Matratzen. Es gab keinen Zwischenraum zwischen den einzelnen Matratzen, und fünfzehn davon lagen auf jedem Gestell. Der jedem Insassen vom Saal so gewährte Schlafraum betrug demnach wenig mehr als ein Quadratmeter. Fünf lange Tische füllten den mittleren Teil des Saales aus. Zwischen den Tischen standen Holzbänke. Die Tische, die Schlafgestelle, der Steinboden, kurz, jeder überhaupt verfügbare Raum in Saal 9 war mit großen Bündeln von buntem Bast bedeckt.

Etwa sechzig Mann in Sträflingskleidung hockten Schulter an Schulter und Rücken gegen Rücken auf diesen Bänken. Mit schnellen, mechanischen Bewegungen zogen sie Bastfäden aus den Bündeln und banden sie zusammen zu Längen von tausend Meter und mehr. Der geknüpfte Bast wurde dann geglättet und zu mächtigen eiförmigen Gebilden aufgewickelt. In den Werkstätten im Keller und in den Einzelzellen wurden aus dem Bast dann Matten, Handtaschen, Sandalen und dergleichen mehr geflochten.

Ein ständiges Durcheinander von Stimmen erfüllte die stickige Luft. Die Leute unterhielten sich oder riefen einander mit lauter Stimme über die Tische zu, um sich in dem allgemeinen Tumult Gehör zu verschaffen. Ich erhaschte ein paar Worte – »Erbsensuppe ... Schachturnier ... Schillers *Glocke* ... Mehrwert ... eine Torte mit Brüsten wie Pudding ... Litwinow sechzehn Apfelbäume ... Brief von der Frau ...« Einige Männer hockten schweigend da; sie sahen entweder niedergeschlagen aus, träumten oder machten den Eindruck finsterer Grausamkeit. Sechzig Männer arbeiteten, schliefen, aßen und diskutierten, wuschen sich und fochten ihre großen und kleinen Kämpfe aus. Und es gab achtzehn Säle dieser Art im Gefängnis. Dreißig Minuten Gänsemarsch im Hof jeden Tag war ihre einzige Erholung in einem Leben, das keinem mehr als zwei Quadratmeter Raum gab; und auf diese Weise ging es Monat um Monat, Jahr für Jahr. Sie standen um sechs Uhr auf und gingen um halb acht Uhr abends zu Bett. Sie arbeiteten zehn Stunden täglich. Sie standen Schlange vor der einzigen Latrine, und sie aßen mit Löffeln, denn eine Gabel wurde als gefährliche Waffe angesehen. Nachts wurden die Fenster geschlossen, und die Luft in Saal 9, wo sich langsam der Staub niedersetzte, füllte sich mit einem unerträglichen Gestank. Es war mir von Anfang an klar, daß eine solche Zusammenballung zuchtloser Elemente auf so kleinem Raum zur Austragung gegenseitiger Feindschaften und zu Ausbrüchen hilfloser Barbarei führen mußte. Männer kämpften wegen eines Stücks Seife, einer Brotrinde, um einen Platz am Fenster – und um wichtigere Dinge. Ein Drittel der Bewohner von Saal 9 bestand aus Hochstaplern, Fälschern, Dieben, Einbrechern, Räubern, Heiratsschwindlern, Messerhelden und Kupplern. Die meisten Streitigkeiten in den gemeinsamen Aufenthaltsräumen wurden durch aggressive Einzelgänger dieser Sorte verursacht. Die anderen zwei Drittel der Sträflinge waren politische Gefangene, darunter zwei oder drei Sozialisten, Verleger und Gewerkschaftler, aber der große Haufe der politischen Gefangenen bestand aus Mitgliedern der Kommunistischen Partei. Die Aufseher nannten die Gemeinschaftssäle *des Teufels Küche*. Sie hatten Angst, sie allein zu betreten, und zogen es vor, nur in Trupps hereinzukommen.

Genosse Salomon flüsterte mir eine Warnung zu. »Sei vorsichtig, wenn du mit jemandem sprichst«, sagte er. »Die Gestapo hat ihre Spitzel in jedem Saal. Einige von ihnen sitzen nur da und horchen; andere sind unentwegt dabei, selbst wieder Spitzel zu gewinnen. Ein unvorsichtiges Wort hier kann zur Verhaftung unserer Freunde führen, die noch draußen sind.«

Ich fragte nach neuen Nachrichten. In den langen Monaten meiner Einzelhaft hatte sich viel ereignet. Ein Arbeiteraufstand in Wien war von Kanzler Dollfuß im Blut erstickt worden; Dollfuß selbst war dann von Naziterroristen erschossen worden. Der König von Belgien war abgestürzt und gestorben. Die amerikanische Schiffahrt war durch einen heftigen Generalstreik in San Francisko erschüttert worden. Reichspräsident von Hindenburg war gestorben, und Hitler hatte die Erbschaft des senilen Veteranen angetreten; faschistische Legionen führten Krieg in Abbessinien. Das Saarland war dem Reich angeschlossen. In Griechenland hatte eine Revolution stattgefunden, und in Frankreich war es beinahe ebensoweit gekommen. In Marseille waren der König von Jugoslawien und der französische Außenminister unter den Kugeln eines kroatischen Verschwörers gefallen. Von allen diesen Ereignissen, die eine rastlos tätige und bewegte Welt schon beinahe vergessen hatte, erfuhr ich jetzt zum erstenmal.

»Bekommt ihr Zeitungen?« fragte ich.

»Wir haben einen Weg, auf dem wir sie hereinschmuggeln können«, sagte Salomon. »Wir sind auf dem laufenden. Wir stehen in ständiger Fühlung mit der Partei.«

»Hast du eine Möglichkeit, unzensierte Briefe hinauszubringen?«

»Gewiß. Die Genossen in allen Sälen arbeiten zusammen. Wir haben eine Tabaklinie. Wir haben eine Brieflinie, einen Geheimdienst, und wir haben auch das Kommunistische Manifest und die neueste Broschüre des Genossen Dimitroff. Die Politik der Komintern ist geändert worden. Jetzt ist die *Volksfront* Trumpf. Wir verteidigen die Demokratie, weil die Demokratie uns die beste Gelegenheit gibt, die bewaffnete Erhebung zu organisieren. Das ist ein bedeutsames taktisches Manöver, obwohl viele Genossen hier bitter enttäuscht sind, weil sie wegen einer Politik ins Gefängnis gekommen sind, die von Moskau jetzt als Irrtum bezeichnet wird. Du wirst viel lernen. Aber Vorsicht! Die Säle sind mit unsicheren Elementen verseucht.«

Das Westsekretariat der Komintern hatte Georg Hegener, Jensens erprobten Mitarbeiter, mit dem Befehl nach Deutschland geschickt, Albert Walter aus dem Machtbereich Hitlers zu entführen. Genosse Hegeners ungewöhnlicher Verstand enthielt ein ganzes Arsenal aller nur denkbaren GPU-Methoden; aber Walter, sein ehemaliger Vorgesetzter, kannte alle Kniffe und Regeln des Falschspielens ebensogut. Eines Nachts im Jahre 1934 erschien Georg Hegener mit einem falschen Paß und einer Pistole bewaffnet in Walters Wohnung in der Pestalozzistraße in Hamburg. Die Unterhaltung zwischen den beiden muß eine der erbittertsten und unheimlichsten Episoden gewesen sein.

Hegener trat in einer Schlacht den Rückzug an, die mit geistigen Waffen, vielleicht auch mit Schußwaffen ausgetragen wurde. Bei allem Schneid und bei allem Mut, den er hatte, war er doch kein Gegner, der *Neptuns Großonkel*, wie Walter von seinen Freunden genannt wurde, gewachsen gewesen wäre.

Am nächsten Morgen wurde die Gestapo von Hegeners Anwesenheit in Hamburg unterrichtet. Die Nazis verhafteten ihn aber nicht. Sie spielten ein größeres Spiel. Als Georg Hegener Deutschland heimlich verließ, wurde er durch zwei Einsatzleute der Auslandsabteilung der Gestapo beschattet. Er führte seine Beschatter direkt in die Büros von Kuusinen und Wollweber in Kopenhagen. Die Beauftragten von Inspektor Kraus mieteten eine Villa in der Vorstadt Charlottenlund, und eine Woche später erschien Inspektor Kraus selbst, wobei er den Namen und den Paß eines Hamburger Bäckermeisters benützte, und verlegte vorübergehend sein Hauptquartier nach Kopenhagen. Eine weitere Woche verging. In der dänischen Presse erschienen Schlagzeilen: *Gestapobanditen in Kopenhagen... Nazimenschenräuber am Werk.* Ernst Wollweber und ein Mann namens Vogel – den die Gestapo irrtümlicherweise für Kuusinen hielt – wurden auf der Straße bewußtlos geschlagen und in einen wartenden Wagen gezogen. Sie wurden in die Villa nach Charlottenlund gebracht, um nach Deutschland entführt zu werden. Aber die Villa stand bereits unter GPU-Überwachung. Männer der kommunistischen Spionageabwehr, die damals unter der Leitung von Leo Haikiss stand, traten in Aktion. Inspektor Kraus und seine Gehilfen ergriffen die Flucht. Wollweber und Vogel wurden gerettet. Kurze Zeit nachher wurde Wollweber von der Kopenhagener Polizei in Gewahrsam genommen, aber Richard Jensen handelte mit Erfolg seine Freilassung aus; er behauptete nämlich, daß Wollweber, den die dänische Geheimpolizei unter dem Namen Schmidt kannte, sofort nach Rußland ausreisen werde.

Jeder Gemeinschaftssaal war ein gärendes Intrigennest und ein erbarmungsloser Kampfplatz um die Vorherrschaft. Die Gefängnisverwaltung sah absichtlich darauf, daß die Zusammensetzung der Gefangenen in jedem Saal eine Massensolidarität ausschloß. Die sich widerstrebendsten Elemente wurden zusammen zwischen vier engen Wänden eingepfercht. Die Verwaltung begünstigte das Spitzeltum, die Denunziationen und die gegenseitige Vereitelung konspirativer Bemühungen. Die Gefängnisbeamten selbst, die für die Aufrechterhaltung der politischen Unschädlichkeit der Gefängnisinsassen verantwortlich waren, lebten in ständiger Angst vor der Gestapo. Sie ließen nichts unversucht, um eine Massenverschwörung der großen Zahl von politischen Gefangenen unmöglich zu machen. Die Aufgabe der Verwaltungsspitzel und der Gestapokreaturen in den Gemeinschaftssälen bestand darin, Zank und Mißtrauen zu säen und Beweismaterial für zusätzliche Verurteilungen und zur Verlängerung bereits bestehender Gefängnisstrafen zu sammeln. Darüber hinaus war die Gestapo immer darum bemüht, zusätzliche Agenten aus den Reihen der politischen Sträflinge zu gewinnen. Die Behörden ermutigten die kriminellen Gefangenen, einen Zustand ständiger Meinungsverschiedenheiten und Feindschaft in den Sälen aufrechtzuerhalten. Ihrerseits hockten die kriminellen Gefangenen immer in einer großen Zahl kleiner Cliquen zusammen, wobei jede Clique auf die Befehle eines körperlich starken Führers hörte, und alle diese Cliquen waren von Haß und Furcht gegenüber der Mehrzahl der politischen Gefangenen erfüllt.

Mit der Zeit erfuhr ich, daß das Hamburger Zuchthaus tatsächlich von einer Geheimorganisation kommunistischer Gefangener regiert wurde. Die Partei war da und betätigte sich aktiv innerhalb der Gefängnismauern. Im Hamburger Gefängnis zählte sie ungefähr elfhundert Mitglieder. Der Aufbau und die Disziplin dieser Sträflingsorganisation entsprach dem allgemeinen kommunistischen Vorbild. Die Genossen in jedem Saal waren in Zellen zu fünf Mann organisiert. Keiner mit Ausnahme des Zellenführers durfte irgendwelche politischen Verbindungen außerhalb seiner eigenen Fünfmannzelle haben. Jeder Zellenführer folgte den Anweisungen eines dreiköpfigen Saalausschusses, dem er auch verantwortlich war. Alle Saalausschüsse arbeiteten unter der Leitung einer Spitzengruppe – des Zentralkomitees, dessen Hauptquartier sich im Saal 11 befand und das durch Gefangene, die *auf Transport* gingen, einen geheimen Kurierdienst mit anderen Gefängnissen aufrechterhielt.

Jeder neuankommende kommunistische Gefangene wurde unvermeidlich in diese Organisation eingegliedert, ausgenommen, er hatte sich als Schwächling oder als Verräter erwiesen. Das Zentralkomitee hatte auch seinen eigenen *Apparat* aufgebaut, eine Art von Gefängnistscheka, die unter den Augen der Gefängnisspitzel der Gestapo operierte. Diese ganze Gefängnisorganisation baute auf dem Grundsatz: »Selbst in der Hölle muß ein Bolschewist ein Bolschewist bleiben; wir müssen die Partei zusammenhalten und ihre Waffen für die kommenden Auseinandersetzungen pflegen; das größte Verbrechen ist, den Untergang der Partei zuzulassen.« Der Genosse in der Fünfergruppe wußte wenig von der Verzweigtheit seiner Organisation. Er kannte die Mitglieder seiner eigenen Gruppe und den Führer. Die Führer wurden durch den Saalausschuß ernannt, und die Mitglieder des Saalausschusses wurden durch das Zentralkomitee bestimmt, das den Umständen entsprechend die allerhärteste Diktatur ausübte. Die Verbindung zwischen dem Zentralkomitee im Saal 11 und den siebzehn anderen Saalausschüssen wurde durch einen besonderen Stab von Verbindungsleuten aufrechterhalten – Vertrauenspersonen, Essenträgern und jenen Gefangenen, die dazu bestimmt waren, die Bastballen vom Lager in die verschiedenen Säle zu transportieren.

Die Organisation, obwohl allgegenwärtig, war für den Außenstehenden praktisch unsichtbar. Für die Augen und Hände von Fremden war sie unfaßbar. Aber sie war vorhanden. Hinter den Mauern konnte ihr Arm jeden Tag und zu jeder Stunde fühlbar werden, ganz besonders aber nachts. Die rücksichtslosen Desperados, die in vergangenen Jahren die natürlichen Führer aller Sträflinge gewesen waren, hatten feststellen müssen, daß ihre bisher so wirksamen Führungsmethoden gänzlich wertlos geworden waren.

In der Einzelhaft vergraben, hatte ich die Partei und die Komintern halbwegs vergessen. Jetzt in Saal 9 war ich von kommunistischen Kämpfern umgeben, die von einem einzigen Gedanken beherrscht waren: *Die Partei zuerst!* Das war einzigartig. Ich fühlte, daß es so etwas noch nie und zu keiner Zeit in irgendeinem Gefängnis gegeben hatte. Ich fühlte die Macht der Partei, und ich hatte ein heftiges Gefühl des Stolzes. Die alte revolutionäre Begeisterung erwachte in mir mit aller Macht.

Meine Überführung in den Saal 9 wurde dem Zentralkomitee in Saal 11 sofort durch einen Sträflingskurier gemeldet, der in seiner Eigenschaft als Essenträger vier Säle während der Mahlzeiten bediente. Der Verkehr zwischen Gefangenen der verschiedenen Säle war verboten und wurde von der Gefängnisverwaltung streng bestraft. Aber die Methode, die wir zur Weiterleitung von Nachrichten anwandten, war beinahe todsicher: Die Nachricht wurde mit Druckschrift auf ein Stück Papier geschrieben und auf den Boden eines Eßnapfs geklebt und beim Mittagessen zusammen mit der Suppe ausgehändigt, während die Wache vom Dienst ohne jeden Verdacht zuschaute. Einige Tage später kam vom Zentralkomitee die Anweisung, ich solle mich auf meine Überführung in Saal 11 vorbereiten, den wir scherzhaft den *Kreml des großen Hauses von Hamburg* nannten.

»Wie zum Teufel soll ich in den Saal 11 kommen?« fragte ich Salomon, der der politische Leiter des Saales 9 war.

»Tu gar nichts«, sagte er. »Überlaß das Tonio.«

Tonio war der politische Chef des ganzen Gefängnisses. Ich hatte ihn lange vor meiner Verhaftung kennengelernt. Er war zweiunddreißig, von hünenhafter Gestalt, blond und blauäugig und ebenso unerschrocken wie heiter. Er war findig und gerecht, eine mitreißende Persönlichkeit, aber wie Avatin verlangte er niemals von anderen Genossen, was er nicht selbst zu tun bereit war. Tonio war das teutonische Abbild von Avatin. Er war einer der Experten der Komintern für den Bergbau gewesen, und nach der Verhaftung von Walter Duddins war er Parteichef des Nordseegebietes geworden – die Stellung, in die Wollweber John Scheer hatte hineinsetzen wollen. Tonio wurde von der Gestapo festgenommen und wegen Hochverrats verurteilt. Seine junge Frau war anschließend zu einer Sonderausbildung an die Leninschule nach Moskau geschickt worden. Ich sollte bald Tonios Macht und Geschicklichkeit selbst in einem Nazigefängnis spüren.

Eine ältere Wache rief mich in den Gang hinaus.

»Möchtest du in den Saal 11 versetzt werden?« fragte mich der Mann.

»Ja«, antwortete ich munter.

»Gut, roll deine Decken zusammen.«

Fünf Minuten später war ich im Saal 11. Der Aufseher war einer von den älteren Gefängnisbeamten, die vor der Machtergreifung Hitlers Mitglieder der sozialdemokratischen Partei gewesen waren. Als Hitler an die Macht kam, waren sie – um ihre Stellungen und Pensionen zu retten – in großer Eile in die Partei eingetreten. Im allgemeinen »heil-hitlerten« sie lauter und wilder als irgendein langjähriger SA-Mann. Die Ankunft von Kommunisten in den Gefängnissen stürzte diese ehmaligen Sozialisten in ein nicht geringes Dilemma. Die kommunistischen Sträflinge wußten oft von der marxistischen Vergangenheit ihrer Aufseher, und die Drohung mit einer Denunziation bei der Gestapo wegen betrügerischen Eintritts in die NSDAP verwandelte diese Gefangenenwärter in hilflose Hampelmänner in der Hand ihrer kommunistischen Schützlinge. Es gab sechs oder sieben solcher Aufseher im Hamburger Gefängnis. Ein einziges Kommando von Tonio konnte sie wie verängstigte Glockenbuben hochfahren lassen. Das war ein häßliches Geschäft. Aber alle Gefängnisse sind häßlich, und die Gefängnisse Hitlers sind am häßlichsten.

Als Tonio mich sah, schoß er wie ein übermütiges Füllen quer durch den Saal auf mich los. Seine stürmische Ausgelassenheit war in diesem Fall die denkbar beste Tarnung für die unbeirrbare und harte Entschlossenheit, die hinter Tonios blitzenden Augen zu Hause war. Er und drei seiner Mitarbeiter bemächtigten sich meiner und führten mich zum Waschraum in einer Ecke von Saal 11. Hier empfing ich erstmal eine tüchtige Dusche mit kaltem Wasser. Tonio hielt eine Rede, die selbst die finstersten Kriminellen unter uns zum Lachen brachte. Ich bekam einen Decknamen – *Langsplisse*. Nach dieser lärmenden Einführung nahm er mich beiseite.

»Wir brauchen dich in der Spitzengruppe«, sagte er. »Der dritte Mann ist Friedrich, ein junger Lehrer. Eines mußt du dir immer vor Augen halten: *Wir* sind die Partei hinter diesen Mauern. Wir müssen dieses Gefängnis in eine Universität für die Revolution verwandeln. Auf diese Weise verkehren wir den Zweck dieses Gefängnisses in sein Gegenteil. Wir müssen unsere Aufmerksamkeit selbst den unbekanntesten Genossen zuwenden. Die Gestapo bringt sie hierher, um ihren Widerstand zu brechen. *Wir* sind dazu da, sie zu stärken und sie zu noch treueren Anhängern der gemeinsamen Sache zu machen. Verstanden?«

»Verstanden.«

»Also – laß uns an die Arbeit gehen!«

Vierzehn Monate lang gehörte ich zu den Insassen des Saales 11 und war Mitglied des Gefängniskomitees. Sie gehörten zu den arbeitsreichsten Monaten meines Lebens. Sie zeigten mir, daß selbst in einer hoffnungslosen Niederlage die Moral hochgehalten werden kann, solange in den Köpfen der Betroffenen die Überzeugung lebt, für eine gute Sache zu kämpfen. Der einzelne mag den Kampf aufgeben und sich der Verzweiflung überlassen; zu einem gemeinsamen Zweck mit anderen Ausgestoßenen vereint, kennt jeder den Platz, auf den er gehört, fühlt seine Stärke und rettet so seine Überzeugung, daß das Leben doch noch Sinn hat. Die zurückhaltenden kleinen Genossen besaßen eine größere Charakterstärke angesichts überwältigender Hindernisse als der große Haufen der geistig Überlegenen. Der durchschnittliche kommunistische Kämpfer wäre, selbst im Gefängnis und angesichts einer unerbittlichen Zukunft, in einen Kessel mit geschmolzenem Kupfer gesprungen, wenn seine Vorgesetzten ihm das befohlen hätten. Die Meinung, daß man nur für materielle Vorteile kämpfe, wurde durch die namenlosen Aktivisten in Sträflingskleidern Lügen gestraft. Ein menschliches Wesen, das vom Glauben besessen ist, kämpft länger und verbissener als seine Brüder und Schwestern, deren hauptsächlicher Antrieb nur schlecht versteckte Habsucht ist.

Mit leidenschaftlichem Schwung und beträchtlicher Geschicklichkeit verwandelten wir das Gefängnis in eine »Universität der Revolution«. Wir überwachten das Leben unserer Genossen, und wir organisierten ihre Zeit mit noch größerer Strenge und noch mehr bis in alle Einzelheiten, als das seinerzeit mit unserer Zeit als Studenten an der Kommunistischen Universität in Leningrad geschehen war. Ein verängstigter Aufseher versorgte uns regelmäßig mit den neuesten Broschüren und Resolutionen der Komintern. Die Entschließungen des siebten Weltkongresses der Komintern, der die Ära der *Volksfront*-Bewegung einleitete, waren in unseren Händen, noch bevor sie von der deutschen Presse kommentiert wurden. Im Saal 11 arbeiteten wir in flüsternd geführten Diskussionen, die bisweilen die ganze Nacht hindurch dauerten, die Texte für revolutionäre Vorträge aus. *Imperialismus – Streiktaktik – Sabotage – Propaganda in der Armee – Marxistische Dialektik – Strategie des Bürgerkrieges* und Dutzende ähnlicher Themen wurden ausgearbeitet und in der klarsten und genauesten Form niedergeschrieben. Papier und Bleistifte, die wir dazu brauchten, wurden von den Genossen, die in der Verwaltung arbeiteten, für uns gestohlen; die Füllfederhalter, die wir gebrauchten, wurden von Wärtern hereingeschmuggelt. Eine spezielle Gruppe von *Agit-Prop*-Leuten (abgeleitet von: *Agitation und Propaganda*) in Saal 11 schrieben dann die Originaltexte in sauberen Druckbuchstaben ab. Sie machten diese Arbeit nachts. Die Abschriften wurden in allen anderen Sälen des Gefängnisses in Umlauf gesetzt. Gefangene, die wegen guter Führung gewisse Vorrechte genossen, und Essenträger betätigten sich als Kuriere zwischen den verschiedenen Gängen und Zellenblocks. Sie gaben das schriftliche Material den politischen Leitern der verschiedenen Säle. Die politischen Leiter ihrerseits hämmerten dann den Inhalt in die Hirne der übrigen Mitglieder ihrer Gruppe. Alle Konferenzen wurden nachts abgehalten, und die Unterhaltung wurde leise flüsternd geführt, weil meist ein Gestapospitzel nur ein paar Matratzen weiter lag. Unsere Maschine funktionierte geräuschlos, bei Tonio angefangen bis hinab zum mittelmäßigsten Genossen. Eines Tages würde die Mehrzahl derer, die wir hier ausbildeten, freigelassen werden; sie sollten dann, das war jedenfalls unsere Hoffnung, ihre Untergrund-Tätigkeit draußen als gefestigtere Bolschewisten fortsetzen, als sie es am Tage ihrer Verhaftung durch die Gestapo gewesen waren.

Jeden Sonntagmorgen traten das Zentralkomitee und die politischen Saalleiter zu einer Besprechung zusammen. Es wurde Bericht erstattet und der Aktionsplan für die kommende Woche festgelegt. Diese Sitzungen fanden in der Gefängniskirche statt. Der Besuch des Gottesdienstes war obligatorisch. Der Gefängnispfarrer war ein arroganter junger SS-Führer. Seine Predigten waren ein Potpourri aus der Bibel, der deutschen Mythologie und aus Hitlers *Mein Kampf*. Es gab wenig Gelegenheit für einen heimlichen Verkehr unter der Masse der Gefangenen, die im Kirchenschiff saßen. Die Besprechungen unserer Organisation wurden im Chor abgehalten, der auf einer Galerie hoch oben und ganz am Ende der Kirche lag. Der Chordirigent war ein netter alter Mann, der immer bereit war, den Gefangenen eine Gefälligkeit zu erweisen. Der Organist war ein früherer Sozialdemokrat. Der Küster war ein fanatischer Katholik, der die Hitlerbewegung haßte. Aber alle drei trugen das Hakenkreuzabzeichen und waren Mitglieder der Nazipartei. Der Chordirigent nahm nur Sänger, die sich aus der Zahl der Sträflinge in den Sälen freiwillig meldeten. Unter anderen meldeten sich Tonio, Friedrich und ich als Mitglieder der Spitzengruppe freiwillig; das gleiche taten auf unsere Anregung auch alle politischen Leiter der Gemeinschaftssäle. Während die kleineren Choristen mit lauter Stimme ihre Hymnen sangen, zogen sich die politischen Leiter in den Hintergrund des Chors zurück, und hier, außerhalb der Reichweite der Aufseher unten im Schiff, wurden die konspirativen Besprechungen geführt.
Unser Geheimdienst, der Gefängnisnachrichtendienst, war gut organisiert. Er arbeitete mit Gründlichkeit und, den Umständen entsprechend, mit äußerster Vorsicht. Der Intelligenzgrad der politischen Gefangenen war sehr viel höher als der des großen Haufens der kriminellen Sträflinge. Durch viele sorgfältige Manöver gelang es uns, Kommunisten in alle Schlüsselstellungen zu bringen, die den Sträflingen offenstanden. Die Angestellten in den Verwaltungsbüros waren Parteimitglieder. Die Wärter in den Gefängnisbaderäumen waren Genossen; das war für uns von großer Bedeutung, weil ihre Tätig-

keit sie im Laufe der Woche mit jedem Gefangenen einmal in Berührung brachte. Die meisten privilegierten Gefangenen waren Kommunisten, das gleiche galt von den Vorarbeitern in den verschiedenen industriellen Abteilungen des Zuchthauses. Diejenigen Genossen, denen es gelungen war, »Mitaufseher« zu werden, gaben sich die größte Mühe, die Produktivität zu verbessern, wobei sie gleichzeitig alles daransetzten, den Aufsehern nichts über die Arbeitstechnik zu verraten. Durch erhöhte Produktion konnten sich die »Mitaufseher« ein beträchtliches Ansehen bei der Verwaltung erwerben, und die Unwissenheit der Aufseher auf dem Gebiet der Arbeitstechnik ermöglichte den »Mitaufsehern«, zu sagen: »Um die und die Lücke auszufüllen, brauche ich den Sträfling X.« Und jedesmal war der *Sträfling X* ein erprobtes Parteimitglied. Die Gefängnisbibliothekare und die Buchbinder waren ebenfalls Parteimitglieder. Ihre Funktion in unserem *Apparat* bestand darin, Seiten aus dem Kommunistischen Manifest und die letzten Reden von Stalin und Dimitroff in Bücher wie *Der Graf von Monte Christo, Ivanhoe* und Bismarcks *Gedanken und Erinnerungen* einzukleben. Natürlich sorgten die kommunistischen Bibliothekare dafür, daß solche »gedokterten« Bücher nur an zuverlässige politische Gefangene ausgegeben wurden. Wenn Gefangene eingeliefert wurden, die wegen politischer Verbrechen verurteilt waren, so wurden sie zunächst vollständig von der Organisation isoliert. Die politischen Leiter des entsprechenden Saales meldeten die Neuankömmlinge dem Zentralkomitee. Das Zentralkomitee schickte dann eine Anfrage an die Genossen in den Büros des Gefängnisdirektors, Oberinspektor Bruhns. Die Kommunisten in der Verwaltung benutzten die erste beste Gelegenheit, um sich die offizielle Akte des neuangekommenen Gefangenen anzusehen. Sie entnahmen ihm alle wünschenswerten Angaben und schickten diese an das Zentralkomitee in Saal 11. Innerhalb einer Woche kannten wir die Vergangenheit jedes neuen Sträflings, das Verbrechen, das zu seiner Verurteilung geführt hatte, seine Haltung vor der Gestapo und dem Gerichtshof und die politischen Vereinigungen, denen er angehört hatte. Wir wußten genausoviel über ihn wie die Gestapo, sehr oft noch mehr. Wurde er für zuverlässig gehalten, unterrichteten wir den entsprechenden Saalausschuß von dieser Tatsache, und der Neugekommene wurde dann als aktives Mitglied in unsere Organisation aufgenommen. Viele Informationen, die wir bei dem ständigen Zu- und Abgang von politischen Gefangenen sammeln konnten, wurden zu langen Berichten verarbeitet, die dann durch unsere Helfershelfer unter den Aufsehern hinausgeschmuggelt und von Rudolf Heitman an das Westsekretariat und die GPU in Kopenhagen weitergeleitet wurden. Diese Berichte enthielten Informationen über neue Gestapomethoden und Pläne, über Nazispitzel und Verräter in unseren Reihen und endlich auch industrielle und militärische Geheimnisse, die im Besitze von verhafteten Genossen waren.

Unsere wirksamste und wichtigste Methode, eine ständige Kontrolle über das kriminelle Element unter den Gefängnisinsassen auszuüben, beruhte auf der von uns organisierten Tabakverteilung. Das Rauchen ist in allen deutschen Gefängnissen verboten. Aber auf Empfehlung der Gefängnisbehörden oder der Polizei erhielten bestimmte Gefangene eine wöchentliche Zuteilung von Kautabak. Diese privilegierten Gefangenen übten eine große Macht über ihre weniger glücklichen Kollegen aus, und der Besitz von Tabak, solange er sich auf einige wenige Auserlesene beschränkte, bildete den Anlaß zu gemeinen

Winkelzügen in der »Politik« der Sträflinge. Ich sah Sträflinge, die bereit waren, sich für ein Stück Kautabak gegenseitig umzubringen. Ich sah andere, die nicht zögerten, die schmutzigsten Taten zu begehen, wenn ihnen als Gegenleistung ein Stückchen Priem angeboten wurde.

»Wir müssen die Tabakfrage bereinigen«, sagte Tonio eines Tages zu mir. »So, wie die Situation augenblicklich ist, könnten die Messerstechereien wegen das Tabaks die Gestapo doch veranlassen, eines Tages zu einer gründlichen Untersuchung hier zu erscheinen. Die Tabaksüchtigen wären nur zu froh, uns bei dieser Gelegenheit hochgehen zu lassen.«

Wir verwandelten den Tabak in eine politische Waffe, und zwar auf folgende Art und Weise: Alle vierzehn Tage befahl Tonio, ein Quantum guten Rauchtabak zu kaufen, der aus den Mitteln bezahlt werden sollte, welche die Internationale Rote Hilfe zur Unterstützung der Angehörigen wichtiger politischer Gefangener zur Verfügung gestellt hatte. Ein unbekannter Parteigenosse draußen holte das Geld ab und kaufte den Tabak, der dann in kleineren Mengen durch drei Aufseher, die ehemalige Sozialisten waren, hereingeschmuggelt wurde. Sie lieferten die Konterbande in Saal 3 ab, und von dort gelangte sie nach einiger Zeit nach Saal 11. Der Tabak, zusammen mit Feuersteinen und dünnen Plättchen von Feuerzeugstahl, wurde dann unter alle Gefangenen gleichmäßig verteilt. Auf diese Weise erhielten politische und kriminelle Gefangene in gleicher Weise, nämlich in Gruppen zu fünf – genannt die *Tabakgruppen* – ihren Anteil von zwei Zigaretten pro Tag. Dieses Vorgehen brach die Macht der Kautabakmonopolisten, zu denen die schlimmsten Halsabschneider im Gefängnis gehörten; zuletzt waren sie froh, in eine der disziplinierten Tabakgruppen aufgenommen zu werden.

Die schwerste Strafe, die einem Gefangenen zuteil werden konnte, bestand in der Verfemung durch seine eigenen Kameraden. Es konnte nichts Grausameres geben, als in einem überfüllten Saal leben zu müssen und von allen Saalinsassen gemieden zu werden. Aber der Preis für die Kameradschaft war die Mitarbeit an unseren politischen Plänen. Zu den politischen Sträflingen, welche die Zusammenarbeit verweigerten, gehörte Genosse Nickel. Es war der gleiche Nickel, der, als er noch Parteiführer in Bremen war, versucht hatte, mir am Vorabend meiner Fahrt nach Murmansk an Bord des *Pioner* seinen lächerlichen Willen aufzuzwingen. Die Gestapo hatte Nickel und über neunzig seiner Mitarbeiter bei einer einzigen Razzia im Sommer 1933 festgenommen. Nickel wurde wegen Hochverrats zu einer Gefängnisstrafe verurteilt. Jetzt weigerte er sich, Tonios Führung anzuerkennen. Die Antwort der Spitzengruppe lautete: »Nickel muß isoliert werden!« Und Nickels Isolierung war vollständig. Niemand wollte beim Essen neben ihm sitzen oder neben ihm schlafen. Keiner sprach mit ihm. Die Genossen wandten sich von ihm ab, als sei er ein Aussätziger. Nickel blieb schließlich nichts anderes übrig, als allein in einer Ecke des Saales vor sich hinzubrüten. Nachdem diese Behandlung neun Monate gedauert hatte, glich Nickel einem Mann, der den Verstand verloren hat. »Sprecht doch wenigstens mit mir«, pflegte er zu jammern, »warum spricht denn bloß keiner mit mir?«

Und immer wieder erhielt er von allen die gleiche verächtliche Antwort: »Du Krähe – du Saboteur!«

Unsere Gefängnisorganisation ließ einen Genossen auch nach seiner Freilassung nicht los. Viele wurden nach Verbüßung ihrer Strafe nicht freigelassen;

wenn die Gestapo sie immer noch für gefährlich hielt, wurden sie *bis auf weiteres* einfach in ein Konzentrationslager gesteckt. Die Lager von Estewege in Westdeutschland und das Lager Sachsenhausen bei Berlin waren die Mammutlager für Antinazis, die ihre Gefängniszeit hinter sich hatten. Immerhin wurden zu dieser Zeit noch von drei Gefangenen zwei nach Verbüßung ihrer Strafe entlassen. Auf diese Kategorie konzentrierten wir unser Interesse. Nach ihrem letzten Tag im Zuchthaus wurden diese Genossen zur Gestapo gebracht. Dort verlangte man von ihnen als unabdingbare Voraussetzung für ihre Freilassung die Unterzeichnung einer Erklärung, die auf eine zukünftige Zusammenarbeit mit der Gestapo hinauslief. Die Gestapo besorgte Stellungen für sie. Dafür waren die Genossen gezwungen, jede Woche vertrauliche Berichte an die Gestapo zu schicken, in denen sie über das Verhalten, die Vereinsverbindungen und Freundschaften sowie über die Unterhaltungen ihrer Arbeitskollegen und ihrer Nachbarn zu berichten hatten. Wenn solche Berichte nicht eintrafen oder wenn die Gestapo sie als unbefriedigend ansah, wurden die betreffenden *Informanten* schnell wieder verhaftet und für eine weitere Strafzeit in ein Konzentrationslager eingeliefert. Theoretisch war demnach jeder aus dem Gefängnis entlassene Antinazi ein Gestapospitzel. Wer die Unterzeichnung der Spitzelverpflichtung ablehnte, wurde nicht freigelassen.
Im Hamburger Gefängnis begannen wir mit der Ausarbeitung eines Planes, um dieses Massenspionagesystem zugunsten der Kommunistischen Partei auszunützen. Wir unterrichteten alle zuverlässigen Genossen, deren Entlassung bevorstand, in der Kunst, falsche Informationen in die Berichte an die Gestapo einfließen zu lassen und diese noch so abzufassen, daß die Gestapo sie als »befriedigend« ansehen würde. Es war ein gefährliches Spiel, aber man wollte die Aufmerksamkeit der Gestapo von den kommunistischen Zellen in den Betrieben dadurch ablenken, daß man Informationen über Nazis lieferte, die das Nazisystem kritisierten. Unterdrückungsmaßnahmen der Gestapo gegen widerspenstige Nazis mußten die bereits existierende Stimmung gegen die Gestapo bei den kleinen Nazis mit der Zeit noch vergrößern. Bevor ein Genosse aus dem Gefängnis entlassen wurde, übermittelten wir seinen Namen und das Datum der Freilassung an den geheim operierenden Verbindungsausschuß der Kommunistischen Partei. Mit dem entlassenen Genossen wurde dann Verbindung aufgenommen, und er erhielt seinen Platz im Untergrundapparat der Partei. Jedem freigelassenen Kommunisten wurde ferner eine *Patenschaft* über drei Genossen, die noch im Gefängnis saßen, übertragen. War er erst einmal frei, so bestand seine Aufgabe darin, die Verbindung mit den drei seiner Obhut anvertrauten Gefangenen und ihren Familien aufzunehmen und die Gefangenen ständig mit Informationen und Deckadressen zu versehen, an die sie sich wenden konnten, wenn sie selbst einmal freigelassen wurden.

Die Monate vergingen im Fluge. Der Sommer war vorbei. Das Laub der Bäume in den Höfen wurde goldbraun, und der Himmel überzog sich mit Sturmwolken. Die Blätter fielen, der Winter bedeckte das Land mit Schnee, und Tausende von Möwen flogen schreiend von den gefrorenen Küsten landeinwärts. Die Sonne stieg wieder höher und besiegte den Winter, wieder kam der Frühling und der Sommer, der Sommer des Jahres 1936. König Georg von England war inzwischen gestorben, Hitlers Armee war ins Rheinland marschiert, General Franco hatte den Spanischen Bürgerkrieg entfesselt. Und in der Sowjetunion brachte die große Säuberung, die Stalin nach der Ermordung Sergei Kirows, des Leningrader Parteichefs, in die Wege geleitet hatte, zahllose Mitglieder der alten bolschewistischen Garde vor die Exekutionskommandos. Von Firelei war kein einziger Brief mehr gekommen. Es war, als habe die Erde sie verschlungen. Zweiunddreißig Monate waren vergangen, seit ich sie zum letztenmal gesehen hatte.

»Mein Liebstes«, sagte ich nachdenklich zu mir, »wo bist du? Und was machst du?«

Ende Juli erhielt ich eine Antwort auf meine Fragen. Ein junger Genosse von Saal 11 war zum Verhör zur Gestapo gebracht worden. Er hatte den größten Teil des Tages im Büro von Inspektor Radam verbracht, der damals gerade das Material für den Mord- und Hochverratsprozeß gegen Edgar Andree zusammenstellte. Am späten Nachmittag war der Genosse ins Wartezimmer gebracht worden, wo er auf den Rücktransport ins Zuchthaus warten sollte. Dort hatte er Gelegenheit gehabt, die Gesichter einer Anzahl anderer wartender Gefangener zu studieren.

»Fünf junge Frauen saßen mit dem Gesicht gegen die Wand da«, erzählte er mir. »Die eine davon trug Sträflingskleider. Es war deine Frau, Genossin Firelei.«

Meine Stimme zitterte. »Bist du sicher, daß dieses Mädchen Firelei war?« fragte ich ihn.

»Ich bin sicher. Auch sie erkannte mich. Aber wir waren zu weit voneinander entfernt, als daß wir uns auch nur flüsternd hätten unterhalten können. Aber sie lächelte.«

Ich ging kreuz und quer durch den Saal 11 wie einer, der von plötzlicher Blindheit geschlagen ist. Firelei in den Händen der Gestapo! Wann war sie festgenommen worden? Zu welcher Strafe wurde sie verurteilt? War sie im Ausland entführt worden? Kehrte sie selbst nach Deutschland zurück? Kam sie mit einem geheimen Auftrag? Oder kam sie, weil sie ihr Kind retten wollte?

Die ganze Nacht hindurch ließen mir diese Gedanken keine Ruhe. Es war eine neue Art von Todeskampf. Firelei von der Gestapo festgenommen! Firelei verurteilt! Wurde sie geschlagen? Hielt man sie in Einzelhaft? Wie viele Monate war sie bereits im Kerker? Ich hätte schreien mögen. Ich zwang mich, nicht zu weinen, weil ich mich vor den Genossen schämte, deren Körper rechts und links so eng neben mir lagen, daß sie mich berührten. Mich ergriff ein wahnsinniger Haß auf die ganze Welt und ein Haß gegen mich selbst.

Ich fluchte über mich. »Dein Fehler! Dein Fehler!« murmelte ich. »Du hast sie in diesen blutigen Morast gezogen! Hättest du sie nie angesprochen – sie wäre jetzt glücklich und frei!« Ich knirschte mit den Zähnen. Bittere Selbstanklagen durchbohrten mich innerlich wie krumme Messer und bohrende Spiralen. Gegen Morgen, als das erste graue Tageslicht durch die Gitterfenster hereintropfte, wurde ich ruhiger. »Ich muß etwas unternehmen«, beschloß ich.

Ich schrieb einen Brief an die Gestapo und bat um ein kurzes Zusammentreffen mit meiner Frau. Die Erlaubnis wurde glatt abgelehnt. *Marabu*, der Oberwachtmeister, las mir die Antwort der Gestapo vor: »Verkehr zwischen anerkannten Feinden des neuen Deutschland ist nicht erlaubt. Heil Hitler!« Ich schrieb noch einmal und erhielt keine Antwort. Dann erkundigte ich mich nach den Gründen von Fireleis Verurteilung und der Dauer ihrer Strafe. Die kurze Antwort, die ich erhielt, lautete:

Ihre Frau ist zu sechs Jahren Zuchthaus verurteilt worden wegen Vorbereitung eines hochverräterischen Unternehmens. Sie verbüßt ihre Strafe im Frauengefängnis in Lübeck. *(sig.) Dr. Roth*

Sofort setzte ich den Nachrichten-*Apparat* der Spitzengruppe in Bewegung, um Einzelheiten über Fireleis Verhaftung und Verurteilung zu erfahren. Kürzlich erst verhaftete Kommunisten im Lager Fuhlsbüttel, die von Kopenhagen aus nach Deutschland geschickt worden waren und die in der Folge dann von der Gestapo über Firelei ausgefragt worden waren, konnten Bruchstücke des Sachverhalts mitteilen. Es gelang Tonio und mir, diese Fragmente Stück für Stück zusammenzusetzen; daraus ergab sich folgendes Bild:

Firelei hatte im Dienste der Komintern bis zum Oktober 1934 weitergearbeitet, das waren elf Monate nach meiner Verhaftung in Hamburg. Nach meiner Festnahme durch die Gestapo hatte sie in einem Anfall von Verzweiflung Ernst Wollweber für meine Verhaftung verantwortlich gemacht. Im Frühjahr 1934 hatte das Westsekretariat aus Berlin einen Bericht erhalten, demzufolge ich im Lager Fuhlsbüttel gestorben sei. Völlig außer sich vor Kummer hatte Firelei einen an Ossip Pjatnitzki ins Kominternhauptquartier nach Moskau gerichteten Brief geschrieben, denn sie wußte, daß Pjatnitzki große Stücke von meinen Fähigkeiten als Marineorganisator hielt. Sie schrieb in diesem Brief, daß Ernst Wollweber mich nur deshalb nach Deutschland geschickt habe, weil er die der ISH (*Internationale der Seeleute und Hafenarbeiter*) gewährten Unterstützungsgelder unter seine persönliche Kontrolle habe bringen wollen. Sie hatte diesen Brief einem belgischen Genossen anvertraut, der auf dem Weg nach Moskau über Kopenhagen reiste. Ob dieser Brief jemals nach Moskau gelangte oder ob der Belgier ihn einfach im Westbüro abgab, blieb unklar. Erst viele Monate später erfuhr ich, daß der Belgier ihn Richard Jensen übergeben hatte, der ihn dann an Wollweber weiterreichte.

Die Tatsache bleibt jedenfalls bestehen, daß Wollweber, kurz nachdem der Brief geschrieben worden war, Firelei mit einer geheimen Mission nach Deutschland schickte. Auf dieser Fahrt nach Deutschland wurde Firelei von einem anderen Kurier des Westsekretariats begleitet, einem gewissen Kurt Bailich, einem früheren Organisationsleiter der Partei in Altona. Ich kannte Kurt Bailich als netten, glatten jungen Mann und als geschickten Verschwörer, der drei Sprachen sprach. Aber Bailich war zugleich einer der geschicktesten Agenten der Gestapo im Ausland. Ende November, drei Wochen nach ihrer illegalen Einreise nach Deutschland, wurde Firelei von der Bremer Gestapo verhaftet und zum Verhör durch Inspektor Kraus nach Hamburg übergeführt. Neun Monate nach ihrer Gefangennahme wurde sie in nichtöffentlicher Sitzung in Hamburg zu sechs Jahren Zuchthaus verurteilt.

»Die beiden Männer, die dafür verantwortlich sind, sollen dafür büßen«, sagte ich wütend. »Der eine ist Wollweber, der andere Kurt Bailich.«

Tonio ließ seine blauen Augen lange auf mir ruhen. Schließlich sagte er: »Du bist jetzt aufgebracht. Laß wenigstens eine Nacht darüber hingehen. Vergiß nicht, daß du ein Mitglied unserer Spitzengruppe bist. Wir sind Blutstropfen im Herzen der Partei. Vergiß das nie, Genosse.«

»Der Beweis liegt vor, daß Bailich ein Spitzel ist.«
»Ich werde das Kopenhagen mitteilen«, sagte Tonio. »Man wird ihn umlegen.«
Ein Mann im Gefängnis, der von allen Seiten von Mitgefangenen umgeben ist, die vorher einmal in einem der vielen Fangarme des kommunistischen Kraken aktiv tätig waren, gewinnt eine weit bessere Einsicht in die internen Geheimnisse und Intrigen, als der Genosse, der jetzt noch aktiv und frei ist und der deshalb wenig von den Dingen erfährt, die außerhalb der Vorgänge seines begrenzten *Apparats* liegen. Ich hatte viel gehört und geschwiegen. *Und jetzt wußte ich, daß beinahe alle Genossen, die Ernst Wollweber mit Geheimaufträgen nach Deutschland geschickt hatte, im Lauf eines oder zweier Monate nach Überschreitung der deutschen Grenze die Beute der Gestapo geworden waren.*
»Wollweber ist ein Mörder«, sagte ich ruhig.
Tonio blickte mich schweigend an.
»Wollweber hat unsere besten Mitarbeiter in den höheren Stäben auf dem Gewissen«, fügte ich hinzu.
Tonio kreuzte die Arme über der mächtigen Brust. Sein unbezwingbarer Blick hatte sich gesenkt. »Genosse Ernst ist der konsequenteste Bolschewist in der deutschen Partei«, antwortete er langsam.
Die ganze darauffolgende Nacht dachte ich an Firelei. Ich will nicht versuchen, meine Gedanken und meine Gefühle zu beschreiben. Auf der Matratze neben mir schnarchte Tonio mit der Unbekümmertheit des Kämpfers. Er hatte immer einen gesunden Schlaf. Er hatte sogar absichtlich während seines Hochverratsprozesses geschlafen.
Der Morgen kam.
Den ganzen Tag diskutierte Tonio mit mir. Mit der ganzen Beharrlichkeit und Offenheit eines Menschen, der sein eigenes nacktes Leben verteidigt, brachte er seine Argumente vor. »Die Partei ist unser Leben«, sagte er. »Ohne die Partei können wir nicht leben. Nimm mein Beispiel! Selbst wenn die Partei meiner eigenen Mutter das Leben nehmen würde, würde ich immer noch sagen: Ich bin ein Bolschewist, und ich werde ein Bolschewist bleiben!«
Mein Inneres war in Aufruhr:
»Firelei ist im Gefängnis!«
»Das Gefängnis wird sie nicht umbringen«, sagte Tonio.
Er gewann seinen Kampf. In später Stunde schüttelten wir uns die Hand. Wir lagen auf unseren Strohsäcken so nahe beieinander, daß der eine den Pulsschlag des anderen fühlen konnte.
»Verzweifle nie!« flüsterte Tonio in wilder Begeisterung. »In meinem nächsten Bericht nach Kopenhagen werde ich dich als den besten Bolschewisten empfehlen, den ich seit meiner Gefangennahme durch die Gestapo getroffen habe.«
Der *S-Apparat* der Komintern erhielt schließlich alle Angaben, die wir über den Spitzel Kurt Bailich gesammelt hatten. Die GPU machte durch vier europäische Länder auf den Verräter Jagd. Aber Bailich entkam nach Deutschland, und dann entschwand er für achtzehn Monate aus meinem Gesichtskreis. 1938 wurde seine Anwesenheit in New Orleans gemeldet; Bailich war im Dezember 1936 der nordamerikanischen Abteilung der Gestapo zugeteilt worden.

Immerhin gelang es einem anderen, wichtigeren und gefährlicheren Gestapospitzel nicht, sich unserer Rache zu entziehen. Es war Martin Holstein, der mich und Hunderte anderer Genossen an Hitlers Geheimpolizei verraten hatte. Bis zum Jahr 1936 hatte keiner von uns daran gedacht, daß Holstein ein Verräter sein könnte. Er war zu vorsichtig und zu geschickt gewesen, und er verstand es ausgezeichnet, die Rolle eines fanatischen Revolutionärs zu spielen. Daß er schließlich überführt wurde, ist einem zufälligen Zusammentreffen zu verdanken. Der politische Leiter des Saals 7 war von der Gestapo zum Verhör geholt worden. Während er in einer von Inspektor Kraus' Folterkammern gepeinigt wurde, öffnete sich plötzlich die Tür, und ein elegant angezogener Mann stürzte herein. Der Eindringling war Martin Holstein. Unser Genosse von Saal 7 und Holstein erkannten sich sofort. Ohne ein Wort zu sagen, drehte sich Holstein um und stürzte wieder aus dem Raum.
»Wer war dieser Mann?« fragte der Gestapoagent mißtrauisch, der den Kommunisten von Saal 7 verhörte.
»Ich weiß es nicht«, antwortete der Genosse.
Als der Gefangene abends ins Gefängnis zurückkehrte, berichtete er Tonio, daß er Holstein in der Gestapozentrale frei herumlaufen gesehen habe. Ein solcher Beweis war schlüssig: Holstein war der Verräter, den wir jahrelang gesucht hatten. Die Tatsache wurde dem *S-Apparat* in Kopenhagen mitgeteilt. Die Jagd auf Martin Holstein begann.
Eines Tages im September wurde eine Leiche unterhalb des Hafens von Duisburg aus dem Rhein gezogen. Es war die Leiche eines Mannes, dessen Kehle von einem Ohr zum anderen durchschnitten worden war. Der Tote wurde als der Verräter Martin Holstein identifiziert.

Im Spätsommer 1936 nahm unser wunderbares Leben in Saal 11 ein böses Ende. Es war an einem heißen Tag im August. Die Männer von Saal 11 marschierten in geschlossener Formation durch den Hof. Sechzig schwitzende Männer schwangen ihre Beine und Arme in einer Wolke von gelbem Staub. Wir marschierten eng aufgeschlossen, mit nur einem Schritt Abstand voneinander.
In der vordersten Reihe marschierte Tonio. Er war einer der Größten. Er trug seinen wagemutigen Kopf hoch, und seine Augen glänzten lebhaft. Er legte ein Maximum an physischer Bewegung in seinen Gang, und sein riesiger Brustkasten dehnte sich sichtlich unter jedem Atemzug aus. Seine Augen schweiften über den Hof, an den Mauern der Zellenblocks entlang und suchten die kleinen Fensterquadrate nach vertrauten Gesichtern ab. Er hatte stets ein ermutigendes Lächeln und tat alles, um den Widerstandswillen bei jedem zu stärken. Ich erinnere mich noch sehr wohl des warmen Lachens, das über das Gesicht so manches Genossen in der Einzelzelle huschte, wenn er den strahlenden Gruß und das furchtlose Lächeln Tonios erhaschte. Das stärkte ihn für den ganzen Tag. »Ich habe Tonio gesehen«, sagte er sich dann jedesmal, »und er hat mich ermutigt, auszuhalten.«
In der Mitte der schwitzenden Kolonne marschierte Gottlieb, der Theoretiker von Saal 11, ein ruhiger Mann mit weißen Haaren und immer guter Stimmung. Ich hörte ihn reden, verhalten, damit die auf- und abgehenden Wachen nichts verstehen konnten, denn das Sprechen im Hof war verboten.
»Sagt mir«, sagte Gottfried jetzt, »was hättet ihr in dieser Bruthitze am

liebsten: ein Glas eiskaltes Bier, eine gebratene Ente oder ein hübsches Mädchen?«

Vorn und hinten gab es ein unterdrücktes Lachen, als die Frage von Mann zu Mann weitergegeben worden war. »Bier«, sagten die meisten von uns. »Eine Ente«, sagte der Bankier Albers. »Das Mädchen«, krähte ein alter Sträfling namens Udje. »Das Mädchen gerade noch einmal, bevor ich sterbe.«

Tonio an der Spitze der Kolonne wandte den Kopf zurück. »Die Welt gehört uns«, proklamierte er. »Nieder mit der Bescheidenheit! Erst die Ente und das Bier und dann das Mädchen.«

Ein leises Lachen lief die marschierende Kolonne entlang bis ganz an den Schluß, wo ein Geldschrankknacker, den wir *Tarzan* nannten, durch den Staub watschelte, ein kleiner, ungeheuer breiter Mann, über dessen böses Gesicht Ströme von Schweiß rannen.

Nur ein einziger beteiligte sich nicht an der allgemeinen Heiterkeit. Das Lachen der anderen schien ihm im Gegenteil weh zu tun. Es war ein junger Mann von kaum zweiundzwanzig Jahren mit einem hübschen Gesicht, der unter schweren Gewissensbissen zu leiden schien. Er hieß Oswald. Da er ein Verräter war, schlossen die anderen ihn aus ihrer Gemeinschaft aus. Er war Mitglied einer Terroristengruppe im *S-Apparat* der Partei gewesen und hatte an der Ermordung eines Polizeioffiziers in Hamburg teilgenommen. Nach seiner Verhaftung hatte er die Namen der Genossen seiner Einheit preisgegeben; der Führer, ein junger Kommunist namens Lindau, war mit der Naziaxt getötet worden, und seine Helfer waren zu lebenslänglichem Gefängnis verurteilt worden. Für Oswald wurde nun das Leben hinter den Kerkermauern zu einer unerträglichen Hölle. Er wurde von seinen Kameraden isoliert, verachtet und mit seinen trüben Gedanken allein gelassen. Er konnte aber nicht ohne die Partei leben. Er sehnte sich danach, seinen Verrat zu sühnen. »Gebt mir Fußtritte«, stöhnte er, »tötet mich, wenn ihr wollt, bestraft mich! Macht etwas! Irgend etwas! Aber laßt mich nicht so allein!«

Ein verächtliches Schweigen war die Antwort der Kommunisten im Saal 11 gewesen. Jetzt im Hof tanzte Oswald plötzlich aus der Reihe. Er torkelte wie ein Verrückter hin und her und stürzte sich mit lauten Verwünschungen auf die Aufseher. Diese kamen von allen Seiten herbei.

»Schlagt mich!« brüllte Oswald. »Lieber Herr Wachtmeister, prügeln Sie mich! Verprügeln Sie mich fest! Alle sollen es sehen, wie Sie mich verprügeln! Verprügeln Sie mich!«

Einer von den Aufsehern, ein untersetzter junger Rowdy, schwang seinen Gummiknüppel.

»Du willst Schläge haben?« rief er. »Jedes Quantum! Du kannst eine gesalzene Ladung haben!«

Während Oswald heftig verprügelt wurde, erschien *Marabu*, der Oberwachtmeister und Vorgesetzter des Wachpersonals im Hof.

»Achtung!« schrie einer der Aufseher.

Wir blieben augenblicklich stehen. *Marabu* wollte wissen, was sich zugetragen habe. Die Aufseher standen blöde herum. »Ich verlangte Schläge«, erklärte Oswald schüchtern, »weil ich meine Freunde verraten habe.« *Marabu* sprach ihm beruhigend zu. Dann wandte er sich an uns. Seine Stimme klang wie ein Pistolenschuß: »Teuflische Schurken seid ihr!«

Er befahl allen Gefangenen, sich in Einerreihe aufzustellen und sich nackt

auszuziehen. Dann pfiff er mit der Trillerpfeife, und weitere Aufseher kamen von den Zellenblocks herbei. Wir standen in der Sonne, nackt, mit über dem Kopf erhobenen Händen.
»Durchsucht sie alle«, befahl *Marabu* den Aufsehern. »Körper- und Kleidervisitation.«
Die Durchsuchung dauerte volle zwei Stunden. Die Aufseher fanden Messer, illegale Bleistifte, Tabak und verschiedene Feuersteine. Einer zog einen Streifen Papier aus der Hose eines Gefangenen hervor. Er sah ihn sich genau an, dann reichte er ihn *Marabu*, der das Papier untersuchte. Sein Gesicht verfinsterte sich in gefährlicher Weise.
»Zehn Gebote für Jungkommunisten in der Hitlerjugend«, las er laut vor und fügte dann hinzu: »Interessant, außerordentlich interessant.«
Der Genosse, in dessen Kleidern das Papier gefunden worden war, gehörte zu den Kurieren von Saal 11. *Marabu* ließ ihn vortreten und schlug ihn ins Gesicht. »Hast du das geschrieben?« stieß er wütend hervor.
»Jawohl, Herr Oberwachtmeister«, antwortete der Genosse.
»Was bist du von Beruf?«
»Handlanger.«
»Diese Epistel ist recht hübsch geschrieben. Sollte ein gewöhnlicher Handlanger so schreiben können?« bemerkte *Marabu*. Er nahm ein Notizbuch und einen Füllfederhalter aus der Brusttasche und reichte beides dem Gefangenen. »Jetzt zeig mir einmal, wie du schreiben kannst«, befahl er ihm. »Schreib: ›Hitlerjugend‹!«
Der Genosse schrieb es mit schwerfälliger Schrift hin. *Marabus* Augen verengten sich.
»Jetzt sag mir, wer schrieb diesen Zettel mit den Instruktionen?« sagte er mild.
»Ich schrieb ihn«, antwortete der Genosse. Seine Loyalität war bewunderungswert.
Marabu befahl ihm, sich anzuziehen. »Wir werden dich zur Gestapo schikken«, sagte er. »Sie werden dir dort deine Zunge schon lösen.« Und zu der Reihe nackter Männer gewandt, stieß er wütend hervor: »Die ganze Bande bleibt hier nackt im Hof stehen, bis ich weiß, wer dieses hochverräterische Zeug geschrieben hat.«
Bis zum Einbruch der Nacht standen wir so im Staub. Keiner von uns hatte freiwillig irgendeine Aussage gemacht. Der Genosse, bei dem das belastende Papier gefunden worden war, kehrte von der Gestapo nicht mehr zurück. Aber andere, die von den Verhören zurückkamen, berichteten, daß die Gestapo den Kurier unter Anklage des Hochverrats, begangen im Gefängnis, gestellt habe. Wir hörten nie mehr von ihm. Aber einige Tage nach seiner Überführung zur Gestapo wurde ein finsterer Neuankömmling in Saal 11 untergebracht.
Dieser Neuling hieß Ludwig Grauer. Er war etwa fünfzig, ein mächtiger Kerl mit Armen wie ein Gorilla und einem üblen Nußknackergesicht, ein Mann der Tat und einer der größten Hochstapler im Hamburger Gefängnis. Einen Tag nach Grauers Ankunft in Saal 11 ernannte *Marabu* ihn zum Obmann des Saales. Wieder einen Tag später erhielt Grauer einen zuverlässigen Helfer, einen großen, wohlgebauten und rothaarigen Mann namens Willy Kronenberg. Kronenberg war bis zum Frühjahr 1933 Organisationsleiter der antifaschistischen Kampftruppen gewesen; gegen Geld hatte er seine

Organisation an die Gestapo verkauft. Aber die Gestapoführer schickten Kronenberg wegen Heiratsschwindel ins Gefängnis, nachdem sie auch das letzte, was er wußte, aus ihm herausgepreßt oder ihm abgekauft hatten. Kronenberg hatte in der französischen Fremdenlegion gedient. Er war ein abenteuerlicher, skrupelloser Kerl, von dem man sich vorstellen konnte, daß er selbst angesichts des Galgens seine Käuflichkeit nicht aufgeben würde. Wir bemerkten, daß Kronenberg in Saal 11 seine Befehle von Grauer entgegennahm. Sie hatten ihren Schlafplatz nebeneinander und lagen in der hintersten Ecke des Saales. Die von uns bestellten Aufpasser brachten heraus, daß Kronenberg und Grauer Nacht für Nacht lange heimliche Gespräche führten. Das veranlaßte Tonio, seine Mitarbeiter in den Verwaltungsbüros zu ersuchen, ihm Näheres über Grauer aus dessen Dossier mitzuteilen. Die übermittelten Angaben bestätigten den Verdacht.

Schon im ersten Weltkrieg, noch als Kanonier in der Kaiserlichen Marine, war er bereits politischer Spitzel für die reaktionäre Offizierskamarilla gewesen, der er die revolutionären Matrosen in der Flotte denunzierte. Während der Ruhrbesetzung im Jahre 1923 hatte er für den französischen Generalstab gegen Deutschland spioniert. 1927 wurde er mit Gefängnis bestraft, weil er ein Rheinschiff, das nicht ihm gehörte, nach Holland verkauft hatte. Nach seiner Freilassung 1931 ging er zum Bankfach über, und 1934 war er Direktor eines betrügerischen Unternehmens – der Zwecksparkassen –, bei dem mehrere Millionen Mark Spargelder kleiner Leute auf dem Spiele standen. Grauer kam vor Gericht und wurde zu acht Jahren Gefängnis verurteilt. Seine Akte bei der Gefängnisverwaltung enthielt eine Mitteilung der Gestapo, durch welche die Verwaltung ersucht wurde, in diesem Fall von der strengen Einzelhaft abzusehen. Grauer, der Pirat und Bankdirektor, war ein Gestapospitzel.

»Die haben uns da ein feines Paar geschickt«, brummte Tonio. »Grauer und Kronenberg. Die Gestapo wittert Morgenluft!«

Die politische Arbeit in Saal 11 war durch die Anwesenheit von zwei so ausgekochten Spitzeln praktisch gelähmt. Wir boten alle unsere Verbindungen und unseren ganzen Einfluß auf, um sie in einen anderen Saal abzuschieben. Die Tatsache, daß uns das nicht gelang, war ein ausreichender Beweis dafür, daß die Gestapo Grauer und Kronenberg befohlen hatte, den Saal 11 unter ständiger Überwachung zu halten. Wiederholt brachen Faustkämpfe zwischen wütenden Kommunisten und den beiden Spitzeln aus; aber die beiden Spitzel zeigten sich als furchtlose Kämpfer.

»Es wäre besser, wenn wir uns mit den beiden Halsabschneidern verständigen könnten«, riet Tonio. »Versucht, mit ihnen auszukommen, belastet sie mit ihren Verbrechen und macht sie auf diese Weise unschädlich.«

In der gleichen Nacht spät kroch einer in der Dunkelheit in die Fensterecke, wo Tonio und ich unseren Schlafplatz hatten. Der nächtliche Besucher war Oswald, der Verräter.

»Hört«, sagte er zitternd. »Ihr denkt, ich sei ein Verräter. Das ist nicht wahr. Ich bin ein Genosse, und ich will es euch beweisen.«

»Was hast du vor?« fragte ihn Tonio.

»Ich werde Grauer töten«, flüsterte Oswald. »Ich werde Kronenberg umlegen.«

»Unsinn«, brummte ich. »Wir können doch nicht aus diesem Saal heraus. Wir werden es alle hundertfach bezahlen müssen.«

»Ich werde sie beide umlegen«, sagte Oswald und war glücklich.
Tonio schüttelte ihn heftig. »Du bist verrückt! Leg dich sofort auf deine Matratze und laß uns allein!«
Oswald betastete Tonios Brust. Sonst sagte er kein Wort und kroch zwischen den schlafenden Gestalten ebenso leise davon, wie er gekommen war.
»Arbeitet er vielleicht mit Grauer zusammen?« fragte ich Tonio.
»Oswald ist kein Provokateur«, gab Tonio zur Antwort. »Wir können nichts machen. Er ist verrückt.«
Ich schlief ein. Zwischen drei und vier Uhr morgens wurden alle in Saal 11 durch ein heiseres Schreien geweckt. Aus der pechfinsteren Nacht kamen Geräusche eines Kampfes, der sich auf dem unteren Schlafgestell hinten in der Ecke abzuspielen schien. Dann von neuem Schreie, heiser und schrecklich; es waren Hilfeschreie. Fast jeder von uns wußte, daß diese Schreie aus Grauers Kehle kamen. Aber keiner erhob sich, um ihm zu helfen, nicht einmal Kronenberg. Bald stürzten die Nachtwachen in den Saal. Die Schreie waren zu einem leise hervorgestoßenen Stöhnen zusammengesunken. Das elektrische Licht ging an. Grauer lag auf dem Steinboden, das Gesicht und der Körper waren mit Blut bespritzt. Oswald war nicht in Sicht. Die Aufseher fanden ihn still vor sich hin lachend im Waschraum. Er hatte Grauers Gesicht und Hals mit einer Schere aufgeschlitzt, wie sie von den Bastwebern gebraucht wird.
Den Rest der Nacht standen wir alle in einer Reihe mit erhobenen Armen im Hemd im Gang. Es gab ein ständiges Laufen und Rufen der Aufseher, und eine Untersuchung wurde eingeleitet. Um neun Uhr morgens erschien dann eine Abteilung der Gestapo im Gefängnis. Die siebzehn bekanntesten Kommunisten in Saal 11, unter ihnen auch Tonio und ich, wurden aus dem Gefängnis in Einzelzellen des Konzentrationslagers Fuhlsbüttel übergeführt. Das ganze Gefängnis wurde von der Gestapo auf den Kopf gestellt. Trupps von Gefangenen aus den anderen Sälen wurden nach Oranienburg, nach Buchenwald und Dachau verschickt.
Wieder lag ich im Haus der Schrecken. Die Tage vergingen mit quälender Langsamkeit, und die Erinnerung an das Leben in Saal 11 war wie die Erinnerung an ein fernes, unerreichbares Paradies.

Meine Schlacht um »Mein Kampf«

Der neunundzwanzigste September 1936 begann im Lager Fuhlsbüttel wie jeder andere Tag. Die Nacht war laut und unruhig gewesen wegen der Ankunft neuer Gefangenentransporte. Flüche und Befehle kamen wie Pistolenschüsse, dazwischen das ruhelose Stöhnen der Gefesselten, das Zuschlagen von Türen und das Dröhnen von Flugzeugen. Die Glocke schlug halb sieben, und zehn Minuten später betrat ein Aufseher meine Zelle, nahm meine Fußfesseln ab und machte auch mein linkes Handgelenk frei, damit ich mein Bett in Ordnung bringen, auf die Toilette gehen und den imaginären Staub auf dem Boden aufwischen konnte. Dann fesselte er mir die Hände auf dem Rükken, warf mir ein Stück Schwarzbrot in die Zelle, und ich kniete mich mühsam auf den Boden und nagte an dem Brot herum.

Bis gegen zehn Uhr ereignete sich nichts weiter, abgesehen davon, daß ich in der Zelle auf und ab ging, um die Zeit totzuschlagen; in Gedanken beschäftigte ich mich damit, eine Liste aller zoologischen Ausdrücke zusammenzustellen, denen ich bei meiner letzten Lektüre begegnet war. Als der Schlüssel plötzlich im Schloß rasselte und die Tür aufging, sprang ich unter das Fenster und rief laut meinen Namen, meine Nummer und das Delikt, dessentwegen ich verurteilt worden war. Die Wache trat zur Seite. In meine Zelle spazierte Rudolf Heitman, breitschultrig, mit blauen Backen, schmalen Lippen und einem bleichen Doppelkinn, das auf einen lilienweißen Kragen überquoll.

Heitman gab der Wache ein Zeichen. »'s ist in Ordnung«, sagte er. »Du kannst mich einschließen.«

Der SS-Mann schloß die Tür hinter Heitman zu – dem GPU-Mann in der Gestapo.

Einen Augenblick später sah ich, daß die Wache das kleine Metallschild vom Guckloch hochgenommen hatte und durch das eingesetzte Vergrößerungsglas in die Zelle schaute. Unter diesen Umständen konnte ich Heitman nicht begrüßen. Ich blieb deshalb weiter in Achtungstellung stehen.

Heitman stieß mich roh gegen die Wand.

»Du siehst mir verdammt zufrieden aus«, rief er laut, »Burschen wie dich sollte man mit Stacheldraht aufhängen.«

Ich kam wieder ins Gleichgewicht. Heitman holte aus und gab mir einen Schlag an die Schläfe, und jetzt ließ ich mich auf den Boden fallen. Das blasse blaue Auge der Wache vor der Tür klebte immer noch am Guckloch.

Heitman brüllte: »Steh auf! Wer gestattet dir, dich auf den Boden zu legen?«

Ich stand auf und schaute ihn von der Seite an. Heitman zeigte die Zähne, und seine Mundwinkel waren nach unten gezogen.

»Wirst du mir die Wahrheit sagen?« fuhr er mich an.

»Ja.«

Heitman zog eine Fotografie hervor. Er hielt sie in der Handfläche und schob sie mir ganz nahe an die Augen. Es war das Paßfoto eines blonden jungen Mannes.

»Kennst du diesen Burschen?« fragte Heitman.

»Nein.«

Augenblicklich erhielt ich von seiner linken Faust einen Schlag auf die Nase. Ich begann zu bluten.

»Kennst du den Mann hier auf dem Bild?«

»Ich kenne ihn nicht«, sagte ich, ganz genau wissend, daß der Zweck seines Besuches nichts mit der gestellten Frage zu tun hatte.

Am Guckloch blinkte das Auge der Wache.

»Soll ich die Jungens rufen, damit sie dir eine Tracht Prügel verabreichen?« fragte Heitman.

»Nein«, sagte ich.

»Dann erzähl mir alles, was du von diesem Mann weißt«, brüllte er.

Ich schwieg.

Heitman hielt mir nochmals die Hand mit der Fotografie unter die Nase. Wie zum Sprung bereit stellte er sich vor mich hin; sein Gesicht war verzerrt, und seine kleinen Augen glänzten heimtückisch.

»Sieh dir dieses Bild an«, sagte er sanft, »und sag mir, was du über diesen Mann weißt.«

Ich starrte auf die Fotografie. Jetzt hatte Heitman eine Fotografie von Ernst Wollweber in der Hand, eine kleine Fotokopie eines Bildes von Wollweber, das vor Jahren in der *Arbeiter-Illustrierten* erschienen war.
»Sieh es dir genau an«, brummte Heitman, »und denk darüber nach.«
Langsam, mit einer kaum merkbaren Bewegung seines Daumens, drehte er das Bild in seiner Handfläche um, sein breiter Rücken war eisern gegen das Guckloch und die Wache draußen gerichtet. Eine kurze Nachricht in Druckbuchstaben befand sich auf der Rückseite der Fotografie. Meine Augen nahmen Buchstaben um Buchstaben auf und lernten jedes Wort auswendig, das da stand:

Versuche Eintritt in PP-Apparat. Lage günstig. Sprich vorsichtig.

»Kannte Ernst Wollweber diesen Mann?« fuhr Heitman von neuem auf mich los.
»Ich glaube, er kannte ihn«, sagte ich ruhig.
»Du glaubst, oder? Kannte er ihn oder kannte er ihn nicht?«
»Er kannte ihn.«
Heitman steckte die Fotografie wieder in die Tasche. Er zog seinen Kopf zurück, und sein Hals quoll vor.
»Du sahst also, wie er Befehle von Wollweber entgegennahm?«
»Ja.«
»Was waren das für Befehle?«
»Ich glaube, Polizeisachen«, sagte ich.
Heitman grunzte befriedigt. Mürrisch fügte er hinzu: »Das hättest du mir gleich sagen können.«
Dann drehte er sich um und schlug mit der Faust gegen die Zellentür. Der SS-Mann draußen öffnete sofort.
»Du kannst an deine Arbeit gehen«, sagte Heitman zu ihm. »Unser Freund hier ist vernünftig geworden.«
Die Totenkopfwache war von dem befriedigt, was sie gehört hatte. Sie verschloß die Tür von neuem, und dann hörte man, wie die Schritte sich auf dem Gang entfernten. Wir waren jetzt allein. Heitman entspannte sich. Er zog eine Flasche hervor und trank daraus. Meine Gedanken waren bei der Mitteilung. *PP-Apparat* war die kommunistische Bezeichnung für eine getarnte Tätigkeit innerhalb der feindlichen Polizei. Ich hatte keine Angst vor Heitman. Ich wußte genug über ihn, um ihm ein Stelldichein mit dem Henker zu verschaffen. Heitman wußte das. Er würde deshalb niemals versuchen, mir eine Falle zu stellen.
»Gut, ich warte«, sagte ich ruhig.
Er sprach leise. Statt *Westbüro* sagten wir *Firma*, und statt *PP-Apparat* sagten wir *unser Konkurrent.*
»Ich habe mit einem Mann vom Hauptamt gesprochen«, sagte Heitman. »Die Firma hat Tonios Urteil über deine Fähigkeiten erhalten. Du solltest versuchen, dich unserem Konkurrenten anzuschließen. Die Firma möchte mehr Leute drin haben, die ihr sagen können, wann und wo sie rangehen kann – für eine Umsatzsteigerung.«
Ich verstand den Sinn der Nachricht. Das Westsekretariat hatte mich dazu bestimmt, mich in die Gestapo hineinzumanövrieren. Solche Aufträge waren früher schon erteilt worden. Aber mit zwei oder drei Ausnahmen bekam das

den Genossen, die den Auftrag auszuführen versucht hatten, schlecht, und sie verloren dabei das Leben.
»Unmöglich«, sagte ich. »Ich bin zu sehr diskreditiert.«
Heitman schüttelte den Kopf. »Du wirst den Boden vorbereitet finden«, sagte er leise. »Du wirst auf Unterstützung rechnen können. Unser Konkurrent ist immer auf der Suche nach tüchtigen jungen Leuten. Es wird Zeit brauchen – und Geduld. Und kühles Blut.«
»Aber wie?«
»Der Witz besteht darin, kein direktes Angebot zu machen. Nichts, was plump ist oder Verdacht erweckt. Das Problem besteht darin, die Konkurrenz zu dem Punkt zu bringen, wo sie von sich aus kommt und dich einlädt: ›Bruder, wie wär's?‹ Verstanden?«
Ich kauerte mich ganz nahe an der Tür nieder, mein linkes Ohr gegen die Stahltür, um die Schritte etwa herannahender Wachen zu hören.
»Aber ...«
Ich zeigte Rudolf Heitman das Dokument, das ich nach meiner Überführung aus dem Zuchthaus ins Konzentrationslager erhalten hatte. Auf blutrotem Papier gedruckt war da zu lesen:

BEFEHL ZUR SCHUTZVERWAHRUNG

Der Inhaber, Gefangener ..., ist nach Ko-La-Fu zurückgebracht worden, weil er die Ruhe und Ordnung des staatlichen Zuchthauses gefährdet hat.

(Für die Gestapo): Kraus
Kriminal-Inspektor

»Dahin ist es gekommen«, sagte ich, »Einzelhaft ... Ketten ...«
»Das ist doch wunderbar«, gab Heitman zurück. »Ein Mann in Ketten ist eher bereit, alles zu tun, um sich von seinen Fesseln zu befreien. Du hast jahrelang nachgedacht und alles hin- und hergedreht. Du hast deine alten Ideen aufgegeben. Du bist bereit zu kapitulieren. Das ist dein Weg. Es ist gar nicht so schwer, Leute zum Narren zu halten, die von sich glauben, daß sie allmächtig sind.«
»Und wie wäre das zu machen?« fragte ich.
Heitman zuckte die Achseln. »Das ist deine Komödie«, brummte er, »nicht die meine. Ich kann dir nur den Anfang des ersten Akts erzählen. Nachher mußt du allein weitersegeln.«
»Ins Grab segeln«, sagte ich lachend.
»Oder in die Freiheit«, sagte Heitman unbestimmt.
»Schön – und wie fängt die Sache an?«
»Frage um die Erlaubnis, *Mein Kampf* lesen zu dürfen. Das ist immer das sicherste. Dann gib deiner Empörung über die russischen Massenerschießungen Ausdruck. Seit Kirow ins Gras gebissen hat, sind Tausende jeden Alters und jeder Nationalität erschossen worden. Gib ihnen irgendwie zu erkennen, daß du darüber empört bist. Setze dich irgendwie in Widerspruch zur Firma. Dann warte auf das Ergebnis. Du wirst gewinnen, wenn du Glück hast. Wie lange hast du denn nun im Bunker gesessen?«
»Fast drei Jahre«, sagte ich.
»Das ist lange genug für jeden, um mit seiner Vergangenheit zu brechen«, brummte Heitman. »Der Witz ist, daß man Glück hat. Glück ist mehr wert als alle Berechnungen.«

»Ich werde darüber nachdenken.«
»Nimm meinen Fall«, sagte Heitman und lächelte verdrießlich. »Ich bin schon seit Jahren drin, und ich bin trotzdem immer noch am Leben.« Wie ich gleich merkte, sagte er das mehr, um sich selbst zu beruhigen, als um mir Mut zu machen. Ein paar Minuten darauf rief er nach der Wache.
Heitman verließ mich mit einem kurzen »Heil Hitler!« Die Wache schlug die Hacken zusammen. Ich wurde wieder in Eisen gelegt. Und dann war ich von neuem allein.
Den ganzen Nachmittag über ging ich in der Zelle auf und ab. Die Nacht kam, und ich schlief keinen Augenblick. Hunger und Kälte bemerkte ich nicht. Jeder Zoll von mir war in Fieber und Aufruhr. Ich wußte von Anfang an, daß das ein übles Geschäft werden würde; es war der gefährlichste, der schwierigste und der am sichersten in den Tod führende Auftrag meiner ganzen Laufbahn. Ich glaubte nicht, daß es möglich sein würde, diesen Auftrag erfolgreich zu erfüllen. Ich war fest davon überzeugt, daß er zum sicheren Tode führen müsse, wenn ich mich darauf einließ. Ich fragte mich: »Bist du immer noch ein guter Bolschewist?« Die halbe Nacht hindurch kämpfte ich mit mir um eine bejahende Antwort. Der schwache Duft einer Zigarette, die die Nachtwache draußen auf dem Gang rauchte, störte mich in diesem Kampf.
Aber bevor die Morgenglocke schlug, entschloß ich mich, diesen Weg zu gehen. Ich kam mir vor wie ein einsamer Wanderer, der von Verzweiflung umgeben und nur auf sich selbst gestellt ist.
Ich bat die Wache vom Dienst um die Erlaubnis, Adolf Hitlers *Mein Kampf* lesen zu dürfen.
Diese Wache war noch neu in meinem Gang. Die Wachen wurden alle paar Wochen ausgewechselt, um zu verhindern, daß sie mit den Gefangenen zu freundlich wurden. Er schlug mir meine Bitte glatt ab.
Ich ließ zwei Tage verstreichen. Natürlich hatte ich das Buch bereits früher gelesen, aber jetzt war es aus zwei Gründen wesentlich für mich, es zu bekommen: Einmal führte die Gestapo genau Buch über die Korrespondenz und die Lektüre jedes Gefangenen; bei Eingekerkerten, die einen großen Teil ihrer Zeit mit der Lektüre offizieller Naziliteratur zu verbringen schienen, wurde im allgemeinen angenommen, daß sie mit ihrer ehemaligen Weltanschauung gebrochen hätten. Auf der anderen Seite – und das war der zweite Grund – wollte ich mir gründliche Kentnisse der nationalsozialistischen Begriffe und der Phraseologie aneignen, um in der Lage zu sein, bei einer künftigen Auseinandersetzung den Gestapohäuptlingen auf ihrem eigenen Grund und Boden begegnen zu können.
Am dritten Morgen verlangte ich, vor den Lagerkommandanten geführt zu werden.
»Aus welchem Grund?« wollte die Wache wissen.
»Ich möchte eine Erklärung abgeben«, sagte ich.
»Eine persönliche Erklärung? Das gibt es nicht.«
»Eine politische Erklärung, Herr Wachtmeister.«
Die Wache war beeindruckt. Er ging mit klirrenden Schritten fort, kam nach zehn Minuten zurück und nahm mir meine Handschellen ab.
»Komm mit. Der Kommandant will dich empfangen.«
Der Kommandant des Lagers Fuhlsbüttel rekelte sich hinter einem abgenutzten Schreibtisch. Sein Büro war überheizt und mit Ordnern und Papieren

vollgestopft. Porträts der Naziführer hingen nebeneinander an der Wand. Der Kommandant war ein schlanker, grauhaariger Mann mit soldatischen Gesichtszügen. Er trug die schwarze Uniform der SS. Die Narbe eines Säbelhiebes zog sich von seiner Schläfe bis zum Mund herab, die Erinnerung an ein Duell oder an den Weltkrieg oder an die Jahre, die er in der französischen Fremdenlegion verbracht hatte. Als ich das Büro betrat, die Hacken zusammenschlug und in der üblichen zackigen Weise rapportierte, schickte er die verschiedenen Angestellten – übrigens ebenfalls SS-Angehörige – aus dem Zimmer. Eine Zeitlang sah er mich prüfend an. Ich starrte in die blaßblauen Augen dieses Mannes, unter dessen Regime so viele meiner Kameraden im Lager Fuhlsbüttel zugrunde gegangen waren. Schließlich stieß er hervor:
»Warum bist du hier?«
»Ich wollte fragen...«
»Ich will nicht wissen, was du willst«, unterbrach er mich. »Warum bist du in Schutzverwahrung?«
»Ich war angeklagt, im Gefängnis Unruhe gestiftet zu haben.«
Ich sah, daß dem Kommandanten meine offene Antwort gefiel.
»Stimmt die Anklage?«
»Teilweise – ja«, gab ich zu.
»Warum tatest du das?«
»Ich sah die Aussichtslosigkeit meiner alten Ideen«, antwortete ich. »Ich war verzweifelt. Um der Wahrheit nicht ins Auge sehen zu müssen, schlug ich in der entgegengesetzten Richtung aus.«
»Und das schien also einfacher, als der Wahrheit ins Auge zu sehen?« fragte er scharf.
»Jawohl. Es schien – jedenfalls eine Zeitlang.«
»Weswegen bist du ins Gefängnis gekommen?«
»Wegen meiner illegalen Arbeit gegen das Dritte Reich.«
»Wieviel?«
»Dreizehn Jahre.«
»Du hast Glück gehabt. Wenn ich der Richter gewesen wäre, ich hätte dich erschießen lassen.«
Schweigen. Er musterte mich genau. Ich schaute ihm direkt ins Gesicht. Er gehörte zu jenen Männern, die nichts für Drückeberger übrig haben.
»Warum legt man dich in Eisen?« fragte er.
»Ich machte einen Selbstmordversuch.«
»Ich weiß das alles«, sagte der Kommandant gelangweilt. »Aber du kamst, um eine politische Erklärung abzugeben. Also jetzt heraus damit.«
»Ich bitte um die Erlaubnis, *Mein Kampf* lesen zu dürfen«, sagte ich.
Zuerst blickte er mich finster an. Wahrscheinlich hatte er etwas anderes erwartet. Er rauchte nachdenklich. Nach einer Weile sagte er: »Warum sollte denn ein Verräter eigentlich das Buch des Führers lesen wollen?«
»Wenn man viel allein ist, fängt man an nachzudenken, Herr Kommandant«, erklärte ich. »Ich sagte, ich wolle eine politische Erklärung abgeben. Ich möchte das Buch lesen; *das* ist meine politische Erklärung, Herr Kommandant.«
Der Kommandant beugte sich vor. »Du wirst doch nicht etwa ein Nazi werden wollen, oder doch?« fragte er ironisch.
»Nein, Herr Kommandant.«
»Du bist immer noch Kommunist?«

»Ich dachte, ich sei es. Aber der Kommunismus ist in Deutschland tot, Herr Kommandant.«
»Verdammtes Pech, nicht wahr?«
Ich nickte. Ich stand weiterhin so stramm, wie ich nur konnte. In Gegenwart des Lagerkommandanten war einem Gefangenen nicht die geringste Bewegung erlaubt. »Die Härte des Lagerlebens ist der kommunistischen Moral offenbar nicht sehr bekömmlich, oder?« fuhr der Kommandant fort.
»Mir macht die Härte nichts aus, Herr Kommandant«, gab ich zur Antwort.
»Härte macht Männer. Diejenigen, die unter der Härte zusammenbrechen, sind nicht wert, herumzulaufen. Aber was brachte dich auf den Gedanken, gerade *Mein Kampf* lesen zu wollen?«
»Mein Leben ist unwiderbringlich zerstört, Herr Kommandant«, sagte ich. »Ich habe nicht die Absicht, Nationalsozialist zu werden. Ich kann nicht. Es ist zu spät. Aber ich weiß, daß ich einer Armee angehört habe, die geschlagen wurde – endgültig geschlagen.«
»Geschlagen? . . . Vernichtet!« sagte der Kommandant. »Weiter!«
»Vernichtet«, gab ich zu. »Es war eine starke Armee, und sie ist durch die Hitlerbewegung vernichtet worden. Deshalb möchte ich *Mein Kampf* lesen, Herr Kommandant. Ich bin neugierig, ja begierig, zu erfahren, was dem Nationalsozialismus diese vernichtende Stärke gab.«
»Du hättest das 1930 tun sollen«, bemerkte der Kommandant.
»Damals war ich blind, Herr Kommandant.«
»Und bist jetzt immer noch blind?«
»Nein, Herr Kommandant.«
»Ich glaube dir nicht. Ich halte dich für einen Kerl, der lieber mit dem Kopf durch die Wand geht, als daß er zugeben würde, daß er im Irrtum ist. Du solltest nicht anfangen zu kriechen.«
»Ich krieche nicht, Herr Kommandant.«
Der Kommandant klopfte mit der Faust auf den Schreibtisch, um seinen Worten Nachdruck zu verleihen. Er sagte nachdrücklich: »Du befindest dich in einer Lage, in der Ehrlichkeit der Feind der Loyalität ist, mein Freund. Die Kommunistische Partei ist von oben bis unten faul. Sie war es immer schon. Die Tatsache, daß es sehr wenige Kommunisten gibt, die selbst in der Hölle noch zu ihrer Fahne halten, beweist das.«
»Ich kann mich nicht einer Sache gegenüber loyal verhalten, die nicht mehr existiert«, gab ich zurück.
»So möchtest du also Hitlers Buch lesen?«
»Jawohl, Herr Kommandant.«
»Antrag abgelehnt. Statt dessen werde ich dich fünfundzwanzigmal rund um den Hof jagen lassen.«
Der Kommandant drückte auf einen Knopf. Ein SS-Mann kam klirrend herein und blieb in Achtungstellung stehen. Der Kommandant gab einen Befehl. Damit war die Aussprache beendet. Ich wurde von zwei Wachen in den Hof hinausgebracht und mußte fünfundzwanzigmal rund um die Innenseite der äußeren Gefängnismauer laufen. Die Wachen liefen im kleineren inneren Kreis. »Schneller!« riefen sie. »Schneller!« Wenn ich nicht schnell genug lief, stellten sie mir ein Bein und schlugen mich mit ihren Gummiknüppeln. Zwei Runden waren beinahe ein Kilometer. Während ich lief, sah ich die magere Gestalt des Kommandanten sich gegen das vergitterte Fenster seines Büros

lehnen. Ich lief zwei Stunden lang. Dann fiel ich um, wurde in meine Zelle geschleppt und gefesselt.

Es gab eine telefonische Direktverbindung vom Büro des Kommandanten zur Zentrale der Geheimpolizei. Ich wußte, daß mein Antrag, *Mein Kampf* zu bekommen, der Gestapo mitgeteilt worden war. Nach mehreren ereignislosen Tagen wurde ich von neuem in das Büro des Kommandanten gerufen. Mit allen Kräften, die ich mobil machen konnte, spielte ich die Komödie weiter, auf die ich mich eingelassen hatte. Zu meinem Erstaunen forderte mich der Kommandant, als wir allein waren, auf, mich zu setzen.

Er fragte mich nach Cilly, die in den Monaten zwischen unserer Verhaftung und dem Prozeß bei ihm als Gefangene im Lager gewesen war. Ihre geschickte und herausfordernde Art und ihr fast exotischer Scharm hatten ihn interessiert. Es schien ihm einiges Vergnügen zu bereiten, als ich ihm bereitwilligst eine Reihe von Fragen beantwortete, die Cillys persönliche Angelegenheiten und ihre erotischen Qualitäten betrafen. Schließlich fragte er mich geradeheraus:

»Hast du sexuellen Verkehr mit diesem Mädchen gehabt?«

Als ich nickte, wäre er beinahe von seinem Stuhl hochgefahren.

»Ist das wahr?«

»Jawohl, Herr Kommandant.«

Er stand auf, und ich sah, wie er sich in eine nicht sehr überzeugende Wut hineinsteigerte.

Er brauste auf: »Du hättest dich vor dir selbst schämen sollen. Du bist doch verheiratet? Und mit so einer netten Frau. Ich habe ein paar lange Unterhaltungen mit deiner Frau gehabt. Und du – du hast überhaupt kein Schamgefühl!«

»Nein, Herr Kommandant«, sagte ich.

Der Kommandant brach in schallendes Gelächter aus. »Ich weiß nur zu gut, wie das ist ... im Krieg ... jeden Tag mußte man damit rechnen, zu Fetzen zerrissen zu werden ... alles, was nach weiblichem Fleisch roch, mußte bis zum letzten Tropfen ausgequetscht werden, bevor es zu spät war. Diese – wie nannte sie sich noch? – diese Cilly war eine gutaussehende Dirne. Und du hast Spaß mit ihr gehabt, nicht?«

»Jawohl, Herr Kommandant«, sagte ich.

Der Kommandant wollte jetzt Einzelheiten wissen. Ich erfand sie für ihn. In jener Stunde faszinierte schließlich Cillys Eignung zur Mätresse den Kommandanten mehr, als alle Theorien von Rosenberg und Hitler. Ich merkte, wie das Eis schmolz. Unser Gespräch dauerte Stunden. Ich redete munter drauflos. Der Kommandant war jedesmal ärgerlich, wenn das Telefon klingelte oder wenn die Wache klopfte, um nach irgendwelchen Instruktionen zum Tageslauf zu fragen.

Von Cillys Rolle als internationaler Hetäre ging die Unterhaltung auf die moralische Verderbtheit der führenden Bolschewisten im allgemeinen und zur sexuellen Degeneration Dimitroffs, Wollwebers und Heinz Neumanns im besonderen über. Ich erzählte dem Kommandanten grausige Geschichten über Massenvergewaltigungen während stalinistischer Lustbarkeiten in Moskau und Paris. Da Kommunisten die Verbrecher waren, glaubte er sie. Das nächste Thema war die Prostitution in der Sowjetunion. Von da machten wir einen

Sprung zu den Preisen der Prostituierten in den verschiedenen Zonen und Klimas.
»Der größte Fehler der Deutschen ist ihre Engherzigkeit«, erklärte der Kommandant plötzlich. »Auch ich habe viel von der Welt gesehen.«
Ich schmeichelte ihm so lange, bis er, der in der Gestapo höchstens die Stellung eines kleinen Küchenjungen hatte, seinen Stolz, für einen Mann von Welt gehalten zu werden, nicht mehr verbergen konnte.
»In erster Linie diene ich meinem Lande«, sagte er.
Respektvoll sagte ich: »Ja, Sie sind Soldat, Herr Kommandant.«
»Alles, was du mir heute erzählt hast«, sagte der Kommandant nachdenklich, »alle diese Einzelheiten aus der kommunistischen Sittengeschichte – verdammt, das gäbe wirklich einen Artikel für den *Völkischen Beobachter.*«
Dann herrschte ein kurzes Schweigen. Die mitteilsame Stimmung des Kommandanten verlockte mich, ihn nach Firelei zu fragen. Ich erkannte sofort, daß ich damit einen Fehler begangen hatte. Meine ganz allgemeine Frage nach Fireleis Ergehen ließ ihn sofort in seine alltägliche Schnoddrigkeit zurückfallen.
»Deine Frau hat das, was sie verdient«, stieß er hervor, »nicht mehr und nicht weniger.«
»Sie war niemals überzeugte Kommunistin«, warf ich ein.
»Ich kenne den Fall«, sagte der Kommandant. »Sie ließ lieber ihr Kind im Stich, als daß sie die Verantwortung für die Verbrechen übernommen hätte, die sie beging. Einfach abscheulich das! Schlimmer als ein Tier. Das primitivste Muttertier kümmert sich um seine Jungen, verteidigt sie, stirbt für sie. Der Tod durch Erschießen ist zu gut für so eine.«
Ich verlor jede Haltung auf meinem Stuhl und ließ die Arme hängen.
»Entlassen«, rief der Kommandant mit lauter Stimme.
Ein SS-Mann erschien.
»Führ ihn in die Zelle zurück.«
»Eisen, Herr Kommandant?«
»Aber ganz bestimmt!«

An den Rest dieses Tages und an die darauffolgende Nacht habe ich eine bitterböse Erinnerung. Ich ließ einen weiteren Tag vorübergehen. Am nächsten Morgen nahm ich meine bittere Offensive wieder auf.
Die Gangwache an jenem Morgen war ein phlegmatischer, pausbäckiger Bursche, der bei den Gefangenen in Fuhlsbüttel als am leichtesten zugänglich galt. Als er zur täglichen Inspektion in meine Zelle trat, sagte ich ihm, daß ich einen Brief an die Gestapo schreiben wolle.
»Was für einen Brief?«
»Ein Geständnis, Herr Wachtmeister.«
»Lang oder kurz?«
»Ein langes, Herr Wachtmeister.«
»Sehr gut.«
Jeder Gefangene, ob in Einzelhaft oder nicht, bekommt die Erlaubnis, an die Gestapo zu schreiben. Die Gestapo empfängt gern Briefe von den Gefangenen. Je mehr sie schreiben, um so mehr geben sie sich preis, um so tiefer werden sie – im allgemeinen – in die tausendundeine Schlinge verwickelt, die den Feinden des neuen Deutschlands gelegt werden. Die Seitenzahl solcher

Schriftstücke ist unbegrenzt; es gibt nur die eine Bedingung, daß der Gefangene der Wache genauso viele Blätter wieder abliefert, wie er bekommen hat.
Ich erhielt drei Blätter, Federhalter und Tinte. Der Wärter brachte mir auch ein Brett, das ich als Tisch benützen konnte. Dann löste er das Eisen an meinem linken Handgelenk, ließ es an meinem rechten herunterbaumeln und ging wieder. Ein rascher Blick auf das Guckloch überzeugte mich davon, daß der Mann mich von draußen her im Auge behielt. Er folgte dabei lediglich den Lagervorschriften; mancher Gefangene, der, unter dem Vorwand, an die Gestapo schreiben zu wollen, seine Hände freibekommen hatte, benützte die Gelegenheit, Selbstmord zu begehen.
Das eine Blatt adressierte ich an Regierungsrat Schreckenbach, den Chef der Auslandsabteilung der Gestapo. Ich schrieb eine flammende Anklage gegen den Kommunismus. Ich erklärte, daß ich hiermit alle meine Verbindungen mit der Sache des Kommunismus abbreche. Ich schloß diesen Brief mit den Worten: »Ich bin Deutscher. Ich erkenne, daß der, der sich dem Kommunismus in die Arme wirft, durch die Verpflichtung gegenüber Moskau, die er damit eingeht, Verrat an seinem Vaterland begeht.« Ich fügte hinzu, daß ich gegen die Veröffentlichung dieser Erklärung in der Nazipresse nichts einzuwenden habe. Die Gestapo veröffentlichte gerne solche Erklärungen, die meistens unter der Folter erzwungen wurden, in der Annahme, daß diese viel zur Demoralisierung der Überreste der Untergrund-Opposition beitragen würden.
Die beiden anderen Blätter füllte ich mit Aufzeichnungen über wahre oder von mir erfundene verwerfliche Handlungen kommunistischer Häuptlinge in der Art der Schlagzeilen der deutschen Presse seit 1933. Über dieses Geschwafel setzte ich den Titel: *So leben die, welche die deutsche Familie gern zerstört hätten*. Dieses Exposé adressierte ich an den Kommandanten des Lagers Fuhlsbüttel.
Die Wache, die zwei Briefe zur Beförderung erhielt, lachte über das ganze Gesicht. »Ich weiß, was es bedeutet, wenn ein ehemaliger Staatsfeind an die Gestapo schreibt«, sagte er. »Die inneren Kämpfe . . . ja, ja – die Einzelhaft und die inneren Kämpfe.« Er zog grinsend ab.

Eine Woche lang geschah gar nichts. Die Eintönigkeit, die alltägliche Brutalität, das auf den Boden geworfene und gierig verschlungene Essen, das Zuknallen der Türen, die aufgebrachten Rufe, das Stöhnen der Geschlagenen, der beständige, nagende Schmerz an den wunden Handgelenken – das alles änderte sich nicht. Verändert hatte sich nur die Art meiner geistigen Tätigkeit. Es war mir gelungen, mich zu zwingen, nicht an Firelei zu denken. Dann hatte ich mein tägliches Pensum ganz mechanischer geistiger Übungen aufgegeben. Mein Verstand war – sogar bis in die Träume hinein – mit dem einen einzigen Gedankengang erfüllt: »Wie kannst du am besten den Befehl der Komintern ausführen?« Dieses zentrale Problem gab Anlaß zu zahllosen stummen Fragen und zu ebenso vielen stummen Antworten. Die meisten Illusionen waren mir genommen worden; ich sah die Komintern als das, was sie war. Aber ich klammerte mich an meine Aufgabe. Ich hatte Angst vor der Leere. Ohne Rücksicht auf den Ausgang schien diese Aufgabe doch wieder einen Sinn in mein Leben zu bringen. Am Ende der Woche schrieb ich einen weiteren Brief an die Gestapo. Bescheiden bat ich um die Erlaubnis, Adolf Hitlers *Mein Kampf* lesen zu dürfen.

Am nächsten Morgen in der Frühe wurde ich unter der Aufsicht zweier SS-Leute von einem verschlossenen älteren jüdischen Gefangenen rasiert.
»Du gehst heute zur Gestapo«, teilte mir ein SS-Mann mit und gab mir zum Abschied einen Fußtritt.
Ich wurde ins Erdgeschoß des alten Gefängnisses gebracht und stand mehrere Stunden lang mit Nase und Zehen gegen die Wand. Rechts und links von mir warteten lange Reihen von Gefangenen in gleicher Stellung. Schließlich wurde ich mit anderen in einen Gefängniswagen getrieben. Wie immer war dieser überfüllt. Aber während das Fahrzeug durch die Straßen zum Gestapohauptquartier rasselte, stellte ich fest, daß die Gefangenen, die Ende 1936 zur Folterung geschleppt wurden, zu einem anderen Menschentyp gehörten als die Kämpfer der ersten drei Jahre unter Hitlers Herrschaft. Es waren mehr Juden, Berufstätige, katholische Priester, kleine Kaufleute und solche darunter, die niemals zur Partei oder zum Proletariat gehört hatten. Ich versuchte, den einen oder anderen in eine Diskussion zu ziehen. Aber sie waren vermutlich zu verängstigt, um zu sprechen. Meine Gedanken wandten sich meinen eigenen Problemen zu. »Warum wirst du jetzt zur Gestapo gerufen?« fragte ich mich. Meine ganze Zukunft hing von der Beantwortung dieser Frage ab.
Der Wagen bog in den Hof des Gestapohauptquartiers ein – es war der Hof, in dem Karl Burmeister vor rund tausend Tagen gestorben war. Ich wurde nicht in das Wartezimmer der Gestapo getrieben. Man führte mich in die Kerker im Keller und schloß mich in einen kleinen Raum ein, in dem man kaum stehen konnte. In der Tür befand sich ein kleines vergittertes Fenster. Durch dieses Fensterchen strömte der wunderbare Duft von Erbsensuppe zu mir herein. Gefangene Prostituierte liefen mit Besen, Wischern und Stapeln von Blechschüsseln frei auf dem Gang herum. Schließlich wurde ich geholt. »Jetzt heißt es, die Ruhe behalten«, sagte ich zu mir.
Ein junger SS-Mann gab mir ein Buch. Es war *Mein Kampf*.
»Wenn du es gelesen hast«, sagte er, »dann gib es in der Gefangenenbibliothek in Plötzensee ab.«
Ich war sehr erstaunt. »Plötzensee?« fragte ich.
»Ja, du kommst jetzt in das Gefängnis von Plötzensee«, sagte der SS-Mann.
Ich wurde durch lange schmutzige Gänge in einen anderen Teil des Kellergefängnisses gebracht. Hier standen in langer Reihe Männer in zerschlissenen Zivilanzügen; die meisten trugen Pappschachteln unter dem Arm.
»Tritt in die Reihe«, wurde mir gesagt.
Der Wachführer rief laut: »Gefangenentransport nach Berlin-Plötzensee – herhören: Wer während des Transports zu fliehen versucht, wird erschossen! Links um! Abteilung, marsch!«
Wir marschierten durch düstere Gänge in den Hof, wo die Gefangenenwagen warteten. Sie brachten uns zum Bahnhof.
»Plötzensee!« dachte ich. »Was soll das bedeuten?«
Plötzensee war Hitlers Hauptschlachthaus. Alle zum Tode verurteilten Antifaschisten wurden aus allen Teilen Deutschlands nach Berlin gebracht, um im Hof des Gefängnisses von Plötzensee enthauptet zu werden.
Auf dem Hamburger Hauptbahnhof wartete der Gefängniszug. Der Zug war lang. Die Wagen hatten keine ordentlichen Fenster, sondern vergitterte Luftlöcher ganz oben an den Seiten. Ein schmaler Gang ging durch die Mitte des

Wagens. Rechts und links davon waren kleine Abteile mit Stahlwänden und Stahltüren. Überall brannte blendend hell das elektrische Licht. Einige dieser Abteile hatten nur für einen einzigen Gefangenen Platz; andere waren für zwei und vier Gefangene eingerichtet. Wachen und Gefangene nannten ihn den *Henkerszug*. Mit drei anderen zusammen wurde ich in ein Viermannabteil gebracht. Wir warteten lange. Neue Gefangenentrupps kamen aus verschiedenen außerhalb liegenden Gefängnissen. Durch das Luftloch konnte ich sie den Bahnsteig entlangmarschieren sehen; es waren Männer und Frauen jeden Alters, politische Sträflinge, die auf die verschiedenen Gefängnisse in und rund um Berlin verteilt werden sollten.

Ich schloß bald Bekanntschaft mit meinen drei Gefährten. Der eine, ein älterer Innendekorateur, war homosexuell; eines Tages hatte er sich betrunken und war mit dem Hitlergruß und dem Ruf »Heil Röhm!« durch eine belebte Straße gegangen. Dafür hatte er drei Jahre bekommen. Der andere war ein kleiner Kaufmann aus Bremerhaven, ein rundlicher Niedersachse, der seine Freunde bei sich versammelt hatte, um antihitlersche Grammophonplatten zu hören, die sozialistische Matrosen aus England hereingeschmuggelt hatten; einer der Freunde des Kaufmanns hatte nach einer Razzia der Polizei im Nebenhaus den Kopf verloren und den Kaufmann der Gestapo angezeigt. Er hatte auf Grund der Terrorgesetze von 1934 acht Jahre bekommen. Der dritte meiner Gefährten war Soldat, ein überschwenglicher und leichtsinniger Junge. Er hatte einem ehemaligen Schulfreund in der Schweiz einen Brief geschrieben und ihm darin prahlerisch erzählt, auf welche Distanz er mit dem neueingeführten Maschinengewehr noch einen Mann töten könne. Die Freundin dieses ehemaligen Schulkameraden war Deutsche und Nazi. Sie hatte den Brief gelesen. Sie ließ ihn in einer Nazispitzelstelle in der schweizerischen Stadt Zug fotografieren. Die Fotokopie gelangte in die Hände der Gestapo. Unter Anklage des Verrats militärischer Geheimnisse wurde der Soldat verhaftet. Nach halbstündiger Sitzung verurteilte ihn das Sondergericht zu lebenslänglichem Zuchthaus.

Gegen Abend fuhr der Zug ab. Er rollte durch die Nacht, vollgestopft mit seiner unglücklichen Menschenfracht. Jede Nacht rollten solche Gefangenenzüge im Schutz der Dunkelheit durch das deutsche Land. Die Wachen in den Gängen waren freundlich. Sie brachten uns Wasser, wenn wir darum baten, und sie gaben uns Tabak und Zigarettenpapier. Sie griffen nicht ein, als der Soldat in unserem Abteil anfing, gegen die Wände des Abteils zu klopfen, um mit den Gefangenen in den Nebenabteilen in Verbindung zu treten. Die Wachen erlaubten uns sogar, durch die Wände zu rufen.

»Redet, soviel ihr wollt«, sagte der eine. »In Plötzensee werdet ihr nicht viel reden können, höchstens mit euch selbst.«

Schräg gegenüber von unserem Abteil, auf der anderen Gangseite, war ein Mann allein in seinem Stahlsarg. Ich konnte sein Gesicht nicht sehen. Aber er hatte eine tiefe, hübsche Stimme. Er nannte sich Robert Gerdes, war Kommunist und sechsundzwanzig Jahre alt.

»Wohin gehst du?« fragte ich.

»Plötzensee«, sagte die Stimme.

»Wieviel Jahre?«

»Nur ein paar Tage, Genosse«, antwortete er. »Sie werden mir den Kopf abhauen.«

Es gab ein Schweigen. Unter uns hämmerten die Räder. Aus einem anderen Abteil fragte einer:
»Tod?«
»Tod«, antwortete Gerdes.
Ich nannte ihm meinen Namen und die Dauer meiner Strafe. »Sag mir, was du unseren Freunden draußen noch zu sagen hast«, rief ich.
»Ich kann dir nicht viel erzählen«, sagte Gerdes. »Es sind zu viele Ohren hier, die zuhören. Ich wurde im Mai 1935 verhaftet. Ich betrieb eine Funkstation ... auf einem Schiff ... in der Ostsee ... Sie kamen mit einem U-Boot-Jäger und holten mich ... Ich brauche keinen Trost. Sag unseren Freunden, daß es mir nicht leid tut ...«
Die Unterhaltung stockte. In den Käfigen rund um Gerdes herum waren die Gefangenen deprimiert. Der junge Soldat brach den Bann. Zwei Abteile neben dem verurteilten Mann war ein Mädchen. Sie hatte sich lange still verhalten. Auch sie war allein.
»Hallo, Puppe«, rief der Soldat. »Hab ein Herz für mich!«
Das Mädchen lachte. »Ich habe ein Herz«, rief sie laut. »Warte eine Sekunde ich will es größer machen, groß genug für dich, daß du hereinkommen kannst.«
»Ich bin einundzwanzig«, krähte der Soldat, »und einsachtundsiebzig groß. Wie alt bist du?«
»Vierundzwanzig«, rief das Mädchen zurück. »Wie heißt du?«
»Albrecht – und du?«
»Gretchen.«
»Was hast du angestellt?«
»Ich war Schmugglerin – und du?«
»Ich verriet militärische Geheimnisse«, schrie der Soldat. »Ich bin Soldat.« Und dann: »He, Gretchen! Was hast du geschmuggelt?«
»Geld und Diamanten von anderen Leuten ... von Köln nach Amsterdam.«
»Warum bist du nicht in Amsterdam geblieben?« schrie der Soldat.
Wieder hörte man das glockenklare Lachen des Mädchens. »Ich war zu habgierig«, sagte sie. »Ich kam zurück, um noch mehr zu schmuggeln.«
»Was bekamst du dafür?«
»Vier Jahre wegen Wirtschaftsverbrechen«, antwortete sie langsam.
»Das ist gar nicht schlecht«, sagte der Soldat. »Ich wünschte, ich hätte nur vier Jahre. Dann würde ich dich treffen, wenn ich herauskäme. Ich wünschte, du wärest jetzt bei mir. Ich würde etwas mit dir machen, etwas Lustiges.«
»Oh, warum kann ich nicht bei dem Soldaten sein?« jammerte das Mädchen in scheinbarer Verzweiflung. »Hast du ein gutes Bajonett?«
»Nein – sie nahmen mir meine Waffen weg, Kleine!«
»Ein Soldat ohne Waffen taugt nichts«, sagte das Mädchen.
Die Wachen im Gang lachten verständnisvoll.
»Wache! Wache!« schrie das Mädchen plötzlich.
»Was willst du denn?«
»Fragt doch den Mann zwei Türen weiter ... den Gerdes ... den, der in den Tod geht ... fragt ihn doch, ob er gerne mit einem Mädchen zusammen wäre.«
Die Stimme des verurteilten Genossen sagte schnell: »Mir wäre es schon recht.«
»Möchtest du es gerne, ja?«
»Ja, ich möchte gerne, du liebes Mädchen.«

Das Hämmern der Räder verlangsamte sich. Von der Lokomotive kam ein Pfiff. Das Mädchen verhandelte mit den Wachen.
»Seid doch anständig«, sagte sie. »Ihr seid doch selbst einmal jung gewesen. Laßt mich zu ihm hingehen. Laßt mich eine kurze halbe Stunde bei ihm sein.«
Die Wachen redeten unschlüssig miteinander. Aus den Stahlkäfigen riefen die Gefangenen: »Laßt Gerdes das Gretchen haben! Gebt sie ihm doch!«
»Haltet das Maul, ihr Hunde!« brüllte ein Wachmann.
»Herr Wachtmeister ...«, bat das Mädchen.
»Es geht nicht«, brummte die Wache. »Es ist gegen die Bestimmungen ... Ich würde es auf den Hals kriegen ...«
»Gretchen!« rief Gerdes. »Es macht nichts, Gretchen. Ich danke dir.«
Gretchen schlug mit den Fäusten gegen die Türe.
»Jetzt weint sie auch noch«, sagte ein Wachmann ärgerlich.
Das graue Licht des anbrechenden Tages sickerte durch die Luftlöcher. Der Zug näherte sich Berlin. Der Kaufmann seufzte.
»Ich ängstige mich wegen meiner Frau«, sagte er traurig. »Das Geschäft leidet ... sie wird es so schwer haben ... unverdient, unverdient ...«
Der Soldat war schweigsam geworden. Gerdes sang alte deutsche Volkslieder, eines nach dem anderen. Der Zug verlangsamte seine Fahrt. Er fuhr in eine Station ein und hielt. Die Wachen schlossen die Türen unserer Stahlkäfige auf.
»Auf Wiedersehen, Gerdes«, schrie Gretchen. »Auf Wiedersehen, mein Junge.«
»Aussteigen! Einerreihe! Jetzt wird nicht mehr geredet, ihr Hunde!«
Keiner von den Gefangenen sprach noch ein Wort. Der Soldat streckte seinen muskulösen Hals in die Höhe. Nicht weit vor mir ging das Mädchen. Eine kleine, ungelenke Gestalt, mit einem schmalen, ernst dreinblickenden Gesicht. Der Bahnsteig war von SS-Leuten abgesperrt. Weit offene Augen starrten aus maskenhaften jungen Gesichtern unter schwarzen Stahlhelmen hervor. Von den anderen Bahnsteigen und von den Fenstern der Wartesäle gafften uns einzelne Gruppen von Zivilisten schweigend an. Die Uhren standen auf acht Uhr fünfzehn. Die Gefangenen jedes Wagens wurden in getrennten Formationen abgeführt. Jetzt kamen wir dran. Das Mädchen und drei andere Frauen wurden zuerst herausgerufen. Bevor sie weggingen, lächelte Gretchen schwach zu Gerdes hinüber. Gerdes straffes Gesicht – das Gesicht eines Mannes, der sich die Selbstdisziplin zum Gott erhoben hatte – gab keine Antwort. Ich sah Gretchen nicht wieder.
Man hörte das Klirren eisenbeschlagener Absätze auf dem Steinboden, und eine Reihe Kommandos, kurz und barsch, liefen die Reihen der Sträflinge entlang. Einer nach dem anderen stiegen wir aus dem Zug. Immer zwei Gefangene wurden aneinandergefesselt. Dann wurde der Länge der Kolonne nach eine lange Kette durch die Handfesseln gezogen. So wurde jeder Gefangene an siebzehn Mitgenossen gefesselt. Eine Abteilung Polizei stand Kopf an Kopf rund um uns herum. Einer beklagte sich; seine Handschellen waren zu fest angezogen, seine Gelenke schwollen rasch an.
»Tut's weh?« fragte ein Polizist.
»Ja!«
»Dann ist's richtig ... Abteilung, marsch!«
Wir marschierten durch die Bahnhofshalle, die zu dieser Zeit voller Leute war, die dichtgedrängt zu beiden Seiten hinter einem Spalier von Polizisten stan-

den. Ein alter Mann wimmerte; er watschelte einher wie ein altersschwacher Affe. Ein marschierender Jude schloß die Augen als Ausdruck höchster Verzweiflung. Alle anderen marschierten aufrecht mit erhobenen Köpfen, als seien sie stolz auf ihr Schicksal, mit steinernen oder auch trotzigen Augen, die sich kurz auf die Gestalt einer jungen Frau in der ersten Reihe der gaffenden Menge hefteten. Die Zuschauer standen unbeweglich da, uns stumm anstarrend, einige düster, andere erschüttert und neugierig, die meisten aber ohne erkennbare Bewegung.

Als wir schließlich aus dem Bahnhof heraus waren, wurden wir in ein schmutziges, fensterloses Auto getrieben. Als wir hineinstiegen, wurde die Kette, die die ganze Kolonne verband, abgenommen. Polizisten waren bei uns. Sprechen war verboten. Mit hoher Geschwindigkeit raste und rasselte der Wagen durch unbelebte Straßen. Zwanzig Minuten gingen so vorüber. Plötzlich hielten wir. Draußen hörte man Stimmen und dann das Klirren eines eisernen Tores. Ein paar Meter fuhr der Wagen langsam über Kies. Er hielt. Die Tür ging auf.

»Alles raus!« Wir waren im Hof von Plötzensee.

Wir standen mit geblendeten Augen in der Sonne. Rote Backsteingebäude mit Hunderten von vergitterten Fenstern wurden rundherum sichtbar. Sie waren von einem bunten Durcheinander von Höfen und Gärten umgeben. Eine über fünf Meter hohe Backsteinmauer schloß das Gelände von der Außenwelt ab. Wachen in grauer Uniform standen in Abständen von jeweils fünfzig Meter an der Innenseite der Mauer entlang. Sie trugen den Karabiner in der Hand, einen Gummiknüppel in einer Tasche, die auf das Hosenbein aufgenäht war, sowie Seitengewehr und Pistole am Gürtel. Niedrige runde Maschinengewehrtürme befanden sich auf dem Dach jedes Zellenblocks. An einem großen weißen Fahnenmast auf der Vorderseite des Hofes bewegte sich eine gewaltige Hakenkreuzfahne träge im Wind.

Ein energischer SS-Führer ließ uns im Hof antreten. Beim Namensaufruf der Neuangekommenen mußte jeder sein Verbrechen und die dafür empfangene Strafe angeben. »Waffenbesitz« ... »Mordversuch« ... »Hochverrat« ... »Hochverrat« ... »Hochverrat« – so ging es weiter. *Hochverrat* konnte alles umfassen, vom Abhören des Moskauer Senders bis zum Betreiben einer Geheimdruckerei, auch das Streuen von Sand in die Maschinen einer Panzerfabrik gehörte dazu. »Vier Jahre« ... »Zehn Jahre« ... »Fünfzehn Jahre« ... »Lebenslänglich« ... »Todesstrafe«. Die Gefangenen sprachen ohne jede Gemütsbewegung. Der Offizier verglich ihre Angaben, als zähle er Knöpfe.

In einem unregelmäßig gebauten großen Keller wurden wir nackt ausgezogen. Jeder mußte die Arme hochnehmen, die Beine auseinanderspreizen und sich nach vorn beugen. Wachen durchsuchten jedes Zentimeter unseres Körpers nach versteckter Konterbande. Ein junger Arzt lief schnell an uns vorbei und erklärte uns für gesund. Dann bekamen wir eine Kaltwasserdusche und Sträflingskleider. Die Kleider wurden ohne Rücksicht auf die Größe des Empfängers ausgegeben, abgesehen von den Schuhen. Jeder erhielt eine Garnitur wollene Unterwäsche, ein Paar alte graue Socken, genagelte Schuhe, ein Paar unförmige Pantoffeln, ein blaues Taschentuch, ein Halstuch, eine schwarze Baumwolluniform und eine runde schwarze Mütze. Am rechten Ärmel jeder Jacke befand sich ein leuchtend gelber Streifen. Die Gefangenen, die die Kleider ausgaben, arbeiteten wie Automaten. Außer den kurzen Befehlen der

Wachen wurde kein Wort gesprochen. Jedem Gefangenen wurden die Haare geschoren, dann mußte er einen kurzen Lebenslauf schreiben, und endlich wurde er von einer schweigsamen Wache in seine Zelle gebracht.

Einzelhaft war in Plötzensee die Regel. Es gab 1800 Einzelzellen in vier großen Zellenblocks. Die Zellen waren in Stockwerken angeordnet. Frisch gespannte Drahtnetze zwischen den Stockwerken sollten Selbstmordversuche durch Kopfsprung ins Erdgeschoß verhindern. Jede Zelle hatte ein kleines Fenster in der Wand, das auf den Hof ging, eine Stahltür mit Guckloch, eine offene Stehtoilette, ein zusammenlegbares Eisenbett, einen Arbeitstisch, einen hölzernen Schemel, einen Ständer für die Waschschüssel, Teller und Löffel. Messer und Gabel gab es nicht. Es gab Dampfheizung, elektrisches Licht und fließendes Wasser in jeder Zelle.

Während der ersten Woche wurde der Gefangene in Plötzensee isoliert. Er bekam niemanden zu Gesicht. Er erhielt keine Bücher zum Lesen, und es wurde ihm keine Arbeit übertragen. Es gab auch keine Bewegung, für die er die Zelle verlassen mußte. Zwischen sieben Uhr morgens und sieben Uhr abends durfte er sich nicht hinsetzen. Während der übrigen zwölf Stunden durfte er sich nicht von seinem Bett wegbewegen. Wer diese Bestimmung nicht einhielt, wurde mit Händen und Füßen an das Bett gefesselt. Das Zellenfenster war geschlossen und die Dampfheizung weit aufgedreht. In allen Zellen waren die Heizkörper unter den Betten angebracht. Die neuen Handfesseln waren so konstruiert, daß sie sich bei jeder zufälligen Bewegung, einem Stoßen oder Zerren, fester anschlossen und so blieben. So lernte der Gefangene, sich ruhig zu halten.

Nach dieser ersten Woche begann der Gefangene, am Alltagsleben in Plötzensee teilzunehmen. Er erhielt auch Arbeit. Diese wurde in der Einsamkeit der Zelle verrichtet. Bisweilen bekam man auch hier alte Taustücke und mußte Werg daraus zupfen, man bekam dann wohl auch abgetragene Militäruniformen zum Auftrennen oder einen Haufen Papier und Leim zum Anfertigen von Papiertüten. Das war die beste Arbeit, die der politische Sträfling in Plötzensee verrichten konnte. Die meisten klebten Papiertüten oder trennten alte Uniformen auf und arbeiteten von morgens bis nachts in einer stinkenden Wolke von Staub und Schmutz. Die Gefangenen wurden für ihre Arbeit bezahlt.

Dreißig Minuten täglich wurden wir zur Bewegung auf den Hof geschickt. Wir wurden zu Kolonnen von dreißig Mann zusammengestellt und in einem atemberaubenden Tempo durch diese dreißig Minuten gejagt: im Kreis herumlaufen, auf einem Bein hüpfen, froschhüpfen mit den Händen auf dem Rücken oder im Nacken, auf allen vieren durch den Dreck laufen, mit dem Kopf zwischen den Beinen rückwärts laufen, mit losen Händen im Gänsemarsch laufen. Es gab ungezählte andere Variationen. Jede Einzelheit wurde von der Wache vom Dienst befohlen, und jede Wache hatte ihre eigenen Methoden, die Feinde des Naziregimes zu schikanieren. Selbstverständlich gab es auch anständige Wachen, vor allem Soldaten, die ihren Dienst in der Wehrmacht ableisteten, aber auch sie machten bei diesem Schikaneprogramm mit, um nicht ihre Beförderungschancen in Frage zu stellen. Die Stärksten unter uns vergaßen die Erniedrigungen dieser täglichen »Freistunde« und begannen, sich auf diese abstumpfende tägliche Vorstellung zu freuen, aber für die meisten wurde die Qual durch ihre tausendfache Wiederholung keineswegs abgeschwächt. Wer sich dagegen auflehnte, wurde in den *Kerker* geworfen, ein finsteres Kellerloch, auf Wasser und Brot gesetzt und nachts oft noch geprügelt.

Während der »Freistunde« wurde jede Unterhaltung zwischen Gefangenen wie zu jeder anderen Zeit streng bestraft. Trotzdem war jede von diesen Stunden für alle ein Ereignis. Die ewigen Kämpfer unter den Insassen von Plötzensee waren Experten in der Herstellung flüchtiger Kontakte und konspirativer Organisation. Ohne daß die Wachen etwas davon merkten, steckten sie sich heimlich Informationen zu, tauschten die letzten Neuigkeiten aus, übermittelten Warnungen über Verdächtige, Verräter und Spitzel und gaben flüsternd Instruktionen für die Entlassung. Mit scharfem Blick beobachteten sie die langen Reihen der Zellenfenster in der Hoffnung, bekannte Gesichter zu entdecken, gaben Signale, zeigten ein Lächeln und ermutigten mit Worten und Gebärden.

Während einer dieser Stunden sah ich zwei führende Funktionäre der Kommunistischen Partei Seite an Seite unter einer Eiche im Hof sitzen und Eicheln kauen, die sie vom Boden auflasen. Sie hatten die Erlaubnis dazu erhalten, weil der eine mit einem zerschmetterten Knie in den Hof gehumpelt war und der andere den linken Fuß in einen noch blutigen Verband eingebunden hatte. Das war der Preis, den sie für die Möglichkeit einer dreißig Minuten dauernden flüsternd geführten Unterhaltung bezahlten, die erst dadurch möglich wurde, daß sie taten, als kauten sie Eicheln. Inzwischen setzten wir anderen die Wachen dadurch in Erstaunen, daß wir wie nie zuvor drauflosmarschierten.

In den Nazigefängnissen war die früher hoch im Kurs stehende Methode, Nachrichten durch Klopfen an die Wände weiterzugeben, außer Mode gekommen. Die Wachen hatten Ohren, und die Geheimschlüssel konnten entziffert werden. Aber es gab andere Verkehrsmittel, die alle den Gefängnisbeamten mehr oder weniger bekannt waren, die man aber weniger leicht kontrollieren konnte. Das Stehlen von Bleistiften aus den Diensträumen des Arztes oder des Zahnarztes und das Weitergeben kurzer Mitteilungen, die, am Ende von Besenstielen befestigt, mitten in der Nacht von Fenster zu Fenster gereicht wurden; die Benutzung des Systems der Luftschächte, die eine mündliche Verbindung von Gang zu Gang in vertikaler Richtung ermöglichten; Mitteilungen an die Küche, die auf den Boden schmutzigen Geschirrs geklebt wurden, und Mitteilungen aus der Küche, die in einem Stück Brot versteckt waren oder in einem Napf mit Kohlsuppe. Alles das war außerordentlich gefährlich. Jeder Neuankömmling unter uns wurde für einen Provokateur oder Gestapospitzel gehalten, bis er durch einen, der seine Vergangenheit und die Umstände seiner Verhaftung und seiner Strafe kannte, identifiziert werden konnte.

Einmal in der Woche erhielt jeder Gefangene ein Buch aus der Gefängnisbibliothek. Er konnte sich die Bücher nicht selber auswählen: der Lehrer, pensionierter Unteroffizier und fanatischer Nazi, bestimmte, was ein jeder lesen sollte. Die literarische Kost bestand deshalb mit wenigen Ausnahmen aus superpatriotischer Propaganda und aus harmlosen wissenschaftlichen Abhandlungen, die nicht selten vor hundert Jahren geschrieben und gedruckt worden waren. Alle Illustrationen, die auch nur von ferne einer Frau ähnlich sahen, wurden aus den in Umlauf gesetzten Büchern entfernt.

Der Gottesdienst war im Gefängnis von Plötzensee obligatorisch. Ich war kaum recht in meiner Zelle, als eine Stimme aus dem Fenster der Zelle links von mir mich anrief:

»Was bist du?« fragte die Stimme. »Politisch oder kriminell?«

»Politisch.«

»Wenn sie kommen und dich nach deiner Religion fragen, sag ihnen, du seist Katholik.«

Ich folgte diesem Rat. Die katholische Kirche hatte in Deutschland schlechte Tage. Die ihr entgegengebrachte Feindschaft trug viel dazu bei, in ihr den alten, beinahe vergessenen Kampfgeist wiederzuerwecken. Das Gefängnis in Plötzensee beherbergte viele Priester und Mönche aus dem Süden und dem Rheinland. Sie waren wegen aller möglichen Arten sexueller Vergehen verurteilt worden, aber die Gefangenen wie die Wachmannschaften wußten, daß die Anklagen wegen unsittlichen Lebenswandels eine Erfindung von Dr. Joseph Goebbels und der Gestapo waren, um die gegenwärtige politische und religiöse Verfolgung der katholischen Organisationen und ihrer Kämpfer zu tarnen. Als »Katholik« wurde ich öfters von Priestern besucht, die für die geistlichen Bedürfnisse der Gefangenen sorgten. Ich war erstaunt, festzustellen, wie nahe Geist und Herz dieser Soldaten Gottes dem Geist und den Herzen der deutschen Massen waren. Keiner von diesen Priestern machte mir jemals den Eindruck eines Opportunisten oder Heuchlers. Ich fand in ihnen kühne, warmherzige und verständnisvolle Kreuzritter für die Menschenrechte. Es mag genügen, wenn ich sage, daß es mir während meines Aufenthalts im Gefängnis von Plötzensee gelang, mit ihrer Hilfe kurze Mitteilungen mit Firelei auszutauschen, die weiterhin ihren eigenen Kampf in dem fernen Frauengefängnis in Lübeck kämpfte.

Einmal in der Woche mußten die Gefangenen gangweise die Gefängnisschule besuchen. Damit wurde der Zweck verfolgt, die Phantasie der Sträflinge durch die Größe und die Vollkommenheit des Hitlerregimes zu beeindrucken. Der Unterricht dauerte zwei Stunden; während der ersten las der Lehrer jeweils ein Kapitel aus Rosenbergs *Mythus des zwanzigsten Jahrhunderts* vor oder auch einen Leitartikel aus Hitlers Blatt, dem *Völkischen Beobachter*; in der zweiten durften die Gefangenen Fragen stellen, auf die der Lehrer sich dann bemühte zu antworten. Einige von unseren Genossen hielten den Lehrer mit ihren Fragen in Atem, während die übrigen sich zu einer konspirativen Konferenz zusammensetzten und nur ganz leise flüsternd sprachen. Es kam oft vor, daß eine bestimmte Frage eines antifaschistischen Sträflings den Lehrer in große Verlegenheit brachte. Einige von diesen Fragen lauteten: »Was ist das, ›gerechter Lohn‹, den Dr. Ley, der Leiter der Deutschen Arbeitsfront, dem deutschen Arbeiter versprochen hat?« Oder: »Warum sagt General Göring dem Volk, daß Kanonen besser seien als Butter?« Oder: »Auf welchen Ursprung geht der erste Mai als Tag der Arbeiterumzüge zurück, und weshalb hat Hitler ihn als nationalen Feiertag proklamiert?«

Einmal fragte ein Kommunist: »Was ist Imperialismus?«

Der Lehrer konnte keine befriedigende Antwort finden. Der Genosse, der die Frage gestellt hatte, erhob sich und zitierte Lenins Interpretation des Imperialismus, selbstverständlich ohne den Autor zu erwähnen. »Das war eine ausgezeichnete Erklärung des Imperialismus«, sagte der Nazilehrer strahlend. »Sie trifft den Nagel auf den Kopf.«

Am nächsten Tag mußten die Gefangenen eines anderen Ganges in die Schule.

In der darauffolgenden Nacht ging ein allgemeines Kichern von Fenster zu Fenster. Der Lehrer hatte den Unterricht mit der Frage begonnen:
»Nun wollen wir über Imperialismus sprechen. Was ist Imperialismus?«
Nach einer kurzen Diskussion hatte er selbst die Antwort gegeben. Zum größten Erstaunen der Gefangenen gab der Nazilehrer die Erklärung Lenins als seine eigene aus.

Im Gefängnis von Plötzensee wurde aber selten gelacht. Meine Zelle lag im Erdgeschoß des Zellenblocks A. Ein anderer Flügel dieses Gebäudes beherbergte im Erdgeschoß die *Totenreihe.* Die Zellen der *Totenreihe* waren niemals leer. Wir gingen täglich daran vorbei, wenn wir in den Hof gingen und von dort zurückkamen. In den Todeszellen brannte die ganze Nacht das elektrische Licht, und die zum Tode verurteilten Insassen durften keine Kleider tragen. Draußen vor jeder Zellentür, sauber aufeinandergelegt, lagen die Hose, die Jacke und die Stiefel des Verurteilten drinnen. Sie durften sich nur eine halbe Stunde am Tag anziehen, wenn sie in den Hof gingen. Ich sah sie oft über die gefrorene Erde marschieren. Jede Woche verschwanden alte Gesichter, und neue traten an ihre Stelle. Diese Männer hatten einen selbstbewußten Schritt, obwohl ihre Hände auf dem Rücken gefesselt waren. Die meisten schienen völlig apathisch; nur einige schauten angespannt oder finster drein. Jede Woche wurden vier von zehn hingerichtet, und es gab Zeiten, in denen Frauen, berufstätige Mädchen und adlige Damen, die wegen Verrats oder wegen Spionage verurteilt worden waren, sich unter denen befanden, die bei Tagesanbruch starben. Die Gesetze von 1936 waren sehr viel härter als die von 1933. Männer mittleren Alters, junge Leute und Jünglinge im Soldatenalter gingen im Gänsemarsch in dieser Todeskarawane. Aus allen Windrichtungen wurden sie nach Plötzensee geschleppt, um dort zu sterben. Hier wurde das Handbeil nicht gebraucht. Die Hinrichtungen waren zu zahlreich, und die Guillotine war wieder zu Ehren gekommen.

Jene von uns, die früh am Morgen erwachten und auf den Befehl der Morgenglocke zum Aufstehen warteten, lernten bald die Geräusche erkennen, von denen eine Hinrichtung begleitet war: das Getrappel von Füßen an der *Todesreihe* um sechs Uhr morgens, das Knarren der Türen des Schuppens am anderen Ende des Kiesplatzes der *Todesreihe* gegenüber – des Schuppens, in dem die Guillotine hinter einem Vorhang aus Segelleinen stand; das plötzliche Rasseln von Schlüsseln in den schweren Türen, bisweilen die Geräusche eines kurzen Handgemenges, Wutschreie und Hilferufe oder eine schallende Stimme, die die *Internationale* sang und mit einem heiseren Abschiedsruf endete, der an die vielen Hundert gerichtet war, die in den Zellen noch am Leben waren und horchten. Aber die meisten machten diesen letzten Gang mit Ruhe, ohne Verwünschungen oder eine hörbare Klage, und nur die Rufe der Solidarität, des Hasses und der Empörung aus den fernen Zellenfenstern gaben vielleicht dem in den Tod Gehenden die Illusion, daß er nicht vergeblich sterbe.

In den meisten Fällen kannten wir die Namen derer, die starben, nicht. Aber wenn wir gegen Mittag in den Hof hinauszogen, sahen wir jeweils einen großen Haufen Sägemehl auf dem Kies liegen. Und wir stellten fest, daß an einem solchen Tag die Wachen weniger unfreundlich waren als sonst.

Am 4. November 1936 fiel, ohne daß wir gewußt hätten, wer hinter den mächtigen Mauern von Plötzensee gelegen hatte, das Kämpferhaupt Edgar Andrees unter dem Beil der Nazis nach beinahe vier Jahren unaufhörlicher Folterungen. Als diese Nachricht einige Nächte darauf sich im Gefängnis verbreitete, hallten die Mauern wie durch ein Zauberwort vom Gesang des Trauermarsches der russischen Revolution wider. Er war mit den herausfordernden Kampfrufen früherer Jahre in den Tod gegangen, ein Kämpfer bis zum letzten Atemzug. Die Wachen, die bis kurz vor der Hinrichtung mit ihm in der Zelle zusammen gewesen waren, hatten noch einen anderen Edgar Andree kennengelernt, und sie sprachen von ihm nur mit gedämpfter Stimme. Als Andree die Schritte der Helfer des Henkers bei Tagesanbruch kommen hörte, bat er einen der SS-Leute, einen Witz zu erzählen.

»Ich habe in meinem Leben alles, was gut und edel ist, erlebt«, hatte Andree gesagt. »Jetzt möchte ich noch einmal lachen, bevor ich gehe.«

Die SS-Leute sagten, daß ihnen kein Witz einfalle, aber ein Nazianwalt unter den Anwesenden erbot sich, Andree zum Lachen zu bringen. Er erzählte einen Judenwitz. Andree selbst war Belgier jüdischer Herkunft. Als der andere seine Anekdote zu Ende erzählt hatte, war die Zelle voll von Leuten. Außer dem Genossen Andree, den SS-Wachen und dem Anwalt waren auch noch die Helfer des Henkers, der Staatsanwalt, SS-Leute und Gestapoagenten anwesend. Alle lachten, Andree am lautesten.

»Wenn ich dann jetzt hinausgehe«, erzählte Andree ihnen, »werden meine Genossen an den Fenstern stehen und sagen: ›Schaut, Andree geht zur Guillotine!‹ Sie werden alle aufpassen. Sie wollen alle sehen, wie ich als echter Bolschewist sterbe; das ist meine Pflicht ihnen gegenüber. Keiner von meinen Jungens wird ahnen, daß ich in Wahrheit nichts als ein müder Komödiant meiner Loyalität einer Sache gegenüber bin, an die ich nicht mehr glaube. Meine Herren, ich bin bereit.«

Andree starb mit dem Ruf: »Tod dem Hitler! Lang lebe die Arbeiterrevolution!« Er starb, wie jene es von einem Revolutionär erwarten, die seiner Führung folgten. Zu seinen Ehren wurde das *Bataillon Edgar Andree* in Spanien gebildet. Es zählte zu den Sturmtruppen der Internationalen Brigade. Auch die Franzosen und die Belgier wählten Edgar Andree zum Ehrenkommandanten des *Bataillons Paris Commune.*

Es war mein vierter Winter in Hitlers Gefängnissen. Rund um mich herum stürzten Männer und Frauen, die ich gekannt hatte, ins Grab. Unter denen, die in jenem Winter starben, war auch Franz Lauer, der mein Genosse in Saal 11 gewesen war; er versuchte zu fliehen und wurde von den Kugeln der Totenkopfwachen durchlöchert. Die Nachricht von seinem Tode sickerte durch die Mauern des Gefängnisses von Plötzensee. Er war nur einer von vielen. Wenn ich die Augen schloß, sah ich die Toten in einem endlosen und schweigenden Zug durch die Zelle ziehen. »Sind sie Helden?« fragte ich mich. »Oder sind sie nichts als betrogene arme Teufel, die mir wie Helden vorkommen, weil mein Verstand blind, betrunken und wahnsinnig ist?« Mit wilden Anstrengungen kämpfte ich die Anfälle der Verzweiflung nieder. Mit reiner Willensanstrengung konnte ich den Kanonendonner in Spanien hören und die Rufe der vorwärtsstürmenden revolutionären Freiwilligen.

»Schießt gut, Genossen«, pflegte ich laut zu rufen, um Kraft für meinen eigenen dunklen und heimtückischen Kampf zu sammeln. »Vergeudet die Munition nicht, Genossen. Jeder Schuß – ein toter Faschist! Donnert, ihr Kanonen in Spanien! Gebt ihnen die Antwort für das Arbeiterblut, das in den Schreckenslagern verspritzt wurde. Gebt ihnen die Antwort ohne Gnade und Barmherzigkeit. Gebt ihnen die Antwort, die sie verdienen. Donnert, ihr Kanonen in Spanien! Ich bin bei euch! Wir sind alle bei euch!«

Duell im Dunkeln

In meiner Zelle studierte ich fleißig Hitlers *Mein Kampf*. Mit einem unerlaubt eingeschmuggelten Bleistift schrieb ich ganze Sätze und Paragraphen auf Fetzen von Toilettenpapier ab, fügte den Zitaten bewundernde Kommentare bei und ließ sie dort liegen, wo sie von den Wachen bei der nächsten Routinedurchsuchung meiner Zelle gefunden werden mußten. Ich wußte, daß sie die Notizen an sich nehmen würden und daß der Gefängnisdirektor sie meinen Akten beifügen würde. Gelegentlich empfing ich Briefe von einem meiner Brüder; sie wurden mir zwei Stunden überlassen, bevor sie mir weggenommen wurden, um ebenfalls in meine Akten zu wandern. In diesen zwei Stunden kritzelte ich Worte der Enttäuschung zwischen die Zeilen. »Es ist wahr«, schrieb ich, »Hitler ist Deutschland und Deutschland ist Hitler.« Und: »Der Kommunismus ist eine hassenswerte Lüge. Man kann nicht Kommunist sein, ohne sein Vaterland zu verraten.« Briefe mit solchen Bemerkungen, so hoffte ich, würden ihren Weg zur Gestapo finden. Sie würden dort bemerkt, vielleicht sogar diskutiert werden, und die Gestapo würde daraus ihre Schlüsse ziehen – so oder so. Woche um Woche arbeitete ich mit Geduld und Vorsicht an diesem Plan.

Wenige Tage vor Weihnachten 1936 startete die Mehrheit der kommunistischen Gefangenen eine geheime Kampagne für einen Kirchenstreik am Heiligen Abend. »Weigert euch, in die Kirche zu gehen! Laßt den Nazipfarrer vor leeren Bänken predigen!« hießen die Hauptschlagworte dieses Unternehmens. Mit wohlerwogener Absicht holte ich zu einem Gegenschlag aus mit dem Ruf: »Nieder mit dem Kirchenboykott! Gefangene, lehnt es ab, euch von den Gottlosen tyrannisieren zu lassen!« Dies brachte eine gewisse Verwirrung in die Reihen der politischen Sträflinge. Ich verführte meinen Zellennachbarn, einen zuverlässigen Genossen, den ich ins Vertrauen gezogen hatte, dazu, eine heftige Epistel gegen mich zu schreiben, in der ich als Renegat, als Gegenrevolutionär und als einer, der gegen die Parteidisziplin verstößt, gebrandmarkt wurde. Er tat mir diesen Gefallen und verfaßte ein Pamphlet mit der Schlagzeile: *Nieder mit dem Trotzkisten! Nieder mit dem Lakaien der Kirche!* Der Aufruf endete mit der Aufforderung: *Lesen und weitergeben!* Während der nächsten Stunde auf dem Hof ließ ich dieses gegen mich gerichtete Schriftstück draußen auf den Boden fallen. Eine Wache nahm es auf. Bevor ich in meine Zelle zurückkehrte, konnte ich die Wache sehen, die mit meinem Papier in der Hand dem Verwaltungsgebäude zustrebte. Einen Tag später wurde ich zum Gefängnisdirektor gerufen. Er zeigte mir das Papier.

»Ich muß schon sagen«, bemerkte er, »deine kommunistischen Freunde haben ja eine schöne Ladung von Verwünschungen auf dein Haupt heruntersausen lassen.«

»Das sind nicht meine Freunde«, antwortete ich steif. »Ich habe mit dem Kommunismus gebrochen. Wenn ich wüßte, wie ich den Kommunismus bekämpfen könnte, würde ich es tun.«
»Wer hat denn dieses Sperrfeuer gegen dich losgelassen?« fragte der Beamte.
»Das möchte ich selbst wissen«, sagte ich. »Ich würde ihm den Hals umdrehen.«
»Wirklich?«
»Jawohl, Herr Direktor.«
Er nickte mir freundlich zu und schickte mich in die Zelle zurück.
Den ganzen Monat Januar hindurch spielte ich die schmutzige Komödie weiter. Ich vermied jeden Kontakt mit den anderen Gefangenen. Ich war an dem Punkt angelangt, da ich einem Manne glich, der mit dem Kopf gegen die Wand rennt und weiß, daß er sie entweder durchbricht oder aber sich den Schädel einschlägt. Die Wand gab nach. Eines Tages kam ein SS-Mann in meine Zelle und forderte mich auf, meine Sachen zu packen.
»Wohin geht's?«, fragte ich.
»Die Hamburger Gestapo möchte dich sehen«, antwortete der SS-Mann mit einem Blick auf den gedruckten Marschbefehl, den er in der Hand hatte.
Jene Nacht verbrachte ich wieder in einem Gefängniszug.
»Das Duell im Dunkeln hat begonnen«, sagte ich mir. »Wie wird es ausgehen?«

Ein SS-Mann führte mich durch die Gänge der Hamburger Gestapozentrale. Wir betraten einen Flügel des Gebäudes, in dem ich vorher noch nie gewesen war, und passierten eine Tür mit der Aufschrift *Auslandsabteilung*.
Die bewaffneten SS-Leute traten zur Seite. Wir waren in den Diensträumen der Auslandsabteilung der Gestapo. Der begleitende SS-Mann nahm mir die Fesseln ab und stieß mich in einen dick mit Teppichen belegten Empfangsraum. In der Ferne klapperten Schreibmaschinen, ein Geräusch, das von Zeit zu Zeit durch das Klingeln von Telefonen unterbrochen wurde. Der Raum war groß, hell und gut gelüftet. Das kostbare Perlgrau des Teppichs fiel mir auf. An der Wand hingen in soliden schwarzen Rahmen eine Karte von Deutschland, regionale Karten, eine Karte von Europa und eine Weltkarte. Hinter einem großen niederen Schreibtisch saß Hertha Jens in nachlässiger Haltung. Sie gab dem SS-Mann ein Zeichen, uns allein zu lassen.
Die Jahre hatten die Verräterin nicht verändert. Ihre Kleidung war eleganter als damals, als ich sie zum letztenmal sah. An ihrer Armbanduhr blitzten Brillanten. Abgesehen von ihrer äußeren Aufmachung war sie immer noch die umgängliche Verräterin von 1933 mit dem gesunden Fleisch und dem großen Busen. Der strahlende Blick ihrer blauen Augen war kalt und irgendwie naiv. Sie hatte immer noch die gleichen wunderbaren Zähne. Sie nickte mir freundlich zu und zeigte mir ihr schönstes Lächeln.
»Wie geht es dir?« sagte sie. »Wir erwarteten dich.« Dann sprach sie in einen Apparat hinein: »Er ist hier!«
Ein kleiner, ziemlich finster aussehender Mann trat durch eine der Seitentüren ein. Seine Augen lagen tief in den Höhlen, waren jedoch außerordentlich lebhaft.
»Hallo«, sagte er munter. »Freut mich, Sie zu sehen. Sie sehen nicht so gut aus wie damals, als wir Sie zum erstenmal hier hatten.«

»Nein«, sagte ich.
»Erkennen Sie mich zufällig?«
»Sie sind Inspektor Kraus«, sagte ich.
Er führte mich in ein kleines Büro, das neben dem Empfangsraum lag. Im Gegensatz zu diesem war es betont einfach möbliert. Ein Schreibtisch am Fenster, zwei harte Stühle, mehrere Lampen aus Stahl, ein Bücherbrett und ein Porträt von Hitler. Auf der einen Seite hing eine Generalstabskarte von Deutschland an der Wand, auf der anderen eine Karte von Europa, die vom Boden bis zur Decke reichte.
»Nehmen Sie Platz«, sagte Inspektor Kraus.
Ich setzte mich. Während er mich anblickte, schob er mir eine silberne Zigarettendose über den Schreibtisch zu.
»Rauchen?«
Ich nahm eine Zigarette mit Goldmundstück. Er zündete ein Streichholz an, und ich bediente mich. Der Gedanke, daß das der Mann war, der mich beinahe zu Tode geprügelt hätte, kam mir nicht aus dem Sinn. Aus einer Schublade nahm er die Briefe, die meine Verurteilung des Kommunismus und meinen Antrag für die Lektüre von *Mein Kampf* enthielten.
»Was«, fragte er ruhig, »hat Sie veranlaßt, diese Erklärung zu schreiben?«
Ich tat so, als sei ich verlegen. »Die Ursachen liegen Jahre zurück«, sagte ich. »Es ist eine lange Geschichte, fürchte ich.«
»Das ist klar. – Wie lange waren Sie jetzt im Gefängnis?«
»Siebenunddreißig Monate. Seit November 1933.«
»Das war ein unangenehmer Tag. Geht Ihre Geschichte auf jenen Tag zurück?«
»Weiter«, sagte ich.
Inspektor Kraus zündete sich eine neue Zigarette an. Er machte den Eindruck eines leidenschaftlichen Rauchers. »Nun«, sagte er, »erzählen Sie weiter. Befreien Sie sich davon. Ich bin ein ausgezeichneter Zuhörer.«
Ich begann zu erzählen, erst zögernd, dann ohne Unterbrechung. Um drei Uhr bestellte Inspektor Kraus ein Essen aus einem in der Nähe liegenden Restaurant, und Hertha Jens leistete uns während des Essens Gesellschaft. Ich sprach bis fünf Uhr. Vieles, was ich sagte, war nicht gelogen; es waren Schlußfolgerungen, zu denen ich in vielen tausend einsamen Stunden des Nachdenkens und Grübelns gekommen war. Ich machte jetzt davon Gebrauch, weil sie in meinen Plan zu passen schienen. Ich war mir absolut im klaren, daß ich mich auch nicht ein einziges Mal versprechen durfte und daß ein einziges falsches Wort oder eine falsche Bewegung angesichts der Erfahrung, die Inspektor Kraus in diesen Dingen besaß, zu meinem augenblicklichen Untergang führen mußte. Inspektor Kraus besaß Macht über Leben und Tod. Er konnte den Menschen das Leben leicht machen, er konnte ihnen die Freiheit schenken, er konnte sie lebenslänglich inhaftieren, er konnte sie schnell oder auch sehr langsam sterben lassen. Ein paarmal unterbrach er mich, um ganz beiläufig eine Frage zu stellen, aber den größten Teil der Zeit hörte er zu, und seine Augen folgten den Wirbeln und Spiralen des Zigarettenrauchs. Je mehr ich sah, wie sich der Ausdruck wachsender Neugier und eines sicheren Triumphs über sein Gesicht ausbreitete, um so größer wurde mein Selbstvertrauen.
»Was hat Sie in erster Linie veranlaßt, sich den Moskowitern anzuschließen?« fragte Inspektor Kraus, den Schwall meiner Rede unterbrechend, den ich

über ihn ausschüttete. »Reizte es Sie nicht, daß sie eine fremde Sprache sprachen? Daß sie wie die Taschendiebe einen eigenen wissenschaftlichen Jargon hatten?«
»Für den Arbeiter ist die Sprache ihrer *Thesen* und *Resolutionen* wie Chinesisch«, gab ich zu. »Aber es war nicht so in den Jahren, die auf den Weltkrieg folgten. Sie schienen eine gesunde Lösung für ein krankes und verratenes Deutschland zu haben. Unsere sogenannte Demokratie war ein Mummenschanz von Anfang an. Ich schloß mich als Knabe aus den gleichen Motiven der Kommunistischen Partei an, die andere Jugendliche in die Reihen der Hitlerbewegung führten. Deutschland war damals erledigt, das Leben war unerträglich geworden, und ein radikaler Kurs gegen die Schande von Versailles wurde für jeden Deutschen, der sich nach nationaler Freiheit sehnte, zum obersten Gesetz. Ich wurde Kommunist, weil ich glaubte, die revolutionären Arbeiter könnten ein besseres Deutschland aufbauen. Später bekämpfte ich die Nationalsozialisten, weil ich das glaubte, was meine Führer – Thälmann, Neumann, Wollweber – mir erzählt hatten: daß die nationalsozialistische Bewegung weder *national* noch *sozial* sei, sondern ein von den Industriellen und Bankiers organisierter Söldnerhaufen zum Schutze der kapitalistischen Ausbeutung der deutschen Nation.«
Kraus nickte. »Ganz richtig«, sagte er. »Was ist es nun, was Ihre Meinung über den Charakter der Hitlerbewegung geändert hat? Das Gefängnis ist doch nicht gerade ein günstiger Nährboden für eine Sinnesänderung uns gegenüber – oder?«
Ich hatte die Psychologie der Nazibewegung und der Gestapo zu lange und zu gründlich studiert, um über diese Fußangel zu stolpern. Es gab darauf nur eine wirksame Antwort.
»Die Leistungen Hitlers änderten meine Meinung über die nationalsozialistische Bewegung«, sagte ich und fuhr dann fort, Inspektor Kraus alle jene stereotypen Erklärungen zu geben, die die Nazipropagandamaschine zum auswärtigen Gebrauch in Umlauf gesetzt hatte: »Diese neue Erkenntnis kam nicht über Nacht. Ich wehrte mich jahrelang mit Händen und Füßen dagegen. Aber ich bin nicht töricht genug, darauf zu bestehen, etwas als ein Quadrat zu bezeichnen, nachdem die ganze Welt gesehen hat, daß es ein Kreis ist. Seit 1933 hat es für die deutschen Arbeiter keine Lohnkürzungen mehr gegeben. Als Hitler zur Macht kam, gab es acht Millionen Arbeitslose – heute gibt es kaum mehr welche. Keine andere Regierung auf der ganzen Welt hat das fertiggebracht. Die Arbeiter haben bezahlte Ferien. Sie können Ozeanreisen nach Norwegen und Madeira für wenig Geld machen. Arbeitgeber, die weniger als die festgesetzten Mindestlöhne zahlen, kommen ins Gefängnis. Deutschland war schwach und verachtet – jetzt ist es stark und hochgeachtet. Die Straßen, die Hitler baute – die Autobahnen –, sind die besten, die es gibt. Mitgefangene haben mir erzählt, daß die Hamburger Elendsviertel niedergelegt worden seien; neue, moderne Häuser und Gärten wurden an ihrer Stelle gebaut. Knaben und Mädchen, die früher dazu verdammt waren, in überfüllten Löchern oder in der Gosse aufzuwachsen, sind jetzt in der Hitlerjugend – sie lernen Werkkunstarbeiten, unternehmen gemeinsame Ausflüge, sie haben alles, was Kinder brauchen, um glücklich zu sein. Vor 1933 erfroren jeden Winter Hunderte oder verhungerten; heute weiß jeder, daß die Losung der NS-Volkswohlfahrt *Keiner soll hungern und frieren* verwirklicht wor-

den ist. Weder ich noch meine Kameraden erwarteten, daß Hitler so viel für die Arbeiter tun würde. Ich kam zu der Überzeugung, daß ich mich geirrt habe. Ich kam zu der Überzeugung, daß die Hitlerbewegung im besten Sinne *national* und *sozial* ist. Ich kam zu der Überzeugung, daß ich einen furchtbaren Fehler gemacht hatte.«

»Ich habe das bereits zu vielen von den Ex-Moskowitern gesagt, die wir hier oben gehabt haben«, bemerkte Inspektor Kraus. »Was wollten eure Leute denn eigentlich hier? Hitler bekämpfen? Hat denn nicht Hitler viele von den kommunistischen Forderungen erfüllt? Hat er nicht den Kapitalismus in die Knie gezwungen? Die Bourgeoisie zerschlagen? Die Kirche eingeschüchtert? Den Arbeitern Sicherheit verschafft? Sich geweigert, Deutschland im Interesse der ausländischen Bankhyänen zum Weißbluten zu bringen?«

»Hitler hat das alles vollbracht«, sagte ich. »Es hat mich viel gekostet, das zuzugeben, aber es ist die Wahrheit.«

»Bitter, nicht?«

»Ja, es war bitter«, sagte ich. »Bitter, festzustellen, daß man auf der falschen Seite gekämpft hat.«

»Wann fingen Sie an, sich Gedanken darüber zu machen, daß die Komintern keine so heilige Einrichtung sei?« fragte Inspektor Kraus plötzlich. »Weshalb sind Sie so lange dabei geblieben?«

»Die Hitlerbewegung ist auf dem soldatischen Ideal aufgebaut«, antwortete ich. »Die Komintern beruht auf militärischer Disziplin. Der Hitlerismus hat ein Ideal. Der Kommunismus lehnt Ideale ab – er erkennt nur den historischen Materialismus an. Was sie beide gemeinsam haben, ist die soldatische Haltung. Ich war Soldat. Die höchste Tugend des Soldaten ist die Treue.«

Ich fuhr fort und wurde lange Zeit nicht unterbrochen; ständig befürchtete ich, daß der zuhörende Verstand von Inspektor Kraus sich meinem Griff entziehen könnte. Ich führte aus: »Natürlich hatte ich 1933 alle meine Illusionen von menschlicher Brüderlichkeit verloren; ich gab zu, daß die Komintern nichts als ein Instrument zur Förderung der imperialistischen Ziele der Sowjets war und ihre Führer eine Bande schmutziger Advokaten und Straßenräuber. Und doch blieb ich in der kommunistischen Bewegung, ein Leibeigener Moskaus, weil ich die Treue zu der Sache, der ich mich nun einmal verschrieben hatte, über alles stellte; weil ich Deserteure verachtete; weil ich mich als Soldat betrachtete, der mit seiner Truppe kämpft, ohne zu fragen, auf welcher Seite das Recht oder das Unrecht liegt. Zum entscheidenden Bruch kam es erst während der Jahre nach meiner Verhaftung durch die Gestapo – es waren Jahre eines qualvollen inneren Kampfes um Licht. Ich vernahm, was Hitler für das deutsche Volk tat. Ich erkannte die Verlogenheit alles dessen, was die jüdisch-kommunistische Presse über das Neue Deutschland veröffentlichte. Mein Leben, mein Zuhause, meine Familie waren vernichtet, nicht von den Nazis, sondern von den kommunistischen Führern und ihren unmenschlichen Machenschaften. Ich sah, daß man mich zum besten gehalten hatte. Ich hatte gelernt, diese Führer zu hassen, die meine Möglichkeiten für ein anständiges Dasein zerstört hatten. Ein Treueverhältnis zur Komintern war gleichbedeutend mit einem Treueverhältnis zum Kreml und damit gleichbedeutend mit dem Verbrechen des Verrats. Ich entdeckte schließlich, daß ich Deutscher bin, daß ich zu Deutschland gehöre und daß es nur einen Weg gibt, auf dem ich die Verbrechen sühnen kann, die ich begangen habe: Deutschland zu dienen, indem ich seine Feinde, die Kommunisten, die vollgefressenen Demokraten und die Sendlinge Judas bekämpfe! Ich hasse die Juden. War es nicht ein Jude, den ich in Kalifornien vor mehr als zehn Jahren angegriffen habe? – All das hat in mir den überwältigenden Drang entstehen lassen, das kommunistische Glaubensbekenntnis offen zu widerrufen. Ich wollte einen klaren Bruch. Ich wollte allen meinen ehemaligen Genossen kundtun, daß ich kein Kommunist mehr sei. Deshalb habe ich die Erklärung verfaßt; sie sollte der Grabstein meiner falsch gelebten und sinnlosen Vergangenheit sein.«

Während ich sprach, kamen Gestapoagenten einzeln oder zu zweit in das Büro, um leise über Fortschritte zu berichten, die bei den Verhören verschiedener Gefangener gemacht wurden. Einige legten maschinengeschriebene Blätter auf den Schreibtisch des Inspektors. Nach Anhören kurzer Kommentare oder Entgegennahme von Instruktionen, die ihnen ihr Vorgesetzter in kurzen, rasch gesprochenen Sätzen gab, gingen die Agenten wieder weg. In einem Fall legte Inspektor Kraus wie zufällig eine der maschinengeschriebenen Seiten an eine Stelle, die direkt unter meinen Augen lag. Ich konnte beinahe der Versuchung nicht widerstehen, einen heimlichen Blick darauf zu werfen. Aber ich hielt mich unter Kontrolle; der Teil eines Berichts, den man so nahe vor mich hinlegte, sah zu sehr nach einer Falle aus.

»Als wir Sie seinerzeit erwischten, schien es, als hätten wir da eine harte Nuß zu knacken«, sagte Inspektor Kraus, als ich zu Ende war. »Schade, daß Sie damals nicht so dachten, wie Sie jetzt sagen, daß Sie denken. Sie hätten uns damals eine Menge erstklassiger Informationen geben können. Jetzt, nach Jahren ... Immerhin, Sie haben einen weiten, weiten Weg zurückgelegt.«

Hertha Jens, die trotz ihrer äußeren Liebenswürdigkeit scharf aufpaßte, warf jetzt ein:

»Warum hast du denn in den Gefängnissen in Hamburg und Berlin kommunistische Ausbildungszentren eingerichtet? Das scheint doch dann gar keinen Sinn gehabt zu haben!«

»Sie werden das noch erklären müssen«, brummte Inspektor Kraus.

Ich faßte meinen Entschluß aus der Eingebung des Augenblicks. Durch meinen Kopf schoß blitzartig der Gedanke: »Wenn du leugnest, daß du ein Schulungssystem aufgebaut hast, werden sie es dir nicht glauben, und sie werden die Aufrichtigkeit des eben Gesagten in Zweifel ziehen; wenn du zugibst, daß du solche Ausbildungszentren organisiert hast, gestehst du eine Tat, die als Hochverrat unter Anklage gestellt werden kann, und du gibst selbst die Hand für einen neuen Prozeß und ein mögliches Todesurteil.« Für den Bruchteil einer Sekunde hing mein ganzer Plan in der Luft. Ich sagte mir, daß es zu spät für einen Rückzug sei.

»Ich half bei der Errichtung solcher Ausbildungszentren mit, um den Versuch zu machen, meine wachsenden eigenen Zweifel zu beseitigen«, erklärte ich. »Ich stand dem Kommunismus feindlich gegenüber, aber ich hatte Angst, es mir einzugestehen. Ich fürchtete, wahnsinnig zu werden. Deshalb ging ich darauf ein – um mir das Nachdenken unmöglich zu machen. Übrigens kann in einem Gefängnis voller Kommunisten jedem Genossen, der nicht das tut, was man von ihm erwartet, sehr leicht etwas passieren.«

So seltsam das unter den vorliegenden Umständen auch scheinen mag – ich hatte die Wahrheit gesprochen, wenn es auch nicht die Angst vor meinen Ka-

meraden gewesen war, die mich veranlaßt hatte, stalinistische Kurse im Gefängnis zu veranstalten.
»Wer war der Führer der Organisation?« sagte Hertha Jens unvermittelt.
»Lauer«, sagte ich.
Genosse Lauer war tot. Ich konnte ihm nicht weh tun.
»Und welche Rolle spielten die anderen, die in diese Affäre verwickelt waren?«
Ich zögerte. »Es waren kleine Leute«, sagte ich schließlich. »Verlangen Sie bitte nicht von mir, daß ich einfache Arbeiter belaste, die ohnehin keinen Schaden mehr anrichten können.«
Inspektor Kraus' Gesicht verfinsterte sich. »Augenblicklich wollen wir Sie damit nicht bedrängen. Es geht um eine größere Sache als um die paar Stinker da im Gefängnis.«
»Er soll uns doch noch einiges über sie erzählen«, sagte Hertha Jens unnachgiebig.
»Nein«, unterbrach Inspektor Kraus. »Weshalb einen in jeder Weise guten Tag damit belasten? Wir werden diese Informationen erhalten, wenn wir sie brauchen.« Er schaute mich an und fügte langsam hinzu: »Ich bin froh, daß Sie sich schriftlich vom Kommunismus losgesagt haben. Sind Sie damit einverstanden, daß wir die Erklärung veröffentlichen?«

»Ja«, sagte ich sofort.
»Ich glaube nicht, daß wir sie publizieren sollten«, bemerkte Inspektor Kraus. »Sie haben immer noch einen guten Namen in der Partei. Warum sollen wir ein Ansehen beschmutzen, das uns noch nützlich sein kann?«
Er nahm eine Handvoll Zigaretten und gab sie mir. »Nehmen Sie«, sagte er. »Ich sehe, daß Sie gerne rauchen. Ich will dem Kommandanten telefonieren, daß er Sie rauchen läßt.«
Ich hatte das erste Hindernis genommen. Von diesem Augenblick an bewegte ich mich auf feindlichem Gebiet. »Ich muß behaupten, daß meine Freunde meine Feinde sind und daß meine Feinde in Wirklichkeit meine Brüder seien«, dachte ich. Es quälte mich, von einem Manne Zigaretten annehmen zu müssen, unter dessen Händen Tausende meiner Genossen gefoltert und erniedrigt worden waren und auf dessen Befehl viele der Besten kaltblütig ermordet worden waren.
Ich nahm die Zigaretten an.

In jener Nacht wurde ich im Lager Fuhlsbüttel nicht gefesselt. Ich konnte die Arme frei bewegen, und ich bewegte sie gerne! Ich fühlte mich frei wie ein Vogel! Während meiner Abwesenheit hatte jemand einen Tisch in meine Zelle gestellt. Auf dem Tisch lagen zwei Bücher. Das eine war eine Abhandlung über moderne Machtpolitik von Professor Haushofer, und das andere war ein ganz neues Exemplar von *Mein Kampf* — ein Geschenk von Inspektor Kraus. Ich las nicht darin. Ich streckte mich auf mein Bett aus mit der Absicht, die Ereignisse des Tages zu analysieren. Aber ich war erschöpft. So schlief ich fast augenblicklich ein.
Ein ereignisloser Tag ging vorüber. Am darauffolgenden Morgen zwängte sich ein glattrasierter Gestapomann in meine Zelle.
»Guten Morgen«, sagte er. »Ich komme von Kraus.«

Er zog verschiedene Blätter Zeichenpapier hervor, Federn und ein Fläschchen schwarze Tusche und stellte alles auf den Tisch. Plötzlich fragte er mich: »Sie hatten doch mit der Roten Internationale der Seeleute zu tun, nicht?«
»Jawohl«, sagte ich.
»Hier«, sagte er mit einer einladenden Handbewegung und zeigte auf die Zeichenutensilien. »Mein Chef meinte, Sie würden sicher für ihn eine Schemakarte der ganzen ISH-Organisation zeichnen. Die Kontinente und Häfen sind auf dem Papier vorgezeichnet. Wenn es Ihnen recht sei, meint Kraus, sollten Sie die Internationalen Klubs, die Namen der Roten Wasserfrontorganisationen, die Verbindungswege und was Sie sonst noch über die große moskowitische Admiralität für Schiffe anderer Länder wissen, hier einzeichnen. Wir kennen die meisten Details.« Er lächelte verständnisvoll. »Was der Chef möchte«, fuhr er fort, »ist ein allgemeiner Überblick, eine Darstellung, wie alle diese Dinge zusammenhängen. Wissen Sie etwas darüber?«
»Ein wenig, ja.«
»Sehr schön! Hier, der Chef gab mir auch noch einige Zigaretten für Sie. Er läßt Ihnen noch sagen, Sie sollten keinesfalls etwas tun, was Sie nicht gerne täten. Aber wenn Sie bereit sind, uns diese Gefälligkeit zu erweisen – gut, dann machen Sie sich bitte an die Arbeit. Ich werde dem Kommandanten sagen, daß er das Licht die Nacht über brennen läßt.«
»Alle meine Informationen sind aber über drei Jahre alt«, sagte ich, um ihn vor einer Enttäuschung zu bewahren.
»Wir wissen das«, sagte er naiv. »Zum Teufel mit den Informationen. In diesem Augenblick sind wir an Ihrer *Haltung* interessiert.«
Er verabschiedete sich lachend.
Ich machte mich sofort an die Arbeit. Mitternacht war vorüber, als die Sache fertig war. Das Labyrinth von Linien, Punkten und kleinen Fähnchen und die imponierende Reihe von Namen ausländischer Organisationen, mit der ich die Blätter bedeckt hatte, sahen kompliziert und eindrucksvoll aus. Ich fügte noch die Mitgliederzahlen hinzu, und oben über jedes Blatt schrieb ich: *Organisationsplan der Internationale der Seeleute und Hafenarbeiter im Jahre 1933*. Ich gab dabei allerdings nicht an, daß diese Internationale nicht mehr als eine »unabhängige« Organisation funktionierte; auch nicht, daß Moskau Anfang 1936 beschlossen hatte, die ISH durch eine zweckentsprechendere und geheimere Form der Marineorganisation zu ersetzen.
Ich wartete zwei Tage. Wiederum hatte ich das Empfinden, daß mein Schicksal an einem Faden hing. Wenn das Urteil der Gestapo über die Pläne, die ich gezeichnet hatte, negativ ausfiel, würde der Faden ein für allemal abreißen.
Am dritten Tag fragte ein anderer Gestapoagent nach mir. Er führte mich zu einem eleganten grauen Auto. Einen Augenblick später fuhren wir in schnellem Tempo zur Gestapo. Wieder wurde ich zum Büro von Inspektor Kraus gebracht. Hertha Jens reichte Kaffee und Kuchen. Kraus aß Kuchen und schaute mich eine Zeitlang an.
»Was würden Sie tun«, sagte er ganz unvermittelt, »wenn wir Ihre Frau freilassen würden?«
»Ich würde alles tun«, platzte ich heraus, jede Vorsicht außer acht lassend.
»Wir werden sehen«, sagte er leichthin. Aus einem Ordner nahm er eine Anzahl maschinengeschriebener Blätter. »Sie waren an einer kommunistischen Schule in Rußland?« fragte er.

»Ja – vor Jahren.«
Er schob die maschinengeschriebenen Blätter zu mir herüber. »Das ist die Abschrift eines Berichts eines unserer Leute an der Westuniversität in Moskau«, sagte er. »Lesen Sie ihn bitte einmal durch. Nehmen Sie sich Zeit, wir haben noch Kaffee genug. Lesen Sie ihn durch und sagen Sie mir, was Sie darüber denken. Der Junge, der ihn schrieb, war einmal ein fanatischer Bolschewist. Jetzt – arbeitet er für uns.«
Ich las den Bericht. Er war ohne Zweifel echt. Er enthielt eine Beschreibung des Lebens an der Schule, den Studienplan, die Namen der Lehrer und eine lange Liste von Parteinamen der Studenten. Während ich las, klingelte verschiedene Male das Telefon. Aus den Antworten, die Inspektor Kraus gab, entnahm ich, daß es sich bei den Leuten am anderen Ende der Leitung um Gestapoagenten handelte, die eine junge Frau beschatteten. Sie berichteten über die Bewegung ihrer Beute.
»Aha«, sagte Inspektor Kraus, »sie ging in ein Restaurant? Wen traf sie dort? Verliert sie nicht, bitte.«
Ich las weiter und war ganz benommen von der Eröffnung, daß ein Gestapoagent diesen Bericht aus dem innersten und exklusivsten Ausbildungszentrum der Komintern hatte herausschicken können. Wieder klingelte das Telefon. Wieder hörte ich zu.
»Ach, sie ist im Kino?« sagte Inspektor Kraus gedehnt.
Hertha Jens fluchte. »Jetzt sitzt sie im Dunkeln«, sagte sie mürrisch. »Und mit wem mag sie denn gesprochen haben?« Inspektor Kraus sprach ins Telefon:
»Verhaftet die Dame, wenn sie das Lichtspieltheater verläßt, und bringt sie hierher.« Und zu mir gewandt, sagte er mit einem breiten Lächeln: »Haben Sie den Bericht gelesen? Finden Sie ihn nicht interessant?«
»Sehr interessant«, brummte ich.
Wir sprachen über den Bericht und gingen Punkt für Punkt durch. Keine einzige noch so kleine Einzelheit, wenn sie von einiger Bedeutung war, schien der Aufmerksamkeit von Inspektor Kraus zu entgehen. Aber er war eitel. Jedesmal wenn ich etwas sagte, das gleichzeitig meine Achtung und meine Bewunderung für die Wirksamkeit der Gestapomethoden zum Ausdruck brachte, strahlte sein bald freundliches, bald brutales Gesicht vor Freude.
»Wie erklären Sie sich Ihren phänomenalen Erfolg bei der Unterdrückung des Kommunismus?« fragte ich.
»Unsere Methoden beruhen auf einer Kombination von Unternehmungsgeist, Geduld und der methodischen Anwendung alltäglicher Erfahrung«, sagte er und fügte hinzu: »Der Kommunismus wurde nicht unterdrückt; in Deutschland wurde er ausgerottet.«
Wir kamen zu einem Abschnitt in dem Moskauer Bericht, in dem von der Hinrichtung von neunzehn deutschen und polnischen Kommunisten wegen angeblicher Zusammenarbeit mit der Gestapo die Rede war. Kraus sah meinen fragenden Blick.
»Lassen wir ihnen das Vergnügen, ihre eigenen Leute umzulegen«, sagte er ruhig und nachsichtig. »Sie erschießen niemals *unsere* Leute. Wenn man vom obersten Dutzend in Moskau absieht, können wir dafür sorgen, daß jeder andere von der GPU erschossen wird. Wir brauchen der GPU nur zu hinterbringen, daß der Mann für uns gearbeitet hat. Einfach, nicht wahr?«

Ich zwang mich, ruhig zu bleiben. Ich war erschrocken und verwirrt.
»Ich will nicht etwa behaupten, daß *alle* diese verdammt blöden Genossen, die den Genickschuß bekommen, auf unsere Veranlassung hin umgelegt werden«, lachte er. »Wir sind gar nicht so blutdürstig. Bei ihnen ist das Problem, wie man sie aus dem Wege schafft, ganz einfach. Kommunisten — die ausländischen jedenfalls — sind Rebellen. Wenn sie nach Rußland kommen, fühlen sie sich zu Hause. Sie meinen dann, es sei ihr gutes Recht, die politischen Richtlinien zu kritisieren. Im Handumdrehen ist es da vorbei! Des Sowjetbürgers höchstes Glück ist eine Kugel ins Genick! Glauben *Sie* denn, daß dieser ganze sowjetische Mist mit Sozialismus etwas zu tun hat?«
»Nein.«
»Als was würden Sie das denn bezeichnen?«
»Als eine Form des Imperialismus, der sich hinter einer sozialistischen Theorie tarnt«, sagte ich ruhig.
»Und was denken Sie von der Theorie?«
»Die Theorie hat sich als falsch erwiesen. Der Internationalismus ist eine Illusion.«
»Die Methoden der Moskowiter beweisen, daß ihre Theorie falsch ist«, bemerkte Kraus. »Stalin benützte diese Ideen und die Phraseologie Lenins, um seine nationalistischen Ziele zu tarnen. Das macht aus jedem Ausländer, der für Stalin arbeitet, einen Verräter an seinem eigenen Vaterland. Stimmt's?«
»Das stimmt«, gab ich zu.
»Wir kommen unserem Ziel näher«, sagte Inspektor Kraus lächelnd. »Die Dinge haben sich verändert, seit wir Sie verhaftet haben. Moskau hat alle Bemühungen aufgegeben, eine kommunistische Partei in Deutschland am Leben zu erhalten. Dafür hat es das Land mit einem Netz von Spitzeln und Sabotagegruppen überzogen. Eine höchst verächtliche und gefährliche Sache! Welche Strafe verdient Ihrer Meinung nach ein Deutscher, der seine Nation an Stalin oder an die französischen Finanzhyänen verkauft?«
»Den Tod«, sagte ich.
Unvermittelt fragte er: »Möchten Sie Ihre Frau sehen? Wir könnten das arrangieren, wenn Sie wollen.«
Ich schwieg.
»Das würde allerdings etwas kosten«, sagte Inspektor Kraus gedehnt.
»Ich bin mir darüber im klaren«, gab ich zurück.
Und nun kam die Frage, auf die ich seit Monaten zusteuerte.
»Es genügt nicht, den Kommunismus zu verwerfen«, sagte Kraus kurz angebunden. »Man muß ihn bekämpfen, solange noch ein Funken Kampfgeist in diesem Tier drinsteckt. Wären sie dazu bereit?«
»Ja«, sagte ich entschlossen. »Er hat mein Leben zerstört, und ich bin bereit, zurückzuschlagen.«
Inspektor Kraus atmete auf. Hertha Jens zupfte an ihrem Rock.
»Würden Sie für uns arbeiten wollen?« fragte Kraus leichthin.
Ich tat so, als denke ich darüber nach. Ich wollte das Angebot nicht zu schnell annehmen; das würde sie mißtrauisch machen. Mit der größten Willensanstrengung versetzte ich mich in die Rolle eines Menschen, der einen harten inneren Kampf ausficht.
»Wir zwingen niemanden«, sagte Inspektor Kraus versöhnlich. »Wir sind nur logisch. Wenn Sie meinen Vorschlag ablehnen möchten, so tun Sie es

ruhig. Es wird Ihnen nichts geschehen. Sie werden dann eben einfach die verbleibenden zehn Jahre Ihrer Strafe absitzen.«

»Ich werde darüber nachdenken«, sagte ich schließlich. »Für mich ist das eine überwältigende Entscheidung.«

»Vergessen Sie nicht«, sagte Kraus mit Betonung, »wenn Sie mit uns arbeiten, stehen Sie auf der Seite, die gewinnt. Keine Macht der Welt kann Deutschland in die Stellung einer zweitrangigen Macht zurückdrücken. Wie ich Ihnen schon sagte – die Zeiten haben sich geändert.«

»Ich werde Ihnen meine Antwort morgen geben«, antwortete ich.

Als ich die Zentrale der Auslandsabteilung verließ, begegnete ich Rudolf Heitmann. Er ging im Gang an mir vorüber. Als er vorbeischlenderte, trafen seine Augen mein Gesicht – und sahen darüber hinweg, als sei ich gar nicht vorhanden.

Der nächste Tag kam.

Zwischen acht und neun Uhr morgens flitzte der graue Wagen mit mir zur Gestapo. Wenige Minuten später stand ich Inspektor Kraus gegenüber, der hinter seinem mit Papieren überfüllten Schreibtisch saß.

»Nun«, rief er freundlich, »haben Sie sich entschlossen?«

»Ja«, sagte ich.

»Sie wollen also mit uns zusammenarbeiten?«

»Ja, ich will mit Ihnen arbeiten – unter zwei Bedingungen.«

»Auch wir haben Bedingungen«, bemerkte der Gestapohäuptling. »Wir werden später noch darauf zurückkommen. Welches sind also die Ihren?«

»Erstens«, sagte ich, »die Freilassung meiner Frau. Zweitens möchte ich nicht gerne für Gelegenheitsspitzeleien in irgendwelchen Fabriken oder Häuserblocks in der Stadt eingesetzt werden. Ich hege keinen Groll gegen die kleinen Kommunisten, gegen die armen Schlucker, die nicht einmal wissen, wem der Wagen gehört, den sie ziehen. Wenn es aber darum geht, die Hauptverschwörer der Gerechtigkeit zu überliefern, jene, die vom neutralen Ausland aus andere in den Tod schicken, die richtigen Drahtzieher – dann zählen Sie auf mich!«

»Wir brauchen Sie nicht für Gelegenheitsspitzeleien«, sagte Inspektor Kraus sachlich. »Wir verfügen über Tausende, die diese Arbeit verrichten. Wir möchten, daß Sie sich in eine zentrale Kommandostelle des feindlichen *Apparats* einschleusen. Wir möchten, daß Sie uns regelmäßig mit Angaben über ihre Informationsquellen, ihre Pläne, ihr Personal und ihre Unternehmungen versorgen. Die Welt ist groß. Wir haben in den meisten Ländern einen ausgezeichneten *Apparat*. Aber der Wert dieser Maschinerie hängt von den Informationen ab, die sie bekommt – und die wir bekommen – und die nur durch vertrauenswürdige Mitarbeiter in den inneren Zirkeln dieser potentiellen Feinde Deutschlands gegeben werden können. Das sollte für Sie nicht schwierig sein, wenn dabei absolute Geheimhaltung beobachtet wird. Sie sind viel gereist. Sie haben Weltkenntnis. Und Sie werden auf unsere zuverlässige und energische Unterstützung rechnen können.«

Es folgte eine Pause. Die Gestapo hatte ihre Karten auf den Tisch gelegt. In diesem Augenblick wußte ich: Wenn es mir nicht gelang, ihr Vertrauen zu erringen, würde man mir niemals erlauben, ihre Gefängnisse zu verlassen.

»Die Führer der Komintern wissen, daß ich zu dreizehn Jahren verurteilt

worden bin«, sagte ich. »Ich muß einen plausiblen Grund für eine vorzeitige Entlassung haben.«
Inspektor Kraus gab ein mutwilliges Lachen von sich. »Wir werden eine ›Flucht‹ in Szene setzen«, sagte er. »Wir werden dem Gegner in unverfänglicher Weise mitteilen, daß Sie während eines Transportes entflohen sind und daß wir Sie an allen Ecken und Enden suchen. Bei den Antinazis ist einer, dem die Flucht aus einem unserer ›Sanatorien‹ gelingt, allemal ein Held. Wir haben darin Erfahrung. Wir haben das früher schon gemacht. Es hat immer funktioniert.«
»Wenn ich recht verstehe«, erkundigte ich mich weiter, »wollen Sie mich außerhalb Deutschlands einsetzen?«
»Natürlich.«
»Wo?«
»Das hängt von Ihren Verbindungen ab. Jedes europäische Land, oder Rußland, oder Nordamerika. Südamerika ist gut versorgt. Den Fernen Osten überlassen wir den Japanern.«
»Welche Garantie haben Sie, daß ich nicht einfach verschwinde, wenn ich erst einmal aus Deutschland heraus bin?«
»Wir sind keine Kinder«, sagte Inspektor Kraus ernst. »Wenn ein Vertrag einen Wert haben soll, muß er auf Gegenseitigkeit beruhen. Sie werden dann schon wissen, was gut für Sie ist. Ganz allgemein gesprochen, haben wir drei Garantien: erstens unseren eigenen Überwachungsdienst im Ausland; im ganzen sind unsere Jungs im Ausland gut ausgebildet und geschickt. Zweitens werden Sie uns Material überlassen, dessen Veröffentlichung ausreichen würde, daß Ihnen die GPU eine einfache Fahrkarte nach Walhalla ausstellt. Drittens –«
»Drittens?«
»Ihre Frau und Ihr Kind werden in Deutschland bleiben.« Inspektor Kraus sprach mit einem drohenden Unterton und betonte absichtlich jedes Wort. »Sie werden zwar frei sein, aber wir werden sie überwachen. Sie werden sie sehen können, sooft Sie wollen – in Deutschland natürlich. *Ihre* Loyalität uns gegenüber wird die beste Garantie für *ihr* Glück sein.«
»Ich verstehe«, sagte ich.
»Das freut mich«, bemerkte Inspektor Kraus.
Hertha Jens strahlte. »Du hast eine sehr hübsche Frau, wirklich«, sagte sie in ihrer allerunschuldigsten Art.
Alle paar Minuten ging das Telefon. Gestapogeschäfte. Inspektor Kraus traf seine Entscheidungen rasch. Selten sprach er länger als dreißig Sekunden, wenn er angerufen wurde, ausgenommen, wenn der Anruf aus Berlin kam. Jedesmal, wenn Berlin kam, bat mich Kraus, das Büro zu verlassen; ich hielt mich dann im Empfangsraum unter den Augen von zwei Totenkopfwachen auf. Mehr als einmal hörte ich, in was für einer summarischen Weise Inspektor Kraus über das Schicksal einzelner Gefangener entschied, die ihre Strafe abgesessen hatten. Hertha Jens nahm meist den Anruf ab. Dann berichtete sie Kraus:
»Der Sträfling Meier hat seine Strafe verbüßt. Sie wollen wissen, was mit ihm zu geschehen hat.«
»Meier ... Meier«, murmlte Kraus dann. »Einen Augenblick ... Weshalb war er verurteilt? ... Ach ja, ich erinnere mich. Wie hielt er sich?«

Ein paar Augenblicke, und er hatte seine Entscheidung schon getroffen: »Gut, laßt ihn laufen, er scheint vernünftig geworden zu sein. Schickt ihn erst hierher, damit er die Erklärung unterzeichnen kann.«
Oder:
»Schultz? . . . Er war ein eigensinniger Kunde. Wir werden ihn nach Sachsenhausen schicken. Legt ihn mal für ein weiteres Jahr auf Eis.«
Und damit war das Schicksal des Antifaschisten entschieden . . .
»Wir wollen weitermachen«, kündigte Inspektor Kraus an. Hertha Jens setzte sich rasch an die Schreibmaschine, um ein Diktat aufzunehmen.

VERPFLICHTUNG

Ich erkläre hiermit, daß ich ein treuer Sohn des Deutschen Vaterlandes geworden bin. Ich erkläre, daß die Feinde des neuen Deutschland auch meine Feinde sind. Ich erkläre, daß ich es für meine Pflicht halte, durch unermüdlichen und dauernden Einsatz bei der Vernichtung der Feinde meines Vaterlandes und Adolf Hitlers mitzuwirken. Ich erkläre meine Bereitschaft, nach bestem Wissen und Können alle und jede Befehle der Geheimen Staatspolizei Deutschlands (Gestapo) entgegenzunehmen und auszuführen.
Hamburg, 17. Februar 1937.

»Unterschreiben Sie das bitte«, sagte Inspektor Kraus.
Ich unterschrieb. Meine Hand war sicher. Eine Fotografie von mir mit dem Gestaposiegel und meine Fingerabdrücke wurden auf dem Dokument angebracht. Inspektor Kraus lächelte voller Genugtuung.
»Wir wollen das mit einem Glas Apfelsaft feiern«, sagte er. »Wir sind hier Nichtalkoholiker . . . Hertha, telefonier bitte in die Kantine . . .«
Hertha Jens nahm den Hörer ab. Ihre ganze junohafte Figur schien in Wallung gekommen zu sein und zu zittern.
»Es ist wirklich sehr aufregend«, kicherte sie.
Ein SS-Mann brachte eine Flasche Apfelsaft und drei Gläser. Wir tranken.
»Jeder, der heute noch gegen Deutschland arbeitet, gräbt sich sein eigenes Grab«, murmelte Kraus. »Wir sind nicht, was wir früher waren.« Er hatte die beunruhigende Gewohnheit, mich schweigend anzustarren, oft minutenlang. Auch nicht die geringste Gemütsregung war in seinen eingesunkenen Augen festzustellen. Ich überstand diese gefährlichen Augenblicke dadurch, daß ich auf das Porträt Hitlers an der Wand starrte. Nach einer Weile brach ich dann das Schweigen und zitierte eine Stelle aus *Mein Kampf*.
»Die Welt existiert nicht für feige Völker.«
»Oh, sagte der Führer das?« murmelte Kraus, und damit war der Bann der akuten Gefahr für mich gebrochen.
»Wo möchten Sie gerne arbeiten?« fragte er mich unvermittelt. »Wo haben Sie die besten Verbindungen?«
»In Kopenhagen«, sagte ich.
»Wir stimmen darin überein«, sagte Kraus gedehnt. »Wollweber ist in Kopenhagen. Er ist so schwer zu fangen wie ein lahmer Wolf. Wenn Wölfe alt und lahm sind, werden sie teuflisch vorsichtig. Übrigens stammen fünfundneunzig Prozent aller falschen Pässe der Fische, die wir fangen, aus Kopenhagen. Der Oberfälscher ist ein gewisser Jensen. Ein alter Freund von Ihnen, denke ich.«

»Ich kenne Jensen gut«, gab ich zu.
Hertha Jens pfiff leise vor sich hin. »Wenn wir jemanden in Jensens Lager hätten, wären wir Hahn im Hühnerstall«, sagte sie beiläufig.
»Sei nicht so vorlaut«, warnte ihr Chef sie rasch. Er telefonierte mit dem Identifizierungsbüro.
»Schicken Sie mir doch ein Bild von Richard Jensen, dänischer Staatsangehöriger, Kopenhagen, Kommunist und Paßfälscher, herauf.«
Ein junger Gestapomann erschien. Er brachte eine umfangreiche Kollektion von Fotografien. Alle zeigten Richard Jensen. Genosse Jensen, wie er auf einer Versammlung in Moskau sprach, Jensen auf einem Kongreß in Paris, Jensen, einen Bahnhof verlassend, Jensen, sich am Strand im Sand rekelnd, und viele andere: Aufnahmen von vorn, von der Seite und Schnappschüsse, von einem Beschatter im Rücken des dänischen Riesen aufgenommen.
»Ist das der Jensen, den Sie so gut kennen?« fragte Inspektor Kraus.
»Ja«, sagte ich.
»Würden Sie in eine freundschaftliche Beziehung zu ihm kommen, wenn wir Sie nach Kopenhagen schicken würden?«
»Ganz bestimmt. Ich würde sogar wahrscheinlich in einer seiner Wohnungen wohnen. Ich habe das früher auch schon getan.«
»Sie sehen«, erklärte Inspektor Kraus, »wir haben nichts mit Jensen vor. Er kann für uns eine Goldmine werden. Wir möchten Jensen heil und gesund haben, daß er uns etwas über die Pässe sagen kann und über die Leute, die sie benützen, und wo sie diese benützen.«
»Ich verstehe.«
»Wie gut kennen Sie Jensen? Er ist ein großer Zecher vor dem Herrn. Kennen Sie ihn so gut, daß er Sie zum Bier einlädt?«
»Ja, ich kenne ihn in dieser Hinsicht gut genug«, antwortete ich.
Inspektor Kraus dachte nach.
»Sie werden das beweisen müssen«, sagte er schließlich. »Wir werden Ihnen eine Chance geben, sich zu bewähren.«
Unsere Konferenz dauerte mit Unterbrechungen den ganzen Tag. Bevor ich mich verabschiedete, um wieder in meine Zelle im Lager Fuhlsbüttel zurückzukehren, klappte ich die Hacken zusammen und erhob stramm den rechten Arm.
»Heil Hitler«, sagte ich.
»Heil Hitler«, brummte Kraus, wobei er kaum die Finger von seinem Schreibtisch hochnahm.

Ich trete in den Dienst der Gestapo

In den letzten Tagen des Februar 1937 bewerkstelligte die Gestapo meine »Flucht« aus dem Lager Fuhlsbüttel.
Während die Vorbereitungen dazu getroffen wurden, schmachtete ich nach wie vor im Gefängnis und trug weiterhin Sträflingskleidung. Die Gestapo ging mit größter Verschwiegenheit und nicht geringer Geschicklichkeit ans Werk. Es waren schicksalsschwere Wochen. Selbst heute noch wache ich

nachts plötzlich auf und wundere mich, wie ich sie durchstehen konnte, ohne mein Gleichgewicht und damit mein Leben zu verlieren. Es waren Wochen, in denen meine ganze Intelligenz mit der Geschicklichkeit der Gestapo rang. Ich war nicht mehr ich selbst. Ich war zu einem schlauen Tier geworden, das im Dunkel kämpfte und eine Schlacht der Verzweiflung schlug.
Eine Woche, nachdem ich die *Treueverpflichtung* der Gestapo unterzeichnet hatte, wurde ich vom Mordlager Fuhlsbüttel in ein kleines, eingezäuntes Gefängnis im Herzen Hamburgs – in das Hüttengefängnis übergeführt. Die Überführung fand mitten in der Nacht statt. Kein Gefangener konnte irgendwie wissen, daß ich das Lager Fuhlsbüttel verlassen hatte. Mein neuer Aufenthaltsort, ein kleines Gefängnis mit höchstens einem Dutzend Zellen, war fast leer. Es befanden sich nur zwei andere Sträflinge dort – Sittlichkeitsverbrecher, die ihrer gerichtlich verfügten Sterilisierung entgegengingen.
Ich sprach mit dem einen von ihnen, einem älteren Maschinisten namens August Austermann, der seine zwölfjährige Tochter mißbraucht hatte und davon nicht abließ, bis sie vierzehn Jahre alt war. Um ihr Schweigen zu erkaufen, hatte er ihr ein Klavier geschenkt. Eines Nachts hatte seine Frau ihn überrascht und ihn der Polizei angezeigt. Austermann wurde zu sieben Jahren Gefängnis und zur Sterilisierung verurteilt. Sein Geist war umdüstert. Er sprach davon, daß er seiner Frau den Hals abschneiden wolle, sobald er wieder entlassen sei. Er schrieb Briefe an Rechtsanwälte, weil er einen zu finden hoffte, der wegen des Klaviers, das er seiner Tochter geschenkt hatte, eine Klage einzureichen bereit wäre. Nachts murmelte er immer wieder von Zeit zu Zeit: »Sie können einen Mann wie mich doch nicht sterilisieren!«
In der zweiten Nacht, in der wir zusammen waren, zeigte er mir einen Strick, den er in der Magengegend rund um den Leib geschlungen hatte. Er jammerte und drohte, sich aufzuhängen. Die Aussicht, daß die Aufseher einen Erhängten in einer Zelle finden könnten, deren anderer Insasse ich war, gefiel mir nicht. Also kämpfte ich mit August Austermann um den Besitz des Strickes. Ich nahm ihm den Strick ab und warf ihn zum Fenster hinaus. Die ganze Nacht über hielt August Austermann mich wach und beklagte sich darüber, daß ich sein Mörder sei und daß er ersticke. Am anderen Morgen führten sie ihn ins Lazarett.
Inzwischen setzte die Gestapo eine geräuschvolle »Flucht« aus dem Lager Fuhlsbüttel in Szene. Einer von Inspektor Kraus' Mitarbeitern erzählte mir später, wie das gemacht worden war. Man hatte einen SS-Mann damit beauftragt, die Gitter meines Zellenfensters durchzusägen. Ein anderer SS-Mann hatte ein Seil über eine der Mauern geworfen. In der gleichen Nacht wurde der unter Hochspannung stehende Drahtverhau, der parallel zu den Mauern verlief, durch einen »Unfall« außer Betrieb gesetzt. Um zwei Uhr morgens »entdeckte« eine Nachtwache, daß meine Zelle leer war. Er gab Alarm. Eine Sirene heulte, fliegende Trupps von Totenkopfwachen rückten aus, und die »Jagd« begann. Natürlich wurde der angebliche Flüchtling nicht gefunden – er saß sicher in einem unbekannten Nebengefängnis. Nur die Zentrale, der Kommandant des Lagers Fuhlsbüttel und zwei SS-Leute wußten, daß der Alarm eine Finte war. Die ganze übrige Wachmannschaft, über zweihundert an der Zahl, und alle Gefangenen glaubten tatsächlich, daß es mir gelungen sei, herauszukommen. Inspektor Kraus kalkulierte ganz richtig, daß Nachrichten zur Komintern durchsickern würden, daß ich entkommen

sei. Selbst Rudolf Heitmann wurde durch diesen Trick getäuscht; ich stellte später fest, daß er mein ungewöhnliches Verschwinden getreulich seinen Geldgebern in Kopenhagen gemeldet hatte.
Nach diesem vorbereitenden Coup zog ich eine Sache auf, durch die Inspektor Kraus vom Vorhandensein meiner Beziehungen zum Kominternbüro in Kopenhagen überzeugt werden sollte. Es war ein Spiel mit Richard Jensen, und ich spielte mit gezinkten Karten, obwohl wir einander seit mehr als drei Jahren weder geschrieben noch miteinander gesprochen hatten. Vom Ausgang dieser Sache hing für mich Leben oder Tod ab. Im Büro der Auslandsabteilung der Gestapo schrieb ich eine kleine Mitteilung an Richard Jensen. Inspektor Kraus beobachtete mich mit Luchsaugen. Hertha Jens guckte mir über die Schulter.

Lieber Richard, schrieb ich. *Vielleicht erinnerst du dich an mich. Ich bin ein alter Freund, der dringend deiner Hilfe bedarf. Ich habe eben das Krankenhaus verlassen, wo ich lange krank lag, und ich brauche dringend Geld, um meine Tante Ernestine besuchen zu können. Bitte hilf mir! Williams.*

Williams war der Name des britischen Journalisten, den ich zu meiner illegalen Einreise nach Deutschland im Jahre 1933 gebraucht hatte. Jensen kannte meine Handschrift; er würde wissen, daß mit *Ernestine* Ernst Wollweber gemeint war. Ich fügte auf Anweisung von Kraus eine allgemeine Antwortadresse bei. Inspektor Kraus ließ den Brief für das Gestapoarchiv fotografieren. Das Original wurde nach Kopenhagen geschickt. Ich wurde in das Gefängnis zurückgebracht und fragte mich: »Wie wird das enden? Wenn Jensen eine Dummheit macht, so bist du so gut wie tot und erledigt!«
Ich wartete zwei Tage, von einer wahnsinnigen Unruhe gepeinigt, zu aufgeregt, um das schlechte Gefängnisessen auch nur anzurühren.
Am Ende des zweiten Tages, am späten Abend, holte ein Gestapochauffeur mich ab. Wir fuhren zur Zentrale, betraten diese aber durch die Tür eines anderen Gebäudes, das mit dem Gestapoblock durch einen kurzen unterirdischen Gang verbunden war. Seit meiner »Flucht« aus dem Lager Fuhlsbüttel benützte meine Eskorte stets diesen Gang, um mich vor dem Gesehenwerden durch andere Kommunisten, die zum Verhör gebracht wurden, zu schützen. Hertha Jens empfing mich. Sie war in höchster Aufregung. Ein Brief, adressiert an *Mr. Williams, postlagernd,* war aus Kopenhagen gekommen. Er enthielt kein einziges geschriebenes Wort. Sein Inhalt bestand aus zwei neuen Hundertdollarscheinen.
»Elegant«, summte sie leise vor sich hin. »Es funktionierte! Sie sind in die Falle gegangen! Zweihundert Dollar – sie zeigen, daß die Moskowiter immer noch eine hohe Meinung von dir haben. Ich dachte, es wären nachgemachte Noten. Aber sie sind echt.« Im stillen dankte ich dem Genossen Jensen immer wieder. Er hatte den einen und einzig richtigen Weg in dieser Sache eingeschlagen. Auch in einer anderen Hinsicht war ich beruhigt: Wenn die Komintern zweihundert Dollar der Gestapo ins Maul warf, mußte sie dem Auftrag, den sie mir durch Rudolf Heitmann hatte überbringen lassen, eine beträchtliche Bedeutung beimessen. Wollwebers Worte: »Die Partei vergißt ihre Kinder nicht«, klangen mir im Ohr. Hertha Jens rief den Inspektor.
Inspektor Kraus sah aus, als käme er gerade von einer Folterung. Sein Ge-

sicht war aschgrau, seine Augen grausam und sein Mund nichts als ein dünner Spalt. Als er mich sah, hellten sich seine Züge auf.

»Gut, Sie haben die Probe bestanden«, lachte er. »Ich hoffe, daß es keine Enttäuschungen gibt. Ich werde die Sache Ihrer Entlassung mit dem Justizministerium verhandeln – ausgesetzter Strafvollzug oder so etwas Ähnliches.« In einem plötzlichen Ausbruch kalter Wut fügte er hinzu: »Dieser Jensen ist ein schlauer Fuchs! Die Adresse auf dem Brief war von einer Frau geschrieben. Keine brauchbaren Fingerabdrücke auf dem Papier – na ja, es ist Zeit, daß wir etwas unternehmen!«

Damit eilte er fort.

»Der Chef ist sehr beschäftigt heute nacht«, erklärte Hertha Jens. »Wir haben einen Haufen Jesuiten festgesetzt. Diese Teufel operierten von Holland aus; Geheimschlüssel, falsche Pässe und so weiter. Diese religiösen Heuchler – sie machen mich noch krank!«

Ich hörte andere Gestapoleute von den katholischen Emissären als von der *schwarzen Pest* und vom Papst als dem *schwarzen Teufel* sprechen. Unwillkürlich dachte ich an den Ausspruch Bismarcks: »Wer immer das katholische Zentrum groß werden läßt, wird daran sterben.«

Hertha Jens führte mich in ein anderes Büro. Hier übergab sie mir einen dicken hektografierten Band und einen anderen dünneren. »Schau das doch einmal genau durch«, schlug sie vor. »Wenn du Bekannte darunter findest, schreib die Namen heraus und alles, was du über sie weißt.«

Das dicke Buch trug den Titel *Verzeichnis der Internationalen Agenten der GPU und der Komintern*; das andere war die *Liste der ausländischen Freiwilligen in den Armeen Rotspaniens.* Das erste enthielt etwa siebentausend Namen; das zweite rund neunhundert. Jedem Namen folgten Angaben über das Alter, die Nationalität, die Pseudonyme und den Lebenslauf des Verdächtigen. Viele hundert Fotografien waren über ebenso viele Namen geklebt. Die Bände waren vom Gestapohauptamt in Berlin zusammengestellt worden. Die Namen jener Männer und Frauen, die von der Gestapo oder von den Geheimdiensten Italiens und Japans verhaftet worden waren, hatten Kreuze mit Blaustift.

Neun volle Stunden hockte ich über den beiden Bänden und spannte mein Gedächtnis aufs höchste an, um Angaben, die unter Umständen für das Westsekretariat der Komintern von Bedeutung sein konnten, festzuhalten. Es war seltsam, meinen Namen und mein Bild und das von Firelei in dem größeren Band zu finden. Etwa fünfzehn Seiten waren George Mink und anderen Amerikanern gewidmet. Ich fand Josef Dshugaschwili alias Stalin; Meyer-Wallach alias Litwinow; Sobelsohn alias Radek und so weiter, bis herab zu Michael Appelman alias Mike Pell, und Charles Krumbein alias Albert Stewart alias Dreazen. Viele Informationen waren aufsehenerregend genau. Aber in vielen Fällen waren Namen und Decknamen mehrerer Personen durcheinandergeworfen, und es standen viele Namen da, deren Träger inzwischen im Grab lagen. Darunter befand sich *Bandura – leitender GPU-Agent in Griechenland.* Ihn wählte ich mit einer Reihe anderer aus, die entweder tot oder in Rußland in der Falle saßen, und erweiterte ihre Personalakten durch Hinzufügung »bezeichnender Einzelheiten«. Mehrere hundert wohlbekannte Bolschewisten, deren Weg durch viele Länder von der Gestapo aufgezeichnet worden war, identifizierte ich als Leute, die ich »1933 in Paris«

oder »1932 in London« getroffen habe. Die Gestapo wurde es nie müde, Einzelheiten über die Tätigkeit Verdächtiger aus einer Zeit zu sammeln, die so weit entfernt schien wie der Deutsch-Französische Krieg.
Als ich am 16. März aus meiner Zelle in die Gestapozentrale geholt wurde, führte man mich nicht in die Diensträume der Auslandsabteilung. Die Totenkopfwache brachte mich in ein kleines Zimmer im dritten Stockwerk. Kaum hatte ich das Zimmer betreten, da schloß er auch schon die Tür hinter mir ab. In dem Zimmer stand nichts als ein Tisch, zwei Stühle, und in einer Ecke war ein Heizkörper.
Von einem der Stühle erhob sich – Firelei. Unsere Augen begegneten sich. Wir hatten uns seit mehr als vierzig Monaten der Not und des Unglücks nicht gesehen. Wir standen einander gegenüber in diesem Zimmer, schauten einander an, und es war, als fürchteten wir uns beide davor, den ersten Schritt vorwärts zu tun. Ich legte den Zeigefinger an die Lippen, um Firelei zu bedeuten, sie solle schweigen. Ich kehrte mich um und schaute nach der Tür. Sie hatte kein Guckloch. Wände und Decke waren in Ordnung. Das einzige Fenster ging auf einen Innenhof. Hier konnten also keine Horcher sein. Ich tastete das ganze Zimmer ab, untersuchte den Boden und die Ecken. Am Heizkörper blieb ich stehen. Hier befand sich ein Mikrophon, das zwischen dem Heizkörper und der Wand befestigt war. Drähte gingen durch die Wand in das anliegende Zimmer. Die kleine schwarze und silbrige Anlage schien mir aus dem Dunkeln zuzulachen und zu sagen: »Ja, hier bin ich; es ist besser, ihr beiden seid vorsichtig.« Ich zeigte sie Firelei. Dann sagte ich:
»Du – du bist wirklich hier?«
»Ja, ich bin hier«, antwortete sie mit einer seltsam düsteren Stimme.
»Wir werden ein neues Leben beginnen«, sagte ich einfältig. »Es ist noch nicht zu spät.«
»Warum sagst du das?« fragte sie langsam, den Schein eines Lächelns auf ihren blassen Lippen.
Ich wußte nicht, was ich sagen sollte. Alle Worte, die ich aussprechen konnte, schienen bedeutungslos zu sein. »Du hättest nicht nach Deutschland zurückkommen sollen«, sagte ich. »Du hättest mich aufgeben und weggehen sollen.«
Firelei machte ein paar Schritte vorwärts. Sie wandte den Blick nicht von mir. »Laß uns nicht darüber sprechen.« Ihre Stimme war jetzt fest. »Ich befürchtete, daß wir uns nie wiedersehen würden. In Kopenhagen erzählten sie mir, daß du tot seist.«
Sie stand jetzt ganz nahe bei mir. Ich hielt sie leicht im Arm.
»Wo ist der kleine Jan?« fragte ich.
»Es geht ihm gut. Er ist groß. Er wird dieses Jahr fünf werden. Ich habe ihn nicht gesehen, aber ich weiß es.«
»Und deine Eltern?«
»Sie hassen dich«, sagte Firelei. »Sie haben schrecklich gelitten.«
»Wo bist du?«
»Im Gefängnis in Lübeck; man brachte mich heute morgen hierher.«
»Bist du allein?« fragte ich.
»Zwei Jahre lang war ich allein. Jetzt bin ich mit einer anderen Frau zusammen. Sie ist alt und häßlich, aber sie hat ein gutes Herz.«
Ein langes Schweigen folgte. Worte waren sinnlos. Es war weder Freude

noch Kummer zwischen uns. Nur ein dumpfes, schwer lastendes Glücksgefühl. Firelei war nicht mehr die gleiche, die sie in früheren Jahren gewesen war. Ihr Gesicht war gezeichnet, ernst, beinahe hart. Ich fand Linien darin, die ich früher nie gesehen hatte. Die bitteren Jahre hatten ihren Humor, ihr fröhliches Gelächter, ihre Begeisterung für das Leben und ihren jugendlichen Zauber weggewischt. Ihre Hände waren immer noch fest und energisch. Sie waren hart von der Arbeit. Hart war auch ihr schlanker Körper unter der monotonen und formlosen Gefängniskleidung.
»Ja«, fuhr Firelei leise fort, »auch ich bin alt und häßlich. Ich weiß, was du denkst – du denkst, daß es deine Schuld sei, daß ich hart und grau geworden bin. Du mußt nicht so denken. Vielleicht kann ich wieder jung sein, wenn ...«
»... wenn was?«
Firelei zitterte, als sie halb seufzend, halb lachend sagte: »... wenn ich die Arme unseres Jungen um den Hals fühlen und seine Stimme rufen hören könnte: ›Mama, gib mir ...‹«
»Es wird bald soweit sein – bald«, sagte ich.
»Ich brauche keinen billigen Trost«, sagte Firelei streng. »Das ist alles vorüber... die Jungmädchenträume und die Jugendzärtlichkeiten ... Ich wäre schon zufrieden, wenn ich mich ins hohe Gras legen und schlafen, für immer schlafen könnte.«
Ich weiß nicht, wie lange wir zusammen sein durften. Vielleicht waren es drei Stunden, vielleicht war es nur eine. Wir sagten wenig von dem, was wir uns zu sagen hatten. Die meiste Zeit schwiegen wir. Zeitweise sagten wir Dinge, die nicht zu uns gehörten, Worte, die dazu bestimmt waren, einen vielleicht aufkommenden Verdacht der Horcher auf der anderen Seite der Wand einzuschläfern. Firelei wußte nichts von meinem Auftrag. Als die Totenkopfwache ins Zimmer trat, um uns zu sagen, daß es Zeit sei, Abschied zu nehmen, sagte Firelei mir auf Wiedersehen in dem Gedanken, daß das ein Wiedersehen für viele Jahre sei. Ich konnte ihr damals nicht die Wahrheit sagen, ohne alles aufs Spiel zu setzen. Das war das Schwerste von allem. Sie hatte sich verändert. Wir beide hatten uns verändert. Wir trennten uns innerlich beunruhigt, suchend und verwirrt. Sie kehrte in das Lübecker Frauengefängnis zurück, ich in das dunkle kleine Gefängnis für Männer, die zur Sterilisation verurteilt waren.

Während der beiden letzten Märzwochen wurde ich jeden Morgen zur Gestapo gefahren. Jede Nacht wurde ich wieder in meine Zelle in das Hüttengefängnis zurückgebracht, erschöpft von der Anspannung des ständigen Balancierens auf dem hohen Seil. Während dieser Zeit lernte ich, mich im Labyrinth des Gestaporeiches zurechtzufinden. Ich sah viele tausend Fotografien. Ich las viele hundert Seiten Berichte von Spitzeln im Ausland, die alle mit einem Buchstaben und einer Nummer gekennzeichnet waren an Stelle eines Namens. Ich wurde über die Möglichkeit befragt, Gestapoagenten als Kandidaten für politische Schulen in der Sowjetunion zu empfehlen, über die Möglichkeit, Naziaktionsausschüsse in ausländischen Häfen nach dem kommunistischen Vorbild zu organisieren; über die Möglichkeit, Naziagenten in der Internationalen Brigade in Spanien unterzubringen, Mitglieder der Besatzungen belgischer, holländischer, französischer, polnischer, russischer und skandinavischer Schiffe als bezahlte Hilfskräfte der Gestapo anzuwerben, und über die Durchführbarkeit vieler anderer Pläne. Jede Sitzung mit Inspektor Kraus oder seinen unmittelbaren Mitarbeitern war wie eine Schachpartie, bei der ein einziger falscher Zug zum Verlieren der Partie führen mußte – was für mich gleichbedeutend mit dem Tod war.

Eine Schwäche des Gestapochefs lag in seinem fanatischen Willen, zu Erfolgen zu kommen. Die zweite Schwäche bestand im Vergleich zur GPU im Fehlen ausländischer Experten für die Arbeit im Ausland. Neunundneunzig Prozent der Gestapooperationen im Ausland wurden von deutschen Staatsangehörigen ausgeführt, während die GPU Staatsangehörige von fünfzig Ländern zur Verfügung hatte und einsetzen konnte. Meine Kenntnisse der internationalen Schiffahrt und der alltäglichen Verhältnisse in den ausländischen Häfen riefen mehr als einmal Ausrufe naiver Bewunderung nicht nur von Hertha Jens, sondern auch von seiten ihres Chefs hervor. Die Leute, die in der Auslandsabteilung der Gestapo arbeiteten, waren durch und durch Deutsche, und sie waren engstirnig. Sie spezialisierten sich auf ein Gebiet, und von allem, was außerhalb ihres fest umrissenen Horizontes lag, wußten sie wenig oder nichts. Rücksichtslose Strenge, unermüdliche Überwachung und das Sammeln von Einzelheiten, dazu eine große Zahl halbausgebildeter Agenten an Stelle einer kleinen Zahl von Spezialisten, das waren die wertvollsten Aktivposten und der Hauptgrund für ihre Erfolge. Die Gestapo war jünger und glatter als die GPU, aber Stalins Geheimpolizei war weit geschickter und für die Verschwörung besser ausgebildet; Inspektor Kraus sprach mit Achtung von der GPU. »Wir müssen viel von ihr lernen«, fügte er hinzu. »Jeden Tag lernen wir etwas Neues.«

Auch ich lernte hinzu. Nach Wochen konzentriertesten Manövrierens und sorgfältigster Beobachtung lag das Netz der Auslandsabteilung der Gestapo vor mir wie ein Bilderbuch.

Es gab zum Beispiel ein großes Büro, in dem eine Reihe von Männern und Frauen nichts weiter taten, als Fotografien von Antifaschisten aller Schattierungen und Nationalitäten aus ausländischen Zeitungen auszuschneiden; Gesichter auf Gruppenbildern wurden mit starken Lupen untersucht und fotografisch vergrößert. Dann gab es ein anderes Büro mit langen Reihen von Aktenablagen, die die Namen und Angaben von vielen Tausenden von Nazigegnern in jedem zivilisierten Land der Erde enthielten. Für jedes der an Deutschland angrenzenden Länder gab es ein besonderes Zimmer in der Auslandsabteilung. Es waren Gestapobüros für deutsche Geschäftsunternehmen im Ausland, für die Auslandsabteilung der deutschen Presse, für die Hitlerjugend, die Arbeitsfront, für den Verein für das Deutschtum im Ausland vorhanden; es gab eine technische, eine Kultur-, eine Marine- und eine Transportabteilung, welche die Flußschiffahrt und die Bahnen im Ausland umfaßte. Im ganzen waren es fünfundzwanzig getrennte Ressorts, von denen jedes einen besonderen Zweig der Gestapotätigkeit im Ausland bearbeitete.

Geographisch hatte die Gestapo die Welt in acht Regionen eingeteilt. Die Gestapotätigkeit jeder Region unterstand dem entsprechenden Länderamt der Gestapo. Zu den acht Länderämtern gehörten:

1. Die skandinavischen Länder, Finnland und die Ostsee.
2. Westeuropa.
3. Südosteuropa einschließlich der Türkei.
4. Italien, Schweiz, Österreich, Tschechoslowakei und Ungarn.

5. Afrika.
6. Nordamerika.
7. Lateinamerika.
8. Großbritannien, der Ferne Osten und Australien.

Dieser *Apparat* funktionierte mit Hilfe von 648 Einheiten in 45 Ländern (Landeskreise). Die Marineabteilung allein beschäftigte 1097 Agenten, die auf Häfen und Schiffe verteilt waren. Die Dienststellen der Gestapo in Hamburg waren 1935 mit einem Stab von 170 Leuten besetzt; bis zum März 1937 war dieser Stab auf 710 Personen angewachsen. In dieser gigantischen Terror- und Spionagemaschine war Inspektor Kraus, trotz aller seiner mörderischen Macht, nur ein kleines Rädchen. Er war Leiter der Antikominternabteilung. Sein Chef war Regierungsrat Schreckenbach, der Leiter der Hamburger Zentrale der Auslandsabteilung.

Ich lernte Schreckenbach Ende März kennen. Er war ein gutaussehender Acht- oder Neununddreißiger von mittlerer Größe und trug englischen Tweed. Er hatte scharfe graue Augen, glattes, dunkelblondes Haar und das gegerbte gesunde Gesicht eines Sportsmannes, der viel im Freien ist. Er hatte einen straffen Mund, eine große Nase und ging etwas gebeugt. Im allgemeinen schien er unzugänglich zu sein, aber wenn er sprach, sprach er in einem Ton, der sofort den preußischen Offizier verriet. Während des Weltkriegs war Schrekkenbach Zweiter Offizier auf einem Unterseeboot gewesen; später hatte er einen U-Boots-Jäger kommandiert, und nach der Demobilisierung war er in den illegalen Marinegeheimdienst der Weimarer Republik getreten. Als Schrekkenbach wegen seiner Treue zu Hitler entlassen wurde, übernahm er eine leitende Stellung in der SS und gelangte nach der Säuberung von 1934 in die höhere Führung der Gestapo. Als ich in seinem Büro, im obersten Stockwerk des Gestapogebäudes, vor ihm stand, wanderten seine Augen langsam über meine Sträflingskleidung, und aus einem mir nicht bekannten Grund nahm sein Gesicht den Ausdruck heiterer Belustigung an.

»Sie waren ein Narr«, sagte er. »Sie hätten 1923 zu uns 'rüberkommen sollen.«

»Wenn Männer wüßten, welche Armee gewinnt«, gab ich zur Antwort, »so würde es keinen Krieg geben, Herr Regierungsrat.«

Ich konnte sehen, daß Schreckenbach meine Antwort gefiel.

»Ich bin froh, daß Sie nicht behaupten, ein Nationalsozialist geworden zu sein«, sagte er. »Oder sind Sie es doch geworden?«

Das war eine gefährliche Frage. Hinter der Hand mit der Zigarette leuchteten Schreckenbachs Augen erwartungsvoll. Ein Ja oder ein Nein wäre beides in gleicher Weise falsch gewesen.

»Ich bin Deutscher«, sagte ich. »Ich ziehe es vor, mit der Armee zu marschieren, die gewinnt.«

»Seinerzeit haben die deutschen Armeen die Schlachten gewonnen und den Krieg verloren«, sagte der Gestapochef nachdenklich. Unvermittelt fügte er hinzu: »Es wird nie wieder vorkommen, was?«

»Nein, Herr Regierungsrat.«

»Sie waren Deckoffizier?«

»Ich führte seinerzeit ein russisches Schiff«, gab ich zur Antwort. »Ich stand in Deutschland auf der Schwarzen Liste.«

»Die Schwarzen Listen sind eine Erfindung der ... Na schön, bei uns gibt es

so etwas nicht mehr. Was hatten Sie für einen Eindruck vom russischen Bären?«
»Ein ziemlich vernachlässigtes Tier, Herr Regierungsrat«, sagte ich.
»Bären können abgerichtet werden«, bemerkte Schreckenbach. »Bären können sehr gelehrig sein. Zuckerbrot und Peitsche. – Sie können unter gewissen Umständen eine ganze Menge leisten. Bitte nehmen Sie Platz. Erzählen Sie mir in zehn Minuten, was Sie veranlaßt hat, mit der Kommunistischen Internationale zu brechen.«
Zehn Minuten lang sprach ich sehr rasch.
»Genug!« sagte Schreckenbach in seiner kurzangebundenen Art.
Mein Herz sank. Ich fürchtete, daß ich nun doch noch verloren hatte.
Er nahm den Telefonhörer ab.
»Inspektion VI – Kraus ... Bist du es, Paul? ... Ich habe mit unserem Freund gesprochen ... Nein, keine Bedenken ... Wenn du das nächste mal nach Berlin gehst, so nimm ihn mit ... Heil!«
Schreckenbach klingelte nach einer Wache.
»Führ diesen Gefangenen zurück. Aber daß er keinesfalls von einem dieser Verräter gesehen wird, die zur Untersuchung hier sind. Ich mache dich persönlich dafür verantwortlich.«
Die Totenkopfwache schlug die Absätze zusammen. Der rechte Arm flog in die Höhe: »Jawohl!«
Ich wurde abgeführt.
Weitere Tage in der Gestapozentrale folgten. Behutsam verfolgte ich meinen Weg durch das Labyrinth tödlicher Fußangeln. Jeden Abend zwischen acht und zehn Uhr wurde ich ins Gefängnis zurückgebracht. Ich hatte aufgehört, mich als ein menschliches Wesen zu betrachten, dessen harmloses Vorrecht es ist, ziellos herumzustreifen und gelegentlich irgendwelche Fehler zu machen. Nichts zählte außer den Gedanken und Handlungen, die so oder so diesen heimtückischen Krieg beendeten, in dem ich mit einem mal General und dann wieder der geringste Soldat war. Die Tatsache, daß es mir möglich war, aus einer der Schlüsselfiguren im *Apparat* der Komintern auf einfache Anfrage hin zweihundert Dollar herauszuziehen, faszinierte die Chefs der Gestapo. Ihr Respekt vor der GPU im allgemeinen und vor Richard Jensen im besonderen veranlaßte sie, in mir einen höchst kostbaren Fund zu sehen. Und so gewann ich die Schlacht, die ich sozusagen allein gegen die ganze Schlauheit und das Mißtrauen der gefürchtetsten Polizeimacht der Welt führte.

An einem Morgen Anfang April hielt ein langer niedriger offener Wagen vor dem Hüttengefängnis. In dem Wagen befanden sich Inspektor Kraus und zwei andere Gestapobeamte. Kraus begab sich in meine Zelle. Über dem Arm trug er einen Zivilmantel.
»Hier, zieh das über deine Gefängnislumpen«, sagte er. »Du sollst mit uns nach Berlin fahren.«
Bald fuhren wir im Hundertkilometertempo aus Hamburg hinaus. Vor Spandau hielten wir, und der Cauffeur verteilte Kaffee und Brote, die wir am Straßenrand verzehrten. Mittags waren wir in Berlin. Der Wagen hielt im Hof des gigantischen, neugebauten Nervenzentrums der Geheimpolizei Hitlers. Wir passierten drei oder vier Kontrollstationen, wo Totenkopfwachen die Ausweise eines jeden prüften, der aus dienstlichen Gründen diese Zita-

delle des Terrors betrat. Von Inspektor Kraus und seinen Begleitern wurde verlangt, daß sie ihre Kennkarten deponierten und ihre Namen in eine Liste eintrugen, bevor sie durchgehen durften. Aufzüge nahmen uns mit in die Höhe. Kraus nahm den Weg durch eine Tür mit der Aufschrift: *Nachrichtendienst – Abteilung 16 F.* Wir kamen durch einen großen Raum, in dem Männer und Mädchen an vielen Radioempfangsapparaten saßen, und durchquerten dann einen zweiten, in dem rund hundert Männer hinter ebenso vielen kleinen Schreibtischen saßen. Jeder Schreibtisch hatte ein eigenes Telefon und einen Notizblock. Ein Geräusch, das sich anhörte wie das Summen von vielen Bienen, erfüllte diesen Raum. Wir setzten unseren Weg durch einen stillen Gang fort, bis Inspektor Kraus eine von den Seitentüren aufstieß. Auf dieser Tür stand: *Eintritt verboten.* Wir befanden uns in einem kleinen, aber gut möblierten Büro. Ein Mann mittleren Alters mit einem ruhigen, freundlichen Gesicht saß in einem ledernen Armstuhl. Er trank Kaffee. Ohne seine bequeme Haltung aufzugeben, schüttelte er Inspektor Kraus die Hand. Nachdem sie ein paar Worte gewechselt hatten, wandten sich die Augen des Mannes mir zu. Es waren unheimliche Augen – kalt und grünlich. Plötzlich fingen sie an zu lächeln.

»Enttäuschen Sie niemals das Vertrauen, das wir in Sie setzen«, sagte er zu mir. »Was auch immer geschehen mag, enttäuschen Sie unser Vertrauen nicht.«

Ich nickte und schaute ihm grade ins Gesicht.

»Wenn Sie im Ausland sind«, fuhr er fort, »nehmen Sie niemals eine Verbindung mit den offiziellen Vertretungen des Deutschen Reiches auf. Gehen Sie niemals zu einer Botschaft und niemals zu einem Konsulat. Das heißt nicht, daß Sie allein arbeiten müssen. Unsere Augen, unsere Helfer sind überall. Enttäuschen Sie niemals unser Vertrauen. Gehen Sie niemals zu einer Botschaft oder zu einem Konsulat. Sie wissen, warum; Sie sind kein Neuling.«

»Jawohl«, sagte ich.

»Wir machen einen Versuch mit Ihnen«, fuhr der andere fort. »Wir brauchen hier die Folgen eines Vertrauensbruchs nicht zu diskutieren. Sie kennen sie. Tun Sie Ihre Pflicht als Deutscher.«

Es folgte eine Pause.

»Die Einzelheiten, bitte«, murmelte Kraus.

»Ach ja.« Der Mann sprach langsam, beinahe zögernd: »Wir bezahlen Ihnen dreihundert Mark monatlich, in der Währung des Landes, in dem Sie sich zu Beginn des Monats befinden. Für den Fall, daß eine von Ihnen gelieferte Information zur Verhaftung eines vom Ausland nach Deutschland geschickten Verräters führt, werden wir Ihnen einen Bonus von hundert Mark bezahlen. Ich denke, daß das fair ist. Ihr erster Auftrag besteht darin, daß Sie sich in den Fälscher-*Apparat* dieses gewissen Jensen in Kopenhagen einschleichen. Genauer gesprochen: Wir möchten wissen, wer falsche Pässe benützt und unter welchen Namen. Wir möchten von Ihnen gerne Muster von Gummi- und Metallstempeln bekommen, die in der Paßfälscherzentrale der Komintern gebraucht werden. Abgesehen davon sollen Sie uns alles zuschicken, was für Sie greifbar ist: Druckschriften, Geheimschlüssel, Korrespondenzstücke, Entschließungen, Fotografien, Handschriftenmuster, Schreibmaschinenproben, Adressen, Namen, Treffpunkte, Angaben über Verbindungslinien und Personen, die zu einer Zusammenarbeit mit uns bereit sind –, kurz, alles, was Sie irgendwo und -wann hören oder sehen und was für unser Amt von Interesse ist. Weitere Einzelaufgaben werden wir Ihnen stellen, sobald Sie sich eingerichtet haben. Schreckenbach in Hamburg wird mit Ihnen die Einzelheiten der Verbindungslinien vereinbaren und Sie – falls das erwünscht ist – von Fall zu Fall mit Hilfskräften versorgen.«

»Ich werde meinen Teil dazu beitragen, euer Spiel in einen Totentanz zu verwandeln«, dachte ich.

Ich schlug die Absätze zusammen. »Jawohl«, sagte ich.

Bald darauf war die Besprechung zu Ende. Inspektor Kraus führte mich in einen anderen Teil des Gebäudes. Dort schlossen mich Totenkopfwachen in einen kleinen, leeren, fensterlosen Raum ein.

»Warten Sie hier«, wurde mir gesagt.

Eine hübsche Kellnerin brachte mir auf einem schwarzen Servierbrett ein Essen. Ich kauerte mich auf den Boden und aß mit einem Wolfshunger. Im Laufe des Nachmittags kam ein Schneider, um Maß zu nehmen. Ich wurde in einen Baderaum geführt, von dort zum Haarschneider, und dann kam noch eine ärztliche Untersuchung. Man gab mir reine Unterwäsche, neue Schuhe, einen Hut, ein Hemd, zwei Krawatten, Socken, einen gutsitzenden Zivilanzug, einen Überzieher und einen Regenmantel. Fast dreieinhalb Jahre waren vergangen, seit ich zum letztenmal Zivilkleider getragen hatte. Inspektor Kraus gab mir fünfzig Mark und die zweihundert Dollar, die Richard Jensen mir aus Kopenhagen geschickt hatte.

»Behalten Sie sie«, lachte er. »Wenn Sie Geld von den Bolschewisten bekommen können, nehmen Sie es und behalten Sie es.« Er schaute mich jetzt prüfend von allen Seiten an. »Der Schneider hat Ihnen da ein gutes Stück geliefert«, sagte er.

Zwei Tage durchstreifte ich Berlin mit einem jungen Gestapomann als »Führer«. Ich ging ins Theater, in die Kabaretts, in ein Konzert, in die guten Restaurants, und ich betrank mich. Nichts machte mir Freude. Ich hatte Heimweh – Heimweh nach Saal 11 und nach Tonio. Als die zwei Tage vorüber waren, reiste ich, immer noch unter Bewachung, nach Hamburg.

Ich traf Hertha Jens, die mich zum Essen einlud. Sie gab mir die Weisung, am nächsten Morgen nach Burhave, einem kleinen Fischerdorf an der Nordseeküste zwischen Wesermündung und Jadebucht, zu fahren. Auch auf dieser Fahrt wurde ich von einem zwar unaufdringlichen, aber wachsamen jungen Mann aus dem Amt von Inspektor Kraus begleitet.

Wir verließen die kleine Bahnstation in Burhave und schritten in den strahlenden Morgen hinaus. Das Land war flach, und das erste junge Grün kam aus der Erde. Wir wanderten einen Feldweg entlang, vorbei an breiten Bauernhäusern mit niedrigen Mauern und hohen Dächern. Die Vögel zwitscherten. Kühe dösten in der Sonne. Irgendwo bellte ein Hund. Ein Junge belustigte sich damit, über die Hecken zu springen, und pfiff ein Liedchen zu dieser Heldentat. Ein Mädchen rief laut nach ihm, aber er gehorchte nicht. Ich überlegte, daß das hier alles schon seit Jahren sich gleich war. Kühe grasten, und Buben sprangen über Hecken, während anderswo Männer und Frauen darauf aus waren, einander weh zu tun, Ränke schmiedeten und kämpften, vor Schrecken zitterten, traurige Triumphe feierten oder in den Tod gingen.

Mein junger Gestapobegleiter hatte einen leichtbeschwingten Schritt. Tief

atmete er den Geruch des Landes ein. »Deutsche Erde«, sagte er voller Stolz. »Ist sie nicht wunderbar?«
Der Weg bog nun zum Strand hinab. An die Stelle der Bauernhäuser traten, überall verstreut, Fischerhütten. Es roch nach Seetang. Die Bäume wurden kleiner, knorriger und waren vom Sturm zerzaust. Der Geruch von Schlick und von Fischen lag in der Luft. Vor uns dehnte sich der breite grüne Rücken eines Deiches bis in die weite Ferne. Man roch die Nähe des Meeres.
Der Gestapomann nickte. Er lachte über das ganze Gesicht. »Wir werden in ein paar Minuten da sein«, sagte er. »Dann werden Sie sie sehen.«
»Firelei . . .«, dachte ich.
Wir kletterten auf den Deich. Ich sah das Meer. Die Ebbe hatte einen Streifen Sand und weite Strecken Schlickboden freigelegt. Kleine Rinnsale flossen durch den Schlick. Der Schlick flimmerte in der Sonne, und eifrige Seevögel hinterließen ihre Spuren im nassen Sand. Fern klang das verhaltene Rollen der Brandung. Wir wanderten auf dem Deich entlang. Vor uns erhob sich ein weißes, zweistöckiges Haus, das nicht zu den niedrigen Fischerhütten passen wollte. Es war ein Hotel inmitten eines Gartens und vieler alter Bäume. Davor, auf der Seeseite des Deiches, befand sich ein kleiner Landeplatz an einem Kanal. Fischerboote lagen vertäut am Ende der Mole, und braune Netze waren an der Sonne zum Trocknen aufgehängt.
»Jetzt können Sie allein weitergehen«, sagte der Gestapomann. »Ich werde hier etwas herumbummeln. Nehmen Sie es mir nicht übel, ich tue nur, was man mir aufgetragen hat. Versuchen Sie bitte nicht, auszureißen. Es wäre ein Verbrechen, einen Menschen an einem so schönen Ort erschießen zu müssen.«
»Keine Angst«, sagte ich. »Ich habe nicht die Absicht, auszureißen.«
Der Gestapomann legte sich ins Gras. Ich ging langsam weiter. Dann betrat ich das Hotel und stapfte über den frischgeputzten Boden. Eine gesund aussehende junge Frau mit einem roten Gesicht und leuchtendem blondem Haar kam aus der Küche.
»Heil Hitler«, sagte sie freundlich. »Willkommen!«
»Heil Hitler«, gab ich zur Antwort und fügte hinzu: »Meine Frau ist hier, vermute ich?«
»Ja, und ein kleiner Junge! Ein sehr schönes Kind. Ich habe ihnen das schönste Zimmer gegeben, das wir haben. Sie sind die ersten Gäste in diesem Jahr.«
Firelei und unser Sohn waren nicht in ihrem Zimmer. Sie waren an den Strand gegangen, um Muscheln zu suchen und mit Treibholz ein Feuer zu machen. Ich ging auf dem Deich weiter, auf die Stelle zu, wo der Rauch eines offenen Feuers in die Luft stieg. Ich wäre am liebsten wieder umgekehrt und weggegangen. Ich ertappte mich bei dem Wunsch, das Feuer am Strand möchte noch viele Meilen entfernt sein, so weit, um mir einige Stunden zum Nachdenken zu geben. »Geh«, sagte ich zu mir, »geh weiter. Du hast jahrelang Zeit zum Nachdenken gehabt, und es nützte dir nichts.« Jetzt war das Feuer nur noch hundert Schritt entfernt. Ich konnte unseren Sohn mit großer Lebhaftigkeit herumlaufen und Holz für das Feuer sammeln sehen. Firelei saß am Feuer; ihr Blick ging an den Horizont zu den Rauchwolken eines vorbeifahrenden Dampfers. Der Rauch war schwarz. Wie eine düstere Fahne stand er gegen den klaren Himmel.
Ich blieb stehen. Mit einem Stück Holz in jeder Hand rannte Jan zum Feuer. Er hielt plötzlich inne und schaute in meine Richtung. Sein kleiner Arm flog

in die Höhe und zeigte auf mich. Der Wind trug seine Stimme zu mir herüber.

»Mami – wer ist dieser Mann?«

Firelei drehte langsam den Kopf. Ihre schlanke Gestalt erhob sich aus dem Sand. Der Wind zerzauste ihr Haar und ließ ihren Mantel flattern. Sie setzte den rechten Fuß vor und dann den linken, und ich blieb stehen und beobachtete, wie sie näher kam. Jan war an ihrer Seite.

»Mami – wer ist dieser Mann?«

»Aber sieh doch – das ist Papa«, rief Firelei fröhlich.

Das Kind rannte jetzt auf mich zu. Ich öffnete die Arme und hob es hoch. Das kleine Gesicht war voll Neugierde und Erstaunen.

»Wer bin ich?« sagte ich heiser.

»Du bist mein Papa«, sagte Jan mit seinem hellen Kinderstimmchen. »Bist du mit einem Schiff gekommen?«

»Ja – mit einem Schiff.«

»Aus Afrika?«

»Ja – aus Afrika.«

»Es gibt Löwen in Afrika«, sagte Jan wichtig. »Mami sagte, daß dein Schiff heute eintreffen werde, wenn das Wetter gut sei. Wo ist dein Schiff?«

Minutenlang herrschte auf diesem wetterharten Sandstreifen zwischen dem Deich und dem Schlammboden von Burhave das höchste Glück, das es auf der Erde geben kann. Jan hielt sich mit beiden Händen an meinem linken Handgelenk fest. Den rechten Arm hatte ich um Fireleis Schulter gelegt. So gingen wir langsam zu dem knackenden Feuer. In Fireleis Augen schimmerten Freudentränen. »Es ist so schwer zu glauben, daß du hier bist«, sagte sie, »daß wir alle zusammen hier sind – wirklich hier.«

Wir setzten uns in den Sand und sahen einander an, und dann sprachen wir, bis das Feuer niedergebrannt war. Wir suchten einander, beide in der Absicht, die häßlichen Spuren dieser rachsüchtigen und bösen Jahre nicht zu sehen, dafür die schönen Stunden wiederzufinden und jene Züge und Einzelheiten wiederzuentdecken, die jedes von uns beim anderen geliebt hatte.

»Du bist viel ruhiger geworden«, sagte Firelei zu mir. »Weniger ungestüm. Ich muß nur noch die Traurigkeit aus deinen Augen wischen.«

»Man kann nicht alles wegwischen, was geschehen ist«, sagte ich.

»Aber man kann einen Schlußstrich ziehen – und neu anfangen.« Fireleis Stimme klang liebevoll und nachdrücklich. »Zusammen neu anfangen«, fügte sie hinzu.

»Zusammen!« Das Wort entschlüpfte mir gegen meinen Willen. Es war ein düsteres und bitteres Wort.

»Bist du müde? Oder bin ich ein häßliches altes Weib geworden?« fragte Firelei.

»Du bist die beste und schönste aller Frauen«, sagte ich.

»Eine recht törichte Frau«, ergänzte Firelei lächelnd. »Aber eine glückliche Frau. Kommt es dir nicht so vor?«

»Er kam aus Afrika«, krähte Jan voll Vergnügen.

»Af-ri-ka«, Firelei bildete die einzelnen Silben, als seien sie Musik. Sie erinnerten mich an einen anderen Tag, es war schon lange her, aber wir waren damals auch so nahe am Meer. Damals hatte Firelei jung, sprühend vor Lebenslust und strahlend vor dem Leben gestanden, von dessen Feindselig-

keit und Bösartigkeit sie nur sehr wenig wußte. An jenem Tag hatte Firelei gesagt: »Sumatra, Madagaskar, Oran ... Ich liebe diese Namen so sehr.« Nicht weit von uns weg rekelte sich ein Mann im Gras. Ich tat, als sähe ich ihn nicht. Es war der Gestapobegleiter aus dem Amt von Inspektor Kraus.
In später Nachtstunde, als der Junge schlief, erzählte ich Firelei die Einzelheiten der Kampagne, die zu ihrer Freilassung geführt hatte und zu der meinen. Mit gespanntem Gesicht und festgeschlossenen Lippen und mit einer Härte im Gesicht, die ich nie zuvor bei ihr bemerkt hatte, hörte sie zu. In ihr war der soldatische Geist der Kampfjahre erhalten geblieben, trotz aller Härte, trotz des Wahnsinns, trotz der Leiden und Erniedrigungen. Nächtelange Verhöre, monatelange Einzelhaft und noch viele weitere Monate harter Arbeit in lichtlosen Sälen hatten ihre Begeisterung ausgelöscht, aber sie hatten nicht vermocht, ihren Willen zum Leben zu ersticken.
»Wir können nicht aufgeben«, sagte sie. »Niemals können wir aufgeben! Wir wären sonst Menschen mit leeren Händen und leeren Herzen. Du kannst dich auf mich verlassen, und ich will mich auf dich verlassen. Ich habe gelernt, daß es zwecklos ist, vom Frieden zu träumen, solange man lebt.«
Die Woche ging rasch vorüber. Wir machten energische Anstrengungen, zu spielen und zu lachen, aber bald versiegte die Quelle. Wir machten lange Spaziergänge auf den Deichen, über die Wiesen und auf den Dünen. Wir sprachen über die Vergangenheit, die Jahre im Gefängnis; wir versuchten, die Gegenwart zu entwirren und die unsicheren und komplizierten Wege der Zukunft zu durchdringen. Uns diskret überwachend, schlenderte in fünfzig Meter Entfernung der junge Mann von Inspektor Kraus hinter uns her. Ich konnte mich auf Fireleis Verschwiegenheit verlassen. Sie war voll Trauer und Enttäuschung, aber sie war weder gebrochen, noch gab sie den Kampf auf. Wir sprachen von der Möglichkeit einer sofortigen Flucht – und kamen davon ab. Deutschland war zu gut bewacht; die Grenzen waren verseucht mit Wächtern. Wir würden nicht weit kommen. Wir würden gefaßt und umgebracht werden.
»Du mußt zuerst ins Ausland gehen«, sagte Firelei entschlossen. »Du hast eine schwere Arbeit vor dir. Ich bin sicher, daß du einen Weg finden wirst, Jan und mich herauszuschaffen, nachdem du wieder in der Organisation Fuß gefaßt hast. Zuviel hat sich inzwischen geändert. Es wäre Wahnsinn, ins Leere zu springen, bevor nicht wenigstens einer von uns Zeit gehabt hat, die Lage zu erkunden.«
»Sei verschwiegen und verliere das Vertrauen nicht«, sagte ich. »Ich werde einen Weg finden, euch aus diesem Land der Hölle herauszubringen. Ich bin sicher, daß ich einen Weg finden werde.«
»Warum ist das Wasser blau?« plapperte die klare, köstliche Kinderstimme Jans. »Was sagen die Seevögel, wenn sie schreien? Können die Sterne auch schreien? Warum glänzen die Fische so? Können die Schiffe sehen? Trinken die Fischer gerne Kaffee?« Viele Minuten lang konnte er mit auf den Rükken gelegten Händen ruhig dastehen und mit den Augen, den Augen Fireleis, die Männer und Frauen beobachten, wenn sie Fische in Körben aus einem schwerbeladenen Logger ausluden.
Die Frist von einer Woche war verstrichen. Der Abgrund tat sich auf. –
Die Gestapo wies Firelei Blumenthal als Aufenthaltsort an; das war eine kleine Stadt am Unterlauf der Weser. Zweimal täglich hatte sie sich auf dem

Amt der Gestapo am Ort zu melden. Sie durfte die Stadt nicht verlassen, ohne daß ein Gestapoagent sie begleitete. Sie durfte weder den Bahnhof noch das Hafengebiet betreten, noch durfte sie Briefe an ausländische Adressen schicken. Es war uns nicht gestattet, einander direkt zu schreiben; unsere Briefe mußten die Zensur der Gestapo passieren. Aber sie konnte mit ihrem Kind zusammen sein. Innerhalb der Stadt konnte sie sich frei bewegen. Sie konnte zeichnen oder im Garten arbeiten oder nichts tun und in der Sonne liegen.

Als freier Mann an der Leine

Ich meldete mich bei Regierungsrat Schreckenbach in Hamburg. Er gab mir einen regulären deutschen Paß auf meinen Namen, und ich bekam ein spezielles, von Inspektor Kraus unterzeichnetes Dokument mit meiner Fotografie, dem Dienstsiegel der Gestapo und der Erklärung, daß ich der deutsche Ingenieur Emil Berg sei. Das sollte mir als Ausweis in meinem Verkehr mit Gestapoeinheiten, die außerhalb der deutschen Grenzen tätig waren, dienen.
»In der Hölle oder im Hochwasser«, sagte Schreckenbach, »lassen Sie diese Dokumente niemals in feindliche Hand fallen.«
Dann weihte mich Schreckenbachs Sekretärin in die Schwierigkeiten eines Geheimschlüssels ein, der auf den Buchstaben und Zahlen der Quadrate eines Schachbretts basierte. Diesen Schlüssel sollte ich für die Übermittlung von Namen und Adressen verwenden. Dann wurde ich mit zwei Männern bekannt gemacht, die als Kuriere zwischen Hamburg und Kopenhagen fungieren sollten; beide waren kleine Angestellte auf den internationalen Mitropa-Expreßzügen. Schließlich händigte mir ein Angestellter der Finanzabteilung mein erstes Monatsgehalt aus, und Schreckenbach gab mir eine Deckadresse in Hamburg für Geheimberichte und anderes vertrauliches Material und eine zweite Adresse in Kopenhagen, die nur im Notfall gebraucht werden sollte. Die Hamburger Adresse lautete *Fräulein Gertrud Schultheiß, Wexstraße 31*; die Adresse der Gestapoverbindungsstelle in Kopenhagen lautete auf *Lily de Korte, Osterbrogade*.
Dann kam der Tag der Abreise am ersten Wochenende im Mai 1937. Ich traf Inspektor Kraus in einem abgelegenen Restaurant am Rand des Hamburger Stadtparks. In Kraus' Begleitung befand sich, wohlgenährt und mit einem Ausdruck geradezu unanständiger Zufriedenheit, Hertha Jens.
»Lassen Sie sich das eine gesagt sein«, sagte Inspektor Kraus mit einer unheilverkündenden Strenge in den eingesunkenen Augen: »Die Gestapo hat einen langen Arm. Versuchen Sie nicht, uns zu täuschen. Sonst werden Sie nicht mehr lange leben. Selbst wenn Sie sich in China oder im brasilianischen Dschungel verstecken. Wir werden Wege finden, Sie zurückzuholen. Ich warne Sie: Die Gestapo scherzt nicht.«
Wir erhoben uns und schüttelten einander die Hand.
Hertha Jens betrachtete mich schweigend mit halbgeöffneten Lippen.
»Guten Wind«, sagte Inspektor Kraus lächelnd.
Es waren die gleichen Worte, die meine Mutter gebraucht hatte, als ich mit

achtzehn Jahren auf der Suche nach meinem ersten ins Ausland fahrenden Schiff war.
Ich gab eine Postkarte an Richard Jensen auf, mit der ich ihm meine Ankunft in Kopenhagen mitteilte. Einen Tag später bestieg ich den Zug nach Travemünde. Ich fuhr über die Ostsee auf einem der wöchentlich verkehrenden Ausflugsdampfer nach Kopenhagen. Als das Schiff am Kai anlegte, entdeckte ich die mächtige Gestalt Richard Jensens in der Menge der wartenden Menschen. Unbehelligt passierte ich die dänische Paßkontrolle. Jensen sah mich. Er drehte sich um und ging langsam fort. Ich folgte ihm. Er ging zu seinem Wagen, der in einer ruhigen Straße am Hafen parkte. Ich sprang hinein. Der Wagen fuhr an.
Ein gewaltiges Lachen breitete sich über Jensens titanisches Gesicht aus. »Donnerwetter, du hast es geschafft«, brüllte er immer wieder, als traue er seinen eigenen Augen nicht. »Was hast du für ein Gefühl, daß du so aus dem Grab herausgeklettert bist?«
»Kein schlechtes«, sagte ich.
Ich atmete auf. Eine unbeschreibliche Müdigkeit überkam mich. Die Hochspannung meiner Nerven gab nach. Ich hatte nur einen Wunsch – auszuruhen und mich nicht von der Stelle zu rühren.
»Wir werden dich erst mal unterbringen«, sagte Jensen beruhigend. »Sehr wenige kommen jemals aus Deutschland zurück. Donnerwetter, du hast es geschafft ...«
Ich durchsuchte meine Taschen. Ich zog meinen Nazipaß hervor und das Gestapodokument, das auf den Namen von Ingenieur Berg lautete. Beides übergab ich Jensen.
»Verwahre das«, sagte ich. »Ich möchte das Zeug nicht mit mir herumtragen. Es ist besser, als einfacher Flüchtling ohne Papiere zu gelten.«
Jensen nahm die Papiere mit großem Interesse in Augenschein.
»Sehr, sehr gut«, brummte er.
Wir fuhren durch Kopenhagen in die Vorstadt Charlottenlund. Der Wagen bog in den Ordrupvej ein und verschwand dann in dem Park, der sich längs einer Kolonie moderner Mietshäuser hinzog.
»Ich bringe dich zu Petra Petersens Wohnung«, erklärte Jensen. »Du kannst da wohnen. Halte dich von der Partei in Kopenhagen fern. Wir möchten nicht, daß jemand erfährt, daß du hier bist. Du kennst doch Petra?«
»Ja«, sagte ich. Ich hatte 1933 bei ihr gewohnt, als Otto Wilhelm Kuusinen, der führende Finne in der Komintern, bei ihr zeitweise ein Ausweichquartier bezogen hatte. Petra Petersen war Angestellte der GPU. Sie arbeitete im Kopenhagener Telegrafenamt. Sie war eine große, schlanke und intelligente Frau mittleren Alters. Sie hatte einen eigenartig schleppenden Gang, weil sie das linke Bein am Knie nicht beugen konnte. Ich zählte alle diese Einzelheiten auf.
»Richtig«, sagte Jensen. »Erzähl mir, wie es deiner Frau geht?«
Die Gestapo hält sie als Geisel fest. Wir müssen sie unverzüglich herausholen.«
»Wir werden darauf zurückkommen«, versprach Jensen. »Können wir sie noch als zuverlässiges Parteimitglied betrachten?«
»Ja.«
»Wir wollen sehen«, brummte Jensen. »Es wird ihr nichts geschehen, solange

die Gestapo glaubt, daß du in Ordnung bist. Sagten sie bei der Gestapo etwas über mich?«
»Eine ganze Menge!«
Jensen kicherte. »Und was?«
»Oberster Paßfälscher. Sie verlangen von mir, daß ich ihnen Abdrucke von Stempeln und Siegeln verschaffe, die du verwendest, und die Anzahl der Pässe, die du jedesmal herstellst.«
»Ich denke, wir könnten einen besonderen Satz Stempel für sie anfertigen«, bemerkte Jensen. »Du könntest diesen dann hinüberschicken, und wir brauchen unsere alten Stempel weiter. Wir werden sehen. Jetzt wollen wir aber erst ein Bier trinken.«
Er kaufte einen Kasten Bier, das wir in Petra Petersens Wohnung tranken, während wir auf ihre Rückkehr warteten. Ich erinnere mich kaum noch an diese Sitzung.
»Wir müssen Firelei aus Deutschland herausholen«, wiederholte ich beharrlich.
»Wir werden alles zu seiner Zeit festlegen«, antwortete er.
Wir sprachen über die erstaunlichen Erfolge der neuen Volksfrontpolitik der Komintern in Frankreich, Spanien, den skandinavischen Ländern, Amerika und anderswo. Im Jahr 1933, zur Zeit meiner Verhaftung durch die Gestapo, hatte das Hauptschlagwort geheißen *Die Armen gegen die Reichen*, jetzt hieß es *Demokratie gegen Faschismus*. Nach außen hatte sich die Komintern eine im liberalen Sinne achtbare Stellung errungen, so achtbar, daß weite Kreise von Intellektuellen, Schriftstellern, Künstlern, Lehrern und die Frauen von reichen Leuten angefangen hatten, Kundgebungen der Sympathie für die Kommunistische Internationale und die Sowjetunion als ein Zeichen der Demokratie anzusehen. Es war Mode geworden, bei kommunistischen Veranstaltungen »mitzumachen«.
»Wir sind so achtbar«, kicherte Jensen, »daß alles, was wir tun, über den Untergrund gehen muß; in den freiesten Ländern müssen wir mit illegalen Methoden arbeiten, um bei den Salon-Bolschewisten das Gesicht nicht zu verlieren. Aber wir werden sie alle erledigen, wenn die Zeit da ist.«
Jensen erzählte mir viele Anekdoten. Und dann sprach er über die Säuberung. Seit der Ermordung Sergei Kirows, des Leningrader Parteichefs und Mitglieds des obersten Politbüros, im Jahre 1934, waren Zehntausende von Kommunisten in den Tod gegangen. Um 1937 war Stalins Säuberung wie ein Waldbrand von der Sowjetunion aus auf die verschiedenen Außenstellen der Komintern übergesprungen; die Mehrzahl der im Ausland lebenden Führer der Kommunistischen Partei wurde nach Moskau zitiert, wie andernorts Gefangene von ihren Kerkermeistern zum Verhör geholt werden. Unter den vielen befand sich auch Earl Browder, der Amerikaner. Moskau stellte ihre Treue auf die Probe. Der Test bestand in der Bereitschaft, ihre Genossen zu verraten. Den ganzen Frühling und Sommer 1937 hindurch kamen sie auf ihrem Weg zum Roten Platz durch Kopenhagen, eine ziemlich schweigsame, schmutzige und verängstigte Menge von Revolutionären. Diejenigen, die wieder zurückkamen, waren in heller Begeisterung. Sie hatten den Schritt getan, sie hatten den Test bestanden, und sie wurden bei ihrer Rückkehr in Kopenhagen gefeiert, weil sie die GPU von ihrem Glauben überzeugt hatten, Stalin sei wirklich der weise und gütige Vater aller Unterdrückten auf allen Kontinenten.

»Alles geht nach Wunsch«, schloß Genosse Jensen, nachdem er die wichtigsten Vorgänge der Säuberung in Rußland hatte Revue passieren lassen. »Die Komintern war noch niemals so stark wie jetzt.«
Noch bevor Jensen ging, war ich eingeschlafen. Ich schlief den Rest der Nacht und den größten Teil des darauffolgenden Tages. Der Geruch von Kaffee weckte mich auf. Petra Petersen, die vom Dienst zurückgekommen war, lief in einem weinroten Pyjama herum. Als sie sah, daß ich die Augen geöffnet hatte, setzte sie sich zu mir auf den Rand der Couch und fuhr mir mit ihrer festen, kühlen Hand über die Stirn.
»Wie geht es dir, Genosse?« fragte sie sanft.
Einen Tag später traf ich Ernst Wollweber im Büro des Westsekretariats. Von allen deutschen Kommunisten der obersten Führung war er der einzige Überlebende. Er war fett geworden, und es fehlte nur noch wenig zu einer Glatze. Die Anzüge, die er trug, die Restaurants, die er besuchte, und die Autos, die zu seiner Verfügung standen, legten ein beredtes Zeugnis von seinem Wohlergehen ab. Aber unter diesen äußeren Zeichen der Wohlhabenheit und des guten Lebens war er immer noch der untersetzte, schwerbewegliche und finstere ehemalige Meuterer, so wie ich ihn von früheren Jahren her kannte. Seine kleinen schwarzen Augen glitzerten durch Wolken von Zigarettenrauch. Von seinen wulstigen Lippen kamen die Worte wie ein mürrisches Grollen.
»Du hast Geistesgegenwart und Geschicklichkeit bewiesen«, sagte er. »Wir haben großen Wert auf das Urteil gelegt, das Genosse Tonio über dich abgab. Es mag sein, daß es ein Fehler war, dich nach Deutschland zu schicken. Du warst dort zu gut bekannt – wenigstens an der Küste. Ich bin froh, daß du zurück bist. Setz eine Woche aus und schreibe einen Bericht, einen detaillierten Bericht. Vergiß nichts, was von Bedeutung sein könnte.«
Nur langsam fand ich mich wieder zurecht.
Die geheime Zentrale des Westsekretariats der Komintern befand sich in Vesterport, dem größten und modernsten Geschäftshaus im Herzen von Kopenhagen, in sieben Zimmern des dritten Stockwerks. Die Atmosphäre, die dort herrschte, war die eines gutgehenden Ingenieurbüros. Eine Schar von Stenotypistinnen, Boten und Übersetzern löste sich schichtweise im Dienst ab. Die Boten – Skandinavier, Letten und Polen – waren mit Füllfederhaltern bewaffnet, die mit Tränengas gefüllt waren. Ein elektrisches Lichtwarnsystem war an den Wänden eingebaut. Auffällig war das völlige Fehlen von Telefonapparaten. Alle Mitteilungen wurden durch Kuriere weitergeleitet. Abgesehen vom Empfangsbüro, war das Westsekretariat in sechs verschiedene Abteilungen aufgeteilt. Chef der Politischen Abteilung war Kuusinen, der Lenins persönlicher Freund gewesen war und jetzt die Hälfte der Zeit in Moskau, die andere Hälfte in der Westmetropole der Komintern verbrachte. Chef der zentralen Organisationsabteilung war Wollweber. Den Spionageabwehr-*Apparat* leitete Michael Avatin, der Lette; und die Kassenverwaltung lag in den Händen von Richard Jensen, der inzwischen Mitglied des Kopenhagener Stadtrats geworden war. Ferner waren dem Westbüro eine Anzahl Russen zugeteilt, die nicht näher umschriebene Funktionen ausübten; einer von ihnen, der Leiter der nordamerikanischen Abteilung, gab sich als Neuseeländer mit dem Namen Richard Rast aus. Das Namensschild am Haupteingang zu den Diensträumen des Westbüros trug die Bezeichnung: *A. Selvo & Co*,

Architekten und Ingenieure. Es war nur eines von neun Büros, die die Komintern und die GPU in Kopenhagen unterhielten.

Mai und Juni gingen vorbei. Die in den internationalen kommunistischen Kreisen durch die unverminderte Grausamkeit der nun schon drei Jahre andauernden Säuberungsaktion Stalins herrschende Spannung wurde noch durch die blutigen Kämpfe zwischen den GPU-Truppen und Anarchisten in Barcelona und anderen regierungstreuen Städten Kataloniens erhöht. Gegenseitiges Mißtrauen zwischen den Genossen zeigte sich überall; es nahm mit den Erfolgen der Volksfrontpolitik noch zu. Langjährige Freunde mieden einander, wo sie konnten, und wenn sie sich doch trafen, so nur bei offiziellen Anlässen. Jeder sammelte Material gegen jeden. In dieser Atmosphäre konnte ich keinen Standort finden. Die Komintern war nicht mehr, was sie 1923 gewesen war, und ich war auch nicht mehr jener junge Mann, der Polizeistützpunkte gestürmt und mit der Waffe in der Hand auf den Barrikaden gekämpft hatte. Firelei bedeutete mir jetzt mehr als Josef Stalin oder die sowjetische Verfassung.

Ich hatte nicht viel zu tun. Dreimal in der Woche traf ich den einen oder anderen der Gestapokuriere aus Hamburg. Die Berichte und das Material, das ich ihnen für Kraus und Schreckenbach aushändigte, kam aus der Abteilung Michael Avatins, die mich mit sorgfältig zusammengestelltem Spielmaterial versah, darunter industriellen und militärischen Geheiminformationen aus den europäischen Informationsquellen der GPU. Diese Stücke konnten der Gestapo nützen, ohne die sowjetischen Interessen zu schädigen. Außerdem zögerte der *S-Apparat* der Komintern nicht, die Gestapo über die Bewegungen und personellen Veränderungen innerhalb der Konkurrenzorganisationen der sozialistischen oder Zweiten Internationale auf dem laufenden zu halten. Dadurch, daß die Komintern die Aufmerksamkeit der Gestapo auf die Sozialisten richtete, lenkte sie die Nazis von der Tätigkeit der Kommunisten ab. Der Hauptteil des Spielmaterials, das ich den Gestapokurieren aushändigte, kam direkt aus Moskau und wurde von den regulären wöchentlich verkehrenden Sowjetkurieren nach Kopenhagen gebracht. Namen und Adressen von Gestapoagenten und Verbindungsstellen, die ich hatte feststellen können, wurden unter GPU-Überwachung gestellt. Avatin, dessen Mordinstinkte inzwischen erwacht waren, brannte darauf, sie zu erledigen; aber Wollweber mahnte zur Vorsicht: die Ermordung von Gestapoagenten in Skandinavien würde unweigerlich zur Unterbrechung der Gegenspionageverbindung führen, die ich eingerichtet hatte.

Tag und Nacht suchte ich nach einer Gelegenheit, meine Frau und mein Kind aus Deutschland herauszubringen. Aber die Genossen, mit denen ich die Sache besprach, scheuten davor zurück. Die Angst vor Stalins Säuberungsaktion hatte von ihnen Besitz ergriffen; sie hatte jede Initiative getötet und alle Vorstellungen von Kameradschaft ausgelöscht. Die Komintern war jetzt von einer neuen Sorte von Spitzeln verseucht. Ein unbedachtes Wort, das man zu einem angeblichen Freund sprach, konnte böswillig verdreht an die GPU weitergegeben werden — mit dem Ergebnis, daß der Betreffende plötzlich die Aufforderung erhielt, nach Moskau zu kommen. Überall hielt die GPU die kommunistischen Führer in ihrem Griff, und es war nie schwierig, einen Weg zu finden, ihnen die Schlinge um den Hals zu legen.

Bei einer Besprechung, die Ende Juni mit Wollweber, Jensen und Avatin stattfand, verlangte ich geradeheraus, daß die Kurierorganisation der Komintern, die in Deutschland arbeitete, Firelei und unseren Sohn aus dem Land herausschmuggeln sollte.

»Das ist eine kleine Sache für euch«, sagte ich immer wieder. »Sie kann von drei oder vier entschlossenen Genossen bewerkstelligt werden. Und für mich ist das eine große Sache.«

Ohne jedes Zögern erklärte sich Avatin mit einer solchen Aktion einverstanden. Jeder Schlag, den er gegen die Gestapo führen konnte, war für ihn ein Fest. Jensen zögerte und wartete ab, was Wollweber sagen würde. Der Schlesier wies meine Forderung zurück.

»Wir können nicht das Risiko der Aufhebung einer ausgezeichneten Verbindung zur Gestapo eingehen«, sagte er. »Ganz im Gegenteil. Unsere Kontakte müssen ausgebaut werden. In naher Zukunft werden wir – durch dich – der Gestapo eine Anzahl zuverlässiger Genossen als für den Gestapodienst geeignet vorschlagen. Das Verschwinden von Firelei würde die Aussichten, unsere Leute in den Apparat der Gestapo hineinzusetzen, erledigen. Wenn dir das nicht klar ist, Genosse, dann bist du kein Bolschewist.«

Mich ergriff eine unbändige Wut. Ernst Wollweber hatte eine Norwegerin geheiratet, die er offenbar sehr liebte. Sie hieß Sylvia. Sie war die Schwester Arthur Samsings und Mitglied der GPU. Arthur Samsing war 1933 nach Rußland geschickt worden, und man hatte nichts mehr von ihm gehört. Wollwebers ehemalige Mätresse, Cilly, war ebenfalls verschwunden, nachdem die Nazis sie aus dem Gefängnis entlassen hatten.

»Genosse Wollweber«, rief ich aus, »wenn Sylvia in Fireleis Lage in Deutschland wäre, würdest du dann immer noch sagen: ›Sie muß dort bleiben und zugrunde gehen, damit ein paar Spitzel sich noch ein wenig tiefer einbuddeln können‹?«

»Das steht jetzt nicht zur Diskussion«, brummte Wollweber.

Als ich nach dieser Zusammenkunft allein mit Avatin durch die dunklen Straßen ging, sagte ich zu dem Letten:

»Gib mir fünfhundert dänische Kronen und einen Auftrag nach Deutschland für eine Woche.«

Avatin blieb stehen. Sein kühnes Profil zeichnete sich gegen das grelle Licht einer Straßenlaterne ab. »Du wirst nicht lebend zurückkommen, Genosse«, sagte er.

»Ich muß gehen«, erklärte ich ihm.

»Du kannst nicht ohne Parteiauftrag gehen.«

»Du bist mein Vorgesetzter«, sagte ich eigensinnig. »Gib mir diesen Auftrag.«

»Die Gestapo läßt sich nicht zum Narren halten«, sagte Avatin warnend.

»Erinnere dich an deine Freundin Malka«, fuhr ich heftig fort. »Als sie in Polen verhaftet wurde – was tatest du? Du flogst nach Polen – Erlaubnis hin oder her –, um sie zu retten.«

»Hör auf!« fluchte Avatin auf lettisch. »Malka ist tot. Sprich nicht von ihr.«

»Ich muß Firelei retten!« sagte ich stöhnend.

Eine Zeitlang überlegte Avatin. »Ich begreife das«, sagte er schließlich. »Geh nach Deutschland. Ich gebe dir etwas Material, das du der Gestapo abliefern kannst – es kann dich wenigstens im Notfall schützen. Wir wollen uns morgen früh um sechs Uhr an der Teufelsbrücke treffen.«

Wir trennten uns.
In einem Taxi fuhr ich nach Charlottenlund hinaus, um rasch ein paar Sachen zusammenzupacken. Petra Petersen fand ich in einer Liebesumarmung mit einem jungen Mann vom Kommunistischen Jugendverband; sie hatte einen nie zu stillenden Hunger nach Männern.
»Wohin gehst du?« rief sie.
»Nach Schweden«, antwortete ich. »Ich werde in sechs Tagen wieder zurück sein.«
In der kühlen Frische des nächsten Morgens traf ich Avatin an der Teufelsbrücke. Er gab mir Geld und ein Paket mit dem Material für die Gestapo. »Russisches«, sagte er. »Listen von Besatzungsmitgliedern sowjetischer Schiffe. Drei Jahre alt. Sie können sie haben. *Bon voyage*!«
Ich bestieg den Tagesexpreßzug nach Gjedser-Warnemünde. Sieben Stunden später war ich auf deutschem Boden. Ich kam nicht bis Blumenthal, wo Firelei mit unserem Buben lebte. In der Aufregung bemerkte ich zuerst gar nicht, daß ich keinen Paß mitgenommen hatte. Erst als wir mit der Fähre schon auf der Ostsee schwammen, kam mir das Versehen in den Sinn. Ich verfluchte die Nachlässigkeit der dänischen Beamten in Gjedser: hätten sie ihre Pflicht getan und mir meinen Paß abverlangt, wäre ich rechtzeitig gewarnt worden.
Jetzt war es zu spät für eine Umkehr. Als die Fähre in Saßnitz anlegte, der deutschen Endstation auf der Insel Rügen, hielt mich der deutsche Paßkontrollbeamte fest. Es gab keinen anderen Weg mehr, mich aus der Situation zu ziehen, als ihn zu ersuchen, Inspektor Kraus von der Auslandsabteilung anzurufen. Er telefonierte. Hertha Jens war am Apparat. Sie sagte, man solle mich durchlassen. Jetzt blieb mir keine andere Wahl mehr, als zum Gestapohauptquartier nach Hamburg zu fahren. Ohne das Paket Avatins wäre ich verloren gewesen.
Inspektor Kraus empfing mich. Ich erzählte ihm, daß ich ohne Paß habe fahren müssen, weil die dänische Grenzpolizei möglicherweise meinen Namen in der Liste der verdächtigen Ausländer habe.
»Wo haben Sie denn Ihren Gestapoausweis?« fragte er.
»Ich vergrub ihn an einem sicheren Ort«, antwortete ich.
Kraus überflog das Verzeichnis der sowjetischen Schiffsbesatzungen, das ich ihm als einen wichtigen Fund brachte. Ich sagte ihm, daß ich es im sowjetischen Schiffsbüro in Kopenhagen gestohlen hätte. Ich sagte ihm allerdings nicht, daß das Verzeichnis drei Jahre alt war. Er sagte, daß er es übersetzen lassen wolle, um es mit den Namen auf der Liste der verdächtigen Sowjetagenten der Gestapo zu vergleichen.
»Da Sie sich jetzt eingearbeitet haben«, schlug er vor, »müssen wir früher oder später zu Verhaftungen schreiten. Ich werde in den nächsten paar Monaten einige von meinen jungen Leuten hinüberschicken, um Ihnen zu helfen.«
Ich tat so, als sei ich damit einverstanden. Ich war froh, ihm so schnell wie möglich wieder aus den Augen zu kommen.
Im Gang lief ich Magnus, einem von den Gestapomännern, die mich 1933 verhaftet hatten, in die Arme. Er gab mir einen freundschaftlichen Schlag auf den Rücken und lud mich zu einem *Drink* ein. Wir sprachen von der kürzlich erfolgten Verhaftung polnischer und tschechischer Spitzel.
»Übrigens, weil wir gerade dabei sind«, bemerkte er, »wir haben einen Verräter in unseren eigenen Reihen erwischt. Er arbeitete für die Moskowiter.«

Das Herz blieb mir beinahe stehen.
»Wer ist es?« fragte ich, und meine Stimme war so leise, daß ich nicht wußte, ob ich die Frage ausgesprochen oder nur gedacht hatte.
»Rudolf Heitman«, sagte Magnus trocken. »Er arbeitete in der Eisenbahnkontrollabteilung. Er sagt, er sei unschuldig, aber das wird ihm nicht viel helfen. Wir haben Beweise. Wir fanden die Fotografien gewisser Kommunisten in seiner Wohnung. Er stahl sie aus dem Archiv. Übrigens gab er sehr viel mehr Geld aus, als er bei uns verdiente. Das ist Heitman. Die Sache wird ihn den Kopf kosten.«

Fünf Tage wurde ich in Hamburg aufgehalten. Sie waren mit einer unerträglichen Spannung erfüllt. Aber Heitman verriet nichts. Trotzdem hatte er einen Prozeß vor dem Sondergericht zu gewärtigen.
Am sechsten Tag erhielt ich die Erlaubnis, Firelei zu besuchen. Ich berichtete ihr von meiner Niederlage. Die Gestapo wußte, daß ich in Deutschland war, was soviel hieß, daß eine Flucht im gegenwärtigen Augenblick außer Frage stand. Firelei war geduldig und mutig.
»Wir werden einen Weg finden«, sagte sie. »Wir dürfen die Hoffnung nicht verlieren.«
Ein Telegramm von Inspektor Kraus rief mich nach Hamburg zurück.
Ein mysteriöser Russe, der sich Popow nannte, war im Zuge verhaftet worden. Aus einer Fotografie, die mir bei der Gestapo gezeigt wurde, erkannte ich in ihm einen GPU-Beamten, der mir unter dem Namen Schmidt bekannt war.
»Kennen Sie diesen Mann?« fragte mich Schreckenbach.
»Nein«, antwortete ich.
Unter den Augen des Gestapoaufpassers verabschiedete ich mich auf dem Bahnhof von Firelei mit einem Kuß. Es war der letzte Kuß. Ich wußte nicht, daß ich Firelei nie wiedersehen würde.
Als Mitglied der Besatzung des deutschen Dampfers *Jade* getarnt, kehrte ich nach Dänemark zurück. Der Kapitän war ein Nazi. Die Gestapo hatte ihm befohlen, mich anzuheuern und mich als Deserteur ins Logbuch einzutragen, nachdem ich in Kopenhagen verschwunden war. Sofort setzte ich das Westsekretariat von den Informationen in Kenntnis, die ich mitgebracht hatte.
Die Nachricht von Rudolf Heitmans Verhaftung ließ Wollweber kalt.
»Heitman war immerhin ein fragwürdiger Kunde«, bemerkte er. »Er hatte die Krankheit aller langjährigen Spitzel: er arbeitete für beide Seiten. Im übrigen hat er uns ein kleines Vermögen gekostet.«
Aber der Schlesier war im höchsten Grade betroffen, als ich ihm von der Verhaftung Popows in Harburg erzählte und von dem Verdacht und den Plänen Schreckenbachs. Er rutschte auf seinem Stuhl hin und her.
»Genosse Schmidt festgesetzt?« rief er mit einer Stimme, die sich von einem Gebrumm zu einem Geheul steigerte.
Ich hatte ihn nie so aufgeregt gesehen. Er ging im Büro auf und ab, ein brutaler und bestürzter kleiner Mann, kahlköpfig, untersetzt, mit glitzernden Augen, die Daumen in den Gürtel gesteckt, mit den Zähnen eine nichtangezündete Zigarette zu kleinen Stückchen zerkauend.
»Wir müssen etwas tun«, brüllte er los. »Wir müssen etwas unternehmen. Natürlich werden sie seinen Widerstand brechen. Es gibt keinen, bei dem man ihn nicht brechen könnte. Wir müssen eine ganze Anzahl Leute zurückbeor-

dern, bevor Schmidt dahin gebracht wird, ihre Namen zu nennen. Er sollte soviel Schneid haben, sich selbst umzubringen, bevor er weich wird.«

»Er kann nicht«, sagte ich.

»Eisen?«

»Er ist Tag und Nacht gefesselt.«

Ich erfuhr, daß Schmidt-Popow nach 1933 einer der wichtigsten Agenten des sowjetischen militärischen Geheimdienstes in Norddeutschland geworden war. Er hatte Verbindungen in den Werften, der Arbeitsfront, auf den Truppenübungsplätzen um Lüneburg und auf verschiedenen deutschen Kriegsschiffen. Neun ausgebildete Agenten arbeiteten unter Popows Leitung. Geheime Fotoateliers in Stettin und Hannover standen zu seiner Verfügung. Es hatte viele Monate mühevoller Anstrengungen bedurft, um diese Organisation aufzubauen. Wenn Popow redete, flog das ganze sowjetische Spionagenetz nördlich von Berlin auf. Wenn Popows Mitarbeiter zurückgerufen wurden, würde zwar ihr Leben gerettet, aber das wäre dann gleichbedeutend mit der Aufgabe wichtiger Positionen in Deutschland.

Wollweber brummte. »Nein, nein, nein! Wir können unsere deutsche Position nicht kampflos aufgeben.« Unvermittelt fügte er hinzu: »Welche Garantie haben wir, daß dieser Genosse nicht schon soundso viel Dinge preisgegeben hat?«

»Popow sah stark aus«, sagte ich. »Aber Schreckenbach wird ihn knacken. Es wird ihn Wochen kosten, aber er wird sein Ziel erreichen.«

»Jeder Genosse, der im Zuge einschläft, verdient, erschossen zu werden.« Wollweber suchte Rückendeckung in einer Ecke seines Büros. Sein dicker, hervorquellender Hals stieß nach vorn: »Hol mir Avatin«, befahl er schließlich. »Ich möchte ihn um fünf Uhr sehen. Sag Jensen, er solle alle Gruppen anweisen, vorübergehend alle Verbindungen mit dem norddeutschen *Apparat* zu unterbrechen. Benachrichtige Berlin, Hamburg, Prag, Basel, Straßburg, Paris, Rotterdam, Amsterdam, Stockholm, Antwerpen, Brüssel und Danzig.«

»Soll geschehen.«

Bis gegen fünf Uhr an jenem Nachmittag hatte Jensen Kuriere nach Berlin, Hamburg und Stettin in Marsch gesetzt und verschlüsselte Mitteilungen an alle anderen Orte abgehen lassen. Der Chef der Auslandsabteilung der GPU in Paris wurde informiert. Durch vorher vereinbarte Mitteilungen wurden Popows Mitarbeiter in Deutschland gewarnt und ersucht, sofort ihre Adressen zu ändern, sich anderer Pässe zu bedienen und bis auf weiteres alle Operationen einzustellen, aber auf ihren Posten zu bleiben. Ein Kurier war nach Stockholm geschickt worden, um den Leiter der schwedischen Abteilung zurückzuholen; dieser Agent, ein Russe deutscher Herkunft, sollte nach Deutschland gehen, um sich für die bisher von Popow geleistete Arbeit bereit zu halten. Um fünf Uhr versammelten sich Wollweber, Avatin, Jensen, ich und ein glattaussehender Mann, den ich jetzt zum erstenmal kennenlernte, in einem privaten Speisezimmer des *Hotels d'Angleterre*, das dem Königlichen Opernhaus gegenüberliegt. Wollweber und Avatin hatten bereits Pläne ausgearbeitet.

Der Schlesier sprach mit absoluter Klarheit. Er gab mir die Anweisung, der Gestapo mitzuteilen, daß Popow nur ein unbedeutender Kurier sei und daß ich einige Tage brauche, um ergänzende Informationen über den festgenommenen Russen einzuziehen. Ferner führte er aus, daß ein Weg gefunden werden müsse, einen Mann von Schreckenbachs Mannschaft aus Deutschland herauszulocken. Wollweber schlug vor, ihn entweder nach Frankreich oder Dänemark zu locken und ihm einen Köder anzubieten, der den Appetit der Gestapo aufs höchste anregen sollte. Wenn dann erst der betreffende Gestapomann aus Deutschland heraus war, wäre es Avatins Aufgabe, ihn festzusetzen und ihn lebend nach Leningrad zu entführen. Dort sollte er dann als Geisel für Popow festgehalten werden.

»Wenn wir den Schurken erst in unserer Hand haben«, schloß Wollweber, »können wir Schreckenbach telefonieren und ihn wissen lassen, daß sein Agent das gleiche auszuhalten haben werde wie Popow in Deutschland. Sie werden Popow in Ruhe lassen. Dann werden wir verhandeln. Wir schicken ihm einen Paß, aus dem hervorgeht, daß er wirklich Popow heißt. Wir werden damit einverstanden sein, Schreckenbachs Mann in Leningrad auf ein deutsches Schiff zu bringen unter der Voraussetzung, daß Popow in Hamburg an Bord eines sowjetischen Schiffes gebracht wird. Wir tauschen die Gefangenen aus – und halten so unseren deutschen *Apparat* intakt.«

»Warum greifen wir uns eigentlich nicht einen von den Gestapokerlen, die jetzt gerade in Kopenhagen sind?« schlug Jensen vor.

»Das sind kleine Fische«, brummte Wollweber. »Wir brauchen einen von den Schurken aus dem Hauptquartier.«

Avatins Augen leuchteten. Seine Bereitwilligkeit, einem wichtigen Kollegen zu helfen, war ebensogroß wie sein kalter Haß auf alle Polizisten. Er schreckte vor nichts zurück. »Gut«, sagte er. »Laßt uns an die Arbeit gehen.«

Der fünfte Mann in unserem Rat meldete Bedenken an. Er war Angehöriger des sowjetischen Konsulats in Kopenhagen. Er wies darauf hin, daß ein unvorhergesehener Irrtum zu Verwicklungen mit den dänischen Behörden führen könnte. Das würde dann nicht nur die diplomatischen Beziehungen gefährden, sondern auch den ganzen Kopenhagener *Apparat* der GPU und der Komintern. Wollweber sagte kein Wort; er starrte ganz einfach den Russen so lange an, bis dieser kuschte.

»Wir werden die Sache hier in Dänemark schon richtig machen«, sagte er zu dem Konsulatsbeamten. »*Sie* werden dann so freundlich sein und das Palaver mit Schreckenbach führen. Sie werden auch Leningrad ersuchen, die richtigen Leute auf die nächsten zwei oder drei Schiffe zu stecken, die hierher kommen.«

Die Vision des gefolterten Popow beunruhigte mich. Die Möglichkeit, ihm durch die Anforderung eines Gestapoagenten, auch wenn dieser dabei in sein Verderben lief, zu helfen, war ein Ausweg, dem man kaum widerstehen konnte. Was aber würde aus Firelei? Ich wies deshalb darauf hin, daß die Entführung eines Nazis aus Kopenhagen möglicherweise meine Verbindung mit der Gestapo gefährden könnte. »Firelei ist schließlich auch ein Genosse«, sagte ich.

»Wir werden vorsichtig sein«, versprach Wollweber. »Es braucht ja nicht unbedingt Kopenhagen zu sein. Warum zum Beispiel nicht Sonderburg?«

Jensen lachte. »Sonderburg ist ein guter Ort«, sagte er.

»Die Partei kommt zuerst.« Avatin war es, der diese Worte hervorstieß. »Wir müssen Popow retten, bevor er vor die Hunde geht.«

Die Partei kommt zuerst! Ganze Berge vernichteter Menschenleben liegen unter diesem Epitaph begraben. Wenn einer der Partei angehörte, so gehörte er ihr ganz, mit Leib und Seele. Trotz des Zynismus, der mehr und mehr die Herzen der Männer erfüllte, die ihr Leben der Sache geweiht hatten – liebten wir unsere Partei, und wir waren stolz auf ihre Macht und stolz auf unsere eigene Leibeigenschaft, weil wir ihr unsere ganze Jugend, alle unsere Hoffnungen, unsere Begeisterung und die Selbstlosigkeit, die wir einst besaßen, geopfert hatten.

Wollwebers Blick verfinsterte sich. »Genossin Firelei ist schließlich auch Bolschewistin«, sagte er und gab meinen eigenen Worten eine finstere und drohende Wendung. »So ist es ganz natürlich, daß wir nicht ohne deine Hilfe auskommen.«

»Das dachte ich mir schon«, sagte ich sarkastisch.

»Soll das etwa heißen, daß du bereit bist, den Genossen Popow und den *Apparat* zu opfern, um eine hypothetische Gefahr für deine Familie abzuwenden?«

Ich spürte die Drohung, die in diesen ausfallenden Worten lag.

»Letzten Endes«, fuhr Wollweber in einem etwas freundlicheren Ton fort, »ist es keineswegs sicher, daß die Gestapo dich mit dem Verschwinden eines ihrer Agenten in Verbindung bringt.«

Ich antwortete: »Du weißt genau, Genosse Ernst, wie die Dinge sich in Wirklichkeit verhalten. Schreckenbach ist kein Dummkopf.«

Wollweber lachte. Wenn er lachte, verzerrte sich sein maskenhaftes Gesicht zu einer häßlichen Grimasse. Er war unfähig, eine reine Freude zu empfinden, weil er sie sofort verächtlich machte.

»Hast du etwa Angst?« brummte er.

»Nein.«

»Dann können wir uns ja an die Arbeit machen.«

Die Berichte, die ich auf Grund von Instruktionen des Westbüros an die Zentrale der Auslandsabteilung der Gestapo nach Hamburg sandte, enthielten Informationen, die darauf berechnet waren, die Gestapo in falsche Richtung zu führen und sie von den Spuren der zur Zeit in Deutschland arbeitenden Komintern- und GPU-Agenten abzulenken. Die Geheimpolizei der Nazis erhielt auf diese Weise die Namen bekannter Kommunisten, die sich zur Zeit in der Sowjetunion aufhielten, mit der Angabe, daß diese zur Zeit auf deutschem Boden tätig seien. Gefälschte Listen deutscher Mitglieder der Internationalen Brigade in Spanien wurden Schreckenbach mit dem Hinweis übergeben, es handle sich um Abschriften einer Rekrutierungskartei aus jüngster Zeit. Wenn die Komintern ihre Kräfte im Rheinland konzentrierte, erhielt die Gestapo einen Bericht, daß eine bolschewistische Verschwörung in Schlesien vorbereitet werde. In Deutschland verhaftete Kommunisten wurden von der Komintern als Verräter denunziert, um so das Los der Eingekerkerten zu erleichtern. Ich sandte der Gestapo falsche Geheimschlüssel, sorgfältig vorbereitete gefälschte Briefe, die angeblich aus dem Kominternarchiv gestohlen, und alte Pässe, die von Richard Jensen als wertlos ausgeschieden worden waren; dann wurden gefälschte Listen über Personenbeziehungen innerhalb der Schiffahrt, Berichte über die Schauprozesse in Moskau und viele andere Angaben angeblich geheimen Charakters übergeben. Von Zeit zu Zeit durchsetzte das Westbüro dieses Durcheinander von Informationen mit Tatsachen, die mit Unterlagen übereinstimmten, die bereits im Besitz Schreckenbachs und seiner Mitarbeiter waren. Wir erfanden nichtexistierende Ausdrücke, zum Beispiel *duns, reps* usw., und unterschoben ihnen irgendeine mysteriöse Bedeutung. Alles das wurde mit der größten Vorsicht ins Werk gesetzt, und die Gestapo schien die Sache zu schlucken. Aber jetzt sollte ich unseren sorgfältig aufgebauten Kanal für falsche Informationen dazu benützen, einen von Hitlers Menschenjägern über die dänische Grenze auf dänischen Boden zu locken.

Ein Nazispezialkurier, der den Kontakt zwischen mir und Schreckenbach aufrechterhielt, operierte unter der Tarnung eines Schlafwagenschaffners auf dem Nachtexpreß Hamburg–Kopenhagen. Ich traf ihn jeden Dienstag und Freitag morgen in obskuren kleinen Restaurants in der Nähe von Söderport. Er brachte mir Instruktionen und Geld und leitete alles Material, das ich ihm gab, an Schreckenbach weiter. Dieser Gestapokurier, ein schmächtiger Mann mit einem kleinen schwarzen Schnurrbart und einer Hornbrille, nannte sich Petersen. Gelegentlich brachte er mich auch in Verbindung mit anderen Gestapoagenten, die in Kopenhagen und anderswo tätig waren.

Vier Tage, nachdem ich mich mit Wollweber und Avatin im Hotel d'Angleterre getroffen hatte, setzte ich mich mit Petersen in Verbindung. Er kam aus dem Rangierbahnhof, wo der Zug, mit dem er aus Hamburg gekommen war, gereinigt wurde. Er ging langsam vor mir her, und ich folgte ihm. Nachdem er sich vergewissert hatte, daß er von niemandem beobachtet wurde, trat er schnell in ein Kellerlokal, wo ich dann mit ihm zusammentraf.

Petersen übergab mir eine Liste mit Instruktionen Schreckenbachs. Die Gestapo wünschte, daß ich eine Anzahl Personen in dänischen und schwedischen Städten feststellte, die auf Grund einer anonymen Denunziation verdächtigt wurden, in Verbindung mit antinazistischen Elementen in Deutschland zu stehen. Er zeigte mir auch eine Anzahl Fotografien von Leuten, die beim Schmuggel einer Wagenladung revolutionärer Schriften über die französisch-deutsche Grenze erwischt worden waren, und wollte wissen, ob ich irgendeinen von den gefaßten Schmugglern identifizieren könnte.

Ich übergab ihm den üblichen Bericht, der am Tage vorher im Westsekretariat zusammengebraut worden war. Dann sagte ich zu ihm, den Anweisungen Wollwebers entsprechend:

»Hören Sie zu, ich habe eine sehr viel wichtigere Sache erfahren. Wollweber geht morgen auf eine Vortragstournée durch Dänemark. Sonntag wird er in Aarhus, am Montag in Esbjerg und am Dienstag in Sonderburg sprechen.«

Petersen schrieb sich das alles ruhig auf. »Und was soll ich damit?« fragte er.

»Was Sie damit sollen?« wiederholte ich. »Ich sagte, Wollweber wird am Dienstag in Sonderburg sein. Sonderburg ist weniger als zehn Kilometer von der deutschen Grenze entfernt.«

Ich konnte die Aufregung beobachten, die sich Petersens bemächtigte. Seine Augen leuchteten, er wurde blaß im Gesicht, und seine Hände konnten nicht mehr ruhig bleiben. Er versuchte, sich am Bierglas festzuhalten.

»Wollweber in Sonderburg«, murmelte er.

»Schreckenbach braucht nur einen oder zwei von seinen jungen Leuten mit einem Schnellboot oder einem guten Wagen nach Sonderburg zu schicken. Sie stürzen sich auf Wollweber, und dann nichts wie los in die Hölle.«

»Wird er allein sein?« fragte Petersen vorsichtig.

»Ein Übersetzer wird ihn begleiten, ein alter Idiot. Sag Schreckenbach, er solle keinesfalls zu viele Leute schicken. Wollweber ist ein alter Wolf. Er wird beim leisesten Verdacht Reißaus nehmen. Wollweber ist klein, dick und raucht zuviel. Er kann nicht kämpfen. Er kann auch nicht schnell laufen. Ihn festzunehmen, ist eine Kleinigkeit.«

»Wo findet die Versammlung statt?«

»Wahrscheinlich in Borks Keller. Halbwegs zwischen dem Bahnhof Sonderburg und dem Hafen.«

Petersen trank sein Bier aus. »Wollweber kann entführt werden«, erklärte er ruhig.

Petersen wartete in Kopenhagen nicht einmal die Abfahrt seines Zuges ab. In der Uniform eines Mitropaschaffners, so wie er war, sprang er in ein Taxi und nahm das erste Flugzeug nach Berlin.

Für Dienstag morgen hatte Avatin seine Vorbereitungen getroffen. Er hatte unmittelbar nach Petersens Abreise zwei von seinen Leuten nach Sonderburg geschickt. Sie sollten den Bahnhof und die Dampferlandungsbrücke überwachen und die Ankunft von Gestapoleuten feststellen. Wir kannten die Gesichter der meisten Leute, die in Schreckenbachs Abteilung arbeiteten. Sie waren von der GPU fotografiert worden, als sie jeweils in Hamburg und Berlin ihre Dienststellen betraten oder verließen. Genossen hatten später nach ihrer Entlassung aus den deutschen Lagern an Hand der vergrößerten Fotografien viele von diesen Leuten als die Gestapoagenten wiedererkannt, die sie verhört hatten.

Am Dienstagmorgen begab sich Avatin selbst in Begleitung von Leuten, die er aus Schweden und Norwegen zurückgerufen hatte, nach Sonderburg. Die zuverlässigsten Genossen der Partei in Sonderburg waren zur Unterstützung der GPU-Expedition mobilisiert worden. Alle Mitarbeiter Avatins waren bewaffnet.

Selbstverständlich tat Ernst Wollweber nicht einen Schritt aus seiner Kopenhagener Wohnung. In seiner Wohnung am Öresundsvej diskutierte er in meiner Gegenwart mit Jensen die Möglichkeiten, die zu erwartende Geisel nach Rußland zu verschiffen. Sie zogen den sowjetischen Dampfer *Lena* und die dänischen Dampfer *E. M. Dalgas* und *Ask* in Betracht, deren Besatzungen bereits bei früheren Unternehmungen ihre Geschicklichkeit bewiesen hatten.

Stunde auf Stunde warteten wir auf die Nachricht von Avatin aus Sonderburg, daß er den Mann festgenommen habe.

Eine halbe Stunde vor Mitternacht traf Avatins Mitteilung ein. Das Telegramm lautete: *Fleischladung verzögert.* Das hieß, daß keine Entführung stattgefunden hatte.

Ich war sehr erleichtert. Jensen, der Schach gespielt hatte, fluchte heftig. Er warf alle seine Schachfiguren auf den Boden. Wollweber hörte auf, im Zimmer auf und ab zu gehen. Er setzte sich an einen Tisch und begann, einen anderen Plan zur Entführung eines Gestapomannes auszudenken, bevor Popow seinen Widerstand im Kerker von Fuhlsbüttel aufgeben würde.

Am nächsten Morgen traf ich Avatin im Nordlandhotel an der Vesterbrogade. Ich fragte ihn, was in Sonderburg passiert sei.

Er gab ein kurzes Lachen von sich. »Nichts«, sagte er. »Wollweber war leider ein viel zu großer Fisch, um einen guten Köder abzugeben. Sonderburg war voll von Gestapoleuten. Die ganze Flensburger Förde entlang standen Sturmtruppen. Das ganze Hamburger Rollkommando war an Ort und Stelle, ein Dampfer, Autos, ein Dutzend Motorräder. Inspektor Kraus war da. Kurz, alles war da, mit Ausnahme von Schreckenbach selbst. Bald wird das Königreich Dänemark eine Nazikolonie werden.«

»Das war zu erwarten«, bemerkte ich. »Sie haben schon schlechte Erfahrungen mit Wollweber gemacht.«

Avatin schaute auf seine Hände. Reumütig sagte er: »Nur schade, daß ich nicht ein paar Maschinengewehre mit nach Sonderburg genommen habe. Im ganzen Dorf waren nur drei Polizisten im Dienst.«

Nach einer Beratung mit Wollweber sandte ich einen verschlüsselten Brief an Schreckenbach und erklärte ihm, daß das plötzliche Einströmen von Kämpfern in die schlafende Stadt Sonderburg den örtlichen Parteiausschuß veranlaßt habe, Wollweber zu warnen, daß »etwas faul sei im Staate Dänemark«.

Bei meiner nächsten Zusammenkunft mit Petersen war ich erstaunt, zu hören, daß Inspektor Kraus von der Hamburger Gestapo, der die Invasion in Sonderburg geleitet hatte, zwei Nazipolizeiagenten zum ständigen Aufenthalt nach Kopenhagen geschickt habe, um eine Radiostation ausfindig zu machen, die von der GPU unterhalten wurde, um Funkinformationen sowjetischer Spitzel in Deutschland empfangen zu können. Ich wußte nichts von einer solchen Radiostation in Deutschland. Aber es fiel mir ein, daß Popow davon gewußt haben mußte, und ich fürchtete, daß Popow angefangen hatte, zu gestehen. Petersen weigerte sich, mir den Aufenthaltsort der beiden Gestapoleute zu nennen. Erst Wochen später erfuhren wir ihre Namen durch einen Kellner im Café Helmerhus, wo die beiden Nazis verkehrten. Es waren Hermann Teege und L. Brauch, beide von Schreckenbachs *Inspektion 6.*

In Übereinstimmung mit einem Plan, der vom Westbüro ausgearbeitet worden war, erwähnte ich, daß ich ein Paket mit falschen Pässen gesehen habe; diese Pässe lägen in der Wohnung eines Parteimitglieds und sollten in den nächsten drei Monaten von deutschen Kommunisten benützt werden. Petersen berichtete diese Neuigkeit entsprechend an Schreckenbach in Hamburg. Einen Tag später erhielt ich ein kurzes Schreiben von Inspektor Kraus, in dem er anfragte, ob »die Kinder fotografiert werden könnten«. Sofort informierte ich Avatin, daß sich die Gestapo darum bemühe, Fotokopien dieser nicht existierenden Pässe zu bekommen.

»Herrlich! Sag der Gestapo, sie solle einen ihrer Banditen mit einer Kamera herschicken.« Avatin zeigte nur sein grausames kleines Lachen.

Dann kam der Freitag. Mit dem gleichen Nachtexpreß wie Petersen kam ein Mann, den Petersen mir unter dem Namen Oskar vorstellte. Oskar war groß, schlank, blond, vielleicht sechsunddreißig, elegant angezogen und offensichtlich in bester Verfassung. Es war der Agent, den Schreckenbach geschickt hatte, um die Pässe zu fotografieren. Von dem Augenblick an, da er aus dem Eisenbahndepot kam, stand er unter Überwachung durch Avatins Guerillas.

Oskar sprach lebhaft. Er wollte, daß ich die Pässe zur Wohnung einer Dame bringen solle, von der er behauptete, daß er sie kenne, Lily de Korte, im obersten Stockwerk eines Miethauses an der Osterbrogade. Ich erwiderte, daß es zu riskant sei, die Pässe von der Stelle wegzunehmen, an der sie zur Zeit versteckt seien, daß ich mich aber nach Einbruch der Dunkelheit in der Nähe des Hauses mit ihm treffen wolle, in dem die Pässe sich befanden. Er könne sie dann in einem Hotelzimmer fotografieren. Oskar war einverstanden. Bevor wir uns trennten, fragte ich ihn über Popow aus. Oskar fuhr sich mit dem Finger um den Hals.

»Langsam wird sein Kopf herunterkommen«, sagte er.
Ich weiß nicht, ob Popow ums Leben kam oder nicht. Das Leben Fireleis war mir wichtiger als das Leben Popows. Ich machte mir aber selbst Vorwürfe, daß die Liebe zu meiner Frau und zu meinem Kind mich in meiner lebenslangen Verpflichtung für Stalins Sache schwankend gemacht hatte. An jenem Freitag im September begann ich, die Bewegung zu hassen, der ich diente, die Heuchelei zu hassen und die Schurken zu hassen, die ihre Führer waren. Ich hätte Oskar warnen können, und ich hätte den Stalinismus verraten können, um meine unglückliche Familie zu retten. Aber ich tat es nicht.
Zwischen zehn und elf Uhr nachts überfielen drei GPU-Leute unter Avatin Oskar in einer der dunklen Seitenstraßen, die vom Holmbladsgade abzweigen. Sie schleppten ihn in ein Taxi, das von einem Parteimitglied gesteuert wurde, und brachten ihn auf eines der Weekendhäuser, die die Komintern als Notquartiere in den Außenbezirken von Kopenhagen unterhält. Dort wurde Oskar gefangengehalten, an Händen und Füßen gefesselt, wie Popow im Gefängnis von Fuhlsbüttel gefesselt war. In der Nacht zum 10. Oktober wurde Oskar von seinen GPU-Wächtern bewußtlos geschlagen und an Bord des sowjetischen Dampfers *Kama* geschafft, der im Hafen von Kopenhagen lag. Am 11. Oktober lief die *Kama* mit der Bestimmung Archangelsk aus.

Entführt

Ich war entschlossen, alle weiteren Beziehungen zur Gestapo abzubrechen. Aber Fireleis gefährliche Lage in Deutschland zwang mich, meinen Plan mit der äußersten Vorsicht auszuführen. Ohne das Westbüro vorher zu befragen, ließ ich die regulären Gestapokuriere vergeblich auf mich warten, wenn sie zu dem vereinbarten Treffpunkt kamen. Eine Woche verging. Schreckenbachs Boten, die mich in Kopenhagen nicht erreichen konnten, kehrten mit leeren Händen nach Hamburg zurück.
Schreckenbach, der weder von seinem Agenten Oskar etwas hörte noch von mir, schickte einen Eilbrief an eine Deckadresse in Kopenhagen, die ich der Gestapo für Notfälle auf Anraten Jensens angegeben hatte. Ohne daß die Gestapo das wußte, gingen solche Briefe zuerst durch Jensens Hände, bevor ich sie erhielt. Richard Jensen war beunruhigt. Die Gestapo wollte wissen, weshalb ich die regulären Kuriere nicht getroffen habe. Sie wollte ebenfalls wissen, was mit Oskar geschehen sei.
In aller Hast schrieb ich eine kurze Mitteilung, um den Eindruck zu erwecken, daß ich mich auf dem Weg in die Sowjetunion befinde, wo ich eine Militärschule besuchen sollte – weil ich das außerordentliche Interesse der Gestapo in dieser Richtung kannte. Diese Zeilen sandte ich an Petrolevics, den Verbindungsagenten der Komintern in Riga, mit dem Auftrag, den Brief an Schreckenbachs Deckadresse in Hamburg zu schicken. Das gab der Mitteilung den Anschein, als sei sie auf dem Wege nach Moskau aufgegeben worden. Die Gestapo würde demnach nicht erwarten, daß ich aus Rußland schreiben werde, und würde mein Schweigen in Zukunft verständlich finden. Und Firelei, so rechnete ich, würde keine Vergeltungsmaßnahmen zu befürchten haben.

Eines Morgens im Oktober wurde ich zu einer Konferenz mit Wollweber und Kuusinen in ein Restaurant in der Nähe des Thorwaldsen-Museums gerufen. Sie befahlen mir, meine Tätigkeit für die Komintern innerhalb von Hitlers Geheimpolizei fortzusetzen. Da sagte ich ihnen offen heraus, ich habe die Brücken hinter mir abgebrochen, und mein Auftrag habe sich damit erledigt. »Ich habe der Gestapo erzählt, ich sei nach Rußland gegangen«, erklärte ich. »Soweit es die Gestapo angeht, bin ich verschwunden.«

Kuusinen lächelte zweideutig.

»Gut«, schlug er vor, »nach ein paar Tagen wirst du der Gestapo schreiben, daß du aus Moskau zurück seist und dich jetzt wieder in Kopenhagen befindest.«

In nächsten Augenblick stand ich in offenem Aufruhr gegen zwei der mächtigsten Gestalten des sowjetischen Geheimdienstes und der Komintern, jener beiden Organisationen, die um 1937 in ein sehr enges Verhältnis zueinander getreten waren.

»Gebt mir vier Leute aus dem *Apparat* des Genossen Avatin, um meine Frau und mein Kind aus Deutschland herauszuholen«, forderte ich sie auf. »Das gleiche ist schon in anderen Fällen gemacht worden; man kann es auch für mich tun.«

»Du willst also nicht . . .«

»Nein«, unterbrach ich ihn. »Ich weigere mich!«

Kuusinen schrak zurück. Er hatte Angst. Er hatte immer schon in dem Ruf gestanden, ein Feigling zu sein. Meine Fäuste waren schließlich immer noch die eines Matrosen. Er – Kuusinen – hatte noch nie einen einzigen Tag ehrlich gearbeitet, seit er die finnischen Arbeiter auf Gnade und Ungnade General Mannerheim ausgeliefert hatte, während er, ihr Führer, durch die Flucht nach Rußland seine Haut in Sicherheit gebracht und dann noch versucht hatte, den Kreml dadurch milde gegen sich zu stimmen, daß er Schriftstücke der Selbsterniedrigung verfaßte. Das waren in diesem Augenblick meine Gedanken.

Wollweber meinte, ich versuche, das Westbüro als Mittel für die Lösung meiner privaten Schwierigkeiten zu benutzen.

»Private Schwierigkeiten!« schrie ich Wollweber ins Gesicht. »Die vielen tausend Genossen in den Konzentrationslagern der Nazis würden das sicher mit besonderem Vergnügen hören! Jene, denen man die Köpfe abgehauen hat, jene, die man aufgehängt hat, die man in Stücke geschnitten und zu Tode geprügelt hat. Jene, die mit dem Ruf in den Tod gingen: ›Lang lebe die Kommunistische Partei!‹ Sie alle hätten ein besonderes Vergnügen daran, das mit anzuhören – die Haltung des Genossen Wollweber, ihres Führers, der sich in Sicherheit befindet und ein Gehalt von sechshundert Dollar im Monat bezieht.«

Kuusinen war aufgesprungen und hatte während meiner Tirade die Flucht ergriffen. Wollweber hielt stand.

»Sei ruhig«, brüllte er.

»Ich bin ruhig.«

»Du bist ausgebrannt; du brauchst Ruhe.«

»Ich bin nicht ausgebrannt und brauche keine Ruhe«, gab ich ihm zurück. »Aber ich habe es satt, mit der Gestapo Ball zu spielen. Gib mir den Auftrag, einem von den Nazisadisten die Kehle durchzuschneiden, und ich tue es gerne, selbst wenn es mich das Leben kostet. Gib mir jeden anderen Auftrag, und

ich will ihn ausführen. Aber erwarte nicht von mir, der Henker von Firelei und von meinem Sohn zu sein.«
Wollweber sagte mit steinerner Miene: »Das Sekretariat wird deinen Wunsch prüfen.«
Ich hatte mir mächtige Feinde geschaffen. Von jenem Tage an wurde ich in den Augen von Kuusinen und Wollweber und ihrer Legion von Henkern ein Bolschewist, auf den sie sich nicht mehr unbedingt verlassen konnten. Es war kein Geheimnis in unseren Kreisen, daß Stalins stille Methode, alle Rivalen und Subalternen, die sich noch eine gewisse geistige Unabhängigkeit bewahrt hatten, durch Intrigen, Verleumdungen oder kaltblütigen Mord zu beseitigen, längst auch von den führenden Kreaturen im weiteren sowjetischen Machtbereich angewandt wurde. Nur diejenigen, denen es gelang, *Strandräuber* und *Trotzkistische Schlangen* unter ihren engsten Freunden zu finden, konnten sicher sein, ihre eigene Stellung, ihre Einkünfte und ihr Leben zu retten. Es war nicht mehr wie in der Vergangenheit, als die Gegensätze in stürmischen Sitzungen ausgetragen wurden. Jetzt scheute man die offene Aussprache wie die Pest. Dafür wurden Intrigen gesponnen, geheime Denunziationen an einflußreiche Freunde nach Moskau geschrieben und GPU-Terroristen ins Spiel gebracht. Alte, langerprobte Genossen wurden ohne ersichtlichen Grund ausgerottet, und rücksichtslose, unbekannte Emporkömmlinge rückten in die Stellungen der Liquidierten ein. Von der kühnen revolutionären Begeisterung der früheren Jahre waren nur noch verschlagene Wendigkeit, vorsichtiges Ränkespiel und heimtückische Überfälle übriggeblieben. Niemand in den höheren Parteikreisen glaubte, daß die »Geständnisse« der alten bolschewistischen Garde bei den Moskauer Schauprozessen echt seien; und doch behauptete jeder, von der Niedrigkeit jener überzeugt zu sein, die einst Lenins Mitarbeiter gewesen waren. Die Komintern stieß in das Horn des Kreml: »Nieder mit den Ketzern! Knallt sie nieder wie tolle Hunde!«
Ich brauchte nicht lange zu warten. In die Wohnung Petra Petersens, wo man mich isoliert hatte, als sei ich an Cholera erkrankt, kam Richard Jensens Sohn Martin mit Befehlen vom Westbüro.
»Geh zum sowjetischen Konsul, um deine Reisepapiere nach Rußland abzuholen!«
»Ich wünsche Wollweber zu sprechen«, verlangte ich.
»Genosse Wollweber ist nach Paris gefahren.«
»Dann muß ich Kuusinen sprechen oder Avatin.«
»Kuusinen fuhr nach Moskau«, sagte Martin Jensen. »Avatin ist geschäftlich in Schweden.«
»Und mit welchem Auftrag fahre ich nach der Sowjetunion?«
»Eine Inspektionsreise durch die Internationalen Klubs – Leningrad, Schwarzmeerhäfen, Wladiwostok.«
»Schön. Ich kann heute nicht mehr fahren; es ist zu spät.«
»Dann fahre morgen früh.«
Mehrere Tage lang überlegte ich, was ich tun sollte. »Ist das das Ende?« fragte ich mich. »Das jämmerliche Ende?« Abgesehen von Petra Petersen sah ich niemanden. Meine alten Freunde mieden mich. Niemand westlich von Leningrad schien es zu wagen, ein freundliches Wort mit dem zu tauschen, der Ernst Wollweber und seinesgleichen herausgefordert hatte. Und Wollweber, das erkannte ich, fürchtete mich – denn ich war der Wortführer jener Menge

schweigender Revolutionäre, die dem Rachen Hitlers zum Fraße vorgeworfen worden waren. Gesichter tauchten vor meinem geistigen Auge auf, die Gesichter von Männern und Frauen, die kaltblütig ins Gefängnis und in den Tod geschickt worden waren, weil sie für den Schlesier ein Hindernis auf dem Weg zur totalen Macht waren. Ich entschloß mich, eine Schlacht zu liefern. Die Gelegenheit für einen Gegenschlag kam, als ich von Petra Petersen hörte, daß ein wichtiger Emissär der Sowjetregierung im Flugzeug von Paris nach Kopenhagen gekommen sei, um mit Jensen die Charterung skandinavischer Schiffe zur Versorgung der republikanischen Häfen Spaniens zu diskutieren. Dieser Emissär war Leo Haikiss. Scheinbar zufällig konnte ich ihn im Sowjetkonsulat sprechen.

Haikiss war einer der Gründer der Leningrader Tscheka in der ersten Phase der Revolution gewesen. Zu Beginn der zwanziger Jahre war er Propagandachef der Komintern in Zentraleuropa geworden und operierte mit Bela Kun und Karl Radek von Berlin aus. Später wurde er der sowjetischen Botschaft in Mexiko zugeteilt und leitete von dieser Stellung aus die Tätigkeit der GPU in Zentral- und Südamerika. 1936 erschien er in Spanien zusammen mit A. Wronsky, dem GPU-Chef der sogenannten *motorisierten Todesabteilungen*, in Madrid und wurde später dort sowjetischer Botschafter.

Haikiss, der mich vor Jahren einmal in Berlin kennengelernt hatte, begann, mir Fragen zu stellen. Er war besonders an der Gestapotätigkeit in Spanien interessiert, an der Auslieferung gefangengenommener deutscher Antifaschisten durch Franco an die Gestapo und an der Tätigkeit der Komintern-Aktivisten-Gruppen, die in den deutschen Seehäfen aufgezogen worden waren, um Sabotageakte und andere Unternehmungen gegen die Verschiffung von Nazikriegsmaterial für die spanischen Aufständischen zu organisieren. Wir sprachen über die Arbeit des Westsekretariats, und plötzlich überraschte mich Haikiss mit der Bemerkung:

»Wollweber – hm, er ist ein Bandit.«

Ich erzählte Haikiss, daß ich gegen Wollweber gemeutert hätte, und daß ich Wollweber in Verdacht habe, er habe sich um meine Reise in die Sowjetunion bemüht, um mich aus dem Weg zu schaffen.

»Dieser Wollweber«, sagte Leo Haikiss langsam. »Was steckt hinter ihm? Kannst du mir etwas von seinen Privataffären erzählen? Oder kleine opportunistische Irrtümer in der Vergangenheit? Manuilsky in Moskau ist ein guter Freund von ihm, und in einem etwas geringeren Grade auch Genosse Molotow. Er will nichts mit Dimitroff zu tun haben. Könnte es vielleicht sein, daß Wollweber ein heimlicher Freund der Gestapo ist?«

Haikiss war ein hoher Funktionär der GPU. Er war der Vorgesetzte von Avatin. Das Westsekretariat hatte keine Befehlsgewalt über ihn. Beide waren Rivalen. In Spanien, das wußte ich, war die Komintern mit der GPU schlecht gefahren. Selbst so mächtige Leute wie Heinz Neumann und Bela Kun waren nach Rußland gebracht und hingerichtet worden. Wie alle seine Kollegen sammelte Haikiss *Material* gegen alle nur möglichen Rivalen. Ich merkte, daß er irgendeinen geheimen Grund hatte, Wollweber zur Strecke zu bringen. Auch ich hatte einen.

»Ich kenne die Namen von neunzehn Genossen, die Wollweber praktisch der Gestapo ausgeliefert hat«, sagte ich. »Mehr als zehn von ihnen sind hingerichtet worden.«

»Wie sind die Beziehungen zwischen Wollweber und Kuusinen?«
»Nicht die besten; die beiden sind zu verschieden, und sie fürchten einander.« Haikiss betrachtete mich mit scharfem Blick. Seine langen gelben Finger waren ständig in Bewegung.
»Und Avatin?« fragte er mich.
»Avatin ist kein Intrigant. Er ist zu sehr ein Mann der Tat.«
»Ein sehr nützlicher Genosse«, bemerkte Haikiss. Dann fuhr er lebhaft fort: »Sehr gut! Du wirst nicht in die Sowjetunion gehen. Ich werde mit einem wichtigen Genossen sprechen, sobald ich nach Moskau komme. Vielleicht werden wir dich in Spanien brauchen. Weshalb solltest du nach Rußland gehen, wo doch jeder fähige Genosse im Ausland gebraucht wird?«
»Ich wäre sehr glücklich, wenn du das dem Genossen Wollweber erklären wolltest«, sagte ich.
»Nicht Wollweber... Ich werde Kuusinen sprechen und mich mit Avatin unterhalten.«
»Gut.«
»Wärst du damit einverstanden, daß deine Familie in die Sowjetunion geht?«
»Ja«, sagte ich. »Mit allem – um sie aus Deutschland herauszubringen.«
»*Charascho*! Du kannst mir einen Bericht über Ernst Wollweber schreiben«, fuhr Haikiss fort. »Ich möchte keinen diplomatischen Bericht. Ich möchte einen Bericht, der aus dem Herzen kommt. Die Genossen in Moskau unterscheiden zwischen diplomatischen und ehrlichen Berichten. Denk daran, daß Wollweber ein Bandit ist. Er trinkt. Er gibt einen Haufen Geld für Frauen aus. In internationalen Fragen ist er ein unverschämter Dummkopf. Schreib alles ganz genau auf und unterschreib mit deinem Namen. Behalte keine Kopie zurück. Ich werde das Original mit nach Moskau nehmen.«
»Sehr gut.«
Ich schrieb den Bericht. Leo Haikiss nahm ihn mit nach Moskau. Ich wußte damals noch nicht, daß auch er wie so viele andere dazu bestimmt war, in Stalins großer Säuberung zu verschwinden, nachdem das spanische Abenteuer mit einer traurigen Niederlage geendet hatte.
Zwei ereignislose Wochen verstrichen. Während dieser Zeit sah ich weder Wollweber noch irgendein anderes Mitglied des Westsekretariats. Ich hatte keine Papiere und fast kein Geld. Den größten Teil meiner Zeit verbrachte ich damit, eine Darstellung des Lebens in den deutschen Gefängnissen niederzuschreiben. Eines Nachts überraschte ich Petra Petersen, als sie meine Papiere durchstöberte. Ich fragte sie, ob man ihr den Auftrag gegeben habe, mich zu bespitzeln. Sie antwortete mir sehr von oben herab. Ich war so aufgebracht, daß ich ihr mit Schlägen drohte. Sie gab sofort klein bei. Sie erklärte, daß Jensen sie beauftragt habe, Abschriften »meiner Briefe nach Moskau« anzufertigen.
Immerhin schien man den Befehl, daß ich nach Rußland gehen sollte, fallengelassen zu haben. Einmal jede Woche erschien Martin Jensen und zahlte mir fünfzehn Kronen Verpflegungsgeld aus. Bei seinem zweiten Besuch erzählte er mir, daß, nach Gerüchten aus Deutschland, Schreckenbach mich auf die Verlustliste gesetzt habe. Er glaubte offensichtlich, daß ich einen Fehler gemacht habe und mit Oskar zusammen nach Rußland verschleppt worden sei. »Im Augenblick also«, dachte ich mir, »wird Firelei vor Vergeltungsmaßnahmen der Gestapo sicher sein – vorausgesetzt, daß die Gestapo keinen

Bericht erhält, daß ich mich immer noch außerhalb der Sowjetunion befinde.«
Im November erhielt ich den Befehl, nach Antwerpen zu gehen, um die Verbindungsstelle der Komintern in diesem Hafen zu übernehmen. Aus Jensens Werkstatt erhielt ich einen schweizerischen Paß. Mit diesem Paß und einer Summe Geld in amerikanischer Währung bestieg ich den Westexpreß nach Esbjerg. Ich freute mich. Ich glaubte, daß ich wenigstens die erste Runde in meiner Kampagne gegen Ernst Wollweber gewonnen habe. Die Komintern war immer noch Mutter, Vaterland und Heimat für mich. Ich war zu weit gereist, um umkehren zu können und ein Leben außerhalb der Partei zu leben. Überdies war ich als Leiter des Antwerpener *Apparats* sicher in der Lage, Firelei und Jan aus den Klauen der Gestapo zu befreien.
In Esbjerg an der Westküste Jütlands sprach ich mit einer jungen Genossin, die als blinder Passagier im Kettenkasten des Dampfers *Phönix* aus Deutschland entkommen war. Sie war nervös wie alle, die unter den Nachwehen eines Lebens in den Konzentrationslagern Hitlers zu leiden hatten. Beim kleinsten unerwarteten Geräusch sprang sie vom Stuhl auf und zog die Luft durch die Nase ein wie ein erschrecktes Tier, das den Jäger in der Nähe spürt. Ich gab ihr Geld, damit sie nach Kopenhagen fahren und Richard Jensen berichten konnte. Am nächsten Tag begab ich mich an Bord des Dampfers *P. A. Bernstorff*, um nach Frankreich zu fahren. Trotz der Tatsache, daß ich andere Male mit anderen Pässen über Esbjerg gefahren war, stempelte mir die Staatspolizei in diesem Hafen ohne weiteres das neue Dokument, das ich vorwies.
Es waren noch andere Kominternagenten unter den Passagieren der *P. A. Bernstorff*, die nach Paris, Marseille und Spanien fuhren – aber wir alle taten so, als kennten wir einander nicht. Die Gestapo wußte, daß die *P. A. Bernstorff* ein Kominternschiff war, und wir mußten damit rechnen, daß Schreckenbach zum mindesten einen Spitzel unter den Passagieren oder unter der Besatzung hatte.
Ein Schatten wurde auf meine neugewonnene, wenn auch fragwürdige Freiheit geworfen. Es handelte sich um das Schicksal des Mannes, den ich als Verbindungschef in Antwerpen ersetzen sollte. Mein Vorgänger war Franz Richter. Seit 1919 gehörte er unserer Bewegung an. Er hatte die Leninschule absolviert. Bis zum Sommer 1931 war er Sekretär des Hamburger Internationalen Klubs gewesen. Er war verheiratet und hatte zwei Kinder. Dann diente er im Leningrader Partei*apparat* und wurde nachher auf den Posten nach Antwerpen geschickt. Die GPU beschuldigte ihn des Einverständnisses mit Pjatakow, einem führenden russischen Bolschewisten, der nach einem Schauprozeß in Moskau erschossen worden war. Richter wurde an Bord eines sowjetischen Schiffes der *Solmy*-Klasse gelockt – und verschwand. Er kam niemals nach Leningrad; das Schiff, auf dem er gefangengehalten wurde, mußte den Kieler Kanal passieren, wo die Gestapo ihren Dienst versah. Entweder wurde Richter der Nazipolizei übergeben, oder er wurde an Bord des russischen Schiffes ermordet und in der Nordsee versenkt.
Ich wußte, daß die GPU nicht zögerte, widerspenstige Kommunisten an die Gestapo auszuliefern. Diese Praxis festigte die Stellung sowjetischer Spitzel in Himmlers Geheimpolizei. Es gab keine wirksamere Methode, das Ansehen eines GPU-Spitzels in der Gestapo zu konsolidieren, als durch ihn einen gesuchten Antifaschisten in die Kerker Hitlers einzuliefern; denn die Gestapo-

chefs schätzten den Wert geheimer Einsatzleute nach den Erfolgen ein, die sie erzielten. Eine Beförderung in der Nazipolizei war die Entschädigung.

Ich verließ die *P. A. Bernstorff* in Dünkirchen und nahm die Verbindung mit Manautines, dem ortsansässigen Verbindungsmann, auf, einem liederlichen, aber fähigen Grobian, der sein Büro in der *Salle d'Avenir* hatte.

»Wie geht unsere Kampagne in Frankreich?« fragte ich ihn.

»Wunderbar«, antwortete er und küßte seine Fingerspitzen. »Die *Volksfront* hat uns den Gouverneur von Paris auf Gnade und Ungnade ausgeliefert. Noch drei weitere Jahre mit solchen Fortschritten, und die roten Fahnen werden auf dem *Hôtel de Ville* wehen.«

Manautines begleitete mich bis zu einem Punkt an der Küste, der in der Nähe der Grenze lag. Ein Parteimitglied, das dort wohnte, stellte zwei Fahrräder, und wir betraten auf wenig begangenen Wegen belgischen Boden, wobei wir zweimal durch seichte Gräben waten mußten. Einmal hielt uns ein Grenzwächter an.

»Halt! Wohin wollt ihr?«

»Wir sind krank von den französischen Zigaretten«, rief Manautines. »Euer belgisches Kraut ist besser und billiger.«

Der Grenzwächter hielt uns für Schmuggler. Er lachte und winkte uns, weiterzugehen. Tabakwarenschmuggler waren in den flämischen Grenzdörfern beliebt. Sie belebten das Geschäft und gaben viel Geld aus.

In Ostende verließ mich Manautines. »*Bon brigandage*«, rief er lachend. »Ich habe ein Mädchen hier, eine dralle belgische Mähre. Dann möchte ich auch Zigaretten kaufen. Nicht wahr, man muß doch ein bißchen Geld auf die Seite legen in diesen schlechten Zeiten. *Au revoir.* Ich werde nach Kopenhagen berichten, daß du in bester Verfassung hier durchgekommen bist.«

Von Ostende nahm ich den Zug nach Gent. Diese alte Stadt war als Ausbildungszentrum für die gefürchtete belgische Gendarmerie, zu gleicher Zeit aber auch als Zentrale für die Kominternbeziehungen zu England ein wichtiger Platz. Dort wartete, als Vertreter Avatins, Verkeest, ein grauhaariger Kämpe, der nur noch aus Haut und Knochen bestand und es irgendwie fertiggebracht hatte, Mitglied des Stadtparlaments und der staatlichen Hafenkommission zu werden. Verkeest hatte wie immer Ärger mit der Polizei. Seit der Zweite Offizier eines wöchentlich verkehrenden britischen Trampschiffs auf mysteriöse Weise im Hafen von Gent ertrunken war, ließ die Polizei den Genossen Verkeest nicht mehr in Ruhe.

»Wohin ich auch gehe«, beklagte er sich, »sie sind immer hinter mir her. Aber sie sind ebenso dumm wie hartnäckig. Sie mieten eine Wohnung, die der meinen gegenüberliegt, und bewachen den Hauseingang vom Fenster *vis-à-vis* aus. Jedesmal wenn ich einen Feldstecher nehme und das Haus auf der anderen Seite der Straße aufs Korn nehme, sehe ich einen Gendarm hinter den Vorhängen lauern.«

»Weshalb verschwindest du denn nicht?« schlug ich ihm vor. »Du kannst dich doch durch einen Genossen ersetzen lassen, den man in Gent nicht kennt?«

Verkeest spuckte an die Mauer. Verächtlich schüttelte er den mageren Körper »Jeder Gendarm in dieser Stadt ist mein persönlicher Feind«, erklärte er. »Ich bin ein alter Mann. Ich habe einen Kopf aus Eisen. Zwanzig Jahre lang bekämpfe ich nun die Gendarmen von Gent. Ich wäre unglücklich ohne die

Gendarmen rund um mich herum. Sei so gut und berichte nichts von diesen Schwierigkeiten nach Kopenhagen.«

Ich respektierte den Wunsch des alten Kämpfers. Einen Tag später traf ich in Antwerpen ein. Ich fand den kommunistischen Verbindungs-*Apparat* in bedenklicher Unordnung. Seit der Todesfahrt des Genossen Richter hatten unsere Spezialeinheiten Le Minter unterstanden; das war ein französischer Bolschewist mit zwar guten Absichten, aber mit schlechten Gewohnheiten und begrenzten Fähigkeiten. Le Minter hatte den Rest des Geldes, das Richter ihm hinterlassen hatte, beim Kartenspiel in einem chinesischen Lokal an der Brouversvliet verloren; ein, Agent, der nach Freetown, Sierra Leone, hätte dirigiert werden sollen, wurde von Le Minter nach Kingston, Jamaika, geschickt. »Ich dachte, Kingston liege an der westafrikanischen Küste, und so verschiffte ich den Genossen dahin, weil ich keine direkte Verbindung nach Freetown hatte«, erklärte mir Le Minter. Propagandamaterial in malaiischer Sprache, das in Leningrad gedruckt und an Le Minter zum Weitertransport nach Singapore geschickt worden war, wurde im Vorbeigehen in die öligen Wasser des Sibiriendocks getaucht. Überdies nahm Le Minter Zuhältergeld von einer Anzahl französischer und flämischer Prostituierter an, wenn er ihnen Kunden von den eintreffenden Schiffen schicken konnte. Die Transportkartei der Komintern, die die Namen von mehr als fünfhundert Schiffen verzeichnete und Angaben über die politische Einstellung der Besatzungen, die Namen der Parteimitglieder an Bord usw. enthielt, war seit Wochen vernachlässigt worden.

»Du kannst zum Teufel gehen«, sagte ich zu Le Minter. »Ich hätte gute Lust, dich nach Rußland zu verfrachten. Du würdest einen guten Mann mit Picke und Schaufel abgeben für die Dreck-Brigaden der Tscheka am Weißmeerkanal.«

Le Minter fing an zu zittern. Das Zucken in seinem fahlen Gesicht zeigte, wie er sich innerlich wand. »*Mon dieu, camarade*«, murmelte er. »Ich bin ein bejahrter Fuchs, aber ich bin ein Fremder in diesem scheußlichen Land im Norden. Der Wein ist unerschwinglich teuer. Es gibt nur Bockbier und Kartoffeln. Ich bin ein Kind des Südens. Ich habe unzählige Freunde an der Mittelmeerküste.« Und indem er sich in die Brust warf, schloß er pathetisch: »Ich kann sogar nach Spanien gehen. Mein Leben gehört, wie das deine, der Weltrevolution.«

Ich schickte Le Minter nach Marseille, wo er eine untergeordnete Funktion im Kominternbüro ausüben sollte, das von der Rue Fauchier 10 aus die kommunistische Tätigkeit an der nordafrikanischen Küste und im Nahen Osten leitete. Als Nachfolger von Le Minter wählte ich einen gewissen Le Marec zu meinem Ersten Stellvertreter. Le Marec war Franzose und war während des französischen Flußstreiks von 1933 mein Freund geworden. In einer Aufzeichnung, die ich an Maurice Thorez, den Führer der französischen Kommunistischen Partei, sandte, schrieb ich: »Ich brauche Le Marec. Bitte befreie ihn von anderer Arbeit.«

Thorez antwortete umgehend: »Lieber Freund, Le Marec ist ein Teufel. Ich bin froh, daß du ihn mir abnimmst. Es gibt gute und schlechte Teufel. Le Marec ist ein guter Teufel.« Ich fand in Le Marec einen unermüdlichen Arbeiter, aber er entsprach genau der Beschreibung des *Guhls*, der, soviel ich mich erinnere, in Dickens *Tale of two Cities* vorkommt.

Unter den verschiedenen Instrukteuren, die nach Antwerpen kamen, um über das Marinekuriersystem der Komintern nach den verschiedensten Gegenden geschmuggelt zu werden, befand sich ein junger Japaner mit dem Parteinamen Hito. Er war, mit den entsprechenden Ausweisen versehen, aus Moskau gekommen und sollte nach Honolulu weiterbefördert werden.
»Wieviel Geld hast du?« fragte ich.
»Vierzig Dollar«, antwortete Hito.
»Kein Gehalt?«
»O ja, ich habe ein Gehalt bekommen – aber mein Reisegeld beträgt vierzig Dollar, nicht mehr.«
Das war ein schwieriger Auftrag. Es gab keinen direkten Verkehr zwischen den kontinentalen Häfen und den Hawaiischen Inseln. Ich entschloß mich deshalb, Hito über die Vereinigten Staaten oder Panama zu befördern.
Ich kannte ihn seit 1932. Er war der Sohn eines wohlhabenden Kaufmanns in Jokohama. Im Jahre 1930 hatte ihn seine Familie zum Studium an die Pariser Universität geschickt. Sein Vater hatte ihm einen großzügigen Monatswechsel ausgesetzt. Während Hito in Paris war, lernte er zufällig einen der Kominternbeauftragten kennen, der die französischen und deutschen Universitäten nach talentierten japanischen und chinesischen Studenten durchkämmte. Das hatte zur Folge, daß Hito nicht in Paris studierte, sondern in Moskau. Zwei Jahre später hatte Dimitroff ihn nach Hamburg geschickt, um Propagandazellen an Bord japanischer Schiffe zu bilden. Der junge Hito hatte die vollständigste leninistische Bibliothek mitgebracht, die man in Hamburg finden konnte. Er hatte sich in der Wohnung einer Frau Renscher eingemietet, die mit ihren beiden Töchtern zusammenlebte. Im Januar 1933 waren die beiden Töchter Olga und Bianca Renscher schwanger. Hitler kam an die Macht, und Hito ergriff unter Hinterlassung der Bibliothek und seiner Mädchen die Flucht. Die ganze Zeit über war Hitos Vater in Jokohama im Glauben gelassen worden, daß sein Sohn in Paris studiere; mit der Regelmäßigkeit einer Uhr war Hitos Monatswechsel von Jokohama nach Paris geschickt worden.
»Wo bist du seit 1933 gewesen?« fragte ich ihn.
»Ich hatte sehr viel zu tun«, antwortete Hito.
Schließlich brachte ich ihn an Bord der *Westernland*. Das war der letzte Dienst, den ich der Komintern und Stalin leistete.
Einmal nur schrieb ich von Antwerpen aus an Firelei, wobei ich mich einer Deckadresse bediente, die wir während unseres letzten Zusammenseins vereinbart hatten.
Ihre Antwort war kurz: *Schreibe nicht – die Gefahr ist groß.*
Eine weitere Mitteilung folgte. *Warte*, schrieb sie mir. *Ich werde dir sagen, wann die Zeit reif ist.*
Östlich von Antwerpen lag Deutschland. Mehr denn je gleicht meine Heimat dem offenen Maul einer gigantischen Falle. Allein konnte ich nichts unternehmen, das wußte ich. Aber solange ich der Komintern angehörte, bestand noch Hoffnung auf Rettung.
Das Schicksal entschied anders.
Ein alter persönlicher Freund von mir, der Marineingenieur Hans Krause, war von der GPU in Spanien verhaftet worden. Ich erhielt diese Nachricht durch einen der Rekrutierungsagenten für die Internationale Brigade. Krause war ein Veteran im Dienste der Profintern. Er hatte eine Schiffsladung mit

Waffen von Marseille nach Valencia gebracht und war von dort als Freiwilliger an die Front gegangen. Er war im Kampf verwundet worden. Aus Gründen, die nur die GPU kannte, war er im Krankenhaus festgenommen worden, und man hatte ihn in eines der privaten Gefängnisse, die die GPU auf spanischem Boden unterhielt, gebracht. Die Anklage gegen Krause lautete wie gewöhnlich: »Trotzkismus und Spionage zugunsten Francos und der Gestapo.« Diese Behauptung war absurd. Ich wußte, daß Hans Krause ebensowenig ein Gestapospitzel war wie Stalin ein Agent der Bank von England. Krauses Frau, eine junge Flämin, die in Antwerpen als Sekretärin arbeitete, zeigte mir einen Brief ihres Mannes, den ein Mitgefangener aus dem Gefängnis geschmuggelt hatte. Es war ein bitterer, herzzerreißender Brief.

»Tu du etwas für ihn«, bat sie mich.

Nur *ein* Mann, den ich kannte, hatte die Macht, Hans Krause zu retten. Dieser Mann war Edo Fimmen, der Generalsekretär der Internationalen Transportarbeiterunion. Ein Jahrzehnt lang hatte Moskau darum gekämpft, Fimmens Millionenorganisation zu erobern oder zu vernichten. Jetzt, da die neue Politik der Komintern den sozialistischen Führern gegenüber das Heucheln freundschaftlicher Gefühle forderte, war Moskau vielleicht froh, so rechnete ich, Edo Fimmen durch Gewähren einer Bitte zu verpflichten. Er war eine viel zu starke Persönlichkeit in der europäischen Arbeiterbewegung, als daß man sein Interesse an dem Schicksal von Hans Krause einfach hätte unbeachtet lassen können. Fimmen, dessen Organisationen in Deutschland zerschlagen worden waren, hatte mächtige Freunde in Holland, Belgien, Skandinavien und Spanien.

Ich wußte, daß Edo Fimmen alle vierzehn Tage einmal nach Antwerpen kam, um sich mit seinen belgischen Mitarbeitern in einem Stützpunkt der belgischen Sozialdemokratischen Partei, dem Transporthaus auf dem Paardemarkt, zu besprechen. Dort traf ich ihn auch. Fimmen, der seinen Sitz in Amsterdam hatte, war Holländer, robust in seinem Äußeren, gebildet, frisch, trotz seines Alters voller Vitalität, und sein feiner Kriegerkopf war von einer dichten weißen Mähne gekrönt.

Er versprach, zugunsten von Hans Krause zu intervenieren; er schien die Tatsache gänzlich außer acht zu lassen, daß Krause und ich Kommunisten waren und in früheren Jahren zu seinen hartnäckigsten Feinden gehört hatten. Als ich Fimmen verließ, schüttelte er mir kräftig die Hand.

»Eines Tages können wir vielleicht alle zusammenarbeiten«, sagte er, während ein erwartungsvolles Lächeln seinen Mund umspielte.

Schließlich wurde Hans Krause vor der Hinrichtung durch die GPU gerettet.

Kurz nach meiner Zusammenkunft mit Fimmen stellte ich fest, daß ich überwacht wurde. Ich erkannte sofort, daß meine Beschatter keine belgischen Polizisten waren. Eines Abends, als wieder einmal einer mir dicht auf den Fersen war, drehte ich mich plötzlich um und stellte ihn.

»Wohin gehörst du – zur GPU oder zur Gestapo?« stieß ich hervor.

»Ich bin ein Genosse«, sagte der Mann einfältig. Die Antwort genügte mir.

Zwei Tage später überbrachte mir ein Kurier den Befehl, einen der führenden Agenten der Komintern in Paris zu treffen. Niemand wußte, daß ich nach Frankreich fuhr.

Ich nahm den Zug von Antwerpen nach Courtrai, wobei ich in Gent umstieg. Von Courtrai aus fuhr ich mit der Kleinbahn nach Menin, einem direkt an der Grenze liegenden belgischen Dorf. Von Menin aus überquerte ich mit Hilfe eines für den heimlichen Grenzverkehr dort stationierten Parteimitglieds die Grenze und kam in das französische Dorf Halluin. Wegen der Nähe der Maginotlinie überwachten die französischen Behörden alle Fremden genau. Es ging jedoch alles gut. Von Halluin bis Tourcoing fuhr ich mit dem Trolleybus. Ein elektrischer Lokalzug brachte mich dann von Tourcoing nach Lille. In Lille bestieg ich den Nordexpreß nach Paris.

Ein Kurier holte mich an der *Gare du Nord* ab. In einem Taxi fuhren wir den Boulevard Magenta hinunter über die Place de la Republique und dann den Boulevard Voltaire entlang. Ich war gespannt, wohin es ging. In diesem Jahr der Säuberung wußte man nie, von welcher Seite der heimtückische Schlag kommen würde.

Das Taxi hielt vor einem obskuren kleinen Restaurant auf dem rechten Seineufer. An einem Ecktisch saß hinter einem frugalen französischen Frühstück ein Mann, den ich gut kannte. »Wende dich an Monsieur Maurice«, murmelte der Kurier, bevor er verschwand.

Maurice war in Wirklichkeit Adolf Deter, ehemaliges Mitglied des Preußischen Landtags und ehemaliger Leiter der Profinternoperationen in Deutschland; er hatte seinerzeit in Berlin die Verkehrsstreiks inszeniert, die entscheidend dazu beitrugen, die Regierung des Kanzlers v. Papen zu erschüttern; später war er einer der unsichtbaren Anführer der gewaltigen Streiks, die Frankreich an den Rand des Bürgerkrieges brachten. Genosse Deter war im Exil dick geworden. Ein frostiges Lächeln ging über sein fettes rundes Gesicht.

»Ich habe eine Mitteilung des Genossen Wollweber«, sagte Deter sanft. »Es war besser, sie dir nicht schriftlich zukommen zu lassen. Wir brauchen dich für eine besondere Sache.«

»Und das wäre?« fragte ich.

»Wir müssen einen Genossen nach Deutschland, nach Hamburg schicken. Wir müssen die absolute Gewißheit haben, daß dieser Genosse auch in Hamburg ankommt. Er wird in Antwerpen die Verbindung mit dir aufnehmen. Du wirst ihn an Bord eines nach Hamburg fahrenden Schiffes bringen.«

»Gut«, sagte ich. »Es gibt zwei gute Dampfer pro Woche.«

Deter schaute mich von der Seite an. Seine dicken Finger spielten mit dem Aschenbecher.

Er sprach, als habe jedes seiner Worte einen ganz besonderen Wert. »Ich habe gesagt, daß es sich um einen ganz besonderen Auftrag handelt. Ich hoffe, du wirst das verstehen. Der Genosse, der sich bei dir melden wird, soll nicht mit einem der regulären Schiffe nach Hamburg fahren. Er darf nicht mit irgendeiner unserer vertraulichen Adressen in Antwerpen in Berührung kommen. Er darf keine der geheimen Adressen in Deutschland erfahren. Er besitzt keinen Paß, nur ein altes deutsches Dokument, das auf seinen richtigen Namen lautet. Sobald er auf dem Weg nach Deutschland ist, mußt du mir eine Karte schreiben und mir den Namen des Schiffes und das Ankunftsdatum in Hamburg mitteilen. Hast du das verstanden?«

»Vollkommen klar«, murmelte ich. »Mit anderen Worten, dieser Genosse soll liquidiert werden.«

Deter zuckte zusammen. »Ich wünschte, du würdest dich etwas diplomatischer ausdrücken«, sagte er mürrisch.

»Warum soll man ihm nicht erzählen, daß er nach Rußland oder nach Spanien geht?«
»Wir brauchen ihn in Deutschland«, sagte Deter mit einem Ausdruck, der keinen Widerspruch duldete.
Ich überlegte mir, daß das ein Fall von Auslieferung eines kommunistischen Funktionärs an die Gestapo war. Ein Genosse, der sich aus irgendeinem Grund die Feindschaft oder das Mißtrauen Deters, Wollwebers und der über ihnen Stehenden zugezogen hatte, sollte an die Geheimpolizei Hitlers verkauft werden, um die heikle Position der Komintern- und GPU-Spitzel, die innerhalb der Gestapo operierten, zu festigen. Zweifellos würde einer der Spitzel den Genossen dann ausliefern, dachte ich. Ein Spitzel, der die Gefangennahme eines bekannten kommunistischen Agenten bewirkte, würde in den Augen Schreckenbachs ein höchst zuverlässiger Spitzel werden.
»Wer ist dieser Mann?« fragte ich.
»Du kennst ihn: Karl Saar.«
Ich hatte mich in der Gewalt. Deter ahnte nicht, was in meinem Kopf vorging. Ich kannte Karl Saar. Er war klein, blond, Anfang dreißig, behend wie ein Panther und mit Energie geladen. Er war ein Fanatiker. Im Dezember 1932 war er als Absolvent einer sowjetischen Militärschule aus Moskau zurückgekommen. Kaum ein Jahr später hatte die Gestapo ihn festgenommen. Karl Saar wanderte ins Gefängnis. Im März 1936 hatte er auf einem Gefangenentransport von Hamburg nach Westdeutschland die Chance von eins zu einer Million wahrgenommen und war entkommen.
»Was ist bei dem Genossen Saar denn nicht in Ordnung?« fragte ich.
»Er ist ein gefährlicher Opportunist«, sagte Deter unbestimmt und fügte warnend hinzu: »Wir wünschen keine Panne bei dieser Sache. Die Geschichte muß klappen. Saar ist eine Gefahr für die Partei.«
»Ist das eine Falle?« dachte ich. »Oder hat man sich das alles bloß als Test für meine Loyalität ausgedacht? Oder erwarten sie wirklich von mir, daß ich einen Genossen in den Tod schicke?«
»Geht in Ordnung«, sagte ich kaltblütig.
Ich traf Karl Saar in Antwerpen. In seinem blauen Anzug, der ihm viel zu groß war, sah er eher dünn und abgemagert aus, aber sein Gesichtsausdruck trug alle Zeichen seiner alten Entschlußkraft. Hätten wir uns im Gefängnis getroffen, wo Sprechverbot herrschte, hätten wir ohne weiteres stundenlang unsere Ansichten und unsere Erfahrungen ausgetauscht; aber jetzt, da wir uns rundherum frei bewegen konnten, wurden wir durch einen Wall äußerster Zurückhaltung davon abgehalten. Über uns beiden hing die große, unfaßbare Drohung, die uns unsere äußerste *physische* Unsicherheit, in der wir täglich schwebten, zum Bewußtsein brachte.
»Hör zu, Karl«, sagte ich zu ihm. »Geh nicht nach Deutschland.«
»Hast du anders lautende Befehle bekommen?«
»Nein.«
»Na und?«
»Du hast keine Aussicht, Deutschland lebend wieder zu verlassen, Karl.«
Er schaute mich erstaunt an. »Ich weiß sehr wohl, daß neun von zehn, die hinübergehen, nicht mehr zurückkommen«, sagte er.
»Das ist etwas anderes«, sagte ich warnend. »Es ist viel schlimmer. Mord. Eine Falle.«

»Was ist denn mit dir los?«
Die schäbigen Einrichtungsgegenstände um uns herum schienen sich hin und her zu bewegen und sich zu drehen. »Ich habe die Anweisung, dich so nach Deutschland zu schicken, daß die Gestapo an der Landungsbrücke stehen wird, wenn dein Dampfer einläuft«, erklärte ich. »Du bist zur Liquidierung vorgesehen.«
»Von wem?«
»Ich kann es dir nicht sagen.«
»Bah!«
Nach diesem Ausruf schwieg Karl Saar eine ganze Minute lang.
Als er die Hände unter den Gürtel schob, konnte ich sehen, daß er darüber nachdachte.
Wir starrten uns an wie zwei Tiere im Käfig.
Schließlich sagte er: »Weshalb sollten sie mich denn liquidieren wollen?«
»Ich weiß es nicht, Karl.«
Da sagte Karl Saar boshaft: »Was hast denn du damit zu tun?«
Ich tat so, als hörte ich nicht. »Ich kann dir hundert Dollar geben«, sagte ich. »Du kannst damit gehen, wohin du willst. Es gibt Schiffe nach Südamerika, nach Mexiko, nach New York.«
»Ich habe nicht die Absicht auszureißen«, sagte Karl Saar.
»Wärst du ein Nazispitzel«, fuhr ich fort, »so würde ich dir ein Messer zwischen die Rippen stoßen, und dann wäre die Sache erledigt. Es scheint, daß die meisten von uns, die lebend aus Deutschland herauskommen, wie du oder ich, unter dem Verdacht stehen, für die Nazis herumzuschnüffeln. Ich weiß, was du denkst. Du denkst, daß das Schlechteste, was man über einen Mann sagen kann, in dem Ausdruck *Feigling* liegt. Aber in diesem Fall ist es nicht eine Frage des Mutes oder der Feigheit. Es ist ein faules Spiel, Karl. Soviel ich gehört habe, betrachtet dich die Komintern als politische Leiche. Warum – ich weiß es nicht. Ich wollte nicht fragen. Du bist erledigt, wenn du nach Deutschland gehst. Das ist alles, was ich dir sagen kann.«
An dieser Stelle lachte Karl Saar kurz auf:
»Glaubst du immer noch an die Weltrevolution?«
»Nein«, sagte ich.
»Ich auch nicht«, wiederholte er.
»Warum also ...«
»Wir haben unsere Wahl getroffen. Die Partei muß leben.«
»Erinnerst du dich«, fuhr ich ruhig fort, »wie die Genossen im Lager Fuhlsbüttel verbluteten? Wie das verspritzte Blut auf den Matratzen, an den Wänden, ja selbst an der Decke zum Himmel schrie? Wie wir mitten in der Nacht den Trauermarsch sangen von Zelle zu Zelle? Wie du gellend aus dem Fenster schriest: ›Die Fahne hoch! Sie starben für die Revolution!‹? Wie das ganze Gefängnis brüllte: *›Rache! Rache!‹*? Und wie die Wachen anfingen, in die Fenster zu schießen?«
Karl Saar sagte mürrisch: »Warum erzählst du mir das alles?«
Ich sprach eine halbe Stunde lang. Ich fühlte, daß nicht ich es war, der gesprochen hatte. Es war Hans Krause, der von einem GPU-Gefängnis in Spanien aus sprach, Genossen, die aus den Kellern der Lubjanka im Herzen Moskaus sich zum Worte meldeten, Genossen, die das gleiche in den bitteren Einöden der Solwjetzki-Inseln sagten, Genossen, die auf dem Grund der

Nordsee lagen und aus zahllosen Gräbern im Sowjetvaterland, in Deutschland, auf dem Balkan, in Spanien und in der ganzen Welt sprachen – Genossen, die von der Sache, deren treue Soldaten sie gewesen waren, verraten und zugrunde gerichtet worden waren.

»Nein, Karl«, sagte ich, »sie starben nicht für die Weltrevolution; sie dachten nur, es sei so; sie starben, um den Machthunger der Stalin-Clique zu stillen; sie starben, weil man ihnen den Glauben beigebracht hatte, daß es ehrenwerter sei, ein stinkender Leichnam zu sein als ein Lebewesen außerhalb der Partei.«

Erschöpft sank ich in meinen Stuhl zurück.

Karl Saar sah wie ein Gespenst aus. Ein fanatischer Stolz leuchtete in seinen Augen.

»Ich gehe nach Deutschland«, sagte er.

In jener Nacht fuhr ich in das Parteihauptquartier nach Brüssel. Genosse de Buck, der belgische Parteichef, war nicht da. Der beste Ausweis, den der Partei-*Apparat* zur Hand hatte, war die *carte d'identité* eines ortsansässigen Kommunisten, der Karl Saar ähnlich sah. Ich entschloß mich, Karl mit einem solchen Papier, aber nicht per Schiff, nach Deutschland zu schicken. Durch die Parteimaschine in Brüssel sorgte ich für einen Führer, der das Grenzgebiet kannte. Am nächsten Morgen reisten er und Karl Saar nach der deutschen Grenze ab. Ich sandte an Adolf Deter in Paris ein Telegramm und teilte ihm mit, daß Karl an Bord des Dampfers *Adolph Kirsten* nach Hamburg abgefahren sei. Kaum vierundzwanzig Stunden später erhielt ich ein Telegramm, das mich nach Kopenhagen rief. Sein Inhalt war so abgefaßt, daß ich glauben mußte, es sei von Leo Haikiss abgeschickt worden.

Ende Dezember 1937 nahm ich eine Schiffskarte nach Esbjerg. Die Türme Antwerpens versanken achtern; der Dampfer stampfte in die grüne Nordsee.

Es sind kaum zwei Minuten von der Dampferlandungsbrücke in Esbjerg zur Nordsee-Endstation des Kopenhagen-Expreß. Die Paßkontrolle wurde von Beamten vorgenommen, die ich bisher noch nicht gesehen hatte. Ich umging die Kontrolle, indem ich durch die Tür mit der Bezeichnung *Nur für Skandinavier* ging. Ich war auf halbem Weg zwischen dem Kai und dem Bahnsteig, als ein untersetzter Mann in einem dicken grauen Pullover mich anhielt.

»Folge mir«, sagte er. »Ich komme von Jensen.«

Rasch gab ich ihm Richard Jensens Paßwort für Dezember:

»Hat er Kaffee?«

»Sicher, den besten Kaffee von ganz Kopenhagen«, gab er brummend zur Antwort.

Zuerst dachte ich, Jensen erwarte mich mit besonderen Aufträgen in einem der Cafés am Hafen. Aber der Mann im Pullover führte mich zu einem haltenden Wagen. Es war ein offener Wagen mit einer Kopenhagener Zulassungsnummer. Darin saßen zwei jüngere Männer, in denen ich Mitglieder des *S-Apparats* erkannte.

»Steig ein«, sagte der Mann mit dem Pullover.

»Wohin geht's?«

»Kopenhagen.«

»Warum nicht mit dem Zug? Die Straßen sind schlecht im Winter.«

Einer der Männer im Wagen gab ungeduldig zur Antwort: »Warum soviel

reden? Wir wollen gehen. Wir haben Befehl, dich in diesem Auto nach Kopenhagen zu bringen. Warum? Es könnten Geheimpolizisten im Zug sein.«
Das war eine schwache Ausrede. Es kam vor, daß ich mit dem Wagen abgeholt wurde, um zu verhindern, daß ich mit irgend jemandem im Zug zusammentraf. Der Hafen von Esbjerg war kein Platz, um einen Streit vom Zaune zu brechen. Die dänischen Behörden wußten, daß ich Kominternagent war. Es wäre unklug gewesen, mit einem falschen Paß in der Tasche eine Verhaftung zu riskieren. Etwas war, das merkte ich, schiefgegangen.
Ich glitt auf den Vordersitz. Einer der jungen Dänen chauffierte. Der andere saß hinten, beide Hände in den Taschen seines Überziehers vergraben. Ich versuchte, mich über ihr seltsames Betragen lustig zu machen. Sie gingen nicht darauf ein. Der untersetzte Mann im Pullover sah zu, wie wir wegfuhren.
Der Weg führte uns durch die Stadt, an Bauernhäusern und Feldern vorbei, dann hinaus in das offene Land, das mich an die Heide erinnerte. Der Mann hinter mir nahm die Hände nicht aus den Taschen. Unvermittelt wandte ich mich zu ihm um.
»Was hast du eigentlich in deinen Taschen? All das spanische Gold?«
Ungerührt sagte er: »Nein, ich habe eine Pistole in der Tasche.«
Mitten in Jütland hätten wir beinahe ein riesiges Wildschwein überfahren, das zufällig die Straße überquerte. Der Wagen kam heftig ins Schleudern und fuhr ein Stück weit durch das niedere Unterholz. Dann gewann er die Straße wieder und erreichte bald seine alte Geschwindigkeit.
»Ihr beiden seid Dummköpfe«, sagte ich. »Ihr mit euren Schießeisen. Ich könnte doch leicht in das Steuerrad greifen und den Wagen im Straßengraben zerschellen lassen. Wer sagte euch denn, ihr solltet Pistolen mitnehmen? Genosse Jensen?«
Die beiden schwiegen. Der Mann hinter mir begann, den sowjetischen Fliegermarsch zu pfeifen. Als ich anfing, die Worte mitzusingen, hörte er mit dem Pfeifen auf. Wir fuhren vierzehn Stunden und verließen den Wagen nur zweimal für Kaffee und belegte Brote auf den Fähren bei Fredericia und Korsör. Um vier Uhr morgens waren wir in Kopenhagen. Selbst zu dieser Stunde war das Stadtzentrum voll Licht und Leben. Prostituierte in Pelzmänteln drängten sich in den Hauseingängen von Westerbrogade. Quietschend stoppte der Wagen vor Richard Jensens Haus. In der Passage mit den Schaufenstern zu beiden Seiten, die zu Jensens Wohnungstür führte, lungerte einer von Avatins Leuten herum. Er sagte mit einer Wendung des Kopfes zur Treppe hin:
»Sie warten auf euch.«
»Was gibt's denn?«
»Ich weiß es nicht. Ein Palaver, denke ich, wie so oft schon.«
Als wir die Treppe hinaufgingen, stapfte ich laut über die Stufen und den Treppenabsatz. Der Lärm meiner Schritte tönte durch das ganze Haus. »Ich weiß nicht, was da oben passieren wird«, dachte ich, »aber es kann nicht schaden, wenn die anderen Mieter wissen, daß Leute vor Tagesanbruch zu Jensens Wohnung hinauftrampeln.«
Die Wache hinter mir brummte: »Du gehst ja wie ein Erdbeben; laß das sein.«
»Halt doch deinen Mund«, entgegnete ich. »Ich gehe, wie es mir paßt.«

Ich wurde in Jensens Büro gestoßen. Jensen, mit zerzaustem Haar und seinem in einen Morgenmantel eingewickelten gewaltigen Leib nickte mir einen Gruß zu. Wir begrüßten uns nicht mit Handschlag. Sein Gesicht war grau und finster im elektrischen Licht. Bei ihm befanden sich vier junge Leute, ein Deutscher, ein Lette und zwei Skandinavier – GPU-Mitarbeiter von Avatins Mannschaft. Sie hatten Bier getrunken. Ein dünner Tabaknebel zog sich in Schwaden unter der Zimmerdecke hin.

»Setz dich«, wurde ich aufgefordert.

Jensen telefonierte. Er wählte die Nummer des Nordlandhotels, das nur wenige Häuser entfernt lag. Seine Stimme war nur ein kurzes, undeutliches Gebrumm. Wenige Minuten später erschien Jensens Sohn Martin. Ihm auf den Fersen, untersetzt, dunkel, finster, trat Ernst Wollweber in die Wohnung ein.

Zwei Wachmänner holten aus dem Eßzimmer einen großen Tisch. Wollweber setzte sich an das eine Ende und ich mich an das andere. Zwischen uns, zu beiden Seiten des Tisches, nahmen die Wachen ihre Plätze ein.

Ich wußte jetzt, daß ich eine Inquisition über mich ergehen lassen mußte. Die alten Symptome machten sich bei mir bemerkbar. Mein Magen zog sich zusammen, die Muskeln strafften sich, ich war zum Kampf bereit, aber noch saß ich still und abwartend da. Jensen nahm ein Buch aus dem Büchergestell und warf es mir über den Tisch zu. Es war der offizielle sowjetische Bericht über den Pjatakow-Smirnow-Prozeß. Ich schob ihn beiseite.

»Laß doch diesen Quatsch«, sagte ich.

Wollweber steckte die Hand in die Tasche. Dann sprach er. Wenn Wollweber sprach, waren seine Lippen zurückgezogen, und er zeigte seine tabakbraunen Zähne. Seine Augen wurden enge Schlitze, in denen ein schwarzes Feuer brannte. Er hatte die Gewohnheit, jedes Wort wie einen Felsen auf seine Zuhörer zu schleudern, dann zwei oder drei Sätze sehr rasch hervorzustoßen, um das, was er gesagt hatte, zu erweitern. Es war nicht der gleiche Ernst Wollweber, der vor neunzehn Jahren die Feuer gelöscht und die rote Fahne auf der Flotte des Kaisers gehißt hatte.

»Trotzki, Sinowjew, Bucharin und die anderen Verräter«, sagte er, »haben immer behauptet, daß sie die treuesten Anhänger Lenins seien. Aber in jeder akuten Krise haben sie sich *gegen* Lenin gewandt. Solche Typen mögen für eine revolutionäre Bewegung von einem gewissen Nutzen sein, aber unter keinen Umständen darf man ihnen Schlüsselpositionen anvertrauen.«

Ich stimmte dem zu. Wollweber fuhr fort:

»Die bittere Erfahrung hat gezeigt, daß jeder ehemalige Genosse, der bei einer Verschwörung gegen die Partei erwischt wurde, notwendigerweise im Lager des Faschismus enden muß, ein Verbündeter Hitlers und der Gegenrevolution.«

»Das stimmt«, sagte ich. »Welcher Art sind die Denunziationen, die man gegen mich vorbringt, und wer machte sie?«

»Es sind keine Denunziationen«, brüllte Wollweber. »Es sind Anschuldigungen. Genosse Dimitroff in Moskau ist im Besitze eines Berichts, der von dir unterschrieben ist, in dem du das Westsekretariat der Kommunistischen Internationale beschuldigst, fähige Genossen auf sinnlose Unternehmungen nach Deutschland geschickt und zwecklos geopfert zu haben.«

»Ich habe nicht das Westsekretariat angeklagt«, schrie ich hitzig. »Ich klagte den Genossen Ernst Wollweber an. Ich halte diese Anklage aufrecht.«

Wollweber zuckte die Achseln. Jensen lehnte sich mit einem höhnischen, halb ungläubigen, halb verächtlichen Lächeln zurück.
»Namen«, rief Jensen dazwischen.
»Ihr habt sie. Sie stehen in meinem Bericht für Moskau. Die Genossen Walter Duddins, Funk, Fiete Dettmann, Claus, Robert Stamm. Die schwedischen Genossen Persson und Mineur. Der Reichstagsabgeordnete Genosse Maddalena. Die Genossen Saefkow und Hans Koschnik. Die Genossinnen Firelei, Cilly, Lilo Herrmann. Es sind noch mehr. Ihr habt sie auf der Liste.«
»Du bist zu geschickt«, unterbrach mich Wollweber. »Keiner von den Genossen, die du nennst, ist verfügbar, um deine Feststellungen zu erhärten.«
»Nein, sie sind im Gefängnis. Claus, Stamm, Lilo sind hingerichtet worden. Sie müssen ein feines Gefühl gehabt haben, als sie hingeschlachtet wurden! Bevor sie gingen, sprachen sie mit uns durch die Wände, durch Luftschächte, in der Kirche, mit Zetteln, die auf Besenstiele gesteckt wurden und von Fenster zu Fenster weitergereicht wurden. In den Gefängnislagern riecht der Name Ernst Wollweber nach Aas.«
»Dummes Geschwätz«, brüllte Wollweber, »darüber können wir später noch diskutieren. Ich habe hier einen anderen Bericht. Er kommt von Holland. Hier wirst du endgültig beschuldigt, dich auf anrüchige Transaktionen mit solchen konterrevolutionären Wölfen wie dem Renegaten Hans Krause, mit dem sozialistischen Faschisten Edo Fimmen, mit Spitzeln Francos, mit einer langen Galerie anderer politischer Abenteurer eingelassen zu haben.«
Ich kam mir vor, wie wenn jemand mich mit dem Hammer auf den Kopf geschlagen habe.
»Genosse Krause ist kein Renegat«, sagte ich mürrisch. »Er ging nach Spanien, um zu zeigen, daß die Gerüchte über ihn falsch seien. Er wurde an der Front verwundet. Ich hielt es für meine Pflicht, zu . . .«
»Das sind alles dumme Entschuldigungen«, platzte Wollweber heraus. »Echte Bolschewisten haben nie nach Entschuldigungen gesucht. Sie gestehen ihre Fehler ein und lassen dann die Partei entscheiden.«
»Gut, dann verlange ich eine Verhandlung vor der Kontrollkommission.«
»Das hier ist die Kontrollkommission«, sagte Jensen. »Du wirst später noch zu Wort kommen.«
Dann kam der härteste Stoß, den ich jemals in all den Jahren meiner hingebenden Arbeit im Dienste der Komintern erfuhr.
»Schließlich«, sagte Wollweber mit großer Ruhe und zeigte mit seinem ausgestreckten Arm über den Tisch hinweg auf mich, »klagt die Partei dich an, absichtlich Sabotageakte gegen den *Apparat* in Hitlerdeutschland organisiert zu haben.«
»Ich glaube, du bist verrückt«, schoß ich auf ihn los.
Wollweber antwortete nur mit einem finsteren Lächeln.
»Hältst du den Genossen Karl Saar für einen unentwegten Bolschewisten?«
»Ganz bestimmt tue ich das.«
»Hier ist ein Brief des Genossen Karl Saar«, sagte Ernst Wollweber ohne jede Erregung. »Er ist verschlüsselt. Hier ist die entschlüsselte, maschinengeschriebene Abschrift. Ein schmerzlicher Brief — ein Dokument! Wir erfahren daraus, daß du Karl Saar Geld angeboten hast, damit er aus der Komintern desertiere. Das Geld, das du ihm anbotest, war Geld der Komintern.«
Ein langes Schweigen folgte. Jensen zeichnete geometrische Figuren auf ein

leeres Blatt in einem Buch. Wollweber rauchte. Die Wachen saßen unbeweglich, aber mit gespannter Aufmerksamkeit da. Ich überlegte, was wohl passieren würde, wenn ich einfach aufstehen und Jensens Wohnung verlassen würde. Ich hätte allerdings nicht gewußt, wohin.

Um sechs Uhr erschien Avatin, in grober Kleidung wie immer; er trug einen steifen braunen Anzug russischer Herkunft. Er warf mir ein Lächeln zu. Bei Avatin bedeutete ein Lächeln nichts. Er konnte einen Menschen anlächeln und ihn in der nächsten Minute töten. In der Begleitung Avatins befand sich Inge, die Frau Martin Jensens, eine hübsche, athletische Blondine; sie sollte als Stenografin fungieren.

»Jetzt kannst du dich verteidigen«, kündigte Wollweber an. »Wir geben dir eine halbe Stunde.«

Ich sprach von den stürmischen Jahren um 1923 und von meinem Anteil bei der Vorbereitung und Ausführung des Oktoberaufstandes in Hamburg. Ich hatte die härteste Arbeit geleistet, die von den einfachen Parteimitgliedern verlangt wurde. Ich hatte für die Revolution mit der Waffe in der Hand gekämpft. Ich sprach dann von meiner Arbeit für die Komintern in Amerika, in Hawaii, in Belgien und Holland und Frankreich, in der Schweiz und Norwegen, in Dänemark, Schweden, Finnland und Rußland, in Singapore und Shanghai und England. Ich sprach von der Gefängnishaft und von den Gefängnissen, von den Schreckenslagern der Nazis, in denen ich gelitten und trotzdem weiter für die Partei gekämpft hatte und für die Revolution, volle sieben Jahre lang. Bevor ich noch die Hälfte von dem gesagt hatte, was ich sagen wollte, war meine Zeit verstrichen. Selbst in dieser Situation war ich zu diszipliniert, um die Regeln zu durchbrechen, die jene aufstellten, die meine Vorgesetzten gewesen waren. Inge, Martin Jensens Frau, hatte alles stenografiert, was ich gesagt hatte. Selbst wenn ich gegen eine steinerne Mauer geredet hätte, würde ich nicht mehr Widerhall gefunden haben. Dann erkannte ich meinen Fehler: Ich hätte mich nicht verteidigen sollen – ich hätte angreifen sollen ... oder aber mein Haupt beugen, mich schuldig bekennen und um Gnade winseln sollen.

Dann sprach Wollweber. Keiner der Anwesenden glaubte seine Anklage. Am allerwenigsten glaubte er sie selbst. Sein Ziel war, mich in Selbsterniedrigung vor sich kriechen zu lassen. Er war nicht sicher, ob ich kriechen würde. Wäre er sicher gewesen, hätte er eine größere Zuhörerschaft gewählt.

»Was wollt ihr jetzt mit mir machen?« unterbrach ich ihn.

»Wir werden dich nach Spanien oder nach der Sowjetunion schicken«, antwortete er grob.

»Um erschossen zu werden?«

»Wir erschießen keinen ohne guten Grund«, brummte Wollweber.

»Das weiß ich«, gab ich zur Antwort.

Wollweber erhob sich, und mit einem kurzen Nicken zu Avatin und Jensen verließ er das Zimmer. Ich sah ihn niemals wieder. Richard Jensen bot mir eine Flasche Bier an. Avatin gab zwei von seinen Helfern ein Zeichen. Sie zogen ihre Überzieher an und traten auf mich zu. Den einen kannte ich nicht. Der andere war Ignaz Scharnetzki, ein gebürtiger Pole, ein untersetzter Mann mit einem runden, trotzigen Gesicht.

»Du kommst jetzt mit uns«, sagte er.

»Wohin?«

»Das tut nichts zur Sache.«
Avatin griff ein. »Wir sind gute Freunde gewesen«, sagte er. »Was ich dir jetzt sage, ist wahr: Du wirst auf dem Land leben. Bis dein Fall entschieden ist, bist du aller deiner Pflichten enthoben.«
»Ich bin ein Gefangener?«
»Ja.«
»Du kommst jetzt mit uns«, wiederholte Scharnetzki sanft.
Es war Morgen. Ich folgte den Befehlen der GPU-Leute ohne Widerstand. Ich ging die Treppen hinunter in ein Auto, das unten stand. Rechts von mir saß Scharnetzki, links ein schmächtiger Däne. Beide hatten die Pistolen gezogen. Martin Jensen saß am Steuer. Der Wagen fuhr an. Zahlreiche junge Männer und Mädchen fuhren auf ihren Fahrrädern zur Arbeit. Der Verkehr wurde schwächer, als sich der Wagen der Stadtgrenze näherte. Ich kam mir vor wie in Trance. Ich zündete eine Zigarette an und schloß die Augen.
Als ich meine Augen wieder öffnete, sah ich zur Linken einen Streifen offenes Meer.
Wir fuhren schnell südwärts.

Flucht

Meinen Entführern war nicht wohl im schnellfahrenden Wagen. Unter normalen Verhältnissen hätten sie von mir Befehle entgegengenommen und diese ausgeführt. Ich wußte nicht recht, ob ich diese morgendlichen Ereignisse als eine melodramatische Posse ansehen sollte oder ob sie einen Genickschuß ankündigten. Ich beschloß, abzuwarten. Aber als die offene Landschaft Kilometer um Kilometer an uns vorbeiflog, wuchsen meine Besorgnisse.
»Das dänische Bier ist das beste Bier auf der Welt«, sagte ich ohne ersichtlichen Grund.
Martin Jensen rutschte auf seinem Sitz hin und her. »Du hast das Unglück herausgefordert«, brummte er. »Jetzt ist es eingetroffen.«
»Das dänische Bier ist ein gutes Bier«, sagte Scharnetzki zustimmend.
»Ich glaube, ihr habt Angst«, sagte ich. »Ihr wundert euch, warum ich still dasitze und nichts unternehme. Warum sollte ich denn? Ich reiste für die Komintern schon rund um die Welt, als ihr immer noch dachtet, Lenin sei ein Schreckgespenst.«
»Wir haben vor nichts Angst«, brummte Martin Jensen.
Vor uns patrouillierte ein Polizist auf dem Gehsteig einer Dorfstraße. Als unser Wagen an ihm vorbeisauste, stieß mir Scharnetzki seine Waffe in die Seite. Der Polizist drehte nicht einmal den Kopf nach uns um.
»Du solltest dich schämen«, sagte ich zu Scharnetzki.
Er antwortete nicht. Ich überlegte, ob ich nicht rasch nach seiner Pistole greifen sollte. Wenn ein Kampf im Wagen ausbrach, müßten sie halten. Sie würden es nie wagen, am hellichten Tag und in der Nähe von Häusern zu schießen. Wir würden wahrscheinlich alle verhaftet und verhört werden; die Presse würde unsere Bilder veröffentlichen, und die Gestapo würde erfahren, daß ich nicht in die Sowjetunion gegangen war. Schreckenbach und Kraus

würden nicht zögern, sich rasch an mir zu rächen. Und Firelei würde ihr erstes Opfer sein.

Die Straße führte jetzt die Kjöge-Bucht entlang. Die Häuser an der Straße, die sonst nachts voll Licht und Fröhlichkeit waren, lagen traurig im Morgengrauen. Der Strand, an dem im Sommer lustig die Fahnen über den zusammengedrängten Zeltkolonien flatterten, war jetzt ein trostloser Aufenthaltsort. Klumpen gefrorenen Seetangs und Eisstücke lagen am Strand. Wo Mädchen in Strandanzügen herumgetollt waren, wärmte sich jetzt eine breithüftige Frau in einem Männermantel an einem kleinen Feuer die Hände. Weit draußen fuhren Fischerboote seewärts. Möwen segelten über den Platz, wo sonst Fische ausgeladen wurden, und schrien nach Beute.

Nein, es würde sich nicht lohnen, zu kämpfen und zu fliehen. Ich sah keine unbedingte Notwendigkeit, vor der Komintern davonzulaufen. Übrigens, wenn ich auch noch so stark war, so hätte Martin Jensen doch die Kraft gehabt, mich mit bloßen Händen zu erwürgen. Ich beschloß abzuwarten. »Wird es Spanien oder die Sowjetunion sein?« dachte ich. Bis jetzt hatte ich jede Reise nach Rußland als ein ruhmreiches Abenteuer angesehen. Die Nachrichten von der heroischen Verteidigung von Madrid und von der Schlacht am Gudalajara hatten mich mit einer gewaltigen und wilden Freude erfüllt. Jetzt waren die Feuer niedergebrannt. Die Sowjetunion war für mich zu einem seltsam düsteren Land geworden. Leere – dumpfe und schmerzhafte Leere überkam mich.

Ratternd verließ jetzt der Wagen die Landstraße und bog in ein Labyrinth schmutziger Wege ein, mitten zwischen sumpfigen Wiesen, die bei der Kälte gefroren waren. Er rüttelte, setzte ganz aus und kroch dann wieder weiter. Über den flachen Landstrich verteilt lagen kleine hölzerne Landhäuser, eingefallene Hütten und Boote, die in den Schutz behelfsmäßiger Schuppen gebracht worden waren. Vor mir sah ich einen weißen Flaggenmast, der über eine hohe Hecke emporragte. Beim Näherkommen bemerkte ich, daß die Hecke einen dahinterliegenden mehr als zwei Meter hohen Zaun verbarg. Einen Augenblick später waren wir durch ein schmales Tor hindurch und befanden uns innerhalb der Umzäunung.

Hier lag ein einstöckiges Landhaus. Die grüne Farbe blätterte vom Holz der Außenwände ab. Auf drei Seiten waren alte Bretter über die Fenster genagelt. Die vierte Seite ging auf die Ostsee. Auf dieser Seite war die Umzäunung niedriger. Von einer Veranda blickte man auf eine vernachlässigte kleine Wiese. Sie war mit Trümmern übersät. Eine baufällige Bootsbrücke ragte am entferntesten Ende des Grundstücks ins Wasser hinaus. Eine Meile vor der Küste zog sich eine lange Sandbank hin.

»Hier wären wir also«, sagte Martin Jensen stolz. »Ho, Christiansen, es kommt Besuch für dich!«

Ein massiges Individuum in Drillichanzug und Lederjacke watschelte aus dem Haus. Er hatte einen Brustkasten wie ein Faß und ein stacheliges Gesicht. Es war Sven Christiansen, der in seiner Jugend Walfänger gewesen war und den ich mehrmals getroffen hatte, wenn er Julius Vanman beim Schmuggeln von Kominternkonterbande, lebender oder anderer, über den Öresund zwischen Dänemark und Schweden half. Christiansen hatte auch in den südamerikanischen Bergwerken gearbeitet. Er stand im Ruf, Experte in der Handhabung von Explosivstoffen zu sein. Aus diesem Grund hatte Avatin ihn für den GPU-*Apparat* ausgewählt. Sven Christiansen war seiner Art nach ein Bauer – grob, gutartig, geduldig, absolut loyal und unbarmherzig gegen jeden, den er als einen Feind der Revolution betrachtete.

»Gut, daß ihr kommt«, sagte Christiansen, »unsereiner fühlt sich verdammt einsam hier draußen.«

Ich wurde in das Haus hineinbugsiert.

»Hände hoch!« befahl Martin Jensen. Seine gewaltigen Pranken fühlten, klopften und suchten meinen ganzen Körper von oben bis unten ab.

»Laß doch deine Pfoten von mir weg«, protestierte ich. »Wer bist du denn eigentlich? Gestapo?«

»Nein«, lachte er. »Aber genau das gleiche – halt still.«

Er nahm mir die Uhr ab, den Füllfederhalter, Notizpapier und zwei Pässe, die ich bei mir trug. Sogar mein Federmesser nahm er weg. Er zählte das Geld, das er bei mir fand, es waren sechzehn Kronen, gab mir sechs zurück, und behielt zehn.

»Ich mag das nicht«, sagte ich.

»Ich auch nicht«, antwortete er. »Aber Genosse Avatin macht mich verantwortlich für dich.«

»Wie lauten denn deine Befehle?«

»Befehle? Dich hier in guter Gesundheit festzuhalten, bis deine Angelegenheiten in Moskau geklärt sind.«

»Gib mir meinen Federhalter und das Papier zurück.«

»Wozu?« fragte er.

»Ich möchte einen Brief schreiben. Ich möchte, daß Genosse Dimitroff beide Seiten dieser Sache sieht.«

»Ich muß erst Avatin fragen«, sagte Martin Jensen.

»Du denkst wohl, ich sei ein Trotzkist? Ein japanischer Spitzel? Ein Gestapoagent?«

Martin Jensen machte eine abweisende Bewegung. »Ich denke gar nichts«, sagte er. »Ich weiß nichts. Alles, was ich weiß, ist, daß du verdammt gefährlich werden kannst, wenn das, was Genosse Wollweber über dich gesagt hat, wahr ist. Alles, was ich dir raten kann, ist, daß du am besten keine weiteren Geschichten machst.«

»Glaubst du wirklich, ich könnte nicht aus diesem Trümmerhaufen hier ausbrechen, wenn ich Lust hätte?«

Gleichgültig sagte Martin Jensen: »Mag sein.«

»Gut, und was dann?«

»Wir alle hier sind anständige Genossen«, sagte Martin.

Christiansen nickte. »Wir sind verdammt in Ordnung.«

»Wenn du wegläufst, müßten wir schießen«, fuhr Martin Jensen fort. »Wenn du auszubrechen versuchst, werden wir dich festbinden. Wir werden dich dann immer festbinden, ob du magst oder nicht. Es kann sein, daß Moskau sagt, daß du in Ordnung bist. Wenn Moskau sagt, daß du in Ordnung bist, werden wir ein großes Fest feiern. Wir werden uns alle zu Tode freuen.«

Das Feuer knisterte in dem kleinen eisernen Ofen des Zimmers, das zum Meer hin lag. Das war der größte Raum in dem Landhaus. Daran schlossen sich die Küche und zwei kleinere Zimmer an. Die Fenster der kleineren Zimmer waren mit massiven Brettern verschlagen. Im großen Zimmer wohnten

Martin Jensen und Christiansen. Im kleinen, auf der entgegengesetzten Seite gelegenen Zimmer Scharnetzki und der schmächtige, schweigsame Däne. Das kleine dazwischenliegende Zimmer war für mich bestimmt. Jede der beiden Türen meines Zimmers ging somit direkt in die Wohnräume meiner Wächter. Ohne die Petroleumlampen, die von den Deckenbalken herabhingen, wären die beiden kleinen Zimmer ständig dunkel gewesen.

Meine »Gefängniszelle« enthielt ein Feldbett, einen zusammenklappbaren Tisch und einen Stuhl mit wackligen Beinen. Die Decken rochen nach Schweiß und Schmutz. In einer Ecke war ein großer Haufen alter Zeitungen und Magazine aufgestapelt. Ich stellte fest, daß kleine Gucklöcher durch die beiden Türen gebohrt worden waren und daß die Türen auf der Außenseite mit starken Kupferketten gesichert werden konnten. Die rohen Bretter, welche die Fenster auf der Innenseite verschlossen, waren mit Bleistiftzeichnungen, Worten und Sätzen vollgekritzelt: *Rotfront über alles!,* Zeilen aus der *Internationale,* ein paar unverständliche lettische oder russische Worte, *No pasaran,* ein Liebeslied, obszöne Zeichnungen, eine Karikatur von Hitler, *Max Jahnke* — ein Name, und, halb ausgelöscht von den Rasuren mit einem Messer, *Nieder mit Stalin!*

Die Worte *Max Jahnke* elektrisierten mich. Hinter ihnen stand die Zahl *1936.* Ich kannte seine Geschichte. Bis 1931 war Max Jahnke der Führer der Roten Seemannsvereinigung Deutschlands gewesen. Er war ein grauhaariger und widerspenstiger Rebell gewesen, schwerbeweglich, mit einem Schweinskopf und sehr tüchtig. Als die Komintern den internationalen Streik der deutschen Seeleute im Oktober 1931 entfesselte, geriet Max Jahnke in einen tödlichen Konflikt mit dem Oberkommando der Partei. Eine der mächtigsten Persönlichkeiten in der Kommunistischen Partei Deutschlands, der Reichstagsabgeordnete Hermann Schubert, hatte von Jahnke verlangt, daß er die streikenden Seeleute in Hamburg in Auseinandersetzungen mit der Polizei verwickle. Die Partei brauchte Leichen, um dem Streik einen »politischen Charakter« zu geben. Jahnke hatte es abgelehnt, das Blut der deutschen Seeleute zu vergießen; in einer Delegiertenkonferenz der Seeleute verteidigte er seinen Standpunkt und griff Hermann Schubert an. Bei der nächsten Gelegenheit setzte die Partei Jahnke ab. Jahnke schlug in unverzeihlicher Weise zurück: Er ließ in der sozialistischen Presse belastende Dokumente aus dem Parteiarchiv erscheinen, die streng vertraulich waren. Ein Jahr später gelang es der GPU, ihn an Bord eines russischen Schiffes zu locken, unter dem Vorwand, daß die *Sowtorgflot* — der sowjetische Schiffahrtstrust — Jahnkes Meinung zu einer technischen Frage verlangt habe, denn der Deutsche hatte eine langjährige Erfahrung als Marineingenieur. Jahnke wurde nach Rußland entführt, aber es gelang ihm, zu entkommen. Er wurde 1936 von neuem von der GPU gefangengenommen. Und im Frühjahr 1937 wurde der unerschütterliche alte Gewerkschaftler von der Sowjetregierung im Austausch gegen Eugen Priess, einen gefangenen Sowjetspitzel, an die Gestapo ausgeliefert.

Ich schämte mich heftig, wenn ich an Jahnke dachte. Meine Kominternhörigkeit hatte mich einmal veranlaßt, in Jahnke eine Gefahr für die Einheit der Partei zu sehen. Als das Geschrei losging: »Fort mit Max Jahnke!«, hatte auch ich gesagt: »Jahnke ist zu einem Feind unserer Sache geworden. Er ist kein Genosse mehr.«

Der Schatten Max Jahnkes verfolgte mich stunden- und tagelang. In der

Enge dieses übelriechenden Zimmers schien er schweigend neben mir herzugehen, hin und her, auf und ab, immer neben mir gehend und in seiner bärenhaften Art brummend: »Nun, mein Junge, was sagst du jetzt?« Ganz mechanisch zollte ich Max Jahnke einen sinnlosen Tribut. Ich begann zu seinen Ehren den Trauermarsch der für die Revolution Gefallenen vor mich hin zu summen. Die »Revolution« hatte ihn an die Gestapo verkauft. Vielleicht ist er heute noch irgendwo in Deutschland am Leben, im Herzen einen stummen und ungeheuren Fluch gegen den Verrat Stalins und seiner Henker.

Diese verfaulte alte Hütte hatte, wie ich bald merkte, viele Geheimnisse. Es war kein echtes Gefängnis wie die blutbespritzten Zellen des Polizeigefängnisses der Gestapo. Es war ehrlos, voll von Trug und Heimlichkeiten, und die Geister von Genossen, die von Genossen verraten worden waren, krochen überall herum. Ich ertappte mich bei der Frage, wieviel hundert von den Genossen in den sowjetischen Gefangenenlagern ihre Fahrt wohl gerade von einem solchen kleinen Haus aus angetreten hatten, wie das eines war, in dem ich jetzt gefangengehalten wurde. Niemand außerhalb des Kreml oder der Lubjanka würde ihre Anzahl kennen. Auch Ernst Wollweber nicht oder Avatin.

Ich wußte zuviel und mußte deshalb vernichtet werden. Dieser Satz klang töricht in meinen Ohren. Ich wußte, was mit Richter und was mit Bandura geschehen war; mit Bela Kun, Heinz Neumann, Hans Kippenberger, Dombal; mit Schubert, Remmele, Max Hölz, Samsing und vielen, vielen anderen. Getötet, verbannt, ertränkt oder lebend begraben. Ich konnte es nicht über mich bringen, zu glauben, daß auch mir so etwas passieren könnte. Ich lag nicht in Fehde mit der Komintern. Das war aber auch bei denen nicht der Fall, die ich eben genannt habe. Es war nicht nur eine Fehde zwischen einzelnen Rebellen und der Internationale. Es war in den meisten Fällen ein Krieg zwischen den gewissenhaften proletarischen Internationalisten und dem bürokratischen Klüngel Stalins. Dieser Klüngel gewann immer. Sein Glaubensbekenntnis war die GPU. Wenn Stalin Dimitroff befehlen würde, das Hakenkreuz auf dem Kominterngebäude in Moskau zu hissen, würde Dimitroff das tun. Wenn Stalin Wollweber befahl, ein Pamphlet zu veröffentlichen, in dem er verkündete, daß Lenin ein Taschendieb gewesen sei – Wollweber würde es tun. Die Jahre hatten die Komintern von Grund auf verändert. Die revolutionäre Vorhut war jetzt nur noch ein vergifteter Dolch in der Hand Stalins.

Ich kämpfte mit mir. Ich verfluchte mich als Schwächling bei meinen wahnsinnigen Versuchen, Entschuldigungen zur Rechtfertigung meines zusammenbrechenden Glaubens zu finden. Mit achtzehn war ich mir wie ein Riese vorgekommen. Mit einundzwanzig war alles ganz einfach: »Eine Handgranate ins Gesicht der Gegenrevolution!« Mit zweiundzwanzig hatte ich im Dienste der Komintern die Erde umkreist, mager, hungrig, wild – und stolz auf sie! Mit neunundzwanzig machten die Polizeibehörden von einem halben Dutzend Nationen auf mich Jagd, weil sie in mir den Hauptunruhestifter der Komintern an den Küsten Europas sahen. Mit einunddreißig war ich damit beschäftigt, Hitlers Gefängnisse in Schulen für den proletarischen Internationalismus zu verwandeln. Und jetzt, mit dreiunddreißig, stand ich vor der Frage: »War das alles Lüge gewesen, Betrug, ein elender Spuk?«

Niemand kann sich selbst die Haut abziehen.

In meiner verzweifelten Stimmung kehrte ich zu den halbvergessenen Grundlagen zurück. Marx, Engels, Lenin. Sogar zu Hegel. »Der dialektische Materialismus ist die Philosophie des Marxismus.« – »Die Geschichte der Menschheit ist eine Geschichte des Klassenkampfes.« – »Revolutionen sind die Lokomotiven der Geschichte.« Da war Karl Marx' Gesetz von der Anhäufung des Kapitals ... »Kapitalismus in einem *cul de sac* ... Bringt seine eigenen Totengräber hervor ... Die Diktatur des Proletariats folgt der vollständigen Zerstörung des bürgerlichen Staates ... Das Land gehört den Bauern ... Die Fabriken den Arbeitern ... Nichts zu verlieren als Ketten, und eine Welt zu gewinnen ... Eine Welt der Freiheit, des Brotes und der Würde ...« Was stimmte hier nicht?

»Der Triumph des Sozialismus in der Sowjetunion ist die Garantie für den Sieg des Sozialismus in der ganzen Welt.«

Frage: Wer ist der Vater aller Unterdrückten? Wer ist der größte lebende Staatsmann?

Antwort: Genosse Stalin.

Drei blutige Worte grinsten mir von den Tannenbrettern meiner Zelle entgegen: *Nieder mit Stalin!*

Irgendwo in Deutschland war Firelei, in täglicher Unsicherheit lebend, und wartete, wartete auf den Augenblick, an dem sie mir sagen konnte: »Jetzt komm, komm schnell, ihre Wachsamkeit hat nachgelassen!« Ihre Mitteilung würde nach Antwerpen gehen, und sie würde mich nie erreichen. Sie würde weiter warten ... vergeblich warten, verlassen, betrogen und auf die gemeinste Art verraten. Ich dachte an unser erstes Zusammentreffen im Hafen von Antwerpen. Sie hatte das Heck eines Schiffes gezeichnet mit einer festen Frau, die ihr Kind nährte, dazu ein Seil mit flatternder Wäsche und einen bellenden Hund. »Ein Schiff muß einen Namen haben«, hatte ich zu ihr gesagt. »Das ist die *Oran*.« Wir waren sehr glücklich zusammen gewesen, und Firelei hatte Luftschlösser gebaut. Ich hatte diese Schlösser zerstört, eines nach dem anderen, bis nichts mehr übrig war, rein gar nichts ... Von den winterlichen Bereichen der Ostsee kam der Wind mit aller Wucht herein und fuhr pfeifend und klagend durch die Löcher des Zaunes. Eine Stimme kam mit dem Wind, die Stimme Fireleis.

»Was hast du mit mir gemacht?« fragte sie mich immer und immer wieder.

Meine Wächter waren optimistisch. Sie saßen in dem überheizten Ostzimmer, das zur Kjögebucht hin lag, und redeten laut. Martin Jensens Baßstimme verbreitete die offizielle Version von der Hinrichtung Tuchatschewskis und der anderen Sowjetgenerale. Der Generalissimus der Roten Armee war also ein Agent des deutschen Generalstabs! Und Trotzki und Sinowjew hatten Dora Kaplan (die ihren Anschlag 1918 versuchte) angeworben, um Lenin zu erschießen! Fort mit den Verrätern; Stalins nächste Arbeit sollte die Liquidierung des Nazismus in Deutschland sein. Ein Sowjetdeutschland wäre gleichbedeutend mit einem Sowjeteuropa. Die GPU würde das Gros der Naziführer in ihren eigenen Gefängnislagern mit Maschinengewehren zusammenschießen. Die verfaulten Demokratien des Westens würden wie fertig zubereitete Leichen dem stalinistischen Hurrikan zum Opfer fallen. Die Arbeiter würden frei sein. Sie würden eine Welt der Arbeiter unter Stalins Führung aufbauen. Stalin als Dynamo der Weltrevolution. Wer immer sich Stalin entgegenstellte, war ein reiner Lakai des Faschismus und hatte damit sein Recht zu atmen verwirkt.

Die Stunden vergingen langsam. Ich fing an, alle revolutionären Kampflieder zu singen, die ich kannte. Ihre Zahl war groß. Ich sang, bis ich heiser war.

Brüder, zur Sonne, zur Freiheit,
Brüder, zum Licht empor! ...

Zum Schluß sang ich die *Internationale*, die Hymne der Sowjetunion, die gleichzeitig die Hymne der Kommunistischen Parteien der ganzen Welt ist. Meine Wächter waren plötzlich still. Ich hörte Scharnetzkis Stimme sagen: »Genossen, steht auf!«

Ich kam mir vor wie ein Ertrinkender, der ans Land schwimmen will, das viele Meilen entfernt liegt. Die eisige Nachtluft sickerte durch das bretterverschlagene Fenster. Es war schon spät. Ich stand mitten im dunklen Zimmer und heulte wie ein melancholischer Wolf:

Tod den Henkern, Königen und Verrätern ...

Martin Jensen schloß die Tür auf, und sein großer Kopf erschien scharf umrissen gegen das gelbe Licht der Petroleumlampe hinter ihm.

»Jetzt ist es vielleicht besser, wenn du still bist«, sagte er. »Wir sind hier schließlich keine Irrenanstalt.«

»Geh zum Teufel«, sagte ich zu ihm.

»Wenn du anfängst, nachts Lärm zu machen, so werde ich dir eines auf den Schädel geben müssen.«

»Laß mich hier heraus.«

Martin Jensen war gereizt. »Du bist eine richtige Pest. Ich kann dich nicht herauslassen, bevor Genosse Avatin nicht erklärt, daß du in Ordnung bist.«

Ich sagte verächtlich: »Du machst Karriere, Martin. Mit der Zeit wirst du einen Job als Gefängnisaufseher im *Butirky* bekommen. Vierhundert Rubel und Gummisohlen an den Schuhen.«

Die Gesichter von Christiansen und Scharnetzki tauchten im Gang auf.

»Mir liegt dieser verdammte Aufseherposten nicht«, sagte Martin Jensen verdrießlich.

Christiansen griff jetzt ein. »Hör zu, Genosse«, sagte er zu mir, »ich weiß, wie dir zumute ist. Aber das hier ist kein besonders gut gebautes Haus. Es kann mit ein paar guten Fußtritten umgeworfen werden. Das erste, was du bekommen wirst, sind Handschellen um deine Gelenke und ein Handtuch um deinen Mund.«

Vor Wut packte ich den Stuhl und schleuderte ihn nach Christiansen. Er duckte sich, fing den Stuhl auf und schleuderte ihn nach mir zurück. Holzsplitter flogen in der Gegend herum, als der Stuhl die Wand traf. Einen Augenblick später hatte Martin Jensen den Arm um meinen Hals und das Knie in meinem Kreuz.

»Laß ihn los«, brummte Christiansen.

Widerwillig ließ Martin Jensen los.

»Wenn du ein Gestapomann wärst«, sagte er mürrisch, »würde ich dich in Eisen legen und dir ein Becken mit Eiswasser über den Kopf stülpen. Das einzig Ärgerliche bei dir ist, daß du vielleicht doch in Ordnung bist.«

Christiansen lachte. »Es gibt nichts Besseres als Eiswasser, um einen zum

Schweigen zu bringen. Weißt du noch, Oskar, dieser Kerl von einem Fotografen? Jede Nacht um elf Uhr erhielt er seine Eiswasserkur.«

Der schmächtige Däne, dessen Namen ich nicht kannte, schwang seine Arme wie ein Affe. Sein freudloses kleines Lächeln zeigte mir, daß er kein Anfänger in Avatins Mannschaft war. Solche Männer bemühten sich nach allen Kräften, ihre Pflicht zu tun. Ich kannte diese Art. Sie waren in gleicher Weise gegen den Terror wie gegen Bestechung unempfindlich.

»Macht alle, daß ihr hinauskommt«, sagte ich. »Ich möchte schlafen.«

Ich schlief nicht. Durch das Guckloch in der Tür beobachtete ich Martin Jensen und Christiansen, die sich auf ihren Betten ausstreckten. Scharnetzki und der Däne hielten Wache. Der Däne saß am Ofen, rauchte und las; eine Kanne Kaffee stand neben ihm. Scharnetzki zog Handschuhe, einen Schal und einen Militärmantel an und ging hinaus, um den Raum zwischen dem Haus und dem Zaun abzupatrouillieren. Mit knarrenden Schritten ging er rund um das Haus. Von Zeit zu Zeit hielt er an, und ich hörte, wie er die Arme gegen den Körper schlug, um warm zu werden. Einmal kam er herein, um Kaffee zu trinken und in meinem Zimmer nachzusehen.

»Bist du immer noch hier?« flüsterte er.

»Mach doch auf dich selber Jagd«, gab ich brummend zurück.

Nach zwei Stunden saß Scharnetzki am Ofen, und der Däne patrouillierte draußen. Der Däne summte Märsche vor sich hin. Zeitweise fluchte er leise und machte einen Laufschritt. Aber er kam nicht, um Kaffee zu trinken. Scharnetzki aß Brote. Danach reinigte er sich die Fingernägel mit einem Schraubenzieher. Noch später zog er ein blaues Taschentuch hervor und begann, seine Pistole zu polieren. Jedesmal, wenn er hörte, daß ich mich bewegte, war er mit zwei großen Schritten an meiner Tür und schaute durch das Guckloch herein.

»Aha, du bist immer noch hier?« pflegte er dann zu sagen.

Ich konnte nicht schlafen. Tausend Dinge fielen mir ein, die sich in der Vergangenheit ereignet hatten, flüchtige Pläne, Gesichter von Feinden und Freunden: einige schweigsam in unbekannten Gräbern, andere bis jetzt noch auf ihre müde Enttäuschung zustolpernd, oder auf die plötzliche Vernichtung, und wieder andere – die harten, vorsichtigen Zyniker, die auf hohe Stellungen und auf Macht warteten.

Ich tastete jeden Zoll der Wände meines Zimmers ab. Ich versuchte, ein Brett zu finden, das aus dem Boden herausgebrochen werden konnte. Ich kletterte auf einen Balken und stieß fest gegen das Dach. Das Holz war alt, aber fest. Es würde nicht ohne großen Lärm nachgeben. Was, wenn ich aus dem Haus ausbrechen würde? Auf der einen Seite war die Ostsee. Auf drei Seiten war der Zaun. Das Tor im Zaun war zwar baufällig genug, aber es war sicher abgeschlossen. Sie wären also über mir, bevor ich den Zaun erklettern oder das Tor mit einem Fußtritt eintreten konnte.

Ich hievte mich zum Fenster hinauf. Es war dort ein kleiner Spalt, ein paar Zentimeter breit, zwischen dem Rahmen und dem obersten Brett. Ich konnte durch diesen Spalt hinaussehen in die Nacht, die Silhouetten anderer Häuser ein wenig weiter weg, gedämpftes Licht in einigen Fenstern. Die Entdeckung, daß hier in der Nähe Menschen wohnten, überraschte mich. Das nächste Haus war meiner Schätzung nach etwa fünfzig Meter weit entfernt. Etwa hundertachtzig Meter weiter führte eine Landstraße vorbei. Die Reflexe der Scheinwerfer vorüberfahrender Fahrzeuge strichen dann und wann durch die Nacht. Weiter entfernt war ein großes Haus undeutlich zu erkennen; es war mit Girlanden farbiger elektrischer Birnen umgeben. Ein Rasthaus. Es mochte vierhundertfünfzig Meter entfernt liegen. Und wenn ich laut rief? Rief, daß die Leute es hörten? Es war einfach lächerlich, um Hilfe zu rufen. Ich hatte nie in meinem ganzen Leben um Hilfe gerufen.

Ich bekämpfte meinen Wunsch, zu entfliehen. Es würde nicht eine Flucht vor meinen proletarischen Wächtern sein, sondern eine Flucht vor der Komintern, ein Eingeständnis, daß ich die Komintern fürchtete, ein Eingeständnis meiner Schuld. Eine jämmerliche Bankrotterklärung.

Das Fenster ging nach Norden. Im Norden lag Kopenhagen. Über Kopenhagen glühte der Himmel, als stände die Stadt in Brand. Die Nacht war kalt.

Ich hörte die Kette draußen vor meiner Tür rasseln. Scharnetzki platzte in das Zimmer herein. Der Däne kam um das Haus herumgelaufen.

»Geh vom Fenster weg«, sagte Scharnetzki drohend.

Ich stieg ruhig herunter. »Ich kann nicht schlafen«, sagte ich. »Die Decken stinken.«

»Sag nichts gegen die Decken«, sagte Scharnetzki.

Der Däne glotzte mich finster an. Von ihren Betten aus riefen Martin Jensen und Christiansen ein paar Fragen herüber.

So verging die erste Nacht meiner Gefangenschaft bei der GPU.

Nahezu drei Wochen blieb ich in meinem seltsamen Gefängnis, irgendwo an der Küste zwischen Kopenhagen und Kjöge, eingesperrt. Ich wartete auf eine Entscheidung, aber wie es schien, wurde keine Entscheidung getroffen. Immer mehr kam ich zu dem Schluß, daß Wollweber entschlossen war, mich bis zum Frühling hier zu behalten und abzuwarten, bis die Öffnung des Hafens von Leningrad die Wiederaufnahme der sowjetischen Schiffahrt in der Ostsee ankündigte.

Jeden Nachmittag zwischen vier und sechs Uhr fuhr Richard Jensen aus der Stadt zu mir heraus. Jeden Nachmittag brachte er einen Kasten Bier mit und zweihundert Zigaretten. Er war durchaus freundlich zu mir. Bisweilen, wenn ich mit ihm sprach, schien er sich etwas zu schämen. Ich konnte trinken und rauchen, soviel ich wollte.

Jeden Abend, bevor er wegfuhr, sagte Richard Jensen zu mir: »Innerhalb einer Woche werden deine Schwierigkeiten ausgebügelt sein.«

Ich verlangte, Wollweber zu sehen.

»Wollweber ist verreist«, sagte Jensen.

Ich wußte, daß das nur eine List war. Wollweber versteckte sich irgendwo in Kopenhagen, um die Vorstellung aus dem Hintergrund dirigieren zu können.

»Wenn ich Wollweber wiedersehe«, sagte ich, »werde ich ihn fürchterlich verprügeln.«

Jensen lachte bloß. »Viele haben das gesagt. Keiner hat es jemals getan.«

»Ich glaube, du hast Angst vor Wollweber«, sagte ich zu Jensen.

»Wollweber ist ein sehr guter Genosse«, sagte Jensen.

»Mach bloß, daß du fortkommst«, sagte ich zu Jensen bei einem seiner nächsten Besuche. »Oder gib mir irgendeine Arbeit. Übersetzungen, Artikel oder sonst etwas.«

»Du bist zu ungeduldig«, sagte Jensen. »Warum ruhst du dich nicht aus? Die meisten Genossen wären verdammt froh über eine so lange Ruhepause.«

»Zum Teufel mit der Ruhe.«
»Na schön, was kann ich für dich tun?«
»Besorg mir die letzte *Runa* und den *Imprecorr.*« (Das vertrauliche und das entsprechende öffentliche Nachrichtenblatt der Komintern, das in Basel herauskam.)
»Es besteht der Befehl, dir kein laufendes Material zu geben«, erklärte Richard Jensen und fügte besänftigend hinzu: »Ich kann dir guten Whisky beschaffen. Ein Genosse, der Matrose ist, schmuggelte ihn für mich aus London.«
»Nein«, sagte ich, »ich möchte keinen Whisky. Aber du kannst mir ein Mädchen besorgen. Deine Tschekisten hier draußen sind keine gute Gesellschaft. Sie lassen mich immer an Kettenhunde denken.«
Richard Jensen sagte ärgerlich: »Nenn sie nicht Tschekisten. Die Partei schätzt das nicht.«
»Schön: die Genossen vom *S-Apparat.*«
»Du willst also ein Mädchen?«
»Ja, ich möchte ein Mädchen haben.«
Spät nachts ging draußen das Tor knarrend auf, und ein kleiner Wagen fuhr herein. Eine Frau betrat das Haus. Mit gedämpfter Stimme sprach sie mit meinen Wächtern. Ich erkannte sie an ihrem Schritt. Es war Petra Petersen von der GPU im Kopenhagener Telegrafenamt, meine ehemalige Wirtin. Ohne Umstände zu machen, polterte sie in mein Zimmer.
»Ich habe mich eine Nacht frei gemacht, um dir Gesellschaft zu leisten«, erklärte sie freundlich.
»Bist du gekommen, um mich wieder zu bespitzeln?« gab ich zur Antwort.
Petra setzte sich auf das Feldbett. »Ach, vergiß diese Gemeinheit«, sagte sie. »Ich will dich nicht bespitzeln. Was gibt es hier denn schon zu bespitzeln? Ich komme eben aus meinem Urlaub zurück. Ich war in Moskau. Ich hörte, daß du hier seist, und deshalb wollte ich dich besuchen.«
»Um der alten Freundschaft willen?« fragte ich sarkastisch.
Sie übersah meine Herausforderung. »Wann bist du zum letztenmal in der Sowjetunion gewesen?« fragte sie.
»Vor sechs Jahren.«
»Du würdest das Land nicht wiedererkennen, wenn du jetzt hinkämest«, fuhr sie freundlich fort. »Es hat sich vorwärts und aufwärts entwickelt. Das Volk ist wirklich modern geworden in seiner ganzen Lebensart. Ich habe die neue Untergrundbahn in Moskau gesehen. Sie ist sogar noch schöner als die Pariser *Métro*. Und für die Kinder ist die Sowjetunion ein wahres Paradies geworden.«
»Und die GPU zu einer Gesellschaft von Menschenfreunden«, fügte ich hinzu.
»Du bist krank«, sagte Petra Petersen. »Du solltest zu deiner Wiederherstellung in die Sowjetunion gehen.«
Ich stand vor ihr und packte sie an den Schultern. »Hör zu«, flüsterte ich. »Ich möchte einen Brief an meine Frau schreiben. Verschaff mir Bleistift und Papier. Ich möchte, daß du den Brief mitnimmst und ihn aufgibst. Schick ihn nicht von Kopenhagen aus ab. Schick ihn nach Leningrad und laß ihn dort aufgeben. Willst du das für mich tun?«
»Aber gewiß.«
Ihre Antwort war zu schnell gekommen.
»Laß mich in Ruhe«, sagte ich. »Geh weg. Du machst mich krank.«

»Warum?«
»Wie kann ich dir vertrauen?«
»Wenn du zu niemandem Vertrauen hast, bist du verloren«, sagte Petra sanft.
»Geh mir aus den Augen!«
Sie ging. Die Nacht war ruhig. Ich dachte an Flucht. Ich dachte an eine Unterhaltung, die ich einmal mit einer Gruppe verbannter deutscher Genossen in Amsterdam hatte. Wir hatten von den Fluchtmöglichkeiten eines Antifaschisten im Falle einer Entführung durch die Gestapo im Ausland gesprochen. Die meisten meinten, der einzige Ausweg sei der Selbstmord. Aber einer hatte gesagt:
»Wenn sie mich auf einem Schiff oder in einem Haus festhalten wollten, so würde ich Himmel und Erde in Bewegung setzen, um das Schiff oder das Haus in Brand zu stecken.«
Dieser Satz prägte sich in meinem Gedächtnis ein. Rauch und Flammen ziehen andere Leute und andere Schiffe an. Feuer übt eine starke Faszination auf den menschlichen Geist aus. Als der Mensch zum erstenmal Feuer machte und sich darum bemühte, es brennend zu erhalten, begann die Zivilisation.
»Ich muß Feuer machen«, sagte ich mir. »Jeder Schiffbrüchige macht Feuer, wenn er kann, um die Aufmerksamkeit vorüberfahrender Schiffe auf sich zu ziehen.«
»Du bist verrückt«, sagte ich mir dann wieder. »Vielleicht wird alles ein gutes Ende nehmen . . . Benimm dich nicht wie ein hysterisches altes Weib. Schlaf lieber!«
Der Schlaf kam nicht. Der Gedanke an einen Brand ließ mich nicht mehr los. »Wann?« überlegte ich. »Heute nacht?« Ich zwang mich, stillzuliegen. »Nicht diese Nacht«, murmelte ich vor mich hin. »Warte. Warte, bis es keinen anderen Ausweg mehr gibt.«
Am nächsten Morgen war ich äußerlich ruhig. Das Haus war alt, und die Planken und Balken waren trocken. Ruhig traf ich meine Vorbereitungen.
In aller Morgenfrühe in der letzten Januarwoche 1938 hörte ich einen Wagen vorfahren und draußen vor der Einzäunung halten. Das Tor knarrte. Eine Hand löste die Kette von der vorderen Tür meines Zimmers. Im Gang stand Richard Jensen.
»Guten Morgen«, sagte er. »Zieh dich an.«
»Was ist los?« fragte ich.
»Du fährst heute weg.«
»Wohin denn?«
»In die Sowjetunion.«
Ich stand auf und zog mich an. »Dann werdet ihr mich also auf Eis legen?« fragte ich.
»Das hängt ganz von dir ab«, antwortete Jensen. »Ich führe nur empfangene Instruktionen aus.«
»Wer gab diese Instruktionen?«
»Die Kontrollkommission.«
»Also Wollweber?«
»Die Kontrollkommission«, wiederholte Jensen gleichgültig.
»Gut«, sagte ich.
Ich ging aus dem Zimmer. Martin Jensen war am Abend vorher in die Stadt

gegangen, um eine Nacht mit Inge, seiner Frau, zusammenzusein. Er war nicht zurückgekehrt. Scharnetzki und Christiansen standen beide in Hut und Mantel auf der Veranda.

»Welche Route werde ich benützen?« fragte ich.

»Per Schiff«, sagte Jensen. »Heute mittag fährt ein Dampfer.«

Jensen schwieg.

»Es ist besser, wenn du dich jetzt bereit machst«, sagte Scharnetzki verdrießlich.

»Laß dir Zeit«, sagte Jensen in versöhnlichem Ton. »Geh nach Moskau und bügele die Dinge mit der Komintern aus. Das ist der beste Weg für dich.«

»Schon gut«, sagte ich. »Ich werde mich jetzt erst mal rasieren.«

Ich ging in das Halbdunkel meines Gefängniszimmers zurück. Jede Faser, jeder Nerv, jeder Blutstropfen in mir befand sich in rasender Aufregung. Die Spannung schien mich vom Boden hochzuheben. Ich fühlte eine ungeheure Kraft, eine tödliche Erregung, die ganz anders war als die Aufregung, die ich in den frühen Morgenstunden eines Oktobertages im Jahre 1923 empfunden hatte: als das Zerschlagen der Straßenlaternen das Signal zum Sturm auf die feindlichen Befestigungen gab, das Signal, zu vernichten und zu zerstören, zu töten und vorwärtszurasen – zum Sieg. Es war, als erhebe ich jetzt die Faust mit einem Dolch, um diesen meiner Mutter in die Kehle zu stoßen, meiner Mutter, die zu einer Viper geworden war. »Du Komintern ... Du falsche Mutter ... Du – du Viper!« Mein Herz war ein stummer Vulkan.

Der Petroleumbehälter der Lampe, die von der Decke baumelte, war voll. Zwei Bierflaschen mit Petroleum lagen unter meiner Matratze. Ich zog sie hervor. Ich nahm eine Zigarette und zündete ein Streichholz an. Draußen sprach Jensen mit den anderen. In rascher Folge zerschlug ich die Flaschen auf dem Boden. Ich ließ das hellbrennende Streichholz auf das überall verspritzte Petroleum fallen. Eine kleine gelbe Flamme leckte in die Höhe, kroch über die gespaltenen Bretter, leckte gierig, wurde heller, und am Rande leuchtete gespensterhaftes Blau. Einen Augenblick darauf riß ich die Lampe von der Dekke herunter. Jemand lief auf das Zimmer zu. Jetzt schlugen helle Flammen hervor. Ich stürzte aus dem Zimmer und schlug die Lampe gegen die Wand.

»Feuer!« rief ich gellend. »Feuer! Feuer! Feuer!«

Jensen fluchte. Die GPU-Leute liefen aus dem Haus. Mit zwei Sprüngen war ich mitten unter ihnen. Ich drängte gegen den Zaun und durch das offene Gartentor hinaus. Auf der anderen Seite der Straße stand ein Wagen.

»Feuer!« schrie ich gellend, so laut ich konnte. »Feuer! Feuer! Feuer! Feuer!«

Scharnetzki stand zwei Schritte von mir entfernt. Er rief etwas, und sein derbes Gesicht verzerrte sich.

»Feuer!« rief ich gellend. »Feuer!«

Aus den nahen Häusern kamen Leute herbeigerannt — Arbeiter mit zerzaustem Haar, einige waren gerade dabei, im Laufen die Gürtel umzuschnallen. Ein paar Frauen folgten.

»Feuer!« rief ich gellend. »Feuer!«

Dichter Rauch stieg aus dem Dach von Richard Jensens Landhaus. Rauch wirbelte durch die mit Brettern verschlagenen Fenster. An der Veranda züngelten die Flammen lustig hervor. Immer mehr Leute kamen herbei. Einige liefen hin und her. Einige riefen nach Eimern und Wasser. Jensen stolperte rund um die hohe äußere Hecke herum; ihm folgte der schmächtige Däne, der

seinen Chef offenbar um Rat fragen wollte. Ganz in meiner Nähe standen Christiansen und Scharnetzki und beobachteten mich, wagten aber nicht, näher zu kommen. Durch die allgemeine Aufregung ertönte Jensens tiefes Lachen. »Haha, es ist immerhin nur eine alte Hütte!«
Ich drehte mich um, ging schnell den Weg hinunter. Ich erreichte die Betonstraße und wandte mich nach Norden, Richtung Kopenhagen. Ich ging an der Raststätte vorbei, wo ich Nacht für Nacht durch die Spalten meines vernagelten Fensters die farbigen Lichter gesehen hatte. Sie hieß *Jägerkron*. Etwa zwanzig Schritte hinter mir gingen mit langen Schritten Scharnetzki und Christiansen. Ich betrat den Garten von Jägerkron, als hätte ich die Absicht, in das Gasthaus zu gehen. Scharnetzki blieb auf der Straße stehen. Christiansen kehrte um und lief zu dem brennenden Haus zurück. »Ich muß mich beeilen«, dachte ich. »Er holt jetzt den Wagen.«
Auf der Mitte der Betonstraße lief ich jetzt Richtung Kopenhagen. Immer wenn ein Wagen sich näherte, hielt ich an und hob beide Arme. Zwei Wagen rasten vorbei, ein dritter ... vierter ... ein fünfter. Der sechste Wagen hielt an, und die Tür öffnete sich. Der Fahrer war ein älterer Mann, der zur Arbeit fuhr.
»Wohin wollen Sie?«
»Nach Kopenhagen«, sagte ich.
»Dort drüben brennt es?« fragte er.
»Ja, ein Feuer«, antwortete ich. »Matrosen hatten ein Fest gefeiert. Sie waren betrunken.«
Der Mann lachte.
Ich blieb nicht in Kopenhagen. Ich hatte den instinktiven Wunsch, eine möglichst große Distanz zwischen mich und die Menschenjäger Michael Avatins zu legen. Er, der lange Jahre mein Freund gewesen war, würde jetzt keine Gnade kennen. Ich besaß sechs Kronen. Ich ging in eine Badeanstalt und badete. Dann zu einem Haarschneider am Ostrand von Kopenhagen, um mich rasieren und mir die Haare schneiden zu lassen. Dann nahm ich ein ausgiebiges Frühstück zu mir. In einer schmalen Straße neben einem Mietshaus stahl ich ein Fahrrad, das bei einem Hauseingang an der Mauer lehnte. Mit drei Kronen und achtzig Öre in der Tasche fuhr ich ostwärts die Landstraße entlang, die nach Roskilde und Korsör führte. Ich hatte keinen Paß noch irgendein anderes Identitätspapier.
Ich fuhr über den Großen Belt mit Hilfe eines Genossen, der als Matrose auf der Fähre Dienst tat. In sieben Stunden durchquerte ich die Insel Fünen. Eine andere Fähre brachte mich nach Fredericia. Ich übernachtete bei der Heilsarmee. Am folgenden Tag fuhr ich durch Jütland nach Esbjerg. Ich kam in Esbjerg mit einer Krone in der Tasche an.
Der Dampfer *P. A. Bernstorff* lag an der Mole. Ich ging an Bord und sprach mit dem Führer der kommunistischen Schiffseinheit. Er kannte mich gut von meinen früheren Fahrten her. Natürlich hatte er keine Ahnung von meinen wirklichen Verhältnissen. »Genosse«, sagte ich, »du mußt für meine Überfahrt sorgen. Ich habe einen offiziellen Auftrag in Frankreich.«
Der Genosse war Matrose und ein ehrlicher Revolutionär. Er gab mir zu essen und versteckte mich in seiner Kabine, die er mit einem anderen Parteimitglied teilte. Sechsunddreißig Stunden, nachdem die *P. A. Bernstorff* aus dem Hafen von Esbjerg ausgelaufen war, ging ich in Dünkirchen an Land. Ich

wandte mich an den Genossen Manautines in der *Salle d'Avenir*, den Verbindungsagenten der GPU in Dünkirchen.
»Genosse«, sagte ich. »Ich habe dringend in Paris zu tun.«
Manautines lieh mir hundert Francs und brachte mich an den Zug nach Paris. Als ich ihm die Hand schüttelte, verabschiedete ich mich von der Komintern. Tränen kamen mir in die Augen, und ich konnte nur mühsam schlucken.
»*Au diable*«, sagte Manautines, »du bist aber aufgeregt.«
Zehn Stunden später bahnte ich mir einen Weg durch die Menschenmassen und den Lärm des *Gare du Nord* in Paris.
Von Paris aus schrieb ich einen Brief an Richard Jensen zur Weiterbeförderung an seine Vorgesetzten in der Komintern. *Die Gestapo glaubt*, schrieb ich, *daß ich in Rußland bin; das Leben meiner Frau und meines Kindes hängt von der Aufrechterhaltung dieser Fiktion ab. Ich bitte dich, über meinen Aufenthaltsort Schweigen zu bewahren, ich werde dann ebenfalls schweigen.*«
Ich konnte nicht in Paris bleiben. Die GPU hatte Alarm geschlagen. Männer und Frauen, die meine Genossen gewesen waren, waren von nun an verpflichtet, mich als Feind Stalins und seiner Clique zur Strecke zu bringen. Eines Tages konnte ich mich gerade noch zwei GPU-Leuten entziehen, die mich in der Nähe der Place de Combat beschattet hatten. In der gleichen Nacht verließ ich Paris.
Allein und auf mich gestellt, wanderte ich jetzt von einem Land in das andere. In Antwerpen wandte ich mich an Edo Fimmen, den Holländer, der einst mein Feind gewesen, inzwischen aber mein Freund geworden war. Er sah, daß ich krank war und voller Verzweiflung.
»Willst du in meiner Organisation arbeiten?« fragte er.
Ich lehnte ab. »Wenn du mir helfen willst«, sagte ich, »dann verschaffe mir ein Schiff. Ich gehe zur See zurück, von wo ich mein Leben begonnen habe.«
Für Legionen von Matrosen war Edo Fimmen wie ein Vater. Über Nacht verschaffte er mir eine Stellung auf einem Schiff, das westwärts über den Atlantik fuhr, um Zucker aus Westindien zu holen. Die GPU hatte meine Spur von Paris nach Antwerpen verfolgt; aber als die Menschenjäger ankamen, war ich bereits auf hoher See. Wieder einmal stand ich als Matrose vor dem Mast. Keiner meiner Kameraden wußte, woher ich kam oder wohin ich ging. Es war ein reines Glück, wieder über ein schwankendes Deck zu wandern und die Hände wieder einmal in einen Topf voller Teer zu tauchen. An Firelei konnte ich nicht schreiben. »Es ist am besten so«, dachte ich. »Mit der Zeit wird die Gestapo glauben, daß ich irgendwo in Rußland umgekommen sei, und dann werden sie Firelei in Ruhe lassen.«
Aber GPU und Komintern gaben mir keine Ruhe. Am Ende hatte Ernst Wollweber seine Rache. Lange nach meiner Flucht aus Kopenhagen sandte mir ein Freund aus Antwerpen ein Paket. Es enthielt Exemplare kommunistischer Zeitungen aus verschiedenen Ländern von der Pazifikküste bis nach Skandinavien. Ich machte eine dieser Zeitungen auf. Ich war überrascht, auf der ersten Seite jeder Zeitung mein Bild zu sehen. Es war die Fotografie auf meinem Gestapoausweis, den ich dem Genossen Jensen bei meiner Ankunft in Kopenhagen übergeben hatte, als ich aus den Gefängnissen Hitlers kam. Es trug die Unterschrift: *Achtung! Gestapo!*
Ich erkannte auf den ersten Blick, mit welcher Geschicklichkeit dieser Verrat ins Werk gesetzt worden war. Ich war den GPU-Mördern entgangen, war von

der Bildfläche verschwunden, und nun schlugen sie zurück in einer äußerst schmutzigen und heimtückischen Weise. Von den Fotografien, die sie im Archiv hatten, wählten sie jene aus, die mich und meine Familie unfehlbar für jeden totalitären Bluthund und Menschenjäger als vogelfrei erklärte. Die Veröffentlichung dieses Bildes war ein dreifacher Verrat: sie ging darauf aus, mich öffentlich in den Augen aller Arbeiterführer der Welt zu diffamieren, sie war darauf berechnet, den Gestapochefs zu beweisen, daß ich sie getäuscht hatte, und sie verfolgte die Absicht, die Polizeibehörden aller Länder zu veranlassen, die Arbeit der GPU zu besorgen – mich aufzuspüren und mich nach Deutschland auszuliefern, der Gestapo und damit dem Tod.

Die Artikel, die zu meinem Bild in der kommunistischen Presse erschienen, brandmarkten mich als »einen der wichtigsten Spitzel der Gestapo«. Kein Wort stand da über meine Lebensarbeit für die kommunistische Sache, kein Wort über die Jahre, die ich in den Folterkammern der Gestapo verbracht hatte. Aber es wurde berichtet, daß ich soeben in Paris »entdeckt« worden sei. So erweckte die GPU den Anschein, als habe sie gar nichts von meiner Existenz gewußt, bevor ihre Agenten mich »entdeckten«, fünfzehn Jahre nachdem ich in den sowjetischen Dienst getreten war.

Dieser Verrat erinnerte mich an andere Vorgänge. Ich erinnerte mich an den Tag in Schreckenbachs Büro, als er mir den Gestapoausweis übergab, und ich erinnerte mich seiner Worte: »In der Hölle und bei Hochwasser lassen Sie diese Dokumente niemals in feindliche Hände fallen.« Ich erinnerte mich an den Tag, als ich eben diese Dokumente Richard Jensen zu treuen Händen übergab, wie er sie genau angesehen hatte und dann herausgeplatzt war: »Sehr, sehr gut.« Und ich erinnerte mich auch an die drohende Stimme von Inspektor Kraus, als er sagte: »Versuchen Sie nicht, uns zu täuschen. Sie werden nicht lange leben, wenn Sie das tun. Ich warne Sie: die Gestapo scherzt nie.«

Die weltweite Diffamierung in der Kominternpresse konnte nur einen Sinn haben. Es war nicht etwa ein neuer Aufruf an Stalins Kreaturen, mich zu suchen und mich zu vernichten. Nein, es war mehr: Diese Zeitungen und dieses Bild würden den Weg in die Büros sämtlicher Geheimdienste finden. Sie würden auch nach Hamburg und nach Berlin gelangen. Hertha Jens und Inspektor Kraus würden sie genau untersuchen, ebenso Schreckenbach und Himmler. Sie würden dann erfahren, daß ich ihre Geheimnisse dem Feinde ausgeliefert hatte. Sie würden erfahren, daß ich nicht in Rußland umgekommen war. Sie würden unterstellen, daß ich beim Verschwinden ihres Agenten Oskar die Hand im Spiel gehabt hatte. Sie würden wissen, daß ich sie an der Nase herumgeführt hatte. Sie würden erkennen, welches Spiel ich mit ihnen getrieben hatte.

So war es auch.

Im Juli 1938 erhielt ich die Nachricht, daß Firelei festgenommen und in das Schreckenslager Fuhlsbüttel überführt worden war.

Im Dezember 1938 erhielt ich eine Mitteilung, die besagte, daß Firelei im Gefängnis gestorben war. Hatte sie selbst ihrem Leben ein Ende gemacht? War sie kaltblütig ermordet worden? »Die Gestapo scherzt nie!« Aber sie gab auch keine Erklärungen. Unser Sohn Jan wurde eine Waise des Dritten Reichs. Ich habe nie wieder von ihm gehört.

INHALT